MICHAEL PETZET · z. A. Presse GK
Ein Vierteljahrhundert bayerische Denkmalpflege im Spiegel der Presse
Band 1 1960, 1967–1985

Hof der Alten Münze in München – Sitz des Bayerischen Landesamtes für Denkmalpflege

MICHAEL PETZET

z. A. Presse GK

Ein Vierteljahrhundert bayerische Denkmalpflege
im Spiegel der Presse

1
1960, 1967–1985

ARBEITSHEFTE DES BAYERISCHEN LANDESAMTES FÜR DENKMALPFLEGE, BAND 110

Arbeitshefte des Bayerischen Landesamtes für Denkmalpflege

Die Drucklegung wurde ermöglicht durch die großzügige Unterstützung
der Messerschmitt Stiftung

sowie

durch das freundliche Entgegenkommen
der Firma Lipp GmbH, Graphische Betriebe

Umschlagabbildungen

Band 1: „Eine Schlittenfahrt König Ludwigs II. von Bayern zu Füßen von Hohenschwangau",
Stahlstich aus „Das Buch für alle", 1866, nach Zeichnung von K. Pitzner

Band 2: Michael Petzet als Heerführer einer „chinesischen" Tonfigurenarmee in exotischer Tracht,
nach einer Karikatur von Heinz Birg (vgl. Artikel Süddeutsche Zeitung, 25. September 1996, hier S. 666 f.)

Frontispiz-Aufnahmen: Eberhard Lantz, Bayerisches Landesamt für Denkmalpflege

© Bayerisches Landesamt für Denkmalpflege, München 2000
Layout und Redaktion: Karlheinz Hemmeter und Johannes Hallinger
Mitarbeit: Claudia Sorhage

Gesamtherstellung: Lipp GmbH, Graphische Betriebe, Meglingerstraße 61, 81477 München
Vertrieb: Karl M. Lipp Verlag, Meglingerstraße 61, 81477 München

ISBN 3-87490-705-8

Vorwort

Während seiner mehr als 25jährigen Tätigkeit als Generalkonservator des Bayerischen Landesamtes für Denkmalpflege hat Michael Petzet immer wieder bestimmte, seine Arbeit betreffenden Presseartikel mit dem Vermerk „z. A. Presse GK" versehen – im Lauf der Jahre eine stattliche Sammlung, die eine Fülle von Informationen über die bayerische Denkmalpflege im letzten Viertel unseres Jahrhunderts enthält. Bei dem Versuch, diese Hinterlassenschaft zu ordnen, fanden sich außerdem Stapel von Presseartikeln, die sich auf frühere Stationen der Karriere Petzets beziehen.

Nach der zweimaligen Verlängerung der Amtszeit von Michael Petzet und seiner Verabschiedung Ende Oktober 1999 lag die Idee nahe, den langjährigen Generalkonservator, der zum 65. Geburtstag bereits eine Festschrift – als Band 100 dieser Reihe erschienen – erhalten hatte, mit einem kleinen Pressespiegel zu überraschen. Das geplante „Heft" wurde allerdings trotz strenger Auswahl ein Konvolut, das nur in zwei Bänden zu bewältigen war. Denn es zeigte sich schnell, daß die ungeheure Zahl von Presseartikeln eine wahre Leistungsschau bayerischer Denkmalpflege darstellte. Dank der von Petzet persönlich intensiv betreuten Arbeit des 1974 eingerichteten Pressereferats war es möglich geworden, einer interessierten Öffentlichkeit die denkmalpflegerischen Anliegen in ihrer ganzen Breite zu vermitteln. So wurden Probleme der Inventarisation und der neu einsetzenden Listenerstellung, ungezählte bedeutende Objekte, derer sich die praktische Denkmalpflege anzunehmen hatte, Kunstwerke, die vor Ort oder in den Werkstätten des Amtes restauriert wurden, Vorgehensweisen und Ergebnisse der Archäologen sowie innovative denkmalpflegerische Methoden und Arbeitsbereiche oft ausführlich vorgestellt. Die Untersuchungs- und Restaurierungsmethoden in den Werkstätten, das neu eingerichtete chemisch-physikalische Zentrallabor, das auf den Gebieten der Stein-, Glas- und Metallkonservierung forscht, die großen, Jahre beanspruchenden Restaurierungsvorhaben wie die Wieskirche oder Vierzehnheiligen, die Alte Kapelle in Regensburg oder das Kurhaustheater in Augsburg-Göggingen fanden ebenso ihren Niederschlag in der Presse wie die Festlegung der neunhundert bayerischen Ensembles oder die neue Maßstäbe setzende Arbeit der Bauforschung des Landesamtes, die Erforschung und Weitervermittlung historischer Handwerkstechniken im Bauarchiv Thierhaupten und die Entwicklung der archäologischen Prospektion, die mit neu entwickelten geophysikalischen Methoden (Magnetometerprospektion) weltweit führend geworden ist. Besonders die „Auslandseinsätze" des Landesamtes fanden starke Resonanz, vor allem die erbetene Hilfestellung bei der Lösung der Konservierungsprobleme der Terrakottaarmee des Ersten chinesischen Kaisers Qin Shihuang oder bei der Restaurierung der Karawanserei der Samsarat al-Mansurah in Sana'a.

Nicht minder wurde die Öffentlichkeitsarbeit des ehemaligen Generalkonservators, seine Besuche auf den Baustellen, die Pressefahrten in die Landkreise und die Vorstellung der zahlreichen Publikationen, die er unermüdlich anregte und betreute und von einem nimmermüden Pressereferat umsetzen ließ, von den Medien aufgegriffen. So spiegeln die Zeitungsberichte die mit erheblichen Schwierigkeiten verbundenen Anfangsjahre des Bayerischen Denkmalschutzgesetzes und die seit der „Trendwende" im europäischen Denkmalschutzjahr 1975 einsetzende positive Entwicklung der Denkmalpflege als ein selbstverständliches öffentliches Anliegen. Sie belegen ein Vierteljahrhundert ungebrochenen Interesses an der Denkmalpflege in Bayern – und sie belegen auch, wie stark die bayerische Denkmalpflege durch die Initiativen und das Wirken von Michael Petzet geprägt wurde. Seine zahlreichen Publikationen – Analysen zum Stellenwert der Denkmalpflege in der Gesellschaft, seine Überlegungen zu einer neuen Denkmalpolitik als Umweltpolitik, seine denkmalpflegerischen Grundsätze – und der Versuch, seine Vorstellungen öffentlich zu präsentieren und durchzusetzen, haben die bayerische Denkmalpflege nicht nur immer wieder neu befruchtet und ihr weltweite Anerkennung verschafft, sondern auch in der Heimat eine breite Akzeptanz für die denkmalpflegerischen Anliegen und damit die Grundlagen für Erfolge in der täglichen denkmalpflegerischen Praxis gesichert.

Dabei hat es im Lauf der Jahre eine Reihe von Problemfällen gegeben, in denen sich die denkmalpflegerischen Interessen letztlich nur dank der Unterstützung durch Presse, Rundfunk und Fernsehen durchsetzen ließen, etwa in letzter Zeit Fälle wie das „Monsterhotel" bei Neuschwanstein, die drohende Bebauung des Kirchenhügels in Murnau oder der Streit um einzigartige archäologische Zeugnisse der Römerstadt Augsburg. So ist in diesem Zusammenhang allen Kolleginnen und Kollegen von der Presse, die über unsere Anliegen, über Erfolge und Mißerfolge der bayerischen Denkmalpflege im Lauf des vergangenen Vierteljahrhunderts engagiert berichtet und unsere Arbeit kritisch begleitet haben, sehr herzlich zu danken. Daß über einhundert Zeitungen und rund 600 Text- und Bildautoren vertreten sind, macht diese Publikation somit auch – notgedrungen schwerpunktmäßig – zu einer wahren Leistungsschau des bayerischen Journalismus. Als Partner in einem Bereich tätig, der auf großes öffentliches Interesse stößt, bitten wir um Verständnis, daß es uns nicht gelungen ist, alle Adressen der Kollegen ausfindig zu machen und Namenskürzel aufzulösen. Ihrer aller Arbeit aber hat die hier vorgelegte „Bilanz bayerischer Denkmalpflege", wie sie sich in der Öffentlichkeit darstellt, erst möglich gemacht.

Dr. Egon Johannes Greipl
Generalkonservator

Dr. Karlheinz Hemmeter
Leiter des Referats für Presse-
und Öffentlichkeitsarbeit

Was ist denkmalswürdig?

Eine internationale Tagung für Inventarisation in München

Zum erstenmal seit ihrer Tagung in Wien 1956 besprachen im Studiensaal des Bayerischen Nationalmuseums Kunstwissenschaftler aus den Niederlanden, Österreich, Schweden und der Schweiz mit den Vertretern der deutschen Denkmalämter vier Tage lang unter Leitung von Landeskonservator Dr. Adam Horn die Probleme einer Erfassung der Kunstdenkmäler durch Inventare.

So verschieden schon in den Bundesländern die im einzelnen lebhaft diskutierte äußere Form der Inventarbände ist, war man sich doch einig im Streben nach Vollständigkeit.

Nicht nur die Kirchen mit ihrer Einrichtung (in Schweden, wie Dr. Tuulse, Stockholm, in seinem Vortrag betonte, die Hauptträger der Kultur), sondern vor allem auch die durch Wirtschaft, Verkehr und den natürlichen Verfall besonders gefährdeten Bürgerhäuser und Burgen (Referat: Hauptkonservator Dr. W. Meyer) und Bauernhäuser (Referat: Landeskonservator Dr. T. Gebhard) sind einzubeziehen.

Dabei wird übereinstimmend nicht mehr an einer oberen zeitlichen Grenze, etwa dem Jahr 1850, festgehalten. Auch die noch vor kurzem verworfene Neugotik und der Jugendstil erscheinen als abgeschlossene Kulturepochen zumindest in ihren besten Beispielen denkmalswürdig.

Der Hausherr, Generaldirektor Professor Dr. Theodor Müller, sprach über das Thema: Was erwartet der Museumsmann und Hochschullehrer von der Kunstdenkmäler-Inventarisation? Er erwartet von einer Kunsttopographie, die zugleich „Dokument der Vergangenheit und Werkzeug der Gegenwart" zu sein hat, „die erschöpfende Erfassung, Diagnose und Darstellung der Realien von Kunstgeschichte lokaler und regionaler Komplexe im Sinn der Quellenforschung und Sachkunde".

Bei einer Intensivierung der wissenschaftlichen Topographie, wie sie gerade in den letzten bayerischen Neuerscheinungen — Rothenburg o. T. von Dr. A. Ress — erreicht ist, sollten auch sämtliche zerstörten Kunstwerke in Bild und Wort dokumentiert werden, soweit es noch möglich ist. Auch die oft in alle Welt verstreuten Kunstwerke sollten wenigstens im Inventar wieder vereint werden.

Die Mentalität der Museumsleute hat sich also grundsätzlich geändert: es interessiert die Möglichkeit der Wiederherstellung am ursprünglichen Ort. Damit ergibt sich eine gemeinschaftliche Blickrichtung von Denkmalpflege, Museumsarbeit und Wissenschaft.

Generalkonservator Dr. Heinrich Kreisel, der Leiter des bayerischen Landesamtes, unterstrich die Bedeutung der Inventarisation und Denkmalpflege. Die Beschreibung und Bewertung im Inventar schreibe der praktischen Denkmalpflege vor, inwieweit der Schutz des Denkmals zu fordern sei.

Die kunstwissenschaftliche Inventarisation übernimmt also die Mitverantwortung für das, was die praktische Denkmalpflege tut. Würde die Inventarisation als reine Wissenschaft um ihrer selbst willen betrieben, so wäre die Denkmalpflege ihrer wissenschaftlichen Voraussetzung und ihres geistigen Gehaltes beraubt.

Im Gegensatz zu anderen Bundesländern, die nur Denkmälerlisten führen, hat man in Bayern das (von Dr. A. Horn erläuterte) Kurzinventar geschaffen. Vor allem in den Städten wird es die gefährlichen weißen Flecken der kunsttopographischen Landkarte füllen. Gleichzeitig soll an dem großen Inventarwerk mit aller Gründlichkeit weitergearbeitet werden.

M. Pz.

Münchner Merkur
29. April 1960

Nymphenburg wird innen größer

Neu eingerichtete Räume — zusätzliche Ausstattung

Süddeutsche Zeitung, 17. März 1967

Schloß Nymphenburg wurde im 17. Jahrhundert als Sommersitz von Kurfürst Ferdinand Maria für seine Gemahlin Henriette Adelaïde von Savoyen gegründet. Vom zentralen Mittelbau aus hat es sich nach und nach zur großen Schloßanlage des 18. Jahrhunderts entwickelt: ein bayerisches Versailles. Der Schloßgarten in seiner Mischung aus französischer Manier und englischem Park gehört zu den schönsten derartigen Anlagen Europas. Die Münchner gehen mehr in den Park als ins Schloß, dessen gesamte Benutzung nach wie vor dem Haus Wittelsbach zusteht; Herzog Albrecht wohnt im nördlichen Flügel. Das letzte festliche Ereignis, das in Nymphenburg gefeiert wurde, war die Hochzeit von Herzog Max in Bayern. Dabei wurden zum erstenmal neu eingerichtete Räume benützt, die im nördlichen Galerietrakt, den Karl Theodor 1795 verbreitern ließ, liegen, und die nun zur Besichtigung freigegeben werden.

Schloß Nymphenburg und die kleinen Lustschlösser im Park wurden nach dem Zweiten Weltkrieg wieder hergerichtet und zum Besuch geöffnet. In den nächsten Wochen dürften sich auch die Münchner wieder unter die Schloßbesucher mischen. Es gibt nun Dinge zu sehen, die bisher noch in den Magazinen des Schlosses und des Residenzmuseums lagerten oder in den Depots der Staatsgemäldesammlungen verwahrt wurden. Sie werden, wegen ihrer Beziehung zu den Gründern Nymphenburgs und ihren Nachfolgern, künftig im Schloß gezeigt, um mit dem Dokumentarischen auch etwas von der Stimmung vergangener Zeiten in Nymphenburg sichtbar und spürbar zu machen.

Da wären zunächst die Gemälde im südlichen Vorzimmer zu nennen: das Doppelbildnis des Gründers Kurfürst Ferdinand Maria und seiner Gattin Henriette Adelaïde von Savoyen. Das allegorische Spiel, die Travestie ins Mythologische, gehörte damals auch in Bayern zum höfischen Leben: So ließ sich Ferdinand Maria als Jupiter darstellen, umgeben von astronomischen Geräten und Emblemen der Künste. Vom gleichen Maler, Stefano Catani, stammt das reizende große Bild der als Diana dargestellten Adelaïde mit ihren als griechische Götter verkleideten Kindern. Weiter sieht man die „Große" und die „Kleine" Schönheitsgalerie des Kurfürsten Max Emanuel. Er hat sie sich im Pariser Exil von Henri Gobert malen lassen: Dargestellt sind Damen vom Hofe Ludwigs XIV. Die „Kleine" Schönheitsgalerie hing ursprünglich in den oberen Räumen der Badenburg. König Ludwig I., dessen so populäre Galerie schöner Münchnerinnen vorerst noch in Nymphenburg bleibt, später aber an ihren ursprünglichen Platz in die Residenz in die Stadt zurückkehren soll, richtete sich nach einem berühmten Vorbild, als Stieler beauftragte, ihm die Münchner Schönheiten zu porträtieren. In einem besonderen „Karl-Theodor-Zimmer" hängen lebensgroße Porträts des Kurfürsten und seiner beiden Gemahlinnen, der Elisabeth Auguste von Pfalz-Sulzbach und der Maria Leopoldine von Österreich-Este. Hauber hat Leopoldine auf einer Terrasse mit dem Blick auf München und die Türme der Frauenkirche gemalt; es ist ein ganz von barockem Geist durchdrungenes „Staatsporträt".

Auch die Drechselbank, die sich Max Emanuel von Honard in Paris hat anfertigen lassen, ist zu sehen. Er hat dieses Handwerk in die Familie gebracht; auch Kurfürst Max III. Joseph besaß eine solche Bank, er ließ sich an ihr mit dem Grafen Salern zusammen von Johann Jakob Dorner porträtieren.

Im Nördlichen Vorzimmer hängen jetzt drei kostbare Brüsseler Wandteppiche, die zwar nicht für den Raum angefertigt wurden, aber genau in die Wandfüllungen passen: In der Mitte ein „Triumph der Diana" (nach Entwürfen von Jan van Orley und Augustin Coppens), zu den Seiten Monatsdarstellungen mit Gartenszenen aus der Manufaktur des Jan Frans van den Hecke. Zum erstenmal sieht man zwei in der Savonnerie-Fabrik von Heidelberg-Mannheim hergestellte Knüpfteppiche auf hellgrünem Grund mit den Allianzwappen von Karl Theodor und seiner ersten Gemahlin. Aus der Residenz kamen einige kostbare französische Möbel nach Nymphenburg, darunter eine Kommode von Saunier (Paris), die mit japanischen Lackplatten verkleidet ist; sie steht auch im Chinesischen Lack-Kabinett.

Die Sitzmöbel, teils Garnituren aus dem Schloß, teils aus der Residenz, sind französisch — aus Wien stammen möglicherweise die in französischem Geschmack gehaltenen Möbel im klassizistischen Blauen Salon, in dem die Spiegel hinter den Konsoltischen bis zum Boden gehen. Neu aufgestellt wurde eine Kommode mit Schrankaufsatz in Boulle-Arbeit mit Spiegelscheiben, die vom Ansbacher Hofebenisten Martin Schumacher 1736 signiert ist. Ins Schloß kamen als Supraporten zusätzlich einige Gemälde aus den Staatsgemäldesammlungen.

Die Besucher haben künftig auch Gelegenheit zu einem Blick in den sogenannten „Kabinettsgarten". Die Veränderungen, die mehr vom Innern des Schlosses zeigen als bisher, sind dem guten Einvernehmen zwischen der Schlösserverwaltung und den Staatlichen Museen zu danken. Realisiert wurden sie von *Michael Petzet*. Der Präsident der Schlösserverwaltung, Freiherr von Gumppenberg, hat die veränderten und neu hinzugewonnenen Räume gestern nachmittag der Öffentlichkeit übergeben, von heute an sind sie für jedermann zugänglich.

d. s.

BLICK IN DAS NEU HERGERICHTETE SÜDLICHE VORZIMMER IN SCHLOSS NYMPHENBURG.
Rechts an der Wand der Gründer des Schlosses, Kurfürst Ferdinand Maria, mit seiner Gemahlin Adelaïde von Savoyen, für die Schloß Nmphenburg als Sommersitz erbaut wurde (das um 1670 gemalte Bild wird Henri Gascar zugeschrieben). Links ein Gemälde (um 1675) von Stefano Catani: die Kurfürstin Adelaïde als Diana, ihre Kinder als griechische Götter verkleidet. Maria Anna erscheint als Juno, Clemens Kajetan als Apoll und Violante Beatrix als Flora.

Münchner Merkur, 20. Juni 1968

Der König empfängt im blauen Salon

Heute abend wird in der Residenz die ungewöhnlichste Ausstellung des Jahres eröffnet: „König Ludwig II. und die Kunst". Sie wird vom Bayerischen Rundfunk gemeinsam mit der Schlösserverwaltung veranstaltet und ist Münchens kunstwissenschaftlicher Beitrag zur Tagung des Internationalen Museumsbundes (ICOM).
Christian Altgraf Salm und Michael Petzet von der Schlösserverwaltung konzipierten die Schau, die 900 Stücke kommen fast alle aus den Königsschlössern und dem (seit längerem geschlossenen) Ludwig II.-Museum auf Herrenchiemsee. Der Bayerische Rundfunk übernahm die Ausstattung; fürs Studienprogramm wird Wolf Seidl einen Farbfilm über die hier erstmals versammelte Königskunst drehen. Die Ausstellung bleibt bis zum 14. Oktober geöffnet.

Zuerst muß die Rede sein von Paolo Nestlers phänomenaler Raum-Inszenierung. Sie empfängt den Besucher auf halber Höhe der Kaisertreppe, schleust ihn in das durch die blau getönten Fenster fallende Licht, die romantische Nachtfarbe des Königs, führt mit sanftem Zwang durch ein ausgeklügeltes Labyrinth von versetzten Paravents und Spiegeln in Kabinette, lockt den Blick durch ovale und kreisrunde Öffnungen auf sinnvoll gruppierte Möbel, zeigt überraschende Perspektiven und verstellt sie wieder. Nestler entläßt den Eingefangenen erst nach dem Korridor mit den Prunkfahrzeugen und dem blauen Salon mit dem prächtigen Pfauenthron aus Linderhof. Nestler hat nicht etwa historisiert; vielmehr übersetzte er den theatralischen und poetischen Geist, mit dem der König seine Umgebung stilisierte (und sich selbst interpretierte) in eine phantasievolle und praktikable Raumführung. Sie ordnet die Fülle des Materials und reproduziert gleichzeitig mit Licht und Farben die Aura üppiger Künstlichkeit, in welcher der König lebte.

*

Der Kaisersaal und die angrenzenden Räume, noch im Rohbau, irritieren nicht durch Einrichtung und Architektur. Der Einfall, die lichte, leere Höhe durch soffittenartige Metallspiegel und weiße Stoffblenden zu verheimlichen und auf diese Dias der Schlösserlandschaft zu projizieren, mag wohl aus Angst vor den kahlen Mauern entstanden sein. Hier tat der Regisseur vom Guten entschieden zuviel.

Während seiner Regierungszeit, von 1864 bis 1886, beschäftigte Ludwig II. ein Heer von Architekten, Malern, Bildhauern, Kunsthandwerkern. Er war der bedeutendste und folgenreichste Auftraggeber seiner Zeit. Doch läßt sich schwerlich behaupten, sein Engagement für die Kunst hätte über den weitgesteckten Raum seiner Interessen hinaus stilbildend gewirkt. Wie unter den französischen Ludwigen, an deren Beispiel der „Märchenkönig" sein Selbstbildnis als König und Herrscher orientierte.

Sein Einfluß auf die Kunst blieb beschränkt auf bestimmte Gebiete: das Theater, seine Schlösser, ihre Architektur und Einrichtung, auf die symbolische Darstellung seiner Monarchie.

*

Ludwig war neunzehn Jahre alt, als er sich der Musik Richard Wagners, besonders wohl der spätromantischen Mythologie seiner Dichtungen verschrieb. Die Ausstellung bringt bisher kaum bekannte Belege, wie fließend für den König die Grenzen von Kunst und Leben waren, wie sehr die eine das andere formte (und umgekehrt).

Der Bau von Neuschwanstein steht in engster Beziehung zur gotisch-altdeutschen Welt der „Meistersinger", des „Lohengrin", des „Tannhäuser". Die Bühnenbildner Angelo II Quaglio und Christian Jank entwarfen das Schloß, skizzierten Ansichten, den Hof (er sollte dem Burghof der Lohengrin-Aufführung von 1867 gleichen). Ein Beispiel für unzählige: nachdem Ludwig auf den Spuren Tannhäusers die damals gerade restaurierte Wartburg besucht hatte, ließ er Jank nach dem Vorbild des dortigen Festsaals einen „Sängersaal" für Neuschwanstein entwerfen, dieser wurde wieder Modell für spätere Tannhäuser-Aufführungen. Nicht, weil es einem Ausstatter einfiel — der König bestand darauf.

Spiegelungen finden sich allenthalben, selbst in den dekorativen Details für Einrichtung und Möbel. Der Schwan wird zum königlichen Symbol, es ist nicht einmal ausgemacht, ob es Lohengrins Begleiter ist oder die Schwimmvögel der Allgäuer Seen, die der kleine Kronprinz liebte und zuweilen fütterte.

Bedenkt man den Geist und Geschmack des Jahrhunderts, das sich nach historischen Modellen drapierte, das unter anderem den Kölner Dom nach alten Plänen vollendete, exakter gewiß, als es den gotischen Erbauern eingefallen wäre, das einen Meininger Theaterherzog hervorbrachte, der die historische Treue der Aufzüge und Kostüme zu seiner Regie-Passion machte, dann ist die künstlerische Stilisierung des Bayernkönigs kaum mehr sonderlich. Im Rahmen des Historismus ist sie zeitbezogen; einmalig ist ihre Dimension, ist die ernste poetische Leidenschaft, mit der Ludwig seine phantastischen Ideen in Wirklichkeit umsetzt.

*

Nicht einmal absichtslos, wie man so glaubt, geschah es, daß Ludwigs „Rokoko", auch manche Stücke der Einrichtungs-Gotik in Neuschwanstein deutlich den kommenden Jugendstil ankündigen. Trotz der goldenen Galakutsche in der Bergeinsamkeit: Ludwig wollte nicht aus seinem Jahrhundert ausreisen. Auf den guten Rat, ihm exakte alte Kopien für sein Schloß zu liefern, läßt er seinen Sekretär bedeutsam antworten: „Da wir nun gegenwärtig 1871 schreiben, so sind wir über jene Zeitperiode, welche den romanischen Stil entstehen ließ, um Jahrhunderte hinausgerückt, und es kann doch wohl kein Zweifel darüber bestehen, daß die inzwischen gemachten Errungenschaften im Gebiet der Kunst und Wissenschaften uns auch bei dem unternommenen Bau zugute kommen müssen...

i. s.

Süddeutsche Zeitung, 21. Juni 1968

Der Märchenkönig im neuen Lichte

„Ludwig II. und die Kunst" — Ausstellung in der Münchner Residenz

Am 13. Januar 1886 ist Ludwig II., Bayerns „Märchenkönig", im Starnberger See ertrunken. Ein Leben, beladen mit Seltsamkeiten und voller Phantastik, ging damals zu Ende, rätselvoll und traurig. Paul Verlaine, der vagantische Poet, hat den Herrscher, der so felsenfest an sein Gottesgnadentum glaubte, in einem Sonett den „seul vrai roi de ce siècle" genannt, und der siebzehnjährige Stefan George bringt den Gestorbenen in Verbindung mit seiner Dichtung „Algabal" (Heliogabal) und spricht in einem Vierzeiler von dem verhöhnten „Dulderkönig". Man muß Ludwig zusammen sehen mit der esoterischen Literatur des ausgehenden neunzehnten Jahrhunderts, also etwa mit Jorris Karl Huysmans („A rebours"), wieder auch mit Georges, der nicht die „blaue Blume" der Romantik suchte, wohl aber nach einer schwarzen Blume Ausschau hielt, mit Verlaine und den ästhetisierenden Symbolisten. Das Unbehagen, das diese Poeten gegenüber dem Materialismus ihrer Gegenwart empfanden, war auch das von Ludwig II. Er demonstrierte Unbehagen, sich langsam proletarisierender Umwelt. Er spürte den allmählichen Hingang einer aristokratisch-elitären Welt, die er sich als Hintergrund auf jener Bühne wünschte, auf die ihn das blinde Schicksal gestellt hatte; das Schicksal, das aus Ludwig einen großen, einzelnen, vereinzelten gemacht hatte, einen vielleicht krankhaften, aber auch kraftvollen Menschen, der vor Spiegeln monologisierte.

Dann und wann sprach er sich in seinen seltsamen übersteigerten Briefen (fast 600 Briefe und Telegramme umfaßt die Korrespondenz Ludwig-Wagner aus (mit einem Unterton von Sentimentalität, und er wollte seine Anschauung von der Welt in seinen historisierenden Schloßbauten manifestiert sehen. Er entwickelte einen der Extreme anrührenden Lebensstil großer gewollter Einsamkeit und wurde so zu einer rätselvollen, von Melancholie überschatteten, gekrönten Gestalt. Den einfachen Menschen, den bayerischen Bauern, Jägern, Waldarbeitern leuselig zugewandt, war dieser Ludwig stets wie ein Wunder gewesen, ist es da und dort auf dem Lande heute noch geblieben. Aber auch ein Teil der städtischen Jugend erlag der Faszination, die von dem groß und stolz auf München geschritten, unabhängiglich geschritten, dunkelhaarigen Jüngling — ein christlicher Antinous im Hermelin — ausging. Hans Carossa erzählt, welchen Eindruck der König während einer Fronleichnamsprozession, die zwei Stunden dauerte, gemacht habe. Hoch aufgerichtet, eine schwere brennende Kerze mit ausgestrecktem Arm starr und stolz tragend, sei der König in dem Zug durch München geschritten, unabhängig in seiner herrscherlichen Aura.

Bald nach des Königs Tod begann man seinen Lebensstil exzentrisch zu nennen, seine Bauten als monströs zu verteufeln, seine Verschwendungssucht anzuprangern. Versöhnlich stimmte einzig die „banale Tatsache, daß" dem „Staat" die großen Summen aus den Eintrittsgeldern für Herrenchiemsee und Linderhof zuflossen. Das schwankende Charakterbild Ludwigs II. bedurfte, mehr als achtzig Jahre nach seinem Tod, endlich einer Korrektur. Wie aber war diese zu vollziehen? Die Bayerische Verwaltung der staatlichen Schlösser, Gärten und Seen und das Studienprogramm des Bayerischen Rundfunks entschlossen sich, in der Residenz eine Ausstellung mit dem Titel „König Ludwig II. und die Kunst" zu veranstalten. Sie dauert vom 21. Juni bis 14. Oktober. Schirmherren sind Ministerpräsident Alfons Goppel und Herzog Albrecht von Bayern. Einen nachgerade perfekten dokumentarischen Katalog hat Dr. Michael Petzet, Konservator bei der Schlösserverwaltung, geschaffen, dessen kluge und kenntnisreiche Einleitung sich gut liest. Altgraf Salm stand Petzet zur Seite. Beide trafen gemeinsam die Auswahl der zu zeigenden Stücke. Dem Akademiepräsidenten Paolo Nestler wurde die vom Herkömmlichen radikal abweichende, sie zaubert mit Spiegeln und Beleuchtungseffekten jedweder Art ein geheimnisumwittertes Labyrinth, das dem sich immer mehr verdüsternden Wesen des Königs auf schlüssig neuartige Weise gerecht wird, es optisch zu deuten sucht.

Kein strahlend helles Tageslicht bricht in den großen Saal, der durch schräggestellte Wände rhythmisiert wird. Nestler erzielt mit großem Geschick Guckkastenwirkungen, läßt das subaquale Helldunkel gelegentlich durch Lichtfarbtöne durchbrechen, beleuchtet Einzelstücke scharf umgrenzt, interpunktiert somit die Objekte der Ausstellung höchst raffiniert, und raffiniert war ja der Geschmack des Königs, dem Nestler mit technischem Geschick und verständnisvollem Einfühlungsvermögen ein überzeugendes Podium errichtet hat, auf das königliche Schauspiel in Szene gehen kann. Ob sich Nestlers Wunsch, auf weißen breiten Leinwänden, wechselnde Bilder von Bauten und Landschaften zu projizieren, gültig erfüllen läßt, muß sich zeigen: Das aber ist auch wohl das einzige Problem dieser geglückten Ausstellungsarchitektur.

Der vom Prestel Verlag herausgegebene, reich bebilderte Katalog großen Formats verzeichnet 907 Ausstellungsstücke, angefangen bei der Galakutsche aus dem Deutschen Museum, dem goldenen Schlitten bis hin zu einem Generator von Siemens-Schuckert und zwei Bogenlampen aus der Venusgrotte in Linderhof (um 1880). Alle Themen, mit denen sich Ludwig in der eindringlichsten Weise beschäftigt hat, werden angesprochen. Wahrscheinlich findet sich niemals und nirgendwo vor und nach dem König, ein mäzenatischer Auftraggeber, der sich derart eindringlich und bis ins kleinste Detail mit allen ihm vorgelegten Entwürfen beschäftigt hat, wie dies Bayerns „Märchenkönig" getan hat.

Nach Zeiten, in denen die Bewertung der künstlerischen Intentionen des Königs ein einziges Mißverständnis war, zeigt die Ausstellung bei allen Absonderlichkeiten des Monarchen, daß von königlichem Parvenütum die Rede nicht sein kann. Im Gegenteil: so wie es einen reichen, „imperialen" Stil Louis XIV. Louis XV. gibt, so konfrontiert man in München den Besucher mit einem exemplarischen reichen Stil Ludwigs II., der aus dem Charakter der Zeit und des Herrschers erklärt sein will. Die „Gotik" etwa des Neuschwansteiner Mobiliars findet ihre Parallele bei den Buchkunst Melchior Lechters. Das Kunstgewerbe — zum Beispiel die prächtigen, auf vergoldeten Rosenbüschen sitzenden Pfauen — evoziert Gedanken an den Jugendstil, an „Art nouveau". Die ungezählten Porzellangruppen in ihrer, ein zweites Rokoko beschwörenden, raffinierten Süßlichkeit, belustigen wohl die Menschen von heute; wer aber sagt uns, daß der Stil dieser meist aus Meißen stammenden Figuren nicht eines Tages fröhliche Urstand bei Sammlern feiern wird, haben wir doch einen ähnlichen Geschmackswandel im Hinblick auf den Jugendstil mit Gläsern von Gallé, Daum, Lalique u. a. erlebt.

Ludwig ist gewiß kein König, kein Herrscher im herkömmlichen Sinn gewesen, kein Mann der Politik und schon gar kein Krieger. Seine musische Veranlagung — Erbgut der Wittelsbacher — macht das Fehlende am Bild eines königlichen Art ein Genie war, ein engagierter Freund der Künste, auch der „extravaganten, vielleicht gar der „surrealen", wird in der Münchner Ausstellung sichtbar. Petzet befaßt sich in seinem Vorwort ausführlich mit den Beziehungen Ludwigs zu Richard Wagner, dem leidenschaftlichen Verehrern und ebenso Geförderten — der König war kein Musikkenner, kein Sachverständiger in Fragen der Opernmusik, doch liebte er es, sich um die Ausstattung der Opern, nicht nur jener Wagners, und der Schauspiele auf seinen Bühnen fachmännisch zu kümmern; dann werden Ludwigs Bauten Neuschwanstein, Linderhof, Herrenchiemsee, die byzantinischen Projekte, die berühmten Separatvorstellungen u. a. behandelt. Zu diesen Texten ist die Ausstellung eine großartige Illustration: Pläne, Bilder, private und offizielle Ausstattungsgegenstände, der Kahn, mit dem Ludwig den kleinen See im Wintergarten der Residenz befuhr, Kandelaber, reich geschnitzte vergoldete Türen, Thronsessel und Repräsentationsornate, Portieren, an denen sieben Jahre lang gestickt wurde, farbige Glasfenster — all dies und hundertmal mehr ist mit bienenhafter Emsigkeit, mit Liebe und Kunstverstand in der Residenz zusammengetragen. Aus dem Jahre 1870 stammt die reizvolle Marmorstatue des Königs von Elisabeth Ney, den Fürsten im Ornat des Georgi-Ritterordens darstellend; sie ist eines der Glanzstücke der Ausstellung, sie gibt den ganzen adeligen Charme des 25jährigen wieder, unter sein Volk und vor die Augen ungezählter Fremder, unmuseal Beiwerdens aus Goethes „Iphigenie" vorlesen ließ! So kommt durch das Medium der bayerischen Märchenkönig noch einmal in München, das so gar nicht liebte, unter sein Volk und vor die Augen ungezählter Fremder, unmuseal Beschwörung einer Vergangenheit, in der sich Reales und Irreales betörend mischen.

Erich Pfeiffer-Belli

Bayerische Staatszeitung (München)
28. Juni 1968

Der Märchenkönig auf der Bühne seiner Kunst

„Ludwig II. und die Kunst" — Eine ungewöhnliche Ausstellung in der Münchener Residenz

Die Bayerische Schlösserverwaltung und der Bayerische Rundfunk taten sich zusammen, um München eine der ungewöhnlichsten Ausstellungen dieses Sommers zu präsentieren: „Ludwig II. und die Kunst" — bis Mitte Oktober im Festsaalbau der Residenz (auf der Hofgartenseite) zu besichtigen. Das Thema ist ein einziges Understatement — oder genau das Gegenteil. Verrät es doch weder, daß es sich bei der Ausstellung (die Münchens Beitrag zum Kongreß der Internationalen Museumskommission ist) um die erste wissenschaftliche Durchforstung eines sorgfältig bewahrten Besitzes handelt, noch daß wissenschaftliche Solidität und die Absicht, das überreiche Material nicht nur zu gliedern, sondern den Besucher mit einer akzentuierten Schau voller Abwechslung und Überraschungen zu fesseln, eine so glückliche wie nahezu moderne Verbindung eingegangen sind.

Ludwigs Kunst — das sind seine Schlösser, von Neuschwanstein, der romanisch-romantischen Felsenburg bis Herrenchiemsee, der groß, zu groß bemessenen Herrscherresidenz auf der Insel; das sind die unausgeführten Pläne (so für ein großes Festspielhaus am Gasteig), das sind Gestalt gewordene mystische Träume, inspiriert von Idolen der Vergangenheit (wie das ganze bürgerliche Jahrhundert, das sich so befremdlich nach vergangenen Mustern entwarf); das sind die zahllosen bildhaften Symbole und Dekorationen, die Einrichtungen und Gebrauchsgegenstände, um die sich der König bis ins kleinste kümmerte. Der Achtzehnjährige, gerade zum König gekrönt, und schon Mäzen des leidenschaftlich verehrten Richard Wagner — die Umstände kamen den Wünschen des jungen Königs sehr entgegen —, schrieb Ludwig vor der ersten „Mustervorstellung", dem von Wagner inszenierten und dirigierten „Fliegenden Holländer": „.... denn von der Ernste der Kunst muß alles erfüllt werden."

Kunst ist für Ludwig eine erhabene und erhebende Kraft, um die Banalität des Lebens mit Geist und Größe zu erfüllen. Daß er sich in ihr dem Leben mehr und mehr entfremdete, lag nicht in seiner Absicht. Der junge, idealistische König wollte wirken durch die Kunst, die er inspirierte. Er ist darin durchaus Kind seiner Zeit — ihr Exponent —, die so sehr nach Stil, nach künstlerischer Stilisierung in allen Dingen verlangte, daß ihr die Anstrengung schließlich entglitt, zerfiel in eine Summe kunstvoller Dekors: jener mit Bedeutungen und Zitaten geladene Historismus der zweiten Jahrhunderthälfte, den wir allmählich (wiederum durch die historische Brille) etwas vorurteilsloser zu betrachten beginnen.

Es ist deshalb bezeichnend, daß der König selber viel mehr als stark profilierte Künstler die Kunst seiner Zeit prägte. Er brauchte einfühlsame Künstler, die abnehmen konnten und sich einfügen in das maßgeblich literarisch bestimmte Programm seiner Ideen.

In seiner Rückbeziehung aller musischen Anregungen — voran Wagners Dichtungen und seine Musik — auf den Stil seines Lebens, die Reflexion seines Selbstverständnisses als König, ist Ludwig, bei aller Extravaganz, sozusagen eine riesige Titelfigur des künstlerischen Bewußtseins seiner Zeit. Dies darzustellen, jenseits der genug strapazierten Biographie des Märchenkönigs, ist Sinn der Ausstellung.

Ihr Material sind die Theateraufführungen unter Ludwig, die Bauten, ihre vom König so energisch wie eigenwillig bestimmte Einrichtung, die unzähligen Entwürfe für ihre Ausstattung, für Porzellane und kleinste Gebrauchsgegenstände bis hin zum Schreibzeug. Michael Petzet, der gemeinsam mit Christian Altgraf Salm die Ausstellung konzipierte und den einleuchtenden Katalog verfaßte, entwickelt eine regelrechte Ikonographie für die einzelnen Stufen dieses „Stils Ludwig II.", der, romantisch nach Mustern der Historie konzipiert, durchaus zu eigenen, eigenwilligen Prägungen führt. Einer zitierten Romantik und Gotik, deren Formen und Ornamente (Einrichtung von Neuschwanstein) sich phantastisch verselbständigen, Elemente und Lineament des Jugendstils teilweise vorwegnehmen; dem königlichen Rokoko, das sich an den Idolen der französischen Herrscher orientiert, an den Farben Rot und Gold, an Lüstern, Spiegeln und Porzellanen.

Zuerst war immer das Theater, Wagners Texte, das Schwanensymbol des Lohengrin, das Ludwigs Kunst wie ein rätselvolles Wappentier begleitet. Die an historischen Modellen, oft, wie die Wartburg, wie das Nürnberg der Meistersinger unmittelbar am noch Bestehenden orientierten Bühnenbilder werden häufig Vorbild für den Stil, nach dem der König sie in seinen Residenzen entwirft.

Die Ausstellung erhellt die Einflüsse, die schwimmende, im Spiegeln reflektierte Grenze von Theater und Leben, von Kunst und Wirklichkeit. Neuschwanstein ist die Burg Lohengrins und Tannhäusers; Angelo II Quaglio, Franz Doll und Christian Jank, die Künstler, die die Bühnenbilder entwarfen, zeichneten auch die ersten bildhaften Ansichten von Ludwigs Schlössern, sie entwarfen, später die barocke und orientalische Historie, Möbel, Porzellane, Leuchter und Dekorationsstoffe für den König. Stets aufmerksam korrigiert vom König, der, darin seinem Großvater Ludwig I. ähnlich, an allen Entwürfen mit soviel Kunstverständnis wie eigenwilliger Pedanterie herumkorrigierte, bis sie ganz und gar seinen Vorstellungen entsprachen.

Paolo Nestler hat die Objekte, die, rund 900 an der Zahl, leicht trockne Langeweile hätten hervorrufen können, in eine ungewöhnliche Inszenierung eingepaßt. Winklige, nicht zu schmale Gänge, mit Nischen, Spielgeleffekten und kleinen, durch Rundfenster zu betrachtenden Schauräumen für Möbel und Porzellan, an den Wänden jeweils, ohne umständliches Suchen, ansprechenden Entwürfe, Bilder und Büsten, alles getaucht in nächtig-blaues Licht, jene romantische und etwas todesblasse Beleuchtung, in welcher der König sich und seine Umgebung am liebsten sah. Dazu räumliche Akzente: ein Porzellankabinett, ein blauer, in der Längsachse von weitem sichtbarer Salon mit dem so kostbaren wie bizarren Pfauenthron aus Linderhof, ein schmaler Flur mit den Prunkkarossen und Schlitten, in königlichem Rot und Gold die Dekoration für die Prachtstücke aus Herrenchiemsee. Alles ist sinnvoll aufeinander bezogen, reproduziert künstlich, kunstvoll und mitunter leich ironisch die Atmosphäre einer preziösen und erlesenen Inszenierung (wie sie dem Stil Ludwigs angemessen ist), ohne in den Fehler zu verfallen, historisch rekonstruieren zu wollen. So sehr die Ausstellung bezogen ist, auf Figur und Ausstrahlung des Königs — im Grunde gilt sie der Neubesichtigung einer Epoche, deren Bewertung gerade erst beginnt.

sf.

Abendzeitung (München), 3. Juli 1968

Petzets Erfolg mit Ludwig-II.-Ausstellung
Glanz und Gloria

Er ist der jüngste leitende Beamte der „Bayerischen Verwaltung der Staatlichen Schlösser, Gärten und Seen". Drei Jahre lang arbeitete er dort mehr oder weniger im Verborgenen, dann bekam er seine große Chance: Dr. Michael Petzet wurde die wissenschaftliche Bearbeitung der Ludwig-II.-Ausstellung in der Münchner Residenz übertragen. Es war die allererste Ausstellung, die der Kunsthistoriker arrangierte. Die Feuerprobe hat er, nach einhelliger Meinung von Fachleuten und Besuchern, mit Glanz und Gloria bestanden. Grund genug für die AZ, sich mit dem 35jährigen über seine Arbeit zu unterhalten.

Dr. Michael Petzet ist Referent für die fünf großen bayerischen Schlösser: Linderhof, Herrenchiemsee, Neuschwanstein, Nymphenburg und Schleißheim. Außerdem ist er noch „für einige kleine Schlösser" verantwortlich, für das Marstallmuseum und das — zur Zeit evakuierte — Ludwig-II.-Museum auf Herrenchiemsee.

Bereits mit 25 Jahren hatte Petzet sein Studium, inklusive Dissertation über das Pantheon in Paris, hinter sich. Und schon war er Beamter: Beim Landesamt für Denkmalspflege wurde ihm das Allgäuer Gebiet übergeben. Sieben Jahre lang fuhr er — „mit dem Dienstwagen" — durch die reizvolle Landschaft und inventarisierte alles, was ihm wert erschien, in Zukunft geschützt zu werden. „Ich nahm auch schon Jugendstil und Neugotik dazu, was damals von der älteren Generation alles hinausgeworfen wurde."

Zu Ludwig II. und seiner Kunst hatte er damals, wie er unumwunden zugibt, keine Beziehung. Erst mit dem Wechsel der Dienststelle kam — zum großen Teil zunächst notgedrungen — das Interesse. „Und jetzt", stöhnt er, „denk ich nur noch an Ludwig." Das ist kein Wunder. Monatelang arbeitete er an der Ausstellung, übernahm die Redaktion des Katalogs — eine großartige wissenschaftliche Leistung für sich, obwohl unter größtem Zeitdruck entstanden: „Das Vorwort habe ich über Ostern geschrieben."

Besonders wichtig war für ihn die Auswertung einiger Privatbriefe des Königs, denn „man kann detailliert wie selten seine Beziehung zur Kunst und seine Wünsche erkennen". Die Arbeit sei auch deshalb für ihn so interessant und reizvoll gewesen, da es noch nie „über die Zeit zwischen Biedermeier und Jugendstil eine umfassende Ausstellung gab". Petzet wird seine Märchenkönig-

MICHAEL PETZET
Photo: Otfried Schmidt

kunsterfahrung auswerten: zunächst einmal in einem Buch, das noch in diesem Herbst auf den Markt kommen soll. Außerdem wird er, wie berichtet, das Ludwig-II.-Museum in rechten Seitenflügel von Schloß Herrenchiemsee neu gestalten.

Viele Elemente der Ausstellung sollen sich nach Petzets Wunsch dort wiederfinden. So sollen unter anderem die rückwärtigen Räume dunkel bleiben, „aber nicht allein aus ästhetischen Gründen, sondern auch, weil sehr viele Graphiken da sind, die zum Teil schon arg verblaßt sind. Und künstliches Licht ist besser, um sie der Nachwelt zu erhalten."
Nessa von Hornstein

Stern (Hamburg), 4. August 1968

sibylle

Ludwig in Op und Pop

Er liebte seine Münchner nicht. Aber alle waren sie gekommen, ihn zu ehren, und sie sagten, es fehle sich nichts (da feit sie fei nix), die Nachfahren der königlichen Verwandten und die Nachfolger der bayrischen Minister, Landtagsmitglieder und oberste Schlösserverwalter und Haufen des Volks. Nur der Finanzminister ließ sich entschuldigen – vielmals, bitte, net wahr –, und auch dies paßte ins Bild, denn mit Finanzministern hatte er sich zu seiner Zeit nie verstanden: König Ludwig II. von Bayern, der schöne Jüngling mit den flackernden Augen, Schlösserbauer und Wagner-Freund, Regent, der den Rücken zeigte, wenn Soldaten vor seinem Fenster paradierten, der schließlich entmündigte und im Starnberger See auf bis heute nicht geklärte Weise umgekommene Märchenkönig. In diesem Sommer erinnert sich München seiner mit einer Ausstellung über den poppigsten Ludwig, den es je gab.

Der Anlaß zu „König Ludwig II. und die Kunst" ist quergewunden wie manches in Bayern, nämlich weder die hundertste Wiederkehr des königlichen Geburts- noch des Todesjahres (1845–1886), sondern der Uraufführung von Richard Wagners Oper „Die Meistersinger" zu München. Sie kostete die damals stattliche Summe von 45 800 Gulden. Wagner nannte sie den Höhepunkt seiner künstlerischen und menschlichen Laufbahn, er durfte seinem 22jährigen Schutzengel Ludwig zur Seite in der Königsloge sitzen und den Triumph über die Münchner genießen. Die Schweinehunde, wie sie Dirigent von Bülow ein paar Jahre früher bei der Tristan-Uraufführung genannt hatte. „Seit der Lolo-Geschichte waren die Münchner nicht mehr so in Wuth", schreibt die Salondame Josephine Kaulbach über den „Wagner-Cultus".

Doch der Zahn der Zeit läßt über viele Wunden Gras wachsen, um im Stil dieser Ausstellung zu bleiben. Ihr Pop-Charakter beginnt schon an der Beginn, der sich schwer finden läßt, alldieweil kaum ein Plakat noch Schild darauf hinweist. Schließlich finde ich doch hinten im Hofgarten das Tor zum halb wiederaufgebauten ehemaligen Kaisersaal der Residenz, wo der ehemalige König und seine Kunst aus-, dar- und vorgestellt werden.

Groß grüßt im Treppenaufgang das Bild des jungen Königs: ein Jünglingskopf, auf den das Pathos vom edlen Feuer paßt, schwarze Beatles-Mähne über hoher Marmorstirn, die Augen etwas tiefliegend, die Wangen etwas weich, Mädchenlippen. Ausdruck und Haltung stolz im bayrisch-blauen Generalsrock, stramme Schenkel in weißen Hosen, Lackstiefel, um die Schultern den Krönungshermelin. Erst zwanzig Jahre ist Ludwig alt, so recht der „Gnadenreiche junge König", wie ihn Wagner anredet und wohl Kinder einen König denken, der in Geschichten auf weißen Pferden reitet, um Gutes zu tun.

Doch um die Ecke wölkt blaues Licht, auf die Treppenflucht geworfen liegt der himmelblaue Samtmantel, reich silberbestickt, in dem Ludwig später als Großmeister der Georgsritter gleich Lancelot Tafelrunde hielt. Hoch oben aber, wo die Treppe in einem Baugerüst endet, prangt das Gemälde des Königs, von Hofmaler Schachinger erst nach dessen Tode vollendet: nicht mehr der schlanke Jüngling mit dem Feuerauge, sondern ein schwerer aufgeschwemmter Mann, flackernden Blicks, gekleidet in die spitzenüberrieselte Seidenpracht falschen Rokokos und des blauen Umhang des Märchenkönigs. Neugierig gemacht, gehe ich in diese Ausstellung, zusammengetragen mit Akribie und Kennerschaft aus den Schlössern Herrenchiemsee, Neuschwanstein und Linderhof von Bayerns jüngstem Denkmalspfleger Michael Petzet (35). Und angeordnet von Münchens bedeutendstem modernen Architekten, Professor Paolo Nestler. Beide haben erreicht, was München selbst hoffentlich nie erreichen wird: Weltstadtformat, eine Meistermischung aus historischer Wissenschaft und heutigem Witz.

Der Kaisersaal gleicht mit schwarzverkleideten Kabinen und Spiegelwänden, Guckkastenfenstern, magisch blauem und rotem Licht dem Schmunzelkabinett eines Dr. Caligari, einer Alchimistenwerkstatt, durchwuchert vom Goldgerank der Kandelaber und Türschnitzereien und Schreibtischgarnituren und getriebenen Bechern und gestickten Portieren. Wie Zauberhöhlen glühen die Mini-Modelle zu den Münchner Uraufführungen der Wagner-Opern. Hinter goldenen Balustraden türmen sich brokatene Prachtbetten, schwellen violette Samtvorhänge, an deren Goldmuster Stickerinnen sieben Jahre lang sticheln. Rosenbusige Göttinnen räkeln sich auf Einlegebildern wie auf Meißner Porzellan. Die porzellanenen Schwäne und goldenen Amouretten, schleierumfächelte Musen und Blumengirlanden, der Diwan aus dem Maurischen Kiosk von Linderhof mit seinen Pfauen aus Emaille samt ihrer Pracht falscher Perlenräder, der Thronsessel mit Armlehnen zurückgebogener Mädchenkörper mit Goldbrüsten sind, wie Ludwig sein Leben lang nicht zu streicheln begehrte, diese ganze gleisnerische Scheinwelt gewinnt hier zum erstenmal Wirklichkeit.

Zwei Vorstadt-Avantgardisten, die neben mir gehen, sagen anfangs zu des zweiten Ludwigs Welt: Mei, is des guat! Später, als wir zu den Gralsinsignien von Neuschwanstein und dem Bombast der venezianischen Kandelaber von Herrenchiemsee kommen, nur noch: Wahnsinn. Sie meinen es mundartlich, nicht medizinisch, doch treffen sie genau die Skala des letzten wahren Königs des Jahrhunderts, wie Frankreichs Dichter Verlaine Bayerns Ludwig nannte.

Denn gut war alles, was der junge Ludwig wollte, Sturm und Drang und viel zuviel Phantasie und Feuer für einen biederen Bayernsproß. Die Kunst wollte er fördern und den Künstlern „die niederen Sorgen des Alltagslebens verscheuchen, damit Sie im reinen Aether Ihrer wonnevollen Kunst die mächtigen Schwingen Ihres Genius ungestört entfalten können!", wie er in einem seiner 600 Briefe an Richard Wagner schrieb. Sozial wollte er sein und gerecht und vor allem wahrhaft königlich, und das alles im München von 1870. Was Wunder, daß er für seine Träume Schlösser bauen mußte, um wenigstens die Illusion des Ritters vom Gral zu bewahren oder eines absoluten Sonnenkönigs oder eines heiteren Rokoko-Monarchen. Und Ludwig baute: auf dem Felsen bei Füssen die gotischste aller gotischen Festen, Neuschwanstein, auf der Herreninsel im Chiemsee das spielgeldste, prächtigste Versailles, hinter den Bergen von Oberammergau Linderhof in lieblichstem Rokoko, maurische und marokkanische Tempelchen und Wasserkaskaden mit Park und die Venusgrotte, in der er bei rotem und blauem Feenlicht sich Wagners Tannhäuser vorspielen ließ. Privatvorstellungen auch in dem großen Münchner Theatern waren ein Privileg, das er sich bald einräumte. Denn, sagte der wunderliche König, er wolle schauen, nicht angeschaut werden. Er wollte allein sein.

Allein fuhr er in den goldenen Schlitten und Kutschen und Muschelkähnen durch sein Bayern, die Jäger und Bauern am Wege (zeigen zeitgenössische Gemälde) gingen in die Knie vor der Pracht ihres „Kini". Das Parlament hingegen ging in die Knie wegen der Kosten. Doch Ludwig zögerte nicht, ihm zu befehlen, zur Aufbesserung der Schatulle außerbayrische Banken auszurauben. Er war jetzt, nach einer zwanzigjährigen Regentschaft, voll politischer Enttäuschungen, ein Menschenfeind und auf der Flucht in ein imaginäres Königtum. Auf gut münchnerisch ein Narrischer. Kronprinz Friedrich Wilhelm von Preußen notiert über diesen Werdegang in seinem Tagebuch: „Ich finde ihn auffallend verändert, seine Schönheit hat sehr abgenommen, er hat die Vorderzähne verloren, sieht bleich aus und hat etwas Nervös-Unruhiges..."

Von blauem Licht umflossen steht Ludwig, der letzte seines falschen Prunks, weiße Marmorstatue (von Elisabeth Ney) inmitten seines falschen Prunks, edel in der Haltung, irr im Blick. Kein königlicher Playboy, aber ein ewiger Knabe, der König spielte.

Louis II, le roi qui fit écrire, peindre, sculpter et bâtir ses rêves

(De notre envoyée spéciale)

Pour quelques semaines encore Louis II règne à nouveau dans sa capitale, grâce à l'exposition qui lui est consacrée dans sa propre résidence à Munich, sous le titre « Ludwig II und Kunst ».

Les Munichois, les Bavarois et les visiteurs du monde entier ont afflué au point que le catalogue publié en trois langues (allemand, anglais et français) est depuis longtemps épuisé.

Certains personnages ont le don de fasciner : c'est le cas pour Louis II. Le roi fou ne l'était sans doute pas, mais il a pu donner libre cours, sa fortune et sa position le lui permettaient, à ses fantaisies et à son imagination sans le souverain s'opposait à l'hégémonie prussienne) lui ont assuré la fin

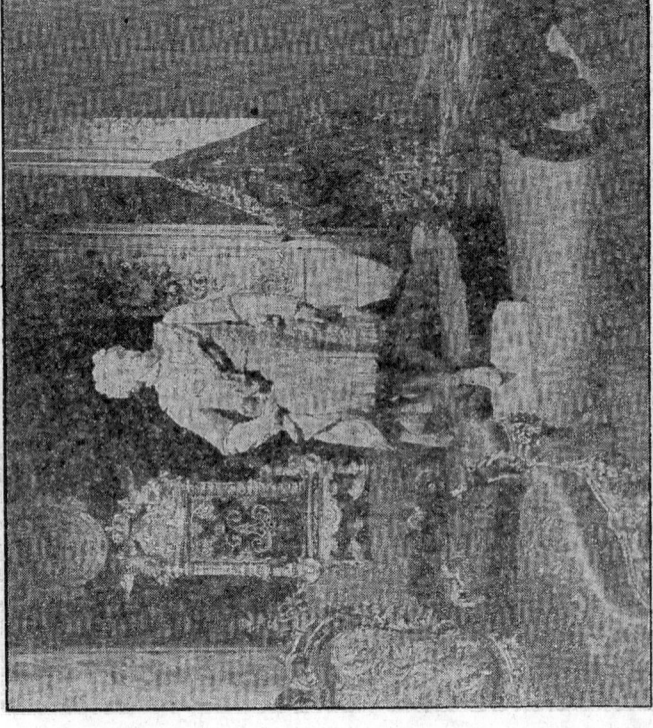

pièces sur la trame qu'il leur indiquait.

Pour l'architecture, tout ce que l'on peut dire c'est que ses constructions annoncent celles des magnats américains du Texas ou des grands maîtres d'Hollywood.

Munich

Pour la musique, son adoration pour Wagner, adoration dont on ne peut distinguer si elle s'adressait à l'artiste ou à l'homme et peut-être allait-elle vers celui-ci grâce à celui-là qui le bouleversait, aura permis au compositeur de créer délivré des soucis matériels, d'épanouir pleinement son génie. C'est le mécénat de Louis II envers Wagner qui lui est le plus généralement compté comme œuvre créatrice.

Cette existence où, abolissant les barrières de la mort, le souverain fréquentait les personnages du passé qui lui plaisaient, se prête admirablement au théâtre intérieur.

A l'instar de Louis XV, pour se passer de serviteurs, Louis II se faisait monter une table servie et conviait à ses dîners les fantômes de Louis XV, de la comtesse du Barry et de la marquise de Pompadour présents matériellement par leurs portraits. Il faisait de même avec la marquise de Créqui dont il dégustait régulièrement les mémoires.

Il s'en délectait au point de se faire écrire des pièces inspirées de tel ou tel épisode.

Louis XIV était pour lui le modèle suprême. Il fit exécuter un service en porcelaine avec l'histoire du roi. Le dessinateur lui soumettait les illustrations et il lui arrivait souvent de refaire un modèle. « Ce geste est indigne du roi », déclarait-il. Michael Petzet pense que les initiales, dans les châteaux de Louis II, sont moins les siennes que celles de Louis XIV.

Tourné vers le passé, conscient du rôle théâtral de la monarchie — dans chaque château il faisait installer une salle du trône — Louis II n'était pourtant pas fermé au progrès. Un de ses traîneaux qui est exposé (et qui figure sur une peinture également exposée), orné avec cette profusion chère au roi est, en effet, éclairé par une ampoule électrique alimentée par des batteries lors des déplacements de Louis II sur la neige : l'emblème de la royauté devait être éblouissant dans la nuit.

La statue de Louis II (par Elisabeth Ney) semble marcher à travers les salles de l'exposition.

Louis II s'identifiait à Lohengrin qui avait pour emblème le cygne. Cet oiseau est partout présent : comme pied de bureau, comme encrier ou élément de carrosse. L'autre animal cher à Louis II était le paon.

Le roi ne laissait aucune liberté à ses artisans et artistes : ils devaient travailler dans le seul sens qu'il leur indiquait. Un seul fut absolument libre : Wagner, la volonté du roi s'inclina toujours devant celle du compositeur. Tout ce qui nous reste de Louis II peut donc être considéré comme étant son œuvre : il a tout voulu, tout suggéré, tout retouché. Être roi ne lui suffisait

pas, il voulait magnifier la fonction. Au rôle qu'il devait tenir il en ajoutait un autre : celui sous lequel il lui plaisait de figurer. Il multipliait les décors, comme Louis XIV jeune ne se contentait pas d'être le roi de France, mais éprouver le besoin d'incarner en scène d'autres héros. A tant multiplier ses rêves, à tant les projeter, Louis II a créé un monde qui n'a pas fini d'étonner, ni de mettre les imaginations en émoi.

Catherine Valogne.

L'exposition est ouverte jusqu'au 15 octobre.

Tribune de Lausanne — Le Matin
1er septembre 1968

Extraordinaire accoudoir d'un des trônes du roi.

tragique couronnement d'une existence où la vie est inextricablement mêlée au rêve et au théâtre.

L'art créé par Louis II reste comme un témoin somptueux et déconcertant de sa façon d'être.

L'exposition de Munich permet de faire le tour des différentes « époques » du roi (gothique, baroque, orientale) en deux heures, alors que la visite de ses châteaux ne permet par un survol aussi rapide. Ce qui est exposé provient en partie des collections de la famille des Wittelsbach, du fonds de la résidence et aussi des divers châteaux.

Le bleu était la couleur chère à Louis II depuis son enfance et les vitres des salles, à Munich, sont bleues. Il devait aimer le bleu dans toutes ses nuances car la précieuse pochette en soie brodée d'un cygne scintillant, destinée à abriter la correspondance de Wagner, est d'un bleu pâle, alors que les globes (il a fallu un an et demi pour parvenir à la couleur satisfaisante) de ses candélabres sont d'un bleu nuit.

Certes, à Munich, les paysages fantastiques qui servent souvent de cadre aux châteaux manquent, mais les gens à l'esprit critique sont souvent choqués par ces constructions au style disparate, sans originalité. On déplore d'ordinaire que, disposant de moyens considérables, le souverain n'ait pas imposé un style nouveau. Louis II, c'est un fait, n'a rien apporté dans le domaine de la peinture : il a favorisé des peintres sans talent. Pour la littérature, bien qu'il fût grand amateur de théâtre, son apport est également nul : les quatre « nègres » qui travaillaient pour lui devaient écrire rapidement des

Le Dr Michael Petzet, conservateur des châteaux royaux de Bavière et organisateur de l'exposition, estime pour sa part que Louis II avec sa période orientale a aidé à l'éclosion du modern style. Par ailleurs, pour le mobilier et la décoration, s'il cherchait à faire faire à ses artisans du Louis XIV ou du Louis XV et ne voulait nullement innover, il a malgré lui établi un baroque personnel.

Un symbole que Louis II partageait avec Lohengrin : le cygne.

La splendeur écrasante des meubles, des carrosses et traîneaux où les figures les plus étranges s'enchevêtrent dans un surréalisme avant l'heure, entraîne une sorte d'éblouissement. On se prend au jeu de Louis II. De même qu'il se faisait du théâtre avec la vie de Louis XIV ou de Louis XV — il fit exécuter un lit pour « l'ombre » de Louis XIV où il ne coucha jamais, mais dormit quelques jours dans celui que l'on voit à Munich, destiné à celle de Louis XV — on installe Louis II en pensée sur ces trônes dorés comme dans les contes, on l'asseoit dans la barque avec laquelle il se promenait sur le lac de sa grotte se donnant des sensations fortes à l'aide de projections et de vagues artificielles.

15

Prunkstücke des „Märchenkönigs" Ludwig II.: Porträt in Marmor (links) und der ornamentale Pfau (Ausschnitt)
Fotos: Sessner (2), Neumeister

In Prunk erstickte Kunst

War Ludwig II. der größte Bauherr des Historismus? — Zu einer Ausstellung in München

Ja du bautest deine Schlösser
zu des Volkes Wohlergehen.
Neuschwanstein, das allerschönste,
kann man noch in Bayern sehn.
(aus dem „König-Ludwig-Lied")

König Ludwig II. von Bayern hat seine Schlösser zu allem anderen als des Volkes Wohlergehen gebaut. Man sagt das nur nicht gern in Bayern. Man singt das schöne, falsche Ludwigslied, mit Inbrunst oder ironischem Tremolo, und bei der letzten Strophe fällt die offizielle Ludwigsforschung ein. Im Geheimen Hausarchiv der Wittelsbacher gibt es ein Dokument, aus dem hervorgeht, daß der König allen Ernstes erwog, seine Schlösser nach seinem Tod vernichten zu lassen. Dieses Schriftstück ist ein Schlüssel zur tragischen Persönlichkeit Ludwigs und gleichzeitig ein Schlüssel zum falschen Geschichtsbild, das sich Bayern — nicht nur im Liede — von seinem letzten König macht. Doch es liegt im Wesen von Mythen, daß ihre Entschlüsselungen, liegen sie auch offen zutage, ignoriert werden. In der Geschichte des Ludwigsmythos gibt es zahlreiche Beispiele dafür, mit welcher Heftigkeit die Ludwig-Gedächtnisvereine — prominente Mitbürger und dreifache Doktoren sind in ihren Reihen — rationale Interpretationsversuche des „Märchenkönigs" zurückweisen.

Erwähnt, aber ebenfalls nicht analytisch nutzbar gemacht wird das Zerstörungsdokument in der interessantesten Quellenstudie über den König, die seit langer Zeit erschienen ist; im wissenschaftlichen Katalog des jungen Kunsthistorikers Michael Petzet zur Ausstellung „König Ludwig II. und die Kunst" (bis Mitte Oktober in der Münchner Residenz). Seit Wochen erregt diese schaurig-schöne Schaustellung die Besucher scharenweise. Mit Spiegeltricks, raffiniertem Düsterlicht, mit Dias an der Decke und pompösen Totalen hat der Ausstellungsarchitekt, Prof. Paolo Nestler, eine Atmosphäre zwischen Geisterbahn und Beschwörung geschaffen, seinen Gegenstand durch die Technik der Präsentation ironisch kommentierend.

Doch das hervorragende Quellen- und Anschauungsmaterial der Ausstellung ist von ihren Veranstaltern wie von den meisten Rezensenten einmal mehr nicht für eine rationale Kritik des Ludwigsmythos, sondern für seine Bestätigung verwendet worden. Petzet hat aus Neuschwanstein und Linderhof und Herrenchiemsee die prächtigsten, die tollsten Stücke zusammengeholt, hat aus Entwürfen, Briefen und Zeitdokumenten ausgewählt, was ihm für seine Apologetik Ludwigs als „eines der größten Bauherrn des Historismus", als eines „Bauherrn und Schöpfers" zugleich dienlich erschien. Ergebnis: Überschätzung der Bedeutung Ludwigs für die Kunst des 19. Jahrhunderts — Ignorieren seiner psychopathologischen Motivation.

Ludwigs II. Verhältnis zur Kunst war das eines Ästhetizisten und Fetischisten, nicht das eines schöpferischen Mäzens. Von den zahllosen Malern, Bildhauern und Architekten, die er beschäftigte, verlangte er nicht eigene kreative Leistung, sondern sklavische Nachahmung der historischen Vorbilder. Folgerichtig gewann er nie die besten Künstler seiner Zeit für sich: Zumbusch und Gottfried Semper verließen ihn rasch, Lenbach malte ein einziges, nicht sehr gutes Porträt des Königs.

▷

Die Welt
(Hamburg)
27. September 1968

Vom Profanen enttäuscht

Im Gegensatz zum Klassizismus seines Großvaters, Ludwigs I., war der neogotische und neobarocke Historismus Ludwigs II. nicht fortschrittlich, sondern reaktionär; daran ändert nichts die Tatsache, daß der König sich, sofern sie ihm für die störungsfreie Verwirklichung seiner Illusionen nützlich war, modernster Technik bediente (er korrespondierte mit dem Erfinder des U-Boots und wollte sich sogar ein Luftschiff bauen lassen). Dem Historismus des Märchenkönigs fehlte die „unlösbare Verquickung von historischer Konstruktion und zeitgebundenem Aktionswillen", also Funktionalismus, die der große französische Architekt und Theoretiker des Historismus, Violet le Duc, verlangte; in einem auf Schwänen ruhenden Schreibtisch und einem Reliquienschrein als Tintenfaß (Neuschwanstein) kann diese Verquickung nicht realisiert gesehen werden.

Ludwigs Verdienste um die Kunst sind sekundär. Das Kunsthandwerk schwang sich gezwungenermaßen auf unter seiner peniblen Fuchtel (gleichwohl sind die Details in seinen Schlössern oft schlecht ausgeführt, weil er, als ob er sein Unheil ahnte, die Ausführenden stets bis zur Erschöpfung hetzte). Die nach ihm einsetzende Denkmalspflege konnte auf seine Stukkateure, Vergolder und Tapezierer zurückgreifen. In einem gewissen Sinn verdienstvoll sind auch die Schlösser selbst — natürlich wirkt sich ihre touristische Anziehungskraft (1,5 Millionen zahlende Besucher jährlich) heute „zu des Volkes Wohlergehn" aus. Doch wüßte der König, daß seine „reinen" Traumverwirklichungen von vulgären Massen begangen werden, er würde tobsüchtig. Zu seinen Lebzeiten verbat er sich Besuche entschiedenst, nur die engsten Herzensfreunde durften kommen: Wagner natürlich, und zum Beispiel der schöne junge Kainz, mit dem er einmal inkognito eine merkwürdige Reise in die Schweiz unternahm, um sich an Ort und Stelle den Tell deklamieren zu lassen. In den Schlössern öffnet sich der Mechanismus der historischen Fehlbetrachtung des Königs: sie verwechselt Ursache und Wirkung. Vom posthumen Effekt ausgehend, wird Ludwig ein Mäzen, ein Fortschrittsfreund und Wohltäter des Volkes genannt. Und übersehen wird, daß sein Motiv im Grunde krasser Eigennutz war, nämlich der Selbsterhaltungstrieb eines Kranken, der zugrunde geht, wenn er seinen illusionären Willen nicht verwirklicht sieht.

Finanziell gesehen eine monströse Therapie. Neuschwanstein sollte ursprünglich 3,2 Millionen Mark kosten, verteuerte sich aber auf 6,2 Millionen; die Kosten für Linderhof stiegen von 3,5 auf 8,4 Millionen; Herrenchiemsee war auf 5,6 Millionen veranschlagt und kostete bis zu des Königs Tod (1886) 16,5 Millionen, war da aber noch nicht fertig und ist es bis heute nicht. Zum Zeitpunkt, als ihn sein Kabinett für verrückt erklären und entmündigen ließ — er hatte die königliche Kasse in Millionenschulden gestürzt —, plante er den Bau von zwei weiteren Schlössern, der „Raubritterburg" Falkenstein und eines „chinesischen" Schlosses am Plansee.

Ludwigs Schlösser sind nicht wie andere Feudalbauten für die Nachwelt bestimmte Denkmäler des Bauherrn. Die Neogotik Neuschwansteins, das zweite Rokoko Linderhofs, die Versailles-Kopie Herrenchiemsee sind wechselnde Ambienti für die Suche eines gestörten Ichs nach seiner Identität. Unfähig, seine Rolle als Souverän einer nachabsolutistischen, konstitutionellen Monarchie anzunehmen, enttäuscht von der „profanen" politischen Entwicklung in der Ära Bismarcks, zieht sich Ludwig bald nach der Thronbesteigung (1864) in idealisierte Vergangenheiten zurück und läßt ihre Abbilder um sich her aufrichten. Zunächst genügt ihm dafür das Theater: Nach historischen Vorbildern läßt er Bühnenbilder, Kostüme, später auch von eigens dafür gehaltenen Schreibern Stücke entwerfen und sie sich in Separatvorstellungen vorführen. Wichtig dabei ist ihm weniger der Inhalt als die äußere Form: sofern die Illusion der Szene perfekt genug war, ihn der Wirklichkeit zu entheben, konnte der dramatische Anlaß banal bis zur Plattheit sein. Auch Wagners unbeirrbarer Mäzen wurde Ludwig nicht, weil er dessen musikalische Genialität erkannt hätte — der König war peinigend unmusikalisch —, sondern weil ihn Wagner in andere Zeiten, andere Identitäten zu entrücken wußte. Es gibt einen Briefwechsel, in dem Wagner, der des Königs Psyche von allen Zeitgenossen vielleicht am genauesten durchschaute, ihn konsequent als „Parsifal" anredet.

Schwan- und Pfauenfetischismus

Die umfangreiche königliche Korrespondenz bietet zahllose Hinweise darauf, daß seine Bautätigkeit nicht schöpferische Lust, sondern krankhafter Zwang war. „Es soll es erschinden, durchreißen, alle Schwierigkeiten beseitigen und Hindernisse niederreißen und baldigst, das ist die Hauptsache, mein Lebensglück hängt davon ab", schreibt Ludwig 1885, kurz vor seinem Sturz, an seinen früheren Kabinettchef. An anderer Stelle: „Die Hauptlebensfreude" sei ihm genommen durch die Stockung bei den Bauten; werde endlich weitergebaut, so würde ihm „geradezu das Leben aufs neue gegeben". Das ist nicht die Exaltation eines Souveräns, der seinen königlichen Willen durchsetzen will, es ist die Not eines Kranken. Pathologisch zwanghaft auch die Penibilität von Reinheit und Erhabenheit, ausgedrückt im Schwan- und Pfauenfetischismus.

Als das „Böse" in sich empfindet Ludwig einerseits seine Sexualität, die homosexuell gefärbt ist und die er nicht ausleben kann, andererseits die mentale Gefährdung, deren er sich wohl bewußt war. Beide Defekte personalisierten sich in der innerlich verachteten Mutter, Marie von Preußen. Sie war derb, kerngesund, etwas dumm, stand der literarisch-historischen Welt des sensiblen Sohnes vollkommen verständnislos gegenüber; das väterliche Schloß Hohenschwangau werde „durch die Prosa meiner Mutter entweiht", schreibt der junge König einmal an Wagner. Paradoxerweise war es aber die selbst so gesunde Mutter, die die Krankheit in die Familie brachte. In ihrer inzestuösen Verwandtschaft gab es zahlreiche Geisteskranke. Und Ludwigs jüngerer Bruder Otto verfällt im Alter von 27 Jahren offenem Wahnsinn. Mit Bewachern und Ärzten sieht Ludwig ihn für immer hinter den Mauern von Schloß Fürstenfeldbruck verschwinden.

Die Angst vor dem gleichen Schicksal trug Ludwig fortan in sich. Es blieb ihm jahrzehntelang wohl nur deshalb erspart, weil er, der König, Macht und Mittel besaß, seine Krankhaftigkeit in feste, begriffliche Formen zu binden. Das eigentliche Leben Ludwigs wäre auf jeden Fall zu Ende gewesen, als ihm durch die Entmachtung die geistige und materielle Basis der Selbstverwirklichung entzogen wurde; er wäre im Wortsinn verrückt geworden. Aber vier Tage nach der Entmündigung, einen Tag nach der Einlieferung in Schloß Berg stirbt König Ludwig II. von Bayern im Starnberger See zusammen mit seinem Bewacher Dr. Gudden eines bis heute mysteriösen Todes. Der Mythos war geboren.

Rüdiger Dilloo

Der Pfauenthron aus dem maurischen Kiosk in Schloß Linderhof

AU PALAIS DE LA RÉSIDENCE A MUNICH

Louis II de Bavière : Lohengrin décorateur

Par ANDRÉ CHASTEL

Le principe monarchique comporte, comme tout principe politique, une racine d'irrationnel et d'imaginaire sensible dans l'exaltation du cérémonial, du décor et de la légende personnelle. C'est ce qui permit à Louis XIV de devenir celui que Focillon a pu nommer « le plus grand artiste du siècle » par son sens du prestige royal et de l'espace qui lui était nécessaire dans les palais et dans les villes. Avec Louis II de Bavière, on touche à la pathologie de ce comportement : le cas devient pathétique par l'exiguïté relative du royaume et l'anachronisme délibéré de l'entreprise. C'est au moment où Bismarck faisait l'Allemagne que le fils des Wittelsbach sacrifiait délibérément la politique à l'art, concevait — et réalisait — des châteaux d'un romantisme insensé dans les replis des Alpes, et consacrait Wagner, qui n'eût rien été sans lui. Le rempart de rêve élevé autour de sa solitude donne une véritable grandeur au Roi fou de Neuschwanstein qu'il a laissé après qu'en juin 1886 on l'eut retrouvé noyé avec son médecin aliéniste, après une mystérieuse promenade. Il avait alors quarante ans.

Les Walkyries chez Louis XIV

Petit-fils de Louis I*er*, qui avait fait de Munich une grande capitale, définie par de solides édifices néo-classiques, Louis II, roi en 1864, à dix-neuf ans, n'avait de goût que pour le lyrisme, la musique, la montagne et les « bourgs romantiques ». C'est avant tout dans les montagnes de Bavière qu'on le trouve encore, à Neuschwanstein, sorte de Pierrefonds élevé à 1 000 mètres au-dessus des abîmes, et dans le parc surprenant composé autour du château « à la Versailles » de Linderhof, dans une vallée plus douce, près d'Oberammergau. En réunissant dans les salles du palais de la Résidence qui ouvrent sur le Hofgarten les maquettes, dessins, meubles, objets et décors capables d'illustrer les préoccupations du prince, le docteur M. Petzet s'est moins ingénié à restituer le personnage romanesque qu'à indiquer les attaches et les prolongements de son goût. La démonstration est saisissante (1).

La concentration des projets laborieusement étudiés par Louis lui-même et des principaux échantillons de son mobilier donne l'impression d'entrer dans un laboratoire singulier, où chaque élément serait suscité par une rêverie historique. Ainsi, la garniture de bureau composée pour Neuschwanstein comporte une lampe en forme de tour gothique, toutes les pièces sont chargées d'emblèmes chevaleresques. Le cygne de Lohengrin timbre les damas, occupe les cheminées, dessine les sièges, marque les coffrets ou les robinets de la toilette, il sert d'attache aux lustres de cuivre copiés sur les modèles des cathédrales ottoniennes. Il reparaît sur les projets de traîneaux ou d'esquifs, avec l'inflexion souple qui permet la transition du rythme néo-gothique aux torsions dorées du néo-rococo. Car on observe un passage constant des rappels médiévaux à l'imitation directe de Versailles, que le roi de Bavière avait visité en 1867 et dont il avait rapporté un souvenir ébloui. Son invraisemblable lit à baldaquin sous rideau d'or, dominé par Vénus et Adonis, comporte entre les rinceaux touffus l'emblème du Soleil ; le même symbole orne le carrosse de gala, plus orné de feuilles d'or et d'enroulements fleuris qu'aucun coupé princier de la Régence. Et ainsi de suite. Des mirages historiques puissants se projettent sur toutes choses, montrant Louis tantôt au milieu des chevaliers purs de l'ordre de Saint-Georges, tantôt en héritier du Roi-Soleil. La réminiscence commande chaque détail du style.

Des « Maîtres chanteurs » au « modern'style »

La présentation des études et maquettes réalisées par des auteurs dociles sous la direction de Louis II éclaire les origines et les emprunts, en plaçant l'ensemble dans la perspective théâtrale qui lui convient. Louis II exigeait que ses demeures fussent le prolongement des mises en scène auxquelles il donnait tous ses soins. Les décors des *Maîtres chanteurs* et de *Tannhäuser*, avec leur gothique exalté, se retrouvent sur les murs des salles ; et inversement la galerie des Glaces de Versailles — dont on a le souvenir à Herrenchiemsee — servit de fond en 1874 à un drame joué à la cour. Tout se noue autour de Wagner, qui saluait en 1864 comme un miracle salvateur sa rencontre avec Louis II. Le roi devait être l'hôte privilégié de Bayreuth. A la chapelle Sainte-Anne, dans le parc de Linderhof, deux vitraux « médiévaux » furent posés en 1875, l'un en l'honneur de saint Louis, l'autre de saint Richard. Et, un peu plus loin, la grotte de Vénus, où le roi se faisait inlassablement promener dans une barque à la Watteau parmi les cygnes, était la transposition littérale de *Tannhäuser*. La religion de l'art est partout : le navire à vapeur du prince se nomme *Tristan* et son wagon de chemin de fer a des festons dorés de carrosse.

De ce bric-à-brac orgueilleux et naïf, la présentation a plutôt souligné l'aspect caricatural par les écrans à surprise, les découpages et les éclairages accentués. Mais peut-il en être autrement au moment où l'on extrait toutes ces pièces des châteaux de la montagne, et où leur juxtaposition exaspère l'impression d'éclectisme et de lourdeur ? La comparaison s'impose avec le goût Napoléon III, qui a vu, lui aussi, autour de Viollet-le-Duc et de Lassus, l'épanouissement des « styles historiques » aux réminiscences calculées. Mais la démence merveilleuse de Louis II prête à ses décors fastueux l'espèce de majesté d'une monarchie qui n'a pas consenti à son siècle et ne comporte aucune concession bourgeoise. D'où quelques aperçus surprenants.

A maintes reprises apparaissent — comme parfois chez Viollet-le-Duc, dans ses travaux de décorateur (2) — des pressentiments du « modern' style » : tel projet de Ch. Jank pour la salle des chevaliers à Neuschwanstein annonce exactement les colonnes-racines de Gaudi. Quand ils ne suivent pas de près les ornemanistes du XVIII*e* siècle et les médaillons de Boucher, les encadrements glissent au 1900. Des paons géants de bronze commandés à Sèvres et le trône-aux-trois-paons de verroterie destiné à la grande salle du kiosque mauresque précisent la filiation. Munich occupera une place importante dans l'évolution laborieuse de la fin du siècle, en peinture comme en musique, et même en architecture : voyez les maquettes de G. Semper pour le grand opéra (1865-1866), rival de celui de Garnier.

De Wagner à l'Art nouveau, les extravagances bavaroises éclairent en profondeur les détours de l'époque. On ne les considère déjà plus avec tant de mépris. Qui sait ce que donnerait une exposition Napoléon III bien comprise ?

Ici, en tout cas, le Lohengrin de Munich est allé au bout de sa vision obstinée. On ne peut échapper au malaise de ces yeux bleus levés et comme perdus, qui apparaissent dans tous ses portraits. Rien dans tout cela qui ressemble à un chef-d'œuvre. Sauf peut-être une statue en marbre qu'on jugerait d'abord sortie du XVIII*e* siècle français et qui est l'œuvre d'Elisabeth Ney, 1870 : Louis nu-tête, dans le costume de l'ordre de Saint-Georges, le port droit ; à vingt-cinq ans, il n'a pas encore la bouffissure de la démence et montre le plus beau visage halluciné et fermé sur soi-même que l'on puisse imaginer.

---

(1) *König Ludwig II und die Kunst*, 907 numéros, catalogue et introduction par M. Petzet, conservateur des châteaux, parcs et jardins de Bavière. La figure du roi de Bavière n'a guère été connue en France que par la littérature. Les études récentes et utiles sont indiquées dans le catalogue de Munich.
(2) On n'aura pas oublié l'exposition de *Viollet-le-Duc*, catalogue par J.-P. Auzas, à l'hôtel de Sully, au printemps de 1965.

Le Monde
24 octobre 1968

Menschlich gesehen

Keine Angst vor Neugotik

Museumsleute sind darauf gefaßt, daß ihnen Ehrungen — wenn überhaupt — erst spät im Leben zuteil werden und Erfolg allenfalls auf leisen Sohlen kommt.

Um so heftiger wurde der Konservator Dr. Michael Petzet, mit 35 Jahren jüngster leitender Beamter in der „Bayrischen Verwaltung der Staatlichen Schlösser, Gärten und Seen", von der Wirkung seiner „König-Ludwig-Ausstellung" überrumpelt.

Zuschriften aus aller Welt häufen sich auf seinem Schreibtisch im Nymphenburger Schloß. Die wissenschaftliche Qualität des von Petzet verfaßten Katalogs wird gerühmt, und die Ausstellung in der Residenz bewirkt das, was in den letzten zwanzig Jahren nur Picasso und Spitzweg zuwege brachten: 100 000 Besucher haben sich eingestellt.

Als Dr. Petzet Anfang des Jahres den Märchenkönig als Ausstellungsthema vorschlug, war man zunächst verblüfft: gilt doch die Zeit des späten 19. Jahrhunderts als Zeit der Geschmackssünden und des Kitsches.

Doch der junge Konservator mit der leisen Stimme und den nachdenklichen Gesten hatte schon als Denkmalpfleger im Allgäu sieben Jahre lang die neugotisch verpönten Dinge inventarisiert.

Augenblicklich arbeitet Michael Petzet in seiner Freizeit über den Louvre, und ein weiteres König-Ludwig-Buch gibt er auch heraus. Einmal am Tag spielt er Tischtennis: in der Mittagszeit, Nymphenburger Rokoko-Damen schauen dann aus goldenen Rahmen zu.

Privat sammelt Dr. Petzet in seinem Kraillinger Haus alte Architekturzeichnungen. Seine Frau, Detta Fiedler, Bühnenbildnerin aus Köln, teilt Arbeitsinteressen und Hobbys, soweit die beiden Kinder es zulassen.

Hamburger Abendblatt
8. November 1968

Süddeutsche Zeitung
2./3. November 1968

Weißblaues Trauma

Diskussion über den „Pop-König" Ludwig II. in München

Das Podiumsgespräch (im Theater an der Leopoldstraße) über Erich Kubys jüngste These vom „Pop-König Ludwig II." ging nach zweieinhalb Stunden wie das Hornberger Schießen aus, obgleich oder weil das Publikum im Theater an der Leopoldstraße nicht mit Ein- und Anwürfen, Kraftausdrücken und kabarettistischen Einlagen geizte. Die Argumentation schwang sich, höchst bajuwarisch, von der hellen Gaudi bis in die dünnen Höhen kulturphilosophischer Spekulation, wobei es sich nicht vermeiden ließ, mitunter das Thema zu streifen.

Es kam, was kommen mußte: Die Ausstellung „König Ludwig II. und die Kunst" sowie Kubys *Stern*-Deuterei des Phänomens haben an ein ewiges weißblaues Trauma gerührt, zu dem jeder, im Innersten getroffen, eine Privattheorie verkündete. Es wurde flammend und emotional reagiert, ähnlich wie bei Debatten über Wagner, den verwandten Stein immerwährenden Anstoßes. In der Heftigkeit, mit der man den Alleinbesitz der Wahrheit verkündete, lag die Komik dieser Schwabinger Redeschlacht voll Gefühlsaufwand und „Tratzerei".

Mit lächelnder Bonhommie ließ Hermann Proebst, assistiert vom Ernst Ludwig der Scholastika-Gespräche, die Streithähne aufeinander los. Erich Kuby entfaltete sein herausforderndes Ludwig-Bild: Ein Monomane und Asozialer hat zur Selbstverherrlichung eine mit Kunst nicht identische „Subkultur" inszeniert, eine Gegenwelt, eine Flucht vor der Wirklichkeit, wie sie in etwa den Beat-Schuppen des Pop oder der Isolation der Hippies entspricht. Voll sanft-hinterhältigem Sarkasmus stach der Kunsthistoriker Michael Petzet — stets urban, gelassen, sachlich und unbestechlich fundiert argumentierend — in Kubys Versuchsballon und entzauberte diese Theorie als umfassionierten alten Hut, als die Mini-Version jener angestaubten, wertbewußte Kennerschaft vorspiegelnden Ansicht vom Kitsch des verrückten Königs.

Wolfgang Christlieb, als Kunstkritiker wie als Dramatiker ein gewiegter Ludovicologe, stemmte sich gegen das allzu locker sitzende Wort vom Kitsch, war jedoch mit Kuby darin einig, daß Ludwig II. keine Kunst schaffen wollte. Nachdem Dr. Dr. Dr. Hanns Keller die strittige Ausstellung einen Mummenschanz genannt, Marieluise Fleisser ein Ludwig-Feuilleton verlesen und Anton Sailer mit Grabesstimme unverbrüchliche Königstreue („Pop vergeht — Ludwig besteht") bekundet hatte, war man dort, wohin jede Diskussion über den Märchenkönig zwangsläufig treibt: bei der Rechtfertigung des Königs, beim aufgebrachten Reagieren, beim Wittern schlimmen Sakrilegs. Erich Bohrer verteidigte hartnäckig die Arbeitsmoral des Monarchen, Hannes König schlug sich als Vasall des angeschuldigten Stammesfürsten, und ein Herr im Publikum zog die Bilanz: „Solang sie in Bonn koane Bessern net ham, is für mi der Ludwigerl allwei no der König!"

Darauf konterte ein weiterer Zuhörer todernst marxistisch. Das hieß, den Heiterkeitserfolg des Vorgängers konkurrenzlos übertrumpfen.

Ludwig II. als Gestalt, ja als Exponenten des 19. Jahrhunderts zu sehen, war der auf brennende Aktualität erpichte Erich Kuby nicht bereit. Als Michael Petzet die vorurteilsfreie, wissenschaftliche Beschäftigung mit der längst nicht mehr pauschal abgeurteilten Kunst der Ludwig-Zeit zur Sprache bringen wollte, hatten sich sowohl die Fronten als auch die Lachmuskeln bereits verhärtet. Man ging und nahm die Erkenntnis mit, daß es in einer Diskussion möglich gewesen ist, über Ludwig II. zu reden, ohne daß die Worte Romantik, Individualismus und monarchische Idee fielen.

K. Sch.

AZ (Abendzeitung), München
15./16. März 1969

Wer wird Nachfolger von Max Heiß im Münchner Stadtmuseum?

Karten auf dem Tisch

Heute ist es soweit: Zwar fallen noch keine Würfel, doch haben alle Mitspieler ihre Karten auf den Tisch des Personalreferats der Stadtverwaltung gelegt. Denn am heutigen Samstag läuft die Bewerbungsfrist für die öffentlich ausgeschriebene Position des neuen Direktors im Münchner Stadtmuseum ab.

Dr. Max Heiß, seit 1957 Chef im ausgedehnten Hause Sankt-Jakobs-Platz 1, wird im Juli dieses Jahres 65 und geht in den Ruhestand. In den nächsten Wochen wird deshalb der Stadtrat dem qualifiziertesten der Bewerber den „Zuschlag" erteilen müssen.

Wer wird am 1. August die

Michael Petzet

Nachfolge von Dr. Heiß antreten? Vorläufig bleibt es bei Spekulationen. Auf jeden Fall gibt es „mehr als fünf" Bewerber. Das war Amtmann Herbert Drachsler vom Personalreferat zu entlocken. Auch das Geheimnis, daß nicht nur Münchner sich in die Dienste des Münchner Stadtmuseums begeben wollen, war zu lüften.

Ab heute stellt die AZ in zwangloser Reihenfolge einige der potentiellen neuen Hausherren vor. Im Zeitalter der Emanzipation ist es selbstverständlich, daß auch Damen nach dem Direktorensessel greifen.

Jung ist der Bewerber Dr. Michael Petzet, von Geburt Münchner und mit ganzem Herzen Bayer. Noch jünger wirkt er, der 36jährige Kunsthistoriker mit dem struppig-schwarzen Mecki-Kopf.

Sein Zimmer — zirka 16 Quadratmeter Bullerofenidylle; brökkelnder Putz an den erschreckend hohen Wänden; auf den Spuren des Märchenkönigs eine Jugendbüste und zwei Neuschwanstein-Visionen in Öl; Empiresitzmöbel mit zerschlissenem Chintz; Akten und Bücher, darunter zahlreiche Petzet-Publikationen. Das Zimmer befindet sich in Nymphenburg, Schlösserverwaltung, Eingang acht, zugige Flurfenster; Schüttelfrost beim Blick auf kahles Parkgestrüpp.

Dr. Michael Petzet ist „Konservator auf Lebenszeit", Referent für die Ludwig-Schlösser im Allgäu und in Oberbayern, für Schleißheim und Nymphenburg. Er ist mit einer Bühnenbildnerin verheiratet, hat zwei Kinder und wohnt im Elternhaus in Krailling. Er hat ein Jahr in Paris studiert und macht auch für Engländer Kunstführungen in ihrer Sprache. Er war bereits mit 25 fertiger promovierter Kunstwissenschaftler; der Doktorvater hieß Hans Sedlmayr, die Dissertation ging über das Pantheon in Paris.

Das ist die Rahmenhandlung in Stichworten, der Werdegang eines äußerst rührigen Staatsbeamten, der sich vorstellt, in städtischen Direktorendiensten noch mehr Initiative entfalten zu können. Sein Meisterstückchen hat er geliefert. **Er hält es für sein bestes Entree, das sich jedoch „kaum überbieten lassen dürfte": die König-Ludwig-Ausstellung in der Münchner Residenz, von 115 000 Menschen besucht.**

Eine ganz und gar bayerische Angelegenheit, für die Michael Petzet keine um die Ohren geschlagene Nacht zuviel war. Münchnerisch-bayrisch! Mit Ausstellungen aus diesem Themenkreis würde er auch als etwaiger Chef das Stadtmuseum ins rechte Licht als lebendige Chronik einer Stadt rücken wollen. Freilich bleiben Pläne unausgesprochen. Wer würde schon im Hinblick auf einen späteren Lottogewinn mit einem Hausbau beginnen?

Michael Petzets Fundus und Qualifikation sind Fleiß, Organisationstalent, wissenschaftliche Akribie und eine hartnäckiger Standpunkt, wenn es um bayerische Kunststücke geht. Das hat er in sieben Jahren Tätigkeit beim Landesamt für Denkmalpflege gezeigt, in denen er mehr auf der Suche nach zu rettender Kunst als im Büro anzutreffen war. Damals hat ihn auch das 19. Jahrhundert mit seinen gelegentlich als „Kitsch" verfemten Epochen überwältigt. Hier bot sich reiches Forschungsfeld. Davon Abschied zu nehmen, wäre, laut Petzet, „nicht leicht — doch zu überwinden". Er sagt: „Ich warte in Ruhe ab."

Elisabeth Müller

DIE NEUEN LEITER DES ZENTRALINSTITUTS FÜR KUNSTGESCHICHTE STELLEN SICH VOR

„Münchner Bauten des 19. Jahrhunderts erforschen"

Gespräch mit Prof. Willibald Sauerländer und Dr. Michael Petzet / „Elfenbeinturm mit offenen Türen"

Aus den Trümmern des zweiten Weltkrieges entstand das Zentralinstitut für Kunstgeschichte in München. Als zentrale Bibliothek, als Kontaktstelle für die Kunstwissenschaft. Nach dreiundzwanzig Jahren trat jetzt sein Mitbegründer und Direktor, Prof. Ludwig Heydenreich, in den Ruhestand. Seit dem 1. Mai gibt es im ZI an der Meiserstraße zwei neue Direktoren, Prof. Willibald Sauerländer und Dr. Michael Petzet. Wir sprachen mit ihnen über Pläne und Aspekte ihrer Arbeit.

Stichworte zur Person: Willibald Sauerländer, 46 Jahre alt, ist Schüler von Hans Jantzen. Er hat in München studiert, ist Spezialist für französische Kunst des Mittelalters und des 17. und 18. Jahrhunderts. 1966 wurde er Ordinarius für Kunstgeschichte in Freiburg.

Der 37jährige Michael Petzet, Sedlmayr-Schüler, war zuletzt Konservator in der Schlösserverwaltung. Als phantasievoller Organisator (und Verfechter) der Ludwig II.-Ausstellung (1969) repräsentiert er das noch recht junge Interesse der Kunstwissenschaft für das 19. Jahrhundert.

Die Arbeit des Instituts vollzieht sich vornehmlich in der Stille der Wissenschaft. Seine Aufgaben (sie werden von den Direktoren gemeinsam mit dem Kuratorium entwickelt) sind größer, langfristiger, vielseitig mit der internationalen Forschung verflochten, als sich das der dankbare Benützer seiner öffentlichen Einrichtungen, nämlich Bibliothek und Fotothek, vorstellt. Das ZI beschäftigt elf Wissenschaftler, zehn Angestellte, weitere sechs Wissenschaftler sind derzeit mit speziellen Forschungs- und Werkverträgen tätig.

Wer finanziert?

Die Frage liegt auf der Hand: wer finanziert diesen wissenschaftlichen Bienenfleiß, der sich in fündigen Publikationen, in Forschungsberichten und Erschließung bis dato ungenutzter Quellen niederschlägt? Sauerländer: „Wir unterstehen dem bayerischen Kultusministerium, werden aber vom Bund aus den Mitteln des Königsteiner Abkommens finanziert. Ich möchte keine Zahlen nennen. Vor allem für die Bibliothek ist der Etat nicht ausreichend. Zusätzliche Mittel bekommen wir von der Deutschen Forschungsgemeinschaft; sie finanziert die Herausgabe des Reallexikons für Kunstgeschichte, und von der Thyssen-Stiftung."

Das Zentralinstitut hat gewissermaßen seine Gründerjahre hinter sich. Steuert das Team der beiden Direktoren auf eine neue Ära zu, die wesentliche Änderungen in Programm und Zielsetzung der Forschungstätigkeit vorsieht?

Sauerländer: „Man muß von der bisherigen Arbeit ausgehen. Das Herzstück ist und bleibt, was die Sammelaufgabe angeht, die Bibliothek mit 106 597 Bänden. Über die Bundesrepublik hinaus ist sie die größte kunsthistorische Präsenzbibliothek, ein Sachkatalog erfaßt die gesamte Literatur seit 1950. Das ist natürlich eine Aufgabe, die bleibt, und wir müssen unbedingt anstreben, daß der Etat gehoben und Sondermittel beschafft werden. Wir müssen mit unseren Ankäufen unbedingt auf dem laufenden bleiben. Sonst kann die Bibliothek nicht sein, was sie sein soll. Möglich, daß in einer Absprache mit anderen Bibliotheken abgestimmt wird, wo die Schwerpunkte, Hauptsammelgebiete also, liegen sollen. Das Gebiet ist zu groß geworden."

Foto-Kampagnen

Petzet: „Als zweiter Punkt wäre wohl die Fotothek zu nennen. Ich habe angefangen, die beiden Foto-Archive unseres Hauses zu vereinen — die Fotothek des Instituts und das Thyssen-Bildarchiv, dem das Fotoarchiv von Alfred Stange mit 40 000 Dokumenten angegliedert ist. Es ist unpraktisch, zwei Sammlungen weiterzuführen. Die Fotothek muß erheblich ausgebaut werden. Bisher sammeln wir Fotos von Kunstwerken und Denkmälern. Wir planen, daß das Institut mit eigenen Foto-Kampagnen seine Foto-Unterlagen wesentlich ergänzt."

Seit dem Gründungsjahr erscheint im Zentralinstitut — jetzt im 23. Jahrgang — die „Kunstchronik". Die Redaktion dieser einzigen kunsthistorischen Monatsschrift im deutschsprachigen Bereich gehört zum täglichen Brot der nächsten Jahre.

Ein Riesenwerk ist das von Heydenreich gestartete Unternehmen „Reallexikon zur deutschen Kunstgeschichte" (Zahl der Bände vorläufig unbekannt). Da es, auf dem neuesten Stand, den guten alten, zuverlässigen Thieme-Becker wünschbar ergänzen könnte, warten mutmaßliche Benutzer sehnlichst auf jeden neuen Band. Der letzte (Stichworte: von Email bis Eselstritt) kam 1967, nach zehnjähriger Vorbereitung. Wir fragen: läßt sich, bei aller Mühsal lexikalischen Arbeitens, das Tempo nicht etwas dem Jet-Zeitalter anpassen?

Jedes Jahr ein Buchstabe

Petzet: „Wir überlegen, ob und wie man die Herausgabe des Reallexikons, ohne die Qualität zu senken, beschleunigen kann. So, wie es jetzt läuft, wäre es erst nach vielen Generationen abgeschlossen. Unser Wunsch ist, in jedem Jahr einen Buchstaben herauszubringen. Die Sache sollte in 20 bis 25 Jahren abgeschlossen sein. Immerhin: der Thieme-Becker hat auch 40 Jahre gebraucht."

Sauerländer: „Wobei man das Reallexikon nicht an die Spitze der wissenschaftlichen Unternehmungen stellen würde. Die wichtigen Arbeitsbereiche sind Erforschung und Veröffentlichung von Quellen und Denkmälern zur Kunstgeschichte. Ich denke an bestimmte neue Projekte des Mittelalters, über die ich im einzelnen noch nichts sagen will."

Der Begriff Kunst-**Geschichte** hat sich in den letzten Jahren quasi um ein Jahrhundert, nämlich das neunzehnte, verlängert. Soll das in den Institutsforschungen berücksichtigt werden?

Sauerländer: „Gewiß, das 19. Jahrhundert gehört dazu, da hat sich seit 1948 viel geändert. Wie weit man Kunstgeschichte zur Moderne hin abgrenzt, das ist eine schwierige Frage."

Auch für Studenten

Petzet: „Ich habe immer eher modern gearbeitet. Als interessante und notwendige Aufgabe könnte ich mir beispielsweise eine Erforschung der Münchner Bauten des 19. Jahrhunderts vorstellen."

Sehen die Direktoren Gründe, das Institut mehr als bisher auch den Studenten zu öffnen, sie eventuell an Vorhaben des Instituts zu beteiligen?

Sauerländer: „Einen Ausbildungsauftrag für Studenten hat das Institut nicht. Es ist doch eher so, daß bei uns, ähnlich wie in den Max-Planck-Instituten, jene großen Forschungsaufgaben zu bewältigen sind, die aus dem Bereich der Universitäten abgezogen werden, weil sie neben dem Lehrbetrieb kaum mehr zu leisten sind."

„Es ist klar, daß ein enger Kontakt zur Universität besteht, wir beraten die Studenten gern. Mehrere unserer Leute sind habilitiert, auch Petzet will sich habilitieren. Es ist in Aussicht genommen, daß auch ich hier an der Universität lehre. Was die Bibliothek angeht, wollen wir sehr liberal sein. Alle Doktoranden können sie selbstverständlich benutzen. Und wer ein Referat macht, bekommt eine Karte für begrenzte Zeit."

Kaum ein Arbeitsplatz

Petzet: „Die Bibliothek ist in letzter Zeit bis an den Rand ihrer Kapazität ausgelastet, man bekommt kaum einen Arbeitsplatz. Da wird sich etwas ändern müssen."

Das Zentralinstitut hat bisher eine sehr stille, um nicht zu sagen esoterische Existenz geführt. Arbeitstagungen, Vorträge fanden in engstem Kreis statt. Soll das so bleiben?

Sauerländer: „Ein solches Institut braucht eine gewisse Sach-Exklusivität. Daß es eine soziale Exklusivität beansprucht, wäre unverantwortlich. Wir wollen ein Elfenbeinturm sein, aber ein Elfenbeinturm mit offenen Türen, in den jeder, der arbeiten will, sich zurückziehen kann."

Ingrid Seidenfaden

Münchner Merkur
23./24. Mai 1970

KARL SCHUMANN

Süddeutsche Zeitung
18./19. April 1970

Breitwand Anno 1864

Die königlich-bayerische Frühgeschichte der Wagner-Bühne

"Hier wird mit Zank und Streit getan." Prügelszene aus den „Meistersingern von Nürnberg". Szenenillustration von Th. Pixis, 1868.

AM. UFER. DER. SCHELDE. Ankunft des Schwanenritters Lohengrin. Bühnenbildentwurf von Heinrich Döll, 1868.

Die Todstunde Richard Wagners: Er durchmaß das anrüchige 19. Jahrhundert. Den einen erklärt dies, warum er laut und unausstehlich ist; die anderen beklagen darin den Erdenrest, der ihm peinlich war und von dem ihn die Nachwelt erlösen muß. Wie sich Wagner auf der Bühne seiner Zeit bewegt hat, wie die Aufführungen aussahen, die er betreute und billigte, und was seinen königlichen „Mitschöpfer" Ludwig II. ans Musikdrama fesselte, ist längst dingter Geburtsmakel. Die historische Wagner-Bühne der Uraufführungen bleibt rettungslos „überwunden" und taugt allenfalls noch für die Karikatur. Einsichten in Wagner sind dort nicht zu gewinnen, wo er der Spielball seines Säkulums ist, heimgesucht von Realismus, Historismus und sonstigen Geschmacksverirrungen einer im Bildnerischen unsicheren Zeit.

Also lautet der Beschluß unserer Enkelgeneration. Nun setzt ein Buch just dort an, wo Wagner für überlebt gilt: bei den Münchner und Bayreuther Aufführungen zwischen 1864 und 1882 (Die Richard-Wagner-Bühne König Ludwigs II., München-Bayreuth, Prestel-Verlag, München). Und dieses Buch, das sich im Meßbuchformat auf 840 Seiten heranwälzt, ist ein Novum unter den Schriften über Wagner. Ohne noch so dekoratives Brett vorm Hirn stellt es kühl und sachlich Fakten fest, ohne zu werten, zu deuten, zu färben, fuchtelnd zu „beweisen" oder pro und contra zu agitieren. Solches hat sich in Sachen Wagner noch kaum begeben. Es besteht Aussicht, daß der Ahasver der Diskussionen in den geschichtlichen Frieden eingeht.

Kunst" aus der Verwunschenheit des Lächerlich-Altmodischen ins Licht der historischen Gerechtigkeit gerückt worden sind.

An diesen Szenenbildern war Wagner beteiligt, und Ludwig II. hat sie darauf überprüft, ob sie seinem hartnäckigen Wunsch nach historischer Treue entsprachen. Die authentischen Dekorationen, die selbstverständlich genausowenig für eine „werktreue Wiedergabe" aufgestellt werden können wie etwa vorhandene Versatzstücke aus der Shakespeare-Bühne von 1600, hatte man nicht zufällig in den alten, vergilbten Klavierauszügen und Textbüchern reproduziert; sie sind auf ihre Art Nachträge zu den Partituren, Hinweise auf die malerische Komponente des als Illusion einer Welt gedachten Musikdramas, naturalistisch-historistisch gefirnißte Komponenten des Gesamtkunstwerks, das ja so heißt, weil es auf alle künstlerisch ansprechbaren Sinne einwirken will.

Neben dem Theatermaler Angelo Quaglio wurde vornehmlich der Landschaftsspezialist Heinrich Döll herangezogen. Sollten Wagner und Ludwig II. von dem romantischen Prinzip besessen gewesen sein, den Menschen eingebettet in die Natur darzustellen? Haben wir im Eifer, Wagners gelegentlichen Abscheu gegen Kulissen- und Maschinenwesen — ein Ekel, der wohl jeden Theatermann zuzeiten anwandelt — als Legitimation für die abgeräumte Symbolbühne zu beanspruchen, vielleicht darauf vergessen, was im „Kunstwerk der Zukunft" (1849) über die Landschaftsmalerei zu lesen steht? „Die Landschaftsmalerei aber wird, als letzter und vollendeter Abschluß aller bildenden Kunst, die eigentliche, Leben gebende Seele der Architektur werden; sie wird uns lehren, die Bühne für das dramatische Kunstwerk der Zukunft zu richten, in welchem sie selbständig den warmen Hintergrund der Natur für den lebendigen, nicht mehr nachgebildeten Menschen darstellen wird ... Auch die schönste Form, das üppige Gemäuer von Stein, genügt dem dramatischen Kunstwerke nicht mehr zur Bedingung seines Erscheinens. Die Szene, die den Zuschauer das Bild des menschlichen Lebens zuführen soll, muß zum vollen Verständnisse des Lebens auch das lebendige Abbild-darzustellen vermögen, in welchem sich der künstlerische Mensch

Auf das realistische Bühnenbild drang König Ludwig. Die Vision der alten Herrlichkeit hatte handfest zu sein. Ihm verklärte sich die Bühne zur wahren Wirklichkeit. Das Theater erreichte den Gipfel seiner Emanzipation, vom Gaukelwerk des Komödiantenvolks über den schönen Schein der Kulissen hin zur einzig wahren Realität. Die vielgelästerten Separatvorstellungen — neben den von Kammerdiener aus dem Papierkorb gefischten Zetteln das Hauptindiz für eine Geistesskrankheit des Königs — hatten zum Zweck, diese Theaterillusion der höheren Wirklichkeit vollends zu garantieren; was an ein Schauspiel im profanen Sinne erinnerte, war ausgesperrt: das raschelnde, hustende und kichernde Publikum, der Zwang zum Pausengespräch, das banale Drumherum einer Menschenansammlung, die gesellschaftliche Komponente des Theaters. Der andere Teil dieser Traumwelt waren die Schlösser mit ihren mittelalterlichen, orientalischen und absolutistisch-bourbonischen Reminiszenzen, mit dem Tischleindeckdich und den verlarvten Dienern. Tristans Angst vor den „öden Tagen", erlitten von einem König, der sich mit Verlaines huldigenden Worten als „le seul vrai roi de ce siècle" fühlte und sich zum Pro-forma-Landesfürsten erniedrigt fand.

Der König pochte auf die „historische Wahrheit" seiner Theateraufführungen und seiner Schlösser. Er schickte Regisseure und Bühnenbildner nach Reims, wenn man „Die Jungfrau von Orleans" aufführen gedachte, und in die Schweiz, wenn der „Wilhelm Tell" vorbereitet wurde. Er benutzte Wissenschaft und Technik seiner Gegenwart, um den Traum der Vergangenheit auszustaffieren; der Fortschritt diente dazu, das Dahingesunkene zurückzuholen. Technik und historische Wissenschaft des Jahrhunderts gemacht wurde. Um der Illusion willen ließ Ludwig II. mit den jüngsten technischen Errungenschaften arbeiten. Die Spannung zwischen historisierender Idee und neumodischem Werkzeug ist es wohl, was die Kunst Ludwigs II. für viele als Posse und Pose, als Bizarrerie und Kitsch erscheinen läßt. Die „historische Wahrheit" garantierte der Zeit den Kunstwert. Gewiß waren die Theatermaler, denen der König befahl und die Wagner anwies, nicht die Leuchten ihres Metiers, aber sie erstanden sich auf die Illusion der verklärten Vergangenheit. Sie bauten die

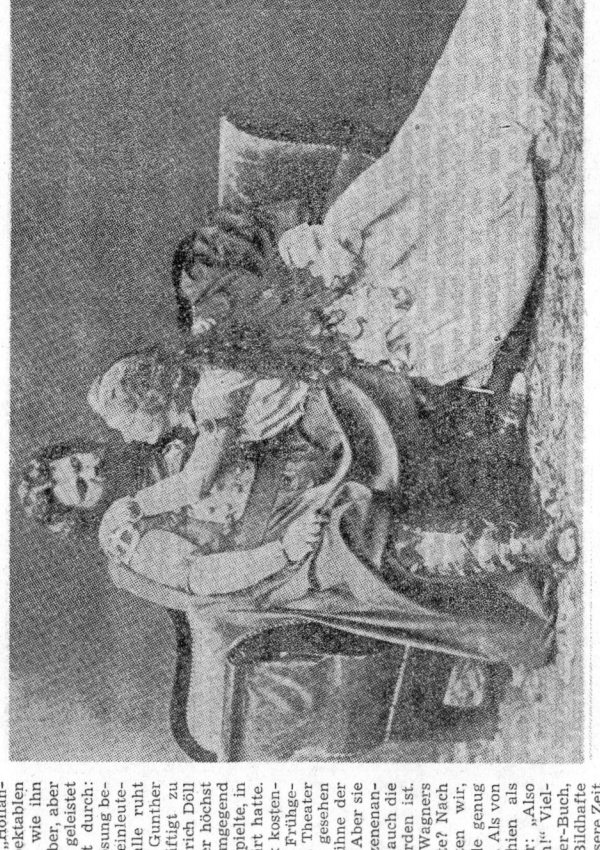

„O sink' hernieder, Nacht der Liebe." Die Liebesszene aus „Tristan und Isolde", wie sie sich August Spieß auf einem Wandgemälde in Neuschwanstein 1881 erträumte...

„Der bleiche Mann" (Fliegender Holländer). Marmorstatuette von Caspar Clemens Zumbusch, 1866.

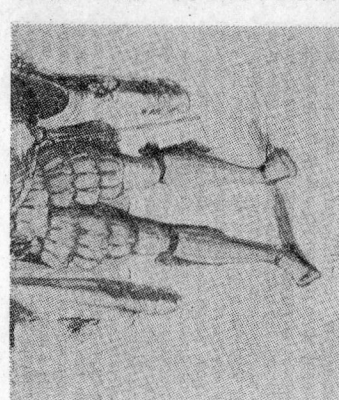

STOLZING in der „Meistersinger"-Uraufführung. Kostümentwurf von Franz Seitz, 1868.

EINZUG DER GÖTTER IN WALHALL, Finale des „Rheingold". Szenenillustration von Theodor Pixis, 1869.

...und wie sie Ludwig und Malwine Schnorr von Carolsfeld 1865 bei der Uraufführung darstellten.

erst ganz als solcher sich geben kann... „Die plastische Architektur fühlt hier ihre Schranke, ihre Unfreiheit, und wirft sich liebebedürftig der Malerkunst in die Arme, die sie zum schönsten Aufgehen in die Natur erlösen soll."

Mozart kennt keine Natur, Verdi vornehmlich Raumarchitektur, bei Wagner begibt sich das meiste draußen, plein air, in der Landschaft als „ermöglichendem Hintergrund". Seine szenischen Anweisungen lassen sich — endlich wieder Augenmenschen lassen sich — finden im ersten Akt des „Fliegenden Holländers". Seine Musik malt: den Schwan im „Parsifal", den Wald im „Siegfried", den Blick aufs öde Meer im dritten Akt des „Tristan", die Einzelheiten eines Sturms im „Holländer", die Johannisnacht in den „Meistersingern". Die Regiebemerkungen, wenn Vorgänge in der Natur angedeutet werden, sind Landschaftsmalerei in Worten. Die handelnden Personen nehmen den Rhythmus des Naturvorgangs auf.

Synchron mit seelischen Vorgängen der handelnden Personen verändert sich die Landschaft. Der erste Akt des „Fliegenden Holländers" reicht von „finsterem Wetter, heftigem Sturm" bis zum Aufklaren und dem (eigens notierten) Umschlagen des Windes. Der mittlere Akt der „Meistersinger" zieht sich vom späten Nachmittag bis in die mondüberglänzte Mitternacht vor dem Johannisfest. „Das Rheingold" durchmißt ein Crescendo vom submarinen Dunkel auf dem Grund des Rheines bis zur Helligkeit der Götterburg unter dem Regenbogen. Das ist optisch empfunden, im nicht zu sagen: filmisch. Dabei geht die Bildphantasie dem Theaterpraktiker durch. Wie soll eine Bühne die „verklärten Gestalten" des Holländers und der Senta zeigen, wenn sie, „sich umschlungen haltend, dem Meere entsteigen und aufwärts schweben"? Welches Pferd bringt so viel Erlösungseifer auf, sich mit Brünnhilde in die Flammen zu stürzen? Welche Wandeldekoration verdeutlicht im „Parsifal" die vorweggenommene Relativitätstheorie: „Zum Raum wird hier die Zeit"?

Die beiden Hauptautoren sind nicht von der Zunft der Wagner-Exegeten, ja sie lassen überhaupt nicht erkennen, wie sie zu Wagner stehen. Michael Petzet ist Kunsthistoriker und Konservator, seine Frau Detta Bühnenbildnerin. Diesen Fetischisten des Plump-Sichtbaren wurde bislang kaum Zutritt zur Manege der geistigen Ringens um Wagner gestattet, am wenigsten in einer Zeit, die darauf schwört, im Musikdrama hätten Dunkelheit und Symbolandeutung zu herrschen. Die beiden Außenseiter von der bildenden Kunst, unterstützt von den musikwissenschaftlern Martin Geck und Heinrich Habel, bauen auf, was an Relikten der königlich-bayerischen Wagner-Bühne vorhanden ist: die Modelle und Szenenentwürfe, die sich Ludwig II. hat anfertigen lassen und die eigentlich erst durch die gleichfalls von Petzet betreute Ausstellung „König Ludwig II. und die Katharinenkirche der „Meistersinger" vor lauter Denkmalsbeflissenheit neugotisch. Sie glitten aber auch in den metiergemäßen Hang zum Dekorativen aus; so gewahrt man in der „Holländer"-Szenerie von 1864 einen so respektablen Renaissance-Kamin in Dalands Stube, wie ihn sich allenfalls ein kunstsinniger Seeräuber aus Antwerpen nebst Umgegend hätte leisten können. Alte Opernlogik schlägt durch: Eine für das erhabene Geschäft der Erlösung bestimmte Maid kann nicht zwischen Kleinleute-Hausrat gedeihen. Die Gibichungenhalle ruht auf deutlich antikisierenden Säulen; Gunther scheint sich mit Archäologie beschäftigt zu haben. Das Ufer der Schelde hatte Heinrich Döll so kräftig idealisiert, daß Wagner später höchst enttäuscht auf Antwerpen blickte, als ihm eine Reise den Streich spielte, in natura zu sehen, was er verklärt hatte.

Fazit des 840 Seiten langen, 185 Mark kostenden Ganges in die königlich-bayerische Frühgeschichte des Musikdramas: Man ist mit dem Theater begegnet, das Wagner und sein König gesehen und autorisiert haben. Es war eine Bühne der Illusion. Breitwand Anno 1864 bis 1882. Aber sie läßt im Verein mit den malerischen Szenenanweisungen die Absicht erkennen, wenn auch die historisierende Tendenz Historie geworden ist. Gehört diese Absicht nicht auch zu Wagners Partituren wie die Noten und die Worte? Nach Extremen der Wagner-Exegese sollten wir, wenn nicht einsichtsvoll, so doch müde genug sein, endlich Wagner selbst zu befragen. Als von Kant nichts mehr übriggeblieben schien als Auslegungen, riefen die Neukantianer: „Also muß auf Kant zurückgegriffen werden!" Vielleicht hilft auf das dickste sachliche Wagner-Buch, zur Sache Wagners zu kommen. Das Bildhafte bei Wagner — welch ein Vorwurf für unsere Zeit des bewegten Bildes.

Dieser alte Schwung ist längst schon hin

„Die Richard-Wagner-Bühne König Ludwigs II." im Prestel-Verlag

Über den Wagner-Stil der Münchner und Bayreuther Erstaufführungen (1855 bis 1885) gibt es jetzt eine zusammenfassende Darstellung: ein Werk, das man ohne Übertreibung als Ereignis für die Geschichte des Musiktheaters ansprechen darf. Es ist die Gemeinschaftsarbeit des Ehepaares Dr. Michael und Detta Petzet, „Die Richard-Wagner-Bühne König Ludwigs II." (München – Bayreuth), erschienen im Münchner Prestel-Verlag, ein Riesenband von 840 Seiten, Preis 185 Mark.

Das Buch ist überreich ausgestattet. Den Mittelteil bildet ein Kompendium von 800 Abbildungen – Bühnenentwürfe, Skizzen, Figurinen, Bühnengrundrisse, Szenenphotos –, auf die ein ausführlicher Text von 310 Seiten Bezug nimmt. Ein „Apparat" von 2030 Anmerkungen verbürgt peinlich akkuraten Quellennachweis.

Katalog als Vorreiter

Den Anhang bildet ein Katalog von 290 heute noch vorhandenen Bühnenmodellen und Entwürfen zu den ersten Wagner-Aufführungen sowie der vollständig abgedruckte (und hier erstmals edierte) Briefwechsel zwischen Wagner und dem Hofsekretär Lorenz von Düfflipp, jenem Unglücksraben, auf dem die Hauptsorge für das Zustandekommen der Wagner-Neuinszenierungen lastete.

Bücher dieser Art pflegen häufig das Ergebnis einer vorangegangenen Ausstellung zu sein. Hier war es umgekehrt: Der Plan zu dem Buch war längst gefaßt, als sich die Ausstellung „Ludwig II." in der Münchner Residenz 1968 sozusagen als Nebis zu den Einstudierungen der „Ring"-Abende und des „Parsifal", nach den szenischen Anweisungen und unter der kritischen Aufsicht des Komponisten entstanden.

Es handelt sich also um authentische, vollgültige Zeugnisse aus der Entstehungszeit des Musikdramas, wie es seinem Schöpfer vorschwebte. Angesichts der nun vorliegenden und in ihrer Gesamtheit doppelt eindringlichen Dokumente muß gefragt werden: Kannten wir den Stil der Münchner Wagner-Inszenierungen bisher wirklich?

Die Frage darf und muß verneint werden. Was uns bekannt war, sind im wesentlichen die in „B. Schott's Söhne" in Mainz mit rührender Pietät und Jahrzehnte hindurch abgebildeten Szenenphotos der frühen Bayreuther Aufführungen, die mit dem pierfasching" und den tristen, unendlich monotonen Gazeschleiern viele Merkmale des viktorianischen Geschmacks und durften bereits bei ihrer Entstehung mehr als Notbehelf denn als künstlerische Lösungen gelten. Bezeichnend ist jedenfalls, daß der (von seinem eigenen Hofbühne verwöhnte) König schon 1881 an die Brüder Brückner und ihre Dekorationen zum Bayreuther „Ring" (von 1876) „mit Schauder" zurückdenkt (Brief vom 17. Mai 1881).

Demgegenüber wirkt der jetzt sich auftuende Blick in die Malerwerkstatt des Münchner Hoftheaters wie eine Offenbarung. Hier wurde die Bühnenbildnerei tatsächlich als hohe Kunst betrieben, und man steht fassungslos vor der unvergilbten Frische, Natürlichkeit und oft bezaubernden Anmut dieser zugleich malerisch-vollendeten wie sachlich-praktikablen Bühnenentwürfe.

Man merkt eben: Das Münchner „Hof- und Nationaltheater" lebte nicht von der Hand in den Mund, hier floß vielmehr, in sorgfältig geübter Tradition, das Wissen und Können von gut 200 Jahren Bühnenpraxis zusammen.

Genau, wie im Barock (Galli-Bibiena) oder im Klassizismus (Friedrich Schinkel) sich das Bühnenbild an den höchsten Leistungen der zeitgenössischen Malerei orientierte, so gipfelt auch das szenische Werk der Münchner Uraufführungen in einer malerischen Bildkraft, die das Fluidum des romantischen Realismus jener Jahre atmet. Dabei ist alles klar, zweckmäßig, wohl disponiert – ein Werk von Könnern und Praktikern, die wußten, was sie ihrem Metier und dem Komponisten schuldig waren.

Die wichtigsten Namen der damals wirkenden Bühnenbildner seien hier genannt: Heinrich Döll, Christian Jank, Simon Quaglio, Angelo II Quaglio. Ferner sei auch der malerisch genial anmutenden Illustrationen und Skizzen von Theodor Pixis, Christian Jank und Michael Echter gedacht, die erst Ludwig II. zusagen ließen, mit welchem Schwung, zugleich aber mit welcher Akribie im kleinsten Detail gearbeitet wurde.

the Technician, April 27, 1970

'Crazy' King Ludwig II Discussed In Lecture Here

Is romanticism dead? Not if you judge by the throngs of tourists that flock to the story book castles of crazy Ludwig II of Bavaria and gape at the incredible extravagance wrought by the king who spared no expense to create his personal fairyland in the 70's and 80's of the nineteenth century.

A true romantic to the end, he bowed out with a flourish, and the mystery of his death by drowning remains unsolved to this day.

Keeping track of Ludwig's phenomenal heritage is a major concern of Dr. Michael Petzet, an art historian in the employ of the West German state of Bavaria.

Catapulted to international note by a spectacular and widely acclaimed exhibition in Munich in 1968, Petzet was able to demonstrate that Ludwig, long recognized for his lavish support of the arts and especially his patronage of the famous operatic composer Richard Wagner, "was a creator in his own right" (*Time Magazine*).

Dr. Petzet, here shown reclining in regal style in one of King Ludwig's ornate chairs, will bring his story to the N.C. State University campus today when he will lecture in Williams Hall Auditorium on the topic "Ludwig II, King of Bavaria, and the Arts."

The lecture, which begins at 8 p.m. is sponsored by the International Student Board, and is open to the public. There will be an open house in Room 256-58 Union after the lecture.

DR. MICHAEL PETZET reclines in an example of Ludwig II's oppulence.

AZ (Abendzeitung), München
4. August 1970

THEODOR PIXIS Szenenbild zu Münchner Uraufführung von „Rheingold" 1869 (erste Szene).

MICHAEL ECHTER, Szenenillustration zur Münchner „Holländer"-Aufführung 1864 (erster Aufzug).

ANGELO II QUAGLIO, Modell zur Uraufführung von „Tristan und Isolde" München 1865 (erster Akt). Photos: Bayerische Schlösserverwaltung

benprodukt der schon geleisteten Vorarbeit ergab. Der damals im Prestel-Verlag erschienene Katalog (ebenfalls Vorreiter des jetzt vorliegenden Kompendiums, ergänzt aber dieses wiederum durch die korrespondierenden Abschnitte über Ludwig II. Bautätigkeit.

Nun zu den Bühnenbildern. Sie waren einst Teil einer Gesamtkonzeption und wirken heute noch in Stil, Auffassung und bildnerisch-räumlicher Wirkung als das, was sie sein sollten: begehbare Bilder, farbig durchleuchtete Aktionsräume, in denen das, was das Drama vorschrieb, geschehen konnte. Und mehr noch: Sie sind, beginnend mit der Neuinszenierung des Münchner „Holländer" (4. Dezember 1864) und der Uraufführung des „Tristan" (10. Juni 1865)

Mehr als bloße Chronologie

Das von Detta und Michael Petzet in diesem Band verarbeitete Material zur Münchner und bayerischen Theatergeschichte ist staunenswert.

Das Buch hält nämlich mehr als es verspricht, es geht über eine bloße Chronologie der Aufführungen und ihrer szenischen Vorbereitung weit hinaus. Der ganze zeitgeschichtliche, biographische und politische Hintergrund wird aufgeschlagen, das Filigran des hin- und herwogenden Tagesgeschehens lebendig gemacht. Unschätzbar sind die eingeflochtenen Exkurse über Publikum, Tagespresse und Fachkritik, die Reaktionen der Zeitgenossen — stellenweise eine Soziologie des Theaters.

Daher: summa laus, summa admiratio für dieses Werk, das fortan kein Forscher der Theatergeschichte wird entbehren können. *Wolfgang Christlieb*

Neue Wagneriana

I.

«Die Richard Wagner-Bühne Ludwigs II.»

-uh. Im Rahmen der von dem Forschungsunternehmen der Fritz Thyssen-Stiftung (Arbeitskreis Kunstgeschichte) im *Prestel-Verlag* (München) publizierten Studien zur Kunst des neunzehnten Jahrhunderts sind in diesem Jahr zwei bedeutende Arbeiten erschienen, die sich beide auf *Richard Wagner* beziehen. Daß sein Werk und seine Persönlichkeit im Zusammenhang mit der von der genannten Stiftung initiierten Beschäftigung jüngerer Historiker mit den verschiedenen künstlerischen Aspekten des neunzehnten Jahrhunderts endlich wieder unbefangen betrachtet und gewürdigt werden, markiert den Beginn einer neuen Aera der Wagner-Forschung, die sich von dem seinerzeit von Bayreuth ausgegangenen und vom «dritten Reich» weltanschaulich und politisch mißbrauchten Heroenkult ebenso distanziert wie von der zur Zeit seines 150. Geburtstages grassierenden Verunglimpfung seiner Person.

Daß die hier anzuzeigenden Bände in der Reihe der «Studien zur Kunstgeschichte» und nicht in der dem Gustav Bosse-Verlag (Regensburg) übertragenen Reihe der «Studien zur Musikwissenschaft» vorgelegt werden, hat seinen Grund darin, daß in beiden Fällen der Illustrationsteil nicht bloße Beigabe bedeutet, sondern im Mittelpunkt der Untersuchungen steht. *Detta* und *Michael Petzet* haben sich die gewaltige Aufgabe gestellt, «Die Richard Wagner-Bühne Ludwigs II.», das heißt die Geschichte der von dem bayerischen König veranlaßten ersten Münchner Inszenierungen Wagnerscher Bühnenwerke und der mit seiner Hilfe ermöglichten Bayreuther Aufführungen des «Rings des Nibelungen» (1876) und des «Parsifal» (1882), zum erstenmal auf Grund aller erreichbaren Quellen zusammenhängend darzustellen. Neben den bereits bekannten, weit verstreuten Quellen konnten sie sich in besonderem Maße auch auf bisher unveröffentlichte, aus dem Geheimen Hausarchiv und aus dem Archiv des Ludwig-II.-Museums stützen. Ueberdies werden auch zeitgenössische Presseberichte – allerdings vorzugsweise deutsche, während die zahlreichen französischen zurücktreten – zur Ergänzung herangezogen. Für das weltschichtige Unternehmen, das kunsthistorische, theatergeschichtliche und musikhistorische sowie psychologische Aspekte der vielfach schwankenden persönlichen Beziehung Ludwigs II. zu Wagner zu berücksichtigen zwang, brachten die Verfasser die denkbar besten Voraussetzungen mit: Detta Petzet ist als Bühnenbildnerin mit der Praxis des Theaters vertraut, und der Kunsthistoriker Michael Petzet verfügt als Konservator der Bayerischen Verwaltung der staatlichen Schlösser Nymphenburg, Schleißheim, Herrenchiemsee, Linderhof, Neuschwanstein, des Marstallmuseums und des Ludwig-II.-Museums über profunde Kenntnisse

Isoldes Liebestod. Szenenillustration von Michael Echter nach der Uraufführung von «Tristan und Isolde» (1865).

Text- und Bildteil sind in engste Beziehung zueinander gesetzt. Die theater- und musikhistorische Darstellung, die von 1864, das heißt von Wagners Eintreffen in München an, bis zu den nach Wagners Tod auf königlichen Befehl in München durchgeführten Separatvorstellungen des «Parsifals» für Ludwig II. reicht, stützt sich auf den 356 Tafeln 771 Illustrationen umfassenden Bildteil in nicht geringerem Maße als auf die schriftlich mitgeteilten Zeugnisse, unter denen der Briefwechsel Wagners mit dem Hofsekretär Lorenz von Düfflipp eine hervorragende Stellung vor allem dadurch einnimmt, daß er die Aufschlüsse, die der Briefwechsel des Komponisten mit Ludwig II. zur Aufführungsgeschichte beiträgt, in bedeutender Weise ergänzt und oft auch präzisiert. Die Eingliederung der Tafeln in den Textband erweist sich bei der engen Verknüpfung von Text und Bild, auf die die Autoren mit guten Gründen besonderes Gewicht legten, für den Benützer leider als wenig zweckmäßig. Die vom Verlag ursprünglich vorgesehene Aufteilung in zwei Bände, die erlaubt hätte, bei der Lektüre die zugehörigen Tafeln aufzuschlagen, wäre um so mehr vorzuziehen gewesen, als die Unterbringung von Text und Tafeln in einem einzigen Band einen unförmigen Buchblock ergab, der den Umgang mit dem dargebotenen reichen Material unnötig erschwert.

Venedig, den der Hofsekretär Ludwig von Bürkel dem König in einem ausführlich gehaltenen Brief erstattete.

Für Spezialgebiete haben die Autoren vernünftigerweise Fachleute beigezogen: *Heinrich Habel* befaßt sich mit der Idee eines Festspielhauses, und *Martin Geck* gibt einen Ueberblick über die Musik und das Musikleben im München Richard Wagners. Die Vergegenwärtigung des musikalischen «Klimas», das Wagner in München vorfand, schafft erst die Voraussetzung für eine gerechte Würdigung seines und Hans von Bülows Wirken in München und des Gelingens und Scheiterns seiner Reformpläne. Daß in diesem Zusammenhang auch der Münchner Musikschule, die Wagner ins Leben rief, und seiner wenig erfolgreichen Bestrebungen gedacht wird, das Publikum zu einer verständnisvollen Teilnahme am musikalisch-theatralischen Geschehen zu gewinnen – was als Teil eines auf eine Gesamterneuerung des kulturellen Lebens gerichteten Wirkens zu verstehen ist –, zeigt an, wie die der Wagner-Bühne Ludwigs II. gewidmete, weitgespannte Arbeit auf eine vollständige Erfassung aller Erschütterungen standhaltende Bündnis von König und Künstler bestimmten Erscheinungen angelegt ist.

Gazette des Beaux Arts
Chronique des Arts, octobre 1970

D. et M. Petzet, *Die Richard Wagners Bühne. König Ludwig II.* dans *Studien zur Kunst des 19. Jahrhunderts*, vol. VIII, 750 p., 765 ill. sur 352 pl., 16 pl. en coul. Prestel, 1969.

C'est le huitième gros volume de la série des *Studien zur Kunst des neunzehnten Jahrhunderts* que publie déjà des monographies intéressantes sur l'historicisme dans les arts plastiques, l'architecture de théâtres, de musées et de passages, une bibliographie pour l'histoire de l'art du XIX° siècle et d'autres, en attendant l'iconographie de Wagner, Paris dans la peinture allemande et l'architecture de l'Opéra de Garnier.

L'ouvrage dernièrement paru a pour sujet la scène wagnérienne au temps de Louis II de Bavière, est suivi de textes complémentaires de Heinrich Habel et de Martin Geck, traitant l'un de « l'idée d'un bâtiment de théâtre » chez l'architecte Gottfried Semper, auteur des projets des opéras de Rio de Janeiro, Dresde et Munich, du Burgtheater de Vienne et l'autre, de la musique et la vie musicale à Munich.

L'ouvrage est important par le fait que ses auteurs ont mis à profit des documents inédits des archives intimes (Geheimes Hausarchiv) de la Maison de Bavière et du Musée de Louis II, ainsi que des annonces et des échos de la presse de l'époque. Une attention particulière est consacrée aux décors et costumes des représentations de Munich, souvent créés sur les indications de Wagner lui-même, et c'est là l'apport particulièrement utile de cet ouvrage qui traite un domaine jusqu'ici à peu près délaissé dans la littérature wagnérienne. Il ait notamment ressortir l'union étroite entre le décor des opéras de Wagner et celui des fameux châteaux de Louis II, dont Michael Petzet assume la conservation en succédant à Altgraf Salm, atteint par la limite d'âge. (Petzet publie dans ce numéro de la *Gazette* un article sur les châteaux du roi de Bavière conçus par Louis II comme des décors de théâtre.)

L'extrême richesse de l'illustration rend cet ouvrage hautement révélateur de l'intérêt, voire de la beauté des décors de l'art dans les capitales de l'Europe Centrale d'il y a cent ans.

der Baugeschichte der Königsschlösser und ihrer von Ludwigs II. Wagner-Enthusiasmus entscheidend mitbestimmten bildkünstlerischen Ausschmückung. Indem Petzet die aus der Wagnerschen Figurenwelt verschwenderisch schöpfenden Dekorationen und außerdem den Semperschen Theaterplan eingehend mitberücksichtigt, gelingt es ihm, ein umfassendes Bild der von den theatralischen Vorstellungen Ludwigs II. und Richard Wagners mitgeprägten Epoche zu entwerfen. Der Beziehungsreichtum, der in der Darstellung der beiden Autoren sichtbar gemacht wird, verleiht der eine ungeheure Fülle von Dokumenten mit großem Geschick verarbeitenden Geschichte der Entstehung und Wiedergabe der Wagnerschen Bühnenwerke – von denen «Tristan und Isolde», «Die Meistersinger von Nürnberg» und die gegen Wagners Willen vom König angeordneten Inszenierungen von «Das Rheingold» und «Die Walküre» in München, ferner die Aufführungen von «Siegfried» und «Götterdämmerung» und zuletzt von «Parsifal» in Bayreuth Uraufführungen waren – eine einzigartige Stellung im Wagnerschrifttum. Ein großes Thema erscheint hier mit stupender Sachkenntnis in allen Bereichen erschöpfend und dank der klaren und zweckmäßigen Aufteilung in Haupttext und sehr umfangreichen Anmerkungsteil auch übersichtlich behandelt.

Wagners persönlicher Anteil an der Planung und Realisierung der meisten dieser Erstaufführungen – ein Anteil, der sich mit gleicher Intensität auf sämtliche Aspekte des «Gesamtkunstwerks» erstreckte – geht aus den Dokumenten, die hier vorgelegt und kritisch ausgewertet werden, in besonders fesselnder Weise hervor. Unverständnis, Mißtrauen und Feindseligkeit gegenüber den künstlerischen Ambitionen und den aufwendigen Lebensführung des Günstlings und ehemaligen Revolutionärs, dessen Einfluß auf den jungen König Besorgnis und Unmut hervorrief, mußten Wagner die Verwirklichung seiner Bühnenvisionen sowohl als seiner mit dem Orchester zugewiesenen ungewohnten Aufgaben stark erschweren. Daß sich auch im Verhältnis zum König viele Schwankungen und Trübungen ergaben, ist zwar längst bekannt, doch erscheinen sie im Zusammenhang mit der Aufführungsgeschichte der Bühnenwerke vielfach in schärferer und auch in neuer Beleuchtung.

Der textlichen Dokumentierung tritt die bildliche gleichwertig zur Seite. Die in erstaunlichem Umfang erhalten gebliebenen Bühnenmodelle, Entwürfe und Illustrationen, die über die Bühnenbilder und Kostüme genauen Aufschluß geben, vermitteln einen Begriff von den außerordentlichen künstlerischen Anstrengungen, die notwendig waren, um die Werke Wagners zum erstenmal auf die Bühne darzustellen. Sie bezeugen aber auch, wie weit der Kreis der an der szenischen Realisation und an der Verkörperung der Wagnerschen Gestalten Beteiligten gezogen war.

Die verhältnismäßig bescheidene Einsparung, die mit einer einbändigen Ausgabe erzielt werden konnte, hätte bei einer notwendigerweise kostspieligen Publikation wie dieser nicht den Ausschlag geben dürfen. Die Qualität der Tafeln steht – soweit die Vorlagen ein voll befriedigendes Resultat zuließen – auf dem beim Prestel-Verlag gewohnten Niveau.

Die einfarbigen Tafeln, die auch Randerscheinungen wie den Lohengrin-Zyklus in Neuschwanstein, die Tannhäuser- und Venus-Zyklen in Linderhof, den «Tristan»-Zyklus von Heinrich und August Spiess in Schloß Berg und die Venus-Grotte in Linderhof, Bildnisse, Karikaturen, Programmzettel und anderes, ferner die Semperschen Festspielhausentwürfe einbeziehen, werden ergänzt durch eine Reihe vorzüglicher farbiger Abbildungen von Szenenbildern, Modellen und Figurinen zu den Münchner Aufführungen sowie durch zahlreiche in den Text eingestreute Illustrationen (wie diejenigen von Pixis und Eckwall aus illustrierten Zeitungen), außerdem auch durch Detailzeichnungen zu Dekorationen, unter anderen zur «Parsifal»-Wandeldekoration. Der Bildteil spiegelt in seiner Vollständigkeit eine Epoche, deren bildkünstlerische Entgleisungen und zuweilen auch eigentlichen Entgleisungen mit aller Deutlichkeit zur Erscheinung gebracht werden, in der sich jedoch auch beträchtliche Qualitätsunterschiede abzeichnen. – Um Vergleiche zu ermöglichen, erfahren in Text und Bild auch einzelne vor den Münchner Erstaufführungen liegende Inszenierungen früherer Wagner-Opern eine eingehende Würdigung. An den Münchner und Bayreuther Wagner-Inszenierungen seit 1864 waren als Bühnenbildner vor allem beteiligt Angelo II. Quaglio, Heinrich Döll, Christian Jank, Josef Hoffmann, die Brüder Gotthold und Max Brückner und Paul von Joukowsky, an der erst zwei Jahre nach Ludwig II. Tod in München veranstalteten Uraufführung des Jugendwerkes «Die Feen» Carlo Brioschi und Hermann Bengshart.

Die Zeit für eine vorurteilslose Würdigung der Wagner-Bühne der sechziger bis achtziger Jahre ist gekommen, und es erscheint als ein besonderer Glücksfall, daß die Geschichte der Münchner und der Bayreuther Erstinszenierungen und der in den gleichen Zeitraum fallenden Münchner Neuinszenierungen von «Lohengrin», «Tannhäuser» und «Tristan und Isolde» unter besonderer Berücksichtigung der kunsthistorischen Aspekte von zwei das Phänomen der Wagner-Bühne in größere Zusammenhänge stellenden Autoren geschrieben wurde, die eine ungeheure Materialfülle souverän zu formen vermochten. Bekanntes und schwer Zugängliches wird durch bisher Unzugängliches in bedeutender Weise ergänzt. Das Neue auszusondern ist im Rahmen dieser Anzeige nicht möglich, doch soll wenigstens ein wichtiges Dokument herausgehoben werden: ein Bericht über Wagners Tod in

Wolfgang Christlieb über die Röthel-Nachfolge:

Hier geht es nicht um Preis-Ochsen

Auf geht es zur zweiten Runde in Sachen Münchner Städtische Galerie. Heute sollen sich, wie bereits gemeldet, vier Bewerber für den Posten des Galerie-Direktors dem Kultur- und Personalausschuß vorstellen und über ihre Konzeption der künftigen Galerie-Arbeit referieren.

Die Namen der vier: Dr. Helmut Leppien, Köln (Kunsthalle), Dr. Michael Petzet, München, und Professor Dr. Siegfried Wichmann (Starnberg). Sie wurden aus der Reihe von bisher 13 Bewerbern nach einem ziemlich unerforschlichen Ratschluß ausgewählt (wir haben die vollständige Namensliste bereits früher mitgeteilt, AZ vom 18. 11. 71).

Dabei bedeutet diese Reduzierung der anfangs dreizehn auf vier schon eine recht selbstherrliche Vorentscheidung: Es gäbe ja unter den übrigen neun auch noch einige, deren Ansicht einmal zu *hören* keinem Kulturausschuß schaden würde. Museumsleute wie Dr. Eberhard Marx (Bonn), Hans Maria Wingler (Darmstadt) oder

„KÜNSTLER DER GALERIE" heißt die Weihnachtsausstellung bei Rutzmoser (München), die jetzt eröffnet wurde. Unser Bild zeigt „Panther", eine Objektcollage von Max Söllner.

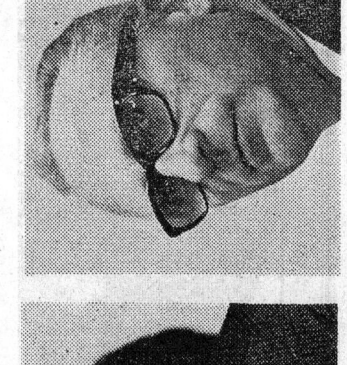

„Aufbruch zur modernen Kunst", 1958, und „Sezession", 1964. Man kann sagen: Wichmann ist heute der international anerkannte Fachmann s o w o h l für das gesamte 19. Jahrhundert, als auch für die rätselhafte, unendlich verzweigte und komplizierte Geschichte des Übergangs zur heutigen Welt, und speziell eben, worauf es im Lenbachhaus vor allem ankommt, auf dem Gebiet der Malerei und Graphik.

Damit man uns recht verstehe: Wir wissen, was wir an unserem Michael Petzet haben. Aber es kann sich nicht darum handeln, zwei Fachleute gegeneinander auszuspielen wie die Preisochsen auf einer Landwirtschafts-Schau. Wir wollten, „die Nähe" zur kommenden Aufgabe definieren.

Dr. Michael Petzet hat in bisher unerreichter Akribie und in einer für Bayern höchst ersprießlichen Weise die Ära Ludwigs II., seiner Bauten und Theaterinszenierungen erforscht und bearbeitet. Die Ausstellung „König Ludwig II. und die Kunst" (München 1968), sowie der dazu erschienene Katalog sind noch in bester Erinnerung. Unerreicht als kulturhistorisches Prüfstein eines bohrenden Fleißes) ist das Werk Petzets „Die Richard Wagner-Bühne König Ludwigs II." im Prestel Verlag, München 1970, das wir seinerzeit (AZ vom 4. 8. 70) als „Ereignis für die Geschichte des Musiktheaters" angekündigt und mit dem Prädikat „summa laus, summa admiratio" versehen hatten.

kommt es in München immer wieder dazu, daß (kommunal-)politischer *Druck* eine Entscheidung vorbestimmt, die doch eigentlich *Sachentscheidung* sein sollte?

Beide Kandidaten, Petzet sowohl als auch Wichmann, sind liebe Freunde unseres Hauses, beide uns aus vielen Gesprächen in ihrer Sacheinstellung bestens bekannt, und beide wurden, wann und wo es ihre Meriten zu loben galt, gern und freudig gerühmt, jeder in seinem Wirkungsbereich.

Nur, wenn es jetzt darum geht, den geeignetsten Kandidaten für die Städtische Galerie zu finden, müßte jeder Gesichtspunkt persönlicher Neigung ausscheiden und die Wahl einzig danach entschieden werden, wer von beiden der Sache nach, das heißt hier: nach Art und Richtung seiner bisherigen Tätigkeit, dem speziellen Institut, um das es geht, mehr zugewachsen ist als der andere. Wer, mit anderen Worten, den Stoff und die Probleme, die das Lenbachhaus bietet, von sich aus schon durchgearbeitet und formschend bewältigt hat.

Und da, scheint uns, dürfte es von der *Sache* her kaum einen

Der Münchner Bürgerrat zur Lenbach-Galerie:

Die Stadt ist gut beraten

Zur Neuwahl des Direktors der Städtischen Galerie schickte uns Dr. Leo Samberger vom Vorstand des „Münchner Bürgerrates" eine Stellungnahme, in der es heißt: „Als Reaktion auf das künstlerische und menschliche Unrecht der Unterdrückung durch den Nationalsozialismus war eine Wiedergutmachung und Neuplazierung der modernen Kunst dringend erforderlich."

ne starhafte Autorität auf dem Gebiet des Museumswesens zu sein. Leiter könnte dabei nur stören.

Ein entscheidender Gesichtspunkt scheint uns bisher auch noch übersehen worden zu sein. Die Lenbachgalerie ist eine Stiftung der Familie Lenbach an die Stadt München, deren hohe

muß auch Voraussetzungen einschließen, die ihn befähigen, in guter Weise diese Pflichten zu erfüllen.

Der Name Lenbach und das Verständnis für die künstlerische Atmosphäre des München seiner Zeit, sollte wieder symbolhafter und entscheidender werden als Kandinskys Name und Werk. Dies muß ein neuer Direktor wissen, der sich und

FAVORITEN für die Direktorenstelle an der Münchner Städtischen Galerie sind Dr. Michael Petzet (links) und Professor Siegfried Wichmann (rechts). Petzet ist 38, Wichmann 50 Jahre alt, beide sind im Beamtenverhältnis. Petzet als zweiter Direktor am Zentralinstitut, Wichmann als Professor an der Kunstakademie in Karlsruhe. Spiel des Zufalls: Dr. Wichmann hat eine Monographie über Franz v. Lenbach geschrieben, die in Kürze erscheinen soll (Verlag DuMont Schauberg).

Fotos: Schödl

ein Praktiker wie Rolf Linnenkamp könnten ruhig einmal zu Wort kommen, bevor man sie mit einem freundlichen „Dankeschön" wieder nach Hause schickt. Wir dürfen aber noch einen Schritt weitergehen: Auch die Vier-Zahl der Kandidaten ist nur eine höfliche Verzierung. In Wahrheit sind es noch zwei, von denen gesprochen wird: Michael Petzet und Siegfried Wichmann. Wobei unter diesen beiden die Chancen kommunalpolitischen wiederum so ausgeteilt sind, daß Dr. Petzet mit 99 Prozent Wahrscheinlichkeit schon Galeriedirektor ist, während es fast eines Wunders bedürfte, wenn das halbe Prozent Wahrscheinlichkeit, das noch für Dr. Wichmann spricht, Wirklichkeit werden sollte.

*

Und diese Sachlage fordert denn doch zu einem Hauch von Stellungnahme heraus, warum Zweifel geben, so wenig, wie es vor 15 Jahren für uns einen Zweifel gab, als wir, nach dem Weggang des unvergessenen Dr. Arthur Rümann, entschieden für den damals noch gar nicht besonders populären Dr. Röthel als Nachfolger eintraten (Juni bis September 1956).

*

Die Münchner Städtische Galerie wurde 1924 gegründet und am 1. Mai 1929 eröffnet. Sie ist ihrer baulichen Substanz nach, wie auch in Idee und Grundbestand, ein Kind des 19. Jahrhunderts. Ihr erster Direktor war Dr. Eberhard Hanfstaengl (der spätere Generaldirektor).

Nach dem Krieg wurde sie von Dr. Arthur Rümann (1946—1956) aus Trümmern wiederaufgebaut und damals schon energisch zur Gegenwart hin geöffnet. Dr. Röthel verschaffte ihr erstmals einen international hervorragenden Bestand aus der Geniezeit der Moderne (Gabriele-Münter-Stiftung). Seitdem stehen Thema und Leitmotiv der Sammlung fest: die Entstehung der Moderne aus dem Geist der Jahrhundertwende, bezogen auf München, in typischen Zeugnissen darzustellen.

Die Münchner Galerie steht damit in einem Wirkungs-Zusammenhang mit ähnlichen Vorgängen in London, Brüssel, Mailand, Wien und Moskau. Sie ist, um eine Wendung von Dr. Wichmann zu gebrauchen, „eine spezialisierte Galerie auf dem Weg zur Moderne".

Und dies eben ist das Arbeitsgebiet von Siegfried Wichmann seit 20 Jahren, ausgewiesen in Büchern, Vorlesungen, Ausstellungen und Katalogen, von denen hier nur die zwei entscheidenden, einschlägigen, genannt seien:

Wohlgemerkt: Wir wollen nicht plädieren, sondern konstatieren. Wir könnten noch fortfahren und sagen, daß der Kulturausschuß, der sich heute abend zu einer Beschlußfassung durchfinden muß, nicht den Weg des kleineren Widerstandes gehen sollte – sowenig das vor 15 Jahren geschehen ist, als nach gewaltigen Schlachten Dr. Hans Konrad Röthel gewählt wurde.

Sicher ist Dr. Wichmann nicht der „bequemere" Mann, aber es wäre schon schlimm, wenn man diesmal, aus Angst vor gehabten Schwierigkeiten, darauf sehen wollte. Dr. Röthel war sicher nicht „bequem". Aber spätere Generationen werden nicht danach fragen, wie Röthel mit seinen Offizianten ausgekommen ist, sondern was er an sichtbarem „Zuwachs" seiner Galerie hinterlassen hat.

Doch Resignation befällt uns. Was soll alles Argumentieren, was sollen Bewerbungen, „Hearings" und ähnliche scheindemokratische Scherze —, wenn das Ergebnis im Schoße der Wissenden längst beschlossen ist??!

Heute aber, nach 25 Jahren, müsse die Lenbach-Galerie zu ihrer eigentlichen Aufgabe zurückfinden.

Wörtlich heißt es dann in der Stellungnahme, die wir auszugsweise zur Diskussion stellen:

Wenn München eine spezielle Stätte für moderne Kunst braucht, dann ist dies eine eigene Sache. Die einzige und alleinige Kunstgalerie der Stadt darf diese Spezialisierung keineswegs bekommen bzw. beibehalten. Dafür soll die Lenbachgalerie wiederum eine betontere Tendenz zur Münchner Kunst zwischen 1860 und 1930 zeigen, so wie es bei ihrer Entstehung gedacht war. Sie darf keine Allerweltsgalerie werden, sondern soll ein typisches und einmaliges Gepräge bekommen. Und dies kann sie nur mit einer Kunst, die entweder aus dem Klima des Gebietes stammt oder aber aus internationalem Spitzenniveau. El-

München für die Zukunft nicht die Arbeit sehr schwermachen will.

Als die Stadt München diesen Posten öffentlich ausschrieb und dabei „Vertrautheit mit Münchner Kunstleben" zu einer wohl wesentlichen Voraussetzung machte, und wenn sie ordnungsgemäß dem gewählten Stadtrat die Entscheidung für die Auswahl allein überläßt, dann war sie nach unserer eigenen Überzeugung gut beraten.

LEO SAMBERGER

Werte nicht gestiftet wurden, um in Kellerräumen zu verschwinden, sondern um wesentlicher Bestandteil der Ausstellung zu sein. Hieraus ergeben sich vertragliche und moralische, viel zu wenig beachtete, aber zwingende Aspekte und Pflichten, die Forderungen gegenüber der Stadt darstellen. Die Eignung eines neuen Direktors

Soll denn, wie hier die Kritik meint, ein Parlament in unserer Demokratie nur gut genug sein, für das Gemeinwohl der Bürger und deren Umweltumstände zu sorgen, aber nicht für scheinbar privilegierte Kunstbelange? In einer Zeit, in der die schlimmen Versäumnisse doch wirklich ganz woanders passieren.   *Leo Samberger*

AZ (Abendzeitung), München
7. Dezember 1970

VORENTSCHEIDUNG FÜR PETZET

Münchner Merkur
8. Dezember 1971

„Die Ausschreibung für die Röthel-Nachfolge nur ein Scheinmanöver"

Gestern nachmittag stellten sich die vier vorausgewählten Kandidaten für die Röthel-Nachfolge bei den Stadtrats-Ausschüssen für Kultur- und Personalfragen vor, die sich für den 38jährigen Dr. Michael Petzet entschieden. Die endgültige Entscheidung im Stadtratsplenum fällt am 15. Dezember. — Unser Mitarbeiter präzisiert im folgenden noch einmal die Forderungen, die an den künftigen Direktor der Städtischen Galerie im Lenbachhaus zu stellen sind:

Hans Maria Wingler, Mitbegründer des Bauhaus-Archivs und dessen Direktor seit 1960, Organisator zahlreicher wichtiger Ausstellungen, hat seine Bewerbung um die Stelle des Direktors der Städtischen Galerie im Lenbachhaus zurückgezogen. Er hat die Überzeugung gewinnen müssen: daß die öffentliche Ausschreibung dieser Stelle keine Erweiterung des Gesichtskreises brachte, sondern nur ein Scheinmanöver darstellt zur Bestätigung und Verschleierung der bereits seit Monaten feststehenden Bewerber-Konstellation Michael Petzet, Siegfried Wichmann und Doris Schmidt — wobei die Hauptkonfrontation durch Wichmann und Petzet gebildet wird (siehe MM vom 23. November und 2. Dezember).

*

Inzwischen hat sich der Eindruck verdichtet, daß Kulturreferent Hohenemser bereits seit langer Zeit Dr. Petzet bevorzugt, weil Petzet ihm nach den 15 Jahren mit dem zuletzt immer schwieriger gewordenen, jetzt pensionierten Direktor Dr. H. K. Röthel als der bequemere, willigere und eben auch abhängigere Kandidat erscheint.

Als Petzet sich um das Direktorat des Stadtmuseums bemühte, konnten wir ihn in dieser Zeitung als den geeigneten Mann empfehlen. Doch das Arbeitsgebiet im Museum am Jakobsplatz ist ein völlig anderes als in der Städtischen Galerie. Dort geht es um Münchner Stadtgeschichte bis zurück zur Vor- und Frühzeit, um Kunstgewerbe, Handwerk und Bilder unter dem Aspekt des dokumentarischen Belegs von Bau-, Wohn- und Sittengeschichte, um den Städtebau der Gegenwart — mit den Unterabteilungen Puppentheater, Foto und Film, Musikinstrumente und Brauereimuseum.

*

In der Städtischen Galerie jedoch muß Kunst nicht nach zeithistorischen Bezüglichkeiten gesammelt werden, sondern nach den Kriterien der Qualität: Meisterschaft geht vor Zeugenschaft. Der Markt ist voller Fälschungen — gerade aus dem 19. und 20. Jahrhundert werden manchmal mehr Falsifikate als Originale angeboten. Die Städtische Galerie aber hat keine Abteilungsleiter wie eine große Staatsgalerie: der Direktor muß selbst Bescheid wissen. Eine Fehlbesetzung kann hier schwersten Schaden stiften. Gescheitert sind Galeriedirektoren bisher stets nur an ihrer Erwerbungspolitik.

Wir brauchen keine Assistenzfigur für den städtischen Kulturreferenten und keine Bestätigung für dessen Vorrangstellung, nachdem sie gerade in letzter Zeit mehrmals Kritik erfahren mußte (Kunstzone, Kunstverein, Kammerspiele). Wir brauchen im Amt des Städtischen Galeriedirektors keinen abhängigen Klienten oder Befehlsempfänger, sondern einen verantwortlichen Fachmann.

Hohenemser wird uns wahrscheinlich wesentlich früher verlassen, als ein Galeriedirektor Michael Petzet, der uns auf 27 Jahre erhalten bliebe. Es wäre absurd, einen Galeriedirektor zu nominieren, der Hohenemser angepaßt wäre und nicht den besonderen Erfordernissen seiner eigenen Position.

*

Auch die Staatsgalerie, das von der Stadt mit 500 000 Mark subventionierte Modern Art Museum, das demnächst seinen Neubau im Arabella-Park erhält, und das selbst sammlerisch tätige Haus der Kunst bemühen sich um die unmittelbare Gegenwart. Wo ist in diesem Zusammenhang der Ort der Galerie der Stadt?

Die Bewerber Dr. Rolf Linnenkamp, Dr. Eberhard Marx und Hans Maria Wingler von der persönlichen Vorstellung vor den Stadtratsausschüssen für kulturelle und personelle Fragen ausgeschlossen zu haben, bedeutet bereits einen Akt der unzulässigen Manipulation. Nur vier Bewerber durften gestern vor die Ausschüsse treten. Bereits am 15. Dezember soll die Entscheidung im Stadtratsplenum fallen. Die Entscheidung gilt.

Reinhard Müller-Mehlis

Süddeutsche Zeitung
9. Dezember 1971

Wie die Stadt München zu ihrem Galeriedirektor kam

Nun gibt es also keinen Zweifel mehr, wen der Münchner Stadtrat am nächsten Mittwoch als Nachfolger Röthels zum Direktor der Städtischen Galerie wählen wird. Nach der gestern gemeldeten Vorentscheidung im Personal- und Kulturausschuß sind drei von den vier in die engere Wahl gezogenen Kandidaten ausgeschieden: Kunsthallendirektor Leppien kann nach Köln zurückfahren, Akademiedirektor Wichmann nach Karlsruhe, und wir, die SZ-Kollegen, freuen uns, daß Doris Schmidt unsere Kunstkritikerin bleibt. Der neue Herr des Lenbach-Hauses wird Michael Petzet sein, und an ihm ist es nun, zu zeigen, wie er — seinem vorgestern in dieser Zeitung publizierten Programm entsprechend — die Galerie aus ihrem „Dornröschenschlaf" wecken und sie gar Funktionen einer modernen Kunsthalle übernehmen lassen wird. Man kann ihm dazu nur Glück wünschen.

Bedenken provoziert indessen auch im nachhinein das Verfahren, das zu seiner Nominierung geführt hat. Verdächtig schnell und in auffallender Einstimmigkeit haben vorgestern die beiden Stadtrats-Ausschüsse, nachdem sie die vier Spitzenkandidaten befragt und gehört hatten, für den 38jährigen Münchner Petzet votiert. Ihn kannte man im Rathaus; schon als es um die Leitung des Stadtmuseums ging, war er im Gespräch; diesmal, so war wohl die Meinung, sollte er drankommen.

AZ (Abendzeitung)
München
9. Dezember 1971

Dr. Michael Petzet neuer Leiter der Lenbachgalerie

Näher an den Puls der Zeit

Als künftigen Leiter der Münchner Städtischen Galerie im Lenbachhaus hat der Münchner Kultur- und Personalausschuß Dr. Michael Petzet, zur Zeit zweiter Direktor am Zentralinstitut für Kunstgeschichte, vorgeschlagen. Der Münchner Stadtrat wird diese Empfehlung am 15. Dezember 1971 bestätigen.

Die Ernennung von Dr. Petzet soll zum 1. Januar 1972 erfolgen. Wann Petzet die Arbeit in der — allerdings einer Führungskraft dringend bedürftigen — Lenbachgalerie aufnehmen kann, ist eine zweite Frage, denn bis Ende Mai 1972 ist Dr. Petzet noch völlig absorbiert von der großen „Bayern"-Ausstellung, die am 9. Juni 1972 im Münchner Stadtmuseum eröffnet wird. Sie soll die repräsentative Schau Münchens für die Besucher der Olympiastätten werden.

Hatten da die zwölf anderen Bewerber, die sich auf ein Zeitungsinserat hin gemeldet hatten und unter denen immerhin angesehene Museumsfachleute waren, in München überhaupt ernsthafte Chancen? Hat man auch nur die drei, die mit Petzet zu einer „Anhörung" aufgefordert wurden, ernstlich in Betracht gezogen. War nicht längst alles abgemacht?

Solche Fragen drängten sich heute nicht auf, wenn man nicht schon im Juli hätte hören können, daß im Kulturausschuß die Meinung vorherrschte, Petzet zum Galeriedirektor zu machen. Wenn es so war — wozu dann noch öffentliche Ausschreibung, Prüfung von 13 Bewerbungen, Nominierung von vier Spitzenkandidaten, ihre Anhörung vor den Ausschüssen? Wäre es da nicht einfacher und gegenüber den übrigen Bewerbern fairer gewesen, man hätte sich gleich öffentlich für Petzet ausgesprochen?

Auch wenn der städtische Kulturreferent mit seinem „Ich habe keinen Kandidaten" die Wahrheit gesagt hat — und leider spricht einiges dafür, daß er sich für keinen engagiert hat —, so mußte er doch wissen, daß seine Fraktion längst einen hatte. War dann nicht die öffentliche Ausschreibung nur noch eine Farce — und eine nicht eben rühmliche Illustration dazu, wie halt in München manchmal Kulturpolitik gemacht wird?
RUDOLF GOLDSCHMIT

Nach der Bekanntgabe seiner Ernennung war Michael Petzet vollkommen sprachlos. Er kam nicht einmal dazu, eines seiner bayerischen Bonmots von sich zu geben, die er sonst immer griffbereit hat. Denn als Schüler und Absolvent des Gymnasiums in Pasing verfügt er über keinen geringen Wortschatz.

Sohn einer Künstlerfamilie

Dr. Petzet kommt aus einer ausgesprochenen Künstler- und Gelehrtenfamilie. Der Vater Wolfgang Petzet, bekannter Kunstkritiker, war einst Chefdramaturg der Münchner Kammerspiele. Dessen Vater Erich Petzet war Oberbibliotheksrat an der Bayerischen Staatsbibliothek; nach ihm ist die „Petzetstraße" in Obermenzing benannt.

Ein Onkel des künftigen Galeriedirektors, Alfred Dupré, war Kunstmaler (die Städtische Galerie besitzt Werke von ihm). So-

Michael Petzet
Foto: Schödl

wohl der bayerische wie der gelehrte Hintergrund ist also bei Michael Petzet reichlich gesteppt und gefüttert. Er selbst ist die Ruhe in Person.

Noch nie wurde Petzet im Zustand der Aufregung gesehen. Er wirkt wie ein großer Bachkiesel, der in einem Gebirgsbach von allen Seiten glattgescheuert wurde und den keine Sturzflut mehr erschüttern kann.

Das zweite, was Petzet zu einer Ausnahme seines Standes macht, ist die innige Vertrautheit mit Bayern und München, seiner Geschichte, seiner Kultur, und vor allem eben mit den Wittelsbachern. Der erste Galeriedirektor — nach Eberhard Hanfstaengl und Arthur Rümann — mit dem man sich wieder über Ludwig II. unterhalten kann und der zum Beispiel weiß, was „meicost ettal" bedeutet.

Seine dritte Besonderheit ist eine ungewöhnliche Vertrautheit mit den westlichen Kulturen, vor allem Frankreichs und Englands. Englisch spricht Petzet so fließend wie bayerisch (vermutlich das Ergebnis eines uralten keltisch-irischen Zusammenhangs). Das merkten besonders die Zuhörer einer Vortragsreihe, die Petzet im März und April 1970 in den Vereinigten Staaten hielt. Thema: „Ludwig II. von Bayern und die Kunst."

Nun aber zur Kernfrage: Was wird Dr. Petzet in der Städtischen Galerie machen?

Zwei Dinge scheinen dem jungen Gelehrten vordringlich zu sein. Das eine ist eine künftige vermehrte Sorge und Teilnahme am Wirken der zeitgenössischen Künstler in und um München, eine Aktivität, die Arthur Rümann noch sehr ernst genommen hatte, und die während der Amtsführung von H. Konrad Röthel ganz außer Übung kam.

Großes geht an München vorbei

Und zweitens findet Michael Petzet, daß München sich mittels Städtischer Galerie mehr am Pulsschlag der Zeit der umliegenden Bezirksämter beteiligen dürfte. „Immer wieder kommt es vor", so Petzet, „daß große und bedeutende Ausstellungen an München vorbeigehen. Zuletzt z. B. die großartige Otto-Dix-Ausstellung in Stuttgart. Glücklicherweise wird in der nächsten Zeit der Neubau der Städtischen Galerie — Südflügel — fertig. Diesen einzurichten wird wohl meine erste Aufgabe sein.

„Und da sollte man sich ernstlich überlegen, ob sich in diesem Neubauteil die Funktionen einer Städtischen Kunsthalle unterbringen lassen. Denn darauf, daß der Münchner Kunstverein wieder zum Leben erwacht, sollte man lieber nicht warten."

Michael Petzet, 38 Jahre alt, ist verheiratet, hat zwei Kinder, Nana 9 und Michael 7 Jahre, raucht nicht und hat nur eine Liebhaberei: Tischtennis.
W. Christlieb

Türen auf am Lenbachhaus!

Die Münchner Städtische Galerie erhält einen neuen Direktor

Die Mitglieder von Kultur- und Personalausschuß des Münchner Stadtrates beschlossen einstimmig, Dr. Michael Petzet, den zweiten Direktor vom Zentralinstitut für Kunstgeschichte, als neuen Chef der Städtischen Galerie im Lenbachhaus vorzuschlagen. Am 15. Dezember wird die Vollversammlung des Stadtrats über die Ernennung abstimmen. Michael Petzet gehörte mit Helmut Leppien (Kunsthalle Köln), Doris Schmidt (Süddeutsche Zeitung) und Siegfried Wichmann (Professor an der Akademie Karlsruhe und Organisator der großen Olympia-Ausstellung) zu den vier Kandidaten, die der Kulturausschuß — unter insgesamt vierzehn Bewerbern für den attraktiven Galerie-Posten — zur persönlichen Vorstellung gebeten hatte. Galeriedirektor Hans Konrad Röthel, seit 1957 im Amt, zog sich Ende Juli dieses Jahres auf eigenen Wunsch vorzeitig in den Ruhestand zurück. Den Nachfolger suchte die Stadt mit einer öffentlichen Ausschreibung.

Nur den gedruckten Kunst- und Stadtführern (mit ihrer unirritierbaren Treue zu einmal ausgewiesenen Institutionen) war in den letzten Jahren zu entnehmen, daß es in München eine Städtische Galerie gibt. Hingewiesen wird auf „Werke Franz von Lenbachs in den historischen Räumen, Gabriele-Münter-Stiftung (Kandinsky), Werke von Künstlern des Blauen Reiters, Bernhard-Koehler-Stiftung, Paul-Klee-Raum". In nicht auslotbarem Groll oder Resignation hatte sich Röthel schon längere Zeit vom Ort seines beamteten Wirkens zurückgezogen — die in ihren Sammlungen wie in ihrer Architektur ausgesprochen attraktive Galerie, Lenbachs ehemaliges Malerfürsten-Palais, lag hinter ihrem Springbrunnen-Garten an der Luisenstraße wie eine verwunschene Traumvilla. Die, um im Bild zu bleiben, auf den Prinzen wartet, der sie endlich wieder erweckt zu lebfrischem Dasein. Zu einer Existenz, die, so sollte es sich von selbst verstehen für ein Museum der Kunst des 19. und 20. Jahrhunderts, sich den Bürgern dieser Stadt und ihren Besuchern öffnet, abwechslungsreich, lebendig, sich ihnen aktiv nach außen und innen ins Bewußtsein bringt.

Hans Konrad Röthel hat in den ersten Jahren seiner Tätigkeit diese Erwartungen kundig, mit einer gewissen, vielleicht manchmal etwas zu groß geratenen weltmännischen Geste erfüllt. Dank der Münter- und der Koehler-Stiftung konnte er die Galerie zu d e m Zentrum der Kunst des „Blauen Reiter" machen, jener Münchner Künstler-Gruppe um Kandinsky, Franz Marc und August Macke, die im Wortsinne „bewegend" durch ihre Arbeiten, ihre Schriften, ihre Verbindungen und Ausstellungen beitrug zum Aufbruch der Kunst dieses Jahrhunderts. Vergleichbar den „Fauves" in Paris, den Wiener Frühexpressionisten um Kokoschka, der „Brücke" und der mit dem „Sturm" verbundenen Künstler in Berlin. Auf der Basis der Münter-Stiftung hat Röthel die Sammlung in dieser Hinsicht ausgebaut, es gelang ihm außerdem, den bizarren, nicht unbedingt praktischen Charme des alten Palais als reizvollen Gewinn einzubringen in den Stil des Hauses.

Vergessen hat man beinahe, daß es in den fünfziger und sechziger Jahren auch eine Selbstverständlichkeit war, daß die Galerie ihre Räume wechselnden Ausstellungen zeitgenössischer Kunst öffnete: für München um so wichtiger, als Räume und Anlässe zur Information über Tendenzen und Entwicklungen der zeitgenössischen Kunst hierorts rarer sind als in anderen Städten. Vielleicht, weil München, zu beschäftigt mit Aufbau und Mehrung seiner eigenen reichen Kunstsammlungen, es in den entscheidenden Nachkriegsjahren kaum für notwendig hielt, sich nach außen und in die Zukunft zu orientieren. Dieser Zustand wurde nicht zuletzt in unserer Zeitung häufig — und von entsprechenden Hinweisen begleitet — beklagt. Geändert hat sich daran wenig. Es steht zu befürchten, daß München aus der lange geübten Abstinenz schon wieder eine Tradition entwickelt, für eine mit Stolz so genannte Kunststadt doch eine recht merkwürdige, gar verdächtige Tradition.

Aus der Darstellung der für kurze Zeit erfüllten, dann wie eine abgelegte Robe einfach liegengelassenen Rolle der Städtischen Galerie geht unmittelbar hervor, welche Aufgaben auf ihren neuen Direktor als extra dringlich warten. Auf lange Sicht darf sich dies Museum auch nicht damit begnügen, ein nobler Tempel für Blaue-Reiter-Kunst sein zu wollen. Die letzten zehn Jahre — kaum zufällig genau das Jahrzehnt von Pop-Art als der keineswegs nur auf die bildende Kunst beschränkten folgenreichsten Neu-Orientierung — wiesen der Kunst vom Blauen Reiter bis zum Bauhaus ganz entschieden einen wesentlichen Platz in der Geschichte der Gegenwart zu. Woraus folgert: neue Orientierungen sind für die Sammlungstätigkeit des Museums zu finden und abzugrenzen. Denn nichts wäre vermessener und aussichtsloser, als die gute alte Lenbach-Galerie zur Sammelstätte moderner Kunst schlechthin aufzublasen. Die einschlägige Information auf diesem Gebiet wäre zum größeren Teil durch wechselnde Ausstellungen zu leisten.

Als zweiter Schwerpunkt, dem Blauen Reiter zuliebe etwas in den Hintergrund gedrängt, stellt sich das Gebiet der Münchner Kunst dar, speziell der höchst ergiebigen des 19. Jahrhunderts, dem München bekanntlich (erst) seinen Ruf als Kunststadt verdankt. Von der Malerei des Biedermeier bis hin zur Stadtarchitektur von Gründerzeit und Jugendstil tut sich da ein fruchtbares, an ausstehenden Entdeckungen, Darstellungen, Zusammenfassungen schier überreiches Gebiet auf, mit dem sich, wenn nicht alle Zeichen trügen, unsere Gegenwart in den kommenden Jahren in wachsendem Maß und mit wissenschaftlichem und gesellschaftswissenschaftlichem Eifer beschäftigen wird.

Michael Petzet ist 38 Jahre alt, hat an der Münchner Universität Kunstgeschichte studiert und bei Hans Sedlmayr über ein Thema der Französischen Aufklärungs-Architektur (das „Pantheon" von Soufflot) promoviert. Bevor Petzet 1968 als Konservator (und Referent für die oberbayrischen Königsschlösser) zur Bayerischen Schlösserverwaltung ging, hat er sich — an der Basis, wie man so sagt, nämlich beim Landesamt für Denkmalpflege — auf bayerische Kunst, Architektur und Kunsthandwerk spezialisiert. Populär wurde sein Name auch in Fachkreisen mit der wissenschaftlich wie darstellerisch-visuell so überaus geglückten Organisation der Ausstellung „Ludwig II. und die Kunst" 1968. Für Leute, die genau hinschauen, war da neben der Akribie des Wissenschaftlers eine gewitzte und witzige, sehr lebhafte Ablehnung von Trockenheit und lediglich summierendem Aussteller-Eifer zu entdecken, wie man sie sich wünschen kann vom künftigen Leiter eines modernen, aufgeschlossenen Museums.

Petzet bereitet derzeit zusammen mit Martha Dresbach vom Stadtmuseum die „Bayernausstellung" vor, Beitrag der Stadt zu den Olympia-Schauen. Als Vizedirektor im Zentralinstitut für Kunstgeschichte (seit Herbst 1970) unternahm er schon einiges, um die Aktivitäten dieses seriös introvertierten Instituts auch der Problematik einer aktuellen Kunstwissenschaft zu öffnen. So gab es Vorträge zur Münchner Stadt- und Architekturgeschichte des 19. Jahrhunderts, und für Anfang kommenden Jahres steht eine Reihe von Vorträgen zum Thema „Pop-Art, vorher und nachher — Kunst der fünfziger und sechziger Jahre" an.

Ingrid Seidenfaden

Hannoversche Allgemeine Zeitung, 14. Dezember 1971

Ein Prinz für das Lenbach-Haus

Dornröschenschlaf der Münchner Galerie soll zu Ende gehen

Dr. Michael Petzet wird – wie berichtet – als Direktor der Städtischen Galerie im Lenbach-Haus in München Nachfolger des vorzeitig in den Ruhestand getretenen Dr. Hans Konrad Röthel. Durch Röthels geschicktes Wirken, nicht zuletzt seine delikate Art im Umgang mit Witwen, erlangte Münchens Städtische Galerie im Lauf der vergangenen fünfzehn Jahre den Ruhm einer fündigen Sammelstätte der Kunst des „Blauen Reiter". Die Gabriele-Münter-Stiftung mit dem gesamten Frühwerk Kandinskys (bis 1914) bestimmt vor allem den Charakter des Museums; sie wurde glücklich ergänzt durch die außerordentlich schönen Werke von Franz Marc und August Macke, die der Freund und Mäzen Bernhard Koehler stiftete, hinzu kommt das Kubin-Archiv, in jüngster Zeit von der Stadt angekauft. Und eine ganze Reihe von Werken aus dem Münchner Umkreis der Blaue-Reiter-Künstler. Diesem Schwerpunkt gegenüber gerieten die Bestände älterer Kunst, vor allem der im 19. Jahrhundert so wichtigen Münchner Schulen der Romantiker und Realisten, etwas in den Schatten. Ein schon in Angriff genommener Neubau soll da Abhilfe und größere Mobilität innerhalb der Sammlungen schaffen.

Den Nachfolger für den vakanten Direktorenposten dieser attraktiven, durch die Bindung an Lenbachs Malerfürsten-Villa etwas verspielt und sehr freundlich wirkenden Galerie suchte München auf dem Weg einer öffentlichen Ausschreibung. Von den Bewerbern wurde unter anderem „Vertrautheit mit dem Münchner Kunstleben" erwartet, ein etwas wunderlich anmutender Passus. Aus vierzehn Bewerbern, unter denen auch die angesehene Kunstkritikerin der Süddeutschen Zeitung, Dr. Doris Schmidt, war, wurden vier zu einer persönlichen Vorstellung vor dem Kultur- und Finanzausschuß des Stadtrats gebeten. Beide Ausschüsse einigten sich einstimmig auf Michael Petzet.

Petzet, gebürtiger Münchner und Schüler des Kunstwissenschaftlers Hans Sedlmayer, hat sich in seiner praktischen und theoretischen Arbeit auf das späte 19. Jahrhundert spezialisiert. Über Fachkreise hinaus wurde er bekannt durch die wissenschaftlich seriöse, dabei inszenatorisch so überaus geglückte „Ludwig II.-Ausstellung" (1968). Deren kulturhistorisch interessante Aspekte schlugen sich im Katalog nieder, und in dem dickleibigen Band „Die Richard-Wagner-Bühne Ludwigs II." (Prestel-Verlag) die Auswirkungen von Ludwigs Wagner-Kult auf Bauten und Ikonographie seiner Schlösser. Gegenwärtig bereitet Petzet eine umfangreiche Ausstellung über Kunst und Kultur in Bayern (notabene: seit der Römerzeit) vor, ein, wahrscheinlich der wichtigste Beitrag der Stadt zum musischen Großangebot im Jahr der Olympischen Spiele 1972.

In einer kurzen Mitteilung sagte Petzet über seine neue Aufgabe: „Die Städtische Galerie aus ihrem vielzitierten Dornröschenschlaf" zu wecken, scheint mir eine sehr reizvolle und wichtige Aufgabe. Denn das Lenbachhaus ist mit Schwerpunkten im 19. und 20. Jahrhundert, mit Lenbach und mit Kandinsky, ein idealer Mittelpunkt mit internationalen Perspektiven. Dank des Neubaus könnte die Galerie in gewissem Umfang Funktionen einer Kunsthalle übernehmen, nachdem die Münchner in den vergangenen Jahren mit größeren Ausstellungen nicht gerade verwöhnt worden sind, ja die wichtigsten Ausstellungen moderner Kunst an München vorbeigingen." Dem bleibt vorläufig nicht viel hinzuzufügen.

Ingrid Seidenfaden

GESPRÄCH MIT DR. MICHAEL PETZET, DEM KÜNFTIGEN DIREKTOR DER STÄDTISCHEN GALERIE

Das Lenbachhaus soll gesellschaftlicher Mittelpunkt werden

„In der Beschränkung auf München wird die internationale Bedeutung liegen"

Wann können Sie Ihre Tätigkeit an der Städtischen Galerie aufnehmen? Wie weit werden Sie durch die von Ihnen organisierte Ausstellung „Bayern — Kunst und Kultur", die am 9. Juni 1972 im Münchner Stadtmuseum eröffnet werden soll, in der ersten Jahreshälfte noch anderweitig gebunden sein?

Ich kann meine derzeitige Arbeit als zweiter Direktor des Münchner Zentralinstituts für Kunstgeschichte nicht von einem Tag zum anderen aufgeben, werde jedoch ab sofort auch für die Städtische Galerie tätig sein.

„Bayern — Kunst und Kultur", die Ausstellung des Freistaats Bayern und der Stadt München zu den Olympischen Spielen, die ich gemeinsam mit Frau Dr. Dreesbach leite, ist meine bisher größte und auch schwierigste Aufgabe und muß bis zum Tag der Eröffnung vor allen anderen Aufgaben Vorrang haben. Der genaue Zeitpunkt, wann ich mein neues Amt antrete, steht noch nicht fest.

Raus aus dem Keller

Welches sind Ihre ersten Pläne für die Städtische Galerie — abgesehen einmal von der repräsentativen Ausstellung aus der Substanz der Sammlungsbestände, die aus Anlaß der Olympischen Spiele einzurichten ist?

Die für Frühjahr nächsten Jahres zu erwartende Fertigstellung des Neubaus an der Brienner Straße wird es ermöglichen, zunächst einmal die eigenen Bestände des Lenbach-Hauses im Sommer der Olympiade in überzeugender Form zu präsentieren: das heißt mehr Raum für die bisher nur unvollkommen gezeigten oder im Keller verborgenen Schätze der Münchner Malerei des 19. Jahrhunderts, wobei auch die Lenbach-Säle etwas mehr Aufmerksamkeit verdienen — mehr Raum für den Blauen Reiter mit den Hauptwerken Kandinskys, insgesamt Lenbach-Säle und Kandinsky-Säle als reizvoller Kontrast von zwei großen Epochen der Münchner Malerei, eingebettet in eine lebendige Geschichte der Münchner Kunst des 19./20. Jahrhunderts, wie sie nicht nur der Tourist, sondern vor allem der Münchner Bürger, für den diese Galerie in erster Linie da sein soll, immer wieder sehen und erleben will.

Die Städtische Galerie sollte aber als idealer Mittelpunkt für Münchner Kunst mehr sein als eine Gedenkstätte für Lenbach oder auch eine Gedenkstätte für den Blauen Reiter — sie muß sich durch Sonderausstellungen immer wieder neu präsentieren, und erste Versuche in dieser Richtung stehen bereits auf meinem Programm.

Worin sehen Sie die künstlerischen und gesellschaftlichen Aktivitäten, mit denen Sie die Städtische Galerie aus ihrem Dornröschenschlaf wecken wollen?

Gerade zu einem Zeitpunkt, in dem die Neue Staatsgalerie noch kein eigenes Haus hat und der Kunstverein in einer Krise steckt, darf die Städtische Galerie nicht auch noch in idyllischer Abgeschiedenheit versinken, sondern muß ihre Chancen wahrnehmen.

Das bedeutet, nicht nur für das mit Ausstellungen in den letzten Jahren nicht gerade verwöhnte Münchner Publikum dazusein, sondern auch wieder für die Münchner Künstler dazusein, einzelne Künstler herauszustellen, Tendenzen in der Münchner Kunst festzustellen.

Die Galerie sollte auch wieder ein gesellschaftlicher Mittelpunkt werden, zum Beispiel durch Abendveranstaltungen, mit Vorträgen oder Filmen im Saal des Neubaus, wobei man an die Tradition früherer Jahre anknüpfen könnte, in denen die Galerie unter Röthel Treffpunkt der „Gesellschaft der Freunde junger Kunst" mit ihren vieldiskutierten Vortragsserien und ihrer Leihbildstelle war.

Zusammenarbeit mit allen Münchner Museen

Haben Sie ein Programm für die nächsten Jahre entwickelt? Wie sieht es aus, und wie läßt es sich finanzieren?

Ich bin dabei, in enger Zusammenarbeit mit dem unter Leitung von Peter Rößler stehenden Museumspädagogischen Zentrum (MPZ) ein didaktisch-pädagogisches Programm für die Städtische Galerie zu entwickeln. Die Finanzierung wird nicht einfach sein, doch die technischen Voraussetzungen sind im Lenbach-Haus dank des Neubaus mit seinem Vortrags- und Filmsaal sehr günstig. Das MPZ wird für seine Arbeit in der Galerie einen eigenen Raum erhalten.

Welche Kontakte zu Institutionen, Sammlern, Stiftern und Leihgebern können Sie der Städtischen Galerie nutzbar machen?

In der Bayern-Ausstellung sind zum ersten Mal Mitarbeiter der Münchner staatlichen und städtischen Museen und Sammlungen, der Schlösserverwaltung, des Denkmalamts, der Staatsbibliothek, des Hauptstaatsarchivs und des Zentralinstituts für Kunstgeschichte in einer großen Arbeitsgemeinschaft tätig, und zu den zahllosen Leihgebern gehören eine Reihe von bedeutenden Sammlern.

Für die kommenden Jahre scheint mir eine gute Zusammenarbeit mit allen Münchner Institutionen, aber auch mit Museen, Kunstvereinen, Kunsthallen außerhalb Bayerns für die Städtische Galerie schon wegen der geplanten Ausstellungstätigkeit von größter Bedeutung. Über Stiftungen spricht man am besten erst dann, wenn sie erfolgt sind.

Nicht zu teuer kaufen

Wo würden die Schwerpunkte Ihrer Ankaufspolitik liegen? Wo sind Lücken vorhanden, wo sind Ergänzungen vorzunehmen, und wie denken Sie sich die Bewältigung solcher Aufgaben?

Natürlich gibt es eine ganze Reihe von Lücken in den Beständen der Städtischen Galerie. Ich halte es jedoch für falsch, sofort die Ziele meiner Ankaufspolitik bekanntzugeben und dann teuer einzukaufen.

Ein Schwerpunkt meiner Einkaufspolitik wird ausgehend vom Blauen Reiter und der Neuen Sachlichkeit auf dem 20. Jahrhundert liegen, wobei ich mich in Abgrenzung vom Sammlungsauftrag der Bayerischen Staatsgemäldesammlungen auf den Münchner Bereich im weitesten Sinn konzentrieren möchte. Denn gerade in der Beschränkung auf München wird, wie auch die so erfolgreiche Sammeltätigkeit Röthels gezeigt hat, immer die internationale Bedeutung des Lenbach-Hauses liegen.

Wie ist es mit dem Mitarbeiterstab innerhalb der Galerie bestellt? Halten Sie die Genehmigung neuer Planstellen für die erweiterte Aufgabenstellung der Städtischen Galerie in den nächsten Jahren für möglich (erweiterte Sammlungsbestände des „Blauen Reiter", Kubin-Archiv, Ausstellungen, Kunstbeschaffung für städtische Dienststellen, Entlastungsstadt Perlach, Fußgängerbereich, Kunstzone und andere Outside-Veranstaltungen, Mitwirkung in Kommissionen, Juries, Komitees, Ausschüssen)?

Die Genehmigung neuer Planstellen halte ich nicht für ausgeschlossen. Der Mitarbeiterstab muß vergrößert werden, wenn die Städtische Galerie neue Aufgaben übernehmen und auch außerhalb ihres eigenen Bereichs, zum Beispiel in den geplanten Kulturzentren Gasteig und Perlach, neue Initiative entfalten soll.

Hier ist es ja nicht damit getan, ein paar moderne Bilder in einer Turnhalle aufzuhängen — ganz neue Themenstellungen, neue Formen der Präsentation müssen entwickelt werden.

Halten Sie Ihre eigenen Fachkenntnisse im Sammlungsbereich der Städtischen Galerie (19. und 20. Jahrhundert) für ausreichend, und wo werden Sie sich notfalls Rat holen?

Dank meiner langjährigen Arbeit am Landesamt für Denkmalpflege und in der Schlösserverwaltung bin ich in allen Bereichen der bayerischen Kunst zu Hause, gelte aber, vor allem wegen meiner Forschungen über die Kunst Ludwigs II., als Spezialist für 19. Jahrhundert. Und die Münchner Kunst des 19./20. Jahrhunderts wird auch in der Bayern-Ausstellung sehr großen Raum einnehmen.

Ob aber ein reines Spezialistentum für eine Galerie wie das Lenbach-Haus, die ja neue Initiativen auf den verschiedensten Gebieten entwickeln soll, ausreichen würde, möchte ich bezweifeln. Denn der beste Spezialist versteht es leider oft nur, seine Sammlung für andere Spezialisten und nicht für das Publikum attraktiv zu machen.

Abendzeitung, 11./12. März 1972

„Bayern"-Ausstellung im Stadtmuseum
Holzstadel auf dem Parkplatz

Im Münchner Stadtmuseum wird Bayern gegenwärtig der Boden bereitet. „Bayern" lautet das Thema einer gewaltigen Kultur- und Kunstretrospektive, die vom 9. Juni bis 15. Oktober am St.-Jakobs-Platz über die Bühne geht. Wissenschaftlich wird die Ausstellung

◁ Münchner Merkur
18./19. Dezember 1971

Mehr Kataloge

Wann etwa kann mit der Vorlage eines ergänzten und berichtigten Sammlungskatalogs gerechnet werden?

Die beschleunigte wissenschaftliche Bearbeitung der gesamten Bestände ist mir ein großes Anliegen. Denn eine Sammlung vom Rang der Städtischen Galerie braucht vorbildliche Kataloge, nicht nur für den Blauen Reiter.

Mit neuen Katalogen für die einzelnen Abteilungen wird frühestens in zwei Jahren zu rechnen sein.

Sie nannten als eine der an München vorbeigegangenen bedeutenden Ausstellungen die Stuttgarter Otto-Dix-Retrospektive zum 80. Geburtstag des Künstlers. Abgesehen davon, daß diese Ausstellung nicht an München vorbeiging, sondern nur in Stuttgart stattfand: welche organisatorischen und finanziellen Möglichkeiten sehen Sie, derartige Ausstellungen innerhalb der Münchner Städtischen Galerie zu veranstalten?

Es geht hier nicht um eine einzelne wichtige Ausstellung, wie die Stuttgarter Otto-Dix-Retrospektive, sondern darum, daß in den letzten Jahren eine ganze Reihe Ausstellungen von internationaler Bedeutung nicht nach München gekommen sind, geschweige denn in München produziert wurden — Max Ernst, Dali, Vasarely, Segal, um nur einige Namen zu nennen.

Röthel hat schon vor Jahren mit Erfolg bewiesen, daß es möglich ist, in der Städtischen Galerie größere Ausstellungen zu veranstalten. Ich glaube, daß es, dank des Neubaus, jetzt noch einfacher sein wird, im Lenbach-Haus Platz für Ausstellungen zu schaffen, wie sie einfach zum Rang der Kunststadt München gehören.

Ob die organisatorischen und technischen Möglichkeiten jeweils für ein derartiges Ausstellungsprojekt ausreichen, wird von Fall zu Fall neu zu prüfen sein, und ich hoffe, daß dann auch der Ausstellungsetat den Möglichkeiten des Hauses angepaßt wird.

MARTHA DREESBACH UND MICHAEL PETZET.
Fotos: Schödl

von Dr. Michael Petzet geleitet (Direktor der städtischen Galerie), organisatorisch von Dr. Martha Dreesbach, Hausherrin im Stadtmuseum. Die AZ sprach mit den beiden Museumsleuten über „Bayern".

Anlaß für das Spektakel ist selbstverständlich die Olympiade. „Doch eigentlich war die ‚Bayern'-Idee eine ‚Anti-Idee'", sagt Dr. Dreesbach. „Ursprünglich sollte im Stadtmuseum eine afrikanische Kunstausstellung stattfinden. Dazu hätte auch das Olympische Komitee Geld gegeben." Es ist anders gekommen und damit auch die OK-Geldquelle versiegt. Dafür verbindet die Ausstellung erstmals die staatlichen und städtischen Museen, die Archive und Bibliotheken Münchens, das Zentralinstitut für Kunstgeschichte und den Bayerischen Rundfunk zu einer großen Arbeitsgemeinschaft. Das Geld — 1,55 Millionen Mark — gibt der bayerische Staat, Werkstätten und Filme stellt der BR zur Verfügung, auf städtische Kosten geht die Herrichtung der Räumlichkeiten.

Michael Petzet hat im Ausstellen Erfahrung. Er inszenierte erfolgreich die Ludwig-II-Ausstellung (1968, Residenz) und will auch „Bayern" keine archivarische Trockenheit, viel eher die Liebenswürdigkeit eines bunten Bilderbogens angedeihen lassen. Petzet: „Hier soll kein Nationalbewußtsein demonstriert werden, sondern eine Kunstlandschaft und ihre Zentren im Laufe der Geschichte."

Dieses Bemühen dürfte in erster Linie für die Einheimischen Gewinn abwerfen. Frau Dreesbach: „Schon lange fehlt eine Zusammenfassung der bayerischen Kunst und Kultur. Wir wünschen uns, daß die Ausstellung diese Lücke schließt."

Am Katalog (Prestel-Verlag, Preis: unter 20 Mark) arbeiten rund 40 Wissenschaftler. Sie betreuen die Fachgebiete Bildende Kunst (Schwergewicht der Ausstellung), Literatur, Theater, Musik — als Anhängsel auch Wissenschaft und Technik. Petzet hat die bayerische Dokumentation chronologisch aufgebaut — von den Römern bis zum Olympiajahr.

Dionysos aus Bamberg

Der äußere Rahmen der Ausstellung sind die heutigen Landesgrenzen: Altbayern, Schwaben, Franken. Zäsuren im Auflauf sind: Bauernkrieg und Reformation, der 30jährige Krieg, die Säkularisation (1806, Gründung des Königreichs), der Erste Weltkrieg. Die Schwerpunkte, in die Petzet die 8000 Quadratmeter Ausstellungsfläche unterteilt: Römerzeit, Jahrtausendwende (Heinrich II.), Spätgotik und höfische Renaissance, die Städte München, Augsburg und Nürnberg um 1600, Zeit Max Emanuels — „der blaue Kurfürst", Ludwig I., Max II., München um 1900 und Aufbruch in die moderne Kunst.

Die Leihgeber, die sechs Monate auf ihre vielfach bedeutenden Schätze verzichten müssen, reichen von Pfarrkirchen bis zu internationalen Museen. Vom Bamberger Dom wird die Plastik des heiligen Dionysos abmontiert, in Regensburg ein Brückenpfeiler mit dem Bild Ludwigs von Schwaben, aus Versailles wird das Hochzeitsgemälde einer bayerischen Prinzessin entliehen, aus Krems der berühmte Tassilo-Kelch. Im Modell soll das zerstörte Spiegelkabinett aus dem Würzburger Schloß nachgebaut werden, im Originalformat eine bayerische Prozession.

Die Architektur von „Bayern" im Stadtmuseum hat die Planungsgruppe M 5 entwickelt. Ein durchgehendes Gestaltungselement, das als Vitrine, Podest, Regal oder Wand immer wiederkehrt, soll Ordnung in die Vielfalt bringen. Der Innenhof des Museums wird zum Aktionszentrum umgebaut. Dort integriert: ein kleines Bauernhaus aus dem 18. Jahrhundert. Und als Entrée, wo sich jetzt noch der Parkplatz befindet, wird demnächst ein ausgewachsener Holzstadel von 1787 Platz haben. Eigentlich sollte er an seinem Standort im Landkreis Wasserburg bei einer Feuerwehrübung verbrannt werden. Aber „Bayern" hat ihn gerettet.

Elisabeth Müller

DIE PLANUNGSGRUPPE M 5 hat das Aktionszentrums-Modell im Stadtmuseum entwickelt.

ERICH PFEIFFER-BELLI

Imago Bavariae

Zur Ausstellung „Bayern — Kunst und Kultur" im Münchner Stadtmuseum

Diese prächtige Ausstellung ist ihrem Umfang nach — 5000 Quadratmeter Ausstellungsfläche, 2461 Objekte — monströs; was die Darbietung anlangt, ist sie eher intimheiter zu nennen. Sie vermeidet bewußt, allzu kunst- und kulturhistorisch didaktisch zu werden, fordert andererseits den Besucher jedoch auf, alles genau und gründlich zu betrachten, vielleicht sich lohnenden mehrfachen Visiten, den pfundschweren Katalog in der Hand. Aber auch ohne den Katalog (575 S., ca. 500 Abb., davon 36 in Farbe, DM 20,—, Prestel Verlag) ist die Besichtigung ein Gewinn: Altbayern, Schwaben und Franken sozusagen in der Nußschale des Stadtmuseums, ein erstaunliches Konzentrat, bei dem in manchen Fällen die Veranstalter Jagdglück besessen haben. Es sind zum Teil verborgene Schätze ans Licht gezogen worden, die nach Beendigung der Ausstellung für Jahrzehnte in München nicht mehr zu sehen sein werden. Die Übersicht ist so strotzend lebensvoll, wie es das Land heute immer noch zu sein vermag.

Altbayern, Schwaben und Franken sprechen in Kunst und Kultur die gleiche Sprache; nur

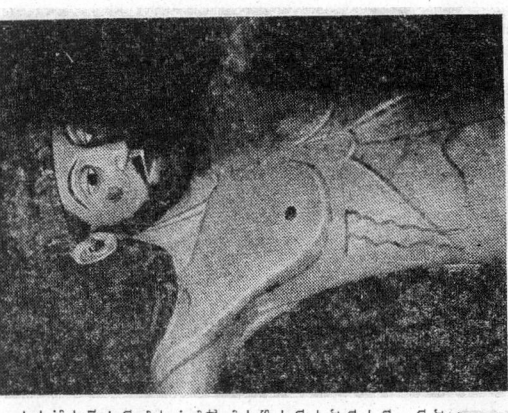

FORSTENRIEDER KRUZIFIX, frühes 13. Jahrhundert. München-Forstenried, Hl.-Kreuz-Kirche.

der Tonfall ist jeweils ein anderer. Man könnte von sich anbietenden künstlerischen und kulturellen Dialekten sprechen, die, auf einem weiten Nährboden gewachsen, eine vielverästelte gemeinsame Wurzel besitzen. Josef Nadler hat eine einstmals vielbeachtete problematische Literaturgeschichte „nach deutschen Stämmen" geschrieben, dabei ging es nicht ohne Gewaltätigkeiten ab; nur zu oft zwang er der Verfasser seine Charakterisierungen in spanische Stiefel, um seine Theorie zu erhärten, zu erzwingen. Dennoch war das Unternehmen nicht ganz ohne Reiz, und die Münchner Ausstellung könnte dazu verführen, ähnlich im Bereich der Kunst und Kultur Bayerns zu verfahren, zumal es kaum einen anderen — zwar dreigeteilten, letztlich indes einheitlichen — deutschen Stamm gibt, der sich so reich, so musisch, so gläubig fromm, so vielgestaltig differenziert durch die Jahrhunderte als

de Land gebracht, was u. a. das vorzüglich erhaltene Bodenmosaik eines Baderaums aus Westerhofen mit seinen reizvollen Tierdarstellungen beweist. Dieses Mosaik, teilweise mit Geschick ergänzt, wird, nachdem es in der Mitte des vorigen Jahrhunderts entdeckt wurde, heute zum ersten Mal gezeigt; es ist im Besitz der Prähistorischen Staatssammlung in München, wo es einmal in einem notwendigen Erweiterungsbau ausgestellt werden soll. Ein gar wildes Tier ist dann gleich neben dem Mosaik der aus Regensburg entliehene römische Kalksteinlöwe, eine typische Grabplastik der Provinz Rätien (3. Jahrhundert n. Chr). Das römische Erbe mag sich auf sagenumwobenen Umwegen der bayerischen Kultur integriert haben. Gestorben ist es nie.

Eine kühne Tat war die Aufstellung des Holzstadels von 1788 aus Steinhart im Landkreis Wasserburg, der heute die Eingangshalle zur Ausstellung bildet, dort aber leider nicht bleiben wird, da man andere Pläne in weiter Zukunft mit diesem reizvollen, vollendet bayerischen hölzernen Gebäude hat.

Sinnenfroh, elementar, schöpferisch

Sinnenfroh hat man die Bayern genannt, sinnvoll in einem elementaren schöpferischen Sinn, voller Freude am Spiel und am Spielerischen, dem Glück des Augenblicks hingegeben, schaufreudig-diesseits und dann wieder sehr ernst im Glauben, in der Gläubigkeit, aber niemals pestdantisch, auch dort nicht, wo die Protestantismus ans Ruder gelangte. Die großen europäischen Stilbewegungen machten vor den bayerischen Grenzen nicht halt. Aber es gehört wohl die hellseherische Sicherheit eines kunstwissenschaftlichen Wünschelrutengängers dazu, um spezifisch Bayerisches etwa auf gotischen Tafelbildern, z. B. eines Jan Pollak eindeutig festzustellen. Nicht anders ergeht es uns mit der Skulptur bis tief hinein ins 14. Jahrhundert. Da sind dann allerdings „expressionistische" Formgebungen — ein „Astkreuz", um 1350 aus Kempten — schaudernd zu bewundern; das extrem Bejammernswürdige des Gekreuzigten, dessen Arme beweglich waren. Eine Reihe der gotischen Skulpturen wurde eigens für diese Ausstellung restauriert; auch das dankt man dem großen gemeinsamen Unternehmen des Freistaates Bayern und der Landeshauptstadt München, veranstaltet von den Münchner staatlichen und städtischen Museen, dem Zentralinstitut für Kunstgeschichte und dem Bayerischen Rundfunk.

Eine besondere Rarität ist die Skulptur des hl. Dionysius aus dem Bamberger Dom (vor 1237). Hier ist der Einfluß der Schule von Reims deutlich. Die kostbare Figur war bislang aus der Nähe nicht zu betrachten. Sie ist, bei aller Schwere der faltenreichen Gewandung, dank des vergeistigten Ausdrucks des abgeschlagenen Hauptes der Beweis dafür, daß ein bayerischer Bildhauer die hohe Qualität des französischen Vorbilds erreicht hat. Namen wie Veit Stoß („Anna Selbdritt" aus Nürnberg und ein Gekreuzigter aus Jengen) und Hans Leinberger bezeugen, einander beinahe bedrängend, die hohe und edle Kunstfertigkeit dieser meisterlichen Bildhauer, denen sich Tilman Riemenschneider ebenbürtig anschließt.

muß man sich als gutgemeintes Greuelobjekt besonders merken; Visconti hätte ihn sich für seinen Ludwig II.-Film gewiß ausgeliehen. Wie es in München nach dem Tod des Königs zur Zeit des Prinzregenten ausgesehen hat, wie hübsch Franz von Stuck in nobler Abendkleidung, es folgen die Künstler von den „Blauen Reiter": Franz Marc, Kandinsky, Jawlensky, Gabriele liest sich das im Eingangskapitel der Erinnerungen von Hermann Uhde-Bernays.

HIMMELBETT, Tölz (1833). Bad Tölz, Heimatmuseum.

ten. Bald ist man nun bei der Jahrhundertwende angelangt. Zuvor war man bei Schwind und Spitzweg, Schleich und Böcklin begegnet. Nun folgt das imposante Doppelporträt des Ehepaars

Münter, August Macke u. a. Paul Klee ist mit einem Hinterglasbild von 1910 — "Oberwiesenfeld" — und "Vorstadt (München Nord)" aus das von Kandinsky bemalte, mehr als schlichte Mobiliar für die Münter in Murnau. Begleiterscheinungen machte gute Figur; reizend ein Porträt des Verlegers Albert Langen mit der roten Simplicissimus-Bulldogge von Th. Th. Heine.

Die für München so trübsinnigen Jahre des "Tausendjährigen Reichs" sind nicht verschwiegen. Eine lebensgroße Diana (weiblicher Akt) im originalen Bretterverschlag, für Hitlers Reichskanzlei bestimmt, trägt den belustigenden Vermerk „Eigentum der Bundesrepublik Deutschland". Die Bayerische Gegenwartskunst ist durch die Gruppe "Spur", durch die Maler Rupprecht Geiger, Fritz Winter, Frutrunk, Dieter Stöver, Herbert Schneider und durch die Bildhauer Fritz Koenig, Toni Stadler, Anton Hiller und Rupert Stöckl vertreten. Daß im übrigen von dem in Pfarrkirchen geborenen Hans Wimmer keine Arbeit ausgestellt ist, bleibt verwunderlich; immerhin stammen von ihm das imposante Reiterstandbild Kaiser Ludwigs des Bayern und der Richard-Strauss-Brunnen — markante Münchner Bildwerke. — Gern wäre man auch dem köstlichen lebensgroßen Wachsbild der Brauerstochter Anna Bruckmayer von 1776 aus dem Creszentiakloster zu Kaufbeuren begegnet.

Dieser Bericht muß in Anbetracht der Fülle der ausgestellten Werke, von Dokumenten aller Art, von kunstgewerblichen und technischen Erzeugnissen unvollständig sein. Er versucht hinzuführen zu einer der schönsten Ausstellungen der letzten Jahrzehnte, der es trotz großer Schwierigkeiten gelungen ist, das zu demonstrieren, was sich mit den zwei Worten „Imago Bavariae" umschreiben läßt.

PAUL KLEE, *Vorstadt (München-Nord),* 1913. München, Städtische Galerie im Lenbachhaus.

Ist im Rittersaal des Erdgeschosses, der Entwurf für die zweitürmige Ausführung der Regensburger Domfassade (Reißfeder und Feder auf Pergament, um 1380) zu bewundern, so gibt es aus den Jahren 1851/53 den Grundriß der Münchner Maximilianstraße und den Aufriß des Maximilianeums (1869) wie auch den Entwurf für den Glaspalast von August Voit zu betrachten.

"JUGEND", 1. Jahrgang, 1896, Nr. 50. München, Stadtbibliothek.

Verwirrende Fülle

Verwirrend ist die Fülle der in Vitrinen ausgestellten Dokumente der Buchmalerei, der historischen Urkunden; die Schönheit des wohl aus Salzburg (um 769/788) stammenden Tassilokelchs, heute in Kremsmünster, ist ergreifend, großartig der Abguß der Bronzetüren des Augsburger Doms, in denen italienisch-sizilianisches Kunsthandwerk sich ausspricht. Die Räume des Museums sind durchweg mit Punktstrahlern künstlich beleuchtet; das gibt öfters eine mystische Helle, die dem Ausstellungsgut effektvoll wohlgesinnt ist. Imponierend steht Holbeins "Graue Passion" am Ende des gotisch gewölbten Erdgeschoßsaales, farbige Glasfenster strahlen, und wo die Welt des Religiösen zu Ende geht, tritt das Weltliche in Erscheinung, die Kultur der Städte wird demonstriert: Jacob Fugger der Reiche, wohl von Christoph Amberger porträtiert, schaut mit wägendem Blick über den Beschauer hinweg. Zu besichtigen sind dann Dokumente des Humanismus und der Reformation; Orlando di Lassos Grabstein, zentnerschwer, ist gegenwärtig.

Bayerns große Zeit — das 17. und 18. Jahrhundert — ist in seiner ganzen Barock- und Rokokopracht vertreten. An Max Emanuel erinnert das als Beute aus den Türkenkriegen heimgebrachte herrscherliche und dekorative Zeit, in das ein Globus gestellt wurde: zum Zeichen, daß Bayern damals die Chance hatte, eine Weltmacht zu werden. Reiches, überreiches Barockmobiliar wird konfrontiert mit bäuerlichem Hausrat; ein urtümlicher Webstuhl ist aufgestellt, wie denn überhaupt die Ausstellung ihre Lebendigkeit aus den beabsichtigten Gegensätzen bezieht. Plastiken von Ignaz Günther und J. B. Straub gehen sozusagen Hand in Hand mit den beiden Cuvilliés und Balthasar Neumann. Ihnen beigeordnet ist sakrales und weltliches Gold- und Silbergerät von höchster Qualität der Form und Technik. Kirchlicher Rokokozauber, Bustelliporzellane und dörfliches Geschirr und Gerät, zierliche Eleganz der Kleidung auf den Porträts werden den immer wieder helles Entzücken hervorrufenden bayerischen Trachten gegenübergestellt. Von dort ist dann nicht weit bis zu religiösem Brauchtum.

19. und 20. Jahrhundert

Wie rasch ist der Besucher dann im 19. Jahrhundert: Ludwig I., Wilhelm von Kaulbach mit seinen lichten Fresken für die Neue Pinakothek. Klenze malt mit hellen Farbtönen seine Propyläen. Die Damen der Schönheitsgalerie treten auf: Heinrich Martin Heß malt 1823/24 die liebreizende Marchesa Florenzi, die Kronprinz Ludwig glühend verehrte. Witzig, daß Petzet die Ergänzungen der Agineten durch Bertel Thorwaldsen beigeschafft hat. Der Zustand der Agineten in der wiederhergestellten Glyptothek — eben ohne die Zutaten des dänischen Bildhauers — ist mit pro und contra in diesen Tagen heftig diskutiert worden. Daß es ein „Onyx-Service" mit Darstellungen von Statuen der Glyptothek gibt — ein Auftrag Ludwigs I. —, werden die meisten Gäste der Ausstellung erst hier erfahren; die Nymphenburger Porzellanmanufaktur hat sie zwischen 1835 und 1836 hergestellt.

Und schon sind die Besucher im Bann des Märchenkönigs: Mobiliar aus Hohenschwangau — einen Papierkorb wie den dort ausgestellten

unverwechselbar eigenständig artikuliert hat. Gewiß, diese Bayern sind nicht über einen Kamm zu scheren, ihre Lockenpracht — um im Bild zu bleiben — ist zu üppig. Gegenseitige kulturelle und künstlerische Beeinflussungen sind innerhalb der Landesgrenzen oft genug zu verzeichnen — während des 18. Jahrhunderts etwa zwischen München und Bayreuth. Dazu ist das Land Bayern gleichzeitig ein enormer Magnetberg, der starke Persönlichkeiten jedweder Artung anzieht, sie sich anverwandelt oder ihnen die Freiheit läßt, ganz sie selber zu sein und zu bleiben, ein eigenwilliger Farbtupfen auf der großen bayerischen Palette (Kandinsky in unserem Jahrhundert). So kommt es, daß auch nicht in Bayern geborene Kulturträger nicht nur in Michael Petzets Ausstellung als Bayern empfunden und im großen Buch der bayerischen Geschichte als solche geführt werden, etwa der in Köln geborene Wilhelm Leibl, der zur Inkarnation eines bayerischen Malers geworden ist. Daß man sein Felleisen, seine Pinsel, gar seine Lederhose ausgestellt findet, zeugt von der heiteren Liberalität, die in der Ausstellung waltet.

Kultur haben die Römer in das rauhe und wilde

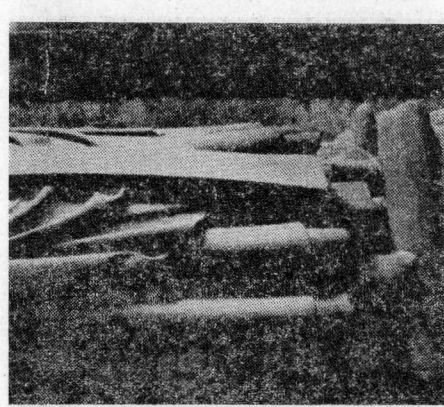

CHRISTOPH AMBERGER (?), *Jacob Fugger der Reiche.* 1520. Privatbesitz.

Bayern zwischen Heustadel und Holbein

Prunkvolle Selbstdarstellung zum olympischen Sommer

Eigenbericht der WELT

München, 19. Juni

Bayern hat eine Gabe, sich zu zeigen, zu repräsentieren, sich wirkungsvoll in Szene zu setzen, um welche die andern deutschen Stämme und Länder es beneiden müßten. Selbst das Gaudi-Kostüm des Voralpenlandes, mit Lederhosen, strammen Miedern und Lodenmänteln, hat als Weltmode Erfolg gehabt und wird von den Fremden, denen man „die Schneid abkauft", immer noch als Folklore nach Hause geschleppt. So ist auch diese Schau eine gewaltige Selbstdarstellung der Trias Bayern-Franken-Schwaben, die den „Freistaat Bayern" bilden, wie man an jeder Grenze dieses Landes lesen kann.

Es ist so groß wie Österreich und doppelt so groß wie in der Schweiz. Die Bayern haben, wie außer ihnen höchstens noch die Niedersachsen, hartnäckig an ihrem eigenen Status, eigener Sprache und Geschichte, eigenem Königshaus und bis auf den heutigen Tag an eigener Politik festgehalten — so daß Bayern heute als ein Paradies erscheint. Süddeutsches Barock und Rokoko sind Weltbegriffe geworden, nicht nur für Kunst und Lebensfreude, sondern als Stil, dem Landschaft und Lebensgefühl entsprechen.

Ein neuer Ausstellungsstil

Vor zehn Jahren hat München, aus Anlaß des eucharistischen Weltkongresses, die Ausstellung „Bayerische Frömmigkeit" veranstaltet. Und vor drei Jahren zeigte München in der Residenz „Ludwig II." Beide Ausstellungen waren nicht nur ihrem Thema in seinen Grenzen gewidmet; sie haben einen neuen Ausstellungsstil entwickelt, und zwar technisch wie stofflich. Ein paar Beispiele: Wir sehen das herrliche Zelt Max Emanuels aufgestellt und einen Globus darin. Denn für einige Jahrzehnte glaubte und hoffte Bayern, es könne eine Weltmacht werden, wie es dann Österreich unter Maria Theresia wurde. Und dann sehen wir die Bilder Wilhelm Leibls, eines Halbbayern aus Köln, der sich bajuwarisierte und bayerische Figuren malte, die (noch) keine Folklore waren. Damit wir ja begreifen, daß er ein Bayer war, liegen dort seine Lederhose, Jagdtasche, „Charivari" mit Hirschgranteln sowie ein Sprechapparat aus Leibls Besitz — und dazu eine Platte mit Leibls Stimme! So alles andere: ein raffiniert gestelltes Durcheinander; Hausmodelle, Votivbilder — und plötzlich steht man vor einem Bild Holbeins d. Ä. oder dem herrlichen Rest eines Freskos von Altdorfer aus dem Regensburger Kaiserbad.

Bayern beginnt mit Kelten und Römern. Man betritt die Ausstellung durch einen mächtigen Heustadel, Meisterstück der Zimmermannskunst aus dem 18. Jahrhundert aus der Gegend von Wasserburg. (Die Feuerwehr wollte ihn bei einer Probeübung abbrennen: da hat man ihn für 400 DM gekauft und am St. Jakobsplatz vor das Museum gestellt.) Leider bleibt er nicht, sondern ist schon anderweitig zur Aufstellung geplant. Im Innenhof sieht man unter anderen römischen Zeugnissen das sieben mal zehn Meter große Mosaik des Fußbodens einer römischen Villa bei Ingolstadt, zwanzig Felder mit Jagdszenen und Fabelwesen. Eigentum der prähistorischen Sammlung und bisher nie als Ganzes aufgestellt.

Alt-Nürnberg per Knopfdruck

Auch sonst gibt es staunenswerte Dinge aus nächster Nähe zu sehen, den karolingischen Tassilokelch aus Kremsmünster, einen Heiligen Dionysos aus dem Bamberger Dom, der unzugänglich hoch angebracht war, eine ungekannte lebensgroße Venus von Thorwaldsen und dann plötzlich, in einer Vitrine, eine der größten Kostbarkeiten der Goldschmiedekunst, die Lepantomonstranz, das eifersüchtig gehütete und nahezu unbekannte Prunkstück aus St. Maria Victoria in Ingolstadt und sonst nur dort zu sehen. Mit einem Mal steht man dann auch vor einem graphischen Wunder, einer acht Meter hohen Zeichnung: dem Plan einer Domseite auf Pergament von 1380. Es ist der Originalbauplan des Regensburger Doms.

Lange vor Rokoko und Barock hat Bayern eine Phase gekannt, wo es so europäisch war wie Chartres, Oxford oder Verona: das frühe und hohe Mittelalter. Seine Hauptorte waren und sind Regensburg, Bamberg, Augsburg und Würzburg, auch kleinere: Moosburg, Eichstätt und die Renaissance in Augsburg, Nürnberg und München. Man hat die Türen des Augsburger Doms im Abguß vor sich. Ein Knopfdruck wirft Filme auf die Wand, wo man St. Lorenz in Nürnberg oder die Brunnen von Augsburg sieht. Überhaupt ist die Vitrinen- und Guckkastentechnik in dieser Ausstellung vorbildlich. Was man aus den etwas engen und zum Teil verwinkelten Räumen dieses Museums mit Hilfe von Blend- und Rahmenarchitekturen, Übergängen, Stegen und Stufen „gemacht" hat, das stellt die 2500 Exponate wie in ein Labyrinth, aus dem man am liebsten nicht mehr herauskommen möchte.

Katalog als Kunstwerk

Was so verwirrend oder auch spielerisch sich anbietet, unterliegt einem durchdachten Schema nach Epochen, Sachen und Stilen. Wir sehen Waffen, Kunsthandwerk, Bücher, Bilder, Plastiken. Das 19. Jahrhundert, als München „leuchtete", geht über in das 20. des Jugendstils und „Blauen Reiters", und dieses endet bei Geitlinger und Fritz König. Ein wuchtiger Katalog bringt mehr als 500 Bilder, davon 30 in Farbe, und kostet 20 DM, was viel Geld ist und zugleich ein Geschenk, da man eine Fülle fachlicher Aufsätze und exakter Daten erhält, im Prestel-Verlag, redigiert von Michael Petzet, hergestellt von Eugen Sporer. Vergessen wir nicht, die Veranstalter rühmend zu nennen: Städtische Museen, Zentralinstitut für Kunstgeschichte und den Bayerischen Rundfunk. Sie bedanken sich bei fast 600 Leihgebern.

Curt Hohoff

Die Welt
20. Juni 1972

Geweihtes und Profanes von der Isar

Unsere Bilder zeigen die heilige Magdalena von Franz Ignaz Günther aus dem Jahre 1755, eine Vase mit dem Bildnis König Ludwigs I. (1820) und einen Sessel aus dem Schloß Hohenschwangau.

Fotos: Katalog

Bayerische Selbstdarstellung

Eine Münchner Olympia-Ausstellung

mst. München gerät mehr und mehr unter den Druck zunehmenden Umweltinteresses aus Anlaß der XX. Olympischen Sommerspiele. Nicht nur Sport, sondern auch Kulturelles zu zeigen war von Anfang an die Absicht der bayrischen Landeshauptstadt. Großer Aufwand wurde daher zwei großen Dokumentationen zuteil, einer *kulturgeschichtlichen Darstellung Bayerns seit der Römerzeit und einer breiten Untersuchung über den Einfluß der Weltkulturen auf die moderne Kunst.* Beide Unternehmen sind überdimensioniert geraten.

Im Münchner Stadtmuseum wurde die historische Panoramaschau «Bayern – Kunst und Kultur» auf etwa 8000 m² mit fast 2500 Exponaten eröffnet. Ein großer provisorischer Bau hinter dem Haus der Kunst enthält die Ausstellung «Weltkulturen und moderne Kunst», in der die Begegnung europäischer Kunst und Musik im 19. und 20. Jahrhundert mit alten Hochkulturen von Asien, Afrika, Ozeanien und Indo-Amerika dargestellt wird. Hier werden vom 24. Juni auf etwa 4000 m² rund 2300 Objekte gezeigt. Beide Olympia-Ausstellungen brachten Kataloge im Format von Handlexika hervor, wie sie nur mit Mühe durch so riesige Ausstellungen zu tragen sind. Die Ausstellung der Weltkulturen bietet den Besuchern eine besondere Tragtasche an.

*

Noch nie hat es eine zusammenhängende Schau über Geschichte und Kultur Bayerns gegeben. Erst ein massiver Druck von außen wie das Erscheinen eines Weltsportereignisses in München brachte den Anstoß. Hier war auch die große finanzielle Unterstützung für ein solches Vorhaben möglich. Als Träger fanden sich zusammen der Freistaat Bayern, die Stadt München, die örtlichen staatlichen und europäischen Museen, das Zentralinstitut für Kunstgeschichte und der Bayerische Rundfunk. Ohne die Mithilfe mehrerer europäischer Länder, unzähliger Museen, der Kirchen, Schlösser und Klöster, bayrischer Heimatmuseen und vieler privater Leihgeber wäre niemals eine so eindrucksvolle, über mehr als ein Jahrtausend sich spannende Dokumentation möglich gewesen. Aus der Schweiz haben sich Museen von Basel, Genf und Schaffhausen sowie Archive von Einsiedeln und Lenzburg beteiligt.

Die Ausstellung «Bayern – Kunst und Kultur» im *Münchner Stadtmuseum* will vor allem den Gästen Münchens, aber auch den Einheimischen, die Vorstellung von Bayern als einer geschichtlich gewachsenen Wirklichkeit mit Leben erfüllen. Es gilt auch, touristisch gefärbte Klischees zu beseitigen. Das Aufblühen Bayerns seit Erlaß der Verfassung von 1818 sei anhand von Einwohnerzahlen anschaulich gemacht: man expansives Missionsverlangen, die menschliche Toleranz, das Festhalten am Althergebrachten und die tiefgegründete Liebe zu Natur und Landschaft trotz dem heutigen Zug zur Verstädterung und Industrialisierung. Die Vitalität des Bayern ist sprichwörtlich. Die heitere Lebensauffassung drängt zu künstlerischer Formung, zu Musik und komödienhaftem Schwank.

In der riesigen Ausstellung des Münchner Stadtmuseums können nur Auswirkungen bayrischen Lebens gezeigt werden. Um deutlich zu machen, daß Bayern über ein Jahrtausend reines Bauernland gewesen ist, führt der Zugang durch einen alten Heustadel aus Wasserburg am Inn, architektonisch wie in Einzelformen betrachtenswert. Außenhof und Erdgeschoß zeigen die Frühzeit. Objekt Nr. 1, ein römischer Weihestein aus dem oberbayrischen Pfaffenhofen (2. Jahrhundert n. Chr.), ist bemerkenswert durch die formal höchst kultivierte Inschrift. Das ist die klassische Form altrömischer Versalien, die die heutige schriftliche Verständigung unter den Völkern der Welt möglich gemacht hat. Andere römische Funde tragen dagegen provinzielle Inschriftformen. Auf erste bajuwarische Zeugnisse stößt man bei Grabbeigaben (6. bis 8. Jahrhundert n. Chr.). Urkunden des 9. Jahrhunderts, so großartig sie sind, nehmen hier viel von der Anschauungskraft des Besuchers. Daher seien hier wichtigste Objekte genannt, die nicht übersehen werden sollten: der Tassilokelch (um 770), der Abguß der Augsburger Domtüren mit frühen figürlichen Reliefs (vor 1065), der große romanische Forstenrieder Crucifixus, die ältesten mittelalterlichen Kirchenhandschriftbücher, das schöne Modell der Steinernen Brücke von Regensburg und daneben die Originalsteinfigur von dieser Brücke mit König Philipp von Schwaben.

Der Führungslinie folgend sieht man Zeugnisse aus den Städtegründungen des Mittelalters, das Erscheinen und den Aufstieg der Wittelsbacher im frühen 13. Jahrhundert. Der Andechser Schatz gehört zu den kostbarsten geschichtlichen Ueberlieferungen Altbayerns. Spätmittelalterliche Kirchenkunst, Altäre, Tafelgemälde und Plastiken haben im gotischen Kreuzgewölbe des einstigen Münchner Zeughauses einen angemessenen Raum gefunden.

Den eigentlichen künstlerischen Kern der Ausstellung enthält das erste Obergeschoß (16. bis 18. Jahrhundert), auf den sich der Besucher konzentrieren sollte. Hier entfaltet sich das Typisch-Bayrische in Geschichte, Leben und Kunst. Der vollständige Rundgang führt durch viele Räume, die, sämtlich abgedunkelt und schwarz ausstaffiert, ihre Exponate mit gezielten Lichtquellen aufleuchten lassen. Hier werden die große Vielfalt der kulturellen Entwicklung Bayerns infolge zahl-

zählte 1818 insgesamt 3,7 Millionen Einwohner, am Jahrhundertanfang (Dezember 1900) 6,2 Millionen und heute rund 10,2 Millionen. Dabei verlor Bayern 1945 die linksrheinische Pfalz, erhielt aber einen Zustrom von 2,4 Millionen Flüchtlingen vor allem aus den sudetendeutschen Gebieten. In keinem anderen größeren deutschen Bundesland ist ein so ausgeprägtes Staatsbewußtsein wach wie in Bayern. Die zusätzlichen Schilder an bayrischen Außengrenzen «Freistaat Bayern» hinter den bundesrepublikanischen Wappen sprechen für sich.

Ein Phänomen ist das einträchtige Zusammenleben dreier deutscher Stämme innerhalb der bayrischen Grenzpfähle trotz stark abweichenden Mundarten, der Altbayern in den Bezirken Ober- und Niederbayern sowie der Oberpfalz, der Franken zwischen Donau und Main und der Schwaben zwischen Ammersee und Bodensee. Allen gemeinsam sind, eine gewisse Bedächtigkeit und ein ausgeprägtes Selbstbewußtsein ohne soeben der Räteherrschaft und der Hitler-Zeit, die sich der Städte München und Nürnberg als Schauplätze propagandistischer Architektur bemächtigte, werden in Dokumenten der Zeitgeschichte dargestellt. Die ursprünglich geplante umfassende Darstellung der Münchner Geschichte der modernen Kunst, mit der abgeschlossen werden sollte, scheiterte an gebotener Einsparung. Die bewußt volkstümlich gestaltete Ausstellung dauert bis zum 15. Oktober 1972.

Eine wissenschaftlich fundierte Darstellung der Kulturgeschichte Bayerns enthält der Ausstellungskatalog, der über 500 Abbildungen enthält. Die Konzeption von Ausstellung und Katalog lag in der Verantwortung des Münchner Kunsthistorikers *Michael Petzet*.

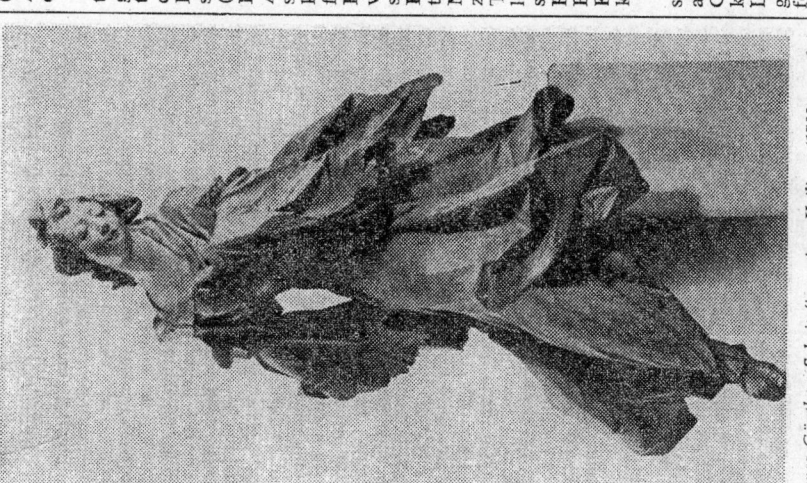

Ignaz Günther: Schnitzfigur einer Heiligen (1755) aus dem Museum Starnberg.

reicher Herrschaftszentren und ihr fruchtbares Nebeneinander sichtbar. Gleich zu Anfang die berühmten Münchner Moriskentänzer von Grasser und Gemälde von Jan Pollack, der Beitrag Nürnbergs mit Dürer und Zeitgenossen, Riemenschneider und Veit Stoss, die Augsburger Kunst mit Holbein d. Ae., Burgkmair und Jörg Lederer. Niemand wird die etwa gleichzeitigen Stadtmodelle von München, Nürnberg und Straubing (Kopien) übersehen. Die ersten Drucker von Augsburg und Nürnberg erscheinen mit Wiegendrucken.

Zeugnisse des Humanismus und der Reformation deuten einen tiefen Einschnitt in der geistigen Entwicklung an. Der Aufstieg des Bürgertums, bäuerliche Tradition und höfische Kultur des 16. Jahrhunderts, werden mit vortrefflichen Dokumentationen belegt. Die Nürnberger Goldschmiede mit Leihgaben bekanntester Museen (darunter Genf) bilden ein Hauptkapitel hohen Kunsthandwerks; ihm folgen Beispiele aus Augsburg, München und Regensburg. Die geschichtliche Linie hochentwickelter Handwerkskunst wird durch die folgenden Jahrhunderte fortgesetzt, bis Barock und Rokoko jene Epoche Bayerns illustrieren, in der Vitalität und Formwillen die letzte große Stileinheit des Landes geschaffen haben. Aus dem Türkenfeldzug Max Emanuels stammen ein unversehrt erhaltenes türkisches Audienzzelt und eine Schabracke. Das Modell der Schleißheimer Schloßanlage von 1720 zeigt den ursprünglichen Entwurf von dem Tessiner Zuccalli errichteten Prachtbaus. Porzellan aus altbayrischen, fränkischen und schwäbischen Manufakturen, Prunkmöbel aus Schloß Pommersfelden, aus Würzburg, Ansbach und Bayreuth sind weitere Höhepunkte bayrischen Kunstgewerbes. Auch Bamberg lieferte einen kunstreichen Beitrag.

Im zweiten Oberstock verengt sich die geschichtliche Schau auf München und seine Rolle als bayrische Hauptstadt im 19. Jahrhundert. Die Gründung des Königreiches und ihre Auswirkung auch auf die kulturelle Entwicklung des Landes werden in allen Verzweigungen sichtbar gemacht. Die Aera Ludwigs I. brachte die Umformung der ländlichen Hauptstadt in ein kulturelles Zentrum im Gewand klassizistischer Architektur und Stadtplanung, mit der München sein eigentliches weltoffenes Antlitz erhielt. Vieles, was in diesem Jahrhundert aufblühte, war in seinen Grundlagen schon in früheren Zeiten über das Land hin gelegt worden. Diese Erkenntnis ist ein Haupteindruck, der durch die aufwendige Ausstellung gewonnen werden kann. Kunst und Musik, Museen und Theater, zu denen sich die Förderung der Wissenschaften durch Max II. gesellte, zogen europäisches Interesse an. Literatur erhielt um die letzte Jahrhundertwende in Schwabing eine eigenständige Wirkungsstätte. Jugendstil entstand in bajuwarischen Formen. «Der Blaue Reiter» war die Fortsetzung und der Aufbruch zur modernen Kunst. Auch die politischen Epi-

Neue Zürcher Zeitung, 26. Juni 1972

Petzet holt das 19. Jahrhundert aus dem Keller

Der neue Direktor der Städtischen Galerie eröffnet am 10. August

Am 10. August gibt es gleich einen doppelten Einstand in der Städtischen Galerie im Lenbachpalais. Direktor Michael Petzet, seit Anfang Juli im Amt, stellt sich mit der Wiedereröffnung des Hauses vor, dessen Bestände in neuer Ordnung und Gruppierung der Öffentlichkeit präsentiert.

Gleichzeitig wird der zweistöckige Neubau an der Brienner Straße (Architekten: Heinrich Vollbehr und Rudolf Thönessen) eröffnet. Er bringt der Galerie ein beträchtliches Mehr an Ausstellungsräumen zu, und einen Vortragssaal im Erdgeschoß mit rund 200 Plätzen, in dem auch Filmvorführungen möglich sind. Wir sahen uns in Münchens Kunstgalerie um und sprachen mit dem neuen Direktor.

Unübersehbar sind die Anzahl und Überraschungseffekte der winkeligen Treppchen, Zwischengänge und Schnürlkorridore, die den Besucher im Lenbachhaus führen, vielleicht auch entführen, wohin er gar nicht will. Das war und ist noch immer der private Charme der als Museum in Dienst genommenen Malerfürstenvilla, und es ist die Problematik des Hauses.

Mit dem südlichen Anbau hat sich Franz von Lenbachs Palazzo jetzt ein drittes Mal quasi durch Zellteilung erweitert. Das führt dazu, daß Zentrum und Mitte der Galerie – auf der Freitreppe hinter Garten- und Brunnenanlage betretbar – für die Ausbreitung der Sammlungen kaum mehr ins Gewicht fallen, das Museum hauptsächlich aus Flügeln besteht. Zumal das Erdgeschoß mit dem romantisch verspielten Foyer so großzügig und attraktiv ungenutzten Raum verschenkt, wie es sich heutige Zweckarchitektur nie mehr trauen würde.

„Selber aussuchen"

Wie sein Vorgänger Hans Konrad Röthel will der neue Direktor Michael Petzet aus dem gegebenen labyrinthischen Agglomerat der Räume seinen Galeriestil entwickeln.

Petzet sagt: „Der Besucher soll sich selber aussuchen, ob er bei der Münchner und bayerischen Malerei des 19. Jahrhunderts anfangen will, ob er links liegen läßt und gleich zu Kandinsky geht, oder ob er Jugendstil und Zwanzigstes Jahrhundert im Neubau anschaut."

Gleich im Foyer soll ein Galerieplan über Angebot, Örtlichkeiten und Wege orientieren, „unbedingtes Desiderat" ist auch die baldige Herausgabe eines Kurzführers.

Erst in unserem Jahrhundert gegründet, ist die Städtische Galerie ein relativ junges, eher sprunghaft als kontinuierlich gewachsenes Museum für Kunst aus München und Bayern. Seine sammlerische Tradition beginnt mit der Landschafts- und Genremalerei, mit der Kaulbach und Piloty- und Historienmalerei der Kaulbach und Piloty. Dieser Komplex wurde durch den mächtigen Zuwachs an Stiftungen der Sammlungen Gabriele Münter (mit dem Kandinsky-Nachlaß bis 1914) und Bernhard Köhler, in die Magazine abgedrängt. Dank dem Neubau kann nun die solide Tradition des 19. Jahrhunderts — von Rottmann über Schleich, Morgensters, Wopfner, Defregger bis zu Leibl — wieder in allen Ehren vorgezeigt werden. Petzet fand nach prüfender Besichtigung der versunkenen Bestände: „Ich war selber überrascht, was alles da ist, zum Beispiel, daß wir eine so gute Kollektion von Rottmann haben."

Gäbe es nicht den nagelneuen, weichen Bodenbelag, der die Schritte etwa knautschig macht: kaum merkbar vollzieht sich oben der Anschluß an den Neubau. Seine Säle haben mittlere Galerieproportion, dunkelgraue, fast zu elegante Wandbespannung. Vor ihr kommt die kräftige, folkloristisch gelimpfte Farbigkeit der Bilder von Kandinsky und Münter aus ihrer frühen Murnauer Zeit prächtig zur Geltung.

Neben Hinterglasmalereien und kleinen, taufrischen Landschaften wartet ein köstlicher Fund. Von Münter gemalt: „Gabriele Münter mit Kandinsky am Tisch", der intellektuelle Großmeister ganz ländlich mit kurzer Hose und Wadlstutzen. Ein Dokument von der bayerischen Jugend des „Blauen Reiter".

Kunstgeschichte als Zitat

Nach folgenden Akzenten wird sich künftig der Rundgang orientieren: Erdgeschoßräume im Nordflügel (rechts vom Eingang) sind ausgeräumt und bleiben leer. Sie stehen für Sonderausstellungen und kleinere, wechselnde Kunstprogramme zur Verfügung. Im Obergeschoß breitet sich die gute alte Münchner Schule aus, setzt sich im Westflügel fort mit Leibl und Defregger. Ein länglicher Raum im Abseits bietet Schaustücke göttischer und barocker Malerei — Kunstgeschichte als Zitat.

Eindrucksvoll nimmt sich der Saal mit schmissigen Porträts und Landschaften von Corinth und Slevogt aus. Beide haben zeitweise in München gelebt und gearbeitet, ihre Werke bekräftigen, daß die Wonne der frischen Farben, der lockere, ungebändigte Pinselschlag in München nicht plötzlich und mit dem „Blauen Reiter" ausbrachen.

Blick bis nach Amerika

Vor Kandinskys Impressionen und Abstraktionen um und nach 1911 ist es immer wieder, als würden Glocken läuten, froh, feierlich, endlos. Qualität teilt sich überwältigend mit, braucht weder Chronologie, noch Biographie, noch sonstige Beihilfen. Hier, und mit den Bildern von Marc und Macke aus der Köhler-Stiftung gewinnt Münchens freundliche, in bestem Sinn provinzielle Galerie Anschluß an die internationale Kunst.

Der Blick reicht bis nach Amerika, auch wenn nicht ausdrücklich vermerkt werden muß, daß sich die informellen US-Painter auf die Begegnung mit Kandinsky und den deutschen Expressionismus berufen. Im Erdgeschoß folgen interessante Ausgrabungen aus Jugendstil und Neuer Sachlichkeit, letztere fast Neuentdeckungen in der Münchner Kunstgeschichte.

Sonderausstellungen

Galeriechef Petzet geriet übrigens beim Hängen ziemlich in Konflikt mit sich selber als Organisator der Bayernausstellung. „Viele Hauptstücke, von Stuck, von Corinth, von Strathmann, sind im Stadtmuseum. Von Marc und Macke habe ich Bilder nach Venedig gegeben. Das fehlt jetzt, man merkt es an der Qualität. Ich wußte das vorher, fand es aber die Leihgaben auch sehr wichtig."

Petzet will vor allem durch große Sonderausstellungen wieder Leben in die Galerie bringen. Der 1972er Etat von 15 000 Mark setzt seinen Aktivitäten noch enge Grenzen. Für 1973 sind Sondermittel beantragt für Ausstellungen — „in angemessener Höhe, davon hängt die ganze Ausstellungsplanung ab".

Vier bis sechs große, gründlich erarbeitete Ausstellungen pro Jahr möchte Petzet aufziehen (oder aus anderen Städten übernehmen). Daneben, in kürzerer Laufzeit, Ausstellungen von Münchner Künstlern, Extras wie Graphikschauen oder Veranstaltungen, die aktuelle Probleme diskutieren.

Als Beispiele hat Petzet zur Hand: „Die Straßen in München, Kunst in den Trabantenstädten, das wären Ausstellungen, deren Typ erst entwickelt werden muß."

Noch eine Kunstschau zu den Olympischen Spielen vorzubereiten, lehnt Petzet rundheraus ab. Er beginnt sein Programm Ende September mit der Arakawa-Folge „Mechanismus der Bedeutung" (aus Bern). Mitte November wird man Petzet nicht mehr.

George Segal begegnen, eine Schau, die schon Monate in Deutschland kreist, nun Münchens Nacholbedarf in Sache US-Popkunst erfüllt.

Noch nicht ganz ausdiskutiert ist, ob die „48 Porträts", die Gerhard Richter im Deutschen „Biennale-Pavillon" in Venedig zeigt, anschließend nach München kommen werden. Ein kaufwilliger Sammler wünscht sich das deutsche Debüt, danach will und kann Petzet nicht mehr.

Den Makart aus Baden-Baden hätte Petzet gern den Münchnern präsentiert (im Lenbachhaus wäre der beste historische Platz!) - aber das, so sagt der Galeriechef sichtlich bekümmert, ist finanziell einfach nicht drin.

Kein Geld für Makart

Um den Lesern eine Vorstellung vom Aufwand für eine verläßlich vorbereitete und kommentierte Ausstellung größeren Stils (mit anständigem Katalog, versteht sich) zu geben: rund 200 000 Mark haben die Baden-Badener Veranstalter aufbringen müssen für ihre Makart-Retrospektive. Mit 15 000 Mark läßt sich nicht sehr weit reisen.   Ingrid Seidenfaden

Münchner Merkur
27. Juli 1972

tz (Tageszeitung), München
4. August 1972

Wiedereröffnung des neugeordneten Lenbachhauses

Frischer Wind im Palazzo

Petzet holt Münchner Künstler aus dem Keller und Pop-Art ins Haus

Vor dem vergoldeten Tor des Lenbach-Palazzos an der Luisenstraße drängt sich eine Gruppe buntbehüteter Amerikanerinnen: Sie wollen „ihren" Kandinsky sehen. Der neue Hausherr Dr. Michael Petzet freut sich über den morgendlichen Miniandrang, muß die Besucher aber leider bis später vertrösten. Bis zum 10. August bleibt das Lenbachhaus geschlossen, um sich dann nach mehrfachen Um- und Anbauten in neuer Ordnung zu präsentieren.

Ein zweistöckiger Anbau an der Brienner Straße (Architekten: Heinrich Vollbehr und Rudolf Thönnessen) schafft zusätzlich zirka 1000 Quadratmeter Ausstellungsfläche. Dafür könnte das Untergeschoß des Nordflügels ausgeräumt und für Sonderausstellungen freigemacht werden. Vier bis sechs attraktive Wechselausstellungen im Jahr sollen Leben in die etwas verträumte Villa bringen.

● Ende September beginnt die Saison mit der Arakawa-Serie „Mechanismus der Bedeutung".
● Anfang November folgt eine Gerhard-Richter-Ausstellung. Sämtliche Bilder des deutschen Pavillons der Biennale in Venedig werden in München zu sehen sein.
● Anfang Dezember gibt es eine Schau des amerikanischen Pop-Art Künstlers George Segal, dessen Gipsrealismus bereits oft in Deutschland, nur in München noch nicht gezeigt wurde.

Aus eigenen Beständen wird Petzet im nächsten Jahr eine Ausstellung von Aquarellen und Zeichnungen Kandinskys organisieren. „Wir haben an die 200 Blätter im Depot, die man sonst nie zeigen kann." Dazu wird ein Katalog erscheinen.

Außerdem sind folgende Kataloge geplant: „Franz von Lenbach", „Malerei des 19. Jahrhunderts bis zum ersten Weltkrieg" und eine verbesserte Neuauflage des „Blauen-Reiter"-Katalogs aus den fünfziger Jahren.

Der Auftrag des Museums im Lenbachhaus ist es, eine Ausstellungsstätte der Münchner, beziehungsweise bayerischen Malerei zu sein. In diesem Sinne hat Michael Petzet sein Depot durchforscht und die Sammlung der Münchner Schule des 19. Jahrhunderts um über 50 Prozent erweitert, dafür wurden einige andere Bilder wieder in den Keller zurückgeschickt.

Wunderschöne Stimmungen von Eduard Schleich und der ganze Bereich der Historienmalerei sind erstmalig zu sehen: unter anderem eine Ölskizze zu dem Monumentalgemälde „Thusnelda im Triumphzug des Germanikus", das im Depot der Neuen Pinakothek lagert und ein Riesenschinken von Defregger: „Der Schmied von Kochel".

Bei den meisten „Ausgrabungen" hätte allerdings der Restaurator noch einiges zu tun.

Der sonst im Erdgeschoß untergebrachte Saal mit Bildern von der Gotik bis zum Barock ist jetzt eine Etage höher gerutscht und bleibt trotzdem ein Fremdkörper.

Im Obergeschoß des Neubaus (sanft mausgrau ausgekleidet) ist der „Blaue Reiter" eingezogen. So schön wurde Kandinsky noch nie präsentiert. Auf der dunklen Wandbespannung gewinnen seine kristallenen Farbklänge eine aufregende Intensität. In einem kleinen Kleekabinett wird der Blick bereits gefangen von Jawlenskys morbidem Porträt des Tänzers Sacharoff. Dann wird man aus der harten Farbigkeit des Blauen Reiters unvermittelt in Franz von Lenbachs edle Brauntonigkeit geworfen.

Im Untergeschoß rund um einen Vortrags- und Kinosaal mit 201 Plätzen präsentieren sich Jugendstil, Sezession und neue Sachlichkeit. Die Kunst nach 1945 ist trotz einiger Neueinkäufe (eine Plastik von Lothar Fischer und eine Landschaft von Dieter Stöver) immer noch ein Stiefkind der Lenbachvilla und wird es wohl auch bleiben. Die geplanten Wechselausstellungen werden diese Lücke füllen müssen.

GERT GLIEWE

Auch die Pop-Art zieht in Lenbachs Villa ein: Im Dezember Gewie Segal

Am 10. August wird das Lenbachhaus wieder geöffnet

Dr. Michael Petzet

Karl von Pilotys glorreiche Wiederkehr

Im Münchner Lenbachhaus wird die Genremalerei des 19. Jahrhunderts aus den Depots geholt

In München wurden gestern der Anbau und die restaurierten Lenbach-Räume der Städtischen Galerie im Lenbachhaus neueröffnet. Unser Aufsatz beschäftigt sich mit der Präsentation der im Lenbachhaus gesammelten Kunstschätze — einem Problem, das durch diese Neueröffnung akut geworden ist.

Karl von Piloty (1826—1886) galt als einer der großen Münchner Malerfürsten des 19. Jahrhunderts; er war den Lenbach, Kaulbach ebenbürtig und in den großen Historienbildern eindeutig der Primus. Sein 1873 gemaltes Riesenbild „Thusnelda im Triumphzug des Germanicus" (sechs Meter lang) war lange eine der Attraktionen der Neuen Pinakothek in München. Doch dann kam, seit der Jahrhundertwende, die Diktatur der „peinture" französischen Schlages herauf. Meier-Graefe entwickelte jene Ideologie, die zur Verödung unserer Kunstmuseen führte: eine Generation von Konservatoren zog in die Kunsthallen ein, die stur alles in den Keller stellten, was nicht ins Schema paßte — so Hugo von Tschudi, der 1909 die Direktion der Staatlichen Galerien in München übernahm. Damals wanderte auch von Piloty das meiste ins Depot. Nun steht ein Ereignis bevor, das aufregend und symtomatisch zugleich ist: In wenigen Tagen wird nach einer Pause, von langen Jahrzehnten, erstmals wieder Piloty in einem Münchner Museum repräsentativ vertreten sein. Die große Thusnelda bleibt zwar weiter im Keller, und die neuere Abteilung der Staatsgalerien kann sich damit entschuldigen, daß ihr neues Haus sich erst im Planungsstadium befindet. Aber die kleine Thusnelda, einen recht lebendigen Entwurf in Form eines normalen Tafelbildes, wird man in der mit Spannung erwarteten Neuhängung der durch einen Neubau erweiterten „Städtischen Lagerie im Lenbachhaus" (populär: „Blauer-Reiter-Museum") sich zu Gemüte führen können. Und in der Koje daneben werden gleich drei erstaunlich gut gemalte Bilder von — Defregger hängen. Die alte Zweiteilung der Städtischen Galerie in einen aus Pietät (und wohl auch juristischen Gründen) beibehaltener Trakt mit den Lenbach-Bildern und andererseits die Kandinsky-Marc-Macke-Sammlung ist damit zu Ende — das vergrößerte Haus neben dem Königsplatz ist wieder ein lebendiges Museum geworden.

Der Vorgang ist symptomatisch dafür, daß eine neue Generation von Konservatoren in die Kunstmuseen einzuziehen beginnt, denen die überlieferten Sprachregelungen gleichgültig sind. Sie stellen ungerührt aus, was unsere durch soundsoviele Kunstrevolutionen unbefangener gewordene optische Sensibilität anspricht — auch wenn ganze Ahnenreihen von Museumsfachleuten diese Dinge mit Abschreck-Etiketts wie „Salonmalerei", „Genrekunst", „Historienmalerei" belegt haben. Dafür hat sich diese junge Generation bei den Älteren die tadelnde Rubrizierung als „Pop-Konservatoren" zugezogen. Dr. Michael Petzet (Sohn des Dramaturgen und Erzählers Wolfgang Petzet), der nach heftigen Kulissenkämpfen zum neuen Direktor der Lenbach-Galerie gewählt worden ist, hat dazu noch ein anderes schlimmes Verbrechen zu verantworten: er hat zwei große Ausstellungen organisiert, in denen man sich nicht langweilt: vor ein paar Jahren die über die Welt Ludwigs II. in der Münchner Residenz, jetzt die Olympia-Ausstellung „Bayern — Kunst und Kultur" im Stadtmuseum am Oberanger. Nach dem Aufbau der Bayern-Ausstellung, über die in diesem Blatt bereits berichtet wurde, ist Petzet in den Keller seines eigenen Museums gestiegen und hat sich angeschaut, was seine Vorgänger da weggestellt hatten. Und er entdeckte, was es in München bisher einfach nicht gab: ein fast lückenloses Museum der Münchner Malerei von der Romantik bis zur Gegenwart. Von dieser Malerei konnte man in München seit Kriegsende fast nur die populären Spitzen sehen: Kobell, Spitzweg, Blauer Reiter.

Das wird nun im Lenbachhaus anders werden. Gewiß wird die Müntersche Blaue-Reiter-Sammlung der internationale Anziehungspunkt des Museums bleiben (aber nun, dank des Zuwachses an etwa 1000 Quadratmetern Ausstellungsfläche, vollständiger und vor allem bei der Stifterin Gabriele Münter selbst um wirkungsvolle Bilder bereichert). Daneben aber wird vom Nazarener Schraudolph und dem in seiner Bedeutung noch nicht wiederentdeckten Landschafter Eduard Schleich, über die Architekten Klenze und Gärtner als Malern(!), über Wilhelm von Dietz, F. A. Kaulbach und Sperl bis zu Habermann und dem kostbaren Wahlmünchner Albert v. Keller (aus der Schweiz) gezeigt, und aus diesem allgemeinen Qualitätsniveau heben sich jene Spitzenprodukte gar nicht so sehr als Ausnahmen heraus. Sogar als Sonderlinge abgestempelte Maler wagt Petzet zu zeigen: Karl Haider etwa oder den seinerzeit durch seine Anti-Vivisektions-Bilder berühmten Gabriel v. Max. Vom 20. Jahrhundert wird neben den Jugendstil-Sälen (allein von Strathmann und von Th. Th. Heine je ein halbes Dutzend Bilder) die Abteilung der Neuen Sachlichkeit die eigentliche Sensation sein. Auch hier zeigt sich, daß die bekannten Größen, die (gut vertreten) Kanoldt und Schrimpf, nicht alles sind: neben ihnen profiliert sich Josef Achmann, lange schon ein Geheimtip, als einer der großen Landschafter der ersten Jahrhunderthälfte, neben ihnen gilt es, eigenwillige Maler mit eigener Vision wie Otto Nückel und Wilhelm Heise wiederzuentdecken.

Der Direktor des französischen Nationalmuseums für Vorgeschichte sagte uns einmal, die umwälzenden vorgeschichtlichen Entdeckungen der nächsten Jahrzehnte würden beim Auspacken der seit einem Halbjahrhundert ungeöffnet in den Kellern seines und anderer Museen lagernden Kisten mit Ausgrabungsgut stattfinden. Vielleicht werden die umwälzenden kunstgeschichtlichen Entdeckungen der nächsten Jahrzehnte erfolgen, wenn man überprüft, was voreingenommenheit jahrzehntelang in die Abstellräume verbannt (oder gar verkauft?) hat. Die Neuhängung des Lenbachhauses (vollständig wird sie erst im Oktober nach der Rückkehr der an die Bayern-Ausstellung geliehenen „Perlen" sein), zeigt, wie fruchtbar es ist, wenn ein Museumsmann einmal nicht ein Museum macht wie in jeder anderen Stadt, sondern eben gerade das zeigt, was man anderswo nicht sehen kann.

Armin Mohler

Die Welt
12. August 1972

Bayerische Kunst übertrumpft Weltkulturen
Zwischenbilanz der Olympia-Sonderausstellungen / Am Dienstag der 100 000. Besucher im Stadtmuseum

Von unserem Redaktionsmitglied Charlotte Nennecke

Durch Münchens Museen und Sammlungen ziehen in diesen Wochen täglich Tausende von Besuchern aus aller Welt. Aber München wollte seinen Olympia-Gästen noch mehr bieten. So kam es zu Sonderausstellungen verschiedenen Ausmaßes. Dieses zusätzliche Angebot, das Millionen gekostet hat, fand nicht nur Zustimmung. Gelegentlich wurde es als überflüssig und übertrieben bezeichnet. Der nur zähflüssig einsetzende Besuch der Sonderausstellungen schien den Kritikern recht zu geben. Wie sieht es heute aus? Wir überzeugten uns an Ort und Stelle.

Das jüngste und internationalste Publikum trifft man bei der Sonderausstellung „Weltkulturen und moderne Kunst". Von Gedränge kann allerdings nicht die Rede sein, denn die großen Säle im Pavillon-Anbau am Haus der Kunst könnten weit mehr als die täglichen rund 1500 Besucher fassen. Davon profitiert natürlich der Kunstfreund, der gelassen durch die angenehm kühlen Räume schlendern kann. Doch dürften sich die Veranstalter dieser aufwendigsten Münchner Sonderausstellung, für die das OK

Die Veranstaltungen im Klangzentrum (400 Plätze) sind fast jedesmal ausverkauft, besonders jetzt in der „japanischen Woche". Das Teehaus im Englischen Garten wird bei jeder Teezeremonie umlagert. Sehr beglückt ist Ausstellungsleiter Professor Dr. Siegfried Wichmann über den guten Absatz des 25-Mark-Katalogs. Über 11 000 Exemplare seien schon verkauft worden; bis zu 80 Bestellungen träfen täglich aus dem In- und Ausland ein. „Die Ausgaben für den Katalog haben wir schon wieder drin."

VÖLLIG ÜBERRASCHT war die französische Germanistikstudentin Cathérine Kunun aus Paris, als sie sich — gerade erst seit drei Tagen wegen der Olympischen Spiele in München — am Dienstag die Ausstellung „Bayern — Kunst und Kultur" im Stadtmuseum anschauen wollte: Sie wurde als 100 000. Besucherin der Sonderausstellung gefeiert. Ministerialdirigent Dr. Keim (rechts) überreichte ihr einen Strauß weiß- blauer Blumen und eine Schallplattenkassette mit einer Gesamtaufnahme von Richard Wagners Oper „Die Meistersinger von Nürnberg". Ausstellungsleiter Dr. Michael Petzet (links) hielt ein Buch über König Ludwig II. und den großen Ausstellungskatalog für sie bereit. Neben Petzet Museumsdirektorin Dr. Martha Dreesbach, auch mit einem Blumenstrauß.

Photo: Oda Sternberg

rund fünf Millionen Mark aufbrachte, wohl einen größeren Ansturm erwartet haben. Man verkaufte in zehn Wochen rund 82 000 Eintrittskarten. Etwa 25 000 Freikarten gingen an Mitarbeiter des OK, an das olympische Jugenddorf und an verschiedene Ämter. Knapp jeder dritte Besucher kommt mit Freikarte.

Klangzentrum stets ausverkauft

Das Publikum ist durchweg interessiert und absolviert offensichtlich nicht nur Bildungspflichtübungen. Viel Anklang findet die Eingangshalle mit der „Ägypten-Mode" und den Orienteinflüssen. In den Musikräumen und bei Filmvorführungen ruht man sich die Füße aus.

Im Stadtmuseum herrscht Zufriedenheit. Die große Sonderausstellung „Bayern — Kunst und Kultur" zog gestern bereits den 100 000. Besucher an. Museumsdirektorin Dr. Martha Dreesbach: „Das ist bei uns zahlenmäßig der größte Erfolg einer Sonderausstellung seit der ‚Bayerischen Frömmigkeit' im Jahre 1960." Das Gedränge ist in der Tat oft beträchtlich. Die Besucher bewundern die Schätze, aber es wird ihnen fast zuviel. Im Obergeschoß sieht man die Leute oft nur noch müde schleichen. „Schöne Sachen, aber zu vollgestopft und labyrinthisch", klagte eine ermüdete ältere Dame. Das deutsche Publikum folgt in der Regel den Wegweisern, während Ausländer sich gelegentlich eilig zum bayerischen Barock und zu König Ludwig II. durchfragen.

Den mehrere Pfund schweren Katalog (20 Mark) schleppt mancher geduldig mit sich. Er geht übrigens glänzend. Obwohl die erste Auflage 25 000 Stück umfaßte, steht die zweite bereits unmittelbar vor der Auslieferung. Einige Dinge, die im Katalog vermerkt sind, kann man allerdings nicht sehen. Hier und da ist ein leerer Platz, und ein Zettel besagt, daß das betreffende Kunstwerk „aus konservatorischen Gründen" habe zurückgezogen werden müssen. Verschreckt fragt man sich, ob es etwa zu wenig gesichert war oder beschädigt wurde. Aber Frau Dreesbach leistet einen Eid darauf, daß dem nicht so sei. „Ein Restaurator vom Landesamt für Denkmalpflege geht täglich durch die Räume und kontrolliert jedes Stück. Manches kam schon ‚krank' in die Ausstellung und wurde dann aus Vorsicht oder zur Restaurierung wieder herausgenommen." An Aufsichtspersonal sei doppelt soviel im Einsatz als sonst. Hauseigene Aufpasser mischen sich als „Zivilisten" unters Publikum.

Die Puppentheatersammlung kann sich bei ihrer Sonderausstellung „Mechanisches Spiel und Theater" über mangelnden Besuch auch nicht beklagen. Täglich kommen einige hundert Leute und fühlen sich in der intimen Atmosphäre sichtlich wohl. Sammlungsleiter Dr. Günter Böhmer freut sich über die positiven Berichte in fast allen großen deutschen Zeitungen. „Es überwog dabei die Feststellung, daß dieser Überblick von alten bis zu modernsten Objekten wirklich pionierhaft sei", berichtet er. Viel Interesse findet insbesondere der letzte Raum mit den avantgardistischen Sachen. Das elektronische, sprechende Schattenporträt, das Professor Herta Schönewolf (Berlin) eigens für die Ausstellung anfertigte, ist meistens umlagert. Der Katalog (5 Mark) wurde von vielen Antiquariaten und sogar aus dem Ausland angefordert.

Bleibt der Tempelgiebel im Museum?

Die Sonderausstellung „100 Jahre deutsche Ausgrabung in Olympia" (Deutsches Museum) besticht das Publikum durch ihre ästhetisch einwandfreie und übersichtliche Anordnung sowie durch ihre sorgfältige, ausführliche Beschriftung. Da sie ein sehr „spezielles" Interesse voraussetzt, darf die Zahl von bisher über 15 000 Besuchern als bemerkenswert gelten. Frappiert ist das Publikum immer wieder von der maßgetreuen Rekonstruktion des Zeustempel-Westgiebels aus Olympia. Wie Ausstellungsleiter Dr. Berthold Fellmann berichtet, hat dieses Projekt rund ein Viertel der vom OK für die Ausstellung bewilligten 425 000 Mark verschlungen. Gerade werde darüber verhandelt, ob der Giebel auch künftig im Deutschen Museum bleiben dürfe.

Süddeutsche Zeitung
6. September 1972

Chancen und Risiken großer Kunstausstellungen
Konservatorische Überlegungen am Beispiel der Ausstellung „Bayern - Kunst und Kultur"

Große Ereignisse werfen meist nicht nur ihre Schatten voraus — sie hinterlassen leider auch oft ihre Spuren. Das wird immer wieder im Zusammenhang mit den heute üblichen Großausstellungen deutlich. Die vorjährige Dürer-Schau in Nürnberg ist dabei ebenso in das Kreuzfeuer der Kritik geraten, wie es jetzt den beiden Münchner Ausstellungen „Weltkulturen und moderne Kunst" und „Bayern — Kunst und Kultur" droht.

Nun kann man natürlich über Art und Umfang von Ausstellungen sowie über deren Anordnung und Zielstellung immer verschiedener Meinung sein. Ebenso wird auch die Auffassung von Kunsthistorikern, Museumsbeamten und von denkmalpflegerisch oder restauratorisch tätigen Fachleuten infolge ihrer unterschiedlichen Aufgabenstellung zu verschiedenartigen Ergebnissen führen. Das geht auch aus schriftlichen Äußerungen des Landesamtes für Denkmalpflege und des Doerner-Institutes hervor, die sich kritisch mit der Bayern-Ausstellung auseinandersetzen und in einer ersten Zusammenstellung auf eine Reihe von Mängeln der Schutzvorrichtungen und entstandenen Schäden an den Kunstwerken hinweisen.

Grundsätzlich möchte man meinen, daß eine von der Tradition sich loslösende Zeit wie die unsere die intensive und bewußte Auseinandersetzung mit Kultur und Geschichte nötig hat. Es kann und darf dazu nicht der Sinn unserer Museen und Sammlungen sein, zu toten Anhäufungen von kulturellen und künstlerischen Erzeugnissen der Vergangenheit zu werden, die losgelöst von der Gegenwart ein konservatorisch wohlbehütetes Dasein fristen. Auch ist es ein Irrtum, zu glauben, daß alte Holzplastiken, Wandteppiche, Gewänder, Druckgraphiken und dgl. davon besser werden, wenn sie über Jahrzehnte unberührt am gleichen Ort lagern. Nicht selten ist es eher ein vornehmes Vor-sich-hin-Verrotten.

Ein großes Problem liegt ferner in dem schnellen Anwachsen der Museumsschätze, das infolge fehlender Ausstellungsräume in zunehmendem Maße zur Einlagerung in Depots und Magazinen zwingt. Gerade diese Gegenstände fordern Wechselausstellungen, wenn sie nicht zu einer unfruchtbaren Rolle verdammt sein sollen. Schließlich ist zu bedenken, daß jedes Ding einem natürlichen Alterungsprozeß unterworfen ist. Museales Gut ist davon nicht ausgenommen — ob man es ständig in Vitrinen und Schränken beläßt oder gelegentlich einer sinnvollen Standortveränderung zustimmt.

Endlich begegnet man immer wieder dem warnenden Hinweis auf die wachsende Gefahr von Diebstählen. Abgesehen davon, daß man auch Ausstellungen mit entsprechenden Sicherheitsvorkehrungen ausstatten kann, ist die notwendige Sicherheit in Museen, Sammlungen, Kirchen und anderen öffentlichen oder privaten Gebäuden meist kaum in größerem Umfang als in Wechselausstellungen gegeben, wie die Praxis zeigt. Meistens sind es sogar die gleichen Institutionen, die davon betroffen sind, so daß diesem Einwand nur begrenzte Bedeutung zukommt.

Aber etwas anderes ist es noch, was im Zusammenhang mit den Kunstdiebstählen gesehen werden sollte: ein gestörtes Verhältnis der Gesellschaft zur Kunst und zu den öffentlichen Kunstwerken. Dieses gestörte Verhältnis, das den Dieben ihr Handwerk erleichtert, wird sicher nicht dadurch geringer, daß man die gefährdet erscheinenden Werke der Öffentlichkeit vorenthält. Sinnvoller scheint eher ein rechtzeitiges und ebenso natürliches wie selbstverständliches Bekanntwerden mit Museumsgut bereits in der Schule — wie es etwa in den nordischen Ländern der Fall ist —, was wiederum eher für als gegen Ausstellungen spricht.

Unter diesem Gesichtspunkt möchte man auch der Bayern-Ausstellung im Münchner Stadtmuseum eine gerechte Einschätzung wünschen — zumal sich zeigt, daß von den aufgezählten Schäden nur zwei tatsächlich während der Dauer der Ausstellung aufgetreten sind und alle übrigen bereits bei der Einlieferung vorlagen. Das bedeutet gewiß nicht, daß nicht manche der kritischen Anmerkungen von denkmalpflegerischer Seite zu Recht erfolgte; insgesamt dokumentieren sie vor allem, mit welcher Sorgfalt über das Schicksal der zur Verfügung gestellten Leihgaben gewacht wird.

Um alle zur sachgemäßen Betreuung der Kunstwerke notwendigen Maßnahmen zu garantieren und nicht an möglichen Kompetenzschwierigkeiten scheitern zu lassen, liegt die konservatorische Verantwortung für die Ausstellung „Bayern — Kunst und Kultur" von Anfang an beim Landesamt für Denkmalpflege. Der als Restaurator ständig anwesende Herr Kelling wurde dafür vom Landesamt benannt; er hat auch die Transporte begleitet.

Wenn dennoch Schäden nicht völlig zu vermeiden sind, muß dabei der tatsächliche Erhaltungszustand der einzelnen Kunstwerke gesehen werden. Gerade die notwendige Überprüfung und Restauration verschiedener Stücke hat nach Mitteilung von Dr. Petzet oft den Ausschlag für die Aufnahme in die Ausstellung gegeben. Vielfach sind in den Sammlungen draußen im Lande weder die notwendigen Einrichtungen noch die geldlichen Mittel für Restaurierungen vorhanden. Eine dankbare Möglichkeit wurde dazu im Zusammenhang mit der Ausstellung gesehen. Besonders von Hei-

Bayerische Staatszeitung, 22. September 1972

matmuseen wurden sehr schadhafte Stücke freiwillig zur Restaurierung mitgenommen. Ebenso zeigten die Kirchen verständlicherweise großes Interesse in dieser Richtung.

So wurde z. B. das in originaler Fassung erhaltene Vesperbild aus Kirchdorf b. Haag, eine Salzburger Arbeit nach 1400, auf Vorschlag des Landesamtes restauriert. Ebenso die zwei Tafeln der Ulrichs-Legende aus St. Ulrich und Afra in Augsburg sowie zwei Tafeln von Hans Holbein d. Ä. aus Eichstätt. Der Wandteppich aus dem Regensburger Museum, den Kampf der Tugenden und Laster darstellend, wurde in der Werkstatt des Bayerischen Nationalmuseums wiederhergestellt.

Diese Beispiele könnten um eine große Zahl vermehrt werden. Man gewinnt so eher den Eindruck, daß es für so manches Kunstwerk, das seit Jahrzehnten sein Dasein fristete, ein Glück war, daß es zu der Ausstellung nach München gebracht wurde und so auf seinen Erhaltungszustand geprüft werden kann. Meistens zeigen sich ja Schäden erst bei solchen Untersuchungen, die häufig am Standort nicht vorgenommen werden können. Bei zu großen Schäden wurde z. T. auch auf Leihgaben verzichtet. So wurde zum Bedauern des Landesamtes für Denkmalpflege von Dr. Petzet die Übernahme der Muttergottes in der Halle, eines Tafelbildes von Jörg Breu d. Ä. aus der Wallfahrtskirche Maria Schnee in Aufhausen, abgelehnt, weil es sich als schwerstens gefährdet erwies.

Daß die notwendigen 60 Prozent Luftfeuchtigkeit in den Ausstellungsräumen des Stadtmuseums mit Mühe gehalten werden können (nach Auskunft von Frau Dr. Dreesbach), wird ebenso mit Befriedigung registriert wie das Rauchmeldesystem und die zusätzliche Radarsicherungsanlage. Doch sollte dies nicht davon abhalten, aus möglichen Fehlern zu lernen und diese abzustellen. Abschließend sei aber auch dem Ausstellungspublikum mit auf den Weg gegeben, daß die sorgsame Distanz zu den ausgestellten Werken ein unerläßlicher Beitrag zur Erhaltung von Bayerns Kunst und Kultur ist.

Friedbert Ficker

BAYERN — KUNST UND KULTUR: Romanischer Löwe aus Berchtesgaden

AZ (Abendzeitung), München, 19. Oktober 1972

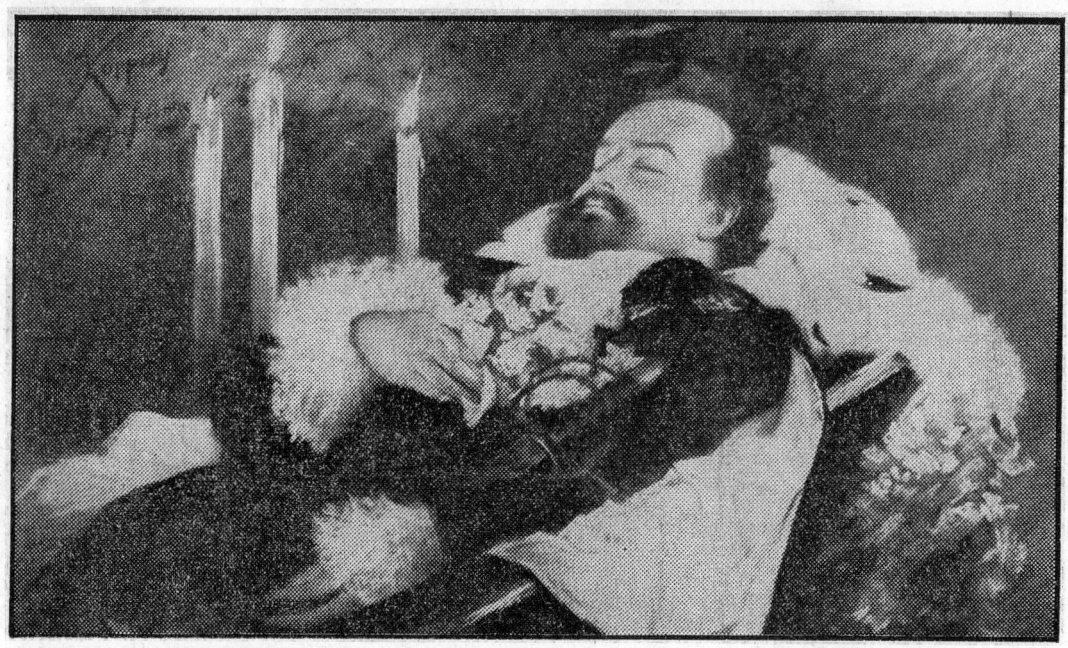

AUS DER „BAYERN"-AUSSTELLUNG: König Ludwig II. aufgebahrt. Pastell von Koppay, am 16. Juni 1886 gemalt.

Hungert die Stadt ihre Galerie aus?

Ein neues Haus, ein neuer Direktor, ein neues Jahr und — kein Geld. Michael Petzet, seit 1. Juli Hausherr der Städtischen Galerie, bekommt — quasi als Antritts-Fußtritt — hartes Brot zu kauen. Auf je 100 000 Mark etwa hat ihm Helmut Gittel mit rechnerischer Akribie die Etats für Ankäufe und Ausstellungen reduziert. Summe der Gittel-Ersparnis (inklusive einiger Nebenposten): 620 000 Mark.

Michael Petzet zur AZ: „Ich kann mir einfach nicht vorstellen, daß solche Vorstellungen den Finanzausschuß passieren. Wenn, dann hätte ich allen Grund, tief deprimiert zu sein."

Der Jahresetat für den frisch gebackenen Galeriedirektor sollte 1973 ohnehin geringer sein als in den vergangenen Jahren. 1970 betrug der Ankaufsetat 150 000 Mark, 1970/71 sogar 300 000 Mark (allerdings nur, weil der Erwerb des Kubin-Archivs zu finanzieren war).

Petzet: „Mit 100 000 Mark für das Jahr 1972

Michael Petzet

ist eine sinnvolle Ankaufspolitik angesichts der ständig steigenden Preise unmöglich. Ich würde gerne moderne Kunst kaufen, wichtige bayerische Leute vor allem; für die letzten 10 Jahre haben wir einen großen Nachholbedarf. Man müßte jetzt kaufen, wo die Preise noch nicht vom Markt verdorben sind. Doch bei diesem Etat sehe ich kaum eine Chance."

Petzet hofft noch

Noch sinnvoller als durch Ankäufe scheint es Petzet zu sein, das Prestige des Hauses durch Ausstellungen zu heben. „Neben dem Haus der Kunst haben wir die einzigen Räume, die für große, wichtige Ausstellungen geeignet wären. Doch wie soll man alles unter einen Hut bringen? Bei 100 000 Mark Ausstellungsetat wäre es bereits vermessen, eine Ausstellungsidee in der Richtung Leibl-Sperl in Angriff zu nehmen."

Noch hofft Petzet auf den 24. Oktober und die Erleuchtung auch von Finanzgehirnen. Falls nicht — er hat das Wort parat: „Ich fände es sehr schlimm, wenn wir ausgehungert würden."

Die Städtische Galerie hat einen neuen „Neubau", ob man — so Petzet — „ihn schön findet oder nicht". Petzet hat — im Hinblick auf diesen Neubau und den 73er Etat — versucht, seiner Galerie ein neues Gesicht zu geben, wollte auch das Museumspädagogische Zentrum (MPZ) in sein Haus integrieren, doch: „Was soll man machen ohne Geld?"

Noch ist die Chance offen und Petzets Optimismus wohltuend. Der Direktor: „Ich bin sicher, daß es besser kommt." *e. m.*

AZ (Abendzeitung), München
15. November 1972

VOR SCHWARZEN TÜCHERN (links) stellt George Segal (New Jersey) seine Figurengruppen am liebsten auf. Rechts: Michael Petzet, Direktor im Lenbachhaus, hilft Kunstfiguren tragen. Fotos: Schödl

Segal stellt ab Freitag in der Städtischen Galerie aus

Das gipserne Welttheater

Eine George-Segal-Schau ist ab Freitag in der Münchner Städtischen Galerie zu sehen (Nordflügel). Die AZ hatte als erste Gelegenheit mit dem Künstler, Herrn George Segal, zu sprechen. Lesen Sie, was der amerikanische Plastiker zu sagen hat.

Schon wieder Umbau in der Lenbachvilla? Der Besucher erschrickt: Statt der versprochenen Kunstausstellung ein gipsübergossener Bauarbeiter auf hohem Gerüst — ärgerlich!

Wenn Sie nun nähertreten und merken, daß der weißgefrorene Mann gar kein Mann ist, sondern eine Figur von George Segal, dann haben Sie genau das kleine Mini-Erlebnis gehabt, das Segals Kunst, oder sagen wir lieber Kunstübung, zu vermitteln vermag: nicht mehr und nicht weniger.

Es ist so, wie wenn man einen elektrischen Weidezaun berührt: kein Schock, aber doch ein leichtes Prickeln. Man wird aufmerksam, sieht Grenzen und Schwellen der Wahrnehmung neu.

Dazu, damit dieser Effekt eintritt, bedarf es allerdings der Inszenierung: eine Segal-Figur einfach hinzustellen, besagt gar nichts. Der feine, prickelnde Wechselstrom beginnt erst zu pulsieren, wenn das im Segalschen Sinne funktionierende „Environment" aufgebaut ist. Dieses Wort bedeutet im Falle Segal genau das Maß von Umwelt-Suggestion, das nötig ist, um einen Husch von Realität vorzutäuschen, der aber im nächsten Moment verfliegt, weil nun die Realität „Gips" wieder stärker ist.

George Segal

„Sonst wäre es ja Panoptikum", sagt der Künstler, „und das will ich gerade nicht."

George Segal ist in New York City geboren und wird in diesem Monat 48 Jahre alt, unglaublich jung für einen so weltberühmten Namen.

Was jeder von Segal wissen möchte: „Wie kamen Sie eigentlich zu Ihren merkwürdigen Gipsabgüssen?"

Segal sagt dazu: „Meine Jugend und Lehrzeit fielen genau in die Jahre, als ‚abstract' das oberste Gebot an den New Yorker Kunstschulen und in den Galerien war. Leute wie Willem de Kooning, Jackson Pollock oder gar der deutschstämmige Hans Hofmann, beherrschten die Szene. Und so habe ich denn auch fleißig gemalt — bis es mir eines Tages zu dumm wurde."

„Ich merkte, daß ich immer abstrakter und flacher und inhaltsloser wurde. Man war wie abgeschnitten von aller Wirklichkeit. Daß ich dann zum Bildhauer wurde und zu einem Gipsgießer dazu, war anfangs eine scharfe Reaktion."

„**Aber dann merkte ich, daß man damit ‚spielen' konnte — man konnte die ‚inside world', die eigene Erfahrung, in ein ständiges Wechselspiel bringen mit den Tatsachen der Außenwelt. Und dieses Spiel, dieses Balancieren, wurde dann zum Inhalt meines gipsernen Theaters.**"

Wolfgang Christlieb

Neues aus der Städtischen Galerie im Lenbachhaus

Treffen bei Ateliergesprächen

Als „großer Erfolg" wertet Dr. Michael Petzet, Direktor der Städtischen Galerie im Lenbachhaus, die große George Segal-Ausstellung in seinem Haus, die gestern zu Ende ging. Ein Werk davon bleibt München erhalten: die Bayerischen Staatsgemäldesammlungen kauften (für die Neue Staatsgalerie) die Segal-Plastik „Alice, ihre Gedichte und Musik hörend". Die AZ erkundigte sich im Lenbachhaus nach Plänen.

Zehn Jahre sind vorbei, seit es in der Städtischen Galerie regelmäßige Vortragsreihen gab. Ab Mittwoch (17. Januar) wird an die Tradition wieder angeknüpft. Den ersten von neun Abenden zum Thema „Die Situation der aktuellen Kunst nach der Documenta V" bestreitet Bazon Brock (Hamburg), der in Kassel mit einer „Besucherschule" in die Documenta einführte. Weitere Referenten sind Jean Christophe Ammann (Luzern), Carlo Huber (Kunsthalle Bern), Rudolf Wedewer (Schloß Morsbroich, Leverkusen), Hans Heinz Holz (Marburg), um einige zu nennen. Die Idee zu den Vortragsabenden hatte Petzet-Mitarbeiter Dr. Arnim Zweite, 31.

Zweite zur AZ: „Die ‚Documenta' hat so viele Fragen aufgeworfen, daß die nachträgliche Diskussion geradezu ein Bedürfnis ist. Alle Referenten werden über ihr Spezialgebiet sprechen und den Text durch Lichtbilder illustrieren. Damit wird das Material auch für Leute, die nicht in Kassel waren, gut zugänglich."

Die Künstler selbst kommen an den neun Abenden (außer vielleicht in den anschließenden Diskussionen) nicht zu Wort. Arnim Zweite: „Für sie planen wir für den nächsten Winter eine Art ‚Workshop', sonntägliche Treffen zwischen Produzent und Rezipient in Form von Ateliergesprächen."

Konkret ist die Planung für die nächsten Ausstellungen. Nach Segal kommt Fruhtrunk (Arbeiten aus 20 Jahren), dann Manzoni, Richter, Anton Hiller, Cy Twombley. Im Mittelpunkt des Sommers '73: die große Kandinsky-Retrospektive, eine Bestandsaufnahme über Zeichnungen und Aquarelle in Galeriebesitz, dazu zwei große Kataloge. 1973 sollen auch die Kataloge „Blauer Reiter: Gemälde" und „Lenbach" (Bestand und Haus) fertig werden; in Vorbereitung sind außerdem „Sämtliche Gemälde bis zum 2. Weltkrieg".

Elisabeth Müller

AZ (Abendzeitung), München, 15. Januar 1973

Münchner Merkur, 12. Februar 1973

Farben, die man noch im Rücken spürt

Günther Fruhtrunks Arbeiten in der Städtischen Galerie

Die konsequente Entwicklung des Malers Günther Fruhtrunk über zwanzig Jahre hinweg — von 1952 bis 1972 — ist in dieser einem Münchner Künstler gewidmeten Ausstellung der Städtischen Galerie im Lenbachhaus zu besichtigen. Zum Lob der von Michael Petzet eindrucksvoll inszenierten Schau — vor schwarzen und weißen Wänden und unter Kunstlicht, das die Schwingungen und Farbintensitäten der wortkargen Bilder heraushebt — sei gleich gesagt: die Entwicklung weg von Kandinsky (beispielsweise: „Aus grauem Grund", 1956) und hin zu den lichthungrigen, starken Farbakkorden der „Streifenbilder" läßt sich visuell mühelos nachvollziehen.

In München ist man mit Fruhtrunks Arbeiten seit rund sechs Jahren vertraut. 1967 wurde er an die Akademie berufen, er siedelte von Paris nach München (seiner Geburtsstadt) um. Damals malte er, zumeist in diagonaler Anordnung, rhythmische Farbreihungen, die häufig gestört sind durch Versetzungen, eine oder mehrere Schnittlinien.

Ein Vibrato der Farben in der Fläche findet statt, bei dem Schwarz und Weiß als Farb-Licht-Wert gleichberechtigt neben dem Blau, Rot und Grün steht. „Diagonale Progression Schwarz-Weiß" (1970) ist ein bezeichnender Titel.

Geht man die Reihe Bilder ab — so stellt sich vor den späten, streng vertikal komponierten Tafeln als bestimmender Eindruck ein fast immaterielles Farberlebnis ein. Das „Trennende Rot" (zwischen Schwarz, Weiß und Grün) beispielsweise ist ein donnernder Farbklang, den man noch zu spüren meint, wenn man sich längst abgewandt hat von der Sache.

Fruhtrunk wehrt sich gegen den Begriff „Streifen". Von der Physik der Farben, seiner strengen, spiellosen Theorie her hat er Recht: jede Farbe ist Teil der Materie, kehrt in Intervallen wieder; und mit das Wichtigste an seinen Bildern ist die visuelle Erfahrung, daß der Rahmen für sie nur eine willkürliche Begrenzung ist. Eigentlich drängen sie kräftig hinaus über das Rechteck.

Dennoch — und gegen den gestrengen Meister — plädiere ich namens der armen, wissenschaftsfernen, aber gemeinhin gebräuchlichen Umgangssprache für „Streifen" als zulässige Bildbeschreibung. Das wird niemanden daran hindern, die strenge und sonore Musikalität der Fruhtrunk-Bilder zu entdecken und zu schätzen (bis zum 18. März).

Ingrid Seidenfaden

AZ (Abendzeitung), München
22. Februar 1973

Eine Marmorplastik von Karl Merz mit einem Gewicht von 20 Zentnern hat die Städtische Galerie im Lenbachhaus erworben. Direktor Michael Petzet konnte sie unmittelbar von den Erben des Künstlers in Tübingen ankaufen, wo sie sich, nach einer Triumphfahrt durch die Großstädte zweier Kontinente, immer noch befand.

Karl Merz, ein echtes Kind der schwäbischen Muse, lebte von 1869 bis 1951. Er studierte an der Münchner Akademie und war hier Meisterschüler von Professor Wilhelm Rümann (dem „Löwen-Rümann", Vater des nachmaligen Direktors der Städtischen Galerie Arthur Rümann).

Die „Reue" schuf Karl Merz 1899, mit dreißig Jahren, noch in München. Sie war sozusagen das Fazit seiner künstlerischen Erfahrungen in der Landeshauptstadt.

Worüber die liegende Schöne, ▷

AZ (Abendzeitung), München, 17./18. März 1973

Lenbachhaus: Sammlung „H" wird vorgestellt
Ein Schrei, den man nie hört

Keinen Bahnhof mehr auf der Fahrt in die allerneueste Moderne kennt Dr. Michael Petzet, Direktor der Städtischen Galerie im Lenbachhaus. Als nächste Aktion hat er vor, die bisher nur wenigen Kunstfreunden bekannte Sammlung „H" (Jost Herbig) vorzustellen.

Sie umfaßt sowohl amerikanische Concept Art erster Wahl (wie Oldenburg, André de Maria), als auch europäische „Macher" rund um Joseph Beuys (darunter Palermo, Darboven, Wewerka, Panamarenko u. a.).

Als Titel der Ausstellung wurde (nach langer Überlegung) gewählt: „Bilder — Objekte — Filme — Konzepte". Die Eröffnung ist am 3. April, Dauer der Ausstellung, die sich hauptsächlich im Nordflügel des Gebäudes abspielt, bis 13. Mai 1973.

Drei Marken gesetzt

Petzet selbst ist Feuer und Flamme für das Projekt „H". Er sagt: „Mit den ersten drei Ausstellungen — Arakawa, Segal, Fruhtrunk — wurden drei Marken in die Landschaft gesetzt. Jetzt, mit der Sammlung ‚H' kann ich gleich eine ganze Bandbreite neuester Produktion auf einen Schlag präsentieren. Die Ausstellung wird vielleicht nicht ganz so groß, wie die 5. documenta, aber für München doch sehr beachtlich. Besonders schön finde ich, daß wir diesmal in großem Stil ‚integrieren' können: Räume, Besucher, Objekte, Filme, das ergibt ein einziges Aktionsfeld für zeitgemäße Bewußtseinsöffnung."

So verschieden auch die Quellen sind, aus denen die Sammlung „H" ihre Objekte schöpft, so ist doch eine spezifische Charakteristik der Auswahl unverkennbar: Bevorzugt ist, was *optisch* oder *gedanklich* stutzig macht, zu *Überlegung* Anstoß gibt.

Typisch dafür sind z. B. zwei Objekte von Bruce Naumann (USA), nämlich das Tonbandgerät in einem Betonklotz, das ununterbrochen abläuft und einen „Schrei" produziert, der aber nie gehört werden kann, und dann der „Windwirbelkasten", in dem vier Ventilatoren die Luft umtreiben, was aber von außen nicht zu spüren ist. Auch der „schiefe Tisch" von Stefan Wewerka gehört dazu, der so raffiniert verschreinert ist, daß man fast glaubt, die Perspektive wäre kaputtgegangen.

Einige Werke aus der Sammlung „H" waren übrigens im vergangenen Jahr ohne viel Aufhebens ausgestellt: „The pack" (das Schlittenrudel) und andere Objekte von Joseph Beuys, der Zyklus „Standart" von A. R. Penck (DDR) und das Zahlenbuch „One Million Years" des Japaners On Kawara, — alles in der Staatsgalerie; der Beuys-Raum blieb sogar vier Monate dort aufgebaut und wurde stark beachtet.

Wolfgang Christlieb

AB 3. APRIL IM LENBACHHAUS: Stefan Wewerkas „Tisch mit zehn Stühlen".

Neuerwerbung für die Städtische Galerie München
Zentnerschwere „Reue"

die übrigens zur Erquickung der Galeriebesucher in der „Cafeteria" (neben der Eingangshalle) aufgestellt wurde, so bitterlich weint, das können wir leicht erraten:

1899 weinte man in Mädchenkreisen über einen „Fall" (was heute weniger der Fall ist). Das liebe Ding ist über einen Sexlümmel gestolpert und liegt jetzt, bittere Reue im Herzen, auf dem marmornen Bettlaken, auf dem der „Fall" vielleicht sogar geschah. Sie ist, wie man damals sagte, ein „gefallenes Mädchen". Ob es ihr vielleicht trotzdem „gefallen" hat, darüber schweigt sich die Plastik aus. Wir können nur hoffen: das nächste Mal wird's schon besser gehen.

Wir fragten Michael Petzet, was ihn zum Ankauf dieser herrlichen Marmorfigur bewogen habe.

Petzet: „Es handelt sich um ein Beispiel des gefühlsbetonten, pathetischen Realismus, wie er für die Jahrhundertwende unglaublich bezeichnend ist. Und da die Figur Münchner Bildhauertradition verkörpert, soll sie doch ihren Platz in der Städtischen Kunstsammlung haben."

„Übrigens wurde der Künstler damals für seine ‚Reue' mit Ehrungen geradezu überhäuft. Er erhielt gleich im Entstehungsjahr 1899 die Ehrenmünze der Akademie, 1900 eine Goldene Staatsmedaille in Salzburg, 1901 eine Goldene Plakette auf der internationalen Ausstellung in Dresden und 1904 auch noch eine Bronzemedaille auf der Weltausstellung in St. Louis (USA)."

„Die Plastik dokumentiert also auch die Weltgeltung, die die Münchner Bildhauerschule von Schwanthaler und Miller bis Hermann Hahn und Bernhard Bleeker besessen hat."

Wollten Sie durch die Aufstellung nahe beim Ausgang vielleicht auch die Seelenstimmung eines Besuchers der Städtischen Galerie andeuten, der beim Hinausgehen „Reue" empfindet?

Petzet: „Das natürlich nicht. Obwohl ich andrerseits nicht bestreiten will, daß es Dinge gibt, vor denen man das Haupt verhüllen möchte."   W. Christlieb

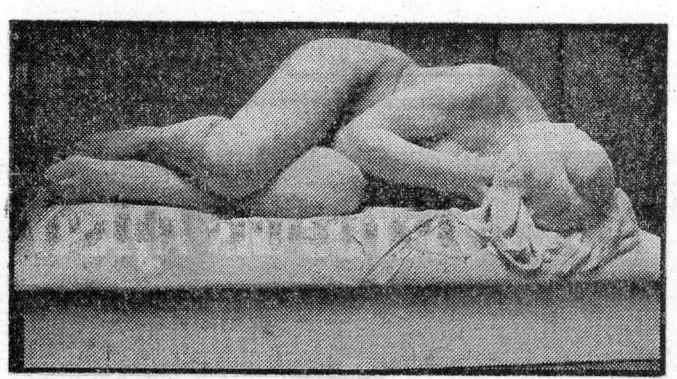
AUF DEM MARMORNEN BETTLAKEN liegt die „Reue" und weint bitterlich (Karl Merz, 1899).   Foto: Schödl

Wind in der Kiste, Baumwuchs über Lautsprecher
Die Sammlung Jost Herbig in der Städtischen Galerie: 250 „Bilder, Objekte, Filme, Konzerte"

Da gibt es keinerlei Zweifel: die Ausstellung „Bilder, Objekte, Filme, Konzepte" (aus der Sammlung Jost Herbig) in der Städtischen Galerie ist eine sanfte Herausforderung an den traditionellen Kunstbetrieb, das traditionelle Kunstverständnis. Sanft darum, weil Direktor Michael Petzets Mannschaft für diese Masse von phantastischem Geröll, von kruden Ausrufezeichen, von Ideenablagerungen und Fundstücken einer im großen und ganzen die Kunst verweigernden Künstlerattitüde (durchnumeriert zählt man 250 Objekte) wieder mal eine so einleuchtende wie witzige Präsentation eingefallen ist.

Es gibt Fixpunkte für den ratlos irrenden Blick — etwa Panamarenkos empfindsames Raketen-Flugobjekt; es gibt echte Trostpflaster für das vom Lesen krauser Lagepläne nicht existenter Museen (Brodhaers) irritierte Auge — so Gerhard Richters in stimmungsvolles Rosa getauchtes Fotogemälde von Himmel und Meer.

Prächtig gelungen, wie eine geschliffene Parodie aufs „Schöner-Wohnen"-Gefühl vor allem das Entrée. Burens unpersönliche schwarz-weiße Marquisenstreifen (426 mal 426 cm) drängen für diesmal den gemütlich patinierten Gobelin von der Wand der Cafeteria, auf den astreinen Marmorplatten der Halle (Lenbachs unpersönliche Kunst?) lagern mit wortlosem Anspruch, es genauso gut zu können, Carl Andrés einhundert Bronzeplatten, Flavins kühle Leuchtröhren und zwei weiße Bildtafeln (Ryman) signalisieren letzte reinliche Reste vor dem totalen Nichts.

Ein ahnungsloser Besucher mag denken, hier hätte ein gewisser Kunst-Saubermann die Kunst weggeputzt. Angewandt auf solche Exempel von Minimal Art kein unpassender Vergleich. Den Augen wird das Studium exakter Reste anempfohlen, Maße als solche, unbeschwert von jeglicher Bedeutung.

Ob das von ihm Zusammengetragene nun Kunst sei oder Nicht-mehr-Kunst, weiß auch der Sammler Jost Herbig nicht genau zu sagen (siehe das Interview in unserer Ausgabe vom 3. April), dessen Kollektion hier ihre erste Probe auf Museumsreife ablegt. Für Petzet jedenfalls bietet sie willkommene Gelegenheit, die in München rare Information über avantgardistische Kunsttendenzen aufzufrischen, oder warm zu halten, denkt man an den Andrang zur Vortragsreihe des letzten Winters im Lenbachhaus.

Gemeinsam ist den Herbig-Fundsachen, beziehungsweise ihren Autoren: ihre Absicht, menschliche Phantasie zu reizen, Wahrnehmungsvermögen zu reizen, ohne unbedingt auch lohnende Ziele vorzuzeigen (wie das beispielsweise jede Skulptur wäre), sowie eine fast trotzige Armut der Mittel inmitten unseres materiellen Reichtums.

Bei Joseph Beuys (die Sammlung war 1972 als Leihgabe in der Staatsgalerie) wirken Filz, Holz, altes Leder, sinteriges Glas wie trojanische Reste unserer piekfeinen Hochglanzkultur. R. A. Penks hieroglyphische Kritzeleien, stolz sich brüstend als „STANDART", sind es nicht gesammelte, halb schon verwischte Versuche einer Primitiv-Verständigung, jenseits von Sprache? Ebenso wie Hanne Darbovens restlos rätselhafte Zahlensysteme, mit denen sie fein säuberlich Heftseite für Heftseite füllt: ästhetische Botschaften in Leitzordnern.

Warum übrigens ein Denkmal ein Denk-mal heißt, darüber kann man vor etlichen Objekten der Schau sinnieren. Bruce Naumans Sachen beispielsweise sind auch Denkmäler, freilich mit reichem unsichtbaren Innenleben. Der einbetonierte Schrei auf der Tonspule, der Wind in der Kiste (Titel: „Versiegelter Raum — ist Zutritt"), und dieser Baum, den man über die Verstärkeranlage wachsen hören soll. Grenzüberschreitungen werden allemal riskiert, ausprobiert. Und sei es einfach die, daß ein Maler wie Baselitz sein Federvieh auf dem Kopf stehend malt — Gegenfüßler-Vögel sozusagen (die Ausstellung, zu der auch Filme gehören, bleibt bis zum 13. Mai geöffnet).

Ingrid Seidenfaden

Münchner Merkur
7./8. April 1973

Die Uhr tickt, es ist unsere Zeit

Die Sammlung Herbig wird in der Münchner Lenbach-Galerie erstmals öffentlich gezeigt

Seit 1968 gab es in München keine Ausstellung mehr, die ernsthaften Anspruch auf umfassende Information über Gegenwartskunst hätte erheben können. Damals sah man die (inzwischen wesentlich erweiterte) Ströher-Sammlung in der Neuen Pinakothek mit Beuys und mit der amerikanischen Avantgarde der frühen sechziger Jahre, wobei die umfangreichen Bild- und Objektgruppen von Warhol, Oldenburg und Lichtenstein im Mittelpunkt standen. Mit Dan Flavin und Carl André kam die „Minimal Art" hinzu — das war im Jahr der vierten documenta.

Jetzt, ein knappes Jahr nach documenta 5, präsentiert die Städtische Galerie in München eine Ausstellung, die etwa auf dem Stand der letzten Kasseler Großveranstaltung, jedoch in einer konzentrierten und zum Teil eigenwilligen Auswahl über zeitgenössische Kunst informiert. Ein weiterer Vorteil der mit dem Titel „Bilder, Objekte, Filme, Konzepte" umschriebenen Münchner Ausstellung: Hier zielt die Regie auf das optimale Herzeigen der Werke, es gibt keinen verfremdenden Rahmen, keine übergreifende Besserwisserei: Zwischen Produkt und Publikum hat sich die Kunstvermittlung nicht zum Selbstzweck entfaltet. Zugegeben, die wohltuende, keineswegs sachfremde Bescheidenheit hat ihren Grund darin, daß diesmal an Hand einer einzigen Privatsammlung ein Situationsbericht gegeben wird. Von einer „Thesen-Schau" konnte also von vornherein keine Rede sein.

Die Sammlung, deren Bestände zumal den Münchner Informationsnotstand in Sachen Moderne auf einmal beträchtlich lindern dürften und darüber hinaus überregionales Interesse in hohem Maß verdienen, ist mit dreißig Künstlernamen und insgesamt rund zweihundertfünfzig Objekten weitangelegte „Sammlung Herbig" reflektiert vorzüglich die Veränderung der Kunstszene in den letzten fünf Jahren: zwischen der vierten und fünften documenta und darüber hinaus.

Die in mancher Hinsicht praktische, stets vergröbernde, letzten Endes unbrauchbare Etikettierung von Kunst — man nehme für unseren Fall „Pop Art", „Minimal Art", „Concept Art" — verliert ihren Sinn auf natürliche Weise, wenn schleichendes, ungeheuer plumpes Wort. Keine Vorstöße ins Unbekannte, aber die Erkundung eines Selbstgefühls, das mit dem Irrationalen fest rechnet. Keine Triumphe von Kunst, welche die Kunst der Zukunft sein wird, dafür dezidierte Mitteilungen über das heute Mögliche. Vollendete Werke in diesem Gebrauchssinn sind die Skulptur von Carl André, die Bilder von Robert Ryman oder die Leuchtröhren-Installationen von Dan Flavin. Auf diese Arbeiten trifft der Besucher im Entrée. Lenbachs Haus hat sich gründlich zur Gegenwart hin gewandelt.

Es ist müßig, über den Tiefsinn von lapidaren Aussagen zu streiten, etwa über die Aussagesätze von Lawrence Weiner, die auf dem Briefpapier der Städtischen Galerie getippt fast nichts und doch so viel beanspruchen, nämlich die Beschäftigung mit einem Aussagesatz. On Kawara, in zehn Bänden — sie liegen auf — von 998 031 vor Christus bis zu 1969 „One Million Years" ins reine geschrieben hat, setzt Tagesdaten einzeln ins gemalte Bild: Das Nur-Dokument wird als Reflexionsobjekt in den Weg geschoben. Bruce Nauman: in Beton gegossen ein Tonbandgerät, in dem eine Endlosschleife mit einem Schrei läuft; Lautsprecher mit Naturgeräuschen daneben: Das Mikrophon ist in einem Loch im Baum befestigt, den man durch das Fenster des Ausstellungsraumes im Garten sehen kann. Eine dritte Arbeit von Nauman: vier Ventilatoren in einem abgeschlossenen Raum, nach einem Entwurf im Treppenhaus eingebaut. Hintersinn? Er liegt zu offen vor. Die Reflexion über eine direkte Erfahrung ist angeboten, nicht mehr und nicht weniger, genau das.

Die jüngere Generation

Solche Erfindungen sind der eine Pol. Der andere ist der pure Appell, die kontrollierende Geste: Überlegt's euch, wie es mit alledem, mit der Kunst steht: So macht das Daniel Buren, der letztes Jahr mit seinen Streifen ausgewählte Wände quer durch die documenta besetzt hatte. In München lieferte er neben dem Katalogeinband noch einen anderen Besetzungsakt: In der Cafeteria verhüllt seine vertikal gestreifte Leinwand den zwanzig Quadratmeter großen Brüsseler Gobe- choose when they attack the earth" (1968). Der Höhepunkt der Sammlung, der ja gesondert behandelt werden müßte, ist die mit über sechzig Katalognummern imposante Reihe der Beuys-Arbeiten. Sie waren im vergangenen olympischen Sommer in der Staatsgalerie Moderner Kunst (Neue Pinakothek) bereits ausgestellt. Wie schon damals, fehlt auch jetzt das neben „the pack (das Rudel)" repräsentativste Stück der Herbig-Sammlung. „Plastischer Fuß — Elastischer Fuß" (1969) ist seit längerem als Dauerleihgabe im Basler Kunstmuseum installiert. Dafür sind da das „Filz-TV-Gerät" (1968), eine „Fettecke aus: ‚das Schweigen von Marcel Duchamp wird überbewertet'" (1964). Neben Aktionsresten und Objekten — der Beuyssche Bogen spannt sich da vom „Gemeinschaftsspaten" und „Urschlitten" (beide 1964) bis zur gerade erfolgten Ankündigung der „Fünften Internationale" im Katalog — Zeichnungen seit Anfang der fünfziger Jahre. Beuys ist Schlüsselfigur nicht nur der Sammlung; hier allerdings kann man seine Wirkung auch als Lehrer kontrollieren. Palermo, Polke (dem die Nachbarschaft mit Oldenburgs weicher Badewanne nicht schadet), aber auch Immendorf und Knoebel kommen von der Düsseldorfer Akademie.

Die Ausstellung ist hervorragend aufgebaut, was man keineswegs als selbstverständlich quittieren kann angesichts des im ganzen heterogenen Materials. Einführende Texte erleichtern Raum für Raum den sinnvollen Gebrauch der Gegenwartskunst. Für den Katalog haben eine Reihe Künstler Texte geschrieben oder das Layout der zufallenden Seiten bestimmt — er ist somit ein beziehungsreiches Dokument geworden. Die Sammlung ist jung und hat nicht den Anspruch auf irgendwelche Vollständigkeit. Sie ist aus Engagement für Zeitprobleme entstanden, und sie erhielt durch den persönlichen Umgang mit den Künstlern ein unprätentiöses Gepräge — Sensibilität profiliert sich. LASZLO GLOZER

Süddeutsche Zeitung
18. April 1973

sich jenseits der Kennworte Verbindungen und Zusammenhänge auftun, wenn man der Korrespondenz von Ideen gewahr wird. Hilfe für solche Erkenntnisse kommt nur selten durch Ausstellungen. Denn entweder treten Künstler forciert in der engen Interessengemeinschaft der jeweiligen „Tendenz" auf oder sie geraten in die vorschnell ordnende Hand ambitiöser Altaussteller. Eine dritte, als Ausweg aus dem Engpaß seit einigen Jahren mit Vorliebe praktizierte Möglichkeit ist die „thematische" Ausstellung: Man arbeitet bewußt mit einer Hilfskonstruktion. Damit nimmt man die Relativierung von noch unausgemachten (Kunst-)Erkenntniswerten von vornherein in Kauf.

Damit wären die Regelfälle aufgezählt. Bleibt noch die subjektive Auslese, das Ein-Mann-Museum des engagierten Sammlers. Wenn davon ernsthaft die Rede sein kann, muß es sich schon um einen Glücksfall handeln.

In der Sammlung Herbig, die im Münchner Lenbachhaus zum erstenmal öffentlich gezeigt wird, sterben die üblichen Kennworte eines sehr natürlichen Todes. Statt der Trennung, die mitunter freilich präzis und auch notwendig sein kann, entsteht zunächst der Eindruck von Komplicenschaft einer virilen, unverzagt an Veränderungen modellierenden kreativen Bewußtheit. Die Uhr tickt, es ist unsere Zeit. Die Künstler legen keine Zeitbomben, und Avantgarde ist ein

lin mit „Helios und Phaeton". Weitaus reicher, diffiziler, auf dem Magritteschen Surrealismus fußend und um strukturalistische Einsichten angereichert ist die höchst poetische Kunstreflexion von Marcel Broodthaers. Um ihn ist der Sammler vielleicht am intensivsten bemüht, das Ergebnis ist eine authentische und delikate Präsentation, zu der auch die Projektion von Filmen gehört. Die Kenntnis der Filme — zwischen 1 Sekunde und zehn Sekunden — ist im Fall Broodthaers unerläßlich.

Geistesgegenwart, die Wachheit gepaart mit der Unzugänglichkeit verspielter, provozierend pseudowissenschaftlicher Verschlüsselungen, diese Brechungen der Broodthaersschen Kunst können dann auch zu den dünneren Stellen der Herbig-Sammlung die Brücke schlagen. Dazu zählt vorneweg der schräge Tisch mit zwölf schrägen Stühlen, Nur-Nonsens dreidimensional von Stefan Wewerka. Diter Rot ist vor allem durch „Snow", ein zwischen 1963 und 1969 aufgefülltes Riesenbuch, prächtig vertreten. Mit einer großen Rakete und einigen Flugobjekten ist Närrisch-Utopisches von dem „Ingenieur" Panamarenko gesichert.

Die jüngere Generation: Jörg Immendorf ist mit elf Objekten und Bildern (1965—1970) präsent; Knoebels weiße Tafeln, deren leicht unregelmäßige, aus der Projektion von Verkürzungen präzis abgeleitete Form vor der unfesten Wandbespannung nicht voll zur Wirkung kommt: Sigmar Polke mit seinem „Menschenkreis" aus Photos aller Rassen, die mit Schnüren locker an ein Zentrum gebunden sind, das ursprünglich mit Polkes Konterfei verziert war, dann aber mit einem neuen Photo überklebt wurde, nämlich mit einer Photographie eben dieses an die Wand gepinnten „Menschenkreises". Daneben vier „Lösungen", die Demonstration der vier Grundrechenarten, stets mit falschen Ergebnissen. Dazu „die ebenfalls absurde, ungemein sensible „Pappologie" aus gerissener Pappe, ein widerspenstig-witziger Kommentar zur Vererbungslehre. Eine kleine Mappe noch in der Vitrine ausgelegt: „Höhere Wesen befehlen": Photo-Graphik, sehr poetisch, mit surrealem Effekt. In der oberen Etage sind Palermos Stoffbilder den ausgebleichten Stofformen von Richard Tuttle gegenübergestellt.

Es ist hier unmöglich, die Sammlung detailliert zu schildern. Auf zwei der wichtigsten Werkgruppen sei zum Schluß nur hingewiesen: Walter de Maria mit einigen frühen Zeichnungen und einem kleinen Raum für die Skulpturen „Ball drop" (1961/62), „Eros Ion" und „Dirt Box" (beide 1968) sowie für das Bild „The color men

tz (Tageszeitung)
München
16. Mai 1973

Ein Fest wie zu Lenbachs Zeiten

Michael Petzets Pläne in der Städtischen Galerie

In der Lenbach-Villa ist ständig was los — das hat sich in München mittlerweile herumgesprochen. Seitdem Dr. Michael Petzet die Leitung der Städtischen Galerie übernahm, tut sich was in der romantischen Künstler-Residenz. Petzet hält die Kunstfreunde ganz schön auf Trab. Wir sprachen mit ihm über das Programm bis zum Frühjahr 1974. Der Lenbachhausherr „residiert" in einem schlichten Büro im zweiten Stock. Die Marmorbüste Ludwigs II. beschützt seinen Schreibtisch. Im Bücherbord noch einmal ein Mini-Ludwig. Von der Rückwand flimmert ein plakatives Monumental-Pop-Gemälde. Zwischen der liebevollen Pflege Münchner Kunst und dem Bestreben Neues vorzustellen, liegt denn auch das Programm von Petzet, der gerade von einer Kunst-Reise nach New York zurückkehrte.

Wer nach den ersten drei Ausstellungen (George Segal — Günther Fruhtrunk — Sammlung Herbig) befürchtete, im Lenbachhaus werde jetzt ausschließlich der Moderne gehuldigt, kann beruhigt sein, Petzet kümmert sich auch um Vergangenes und fast Vergessenes.

Als nächstes steht Foto-Realist **Gerhard Richter** auf dem Programm (**22. 5.—1. 7.**). 37 Bilder aus den Jahren 1972/73, die eigens für diese Ausstellung gemalt wurden, und ein Bild von 1968.

Petzet: „Ursprünglich wollten wir die Richter-Bilder vom deutschen Pavillon der Biennale in Venedig haben. Das ist dann nichts geworden. Wir hätten die Porträts (deutsche Wissenschaftler nach Lexikon-Abbildungen gemalt) auch nicht in einem Saal präsentieren können. Auf einzelne Räume verteilt, ist das Projekt nicht zu realisieren." Jetzt wird man einen ganz neuen Gerhard Richter kennenlernen, nur informelle Bilder mit Titeln wie „Schwarz/weiß" oder „Rot/blau/gelb".

Parallel dazu läuft (**24. 5.—1. 7.**) eine Gedenkausstellung zum 80. Geburtstag des Münchner Malers **Anton Hiller**. Für den Jubilar ist es die erste große Ausstellung überhaupt. Petzet: „Hiller hat mich in den dreißiger Jahren schon als Baby porträtiert. Den Tonkopf habe ich noch zu Hause."

Vom **5. 6.—5. 7.** wird zum ersten Mal eine sogenannte Studio-Ausstellung veranstaltet: ein Versuch, Experimentelles in kleinem Rahmen vorzustellen. Als erstes werden Arbeiten des jungen Münchner Künstlers **Nikolaus Lang** gezeigt. Titel der Ausstellung: „**Japanische Landschaften**". Ein Sammelsurium von Objekten, die Lang bei einem Japan-Aufenthalt gefunden hat: Wurzeln, Flaschen, alte Plastik-Schuhe, die am Strand angeschwemmt wurden.

Vom **10. 7.—17. 8.** folgt eine **Cy-Twombley-Ausstellung**: 26 Bilder und 4 Zeichnungen.

Als große Sommerausstellung (**17. 7.—30. 9.**) wird eine **Expressionisten-Schau** vorbereitet, zu der ein enormer Katalog (130 Farbtafeln!) erscheint. Insgesamt werden 300 Werke zu sehen sein. Die angekündigte **Kandinsky-Aquarell-Ausstellung** ist auf den 21. 8. verschoben worden, weil der Katalog nicht rechtzeitig fertig wurde.

Vom **15. 11. 73—13. 1. 74** steht eine **Dada-Ausstellung** mit **Duchamp, Man Ray** und **Picabia** auf dem Programm.

Ebenfalls im Herbst geplant: Arbeiten von **Rainer Wittenborn**.

Vermutlich vom **11. 10.** gibt es Bilder von **Julius W. Schulein**. Der 1881 in München geborene Künstler emigrierte in den zwanziger Jahren nach New York, wo Petzet jetzt den Nachlaß besichtigte. Die ersten Ausstellungs-Knüller des Jahres 1974 stehen auch bereits fest:

Eine große **Realisten-Schau** mit amerikanischen und europäischen Künstlern, die in Zusammenarbeit mit dem französischen CNAC (Centre National d'art Contemporain = Nationales Zentrum für zeitgenössische Kunst) geplant wird, und eine **Richard-Hamilton-Retrospektive**, die vom New Yorker Guggenheim-Museum mitveranstaltet wird.

Dr. Michael Petzet in seinem Büro in der Lenbach-Villa   Foto: Sternberg

Bayerisches Fest im Lenbachhaus

tz (Tageszeitung)
München
2./3. Juni 1973

Das gibt's selten in der Lenbach-Villa: ein richtiges Volksfest mit Musik, Leberkäs, Radi und Bier. Eine der neuerlichen Aktivitäten, die sich Galerie-Direktor Dr. Michael Petzet zur Belebung der ehemals verschlafenen Villa ausgedacht hat.

Bierfassl unter echten Lenbachs, lange Tafeln mit schmausender Gesellschaft, das ist in diesen hehren Räumen ein seltener Anblick. Ein bißchen besorgt lief Petzet durch seine kostbare Sammlung. Abgesehen von zersplitternden Biergläsern blieb ansonsten alles heil. Die Putzfrauen fanden nicht einmal Senf auf den Gemälden.

Anlaß dieses Festes, zu dem mehrere hundert Eingeladene aus allen Bevölkerungsschichten erschienen, war die Vorführung des Bayerischen Rundfunk produzierten Fernsehfilms „Ein Bild von Bayern", den Frederic Rossif während der Ausstellung „Bayern — Kunst und Kultur" im Stadtmuseum gedreht hatte. Der hervorragende Farbfilm wurde dreimal am Abend gezeigt. Jedesmal war der Saal in der Lenbachvilla gesteckt voll. Kurz vor Schluß der Vorstellung warteten bereits die nächsten Gäste vor den Türen, während die anderen zum Büffet eilten. So lustig, heiter und unbeschwert ging's in der Städtischen Galerie wirklich lange nicht zu. Hoffentlich läßt sich ein solcher Abend, der einmal kein abonniertes Vernissage-Publikum zusammenführte, demnächst wiederholen. Vielleicht findet sich ein neuer „Mäzen", der (wie in diesem Fall der Bayerische Rundfunk) Leberkäs und Bier stiftet.

Als nächste Ausstellung kündigt Michael Petzet „Japanische Landschaften" von Nikolaus Lang an. Eröffnung am 5. Juni um 18 Uhr. Die Ausstellung bleibt bis zum 5. Juli geöffnet.

G. G.

In dieses weitgefächerte offizielle Ausstellungsprogramm will Petzet auch noch andere kleinere Veranstaltungen streuen: „Vorträge von Künstlern, die reden können", und Filmabende. Am 30. Mai ist ein Bayerischer Abend geplant, an dem der Film „Ein Bild aus Bayern" von Frederic Rossif dreimal hintereinander vorgeführt wird. Dazu wird die Deisendorfer Tanzelmusi spielen und ein bayerisches Schmankerl-Büfett serviert...

Petzet: „Das soll ein Fest werden, wie zu Lenbachs Zeiten, und wir hoffen, daß viele Bayern kommen, und wenn's den Leuten gefällt bei uns, werden wir so was öfter machen."

GERT GLIEWE

Von Herzog Tassilo bis Ludwig III.

Rossifs TV-Film „Ein Bild von Bayern" wurde im Lenbachhaus vorgestellt

Die Städtische Galerie hatte „nach viel schwerverdaulicher Kost in Form moderner Kunst" (so deren Leiter Dr. Michael Petzet) zu einem Bayerischen Abend mit entsprechender Brotzeit eingeladen. Grund: die Aufführung des vom Bayerischen Fernsehen in Auftrag gegebenen Films „Ein Bild von Bayern".

Regisseur Frédéric Rossif ist sozusagen ein alter Bekannter. Mit seinem Streifen über „Ludwig II." wurde 1968 das französische Farbfernsehen eröffnet. Um es gleich zu sagen: Diese neue Dokumentation konnte und wollte nicht mehr sein als ein Abglanz, ein Kurzschnitt von jener Ausstellung, die im Olympiajahr im Stadtmuseum gezeigt wurde, und die, von den zusammengetragenen Schätzen wie von der Aufstellung her, hohe Ansprüche erfüllen konnte.

Was davon im Zeitraffer filmisch ausgewählt wurde, läßt, vor allem was die Werke der bildenden Kunst betrifft, einiges Wesentliche von dieser prächtigen Zusammenschau erkennen. Allerdings, so richtig und selbstverständlich es ist, den religiösen Zeugnissen der frühen Epochen in ihrer bedeutenden künstlerischen Rangordnung nachzuspüren, so hat sich dafür das weltliche Bayern Abstriche gefallen lassen müssen. Dazu brachte der ständig wiederholte Kunstgriff, mit dem Auge der Kamera Einzelheiten auf den großen Bildtafeln, Glasfenstern und Gobelins abzutasten — bei aller reizvollen Hervorhebung der Details — eine gewisse Gleichförmigkeit in den Ablauf.

Das Defilée der Geschichtsfiguren von Tassilo bis zu den letzten Königen vermochte Rossif mit kurzen Einblendungen zu verdeutlichen und über die Zeiten hinweg zum Leuchten zu bringen.

Rolf Flügel

Münchner Merkur
5. Juni 1973

Bayerische Staatszeitung
1. Juni 1973

ANTON HILLER: Sitzende Figur, entstanden 1972. Die Städtische Galerie München widmet dem Münchner Bildhauer, der in diesem Jahr seinen 80. Geburtstag feierte, eine Ausstellung mit plastischen Arbeiten und Druckgraphik (siehe Bericht auf dieser Seite).

Das Lebenswerk eines Bildhauers

Im Münchner Lenbachhaus: Anton Hiller und Gerhard Richter

Unter Michael Petzet hat die Städtische Galerie im Lenbachhaus sich Raum und Spielraum gewonnen für zwei Ausstellungen, deren Künstler und Werk, deren Absichten einander auf wohlwollende, tolerante Art fremd sind. Ohne programmatisches Getön, im Verlauf der Arbeit eines knappen Jahres, ist aus dem hochmütig verschlafenen Palais an der Luisenstraße Münchens lebendigstes Museum geworden. So hat es Auftrag und Platz für die Würdigung eines so integeren bildhauerischen Werkes wie das des 1893 in München geborenen Anton Hiller; und gleichzeitig für die Präsentation der neuesten Bilder des in Düsseldorf lebenden und lehrenden Gerhard Richter, der Deutschland auf der Biennale Venedig 1972 mit seiner irritierend konsequenten Galerie von achtundvierzig gemalten Fotoporträts (berühmter deutscher Köpfe des 19. und 20. Jahrhunderts) vertrat.

Hiller, ein Schüler des berühmten Hermann Hahn und selber lange Jahre Lehrer an der Münchner Kunstakademie (von 1946 bis 1961), hat tatsächlich ein ganzes Leben lang auf diese erste Museumsretrospektive warten müssen. Nur bedingt läßt sich dafür die diktatorische Kunstideologie des Dritten Reiches haftbar machen, die gerade die Künstler seiner Generation auf dem Höhepunkt ihrer Entwicklung stumm machte, ihnen auf lange hin jede Wirkung, jedes Echo in der Öffentlichkeit nahm. Hiller darf man überdies zu jenen introvertierten, pathosscheuen Künstlern zählen, die in München (trotz Anerkennung und Zugehörigkeit zur „Neuen Gruppe") einen nicht eben leichten Stand haben. Seine zarte, eher konstruktiv *empfundene* als konstruktiv gedachte Figurenbildnerei — die stehende, schreitende Figur ist und bleibt sein eigentliches Thema — nimmt sich im Dunst- und Kunstkreis dieser Stadt fremd und spröde aus. Die abstrahierenden, kantig gewordenen Arbeiten der späten fünfziger und frühen sechziger Jahre wirken, denkt man an den Umkreis, in welchem zuerst man sie sah, sogar kühn. So wunderlich das auch klingen mag, denkt man an Gleichzeitiges von Wotruba, Hoflehner, an die Berliner Bildhauer.

Vor den knapp fünfzig Plastiken aus Bronze, Holz und Gips, die jetzt im Lenbachhaus Hillers Weg von 1921 bis heute dokumentieren, läßt sich eine stille, erfinderische Eigenart bewundern, die diesen Künstler von einem archaisierenden Klassizismus („Stehender Jüngling", 1959) zum konstruktiven Gestalten von Körper und Bewegung führt, das die geometrische Starre solchen Arbeitens mit poetischer Inkonsequenz verweigert. Irrtümer inbegriffen. So leben Hillers Figuren, reduziert, wie sie auch sein mögen, stets mit und durch ihre Oberfläche. Sowohl bei den Bronzen, wie bei den großartig einfachen Holzarbeiten der letzten Jahre. Man möchte ausnahmsweise riskieren, diesen „Blockfiguren", die etwas von der Geste der jungen Arte Povera ganz aus sich selber mitbringen, eine richtige Beseeltheit nachzusagen. Das Thema eines Lebenswerkes: die menschliche Gestalt.

Die neuen Bilder von *Gerhard Richter* (in den Erdgeschoßräumen im Nordflügel) scheinen wieder eine Wende, ein neues Extrem vorzuführen. Auf riesigen Leinwänden (Formate bis zu 250 mal 200 Zentimeter) wird mit breitem, strähnigem Pinselstrich ein Geschling sich überlagernder, kreisender Farbspuren angelegt. Die Feuchtmalerei läßt sonore Farbharmonien erklingen, die sich in Grauweißbildern sozusagen farblos, nicht minder schön wiederholen. Das Flechtwerk des gleichmäßig unaufgeregt fließenden Pinselduktus stellt illusionistische Tiefendimensionen und dramatische Lichtwunder her, die sich mit barocker Wolkenmalerei durchaus messen können. Die zufriedene Feststellung, Richter kehre von seinen fotorealistischen Täuschungsmanövern zurück zum Informel, ist nur bedingt richtig. Hier wie dort führt er, sozusagen ein Zaubermeister vor der leeren Leinwand, die Sensationen des Malens an sich vor, die Evokation von Abbildern, oder jetzt: von Raumillusion und Stimmung. Da man, mit ausdauernder Geduld, die Pinselspur, ihren Abschweifungen, die Durchlichtung und Verdichtung der Farben genau verfolgen kann, wird der Betrachter zum Mitvollzieher beim Abenteuer des Malens. Von ihm erzählen Richters Bilder, auch, in direkter Umkehr, die verschlossenen Grautafeln. Im Obergeschoß begegnet man Richters frühen Farbmustertafeln von 1966: sie stellen quasi das anonyme, nichts transportierende Rohmaterial des Malers dar. Die Flechtbilder indessen eine von unendlich vielen Möglichkeiten seiner Ingebrauchnahme.

sf

Tote Naturen – ein Museum
Japanische Landschaften von Nikolaus Lang im Lenbachhaus

Ein schmales Oeuvre, wenige Ausstellungen, viele Reisen, die Arbeit des 32jährigen Oberammergauers Nikolaus Lang ist das Leben, die Konservierung seiner Erfahrungen, eine Archäologie der Gegenwart. Seine Fundstücke stammen aus den Grenzbezirken von Zivilisation und Natur, dort wo der kleine Tod zum Alltag wird, wo die Fische und Insekten sterben, wo die Gebrauchsgegenstände verlorengehen oder weggeworfen werden, wo der Mensch immer einen Schritt weitergeht, ohne daran zu denken, daß er gleich dem begegnen wird, der auf der anderen Seite ebenso arglos aufgebrochen ist wie er. Eine mythische Archäologie, eine traurige Archäologie, eine exakte Archäologie.

Nikolaus Lang hat nach nahezu dramatischen Arrangements seiner Fundstücke aus Oberbayern und einer eher fröhlichen Sammlung unter Beteiligung des Publikums in einem Londoner Park mit einem Stipendium des Deutschen Akademischen Austauschdienstes in Japan gearbeitet. Das Ergebnis seiner Exkursionen, Sammlungen und rituellen Handlungen auf kleinen japanischen Inseln ist in sechs Komplexen aus Kästen, ergänzenden Photoserien und Dokumenten aufbewahrt und zur Zeit (bis 5. 7.) im Lenbachhaus ausgestellt. Lang hat das Arrangement auf einem niedrigen Podest selbst vorgenommen, und wenn man bedenkt, was eine Unzahl von Künstlern im Haus der Kunst zum Thema Landschaft beizutragen hat, ist das eine großartige, wunderschöne, ungemein einnehmende neue Art, eine Landschaft, ihren Geist, ihre Ursprünge und ihr Ende zu vermitteln.

Nikolaus Lang arrangiert seine Fundstücke und die ergänzenden Dokumente scheinbar neutral, er katalogisiert und inventarisiert, er fügt exakte Protokolle bei, aber ehe er tote Krähen und Ochsenfrösche neben Plastikflaschen, Insekten, Holztäfelchen, Strandgut, Karten, abgelösten Erdoberflächen aufbewahrt, baut er einen Scheiterhaufen am Rande eines vulkanischen Kraters oder am Strand und verbrennt dort die anonymen Kadaver. Die rituelle Bestattung gibt ihrem Tode Würde und ihnen selbst die Individualität zurück. Die unveränderten Fundstücke werden zu Grabbeigaben, der Akt des Sammelns erhält durch die Verknüpfung mit eigenen Aktivitäten ein Engagement, eine Liebe, die sich fern aller Sentimentalität dem Betrachter vermittelt.

Selten hat sich die Pionierarbeit von Land-Art und Konzeptkunst, von Objektrealismus, magischer Inszenierung und Wissenschaftlichkeit so sinnfällig und plausibel ausgezahlt wie hier. Die meditativen Qualitäten dieses Werks verschleiern nichts. Ihre Schönheit vernebelt den Kopf nicht. So wünscht man sich naturkundliche, völkerkundliche und kulturhistorische Museen: Information als sinnliche Erfahrung, Objektivität, die ihre subjektiven Quellen sichtbar läßt, Arrangements, die trotz aller Endgültigkeit dem Betrachter die Freiheit zu eigener Reflexion lassen.

WOLFGANG LANGSFELD

Süddeutsche Zeitung, 22. Juni 1973

Die Journalistin **Dr. Ingrid Seidenfaden, HA Schult** mit Begleiterin **Elke Koska**, Maler **Rainer Wittenborn**, der Münchner epd-Redakteur **Jürgen Marder**, Kunsthistoriker **Dr. Armin Zweite** und die Architekten **Rudolf Werner** und **Simon Butz** („Planungsgruppe M 5") waren zusammen mit 20 anderen die Gäste eines Sommerfestes von Galeriedirektor **Dr. Michael Petzet** in Krailling. Als Kirchenanwalt **Bernhard Bach** um Mitternacht im Garten einen Afrikafilm vorführte, fegte im spannendsten Moment ein Sturm die Leinwand fort — gerade als ein Krokodil sich anschickte, zwei Hühner zu verspeisen.

*

AZ (Abendzeitung), München, 28./29. Juli 1973

Die zu besetzenden Stühle (I)

Zum bevorstehenden Direktorenwechsel im Bayerischen Nationalmuseum

Im kommenden Frühjahr werden nacheinander das Bayerische Nationalmuseum, das Bayerische Landesamt für Denkmalpflege und das Doerner-Institut ihre derzeitigen Direktoren wegen Erreichung der Altersgrenze verlieren. Über die Nachfolger machen sich die aus dem Amt scheidenden, ihre Mitarbeiter und das Staatsministerium für Kultus und Unterricht Gedanken. Da diese Institute und Ämter für München, für den Freistaat Bayern und darüber hinaus von Interesse sind, werden wir nacheinander die mit diesem Personenwechsel zusammenhängenden Probleme und Entwicklungen schildern.

Das Bayerische Nationalmuseum hat die Grenzen seines Geltungsbereichs in den letzten Jahrzehnten über das Nur-Bayerische ausgedehnt. Landeshistorie und bayerische Kulturgeschichte wurden hier immer wieder bewußt überschritten — die Verflechtung Bayerns mit Europa war nicht nur eine dynastische, sondern eine kulturelle. Letzter, bedeutender Fortschritt: die Anerkennung des bayerischen Rokoko vor allem in England, durch sorgfältig vorbereitete Ausstellungen und durch wissenschaftliche Arbeit erreicht. Sie begann in der Amtszeit von Carl Theodor Müller, parallel mit dem Wiederaufbauarbeit nach dem Krieg. Man hat sich im Bayerischen Nationalmuseum nie damit zufriedengegeben, daß etwas so war, wie es war: Immer wurde nach den Ursachen, nach der Herkunft geforscht. Das Ergebnis dieser Forschung steht vor der Dokumentation, die Hans R. Weihrauch, Müllers Nachfolger seit 1968, eingeleitet hat.

Je älter die Objekte einer Sammlung sind, um so gründlicher muß nach den Zusammenhängen gesucht werden. Auf Urkunden allein sich zu verlassen, wie das zum Beispiel für die Kunst des 19. Jahrhunderts noch relativ leicht ist, genügt für den „Sammelbereich" des von Gabriel von Seidel erbauten prächtigen Hauses nicht: Wie ähnliche Sammlungen der Kulturgeschichte *und* Kunst ist dieses Haus eine Fundgrube. Wer sich nicht wenigstens in einem der Jahrhunderte, nicht in einer der Epochen vom frühen Mittelalter bis ins 18. Jahrhundert als Fachmann durch eigene wissenschaftliche Forschungsarbeit ausgewiesen hat, kommt als Leiter dieses Hauses nicht in Frage. Um nur einen Manager an die Spitze zu setzen, der bei der wohlhabenden Welt das Geld für Spenden lockermacht, dazu ist das Haus wiederum nicht groß genug, auch wenn es neun wissenschaftliche Beamte und Angestellte hat (die des Theatermuseums mitgerechnet).

Museum mit Weltruf

Das Bayerische Nationalmuseum hat Weltruf, mindestens hat es diesen Weltruf in der Zeit nach 1945 erworben: nicht nur durch die wissenschaftlichen Publikationen und einzelne damit zusammenhängende Ausstellungen, sondern vor allem durch die praktische Museumsarbeit, durch die Praxis der Restaurierung von Textilien, von Skulpturen und Möbeln aller Art. Namhafte Restauratoren, vor allem auf dem Gebiet der Textilien, sind im Bayerischen Nationalmuseum ausgebildet worden, das gilt für Restauratoren in Holland, in der Schweiz, in Dänemark und anderen Ländern wie natürlich für Deutschland selbst. Die „Pflege" der Objekte, also das gesamte Gebiet der Restaurierung und der Präsentation, nimmt das große Publikum im allgemeinen als selbstverständlich hin. Deshalb wird gerade diese für den Bestand der europäischen Kulturgüter eminent wichtige Aufgabe nur wenig oder selten „wahrgenommen". Auch die vorgesetzten Amtstellen in den zuständigen Ministerien haben davon keine ausreichende Vorstellung.

Nach 1945 war die wissenschaftliche Arbeit bei Berufungen fast immer stärker ausschlaggebend als die Frage des gesamten Gebiets des sogenannten „Konservierens" und „Restaurierens", das von hochqualifizierten handwerklichen Kräften nach bestandener Meisterprüfung zusätzlich erlernt und in der Praxis entwickelt wird und das eigentlich eine Bezahlung verdiente, wie sie für Hochschulabsolventen üblich ist. Vom Nationalmuseum gingen deshalb auch Bemühungen aus, promovierte Kunsthistoriker als Restauratoren heranzubilden und umgekehrt auch besonders hervorragenden Restauratoren ein Universitätsstudium der Kunstgeschichte zu ermöglichen: das war notwendig, weil die naturwissenschaftlichen Untersuchungsmethoden von voll ausgebildeten Naturwissenschaftlern entwickelt und vorgenommen werden.

Die Position an der Spitze solcher Bemühungen muß das Bayerische Nationalmuseum auch künftig halten, ebenso wie die Position der wichtigen Fachpublikationen, die alle im Hause arbeitenden Kunsthistoriker aufzuweisen haben. War Carl Theodor Müller einer „der" Fachleute für Holz- und Stein-Skulptur vom Mittelalter bis ins Rokoko, so ist der noch amtierende Nachfolger Hans Weihrauch „die" Kapazität für europäische Bronzeplastik; sein großes Buch erschien vor wenigen Jahren.

Pflege und Wissenschaft

Im Nationalmuseum arbeiten heute neun Kunsthistoriker als Landeskonservatoren, Konservatoren und wissenschaftliche Assistenten, die alle auf ihrem Fachgebiet vorbildliche wissenschaftliche Arbeiten vorgelegt haben; das reicht von der Volkskunde und der Ex-Voto-Forschung bis zum Meissner Porzellan, von der Goldschmiedekunst über Möbel und Kleinplastik bis zu Monographien über bedeutende Künstler (kürzlich erschien ein Buch über Georg Petel von Alfred Schädler). Kataloge, Aufsätze, alles, was aus der Arbeit dieses Hauses erwächst, wird in der Welt — in Ost und West — ernstgenommen. Man war im Nationalmuseum immer so modern, wie man es ernsthaft begründen konnte, doch man ist den modischen Trends, die sich an manchen Orten bereits wieder totgelaufen haben und vor denen heute fortschrittliche Soziologen und Pädagogen auf internationalen Museumskongressen warnen, niemals aufgesessen.

Dazu gehörte, zumal in den letzten zehn Jahren, ein ziemliches Maß auch an charakterlichem Stehvermögen, an Selbstbewußtsein, vor allem aber an Liebe zu den vielen tausend Objekten. Die sogenannten „Spitzenstücke", die dieses Haus reichlich besitzt, sind meist für niemanden eine „Aufgabe" außer für den Restaurator, denn diese Stücke erklären sich meist durch das, was man aus der Tradition über sie zuverlässig weiß. Es geht bei der Arbeit im Bayerischen Nationalmuseum nicht um die Spitze eines Eisberges, sondern um das, was zunächst nicht spektakulär ist und was sich oft erst durch sachkundige Forschung und vor allem eine genaue Materialkenntnis, auch eine Kenntnis des Handels und der Privatsammlungen, eine Kenntnis des Adelsbesitzes erschließen läßt. Persönliche Verbindungen, die einem solche Informationen erbringen, muß jeder dort entwickeln, und ein Kandidat, der solches nicht hat, wäre in der Leitung dieses Hauses aufgeschmissen und in Gefahr, zur lächerlichen Figur zu werden.

Um die Nachfolge von Weihrauch gehen seltsame Gerüchte um, die auch einen Mann als Kandidaten nennen, der in seinem Fach (19. Jahrhundert) Vorzügliches leistet und der eben auf dem Gebiet des zwanzigsten Jahrhunderts erfolgversprechende Anfänge macht. Die „Mannschaft" des Nationalmuseums wünscht sich ihrerseits den künftigen „Chef" aus ihrer Mitte: einen Mann, der den Vorzug hat, die bayerische Kultur von Kind an im Hause des sammelnden Vaters um sich gehabt zu haben und der auf dem Gebiet der Volkskunde, des Volksglaubens, des religiösen Brauchtums geforscht und hervorragende Bücher geschrieben hat, der dem Nationalmuseum seit Jahren angehört, der alle Umbauten und Neuordnungen der letzten fünfzehn Jahre mit bearbeitet und zum Teil selbständig geleitet hat. Ihn nun wollen seine gleichaltrigen und jüngeren Kollegen als den künftigen Primus, weil sie seine Energie kennen, seine Gründlichkeit, seine „Führungsqualitäten", die sich auch auf den großen Stab der Handwerker und Aufseher erstrecken (es ist die beste Equipe in Europa).

Aus dem eigenen Haus

Man muß als Leiter des Bayerischen Nationalmuseums die Dinge und die Menschen, mit denen man täglich zu tun hat, nicht nur verstehen, man muß sie auch lieben. Seit Carl Buchheit kam im Nationalmuseum der Chef immer aus dem eigenen Haus, aus der intimen Kenntnis der Dinge. Buchheit war im Nationalmuseum tätig, ehe er Direktor wurde; Carl Theodor Müller wurde noch in seiner Volontärzeit von Rudolf Berliner als künftiger Generaldirektor designiert; Müller wiederum wünschte sich seinen langjährigen Kollegen und Freund Hans R. Weihrauch, und nur aus dieser Kontinuität heraus konnte die Arbeit auch nach 1945 so bruchlos und von langer Hand geplant weitergehen, ohne den Zeitaufwand, den ein von außen Kommender zum Kennenlernen der Sammlungen gebraucht hätte.

Gewiß gibt es Museen, die durch einen von außen kommenden neuen Chef profitieren können. Das Bayerische Nationalmuseum gehört, zumindest im gegenwärtigen Stand seiner Entwicklung, nicht zu ihnen. Allein die bevorstehende Gebäudesanierung (32 Millionen stehen bereit) kann sinnvoll nur durchgeführt werden, wie sie vorbereitet und geplant ist, mit jahrelanger Kenntnis des komplizierten Hauses und seiner so verschiedenartigen Sammlungen und Depots. Der nächste Generaldirektor nach Weihrauch hat durch den langfristigen Umbau zunächst kaum Gelegenheit, nach außen zu glänzen, er wird vermutlich in den ersten Jahren ziemlich „unsichtbar" wirken müssen.

Kritik unerwünscht?

In der letzten Zeit tauchten Gerüchte auf, eben jener Mann, den sich die wissenschaftlichen Mitarbeiter des Nationalmuseums als Chef erhoffen — es handelt sich um Lenz Kriss-Rettenbeck —, sei von angegriffener Gesundheit. Das grenzt an Verleumdung. Freilich, einmal hat er im Fernsehen etwas über sein Haus gesagt, was man in der großen Bürokratie nicht gern hört; aber auch das muß der Leiter eines solchen Hauses dürfen; eine große Bürokratie sollte sich da nicht kleinkariert zeigen.

In Baden-Württemberg gab es kürzlich einiges Aufsehen, auch in der Presse, als die Nachfolge von Jan Lauts in der Karlsruher Kunsthalle entschieden werden sollte. Lauts und seine Mitarbeiter hatten Horst Vey (damals am Wallraf-Richartz-Museum in Köln) gebeten, er möge sich bewerben. Die Berufung wäre jedoch beinahe an der Unterschrift des Ministerpräsidenten gescheitert. Filbinger hätte lieber einen anderen berufen, der jedoch wissenschaftlich ungenügend qualifiziert war. Die Mitarbeiter von Lauts drohten damals, sie würden Filbingers Kandidaten nicht ins Haus lassen; schließlich wurde doch Vey berufen. In Bayern dürfte sich ähnliches kaum wiederholen, und man kann wohl hoffen, daß der besser Qualifizierte unter den beiden Kandidaten, von denen bisher die Rede ist, im Frühjahr 1974 Chef des Bayerischen Nationalmuseums wird.

DORIS SCHMIDT

Süddeutsche Zeitung
13. August 1973

Die zu besetzenden Stühle (II)

Zum bevorstehenden Wechsel im Bayerischen Landesamt für Denkmalpflege

Im April nächsten Jahres scheidet der Generalkonservator des Bayerischen Landesamts für Denkmalpflege, Professor Torsten Gebhard, wegen Erreichung der Altersgrenze aus dem Amt. Er wird mit dem am 1. Oktober in Kraft tretenden neuen Denkmalschutzgesetz also nur wenige Monate arbeiten. Gesetz und Beginn einer neuen „Ära" fallen eng zusammen. Im Bayerischen Landesamt für Denkmalpflege wird es vom 1. Januar 1974 an 106 Planstellen geben anstatt wie bisher 88 (davon 47 mit Hochschulausbildung). Zur Zeit arbeiten, Reinigungskräfte mitgerechnet, im Bereich des Landesamtes in München und in den Außenstellen 113 Personen.

Daß die räumliche Unterbringung des Landesamts trotz der zusätzlichen Räume in der Widenmayerstraße 34 (Restaurierungswerkstatt und demnächst auch ein Teil der Dokumentation) nicht befriedigt, ist bekannt, doch dürfte das zunächst die geringste Sorge auch des künftigen Generalkonservators sein. In den letzten Jahren ist die Arbeit der Denkmalspflege, nicht zuletzt durch die Diskussion um das neue Denkmalschutzgesetz, stärker als zuvor ins öffentliche Interesse gerückt. Die Erhaltung einzelner historischer Gebäude, einzelner Bürgerhäuser und Bauernhöfe wurde auf Häusergruppen, auf Straßenzüge und Plätze, ja auf das Stadtbild selbst ausgedehnt: Man spricht heute in der Bundesrepublik von „Ensembleschutz" wie von Umweltschutz. Viel mehr Menschen als früher werden künftig im Freistaat Bayern entsprechend der in der Verfassung verankerten Verpflichtung zum Schutz von Kunstwerken und Kulturgütern, von der Tatsache des Denkmalschutzes betroffen; für viele Bürger dieses Landes soll das Erbe der Vergangenheit künftig mehr sein als nur Lehrstück oder Gegenstand des Respektes.

Urbanität durch Geschichte

Urbanität ist heute nicht mehr ohne historisches Bewußtsein und nicht mehr ohne Kontinuität möglich: das wird man noch einüben müssen. Das Gesetz besteht nicht nur aus konkreten Bestimmungen, es ist eine Folge von vielschichtigen, auch soziologischen, sozialhygienischen und psychologischen Erkenntnissen, es soll uns helfen, nach diesen zu leben und zu handeln. Wie neu diese Erkenntnis für eine große Mehrheit der Bevölkerung ist, geht schon daraus hervor, daß viele Menschen meinen, Denkmalsschutz und Denkmalspflege habe allein mit Sanierung, Wohnungsbau und Stadtentwicklung zu tun und sei darum Sache von Architekten und nicht von eigens dafür ausgebildeten wissenschaftlichen Fachkräften, von Kunsthistorikern, Prähistorikern und Volkskundlern. In der Diskussion der letzten Jahre rückte die Frage nach den Kunstwerken, jenen einmaligen und charakteristischen Schöpfungen des Menschen, allzu stark in den Hintergrund, als spielten Kunstwerke in den Überlegungen der Gesetzgeber nur eine untergeordnete Rolle.

Die Restauratoren des Landesamts können nur ganz wenige und sehr bedeutende Kunstwerke in der eigenen Werkstatt selbst restaurieren, in den meisten Fällen bestimmen sie auf Grund wissenschaftlicher Untersuchungen die zur Erhaltung notwendigen Maßnahmen und überwachen sie. Ebenso selten können auch die im Landesamt tätigen Architekten als Architekten praktisch tätig sein. Das Landesamt für Denkmalpflege ist und bleibt auch nach dem neuen Gesetz eine Behörde, die wissenschaftlich so exakt als möglich begründete Gutachten erstellt. Vom neuen Gesetz erhofft man sich mehr Chancen für eine genauere Befolgung der Gutachten als bisher. Was ein „Denkmal" (im Sinne des Gesetzes) ist, können allein die dazu ausgebildeten Spezialisten ermitteln, also die für diese Tätigkeit ausgebildeten Kunsthistoriker, Architekten und Restauratoren. Auch die Architekten im Landesamt tragen die Bezeichnung „Konservatoren". In der Abteilung A (Praktische Denkmalpflege) arbeiten einschließlich des „Chefs" zwölf Wissenschaftler mit Hochschulausbildung, darunter drei Architekten und ein Restaurator, der auch die Restaurierungswerkstatt leitet. In der Abteilung B (Vor- und Frühgeschichte) sind von dreißig Fachkräften elf an Hochschulen ausgebildet. In der Abteilung C (Inventarisation) arbeiten zur Zeit siebenundzwanzig an Hochschulen ausgebildete Denkmalspfleger (einundzwanzig Kunsthistoriker, fünf Architekten, ein Historiker), um die Reihe der auch für die Durchführung des Gesetzes wichtigen sogenannten „Kurzinventare" voranzubringen.

Von 1974 an werden nun die Architekten-Konservatoren des Landesamts durch Verwaltungsbeschluß zu „Bauräten" umfrisiert. Die Bezeichnung dient hoffentlich nicht dazu, den außerhalb des Amtes noch immer nicht abgebauten und für die Denkmalspflege immer wieder verhängnisvollen Gegensatz zwischen Architekten und Denkmalspflegern erneut aufleben zu lassen oder gar in das Amt hineinzutragen. Das könnte den von allen im Landesamt tätigen Denkmalspflegern erwünschten Gedankenaustausch mit Architekten und Städtebauern — der Architekt ist als Partner für den Denkmalspfleger unentbehrlich — nur behindern.

*

Bisher war es in Bayern wie in den meisten Bundesländern und den meisten europäischen Ländern üblich, daß der Chef des Bayerischen Landesamts für Denkmalpflege ein Kunsthistoriker mit gründlichen Verwaltungskenntnissen, auf jeden Fall ein Wissenschaftler war. Je mehr Weitblick ein Wissenschaftler an dieser Stelle hat, je mehr er von den verschiedenen Disziplinen innerhalb der Denkmalspflege versteht, je entschiedener er gegenüber anderen Instanzen auftritt und je zielsicherer er taktiert, um so besser wird es um die Denkmalspflege im Lande bestellt sein.

Die angestrebte Integration von Denkmalsschutz und Stadtentwicklung, die in einer partnerschaftlichen Diskussion zwischen Denkmalspflegern einerseits und Urbanisten und Architekten andererseits vermutlich optimale Chancen hätte, glauben vor allem politische Kreise in Bayern am besten gelöst, wenn der künftige Amtschef nicht wieder ein Wissenschaftler, sondern ein Architekt wäre. Die Architektenkammer und der Bund Deutscher Architekten möchten an der Spitze des Landesamts einen Architekten sehen, sie haben Regierungsbaumeister Erwin Schleich und Professor Enno Burmeister genannt. Auf internationaler Ebene auch außerhalb von Fachgremien und Kongressen, hätte es aber ein Architekt in der Diskussion mit den wissenschaftlichen Kollegen schwerer, sich zu behaupten, als ein Wissenschaftler. Der Trend zur Wissenschaft ist auch auf dem Gebiet der Denkmalspflege heute international; und auch der beste Architekt geriete als Amtschef in einschlägigen Problemerörterungen unweigerlich in eine schiefe Lage. Einem Architekten von Rang sollte man ein solches Amt darum um seiner selbst willen nicht zumuten.

Erwogen wird auch, an die Spitze des Landesamts einen Juristen zu berufen. Das Österreichische Bundesdenkmalamt in Wien fährt mit seinem juristischen Präsidenten Thalhammer vorzüglich. Zu bedenken ist nur, daß wir erstens kein vergleichbares bundesrepublikanisches übergeordnetes Denkmalamt haben und daß in Bayern dann eine Persönlichkeit finden müßte, die nicht nur ein hervorragender Jurist wäre, sondern auch wie ein Grandseigneur auftreten kann. Andernfalls hätte er als Amtschef auf internationaler Ebene ähnliche Schwierigkeiten wie ein Architekt.

Der Kandidat aus dem Hause

Für das Landesamt für Denkmalpflege in der Münchner Prinzregentenstraße stellt sich die gleiche Frage wie bei der Neubesetzung des Bayerischen Nationalmuseums: soll der „Nachfolger" auf dem Stuhl des Chefs aus dem Haus selbst kommen oder von außen? Im Landesamt hat man Landeskonservator August Gebessler als geeigneten Kandidaten anzubieten; er ist seit 1958 im Amt und hat sich in der Praxis wie in der wissenschaftlichen Arbeit (Kurzinventare der Stadt und Landkreise Dinkelsbühl, Bayreuth, Erlangen, Fürth, Hof, Kulmbach und des Landkreises Nürnberg, dazu ein Buch über Ansbach) bestens bewährt.

Gebessler hat zum erstenmal Kontakte des Landesamts zur „Außenwelt" durch den seit kurzem in unregelmäßigen Abständen herauskommenden Informationsdienst aufgebaut. Er hat es fertig gebracht, daß innerhalb des Landesamts zwischen den Abteilungen die partnerschaftliche Zusammenarbeit und die amtsinterne Information spürbar intensiviert wurde. Bei der stark verwaltungshierarchischen Strukturierung des Amtes, in einer den Austausch während der Arbeit immer hindernden denn ihr förderlichen Architektur gehörten Ausdauer und viel Geduld dazu, die Arbeit mehr und mehr in Richtung einer Team-Arbeit und weg von hierarchischer Vorstellung zu entwickeln. Als Amtschef würde Gebessler, überzeugt davon, daß nur Team-Arbeit zu bestmöglichen Resultaten führt, in diesem Sinne weiterwirken. Es ist dies die Auffassung, die in nahezu allen wissenschaftlichen Instituten von Rang praktiziert wird. In der Bürokratie ist Team-Arbeit noch wenig verbreitet, die ungenügende Effizienz vieler Ämter und Behörden geht auf diesen Mangel zurück.

Der Mann von „außen"

Als Kandidat von außen, aber durch seine frühere mehrjährige Tätigkeit im Landesamt mit Insiderkenntnis ausgestattet, wird auch Michael Petzet, zur Zeit Direktor der Städtischen Galerie im Lenbachhaus in München, genannt. Durch seine in Frankreich preisgekrönte Dissertation über die Sainte Geneviève von Soufflot, seinen großen Inventarband über den Landkreis Solnhofen und die Kurzinventare über Stadt- und Landkreis Füssen, Kempten und Marktoberdorf, durch seine kurze Tätigkeit als zweiter Direktor am Zentralinstitut für Kunstgeschichte in München brächte er wissenschaftliche und organisatorische Voraussetzungen und durch die Arbeit in der Schlösserverwaltung auch praktische Erfahrungen für die Arbeit der Denkmalspflege mit. Wer Petzets Fähigkeiten im taktischen Verhalten und im Durchsetzen kennt, weiß, daß er bisher noch mit jeder Situation fertig geworden ist und auch umfangreichere Kompetenzen, als er sie derzeit hat, ohne Zögern auf sich nehmen würde.

DORIS SCHMIDT

Süddeutsche Zeitung
17. August 1973

Piero Manzonis konkrete Kunst
Gedächtnisausstellung in der Städtischen Galerie München

Vor zehn Jahren, am 6. Februar 1963, ist Piero Manzoni im Alter von 30 Jahren in Mailand gestorben. Er war einer der ersten, die noch aus den fünfziger Jahren heraus begannen, gegen den abstrakten Expressionismus des Informel — und ehe man hoffen konnte, daß sich mit der Pop Art eine neue Hinwendung zu realistischeren Malweisen vollziehen würde — ein intellektuelles, unsinniges, dennoch aber ungeheuer sinnfälliges Konzept einer Kunst zu entwerfen, die ihrem Material gegenüber weniger über unkontrollierbare Emotionen als durch kühle, geistreiche, bisweilen witzige Konsequenzen auftrat. Zehn Jahre nach dem Tod von Piero Manzoni kommt uns sein Werk noch immer ungeheuer modern vor, weil es sich nach den anfänglichen Versuchen eines Arrangements mit dem „tachistischen" Informel, radikal auf die Identität der Dinge mit sich selbst beschränkte. Germano Celant, der diese Ausstellung in Münchens Städtischer Galerie im Lenbachhaus arrangiert hat, weist darauf in seinem fundierten Katalogvorwort hin.

Das Schwergewicht dieser aus Leihgaben der Sammlung Manzoni und deutscher Galerien zusammengestellten Retrospektive liegt mit einigem Recht auf den „Achromen", jenen „farblosen" weißen Gips- und Kaolineinwänden, die plan oder gefaltet, später genäht verwendet oder durch fremde, geweißelte Materialien wie Stroh, Styropor, Steine, Watte oder Glaswolle ersetzt wurden. Die Abwesenheit von Farbe, künstlerischer Handschrift und individuellem Stil charakterisiert die Konzeption dieser monochromen, achromen Tafeln. Die „neue konkrete Kunst" Manzonis steuerte wie die von Yves Klein, der Gruppe Zero und anderen auf das zu, was sich dann — oft in hoher geistiger Abstraktion — in der *arte povera* oder der Konzept-Kunst verwirklichte oder eben gerade nicht mehr verwirklichte.

Manzoni ging es noch ganz um die Identität der Dinge mit sich selbst, und dadurch, daß er sie zur Kunst erhob, wies er mit aller Deutlichkeit auf eine Überwindung des tradierten Kunstraumes hin. Seine endlosen Linien waren nichts weiter als Linien, aber ihre Registrierung und Aufbewahrung konservierte auch Zeit und Ideen, seine signierten Körper, die Aufbewahrung seiner Exkremente, die Verwendung seines Atems in pneumatischen Plastiken, das alles erweiterte die Kunst über das rein Ästhetische und Sichtbare hinaus in das aktive Engagement des Zeitgenossen hinein, der bis dahin als Publikum nur passives Gegenüber der Kunst war. Kunst und Leben kamen zusammen, wie dann in der Pop Art, wie heute in vielen realistischen Tendenzen. Nicht umsonst hat Manzoni in einem seiner eindrucksvollsten Werke die Erde zu einem (seinem) Kunstwerk erklärt, indem er in einem Park in Dänemark einen Eisenblock mit der Anschrift „Sockel der Welt" errichtete. Die Inschrift steht auf dem Kopf. Sieht man sie richtig herum, steht die Erdkugel auf diesem Podest. „Es gibt nichts zu sagen, man kann nur sein, man kann nur leben." Manzonis kompromißlose Konsequenz hält seine Werke noch heute lebendig.

Wie aus den Eintragungen im Gästebuch der Ausstellung hervorgeht, halten die meisten Besucher Manzoni für ihren Zeitgenossen, die ausgestellten Arbeiten für neuere Werke. Wo sich differenzierte oder polemisch aggressive Kritik artikuliert, sind das Reaktionen auf einen spontanen, lebendigen Reiz. Die meisten Besucher wären wohl sehr verblüfft, wenn sie realisieren würden, daß Manzoni seit zehn Jahren tot ist.
WOLFGANG LÄNGSFELD

Süddeutsche Zeitung
30. Oktober 1973

Schiffahrt vom Königsplatz zur Ludwigskirche
Wolfgang Christlieb in der Städtischen Galerie

Einen Doppelauftritt als Maler und Buchautor brachte Wolfgang Christlieb in der Lenbachvilla spielend über die Runden. Im Foyer des großen Vortragssaales ein Aquarellzyklus des Schriftstellers Christlieb: „Zur Stadtgeschichte von München vor 25 Jahren"; auf dem Podium des Vortragssaales eine Lesung des Malers Christlieb aus seinen bisher erschienenen Bänden über „Luitwindas Wunderwelt" („weitere 397 Bände sind vorgesehen").

Die Bilder: Kuriose Architektur, verquickt mit kreisenden Riesenplaneten am Himmel, Luftspiegelungen, Wolkenwirbeln und farbträchtigen Prismen. Die Glyptothek mit Gegensonne, eine Schiffahrtsstraße vom Königsplatz zur Ludwigskirche, ein Tempel des Weichenstellers. Synthese von Realität und Vision. Daten der virtuos bewältigten Malproduktion: 1848 bis 1956.

Es begann wie im Kabarett; Galeriedirektor Michael Petzet als geistreich pointierender Conférencier. Christlieb, Hedwig Courths-Mahlers Stil ad absurdum führend, gab Beispiele exzellenter Wortkunst. Parodie und Phantasie hatten ihren großen Abend. Auch die Lachmuskeln.

Die Ausstellung dauerte übrigens genau so lang wie der Vortrag: Eine Stunde. Dann wurde sie abgehängt. -her

Kandinsky-Schau in der Städtischen Galerie
Das bunte Leben

Eine intensiv bestückte Sonderschau „Kandinsky — Aquarelle und Zeichnungen" wird in der Städtischen Galerie (Lenbach-Haus) am 4. Dezember 1973 um 20 Uhr eröffnet. Sie enthält in den sechs Zimmern des Neubau-Untergeschosses (Südflügel) etwa hundert eigenhändige Arbeiten von Wassily Kandinsky (1866 bis 1944), des Begründers der nichtgegenständlichen Malerei (nonobjective painting) in Europa, die den Weg von der Jugendstil-Illustration bis zum „Geistigen in der Kunst" aufzeigen.

Die Ausstellung ist in großen Teilen eigener Besitz der Galerie, und zwar hauptsächlich aus Beständen der Gabriele-Münter-Stiftung von 1957, jedoch ergänzt durch signifikante Leihgaben.

Die wichtigsten davon kommen von der in Paris lebenden Witwe des Künstlers, Frau Nina Kandinsky, darunter das von Kandinsky selbst noch als solches bezeichnete „erste abstrakte Aquarell" von 1910.

Während der museale Bestand der Städtischen Galerie an Kandinsky-Werken fast nur Arbeiten vor 1914 enthält, kann in dieser Ausstellung erstmals in München der gesamte künstlerische Lebensweg des ruhelos suchenden Russen aufgezeigt werden: Die Auswahl umfaßt die Jahre 1900 bis 1944.

Man sieht im ersten Raum die frühen Zeichnungen, nach der Ankunft Kandinskys in München, sodann eine Serie der eigenartigen „Märchenbilder", der „motifs russes", die zwischen 1904 und 1907 entstanden sind. Es sind die meist auf getontes Papier mit stark deckenden Gouache-Farben gemalten Motive aus dem russischen Mittelalter mit Rittern zu Pferd, schreitenden Prinzessinnen, Priestern, Kindern, mit Schlagrahm-Wölkchen und fast immer einer Burg im Hintergrund, die einmal an Kiew, dann wieder an den Kreml in Moskau erinnert.

Epoche der Märchen

Das bedeutendste Werk aus dieser Zeit, das große Bild „Das bunte Leben" von 1907, das diese Märchen-Epoche abschließt und zusammenfaßt, wird übrigens der Städtischen Galerie demnächst als Geschenk überreicht.

Der zweite und dritte Raum enthalten den Durchbruch zur „Abstraktion", das erste gegenstandslose Aquarell und weitere Arbeiten bis 1914. Ein leeres Zimmer markiert die Unterbrechung durch den Krieg 1914 bis 1918.

Im vierten und fünften Saal ist die Zeit am Bauhaus (Weimar — Dessau — Berlin) dokumentiert, der sechste und letzte enthält Werke aus den Pariser Jahren 1934 bis 1944. — Zur Eröffnung am Dienstag wird Nina Kandinsky selbst nach München kommen.

W. Christlieb

STUDIE FÜR DAS „BILD AUF WEISS", 1922, von Wassily Kandinsky, ab Dienstag in der Münchner Städtischen Galerie.

Abendzeitung, 3. Dezember 1973

◁ Münchner Merkur, 3./4. November 1973

Kandinsky-Zuwachs für das Lenbachhaus
Bayerische Landesbank übergibt Frühwerk des Künstlers als Dauerleihgabe

Die Städtische Galerie im Lenbachhaus, in der Wassily Kandinsky ohnehin großartiger und vollständiger als in irgendeinem Museum der Welt vertreten ist, konnte ihren Schätzen jetzt ein Hauptwerk des Künstlers aus der zwischen 1904 und 1907 entstandenen Serie der „motifs russes" hinzufügen: das großformatige Bild „Das bunte Leben" (Tempera auf Leinwand, 130x162,5 cm), das ihr bei einem Festakt die Bayerische Landesbank als Dauerleihgabe zur Verfügung gestellt wurde.

Galeriedirektor Dr. Petzet interpretierte das Werk, das nach Worten Kandinskys „durch Linienführungen und Verteilung der bunten Punkte das Musikalische von Rußland auszudrücken" versucht, als Zusammenfassung all dessen, was den Künstler bis zum Jahre 1907 beschäftigt und vorher nur in einzelnen kleineren Szenen und Motiven seinen Ausdruck gefunden hatte, kurzum: als den Auftakt zu einem neuen Schaffensabschnitt. Sein Thema: die märchenhafte Buntheit altrussischen Lebens vor dem Hintergrund von Tod und Auferstehung.

Im Namen der Bayerischen Landesbank und ihrer 3600 Mitarbeiter, deren erfolgreiche Arbeit Voraussetzung für den Erwerb des Bildes gewesen sei, übergab Präsident Jacob der Städtischen Galerie die Dauerleihgabe. Er erinnerte daran, daß seine Bank in Anerkennung ihrer mäzenatischen Verpflichtung vordem bereits der Staatsgemäldesammlung einen Picasso und der Städtischen Galerie einen Klee habe zur Verfügung stellen können.

Oberbürgermeister Georg Kronawitter, der dieses Festaktes wegen den SPD-Parteitag verlassen hatte, gab seiner Genugtuung über dieses Mäzenatentum Ausdruck. Ohne hochherzige Stiftungen wie auch die der Galerie Münter wäre die Stadt nie in den Besitz so angesehener Sammlungen wie die des „Blauen Reiters" gelangt. Er dankte der Landesbank auch dafür, daß sie das aus holländischem Privatbesitz erworbene Bild nicht eifersüchtig wie ein Sammler für sich allein beansprucht, sondern der Allgemeinheit zugänglich gemacht habe. *Karl Ude*

EIN HAUPTWERK Kandinskys, das Gemälde „Das bunte Leben", bereichert die großartige Sammlung von Werken des russischen Künstlers in der Lenbach-Galerie. Unser Bild zeigt bei der Übergabefeier: (Von links) Bürgermeister Helmut Gittel, Landesbank-Präsident Jacob, Oberbürgermeister Georg Kronawitter und Kulturreferent Dr. Herbert Hohenemser. Photo: Fritz Neuwirth

Süddeutsche Zeitung
15./16. Dezember 1973

Tauziehen um Generalkonservator
Bayerische Staatskanzlei erklärt: Keine Entscheidung getroffen

Die Staatsregierung sieht sich schon wieder einem Tauziehen um ein hohes Staatsamt gegenüber. Kaum hat die Bayerische Versicherungskammer (BVK) ihren neuen Präsidenten, schaut die interessierte Oeffentlichkeit erneut auf das Kabinett Goppel, das noch im März den Nachfolger des am 1. April in den Ruhestand abgehenden Direktors (Generalkonservator) des Landesamtes für Denkmalpflege, Prof. Dr. Torsten Gebhard, bestimmen muß.

Eine Parallele zur BVK drängt sich auf, weil auch diesmal eine Kapazität aus der freien Wirtschaft von Sachverständigen und Politikern ins Gespräch gebracht wurde, der Münchner Architekt, Regierungsbaumeister Dr.-Ing. Erwin Schleich, der am Wiederaufbau zahlreicher Baudenkmäler, vor allem in München, darunter der Peterskirche und des Preysing-Palais, maßgebend beteiligt gewesen war.

Der Favorit des Kultusministeriums ist allerdings ein Insider, Dr. Michael Petzet (40), seit Juli 1972 Leiter der städtischen Lenbachgalerie. Er war bereits 1958/65 als Konservator für den Regierungsbezirk Schwaben am Landesamt tätig, hatte dort die Inventare über die Baudenkmäler und Kunstwerke in den Stadt- und Landkreisen Sonthofen, Kempten, Marktoberdorf und Füssen erarbeitet. 1970/72 war er 2. Direktor des staatlichen Zentralinstituts für Kunstgeschichte und wissenschaftlicher Leiter der vielgerühmten Bayern-Ausstellung während der Olympischen Spiele. Ebenfalls im Gespräch ist der designierte Direktor des Bayerischen Nationalmuseums, Dr. Lenz Kriss-Rettenbeck.

Bayerns Heimatfreunde und Kunstkritiker verfolgen seit Monaten gespannt die Entscheidung über die Person des neuen bayerischen Generalkonservators, wobei sich engagierte Parteien gebildet haben, aus deren Mitte bereits Argwohn laut wurde, ob das Kabinett Goppel die Entscheidung zugunsten von Dr. Petzet bereits getroffen, aber dann aufgrund einer Intervention von dritter Seite wieder ausgesetzt habe. In der Staatskanzlei winkt man aber ab: von einer Intervention eines maßgebenden CSU-Politikers sei nichts bekannt; die abschließende Entscheidung liege wirklich noch nicht vor.
mhb

Augsburger Allgemeine
1. März 1974

Dringende Bitte um einen Nachfolger

Noch kein neuer Leiter des Landesamtes für Denkmalpflege bestimmt

Münchner Merkur, 6. März 1974

Die wissenschaftlichen Beamten des Landesamtes für Denkmalpflege sind ungehalten darüber, daß das Bayerische Ministerium für Unterricht und Kultus noch immer keinen Nachfolger für Generalkonservator Prof. Torsten Gebhard berufen hat, der mit dem Ende dieses Monats in Pension geht. Im Landesamt wird darauf hingewiesen, daß die Unsicherheit der Nachfolgefrage zahlreiche Vorhaben blockiert und den unteren Behörden den Vollzug des am 1. Oktober 1973 in Kraft getretenen Denkmalpflegegesetzes erheblich erschwert.

Es geht, so wird betont, dabei gar nicht um die Vorzüge oder Nachteile bestimmter Personen. Wichtig sei eine vor allem rasche Entscheidung. Kandidaten für das Amt des neuen Präsidenten sind: Dr. Wolfgang Eberl (Kultusministerium), Dr. Erwin Schleich (freier Architekt), Dr. A. Gebeßler (Prof. Gebhards Stellvertreter im Landesamt) und Dr. Michael Petzet (Direktor der Städtischen Galerie im Lenbach-Haus). Auch für den Fall, daß Prof. Gebhards Amtszeit verlängert werden soll, wird um eine ministerielle Mitteilung gebeten.

r. m.-m.

AZ (Abendzeitung) München, 16./17. März 1974

Michael Petzet soll das Landesamt für Denkmalspflege übernehmen — Rätselraten um Lenbachvilla

Ich kämpfe wie ein wütender Löwe

Nach der letzten Sitzung des bayerischen Ministerrates am 12. März 1974 konnte es für Eingeweihte kaum noch einen Zweifel geben, wer als Nachfolger von Professor Torsten Gebhard das Bayerische Landesamt für Denkmalspflege übernehmen wird. Die Bekanntgabe des Namens hängt lediglich von der Klärung einiger beamtenrechtlicher Einzelheiten im Landespersonalausschuß (Prinzregentenstraße) ab.

In der Sache selbst hat sich das Kabinett bereits entschieden. Es wird, nachdem vorerst noch eine Amtsverlängerung für den bisherigen Generalkonservator Torsten Gebhard bis zum 30. Juni 1974 verfügt wurde, nach dem Vorschlag des Kultusministers Professor Hans Maier verfahren und den bisherigen Direktor der Münchner Städtischen Galerie, den Kunsthistoriker und Bauforscher Dr. Michael Petzet an die Spitze der staatlichen Denkmalspflege in Bayern berufen.

Die Galerie ist das Sorgenkind

Wäre dies nur eine Entscheidung, die das Denkmalsamt betrifft, so könnte der Chronist mit kühler Miene den Vorgang registrieren und zu den Akten legen. In Wirklichkeit wird aber ein anderes Institut, nämlich die Städtische Galerie in München, viel stärker betroffen. Sie ist in Wahrheit jetzt das Sorgenkind, das Kellerkind und bald vielleicht das Brunnenkind der ganzen Angelegenheit. Denn die Frage lautet: Wer wird jetzt Nachfolger im Lenbachhaus?

Man bedenke: Die Städtische Galerie war seit dem Krach mit Direktor Hans Konrad Röthel (im April 1968) praktisch ohne Führung. Die Besucherzahl sank zurück auf die Quote auswärtiger Touristen, die sich die Kandinsky-Bilder ansehen wollten. Der ganze Energie-Haushalt schrumpfte zusammen auf einen Nullpunkt völliger Lethargie.

Am 1. Juli 1972 übernahm Michael Petzet die Geschäfte (nachdem er vorher noch die monströse „Bayern-Ausstellung" im Stadtmuseum hergerichtet hatte). Die Neueröffnung der (völlig umgestalteten) Galerieräume am 1. August 1972 war bereits eine Sensation. Petzet hatte längst vergessene und verschollene Depotbestände heraufgeholt und reaktiviert, hatte „aus einer Galerie zwei gemacht" (AZ vom 9.8.72). Die Ausstellungstätigkeit, die dann folgte, übertraf alle Erwartungen. Petzet konnte tun, was er wollte: es „zündete", das Publikum ging mit, endlich war wieder Leben im Haus.

Der Gedanke, daß diese wundersame Galerie-Pflanze wieder ausgerissen werden soll, wirkt geradezu niederschmetternd.

Und eines ist sicher: Dr. Petzet hätte in wenigen Jahren weiterer Tätigkeit die Städtische Galerie zu einem Zentrum aktueller Kunst in ganz Mitteleuropa gemacht. Wer sein Nachfolger sein könnte, ist zur Zeit völlig offen. Herr Petzet selbst weiß keinen Rat. Für seine Einstellung gilt das (von ihm) schon früher gesagte (AZ vom 3. 11. 73): „Ich liebe das Lenbachhaus und die Arbeit hier über alles." — „Aber", setzt er jetzt hinzu, „wenn ich mir ansehen muß, was täglich in München und anderwärts an Greueln der architektonischen Stadt- und Landschaftsverwüstung geschieht, so bin ich voll der heiligen Entschlossenheit, meine ganze Energie in die Aufgabe der staatlichen Denkmalspflege zu werfen, falls dieses Amt mir übertragen wird. Ich werde kein ‚braver, gefügiger Beamter' sein, sondern kämpfen wie ein wütender Löwe, um jeden Rest Architektur, der noch zu wahren ist, kämpfen wird. Bei der Abwägung der beiden Aufgabenkreise — hier Galerie, dort den Denkmalschutz in ganz Bayern — scheint mir die letztere Aufgabe eben doch die dringendere, verantwortungsvollere zu sein."

Zu der Nachfolge im Lenbachhaus kann sich der Dienstherr, Stadtrat Dr. Hohenemser, noch nicht äußern. „Es wird nichts anderes übrigbleiben", sagt er, „als den Posten, so wie es vor 2½ Jah-

ZU DEN PROMINENTESTEN KANDIDATEN als Direktor im „Landesamt für Denkmalpflege" zählt neben Dr. Michael Petzet (links) der Münchner Architekt Dr. Erwin Schleich. Er ist durch hervorragende Leistungen in der praktischen Denkmalpflege (Preysing-Palais, Alter Peter, Ludwigskirche, Propyläen) bekanntgeworden. Dr. Schleich hat als Architekt durch ausgezeichnete technische Lösungen gezeigt, wie sich die Forderungen der Denkmalpflege in der heutigen Umwelt realisieren lassen.

Fotos: Schödl

ren geschehen ist, wieder auszuschreiben. Namen, oder Wünsche kann ich im Augenblick nicht nennen!"

Unter den prominenten Bewerbern für die Städtische Galerie, die Ende 1971 in Konkurrenz mit Dr. Petzet standen, werden sich die Blicke naturgemäß vor allem auf drei Persönlichkeiten richten, die mit München in besonderer Beziehung stehen: Dr. Inge Feuchtmayr, Dr. Doris Schmidt (SZ) und Professor Siegfried Wichmann. Wer von diesen noch „mag", wird in den nächsten Wochen zu klären sein.

Wolfgang Christlieb

Sorgen im Münchner Lenbachhaus
Wird M. Petzet Leiter der Denkmalpflege?

Süddeutsche Zeitung
18. März 1974

Die Ernennung von Michael Petzet zum Leiter für das Bayerische Landesamt für Denkmalpflege ist offenbar beschlossene Sache. Petzet wird damit Nachfolger von Torsten Gebhard, dessen Amtszeit noch bis zum 30. Juni 1974 verlängert wurde. Die offizielle Bekanntgabe der vom bayerischen Ministerrat gefällten Entscheidung steht noch aus, zumal in der letzten Phase der längerfristigen Auseinandersetzung die Kandidatur des Architekten Erwin Schleich für das Landesamt noch einmal aktiv ins Feld geführt wurde.

*

Eine Würdigung dieser Entscheidung kann hier noch nicht erfolgen; die Problematik, die mit der denkmalpflegerischen Arbeit insbesondere in jener verantwortungsvollen Position verbunden ist, wurde bereits ausführlich analysiert. Daß der Kunsthistoriker Michael Petzet, dessen wissenschaftliche Arbeiten hauptsächlich dem Gebiet der Architektur gewidmet sind und der gerade im Bereich der Denkmalpflege über langjährige praktische Erfahrungen verfügt — daß also Petzet nach einer zweijährigen Aktivität als Direktor der Münchner Städtischen Galerie sich nun wieder seinem Hauptinteresse in einem erweiterten Wirkungskreis zuwenden wird, ist logisch —, ist an sich und für die Sache voll zu begrüßen.

Nur: was geschieht mit der Städtischen Galerie im Lenbachhaus? Petzet hat es verstanden, was kaum zu hoffen war, aus dem praktisch stillgelegten Institut ein blühendes Unternehmen aufzubauen. Wobei diese Wandlung heute, nach zwei Jahren, noch keineswegs gesichert, keineswegs stabilisiert ist. Das muß die Aufgabe des Nachfolgers sein.

Wenn demnächst die Suche nach dem Nachfolger beginnt, die Ausschreibung und die Mutmaßungen, so sollte eine Überlegung beherzigt werden: Es ist in den zwei Jahren ein vernünftiges Modell entwickelt worden. Öffentlichkeitsarbeit und Ausstellungsprogramm mit der gebotenen Vielseitigkeit sind bereits in den richtigen Bahnen; die überregional geknüpften Kontakte zu anderen Institutionen sind jetzt schon Gewähr für weitere Entwicklung. Es muß also darum gehen, daß man einen neuen Leiter findet, der das Begonnene einerseits bejaht und der andererseits imstande ist, die gewonnene Kontinuität qualifiziert auszubauen.   L. G

VOM LENBACHHAUS INS LANDESAMT:

Münchner Merkur
19. März 1974

Bayerns neuer Denkmalschützer

Dr. Michael Petzet verläßt die Städtische Galerie

Bayerns neuer Generalkonservator und Chef des Landesamtes für Denkmalpflege wird mit allergrößter Wahrscheinlichkeit Dr. Michael Petzet (40) werden, derzeit Direktor der Städtischen Galerie im Lenbachhaus. Der Kultusminister nominierte Petzet für den verantwortlichen Posten — Mitbewerber waren, wie bekannt, Ministerialrat Dr. Eberl vom Kultusministerium, Dr. Gebeßler vom Landesamt und Architekt Dr. Erwin Schleich - der Ministerrat stimmte dem Vorschlag zu, auch der Personalausschuß bestätigte inzwischen Petzets Berufung. Zur restlosen Amtlichkeit steht lediglich die Unterschrift des Ministerpräsidenten aus, mit der nach dem Stand der Dinge mit Sicherheit zu rechnen ist.

Seit Wochen raunen die Eingeweihten von Petzets Berufung zu Bayerns neuem Denkmalschützer. Es war bekannt, daß sich das Kultusministerium nach vorangegangenen Diskussionen doch, wie gehabt, für einen Kunsthistoriker auf dem wichtigen Posten entschieden hatte. Der Jurist Dr. Eberl zog daraufhin seine Kandidatur zurück.

Galerie ratlos?

Rätselhaft bleibt, warum der Öffentlichkeit die offizielle Bekanntgabe dieser Personalentscheidung so lange vorenthalten wurde. Schließlich war längst bekannt (vergleiche auch Merkur-Interview vom 22. 11. 1973), daß Professor Torsten Gebhard, der Chef des Landesamtes für Denkmalpflege, zum 1. April in den Ruhestand treten würde. Dieser Termin kann nun, soll die kontinuierliche Arbeit des Landesamtes nicht beeinträchtigt werden, vor allem die Personal- und Sachentscheidungen, die in Zusammenhang mit dem seit 1. Oktober vorigen Jahres gültigen neuen bayerischen Denkmalschutzgesetz zu treffen sind, nicht eingehalten werden. Professor Gebhard wird sein Amt noch bis zum 30. Juni weiterführen.

Man möchte zugunsten der Sache annehmen, daß Nachfolger Petzet bis zu diesem Zeitpunkt seine Verpflichtungen gegenüber der Stadt und der Städtischen Galerie soweit erfüllt hat, daß er zum Denkmalschutz überwechseln kann, ohne die Städtische Galerie ratlos und verwaist zurückzulassen. (Laut Kulturreferat wird der Posten ausgeschrieben.)

Petzet sagt dazu: „Ich möchte auf jeden Fall mein für dieses Jahr festgelegtes Ausstellungsprogramm in der Städtischen Galerie erfüllen. Wichtig ist mir vor allem die für den Sommer geplante Ausstellung ‚Leibl und sein Kreis', bei deren Vorbereitung es der Leihgaben wegen, einige Schwierigkeiten gibt."

Seriöse Biographie

Als künftiger bayerischer Denkmalpfleger hat der gebürtige Münchner und promovierte Sedlmayr-Schüler Michael Petzet eine seriöse Biographie vorzuweisen. Bereits die Dissertation gilt einem Thema der Architekturgeschichte: „Soufflots Sainte-Genevieve und der französische Kirchenbau des 18. Jahrhunderts." Anschließend war Petzet sieben Jahre, von 1958 bis 1965, Mitarbeiter am Landesamt für Denkmalpflege. Er bearbeitete und veröffentlichte die Kurzinventare der Landkreise Kempten, Füssen, Marktoberdorf sowie das große Inventar vom Landkreis Sonthofen.

Als Konservator der Schlösserverwaltung (1965/70) war Petzet zuständig für die oberbayerischen Königsschlösser. Als Ausstellungsmacher präsentierte sich Petzet 1968 erstmals mit der Ludwig II.-Ausstellung in der Residenz — eine rare Mischung von profunder Sachkenntnis und spannender Anschaulichkeit. Mit der Konzeption der (technisch teilweise umstrittenen) „Bayernausstellung" zu den Olympischen Spielen absolvierte Petzet ein weiteres Großthema aus der bayerischen Geschichte.

Weniger bekannt ist, daß sich Petzet als zweiter Direktor des Zentralinstituts für Kunstgeschichte (1970/72) mit der Münchner Stadtgeschichte und ihren erhaltenswerten Denkmälern befaßte. Neben der einschlägigen Vortragsreihe (wir berichteten seinerzeit) entstand daraus ein umfassendes Forschungsprojekt zur Architektur des 19. Jahrhunderts, dessen Ergebnisse unter dem Titel „Münchner Fassaden, Wohnhausfassaden des Historismus und des Jugendstils" in diesem Jahr publiziert werden.

Im Hinblick auf die neuen, nun für das ganze 19. Jahrhundert geltenden Kompetenzen des Denkmalamtes darf diese Publikation sozusagen als Einstandsgabe des künftigen bayerischen Generalkonservators betrachtet werden.

Ingrid Seidenfaden

tz (Tageszeitung), München, 20. März 1974

Galerie-Spaziergang
Ab Juni ohne Petzet

Ab nächsten Dienstag (25. 3.) ist in der **Städtischen Galerie im Lenbachhaus** die erste repräsentative **Richard-Hamilton**-Schau Deutschlands zu sehen. Unter anderem auch die oben abgebildete, bereits klassische Collage des Pop-Meisters.

Eine der letzten Ausstellungen, die Dr. Michael Petzet als Direktor des Hauses eröffnen wird. Wie bereits gerüchteweise gemeldet — und befürchtet, wird Petzet die Lenbach-Villa am 30. Juni verlassen und sich im Landesamt für Denkmalspflege als neuer Chef und Nachfolger von Professor Torsten Gebhard einrichten. Seine Berufung wurde gestern durch die Unterschrift des Ministerpräsidenten rechtsgültig. Das von Petzet geplante Ausstellungsprogramm dieses Jahres soll trotzdem weitergeführt werden. Die freigewordene Stelle wird von der Stadt neu ausgeschrieben.

*

Petzet löst Gebhard ab
Neuer Chef im Landesamt für Denkmalpflege

MÜNCHEN (dpa) — Der bayerische Ministerrat hat am Dienstag den Direktor der Münchner Städtischen Galerie im Lenbachhaus, Dr. Michael Petzet, zum Generalkonservator des Landesamts für Denkmalpflege ernannt. Petzet wird Nachfolger von Professor Torsten Gebhard, der die Altersgrenze erreicht hat und Ende Juni aus seinem Amt scheiden wird. Um die Ernennung Petzets hatte es in den vergangenen Wochen Spekulationen gegeben, da sich hartnäckig das Gerücht hielt, gegen den vom Kultusministerium favorisierten Petzet würden von anderer Seite Bedenken geltend gemacht. Der gebürtige Münchner Dr. Michael Petzet ist promovierter Kunsthistoriker und war bereits in früheren Jahren Mitarbeiter des Landesamts. Der heute 40jährige legte damals Inventare verschiedener schwäbischer Landkreise an. Später war Petzet Konservator der Schlösserverwaltung. Besonderes Aufsehen machte er 1968 mit seiner Ludwig-II.-Ausstellung und der Bayern-Ausstellung während der Olympischen Spiele.

Süddeutsche Zeitung, 20. März 1974

Bild, 21. März 1974

Streit um Bayerns neuen Denkmal-Pfleger

lb. **München,** 21. März

Neue Differenzen zwischen CSU-Chef Franz Josef Strauß und Bayerns Ministerpräsident Alfons Goppel: In einer überraschend einberufenen Sitzung des Vorstandes der CSU-Landtagsfraktion wurden gestern Bedenken des CSU-Chefs gegen die vollzogene Ernennung des neuen Generalkonservators für Denkmalpflege, Dr. Michael Petzet (40), erörtert. Strauß soll verlangt haben, man solle Petzets Berufung aus Qualifikations-Gründen rückgängig machen, wenn dies juristisch noch möglich sei.

Kultusminister Professor Dr. Maier habe daraufhin angeblich angedeutet, daß dieses Vorgehen des CSU Vorsitzenden unter Umständen seinen oder auch den Rücktritt des Gesamtkabinetts zur Folge haben könnte.

Süddeutsche Zeitung, 21. März 1974

Neuer Streit zwischen dem CSU-Chef Strauß und der Staatsregierung

Kultusminister Maier droht mit Rücktritt

Heftige Auseinandersetzungen um die Ernennung Petzets zum Generalkonservator des Landesamtes für Denkmalpflege / Generalsekretär Tandler fordert Rücknahme der Entscheidung / Seidl soll vermitteln

Von unserem Redaktionsmitglied Michael Stiller

München, 20. März — Der Friede in der CSU war nicht von langer Dauer: Nach den schweren Auseinandersetzungen zwischen Parteichef Franz Josef Strauß und der bayerischen Staatsregierung unter Führung von Ministerpräsident Alfons Goppel Ende letzten Jahres im Zusammenhang mit der Neubesetzung des Präsidentenpostens in der Bayerischen Versicherungskammer ist es jetzt zu einer neuen Krise zwischen Parteiführung und Regierung gekommen. Nach dem „Fall Fritz" entzweit nun ein „Fall Petzet" die CSU-Spitze. Die Ernennung des Kunsthistorikers und Direktors der Münchner Städtischen Galerie, Michael Petzet, zum Generalkonservator des Landesamts für Denkmalpflege, die das Kabinett am Dienstag beschlossen hat, war Strauß Anlaß, Goppel und seine Mannschaft erneut zu rüffeln. Wie schon beim letzten Krach wurde die Strauß-Attacke mit einer Rücktrittsdrohung beantwortet: Bot Ende letzten Jahres Regierungschef Goppel im ersten Ärger seine Demission an, tat dies nun Kultusminister Professor Hans Maier, auf dessen Vorschlag Petzet bestellt worden war.

Die CSU-Abgeordneten, die am Mittwoch den Konferenzsaal des Maximilianeums während der Sitzung ihrer Fraktion kurz verlassen hatten und ihn gegen 15 Uhr wieder betreten wollten, sahen sich ausgesperrt. Sie durften nicht einmal mehr ihre Unterlagen aus dem Tagungsraum holen, denn zu dieser Zeit war die Sitzung bereits überraschend abgebrochen worden. Außer den Mitgliedern des Fraktionsvorstands und Kultusminister Maier waren alle Abgeordneten aus dem Saal komplimentiert worden. Vorstandsmitglied Max Fischer, zu einem Besucher herausgebeten, wimmelte diesen kurz und bündig ab, weil die Sitzung „sehr wichtig" sei.

Wichtige Sitzungen sind vor allem daran zu erkennen, daß die Gesprächspartner über den Gesprächsgegenstand „strenge Vertraulichkeit" vereinbaren. So besehen, war die Zusammenkunft der Fraktionsoberen sicherlich wichtig; denn als Ministerpräsident Goppel nach etwa einer Stunde den Saal verließ, lehnte er jeden Kommentar über den Verlauf der Sitzung ab.

Soviel war freilich zu erfahren: Der Haussegen, nach den letzten Auseinandersetzungen mühsam wieder zurechtgerückt, hängt bei der CSU schon wieder schief. Die Fronten der Kontrahenten verlaufen wie gewohnt. Auf der einen Seite steht Parteichef Strauß, auf der anderen die Regierung; die Fraktion hat wieder die Rolle des Schlichters zu übernehmen. Auch der Anlaß für den neuen Streit ist ähnlich wie beim letztenmal. Der Parteichef ist wieder erbost über eine Personalentscheidung des Kabinetts.

Erwin Schleich als Alternative

Am Dienstag hatte — wie gemeldet — der Ministerrat zwar nicht einstimmig, aber durch Mehrheitsbeschluß den Kunsthistoriker Michael Petzet zum neuen Generalkonservator des Landesamts für Denkmalpflege ernannt. Er soll den in den Ruhestand tretenden Professor Torsten Gebhard ablösen. Vorgeschlagen worden war Petzet von Kultusminister Maier, von dem bekannt ist, daß er sich Bewerber für höhere Ämter vor der Einstellung sorgfältig anschaut. Für Strauß scheint jedoch Maier nicht sorgfältig genug zu Werk gegangen zu sein; denn unmittelbar nach Bekanntwerden des Regierungsentscheides erhob der Parteichef heftigsten Protest. Warum er dies nicht schon früher getan hat, können sich manche Politiker in der CSU nicht recht erklären. Sie erinnern sich, daß dem Vorsitzenden die bevorstehende Ernennung Petzets schon länger bekannt war.

Dem Vernehmen nach wirft Strauß der Regierung vor, mit Petzet einen „Linken" berufen zu haben, obwohl es auch andere Bewerber gegeben hätte — so etwa den Münchner Architekten Regierungsbaumeister Erwin Schleich, den bestimmte CSU-Kreise lieber gesehen hätten. Außerdem sei die CSU-Landesleitung vor der Ernennung nicht gehört worden, was wiederum von anderen CSU-Politikern bestritten wird. Petzet habe schließlich am Zustandekommen der „Münchner Kunstzone" 1972 mitgewirkt, die den Protest konservativer Kreise hervorgerufen hatte.

Umstrittene Konservendose

CSU-Generalsekretär Tandler zeigte außerdem in der Sitzung am Mittwoch einen Ausstellungskatalog, in dem ein Kunstwerk, bestehend aus einer Konservendose und betitelt „Künstlerscheiße 1961", abgebildet ist. An dieser Ausstellung sei Petzet ebenfalls beteiligt gewesen, hieß es —, Grund für maßgebliche CSU-Leute, ihn für das Amt als Generalkonservator für unqualifiziert zu halten. Auch in diesem Fall — so die Gegenmeinung — hätte Strauß es besser wissen müssen, weil ihm seit Wochen bekannt gewesen sei, daß Petzet mit der „Münchner Kunstzone" nichts zu tun haben konnte: „Er war damals noch gar nicht Galeriedirektor der Stadt München, sondern bayerischer Staatsbeamter."

Jedenfalls rief Strauß — so war zu erfahren — nach der Kabinettsentscheidung für Petzet Ministerpräsident Goppel und Fraktionschef Seidl an, um seinem Ärger Luft zu machen. Offenbar hat er dabei auch verlangt, daß die Entscheidung des Kabinetts rückgängig gemacht werden sollte. Dieser Forderung wiederum soll sich jedoch Kultusminister Maier heftig widersetzt und angekündigt haben, eine Änderung des Regierungsbeschlusses wäre für ihn Anlaß, zurückzutreten. Von Maier ist bekannt, daß er Petzet für den fachlich am besten geeigneten Bewerber hält.

Nicht davon überzeugt ist jedoch CSU-Generalsekretär Tandler, des Parteivorsitzenden Kontaktmann in der Fraktion. „Ich halte die Entscheidung für falsch", assistierte er am Mittwoch nach der Sitzung seinem Chef und fügte hinzu: „Wenn es ginge, sollte sie rückgängig gemacht werden." Und der stellvertretende CSU-Fraktionsvorsitzende Albert Meyer gab zu bedenken, daß Petzet nicht der Mann sei, den die CSU vor ihren Wählern verantworten könne.

Mehr, als ihren Vorsitzenden Alfred Seidl zu beauftragen, im neuerlichen Streit zwischen Strauß und Goppels Kabinett zu vermitteln, konnte die CSU-Fraktionsspitze am Mittwoch nicht tun. In der Fraktion machte derweil ein Wort Maiers die Runde, der als entschiedener Gegner jeder Einmischung von außen in Regierungsangelegenheiten gilt. Der Kultusminister soll nämlich gesagt haben, er habe nicht jahrelang gegen das imperative Mandat der Linken gekämpft, um es nun im eigenen Haus praktizieren zu lassen.

Kultusminister Maier bleibt bei seiner Rücktrittsdrohung

Protest gegen Strauß-Aktion — Umstrittene Personalentscheidung

dw. München — Der bayerische Kultusminister Prof. Hans Maier will sich nach wie vor nicht einer Intervention des CSU-Vorsitzenden Strauß gegen eine Personalentscheidung des Kabinetts beugen. Maier will gegebenenfalls zurücktreten.

Nach der Berufung von Michael Petzet zum Generalkonservator des Landesamts für Denkmalpflege durch die Bayerische Staatsregierung am vergangenen Dienstag ist es zu harten Auseinandersetzungen zwischen der CSU-Landesleitung einerseits und dem Goppel-Kabinett und

Kultusminister Maier

Kultusminister Maier andererseits gekommen. Maier läßt die Einwände der CSU-Landesleitung gegen den derzeitigen Direktor der Münchner Städtischen Galerie, er sei ein „Linker" und für eine „anstößige" Ausstellung verantwortlich, nicht gelten. Petzet wird von Maier als ein Mann „erster Klasse" eingeschätzt.

Strauß und andere CSU-Politiker lasten Petzet demgegenüber dem Vernehmen nach vor allem seine Rolle bei einer Manzoni-Ausstellung im Herbst 1973 in der Städtischen Galerie München an. Strauß soll im Verlauf der Auseinandersetzungen Ministerpräsident Goppel für den Fall, daß weiterhin derartige Personalentscheidungen gefällt werden, über den Leiter der Staatskanzlei mitgeteilt haben, er werde notfalls seine Wahlkampfunterstützung einstellen und weiterhin den Ablauf der Regierungsgeschäfte in Bayern öffentlich kritisieren. Am kommenden Montag soll ein Vermittlungsgespräch zwischen Goppel und Strauß stattfinden.

Inzwischen hat der CSU-Fraktionsvorsitzende im Landtag, Seidl, im Streit um den Generalkonservator zu vermitteln versucht. Nach seinen Darstellungen geht es bei der Auseinandersetzung nicht darum, ob Petzet „ein Linker" sei, sondern vielmehr darum, ob jemand, der für den umstrittenen Katalog der Sonderausstellung von Manzoni verantwortlich gezeichnet hat, Leiter einer so wichtigen staatlichen Behörde sein könne. Der Katalog war am Donnerstag, nachdem der Eklat in der Öffentlichkeit bekannt geworden war, nicht mehr zu haben. Interessenten wurden von der Leitung der Städtischen Galerie mit der Erklärung abgewiesen, das letzte Exemplar sei bereits verkauft.

Strauß: Sache des Kabinetts

Der CSU-Vorsitzende Strauß erklärte am Donnerstagnachmittag zu dem Streit um Petzet: „Es liegt in der alleinigen Zuständigkeit der Bayerischen Staatsregierung, hier zu entscheiden." An ihn seien seit geraumer Zeit viele schwerwiegende Bedenken gegen den Plan Maiers herangetragen worden, Petzet für dieses Amt vorzusehen. „Ich selbst hätte nie geglaubt, daß dieser Vorschlag kommen könnte."

Strauß betonte nach Mitteilung der CSU-Landesleitung, er selbst habe diese Bedenken mehreren Kabinettsmitgliedern mitgeteilt. Strauß nannte Maier „den besten in der Runde aller Kultusminister". Das schließe jedoch nicht aus, daß auch von ihm einmal ein Vorschlag komme, „der nicht dem Maßstab entspricht, den man in solchen Fällen anlegen sollte".

Die bayerische SPD meinte zu den Vorgängen, Strauß handle „verfassungswidrig, wenn er wichtige Staatsämter nur CSU-Parteimitgliedern vorbehalten will". Der SPD-Fraktionsvorsitzende nannte das Verhalten des CSU-Vorsitzenden zur Berufung von Petzet „äußerst bedenklich".

An Ministerpräsident Goppel appellierte Gabert am Donnerstag, die Intervention von Strauß energisch zurückzuweisen. Strauß spiele sich immer mehr als eine Art „Überministerpräsident" auf. „Seine Anmaßung wird von Tag zu Tag unerträglicher." Nach dem wiederholten Versuch von Strauß, für das bayerische Kabinett personelle Entscheidungen zu treffen, müsse jetzt klargestellt werden, wer denn eigentlich Ministerpräsident des Landes sei.

„Wieder einmal wird der Öffentlichkeit drastisch vor Augen geführt, wie sehr die CSU ihre Macht mißbraucht und inwieweit die Verquickung von Partei- und Regierungsinteressen in Bayern gediehen ist." Mit dieser Erklärung nahm die FDP-Landtagsfraktion am Donnerstag zu dem Streit innerhalb der CSU Stellung.

Keine anderen Sorgen?

p. p. — Es ist wohl übertrieben, im Zusammenhang mit dem Fall Petzet von „brutaler CSU-Machtpolitik" zu sprechen, wie es die Münchner SPD tut. Andererseits erweckt der CSU-Vorsitzende den Eindruck, er sei von allen guten Geistern verlassen, wenn er wegen der Ernennung eines ihm nicht genehmen Kunsthistorikers zum Generalkonservator einen Streit mit der Bayerischen Staatsregierung vom Zaun bricht. Hat Franz Josef Strauß derzeit wirklich keine anderen Sorgen?

Bei allem Respekt vor seinen intellektuellen Fähigkeiten — die Qualifikationen Petzets kann Kultusminister Maier besser beurteilen als Strauß. Und wenn es um das Landesamt für Denkmalpflege geht, dann kann die politische Gesinnung eines Kandidaten wohl kaum das entscheidende Kriterium sein. Auch ist es ziemlich abwegig vom CSU-Generalsekretär, das umstrittene Manzoni-Objekt als Argument in die Debatte zu werfen. Hans Maier hat Petzet sicher nicht für den Posten vorgeschlagen, weil er etwa erwartet, daß dieser Exkremente als Kunst anbieten werde. Im Gegenteil. Der geistig-politische Habitus des Kultusministers schließt eigentlich völlig aus, daß er einen Mann empfiehlt, dessen Kunstauffassung sich darin erschöpft, das bürgerliche Publikum zu schockieren und zu verhöhnen.

Deshalb liegt der Verdacht nahe, daß es heute keinen Streit um Petzet gäbe, wenn der Plan des CSU-Vorsitzenden, den Präsidentenposten der Bayerischen Versicherungskammer mit seinem Kandidaten zu besetzen, nicht gescheitert wäre. Aber selbst, wenn man Strauß zugute hält, daß einige Mitglieder des bayerischen Kabinetts ihm gelegentlich in den Rücken fallen und damit seine Intervention herausfordern, erlauben es weder die Sache noch der Zeitpunkt, ein Exempel zu statuieren. Maiers Rücktritt würde wohl auch Strauß nicht ganz ungerupft überstehen.

Münchner Merkur
22. März 1974

Nach dem jüngsten Personalstreit mit CSU-Chef Strauß:

Kabinett Goppel in der Krise

Kultusminister Maier hält an seiner Rücktrittsdrohung im Fall Petzet fest
Ministerpräsident schließt Demission der gesamten Regierung nicht aus / Ein wütender Strauß-Anruf aus Berlin

Von unserem Redaktionsmitglied Michael Stiller

München, 21. März — Die bayerische CSU-Regierung unter Führung von Ministerpräsident Alfons Goppel befindet sich in einer schweren Krise. An der Ernennung des Münchner Kunsthistorikers Michael Petzet zum Generalkonservator des Landesamts für Denkmalpflege, die das Kabinett am Dienstag beschlossen hat, entzündete sich — wie in einem Teil unserer Donnerstagausgabe bereits berichtet — die bisher schärfste Auseinandersetzung zwischen dem CSU-Parteivorsitzenden Franz Josef Strauß und Regierungsmitgliedern, an der Spitze Ministerpräsident Goppel. Strauß, erzürnt über die Entscheidung zugunsten von Petzet, verlangt nach wie vor, daß dessen Berufung rückgängig gemacht werde. Kultusminister Professor Hans Maier, der Petzet vorgeschlagen hat, blieb auch gestern bei seiner Ankündigung, er werde zurücktreten, wenn diese Entscheidung aufgehoben werden sollte. Sicherem Vernehmen nach hat Ministerpräsident Goppel zu erkennen gegeben, ein Rücktritt Maiers müßte die Demissionierung des gesamten Kabinetts zur Folge haben.

Die Fronten in dem schweren Konflikt waren auch am Donnerstag unvermindert hart. Weder Parteichef Strauß noch Kultusminister Maier rückten von ihren Positionen ab: Strauß will Petzet unter keinen Umständen als Chef im Landesamt für Denkmalpflege sehen und Maier will gehen, wenn die Entscheidung für Petzet rückgängig gemacht werden sollte.

Unmittelbar, nachdem sich am Mittwochnachmittag der Fraktionsvorstand der CSU im Landtag über den neuesten Zwist in der Parteispitze hatte informieren lassen, nahm Fraktionschef Alfred Seidl, zum Schlichter ernannt, Kontakte mit den Kontrahenten auf. Einen ersten Erfolg konnte er bereits verbuchen: Anfang nächster Woche wollen sich Parteichef Strauß, Regierungschef Goppel, Kultusminister Maier und Seidl treffen, um die Angelegenheit zu erörtern. Dabei werde es — so erklärte Seidl — ausschließlich darum gehen, ob Petzet die Qualifikation als Leiter einer staatlichen Behörde habe.

Davon ist nicht nur Kultusminister Maier überzeugt, sondern auch zahlreiche Kunstexperten und die Chefs fast aller bayerischen Museumsverwaltungen dieser Meinung. Ihr hat sich auch die Mehrheit des Kabinetts Goppel angeschlossen, denn bei der Abstimmung am Dienstag votierten dem Vernehmen nach nur Umweltminister Streibl, zwei Staatssekretäre Dick und Sozialminister Pirkl gegen die Ernennung Petzets, während sich sieben Regierungsmitglieder für ihn aussprachen.

Da bei der Entscheidung vom Dienstag offenbar fast die Hälfte der Kabinettsmitglieder nicht mitwirkte, ist ungewiß, wie eine mögliche neue Abstimmung im Kabinett unter dem Eindruck der massiven Drohungen von Parteichef Strauß ausgehen würde. Sollte über die Berufung, was Strauß mit Nachdruck fordert, im Kabinett nochmals verhandelt und abgestimmt werden, könnte von diesem Votum das weitere politische Schicksal von Maier und möglicherweise auch von Regierungschef Goppel abhängen. Was Strauß, der formal gesehen auf Entscheidungen der Regierung keinen Einfluß nehmen dürfte, an Petzet so stört, ist weiter unklar. CSU-Politiker fragten sich gestern, ob die politisch vergleichsweise unbedeutende Personalentscheidung tatsächlich Stoff für eine Regierungskrise bilden müsse. Die Intervention von Strauß in diesem Fall ist allerdings nur das letzte Glied einer Kette von Versuchen, auf Entscheidungen der Regierung Goppel Einfluß zu nehmen. Zuletzt geriet sich die CSU-Spitze wegen der Neubesetzung des Chefstuhls in der Bayerischen Versicherungskammer im Dezember in die Haare, als der von Strauß favorisierte Bewerber Wilhelm Fritz nicht zum Zug kam.

Offiziell wird gegen Petzet nur noch ein einziger Vorwurf ins Feld geführt: Er hat als Direktor der Städtischen Galerie am Lenbachplatz in München eine Ausstellung „Objekte — Bilder" des Künstlers Piero Manzoni veranstaltet und ein Vorwort zum Ausstellungskatalog geschrieben. In diesem Katalog ist ein provokatives Werk Manzonis abgebildet, bestehend aus einer Konservendose und betitelt „Künstlerscheiße 1961"; von diesem Kunstwerk hat Manzoni 90 Exemplare mit je 30 Gramm Inhalt abgesetzt. Preis pro Gramm war der Tagespreis für das Gramm Gold. Manzonis Provokation scheint gelungen zu sein, denn Strauß und seine Gefolgsleute in der Partei vertreten die Ansicht, wer solch anrüchige Konserven abbilde, könne nicht bayerischer Generalkonservator werden.

Andere CSU-Bedenken gegen Petzet sind bereits seit Februar widerlegt, wurden aber gleichwohl noch am Mittwoch von Strauß-Getreuen verbreitet. So sei ihnen suspekt, daß Petzet SPD-Mitglied und überdies ein „Linker" sei und auch seinen Anteil an der umstrittenen Münchner Kunstzone 1972 gehabt habe. Beides trifft nicht zu, und Strauß weiß dies spätestens seit Ende Februar, weil Kultusminister Maier ihn in einem persönlichen Brief aufgeklärt und die offenbar lancierten Nachrichten über Petzet dementiert hatte. In dem Brief vermutete Maier, die Meldungen seien offenbar von enttäuschten Konkurrenten ausgestreut worden, und schrieb in bezug auf die Informanten, daß Fälschungen dieser Art ihre Urheber kennzeichneten. Von diesem Zeitpunkt an wußte Strauß übrigens auch, daß Maier im Fall Petzet nicht mit sich spaßen lassen würde. Der Kultusminister warnte „dringend" vor einer Intervention der Landesleitung gegen Petzet, weil sonst jahrelange Bemühungen um eine Verbesserung des Klimas in

Michael Petzet

den Bereichen Kunst und Wissenschaft gefährdet werden könnten.

Strauß reagierte auf diesen Brief nicht. Deshalb wird der Vorwurf, die Landesleitung sei bei der Berufung Petzets nicht gehört worden, in CSU-Kreisen nur insofern als richtig bezeichnet, als aus der Parteiführung nichts dazu zu hören war. Bekanntsein mußte die bevorstehende Ernennung dem Parteichef spätestens nach Eintreffen des Maier-Briefs.

Das Donnerwetter setzte offenbar erst ein, als die Entscheidung des Kabinetts gefallen war. Die Kunde von Petzets Ernennung erreichte Strauß in Berlin, von wo aus er einen wütenden Anruf nach München losließ. Anscheinend hatte sich der Parteiführer damit abgefunden, Maier den Vorschlag, Petzet zu ernennen, nicht ausreden zu können, aber darauf gebaut, daß der Kultusminister im Kabinett keine Mehrheit finden würde. Dort fanden sich aber nur drei Regierungsmitglieder bereit, gegen Maiers Vorschlag zu stimmen. Ob die Abstimmung im Sinn von Strauß ausgegangen wäre, hätten alle 18 statt der zehn Regierungsmitglieder daran teilgenommen, ist ungewiß.

Mit der Kabinettsentscheidung war der Krach jedenfalls programmiert. Strauß verlangte noch von Berlin aus die Rücknahme der Entscheidung, Maier hielt mit einer Rücktrittsdrohung dagegen und Regierungschef Goppel, von der neuesten Strauß-Attacke menschlich tief getroffen, dachte selbst an Demission. Reichlich verstört trat am Mittwochnachmittag der CSU-Fraktionsvorstand zusammen, ließ sich von Maier und Goppel informieren und sah sich dann nicht in der Lage, über eine von einem Vorstandsmitglied geforderte Loyalitätserklärung ▷

Süddeutsche Zeitung
22. März 1974

ZUSAMMENGESTOSSEN sind Kultusminister Hans Maier (links) und sein Parteichef Franz Josef Strauß wegen der Berufung von Michael Petzet zum Generalkonservator des Landesamtes für Denkmalpflege durch die Staatsregierung. Maier hat seinen Rücktritt angedroht, wenn der Forderung von Strauß nachgegeben würde, die Berufung von Petzet müsse rückgängig gemacht werden. Das freundliche Prost, das sich der Minister und der Parteivorsitzende auf dem CSU-Parteitag im September in München entboten, wo unser Bild aufgenommen wurde, scheint vergessen: Man redet Fraktur miteinander.   Photo: SZ-Archiv

Strauß: Maier ist der Beste

Stellungnahme des CSU-Vorsitzenden und der Oppositionsparteien

MÜNCHEN (SZ) — Der CSU-Vorsitzende Strauß ließ am Donnerstag „im Zusammenhang mit Presseberichten und Spekulationen" über die CSU-Landesleitung eine Erklärung verbreiten, in der er feststellte, daß er „keinen eigenen Vorschlag" für das Amt des Generalkonservators habe. „Hier zu entscheiden, liegt in der alleinigen Zuständigkeit der bayerischen Regierung." An ihn, Strauß, seien „schwerwiegende Bedenken" gegen den Plan des Kultusministers herangetragen worden, Petzet für dieses Amt vorzusehen; er selbst habe „nie geglaubt", daß dieser Vorschlag kommen könnte. „Ich selbst habe diese Bedenken mehreren Kabinettsmitgliedern und dem Leiter der Staatskanzlei übermittelt. Mir wurde mitgeteilt, daß die Amtszeit von Herrn Gebhard bis Juni verlängert worden sei, so daß man in Ruhe die Nachfolge überdenken könne." Bei der letzten Kabinettssitzung sei der Vorschlag Petzet dann außerhalb der eigentlichen Tagesordnung behandelt worden.

Strauß betonte, er halte Kultusminister Maier für den besten in der Runde aller Kultusminister. „Das schließt jedoch nicht aus, daß auch von ihm einmal ein Vorschlag kommt, der nicht dem Maßstab entspricht, den man in solchen Fällen anlegen sollte."

SPD: Überministerpräsident Strauß

Die SPD erklärte, Strauß handle „verfassungswidrig, wenn er wichtige Staatsämter nur CSU-Parteimitgliedern vorbehalten will". Der Vorsitzende der SPD-Landtagsfraktion, Gabert, nannte das Verhalten des CSU-Vorsitzenden „äußerst bedenklich". An Ministerpräsident Goppel appellierte Gabert, die Intervention von Strauß energisch zurückzuweisen. Strauß spiele sich immer mehr als eine Art „Überministerpräsident" auf. „Seine Anmaßung wird von Tag zu Tag unerträglicher." Nach dem wiederholten Versuch, für das bayerische Kabinett personelle Entscheidungen zu treffen, müsse jetzt klargestellt werden, wer Ministerpräsident sei.

FDP: CSU zerstrittener als SPD

Die Vorsitzende der FDP-Fraktion im bayerischen Landtag, Hildegard Hamm-Brücher, erklärte am Donnerstag zu den Vorgängen in der CSU, der Öffentlichkeit werde wieder einmal „drastisch vor Augen geführt, wie sehr die CSU ihre Macht mißbraucht und wie weit die Verquickung von Partei- und Regierungsinteressen in Bayern gediehen ist". Dies werde besonders daran deutlich, daß Franz Josef Strauß offenbar darauf bestehe, vor Personalentscheidungen gehört zu werden und für sich ein Einspruchsrecht in Anspruch nehme. „Der Vorfall ist außerdem ein neuerlicher Beweis für den Autoritätsverlust des Ministerpräsidenten Goppel und offenbart den parteiinternen Machtkampf um alle wichtigen politischen Entscheidungen in Bayern. Die CSU ist in sich stärker zerstritten als die SPD", stellt Frau Hamm-Brücher fest.

für die Regierung abzustimmen. Man wollte — so war zu hören — „die Vermittlung nicht unnötig erschweren". Fraktionschef Seidl, von dem bekannt ist, daß er die Strauß-Bedenken gegen Petzet teilt, wurde lediglich beauftragt,, in den Konflikt vermittelnd einzugreifen.

Unterdessen setzte ein Run auf den Manzoni-Katalog ein, an dem Strauß und seine Anhänger so großes Mißfallen gefunden hatten. Gestern mittag war die Auflage restlos vergriffen; das letzte Exemplar hatte die CSU-Landtagsfraktion per Taxi abholen lassen. (Siehe auch Kommentar auf Seite 4).

tz (Tageszeitung), München, 22. März 1974

Riesenkrach zwischen Strauß und Minister

Maier drohte mit Rücktritt / CSU-Chef gab nach

Von LUDWIG M. TRÄNKNER   tz **München**

In letzter Sekunde konnte der große Krach in der CSU abgebogen werden. Nachdem Parteichef Franz Josef Strauß und Generalsekretär Gerold Tandler ursprünglich verlangt hatten, daß die Ernennung des neuen Generalkonservators Dr. Michael Petzet vom Kabinett zurückgenommen werden sollte, hatte Kultusminister Professor Dr. Hans Maier mit seinem Rücktritt gedroht. Gestern lenkte Strauß dann ein.

Dr. Michael Petzet

Dr. Erwin Schleich

Schon seit Monaten gab es hinter den Kulissen ein Tauziehen um den Posten des Generalkonservators beim Landesamt für Denkmalspflege. Im Gespräch waren neben dem Leiter der Münchner Städtischen Galerie Dr. Michael Petzet auch der Architekt Dr. Erwin Schleich, Ministerialrat Dr. Wolfgang Eberle vom Kultusministerium und Dr. Lenz Kriss-Rettenbeck, der heute seine Arbeit als Direktor des Nationalmuseums beginnt.

Im Kultusministerium entschied sich Ministerialdirigent Professor Dr. Dr. Walter Keim als Leiter der zuständigen Abteilung für den 40jährigen Petzet. Maier stimmte diesem Vorschlag zu und brachte ihn nach der Zustimmung durch den Landespersonalausschuß dann auch im Kabinett ein.

Als das Kabinett am Dienstag die Ernennung Petzets ausgesprochen hatte, brach bei der Fraktions-Vorstandssitzung am Mittwoch im Landtag der offene Streit aus. Generalsekretär Gerold Tandler wies den Kultusminister darauf hin, daß Strauß schon vor sechs Wochen seine Bedenken gegen Petzet angemeldet habe und die Zurücknahme der Ernennung zu prüfen sei. Daraufhin entgegnete der Kultusminister: „Wenn dieser Fall eintritt, würde ich von meinem Amt zurücktreten."

Bedenken gegen Petzet waren offensichtlich auch wegen einer Piero-Manzoni-Ausstellung im Herbst 73 in der Städtischen Galerie aufgetaucht. Petzet wurde vorgeworfen, daß laut Katalog damals auch ein Objekt mit dem Titel „Künstlerscheiße 61" zu sehen war. Inzwischen hat sich herausgestellt, daß dieses Objekt in München gar nicht ausgestellt war.

Doch jetzt will Franz Josef Strauß offensichtlich nachgeben, um einen weiteren, großen Krach wie beim „Fall Fritz", als es um den Präsidenten der Bayerischen Versicherungskammer ging, zu vermeiden.

Bei einem Gespräch erklärte der CSU-Chef gestern: „Ich bin von vielen Persönlichkeiten — auch solchen außerhalb unserer Partei — gebeten worden, Bedenken, die ich nicht öffentlich erörtern will, zur Geltung zu bringen. Ich selbst habe keinen Kandidaten unterstützt. Dies alles geschah schon vor vielen Wochen. Für mich ist die Ernennung des Leiters des Amtes für Denkmalspflege kein Stück Weltpolitik. Ich schätze Professor Maier außerordentlich, er ist ein hervorragender Fachmann. Aber das schützt ihn auch nicht davor, manchmal einem falschen Ratschlag in Personalfragen zu folgen."

Meine Meinung

Das hat es schon lange nicht mehr gegeben: Ein bayerischer Minister droht mit Rücktritt, weil er mehr an seiner Überzeugung als an seinem Sessel hängt. Es ist Kultusminister Hans Maier, der zuletzt durch seine gescheite Rede in der Radikalendebatte vor dem Bundestag nicht nur bei Freund, sondern auch beim gutwilligen „Feind" Beachtung fand.

Streitfall ist diesmal die Berufung des Chefs an das Bayerische Landesamt für Denkmalpflege. Irgendjemand — ein ganz besonderer Schlauberger — hat dem CSU-Boß Franz Josef Strauß eingepuckt, daß der auf Vorschlag von Maier und mit Kabinettsmehrheit erwählte Galeriedirektor Petzet ein arger Linker sei, ein Kumpan systemzerstörender Fäkalkünstler. Geprüft hat den Vorwurf, wie's der Brauch ist, natürlich keiner.

Ganz abgesehen davon, ob der Alternativkandidat Schleich, den sogar maßgebliche SPD-Leute bevorzugen, wirklich besser wäre — hier geht es ums Prinzip und Hochachtung, wenn er sagt, man könne nicht gegen das imperative Mandat bei den Linken kämpfen und sich selber wider besseres Wissen dem Parteidiktat beugen.

Und Franz Josef Strauß sollte sich vor falschen Einflüsterern hüten. Oder will er etwa deshalb ständig Streit im eigenen Haus, damit der Unterschied zur heillos zerstrittenen SPD nicht allzu groß wird? Oder damit im Wahljahr die CSU endlich auch ins Gerede kommt?   Karl Wanninger

Streitobjekt Künstlerscheiße

Dies ist der „Stein des Anstoßes": eine fünf Zentimeter hohe Dose, die in drei Sprachen beschriftet war. In italienisch, englisch und deutsch hatte Piero Manzoni aufdrucken lassen: „Künstlerscheiße;

Streithansl Strauß : Maier

Inhalt 30 Gramm; Dosenprodukt Mai 1961." Dr. Petzet war vorgeworfen worden, daß die Dose bei der Piero-Manzoni-Ausstellung im Herbst 73 in der Städtischen Galerie zu sehen war. Inzwischen hat sich herausgestellt, daß dieses Objekt in München gar nicht ausgestellt war.

Franz Josef Strauß

Dr. Hans Maier

Nürnberger Nachrichten, 22. März 1974

Stein des Anstoßes
Zum CSU-Streit um Michael Petzet

Das Döschen war fest verschlossen, garantiert geruchsfrei, und was wirklich darin war, entzieht sich der Nachprüfung. Aber die Aufschrift lautete: „Künstlerscheiße, Inhalt netto 30 Gramm, natürlich erhalten, Dosenprodukt Mai 1961."

Zusammen mit anderen Arbeiten des 1963 im Alter von 30 Jahren verstorbenen italienischen Konzeptkünstlers Piero Manzoni war dieses Objekt 1973 im Katalog einer Ausstellung der Münchner Städtischen Galerie verzeichnet, als einer jener die traditionelle Kunst sprengenden und in Frage stellenden Akte, die — wie auch die mit „Künstleratem" gefüllten Plastikbeutel, der farbige Daumenabdruck auf einem hartgekochten Ei, die durch Echtheitszertifikat beglaubigte Künstlersignatur auf dem Leib von Freunden — die unmittelbare Körperlichkeit selber und ihre Spuren zum Kunstwerk zu erklären versuchten. Gezeigt wurde das Objekt nicht.

Nun ist das harmlose Döschen, längst ein kunsthistorisches Dokument wie Duchamps als Fontäne ausgegebenes Urinoir, zum Stein des Anstoßes geworden: es liefert das anrüchige Hauptargument der CSU-Fronde gegen die vom bayerischen Ministerrat beschlossene Berufung von Dr. Michael Petzet, dem bisherigen Leiter der Städtischen Galerie, an die Spitze des Münchner Landesamtes für Denkmalspflege. Man mag über die künstlerischen Grenzüberschreitungen Manzonis und den Kunstwert seiner Kunst und Realitätsbefragung denken wie man will. Als Offenbarung oder Verirrung betrachtet, ob mit skeptischem Kopfschütteln zur Kenntnis genommen — sie markieren ein wichtiges und frühes Datum in der Geschichte der neuesten Kunst oder nicht Kunst, von dem aus vielfältige Linien zur Gegenwart verlaufen.

Über solche längst in ihrem historischen Stellenwert erkennbaren Entwicklungen zu informieren, dürfte unbestritten zu den Aufgaben eines städtischen Kunstinstituts gehören, und es ist gerade das Verdienst von Petzets Gespür für bisher in München vernachlässigte Aufgaben der Kunstinformation und seines Geschicks als Ausstellungsorganisator, daß aus der in Lähmung versackten Städtischen Galerie in den knappen zwei Jahren seiner Amtszeit ein von blühendem Leben erfülltes Kunstinstitut wurde. Ihm aus der Tatsache einen Strick drehen zu wollen, daß sich in den Ausstellungen gelegentlich auch einmal ein Objekt fand — wenn auch nur im Katalog —, das von besonders empfindlichen Geschmacksnerven als anstößig empfunden werden könnte, ist mehr als absurd.

Falls irgendetwas gegen Petzets Berufung spricht, dann allenfalls die Tatsache, daß er in der Städtischen Galerie kaum zu ersetzen ist.   HANS KRIEGER

Diesmal kommt Strauß mit einer Dose

Neuer Streit um Personalentscheidung der Staatsregierung — Maier will auf jeden Fall an der Berufung Petzets festhalten

Von Diether Wintz und Ewald Hundrup

Macht Kultusminister Prof. Hans Maier seine Rücktrittsdrohung tatsächlich wahr? Oder kommt es gar zum Rücktritt des gesamten bayerischen Kabinetts — aus Solidarität mit dem von der CSU-Landesleitung so hart kritisierten Kultusminister? Diese Fragen standen am Donnerstag im Mittelpunkt des landespolitischen Interesses in München.

Wie war es zu dieser überraschenden Entwicklung gekommen? Am vergangenen Dienstag hatte sich das bayerische Kabinett auf Vorschlag von Kultusminister Maier dafür entschieden, den 40 Jahre alten Direktor der Münchner Städtischen Galerie, Dr. Michael Petzet, zum Generalkonservator des Landesamtes für Denkmalpflege zu machen. Das Votum für Petzet im Kabinett war eindeutig; es gab nur einige wenige Gegenstimmen, die von jenen Ministerratsmitgliedern stammten, die offensichtlich die von CSU-Landesvorsitzendem Franz Josef Strauß gegen Petzet geltend gemachten Bedenken teilten.

Die CSU-Landesleitung hatte nämlich bereits vor mehreren Wochen bei den regelmäßig stattfindenden Vorbesprechungen zwischen Staatskanzlei, CSU-Landesleitung und CSU-Landtagsfraktion die Ansicht vertreten, Petzet sei ein ausgesprochener „Linker" und außerdem für einige „anstößige" Ausstellungen in München verantwortlich. Als Kultusminister Maier seinerzeit um Beweise bat, mußte der Vertreter der Landesleitung passen.

Gleichzeitig billigte man damals dem Parteivertreter zu, mit der beabsichtigten Ernennung von Petzet noch drei Wochen zuzuwarten, um „eventuelles Beweismaterial" herbeischaffen zu können. Doch Staatskanzlei und CSU-Landtagsfraktion warteten umsonst. Am vergangenen Montag saßen Strauß und Ministerpräsident Goppel bei einer CSU-Landesvorstandssitzung zusammen, ohne daß das Thema Petzet erörtert wurde.

Als dann am Dienstag die Drei-Wochen-Frist abgelaufen war, schien für Goppels Kabinett in Sachen Petzet endgültig „grünes Licht" zu sein. Als kurze Zeit später die CSU-Landesleitung von diesem Petzet-Beschluß erfuhr, war, so betonen Beobachter, in der Lazarettstraße — ähnlich wie im Fall Fritz vor drei Monaten — „der Teufel los".

Bei einer eilends einberufenen Sondersitzung am Mittwochnachmittag der CSU-Landtagsfraktion forderte Strauß, Generalsekretär Gerold Tandler der Fraktionsspitze und den ebenfalls anwesenden Ministerpräsidenten auf, die Petzet-Entscheidung rückgängig zu machen. Das wirkt auch durchaus plausibel, denn schließlich war Petzet bis 1970 Konservator der Staatlichen Bayerischen Schlösserverwaltung und damit auch zuständig für die oberbayerischen Königsschlösser.

Wie der inkriminierte Ausstellungs-Katalog in die Hände der CSU-Landesleitung gekommen ist, ist zur Stunde noch unklar. Gerüchte, wonach Petzets Mitbewerber für das Amt des Denkmalpflege-Chefs, der Münchner Architekt Erwin Schleich, über seinen Mißerfolg sehr verärgert gewesen sein soll, konnten bis Redaktionsschluß dieser Ausgabe weder bestätigt noch dementiert werden. Schleich war bereits vor einigen Jahren, als es um die Besetzung des Stuhls des Münchner Stadtbaurats ging, unterlegen.

Um jedoch nicht weiteres Öl ins Feuer zu gießen, sah der Fraktionsvorstand davon ab, eine offizielle Loyalitätserklärung gegenüber dem Kabinett Goppel im allgemeinen und Kultusminister Maier — im be-

das nunmehr Bayerns Kultusminister oder gar das gesamte bayerische Kabinett zu stolpern droht.

Dr. Michael Petzet („Ich möchte im Grunde gar keine Stellungnahme dazu abgeben") findet es besonders eigentümlich, daß ihm angekreidet wird, die „kleine Dose" mit dem Titel „Künstlerscheiße 1961" gezeigt zu haben. „Für jeden nachprüfbar" stehe nämlich fest, daß zwar eine Abbildung der berüchtigten Dose in der Ausstellungs-Dokumentation (für die er nicht verantwortlich gewesen sei) zu finden gewesen sei, die Ausstellung selbst jedoch die Dose überhaupt nicht gezeigt habe...

Weshalb er das ominöse „Haferl" nicht in die Ausstellung genommen habe, könne er, Petzet, heute gar nicht mehr genau sagen. Wahrscheinlich wohl deshalb, weil ihm das nicht als besonders wichtig erschienen sei... Bei der Manzoni-Ausstellung handelt es sich übrigens um eine Wanderausstellung, die auch in Amerika zu sehen war. In Tübingen war die Ausstellung ebenfalls über die Bühne gelaufen, und zwar mit dem „berüchtigten Doserl".

Als „Linker" sieht sich Petzet schon gar nicht. Er sei zum einen parteilos. Wenn man ihn aber schon irgendwo einordnen wolle, so müsse man ihn schon eher in die Rubrik „Königlich-Bayerisch" einordnen.

Das Objekt des Anstoßes, eine verschlossene und beschriftete Blechdose, so klein wie eine Ein-Mann-Portion Ragout fin, war im Katalog abgebildet neben etlichen anderen Objekten. Sie ist signiert „produced by Piero Manzoni", und auf dem Schriftband steht unmißverständlich „Künstlerscheiße/Dosenprodukt Mai 1961". Ein Stück unter insgesamt sechzig Bildern und Objekten in der Retrospektive auf den italienischen Adelssproß und Künstler Piero Manzoni (1933 bis 1963), welche Galeriedirektor Michael Petzet und seine Mitarbeiter im Oktober 1973 für die Münchner Städtische Galerie aus dem Mailänder Nachlaßbesitz zusammengestellt hatten.

Manzonis Objekte sind ironische wie skeptische Hinweise darauf, daß in einer Zeit, wo der Einfallsbereich des Künstlers grenzenlos ist, die Sache Kunst so zu sehen wäre auch besagte Blechdose zu definieren entzieht. In diesem Kontext wäre auch besagte Blechdose zu sehen, weiß, über deren Inhalt niemand Genaueres weiß. *J. Seidenfaden.*

Münchner Merkur
22. März 1974

Bericht aus MÜNCHEN

Eine kleine Konservendose mit einer provozierenden Inschrift, abgebildet im Katalog einer Münchner Kunstausstellung, ist drauf und dran, zu einem großen Kabinettskrach in Bayern zu führen. CSU-Chef Franz Josef Strauß warf dem bayerischen Kultusminister Hans Maier nach Begutachtung dieser Dose vor, Maier und das gesamte Kabinett Goppel hätten in dem derzeitigen Chef der Münchner Lenbach-Galerie, Michael Petzet (40), den falschen Mann an die Spitze des bayerischen Landesamtes für Denkmalpflege berufen.

Petzet war als Galeriechef für eine Ausstellung mit Objekten des italienischen Künstlers Piero Manzoni verantwortlich, der die Dose, die nicht im Original, sondern nur im Katalog erschien, mit dem wenig originellen Titel „Künstlerscheiße 1961" versehen hatte.

Der Krach war am späten Mittwochnachmittag im CSU-Fraktionsvorstand ausgebrochen. Dort berichtete Ministerpräsident Goppel indigniert darüber, Strauß habe nicht ihn, sondern seinen Kanzleichef Rainer Keßler erbost angerufen und Vorwürfe gegen die am Dienstag vom Kabinett eingesegnete Berufung Petzets zum Generalkonservator von Bayern erhoben. Strauß habe gefordert, diese von Kultusminister Maier vorgeschlagene Berufung sofort rückgängig zu machen. Daraufhin bot Maier seinen Ministersessel an und drohte mit Rücktritt. Als der Statthalter von Strauß im Fraktionsvorstand, CSU-Generalsekretär Tandler, die Vorwürfe des Parteichefs wiederholte, verließ Maier mit hochrotem Kopf den Konferenzsaal.

Strauß warf Petzet vor allem vor, ein „Linker" zu sein, was Maier jedoch mit der Feststellung zurückwies, der zukünftige Generalkonservator habe versichert, er sei „nie Mitglied der SPD gewesen". Der zweite Vorwurf von Strauß, Petzet sei für die umstrittene Münchner „Kunstzone" im Herbst 1971 verantwortlich gewesen, bei der Aktionisten öffentlich ihre Notdurft verrichteten, erwies sich ebenfalls als nicht zutreffend: Petzet war zu dieser Zeit noch gar nicht im Amt. Maier verwies darauf, daß Petzet als unumstrittener Fachmann gelte.

Erst nach der Sitzung des Fraktionsvorstands rückte dann CSU-Generalsekretär Tandler am Mittwochabend gegenüber Journalisten mit seinem angeblichen „Beweismaterial" gegen Petzet heraus: ein Katalog zu einer Piero-Manzoni-Ausstellung mit dem Titel „Objekte — Bilder" in der Städtischen Galerie im Herbst 1973.

Unter den im Katalog gezeigten Stücken war auch ein als „Künstlerscheiße 1961" bezeichnetes Objekt zu sehen, über sonderen abzugeben. Erst nach dieser stürmischen Fraktionsvorstandssitzung rückte dann CSU-Landesvorsitzende gestern nicht zu erreichen, jedoch sein Referent versicherte, daß Strauß „aus mehreren Gründen schwerste Bedenken" gegen die Berufung Petzets als Generalkonservator hätte. Das gewichtigste sei dabei wohl das, was Petzet mit seiner Unterschrift zum Vorwort der Manzoni-Ausstellung geliefert habe, in dem der Italiener als einer der herausragendsten Künstler bezeichnet worden sei.

Im Bonner Büro war der CSU-Landesvorsitzende gestern nicht zu erreichen. Franz Josef Strauß fühlt sich vor bayerischen Kabinett aber auch offensichtlich „geblitzt". So habe man ihm zunächst deutlich wissen lassen, daß die Stelle des Generalkonservators erst im Juni besetzt werden solle, um zwischenzeitlich noch Raum für einen Überlegungsprozeß zu haben. Nunmehr sei die Kabinettsentscheidung vorzeitig gefällt worden, und da zudem noch „außerhalb der Tagesordnung".

MICHAEL PETZET

Strauß kümmert sich jetzt auch um Kunst

Von Rolf Henkel

der Fraktionschef der CSU im Landtag, Seidl, der den Streit Anfang nächster Woche in einem Gespräch zwischen Goppel, Maier und Strauß beilegen will: „Darin drückt sich eine künstlerische Einstellung aus, die Petzet als Leiter einer so wesentlichen Behörde nicht geeignet erscheinen läßt."

Während sich damit die Front gegen den Kultusminister schloß, gab sich Maier entschlossen, die Einmischung der CSU abzuwehren. Er betonte, er habe nicht jahrelang gegen das imperative Mandat der Linken gekämpft, um es nun im eigenen Haus praktizieren zu lassen: „Die Rücktrittsdrohung gilt."

Die Konserve kam gelegen zu dem CSU-Generalsekretär Katalog mit der Abbildung der umstrittenen Dose zugespielt.

Die Konserve kam gelegen zu neuen Vorwürfen. So folgerte

Kölner Stadt-Anzeiger
Kölnische Zeitung
22. März 1974

Krach um Petzet-Ernennung ∗ Strauß mischt sich ein ∗
Grobe Geschmacklosigkeit?

„KÜNSTLER-SCHEISSE" in Dosen — das hat die Münchner CSU in Rage gebracht. Das Kunst-Objekt (Foto oben) stammt von Piero Manzoni (rechts) — und Lenbachgalerie-Leiter Michael Petzet hat die Manzoni-Werke im Herbst 1973 in der Münchner Galerie ausgestellt.

Um die Ernennung des Direktors der Münchner Städtischen Galerie, Michael Petzet, zum Generalkonservator des Landesamts für Denkmalpflege ist es innerhalb der CSU zum offenen Eklat gekommen. Nachdem am Dienstag der Ministerrat unter Vorsitz von Ministerpräsident Goppel mehrheitlich dem Vorschlag von Kultusminister Hans Maier gefolgt war und Petzet zum neuen Generalkonservator ernannte, intervenierte am Mittwoch überraschend CSU-Chef Franz Josef Strauß gegen diese Personalentscheidung. Bereits vor knapp vier Wochen war Strauß von Maier über die geplante Petzet-Ernennung informiert worden. Durch seinen Generalsekretär Tandler forderte er das Kabinett zur Rücknahme der Entscheidung auf. Nach einer turbulenten CSU-Fraktionsvorstandssitzung erklärte Minister Maier daraufhin, er werde sich der Strauß-Intervention nicht beugen, sondern notfalls zurücktreten. Maier im Landtag: „Ich habe nicht jahrelang gegen das imperative Mandat der Linken gekämpft, um es nun im eigenen Hause praktizieren zu lassen." Jetzt soll in einem „Gipfelgespräch" am kommenden Montag versucht werden, den Streit zwischen Kabinett und Strauß beizulegen.

Gegen Petzet war aus bestimmten CSU-Kreisen schon seit längerem polemisiert worden. Er wurde als „Linker" verdächtigt, der für mehrere „anstößige" Ausstellungen verantwortlich sei. Auch Strauß begründete seinen Protest damit, daß Petzet 1973 in der Lenbach-Galerie eine Piero-Manzoni-Ausstellung zuließ, in der eine als „Künstlerscheiße 1961" titulierte Konservendose zu sehen war. Dazu Strauß gestern zur AZ: „Daß Petzet auch im Katalog darauf einging, halte ich für eine grobe Geschmacklosigkeit. Mir geht es nicht um ‚links' oder ‚rechts', aber mir ist ein ästhetischer Linker lieber als ein unappetitlicher Rechter." Nachdrücklich wies Strauß den Vorwurf, er spiele sich zum „Über-Ministerpräsidenten" auf, zurück: „Davon kann überhaupt keine Rede sein. Ich mache keine Personalpolitik. Ich habe nur Bedenken, die mir von vielen Seiten entgegengebracht wurden, an die Staatskanzlei weitergegeben."

Die Rücktrittsdrohung von Minister Maier scheint Strauß nicht sonderlich ernst zu nehmen: „Das geht mich nichts an", sagte er zur AZ. Man sollte jedoch berücksichtigen, daß die Besetzung des Generalkonservators „nicht das Zentrum der Weltpolitik" sei. Im übrigen betrachte er Maier als den „besten Kultusminister in der Bundesrepublik".

Obwohl Minister Maier gestern eine neuerliche Stellungnahme ablehnte, verlautete aus dem Kultusministerium, daß er keinerlei Anlaß sehe, von seiner Entscheidung abzurücken. Petzet werde von Maier als ein Mann „erster Klasse" angesehen. Die Rücktrittsdrohung bleibe nach wie vor bestehen.

In der Staatskanzlei lehn-

Minister Maier

Franz Josef Strauß

te Pressereferent Raimund Eberle gestern jeden Kommentar ab: „Wir sagen nichts", erklärte er, und auf die Frage nach dem Warum fügte er nur hinzu: „Weil wir nichts sagen." Diese Aussage gelte auch für Ministerpräsident Goppel.

CSU-Fraktionschef Alfred Seidl wurde inzwischen von der CSU beauftragt, in dem Konflikt zu vermitteln. Auch er scheint sich jedoch der Auffassung von Strauß anzuschließen. Gegenüber der AZ erklärte Seidl: „In dem Manzoni-Katalog sind eine Reihe ‚künstlerischer Erzeugnisse' abgebildet, die unserer Meinung nach größte Zweifel an der Eignung Petzets für das Amt des Generalkonservators aufkommen lassen. Seidl verwies darauf, daß die Ministerrats-Entscheidung durchaus rückgängig gemacht werden könne, da die Ernennungsurkunde an Petzet noch nicht ausgehändigt sei.

In Anspielung auf den „Fall Fritz", bei dem CSU-Chef Strauß ebenfalls gegen das Kabinett Goppel interveniert hatte, bezeichnete gestern Bayerns FDP die neuerliche Affäre als Beweis für den Autoritätsverfall von Ministerpräsident Goppel. Die SPD hielt Strauß Verfassungswidrigkeit vor, da er offensichtlich wichtige Staatsämter nur mit CSU-Mitgliedern besetzen wolle. *Sönke Petersen*

Maier droht mit Rücktritt

FAKTEN & MEINUNG

Wenn es wahr ist – und es fällt fast schwer, es zu glauben –, daß der Bayern-Strauß dem Lenbachvilla-Petzet vorgeworfen haben soll, daß er ein „Linker" sei, und daß er deswegen der ungeeignete Mann für das Landesamt für Denkmalpflege sei, dann hat die Sprache, zumindest die bayerische politische Sprache, aufgehört ein Instrument der Verständigung zu sein. Dann kann jedes Wort alles bedeuten, und die Begriffe haben ihren Sinn verloren.

Wir haben über den Lenbachhaus-Petzet noch am vergangenen Wochenende (AZ vom 16. 3. 74) bewegte

motivierten Schau unter seinem Dach gehabt hat, dann praktiziert dieser Politiker eine Art von Feme, die bisher als eine Spezialität ihm politisch sehr ferne stehender Kreise gegolten hat. Genausogut könnte ein Verkehrsexperte, der eine Statistik über den Tod auf den Straßen vorträgt, als „Totschläger am Steuer" denunziert werden.

Noch dazu: Was jetzt als Anlaß genommen wird, um Schelte gegen den Direktor des Lenbach-Hauses zu üben, ist für den, der die beanstandete Ausstellung („Manzoni") gesehen hat, so unbeschreiblich trivial, so belanglos, unbedeutend, so verschwindend in einer „Kunstszene", die sich von Wolf Vostell bis Hermann Nitsch an öffentlich geförderten Schweinereien überbietet, daß davon auch nur zu sprechen leider auf ein gestörtes Verhältnis zur Realität schließen läßt – gestört auf Seite der Behauptenden.

Wir können es bei dieser Sachlage Herrn Dr. Petzet nicht verdenken, wenn er es ablehnt, sich zu den Unterstellungen auch nur zu äußern.

Architekt Dr. Erwin Schleich, aus einer Sitzung der „Ar-

Das ist hirnverbrannt

Worte des Bedauerns verloren, nicht weil wir ihn ungeeignet für ein Amt wie das des Bayerischen Generalkonservators hielten, sondern weil es uns einfach leid tat, daß er die Galerie, die er in knapp zwei Jahren so in Schuß gebracht hatte, wieder verlassen soll.

Wir haben ferner zum Ausdruck gebracht, daß neben Dr. Michael Petzet auch ein anderer Bau- und Bayernkenner, der Architekt Dr. Erwin Schleich, der die Qualitäten eines Baupraktikers, eines Geschichtskenners und Architekturforschers vereinigt, ebenfalls eine hervorragende Besetzung für das höchste Denkmalsamt darstellen würde.

Zwischen diesen beiden Herren aber Nuancen des „mehr rechts"- oder „weniger links"-Stehens herauszutüfteln dürfen wir – aus langjähriger innigster Vertrautheit mit dem Seelenkostüm beider – als hirnverbrannt bezeichnen.

Hier fängt das Denken nicht mehr an, sondern hier hört es auf. Vor allem aber hört eines auf: Wenn „rechts" stehende Spitzenpolitiker – und zu ihnen darf man den Veranlasser des gegenwärtigen Personal-Streites doch wohl zählen – anfangen, einen Galeriedirektor inhaltlich mit Objekten, Bildern oder Bildaussagen zu identifizieren, die er im Rahmen einer historischen, didaktischen oder wie immer

MICHAEL PETZET

chitektenkammer" gerissen, versichert uns seine Loyalität gegenüber demjenigen, der Generalkonservator im Landesamt für Denkmalpflege werden soll: „Mit dem muß ich ja künftig zusammenarbeiten – und übrigens habe ich Herrn Dr. Petzet zu seiner Ernennung bereits lebhaft gratuliert!"

Von höchster Regierungsstelle konnten wir noch ein Bonmot einfangen, ein brummiges: „Sagen Sie mir nur – seit wann ist denn das Landesamt für Denkmalpflege so interessant?! Von dem hat doch bisher kein Mensch gesprochen!"

Soll man's als ein gutes Zeichen ansehen, daß jetzt davon gesprochen wird? Gerne – aber bitte: nicht so!!!

W. Christlieb

AZ (Abendzeitung)
München
22. März 1974

Donaukurier (Ingolstadt)
22. März 1974

Strauß verdächtigt Petzet als „Linken"
Kultusminister Maier weist dies zurück

Streit um neuernannten Generalkonservator gerät in der CSU zur Burleske

Von unserer Münchener Redaktion

München (RH). Eine kleine Konservendose mit einer provozierenden Inschrift, abgebildet im Katalog einer Münchener Kunstausstellung, ist drauf und dran, zu einem großen Kabinettskrach in Bayern zu führen. CSU-Chef Franz Josef Strauß warf dem bayerischen Kultusminister nach Begutachtung dieser Dose vor, Maier und das gesamte Kabinett Goppel hätten in der derzeitigen Chef der Münchener Lenbachgalerie, Dr. Michael Petzet (40), den falschen Mann an die Spitze des Bayerischen Landesamtes für Denkmalpflege berufen. Petzet war als Galeriechef für eine Ausstellung mit Objekten des italienischen Künstlers Piero Manzoni verantwortlich, der die Dose, die nicht im Original, sondern nur im Katalog erschien, mit dem wenig originellen Titel „Künstlerscheiße 1961" versehen hatte.

Der Krach war – wie berichtet – am späten Mittwochnachmittag im CSU-Fraktionsvorstand ausgebrochen. Dort berichtete Ministerpräsident Goppel indigniert darüber, Strauß habe nicht ihn, sondern seinen Kanzleichef Dr. Rainer Keßler erbost angerufen und Vorwürfe gegen die am Dienstag vom Kabinett eingesegnete Berufung Petzets zum Generalkonservator von Bayern erhoben. Strauß habe gefordert, diese von Kultusminister Maier vorgeschlagene Berufung sofort rückgängig zu machen. Daraufhin bot Maier seinen Ministersessel an und drohte mit Rücktritt. Als Strauß' Statthalter im Fraktionsvorstand, CSU-Generalsekretär Tandler, die Vorwürfe des Parteichefs wiederholte, verließ Maier mit hochrotem Kopf den Konferenzsaal.

Strauß warf Petzet vor allem vor, ein „Linker" zu sein, was Maier jedoch mit der Feststellung zurückwies, der zukünftige Generalkonservator habe versichert, er sei „nie Mitglied der SPD gewesen." Lediglich sein Vater habe dieser Partei einmal angehört. Der zweite Vorwurf von Strauß, Petzet sei für die umstrittene Münchener „Kunstzone" im Herbst 1971 verantwortlich gewesen, bei der die Aktionisten öffentlich ihre Notdurft verrichteten, erwies sich ebenfalls als nicht zutreffend: Petzet war zu dieser Zeit noch gar nicht im Amt. Während Maier darauf verwies, Petzet gelte als unumstrittener Fachmann, sei von anderen Kapazitäten empfohlen worden und habe schon früher durch seine Tätigkeit im Landesamt für Denkmalpflege Einblick in die Arbeit dieser Institution bekommen, zog sich Tandler im Auftrag von Strauß auf den Vorwurf zurück, die Ernennung Petzets sei allzu eilig erfolgt, da die Amtszeit von dessen Vorgänger gerade erst verlängert worden war.

Maier: Rücktrittsdrohung gilt

Erst nach der Sitzung des Fraktionsvorstands wurde dem CSU-Generalsekretär der Katalog mit der Abbildung der umstrittenen Dose zugespielt. Die Konserve kam gelegen zu neuen Vorwürfen. So folgerte Seidl, der den Streit Anfang nächster Woche in einem Gespräch zwischen Goppel, Maier und Strauß beilegen will: „Darin drückt sich eine künstlerische Einstellung aus, die Petzet als Leiter einer so wesentlichen Behörde nicht geeignet erscheinen läßt." Petzet habe zudem im Vorwort des Katalogs den Büchsen-Schaffer Manzoni als wichtigen Künstler der Gegenwart bezeichnet und die Forderung gebilligt, „ein Gramm Scheiße gegen ein Gramm Gold" aufzuwiegen. Seidl: „Dafür hat die CSU kein Verständnis."

Während sich damit die Front gegen den Kultusminister schloß, gab sich Maier entschlossen, die Einmischung der CSU abzuwehren. Er betonte, er habe nicht jahrelang gegen das imperative Mandat der Linken gekämpft, um es nun im eigenen Haus praktizieren zu lassen. „Die Rücktrittsdrohung gilt", ließ der Minister verlauten. Strauß versuchte indes gestern abend die Wogen zu glätten. Er versicherte, sich nicht in die Entscheidung des Kabinetts einmischen zu wollen, fügte jedoch an, seine seit geraumer Zeit erhobenen Bedenken gegen Petzet blieben bestehen. Die Tatsache, so meinte Strauß, daß er Petzet „für den besten in der Runde" aller Kultusminister halte, schließe nicht aus, daß auch von ihm einmal ein Vorschlag komme, der dem Gesamtkonzept zuwiderlaufe.

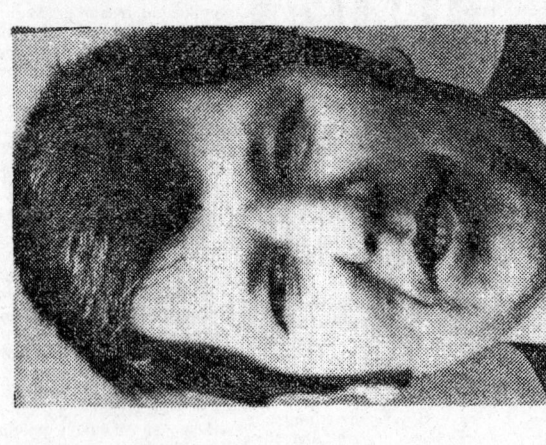

Der umstrittene Generalkonservator und frühere Direktor der Münchener Galerie, Dr. Michael Petzet. DK-Bild: dpa

Stuttgarter Zeitung
22. März 1974

Der bayerische Kultusminister droht mit Rücktritt nach Personalstreit

CSU-Vorsitzender Strauß ist mit der Berufung des eben erst zum Generalkonservator des Landesamtes für Denkmalschutz ernannten Dr. Petzet nicht einverstanden

Von unserer Münchner Redaktion

csch. MÜNCHEN. Der bayerische Kultusminister Professor Hans Maier erklärte am Donnerstag zum zweiten Mal innerhalb von vierundzwanzig Stunden, er werde unverzüglich von seinem Amt zurücktreten, falls der CSU-Vorsitzende Franz Josef Strauß sich mit seiner Forderung durchsetzen sollte, die erst am Dienstag erfolgte Ernennung des vierzigjährigen Dr. Michael Petzet zum Generalkonservator des Landesamtes für Denkmalpflege rückgängig zu machen. Nachdem es erst im November im Zusammenhang mit der Neubesetzung des Präsidentenpostens in der bayerischen Versicherungskammer zu einer schweren Auseinandersetzung zwischen Strauß und der bayerischen Regierung gekommen war, nahm der neueste Streit solche Formen an, daß zeitweilig sogar von einem Rücktritt des gesamten Kabinetts die Rede war.

Dabei hatte, wie inzwischen bekannt wurde, Kultusminister Maier dem Parteivorsitzenden schon vor einigen Wochen mitgeteilt, daß seine Wahl auf den Münchner Kunsthistoriker gefallen sei, der gegenwärtig, als Direktor der Münchner Städtischen Galerie tätig ist. Strauß, so war am Donnerstag aus der CSU-Landtagsfraktion zu erfahren, nahm jedoch wochenlang dazu nicht Stellung, sondern ließ dem Regierungschef seinen Protest erst dann durch den Leiter der Staatskanzlei, Ministerialdirektor Kessler, ausrichten, als im Kabinett die Entscheidung zugunsten Petzets schon gefallen war. Wie es heißt, soll es Ministerpräsident Alfons Goppel, der bereits im November einmal mit Rücktrittsgedanken gespielt hatte, als außerordentliche Brüskierung empfunden haben, daß Strauß es nicht der Mühe wert fand, wenigstens mit ihm selbst zu sprechen.

Goppel und sein Kabinett sind indessen insofern in eine schwierige Lage geraten, als die von CSU-Generalsekretär Gerold Tandler im Fraktionsvorstand vorgetragene Forderung von Strauß bei den Abgeordneten nicht ohne Wirkung blieb und auch der Fraktionsvorsitzende Alfred Seidel auf die Strauß und Tandler

gegen Petzet vorgebrachten Einwände zum größtenteil widerlegt werden konnten (er ist nicht SPD-Mitglied und hat auch nicht die „Münchner Kunstzone" organisiert, die seinerzeit vor allem beim Ordinariat viel Ärger verursacht hatte), schlug der Stimmung in der Fraktion um, als Tandler einen Katalog der Piero-Manzoni-Ausstellung vorlegte, für die Petzet im Herbst 1973 verantwortlich gezeichnet hatte: Unter den vielen Ausstellungsstücken hatte sich auch eine Konservendose mit der Bezeichnung „Künstlerscheiße 1961" befunden.

Ueber eine vom Abgeordneten Richard Hundhammer (einem Sohn des früheren Ministers Alois Hundhammer) ausgearbeitete Solidaritätserklärung für Goppel und Maier ging jedenfalls der Fraktionsvorstand mit dem Bemerken hinweg, man wolle Einigungsversuche zwischen Strauß und dem Kabinett nicht erschweren. Goppel, Strauß, Seidel und Maier werden sich zwar anfangs nächster Woche zu einem Gespräch zusammensetzen, doch kann sich bisher noch niemand vorstellen, wie einerseits die Ernennung des bekannten Historikers rückgängig gemacht und andererseits der Kultusminister zum Verbleiben im Kabinett bewogen werden könne, denn Maier hat unmißverständlich erklärt, er habe schließlich nicht jahrelang gegen das imperative Mandat der Linken gekämpft, um es jetzt in seinem eigenen Ministerium praktizieren zu lassen.

In CSU-Kreisen wurde am Donnerstag dieses erneute Einmischen von Strauß in Personalentscheidungen der bayerischen Regierung damit erklärt, daß er offensichtlich nach wie vor ein starkes Interesse an einem Einstieg in die Landespolitik habe. Zu diesen Interpretationen paßt auch die Ueberlegung, die im Zusammenhang mit dem jüngsten Streit ein Politiker aus der Umgebung von Strauß über Ministerpräsident Goppel anstellte: Soll man ihn nach der Landtagswahl im November „gleich rausschmeißen" oder noch zwei Jahre bis zur Mitte der nächsten Legislaturperiode warten?

Am Donnerstagnachmittag erklärte Strauß: „Es liegt in der alleinigen Zuständigkeit der bayerischen Staatsregierung, hier zu entscheiden." An ihn seien seit geraumer Zeit viele schwerwiegende Bedenken gegen den Plan Maiers herangetragen worden, Petzet für dieses Amt vorzusehen. „Ich selbst hätte nie geglaubt, daß dieser Vorschlag kommen könnte." Strauß betonte nach Mitteilung der CSU-Landesleitung, er selbst habe diese Bedenken mehreren Kabinettsmitgliedern mitgeteilt. Strauß nannte Maier „den Besten in der Runde aller Kultusminister".

Augsburger Allgemeine
22. März 1974

Bayerische Denkmalstürzer

Ein an sich harmloses Objekt einer Kunstausstellung — und das auch nur in Form einer Katalogabbildung — macht zur Zeit in Bayern Furore. Ein fast vergessenes künstlerisches Spektakulum ist mit einer Zeitverschiebung von zwei Jahren, auf der bayerischen Politbühne zu einer saftigen Komödie ausgewachsen. Weil der vom Kabinett Goppel als künftiger Generalkonservator des Landesamts für Denkmalpflege ins Auge gefaßte Dr. Michael Petzet an dem „Künstlerscheiße 1961" betitelten Ausstellungsstück mitbeteiligt war, wanken die Grundfesten des bayerischen Kabinetts.

Der, der solches bewirkt, ist natürlich kein Geringerer als der CSU-Allgewaltige Franz Josef Strauß. Zwar störe ihn weder die, übrigens bestrittene SPD-Mitgliedschaft Petzets noch dessen Progressivität, dafür aber dessen anrüchige Mittäterschaft an dem Versuch, „Scheiße als Kunst zu verkaufen". Strauß erwartet schlicht, daß der Kabinettsbeschluß über die Ernennung des obersten Denkmalpflegers nicht ausgeführt wird, was wiederum Kultusminister Maier (Strauß: Der beste in der Runde aller Kultusminister) zu Rücktrittsdrohungen verleiten ließ.

Ein „Gipfelgespräch" zwischen Regierungs- und Parteispitze soll nun die verfahrene Situation klären. Die CSU geriete in ein merkwürdiges Licht, wenn sie einerseits den Ruf linker Sozialisten nach einem imperativen Mandat anprangert, andererseits das so vordergründige Hineinregieren des Parteichefs in Entscheidungen des eigenen Kabinetts widerspruchslos hinnehmen würde. Auch Strauß wird es bedenken müssen, ob eine weitere politische Kraftprobe im Jahre der Landtagswahl seiner Partei und der von ihr getragenen Regierung nicht eher schadet. Im Fall des Präsidenten der Landesversicherungskammer hat er den kürzeren gezogen. Die jetzige Attacke gegen den als qualifiziert ausgewiesenen Denkmalschützer Petzet könnte sich unter Umständen als die Tat eines Denkmalstürzers, nämlich des eigenen Monuments, erweisen.

G. B.

Der CSU-Streit um den neuen bayerischen Denkmalspfleger:

Strauß fühlt sich überrumpelt

Von PETER SCHMALZ
München, 22. März

Ein Gipfelgespräch zwischen CSU-Chef Franz Josef Strauß und Mitgliedern der bayerischen Regierung soll den Streit beilegen, der um die Ernennung

Die Aufgabe ist sehr reizvoll: Dr. Michael Petzet

von Dr. Michael Petzet (40) zum Generalkonservator des Landesamtes für Denkmalpflege entbrannt ist.

BILD-MÜNCHEN berichtete, daß Strauß gegen die Ernennung Petzets durch das Kabinett protestiert hat, worauf Kultusminister Hans Maier, dem das Amt untersteht, mit seinem Rücktritt drohte.

Strauß fühlte sich durch das Vorgehen des Kabinetts am Dienstag überfahren. Der CSU-Boß gestern: „An mich wurden vor geraumer Zeit schwerwiegende Bedenken gegen die Ernennung Dr. Petzets herangetragen. Ich selbst habe diese Bedenken mehreren Kabinettsmitgliedern und dem Leiter der Staatskanzlei übermittelt."

Strauß war der Mei-

nung, daß diese Personalentscheidung in Ruhe überdacht werden könnte. Doch dann wurde der Vorschlag Dr. Petzet bei der letzten Kabinettssitzung außerhalb der Tagungs-

So berichtete BILD gestern

ordnung überraschend behandelt.

Kultusminister Maier hält Dr. Petzet für den fachkundigsten unter den vier Kandidaten. Auch Museumsdirektoren und Kunstfachleute haben sich für ihn ausgesprochen. Dr. Petzet leitet zur Zeit mit

Erfolg die Städtische Galerie im Lenbachhaus.

Strauß und weitere führende CSU-Politiker — die Kabinettsentscheidung für Petzet fiel mit knapper Mehrheit — haben anscheinend Zweifel, ob der Maier-Favorit die fachlichen und politischen Voraussetzungen für das neue Amt erfüllt. Doch Beobachter vermuten: Zu Beginn des Wahlkampfes wird der Krach nicht auf Biegen und Brechen geführt und Petzet am 1. Juli sein neues Amt antreten können. Der umstrittene Kandidat meinte gestern nur: „Die Aufgabe des Generalkonservators ist sehr reizvoll."

Die SPD erklärt gestern, Strauß spiele eine Art „Überminister-

Bild
22. März 1974

präsident", seine „Anmaßung wird von Tag zu Tag unerträglicher".

Elisabeth Petzet, die Frau des umstrittenen neuen Denkmalpflegers gestern abend zu BILD: „Mein Mann ist zwar parteipolitisch nicht gebunden, ich würde ihn aber als Konservativen einordnen. Zumal das Amt eines Denkmalpflegers ein konservativer Beruf ist und doch wahrscheinlich ohnehin für einen ‚Linken' nicht in Frage käme..."

Bayerns Kultusminister Maier droht mit Rücktritt

Heftige Kontroverse mit CSU-Vorsitzendem wegen Berufung eines Museumsdirektors zum

Von unserem Korrespondenten Rudolf Großkopf:

MÜNCHEN, 21. März. Der CSU-Vorsitzende Franz Josef Strauß hat sich zum zweitenmal innerhalb weniger Monate in die Personalpolitik der bayerischen Regierung eingemischt und damit einen neuen Konflikt zwischen Partei und Kabinett heraufbeschworen. Kultusminister Hans Maier kündigte in einer Sitzung des Fraktionsvorstandes an, er werde zurücktreten, falls die Regierung der Forderung von Strauß nachgebe und den auf seinen Vorschlag hin zum Generalkonservator des Landesamtes für Denkmalpflege ernannten Michael Petzet wieder entlasse.

Obwohl schon seit einiger Zeit bekannt war, daß der 40jährige in dieses Amt berufen voraussichtlich in dieses Amt berufen werde, schaltete sich Strauß erst nach dem Beschluß des Ministerrats vom Dienstag ein. In offenbar sehr massiver

Form beschwerte er sich darüber, daß die Regierung mit dem jetzigen Direktor der Städtischen Galerie in München (Lenbach-Galerie) einen „Linken" ernannt habe, obwohl andere, der Partei genehmere, Kandidaten zur Auswahl gestanden hätten. Unter anderem beanstandet die CSU-Spitze, Petzet sei für einige „anstößige" Ausstellungen verantwortlich.

Maier hatte Petzet dem Kabinett als hervorragenden Fachmann geschildert, der auch das Wohlwollen fast aller bayerischen Museumsverwaltungen genieße. Wie verlautet, ist der Vorschlag, Petzet zu berufen, allerdings nicht Maiers eigene Idee gewesen, sondern von Spitzenbeamten seines Ministeriums gekommen. Ein Landtagsabgeordneter meinte am Donnerstag, Maier habe wieder einmal seine „Hörigkeit gegenüber

den Beamten des Ministeriums" bewiesen.

Wie dieser glauben auch andere Abgeordnete, daß die Entscheidung des Kabinetts falsch sei, weil Petzet der SPD zu nahe stehe. Zugleich regte sich aber in der Fraktion auch erhebliche Kritik an der Art von Strauß, bei Kabinettsbeschlüssen zu intervenieren.

Auch Maier, von Beruf Politologie-Professor an der Münchner Universität, ist dafür bekannt, daß er sich stets scharf gegen Einmischungen von außen in die Beschlußprozesse der Regierung wendet. Öffentlich wollte er bisher keine Erklärung zu dem Vorgang abgeben, doch verlautet, daß er entschlossen sei, nicht mit sich handeln zu lassen.

Die Personalpolitik des Kabinetts hatte Strauß schon Ende des letzten Jahres einmal heftig kritisiert, als er

HEUTE

AZ (Abendzeitung), München, 22. März 1974

Frankfurter Rundschau
22. März 1974

wegen Strauß
Generalkonservator

einen Favoriten gern als Präsidenten der staatlichen Versicherungskammer gesehen hätte. Der an Weisungen nicht gebundene Landespersonalausschuß lehnte den Mann ab, weil er die beamtenrechtlichen Voraussetzungen nicht erfüllte. Strauß machte daraufhin der Regierung Vorwürfe und löste damit einen heftigen Streit aus, der erst durch eine gemeinsame Erklärung von Strauß und Ministerpräsident Alfons Goppel zumindest vordergründig beigelegt wurde.

„Wieder einmal wird der Öffentlichkeit drastisch vor Augen geführt, wie sehr die CSU ihre Macht mißbraucht und inwieweit die Verquickung von Partei- und Regierungsinteressen in Bayern gediehen ist", erklärte laut dpa die FDP-Landtagsfraktion am Donnerstag zu dem Streit innerhalb der CSU.

Strauß contra Goppel

Von Karsten Peters

CSU-Chef Franz Josef Strauß hat mit der Faust auf den Tisch geschlagen um zu demonstrieren, wer der eigentliche Boß im Bayernland ist. Wieder einmal hat der große Vorsitzende F. J. S. massiv in die Personalpolitik der bayerischen Staatsregierung eingegriffen und sich als Herr im Hause aufgespielt. Das Spannungsspiel heißt von neuem: Strauß contra Alfons Goppel.

Kultusminister Hans Maier und die Ministerrats-Mehrheit wollen Dr. Michael Petzet (40), den Direktor der Münchner Städtischen Galerie, als neuen Generalkonservator des Bayerischen Landesamtes für Denkmalpflege. Strauß und CSU-„General" Tandler sind dagegen. Hier kann es nicht um die unsachlichen, unqualifizierten Strauß-Attacken gegen Petzet gehen und auch nicht um die qualifizierten, sachlichen Maier-Argumente für den neuen Generalkonservator (darüber mehr auf Seite 6).

Es geht hier schlicht um das *politische Prinzip*. Noch haben wir ja hoffentlich in Bayern ein unabhängiges, souveränes Parlament und eine nur von diesem Landtag abhängige, souveräne Staatsregierung. Oder sind Ministerrat und Maximilianeum nur Marionetten in der Hand jenes Mannes, der von der Münchner Lazarettstraße aus sowieso alle Fäden zieht?

Kultusminister Maier hat zu Recht mit Rücktritt gedroht, falls die Petzet-Berufung widerrufen wird, wie Strauß es fordert. Maier muß so handeln, weil er — und nicht Strauß/Tandler — der Kultur-Verantwortliche in Bayern ist. Außerdem steht der eher konservative Maier außer jedem Verdacht, „Linkes" oder gar „Kunstscheiße" fördern zu wollen.

Maier, der jahrelang das „imperative Mandat" der Linken bekämpft hat, will nicht zulassen, daß es jetzt „im eigenen Hause praktiziert" wird. Recht so! Wie sich Münchens OB Kronawitter mit seiner rechten Rathaus-Mehrheit gegen die Bevormundung durch den linken SPD-Unterbezirk wehrt, müssen sich auch die Regierung Goppel und die CSU-Landtagsmehrheit gegen die Einmischung aus der Parteizentrale entschieden wenden. Wenn Franz Josef Strauß im Staate Bayern — und nicht nur in der bayerischen *Staats-Partei CSU* — das Sagen haben will, dann muß er Ministerpräsident werden.

Der „Fall Petzet" ist eine Parallele zum „Fall Fritz". Damals, im Herbst 73, wollte Strauß unbedingt Dr. Wilhelm Fritz, den Rundfunkratsvorsitzenden, zum Präsidenten der Bayerischen Versicherungskammer machen. Das Kabinett Goppel wehrte sich erfolgreich und wurde deswegen öffentlich vom „Chef" gerüffelt und abgekanzelt.

War die Personalfrage Fritz noch von einiger Wichtigkeit, so ist der Fall Petzet zweit-, ja drittrangig. Warum aber dann diese neuerliche, parteiinterne Fehde? Was hat den Taktiker Strauß geritten, massiven Druck auf die Staatsregierung auszuüben, mit dem Risiko, ein ähnliches Debakel wie in der Fritz-Frage zu erleben? Jetzt ist er „sauer", weil die Partei-Querele öffentlich ruchbar wurde. Ist das nicht a bisserl naiv?

Das Kabinett Goppel kann nicht anders, als die neue personalpolitische Einmi-

Muß sich gegen die Einmischung aus der CSU-Parteizentrale wenden: Ministerpräsident Alfons Goppel.

schung des CSU-Chefs energisch zurückzuweisen. Auch die CSU kann es sich vor den Herbst-Wahlen nicht leisten, den Wählern das Bild innerer Zerrissenheit zu bieten. Öffentliches Partei-Gerangel ist als Wahlkampf-Munition ein Rohrkrepierer.

Im Moment kann man dem Ministerrat nur zurufen: Landgraf, bleibe hart! Vor allem Hans Maier, der Polit-Professor, dessen Politik wir in dieser Zeitung nicht selten befehdet haben, hat es in der Hand, den in diesem Fall schlecht beratenen Partei-Chef in seine Schranken zu weisen.

Franz Josef Strauß aber wird sich die keineswegs nur ironische Frage gefallen lassen müssen, ob er nicht in der „schwarzen" CSU gelegentlich jene Rolle übernimmt, die in der „roten" SPD permanent von den „Linken" gespielt wird. Parteifördernd ist das eine so wenig wie das andere.

Strauß läßt die CSU nicht bequem werden

Der Parteichef greift auch weiter in die bayerische Politik ein

Main Post
22. März 1974

Von unserem Münchner Korrespondenten Lutz Roßmann

MÜNCHEN. Der CSU-Vorsitzende Franz Josef Strauß hat neuerlich gezeigt, daß er — mit oder ohne eigene Landtagskandidatur — die bayerische Landespolitik nicht mehr der Staatsregierung Goppel und der CSU-Landtagsfraktion allein zu überlassen gedenkt, dies getreu seiner Erklärungen vom letzten Herbst, die Regierungspartei nicht in Pfründedenken und Selbstgefälligkeit versacken zu lassen. Unter dem Gesichtspunkt, die CSU beweglich und schlagkräftig zu halten, hat Strauß vor dem Landesvorstand auch gegen die Meinungsbefragungs-Ergebnisse Front gemacht, die der CSU jetzt schon 61 Stimmenprozente versprechen, sofern derzeit gewählt werden müßte.

Solche Momentaufnahmen dürfe man nicht zu euphorischer Stimmung in den eigenen Reihen werden lassen. Strauß ist zwar selbst jetzt recht zuversichtlich für die Landtagswahl am 10. November, er sieht aber trotzdem noch allen Grund, um die Wählerstimmen zu kämpfen.

Sein neues Eingreifen in die an sich im Wahljahr besonders gut geschmierte Maschinerie des Regierungsapparates hat andererseits auch sofort wieder eine ähnlich brisante Stimmung in der CSU aufkommen lassen, wie letzten Herbst, als es wegen der beabsichtigten (und dann im Landespersonalausschuß gescheiterten) Ernennung des Allianz-Direktors Wilhlem Fritz zum Präsidenten der Bayerischen Versicherungskammer sogar so weit kam, daß Ministerpräsident Alfons Goppel im ersten Ärger spontan von Rücktritt sprach.

Nun ist es Kultusminister Hans Maier, einer der bedächtigsten Männer der Regierung Goppel, der im ersten Ärger mit Rücktritt drohte, wenn nämlich die vom Landespersonalausschuß gebilligte Ernennung des Münchner Kunsthistorikers und städtischen Galeriedirektors Michael Petzet auf Intervention des Landesvorsitzenden rückgängig gemacht werden sollte. Die Intervention des Parteivorsitzenden gegen den vermeintlichen Linken und Förderer „spinnender Künstler" Petzet wird von Maier als eine Art des imperativen Mandats angesehen, bei dem die Regierenden und Parlamente von den Beschlüssen der Partei abhängig sind, und das bisher immer nur eine Forderung Linksextremer gewesen ist.

Man hatte in der CSU nach den ärgerlichen Erfahrungen des letzten Jahres auch einige Hoffnungen auf den „Domus-Kreis" gesetzt, in dem sich Vertreter der Staatsregierung, der Landtagsfraktion und der Partei zu regelmäßigen Koordinierungsgesprächen im Münchner Hotel Domus am stillen St.-Anna-Platz treffen. Albert Meyer, der als stellvertretender Fraktionsvorsitzender mit seiner ausgleichenden Art viel zur Versachlichung beitragen kann, sprach von Kommunikationsschwierigkeiten, die offenbar nicht ausgeräumt werden konnten, wobei im Falle Petzet jedoch die Staatsregierung eher allein steht als in anderen Fällen. Der neuerliche Streit, der alte Wunden aufreißt, geht jedenfalls allen Anzeichen nach sehr tief.

Aber selbst innerhalb des Kabinetts scheint es gewisse Frontstellungen zu geben. Die Entscheidung für Petzet erfolgte jedenfalls nicht einstimmig. Ein Kabinettsmitglied mokierte sich im vertraulichen Gespräch über die „standhaften Zinnsoldaten" des Landesvorsitzenden im Kabinett, zu denen demnach Max Streibl und Fritz Pirkl gehören.

Standfestigkeit im umgekehrten Sinne hat Finanzminister Ludwig Huber bewiesen, der sich durch einige saloppe Bemerkungen des Landesvorsitzenden über die bayerischen Vorschläge für einen jährlichen Finanz- und Steuerbericht der Bundesregierung, ähnlich dem Grünen Bericht, mit Vorschlägen über eine Steuer- und vor allem Kindergeld-Anpassung an die Lage herausgefordert fühlte. „Schnapsidee" soll Strauß gesagt haben. In der neuesten Ausgabe der CSU-Fraktionskorrespondenz „UC" erscheint nun ein mit seinem Namen gezeichneter Artikel, in welchem die grundsätzliche Übereinstimmung zwischen CSU-Chef und Finanzminister in dieser Frage betont wird.

Fraktionschef Seidl soll vermitteln

Im „Fall Petzet" — CSU von Maiers Rücktrittsdrohung leicht geschockt

Von unserer Münchner Redaktion

MÜNCHEN. (lr) Die Rücktrittsdrohung des bayerischen Kultusministers Maier für den Fall, daß der CSU-Parteivorsitzende Strauß auf einer Rückgängigmachung der Ernennung von Michael Petzet zum neuen bayerischen Generalkonservator bestehen sollte, hat in der CSU einen leichten Schock ausgelöst.

Aus Kreisen der Landtagsfraktion verlautete, daß man es auf einen Rücktritt Maiers nicht ankommen lassen dürfe, zumal der Kultusminister auch gestern hart bei seiner Alternative blieb, entweder die nach sachlichen Gründen getroffene Entscheidung für Petzet in der CSU-Landesleitung zu akzeptieren oder aber seine Demission entgegenzunehmen. Der Vermittlungsauftrag, den der CSU-Fraktionsvorsitzende Seidl erhalten hat, wird nach derzeitiger Sicht der Dinge darauf hinauslaufen, daß man den „Fall Petzet" letzten Endes zu den Akten legt, sofern dieser nicht von sich aus auf den Amtsantritt verzichtet. Ferner wird man vereinbaren, daß die Verbindung zwischen Partei, Staatsregierung und Fraktion weiter verbessert wird. Strauß erklärte gestern nachmittag zu dem Streit um Petzet: „Es liegt in der alleinigen Zuständigkeit der Staatsregierung, hier zu entscheiden."

Die Landtagsopposition von SPD und FDP hat inzwischen die Vorgänge um den neuen Generalkonservator als Beweis für die Führungsschwäche von Ministerpräsident Goppel genommen. Gegen Strauß erhob die SPD den Vorwurf, er handle verfassungswidrig, wenn er wichtige Staatsämter nur CSU-Parteimitgliedern vorbehalten wolle. Die FDP sprach von Verquickung der Partei- und Regierungsinteressen bei der CSU. Außerdem offenbare sich hier ein parteiinterner Machtkampf um alle wichtigen politischen Entscheidungen in Bayern. Die CSU sei in sich stärker zerstritten als die SPD.

Petzet ist der Richtige

Die CSU will also endlich einen der zahlreichen „Linken" im Münchener Kulturbetrieb abschießen. Wer der modischen Linkswelle mehr als überdrüssig ist, hört die Nachricht mit Befriedigung. Es zählte ja schon immer zu den grotesken Seiten des Pluralismus in Bayern, daß die stärkste Partei des Landes auf dem kulturellen Sektor nichts zu sagen hat. Man hört die Nachricht und nimmt ganz selbstverständlich an, daß die CSU nun also doch daran gehen will, den Bayrischen Rundfunk von einigen jener linken Päpste zu befreien, die täglich der Mehrheit der Bevölkerung ins Gesicht spucken. Angefangen etwa bei jenem offen kommunistischen Literaten Hamm, der seit Jahren im Hörfunk jede Besprechung eines ihm nicht genehmen Buches blockiert. Leider packt die CSU auf dem kulturellen Glitschparkett wieder einmal nicht den Stier bei den Hörnern. Man ist platt, welches Opfer sich die CSU gewählt hat: Michael Petzet, den Direktor der städtischen Galerie im Lenbachhaus, der nun für den Posten des Chefs der bayrischen Denkmalpflege ausersehen ist.

Der Schreiber dieses Artikels steht wirklich nicht im Geruch eines Mannes, der eine Entscheidung schon deshalb für falsch hält, weil sie von Franz Josef Strauß kommt. Aber hier hat sich der CDU-Chef einfach falsch beraten lassen. Gewiß ist Petzet kein Konservativer, aber er macht die linken Tendenzen auch nicht mehr mit, als heute nötig ist, wenn man sich aus dem Intrigenparkett des Kulturbetriebs halten will. Gewiß zeigt Petzet in seinen Ausstellungen im Lenbachhaus hauptsächlich die zur Zeit an der internationalen Börse gehandelten Künstler (wenn auch zum Teil deshalb, weil er wegen seines minimal bemessenen Ausstellungsfonds meist fertige Ausstellungen von auswärts übernehmen muß). Er ist aber auch einer der ersten deutschen Museumsdirektoren der die von der linken Kulturkritik verfemten Meister des 19. Jahrhunderts aus dem Depot geholt hat. Seit Petzet die städtische Galerie leitet, kann man in München wieder die ganze Münchener Schule der Malerei sehen, und zwar auch so tabuierte Maler wie Piloty, Defregger, Albert von Keller, Gabriel Max.

Im übrigen kann man zur Berufung Petzets an die Spitze der Denkmalpflege sagen, daß damit wirklich einmal ein Mann in das Amt geholt wurde, zu dem er durch seine ganze Vorbildung prädestiniert ist (mehr auf jeden Fall als zum Direktor einer bloßen Gemäldegalerie). Petzet war schon von 1958 bis 1968 in der Denkmalpflege tätig und arbeitete dabei drei Denkmäler-Kurzinventare (Landkreise Kempten, Füssen, Marktoberdorf) und ein Großinventar (Landkreis Sonthofen) aus. Anschließend überwachte er für die Schlösserverwaltung die oberbayerischen Königsschlösser, und in seiner Amtszeit als zweiter Direktor des Zentralinstituts für Kunstgeschichte 1970 bis 1972 beschäftigte er sich in erster Linie mit der Münchener Stadtarchitektur, wovon ein von ihm inspirierter Band über historische und Jugendstil-Fassaden in München zeigt, der dieses Jahr erscheinen wird.

Wer die Münchener Kulturlandschaft einigermaßen kennt, weiß, woher die wirklichen Widerstände gegen Petzet kommen, über die Franz Josef Strauß vermutlich nicht unterrichtet ist. Sie kommen nämlich aus einer Haltung, die sich für „konservativ" hält, in Wirklichkeit aber einfach geistige Unbeweglichkeit ist. Petzet hat zwei Sünden begangen, die ihm gewisse Kreise nicht verzeihen. Erstens rechnet er Historismus, Gründerstil, Jugendstil zu den des Schutzes würdigen Stilen, während das Interesse der alten Schule bei Klenze und Gärtner aufhört. Zweitens hat Petzet in glanzvollen Ausstellungen über Ludwig II. (1968) und Bayerns Kultur (Olympiajahr 1972) sich nicht gescheut, alle Mittel der „Inszenierung" einzusetzen, was ihm den gehässigen Spitznamen eines „Pop-Konservators" eingetragen hat. Wir glauben aber, daß beides Petzet zum idealen Leiter der bayerischen Denkmalpflege macht. Dieses Amt war bisher zu sehr ministerialbürokratisch diskret (und im Gesichtswinkel snobistisch eingeschränkt) geführt worden. Es braucht einen dynamischen und einfallsreichen Chef, der die Bevölkerung Münchens mit allen Mitteln in Bewegung zu bringen vermag, um das zu retten, was von der architektonischen Substanz dieser Stadt den letzten Krieg überstanden hat — und zwar die Gründerzeit inbegriffen, die wir in ihrer phantastischen Dimension ja erst zu entdecken beginnen.

ARMIN MOHLER

Die Welt, 22. März 1974

Fall Petzet schlägt weiter Wellen

**Landtagsopposition überlegt Große Anfrage wegen neuernanntem Generalkonservator
CSU will es nicht auf Rücktritt Maiers ankommen lassen — Umstrittene Ausstellung**

München. (Eig.Ber.) Die inoffizielle Rücktrittsdrohung des bayerischen Kultusministers Maier für den Fall, daß der CSU-Vorsitzende Strauß auf eine Rückgängigmachung der Ernennung von Dr. Michael Petzet zum neuen Generalkonservator im Landesamt für Denkmalpflege durch das Kabinett bestehen soll, hat in der CSU einerseits einen leichten Schock ausgelöst und in der Landtagsopposition andererseits zu Überlegungen geführt, das Thema zum Gegenstand einer parlamentarischen Initiative in der nächsten Woche zu machen.

Aus Kreisen der CSU-Landtagsfraktion verlautete, daß man es auf einen Rücktritt Maiers nicht ankommen lassen dürfe.

Der Vermittlungsauftrag den der CSU-Fraktionsvorsitzende Seidl erhalten hat, wird nach derzeitiger Sicht der Dinge darauf hinauslaufen, daß man den Fall Petzet mit irgend einer gemeinsamen Erklärung bereinigt und vereinbart, die Verbindung zwischen Partei, Staatsregierung und Fraktion zu verbessern.

Die andere Möglichkeit, die derzeit noch diskutiert wird, daß Petzet bewogen werden kann, auf die Übernahme des Amtes zu verzichten. Nachdem aber der von Strauß erhobene Vorwurf, es handele sich bei Petzet um einen Linken, anscheinend nicht zu halten ist, beschränkt sich die Argumentation gegen ihn, vor allem auf seine Mitverantwortung für die Manzoni-Ausstellung in der Münchner Städtischen Galerie, auf welcher Manzoni „selbstproduzierte Künstlerscheiße" in Dosen angeboten hatte.

Die Landtagsopposition, SPD und FDP-Fraktion, hat inzwischen die Vorgänge um Petzets Ernennung als Beweis für „die Führungsschwäche" von Ministerpräsident Goppel gewertet. Gegen Strauß erhob der SPD-Fraktionsvorsitzende Gabert den Vorwurf, er handele verfassungswidrig, wenn er wichtige Staatsämter nur CSU-Parteimitgliedern vorbehalten wolle.

Die FDP-Fraktionsvorsitzende, Frau Hildegard Hamm-Brücher, sprach von Verquickung der Partei- und Regierungsinteressen bei der CSU. Außerdem offenbare sich hier der parteiinterne Machtkampf um allen wichtigen politischen Entscheidungen in Bayern. Die CSU sei in sich stärker zerstritten als die SPD.

Die FDP-Fraktion, die nach der Geschäftsordnung des Landtages in ihrer parlamentarischen Aktivität beschränkt ist, würde es begrüßen, wenn die SPD den Fall Petzet zum Gegenstand einer aktuellen Stunde oder einer Großen Anfrage in der Vollsitzung des Parlaments nächste Woche machen würde. Die sozialdemokratische Fraktion hat ihrerseits schon Überlegungen in dieser Richtung angestellt, wird darüber voraussichtlich aber erst Ende der Woche oder Anfang kommender Woche endgültig entscheiden.

Straubinger Tagblatt, 22. März 1974

Nürnberger Nachrichten, 22. März 1974

Der Konflikt zwischen CSU-Chef Strauß und dem Kabinett Goppel schwelt weiter

Maier bleibt bei Rücktrittsdrohung

**Fraktionsvorsitzender Seidl stellt sich auf die Seite der Kritiker des Kultusministers — Vermittlungsversuch am Montag
Landesvorsitzender läßt Bereitschaft zum Einlenken erkennen: „Allein die bayerische Regierung ist dafür zuständig"**

VON UNSEREM KORRESPONDENTEN MAX-HERMANN BLOCH

MÜNCHEN — Der neue Konflikt zwischen der CSU-Führung und dem Kabinett Goppel, der sich an der Ernennung des Kunsthistorikers Dr. Michael Petzet zum neuen Chef des Landesamts für Denkmalpflege entzündet hat, ist noch nicht beigelegt.

Kultusminister Maier, der in die Schußlinie von Parteichef Strauß geraten ist, soll von seiner Rücktrittsdrohung nicht abrücken. Dazu verlautet, Goppel habe seinem Ressortchef bedeutet, daß eine Einzeldemission überhaupt nicht in Frage komme; wenn schon, dann müsse das gesamte Kabinett zurücktreten.

Zusätzlichen Zündstoff lieferte der Vorsitzende der CSU-Landtagsfraktion, Dr. Alfred Seidl, der sich mit der Ansicht von Strauß und Generalsekretär Tandler identifizierte, daß die Ministerratsentscheidung, wenn rechtlich möglich, rückgängig gemacht werden müsse. Er, Seidl, halte jedenfalls Dr. Petzet als Leiter einer staatlichen Behörde nicht für tragbar. Auf der anderen Seite warnte Kultusminister Hans Maier die CSU — der er erst seit wenigen Monaten angehört — vor einem Rückschlag „in den endlich verbesserten Kontakten zu Wissenschaft und Kunst".

CSU-Chef Strauß, der gestern nicht in München weilte, weil er in Bonn seinem Parteistellvertreter Franz Hebl zu dessen 50. Geburtstag gratulierte, scheint aber bemüht zu sein, eine Kabinettskrise in Bayern wenige Monate vor Beginn des Landtagswahlkampfes zu vermeiden.

Er reagierte auf den Personalstreit und die damit verbundene Drohung Maiers, notfalls den Hut zu nehmen, mit dem Hinweis, daß schließlich das Kabinett „allein zuständig" sei. Allerdings meldete Strauß erneut schwerwiegende Bedenken gegen Petzets Ernennung an. Dies habe er auch schon seit geraumer Zeit den Kultusminister wissen lassen. Strauß gab sich überrascht: „Ich selbst hätte nie geglaubt, daß dieser Vorschlag kommen könnte."

Weiter meinte der Landesvorsitzende, Maier sei zwar „der beste in der Runde aller Kultusminister", doch schließe dies nicht aus, daß auch von ihm einmal ein Gedanke komme, „der nicht dem Maßstab entspricht, den man in solchen Fällen anlegen sollte."

Während das Kabinett mit einer klaren Mehrheit für Petzet votiert hat — man spricht von einem Stimmenverhältnis von 7:4 —, scheint es in der CSU-Fraktion im Münchner Maximilianeum mit einer Mehrheit gegen Petzet zu geben. Offenbar stützt sich Seidl mit seiner Attacke gegen den neuen Landeskonservator auf diese parlamentarische Majorität.

Aus Terminründen kann ein Vermittlungsversuch zwischen Strauß und Tandler einerseits sowie Regierungschef Goppel und seinem Kultusminister Maier andererseits erst am Montag kommender Woche stattfinden. Fraktionsvorsitzender Seidl soll bei dem Versuch zur Bereinigung der Affäre „die Leitung" haben. Goppel und Maier schien es damit allerdings nicht zu eilen, denn sie haben sich in aller Ruhe für zwei Tage nach Bayreuth begeben, wo sie unter anderem die Grundsteinlegung für die neue Universität vornehmen wollen.

Inzwischen zerbrechen sich die Juristen den Kopf, ob mit dem öffentlich verkündeten Kabinettsbeschluß, Dr. Petzet mit Wirkung vom 1. Juli 1974 zum Leiter des Landesamts für Denkmalpflege zu berufen, bereits die rechtswirksame Bestallung erfolgt ist.

Der nunmehr einzige — in den Augen von Strauß, Tandler und Seidl allerdings entscheidende — Fleck auf der Weste von Dr. Petzet ist die Manzoni-Ausstellung im Herbst 1973. Die drei Unionspolitiker argumentieren, eine Persönlichkeit, die für den seinerzeit heftig umstrittenen Katalog verantwortlich zeichne, könne nicht Leiter einer wichtigen staatlichen Behörde sein. In dem Katalog wurden die Werke des italienischen Künstlers erläutert und dabei auch berichtet, Manzoni habe schon 90 Dosen seines „Kunstwerks Künstlerscheiße 1961" verkauft, wobei umgerechnet pro Gramm Gewicht der Goldpreis erzielt wurde.

Die Fronten in der Auseinandersetzung um neuen Landeskonservator verhärtet

„Gipfelgespräch" soll den CSU-Streit schlichten

Kultusminister Maier hält seine Rücktrittsdrohung aufrecht / Kabinettsbeschluß mit nur knapper Mehrheit?

München (lb). Bei einem „Gipfelgespräch" wollen sich die Spitzen der CSU-Parteiführung und der bayerischen CSU-Regierung am kommenden Montag um eine Beilegung des zwischen ihnen entstandenen Streits wegen einer Personalentscheidung des Kabinetts bemühen. An der Unterredung werden neben dem CSU-Vorsitzenden Franz Josef Strauß und Ministerpräsident Alfons Goppel auch Kultusminister Prof. Hans Maier und der CSU-Fraktionsvorsitzende Dr. Alfred Seidl teilnehmen. Der Kultusminister hatte am Donnerstag noch einmal deutlich gemacht, daß er sich einer Intervention des CSU-Vorsitzenden gegen die Ernennung von Dr. Michael Petzet zum Generalkonservator des Landesamts für Denkmalpflege nicht beugen werde. Bei einer Zurücknahme des am vergangenen Dienstag nur mit knapper Mehrheit gefaßten Kabinettsbeschlusses für Petzet werde er zurücktreten.

● Die bayerische SPD hielt Strauß am Donnerstag Verfassungswidrigkeit vor, wenn er wichtige Staatsämter nur CSU-Mitgliedern vorbehalten wolle. Der CSU-Vorsitzende spiele sich immer mehr als eine Art „Überministerpräsident" auf. Nach Ansicht der FDP wurde der Öffentlichkeit mit dem neuerlichen Streit zwischen CSU und Regierung „drastisch vor Augen geführt, wie sehr die CSU ihre Macht mißbraucht".

● Minister Maier stellte sich am Donnerstag vor den 40 Jahre alten Petzet, der zur Zeit Direktor der Münchner Städtischen Galerie ist. Petzet wird aus Kreisen der CSU als „Linker" verdächtigt, der vor allem für eine Manzoni-Ausstellung verantwortlich sei, bei der im Herbst 1973 ein „Künstlerscheiße 1961" betiteltes Objekt gezeigt worden sei.

● Der CSU-Fraktionsvorsitzende Seidl meinte, es gehe um die Frage, ob eine Persönlichkeit, die für den umstrittenen Katalog der Sonderausstellung Manzonis verantwortlich zeichne, der Leiter einer so wichtigen staatlichen Behörde sein könne. Das Objekt selbst war auf der Ausstellung in München nicht zu sehen. Im Katalog gibt es im numerierten Verzeichnis auch keinen Hinweis auf die kritisierte „Künstlerscheiße 1961". Allerdings findet sich in der aus der englischen Katalogfassung übernommenen Dokumentation ein Bild des Objekts. Die Bayerische Staatskanzlei und die CSU-Landesleitung waren auch am Donnerstag zu keinen Stellungnahmen bereit.

● Im Tauziehen um den Nachfolger von Prof. Torsten Gebhard als Generalkonservator war schon vor dem Kabinettsbeschluß am vergangenen Dienstag bekannt geworden, daß führende CSU-Funktionäre gegen Petzet Bedenken angemeldet hatten. Der Kultusminister informierte sicherem Vernehmen nach Strauß Anfang Februar über die von ihm befürwortete Wahl von Petzet. Eine Antwort erhielt der Minister offensichtlich nicht. Favorit der CSU-Landesleitung im Rennen um die Gebhard-Nachfolge scheint der Münchner Architekt Dr. Erwin Schleich gewesen zu sein. Aber auch die vom Kultusministerium zu Rate gezogenen Museumsfachleute votierten für den Kunsthistoriker Petzet.

● Ein Gespräch zwischen dem Kultusminister und dem CSU-Vorsitzenden am Mittwoch hat offensichtlich noch keine Klärung er-

— Anzeige —

über 50 Rezepte

für Kaltschalen und Salate, für Hauptgerichte und Desserts enthält die reichhaltig bebilderte Broschüre „Mit Joghurt lebt sich's leichter", die von der Bayerischen Milchwirtschaft herausgebracht wurde. Für kalorienbewußte Joghurt-Freunde ein besonderes Bonbon: alle Rezepte sind mit Kalorienangabe versehen! Sie erhalten die Broschüre umgehend, wenn Sie an die Landesvereinigung der Bayerischen Milchwirtschaft e. V., **Abt. J 13**, 8 München 33, Postfach **546**, schreiben. Bitte, DM 1,— in Briefmarken als Schutzgebühr beifügen.

bracht. Von Juristen wurden am Donnerstag Zweifel geäußert, ob der Beschluß des Kabinetts für Petzet allein aus rechtlichen Gründen überhaupt rückgängig gemacht werden könne.

Strauß: Sache des Kabinetts

● Der CSU-Vorsitzende Strauß erklärte am Donnerstag nachmittag zu dem Streit um Petzet: „Es liegt in der alleinigen Zuständigkeit der Bayerischen Staatsregierung, hier zu entscheiden." An ihn seien seit geraumer Zeit viele schwerwiegende Bedenken gegen den Plan Maiers herangetragen worden, Petzet für dieses Amt vorzusehen. „Ich selbst hätte nie geglaubt, daß dieser Vorschlag kommen könnte." Strauß betonte nach Mitteilung der CSU-Landesleitung, er selbst habe diese Bedenken mehreren Kabinettsmitgliedern mitgeteilt. Strauß nannte Maier „den Besten in der Runde aller Kultusminister". Das schließt jedoch nicht aus, daß auch von ihm einmal ein Vorschlag komme, der nicht dem Maßstab entspricht, den man in solchen Fällen anlegen sollte".

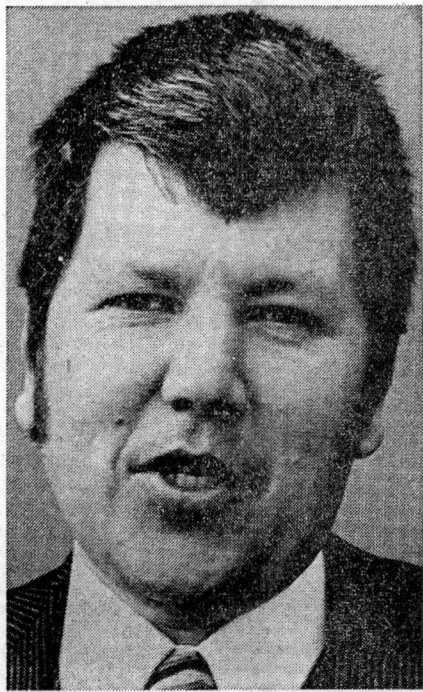

UM DIE ERNENNUNG des derzeitigen 40 Jahre alten Direktors der Städtischen Münchner Galerie im Lenbachhaus, Dr. Michael Petzet, zum Generalkonservator des Landesamtes für Denkmalspflege ist es zu ernsthaften Differenzen zwischen Franz Josef Strauß und Ministerpräsident Alfons Goppel gekommen. Kultusminister Professor Hans Maier will sich nicht einer Intervention des CSU-Chefs gegen die Personalentscheidung des Kabinetts beugen und gegebenenfalls zurücktreten.

Bild: dpa

Mittelbayerische Zeitung
22. März 1974

Gespräch mit Michael Petzet

Die Pflicht zu informieren

Der Leiter der Münchener Städtischen Galerie im Lenbachhaus, Dr. Michael Petzet, ist unter Beschuß der CSU geraten: Offensichtlich um dessen Ernennung zum Generalkonservator des Landesamtes für Denkmalspflege zu verhindern, hat Franz Josef Strauß dem ausgezeichneten Museumsmann „anstößige" Ausstellungen angehängt.

Herr Dr. Petzet, die Rede ist immer nur von der Piero-Manzoni-Dokumentation. Was wirft man Ihnen sonst noch vor?

Man wollte mich mit der sogenannten „Kunstzone" in Verbindung bringen (auf der damals die Polizei einschritt; d. Red.). Es läßt sich aber nachweisen, daß ich zu dieser Zeit mit der großen Ausstellung zum Olympia-Jahr, „Bayerns Kultur", beschäftigt war. Da blieb nur noch diese Dose mit der „Künstlerscheiße" Manzonis übrig, die aber in München gar nicht gezeigt wurde.

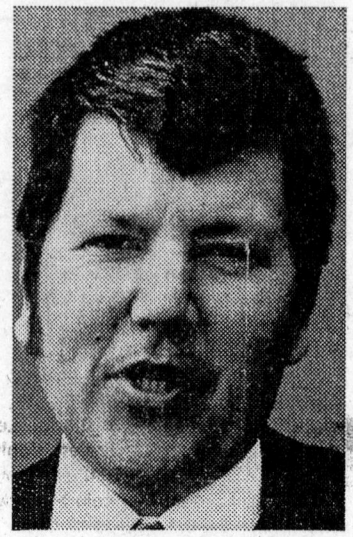

Aber im Katalog war sie abgebildet, und so mußte man die Vorwürfe schließlich groteskerweise auf Sie als den Katalog-Verantwortlichen beschränken.

Wir haben die Ausstellung „Piero Manzoni — Objekte und Bilder" von den USA übernommen, weil es unsere Pflicht ist als Städtische Galerie, über aktuelle Tendenzen zu informieren. Und was heißt schon aktuell: Der Künstler ist seit zehn Jahren tot; er ist ein Klassiker der Anti-Kunst.

Offensichtlich reicht das aber immer noch aus, um einen Vermittler von Anti-Kunst automatisch zum „Linken" zu stempeln.

Wie das geschehen kann, ist mir unverständlich. Die Provokation, die heute beschworen wird, hätte ja schon bei der Ausstellung selbst wirken müssen. Aber es gab nicht den mindesten Protest, niemand fühlte sich verletzt.

Die ganze Geschichte wird ja offensichtlich so hochstilisiert, weil Sie vom Kabinett zum Generalkonservator des Landesamtes berufen worden sind. Haben Sie denn schon früher Schwierigkeiten mit Ihrer Ausstellungspolitik gehabt.

Nein, überhaupt nicht. Ich hätte wirklich genügend Gelegenheit gehabt, sogenannte gesellschaftsverändernde Ausstellungen zu machen. Aber wir haben nichts zu diesem Thema angeboten. Unser Programm ist eher künstlerisch ausgerichtet. Und was meine politische Haltung anbelangt, so ist die eher parteilos einzustufen.

Sibylle Maus

Stuttgarter Nachrichten, 23./24. März 1974

Das Streiflicht

Süddeutsche Zeitung
23./24. März 1974

(SZ) Sagen wir einmal so: Einen Jux wollt' er sich machen, der italienische Künstler Piero Manzoni, als er vor Jahren gewisse Ausdrucksschwierigkeiten gewisser Kunstschaffender plastisch ironisierte, indem er ein verschlossenes Konservendöschen (Inhalt netto 30 Gramm) mit der Aufschrift *Künstlerscheiße* versah und als Exponat für Ausstellungen freigab. Das Döschen war 1973 auch im Katalog der Lenbach-Galerie zu sehen, deren Leiter Michael Petzet jetzt zum Generalkonservator im Bayerischen Landesamt für Denkmalpflege ernannt worden ist. Auf das Döschen pochend, verlangte F. J. Strauß, das Kabinett solle die Ernennung zurücknehmen. Kultusminister Maier drohte mit seinem Rücktritt; er habe nicht jahrelang gegen das imperative Mandat der Linken gekämpft, um es nun im eigenen Haus praktizieren zu lassen. 30 Gramm womöglich fingierter *Künstlerscheiße* aus dem Jahre 1961 haben also bewirkt, daß es heute in München gefährlich nach Regierungskrise riecht.

Wie bei der Entstehung des Dreißigjährigen Krieges unterscheiden wir auch hier äußeren Anlaß und tiefere Ursachen. Die geruch- und geschmacklose Leichtkonserve allein kann es nicht sein, was den sonst weniger pingeligen Strauß gegen seine lieben Artverwandten um Alfons Goppel loslegen läßt. Wahrscheinlich hätte für ihn auch schon eine auf Toilettenpapier gedruckte und im Lenbachhaus oder anderswo ausgestellte Bayernhymne genügt, um wieder einmal zu zeigen, wo die Musik spielt. Womöglich noch tiefere Ursachen liegen im dunkeln, und da die Hintergründe wohl verschattet bleiben, wenn der Streit zwischen Kabinett und Strauß Anfang nächster Woche zwangsgeschlichtet wird, sollten wir dieses Streiflicht möglichst rasch von München weglenken und die Konservendose beim Tändler lassen. Einen relativ eleganten, wenn auch leicht perforierten Übergang bietet unser Hinweis auf das betextete Toilettenpapier. Mit praktischen Winken versehen, geht es zum Beispiel in Fernost geradezu reißend weg.

Die Welt ist kleiner geworden — nun wären wir also schon mitten auf den Philippinen, wo die Vereinigte Papierindustrie beredte Klage über eine spezielle Raffgier ausländischer Gäste führt. In den WCs von Manila und Umgebung ist ein akuter Notstand ausgebrochen, der wiederum mit den Spätfolgen der Energiekrise im Reich des Tenno zusammenhängt: Japanische Touristen durchstöbern aufgeregt die Supermärkte der Philippinen und kaufen jede Menge Toilettenpapier, am liebsten gleich einen Karton mit 96 Rollen. Das „Souvenir" schicken sie per Post nach Hause und überbrücken — wieder daheim — den Engpaß Blatt für Blatt über lange Wochen. Das sollte uns hierzulande nicht unbeeindruckt lassen, die wir sorglos zwischen verschiedenen Qualitäten wählen können und von unseren Kindern schon Vorhaltungen bekommen, wenn die Mutter das seidenweiche Klopapier mal durch ein paar Rollen von der derberen Art streckt. Auch so wird *Lebensqualität* bis zur Unkenntlichkeit verwischt.

AZ (Abendzeitung), 23./24. März 1974

SPD fordert: Petzet-Krach vors Parlament
Goppel-Rücktritt?

Die Krise zwischen dem bayerischen Kabinett und CSU-Chef Strauß um die Ernennung des Kunsthistorikers Michael Petzet zum Generalkonservator hält an. Wegen der Begleitumstände der Ernennung — wie berichtet, hat Strauß nachträglich gegen die Kabinetts-Entscheidung interveniert — hat die SPD-Fraktion eine aktuelle Stunde im Landtag beantragt, die am kommenden Dienstag stattfinden wird. Fraktionschef Volkmar Gabert: „Regierung und Parlament können es sich nicht bieten lassen, von Strauß wie Rekruten hin- und herkommandiert zu werden."

Gabert erwartet nach Angaben der SPD vor allem von Ministerpräsident Goppel eine eindeutige öffentliche Erklärung. Goppels Rolle in der neuerlichen CSU-Affäre bezeichnete Gabert als „tragisch". Goppel müsse jetzt entweder Strauß klarmachen, daß er nicht dessen „Laufbursche" sei oder aber „tatsächlich zurücktreten".

Obwohl die Staatskanzlei offiziell auch gestern jeden Kommentar zu dem CSU-Hauskrach ablehnte, sickerte dennoch durch, daß der Ministerpräsident offensichtlich entschlossen ist, mit dem gesamten Kabinett zu demissionieren, falls Kultusminister Hans Maier wegen des „Falls Petzet" zurücktreten sollte. Zur aktuellen Stunde ließ Goppel erklären, dies sei ein Versuch, „miese Stimmung" zu machen.

Bis gestern abend war nicht ersichtlich, wie groß die Erfolgschancen für das CSU-interne „Gipfelgespräch" sind, bei dem am Montagabend der Streit beigelegt werden soll. Es gibt nach wie vor Stimmen in der CSU, die Petzets Ernennung rückgängig machen wollen. Allerdings gibt es auch andere: So schickte der CSU-Landtagskandidat Dr. Faltlhauser aus Protest gegen den „Parterre-Streit" in der CSU eine Imitation jener Dose mit „Künstlerscheiße" an CSU-Generalsekretär Tandler, die den Krach um Petzets Berufung ausgelöst hatte.

Sönke Petersen

Süddeutsche Zeitung, 23./24. März 1974

Die Aufgaben des Generalkonservators

(SZ) Die Krise, die CSU-Chef Franz Josef Strauß der von seiner Partei getragenen bayerischen Staatsregierung bereitet hat, scheint von politischen, wenn nicht parteipolitischen Gründen ausgegangen zu sein. Die Besetzung des Amtes, die Anlaß zu dem spektakulären Streit gegeben hat, wurde nach der Versicherung von Kultusminister Hans Maier, der dafür die Verantwortung trägt, ausschließlich nach fachlichen Gesichtspunkten getroffen. Nachfolgend wird die Bedeutung umrissen, die dem Wirken des Generalkonservators für Bayern zukommt.

Der Generalkonservator des Landesamtes für Denkmalpflege bestimmt innerhalb des Amtes die allgemeinen Richtlinien der Arbeit. Er muß die Arbeit der einzelnen Referate koordinieren. Nach außen hat er die Pflege der Denkmäler und die Interessen des Landesamtes als einer unabhängigen Sachgutachterbehörde zu vertreten. Er vertritt das Amt gegenüber der Verwaltung des öffentlichen Dienstes wie gegenüber anderen, auch kirchlichen, Oberbehörden. Er hat den Rahmen zu schaffen, in dem denkmalspflegerische Arbeit geleistet werden kann. In übergeordneten Fachgremien, vor allem in der Vereinigung der Landesdenkmalpfleger in der Bundesrepublik Deutschland, muß er als Vertreter Bayerns mit seinem reichen Denkmälerbestand zur aktiven und verantwortlichen Mitarbeit bereit sein.

In der Öffentlichkeit hat er als Anwalt der Denkmäler (von der Vorgeschichte bis ins 20. Jahrhundert) für ihren Schutz, ihre sachgemäße Behandlung und Pflege zu werben. In grundsätzlichen Fragen muß er öffentlich Stellung nehmen. Er hat dafür zu sorgen, daß lokale Probleme nach übergeordneten Gesichtspunkten gelöst werden. Er muß fähig und geschickt zur Zusammenarbeit sein und in Verhandlungen überzeugend auftreten. Er muß den Arbeitsbereich des Amtes soweit überblicken, daß er alle Bereiche ohne die Bevorzugung eines eigenen wissenschaftlichen Spezialgebietes jederzeit gleichwertig vertreten kann.

Da das Landesamt für Denkmalpflege eine wissenschaftliche Institution ist, wird vom Leiter eine wissenschaftliche Qualifikation gefordert. Er muß mit den heute international geltenden Grundbegriffen wissenschaftlich fundierter Denkmalpflege aufs engste vertraut sein.

Doris Schmidt

In Bayern gehen die Uhren anders — SZ-Zeichnung: Murschetz

Süddeutsche Zeitung
23./24. März 1974

SPD verlangt von Goppel: Machtwort oder Rücktritt

Einmischung des CSU-Chefs im Fall Petzet wird den Landtag beschäftigen

Von unserem Redaktionsmitglied Michael Stiller

München, 22. März — Eine „eindeutige öffentliche Erklärung" zu den neuesten Auseinandersetzungen zwischen dem CSU-Parteivorsitzenden Franz Josef Strauß und der bayerischen Staatsregierung hat der Vorsitzende der SPD-Landtagsfraktion, Volkmar Gabert, von Ministerpräsident Alfons Goppel (CSU) gefordert. Gabert nahm am Freitag nochmals in scharfer Form zu den Vorgängen im Zusammenhang mit der Ernennung des neuen Generalkonservators im Landesamt für Denkmalspflege Stellung. Er verlangte von Goppel, er müsse „jetzt entweder Strauß klarmachen, daß er nicht dessen Laufbursche, sondern der Ministerpräsident des Freistaates Bayern ist, oder eben tatsächlich zurücktreten". Der Regierungschef warf Gabert daraufhin vor, ihn herabzuwürdigen und „miese Stimmung" machen zu wollen. Gelegenheit zur ausführlichen Stellungnahme wird Goppel am Dienstagnachmittig haben: Die SPD-Fraktion hat beantragt, daß die jüngsten Vorgänge in einer Aktuellen Stunde im Landtag behandelt werden.

Zur Begründung dieses Antrags erklärte der SPD-Politiker, „das massive Eingreifen von Strauß" in die Personalentscheidung des Kabinetts sei so schwerwiegend, daß sich das Parlament damit beschäftigen müsse. Regierung und Parlament könnten es sich nicht bieten lassen, „von Strauß wie Rekruten hin- und herkommandiert zu werden". Gabert bezeichnete Ministerpräsident Goppels Rolle als „tragisch". Der Regierungschef müsse sich nun aber entscheiden, entweder Strauß in die Schranken zu weisen oder aber zurückzutreten.

Ministerpräsident Goppel, der bei einem Besuch des Landkreises Bayreuth über die Angriffe Gaberts unterrichtet wurde, sieht in den „Erläuterungen" des SPD-Fraktionsvorsitzenden „einen argen Verstoß gegen die parlamentarischen Spielregeln". Gabert maße sich ein Urteil über einen Sachverhalt an, den er nur vom Hörensagen kenne. Dem SPD-Fraktionsvorsitzenden komme es offenbar nicht darauf an, daß in der beantragten Aktuellen Stunde Parlament und Öffentlichkeit unterrichtet werden, sondern er wolle „durch Herabwürdigung des Ministerpräsidenten miese Stimmung machen". Eine Stellungnahme zu der eigentliche Krise, auf deren Höhepunkt Kultusminister Professor Hans Maier mit seinem Rücktritt gedroht und auch Regierungschef Alfons Goppel von Demissionierung gesprochen haben, war jedoch am Freitag in der Münchner Staatskanzlei immer noch nicht zu erhalten.

Wie mehrfach berichtet, kam es wegen der Ernennung des Münchner Kunsthistorikers Michael Petzet durch Goppels Kabinett zu der Regierungskrise. Die Entscheidung für Petzet veranlaßte Parteichef Strauß zu wütendem Protest und der Forderung, den Beschluß zurückzunehmen. Dagegen wehrt sich der Chef des zuständigen Regierungsressorts, Kultusminister Maier, der eine Rücknahme der Kabinettsentscheidung zum Anlaß für seinen Rücktritt nehmen würde. Strauß und seine Gefolgsleute in der Partei halten Petzet nicht für qualifiziert, eine staatliche Behörde zu leiten, weil er als Direktor der Münchner Städtischen Galerie im Lenbachhaus an einem Ausstellungskatalog mitgewirkt hat, in dem ein Werk des italienischen Künstlers Piero Manzoni — eine Konservendose mit dem Titel „Künstlerscheiße 1961" — abgebildet war.

Die Kontrahenten an einem Tisch

Konsterniert und verständnislos stehen diesem neuen Streit weite Teile der CSU gegenüber. Ein Indiz für die schlechte Stimmung vor allem an der Parteibasis ist der „Protest aus dem Parterre", den der Münchner CSU-Landtagskandidat Kurt Faltlhauser am Freitag der Parteispitze zur Kenntnis brachte.

Er schickte an den CSU-Generalsekretär Gerold Tandler eine Imitation des „Casus belli", nämlich eine Konservendose. Auf der Dosen-Imitation ist zu lesen: „Manzoni-Verschnitt, unnötiges Produkt Nummer zwei, CSU-Schei...", produziert in der Vorwahlkampfzeit gegen die Interessen der CSU-Basis, haltbar bis zum 10. 11. 74" (dem Datum der Landtagswahlen).

In einem Begleitschreiben gibt Faltlhauser seiner Verärgerung über den „völlig unnötigen Streit um eine zweitrangige Position" Ausdruck und schreibt: „Wir können feststellen, daß unsere Partei gegenwärtig in Sachfragen eine Klarheit und Geschlossenheit aufweisen kann, wie das wohl selten vorher der Fall war. Gerade in einem solchen Moment der Öffentlichkeit Zerstrittenheit um einen zweitrangigen Posten zu demonstrieren, ist ein Akt politischen Flagellantentums."

Die Hoffnungen der CSU, die Krise doch beheben zu können, konzentrieren sich nun auf den Umstand, daß es dem zum Schlichter ernannten Chef der CSU-Fraktion im Landtag, Alfred Seidl, immerhin gelungen ist, die Hauptkontrahenten Strauß, Goppel und Maier für Montag an einen Tisch zu bringen. Zeitpunkt und Ort des „Gipfelgesprächs" werden streng geheimgehalten. Seidl äußerte sich am Freitag gegenüber der SZ zuversichtlich über den Ausgang des Treffens: „Ich bin der Überzeugung, daß es gelingen wird, die Probleme zu diskutieren und gemeinsame Grundlagen für die weitere politische Arbeit zwischen Partei, Regierung und Landtagsfraktion zu finden. Ein Rücktritt des Kultusministers wird nach meiner festen Überzeugung nicht erfolgen."

Spekulationen in CSU-Kreisen, das Problem könnte sich dadurch lösen, daß der plötzlich ins Rampenlicht geratene Generalkonservator in spe, Petzet, das Gezänk zum Anlaß nehmen könnte, auf die erfolgte Berufung zu verzichten, dürften Wunschdenken sein. Eine entsprechende Frage beantwortete Petzet gestern der SZ mit einem „klaren Nein". Er erklärte: „Ich wäre ein schlechter Denkmalpfleger, wenn ich deswegen resignieren würde."

Daß Befürworter des Konkurrenten von Petzet um das vakant werdende Amt nicht nur in der CSU zu finden sind, stellte sich gestern heraus. Für den Münchner Architekten und Regierungsbaumeister Erwin Schleich, der in Strauß nahestehenden CSU-Kreisen favorisiert worden war, hat sich auch der Kulturexperte und stellvertretende Vorsitzende der SPD-Landtagsfraktion, Jürgen Böddrich (München) ausgesprochen. Eine entsprechende Empfehlung hat er — wie er am Freitag selbst bestätigte — Ministerpräsident Goppel Anfang März gegeben.

Allerdings hat der SPD-Politiker grundlegend andere Argumente als CSU-Chef Strauß. Er hält Petzet für einen „glänzenden Manager", Schleich sei aber der „engagiertere Denkmalpfleger". Nach Petzets Ernennung gibt es für Böddrich jedoch keine Diskussion mehr.

Anders sieht es offenbar im Bayerischen Landesamt für Denkmalpflege aus. In einer Presseverlautbarung zeigen sich seine wissenschaftlichen Beamten und Angestellten „zutiefst bestürzt über die Art der Diskussion, die vor und nach dem Ministerratsbeschluß zur Besetzung der Stelle des Generalkonservators geführt wird". An die Stelle fachlicher Argumentation sei politische Polemik getreten. Damit werde das Ansehen des Amtes geschädigt und die Erfüllung seiner Aufgaben gefährdet. Aber bereits vor Monaten habe das Landesamt darauf hingewiesen, „daß die Arbeit des Amtes unabhängig von politischen und anderen Tagesinteressen vollzogen wird".

Süddeutsche Zeitung
23./24. März 1974

„Fall Petzet" auf dem oberbayerischen CSU-Bezirksparteitag

Unmut über neueste Kabinettsschelte

Garmisch — Franz Josef Strauß dürfte es am Wochenende in den Ohren geklungen haben, als beim oberbayerischen CSU-Parteitag im Garmischer Konzertsaal mißbilligendes Zischen aufkam. Die Unmutsäußerung galt nämlich ihm, dem Landesvorsitzenden, und zwar wegen der durch seine erneute Kabinetts-Schelte geborenen „Affäre Petzet". Nicht nur der Großteil der Jung-Delegierten (rund 30 Prozent der 240 nach Garmisch entsandten Tagungsteilnehmer), sondern auch mancher altgediente Parteifreund ließ deutlich wissen, daß man die Nase gestrichen voll habe von dem Hickhack zwischen dem Landesvorsitzenden und Goppels Regierungsmannschaft.

Schlichtweg sauer ist man, weil aus dem „Fall Fritz" (das Kabinett hatte Dr. Fritz gegen den Willen von Strauß zum Versicherungskammer-Präsidenten ernannt)

Von Ewald Hundrup

keinerlei Lehre gezogen wurde. Oberbayerns CSU-Vorsitzender, Umweltminister Streibl, traf nach Meinung aller Tagungsteilnehmer dann auch den richtigen Ton, als er erklärte, daß es „untragbar und tödlich" für die gesamte CSU sei, wenn Meinungsverschiedenheiten zwischen Strauß und der Staatsregierung, wie sie seit einigen Tagen wegen der Ernennung von Petzet als Generalkonservator bestehen, in die Öffentlichkeit getragen würden. Schuld daran sind nach Streibls Meinung „einige Wichtigtuer" (offensichtlich auch in Kabinetts-Kreisen), die jede Unstimmigkeit hinausposaunen müßten. Dazu der Garmischer Zweite Bürgermeister und dortige CSU-Kreisvorsitzende Neidlinger: „Es gibt wohl in keiner Partei eine so miserable Geheimhaltung wie in der CSU."

Der Beifall, den Streibl für seine Ansicht erhielt, schlug aber gleich darauf bei einer ganzen Reihe von Delegierten in mißbilligendes Zischen um. Der Bezirksvorsitzende hatte nämlich anschließend erklärt, daß Strauß das Recht eingeräumt werden müsse, selbst zu Entscheidungen, die ausschließlich Sache der Staatsregierung seien, seine Meinung zu sagen.

Auch dem Erdinger CSU-Kreisvorsitzenden und Landtags-Kandidaten Zehetmair paßte dies nicht, denn: „Wir können uns sowas nicht leisten!" Würde man sich dennoch derartige Kritik à la Strauß an den örtlichen Gremien erlauben, „dann würde man mit uns nicht zimperlich verfahren". Und darum müsse schon die Frage gestellt werden, ob sich der Landesvorsitzende „so was leisten" dürfe.

Münchner Merkur
25. März 1974

Auch die neuerliche Meldung, daß Strauß jetzt endgültig für den Landtag kandidieren wolle, sorgte in Garmisch für Verwirrung. In den vergangenen Wochen hatte schließlich wohl keiner der Delegierten mehr ernsthaft eine Strauß-Kandidatur für möglich gehalten. Selbst Streibl konnte der Versammlung keine eindeutige Antwort über die neuesten Strauß-Absichten („Trotz mehrerer Gespräche" mit dem Parteichef sei „eine Meinungsbildung darüber noch nicht erfolgt") geben.

Eigentlicher Mittelpunkt des Parteitages waren die Neuwahlen des Vorstandes. Bevor jedoch Max Streibl bei nur einer Nein-Stimme (zwei Delegierte votierten für Landwirtschaftsminister Eisenmann) wiedergewählt wurde, gab der Vorsitzende des mit 25 996 Mitgliedern größten CSU-Bezirksverbandes einen Überblick über die politische „Wetterlage". Befriedigt berichtete er, daß die Bundesratsbeschlüsse in letzter Zeit immer deutlicher „die Handschrift Bayerns zeigen" würden. Zum Koalitionsangebot an die FDP sagte Streibl, man werde den Liberalen nicht nachlaufen. Überdies sei die FDP längst „keine bürgerliche Partei" mehr. Der Minister: „Wer FDP wählt, wählt SPD." In der SPD jedoch habe der radikale Sozialismus inzwischen die „Führung übernommen". Daran ändere auch die Tatsache nichts, daß der bayerische SPD-Vorsitzende Vogel „alle 14 Tage sein Liedlein gegen die Jusos zwitschert".

Zu den Neuwahlen: Finanzminister Huber schaffte es, bei nur 25 Nein-Stimmen zum stellvertretenden Vorsitzenden gewählt zu werden. Als weitere Streibl-Stellvertreter wurden ferner der Ingolstädter Oberbürgermeister Peter Schnell und Wahlkampf-Mobilisator Karl-Heinz Spilker (MdB) gewählt. Als Schriftführer fungieren jetzt Mathilde Berghofer-Weichner (MdL) und ihr Fraktionskollege Wilhelm Röhrl; als Kassier der erst 27-jährige Fabrikantensohn Ludwig Kuttner und Karl-Heinz Aigner.

Dem Vorstand gehören aber noch weitere 26 Beisitzer an. Otto Wiesheu, Oberbayerns JU-Vorsitzender, setzte beim Wettstreit der Delegierten um diese Posten seine taktischen Fähigkeiten erneut unter Beweis, und zwar mit Erfolg: Sechs JU-Vertreter, so hatte er sich vorgenommen, müssen in den neuen Bezirksvorstand — sieben wurden gewählt. Und von den am Wochenende bestimmten 26 Delegierten für den Landesparteitag am 4. Mai gehören ebenfalls nicht weniger als neun der Jungen Union an.

Goppel und Merk Spitzenkandidaten

Der CSU-Bezirksverband Schwaben wählte am vergangenen Wochenende erwartungsgemäß Innenminister Merk zum neuen Bezirksvorsitzenden. Merk dürfte damit auch den Spitzenplatz der schwäbischen CSU-Liste erhalten. Die oberpfälzische CSU setzte am Wochenende den jetzt 68 Jahre alten Ministerpräsidenten Goppel auf den ersten Platz der Wahlkreisliste.

Mal wieder den Esel gemeint?   Merkur-Zeichnung: Herbert Kolfhaus

Politisierte Denkmalpflege in Bayern?

Ueberflüssiger Hausstreit in der CSU-Spitze

Gä. München, 24. März

Kunst ist in Bayerns Geschichte schon öfters zum brisanten Politikum geworden. Waren es allerdings zu königlichen Zeiten mit Lola Montez und Richard Wagner noch vergleichsweise «vornehme» Anlässe, die die hiesige Politik in Bedrängnis brachten, so ist es unter der republikanischen Regierung der CSU ein ungemein trivialerer Gegenstand — nämlich ein Katalogbild «Künstlerscheiße-Dosenprodukt Mai 1961» des verstorbenen Mailänder Malers *Piero Manzoni* —, der Kultusminister *Maier* und unter Umständen das ganze Kabinett Goppel dazu veranlaßt, dem derzeitigen Potentaten Strauss mit Rücktritt zu drohen.

Um die Wahl eines neuen Generalkonservators

In der Sache geht es dabei um folgendes: Aus einer Reihe von qualifizierten Bewerbern für das freiwerdende Amt eines Generalkonservators des Landesamtes für Denkmalpflege hatte das Kultusministerium *Dr. Michael Petzet*, den 40jährigen Direktor der Münchner Städtischen Galerie im Lenbachhaus, ausgewählt. In Vorbesprechungen wurden dann auch der Landesvorsitzende Strauss und die CSU-Parteileitung davon unterrichtet. Von deren Seite wurden in der Folge angeblich Bedenken angemeldet, daß es sich bei diesem Kandidaten um einen «Linken» handle. Kultusminister Maier, der sich mit der Wahl seiner Beamten identifizierte, insbesondere da es sich bei dem Bewerber um einen *allgemein anerkannten Fachmann* handelte, forderte stichhaltige Beweise für diese negative Beurteilung. Als solche ausblieben, präsentierte er seinen Kandidaten im bayrischen Kabinett, wo sich eine Mehrheit für dessen Nominierung aussprach.

Daraufhin kam es zum Eklat mit dem Parteivorsitzenden *Strauss*, der sich vor allem dadurch geprellt fühlte, daß man ihm gegenüber eine definitive Entscheidung erst für den Juni in Aussicht gestellt hatte. Durch CSU-Generalsekretär *Tandler* übermittelte er dem Kabinett die Aufforderung, die Nominierung rückgängig zu machen. Tandler lieferte nun als *ominöses Beweisstück* den von Petzet mit einem Vorwort versehenen Ausstellungskatalog für eine im letzten Oktober durchgeführte Retrospektive des Mailänder Künstlers im Lenbachhaus, in dem das besagte «Sch...haferl» abgebildet war. Als selbständiges «Objekt» war es allerdings im traditionsreichen Haus am Münchner Karolinenplatz nicht ausgestellt worden.

Kultusminister Maier erklärte nach Strauss' Eingreifen, daß er im Falle einer Stornierung der Entscheidung sein Amt zur Verfügung stellen würde. Seine Begründung: «Ich habe nicht jahrelang gegen das imperative Mandat der Linken gekämpft, um es nun im eigenen Hause praktizieren zu lassen.» Auch im Kabinett mehrten sich die Stimmen derer, die sich mit der Haltung Maiers solidarisch erklären. Denn die *Brüskierung*, die die Regierung bei einer ähnlichen Personalentscheidung im Frühwinter — es handelte sich damals um die Neubesetzung des Vorstandssitzes der Bayerischen Versicherungskammer — vom CSU-Vorsitzenden hatte hinnehmen müssen, war noch zu frisch, als daß man erneut das Gesicht verlieren wollte.

Mücke oder Elefant?

Fest steht allerdings schon jetzt, daß Strauss mit diesem in bayrischer Manier auf offenem Markt ausgetragenen Hauskrach weder sich selbst noch der eigenen Partei Nutzen gebracht hat. Zu einem Zeitpunkt, wo er sich in einem «Stern»-Interview vorsichtig als kommender Bundeskanzler anbietet und wo in Bayern dank den Dauerquerelen der SPD die eindrucksvolle Bestätigung einer absoluten CSU-Mehrheit bei den Landtagswahlen im November durchaus möglich erscheint, wirft er sich und den Seinen durch relativ unbedeutende Personalentscheidungen selbst Prügel in den Weg. Im «Fall Petzet» wird Strauss der Optik und dem Frieden zuliebe wohl in irgendeiner Weise nachgeben müssen. Aber er wird nun vermutlich noch vermehrt seine bis jetzt immer offen gelassene Kandidatur für den Landtag betreiben, um künftig näher bei den Entscheidungsmechanismen zu sein. Nicht nur die SPD, sondern auch die CSU wird sich künftig mit *Doppelstrategie* und imperativem Mandat beschäftigen müssen.

Neue Zürcher Zeitung
25. März 1974

„Die Frage Petzet muß schnell vom Tisch"
Streibl betrachtet den Streit um den Generalkonservator als überspitzt

MÜNCHEN (SZ) — In der CSU wird Parteichef Franz Josef Strauß, wie die Bezirksparteitage am vergangenen Wochenende zeigten, im Zusammenhang mit dem Fall Dr. Michael Petzet, dem neuen bayerischen Generalkonservator, kaum kritisiert. Man ruft vielmehr zu größerer parteiinterner Solidarität aus Anlaß des neuen Hausstreites auf und kritisiert jene, die die internen Vorgänge in der Öffentlichkeit breitgetreten haben.

Vor dem oberbayerischen Bezirksparteitag in Garmisch-Partenkirchen sagte Bezirksvorsitzender und Staatsminister Max Streibl zum Fall Petzet, Meinungsverschiedenheiten in einer Volkspartei seien normal. Außerdem gebe es in der CSU keine grundsätzliche Zerrissenheit wie in der SPD. Würde man aber jedesmal mit Meinungsverschiedenheiten an die Öffentlichkeit gehen, wäre das auf die Dauer „tödlich für die Partei".

Scharfe Kritik übte Streibl in diesem Zusammenhang an „einigen Wichtigtuern", die solche Vorgänge gegenüber der Presse „hochspielen". Sie müßten doch wissen, daß gerade bei der CSU jede Regung besonders beobachtet werde. Der CSU-Vorsitzende habe den Kultusminister als den besten Kultusminister bezeichnet, könne jedoch in Personal- und Sachfragen auch einmal eine andere Meinung besitzen.

Im übrigen ist nach Meinung des Bezirksvorsitzenden diese Personalentscheidung „so bedeutend auch wieder nicht", als daß man eine ganze Wahl aufs Spiel setzen könne. Die Partei müsse aber von ihren Mandatsträgern Solidarität, Verantwortung und Zusammenarbeit in einem Klima des Vertrauens erwarten. „Die Frage Petzet muß schnell vom Tisch und entsprechend ihrer wahren Bedeutung behandelt werden", sagte der CSU-Politiker. Er hatte die Angelegenheit gleich zu Beginn seiner Rede behandelt und so einer möglichen ausführlichen Diskussion allein zu diesem Thema geschickt die Brisanz genommen.

Der CSU-Vorsitzende Strauß hatte an keinem der Bezirksparteitage am letzten Wochenende teilgenommen. Er hielt sich, wie aus der Landesleitung bekannt wurde, im Ausland auf. Er wird heute zurückerwartet zu einem „Einigungsgespräch", voraussichtlich in der Staatskanzlei. Dabei soll angeblich ein Schlußstrich unter den Vorgang gezogen werden. „Wir hoffen, daß die Angelegenheit am Anfang dieser Woche gestorben ist", erklärte Landtagspräsident Rudolf Hanauer. r.

Denkmalpfleger sind zutiefst bestürzt

Das Bayerische Landesamt für Denkmalpflege reagiert auf den „Fall Petzet". Michael Petzet, Direktor der Städtischen Galerie im Lenbachhaus, war zum Generalkonservator ernannt worden — dann mischte sich Franz Josef Strauß ein, und Kultusminister Maier drohte mit Rücktritt (die AZ berichtete). Das Bayerische Landesamt für Denkmalpflege ist nun „zutiefst bestürzt, daß an die Stelle fachlicher Argumentation politische Polemik getreten ist".

Die Beamten und Angestellten erklären: „Bereits vor Monaten wurde gegenüber den verantwortlichen Stellen mit allem Nachdruck darauf hingewiesen, daß die Besetzung der Stelle des Generalkonservators die Gewähr dafür bieten muß, daß die Arbeit des Amtes unabhängig von politischen und anderen Tagesinteressen vollzogen wird." AZ

Bedrefs: Strauß und der Dosenkavalier

Kaum had der Kiesl Erich mid gefaldeten Henden auf die Espede gedeitet und gesagd: Liber God mir dangen dir, daß mir nichd so sind wie disse, da schtösd der Strauß Franzä wie ein Habichd unters Cähesu-Bardeifolk und scheichd es auseinander. Die Brässe isd fohler Neiigkeiten iber den neien Schtunk und ahle loben den Maier Hans, weil er die Zäne gebläggd had. Er dridd zurik had er gesagd, bal der Strauß seinem Petzet nichd das Blazed erteild, had er gesagd und iberhaubz, was mischd sich der Straußä fon Bohn aus imer in die baierische Regirung hinein, wo keine Latirl nichd siezen, sondern geschtandene Minisder. Der Maier isd ein Brofesser fon der Alma Mahler und unabhengiger Ohrgelschbiler, wo sich jederzeit kreizweise ferabschieden kan. Fom Strauß Franzä brauchd er sich keine Intervenzion zu gefahlen zu gelassen, wo er doch der anerkand bäsde Kuldusminisder isd, den Baiern zur Zeit had.

Der Petzet Michl isd ein dichtiger Generalkonserfatifer fir unserne Denkmäler, aber der Schleich Erwin hädde den Bosden genauso derbaggd. Bal mich nichd ahles deischd, had er iber die Bfundamente der Minchner Peterskirche bromofird und jezd baud er den alden Radhausturm wider wie nei auf. Wer den Schleich broteschird, mus sich nichd schönieren. Aber der Maier had sich den Petzet iberlegd und gesagd, düssen nemen mir und nur iber meine Leiche drete ich zurik. Das halberte Gabinet had geniggd wie ein Heidenkind, bal du ein Zenerl hineinwirfsd. Aber jezd machd der Forsiezende Franz Josef eine solchernen Saukrach her, daß sich das eigene Bardeifolk die Ohrwaschel zuheld und flisderd: Schrei nichd so Franzä! In der Schdazkanzlei zidern sie so schtarg, daß sie der Brässe gegeniber kein Wort herausbringen, sondern schweigen wie ein Hühnergrab. Aber den Petzet halden sie mid rohlenden Augen und zusamengepissenen Zänen fesd und disses wihl auch der Landtag hören, indem daß es bei keiner Bardei ein imbferatifes Mahndat geben darf, sondern die Hexekutife had die Ferandwortung.

Mir wissen ahle, daß der Strauß Franzä eine Säle fon einem Mentschen isd, bal man ihm seinen Willen laßd und ahle durch den Reifen schbringen. Du kansd ihn schtreigeln wie einen Bernhardiner und er meind es nichd bäs, bal er einen beußd. Ofd had das baierische Gabinet drozig mid dem Fus aufgeschtambfd, ohne daß der Franzä belzig worn wäre, sondern had er blos mid den Augendeggeln geblinzeld wie ein Uhu. Meinsd du wirklich, daß den eine Dose mid Kinsdlerscheiße empörd, wo der Petzet in einem Katerlog als Kunsdschtük beschrim had? Ich mächde es nichd ferkleinern, indem es imerhin 30 Gramm Netto gewesen sind. Aber was isd das schon gemässen an den Kwantidäten Scheiße, wo die Bolidiker broduzieren und wird nichd in einer Bixe ferschlossen, sondern missen mir sie auslöfeln.

Laß dir was sagen: Der Strauß Franzä isd das unschuldige Opfer einer Intrüge. Den haben ein par Schbezeln scharf gemachd wie einen Buhlen auf der Weide. Franzä, haben sie gesagd, du musd uns einen Freindschafzdiensd erweisen und das kansd nur du, denn du bisd der größde. Schiaß uns den Petzet weg, den Scheißtandler und Dosenkafalier, der Schleich isd unser Mann, mid ihm lasd uns Heiser bauen. Und bal der Franzä was fon einem Freindschafzdiensd hörd, baggd er die näxde Wagendeixel und rammelt jedes Tor auf, so gudmitig isd er. Aber bal ihm schon die Denkmähler an sich wursch sind, misde er in der näxden Zeid besser aufs Hauswesen und die Imätschbflege schaugen. Denn sälig sind die Sambfdwütigen, denn ihrer isd das Hümelreich und der Landtag.

Disses winschd auch dir dein

Weidinger Schorsche
Gemeinderat fon Altenverding

Süddeutsche Zeitung
Regionalanzeiger Landkreis Starnberg
26. März 1974

◁◁ Süddeutsche Zeitung
25. März 1974

◁ AZ (Abendzeitung)
München
25. März 1974

Hamilton-Pop in der Münchner Lenbachvilla

Man kann sich vor Staunen nicht fassen

"FASHION PLATE", eine Hamilton-Collage aus einer Modeseite.

Eine intime Detailschau über die Arbeiten von Richard Hamilton wurde in der Münchner Städtischen Galerie soeben eröffnet (Lenbachvilla, Luisenstraße 33). Diese Ausstellung, die bis zum 2. Mai dauert, ist das persönliche Verdienst von Direktor Michael Petzet und seinem Mitarbeiter Dr. Armin Zweite.

Petzet erzählt darüber: „Ich war mit Dr. Zweite gerade in New York, als im Guggenheim Museum eine Richard-Hamilton-Show aufgebaut wurde. Wir selbst hatten ‚Kandinsky, Druckgraphik aus dem Besitz der Städtischen Galerie' anzubieten. Auf diese Weise konnten wir die Hamilton-Ausstellung sofort ‚einkaufen'. Nach New York, Chicago und Cincinnatti ist jetzt München die erste Stadt auf dem Kontinent, die Hamilton in dieser Ausführlichkeit zu sehen bekommt."

Die jetzige Ausstellung ist natürlich nicht identisch mit der Londoner Hamilton-Revue (März bis April 1970); sie enthält aber alle wichtigen Werkgruppen. Das merkwürdige bei Hamilton ist ja, daß fast alle seine Bildmotive in Sequenzen entstehen. Die Ausstellung bietet die Möglichkeit, die Abfolge von der ersten Skizze, oder dem Foto, das als Reizauslöser dient, bis zur endgültigen Form abzulesen. Aber auch die Endform erscheint häufig in mehreren Ausführungen, zum Beispiel das multiple „The Guggenheim" in Weiß, Gold, Schwarz und Regenbogenfarben. Gold ist am schönsten — es hat die größte Plastizität — und ist doch schwerelos.

US-SCHLAGER ALS BILDTITEL: „I'm dreaming of a white Christmas Bing Crosby". Fotos: Schödl

Natürlich sieht man auch das inzwischen weltberühmte Werk von 1956, mit dem Hamilton die Pop-art startete, die Collage „Just what is it that makes today's homes so different, so appealing." („Was unsere heutigen Wohnungen so besonders und anziehend macht.") Sie diente als Farbseite im Katalog der Ausstellung „This is tomorrow" in der Whitechapel Gallery, London.

Man kann sich vor Staunen nicht fassen, wenn man das (aus hundert Abbildungen bekannte) Bild im Original sieht: man hat es wandgroß in Erinnerung, und dabei ist es ein Blättchen von 26 mal 25 cm! Es gehört jetzt einem Privatmann in Thousand Oaks in Kalifornien. Wert: fast 1/2 Million Mark.

Richard Hamilton kann leider zu dieser Schau nicht nach München kommen. Aber er war schon einmal hier: mit Dieter Rot zusammen im Juli 1970, als er für Dorothea Leonhart den Poster „Kent State" druckte. Auch dieses Blatt ist, als ein Münchner Druckerzeugnis, in der Hamilton-Schau zu sehen.

Wolfgang Christlieb

Kandidat wider Willen?

Architekt Schleich zum Fall Petzet / Kultusministerium dementiert Gerüchte

MÜNCHEN (SZ) — Die Affäre im Zusammenhang mit der Ernennung eines neuen Generalkonservators am Landesamt für Denkmalpflege zog gestern weitere Kreise. Wie mehrfach berichtet, hatte die Ernennung des Münchner Kunsthistorikers Michael Petzet durch die Staatsregierung zu einer scharfen Intervention des CSU-Parteivorsitzenden Franz Josef Strauß und schließlich zu einer Kabinettskrise mit Rücktrittsdrohungen von Kultusminister Professor Hans Maier und Regierungschef Alfons Goppel geführt.

Der Münchner Architekt und Regierungsbaumeister Erwin Schleich, dessen Name im Zusammenhang mit der Neubesetzung des Amtes eines Generalkonservators im Landesamt für Denkmalpflege von maßgeblichen Politikern ebenfalls genannt worden war, hat sich jetzt dagegen verwahrt, in das Kandidaten-Karussell einbezogen worden zu sein. In einem der Presse übergebenen Brief erklärte er: „Seit Wochen erfahre ich aus der Presse und aus anderen Quellen, daß ich Kandidat für das Amt des Generalkonservators des Landesamts für Denkmalpflege gewesen sein soll oder noch sei. So kurios es klingen mag: Weder das Kultusministerium noch die Staatskanzlei haben mich jemals hierüber informiert oder gar befragt."

Ebensowenig sei er über die Entscheidung des Kabinetts informiert worden, „obwohl meine Person zur Wahl gestanden haben soll". Schleich bezeichnet dieses Verfahren als „seltsamen Stil".

Er bezieht sich in seinem Brief auch auf ein Schreiben von Kultusminister Maier an CSU-Parteichef Strauß, in dem der Minister Gerüchte über den letztlich zum Generalkonservator ernannten Michael Petzet widerlegt und geschrieben hatte, solche Nachrichten über Petzet seien offenbar von enttäuschten Bewerbern ausgestreut worden: Fälschungen dieser Art kennzeichneten ihre Urheber.

Schleich fühlte sich offenbar angesprochen und erklärt, dies sei eine Unterstellung, „die ich, wenn sie auf meine Person bezogen sein sollte, auf das schärfste zurückweise". Er, Schleich, habe sich seit 20 Jahren für Fragen der Denkmalpflege engagiert und exponiert, sei „oftmals zäh und energisch für eine Sache eingetreten", habe aber niemals „gegen irgend jemanden intrigiert".

In dem Brief an Strauß hatte Maier die CSU-Landesleitung von einer Intervention für Schleich gegen Petzet gewarnt. Schleich erklärte in seiner Pressemitteilung, er habe „weder Anlaß noch Bedürfnis", gegen Petzet „irgendwelche Vorbehalte" zu haben. „Ich habe ihm aufrichtig und klar erklärt, daß ich ihn in seinem Amt nach meinen Möglichkeiten kollegial in jeder Weise unterstützen werde", schreibt Schleich.

Zu Schleichs Äußerungen erklärte der zuständige Beamte im Kultusministerium, Ministerialdirigent Professor Walter Keim, dessen Verhalten erscheine ihm „etwas merkwürdig". Der Name Schleichs sei in der öffentlichen Diskussion um die Neubesetzung des Amts eines Generalkonservators vielfach genannt worden, ohne daß dieser etwas dagegen getan habe. Keim verglich die Vergabe dieses Amtes mit der Besetzung eines Intendantenpostens, wo es vorher auch keine offiziellen Bewerber gebe.

Keim nahm gegenüber der SZ auch Stellung zu Gerüchten aus Kreisen der CSU und des Landesamts für Denkmalpflege, wonach bei der Ernennung von Petzet — der Vorschlag hierzu wurde dem Kabinett von Kultusminister Maier unterbreitet — auch persönliche Beziehungen des Berufenen zu Beamten des Kultusministeriums eine Rolle gespielt haben könnten. Keim bezeichnete solche Gerüchte als „Gemeinheit" und „Unverfrorenheit" und erklärte: „In München wird eben nicht nur vom Rosenkranz, sondern auch von Gift und Dolch Gebrauch gemacht."

Die Vorgänge um den „Fall Petzet" in der CSU, besonders das Eingreifen von Strauß in eine Regierungsangelegenheit, werden heute den bayerischen Landtag beschäftigen. Die SPD-Fraktion hat dazu eine „Aktuelle Stunde" beantragt und Regierungschef Goppel zu einer „eindeutigen öffentlichen Erklärung" aufgefordert. *Michael Stiller*

Treffen der Kontrahenten

MÜNCHEN (SZ) — Über eine Beilegung der Affäre wurde gestern in kleinem Kreis in der Staatskanzlei beraten. An dem Gespräch nahmen Ministerpräsident Goppel, Kultusminister Maier, der CSU-Vorsitzende Strauß, der Fraktionschef Seidl und Generalsekretär Tandler teil. Strauß traf, von Lissabon kommend, als letzter mit halbstündiger Verspätung ein. Den zahlreichen wartenden Journalisten und Fernsehteams teilte kurz nach Beginn der Gespräche der Pressechef der Regierung, Ministerialdirigent Raimund Eberle, mit, die Teilnehmer seien übereingekommen, über den Verlauf der Sitzung am Abend keine Erklärungen mehr abzugeben. Ob heute eine Verlautbarung ausgegeben wird, ist nicht sicher. Auf die Bedeutung des Gesprächs angesprochen, meinte Eberle: „Das ist doch das Natürlichste von der Welt, daß sich die fünf zusammensetzen."

△ Süddeutsche Zeitung
26. März 1974

Münchner Merkur ▷
27. Merkur 1974

◁ AZ (Abendzeitung)
München
26. März 1974

Maier: Strauß-Empörung kindlich

Neuer Streit nach Vermittlungsgespräch — Petzet-Ernennung endgültig

dw. München — Der Streit um die Ernennung Michael Petzets zum neuen Generalkonservator in Bayern erhielt am Dienstag — wenige Stunden nach Beendigung eines geheimen „Vermittlungsgesprächs" zwischen Strauß, Goppel und Maier neue Nahrung. Kultusminister Maier erklärte im Beisein von Ministerpräsident Goppel unter Anspielung auf die Haltung von Strauß in dieser Frage, die „Empörung" über eine Dosenabbildung in einem Ausstellungskatalog sei „ein bißchen kindlich".

Auf den Einwurf Goppels: „Nehmen Sie das zurück, sonst steht das morgen in der Zeitung", erwiderte Maier prompt: „Das ist mir Wurscht." Maier fühlt sich durch den ganzen Vorgang nicht nur rehabilitiert, sondern vielmehr bestätigt. Auch Goppel betonte, daß Maier und er selbst den von Strauß angemeldeten Bedenken gegen Petzet nicht nachgegeben hätten.

Diese Ansicht Goppels wird zumindest durch einen Satz in einem gemeinsamen Kommuniqué, das Strauß, Goppel, Maier, CSU-Landtagsfraktionschef Seidl und CSU-Generalsekretär Tandler nach einem „Vermittlungsgespräch" in der Nacht zum Dienstag vereinbarten, bestätigt. Dort heißt es nämlich, die Staatsregierung könne die „einmal getroffene Entscheidung nicht rückgängig machen".

Demgegenüber finden sich in dem gemeinsamen Kommuniqué jedoch mehrere Sätze, die Straußens Bedenken offensichtlich rechtfertigen sollen. So geben Goppel und Maier darin zu, daß der Staatsregierung bei der Beschlußfassung über Petzet „gewisse Tatbestände" nicht bekannt gewesen seien, so „zum Beispiel der Katalog einer Manzoni-Ausstellung mit seiner anstößigen, das Empfinden der bayerischen Bevölkerung verletzenden Darbietung von Künstlerscheiße". Außerdem spricht laut Kommuniqué sodann die Staatsregierung die Erwartung aus, „daß das mit der Ernennung gezeigte Vertrauen nicht enttäuscht wird".

Vor der Presse meinte Goppel am Dienstag ergänzend, er gebe Strauß in der Kritik an der Dosenabbildung in dem Katalog zur Manzoni-Ausstellung, für die Petzet im Herbst 1973 in München verantwortlich zeichnete, unumwunden recht. „Das ganze ist zumindest unappetitlich und geschmacklos." Maier hielt dem entgegen, Petzet habe auf die Zusammenstellung des Katalogs selbst keinerlei Einfluß gehabt.

Der 40jährige Petzet erhielt noch am Dienstagmittag die Ernennungsurkunde aus den Händen von Kultusminister Maier ausgehändigt. Er tritt sein Amt (Besoldungsgruppe B 3) am 1. Juli 1974 als Nachfolger von Professor Torsten Gebhard an. Petzet war von 1965 bis 1970 Konservator der oberbayerischen Königsschlösser. Aufsehen erregte Petzet mit der von ihm mitgestalteten „Bayernausstellung" während der Olympischen Spiele.

Goppel wünschte Petzet inzwischen viel Erfolg im neuen Amt „zum Nutzen unserer bayerischen Heimat". Maier betonte bei der Urkunden-Übergabe, er hoffe, daß es Petzet gelingen möge, die Denkmalpflege in Bayern zu „verlebendigen, mobilisieren und dynamisieren". (Siehe auch S. 4).

Münchner Merkur, 27. März 1974

Bayern im Büchsen-Licht

Von Armin Eichholz

Man muß schon eine Generation zurückschauen in die prüde Kulturzeit des bayerischen „Abraxas"-Verbots, um ein ähnlich nervöses und dann auch noch unbeholfen geäußertes Verhältnis unserer Staats- und Parteileute zur Kunst vorzufinden wie jetzt im Falle des neuen Denkmalpflege-Chefs Michael Petzet. Von gestern auf heut ein bundesweit bestauntes Münchner General-Thema mit einem Generalkonservator, einem Generalsekretär (der CSU), einem hier allzu generalisierenden Vorsitzenden und mit dem, wie man gerne hört, besten aller möglichen Kultusminister. Um zu verhindern, daß demnächst ein extrakritischer Volksdramatiker wie Franz Xaver Kroetz („Männersache") ein Staatskanzlei-Stück mit dem Titel „Künstlerscheiße" herausbringt, möchten wir fast alle Beteiligten vor dem in Schutz nehmen, was sie im Streit um diese staatliche Personalentscheidung gemeint haben könnten oder erklären ließen.

Das laut Staatskanzlei angeblich „verletzte Empfinden der bayerischen Bevölkerung" kann sich doch nur in Hohnlachen auflösen bei dem Gedanken, es könnte tatsächlich eine in der Städtischen Galerie nicht gezeigte Blechbüchse sein, über die heutzutage ein Galeriedirektor auf seinem Weg ins Denkmalamt stolpert. Und dabei haben wir noch Glück. Angenommen, die Kulturkontrahenten hätten sich vor ein paar Monaten in der Ausstellung „New York Dada" an der berühmten historischen Piss-Schüssel von Duchamps getroffen, gehörte jetzt zu den auf höchster Ebene erörterten „bundes- und landespolitischen Fragen" nicht nur der ärgerliche Gegenstand namens „Urinoir", sondern es wäre auch ganz klar, daß die Staatskanzlei ihre Aktivität an einen sechzig Jahre zurückliegenden Fall von Kunst verschwendet, die gar keine sein will.

Ist die Dose etwa nur ein Alibi? Gehört zu den entscheidungserheblichen Umständen dieser Ernennung vielleicht auch das Beispiel des hessischen Generalkonservators? Der nämlich verfolgt seine löblichen Ziele mit einem Übermaß an Bürger-Initiativen, deren sich dann höchst zielbewußt auch die extreme Linke anzunehmen pflegt. Nun ist aber Petzet eher ein Königlich-Bayrischer. Und die Gefahr liegt fern, daß er den größten Etat-Posten im bayerischen Kulturhaushalt nach links verplempert, oder daß er mit Hilfe des neuen Schutzgesetzes etwa gar eine denkmalbehördliche Eigentumspolitik betreibt.

Oder gehört zu den angedeuteten „gewissen Tatbeständen" hinter der Büchse vielleicht die von Petzet mitverantwortete Olympia-Ausstellung über Bayerns Kunst und Kultur? Die war nun nicht gerade pflegeleicht arrangiert. Es gab nicht unerhebliche Schäden sowohl durch ungünstige Placierung wie infolge schlechter klimatischer Voraussetzungen. Der Chefrestaurator des Landesamtes hat, wie es heißt, über diese Schäden eine Dokumentation ausgearbeitet, die demnächst vor dem Internationalen Museumsrat erörtert werden soll. Das wäre vielleicht ein öffentliches Gespräch wert gewesen. Jedenfalls hätte nicht erst das Empfinden des Bayernvolkes mittels einer lächerlichen Blechbüchse strapaziert werden müssen, um fachliche Erwägungen gar nicht erst hochkommen zu lassen.

Was bleibt, ist außer Petzet der kaum wiedergutzumachende Eindruck, daß an Entscheidungen beteiligte Kulturfunktionäre sich nicht gerade auf der Höhe ihres Berufes befinden; daß ihnen das zutreffende Vokabular fehlt im Umgang mit ihrem Stoff; und daß sie auf manchen Gebieten — siehe vor allem die moderne Kunst — mit gereizter Unwissenheit reagieren, wo gelassenes Verständnis (fast wäre man versucht zu sagen: Humor) zu verlangen wäre.

Wer zuletzt lacht, ist diesmal nicht eine Staatsregierung, die angeblich durch eine leere Büchse in ihrem Vertrauen gestört werden kann. Sondern es ist der Bürger, der mit der Kunst seiner Zeit auch nicht immer einverstanden ist, der aber wenigstens von seinen beauftragten Beschlußfassern verlangen kann, daß sie wissen, was sie tun. Und was sie wem damit antun.

Münchner Merkur, 27. März 1974

Landtag diskutiert den Fall Strauß—Petzet

Maiers Sieg nach dem Watschn-Tanz

München — In Kabinettskreisen herrschte am Dienstag zumindest äußerlich wieder eitel Sonnenschein. Auch in der CSU-Fraktion machte sich nach dem Ausgang des Schlichtungsgespräches sichtlich Erleichterung breit. „Hoffentlich war das das letzte, was uns der Strauß eingebrockt hat", so ließen nicht wenige Abgeordnete wissen. Denn: „Der weiß ja gar nicht, was er mit seinen Eskapaden draußen anrichtet, und was wir wieder ausbaden müssen."

Die von der SPD-Fraktion beantragte Aktuelle Stunde in Sachen Kabinettsschelte durch Strauß bot sich schon zu Beginn als Interessenmagnet: Nicht nur der Plenarsaal zeigte kaum einen leeren Platz, auch die Zuhörer- und Pressetribüne waren voll belegt. SPD-Fraktionschef Gabert stellte dann gleich die Frage, wie lange sich die Staatsregierung derartige Bevormundungen durch den CSU-Chef noch gefallen lassen wolle. Und erntete tosenden Beifall — auch von der

Von Ewald Hundrup

CSU —, als er vor dem „Spiel mit dem imperativen Mandat" warnte.

Kultusminister Maiers Ehrenerklärung für den neuen Generalkonservator, vor allem aber seine Mitteilung, daß er Petzet vor zwei Stunden die Ernennungsurkunde überreicht habe, fand ebenfalls ungeteilten Beifall bei allen Fraktionen (wenn man von einigen süß-säuerlichen Reaktionen auf den CSU-Bänken einmal absieht).

Die CSU reagierte überhaupt mit betonter Heiterkeit auf die Vorwürfe der Opposition. Nur CSU-Fraktionschef Seidl nicht. Für ihn sei es „empörend", so sagte er, wenn die Opposition den Eindruck erwecken wolle, als ob in Bayern ein unzulässiger Druck auf die Regierung ausgeübt" werde, obgleich doch bekannt sei, daß sowohl in Bonn als auch in den SPD-regierten Ländern die Parteispitzen bei allen Personalentscheidungen ein Wort mitreden würden.

Seidl ließ aber auch keinen Zweifel aufkommen, daß ihm Petzets Manzoni-Ausstellung auch nicht recht behagt habe; er hatte sogar den berüchtigten Katalog mit der Abbildung des ominösen Haferls dabei.

Die Aktuelle Stunde brachte für ständige Beobachter der Landtagsdiskussionen auch ein nahezu einmaliges Ereignis: Die FDP-Fraktionsvorsitzende Hildegard Hamm-Brücher, die vom „vierten Watsch'n-Tanz des Franz Josef Strauß" sprach, bekundete ihrem ansonsten ständigen Kontrahenten Kultusminister Maier Anerkennung für seine Standfestigkeit.

Maier hatte sich nämlich nicht gescheut, vor den Landtag hinzutreten und zu bestätigen, daß er für den Fall den Rücktritt angeboten hatte, daß die Kabinettsentscheidung für Petzet rückgängig gemacht worden wäre. Und schließlich habe er vor acht Tagen tatsächlich diesen Eindruck gehabt. Er müsse aber jetzt feststellen, daß das Kabinett durch Strauß „nicht genötigt wurde".

Ministerpräsident Goppel reagierte bedacht ruhig auf die Vorwürfe der Opposition und „explodierte" nur einmal, als nämlich Frau Hamm-Brücher seinem Kabinett unterstellte, bei wichtigen Entscheidungen dem Einfluß der CSU-Landesleitung ausgeliefert zu sein. Wenn die FDP-Fraktionsvorsitzende von einer derartigen Verfassungswidrigkeit überzeugt sei, „dann erheben Sie doch eine Ministeranklage".

Das Resultat der Aktuellen Stunde: Die Opposition blieb bei ihrer Behauptung, daß die Goppel-Regierung im Fall Petzet „stärksten Repressalien" durch den CSU-Vorsitzenden Strauß ausgesetzt war, denn sonst hätte Minister Maier niemals mit Rücktritt gedroht. Die CSU hingegen unterstrich „das Recht und sogar die Pflicht" von Franz Josef Strauß, seine Meinung sagen zu dürfen. Im übrigen wies die CSU darauf hin, daß in SPD-Parlamenten noch eine weitaus nachhaltigere Einflußnahme durch die Parteispitzen festzustellen sei.

Proteste ohne Antwort

Die Mehrheit der wissenschaftlichen Beamten und Angestellten des Bayerischen Landesamtes für Denkmalpflege hatte bereits vor einem Vierteljahr gegen die Berufung Michael Petzets Einwände erhoben. In einem Schreiben an das Kultusministerium hieß es, man könne sich nicht vorstellen, daß der seinerzeitige Direktor der Münchner Städtischen Galerie der denkbar beste Kandidat für das wichtige Amt des Generalkonservators sei. Die Erfahrung, die das Landesamt beispielsweise während der „Bayernausstellung" gemacht habe — angeblich wurden Leihgaben beschädigt —, hätten nicht gerade bestätigt, daß Petzet ein besonderes Gespür für „restaurative Probleme" besitze.

Nach einer anderen Version sollen die wissenschaftlichen Beamten und Angestellten des Denkmalschutzamtes Petzet mit der Begründung abgelehnt haben, daß ihre Behörde nach Inkrafttreten des Denkmalschutz-Gesetzes von einem Juristen geleitet werden müsse — und nicht von einer Künstlernatur, die zudem als „Umfaller" bekannt sei.

Dieses Schreiben wurde vom Kultusministerium nicht beantwortet. Die Absender wiederholten daraufhin ihre Einwände, indem sie Ministerpräsident Goppel und Kultusminister Maier direkt zwei Kopien zustellen ließen.

Kultusminister Maier unterrichtete am 19. Februar erstmals das Kabinett, daß er Petzet als Leiter des Denkmalschutzamtes vorschlagen wolle; erst am 23. Februar soll der CSU-Vorsitzende Strauß unterrichtet worden sein. mh.

Keine Ausschreibung

Inzwischen hat der Münchner Architekt Erwin Schleich, einer der Kandidaten für das Amt des Generalkonservators, in einer eigenen Presseerklärung betont, er habe „weder Anlaß noch Bedürfnis, irgendwelche Vorbehalte gegen Petzet zu haben". Er, Schleich, habe sich seit 20 Jahren für Denkmalpflegefragen engagiert und exponiert, sei oftmals zäh und energisch für eine Sache eingetreten, habe „aber niemals gegen irgendjemanden intrigiert".

Schleich verwahrte sich damit gegen angebliche Äußerungen von Kultusminister Maier, daß „enttäuschte Konkurrenten Fälschungen verbreiten, die die Art ihrer Urheber kennzeichnen". Schleich: „Eine solche Unterstellung, die offensichtlich auf meine Person bezogen ist, weise ich auf das schärfste zurück." Der Münchner Architekt verwies zugleich darauf, daß er weder vom Kultusministerium noch von der Staatskanzlei wegen einer eventuellen Kandidatur befragt worden sei — „so kurios das auch klingen mag".

„Ärger wäre erspart geblieben"

Inzwischen stellt sich in landespolitischen Kreisen auch die Frage, warum der Posten des Generalkonservators des Landesamts für Denkmalpflege nicht — wie bei sonstigen hohen Positionen bei Stadt und Land allgemein üblich — öffentlich ausgeschrieben worden ist. „Da wäre uns mancher Ärger erspart geblieben", meinte hierzu ein Mitglied der CSU-Landtagsfraktion. d. w.

Der Streit um »Fall Petzet« wurde beigelegt

Nürnberger Nachrichten
27. März 1974

Kabinett Goppel gab nicht nach

Strauß muß die Ernennung des Generalkonservators hinnehmen
Schlußstrich unter schwere Differenzen mit Katzer-Flügel der CDU

NÜRNBERG — Die Unionsparteien haben gestern zwei schwerwiegende Konflikte in ihren Reihen offiziell bereinigt:

1. Die bayerische Staatsregierung ist im Fall der umstrittenen Ernennung des Kunsthistorikers Michael Petzet zum Generalkonservator des Landes trotz der heftigen Kritik durch den CSU-Vorsitzenden Strauß hart geblieben. Sie hielt an ihrer personalpolitischen Entscheidung fest, bescheinigte aber dem Parteichef das Recht, Bedenken dagegen anzumelden. Gestern erhielt Petzet seine Ernennungsurkunde.

2. Am gleichen Tag, da dieser Streit, der in den letzten Tagen weit über Bayerns Grenzen hinaus Aufsehen erregt hatte, beigelegt wurde, ist in der Bundeshauptstadt ein Schlußstrich unter einen seit langem schwelenden Konflikt zwischen dem bayerischen Unionschef und den CDU-Sozialausschüssen gezogen worden.

3. In der CSU geht unterdessen die kritische Diskussion über den Vorschlag von Strauß weiter, auch außerhalb Bayerns CSU-Landesverbände ins Leben zu rufen.

Im einzelnen liegen dazu folgende Informationen vor: Der Katzer-Flügel der CDU hatte sich von Strauß brüskiert gefühlt, weil dieser in einem „Stern"-Interview auf die Frage, ob der CDU-Vorsitzende Kohl nicht notfalls einige Linke aus der Partei „exekutieren" wolle, erwidert hatte, daß sich dann vielleicht die Namen Hans Katzer, Norbert Blüm und Ferdi Breidenbach aufdrängten.

Strauß gab jetzt eine Ehrenerklärung für die drei Wortführer des linken CDU-Flügels

Kultusminister Maier (rechts) überreicht dem neuen bayerischen Generalkonservator Petzet die Ernennungsurkunde.

ab, worin ausdrücklich hervorgehoben wurde, daß der CSU-Vorsitzende „keinen der genannten Kollegen oder irgendein anderes Fraktionsmitglied" gemeint habe, als er von Versuchen sprach, „den Sozialstaat in Widerspruch zum Rechtsstaat zu setzen oder der Lebensqualität und der sozialen Sicherheit Vorrang vor der persönlichen Freiheit zu geben".

Gegen außerbayerische CSU-Verbände hatte sich besonders scharf die Junge Union Nürnberg gewandt. Sie hat, wie offiziell verlautete, „mit Entsetzen" zur Kenntnis genommen, daß Strauß die Absicht einer bundesweiten CSU offenbar immer noch nicht aufgegeben habe.

Fortsetzung Seite 2 ▷

AZ (Abendzeitung)
München
27. März 1974

Minis

sk. München — In dem CSU-Streit um die Ernennung des neuen Generalkonservators ist Kultusminister Hans Maier Sieger geblieben. Gestern mittag überreichte er Dr. Michael Petzet die Ernennungsurkunde. Gegen die Petzet-Entscheidung hatte CSU-Chef Strauß interveniert, und damit eine der schwersten Krisen zwischen Kabinett und Parteispitze ausgelöst. Durch eine Rücktrittsdrohung Mini-

Fortsetzung des Berichts von Seite 1: »KABINETT GOPPEL GAB NICHT NACH«

Heftiges Nachspiel im Münchner Landtag

Gabert nennt das Einigungs-Kommuniqué „nichtssagend" — Hildegard Hamm-Brücher spricht von einem „Watschentanz" des Franz Josef Strauß — Ministerpräsident weist Vorwurf des Verfassungsbruches mit Entschiedenheit zurück

Auch die Einmischungen des CSU-Vorsitzenden Franz Josef Strauß in Entscheidung der bayerischen Staatsregierung, womit auf den Fall Petzet angespielt wird, unterwarfen die Parteijunioren scharfer Kritik. Zum anderen halten sie die „Bemühungen um ein Landtagsmandat" mit der Absicht von Strauß, weiter vorrangig in der Bundespolitik tätig zu sein, für unvereinbar. Eine derartige „Nebenbeschäftigung" würde eine Abwertung der Arbeit jedes Landtagsabgeordneten bedeuten und nur dem Zweck dienen, die gewählte Regierung durch den Führer der Mehrheitspartei zu bevormunden.

Die CSU-Landesleitung wies den Nürnberger Parteinachwuchs zurecht. Es sei nicht sehr eindrucksvoll, wenn man versuche, „sich mit Hilfe von öffentlichen Erklärungen auf Kosten des Vorsitzenden ins Bild zu bringen".

Klare Absage

Auch von der CDU erhielt Strauß wegen seines Vorschlages durch eine „vierte Partei" auf Bundesebene sozial-liberale Mehrheiten in den verschiedenen Parlamenten zu verhindern, eine klare Absage.

Der Parlamentarische Geschäftsführer der CDU/CSU-Bundestagsfraktion, Gerhard Reddemann, rechnete anhand der Ergebnisse der jüngsten Teilkommunalwahlen in Hessen vor, daß sich eine vierte Partei nur für die SPD auszahle. Dort sei zwar tatsächlich die Deutsche Union viertstärkste Gruppierung geworden, aber sie habe der CDU bzw. FDP genau die Stimmen abgenommen, die nötig gewesen wären, um die SPD um die absolute Mehrheit der Sitze zu bringen.

Ähnlich distanziert verhielt sich der stellvertretende CDU-Vorsitzende Heinrich Koeppler. Seine Partei, so betonte der nordrheinwestfälische Oppositionsführer, halte es „nicht für nützlich", wenn CDU und CSU etwa in ein bundesweites Konkurrenzverhältnis zueinander treten.

„Nicht alles bekannt"

In Bayern fand der Meinungsstreit zwischen Strauß und Kultusminister Maier, in dessen Verlauf der Ressortchef mit Rücktritt und Goppel mit der Demission des Gesamtkabinetts gedroht hatte, durch eine gemeinsame Erklärung sein Ende, an der der Ministerpräsident, der Kultusminister, der CSU-Chef und sein Generalsekretär Seidl als „Vermittler" mitgewirkt hatten. Die Strauß-Einwände gegen Petzet konzentrierten sich darauf, daß der neue Landeskonservator verantwortlich für den Ausstellungskatalog war, in dem das Objekt „Künstlerscheiße" abgebildet und beschrieben worden war.

Die bayerische Staatsregierung räumt ein, daß ihr bei der strittigen Ernennung Petzets „gewisse Tatbestände" nicht bekannt gewesen seien. Das gelte zum Beispiel für den Katalog der Manzoni-Ausstellung mit einer „anstößigen, das Empfinden der bayerischen Bevölkerung verletzenden Darbietung".

Zugleich wird aber betont: „Wenn die Staatsregierung die einmal getroffene Entscheidung nicht rückgängig machen kann, so verbindet sie damit die Erwartung, daß das mit der Ernennung gezeigte Vertrauen nicht enttäuscht wird." Dem CSU-Vorsitzenden wird zugute gehalten, er habe „in Wahrnehmung seiner Verantwortung aus verständlichen Gründen" Einwände erhoben.

Dies ist nach Auffassung Münchner politischer Beobachter gleichbedeutend damit, daß der interne Parteistreit ohne Sieger oder Besiegte ausgegangen ist. Goppel formulierte dies so: „Der CSU-Vorsitzende Strauß hat seine Bedenken angemeldet, aber wir haben nicht nachgegeben." In der Kritik an dem Manzoni-Katalog gab der Regierungschef dem Parteivorsitzenden freilich „unumwunden" recht.

Goppel schließlich bestritt, daß die Strauß-Intervention einem „Eingriff" in die Zuständigkeiten des Regierungschefs gleichkomme. Davon könne keine Rede sein, meinte er. Weil in anderen Bundesländern der Ministerpräsident gleichzeitig Vorsitzender seiner Partei sei, könnten solche Differenzen dort von vornherein nicht auftreten. „Das ist alles", unterstrich Goppel.

Maier: „Kindlich"

Sehr viel entschiedener äußerte sich Kultusminister Maier. Er nannte die Empörung über die „Künstlerscheiße" ein „bißchen kindlich", da das Objekt gar nicht ausgestellt worden sei. Auf den Einwurf Goppels: „Nehmen Sie das zurück, sonst steht das morgen in der Zeitung", reagierte Maier kühl: „Das ist mir Wurscht." Der Staatsminister fühlt sich durch den ganzen Vorgang nicht rehabilitiert, sondern bestätigt. Er selbst habe den Personalvorschlag gemacht. „Einwände waren da, sind aber nicht zum Zuge gekommen."

Zu einem hitzigen parlamentarischen Nachspiel führte das Ergebnis des „Gipfelgesprächs der Führungsspitze von CSU und Regierung" im Münchner Maximilianeum.

Die Oppositionsparteien SPD und FDP machten aus ihrer Unzufriedenheit über die abgegebenen Erklärungen kein Hehl. SPD-Fraktionsvorsitzender Gabert rief aus: „Für wie dumm hält man denn eigentlich die Bevölkerung?" Offenbar sei der Kampf um die Macht in Bayern „in vollem Umfang entbrannt", mutmaßte seine FDP-Kollegin Dr. Hildegard Hamm-Brücher.

Gabert warf Goppel vor, sich immer wieder bieten zu lassen, daß Strauß die Entscheidungen des Kabinetts bestimmen möchte. Dies sei ein „Spiel mit dem imperativen Mandat", dem man aus verfassungsrechtlichen Gründen entgegentreten müsse. Von einem „Watschentanz des Franz-Josef Strauß" sprach Frau Hamm-Brücher, die Goppel beschuldigte, durch die Duldung der Einmischungsversuche des CSU-Chefs die Verfassung zu verletzen.

Der Ministerpräsident gab scharf zurück, dies sei der „schwerste Vorwurf", den man gegen ihn erheben könne. „Verklagen Sie mich doch", riet er der FDP-Politikerin.

ter Maier blieb Sieger

Petzet-Berufung endgültig – Strauß steckte zurück

ter Maiers verunsichert, gab Strauß Montag abend bei einem kleinen CSU-Gipfelgespräch seinen Widerstand auf (mehr auf Seite 4).

In einer „aktuellen Stunde" im Landtag zum „Fall Petzet" warf die SPD Strauß und der CSU ein „Spiel mit dem imperativen Mandat" sowie eine „schrittweise Demontage des Ministerpräsidenten" vor. Der neuerlichen Intervention des CSU-Chefs in Kabinettsangelegenheiten müsse eindeutig entgegengetreten werden. Die FDP sprach von einem neuen „Watsch'n-Tanz" des Franz Josef Strauß.

Während CSU-Generalsekretär Tandler diese Angriffe als „Heuchelei in Perfektion" abtat, bestätigte Minister Maier, daß er an einen Rücktritt gedacht habe. Maier: „Die Entscheidung muß dort fallen, wo sie nach der Verfassung liegt. Das müssen auch die Verantwortlichen in der Partei wissen.

(Lesen Sie auch HEUTE von Wolfgang Christlieb, „Der Bube Petzet", Seite 3.)

Kultusminister Maier setzte sich gegen CSU-Chef Strauß durch

Umstrittener Kunsthistoriker in Bayern wurde ernannt / Die SPD-Opposition klatschte im Landtag Beifall

Von unserem Korrespondenten Rudolf Großkopff

MÜNCHEN, 26. März. Zu scharfen Wortgefechten führte am Dienstag im Münchner Landtag der Streit um die Einschaltung des CSU-Vorsitzenden Franz Josef Strauß in die Personalpolitik des bayerischen Kabinetts. Die Sprecher der CSU versuchten in einer von der SPD beantragten „Aktuellen Stunde" die Bedeutung des Konflikts herunterzuspielen. Kultusminister Hans Maier bestätigte dagegen, daß er mit dem Rücktritt gedroht habe, als in der letzten Woche der „Eindruck" entstanden sei, daß Strauß verlangt habe, das Kabinett solle die Ernennung des Kunsthistorikers Michael Petzet zum Chef der bayerischen Denkmalamtes zurücknehmen. Maier teilte mit, er habe Petzet am Dienstagnachmittag die Ernennungsurkunde überreicht. Wegen seiner Haltung bekam der Minister mehrere Male Beifall von der Opposition.

Alle Sprecher der SPD und FDP warfen Strauß vor, er habe auf die Regierung einen Druck im Sinne eines „imperativen Mandats" ausgeübt. Der SPD-Fraktionsvorsitzende Volkmar Gabert meinte, es sei nicht mehr zu verantworten, wie das Amt des bayerischen Ministerpräsidenten Alfons Goppel von dessen eigener Partei „herabgewürdigt" würde. Die FDP-Sprecherin Hildegard Hamm-Brücher sagte, Strauß habe sich schon öfter in verfassungswidriger Weise in die Geschäfte des Kabinetts eingemischt. Der CSU-Vorsitzende wolle Goppel abhalftern, um dann selbst von Bayern aus in die Bundespolitik eingreifen zu können. Die Sprecher der CSU verlangten auch für ihren Vorsitzenden das Recht, sich in bayerischen Personalangelegenheiten zu Wort melden zu können. Fraktionschef Alfred Seidl und andere Abgeordnete meinten, der beste Beweis, daß es kein „imperatives Mandat" gebe, sei die Tatsache, daß das Kabinett an der Ernennung Petzets festgehalten habe.

Goppel und Maier hatten sich zuvor in einem von dem CSU-Fraktionsvorsitzenden im Landtag, Alfred Seidl, geleiteten Schlichtungsgespräch durchgesetzt und die Ernennung Petzet nicht rückgängig gemacht. In einer Erklärung der Staatskanzlei über die Sitzung hieß es, der Regierung seien bei dem Beschluß über Petzet gewisse Tatbestände nicht bekannt gewesen; zum Beispiel habe sich Petzet in der Städtischen Galerie München verantstaltet hatte. Darin war eine — in der Ausstellung selbst nicht gezeigte — Dose mit dem Titel „Künstler-Scheiße" abgebildet, die das besondere Mißfallen von Strauß erregte.

Der CSU-Vorsitzende, so teilte die Staatskanzlei weiter mit, habe „in Wahrnehmung seiner Verantwortung" auf diese anstößige, das Empfinden der bayerischen Bevölkerung verletzende Darstellung hingewiesen und die Regierung gebeten, bei künftigen Personalbeschlüssen „alle entscheidungserheblichen Umstände" zu berücksichtigen.

Daß Strauß verlangt hatte, die Ernennung Petzets zu revidieren, war in der Verlautbarung nicht erwähnt.

Goppel sagte dazu vor Journalisten: „Wenn Sie es richtig übersetzen, dann sehen Sie: Strauß hat seine Bedenken angemeldet, aber wir haben nicht nachgegeben." Kultusminister Maier meinte: „Die Empörung über diese Dose ist ein bißchen kindlich." Goppel ermahnte Maier daraufhin, er solle diesen Satz zurücknehmen, „sonst steht es morgen in der Zeitung" Maier antwortete: „Das ist mir wurscht."

Unterdessen regt sich in der CSU weitere Kritik an dem Verhalten des CSU-Chefs. Die Junge Union Nürnberg bezeichnete sein Vorgehen als Einmischung in die Entscheidungen des Kabinetts. Der Nürnberger CSU-Nachwuchs bemängelte gleichzeitig Äußerungen von Strauß über eine mögliche Ausweitung der CSU auf das Bundesgebiet und seine Ankündigung, daß er vielleicht für den Landtag kandidieren werde.

Frankfurter Rundschau
27. März 1974

Augsburger Allgemeine △
27. März 1974

Kunst der Politik

Das Ergebnis der Auseinandersetzung in der bayerischen Regierungspartei um die Ernennung des Kunsthistorikers Petzet zum Landeskonservator war vorauszusehen. Ministerpräsident Goppel und Kultusminister Maier haben ihre Entscheidung für Petzet nicht rückgängig gemacht, obwohl der CSU-Vorsitzende Strauß seine Bedenken gegen die Ernennung aufrecht erhielt. Immerhin vermied Strauß im Schlichtungsgespräch am Montagabend in der Staatskanzlei ein offenes Zerwürfnis mit Goppel und damit auch den angedrohten Rücktritt Maiers.

Hat nun der Taktiker Strauß die Oberhand behalten? Hat der Jongleur mit machtpolitischem Gewichten wieder einmal vor einer Landtagswahl eine gewollte Aufwallung in der Oeffentlichkeit, jene Unruhe in Partei und Regierung erzeugt, die ihm als geeignete Arzneien gegen Trägheitserscheinungen bei der Ministerialbürokratie und im Parteiapparat immer zur Hand sind? Zum Beginn des Streits um eine relativ unbedeutende und unpolitische Personalentscheidung hätte man diese Fragen noch verneinen können. Zu heftig war

seine erste unkontrollierte Reaktion, als ihm in Berlin der Münchner Kabinettsbeschluß, mit dem er zu diesem Zeitpunkt nicht gerechnet hatte, telefonisch mitgeteilt worden war.

Spätestens nach einigem Nachdenken und angesichts des zerschlagenen Porzellans mag Strauß jedoch die Erleuchtung gekommen sein, daß aus der scheinbar prekären Situation durchaus zwei Sieger hervorgehen könnten. Goppel als ein standhafter Regierungschef, der sich in sein Geschäft nicht imperativ hineinreden läßt, und Strauß als der Parteiboß, der auch unfeine Dinge beim Namen nennt und im Land dafür Sympathien findet.

Die weiß-blaue Affäre „Kunst und Politik", die sich am Ausstellungsstück des Italieners Manzoni „Künstlerscheiße 1961" entzündet hatte, ist im Nachhinein wohl treffender als „Kunst der Politik" zu kennzeichnen. Strauß beherrscht sie nach wie vor aus dem Effeff. Dies wird sich wohl auch die bayerische SPD nach der aktuellen Stunde im Landtag über den „Fall Petzet" gedacht haben.

ohe

tz (Tageszeitung)
München
27. März 1974

Augsburger Allgemeine
27. März 1974

Krach in der CSU-Spitze ist beigelegt

Trotz „Künstlerscheiße" gab's ein gutes Ende

Maier ernannte Petzet zum Landeskonservator

Von LUDWIG M. TRÄNKNER   tz München

Franz Josef Strauß mußte nachgeben. Nach einem mehr als vierstündigen nächtlichen Gespräch in der Staatskanzlei stand fest: Das bayerische Kabinett hält an der Ernennung von Dr. Michael Petzet zum neuen Generalkonservator des Landesamtes für Denkmalpflege fest. Kultusminister Dr. Hans Maier überreichte Petzet bereits gestern die Ernennungsurkunde.

Wie berichtet, hatte CSU-Chef Strauß die Kabinettsentscheidung für Petzet gerügt und gefordert, sie rückgängig zu machen. Grund: Als Direktor der Münchner Städtischen Galerie im Lenbachhaus hatte Petzet zu einem Ausstellungskatalog das Vorwort geschrieben, in dem ein Objekt mit dem Titel „Künstlerscheiße" abgebildet ist. Maier bestand trotz dieses „Fehltritts" auf seinem Kandidaten und drohte mit Rücktritt.

Um die plötzlich aufgetretene Konfrontation zwischen Parteichef und Kabinett schnell zu bereinigen, trafen sich am Montagabend Strauß und CSU-Generalsekretär Tandler mit Ministerpräsident Goppel und dem Kultusminister. CSU-Fraktionschef Seidl sollte vermitteln.

Gestern erklärte Goppel: „Der CSU-Vorsitzende Strauß hat seine Bedenken angemeldet, aber wir haben nicht nachgegeben." Maier nannte die Empörung über die „Künstlerscheiße" ein „bißchen kindlich", da das Objekt seinerzeit gar nicht ausgestellt worden war. Die Erwartung, daß das mit der Ernennung Petzets gezeigte Vertrauen nicht enttäuscht wird.

Die Vorgänge um die Berufung des neuen Landeskonservators führten gestern auch zu einer Debatte im Landtag. Die FDP-Fraktionsvorsitzende Hildegard Hamm-Brücher nannte das Vorgehen des CSU-Chefs einen neuen „Watschntanz des Franz Josef Strauß".

Frau Hamm-Brücher warf Goppel vor, er habe die Einmischung in seine Regierungsgeschäfte geduldet und damit die Verfassung verletzt. „auf die Sie hier vor unser aller Augen und Ohren den Eid geschworen haben". Strauß gehe es allein darum, Goppel bei der nächsten Wahl abzuhalftern. Die Fraktionschefin: „Strauß will Bayern regieren und von Bayern aus die Bundesrepublik."

Ministerpräsident Goppel entgegnete auf den Vorwurf, er habe den Amtseid gebrochen: „Wenn Sie dafür auch nur den Hauch eines Verdachts haben, dann erheben Sie gegen mich die Ministeranklage entsprechend der Verfassung."

Der Oberlandeskonservator   tz-Zeichnung Haitzinger

Zum Tage

Heute schreibt
Karl Wanninger

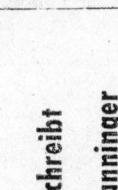

Das jüngste bayerische Fingerhakeln ist mit einem Punktsieg der Regierungsmannschaft Goppel-Maier ausgegangen. Die zwei aufrechten Kämpen konnten zwar den Franz Josef Strauß nicht über den Tisch ziehen, aber sie bekamen recht: Es bleibt bei der umstrittenen Ernennung von Dr. Michael Petzet zum obersten bayerischen Denkmalpfleger.

Bekanntlich war Petzet als Münchner Galeriedirektor mit dem Objekt „Künstlerscheiße in der Konservendose" bei Strauß so sehr ins

Punktsieg

Fettnäpfchen getreten, daß dieser die Zurücknahme der Ernennung verlangte.

Kultusminister Maier muckte auf und drohte mannhaft gar mit Rücktritt. Goppel sprang ihm bei, und einen historischen Augenblick lang schien es so, als ob im bayerischen Kuriositäten-Geschichtsbuch zu verzeichnen wäre, daß eine weißblaue Regierung buchstäblich einmal über einen Dreck im Schachterl gestürzt ist. Doch man hat sich ausgesprochen, die anrüchige Sache allseits mißbilligt, und Parteichef Franz Josef kann mit der Regierung wieder gut sein – bis zum nächsten Mal.

Der ganze Streit war also für die Katz? Nein, denn selten ist ein Schaden, wo nicht auch ein Nutzen ist! Ein Amt, dessen Wirken jahrzehntelang leider ziemlich unbeachtet blieb, ist plötzlich ins Licht der Öffentlichkeit gerückt. Die Denkmalpflege, im vorigen Jahr mit weitreichender Gesetzeskraft ausgestattet, der Kampf gegen Zerstörung und zerstörende Veränderung wertvoller alter Bausubstanz, ist eine Aufgabe für alle!

Bayerns Regierung, aus dem Strauß mit Strauß gestählt hervorgegangen, wird sich hoffentlich auch künftig hinter Petzet stellen. Denn der Chefkonservator dürfte im Streit mit profitgierigen Abreißern, mit Glasbetonfetischisten und rücksichtslosen Verkehrsplanern sicher noch öfter in Fettnäpfchen treten.

DIE ERNENNUNGSURKUNDE zum Generalkonservator des Landesamtes für Denkmalpflege überreichte Kultusminister Maier (r.) am Dienstag an Michael Petzet.
Foto: Schneck

Münchner Merkur
27. März 1974 (Bild oben)

DIE „BESTEN WÜNSCHE" des Ministerpräsidenten galten Michael Petzet, als ihm Kultusminister Hans Maier gestern seine Ernennungsurkunde zum neuen Generalkonservator des Landesamts für Denkmalpflege überreichte. Goppel ließ Petzet einen Brief übergeben, in dem er ihm viel Erfolg „zum Nutzen unserer bayerischen Heimat" wünscht. Nur wenig mehr als zwölf Stunden, nachdem Maier und Goppel die Ernennung Petzets endgültig gegen den Widerstand des CSU-Vorsitzenden Strauß durchgesetzt hatten, wurde sie durch die Überreichung der Urkunde vollzogen.
Photo: Schneck

Süddeutsche Zeitung, 27. März 1974

Strauß erwächst eine Opposition
Zunehmende Kritik am Verhalten des CSU-Vorsitzenden aus eigenen Reihen

MÜNCHEN (SZ) — Herbe Kritik am Verhalten des CSU-Vorsitzenden Franz Josef Strauß hat die Junge Union in Nürnberg sowie die Delegiertenkonferenz des CSU-Kreisverbandes Erlangen-Höchstadt geübt. Beide Parteiorganisationen äußerten vor allem ihr Mißfallen über Straußens Einmischung in Kabinettsangelegenheiten, wie bei der Ernennung des Generalkonservators am Landesamt für Denkmalpflege.

Bereits Ende vergangener Woche hatte der Münchner Landtagskandidat Kurt Faltlhauser aus Verärgerung über die Intervention des Parteichefs gegen die Berufung Michael Petzets und die dadurch verursachte Regierungskrise an CSU-Generalsekretär Gerold Tandler eine Nachbildung des von Strauß beanstandeten „Kunstwerks" des Italieners Piero Manzoni geschickt. Auf dem Konservendosen-Original, lediglich in einem von Petzet als Direktor der Münchner Lenbach-Galerie mitbearbeiteten Ausstellungskatalog abgebildet, war die anrüchige Bemerkung „Künstlerscheiße 1961" etikettiert. Auf Faltlhausers Dosenkopie stand jetzt dagegen unter anderem zu lesen: „CSU-Schei..., produziert in der Wahlkampfzeit gegen die Interessen der CSU-Basis."

Das „Parterre der Partei", so Faltlhauser, meldete sich nun auch in Nürnberg mißmutig zu Wort. In einer Presseverlautbarung wird nicht nur die strittige Haltung gegenüber dem Kabinett Goppel attackiert, sondern auch „seine Kandidatur zum Landtag" und Äußerungen, die darauf hindeuteten, „daß Strauß seinen Gedanken einer Trennung von CDU und CSU nach wie vor realisieren möchte". Eine „Nebenbeschäftigung" außerhalb des Bundestags würde jedoch die Arbeit jedes Landtagsabgeordneten abwerten und nur dem Zweck einer Bevormundung der gewählten Regierung durch den Führer der Mehrheitspartei dienen. Dies müsse gerade von der politischen Richtung, die sich am klarsten gegen das imperative Mandat wende, entschieden abgelehnt werden.

Ähnliche Bedenken wurden auch auf der Delegiertenkonferenz des CSU-Kreisverbandes Erlangen-Höchstadt in Bubenreuth laut. Der Landtagsabgeordnete Franz Krug wurde beauftragt, der Landesdelegiertenkonferenz mitzuteilen, daß dem Erlanger Kreisverband „gewisse Sorgen aus der Haltung von Strauß" erwachsen seien.

Die CSU-Landesleitung erklärte zu den Äußerungen der Jungen Union, es sei nicht sehr eindrucksvoll, wenn nunmehr versucht werde, sich mit Hilfe von Presseerklärungen auf Kosten des Parteivorsitzenden „ins Bild zu bringen". „Vor allem würde es für die Ernsthaftigkeit eines solchen Diskussionsbeitrags sprechen, wenn seine Verfasser sich nicht auf die ungeprüfte und unreflektierte Wiedergabe von Tendenzberichten in der Presse und die Kolportage von Gemeinplätzen der Opposition beschränkten." Wer die öffentliche Aussprache in der eigenen Partei suche, solle sie wenigstens mit eigenen und nicht mit den Argumenten des politischen Gegners führen. Vor allem sollte er dem Landesvorsitzenden das Recht auf freie Meinungsäußerung nicht absprechen, das er selbst in Anspruch nimmt.
Gerd Sowein

Nach dem Gespräch des CSU-Vorsitzenden Strauß in der Staatskanzlei:

Ernennungsurkunde für Petzet

Kabinett nimmt seine Entscheidung nicht zurück / Ein Communiqué von 20 Zeilen

Von unserem Redaktionsmitglied Martin Rehm

München, 26. März — Die bayerische Regierung hält an der Ernennung von Michael Petzet zum Generalkonservator des Landesamtes für Denkmalpflege fest, obwohl der CSU-Vorsitzende Strauß und sein Generalsekretär Tandler gefordert hatten, die Entscheidung aufzuheben. Der Fall Petzet war am Montagabend Thema eines Gesprächs in der Staatskanzlei, an dem Ministerpräsident Goppel, Strauß, Kultusminister Maier, Tandler und der Vorsitzende der CSU-Landtagsfraktion, Seidl, teilnahmen. Ein Communiqué von etwa 20 Zeilen läßt zwar Raum für manche Deutung, doch scheint es, daß sich die Regierung durchsetzen konnte, die auf Vorschlag des Kultusministers Petzet ernannt hatte. Zwei Stunden vor der Aktuellen Stunde am Dienstag im Landtag, bei der auf Antrag der SPD der Fall Petzet auf die Tagesordnung gesetzt wurde, überreichte Kultusminister Maier, der für den Fall einer Revision des Kabinettsbeschlusses mit seinem Rücktritt gedroht hatte, Petzet die Ernennungsurkunde. Bei der Aktuellen Stunde gab er außerdem eine Ehrenerklärung für Petzet ab.

Über die Beratungen am Montagabend in der Staatskanzlei wurde folgende Erklärung veröffentlicht: „Bei der Besprechung, deren Gegenstand eine Reihe von bundes- und landespolitischen Fragen war, ergab sich bezüglich der Ernennung eines neuen Generalkonservators für Denkmalpflege, daß der Staatsregierung bei der Beschlußfassung darüber gewisse Tatbestände nicht bekannt waren, zum Beispiel der Katalog der Manzoni-Ausstellung mit seiner anstößigen, das Empfinden der bayerischen Bevölkerung verletzenden Darbietung von ‚Künstlerscheiße'."

Weiter wurde in der Pressemitteilung festgestellt: „Der CSU-Landesvorsitzende hat in Wahrnehmung seiner Verantwortung aus verständlichen Gründen darauf hingewiesen und die Staatsregierung gebeten, bei künftigen Personalentscheidungen alle entscheidungserheblichen Umstände zu berücksichtigen. Wenn die Staatsregierung die einmal getroffene Entscheidung nicht rückgängig machen kann, so verbindet sie damit die Erwartung, daß das mit der Ernennung gezeigte Vertrauen nicht enttäuscht wird."

Das Gespräch, das am runden Tisch im sogenannten Großen Arbeitszimmer des Ministerpräsidenten stattfand, dauerte mehrere Stunden bis etwa Mitternacht. Zahlreiche Journalisten und Fernsehteams beobachteten vor der Staatskanzlei die Anfahrt der Teilnehmer. Goppel zeigte sich sichtlich verärgert, als Kameraleute ihn beim Aussteigen aus der Regierungslimousine filmten, die in der Einfahrt hielt. Angeblich ist das Filmen normalerweise dort nicht erlaubt. Die Polizisten achteten danach streng darauf, daß sich Journalisten und Fernsehteams nicht mehr im Haus, sondern davor aufhielten.

Das Treffen war „nach 19 Uhr" angesetzt worden. Aber erst gegen 19.45 Uhr fuhr als letzter der CSU-Vorsitzende Strauß vor, gefolgt von einem Fahrzeug mit Bonner Nummer, offenbar besetzt mit Beamten der Sicherungsgruppe des Bundeskriminalamts. Strauß kam direkt vom Flughafen. Er hatte das vorangegangene Wochenende in Portugal verbracht. Die Verspätung ergab sich, weil das Flugzeug, offenbar eine Privatmaschine, auf dem Rückflug in Lyon zum Tanken hatte zwischenlanden müssen. Von Lyon aus hatte Strauß in der Staatskanzlei angerufen, um die Verspätung anzukündigen.

Schon wenige Minuten nach Beginn des Gesprächs teilte der Pressesprecher der Staatsregierung, Ministerialdirigent Eberle, den Journalisten, die sich schon auf eine lange Nacht eingestellt hatten, mit, die Teilnehmer hätten sich darauf geeinigt, an diesem Abend keine Erklärungen mehr abzugeben. Manche hatten nichts anderes erwartet, andere waren enttäuscht. Für den Fall, daß beschlossen würde, doch noch Interviews zu geben, war von der Staatskanzlei vorsorglich ein Raum bereitgestellt worden. Eberle erklärte, es sei das „Natürlichste in der Welt", daß sich die fünf zusammensetzten.

Man blieb unter sich und ließ keine Zuhörer zu. Eberle und der Leiter der Staatskanzlei, Ministerialdirigent Kessler, hielten sich nur für den Fall bereit, daß man sie brauchte. Wie bei solchen Gesprächen üblich, führte auch niemand Protokoll. (Siehe auch Kommentar auf Seite 4.)

Kultusminister Maier erklärte bei einer Pressekonferenz der Regierung, als er nach seiner Meinung zu dem Ergebnis des abendlichen Gesprächs in der Staatskanzlei befragt wurde, wörtlich: „Ich fühle mich bestätigt. Einsprüche sind nicht zum Zuge gekommen." Zu der Darstellung einer Dose mit „Künstlerscheiße" im Katalog der Manzoni-Ausstellung, die zu dem massiven Vorstoß von Strauß geführt hatte, sagte Maier, diese Dose sei niemals ausgestellt worden. Die Erregung darüber wirke deshalb etwas kindisch.

Der Ministerpräsident betonte, von einem „Eingreifen" des CSU-Vorsitzenden könne weder im Fall Petzet noch früher im Fall Fritz (Besetzung des Präsidentenpostens der Versicherungskammer) die Rede sein. Nach seinem Verhältnis zum Parteichef gefragt, sagte Goppel nur lakonisch: „Es ist unverändert." Auf die Frage, ob es sehr hilfreich wäre, wenn Strauß dem nächsten Landtag angehören würde, lehnte der Regierungschef brüsk eine Antwort ab. Er teilte mit, daß bei dem Gespräch in der Staatskanzlei die Frage einer Kandidatur von Strauß für den nächsten Landtag nicht besprochen worden sei.

Landtag spendet Maier Beifall

München (SZ) — Bei der Erörterung des „Falles Petzet" und seiner Begleitumstände, die zu der Krise in der CSU-Spitze geführt haben, ist es am Dienstagnachmittag im Landtag zu scharfen Wortgefechten zwischen Sprechern der CSU-Fraktion und der Opposition gekommen. Die „Aktuelle Stunde" hatten die sozialdemokratischen Abgeordneten beantragt.

Der SPD-Fraktionsvorsitzende Volkmar Gabert stellte in der Parlamentsdebatte die Frage, ob es sich die Regierung bieten lassen wolle, daß der CSU-Vorsitzende Regierungsentscheidungen immer wieder beeinflussen möchte. „Jedes Spiel mit dem imperativen Mandat ist eine Sache, der man entschieden gegenübertreten muß", erklärte Gabert und schloß aus den Vorgängen: „Strauß verlange ein imperatives Mandat." Gabert forderte von der Regierung ein klärendes Wort über die Rücktrittsdrohungen und Spannungen im Kabinett.

Maiers Befürchtungen

Diese Erklärung kam jedoch nicht, wie es die Opposition offenbar erwartet hatte, von Ministerpräsident Alfons Goppel (CSU), sondern von Kultusminister Professor Hans Maier. Er räumte ein, daß vor einer Woche bei ihm der Eindruck entstanden sei, das Votum des Kabinetts für Petzet könnte zurückgenommen werden. Deshalb habe er klargemacht, „daß eine neue Entscheidung in dieser Sache mich nicht mehr als Kabinettsmitglied sehen würde". Maier zeigte Verständnis dafür, daß an Personalentscheidungen „auch die Partei Interesse zeigt, die die Regierung trägt", und daß kontroverse Meinungen legitim seien. „Die Entscheidung muß aber fallen, wo sie nach der Verfassung liegt", betonte der Kultusminister. Dies müßten auch die Repräsentanten der Parteien wissen. Maier bekam für seine Erklärungen mehrfach starken Beifall, auch der Opposition, deren Sprecher Rothemund und Hamm-Brücher ihm für seine Haltung Respekt bekundeten.

Ministerpräsident Goppel bezeichnete es als das „gute Recht und die Pflicht", daß die Partei mit der Regierung „bestimmte Fragen abspricht und sich darüber berät". Daß die CSU-Landesleitung jedoch ein Mitspracherecht bei Personalentscheidungen habe, wurde von Goppel strikt verneint.

Die Sprecher der CSU-Fraktion — so deren Vorsitzender Alfred Seidl — wiesen entschieden den Vorwurf der Opposition zurück, im Fall Petzet sei auf die Regierung von Strauß „unzulässiger Druck" ausgeübt worden. Sie erklärten, das Kabinett sei ja bei seiner einmal getroffenen Entscheidung geblieben, und warfen SPD und FDP vor, auch deren Parteigremien versuchten Personalangelegenheiten zu beeinflussen.

Die Oppositionsabgeordneten, unter ihnen Helmut Rothemund (SPD) und Hildegard Hamm-Brücher (FDP), sahen dagegen in den Rücktrittsdrohungen von Kultusminister Maier und Regierungschef Goppel den Beweis, daß von Strauß „harte Pressionen" ausgegangen seien. Rothemund vertrat die Ansicht, Strauß versuche systematisch „Goppel abzubauen", um seinen Machtanspruch nicht mehr nur über die Partei ausüben zu müssen, sondern vom Parlament aus befriedigen zu können. Frau Hamm-Brücher sprach von einem „Watschentanz" des CSU-Vorsitzenden und von einem „imperativen Druck", wie er sonst nur von ganz links gefordert wird. Strauß wolle Goppel abhalftern. „Wer seinem Druck nachgebe, mache sich mitschuldig an den verheerenden Folgen, die für das Ansehen der Demokratie entstehen."

CSU sieht Ablenkungsmanöver

SPD und FDP hätten im Landtag versucht, im Landtag eine „Schau abzuziehen", um vom eigenen Desaster kurzfristig abzulenken, erklärte die CSU-Landesleitung zum Ablauf der „Aktuellen Stunde" im Landtag. Die Beschuldigung, der CSU-Vorsitzende Strauß suche das imperative Mandat durchzudrücken, sei absurd — wie der SPD-Fraktionsvorsitzende Gabert wohl wisse. „Was die SPD will, liegt offen zu Tage: Sie will die unverhüllte Demontage des verfassungsmäßigen Zustands durch weite Teile der Partei verniedlichen, indem sie den Eindruck zu erwecken versucht, als seien die Aktionen der SPD-Linken mit der Ausübung seiner Pflichten durch den CSU-Vorsitzenden vergleichbar." Wer auf solche Weise verfassungsfeindliche Aktivitäten im eigenen Lager zu kaschieren versuche, stelle ein „mißverstandenes Parteiinteresse sichtbar über das Wohl des Staates". *M. Stiller*

HEUTE

Der Sturm im CSU-Wasserglas hat sich gelegt: Gestern erhielt Dr. Michael Petzet (40) die Ernennungsurkunde zum neuen Generalkonservator des Bayerischen Landesamtes für Denkmalpflege. CSU-Chef Franz Josef Strauß war gegen die Berufung Sturm gelaufen, weil Petzet unter anderem in einem Katalog für die Piero-Manzoni-Ausstellung in München mit einer „Darbietung von Künstlerscheiße" (in Dosen) aufgewartet hatte. Bei einem CSU-Gipfel-Treffen wurde jetzt beschlossen, daß die „einmal getroffene Entscheidung nicht rückgängig" gemacht werden kann. Man erwartet aber, „daß das mit der Ernennung gezeigte Vertrauen nicht enttäuscht wird".

Über die politische Valentinade schreibt Wolfgang Christlieb in angemessener Form.

Der Bube Petzet

Von Wolfgang Christlieb

So tagte also der Hohe Rat der in Bayern allein seligmachenden obersten Mandarine, und nachdem sie eine Pfirsichblüte zerpflückt und unter sich aufgeteilt hatten, verkündeten sie dem wartenden Volk das folgende mit Spannung erwartete Urteil in Sachen des völlig unerwartet und ohne alle Kenntnis seiner Persönlichkeit, so ganz nebenbei und fast mehr zufällig in den Stand eines hohen Mandarins aller Konservendosenbüchsenöffnerschonüberzugbewahrer versetzten Schülers Michael Petzet:

Nicht schweigen will allerdings unsere und der ganzen sozialen Christenheit Bewunderung für die wieder einmal bewiesene allerhöchste Regierungsweisheit, die uns — ein kräftiges Vergelt's-Gott auch bei diesem Anlaß — allerwegen geleitet, behütet, lenkt und betreut. Für sie gibt es wahrlich keine ernstzunehmenden Probleme: Öl, Suez, Golan, Energie, Angola, China-Poker, Inflation. Das sind ja nur so Pappenstiele, die unsere Regierung knickt und knackt — wie ein Stiernacken den Rhabarberstengel.

AZ magazin

Kultusminister Maier über Strauß:

„Die Empörung über die Dose war wohl kindlich"

Wie der CSU-Streit um Petzet geschlichtet wurde

Von Sönke Petersen

Als gestern mittag um 13 Uhr Kultusminister Maier dem Kunsthistoriker Dr. Michael Petzet die Ernennungsurkunde zum Generalkonservator überreichte, war bei diesem Ereignis in der Nacht zuvor noch einmal eine gründliche CSU-interne Aussprache vorausgegangen. Raimund Eberle, Pressechef der Bayerischen Staatskanzlei, nahm das Ergebnis bereits vorweg: „Strauß wird keinen Gang nach Canossa tun", verkündete er den zahlreichen Journalisten, die am Montagabend vor der Staatskanzlei und der Münchner Prinzregentenstraße auf eine Erklärung harrten, wie das nächtliche CSU-Gipfeltreffen über die umstrittene Ernennung des Kunsthistorikers Dr. Michael Petzet zum neuen Generalkonservator ausgegangen sei.

Die journalistische Neugierde war nicht ohne Grund: Immerhin hatte Bayerns Kultusminister Hans Maier mit seinem Rücktritt gedroht, falls CSU-Chef Strauß mit seinem Widerstand gegen die Petzet-Ernennung Erfolg haben sollte. Selbst Ministerpräsident Alfons Goppel war über die Strauß-Einmischung in eine Kabinettsentscheidung derart erbost, daß er trotzig erwog, mit seiner gesamten Regierung zu demissionieren.

Trotz solcherlei Aufruhr in der sich sonst so geschlossen gebenden CSU kam Strauß keineswegs im „Büßerhemd" in die Staatskanzlei. Zwar widersetzte er sich nicht länger der Berufung Petzets, so daß sein Kontrahent Maier sich als CSU-Affäre heißt es in der Erklärung: Der CSU-Vorsitzende „habe in Wahrnehmung seiner Verantwortung aus verständlichen Gründen" auf den Katalog hingewiesen und die Regierung gebeten, bei „künftigen Personalentscheidungen alle entscheidungserheblichen Umstände zu berücksichtigen".

An dem rund vierstündigen „CSU-Gipfel"-Treffen geäußerte mit der Ernennung gezeigte Vertrauen nicht enttäuscht wird."

Nach der gestrigen (Routine-)Ministerratssitzung zeigten sich

Die eigentliche Hauptfigur des Streites, Dr. Petzet, zur Zeit noch Direktor der Städtischen Galerie im Lenbachhaus, mochte

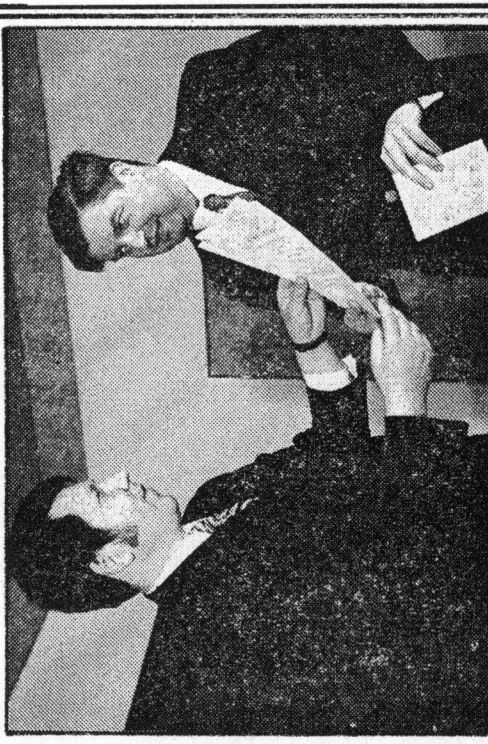

DAS ENDE DES STREITS UM „KÜNSTLERSCHEISSE": Kultusminister Maier (rechts) ernennt Michael Petzet offiziell zum Generalkonservator.

Sieger fühlen durfte, doch die anschließende Erklärung über den internen CSU-Gipfel trägt eindeutig die Handschrift des CSU-Chefs:

„Der bayerischen Staatsregierung waren bei der Ernennung Petzets gewisse Tatbestände nicht bekannt", heißt es da. Das gelte besonders für den Katalog der Manzoni-Ausstellung mit einer „anstößigen", das Empfinden der bayerischen Bevölkerung verletzenden Darbietung von ‚Künstlerscheiße'."

Und weiter: „Wenn die Staatsregierung die einmal getroffene Entscheidung nicht rückgängig machen kann, so verbindet sie damit die Erwartung, daß das sich gestern, zu einer derartigen „Zeigefinger-Moral" äußern: „Ich weiß wirklich nicht, was ich dazu sagen soll", meinte er zur AZ. Zur Rolle von Strauß in der neuerlichen fel" hatten neben den Kontrahenten Strauß und Maier Ministerpräsident Goppel, CSU-Generalsekretär Gerold Tandler und CSU-Fraktionschef Alfred Seidl teilgenommen.

noch befriedigt. Goppel: „Wir haben nicht nachgegeben." Und Maier etwas süffisant über das Verhalten von Strauß: „Die Empörung über die Dose war ein bißchen kindlich."

Was macht eigentlich ein Generalkonservator?

● Mit Konserven hat das Amt des Generalkonservators natürlich nichts zu tun, wie man vielleicht nach der Affäre um die Dose mit „Künstlerscheiße" annehmen möchte. Aber was sind nun die Aufgaben von Dr. Michael Petzet, der am 1. Juli das Amt des „Generalkonservator des Landesamtes für Denkmalpflege" antritt? Das Amt beschäftigt sich mit der Pflege und Erhaltung der zahlreichen Denkmäler Bayerns. Der Generalkonservator vertritt die Interessen seines Amtes bei Streitfällen und Auseinandersetzungen mit städtischen Behörden und anderen Verwaltungsgremien (z.B. Abbruch von alten Häusern). Eine hohe wissenschaftliche Qualifikation wird vom Generalkonservator nicht zuletzt deswegen gefordert, weil sein Amt auch als unabhängige Gutachterbehörde auftritt.

AZ (Abendzeitung), München, 27. März 1974

Das imperative Mandat des F. J. Strauß

Die Heimatkundelektion, die der Pressesprecher der Staatskanzlei vorlauten Journalisten zuteil werden ließ, belehrte diese nicht nur, daß München nicht Canossa ist; sie ließ auch schon ahnen, daß die Standortsuche der CSU im Falle des neu ernannten Generalkonservators Petzet in der letzten Weisheit aller bayerischen Geographie enden würde: Die Kirche bleibt im Dorf. So kam es auch. Strauß ging nicht nach Canossa, sondern kam aus Lissabon zu seinen Kontrahenten Goppel und Maier, nachdem er diesen beiden eine Verspätung Gelegenheit zu dem gegeben hatte, was er selbst in der Affäre schon Tage vorher tat, nämlich Dampf abzulassen.

Dieser brauchte zwar bis Mitternacht, ehe er sich wieder verzogen hatte. Aber dann sah man den Kirchturm wieder, unter dessen Blickwinkel der CSU-Vorsitzende Personalpolitik machen möchte. Und zwar froh, daß aus der Dose mit der ominösen „Künstlerscheiße '71", die den Partei-vorsitzenden zum Explodieren gebracht hatte. Zwar befleißigte man sich in der Darstellung des Diskursergebnisses eines gehobenen Wortschatzes. Goppel und Maier gaben zu, bei der Berufung von Petzet nicht allwissend gewesen zu sein. Dem Parteivorsitzenden bescheinigte man, er habe mit seinem *imperativen Mandat* seine Verantwortung wahrgenommen. Vor dem inneren Auge aber sieht der besagten Kirche die Maßkrugscherben unter den Tisch gekehrt werden. Beine wieder unter demselben gestreckt werden. Wobei der, der am heftigsten zugeschlagen hat, seine Nachbarn augenzwinkernd fragt: „Ma werd ja no was sagn derfa." Diese nicken voller Stolz, daß ihre Schädel die Schläge ausgehalten haben. Denn damit ist nach gutem bayerischen Brauch bewiesen, daß sie im Recht waren. Zu intensive Pflege dieses Brauchtums kann aber CSU und Regierung nicht empfohlen werden: Starke Schläge auf den Kopf vermindern das Denkvermögen rapide.

sh

Einen *Gewinn* hat von der ganzen Sache auch die Kunstwissenschaft. Wer sprach denn bisher von Manzoni?

Der Bube Petzet darf Konservator werden, er darf aber nicht mehr mit Konservendosen spielen. Er muß spätestens mit dem Ave-Läuten nach Hause eilen und muß sich die Händchen vor dem Essen und auch vor dem Schlafengehen noch einmal gründlich waschen. Er darf nichts denken und nichts tun, was die silberblickende Fee mit den Jade-Herzenaugen und dem Mandel-Herzen verletzen, oder den Sohn des Himmels, den allmächtigen „Kaiser des Chinesischen Reiches, betrüben könnte, sonst hole ihm der feuerspeiende Drache mit der lila Schleife an der zweihundertsten Schuppe, vom dritten Drachenhalswirbel ab gezählt. — „So Buam, und jetzt geh'n ma allemitanand' zum Salvator."

Das solchermaßen fabrizierte Produkt der CSU-Führungsspitze, für welches das niedere Volk den leider nicht sehr feinen Ausdruck „Sch..." hat, wurde hierauf zerstampft, zerrieben und gestoßen, mit Muskat, Myrrhe und getrocknetem Spatzenhirn vermengt, in eine große Blechdose abgefüllt und dem Bayerischen Hauptstaatsarchiv zur Aufbewahrung übergeben.

Damit wäre die — weit über die Stammes-Grenzpfähle hinaus bekannt gewordene — Affäre „Petzet und die Dose des Manzoni" zu einem vorläufigen Abschluß gekommen, und der Sturm, der als Föhn im Haupte des Herrn Vorsitzenden begonnen hatte, ebenso schnell wieder zum Schweigen gebracht.

AZ (Abendzeitung), München, 27. März 1974

Erregte die CSU: Die Dose mit der „Künstlerscheiße".

Solange die Ausstellung „Piero Manzoni" (Oktober–November 1973) in München zu sehen war, hat praktisch niemand sie beachtet.

Jetzt strahlt Manzonis Ruhm von allen Fernschreibern, und sogar in der Bayerischen Staatskanzlei weiß man: „Piero Manzoni, 1933 bis 1963, genialer, zu früh verstorbener Vorläufer der internationalen concept art." *Ein Umstand* allerdings wurde bisher noch nicht gebührend registriert: daß nämlich die Dose mit „stercod'artista" (Künstlerscheiße) — Objekt Nr. 31 im Katalog — in der Münchner Darbietung der Manzoni-Wanderschau — gar nicht zu sehen war!

▽ *Süddeutsche Zeitung, 27. März 1974*

BLICK hinter die Kulissen

Bayerische Landespolitik – Notiert und kommentiert von Oskar Hatz

Mit einer nichtssagenden Erklärung über die am Montagabend stattgefundene Aussprache zwischen Ministerpräsident Alfons Goppel, dem CSU-Chef Franz Josef Strauß, Kultusminister Prof. Dr. Hans Maier, dem Vorsitzenden der CSU-Fraktion im Landtag, Dr. Alfred Seidl, dem CSU-Generalsekretär Gerold Tandler, erledigte die Bayerische Staatskanzlei für sich die unbegreifliche Auseinandersetzung um die Berufung des Kunsthistorikers Michael Petzet zum Generalkonservator und damit zum Chef des Landesamtes für Denkmalpflege.

Anscheinend in der Annahme, daß dann der im ganzen Land aufsehenerregende Wirbel erledigt würde, teilte die Staatskanzlei mit:

„Bei der Besprechung in der Staatskanzlei am Montagabend, deren Gegenstand eine Reihe von bundes- und landespolitischen Fragen war, ergab sich bezüglich der Ernennung eines neuen Generalkonservators für das Landesamt für Denkmalpflege, daß der Staatsregierung bei der Beschlußfassung darüber gewisse Tatbestände nicht bekannt waren, z. B. der Katalog der Manzoni-Ausstellung mit seiner anstößigen, das Empfinden der bayerischen Bevölkerung verletzenden Darbietung von „Künstler Scheiße", Der CSU-Landesvorsitzende hat in Wahrnehmung seiner Verantwortung aus verständlichen Gründen darauf hingewiesen und die Staatsregierung gebeten, bei künftigen Personalentscheidungen alle entscheidungserheblichen Umstände zu berücksichtigen. Wenn die Staatsregierung die einmal getroffene Entscheidung nicht rückgängig machen kann, so verbindet sie damit die Erwartung, daß das mit der Ernennung gezeigte Vertrauen nicht enttäuscht wird."

So können aber Entscheidungen nicht aus der Welt geschafft werden, die bei Kenntnis der Sachlage nur als skandalös bezeichnet werden müssen! Daß der CSU-Chef Strauß quasi nachgegeben und sich dazu durchgerungen hat, trotz der erlangten Geltung nicht die Zurücknahme der Berufung Petzets zu fordern, ist darin begründet, daß Kultusminister Maier dann tatsächlich zurückgetreten wäre. Auch am Montagabend soll der Kultusminister in aller Klarheit zu erkennen gegeben haben, daß er be einer Änderung dem wurden etwa 500 Meter Fahrbahn und Gehweg mit Farbe beschmiert, rund 150 Fußabstreifer aus den umliegenden Häusern geklaut und mit Teer verklebt, weil diese „Künstler" einmal das „Publikum nicht streicheln, sondern ein bißchen kratzen" wollten, wie sie den empörten Anwohnern erklärten. Die Feuerwehr mußte fünf Tonnen Altpapier abtransportieren und hatte erhebliche Arbeit, Teer und Farbe wegzubringen. Kosten für die Feuerwehr: rund 16 000 DM!

Das also sind die „Künstler", die der neue Generalkonservator des Landesamtes für Denkmalpflege fördert, deren „Werke" er ausstellt!

Personalräte gegen Petzet

Aber Franz Josef Strauß hätte noch einen nach meiner Meinung noch erheblich gewichtigeren Einwand gegen die Berufung von Petzet gehabt: Als dieser im vergangenen Jahr bereits als Chef des Nationalmuseums in der Diskussion war, protestierte die Belegschaft des Nationalmuseums in einem Brief an das Kultusministerium dagegen. Das Ministerium ließ diesen Plan dann auch fallen. Genauso stellte sich der Personalrat des Landesamtes für Denkmalpflege in einem Brief, den über 90 Prozent der Angehörigen dieses Amtes unterzeichnet hatten, bereits am 23. Juli 1973 gegen Petzet. Aber das Kultusministerium hielt es nicht einmal für nötig, diesen Brief zu beantworten.

Als dann im Herbst vergangenen Jahres die Namen der Bewerber um das Landesamt für Denkmalpflege bekannt wurden, haben die gleichen Absender noch einmal einen Brief an das Kultusministerium geschrieben, in dem es u. a. hieß: „Der Generalkonservator muß alle fachlichen Bereiche des Landesamtes in ihrer ganzen Breite gleichermaßen vertreten und fördern und darf deshalb sein Amt nicht mit dem Ziel antreten, seinem eigenen Interessensgebiet größere Geltung zu verschaffen." Die Angehörigen des Amtes hatten danach die feste Überzeugung, daß niemals Petzet in Frage kommen würde. Sie setzten sich auf einen von ihnen erhofften Mann aus ihren Reihen. Aus diesem Grunde verzichteten mehrere Angehörige des Amtes auf die Bewerbung, die mit Fug und Recht ebenfalls Ansprüche

Dafür aber legte der Kultusminister am 19. Februar dem Kabinett den Berufungsvorschlag für Michael Petzet bei der Kabinettssitzung vor. Die Mitglieder der Staatsregierung stimmten nichtsahnend zu und die Angelegenheit wurde dem Landespersonalausschuß zugeleitet. Da wiederum zeigte dieses Gremium plötzlich eine in anderen Fällen nicht praktizierte Großzügigkeit: Ohne Beachtung der Wünsche des Personalrats und der Belegschaft gab der Landespersonalrat Petzets Berufung in das Beamtenverhältnis das O.K.

Während also das Kabinett am 19. Februar diesen Beschluß faßte, schrieb Kultusminister Maier am 23. Februar einen diesbezüglichen Brief an den CSU-Vorsitzenden. Strauß – mit vorstehenden Tatsachen konfrontiert – versuchte vergeblich, den Kultusminister zu erreichen. Deshalb wandte er sich an die Staatskanzlei, wo ihm beruhigend mitgeteilt wurde, die Amtszeit des derzeitigen Chefs des Landesamtes für Denkmalpflege werde verlängert, die neue Besetzung käme noch einmal auf die Tagesordnung des Kabinetts. Ausdrücklich wurde dem Vorsitzenden der Partei, deren Landtagsfraktion die Staatsregierung trägt, versichert, daß vorher die Angelegenheit noch einmal mit ihm besprochen werde.

Aber am Abend des 18. März telefonierte der Kultusminister mit dem Ministerpräsidenten und bat ihn um Behandlung bei der Kabinettssitzung am nächsten Tag, an Josefi.

Ausgerechnet also an dem Abend, an dem Strauß in Berlin-Wedding vor Tausenden von Zuhörern bei einer Versammlung gefeiert wurde, wurde Franz Josef Strauß in München ausgetrickst. Und am Josefstag kam es im Ministerrat wegen schwacher Besetzung trotz Einspruchs mehrerer Kabinettsmitglieder zu einem äußerst knappen Abstimmungssieg für den Vorschlag des Kultusministers. Die Schreiben des Personalrats des Landesamtes für Denkmalpflege erwähnten dabei weder der Ministerpräsident noch der Kultusminister. Wenn man diese Vorkommnisse betrachtet, so kann nur von einem Skandal gesprochen werden, den hinzunehmen Hilfe gebetene Petzet ist einfach nicht gewillt sein konnte.

Maier wäre wirklich zurückgetreten

Aber trotzdem trieb Strauß die Sache nicht auf die Spitze. Er dürfte erkannt ha-

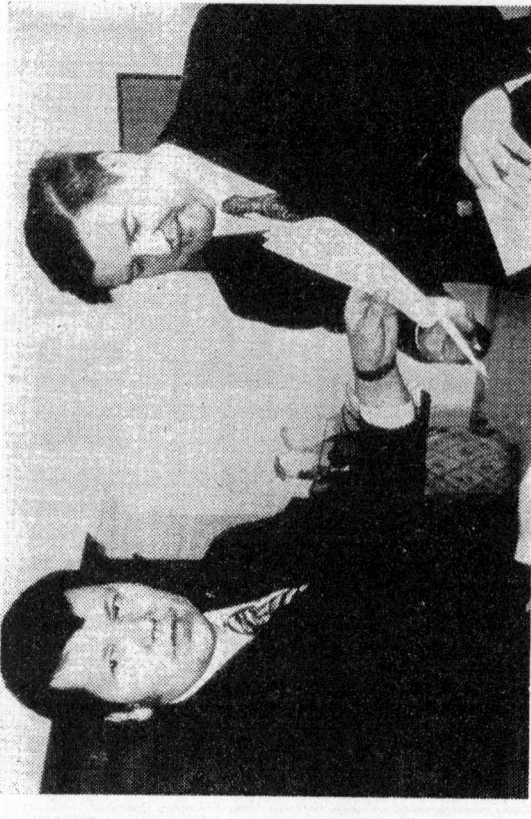

Dr. Michael Petzet (links), dessen Berufung zum Generalkonservator des Landesamtes für Denkmalpflege zu Kontroversen zwischen dem bayerischen Kabinett und der CSU-Spitze geführt hatten, erhielt am Dienstag durch Kultusminister Professor Hans Maier (rechts) seine Ernennungsurkunde. (Siehe untenstehenden Bericht. (Funkbild: dpa)

ben, daß Kultusminister Maier in seinem moralischen Rigorismus tatsächlich zurückgetreten wäre. Für einen Mann wie Maier wäre ein anderer Weg gar nicht möglich gewesen. Er verantwortete die unmögliche Vorlage seines Ministeriums an das Kabinett und wäre gegangen, hätte die Ernennung Petzets zurückgenommen werden müssen. Hans Maier hätte damit seine Einstellung demonstrativ unterstrichen, daß Politik nach seiner Meinung kein schmutziges Geschäft ist. In diesem Falle sprach nicht der Kultusminister, sondern der Politologieprofessor Maier, der seine Verpflichtung zum Vorbild verspürt. Das alles scheint Strauß erkannt zu haben – und gab nach.

Er handelte damit genauso richtig wie vorher bei der Kritik an dem Beschluß des Kabinetts.

Chef einer Behörde. Schillers Schwager konnte seinen Schreibtisch nie einnehmen. In München ist ein so harter Widerstand nicht zu erwarten. Bayerns Beamte sind da – mit Verlaub – zu obrigkeitshörig.

Daß die Opposition im Bayerischen Landtag die Chance nützte, um hier gegen ihren gefährlichsten Widersacher, Franz Josef Strauß, zu Felde zu ziehen, ist verständlich. Um so mehr, als die Angehörigen des betroffenen Amtes ja nicht der Gewerkschaft des SPD-Landesvorstandsmitglieds Rothe angehören. Daß aber auch Leute der CSU – wahrscheinlich in Unkenntnis des wirklichen Sachverhalts – in diesem Falle Kritik an ihrem Parteivorsitzenden üben, bestätigt die Meinung eines Landtagsabgeordneten der Christlich-Sozialen Union: „Manchmal hat man den Eindruck, einige unserer Leute wollen mit Gewalt dagegen ankämpfen, daß von der CSU die nächsten Landtagswahlen gewonnen werden."

SPD: Spiel mit dem „imperativen Mandat"

Heftige Kontroverse über den „Fall Petzet" im Landtag — Maier: Der Vorgang ist völlig korrekt verlaufen

München (eb). Der „Fall Petzet" löste am Dienstagnachmittag auch im Bayerischen Landtag eine heftige Kontroverse aus. Die SPD-Opposition benutzte die Gelegenheit einer „aktuellen Stunde", das brisante Thema aufzugreifen. Der SPD-Fraktionsvorsitzende Volkmar Gabert bezeichnete das „nichtssagende Kommuniqué über das Ergebnis des „Gipfelgesprächs" als „eine Beleidigung der bayerischen Bevölkerung".

Unter dem Protest der CSU-Fraktion rief Gabert aus: „Für wie dumm hält man denn eigentlich die Bevölkerung?". Ministerpräsident Alfons Goppel warf er vor, sich immer wieder bieten zu lassen, daß der CSU-Vorsitzende Franz Josef Strauß die Entscheidungen des Kabinetts, wie er nicht angehört, immer wieder bestimmen möchte". Dies sei „ein Spiel mit dem imperativen Mandat", dem man schon aus verfassungsrechtlichen Gründen ganz entschieden entgegentreten müsse.

Eine eindeutige Erklärung forderte Gabert zu dem angeblichen Einwand des CSU-Vorsitzenden, er sei gegen Petzets Berufung, weil dieser SPD-Mitglied sei. „Diese Argumentation ist ungeheuerlich", erklärte Gabert. Niemand, auch die Opposition nicht, wolle den bayerischen Ministerpräsidenten herabwürdigen. „Es ist aber unverantwortlich, wie das Amt des Ministerpräsidenten von seinen eigenen Parteifreunden herabgewürdigt wird".

Auf die Fragen des SPD-Fraktionsvorsitzenden Gabert antwortete Kultusminister Prof. Hans Maier: „Der Vorgang ist völlig korrekt verlaufen und es hat niemals sachfremde Entscheidungen oder sachfremde Einflüsse gegeben". Selbstverständlich, betonte der Kultusminister, könne auch die Partei, die diese Regierung trage, ihr Interesse an der Angelegenheit bekunden. Das sei überall so. „Die Entscheidung aber muß dort fallen, wo sie nach der Verfassung liegt", meinte der Minister zum Kabinettsbeschluß für Petzet. „Das müssen auch Repräsentanten der Partei — gleich welcher Partei — wissen." Für die Regierung sei der Fall abgeschlossen. Wenn es künftig vor allem um die Vorgeschichte der Entscheidung noch Diskussionen gebe, so bitte er doch darum, das Amt und die Person des Generalkonservators „unbeschädigt" zu lassen.

Ministerpräsident Goppel meinte in einer sehr kurzen Erklärung, es sei das gute Recht und sogar die Pflicht von Parteivorsitzenden und Regierungschefs derselben Partei, sich abzusprechen oder zu beraten. In Bayern gebe es, wie in Hamburg eine besondere Situation, weil der Parteivorsitzende nicht gleich Ministerpräsident sei. „Ich verstehe die Aufregung nicht", meinte Goppel. Auf die übrigen Äußerungen Gaberts brauche er nicht einzugehen, da sie Sache des Parlaments seien. Er könne sich allerdings auf seinen Abgeordnetensitz begeben und einiges zu diesem Thema über Bonner Praktiken berichten.

Der CSU-Generalsekretär Gerold Tandler bezeichnete das Verhalten der Opposition in der Debatte als „Heuchelei in Perfektion". Die SPD habe schließlich bei den letzten Wahlen „die Quittung dafür bekommen", daß die Wähler „gerade nicht" zum „Nutzen unserer bayerischen Heimat" befürchten, was sie uns ans Bein schmieren will, nämlich das imperative Mandat".

Maier überreichte Petzet Ernennungsurkunde

Minister bezeichnet Empörung über „Künstlerscheiße" als „kindlich" — Goppel: Wir haben nicht nachgegeben

München (dpa). Wenige Stunden nach dem Gespräch der Führungsspitzen von CSU und Regierung am Montagabend erhielt Dr. Michael Petzet am Dienstagmittag im bayerischen Kultusministerium aus den Händen von Kultusminister Maier seine Ernennungsurkunde als Generalkonservator. Dieses Amt entspricht in etwa dem eines leitenden Ministerialrats (Besoldungsgruppe B 13).

Der CSU-Vorsitzende Strauß hat seine Bedenken angemeldet, aber wir haben nicht nachgegeben". In diesem Satz faßte Ministerpräsident Goppel vor der Presse am Dienstag das Ergebnis des „Gipfelgesprächs" vom Montagabend zusammen. Es hatte sich bis Mitternacht hingezogen. Im übrigen gestand Goppel dem CSU-Vorsitzenden das Recht zu, als Parteichef bei Personalentscheidungen auch seine eigene Auffassung zu vertreten. Von einem „Eingriff" in die Zuständigkeiten des Regierungschefs könne deshalb nicht die Rede sein. In anderen Bundesländern sei der Ministerpräsident gleichzeitig Vorsitzender seiner Partei und Meinungsverschiedenheiten könnten dort deshalb von vornherein nicht auftreten. „Das ist alles". In der Kritik an dem Katalog zur Manzoni-Ausstellung gab Ministerpräsident Goppel Strauß umwunden recht. „Das ganze ist zumindest unappetitlich und geschmacklos", erklärte er. Kultusminister Maier hatte zuvor betont, Petzet habe auf die Zusammenstellung des Katalogs selbst keinerlei Einfluß gehabt. Im übrigen sei die „Künstler-Scheiße" gar nicht ausgestellt gewesen. „Die Empörung darüber ist deshalb ein bißchen kindlich", meinte er. Auf den Entwurf Goppels, „nehmen Sie das zurück, sonst steht das morgen in der Zeitung", erwiderte Maier, „das ist mir wurscht". Er fühlte sich durch den ganzen Vorgang „nicht rehabilitiert, sondern bestätigt", sagte er. Er selbst habe den Vorschlag Petzet gemacht. „Einsprüche seien, sind aber nicht zum Zuge gekommen."

Bei der kurzen Zeremonie im Zimmer des Kultusministers überreichte Maier Petzet auch einen Brief vom Ministerpräsidenten Alfons Goppel „mit den besten Wünschen für viel Erfolg" im neuen Amt zum „Nutzen unserer bayerischen Heimat". Maier der sich bei den Glückwünschen an-

schloß, meinte vor zahlreichen Fotografen und Kameraleuten, er hoffe, daß es Petzet gelingen möge, die Denkmalpflege in Bayern zu „verlebendigen, mobilisieren und dynamisieren".

Petzet, der mit einer Arbeit über den französischen Kirchenbau des 18. Jahrhunderts bei Sedlmayr in München promovierte, tritt sein Amt am 1. Juli als Nachfolger von Professor Torsten Gebhard an. Nach der Promotion war Petzet von 1958 bis 1965 schon einmal Mitarbeiter im Landesamt für Denkmalpflege. Seinerzeit bearbeitete er einige Kurzinventare schwäbischer Landkreise. Von 1965 bis 1970 war Petzet als Konservator der Schlösserverwaltung zuständig für die oberbayerischen Königsschlösser. Während dieser Zeit zeichnete er für eine vielbeachtete Ausstellung über die künstlerischen Aktivitäten von König Ludwig II. verantwortlich. Aufsehen machte er auch mit der von ihm mitgestalteten „Bayernausstellung" während der Olympischen Spiele. Noch in diesem Jahr soll von ihm ein Buch über die Architektur des 19. Jahrhunderts in München zwischen Historismus und Jugendstil erscheinen.

des Kabinettsbeschlusses zurücktreten werde. So weit aber wollte Strauß anscheinend die Sache nicht gehen lassen.

Eigenartige Kunstförderung Petzets

Dabei wären die Trümpfe sehr wohl in der Hand von Strauß gewesen. Immerhin sind die diffizilen Verbindungen Petzets innerhalb der Kunst zur SPD und sogar zu Randgruppen der Sozialdemokratie offenkundig. Aber wenn mit den künstlerischen Freiheit argumentiert wird, scheint als Chef des Landesamtes für Denkmalpflege in Bayern ein Mann nicht geeignet, da er im Vorwort des Katalogs zu einer Manzoni-Ausstellung im Oktober/November vergangenen Jahres Manzoni zu den „skurrilsten" Persönlichkeiten der Kunst der letzten 20 Jahre rechnet. Im Katalog wird im Großformat die angeblich faszinierende Steigerung der angeblich Konservendose „Künstler-Scheiße" abgebildet und zur Steigerung des anscheinend faszinierenden Eindrucks auch noch Manzoni selbst, wie er in einer Toilette vor der Kloschüssel stehend, seine Konservendose hochhält.

Im Text des Katalogs heißt es tiefsinnig dazu noch wörtlich: „Ein Körper ist ein Zeichen und als Zeichen ist er verschieden von den anderen, aber alle haben den gleichen Wert und befinden sich somit auf gleicher Ebene, nur biologisch unterscheiden sie sich (der Atem, das Blut, die Fingerabdrücke), (die Ausscheidungen): daher die Fingerabdrücke des linken und des rechten Daumens". Die Manzoni 1960 ausstellte, während er 1961 90 kleine Dosen mit „Künstler-Scheiße" (zu je 30 Gramm) herstellte, „natürlich erhältlich" made in Italy, und das Gramm zum „Tagespreis des Goldes verkauft".

Und es war weiterhin bekannt, daß Michael Petzet für die Monate Oktober bis November dieses Jahres eine Ausstellung in seiner Lenbach-Galerie veranstaltet, an der auch jener A. H. Schult sich produzieren darf, der am 15. Juni 1969 mit zwei anderen sogenannten „Künstlern" die Münchener Schackstraße lahmlegte und das ein „Happening" nannte. „Die Fahrbahn wurde von einer knappen meterhohen Schicht herabgeworfen, blockiert, die gepackten Personenwagen gingen in der Papierflut buchstäblich unter, berichtete der „Münchner Merkur" am nächsten Tag. Zu-

auf diesen Posten hätten geltend machen dürfen.

Insbesondere das neue Denkmalschutzgesetz, so ist die immer wieder zu vernehmende Meinung des im Landesamt Tätigen, hätte Petzet, im Lande in kürzester Zeit einen Aufruhr der Bürgermeister bringen wird und deshalb höchst ungesteuert ist.

Goppel und Maier waren informiert

Aber das Kultusministerium antwortete dem Personalrat und der Belegschaft des Landesamtes für Denkmalpflege immer noch nicht. So sahen sich diese Beamten veranlaßt, am 13. März die Fotokopie ihrer Briefe sowohl dem Kultusminister persönlich auch dem Ministerpräsidenten persönlich zu senden. Eine Antwort erhielten sie aber trotzdem nicht.

Passauer Neue Presse, 27. März 1974

Lange Nacht bei Goppel / Gipfel in der Staatskanzlei
Maier bietet Strauß die Stirn

Von unserem Redaktionsmitglied Max-Hermann Bloch

München. Franz Josef Strauß erschien gestern nirgendwo auf der politischen Landesbühne leibhaftig. Dennoch mußte er harte Schläge einstecken. Montagabend hatte er bis kurz vor Mitternacht in der Staatskanzlei mit Ministerpräsident Goppel und Kultusminister Maier um die Berufung des Kunsthistorikers Dr. Michael Petzet zum Landeskonservator und Leiter des Landesamtes für Denkmalpflege gestritten. Am nächsten Morgen unterzeichnete Goppel die Ernennungsurkunde und Maier händigte sie sofort darauf Petzet persönlich aus.

Das sieht sich ganz einfach und reibungslos an. Doch der Schein trügt. Goppel machte nach der Kabinettssitzung vor der Presse einen zerschlagenen Eindruck. Fast lethargisch beantwortete er Journalistenfragen. „Wir haben nicht nachgegeben", war die einzig deutliche Äußerung aus seinem Mund. Aber ein Machtwort, das Strauß in die Schranken gewiesen hätte, blieb aus. Der Landtagsopposition drängte sich so der Eindruck auf, Strauß könne Goppel nach Lust und Laune als Ministerpräsident abhalftern, um einmal von Bayern aus die Bundesrepublik regieren zu können.

Parteineuling, Kultusminister Maier, war der einzige, der sich CSU-Chef Strauß entgegenstellte und damit seine mehrmals bekräftigte berufliche Unabhängigkeit vom Ministeramt deutlich machte. Wie sich inzwischen herausgestellt hat, kam die als letztes Indiz gegen Petzet übrig gebliebene „Dose Künstlerscheiße" in der Manzoni-Gedenkausstellung der von ihm geleiteten Lenbachgalerie gar nicht unter die Exponate. Deshalb auch befand Maier offenherzig, er finde die ganze Empörung „etwas kindlich". Sofort mahnte der besorgte Landesvater, das zurückzunehmen. Sonst stehe es morgen in der Zeitung. „Das ist mir völlig wurscht", erhielt Goppel von Maier zur Antwort. Der Kultusminister hatte sogar die Weihnachtsfeiertage geopfert, um ein Werk ansehnlichen Umfangs aus der Feder des schreibfreudigen Petzet zu studieren. Mutig war auch die Landtags-CSU. Mit demonstrativem Beifall quittierte sie die Mitteilung Maiers, zwei Stunden zuvor Petzet die Ernennungsurkunde ausgehändigt zu haben.

Behilflich im Landtag...

Es fiel auf, daß Landesvater Goppel im Landtag — ohne direkten Anstoß der Opposition — eine Feststellung wiederholte, die ihm vor einigen Monaten einigen Aerger bereitet hatte: Seines Wissens sei er der einzige unter den bundesdeutschen Länderchefs, der nicht gleichzeitig Vorsitzender seiner Partei ist. Deshalb müsse er eben manche Dinge von Person zu Person klären. Goppel vermied dabei sorgsam jeden Unterton. Barsch hatte er jedoch zuvor die Antwort auf die Frage verweigert, ob er es behilflich empfände, wenn Strauß im Landtag säße.

SEINE ERNENNUNGSURKUNDE zum Generalkonservator erhielt Michael Petzet (links) aus der Hand von Kultusminister Hans Maier. Funkbild: dpa/UPI

Augsburger Allgemeine, 27. März 1974

Weder Sieger noch Besiegte im „Fall Petzet"

Neuer Landeskonservator erhielt gestern Ernennungsurkunde / Strauß und Kultusminister legen Streit bei

München (lb). Offensichtlich ohne „Sieger" oder „Besiegte" haben die Führungsspitzen von CSU und der Regierung Goppel den internen Parteistreit um die Ernennung von Dr. Michael Petzet zum Generalkonservator des Landesamts für Denkmalpflege beigelegt. Nach einem klärenden Gespräch zwischen dem CSU-Vorsitzenden Franz Josef Strauß, Ministerpräsident Alfons Goppel, Kultusminister Professor Hans Maier, dem CSU-Fraktionsvorsitzenden Dr. Alfred Seidl und CSU-Generalsekretär Gerold Tandler am Montag Abend erhielt Petzet am Dienstag mittag aus der Hand des Kultusministers seine Ernennungsurkunde. Er wird zum 1. Juli 1974 Torsten Gebhard als Generalkonservator ablösen.

● „Der CSU-Vorsitzende Strauß hat seine Bedenken angemeldet, aber wir haben nicht nachgegeben", erklärte Goppel am Dienstag nach der Ministerratssitzung vor Journalisten. In der Kritik an dem umstrittenen Manzoni-Katalog, zu dem Petzet das Vorwort geschrieben hat und in dem ein „Künstlerscheiße" betiteltes Objekt abgebildet ist, gab Goppel Strauß unumwunden recht. Als Parteichef könne er natürlich auch bei Personalentscheidungen seine eigene Auffassung vertreten. Kultusminister Maier nannte die Empörung über die „Künstlerscheiße" ein „bißchen kindlich", da das Objekt gar nicht ausgestellt gewesen sei. Maier, der für den Fall einer Zurücknahme der Kabinettsentscheidung für Petzet mit seinem Rücktritt gedroht hatte, meinte, er fühle sich durch den Vorgang „nicht rehabilitiert, sondern bestätigt".

Opposition griff die „Strauß-Einmischung" auf

● Der „Fall Petzet" löste am Dienstag nachmittag auch im Bayerischen Landtag eine lebhafte Kontroverse aus. Die SPD-Opposition benutzte die Gelegenheit einer „Aktuellen Stunde", das brisante Thema vorzugreifen. Der SPD-Fraktionsvorsitzende Volkmar Gabert bezeichnete das „nichtssagende" Kommunique über das Ergebnis des „Gipfelgesprächs" als „eine Beleidigung der bayerischen Bevölkerung". Unter dem Protest der CSU-Fraktion rief Gabert aus: „Für wie dumm hält man denn eigentlich die Bevölkerung?" Ministerpräsident Alfons Goppel warf er vor, sich „immer wieder bieten zu lassen, daß der CSU-Vorsitzende Franz Josef Strauß die Entscheidungen des Kabinetts, dem er nicht angehört, immer wieder bestimmen möchte". Dies sei „ein Spiel mit dem imperativen Mandat", dem man schon aus verfassungsrechtlichen Gründen ganz entschieden entgegentreten müsse.

● Ministerpräsident Goppel meinte in einer sehr kurzen Erklärung, es sei das gute Recht und sogar die Pflicht von Parteivorsitzenden und Regierungschefs der selben Partei, sich abzusprechen oder zu beraten. In Bayern gebe es wie in Hamburg aber eine besondere Situation, weil der Parteivorsitzende nicht gleich Ministerpräsident sei. „Ich verstehe die Aufregung nicht", meinte Goppel. Auf die übrigen Äußerungen Gaberts brauche er nicht einzugehen, da sie Sache des Parlaments seien. Er könne sich allerdings auf seinen Abgeordnetensitz begeben und einiges zu diesem Thema über Bonner Praktiken berichten.

FDP: Neuer „Watsch'n-Tanz"

● Als einen neuen, inzwischen vierten „Watsch'n-Tanz des Franz Josef Strauß" bezeichnete die FDP-Fraktionsvorsitzende Dr. Hildegard Hamm-Brücher die „massive Einmischung" des CSU-Vorsitzenden in eine Personalentscheidung der bayerischen Staatsregierung. Strauß gehe es allein darum, „den amtierenden bayerischen Ministerpräsidenten bei der nächsten Wahl abzuhalftern. Strauß will Bayern regieren und von Bayern aus die Bundesrepublik", äußerte sie.

In der eineinhalbstündigen Debatte ergriffen zahlreiche weitere Redner sowohl der Regierungspartei wie der beiden Oppositionsfraktionen das Wort. Dr. Helmut Rothemund (SPD) sprach von einer „Demontage des Amts des Ministerpräsidenten" und Dr. Hans-Jürgen Jäger (FDP) meinte, der „starke Mann in Bayern" sei nicht Goppel, sondern Strauß. „Natürlich tut es der Opposition weh, daß wir einen starken Mann haben", erwiderte der CSU-Abgeordnete Dr. Max Fischer.

Süddeutsche Zeitung, 28. März 1974

Der Montagabend in der Staatskanzlei

Am Rande des Eklats

CSU-Chef Strauß vermißt Diskretion / Fraktionschef Seidl als Zielscheibe

Von unserem Redaktionsmitglied Michael Stiller

München, 27. März — Offiziell ist für die CSU die Affäre um den neu ernannten Generalkonservator des Landesamtes für Denkmalpflege, Michael Petzet ausgestanden und das in den letzten Tagen so heftig geschwungene Kriegsbeil begraben. Wer sich aber am Mittwoch mit Politikern der bayerischen Regierungspartei unterhielt, konnte feststellen, daß viele von ihnen der jüngste Krach tief in die Knochen gefahren ist. Die Sorge, von Auseinandersetzungen zwischen Parteispitze und Regierung auch in Zukunft nicht verschont zu bleiben, gründet vor allem auf den Verlauf des Schlichtungsgespräches, das — wie mehrfach berichtet — die Hauptkontrahenten Strauß, Goppel, Maier, Seidl und Tandler am Montagabend in der Staatskanzlei führten. Dieses Gespräch muß sich zeitweise am Rande des Eklats bewegt haben. CSU-Fraktionsvorsitzender Seidl und der Generalsekretär der Partei, Tandler, umschrieben es am Mittwoch vornehm mit dem Satz: „Es ist hart hergegangen." Kultusminister Professor Maier hat sich am Dienstagnachmittag vor der CSU-Fraktion offensichtlich sehr viel drastischer ausgedrückt.

Maiers Äußerungen lassen ahnen, was am Montagabend in der Staatskanzlei in der Münchner Prinzregentenstraße zwischen 20 und 23 Uhr vorgegangen sein muß. In der internen CSU-Sitzung am Dienstagnachmittag widersprach dem Kultusminister nur Generalsekretär Tandler, des Parteivorsitzenden Kontaktmann in der Regierungsfraktion, per Zwischenruf: „Das stimmt nicht." Ministerpräsident Goppel und Fraktionschef Seidl, die an dem Gespräch mit Strauß teilgenommen hatten, blieben stumm wie die Fraktion, die Maiers Beurteilung des Gesprächsverlaufs betreten zur Kenntnis nahm.

Dem Vernehmen nach ließ Strauß am Montagabend, nachdem er mit Verspätung zur Gesprächsrunde gestoßen war, seinen noch längst nicht verrauchten Zorn nicht nur an Goppel und Maier, sondern vor allem an dem Mann aus, der im Fall Petzet völlig unbeteiligt war und dem viele CSU-Politiker zugute halten, daß er mit seinem Schlichtungsversuch für die Partei noch das Beste aus der Affäre gemacht habe: an Alfred Seidl, Vorsitzender der CSU-Fraktion im Landtag. Ihm soll Strauß in massiver und verletzender Form angelastet haben, er habe es nicht zu verhindern gewußt, daß der CSU-Streit um die Ernennung des neuen Generalkonservators durch Indiskretionen aus dem CSU-Fraktionsvorstand an die Öffentlichkeit gedrungen sei. Bereitwilligster Gesprächspartner der wartenden Journalisten war nach der Vorstandssitzung am Mittwoch letzter Woche freilich CSU-Generalsekretär Tandler gewesen. Auch der Vorwurf, Seidl habe Journalisten Hinweise auf Ort und Zeitpunkt des Schlichtungsgesprächs in der Staatskanzlei gegeben, trifft diesen zu Unrecht. Die Staatskanzlei selbst hatte in einem offiziellen Telex die Zeitungsredaktionen über Ort und Termin verständigt.

Seidl selbst sagte gestern der SZ, das Gespräch sei zwar „hart" gewesen, „das liegt im Temperament von Herrn Strauß"; Maiers Aussage aber, es sei zeitweise geradezu menschenunwürdig zugegangen, sei „zu hart formuliert" gewesen. Ein anderer CSU-Abgeordneter versuchte, sich Maiers Äußerungen damit zu erklären, daß dieser „eine Wut gehabt" habe, weil Strauß in dem gemeinsamen Communiqué über das Gespräch auch seine Kritik an der Regierung für ihr Vorgehen im Fall Petzet untergebracht habe, was als „gewisses Zugeständnis" an den Parteichef zu werten sei.

Maier präzisiert seine Äußerung

Nach einem weiteren Zugeständnis sieht eine Erklärung Maiers aus, in der er eigene Äußerungen auf der Pressekonferenz der Regierung vom Dienstag „präzisierte". In dieser Erklärung heißt es: „Meine Äußerung, ich fände die Empörung (über die Manzoni-Ausstellung) ein bißchen kindlich, wurde in verschiedenen Berichten auf den CSU-Landesvorsitzenden bezogen. Ich stelle dazu ausdrücklich fest, daß meine Bemerkung in einem Zusammenhang fiel, der nichts mit Herrn Strauß zu tun hatte. Daß sie dennoch auf ihn bezogen wurde, bedauere ich." Dieser Mitteilung ging eine erneute Zusammenkunft von Maier mit Ministerpräsident Goppel, Fraktionschef Seidl und CSU-Generalsekretär Tandler in der Staatskanzlei voraus. Vorher soll Parteichef Strauß mit Maier telephoniert haben.

Einer der Hauptpunkte in der Auseinandersetzung zwischen Strauß und der Regierung Goppel konnte offenbar auch beim Gespräch am Montag nicht geklärt werden. Wie zu hören ist, habe Strauß sich im Fall Petzet auf die Aussage eines leitenden Beamten der Staatskanzlei verlassen, die Ernennung des neuen Generalkonservators „habe noch Zeit". Kurz danach sei aber Petzets Berufung vom Kabinett beschlossen worden, ohne daß die Tagesordnung der fraglichen Ministerratssitzung einen Hinweis darauf enthalten hätte. Strauß fühle sich deshalb von der Regierung „ausgetrickst".

◁ Mittelbayerische Zeitung
(Regensburg)
27. März 1974

Münchner Merkur
28. März 1974

Strauß: Maiers Äußerung war ungeschickt

CSU-Chef: Kultusminister spielte Petzet-Bedenken herunter

München (mm) — Sichtlich verärgert zeigte sich CSU-Chef Strauß über die Äußerungen des bayerischen Kultusministers, wonach die Empörung der Öffentlichkeit über eine Abbildung einer „Künstlerscheiße"-Dose in einem Ausstellungskatalog „ein bißchen kindlich" sei. In einem Interview mit unserer Zeitung sprach er von ungeschickten Äußerungen Maiers. Strauß präzisierte am Mittwochnachmittag in unserem Interview seine Bedenken gegenüber Petzet.

FRAGE: Aus der offiziellen Erklärung über das Ergebnis des sogenannten Vermittlungsgesprächs vom Montagabend geht hervor, daß Sie außer Ihren Bedenken gegen Petzet wegen der Manzoni-Ausstellung auch noch andere gewichtige Einwände vorgebracht haben. Um welche Bedenken handelt es sich hier?

STRAUSS: An mich sind aus zahlreichen Kreisen der Bevölkerung, auch von gewichtigen Persönlichkeiten des politischen und kulturellen Lebens, in der Hauptsache drei Bedenken gegen die jetzige Ernennung des Herrn Petzet zum Generalkonservator des Landesamtes für Denkmalspflege herangetragen worden mit der Bitte, sie bei der Bayerischen Regierung geltend zu machen:

1. Der Katalog der Manzoni-Ausstellung, in dem nach einem Vorwort des Herrn Petzet als Gegenstand der Ausstellung auch eine Dose „Künstlerscheiße" angepriesen wurde mit der Mitteilung, davon seien 90 Dosen hergestellt und zum Goldpreis verkauft worden.

2. Die Behauptung, daß ebenfalls unter der Federführung des Herrn Petzet eine Ausstellung in Vorbereitung sei, in der das künstlerische Wirken des Herrn Hans Schult der bayerischen Bevölkerung nahegebracht werden sollte. Laut Presseberichten haben 3 Künstler, darunter Herr Schult, am 15. 6. 1969 die Schackstraße in München mit einem dicken Brei aus Teer und Farbe beschmiert und von einem Lastwagen aus fünf Tonnen Papier auf die versaute Fahrbahn geworfen. Angeblich wollten sie „in das Stadtbild von München eingreifen".

3. Der Hinweis darauf, daß die Mehrheit der wissenschaftlichen Beamten und Angestellten des Landesamtes für Denkmalspflege dem Kultusminister einen Brief geschrieben und ihm mitgeteilt hätten, daß mit dem Kandidaten Petzet während der „Bayern-Ausstellung" im Jahre 1972 schlechte Erfahrungen gemacht worden seien. Die Beschädigung von Leihgaben hätten nicht gerade bestätigt, daß Petzet ein besonderes Gespür für „restaurative Probleme" besitzt. Dieses Schreiben wurde von Kultusminister Maier nicht beantwortet.

FRAGE: Mit welchen Argumenten hat der bayerische Kultusminister diese Ihre Bedenken zu entkräften versucht?

STRAUSS: 1. Ich habe niemals das Argument gebraucht, daß Herr Petzet ein

(Fortsetzung Seite 2, Spalten 3 bis 5)

Seite 2: Leitartikel von Michael Heim
Titos Erbschaft – ein Vakuum

Maier: Nicht auf Strauß gemünzt

Wirbel um Petzet-Berichte und die „kindliche Empörung"

München (mm) — Einigen Wirbel verursachte am Mittwoch ein Bericht in unserer Zeitung, wonach Kultusminister Maier am Dienstag im Beisein von Ministerpräsident Goppel unter Anspielung auf den CSU-Chef Strauß die Ansicht vertreten habe, die „Empörung" über eine Dosenabbildung in einem Ausstellungskatalog sei „ein bißchen kindlich". Maier erklärte hierzu am Mittwochmittag, Überschrift und Darstellung dieser Meldung seien inhaltlich und sachlich unrichtig.

Seine Worte, die Empörung in der Öffentlichkeit über eine gar nicht ausgestellte Dose sei „ein bißchen kindlich", seien, so betonte Maier weiter, in einem Zusammenhang gefallen, „der nichts mit Herrn Strauß zu tun hatte". Maier erklärte ferner, daß er es bedauere, daß seine Bemerkung über die „kindliche Empörung" in „Überschrift und Vorspann auf Herrn Strauß bezogen" worden sei. Maier teilte jedoch nicht mit, auf wen seine Bemerkung denn sonst gemünzt gewesen sei.

Auch die CSU-Landesleitung nahm Anstoß an unserem Bericht. Sie erklärte, daß man „Entstellungen von Wortlauten und Sachverhalten mit dem Gebot der journalistischen Fairneß für unvereinbar" halte. Man betrachte es als „unredlich und unzulässig, mit Hilfe solcher Tricks Nachrichten zur Meinungsbeeinflussung zu mißbrauchen".

Sodann „appellierte" die CSU-Landesleitung an die Redaktion des Münchner Merkur", in Zukunft — wie es heißt — „im Sinne einer sachlichen Berichterstattung solche ‚Entgleisungen' zu verhindern". Daß die Vorbehalte des CSU-Vorsitzenden gegenüber Michael Petzet als Generalkonservator berechtigt gewesen seien, habe „im übrigen der Ministerpräsident selbst bestätigt".

Fortsetzung von Seite 1

Strauß kritisiert Maier

Linker oder ein Mitglied der SPD sei. Dagegen hat ihn Herr Maier in Schutz genommen. Aber diese Behauptungen waren niemals Gegenstand einer strittigen Unterhaltung. Auch wurde niemals die kunsthistorische Leistung des Herrn Petzet in Frage gestellt, wohl aber die Richtigkeit seiner Ernennung in einem Zeitpunkt, von dem an er 25 Jahre ohne Abberufungsmöglichkeit diesem Amt vorstehe.

2. Aus der Darstellung des Herrn Ministerpräsidenten und des bayerischen Kultusministers ergab sich, daß die Punkte 1 und 2 bei der Vorlage und der Kabinettsentscheidung unbekannt waren. Deshalb hat auch Herr Goppel nach der ungeschickten Äußerung Maiers, der Wirbel um Herrn Petzet sei ein bißchen kindlich gewesen, sofort erklärt, er gebe mir unumwunden recht, das ganze sei zumindest unappetitlich und geschmacklos.

Ich habe andererseits Verständnis, daß Herr Maier diese Einwände möglichst herunterzuspielen versuchte, da er doch dem Kabinett versichert hatte, er habe alle Für und Wider geprüft und das Kabinett umfassend unterrichtet. Diese Feststellung war subjektiv wahr, aber objektiv falsch.

FRAGE: Kultusminister Maier hat bereits am Dienstag Herrn Petzet die Ernennungsurkunde als Generalkonservator des Landesamts für Denkmalpflege überreicht. Welche Konsequenzen sollten alle Beteiligten — Staatsregierung, Landtagsfraktion und CSU-Landesleitung — für die Zukunft aus den jüngsten Vorfällen ziehen?

STRAUSS: Das Kabinett befand sich in einer Zwangslage. An der entscheidenden Kabinettssitzung haben offenbar nur zwölf Kabinettsmitglieder teilgenommen. Die Abstimmung war 7:5. Eine ganze Reihe von verhinderten Kabinettsmitgliedern hat mir versichert, daß sie gegen diese Ernennung seien. Andererseits bedeutete der Kabinettsbeschluß einen juristischen Akt, der nicht ohne Schwierigkeiten rückgängig gemacht werden konnte. Daraus sind nach meiner Überzeugung folgende Schlußfolgerungen zu ziehen:

1. Der vorschlagende Fachminister muß sich ein umfassendes Bild verschaffen und dem Kabinett alle Für und Wider bei einem Ernennungsvorschlag mitteilen.

2. Solche wichtigen Entscheidungen dürfen nicht nachträglich auf die Tagesordnung gesetzt werden. Denn dieser Vorschlag war auf der offiziellen Tagesordnung nicht enthalten, weshalb die ferngebliebenen Kabinettsmitglieder auch nichts davon wußten.

3. Bei umstrittenen Entscheidungen, die mit knapper Mehrheit, im Gegensatz zu den sonst meistens einstimmig getroffenen, fallen, muß der Ministerpräsident eine zusätzliche Prüfung veranstalten.

4. In der Öffentlichkeit sollten Erklärungen erst nach gründlicher Prüfung und unter Darstellung des ganzen Sachverhalts gegeben werden. Demokratisches Verständnis sowie die Toleranz gegenüber der sachlichen Ansicht und der gefühlsmäßigen Einstellung Andersdenkender erlaubten es nicht, Widersprüche als etwas kindlich abzutun, genauso wenig wie sachkundige und erfahrene Mitarbeiter einer unterstellten Behörde durch Nichtbeantwortung eines Briefes unnötig vor den Kopf gestoßen werden sollten.

5. Solche Fragen müssen rechtzeitig zwischen allen sachlich und politisch Verantwortlichen und an dem Prozeß der Entscheidungsfindung Beteiligten besprochen werden, damit kein vermeidbarer Schaden entsteht.

Kölner Kurier
28. März 1974

DER HERR SCHMITZ

„In Bayern haben se ene eijene General-Konservator anjestellt. Ob nit für die paar Kühlhäuser ne Majo' jenug jewesen wär?"

AZ (Abendzeitung), München, 29. März 1974

Krach um Petzet hält an

SPD geht erneut vor den Landtag

München (AZ) — Bayerns jüngster Polit-Krach ist auch nach der Ernennung von Dr. Michael Petzet zum Generalkonservator nicht beendet: Die bayerische SPD will den „Fall Petzet" erneut vor den Landtag bringen. CSU-Chef Strauß habe mit seinen neuesten Angriffen gegen Kultusminister Maier auch „den schweren Vorwurf erhoben, Maier habe dem Landtag die Unwahrheit gesagt", erklärte gestern der SPD-Fraktionsvorsitzende Gabert. Das könne die SPD „nicht auf sich beruhen lassen".

Der CSU-Chef hatte gestern in einem Zeitungsinterview schweres Geschütz gegen den Kultusminister aufgefahren: Maier habe das bayerische Kabinett bei der Berufung Petzets „zwar subjektiv wahr, aber objektiv falsch" unterrichtet. Er — Strauß — verstehe daher auch, daß Maier die Einwände gegen den neuen Generalkonservator herunterzuspielen versuche.

Dazu die FDP-Fraktionsvorsitzende Hamm-Brücher: „Strauß sinnt offenbar auf Revanche. Sein nächster Watschentanz ist schon programmiert."

Opposition bohrt im Fall Petzet weiter
SPD will im Landtag Äußerungen des CSU-Chefs Strauß erneut zur Debatte stellen / FDP: Watschentanz

MÜNCHEN (SZ) — Nach dem Willen der SPD soll der „Fall Petzet" und der daraus resultierende Streit in der CSU nochmals im bayerischen Landtag — möglicherweise in Form einer Interpellation (Große Anfrage) — erörtert werden. Die öffentliche Stellungnahme des CSU-Parteivorsitzenden Franz Josef Strauß mache eine nochmalige Behandlung des Falles notwendig, erklärte der Vorsitzende der SPD-Landtagsfraktion, Volkmar Gabert, gestern in einer Pressemitteilung.

So habe Strauß behauptet, es sei „objektiv falsch", wenn Kultusminister Maier im „Fall Petzet" versichere, „er habe alles Für und Wider geprüft und das Kabinett Goppel umfassend unterrichtet", stellt Gabert fest. Maier habe anläßlich der Aktuellen Stunde im Landtag am Dienstag betont: „Meine Entscheidung fiel nach langen Wochen und sehr sorgfältigem Studium."

Auch in einem anderen Punkt habe Strauß den Behauptungen von Maier im Landtag widersprochen. Gabert beruft sich auf Feststellungen Maiers, er sei in der Diskussion über die Person des Landeskonservators auf die beiden Dinge eingegangen, die vorgebracht worden seien, „nämlich die Frage, ist Herr Petzet ein Linker" und „hat er mit der Münchner Kunstzone etwas zu tun gehabt". Der Kultusminister — so Gabert — habe im Landtag betont, daß er beides widerlegt habe. Strauß behaupte nun aber, „daß er niemals das Argument gebraucht habe, Dr. Petzet sei ein Linker oder Mitglied der SPD".

Der SPD-Fraktionsvorsitzende weist darauf hin, „daß CSU-Vorsitzender Strauß damit den schweren Vorwurf erhebt, der bayerische Kultusminister habe dem Landtag die Unwahrheit gesagt". Die SPD könne diesen Vorwurf nicht auf sich beruhen lassen.

Goppels Schweigen gerügt

Auch Ministerpräsident Goppel muß nach Ansicht der SPD nochmals Stellung nehmen. Er habe sich stets geweigert, dem Landtag Abstimmungsergebnisse innerhalb des Kabinetts mitzuteilen. Der CSU-Vorsitzende sei jedoch in der Lage, in der Presse das genaue Stimmenverhältnis bei der Ernennung des Generalkonservators bekannt zu geben. Gabert bezeichnet es ferner als „unerträglich, daß Strauß dem Kabinett Goppel eine neue Geschäftsordnung geben will". Wenn der Ministerpräsident dazu wieder schweige und die öffentlichen Rügen des CSU-Landesvorsitzenden an seiner Geschäftsführung widerspruchslos hinnehme, müsse erneut die Frage gestellt werden, wer eigentlich der wirkliche Ministerpräsident in Bayern sei, heißt es in der SPD-Stellungnahme.

Die FDP-Fraktionsvorsitzende Hildegard Hamm-Brücher erklärte gestern: „Die ernsten Besorgnisse der FDP hinsichtlich der unverhüllten Pressionen des CSU-Vorsitzenden Strauß auf die Regierung Goppel in sachpolitischen und personellen Fragen haben sich durch die neuerlichen Aussagen von Strauß selbst in vollem Umfang bestätigt." Strauß mache unmißverständlich klar, daß er entschlossen sei, „künftig eher noch massiver und in noch früheren Stadien der Entscheidung in die Befugnisse des Kabinetts einzugreifen und seinen Willen durchzusetzen".

Die FDP-Fraktionsvorsitzende: „Da Strauß offenbar auf Revanche sinnt, bedarf es keiner prophetischen Gaben, um vorauszusagen, daß der nächste Watschentanz des CSU-Vorsitzenden schon programmiert ist." Ministerpräsident Goppel müsse wissen, „daß er bei weiterem Schweigen und Dulden der Pressionen von Strauß die Verantwortung dafür trägt, daß das Ansehen des höchsten Staatsamts in Bayern in zunehmendem Maße der Lächerlichkeit preisgegeben wird".

Die Machtkämpfe und Auseinandersetzungen innerhalb der CSU seien längst nicht mehr deren Privatsache, „denn sie werden auf Kosten des Ansehens des Staates und der Würde der Verfassung ausgetragen". Ministerpräsident Goppel und Kultusminister Maier lehnten gestern jeden Kommentar zum neuerlichen Aufflackern des Streits ab.

Ältestenrat billigt Hanauers Verhalten

MÜNCHEN (dpa) — Mit der Mehrheit seiner CSU-Mitglieder hat der Ältestenrat des bayerischen Landtags einen SPD-Antrag, das Verhalten von Landtagspräsident Rudolf Hanauer in der Handhabung der parlamentarischen Fragestunde zu mißbilligen, abgelehnt. Die SPD-Fraktion hatte nach der Fragestunde am Mittwoch dem Präsidenten vorgeworfen, Absprachen der CSU-Fraktion mit den Ministerien über die Reihenfolge ihrer Fragesteller und die Beantwortung der Fragen nicht rechtzeitig und eindeutig genug abgelehnt und damit gegen die Geschäftsordnung verstoßen zu haben. Er hätte vielmehr klarstellen sollen, „daß er sich an dem Zusammenspiel zwischen Regierung und CSU-Fraktion nicht beteiligt".

Hanauer gab zu dem Sachverhalt außerhalb der Tagesordnung eine Erklärung im Plenum ab, was einen Krach mit der Opposition auslöste. Sie warf ihm vor, sich erst geäußert zu haben, als „dieses Zusammenspiel nicht länger zu vertuschen" gewesen sei. Eine am Mittwochnachmittag schließlich von der SPD verlangte Sitzungsunterbrechung war von der CSU abgelehnt worden, doch schloß Landtagspräsident Hanauer vorzeitig die Vollsitzung, damit der Ältestenrat zusammentreten konnte. Dem Vernehmen nach spielte sich die zweistündige Sitzung des Ältestenrats in äußerst gespannter Atmosphäre ab.

Süddeutsche Zeitung
29. März 1974

Unerklärliches von Strauß

Von Hans Tross

Wäre Büchsenmacher Manzoni zu Lebzeiten in den Genuß einer derart attraktiven Public-Relations-Aktion gekommen, so wäre sein recht niveauloser Dosen-Gag sicherlich zum Souvenir-Bestseller geworden. Mit den Autogrammen von Strauß, Maier und Petzet wahrscheinlich zum Millionending. So aber verpufft der Wirbel kommerziell weitgehend ungenutzt, es sei denn, ein ambitionierter Stückeschreiber lieferte als Schnellschuß das engagierte Volksstück „Mief und Muff".

Allen Anschein nach aber muß noch geraume Zeit vergehen, bis die Aufregung über den „Fall Petzet" vorbei sein wird, denn die Nerven aller Beteiligten sind durch die Personalquerele, die man zielstrebig und systematisch zur Affäre aufzubauschen wußte, arg ramponiert. Außerdem sind im Herbst Wahlen, die Vorzeichen stehen für die CSU günstig, und da muß man sich schon beeilen, wenn man sich rechtzeitig Chancen verscherzen will. Krach innerhalb der eigenen Partei — was die SPD kann, vermag die CSU allemal. Maier hält die Empörung über eine Dosenabbildung für „ein bißchen kindlich", womit er eigentlich nur Strauß und CSU-Generalsekretär Tandler gemeint haben kann; denn nur die beiden haben sich öffentlich empört. Nun zeigt sich wiederum Strauß über Maier verärgert, der aber gar nicht gemeint haben will, daß Strauß kindlich empört gewesen sei, sondern weiß Gott wer sonst. Die bösen Journalisten waren's wieder einmal, die alles verdreht haben; und die CSU-Landesleitung beschimpfte den „Münchner Merkur" in einer Weise, daß wir glaubten, den Wortlaut in der Donnerstag-Ausgabe unseren Lesern keinesfalls vorenthalten zu dürfen.

Mal sehen, wohin Manzonis Dose noch rollt; ausgestanden ist die Sache jedenfalls noch nicht, denn der CSU-Chef machte unserer Zeitung gegenüber deutlich, daß er nicht gewillt ist, einen Schlußstrich zu ziehen. Und dies, obwohl Petzet die Ernennungsurkunde zum neuen Generalkonservator bereits in der Tasche hat. Hier aber wird der ganze Wirbel politisch wieder interessant.

Die ersten Einwände von Strauß hätte man ja noch mit der „Verantwortung des Parteichefs für das Ganze" begründen können, wie es der „Bayernkurier" tut, der sonst sehr schnell die Gefahr eines „Imperativen Mandats" wittert. Nachdem Strauß aber gehört wurde und seine Bedenken an der Ernennung Petzets nichts zu ändern vermochten, muß man sich fragen, was ihn zur Verlängerung des Matchs treibt. Will er seine Stärke demonstrieren, Maier abschießen oder schlichtweg rechtbehalten? Sicher, „Kunstscheiße" und „Teer-Brei" werden durch Petzets Ernennung um nichts geschmackvoller; und Strauß' Kritik ist ebenso sicher vielen aus dem Herzen gesprochen. Aber sieht der CSU-Vorsitzende nicht, daß damit auch den politischen Gegnern Wahlkampfmunition geliefert wird: Das „Imperative Mandat" wird da auftauchen, und zudem ist der Vorwurf zu erwarten, die Möglichkeiten freier künstlerischer Entfaltung sollten eingeengt werden. An Existenz und am Wert oder Unwert dieser „Kunstrichtungen" läßt sich ohnedies über den Hebel Maier—Petzet mit Sicherheit nichts ändern.

Es gibt viele, die in Strauß einen der bedeutendsten politischen Köpfe sehen. Um so mehr verwundert, daß der CSU-Chef in der vergangenen Zeit nicht nur voll in die Manzoni-Dose trat, sondern sich auch in anderen Fällen recht unerklärlich verhielt. Etwa in der Frage seiner Landtagskandidatur. Will er nun, oder will er nicht, fragt sich die Parteibasis, aber auch der Wähler.

Wenig hilfreich für CDU und CSU war es, als Strauß mit einem „Stern"-Interview die CDU-Sozialausschüsse vor den Kopf stieß. Die wohl mehr ironisch gemeinte Replik auf Katzer, Blüm und Breidbach war überdies unnötig. Aber: Wo Ehrenerklärungen notwendig sind — so wird der Wähler rasch vermuten —, kann es mit der Solidarität und Geschlossenheit in einer Partei so weit nicht her sein.

Die Geschlossenheit der Union stellte Strauß dann auch in Frage, als er erneut den Gedanken ins Spiel brachte, die CSU bundesweit zu installieren. Mag sein, daß auf längere Sicht bei Wahlen für CDU und CSU „unter dem Strich mehr herauskommt". Zum jetzigen Zeitpunkt, da der SPD Wähler davonlaufen, wäre dieses Experiment für die Union recht waghalsig. Für Strauß könnte es überdies die Konsequenz haben, daß er die Schlüsselposition in der Union verliert.

Verfolgt Strauß mit seinen nach Querschüssen anmutenden Aktionen in Wahrheit geniale politische Ziele? Wer auf ihn eingeschworen ist, mag es vermuten. Was immer indes den CSU-Vorsitzenden bewegt — sei es, daß er den Druck der Basis spürt und ihn egalisieren will; sei es, daß er die Wahlerfolge der jüngsten Zeit zu sehr Helmut Kohl zugerechnet sieht —, wieder einmal besteht die Gefahr, daß durch die Auswirkungen die Union nicht in der Lage ist, die Gunst der Stunde voll zu nutzen.

Münchner Merkur
29. März 1974

Pop Art von der ersten Stunde an

Die Städtische Galerie München zeigt in breiter Präsentation das Lebenswerk von Richard Hamilton

Mit einer bemerkenswerten Verve hat der junge, publicityscheue, aber gleichwohl zielbewußte und energische Michael Petzet für die durch Lenbach-Zeit und „Blauen Reiter" berühmt gewordene Städtische Galerie München den Anschluß an die Kunst unserer Tage zu gewinnen versucht. Als hätte er geahnt, daß er als Leiter dieser Galerie nicht lange im Amt bleiben würde (die Bayerische Staatsregierung berief ihn — unter Protest von Franz Josef Strauß — an die Spitze des Landesdenkmalpflegeamts), ließ er gerade in jüngster Zeit eine wichtige Rückschau auf moderne Kunstrichtungen und -gesamtwerke folgen: Joseph Beuys, New York Dada und Deutsche Kunst von 1898-1973. Jetzt zeigt er, in fast gleichem Umfang wie die große Ausstellung in der Londoner Tate Gallery, auf dem Kontinent die bisher größte Richard-Hamilton-Ausstellung.

Seit man von dem heute zweiundfünfzigjährigen Briten mit der kühlen Gegenwartsbejahung auf der „documenta 4" im Jahre 1968 das berühmte Foto-Pop-Bild eines schwungvollen, elegant gekleideten Herrn im Maßanzug „I'm dreaming of a white Christmas" kennenlernte, ist Hamilton für den Festlandbewohner der Inbegriff der englischen Pop Art. Daß indes seine Kunst von der zeithaltigen, leicht ironischen Collage „Was macht unser Zuhause so anziehend" (1956) mit den beiden Nacktprahlereien von heute bis zu dem trivialen und flächenhaften Oberkörperbild „Adonis in Y Fronts" aus dem Jahre 1962 bereits Folgeerscheinung einer Pop Art der ersten Stunde ist, wurde erst nach und nach bekannt. Der kraftvolle Vormarsch der amerikanischen Pop Art hatte lange Zeit verschleiert, daß die Urheimat dieser noch heute wirksamen Kunstströmung nicht New York, sondern London war.

Ende 1952 nämlich gründeten in der Britenmetropole einige Künstler und Kritiker die „Independent group". Bekannt wurden von ihnen der Kritiker Lawrence Alloway und die Künstler Eduardo Paolozzi und Richard Hamilton. Gebrauchskunst wie Comic strips, Wildwestfilm und Entertaining, Maschinen-Enthusiasmus, Großstadtatmosphäre, Herrschaft der Fotografie und vieles mehr waren die gegenwartsbezogenen Stichworte, unter denen diese Künstler gegen den Ästhetizismus der vorangegangenen Epoche eine Art von „brutaler Gegenkunst" einleiten wollten. Die Collage lebte auf, die Fotografie wurde als Bildelement akzeptiert, neue Farbtechniken fanden Eingang in die Ateliers. Die Gegenwart durfte unmittelbar in die Bildwelt einbezogen werden, ohne Symbolverfremdung und ohne artistische Überhöhung. Das Jetzt und Hier war akzeptiert, wurde im Prinzip bejaht, wenn auch zugleich dem Zeitgeist entsprechend kritisch und ironisch durchleuchtet. Marcel Duchamps Methode des Herausgreifens profaner Gegenstände aus ihrem existentiellen Zusammenhang bekam neuen Stoff, erfuhr aber in zweiter Instanz eine Einschränkung: Sie blieb nicht Selbstzweck, sondern wurde neuen ästhetischen Prinzipien untergeordnet.

Die Hamilton-Ausstellung in der Städtischen Galerie München hat etwas Erfrischendes, sie zeigt jedoch auch deutlich die Grenzen der Pop Art auf. Erfrischend ist die Biographie in Bildern, die den Künstler zunächst einmal als abstrakten, gelegentlich sogar informellen Bildner ausweist, um dann Schritt für Schritt die Befreiung aus dem Ästhetizismus deutlich zu machen. Schon das frühe Bild eines nackten Mannes in der Badewanne in stark verkürzter Gegenperspektive läßt die Bereitschaft zur Illusionslosigkeit und zur originellen Darstellung erraten. Doch dann folgen um 1950 erst wieder Strichstrukturen abstrakter Art. Im Laufe der fünfziger Jahre wird jedoch zusehends die Hinwendung zu profanen Dingen — Menschenkörpern etwa, Luxuslimousinen oder anderen Requisiten der Zivilisation — deutlich. Das Zufallhafte, Bedeutungslose bekommt Gewicht ohne Pathos. Es werden Spannungsverhältnisse aufgedeckt wie zum Beispiel in jenem Gemälde „Desk" (1964), in dem auf einem Tisch ein Präzisionsuhrwerk als Exempel der Perfektion und unter dem Tisch einige Farbflecken auf dem Parkett als Exempel des Zufälligen konfrontiert werden.

Dann aber folgen die Werke der Reifezeit, die zum Teil bereits als Standardwerke der Pop Art durch die Kunstliteratur bekannt geworden sind wie die berühmte Serie von Turmreliefs aus dem Guggenheim-Museum, die provokante Kleinplastik eines künstlichen Gebisses auf einer Elektro-Zahnputzmaschine, die Mutationsserie nach einem Porträt von Francis Bacon und die weich intonierten Wischbilder der „Soft pink landscapes".

Erstaunlich groß ist der technische Variantenreichtum dieser Bilder von der Collage bis zum Foto-Öl-Mischbild. Späteren Jahrzehnten aber wird es erst zukommen, bei manchen dieser Arbeiten die Proportionen zwischen gesuchter Originalität und Kunstwerk differenzierter zu prüfen.

Klaus Colberg

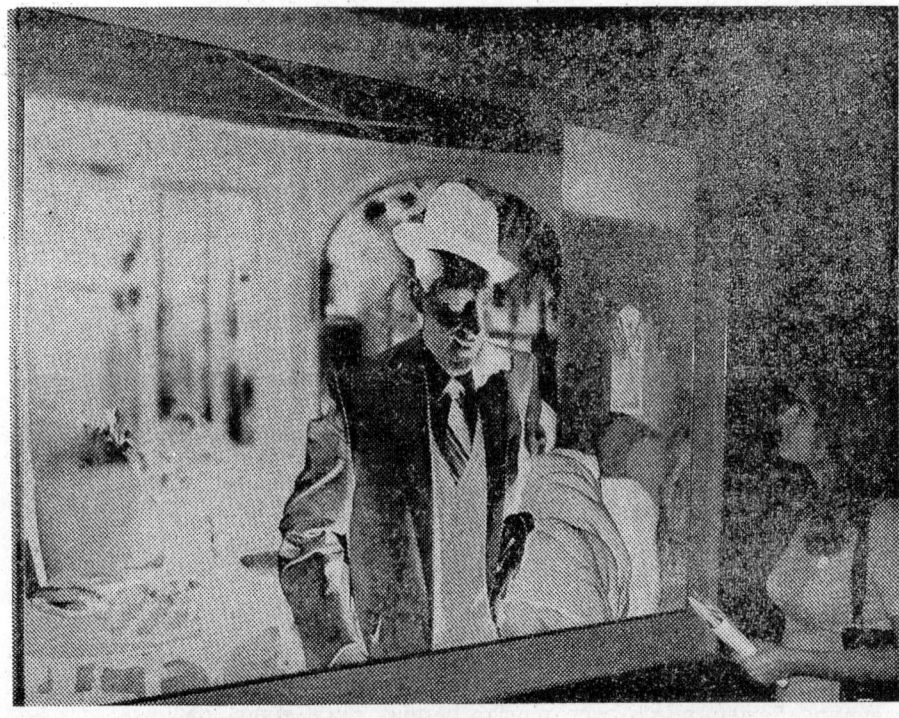

Richard Hamilton: I'm dreaming of a white christmas
Ein Bild aus der Ausstellung der Städtischen Galerie München im Lenbachhaus, über die wir heute berichten. Die Schau gilt dem Werk des Briten Richard Hamilton, der in diesem Umfang erstmals auf dem Kontinent präsentiert wird. Foto: Keystone

Mannheimer Morgen
29. März 1974

Menschen in München

Zwischen zwei Direktionsstühlen

Über den „Fall Petzet" spricht Dr. Michael Petzet (40), derzeit Direktor der Städtischen Galerie, von Juli an Generalkonservator am Landesamt für Denkmalpflege, nur ungern und mit begreiflicher Vorsicht. Hat ihn das ungeheure politische Donnergetöse der letzten eineinhalb Wochen mitgenommen? „Ein bißchen schon, man kommt ja auch nicht mehr zum Arbeiten..." Haben ihn die vielen Sympathiekundgebungen, die aus mancherlei Richtungen kamen, ermutigt? „Ja, schon." Was fand er das Ärgerlichste an der Affäre? „Da haben andere genug darüber gesagt und geschrieben."

Die ungewollte Publizität, von einer anrüchigen Dose ausgehend, hat den Münchner Museumschef ganz offensichtlich nicht aus seiner fast unheimlich unerschütterlichen königlich-bayerischen Ruhe gebracht; aber er findet

DR. MICHAEL PETZET ist der künftige Chef des Bayerischen Landesamtes für Denkmalpflege. Photo: Fritz Neuwirth

sie doch sehr störend. „Meine Leidenschaft ist zur Zeit gerade das Keller-Umräumen; das heißt, die Sachen da unten sichten, die Lenbachs aus allen Ecken zusammentragen und Ordnung in die neuen Depots zu bringen. Ich muß ja mein Haus bestellen, damit ich es ordentlich übergeben kann. Statt dessen bestand meine Arbeit in den letzten Tagen darin, Interviewer abzuwimmeln — dutzendweise Interviewer..."

Er brachte Leben ins Lenbachhaus

Dabei spricht Petzet junior (sein Vater war Chefdramaturg bei Falckenberg an den Kammerspielen und danach bekannter Kunst- und Theaterkritiker) ganz gern über den Fachbereich seiner Arbeit, soweit es sich nicht um Dosen und dergleichen handelt. Bisher, so scheint es auch, ist ihm diese Arbeit auf vielerlei Gebieten ziemlich leichtgefallen. Daß er in knapp zwei Jahren erstaunlich viel Leben in das vormals ziemlich tote Lenbach-Haus gebracht hat, erscheint ihm nichts Besonderes: „Das war keine Kunst. Es muß sich nur immer etwas rühren, das die Leute ein bißchen neugierig macht."

Er hat eine glückliche Hand: Als er seine spätere Frau Detta kennenlernte, die damals, in den fünfziger Jahren, als Bühnenbildnerin im Theater an der Brienner Straße tätig war, schreinerte, malte und schlosserte er nebenbei Kulissenzauber. Wie man so etwas handwerklich lernt? „Gar nicht. Das ist doch keine Kunst, es gibt doch heutzutage Kreissägen, Schlagbohrer und so was..." Und im Landesamt für Denkmalpflege, für das er zwischen 1958 und 1965 tätig war, entwickelte er sich zuletzt, wie er erzählt, „zu einer Art ‚Inventarisierungsmaschine'":

„Wenn man so etwas einmal gelernt hat, geht alles ganz schnell."

Die Anfänge des Kunsthistorikers — sein Spezialinteresse galt und gilt eigentlich noch der Architektur, speziell der französischen des 17. und 18. Jahrhunderts — waren freilich mühsamer. Die erste Aufgabe hieß: Bestandsaufnahme der Kunstdenkmäler im Stadt- und Landkreis Kempten. „Als freier Mitarbeiter, mit einem windigen Ausweis in der Hand, bin ich von Tür zu Tür gelaufen. Da gab es ehemalige Festsäle, in zehn Zimmer unterteilt und mit Flüchtlingen belegt. Es war schon hart, denen klarzumachen, warum man in ihre Wohnungen wollte; was das ist: Denkmalpflege."

Seine glücklichste Zeit sieht Petzet in den Jahren, in denen er Konservator bei der Schlösserverwaltung (1965 bis 1970) war, zuständig für Nymphenburg, Schleißheim und die „Märchenschlösser" Ludwigs II. „Gerade die Beschäftigung mit den Königsschlössern galt damals noch ein bißchen als ‚niedrige Arbeit'. Aber mich hat sie fasziniert. Auch die Möglichkeit, einmal ein paar Tage im Königsschlößchen bei Linderhof oder auf dem Schachen wohnen zu können. Ein wenig stolz bin ich schon, zu den Erregern der neuen Ludwig-II.-Welle zu gehören."

Inszenator großer Ausstellungen

Als solcher hat er auch ersten öffentlichen Ruhm geerntet: als Inszenator der großen Ausstellung „König Ludwig II. und die Kunst" in der Residenz, die er 1968 zusammen mit dem Architekten Paolo Nestler als eine Folge von phantasie- und effektvollen „Bühnenbildern" entwarf. Seine zweite, noch spektakulärere Regie für die Ausstellung „Bayern — Kunst und Kultur" aus Anlaß der Olympischen Spiele im Stadtmuseum, hat ihm inzwischen Kritik aus den Reihen der künftigen Mitarbeiter im Landesamt für Denkmalpflege eingetragen. Man wirft ihm mangelnde Sorgfaltspflicht vor, es habe Schäden an den Objekten gegeben. Petzet kontert: „Das Ausmaß dieser Schäden ist maßlos übertrieben; sie waren gering. Und dann handelt es sich um Stücke, die schon in desolatem Zustand waren und die Klimaschwankungen schlecht vertrugen. Zum Teil hatte ich sie gerade genommen, damit sie hernach restauriert werden können." Im übrigen sei er eigentlich nur für die Konzeption, nicht für die technische Durchführung verantwortlich gewesen. „Aber ich stehe schon zum Ganzen."

Trotz dieser Differenzen hofft Petzet auf gute Zusammenarbeit im Landesamt für Denkmalpflege. „Es wird auch ganz gewiß mein letzter Posten sein." Er dementiert damit energisch geheime Vermutungen, er könnte auch von diesem Posten wieder einmal wegstreben. „Verlockende Angebote hatte ich genug, vor allem von auswärts. Aber das kann ich mir und das kann ich meinen Kindern (Tochter Nana ist elf, Sohn Michael neun Jahre alt) nicht antun, von München und unserem alten Haus in Krailling wegzuziehen."

Dokumentation über Münchner Fassaden

Was München betrifft, hat er sich auch bereits für seinen künftigen Arbeitsbereich ein gutes Handbuch geschaffen: Während seiner Tätigkeit als zweiter Direktor des Zentralinstituts für Kunstgeschichte wurde dort eine Dokumentation „Münchner Fassaden, Wohnfassaden des Historismus und des Jugendstils" zusammengetragen, die in den nächsten Wochen erscheint. In der Liste der wissenschaftlichen Publikationen Petzets steht sie an 32. Stelle. „Viel wird da nicht mehr nachkommen, denn mit solchen schönen Beschäftigungen wie Schreiben und Ausstellungmachen wird es in den nächsten Jahren aus sein."

Heinrich Breyer

Süddeutsche Zeitung 30./31. März 1974

Wunschzettel fürs Lenbachhaus

Vor der schwierigen Wahl eines Nachfolgers für Michael Petzet

Unser Versuch einer Antwort auf die fällige Frage „Was wird jetzt aus der Städtischen Galerie?" (MM vom 28. März) führte zu einem Gespräch mit Kulturreferent Dr. Herbert Hohenemser, in dem einige mitteilenswerte Hinweise gegeben wurden. Er werde sich, so betonte Hohenemser, der erst 1976 anstehenden Referentenwahl wiederum stellen; er sei dann 60 Jahre alt und habe „das Recht auf eine weitere Amtsperiode von sechs Jahren". Übrigens sei Dr. Eberhard Roters, ehemals als Mitarbeiter Dr. Mahlows an der Nürnberger Kunsthalle und jetzt in der Leitung der Berliner Akademie der Künste tätig, kein Vorschlag aus dem Kulturreferat. Hohenemser: „Ich habe keinen Einzelkandidaten, ich habe nur eine Liste von Kandidaten." Die Ausschreibung steht noch bevor.

Der Kulturreferent empfahl dem Personalreferat der Stadt, bei dieser erneuten Ausschreibung denselben Text zu verwenden wie 1971, als unter 13 Bewerbern, wie bekannt, Dr. Michael Petzet erwählt wurde, der nun zum 1. Juli 1974 ins Amt des Generalkonservators und Leiters des Landesamts für Denkmalpflege überwechselt.

In den Inseraten vom September und Oktober 1971 hieß es zu den Pflichten und zur Qualifikation des gesuchten Direktors der Städtischen Galerie: „Das Arbeitsgebiet umfaßt die Leitung, Betreuung und den weiteren Ausbau der städtischen Kunstsammlungen, insbesondere der Bestände aus dem 19. und 20. Jahrhundert, der Lenbachsammlung und des ‚Blauen Reiters' sowie des Kubin-Archivs, Veranstaltung von Kunstausstellungen, Öffentlichkeitsarbeit und Vertiefung der Kontakte zur Münchner Künstlerschaft." Unter anderem wird verlangt: „Vertrautheit mit dem Münchner Kunstleben, im besonderen vom 19. Jahrhundert bis zur Gegenwart." Eine Verwaltungserfahrung im öffentlichen Dienst ist nicht Bedingung, sondern nur „erwünscht".

*

Es fehlt in diesem Ausschreibungswortlaut meiner Meinung nach der präzisere Wunsch nach einem Fachmann, der mit dem Sammlungsgebiet der Galerie im Lenbachhaus vertraut ist: der Münchner Kunst (nicht bloß dem „Kunstleben") vorwiegend des 19. und 20. Jahrhunderts. So sehr vertraut, daß er vorgelegte und vorgefundene Gemälde, Zeichnungen und Skulpturen nach ihrer Urheberschaft, ihrem Wert und Zusammenhang beurteilen und bestimmen kann.

Galerieleiter haben die Aufgabe, Fragesteller zu beraten und wissenschaftliche Publikationen über Künstler der hauseigenen Bestände zumindest zu fördern. Gerade im Lenbachhaus muß noch vieles gesichtet, eingeordnet und katalogisiert werden.

„Vertrautheit mit dem Münchner Kunstleben" der letzten 170 Jahre können auch Archivare und Anekdotenerzähler, Freizeithistoriker und Sittengeschichtler beanspruchen. Vertrautheit mit der Münchner Kunst selbst ist etwas anderes. Dazu würde vor allem der Nachweis über bisherige wissenschaftliche Publikationen zu diesem Themenkreis gehören. Gerade das aber wurde 1971 bei der Ausschreibung und Kandidatenkür nicht verlangt.

*

Es fehlt hier an einer fundierten Übersicht über Gründerzeit, Jahrhundertwende und zwanziger Jahre, es fehlt an einem Forum für Münchner Künstler der Gegenwart. Es fehlt damit an Öffentlichkeitsarbeit, die dem Ansehen Münchens als Kunststadt zugute kommen kann.

Wanderausstellungen gegen entsprechende Bezahlung ins Haus zu ziehen, ist heute nicht mehr sehr schwierig. Galeriechefs und Ausstellungsleiter verabreden sich landauf, landab über die möglichen und erwünschten Projekte, hinter denen oft die konkreten Interessen des Kunsthandels stecken.

Falls der Publikumserfolg in der Funktion einer Art Kunsthalle gesehen wird, sollte die Stadt München daraus die Konsequenzen ziehen und so etwas planen. Das ehemalige Kino und spätere „Blow

> ### REFERENTEN-DILEMMA
>
> Bei der Besetzung von Spitzenpositionen im kulturellen Bereich gebe die Presse dem Referenten Ratschläge, die sich laut Dr. Hohenemser anhören wie folgt:
>
> 1. *Eine Ausschreibung ist nicht empfehlenswert, weil sich die guten Leute nur „berufen" lassen.*
>
> 2. *Die „Berufung" ist abzulehnen, weil der Referent bei diesem Verfahren seinen Kopf durchsetzen würde.*
>
> 3. *Wenn der Referent im Wahlverfahren einen Kandidaten favorisiert, dann ist er voreingenommen und verhält sich undemokratisch.*
>
> 4. *Wenn der Referent niemand favorisiert, dann hat er keine Konzeption.*

up" am Elisabethplatz wäre für eine Kunsthalle das richtige Gehäuse — ob der Träger dieses Instituts nun die Stadt allein sein mag, eine GmbH oder ein Verein. Das erweiterte Lenbachhaus ist für viele Ausstellungen ungeeignet und klein, zu labyrinthisch und zu verwinkelt.

*

Hohenemser und Petzet erklären übrigens übereinstimmend, „daß im Herbst 1971, als die Wahl des städtischen Galeriedirektors anstand, Überlegungen des Kultusministeriums, die Stelle des bayerischen Generalkonservators neu zu besetzen, keine Rolle spielten". Nach ihrer Meinung gab es zu jenem Zeitpunkt derartige staatliche Überlegungen überhaupt nicht.

Reinhard Müller-Mehlis

Münchner Merkur
6./7. April 1974

Süddeutsche Zeitung, 1. April 1974

Petzet diskutiert mit Tandler

Dr. Michael Petzet, der Leiter der Münchner Städtischen Galerie und künftige Chef des Landesamts für Denkmalpflege, hat sich bereit erklärt, öffentlich mit Gerold Tandler, dem Generalsekretär der CSU, über „Probleme und Voraussetzungen zeitgenössischer künstlerischer Aktivitäten" zu diskutieren. Er hofft, damit die um seine Person entstandene politische Affäre auf ihre künstlerischen Ursachen zurückführen zu können. Die Podiumsdiskussion findet um 20 Uhr im Kongreßsaal der Emmanuel-Brauerei statt.   SZ

Fachgespräch über Wilhelm Leibl und sein Werk im Heimatmuseum Bad Aibling: Frau Dr. Rosl Gollek von der Städtischen Galerie München, der Generalkonservator des Landesamts für Denkmalschutz, Dr. Michael Petzet, Kreisheimatpfleger und Museumsleiter Korbinian Lechner, Dr. Wolfgang Till vom Nationalmuseum München. Foto Steidl

Main-Post, 8. Juni 1974

Vorerst herrscht Burgfrieden

Neuer „Documenta"-Beirat wurde in Kassel gegründet — Mit Michael Petzet

Alle vier Jahre erwacht Kassel aus der Geruhsamkeit einer mittleren Großstadt und wird zum Mekka von Kunstkennern und Kunstfreunden aus aller Welt: Die Documenta ruft. Ebenso regelmäßig beginnen zwei Jahre vor Eröffnung des „Museums der 100 Tage" die Querelen und Rangeleien um Konzeptionen, Kompetenzen und Kongenialitäten. Die Verhandlungen um das Wer und Wie und Was der Documenta sechs im Jahre 1976 haben schon seit Monaten heiße Köpfe, erregte Debatten und geharnischte Briefwechsel des mit ersten Vorbereitungen betrauten Arbeitsausschusses gebracht. Dieses Vorgeplänkel, an dem sich in und außerhalb Kassels große und kleine Köpfe der Kunstszene beteiligen, endete schließlich mit einem Donnerschlag, als Karl Ruhrberg, der frühere Leiter der Kunsthalle Düsseldorf und Ausstellungsexperte von Rang, sowie sein Gesinnungsgenosse Wieland Schmied, ehemaliger Direktor der Kestner-Gesellschaft Hannover und designierter Nachfolger in der Leitung der Berliner Nationalgalerie (wie berichtet) telegrafisch ihre weitere Mitarbeit an der Kasseler Documenta aufkündigten.

Michael Petzet

Ein Vermittlungsgespräch des Documenta-Aufsichtsratsvorsitzenden und Kasseler Oberbürgermeister Dr. Karl Branner, brachte zwar Ruhrberg nicht an den Verhandlungstisch zurück, immerhin erklärte er sich zur weiteren Mithilfe bereit. Branner gelang es schließlich nach mehrstündigen Beratungen, einen zehnköpfigen Beirat zusammenzubasteln, dem die ergrimmten Helden Ruhrberg und Schmied, der Kasseler Kunstprofessor und „Documenta-Vater" Arnold Bode, sein Mitstreiter Karl-Oscar Blase, der Präsident der Hamburger Kunsthochschule Herbert von Buttlar, der Darmstädter Museumsdirektor Gerhard Bott und der Direktor der Staatlichen Kunstsammlungen Kassel, Erich Herzog, angehören. Neu im Kreis des Documenta-Rates ist Michael Petzet, dessen Berufung zum Generalkonservator in Bayern Franz Josef Strauß in Rage gebracht hatte, nachdem Petzet eine Konservendose mit „Künstlerscheiße" in München ausstellen ließ. Der Bonner Kunsthistoriker Eduard Trier und Evelyn Weiß vom Kölner Wallraff-Richartz-Museum komplettieren den Kreis, der sich bis September 1974 auf eine Konzeption einigen soll, die den von Ruhrberg und Schmied erarbeiteten ersten Entwürfe folgen soll. Der Aufsichtsrat der letztlich über die Verwendung des 4,5-Millionen-Mark-Etats entscheidet, erwartet von dem Zehnerclub auch Vorschläge für eine künstlerische Leitung, die allerdings mehr oder weniger der Richtlinienkompetenz des Documenta-Rates unterworfen bleibt.

dpa/Foto: Archiv

Oberbayerisches Volksblatt
Rosenheim
20. Juni 1974

Sie saßen auf dem Hühnerlauf

Generalkonservator Dr. Petzet besuchte Heimatmuseum in Bad Aibling

Noch vor seinem offiziellen Amtsantritt am 1. Juli stattete Dr. Michael Petzet, der neue Generalkonservator des Bayerischen Landesamts für Denkmalpflege, dem Heimatmuseum in Bad Aibling einen mehrstündigen Besuch ab. Allen diesen kleinen bayerischen Provinzmuseen will Dr. Petzet, wie er sowohl Kreisheimatpfleger Korbinian Lechner sowie auch dem Zweiten Vorsitzenden des Historischen Vereins Bad Aibling, Hans Riedmayer, versicherte, seine besondere Aufmerksamkeit widmen.

Allerdings hatte der Generalkonservator noch einen gewichtigen Grund dafür, daß er jetzt schon zu Besuch gekommen war: „Wer was mit Wilhelm Leibl vorhat, der kommt, wie sich schon anläßlich der Olympia-Ausstellung 1972 gezeigt hat, ohne die wirklich einmaligen Leihgaben aus dem Aiblinger Heimatmuseum nicht aus." Und so war es auch nicht weiter verwunderlich, daß sich in seiner Begleitung die Spezialistin für die Malerei des 19. Jahrhunderts, Frau Dr. Gollek von der Städtischen Galerie München, in der am 25. Juli die Ausstellung „Wilhelm Leibl und sein Kreis" eröffnet wird, sowie Dr. Wolfgang Till vom Münchener Nationalmuseum befanden.

Im Zusammenhang mit dieser Ausstellung für die Dr. Petzet wiederum mitverantwortlich zeichnet, ging es den Besuchern hauptsächlich um noch möglichst unbekannte Originalfotos aus dem Leben des großen Malers zur Illustration des Ausstellungskatalogs. Und da waren der Generalkonservator und seine Begleiter nicht wenig erstaunt, welch große Anzahl an Raritäten der gesuchten Art sie im Aiblinger Heimatmuseum, das sie bisher nur aus verschiedenen Veröffentlichungen des Kreisheimatpflegers Korbinian Lechner gekannt hatten, zur Auswahl vorfanden. Demzufolge wird nun im Ausstellungskatalog recht angelegentlich vom Aiblinger Heimatmuseum die Rede sein, aber schließlich sind an die 30 Originalfotos dieser Art eine wirkliche Sensation.

Aber damit waren für die Besucher die Überraschungen noch nicht zu Ende, denn im Eifer des Gesprächs hatten sie in jener alten Bauernstube aus Kutterling am Wendelstein, die Wilhelm Leibl von 1892 bis zu seinem Todesjahr 1900 als Atelier gedient hatte, ausgerechnet auf dem um den Ofen herumführenden Hühnerlauf Platz genommen. Die noch im Originalzustand befindliche und schätzungsweise an die 200 Jahre alte Stube hatte das Aiblinger Heimatmuseum 1937 vom Wallraff-Richartz-Museum in Köln, der Heimatstadt Wilhelm Leibls, als Geschenk bekommen.

Geschenkt bekommen hat das Aiblinger Heimatmuseum vor zwei Jahren aber auch noch jenen alten Bauerntisch, der einmal beim Kolb in Kutterling in der Stube gewesen war. Zum Besitz der Familie Kolb hatte auch noch das alte Haus gehört, in dem Wilhelm Leibl und sein Freund und Kollege Johann Sperl während ihrer Kutterlinger Zeit gewohnt haben. Bürgermeister Kaspar Kolb kann sich noch gut daran erinnern, wie einmal in seiner Bubenzeit eine Kommission aus Köln zu ihnen mit dem Auftrag gekommen war, das ehemalige Leibl-Atelier für das Wallraf-Richartz-Museum anzukaufen, in das alte Haus aber sollte eine maßstabgerechte neue Stube eingebaut werd

Beim Kolb in der Stube wurde diese ungewöhnliche Handelschaft perfekt gemacht. Aber dann sah der Wortführer der Kommission an der Wand einen schönen, alten Bauernrosenkranz hängen, den er unbedingt auch noch haben wollte. Darüber freilich mußte sich der Maurerbauer Georg Kolb, der einmal der treue Jagdgefährte vom „Leibi" gewesen war, schon arg wundern: „Ja, jetzt muß ich schon ganz dumm fragen: Was tun denn Sie mit einem Rosenkranz? Sie san doch a Jud, net, sonst täten S' doch koa so alte Bauernstuben net kaufen — oder?"

Aber da zog der Herr gewissermaßen zu seiner Legitimation seinen eigenen Rosenkranz aus der Tasche. Der Name des Besuchers war Konrad Adenauer, damaliger Oberbürgermeister von Köln und späterer deutscher Bundeskanzler.

K. L.

Galerie-Direktor Michael Petzet wird he

Die Leut' sind

Heute um 20 Uhr wird der Münchner Oberbürgermeister den bisherigen Direktor der Münchner Städtischen Galerie, Dr. Michael Petzet, mit einem grandiosen „Künstlerfest" im Garten der Lenbachvilla verabschieden. Dr. Petzet wird, wie in der AZ bereits berichtet, ab 1. Juli als neuer Generaldirektor zum Bayerischen Landesamt für Denkmalpflege hinüberwechseln.

Der Weggang von Dr. Petzet kann (vgl. AZ vom 16. März 1974) nicht anders denn als schmerzlicher Einschnitt in der Geschichte der Städtischen Galerie bezeichnet werden. Er hat in den knapp zwei Jahren seines Wirkens die Lenbachvilla aus einer Mottenkiste in ein künstlerisches Spielkasino verwandelt, in dem jeder seine Einsätze auf den Tisch werfen konnte und wo das Roulett der Glücksziffern unaufhörlich rollte.

Petzet selbst sieht mit gutgespielter Geringschätzung auf diese Sturmkarriere seiner Galerie zurück. Er meint: „Mei, das kann a jeder, das ist doch nichts Besonderes! Das wird mein Nachfolger genausogut machen. Die Leut' sind ja so dankbar! Man muß ihnen nur etwas bieten, dann kommen sie in Massen herbeigeströmt!"

Die Vertretung von Dr. Petzet wird zunächst sein bisheriger Stellvertreter in Ausstellungsfragen, Dr. Arnim Zweite, übernehmen. Endgültig, also nach Abwicklung des zur Zeit laufenden Ausschreibungsverfahrens, wird aller Voraussicht nach der von der AZ bereits vorgestellte Dr. Eberhard Roters die Nachfolge von Petzet antreten.

Roters, früher Nürnberg, ist zur Zeit Präsidialsekretär an der Akademie der Künste in Berlin. Roters gilt als ein optimistischer, jeder Art von Spieilastik zugetaner Sachse.

Wie der Feuersalamander niemals sein Felslager verläßt, ohne nochmals einige Funken und Strahlen um sich geworfen zu haben, so sprüht auch Michael Petzet zum Abschied seine restlichen Zünder und Leuchtspuren

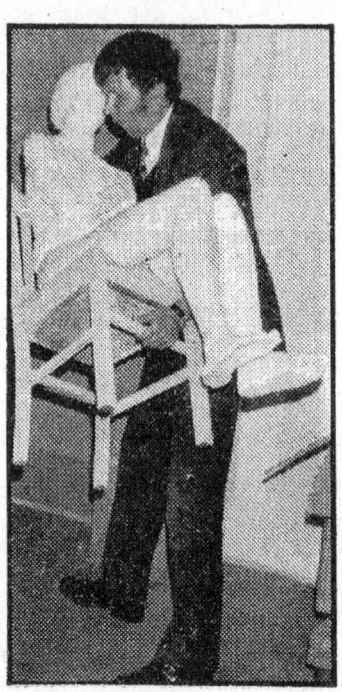

LEGTE AUCH SELBST HAND AN: Michael Petzet trägt eine Gips-Figur von Segal weg.

aufs Parkett. Seine Planungen reichen bis ins nächste Jahr hinein. Allein dieser Juli wird drei von Petzet angebahnte Veranstaltungen bringen, nämlich

a) eine **Retrospektive für den Münchner Maler Ernst Geitlinger** (gest. 1972 in Seeshaupt);

b) eine **Sonderausstellung für Fabrizio Plessi (Milano)**, der Objekte der von ihm erfundenen „Aqualogie" vorstellt, und

c) eine Ausstellung „**Wilhelm Leibl und sein Kreis**". Diese dürfte das Hauptereignis der Sommersaison, weit über München hinaus, werden. Es ist nicht nur die umfangreichste der bisher gezeigten Leibl-Ehrungen, sondern die erste Leibl-Ausstellung in München überhaupt.

Frauen und ein Paar

Bekanntlich gehört Leibl zu den am schwierigsten dazustellenden Künstlerpersönlichkeiten, da sein Werk an Zahl gering ist (er malte oft jahrelang an einem Bild), sodann aber wegen der diffizilen museumstechnischen Bedingungen.

Einige seiner auf Holz gemalten Gemälde, z. B. „Frauen in der Kirche" in der Hamburger Kunsthalle, können überhaupt nicht verschickt werden, bei anderen, wie dem Hauptwerk „Das ungleiche Paar" (im Frankfurter Staedel) stehen die Statuten einer Ausleihe entgegen.

Trotzdem sieht die Bilanz der Petzetschen Leibl-Veranstaltung imponierend aus: Allein von Köln (wo Leibl 1844 geboren wurde) werden 16 Gemälde erwartet, darunter der in Dachau gemalte „Schimmelreiter", das Porträt Max von Perfall, sowie Bruchstücke aus den von Leibl selbst zerschnittenen Gemälden „Die Wildschützen" (mit sämtlichen Vorzeichnungen) und dem „Mädchen mit der Nelke".

Aus dem *Kreis um Leibl* sieht man Bilder von Charles Schuch, Wilhelm Trübner, Johann Sperl, Hirth du Frênes, Karl Haider, Hans Thoma, Theodor Alt, Louis Eysen, J. Ernst Sattler (den Leibl gemalt hat) und Fritz Schider (dessen Bild vom „Chinesischen Turm" hier in drei Varianten gezeigt wird). ▷

AZ (Abendzeitung), München, 28. Juni 1974

ute von der Stadt München verabschiedet

ja so dankbar

Insgesamt werden von Leibl allein 56 Werke zu sehen sein, mit den übrigen zusammen sind es 160 Katalognummern.

Was Michael Petzet an seiner neuen Wirkungsstätte im Bayerischen Landesamt erwartet, kann man sich nach den Erfahrungen der letzten Jahre lebhaft vorstellen. Petzet, gelassen: „Ich gehe ungern von der Städtischen Galerie fort. Aber ich halte die Funktionsfähigkeit und Effektivität der Denkmalsbehörde in der heutigen Situation für unvergleichlich viel wichtiger."

Eine der ersten Maßnahmen von Petzet wird sein, den Sitz der Denkmalsbehörde in die historische „Alte Münze" (an der Münzgasse) zu verlegen. Denn „erstens können wir dann den sehenswürdigen Innenhof, ein Musterbeispiel der herzoglich-bayerischen Renaissance, zur Besichtigung ganzjährig freigeben und zweitens läßt sich damit ein historisches Objekt als Behördensitz reaktivieren, und zwar mit einem Bruchteil der Kosten, die ein Neubau verschlingen würde."

Stadtteile statt Kirchen

Als Schwerpunkt der Denkmalserhaltung betrachtet Petzet das „Revitalisieren" von historischen Gebäuden. „Es handelt sich", sagt Petzet, „heute nicht mehr so sehr um Kirchen, sondern um Stadtteile. Die *Altstadtsanierungen* stehen im Vordergrund, also das Problem, wie alte Quartiere nicht nur ‚saniert', sondern auch im modernen Sinn neu programmiert werden können.

In Bayern haben wir dafür

„BAUERNJUNGE", Gemälde von Wilhelm Leibl von 1896, im Besitz der Münchner Städtischen Galerie.

zwei markante Beispiele: Regensburg und Bamberg. In Norddeutschland wäre der Fall Lübeck zu nennen."

Zur Situation der Denkmalspflege in der Öffentlichkeit: „Es darf künftig nicht mehr so sein, daß der Denkmalspfleger atemlos von Katastrophe zu Katastrophe hastet. Die Behörde darf nicht mehr auf das SOS-Signal warten, sie muß sich vom ersten Strich der Planung an mit einschalten.

Das wird eines der wichtigsten Postulate sein, die ich durchzusetzen gedenke: sowohl im Rahmen der Städte- und der Landesplanung wie auch beim Umweltschutz."

AZ: *„So dürfen wir hoffen?"*

Petzet: „Tun Sie das!"

Wolfgang Christlieb

Gebhard geht, Petzet kommt
Der Wechsel im bayerischen Landesamt für Denkmalpflege

Wenn heute der bayerische Kultusminister Maier Professor Torsten Gebhard, der das Bayerische Landesamt für Denkmalpflege elf Jahre leitete, verabschiedet und gleichzeitig Michael Petzet, den bisherigen Direktor der Münchener Städtischen Galerie im Lenbachhaus in dieses Amt einführt, betrifft der Wechsel nicht nur die Denkmalpflege; er betrifft auch München: Die Stadt muß sich für ihre Städtische Galerie einen neuen Leiter suchen, einen, der vor allem die von Petzet so glücklich neu gestarteten Ausstellungen der zeitgenössischen Kunst fortsetzt und zugleich diesem auf dem Lenbach-Nachlaß und der Kandinsky-Sammlung beruhenden Haus gerecht werden kann.

Im Denkmalamt wird der Wechsel von Gebhard zu Petzet der Beginn einer neuen Ära sein. Gebhard gehörte, vom Typ und von der Generation her, zu jenen beamteten Wissenschaftlern, die alles auf die innere Arbeit und die Arbeit an den großen und kleinen Monumenten konzentrieren. Für seine Person bescheiden, hatte er auch wenig Sinn für Publicity. Seine Mitarbeiter rühmen, daß er stets auf ihre Ideen einging; Gewährenlassen war Grundhaltung und Tugend. Den Personalbestand des Amtes konnte Gebhard in den elf Jahren seiner Tätigkeit von dreiundfünfzig auf einhundertneunundzwanzig aufstokken.

Als Volkskundler — Gebhard bleibt weiterhin Leiter der Landesstelle für Volkskunde — hat er sich besonders den bäuerlichen Museen und den Heimatmuseen in Bayern gewidmet, die er nach Möglichkeit von Einmann-Betrieben zu größeren Einheiten zusammenfaßte. Zu den großen Monumenten, die in den letzten elf Jahren restauriert wurden, gehören Kloster Weltenburg, das Ingolstädter Münster, die Kirche in Münchsteinach, St. Georg in Dinkelsbühl, St. Jakob in Rothenburg, der Dom in Bamberg. Besonders angelegen war Gebhard der Ausbau der Abteilung für Vor- und Frühgeschichte, sowohl personell wie durch Einrichtung der zusätzlichen selbständigen Außenstellen in Nürnberg und Landshut. Gebhard war der erste, der in Bayern technische Denkmäler, nämlich die Glashütte in Benediktbeuern und die Eger-Brücke bei Deiningen auf die Liste setzte. Die von Johannes Taubert geführte Restaurierungswerkstatt, die Weltruf hat, konnte sich erweitern. Gebhards Name wird immer mit dem neuen bayerischen Denkmalschutzgesetz verbunden bleiben. An den Vorarbeiten haben er und sein Amt wesentlichen Anteil, die Erstellung der Kurzinventare und der Listen haben das Amt zeitweise nicht nur beschäftigt, sondern auch belastet.

Die aktuelle Frage des „Ensembleschutzes", die im Gesetz verankert ist, wird die künftige Tätigkeit des Landesamts stark prägen. Petzet, von Haus aus Architektur-Historiker und selbst früher sieben Jahre im Landesamt tätig (er publizierte unter anderem das große Inventar Sonthofen) will dem Ensembleschutz seine Hauptenergie widmen. Er ist überzeugt, daß Bayern „das beste aller geltenden Denkmalschutzgesetze" besitzt und will, energiegeladen und ein organisatorisches Genie, den Beweis dafür erbringen. Dynamisch wie er ist, wird Petzet verstehen, die Arbeit innerhalb des Amtes zu konzentrieren und sie im Land nicht nur bekannt, sondern auch beliebt zu machen; unter den Stellen, die er zusätzlich beantragt und auch bewilligt bekommen hat, ist auch die eines Pressereferenten. Seine oberste Devise „Bayern muß Bayern bleiben" dürfte ihm die Sympathien all derer einbringen, die er für seine und die Arbeit seines Amtes braucht.

Das Landesamt hat sich bisher bemüht, streng nach den Begriffen wissenschaftlich fundierter Denkmalpflege zu arbeiten, das heißt, die historische Substanz zu erhalten. Petzet will, soweit es sich um Ensembleschutz handelt, den Begriff der Denkmalpflege weiter fassen, „Ensembleschutz" auch im Sinne des optischen Erscheinungsbildes interpretieren. Das bedeutet, daß er das Verhältnis von Sanierung und Denkmalpflege, das für den Ensembleschutz grundlegend ist, in den Griff bekommen muß — eine Aufgabe, von der Entscheidendes für die Zukunft abhängt und für die man ihm und dem Lande Glück wünscht.

DORIS SCHMIDT

Süddeutsche Zeitung, 28. Juni 1994

SZ-Gespräch mit dem neuen Generalkonservator Michael Petzet

Denkmalpflege – mehr als nur Feuerwehr

Verstärkte Mannschaft für das Landesamt / Der Staat muß tiefer in seine Kasse greifen

Von unserem Redaktionsmitglied Doris Schmidt

München, 28. Juni — Am Montag, 1. Juli, wird der neue Generalkonservator für Bayern, Michael Petzet, als Nachfolger von Professor Torsten Gebhard sein Amt antreten. Auf ihn und das von ihm geleitete Landesamt für Denkmalpflege werden in nächster Zeit nicht nur viele, sondern auch besondere Aufgaben zukommen, die durch das neue bayerische Denkmalschutzgesetz bedingt sind. Die Süddeutsche Zeitung hat sich mit Petzet über seine Vorstellungen unterhalten.

Der neue Generalkonservator hat sechs neue Planstellen für das Landesamt beantragt, darunter zwei Oberkonservatorenstellen, die mit einem Kunsthistoriker (Wolfgang Wolters, bisher Venedig und Baltimore) und einem Architekten (dem Miesbacher Kreisbaumeister Karl Schmid) besetzt werden. Wolters beginnt am 1. August. Gleichzeitig mit Petzet treten der Rechtsreferent (Schiedermair) und eine Pressereferentin (Sigrid Patelis) ins Landesamt ein. Weitere personelle Engpässe hofft Petzet bald zu beheben. Sein Ziel ist es, für jeden Regierungsbezirk mindestens einen, für große Bezirke möglichst zwei Referenten zu haben. Auch die Bodendenkmalpflege soll künftig personell noch stärker besetzt sein. Es gehe nicht, daß die Referenten weiter wie bisher „von einer Notgrabung zur anderen" hetzten, meint der neue Generalkonservator. Die Bodendenkmalpflege sei durch Straßen- und Leitungsbau zu stark überfordert.

Die in diesem Jahr zur Verfügung stehenden 12,5 Millionen Mark Zuschüsse zu Restaurierung und Ausstattung von Gebäuden hofft Petzet schon im nächsten Etat verdoppelt zu sehen; das Schicksal der Denkmäler sei vom Geld genauso abhängig wie von den Gesetzes-Paragraphen.

Straffere Organisation

Die personelle Besetzung und die Organisation des Landesamts für Denkmalpflege müsse im Hinblick auf das Gesetz so bestellt sein, daß die Gutachten rasch erteilt werden könnten, damit die Besitzer von geschützten Gebäuden nicht mehr monatelang darauf warten müßten, betont Petzet. Er denkt daran, das Verfahren durch Formblätter zu vereinfachen, um auf diese Weise Zeit einzusparen. Große Sorge bereitet ihm der Raummangel, unter dem das Amt seit langem leidet. Gegenwärtig ist das Landesamt an drei Stellen in München untergebracht, nämlich in der Prinzregentenstraße, der Widenmayerstraße und der Arabellastraße. Petzet plant einen Neubau für Restaurierungswerkstätten hinter dem Bayerischen Nationalmuseum. Zur Zeit bemüht er sich, mit Aussicht auf Erfolg, um das schöne Gebäude der Alten Münze. Die Münze könnte durch das Denkmalamt sinnvoll genutzt und vorbildlich hergerichtet, der zur Zeit geschlossene Hof für die Öffentlichkeit freigegeben werden. Die große Renaissance-Halle eigne sich gut für Informations-Ausstellungen über die Denkmalpflege. Die Renovierung der Alten Münze käme in jedem Fall billiger als ein Neubau.

Die „Anfangsschwierigkeiten", die das neue Denkmalschutzgesetz mit sich gebracht hat, will Petzet auch durch ausreichende und breitgestreute Informationen überwinden. Der Ensembleschutz sei nicht nur im Gesetz verankert, sondern auch in den vom Amt aufgestellten Listen vorbereitet. Wenn diese Listen fertig und revidiert sind, möchte Petzet sie mit Abbildungen publizieren lassen in einer Form, die den Zustand nicht nur für Wissenschaft und Denkmalpflege festlegen; die Bilderhefte sollen auch attraktiv für die Bevölkerung und für Touristen sein und preiswert das vorführen, was viele Fremde nach Bayern zieht.

Mitwirkung bei der Planung

Zum erfolgreichen Ensembleschutz gehöre auch, daß sich das Denkmalamt möglichst eng in die Stadt-, die Verkehrs- und Bauleitplanung einschalten könne, sagt der neue Chef. Den „Zustand der Feuerwehr", der die Denkmalpfleger „nachträglich von einem Schadensfall zum anderen eilen" lasse, möchte Petzet gerne beenden. Das Landesamt soll auch Vorschläge machen können. ▷

Neubauten gelten, sondern auch für die Sanierung von Altbauten. Petzet glaubt, daß dann manches Haus stehenbleiben werde, weil sich ein Abriß finanziell nicht mehr lohne. Er will sich auch für besondere Kredite in Höhe von einem Viertel bis zu einem Fünftel der Restaurierungskosten verwenden.

Keine Kompromisse anbieten

Durch eine sorgfältige Öffentlichkeitsarbeit mit einem eigenen Informationsdienst des Landesamts, wohl nach Österreichs Vorbild, soll das Verständnis der Allgemeinheit „ganz entschieden gefördert werden". Das Landesamt müsse kompromißlos vorbringen, was es will, betont der neue Generalkonservator. Es sei nicht die Aufgabe der Denkmalpflege, von vornherein Kompromisse anzubieten; man müsse vielmehr die Möglichkeiten des Gesetzes voll ausschöpfen.

Bewahren sei wichtiger als eine ewige Expansion von Neubauten. Die Denkmalpflege könne zum Beispiel die Stagnation im Baugewerbe in einer Zusammenarbeit von Altbausanierung und Denkmalpflege für sich nützen. Petzet sieht der Entwicklung im Bauhandwerk mit Sorgen entgegen; die technische Bauweise lasse Handwerksqualitäten verkümmern, auf die man in der Denkmalpflege nicht verzichten könne. Das Landesamt werde eventuell besondere Ausbildungsmöglichkeiten für Bauhandwerker schaffen müssen. Auf der Basis einer wissenschaftlichen Denkmalpflege möchte Petzet „alle Möglichkeiten pragmatisch nutzen, um eine Verbindung von Wissenschaft und Phantasie" herbeizuführen. Die Verbindung zum Naturschutz sei notwendig, ja, sie sei eine Voraussetzung, „damit Bayern Bayern bleiben kann".

*

Man wird sich künftig also an eine Integration der Denkmalpflege in die Sozialpolitik, in die Finanzpolitik, in die Umwelt- und Naturschutzpolitik gewöhnen müssen. Der Ruf nach solcher Integration ist nicht neu, aber Petzets Sinn für Pragmatik und sein Durchstehvermögen könnten dieser Auffassung zu voller Anerkennung und allgemeiner Gültigkeit verhelfen. Die Politiker im Lande haben in Petzet jedenfalls einen ebenso entschlossenen wie hochbegabten Taktiker zum Chef des Landesamts für Denkmalpflege gewählt.

d. s.

Michael Petzet, 1933 in München geboren, ging in München zur Schule und studierte an der Münchner Universität. 1958 wurde er mit einer Arbeit über „Soufflots Sainte-Geneviève und den französischen Kirchenbau des 18. Jahrhunderts" (bei Sedlmayr) promoviert. Die Dissertation erschien 1961 als Buch. Von Petzets übrigen publizierten wissenschaftlichen Arbeiten befassen sich — einschließlich der beiden Kurzinventare der Stadt- und Landkreise Füssen und Kempten und des großen Inventars der Kunstdenkmäler in Sonthofen — einundzwanzig mit Themen, die überwiegend Architektur in Bayern betreffen; acht Arbeiten behandeln Themen aus dem Bereich der französischen Baukunst. Petzets jüngste Publikation ist das gemeinsam mit Habel, Merten und von Quast bearbeitete Buch über die Münchner Wohnhausfassaden. Von 1958 bis 1965 arbeitete Petzet im Bayerischen Landesamt für Denkmalpflege, danach, bis 1970, war er Mitarbeiter (seit 1966 Konservator) in der Bayerischen Verwaltung der Staatlichen Schlösser, Gärten und Seen: er bringt also für sein neues Amt neben der wissenschaftlichen Qualifikation auch Erfahrungen mit der Verwaltung und der Organisation mit.

Süddeutsche Zeitung, 29./30. Juni 1974

Für das Denkmalschutzjahr 1975 will Petzet neben Regensburg, Bamberg und Lübeck einige bayerische Städte herausgreifen, um an ihrem Beispiel Vorschläge für Sanierung und Revitalisierung zu machen. Die nötigen Maßnahmen sollen für die in den Altstädten lebenden Bewohner finanziell tragbar sein und sie nicht aus Häusern vertreiben, in denen ihre Familien oft seit Generationen ansässig sind. Diese Pläne, die man den Kommunen zur Realisierung anbieten will, werde das Landesamt finanzieren.

Generell setzt Petzet auf Privatinitiative; er will für Steuervorteile kämpfen: Die 7b-Abschreibungen sollten in Zukunft nicht nur für

Abschied vom Lenbachhaus

Künstlerempfang von OB Kronawitter für den scheidenden Galeriedirektor Petzet

Im Lenbachhaus gab Oberbürgermeister Georg Kronawitter für Münchner Künstler einen Empfang, der mit der Verabschiedung von Galeriedirektor Michael Petzet verbunden wär. In seiner Ansprache erinnerte der OB daran, daß das Lenbachhaus als Künstlertreffpunkt seine eigene Geschichte habe und zu Zeiten seines Erbauers „ein Parnaß der Münchner Kunst" gewesen sei.

Mit ihrem Empfang wolle die Stadt ein wenig an diese Tradition anknüpfen, ohne freilich Lenbachs Kunstolymp kopieren zu wollen. Vielmehr möchte Kronawitter solche Zusammenkünfte der Münchner Künstlerschaft mit der Stadt „zu einem guten Brauch gedeihen lassen", allerdings könne dabei von Jahr zu Jahr jeweils nur eine bestimmte Auswahl berücksichtigt werden: einmal die bildenden Künstler, ein andermal die Musiker, ein drittesmal die Schriftsteller und Dichter.

Auf Petzets Abschied von der Stadt eingehend, meinte der OB, die Stadt sei stolz darauf, daß der neue bayerische Landeskonservator aus ihren Reihen komme, und sie erhoffe sich davon auch einiges für die Denkmalpflege in der Landeshauptstadt. Dennoch gebe sie ihren Galeriedirektor nur ungern her, denn er habe in den nur zwei Jahren, die er im Lenbachhaus tätig gewesen sei, die Galerie mit neuem aktiven Leben erfüllt und zu einem „ebenso bedeutenden wie originellen Faktor" im kulturellen Leben Münchens werden lassen. — Dr. Petzet bezog in seine Dankesworte besonders nachdrücklich seine bisherigen Mitarbeiter mit ein. *Karl Ude*

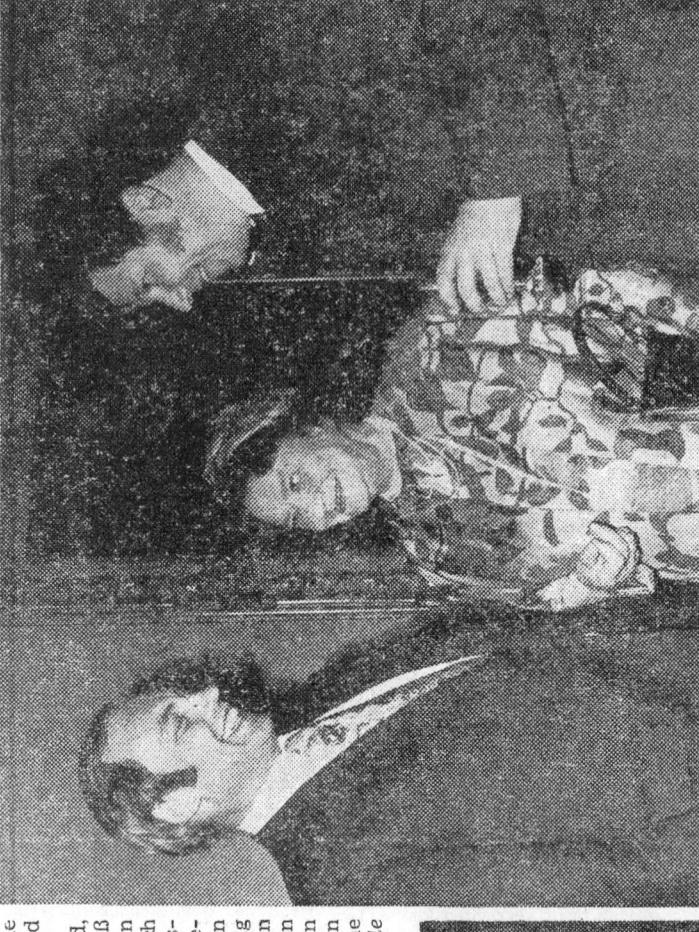

BEIM ABSCHIEDSEMPFANG für Dr. Michael Petzet (links) konnte OB Kronawitter auch die Tochter von Lenbach, Frau Gabriele Neven-Dumont begrüßen. Photo: Fritz Neuwirth

VIELE KÜNSTLER BEIM ABSCHIED VON DR. PETZET

Einen Künstlerempfang, wie er anläßlich der Verabschiedung von Galeriedirektor Dr. Michael Petzet in den Lenbachsälen der Städtischen Galerie veranstaltet wurde und zu dem Münchens Künstlerprominenz in Massen erschien, wolle die Stadt München künftig jedes Jahr durchführen, versprach Oberbürgermeister Kronawitter. Der aus städtischem Dienst scheidende Direktor, der neuer Landeskonservator wird, hat nach Kronawitters Worten in den zwei Jahren seiner Galerietätigkeit eine Aktivität entwickelt, die die Galerie mit neuem Leben erfüllte. Indem das Stadtoberhaupt an Lenbach, seinen „Parnaß der Münchner Malkunst" und seine berühmten Künstlerfeste erinnerte, die ehemals hier stattfanden, begrüßte er zugleich Frau Gabriele Neven DuMont, Franz Lenbachs Tochter (Foto). Michael Petzet (rechts im Bild) bedankte sich bei seinen Mitarbeitern und gab bekannt, daß eine umfassende Lenbach-Ausstellung, die er für den Sommer geplant hatte, aus technischen Gründen zurückgestellt werden müsse; eine Leibl-Ausstellung werde an ihre Stelle treten. Anschließend spielte das Quartett der Musica Rinata dem einstigen Hausherrn Lenbach zu Ehren dessen Lieblingsmusik. Foto: Enzwieser

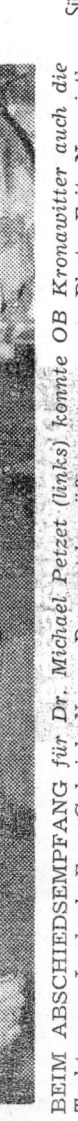

Münchner Merkur, 2. Juli 1974

PETZET ÜBERNAHM LANDESAMT FÜR DENKMALPFLEGE

Nach heftigen CSU-internen Auseinandersetzungen um seine Ernennung durch das Kultusministerium hat der bisherige Leiter der Städtischen Galerie in München, Dr. Michael Petzet (links), am gestrigen Montag sein Amt als neuer Chef des Landesamts für Denkmalpflege übernommen. Er löst den in den Ruhestand gehenden Prof. Torsten Gebhard (rechts) ab, der elf Jahre an der Spitze des Landesamtes gestanden hatte.

Petzet ist Schüler des Kunsthistorikers Prof. Hans Sedlmayr und promovierte mit einem Thema über den französischen Kirchenbau des 18. Jahrhunderts. Nach seiner Tätigkeit im Landesamt von 1958 bis 1965 war Petzet als Konservator der Schlösserverwaltung bis 1970 zuständig für die oberbayerischen Königsschlösser. Als Ausstellungsleiter präsentierte sich Petzet 1968 erstmals mit einer Ausstellung über Ludwig II. Die von ihm mitverantwortete Ausstellung „Bayern – Kunst und Kultur" während der Olympischen Spiele verzeichnete einen Ansturm von 190 000 Besuchern. Bis zu seinem Amtsantritt als Leiter der Städtischen Galerie im Lenbachhaus 1972 war Petzet zweiter Direktor des Zentralinstituts für Kunstgeschichte. Foto: Enzwieser

Süddeutsche Zeitung, 20./21. Juli 1974

Sechs Kandinskys für das Lenbachhaus

Nina Kandinsky stellt der Städtischen Galerie im Lenbachhaus folgende sechs Ölbilder Wassily Kandinskys (1866—1944) als Leihgaben zur Verfügung: „Im Grau", 1919; „Blau über Bunt", 1925; „Schwarz-Rot", 1927; „Kalt", 1929; „Ausgleich-Rosa", 1933 und „Vers le bleu", 1939.

Die Städtische Galerie, die die umfangreichste Sammlung von Werken des frühen Kandinsky (bis 1914) besitzt, konnte bisher nur ein Spätwerk des Künstlers, die 1970 angekauften „Parties diverses" von 1940 zeigen. Die Leihgaben Nina Kandinskys ermöglichen es jetzt, im Lenbachhaus die gesamte Entwicklung des Künstlers auch nach 1914 (Bauhauszeit ab 1922; Pariser Zeit ab 1933) an einigen Beispielen zu verfolgen.

Fünf der sechs Bilder sind ab sofort in der Städtischen Galerie zu besichtigen. Das Gemälde „Im Grau", ein wichtiges Werk aus der Zeit von Kandinskys Aufenthalt in Sowjetrußland, ist Teil der Schönberg-Ausstellung in der Berliner Nationalgalerie. Es wird erst im Herbst im Lenbachhaus zu sehen sein.

SZ

Im Lenbachhaus,

Münchens Städtischer Galerie, ist dieses 1933 entstandene Ölbild Wassily Kandinskys „Ausgleich-Rosa" (92:73 cm) zu sehen. Es handelt sich um eine der sechs Leihgaben, die Nina Kandinsky zur Verfügung gestellt hat und über die wir am Samstag berichteten.

Süddeutsche Zeitung, 22. Juli 1974

Denkmalpfleger wollen die Werbetrommel rühren
Eine Wanderausstellung in den Schulen soll bei den Kindern das Interesse an Baudenkmälern wecken

BAD NEUSTADT (Eigener Bericht) — Zu einem Bekenntnis für eine heimatbewahrende Bau- und Denkmalpflege gestaltete sich die Tagung des Bayerischen Landesvereins für Heimatpflege unter der Leitung von Landtagspräsident Rudolf Hanauer, dem Ersten Vorsitzenden dieser Organisation. Das Thema „Heimatpflege und Denkmalpflege" wurde in Vorträgen und auf Studienfahrten durch den Landkreis Rhön und Grabfeld behandelt. Am Sonntag sprach Kultusminister Hans Maier über das „Europäische Denkmalschutzjahr 1975".

„Die Vergangenheit soll eine Zukunft haben." So lautet das Motto des Denkmalschutzjahres, mit dessen Zielen sich der Kultusminister befaßte. Es gelte, der Allgemeinheit bewußt zu machen, daß die Erhaltung der Denkmäler als Zeugnisse europäischer Geschichte ein Teil der geistigen und kulturellen Existenzgrundlagen des Menschen sei. Bei diesen Überlegungen gehe es nicht nur um den Schutz einzelner Projekte. Es sei vielmehr die Absicht, zu erreichen, daß ganze Stadtviertel und Stadtkerne wiederbelebt würden.

Der Minister sprach in seiner Eigenschaft als Präsident des Deutschen Nationalkomitees für das Europäische Denkmalschutzjahr. Er berichtete über die künftigen Veranstaltungen in der Bundesrepublik und in Bayern. Als Auftakt findet 1975 in Bonn eine Kundgebung statt, die mit dem deutschen Heimattag durchgeführt wird. Ferner steht eine Ausstellung über gelöste und ungelöste Probleme in den historischen Stadtvierteln der bedeutendsten deutschen Denkmalstädte — wie zum Beispiel Bamberg, Heidelberg, Lübeck, Regensburg — auf dem Programm. Ferner werden Städte und Gemeinden zu einem Wettbewerb aufgerufen, bei dem vorbildlich geplante und verwirklichte Erhaltungsmaßnahmen prämiiert werden sollen. Neben einer Anzeigenaktion in großen Tageszeitungen wird auch die Bundespost mit Sonderbriefmarken für die Denkmalpflege werben.

In Bayern wird 1975 vom Landesamt für Denkmalpflege zusammen mit dem Deutschen Werkbund eine einschlägige Ausstellung durchgeführt. Sie soll in vielfacher Auflage durch die bayerischen Schulen gehen, um auf die Bedeutung von Baudenkmälern aufmerksam zu machen. Im Mai nächsten Jahres wird sich außerdem in Rothenburg ob der Tauber die Internationale Organisation der Denkmalpfleger zu einem Kongreß treffen.

Minister Maier setzte sich in Bad Neustadt für einen wirksamen Vollzug des Bayerischen Denkmalschutzgesetzes ein. Das Landesamt für Denkmalpflege soll, wie er sagte, mehr Geld und auch mehr Personal erhalten, um seine Aufgaben besser erfüllen zu können. Der Minister plädierte dafür, die historischen Objekte künftig funktionsgerecht zu nutzen. „Ohne Nutzung ist ein Baudenkmal verloren", meinte er. Dieser Tatsache trage auch das Denkmalschutzgesetz Rechnung. Was Maier weiter zu diesem Punkt ausführte, läßt sich auf folgenden Nenner bringen: Die Architekten und Städteplaner sollten in Zukunft mehr mit denkmalpflegerischen Fragen vertraut gemacht werden. Die Denkmalpfleger und Heimatpfleger sollten dagegen mehr auf die Zusammenhänge der Praxis hingewiesen werden.

Mit den Aufgaben einer zeitgemäßen Denkmalpflege beschäftigte sich auch der neue Chef des Bayerischen Landesamts für Denkmalpflege, Michael Petzet. Es sei nicht das Ziel der Denkmalpfleger, sagte er, allein für die Kunstwissenschaft zu arbeiten, sondern vornehmlich für die Gemeinden, für die Städte und für das Land Bayern. Petzet sprach sich für eine „offensive Denkmalpflege" aus, die möglichst frühzeitig und weitschauend auf Flächennutzungs- und Stadtentwicklungspläne Einfluß nehmen müsse. „Der Denkmalpfleger muß pragmatisch und nicht dogmatisch vorgehen", betonte der Generalkonservator.

In einer Erklärung, die auch vom Kultusminister begrüßt wurde, appellierten die Heimatpfleger an die bayerische Staatsregierung, bei den gesetzgebenden Körperschaften darauf hinzuwirken, daß künftig auch die Erneuerung des Althausbesitzes, insbesondere wenn Denkmalcharakter besteht, mit steuerlichen Erleichterungen gefördert werde, wie dies schon bei Neubauten durch den Paragraphen 7b des Einkommensteuergesetzes geschehe. (Die Länder haben Ende Juni durch den Bundesrat bereits einen entsprechenden Gesetzentwurf eingebracht.)

Hanauer gab bekannt, daß der Landesverein für Heimatpflege 1975 hervorragende Leistungen auf dem Gebiete der Denkmalpflege in Bayern öffentlich auszeichnen werde.

Wilhelm Hilpert

Süddeutsche Zeitung, 29. Juli 1974

Neues Leitmotiv der Denkmalpflege

Dr. Michael Petzet

Seit dem 1. Juli 1974 ist er Bayerns oberster Denkmalschützer: Dr. Michael Petzet, Generalkonservator des Bayerischen Landesamtes für Denkmalschutz. Wir nutzten seine Teilnahme an der Tagung der Heimatpfleger in Bad Neustadt, um den Kunsthistoriker nach seinen Absichten und den Chancen des neuen Denkmalschutzgesetzes zu fragen:

FRAGE: *Welche zu erwartenden Auswirkungen des neuen Denkmalschutzgesetzes begrüßen Sie als Generalkonservator in erster Linie?*

Dr. PETZET: Daß mit dem Begriff des Ensembleschutzes ein neues Leitmotiv in die Denkmalpflege eingebracht worden ist. Nicht daß wir jetzt die bisher fast ausschließlich angewandte Erhaltung von Einzelobjekten aufgeben sollten, aber erst die denkmalpflegerische Behandlung ganzer Straßenzüge, Stadtviertel oder Ortskerne ermöglicht uns, eine Art „Umwelt-Therapie" zu betreiben. Damit meine ich, daß wir weit über die bloß „kunsthistorischen" Aspekte hinausgehen, wir wollen das Bild unseres Landes auch für die Zukunft bewahren, und zwar ohne Bayern unter die gern zitierte „Käseglocke" zu stellen.

FRAGE: *Wo wird Ihr Hauptaugenmerk bei der Anwendung dieses erweiterten gesetzlichen Instrumentariums liegen?*

Dr. PETZET: In der Zusammenarbeit mit den unteren Denkmalschutzbehörden, den Städten und Landkreisen. Wir wollen vermeiden, Bauanträge oder Stadtentwicklungspläne zu verzögern. Andererseits sollten wir nicht erst als „Feuerwehr" auf den Plan treten, wenn es fast schon zu spät ist. In gutem Einvernehmen mit den kommunalen Behörden muß es möglich sein, rechtzeitig auf denkmalpflegerische Belange hinzuweisen. Unser Amt wird keine „Behinderungsbehörde" sein.

FRAGE: *Welche Möglichkeiten sehen Sie, das in den vergangenen Jahren gewachsene öffentliche Verständnis für Denkmalschutz in der Arbeit Ihres Amtes zu nutzen?*

Dr. PETZET: Vom aufgerüttelten Denkmal-Bewußtsein der Öffentlichkeit wurden schon Dinge gerettet, die unser Amt längst aufgegeben hatte. Mit vermehrter Informations- und Öffentlichkeitsarbeit hoffen wir, diese Tendenz verstärken zu können.

FRAGE: *In den Gemeinden herrscht Unruhe wegen der nun erarbeiteten Denkmal-Listen, einer direkten Folge des neuen Gesetzes. Man fürchtet weitgehende Veränderungssperren. Wie hart wird Ihr Amt vorgehen?*

Dr. PETZET: Wir werden uns mit den Gemeinden ins Benehmen setzen. Die Denkmal-Listen sind vorläufige Information über Objekte, die uns interessieren. Keinesfalls aber bedeutet die Aufnahme eines Gebäudes in diese Liste, daß es schon unter Denkmalschutz steht. Im übrigen gibt es auch bereits erste Beschwerden von Gemeinden, wir hätten zu wenig von der historischen Bausubstanz in die Liste aufgenommen.

FRAGE: *Ist die finanzielle Ausstattung des Landesamtes für Denkmalschutz angesichts des erheblich ausgeweiteten Arbeitsgebietes ausreichend?*

Dr. PETZET: Nein, die 12,5 Millionen Mark, die für die Baudenkmalpflege zur Verfügung stehen, müssen fürs erste mindestens verdoppelt werden. Aber auch dem Privatmann muß geholfen werden, beispielsweise mit der Übernahme der 7b-Abschreibung für Sanierungsvorhaben.

FRAGE: *Auch die Heimatpfleger sind in das neue Gesetz „eingebaut". Wie sehen Sie die Zusammenarbeit mit diesen ehrenamtlichen Kräften?*

Dr. PETZET: Zwar arbeiten die Heimatpfleger auf den verschiedensten Gebieten, je nach Neigung. Für uns aber werden sie, dank ihrer enormen lokalen Kenntnisse, so etwas wie ein Bindeglied zur Bevölkerung sein.

FRAGE: *Der Rhön-Grabfeld-Kreis bewirbt sich darum, in Bahra ein landwirtschaftliches Freilichtmuseum einzurichten. Wie stehen Sie dazu?*

Dr. PETZET: Ich wußte bisher nichts von diesem Projekt, bin aber grundsätzlich bereit, derartige Einrichtungen zu unterstützen. Nach Überprüfung der Fakten wird der Landkreis von meinem Amt hören.

Main-Post, 29. Juli 1974

DIE AUSSTELLUNG „WILHELM LEIBL UND SEIN KREIS" IM LENBACHHAUS

Einzelgänger zwischen allen Stilen und Stühlen

Die erste umfassende Münchner Schau mit Werken des Malers enthält 160 Gemälde

Der Maler Wilhelm Leibl (1844—1900) war ein schwer zugänglicher Sonderling, ein Künstler, der zu keinem Kompromiß mit sich selbst bereit war, ein Maler, der auf merkwürdige Weise seiner Zeit (zumindest in Deutschland) voraus war. Und der doch gegen Ende seines Lebens von Leuten wie Liebermann, Corinth und Slevogt überrundet wurde.

Leibls schwerer, sich in dunkle Farben gleichsam einfressender Realismus, seine von jeder Attitüde abgekehrte Porträtmalerei nimmt eine Sonderstellung ein in der deutschen Kunst des 19. Jahrhunderts. Berührungspunkte gibt es nach Frankreich, zu Courbet und Manet, zum frühen Corinth vielleicht, aber keine schulbildende Wirkung, keine Ausstrahlung.

Selbst zum Münchner Leibl-Kreis (1869—1873) gibt es eher tangierende Berührungen. Als Leibl sich zur Stadtflucht entschließt, tut er es allein. Seit 1878 teilt er sein Maler- und Jägerleben in den oberbayerischen Dörfern Berbling, Aibling und Kutterling mit Johann Sperl, dem treuen Freund aus Münchner Akademietagen.

Just in der Städtischen Galerie im Lenbachhaus, wo der Malerfürst, Salonlöwe und künstlerische Antipode der Leiblschen Wahrheitsfindungsmalerei residierte, bekommt München nun seine erste Ausstellung „Leibl und sein Kreis".

Münchner Merkur
31. Juli 1974

Michael Petzet hat die Schau noch vorbereitet (und am Donnerstagabend eröffnet), die mit über 160 Gemälden (davon 41 von Leibl), mit Radierungen und hochinteressanten Handzeichnungen und Werkskizzen von Leibl aufwartet. Auf einige wichtige Hauptwerke freilich mußte verzichtet werden. Leibls pastose Ölfarbe, aus Gründen der Technik während der Entstehung tage- und wochenlang feuchtgehalten, scheint dem Zahn der Zeit ausgeliefert; man sieht das selbst an einigen der ausgestellten Bildern.

Ausgesprochen herb ist der Verzicht auf die „Drei Frauen in der Kirche" (Hamburger Kunsthalle), jenes Nahsicht-Bild der drei Beterinnen, an dem Leibl vier Jahre (1878—1882) „live" und mit Modellen in der kleinen Kirche von Berbling malte und das Lenbach, wegen dieser versiegelten Kleinarbeit, mit dem Schmähwort „Zuchthausarbeit" abgetan haben soll.

*

„Das ungleiche Paar" (Städel Frankfurt), 1876 in Unterschondorf gemalt, ist in einer Defregger-Kopie zu sehen; selbstredend wäre darum der Vergleich mit dem Original nur um so wünschenswerter. Die „Dorfpolitiker" (Sammlung Reinhart, Winterthur), wohl Leibls aufregendstes Bild, das in Paris entsprechenden Anklang fand, ist auch nur als Foto und mit einer Skizze präsent. Selbst die Staatsgemäldesammlungen, freundnachbarliche Leihgeber neben dem Wallraff-Richartz-Museum in Köln, hielten drei Bilder zurück.

Dies Klagelied soll die Leistung der Ausstellung, die für Leibl und den Leibl-Kreis in München beinahe eine Premiere ist (eine ähnliche Kollektion gab es schon 1958, in der Schau „Aufbruch zur modernen Kunst"), nicht verkleinern. Doch die fehlenden Werke erschweren die richtige Einschätzung von Leibls karger, brütender „Bauernmalerei", in ihrem ungeheuren Abstand zum bäuerlichen Genrebild, von der Sprengwirkung, die solche Menschenbesichtigung gerade im damaligen München mit seiner Vorliebe für Salon- und Historienmalerei — mithin für Menschen in Kostüm und fremder Legende — auslösen mußte.

Eigentümlich und gewissermaßen unter Einsatz seiner ganzen Existenz hat Leibl auf diesen seinen Stil hingearbeitet. „Ich will nur malen, was wahr ist, und das hält man für häßlich, weil man nicht mehr gewohnt ist, etwas Wahres zu sehen", lautet eines seiner antiakademischen Kunstbekenntnisse. Zunächst findet man den jungen Wilhelm Leibl, Sohn eines Kölner Organisten, als hochbegabten Schüler an der Münchner Akademie. Nach der Meisterklasse bei Ramberg wendet er sich sogar dem Historienmaler Piloty zu (1869).

*

Das Unbehagen am glatten Akademismus seiner Zeit sucht Befreiung im Rückgriff auf die alten, und zwar auf die malerischen Maler, die frühen flämischen Realisten. Nicht etwa im Auszug in die Natur, ins Freilicht, wie die Franzosen der Schule von Barbizon.

Leibls frühes Meisterstück, das Porträt der Münchnerin „Mina Gedon" (1869), bezeugt in seiner lockeren, duftigen, dabei durchaus im bräunlichen Atelierton gehaltenen Malerei, die Nähe zu Manet. Das Bild findet Courbets Anerkennung, der damals in München war. Courbet verschaffte Leibl einen Porträtauftrag in Paris. Es ist nicht auszudenken, wohin Leibl dieser Frankreichaufenthalt geführt hätte, wenn er ihn nicht 1870 schon, wegen des Krieges, hätte abbrechen müssen.

*

Leibl ist in erster Linie Bildnismaler. Er gräbt die Wahrheit, die er sucht, aus den Personen heraus, er erarbeitet sie mit seiner breitspurigen Farbe, mit der Mühsal der Alla-Prima-Malerei, die nichts übermalt, lieber neu anfängt. Leibls Porträt haben eine rüde Wahrhaftigkeit, die Menschen reden mit Augen, Gesichtern, Händen — der Maler verzichtet auf jedes Requisitentheater.

Gerade darum wirken die dargestellten Gesellschaftstypen — das bürgerliche Vaterbildnis (1866), der weltmännische Malerfreund Carl Schuch (1872/1876), die Porträts von Julius Bodenstein (1876) und Max von Perfall (1876/77) — fast radikaler, ungeschönter, als die alten Frauen, die verschlossenen jungen Bäuerinnen, die seine Palette sucht.

Wieder zusammengesetzt: zerschnittene Bilder

Die Ausstellung schiebt, auf Chronologie bedacht, und vielleicht auch auf Streckung, zwischen Leibls frühe Münchner Zeit und die späten ländlichen Jahre (seit 1880 etwa), die Arbeiten des Leibl-Kreises. Die Bilder von Scholderer, Haider, Schider, vom großartigen Carl Schuch und von Trübner, die idyllischen Gärten und Landschaftsparadiese von Sperl machen einmal mehr Leibls grüblerische Besonderheit deutlich. Die Freunde widmen sich dem Licht und der Landschaft auf unbeschwerte Weise. Sie sind dem Impressionismus, wenn man schon davon reden will, näher als der einzelgängerische Freund. Leibl und das Licht: in dunklen, engen Stuben fällt es eher „rembrandtisch" auf Menschen und Dinge, es setzt sich auf Stoffe und aufs Inkarnat, aber es ist höchst selten in der Farbe selbst. Sie bleibt dunkel, schwer, als müsse sie Helligkeit und Wärme suchen.

*

Die Ausstellung wartet mit einigen kunstgeschichtlichen Sensationen auf. Zwei der Gemälde, die Leibl aus Unbehagen über die mißglückte Komposition — „Mädchen mit Nelke" (1880), „Die Wildschützen" (1882/86) — zerschnitt, und die sonderbarerweise in ihren einzelnen Fragmenten an verschiedene Besitzer gerieten, sind in München, nach alten Fotos, wieder zusammengesetzt.

Als aufregender Fund dürfen außerdem einige im Heimatmuseum Aibling aufbewahrte Fotos gelten, die bestätigen, daß Leibl — nach der Panne mit den „Wildschützen" — sich für etliche Figuren der Fotovorlagen bediente. Allerdings, wie der Stifter der Fotos, Leibls Neffe, vermerkt, zur Festlegung der Komposition. Die Bilder selbst malte Leibl, wie gewohnt, nach Modellen.

*

Die Leibl-Ausstellung dauert bis Ende September, sie wird begleitet von einem materialreichen Katalog (20 Mark), zur Zeit die einzig greifbare Leibl-Publikation.

Ingrid Seidenfaden

AZ-Gespräch mit Denkmalpfleger Michael Petzet über seine Pläne

Rettung für die Burg Grünwald

Fünf Wochen ist der neue Generalkonservator Dr. Michael Petzet Direktor im Bayerischen Landesamt für Denkmalpflege in der Prinzregentenstraße. Vom 1. Juli 1972 bis 30. Juni 1974 war er Direktor der Städtischen Galerie.

Die AZ frage Dr. Petzet: „Was ist ihr erster Eindruck von Ihrer neuen Wirkungsstätte, und was sind die wichtigsten bevorstehenden Aufgaben? Bedauern Sie es, daß Sie ihr schönes, geruhsames Pöstchen in der Städtischen Galerie gegen die Hexenkessel von Kompetenzen und Problemen vertauscht haben?

Petzet: Der erste Eindruck war: Berge von Akten! Aber ich blicke jetzt schon durch. Das eine kann ich jedenfalls sagen: Es ist leichter fünf Museen zu leiten als das Bayerische Landesamt für Denkmalpflege!

AZ: Ihr Amtsantritt fällt zusammen mit einer neuen Ära des Denkmalschutzes überhaupt. Das neue Denkmalschutzgesetz ist in Funktion, es setzt neue Maßstäbe und Verantwortlichkeiten. Wie sieht das von Ihrem Schreibtisch her aus?

Petzet: Das neue Gesetz ist ein großartiges Dokument — es wird  bauen. Ich bin aber der Ansicht, daß diese Burg ein Kinderparadies ist, das man unter allen Umständen erhalten muß: Die letzte echte Burgruine in der Umgebung Münchens! Römische Vergangenheit! Ritter-Milieu, geheiligt durch das unsterbliche Trauerspiel von Valentin! Das Nationalmuseum könnte dort Zentner von alten Rüstungen unterbringen! Nein, daß muß gerettet werden!

● Dann das Ignaz Günther-Haus am Unteranger Nr. 30. Am 26. Juni 1975 ist der 200. Todestag von Ignaz Günther. Da wird man doch dieses alte Münchner Bürgerhaus nicht verkommen lassen!

Brutale Fehlleistung

● Sorgen bereitet mir das Hildebrandhaus. Aber ich glaube, hier bahnt sich eine Rettungsmöglichkeit mit Hilfe des neubegründeten „Denkmalfonds" an. Ein schöner Vorschlag ist es dort die Monacensia-Sammlung der Stadtbibliothek hineinzulegen.

Petzet: Ich bin nicht nur dieser Ansicht, sondern weiß mich darin einig mit fast sämtlichen Denkmalpflegern Europas. Übrigens wird es ja überall gemacht, und meistens ist es die einzig mögliche Lösung, wenn man sich in einem historisch gewachsenen Bauzusammenhang bewegt. Bei der Maximilianstraße ist es gar kein Zweifel, daß sie als ganzes gesehen eine überragende baukünstlerische Schöpfung darstellt. Es grenzt an Wahnsinn, da mit fremdartigen Stilmitteln hineinpfuschen zu wollen.

AZ: Werden baukünstlerische und stilistische Gesichtspunkte auch eine Rolle spielen, wenn Sie jetzt das „Denkmalschutzjahr 1975" vorbereiten?

Petzet: Ich möchte sagen: natürlich! Ohne das hätte das Denkmalschutzjahr gar keinen Sinn.

AZ: Und was werden Sie da in den Mittelpunkt der Betrachtungen stellen?

Petzet: Das wichtigste werden wohl die Modelle und Beispiele für Stadtsanierungen und für Stadtplanungen werden. Gerade wir in Bayern können ja mit

GEGEN UNVERNUNFT UND UNKULTUR: Generalkonservator Michael Petzet

übrigens weit über Bayern hinaus beachtet — und es ist auch praktikabel, das heißt anwendbar, sofern die Mittel fließen.

AZ: Sagen Sie uns doch bitte, was Sie an interessanten Einzelfällen gerade in Bearbeitung haben!

43 Meter hohes Patentamt

Petzet: Um mit München anzufangen: Der unangenehmste Fisch, der auf uns zukommt, ist das Europäische Patentamt. Der neue Beschluß ist da, und auch über den Standort wird wohl nicht mehr diskutiert werden. Leider wurde in dem Stadtratsbeschluß nicht berücksichtigt, daß die Bauhöhe, wie vorgesehen, unzumutbar ist. Sie beeinträchtigt die Stadtsilhouette gröblich. 43 Meter, das geht schon an den Turm des Deutschen Museums heran. Entsetzlich ist auch die kasernenartige Länge ohne Akzent und Gliederung.

Wir sind der Ansicht, daß die Höhe des „Deutschen Patentamtes" nicht oder nur ganz geringfügig überschritten werden dürfte. — Natürlich wird das ist ja das Bayerische Landesamt hart auf hart gehen; aber dazu schließlich da....!

AZ: Gibt es auch erfreulichere Projekte?

Petzet: Zu den erfreulicheren Denkmalsaufgaben gehören:

● Die Burg Grünwald. Es war geplant, sie mit Appartements auszubauen und zum Teil zu ver-

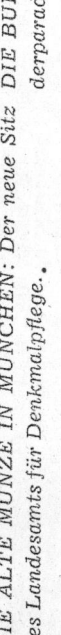

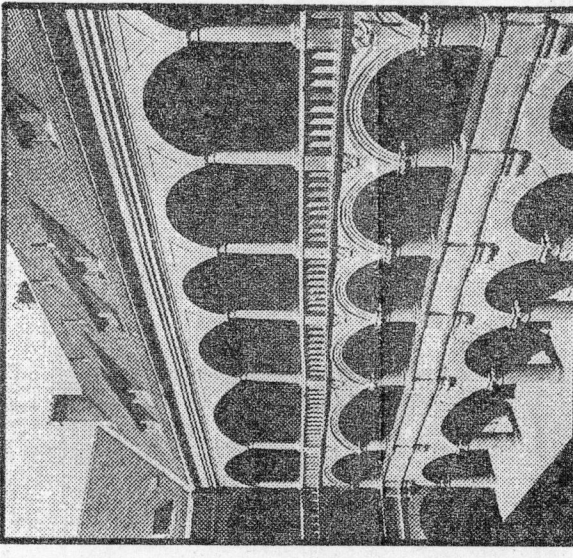

DIE ALTE MÜNZE IN MÜNCHEN: Der neue Sitz DIE BURG IN GRÜNWALD: *Petzet will das Kinderparadies retten.*
des Landesamts für Denkmalpflege..   *Fotos: Schödl*

● Gekämpft wird, und muß noch werden, wegen des „Durchbruchs der Maximilianstraße". Das war ein brutaler Kahlschlag — zum Teil sogar ganz unnötig. Diese Fehlleistung werden wir, hoffe ich, mit dem größten denkmalpflegerischen Raffinement wieder in Ordnung bringen.

AZ: Sind Sie der Ansicht, daß man, um eine derartige, durch Behördenwahnwitz und bürgerlichen Unverstand gerissene Lücke zu schließen, unter Umständen auch historische Stilmittel anwenden kann?

Beispielen aufwarten, mit warnenden sowohl, wie auch mit hoffnungsvollen.

Ausstellung in der Hofkirche

Ich bemühe mich gegenwärtig, als Ort der Ausstellung die Ruine der „Allerheiligenhofkirche" zu gewinnen. Dieses jammervoll vernachlässigte Bauwerk würde damit zum erstenmal seit über 30 Jahren wieder in den Blickpunkt gerückt, und das allein könnte

schon denkmalpflegerisch anregend wirken.

Außerdem bereiten wir eine kleinere, aber konzentrierte Wanderausstellung für *Schulen* vor. Motto ist „Wie ein Dorf zerfällt". Es soll in einer faßlichen und anschaulichen Form gezeigt werden, wie unvernünftige Reißbrett-Planungen den natürlichen Zusammenhang einer Gemeinde zerstören können.

Übrigens sind wir dabei, überhaupt ein „Entwicklungsforum" in Zusammenarbeit mit dem Deutschen Werkbund aufzubau-

er. Es kann z. B. künftig jede Gemeinde, die Probleme mit ihrer Stadtentwicklung hat, bei diesem Forum sich einen Entwicklungsplan aufstellen lassen.

Es ist dafür natürlich noch ein Haufen Arbeit zu leisten, aber das Wichtige ist eben, daß die Dinge überhaupt einmal zur Sprache kommen und daß darüber nachgedacht wird.

AZ: Es heißt, daß Sie demnächst mit Ihrer Behörde umziehen wollen?

Münzhof wird öffentlich

Petzet: Um mit gutem Beispiel voranzugehen! Was hilft alles Reden über Denkmalpflege, wenn man nicht mit Beispielen vorangeht?

Das Bayerische Landesamt bezieht also in einem halben Jahr Quartier in der „Alten Münze" an der Münzstraße, zunächst mit der Direktion und der Abteilung „Baudenkmalpflege".

Zugleich wird der prachtvolle alte Münzhof — ein Prunkstück der süddeutschen Renaissance — öffentlich zugänglich gemacht. Die anderen Abteilungen folgen später nach.

Übrigens war die Alte Münze das erste Gehäuse der herzoglich-bayerischen „Kunstkammer". Ich möchte, daß sie das in einem übertragenen Sinn auch wieder wird: Eine „Kunsterhaltungskammer".

Wolfgang Christlieb

„Münchener Fassaden" – ein Architekturbuch über Häuser des 19. Jahrhunderts

Wie wohnt man hochherrschaftlich?

„Münchener Fassaden" heißt das neue Münchner Architekturbuch, das soeben im Münchner Prestel Verlag erschienen ist. Mitverfasser sind Heinrich Habel, Klaus Merten, Michael Petzet und Siegfried von Quast. Die Herstellung dieses anspruchsvollen Werkes wurde ermöglicht durch die Fritz-Thyssen-Stiftung (Arbeitsgruppe Kunstgeschichte), die es als Band II der „Materialien zur Kunst des 19. Jahrhunderts" erscheinen ließ. Preis (trotzdem immer noch): 78 Mark. Das Buch enthält einen Bildteil mit 410 Hausfassaden und eine für diesen Arbeitsbereich erstmals erstellte „Münchner Häuserliste", dazu Register, Verweisungen und architektur-kritische Texte.

Ohne den Elan und den frischen Geist, der seit kurzer Zeit – wie durch ein Wunder – in die praktische Denkmalspflege gefahren ist, wäre das Buch nie entstanden. Hier spiegelt sich, wie auch in der von Michael Petzet betriebenen Aktivierung der amtlichen Denkmalspflege (AZ vom 17. 8. 74), eine neue Einstellung zum Thema Städtebau überhaupt.

Die Vorarbeiten zu diesem Buch waren gigantisch, wenn man bedenkt, daß 5400 Münchner Hausfassaden mit präzisen Angaben über Entstehungszeit, Bauherrn und Architekten erfaßt und photographiert wurden, aus denen die 410 Objekte dieses Bandes ausgewählt sind.

Der Zeitraum reicht von 1815 bis 1914, umfaßt also auch die vielgeschmähte „Gründerzeit". Die Aufnahmen beweisen aber, wie maßvoll und mit welchem Feingefühl und Takt selbst größere Baumassen damals in den Straßenraum gestellt wurden, wie wachsam das Gefühl für Rhythmisierung der Fronten und für eine reizvolle Abwicklung der Fassaden war.

heute mit einem Staunen, als seien es Wunder des Wohnens. Ein Buch wie dieses macht aber auch klar, daß der Begriff des modernen Bauens gerade in den drei Jahrzehnten von 1880 bis 1910 einen Sprung nach vorn machte wie nie zuvor. Der Geist des Gediegenen, Behäbigen, Stattlichen, freilich auch des Materiellen, Diesseitigen, prägte die Zweckbauten und teilte der Stadt ihren nie gesehenen Glanz mit.

Es war ein Glanz, von dem selbst der Abglanz noch in die kahl und nüchtern werdende Stadtlandschaft unserer Tage fällt.

Willibald Sauerländer, Direktor des Münchner Zentralinstituts für Kunstgeschichte, schreibt in seinem Vorwort: „The death of the cities (der „Tod der Städte") – dieser wohl deprimierendste Vorgang unserer gegenwärtigen Zivilisation – ist inzwischen unzählige Male beschrieben und analysiert worden. Trotzdem setzt sich der erschreckende Prozeß weiter fort. Von Wien bis Paris und Madrid ist die Zerstörung der Städte unseres alten Erdteils in vollem Gange... Selbst den Planern scheint es mittlerweile angesichts des Ergebnisses unheimlich geworden zu sein..."

Von St. Petersburg bis Lissabon

Hochinteressant übrigens, wie sich in dieser angeblich nur „von Materialismus und Profitgier" beherrschten Epoche die verschiedenen Stil-Impulse und -Schübe des historisierenden Bauens, vom spätem Klassizismus bis zum Neubarock und zum Jugendstil hin mit feiner Linie abzeichnen.

Soziologisch reicht die Palette vom „schlichtbürgerlichen" zum „herrschaftlichen" „hochherrschaftlichen" Wohnhaus, und schließlich, um die Jahrhundertwende, zur „Luxuswohnung", deren Zuschnitt, einem internationalen Standard entsprechend, von St. Petersburg bis Lissabon gültig war. So die Wohnungen an der Widenmayer- und der Leopoldstraße. Man betritt sie

gentenstraße) bisher behandelt wurden. (Die Buchhandlung Hugendubel am Salvatorplatz hat dem Buch in dieser Woche ein Fenster eingerichtet.)

Es sei noch vermerkt, daß die hervorragenden Photo-Aufnahmen von Architekt Siegfried von Quast stammen, die Bildtexte von Heinrich Habel (München) und Klaus Merten (Stuttgart) und daß Michael Petzet, der neue Generalkonservator Bayerns, das Buch als Mitverfasser von der ersten Idee bis zum Layout als Opus proprium betreut hat.

Wolfgang Christlieb

AINMILLERSTRASSE 22: Kritik fand bereits zur Zeit der Entstehung (1898) das „Sammelsurium von architektonischen Gliedern und ornamentalen Zieraten" und der „sprühende Wirrwarr von Farben, Rot, Gelb, Grün, Weiß, Gold und Blau!" Heute wirkt die Fassade wie ein ukrainisches Märchen.

Ein Buch wie die „Münchner Fassaden" kann mindestens das eine: aufzeigen, was an schützenswertem architektonischen Bestand noch da ist, und damit ankämpfen gegen den Geist der technokratischen Überheblichkeit, mit der solche Dinge (Maximilianstraße, Durchbrüche an der Prinzre-

---

GEORGENSTRASSE 8: Höher ging's nimmer! Der architektonische Ichthyosaurus Georgenstraße 8 entstand in zwei Anläufen: 1881 als Gründungsbau, 1901 mit dem tollen Aufputz, wie er heute zu sehen ist. Der Besitzer der anderen Doppelhaus-Hälfte, der Ägyptologe Frh. von Bissing, ließ aus Protest seine Hälfte (Georgenstraße 10) betont nüchtern umbauen, so daß Schwabing eines seiner verrücktesten architektonischen Kuriosa erhielt.

Fotos: von Quast

AZ (Abendzeitung)
München
22. August 1974

Denkmalschutz zieht in die Geldfabrik

Hauptmünzamt wird an die Peripherie verlegt / Gebäude wird Sitz des Landesamts für Denkmalpflege

Von unserem Redaktionsmitglied Heinrich Breyer

Bayerns traditionsreiche Geldmacher-Werkstatt, das Hauptmünzamt am Hofgraben, wird in wenigen Jahren sein angestammtes Haus verlassen und sich an der Peripherie als moderner Industriebetrieb ansiedeln. In das historische Gebäude, das Herzog Albrecht V. in der zweiten Hälfte des 16. Jahrhunderts als Marstall — mit Kunstkammer und Bibliothek in den oberen Stockwerken — errichten ließ, wird dann das Landesamt für Denkmalpflege einziehen. Damit ist sichergestellt, daß eine der bedeutendsten Architekturschöpfungen der Renaissance in München, der Münzhof, frei zugänglich wird.

Die staatlichen Münzmacher hatten schon lange darauf gedrängt, mit dem Betrieb und seiner rund hundertköpfigen Belegschaft aus dem historischen Altstadtgemäuer herauszukommen. Nur fand das Fi- nanzministerium bisher keinen geeigneten Amtsnachfolger für das freiwerdende Gebäude. Zwar gab es schon früher entsprechende Gespräche mit dem Landesamt für Denkmalpflege, sitz zu vereinigen, wieder nicht erreicht werden. Sie plädierten deshalb für einen Neubau.

Der neue Chef des Landesamts für Denkmalpflege, Dr. Michael Petzet, hat nunmehr das alte Angebot aufgegriffen und eine Einigung mit dem Finanzministerium erzielt. Er will bereits in einem halben Jahr die Direktion von der Prinzregentenstraße an den Hofgraben verlegen; also lange vor der Zeit, zu der das Münzamt an den Auszug denken kann. Möglich wird das dadurch, daß in dem Gebäude seit Jahren Räume ungenutzt leerstehen, und zwar genau seit 1966. Damals mußte die staatliche Druckerei, die der Münze angegliedert war, ihren Betrieb einstellen, weil der Oberste Rechnungshof ihre hoffnungslose Unrentabilität festgestellt hatte. (Sie hatte hauptsächlich Steuerwertzeichen gedruckt.)

Sondersitzung am 18. September

Für das Finanzministerium kam der schnelle Zugriff Petzets in den ersten Wochen seiner Amtszeit — er ist seit 1. Juli Denkmalschutz-Präsident — überraschend. „Wir hielten die Pläne für ein neues Münzamt nicht für vordringlich, weil kein Interessent für das alte Gebäude in Sicht war", sagt der zuständige Sachbearbeiter, Regierungsdirektor Josef Eder. „Jetzt ist die Sache aber brisant." Die Liegenschaftsabteilung des Ministeriums wurde bereits angewiesen, nach Grundstücken oder Objekten zu suchen, die für den Aufbau der neuen Geldfabrik in Frage kommen. Bereits am 18. September sollen die Vorschläge bei einem interministeriellen Gespräch mit der Obersten Baubehörde auf den Tisch kommen. Einige Jahre wird es aber auf alle Fälle noch dauern, bis die Münze das herzogliche Haus verlassen kann, in dem seit 1809 viele Milliarden von Geldstücken geprägt wurden: Zuerst Heller, Kreuzer und Batzen, später Reichs- und D-Mark.

Ein Juwel der Renaissance-Architektur

Gewinner des Umzugs wird auf alle Fälle das Bayerische Nationalmuseum sein, das mit dem Landesamt für Denkmalpflege den letzten Untermieter los wird. Die ehemalige Generaldirektorswohnung soll, wenn sie geräumt ist, dringend benötigte Büros aufnehmen. Gewinnen wird aber auch die Öffentlichkeit, wenn die Sicherheitsschranken vor dem Münzhof fallen, der bisher nur unter Bemühung des Pförtners mit einem kurzen Blick besichtigt werden konnte. Dieser Hofraum mit seinem dreigeschossigen Arkadenaufbau und seinen altbayerisch anmutenden Laubengängen ist der einzige Teil des ehemaligen Marstallgebäudes, der die Zeiten fast unverändert überdauert hat. Die Außenfas-

DER MÜNZHOF, eine der bedeutendsten Schöpfungen der Renaissance-Architektur in Süddeutschland, wird nach dem Einzug des Landesamts für Denkmalpflege in den historischen Bau am Hofgraben frei zugänglich. Hofbaumeister Wilhelm Egkl entwarf die Arkadenreihen für das neue Marstallgebäude Herzog Albrechts V., das 1563 bis 1567 errichtet wurde. Die frühere Bezeichnung „Turnierhof" beruht auf einer Legende ohne Wahrheitsgehalt, obwohl man sich die Laubengänge gut als Zuschauerlogen für ritterliche Wettkämpfe vorstellen könnte. Photo: Fritz Neuwirth

Man wollte technisch moderner und rationeller arbeiten und vor allem das Hauptproblem — den Transport der kostbaren Ware optimal zu sichern — durch eine Verlegung auf ein leichter zu schützendes Gelände lösen. Nur fand das Finanz- und das Ziel der Behördenapparat im Haupt- das seine provisorisch untergebrachten Abteilungen endlich unter ein gemeinsames Dach bringen wollte; die Denkmalschützer befürchteten jedoch, daß das Raumangebot zu klein sei

Süddeutsche Zeitung
23. August 1974

saden wurden. 1809 in frühklassizistischem Stil umgestaltet, und auch im Innern ist von den ehemals reich ausgestatteten Räumen der herzoglichen Kunstkammer und der Bibliothek nichts übriggeblieben. Die Einrichtung der Münzwerkstätten beseitigte jede Spur höfischen Glanzes — bis eben auf den Hof, dessen Architektur zu den bedeutendsten Zeugnissen der Renaissance-Kunst in Südbayern zählt. Die Denkmalpfleger werden also zumindest einen schönen Ausblick haben.

Denkmalpflege ist Dienst am Menschen

Gespräch mit dem neuen Generalkonservator Michael Petzet

Seit dem 1. Juli leitet Dr. Michael Petzet als Nachfolger von Professor Torsten Gebhard das Bayerische Landesamt für Denkmalpflege. Der neue Generalkonservator hat sein Amt, so meint er, zu einem für die Denkmalpflege günstigen Zeitpunkt angetreten: mit dem im vergangenen Oktober in Kraft getretenen Denkmalschutzgesetz verfüge Bayern über ein rechtliches Instrumentarium, das auch im Vergleich zu den Gesetzen anderer Länder ein Optimum darstelle; die neugeschaffene Institution des Landesdenkmalrates (Petzet: „Wir sind sehr glücklich über die Zusammenarbeit mit dem Denkmalrat") gebe der Arbeit der Denkmalpflege das notwendige politische Gewicht, und auch das Verständnis der Öffentlichkeit für die Notwendigkeit des Bewahrens historischer Substanz sei größer denn je, was sich auch darin ausdrücke, daß etwa bei der Festlegung schutzwürdiger Ensembles die Vorstellungen der Bürgerschaft und sogar von Gemeinderäten über die des Denkmalpflegeamtes manchmal noch hinausgingen.

Petzet ist entschlossen, die Gunst der Stunde zu nutzen. Das neue Gesetz mit Leben zu erfüllen und zu beweisen, daß es praktikabel ist, betrachtet er als seine Hauptaufgabe. Bessere finanzielle und personelle Ausstattung der Denkmalpflege, Straffung der Organisation, Beschleunigung der Verfahren, Intensivierung der Kooperation mit den Bauämtern und vermehrte Öffentlichkeitsarbeit erscheinen ihm als die entscheidenden Voraussetzungen. Die Denkmalpfleger müssen ihre Forderungen mit Entschiedenheit vortragen und dürfen nicht vonvornherein Kompromisse anbieten; sie müssen sich rechtzeitig in die Stadtplanung, die Bauleitplanung und die Verkehrsplanung einschalten, um gefährliche Fehlentwicklungen zu verhindern; sie müssen rasch reagieren können, und sie müssen die Öffentlichkeit informieren und mobilisieren, vor allem auch in der Provinz.

Für den personellen und finanziellen Ausbau der Denkmalpflege, die sie in die Lage versetzt, „den Anforderungen des Gesetzes gewachsen zu sein", hofft Petzet bereits im Haushalt 1975/76 auf einen „entscheidenden Schritt". Für die Beschleunigung und Entbürokratisierung des Verfahrens hofft er das in München bewährte Modell persönlicher Besprechungen mit der Lokalbaukommission, bei denen sich „eine Flut von Problemen einfach, schnell und formlos lösen" lasse, auf das ganze Land übertragen zu können. Für die Öffentlichkeitsarbeit hat er erstmals eine Pressereferentin des Denkmalpflegeamtes engagiert. Sorge bereitet ihm vor allem noch die Bodendenkmalpflege, die „ungeheuer überfordert" sei, praktisch nur noch „von Notgrabung zu Notgrabung hetzen" könne und mit dem Dokumentieren ihrer Ausgrabungen nicht mehr nachkomme.

Petzet, 1933 in München geboren, ist Kunsthistoriker, hat bei Sedlmayr über ein architekturgeschichtliches Thema promoviert. Nach mehrjähriger Tätigkeit im Denkmalpflegeamt und in der Schlösserverwaltung war er zweiter Direktor des Zentralinstituts für Kunstgeschichte, dann Direktor der Städtischen Galerie im Lenbachhaus, die er in kürzester Zeit aus jahrelangem Dornröschenschlaf weckte und zu einem blühenden Zentrum der kulturellen Aktivität machte. Was hat ihn bewogen, die überaus erfolgreiche Tätigkeit als Museumsleiter gegen das dornenvolle Geschäft des obersten Denkmalschützers einzutauschen? Ihn lockte, so erklärt er, die verantwortungsvollere Aufgabe: „In der Denkmalpflege steht mehr auf dem Spiel; hier geht es nicht nur um einzelne Kunstwerke, sondern um die Existenz ganzer Stadtensembles; falsche Entscheidungen können unwiderrufliche Konsequenzen haben. Ich wollte für das Leben arbeiten."

Für das Leben arbeiten — Denkmalpflege ist für Petzet kein schöner Luxus, keine elitäre Angelegenheit für die Gebildeten, nicht etwas, das man sich zusätzlich leistet, sondern elementare Notwendigkeit; sie ist nicht nur Dienst am überlieferten Kulturbesitz, sondern Dienst am Menschen. Bei der Erhaltung eines alten Bauwerkes, einer schönen Fassade oder eines ganzen städtebaulichen Ensembles gehe es nicht nur um kunstgeschichtliche Werte, sondern um die Lebensumwelt des Menschen. Denkmalschutz betrachtet Petzet „grundsätzlich als Teil einer allgemeinen Umweltbewegung", und das nicht nur, weil z. B. giftige Abgase, die die Gesundheit bedrohen, auch Sandsteinbauten und Bronzefiguren zerfressen. Die historische Kontinuität des Ortsbildes, die Formensprache einer reich gegliederten Fassade mit ihren Simsen, Fenstergiebeln, Pilastern und Karyatiden sind — auch wenn sie nicht bewußt wahrgenommen werden — wichtig für das Wohlbefinden des Menschen, wichtig dafür, daß eine Stadt als Heimat erlebt werden kann; das scheinbar Unpraktische und Nutzlose hat eine sehr entscheidende Funktion.

Die Schutzwürdigkeit eines Bauwerkes ist daher für Petzet auch nicht ausschließlich eine Frage seiner künstlerischen Qualität. „Auch Bauten dritter und vierter Qualität, ja auch solche, für die sich die Kunstgeschichte noch gar nicht interessiert, können für die Lebendigkeit eines Stadtorganismus von großer Bedeutung sein; so hat man z. B. die Bürgerhäuser des Historismus und des Jugendstils erst in den letzten Jahren wieder schätzen gelernt." Das bedeutet nicht nur eine Erweiterung des Denkmalbegriffs — allein in München stehen 8000 bis 9000 Objekte auf der Liste —, sondern auch die Notwendigkeit, die Denkmalpflege enger mit Stadtplanung, Wirtschaftsplanung und Verkehrsplanung zu verzahnen. Wer Bauten schützen will, muß Lebenszusammenhänge bewahren oder wiederherstellen, also sich zum Beispiel um die Erhaltung von Stadtvierteln wie des Münchner Lehel als Wohnbereich kümmern. Petzet: „Ich meine, daß die Denkmalpflege auch etwa zu dem neuen Münchner Stadtentwicklungsplan etwas zu sagen hat und vielleicht auch etwas dazu sagen wird."

Von der „Revitalisierung" alter Stadtviertel erhofft sich Petzet eine überzeugende Alternative zu der phantasielosen Uniformität moderner Trabantenstädte, zu der stadtplanerischen Ideologie der Entkernung, Durchgrünung, Entballung und Entmischung der Funktionen, ja so etwas wie ein Zukunftsmodell urbanen Lebens. Ein solches revitalisiertes Altbauviertel könne mit seiner gesund gemischten Struktur dann auch eine Herausforderung darstellen für die Planung der Umgebung und auch den Architekten Anregungen geben, denn selbstverständlich sei die Denkmalpflege „nicht dazu da, gute moderne Architektur zu verhindern". Petzet glaubt, daß auch für ein sozial tragbares Mietniveau durch öffentliche Mittel für die Altbausanierung mehr erreicht werden könnte als durch Zuschüsse für den sozialen Wohnungsbau.

Sanierungs- und Revitalisierungspläne für bestimmte Städte sollte das Denkmalamt, so meint Petzet, auch selbst initiieren, unter Umständen, auch mitfinanzieren. „Wir sollten ruhig einmal solche Planungsprojekte den Gemeinden anbieten — selbstverständlich ohne deren Planungshoheit beeinträchtigen zu wollen — und in Zusammenarbeit mit ihnen eine Art Generalplan für manche Gebiete entwickeln." Das Amt brauche dafür keine eigenen Planungsgruppen aufzubauen, sondern könne etwa mit der Technischen Universität oder anderen Institutionen zusammenarbeiten.

Im übrigen setzt Petzet stark auf Privatinitiative. Er verweist auf den ungeheuren Erfolg des Münchner Fassadenwettbewerbs und kündigt einen ähnlichen Renovierungswettbewerb auf der Ebene von ganz Bayern an. Privatinitiative sei unentbehrlich und müsse immer wieder angespornt und ermutigt werden. Hier müsse man dafür sorgen, auch durch Steuervorteile die Althaussanierung attraktiver zu machen als Abriß und Neubau.

„Ganz dringende Sorgen" sind für Petzet die großen Städte Regensburg und Bamberg, die im Europäischen Denkmalschutzjahr 1975 als „Problemstädte" besonders herausgestellt werden; sehr beklagt er, daß es für Regensburg noch immer keine Gesamtplanung für eine sinnvolle Sanierung der Altstadt gibt. Aber über den Problemen der Städte möchte er auch das Land nicht vergessen wissen, nicht die Dörfer, die Dorfstrukturen, den schlichten, aber in seiner handwerklichen Qualität maßstabsetzenden Stadel. „Bayern muß Bayern bleiben" — diesen Satz läßt Petzet sich gerne zuschreiben, und er erläutert sofort, daß damit kein

Bayern „unter der kunsthistorischen oder musealen Käseglocke", sondern ein lebendiges Bayern gemeint sei.

Das Bild dieses lebendigen Bayern wachzuhalten, will Petzet auch die Denkmäler-Listen nutzen, um die es soviel Aufregung gegeben hat, weil viele nicht wußten, daß die Aufnahme eines Objektes in die Liste nicht automatisch seinen Zustand für alle Zeiten einzementiert, sondern nur bedeutet, daß das Denkmalamt vor einer Veränderung eine Stellungnahme abgeben muß. Sobald die Listen revidiert worden sind, will Petzet sie, illustriert und in attraktiver Aufmachung, als Broschüren veröffentlichen.

Noch die Raummisere seines eigenen Amtes möchte Petzet mit einem Akt praktischer Denkmalpflege lösen. Längst beherbergt der Annex des Nationalmuseums in der Prinzregentenstraße nur noch einen Teil des größer gewordenen Stabes, zusätzliche Räume mußten an verschiedenen Stellen der Stadt angemietet werden — das bedeutet Zersplitterung, Schwerfälligkeit, Reibungsverluste. Ein Neubau aber ausgerechnet für das Amt, das über die Erhaltung alter Bausubstanz zu wachen hat, wäre ein Widersinn mit unguter Signalwirkung. Petzet hofft, mit seinem Amt in die Alte Münze einziehen zu können. Die Staatliche Münze wolle ohnehin ausziehen, könne als Industriebetrieb an einem Standort außerhalb wirtschaftlicher arbeiten; das Landesamt für Denkmalpflege aber würde mit seiner Unterbringung in dem alten Gebäude mit Münchens herrlichstem Renaissancehof — den Petzet dann der Öffentlichkeit zugänglich halten will — sichtbar demonstrieren, wie man das Alte erhält, indem man es sinnvoll nutzt für Gegenwart und Zukunft. kr

Bayerische Staatszeitung
30. August 1974

Kreisbaumeister an Denkmalpfleger-Pflichten erinnert

Steile Zähne im Allgäu unerwünscht

Heimatpfleger klagen über Betonklötze am Dorfrand — Landesamt will Schwaben besser betreuen

Von unserem Redaktionsmitglied Dr. Elisabeth Emmerich

Illerbeuren. Auch das Allgäu ist, was Zersiedlung der Landschaft angeht, keine heile Welt mehr, sondern im höchsten Grade gefährdet. Das Argument, im benachbarten Oberbayern sei alles viel schlimmer, ist für die Allgäuer Heimatpfleger kein Trost. Auf der Jahreshauptversammlung des „Allgäuer Heimatbundes" in Illerbeuren bei Memmingen wurde eine lange Liste von schweren Sünden gegen eine humane Umweltgestaltung vorgelegt.

Der erstmalige Auftritt des neuen Generalkonservators des Bayerischen Landesamtes für Denkmalpflege, Dr. Michael Petzet, auf schwäbischem Boden — wo sich derselbe Petzet nach seinen Universitätsjahren erste praktische Sporen bei der Inventarisierung der Denkmäler im Landkreis Kempten erworben hatte — beflügelte gewisse Hoffnungen auf eine künftige bessere Versorgung der einschlägigen ehrenamtlichen Dienste im Raum Schwaben. Petzet hofft, daß er in absehbarer Zeit vier Fachkräfte seines Amtes für Schwaben abstellen kann. Ferner will er auch mit den schwäbischen Kreisbaumeistern, den untersten Dienststellen der Denkmalpflege, regelmäßige Arbeitskonferenzen einrichten.

Ungebremstes Wachstum

Die bisherige Arbeitsweise der Heimatpfleger kann, bei aller Begeisterung für das ehrenamtliche Engagement der einzelnen, der Fülle der Aufgaben nicht mehr gerecht werden. Der erste Vorsitzende des „Heimatbundes Allgäu" und Heimatpfleger des neuen Landkreises Ostallgäu, der Obergünzburger Fabrikant Rupert Gabler, wies darauf hin, daß in den neuen Großlandkreisen die anfallende Arbeit angesichts der wachsenden Bedrohung durch ungebremste Wachstumsansprüche auch dann nicht mehr zu bewältigen ist, wenn die Heimatpfleger der alten Landkreise auf ihrem Posten bleiben. Zumindest die Mehrzahl der schwäbischen Städte brauche einen eigenen Heimatpfleger. Bisher hat nur Augsburg einen.

Geschützte Zonen

Gabler präzisierte die auf der Illerbeurer Tagung immer wieder herausgestellte Forderung nach solidarischem Vorgehen von Heimatpflege und Naturschutz am Beispiel für die Notwendigkeit von „geschützten Zonen" im Ostallgäu. Die Pläne hierfür betreffen vor allem den Raum Alpsee, Königsschlösser, Schwansee, Bannwaldsee und Seengruppe zwischen Attlersee, Seegersee, Kirche, Schloß und Kurfürstenallee in Marktoberdorf. Die Bereitstellung von mehr und besserem Planungsmaterial sei Voraussetzung dafür, daß die Heimatpfleger — wie es das neue bayerische Denkmalschutzgesetz vorsieht — frühzeitig in Planungen eingeschaltet werden. Aehnliche Probleme bestehen im Landkreis Oberallgäu.

Ölkrise zu spät ...

Der Kemptner Heimatpfleger Kornelius Riedmiller ließ es nicht an harten Worten über den Wettlauf um mehr Ansiedlungen und mehr „Infrastruktur" in jedem Dorf fehlen. Die Betonklötze am Dorfrand, von Riedmiller als unerwünschte „steile Zähne" tituliert, brächten das Allgäu um seine Attraktivität als Erholungsgebiet. Daß ein Verantwortlicher der Obersten Baubehörde geäußert habe, die Oelkrise im letzten Jahr sei sechs Monate zu spät gekommen, sonst wäre der Start des Autobahnbaus um Kempten in der jetzigen Form nicht genehmigt worden, ist für Riedmiller der Beweis, daß hier „grundlegende Fehler" begangen wurden, die man aber nicht den Oelscheichs in die Schuhe schieben können.

AZ (Abendzeitung), München, 1. Oktober 1974

Eine bemerkenswerte Dokumentation:

Münchener Fassaden
Bürgerhäuser des Historismus und des Jugendstils

WAGMÜLLERSTRASSE 18: *Doppelerkerhaus von 1898, Stilmanier: deutsche Renaissance*

Aufnahmen (8): Siegfried von Quast

POSSARTSTRASSE 9: *Eckhaus im späten Jugendstil (1911).*

Wenn wir mit der Tradition radikal brechen, verlieren wir die Gegenwart und erst recht die Zukunft; denn beide finden ihre Bestimmung allein durch die Vergangenheit. Ohne diesen Bezug trieben wir hilflos im zeitlichen Universum. Sichtbarste Zeugnisse unserer Vergangenheit sind die alten Bauten. Wenn wir sie verkommen lassen oder vom puren Ökonomiestreben Hervorgebrachtes zu setzen, um an ihre Stelle Neues oder vom begreifbar Gestalthafte einer gewachsenen Stadtstruktur, in der alles einzelne und individueller Formenreichtum stets gebändigt wurden durch die Einheit der Materialien und die gemeinsame historische Wurzel, auf die sich alles vergangene Bauen trotz noch so gefährdeter Stilmöglichkeiten immer berufen hat. Was wir statt dessen bekommen haben, ist die irre Freiheit einer Industrie, die täglich fünfzehn neue Baustoffe auf den Markt wirft!

Was jedoch das Wichtigste ist: Ornament war damals noch kein Verbrechen, Dekoration war keine Sünde, der Funktionalismus kein Credo.

Man war noch nicht so sehr ins Kalkül verbissen, wußte, daß Schönheit auch „Scheinheit" sein darf. Ehrlichkeit ist eine verzweifelte, eine kalte Tugend.

Wenn das bewunderungswürdige Forschungsunternehmen von Heinrich Habel, Klaus Merten, Michael Petzet und Siegfried von Quast (Photos) einen Sinn haben soll, dann muß dieses Buch über die Münchener Fassaden der letzte Anstoß sein, zu retten, was noch zu retten ist. Die Politik kann einiges tun (Änderung der Prioritäten), aber nicht alles; die Bürger müssen selber wollen, und die Öffentlichkeit muß mit Entschiedenheit jede positive und jede negative Stadtveränderung diskutieren. Nicht auf Totallösungen warten. Vielmehr Haus um Haus beobachten.

Seitdem das Fassadenbuch erschienen ist (im Prestel-Verlag, 399 Abbildungen, 78 Mark) sind allerdings schon wieder einige der aufgeführten Gebäude abgebrochen, zweckentfremdet oder willentlich dem Verfall preisgegeben worden. Es wäre eine Schande für München, wenn wir am Ende des Jahrhunderts zwar immer noch das Fassadenbuch betrachten könnten, aber nicht mehr die Häuser dazu.

PETER M. BODE

MICHAEL PETZET

Die Stadt ist kein Torso

Mit den in Schutt sinkenden historischen Fassaden, die Tag für Tag durch mehr oder weniger einförmige Neubauten ersetzt werden, ist das Gesicht der alten Städte bedroht, auch das „typisch münchnerische" Gesicht einer Stadt, die als „heimliche Hauptstadt" in den vergangenen Jahren immer mehr Menschen, immer mehr Industrie und Verkehr angezogen hat. Gerade das attraktive Image der „Kunststadt" und „Weltstadt mit Herz" kann also die Gefahr der Selbstzerstörung in sich tragen, auch wenn offiziell natürlich kein Zweifel daran gelassen wird, daß „das Erbe der Vergangenheit für die Zukunft bewahrt bleiben müsse". Doch noch nie ist die historische Substanz unserer Städte so bedenkenlos zerstört worden wie in unserem Jahrhundert.

Das vor allem von Architekten und auch von Stadtplanern gern zitierte Bild vom ständigen „Werden und Vergehen", nach dem heute wie zu allen Zeiten „verbrauchte" alte Substanz durch „gutes Neues" ersetzt werden müsse, damit sich im Gegeneinander und Miteinander historisch überlagernder historischer Schichten kraftvolle Stadtpersönlichkeiten entwickelten – dieses Bild erweist sich als gefährliche Utopie in einer Zeit, die technisch alle Möglichkeiten besitzt, um innerhalb kürzester Frist ganze Stadtteile und ganze Städte von Grund auf zu zerstören. Ein Bombenteppich, ein Schnellstraßensystem oder ein neues Geschäftsviertel mit riesigen Grundstücken und Städteplanern, aber auch mit einem durch die Zerstörung eigentlich ad absurdum geführten alten Grundsatz der Denkmalpflege: „Konservieren, nicht restaurieren". Dieser aus seiner Entstehungszeit als Reaktion auf die historisierende Denkmalpflege des 19. Jahrhunderts verständliche Grundsatz läßt sich zwar auf Museumsstücke, aber nicht auf Gebäude anwenden, da man in einer halbzerstörten Kirche nicht mehr beten, in einem halbzerstörten Haus nicht mehr wohnen kann. Es mußte also „ergänzt" werden, und hier erwies sich in vielen Fällen eine sauberere Rekonstruktion des historischen Bestandes der angeblich „ehrlicheren" modernen Ergänzung weit überlegen, mit denen in Grund museal gedacht und auf die Dauer unerträgliche Torsi geschaffen wurden...

HEINRICH HABEL

Die Anfänge des „Mietshauses"

Der Unterschied zwischen dem Bürgerhaus alten Typs und dem neuen Mietshaus ist zunächst – zu Beginn des 19. Jahrhunderts – weniger in der äußerlichen Gestaltung abzulesen. Er liegt vielmehr im veränderten Verhältnis des Besitzers zum gebauten Objekt. Das altstädtische Bürgerhaus diente in der Regel in erster Linie dem Besitzer selbst als Wohnung und eventuell als Stätte der Ausübung seines Berufes, sei es Handel oder Handwerk; wie in allen durch Befestigungen eingeengten Städten mit

Die neuartige dekorative Oberflächengestaltung darf nicht darüber hinwegtäuschen, daß die Baukörper dieser Häuser im Grunde konventionell bleiben, sich von denen früherer, historistischer Häuser im wesentlichen nicht unterscheiden: Weidenschläger und Kirschner dagegen gelangen zu neuen Lösungen bei der Bebauung der Holbeinstraße, und mehr noch die für den Münchner Wohnungsbau um 1910 und auch später äußerst wichtigen Architekten Kurz und Herbert sowie Heinrich Neumann. Die Mietshausgruppen von Kurz und Herbert in Schwabing zeigen eine ganz unterschiedliche Gestalt: sie sind einmal von einer geradezu bäuerlichen Wucht, ihre Stampfbetonportale sind besetzt mit schweren Skulpturen und kernigen Sprüchen, ein anderes Mal sind die Fassaden aufgelockert, fast elegant, und mit ihren Reihen polygonaler Erker den sehr noblen, meist einzelnstehenden Mietshäusern Neumanns ähnlich. Das unmittelbar vor dem Ersten Weltkrieg errichtete Doppelmietshaus Widenmayerstraße 38 hingegen trägt ausgesprochen neoklassizistische Züge, ebenso wie Deiningers benachbarte Eckhausgruppe Nr. 29/31 aus demselben Jahren; diese Zeitspanne unmittelbar vor dem Weltkrieg ist eine kurze Epoche der Beruhigung für die Münchner Architektur. Die großartigen Grobheiten, die barocken Wildheiten, die mit ihren lebhaften Formen und Farben die Münchner Fassaden um 1900 weit über das Durchschnittliche emporhoben, verschwanden nach ganz kurzer Zeit wieder zugunsten in Formen und Farbe minder expressiver, nunmehr wohlabgewogener, zurückhaltender Gestaltung...

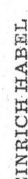

NEUTURMSTRASSE 1: ein Musterbeispiel für den dekorativen Überschwang der Gründerzeit-Architektur. Die Bezeichnung für diese Richtung innerhalb des Historismus: Neurenaissance.

WIDENMAYERSTRASSE 25: Herrschaftliches Doppelmietshaus; erbaut 1912 von Emanuel von Seidl in einer Stilmischung aus Neuklassizismus und Anklängen an bayerischen Barock (oberhalb des zweiten Stocks).

wachsender Bevölkerung war es im Laufe der Zeit zwangsläufig zu immer höherer Grundstücksbebauung gekommen, wobei dann die vom Besitzer nicht für den eigenen Bedarf benötigten Geschosse vermietet wurden.

Das Mietshaus im modernen Sinn entstand in dem Augenblick, als Bauunternehmer – vielfach aus den zu erwartenden Mieten spekulierend, Bau- oder Maurermeister –, auf die Einnahmen mehr dem unmittelbaren eigenen Bedarf dienten. Für eine derartige Bauspekulation war natürlich innerhalb der Altstadtgrenzen nur wenig Spielraum, doch eröffneten sich ihr große Möglichkeiten von dem Augenblick an, als der alte Befestigungsring fiel und für die rapide anwachsende Bevölkerung neue Quartiere auf bislang völlig unbebautem oder nur mit kleinen Vorstadthäusern locker und unregelmäßig bebautem Gelände angelegt wurden ...

KLAUS MERTEN

Historismus und Jugendstil

Die dem späten Historismus verhaftete Münchner Architektur erhielt in den letzten Jahren des alten Jahrhunderts starke neue Impulse von außen, mit Sicherheit von Wien her. In den ungewohnten Formen und den leuchtenden Farben der Sezession standen plötzlich Helbigs und Haigers Schwabinger Jugendstilhäuser da; um ein Jahr vorausgegangen war das völlig exzeptionelle Haus Elvira von Endell in der Von-der-Tann-Straße, ein Jahr später folgte Paravicinis Haus Nassauer (Holbeinstraße 10). Diese beiden Häuser blieben isoliert, erhielten keine Nachfolge. Schule machten in München dagegen Helbig und Haiger und noch mehr die Architektengemeinschaft Hönig und Söldner, die ihren durchaus noch konventionellen Fassaden einen prachtvollen floralen Dekor, ausfließend aus riesigen Blattmasken, auflegten. Eine moderne, echte Alternative steht dem alternden Historismus nunmehr gegenüber; sie läßt sich beobachten an einer Reihe von Alternativ-Entwürfen, bei denen der Historismus oft noch den Sieg davonträgt; sie läßt sich in natura beobachten am 1902-03 erfolgten Umbau des zuvor symmetrischen Neurenaissance-Doppelhauses Georgenstraße 8/10. Das Haus zeigt heute (allerdings ohne den gemalten Dekor) eine schon fast als modern-sachlich zu bezeichnende Hälfte von 1903 und eine zweite Hälfte, die mit einem neubarocken Formenaufgebot ohnegleichen dem vergangenen Jahrhundert eine wahre pompe funèbre bereitet.

Während die beiden einheimischen Brüder Seidl ebenfalls, wenn auch zurückhaltender und heimattümelnd, weiter historisieren, zeigt Dülfer ab 1900 an seinen Wohnhausfassaden eine stetige Entwicklung vom Neubarock zu einem anfangs noch barockisierenden floralen Jugendstil, der in Gebilden wie den eventuell von Paravicinis Gartentor am Hause Nassauer beeinflußten Giebeln in der Ohmstraße (Nr. 13-17) ausläuft ...

müssen sich dabei in ihren Auswirkungen auf ein historisch gewachsenes Stadtbild nicht wesentlich unterscheiden.

München, dessen Bausubstanz nach dem letzten Krieg zu 45 Prozent zerstört war, hatte das große Glück, daß es nicht nach den Wunschvorstellungen moderner Städteplaner, die die große Chance zur „Sanierung" nutzen wollten, erneuert, sondern tatsächlich „wiederaufgebaut" wurde. Monumentalbauten, die heute wie früher das vertraute Gesicht der Stadt bestimmen, wie die Frauenkirche, Residenz oder Opernhaus, wurden in alter Form wiederhergestellt, ganze Plätze oder Straßen zumindest im Grundriß und in den Umrissen bewahrt, statt einen schon damals erkennbaren wirtschaftlichen Funktionswandel zu berücksichtigen, der mit der Wiederherstellung des alten Stadtbilds ebenso unvereinbar schien wie die Forderungen des modernen Verkehrs. Wenn es nach den Wünschen radikaler Verkehrsplaner gegangen wäre, hätte man selbst in der Hauptachse der Stadt, also im Bereich der heutigen Fußgängerzone, brutalen Kahlschlag betreiben müssen, um München nur ja richtig zu „durchbluten".

So vollzog sich der Wiederaufbau fast in jedem einzelnen Fall im Kampf mit den modernen

KAUFINGERSTRASSE 32: Geschäftshausfassade im Jugendstil (1904).

HOLBEINSTRASSE 8: Erbaut 1907. Auffallend ist an der Fassade die deutliche Unterscheidung in Wirtschaftsräume links vom Treppenhaus und die repräsentativen Wohnräume rechts davon.

FÜRSTENSTRASSE 22: ein sehr gut erhaltenes Beispiel für den von Bürklein und Berger gepflegten Rundbogenstil, der an die italienische Frührenaissance anknüpfte (1850).

NICHT IN DER PRIORITÄTENLISTE des Landesamts für Denkmalpflege steht der gewaltige Bau von St. Sebald in Nürnberg. Der 700 Jahre alte Westchor (rechts zwischen den Türmen) weist noch erhebliche Kriegsschäden auf und an den Außenmauern besteht Steinschlaggefahr. Eine Million Mark kostet die völlige Wiederherstellung der Kirche, aber die Gemeinde erhält nur jährlich 50 000 Mark vom Landesamt für Denkmalpflege und 4500 Mark von der Stadt Nürnberg. Man hofft auch auf Unterstützung durch die Bayerische Landesstiftung.   Photo: SZ-Archiv

Denkmalschutz durch Beratung

Generalkonservator Petzet erläutert seine Vorstellungen / Beschleunigte Verfahren

ANSBACH (Eigener Bericht) — Die Eintragung in die Denkmalsliste bedeute nicht, daß an dem eingetragenen Bauwerk jegliche Veränderungen ausgeschlossen seien. Dies erklärte der neue Leiter des Landesamtes für Denkmalpflege, Generalkonservator Petzet. Bei einer Dienstbesprechung der juristischen Staatsbeamten der Landratsämter sowie bei einem Gespräch mit dem mittelfränkischen Regierungspräsidenten Karl Burkhardt stellte der Generalkonservator in Ansbach fest, bei sehr bedeutsamen oder charakteristischen Baudenkmälern würden Änderungen allerdings nur sehr eingeschränkt in Frage kommen.

Während nach früherer Handhabung als Baudenkmäler nur Bauten aus der Zeit bis etwa 1860 in Betracht kamen, können nach neuerer Auffassung auch Bauten aus der Zeit bis zum Ende des Zweiten Weltkriegs Denkmalseigenschaften haben. Die Bauten müßten allerdings das Zeugnis einer abgeschlossenen Epoche darstellen, so zum Beispiel aus der Gründerzeit, aus der Zeit des Jugendstils aus den zwanziger Jahren und aus der Zeit des Dritten Reiches. Zu den Baudenkmälern gehören nach Ansicht des Landesamtes für Denkmalpflege auch Gebäudegruppen, die in ihrer Gesamtheit charakteristisch und erhaltungswürdig sind, auch wenn nicht jedes Gebäude für sich allein die Bedeutung eines Denkmals hat.

Landeskonservator Gebeßler kündigte an, daß das Landesamt nach seiner personellen Verstärkung nun in der Lage ist, in den Städten und Landratsämtern regelmäßig Besprechungen durchzuführen. Es will damit dem Wunsch nach schnellerer Bearbeitung Rechnung tragen. Gebeßler wies darauf hin, daß auch die Antragsteller zur Beschleunigung des Erlaubnis- oder Baugenehmigungsverfahrens beitragen können, indem sie die erforderlichen Pläne vollständig einreichen und außerdem Lichtbilder von denkmalsgeschützten Gebäuden und ihrer nächsten Umgebung den Planungsunterlagen beifügen.

Süddeutsche Zeitung
11. Oktober 1974

Kreisverwaltung muß gehört werden

In der Dienstbesprechung wurde ferner betont, daß die Restaurierung von Gemälden und historischen Ausstattungsstücken in Kirchen, Schlössern und in anderen denkmalsgeschützten Gebäuden der Erlaubnis der Kreisverwaltungsbehörde bedürfe. Nur so könne gewährleistet werden, daß die Unbedenklichkeit des Restaurierungsverfahrens vorher fachlich überprüft werde. Dauernde Änderungen an der Pflasterung historischer Straßen und Plätze würden ebenfalls eine vorherige Erlaubnis erfordern.

Die Vertreter des Landesamtes für Denkmalpflege informierten die Regierung von Mittelfranken gleichzeitig, daß die Regierung der Oberpfalz aus Anlaß des europäischen Denkmalschutzjahres 1975 die Gemeinden ihres Regierungsbezirks gebeten habe, sich auch kleinerer Denkmäler wie Feldkapellen, Feld- und Sühnekreuzen — anzunehmen und diese mit eigenen Mitteln zu restaurieren, damit diese Denkmäler nicht durch Beschädigung oder Verfall untergehen. dieser Initiative der Oberpfalz wird sich die Regierung von Mittelfranken anschließen und das Anliegen auch den mittelfränkischen Gemeinden ans Herz legen.

Hubert Neumann

tz (Tageszeitung), München
13. November 1974

Zweite wird Nachfolger von Petzet

Kultur- und Personalausschuß des Stadtrats haben in einer gemeinsamen Sitzung gestern einstimmig beschlossen, der Vollversammlung des Stadtrates zu empfehlen, Dr. Armin Zweite zum neuen Direktor der Städtischen Galerie im Lenbachhaus zu berufen. Der Posten ist seit dem 1. 7. 1974 unbesetzt, nachdem Dr. Michael Petzet eine Berufung als Generalkonservator beim Landesamt für Denkmalpflege angenommen hat. Zweite ist 33 Jahre alt und wirkte bereits als Mitarbeiter Petzets an der Galerie. Die endgültige Entscheidung seiner Berufung fällt am 20. 11.

Denkmalpfleger kritisieren Bonn

Steuererleichterung bei Renovierung von alten Bauten dringend gefordert

MÜNCHEN (SZ) — Das Landesamt für Denkmalpflege schlägt Alarm. Es sieht einen von den Bundesländern im Bundestag eingebrachten Gesetzentwurf in Gefahr, nach dem die Anschaffungskosten für ein Baudenkmal von der Einkommensteuer in erheblichem Maße abgesetzt werden können, die Absetzbarkeit für den Herstellungsaufwand wesentlich erhöht und der Erhaltungsaufwand für Baudenkmäler auf zwei bsi fünf Jahre verteilt werden soll. Die Bundesregierung hat sich gegen diesen Entwurf ausgesprochen.

Die Begründung des Bundesfinanzministeriums, wegen der Steuerausfälle im kommenden Jahr könne auf die 250 Millionen Mark, die das Gesetz an Mindereinnahmen brächte, nicht verzichtet werden, nannte Generalkonservator Petzet in Nürnberg, wo er über die Renovierung der Sebalduskirche Gespräche führte, fadenscheinig. In den Informationen des Landesamts für Denkmalpflege heißt es, es sollte auch dem Bund etwas wert sein, daß die wenigen alten Städte, die den Zweiten Weltkrieg überdauert haben, und die Baudenkmäler, die noch nicht zerstört worden sind, erhalten und instand gesetzt werden. Dieses öffentliche Interesse sollte nicht kurzfristigen fiskalischen Überlegungen geopfert werden.

Den vorgeschlagenen Finanzierungsweg über Steuererleichterungen erklärte das Landesamt mit dem Hinweis, daß Denkmalschutz nicht von oben verordnet werden könne, sondern daß er von dem Verständnis der Bevölkerung und von privater Initiative abhängig sei. Diese zu wecken und zu fördern, müsse die Aufgabe des Staates sein, wenn er es mit der Denkmalpflege ernst meine.

hc

Süddeutsche Zeitung
7. November 1974

Keine Angst mehr vor dem Denkmalschutz
Anfangs hart umstrittenes Gesetz wird bereits ohne größere Reibungen praktiziert

München — Der Denkmalschutz hat in Bayern offenbar gewonnen. Das neue Gesetz, das vor einem guten Jahr nur unter ungeahnten Proteststürmen ins politische Leben Einzug halten konnte, wird heute auch in Oberbayern still geduldet. Selbst die Denkmalliste, bis vor kurzem noch Schrecken jedes braven Hausbesitzers, vermag nur noch wenig Unruhe zu stiften. Die theoretischen Diskussionen um Sinn und Zweck des neuen Gesetzes haben aufgehört: Der Denkmalschutz wird bereits praktiziert.

Als Kultusminister Hans Maier am 1. Oktober 1973 sein diesbezügliches Produkt auf den Markt brachte, stieß er dort nach Ansicht der Bürger keineswegs in eine Lücke. Gerade die Oberbayern, mit Kunstschätzen reichlich gesegnet, waren schon immer traditionsbewußt. Bauernhöfe und Wohnhäuser werden nicht (nur) wegen der Preißn und anderer Touristen mit viel Liebe herausgeputzt. Man ist stolz auf seine Habe und läßt es nicht verkommen.

Da kam plötzlich der Staat und bestimmte etwas gesetzlich, was den meisten ohnehin selbstverständlich war. Das Mißtrauen regte sich. Noch dazu sollten die Betroffenen die Katze im Sack kaufen. Doch an die nötige Werbung und Aufklärung hatten die Produzenten im Ministerium nicht gedacht.

Auch Bürgermeister und Gemeindeväter trauten dem neuen Gesetz und seiner Vollzugsbehörde nicht so recht. Offenbar hat man mit dem, was aus München kommt, so seine Erfahrungen. Jedenfalls protestierte man vorsichtshalber.

Inzwischen ist die Zusammenarbeit zwischen Gemeinden, Unteren Denkmalschutzbehörden (Landratsämtern) und dem Landesamt für Denkmalpflege weit fortgeschritten. Die Entwürfe für die Denkmalliste, in die alle schutzwürdigen Bauwerke und Bodendenkmäler aufgenommen werden sollen, sind in Oberbayern zum größten Teil soweit fertig, daß sie den Gemeinden zur Stellungnahme vorliegen.

Wenn nun manche Kommune den Entwurf etwa mit der Bemerkung zurückschickt: „Die Aufnahme der Kirche in die Denkmalliste wird akzeptiert, bei allen anderen vorgeschlagenen Bauwerken lehnen wir ab" — dann wünscht sich Landeskonservator Dr. Tilmann Breuer, Leiter der Inventarisationsabteilung der Bau-, Kunst- und Geschichtsdenkmäler beim Landesamt, doch noch „mehr Kooperation und weniger Konfrontation". Im Klartext: Die Gemeinden sollten sich wenigstens die Mühe machen, ihre Ablehnung zu begründen.

Allerdings ist man im Landesamt vorsichtig mit Kritik an anderen, man klopft sich dafür kräftig an die eigene Brust. Dr. Breuer: „Das Kultusministerium hat eingesehen, daß man die Dinge nicht übers Knie brechen kann."

Zum Beispiel die Denkmalliste. Zu eifrig waren die Kundschafter des Amtes ans Werk gegangen, hatten bei der Suche nach Denkmälern vor lauter Eile Gemeinden und Bürger verärgert. Heute ist klar, daß es noch gut zwei Jahre dauern wird, bis das Verzeichnis vollendet ist. Dafür läßt man seit einigen Monaten auch die Heimatpfleger — auf deren Protest hin — zu Wort kommen. Sie können binnen sechs Wochen Stellung nehmen zu den Entwürfen der Liste, bevor diese dann an die Gemeinden gehen.

Oftmals müssen die Entwürfe auf begründete Einwände der Heimatpfleger oder Gemeinden hin korrigiert werden. So wurde ein für wertvoll gehaltener Bauernhof im Landkreis Neuburg/Schrobenhausen wieder gestrichen: Er stammt aus dem Jahr 1924. Rottach-Egern wies nach, daß eine als barock aufgeführte Kapelle erst im frühen 20. Jahrhundert gebaut wurde (sie blieb allerdings in der Liste, weil sie dennoch als kunstgeschichtlich bedeutend gilt). Zusätzlich aufgenommen wurde der Hof des Freiherrn von Branca, bei Miesbach, aus dem 17. Jahrhundert. Der Freiherr hatte selbst den Antrag dazu gestellt.

Inzwischen erläuterten die Referenten des Landesamtes in den Landkreisen auch die Buchstaben des Gesetzes näher, und das Kultusministerium hat dieser Tage eine Aufklärungsbroschüre für Gemeinden und interessierte Bürger herausgebracht. So erfuhr man, daß ein Haus durchaus baulich verändert, ja sogar abgerissen werden kann, selbst wenn es in der gefürchteten Liste steht. Nur: Das Landesamt muß eben vorher gefragt werden.

Damit es nicht allzu lange dauert, bis eine Antwort kommt, fahren die Referenten des Amtes zu den Unteren Denkmalschutzbehörden und halten dort „Sprechstunden" ab. Kunsthistoriker Dr. Hans Ramisch, zuständig für Oberbayern-West, erklärt: „Da die Landratsäm-

Mehr Steuererleichterungen?

rl. **München** — Die Bundesregierung hat nach Angaben des Landesamts für Denkmalpflege inzwischen einen Gesetzentwurf abgelehnt, den die Länder über den Bundesrat im Bundestag eingebracht hatten. Der Entwurf sieht große Steuererleichterungen für den Erwerb und die Erhaltung von Baudenkmälern vor. Das letzte Wort über den Gesetzentwurf hat allerdings der Bundestag.

ter immer gut vorbereitet sind und die Stellungnahmen der Heimatpfleger vorliegen, können wir sofort eine Aktennotiz schreiben und den Antrag genehmigen." 20 bis 60 Anträge werden so pro Termin erledigt. Allerdings ist dieses Schnellverfahren nur bei kleineren Umbauten wie Dachänderungen, Reparaturen, Farbanstrichen, Änderungen der Fenster anwendbar. Bei großen Restaurierungen müssen zeitraubende Gutachten angefertigt werden.

Trotz des Denkmalschutzgesetzes sind die betroffenen Bürger aber nicht der Willkür einer Behörde ausgeliefert. „Der Rechtsschutz des Bürgers ist in gleichem Umfang gewährleistet wie bei normalen Baugenehmigungsverfahren nach der Bayerischen Bauordnung", sagt Dr. Werner Schiedermair, Justitiar des Landesamtes. Wenn nun ein Hausbesitzer bei einem Umbau seines auf der Liste stehenden Gebäudes die Auflagen des Landesamtes nicht erfüllen will, kann er Widerspruch einlegen. Hat er damit keinen Erfolg, steht ihm der Weg zum Verwaltungsgericht offen.

Kann jemand sein denkmalgeschütztes Eigentum aus finanziellen Gründen nicht erhalten, versucht man, mit Mitteln aus dem Entschädigungsfonds (je 50 Prozent Land und Gemeinden, 1975 insgesamt 20 Millionen Mark), das Problem zu lösen. Will aber ein Hausbesitzer sein Denkmal absichtlich verkommen lassen — zum Beispiel durch Überbelegung mit Gastarbeitern — dann droht ihm Enteignung.

Allerdings wurde bisher noch kein Streitfall „gerichtsmässig". Und nach einem Jahr Praxis kann der Denkmalschutz als Erfolg verbuchen: Seine Auflagen werden immer mehr so eingestuft wie die wasserrechtlichen Bestimmungen. Und über die schimpft heute niemand mehr.

Ruth Langhans

Meist besetzt

rl. **München** — Wer mit dem Landesamt für Denkmalpflege in München telefonisch verkehren will, muß sich vorher genau überlegen, ob er genügend Zeit dazu hat. Sollte der ratsuchende Bürger etwas in Eile sein, ist ihm eher persönliches Erscheinen in der Prinzregentenstraße zu empfehlen. Denn mit der Fernsprech-Anlage des Hauses hat es seine eigene Bewandtnis.

Nur drei Nummern stehen für den Kontakt zur Außenwelt zur Verfügung und sie sind ständig überlastet. Besonders freitags. Denn an diesem Tag sind die Referenten des Amtes an ihren Schreibtisch heimgekehrt und müssen das Telefon zusätzlich belegen — beziehungsweise warten bis es endlich frei ist. Wie viel Zeit so ein sicherlich doch hochbezahlter Beamter auf Kosten der Steuerzahler dadurch vertrödelt, ist nicht bekannt.

Auf einen Dreh ist inzwischen die Pressereferentin des Denkmal-Amtes, Dipl.-Ing. Sigrid Patellis gekommen. Für Termin-Gespräche sucht sie eine Telefonzelle im Englischen Garten auf. Im übrigen setzt das Amt seine ganze Hoffnung auf die Alte Münze, in die man Mitte nächsten Jahres umziehen will. Dort soll dann endlich ein belastungsfähigeres Netz zur Verfügung stehen. Bis dahin: Meist besetzt.

Aus dem Bayerischen Oberland

Architekten bauen auf den Denkmalschutz

Diskussion über landschaftliches Bauen im Tegernseer Schloß / Gegen krampfhafte Originalität

Von unserem Redaktionsmitglied Ralf Husemann

Tegernsee, 29. November — Breiartig auseinanderfließende Siedlungen, gesichtslose Neubauten, Abbrüche oder mißglückte Renovierungsversuche alter gewachsener Stadtviertel und fehlendes Gespür für geschmackvolle Gestaltungsmöglichkeiten haben bereits ihr gut Teil zur Verschandelung, wenn nicht gar Zerstörung mancher bayerischen Kulturlandschaft beigetragen. In besonders derart gefährdeten Landkreisen will nun der Bund Deutscher Architekten (BDA) Seminare abhalten, um Bürgermeistern, Kommunalpolitikern, Baubeamten, Architekten und Handwerksmeistern Anregungen zu besseren baulichen Lösungen zu geben. Den Anfang machte der Kreis Miesbach. Architekten und Denkmalpfleger versuchten bei dieser Gelegenheit auch um Verständnis für das bayerische Denkmalschutzgesetz zu werben.

An Kollegenschelte aber auch an Rügen für die Genehmigungsbehörden ließen es die Architekten beim „Miesbach-Seminar" im Tegernseer Schloß nicht fehlen. Besonders drastisch kritisierte die oft krampfhaften Originalitätsbemühungen einiger Bauschöpfer jedoch ein Gast – der Generalkonservator des Landesamts für Denkmalpflege, Michael Petzet: Was Architekten in den letzten 20 Jahren hätten, sei „zum Teil erschreckend". Vor allem auf dem Lande machten „immer die gleichen Architekten immer die gleichen grauenvollen Dinge".

Petzet warf aber auch dem Gesetzgeber vor, die neue Bebauung gegenüber Sanierungsvorhaben zu bevorzugen. Leider blockiere der Bundesfinanzminister die geplante Reform der Steuergesetzgebung zugunsten jener Bürger, die, anstatt renovierungsbedürftige Bauten einfach abzureißen, diese wieder instandsetzen. Eine entsprechende steuerliche Unterstützung derartiger privater Initiativen stelle den „Kardinalpunkt" dar, der wesentlich wichtiger sei als etwa Verkündung des „Denkmalschutzjahres 1975". Die Architekten Otto Meitinger und Peter von Seidlein bemängelten gleichermaßen die „in manchen Punkten geradezu denkmalfeindliche Steuergesetzgebung".

Lob für das Denkmalschutzgesetz

Dagegen lobte Meitinger ein anderes Gesetzeswerk, das eine „wertvolle Hilfe" dafür biete, daß die Qualität und Eigenart typischer Landschaften und Städte nicht verloren gehe: Das im vergangenen Jahr in Kraft getretene bayerische „Gesetz zum Schutz und zur Pflege der Denkmäler". Dieses „bahnbrechend neue gute Gesetz", das von allen Fraktionen des Landtages unterstützt und „Gott sei Dank noch nicht parteipolitisch ausgeschlachtet" werde, sei bereits zum Vorbild für andere Bundesländer geworden.

Zwar habe es schon bisher zahlreiche Bestimmungen zum Schutze der Denkmäler gegeben, etwa in der bayerischen Verfassung, in der Gemeindeordnung, in der Bauordnung, dem Bundesbau- und dem Städtebauförderungsgesetz, doch all dies sei nicht mehr ausreichend gewesen. Der allgemeine beschleunigte Alterungs- und Verfallsprozeß durch die Luftverunreinigung, die Aufgabe der eigentlichen Funktion mancher historischer Gebäude (Burgen, Schlösser, Pfarrkirchen und -häuser) sowie die Umstrukturierung von Dörfern und Städten und die Ausnützung des Baurechts bis an die Grenze des Möglichen hätten ein eigenes Denkmalschutzgesetz unabdingbar gemacht.

Meitinger, der selbst am Zustandekommen des Gesetzes maßgeblich beteiligt war, wollte aus diesem Grund hierfür eine „Werbeveranstaltung" abhalten. Die Widerstände und Bedenken gegen das Gesetz — auch von seiten der Architektenschaft — beruhten nämlich oftmals lediglich auf der Unkenntnis des Inhalts. Zwei heiße Eisen seien insbesondere die Denkmallisten und der sogenannte Ensembleschutz. Meitinger räumte ein, daß bei der Aufstellung der Listen, in denen alle Bau- und Bodendenkmäler verzeichnet werden, „Fehler passiert" seien. So seien manche Objekte aufgenommen worden, die gar nicht mehr existieren, während andere wiederum fehlten. Doch die Listen, die sowieso erst Entwürfe darstellten, würden jetzt korrigiert und an die Gemeinden zur Begutachtung weitergeleitet werden, bevor sie endgültig fertiggestellt würden.

Man rechnet damit, daß die Listen für ganz Bayern in etwa zwei Jahren vorliegen werden. Eine Aufnahme in diese Liste bedeute nun aber, wie Meitinger hinzufügte, daß keine Veränderungen oder Instandsetzungen an dem betreffenden Bauwerk mehr durchgeführt werden dürften. Die Eintragung bringe vielmehr nur mit sich, daß bei einem Antrag auf bauliche Veränderung auch „denkmalpflegerische Gesichtspunkte" geprüft würden. In den allermeisten Fällen bedeute dies keine wesentliche Verzögerung des Verfahrens.

Süddeutsche Zeitung
30. November/1. Dezember 1974

Ratschläge aus dem Isarwinkel

Kultusministerium lehnt Änderungswünsche zum Denkmalschutzgesetz ab

Von unserem Redaktionsmitglied Ralf Husemann

Bad Tölz — Nach Überzeugung von Kultusminister Hans Maier hat das Denkmalschutzgesetz, das vor allem in vielen Landgemeinden auf Unverständnis stößt, seine „Bewährungsprobe bestanden". Eine Novellierung des Gesetzes, wie sie etwa kürzlich das Landratsamt von Bad Tölz/Wolfratshausen gefordert hat, wird vom Kultusministerium für nicht notwendig gehalten. Michael Petzet, der Generalkonservator des Landesamtes für Denkmalpflege, hält die Diskussion um das Gesetzeswerk im übrigen für verfrüht. Man sollte dem Amt, dem im Denkmalschutz die Schlüsselrolle zukommt, zumindest noch ein paar Monate Zeit lassen, um nach den ersten Anlaufschwierigkeiten das Gesetz im kommenden Jahr voll wirksam werden zu lassen.

Alarmsignale sollen Zerstörung stoppen
Wanderausstellung zum Europäischen Denkmalschutzjahr 1975 wird in München vorbereitet

Von unserem Redaktionsmitglied Charlotte Nennecke

Das Jahr 1975 ist auf Initiative des Europarats zum „Europäischen Denkmalschutzjahr" erklärt worden. In vielen Ländern West- und Osteuropas laufen dafür seit 1973 auf breiter Basis die Vorbereitungen. Unter dem Motto „Eine Zukunft für unsere Vergangenheit" zielen alle Aktivitäten darauf, die Bevölkerung über die Folgen von Zerstörung gewachsener Bausubstanz aufzuklären. Regionale Veranstaltungen in der Bundesrepublik werden, wie anderswo, durch überregionale Projekte ergänzt. Dazu gehört eine große Wanderausstellung, die im Auftrag des deutschen Nationalkomitees gegenwärtig vom Bayerischen Landesamt für Denkmalpflege zusammengestellt wird. Im Juni soll die Ausstellung im Münchner Stadtmuseum eröffnet werden.

„Der Reichtum und die Mannigfaltigkeit unserer europäischen Architektur und der einzigartige Charakter unserer historischen Städte schwinden schnell. Die Gründe dafür sind Vernachlässigung, Zerstörung und schlecht geplante Neubauten. Deshalb müssen wir Alarm schlagen und zu Taten aufrufen, ehe es zu spät ist... Wir dürfen den Ausverkauf der Vergangenheit nicht als unvermeidlichen Preis für den Fortschritt in Kauf nehmen... Durch sinnvolle Planung kann die Vergangenheit mit der Gegenwart in Einklang gebracht werden."

Wir zitieren hier aus einem Rundschreiben, das den Anstoß für das „Europäische Denkmalschutzjahr 1975" gegeben hat. Es wurde seinerzeit an alle Mitgliedsländer des Europarats geschickt und stammt von Lord Duncan-Sandys, dem Präsidenten der internationalen Föderation „Europa Nostra" (Dachorganisation der Heimatpflege- und Denkmalschutzverbände in 15 europäischen Ländern). Alle Veranstaltungen des Denkmalschutzjahres entsprechen dem Aufruf des Präsidenten, Alarm zu schlagen und zu Taten aufzurufen — so auch die in München gegenwärtig vorbereitete Wanderausstellung über Denkmalschutz und Denkmalpflege in der Bundesrepublik Deutschland.

Photos, Dias, Filme, Modelle

Das Bayerische Landesamt für Denkmalpflege arbeitet für die Ausstellung eng mit den Fernsehanstalten zusammen und sammelt Material von allen Denkmalämtern in der Bundesrepublik: Photos, Dias, Filme, Modelle, Dokumente aller Art. Zu den Hauptthemen sollen Stadtentwicklung und Stadtsanierung, Ensembleschutz sowie Verkehrsprobleme oder auch das Verhältnis vom Denkmalschutz zum Umweltschutz gehören. „Wir zeigen Beispiele von glücklichen Lösungen und von schlechten Lösungen", berichtet Generalkonservator Dr. Michael Petzet. „Wir wollen aber auch dokumentieren, wie die Menschen in der Altstadt leben und wie sie in einer Trabantenstadt leben. Dafür wird eine Fülle von Filmen hergestellt, die bei uns — und parallel zur Wanderausstellung von den Fernsehstationen — gezeigt werden."

Alles in allem geht es bei der Ausstellung weniger um die Darstellung dessen, was im Bereich der Denkmalpflege schon erreicht worden ist, als um die Darstellung noch ungelöster Probleme. Man plant, immer wieder die Alternative von Zerstörung und Erhaltung (mit sinnvoller Nutzung) vor Augen zu führen — ob es sich um ein ganzes Großstadtviertel, ein Dorf oder ein einzelnes Haus handelt. Durch das reichhaltige Anschauungsmaterial werden alle Lebensbereiche erfaßt, will man Architekten, Planer und politische Gremien ansprechen, nicht zuletzt aber den Bürger zu Initiativen und Verzicht auf „kleine Sünden" (beim Umbau eines schönen alten Hauses etwa) aufrufen.

Michael Petzet und seine Mitarbeiter, Dr. Wolfgang Wolters und der Ausstellungsarchitekt Rudolf Werner, planen im ersten Stockwerk des Stadtmuseums auf einer Fläche von rund 600 Quadratmetern ein „flexibles Raumsystem" mit „panoramenartigen Konstellationen" und allen erdenklichen audiovisuellen Möglichkeiten. Außerdem ist an etwa 60 Ausstellungsstücke gedacht: Stadtmodelle und Architekturfragmente, aber auch kontrastierende Exponate wie beispielsweise eine alte Haustür neben einer Fertighaustür. „Es geht um die vielen kleinen Dinge, die die Qualität eines Stadtviertels, eines Dorfes oder eines Gebäudes letztlich bestimmen", sagt Petzet. „Eine Kirche will ja niemand abreißen, aber im Bereich der Bürgerhäuser zum Beispiel ist nach dem Krieg oft noch viel mehr zerstört worden als durch den Krieg selbst."

Lokaler Sündenkatalog

Schwerpunkte der Wanderausstellung werden die fünf bundesdeutschen „Modellstädte" des Denkmalschutzjahres (Berlin, Xanten, Trier, Alsfeld, Rothenburg o. d. T.), die drei „Problemstädte" (Bamberg, Regensburg, Lübeck) sowie Heidelberg sein. Doch in allen Bundesländern, in denen die Ausstellung gezeigt wird, soll sich jeweils noch ein „lokaler Teil" an. So werden bei der sechswöchigen Münchner Ausstellung die neuralgischen Punkte und stadtplanerischen Missetaten der bayerischen Landeshauptstadt selbstverständlich nicht fehlen: der Durchbruch an der Maximilianstraße etwa, der Tunnel vor dem Prinz-Carl-Palais, das Lehel, das Streitobjekt Burg Grünwald oder das leerstehende Prinzregententheater, dessen künftige Nutzung nach wie vor ungeklärt ist. Sollte sich 1975 noch der schöne alte Stadel vor dem Stadtmuseum befinden, so wird auch er in die Ausstellung einbezogen — desgleichen, als Kontrast, das verwahrloste Ignaz-Günther-Haus in unmittelbarer Nachbarschaft am Jakobsplatz.

Süddeutsche Zeitung
30. November/1. Dezember 1974

◁ Süddeutsche Zeitung ▷
13. Dezember 1974

Was den einen als „bahnbrechend neues Gesetz" gilt, das die Erhaltung charakteristischer historischer Bauten garantiert und erstmals mit Hilfe des Ensembleschutzes auch ganze Häuserzeilen und Plätze bewahren hilft, ist für andere ein übertriebener Bürokratismus, der ganze Landstriche „unter die Käseglocke" stellen wolle und die „natürliche Ortsentwicklung" behindere.

Dem Landratsamt von Bad Tölz-Wolfratshausen sind insbesondere die Einflußmöglichkeiten des Kreises wurde dem Landrat nahegelegt, die Auge. Nach einer Bürgermeisterbesprechung des Kreises, wurde dem Landrat nahegelegt, die Bedenken der Gemeinden dem Kultusministerium vorzutragen. So wurde etwa vorgeschlagen, das Landesamt solle, „um das Verfahren zu beschleunigen", Richtlinien aufstellen, in denen die chrakteristischen Merkmale der am häufigsten vorkommenden Bauernhoftypen beschrieben werden (Dachformen, Fenster, Proportionen usw.). Nur wenn ein „Sonderfall" nicht mit diesem Typenkatalog in Einklang gebracht werden könne, hätte dann noch das Landesamt die Möglichkeit, einzugreifen und eine Zerstörung oder unsachgemäße Renovierung des Baudenkmals zu verhüten.

Bei einer solchen Regelung wäre allerdings das Landesamt weitgehend entmachtet. Petzet bezeichnet den Vorschlag aber auch als nicht praktizierbar, da durch die Verlagerung der Zuständigkeiten auf die Gemeinden und Landkreise die durch das Gesetz erwünschte gleichwertige Behandlung „in Sachen Denkmalschutz" in ganz Bayern nicht mehr gewährleistet wäre. Im übrigen gebe es auch positive Beispiele einer guten Zusammenarbeit des Landesamtes mit einzelnen Kreisen.

So werde im Landkreis Miesbach in ständigen Besprechungen ein Großteil der Fälle einvernehmlich und ohne großen Zeitaufwand abgewickelt. Im kommenden Jahr werde das Verfahren und der Vollzug des Gesetzes noch reibungsloser vonstatten gehen, wenn, wie Petzet zuversichtlich hofft, sein Amt personell verstärkt worden sei. Schließlich müsse auch berücksichtigt werden, daß er selbst erst wenige Monate das Landesamt leite und das „Gesetz zum Schutz und zur Pflege der Denkmäler" auch erst ein gutes Jahr alt sei.

Münchner Merkur
28./29. Dezember 1974

AM 1. JANUAR BEGINNT DAS EUROPÄISCHE DENKMALSCHUTZ-JAHR

Was tut Bayern für seine Denkmäler?

Ein Gespräch mit Generalkonservator Dr. Michael Petzet

Am 1. Januar 1975 beginnt für 17 Länder zwischen Mittelmeer und Nordmeer das Europäische Denkmalschutzjahr. Nach dem Motto des Europarats in Straßburg soll dabei versucht werden, „eine Zukunft für unsere Vergangenheit" zu finden. Zukunft für eine Geschichte von Jahrtausenden, die unterzugehen droht im Steinfraß der Domfassaden, in der Bodenspekulation, in Torheiten der Erbauernern und im Egoismus der Betonburgern und mancher Glas- und Betonburgen.

„Überall gibt's Anstöße", meint der im Kultusministerium zuständige Ministerialrat Dr. Wolfgang Eberl, wenn man ihn auf das Europäische Denkmalschutzjahr 1975 anspricht, dessen Deutsches Nationalkomitee von Eberls Chef präsidiert wird: Minister Prof. Hans Maier. „Ich glaube, daß wir ganz handfeste Ergebnisse haben werden", sagt Generalkonservator Dr. Michael Petzet, seit 1. Juli 1974 Leiter des Bayerischen Landesamts für Denkmalpflege, wenn er an das Ende des Denkmalschutzjahres denkt, dessen Wirkung weiterreichen soll.

Petzet: „Beim Naturschutzjahr hat es ja auch längere Zeit gedauert, bis es sich so auswirkte, wie man es sich wünschte. Der Bewußtseinswandel hat schon eingesetzt. Ich merkte es beim Münchner Baukunstausschuß – da passieren viele Dinge, die vor einiger Zeit noch undenkbar waren."

Die Initiatoren des Denkmalschutzjahres haben es diesmal weniger auf das einzelne Objekt abgesehen als auf das Ensemble: also Gruppen alter, noch intakter Bauten in der ursprünglichen Umgebung.

Was in Bayern vom Europäischen Denkmalschutz-Jahr zu erwarten ist, erörtert im folgenden Dr. Michael Petzet, der Leiter des Bayerischen Landesamtes für Denkmalpflege, mit unserem Mitarbeiter Reinhard Müller-Mehlis.

Sanierungsvorhaben nach den Vorstellungen des Europarats, unter dessen Agide das Europäische Denkmalschutzjahr stattfindet: Berlin, Xanten, Trier, Alsfeld, Rothenburg ob der Tauber.

*

„Bei keinem Beispiel", betonte Petzet, „wird eine umfassende wissenschaftliche Dokumentation angestrebt. Der Besucher der Ausstellung soll durch die ausgewählten Filme, Fotos, Objekte und Texte über die heutigen Probleme informiert werden, ja er soll in die Entscheidung über das Schicksal historischer Bauten und Ensembles einbezogen und von der Notwendigkeit ihrer Erhaltung überzeugt werden, so daß das Motto des Denkmalschutzjahres zu einem Anliegen der Regierungen und Verwaltungen der einzelnen Regionen und Kantone vertreten sind. Der Europarat selbst plant ein Symposium zum Thema „Historische Gärten in Bayern und Baden-Württemberg".

Als sehr fruchtbar erwies sich bereits jetzt die Anregung der Regierung des bayerischen Schwaben (in einem Schreiben an die Landräte und Oberbürgermeister der kreisfreien Städte), in jeder Gemeinde ein pflegebedürftiges Baudenkmal zu restaurieren. „Der Gedanke der Denkmalpflege soll an einem geschichtlich, heimatkundlich oder kunsthistorisch bedeutenden Objekt veranschaulicht werden", heißt es im Landesamt. „In Betracht kommen nicht nur größere Gebäude, sondern auch Feldkapellen, Bildstöcke und ähnliches. Die Heimatpfleger werden bei der Auswahl der geeigneten Baudenkmäler mitwirken. Preise für die besten Restaurierungen sollten von den Landkreisen ausgesetzt werden."

Inzwischen haben auch die Regierungen der Oberpfalz, von Ober- und Unterfranken sowie Oberbayern diese Empfehlung an ihre Gemeinden und Landkreise herausgegeben. „Die Sache hat ein großes Echo gefunden", sagt Ministerialrat Dr. Eberl. Der neugewählte Landtag soll zur Unterstützung dieser Vorhaben den Etat der bayerischen Denkmalpflege erweitern. Für „Maßnahmen im Baubereich" stehen jetzt Unterstützungsmittel von jährlich nur 12,5 Millionen Mark zur Verfügung.

*

Darüber hinaus will Petzet „das bayerische Programm" noch weiter ausarbeiten. Erste Ergebnisse dürften schon im Januar vorliegen. Petzet: „Wir wollen anregen und Planungen vorschlagen, für Städte und kleinere Orte, Sanierungen auch im Sinn der Denkmalpflege, wo nicht alles von uns finanziert wird, wo wir uns aber stark engagieren. Die Zuschüsse vervielfachen sich ja oft, wenn einer mal anfängt, der Kreis, die Regierung oder sonst jemand. In Bamberg werden wir einen Bereich noch genauer untersuchen. In Bamberg möchte ich finanziell groß einsteigen. Ich habe die Hoffnung, daß wir 1975 mehr Geld kriegen."

Eine seiner wichtigsten Aufgaben sieht Petzet in der Handwerksförderung durch die Denkmalpflege. In Gesprächen mit den zuständigen Kammern will er die Möglichkeiten besprechen: „Die Münchner Fassadenaktion wurde schließlich sehr stark von den Innungen betrieben."

Auf längere Sicht hält Petzet „steuerliche Vergünstigungen für das Wesentlich-

NOCH EINMAL DAVON- GEKOMMEN: ASAM-SCHLÖSSL

So hemmungslos sind Verkehrsplaner im Umgang mit nationalem Kulturgut: das Asamschlößl in Thalkirchen stand lange Zeit auf der Abbruchliste. Das um 1720 von Cosmas Damian Asam bemalte Atelierhaus sollte dem ominösen Projekt

Hier baut die bayerische Landeshauptstadt mit Unterstützung des Freistaates Bayern

ABRISSE DES JAHRES

Ein Auszug aus dem Münchner Sündenregister

Altersheim am Gasteig: ein 1861 entstandenes spätklassizistisches repräsentatives Gebäude im Maximilianstilhaltene Zelle neubarocker Bürgerhäuser; typisch für die einheitliche Isarufer-Bebauung.

EIN MÜNCHNER SKANDAL: dreißig Jahre nach Kriegsende konnte sich die Stadt noch nicht dazu durchringen, das Ignaz-Günther-Haus am Anger wieder aufzubauen.

bar gewesen wären. Man denke nur an die Schleißung des Durchbruchs der Maximilianstraße."

Selbst die Straßenbauer machen mit", freut sich Petzet. „Im Moment interessieren sich vor allem alle Architekten für Denkmalpflege. Eine Welle des Verständnisses und des Interesses geht durch das Land — das bestärkt uns in unseren Erwartungen. Sonst wäre dem Denkmalschutzjahr nur ein augenblicklicher Propaganda-Erfolg beschieden."

Petzet leitet die Vorbereitung und Durchführung der großen Wanderausstellung, deren Titel das Motto des ganzen Denkmalschutzjahres ist: „Eine Zukunft für unsere Vergangenheit." Die Ausstellung wird vom Bayerischen Landesamt geplant und zunächst im Münchner Stadtmuseum aufgebaut, dann in zehn weiteren deutschen Städten gezeigt werden und eine ihrer letzten Stationen sich bei seiner Ludwig-II.-Ausstellung von 1968. Die Denkmalschutzschau soll sich moderner Medientechnik bedienen (Videogeräte, Multivision, Filme) und keineswegs nur geglückte Beispiele vorweisen.

Petzet: „Beabsichtigt ist eine Darstellung der heutigen Probleme und weniger eine Darstellung des bisher Erreichten, etwa an Hand eines mit Fotos dokumentierten Überblicks über verschiedene Gattungen von Einzeldenkmälern nach Art früherer Wanderausstellungen zum Thema Denkmalpflege. Es geht auch nur am Rand um die in der Denkmalpflege üblichen Methoden von Konservierung und Restaurierung und deren Anwendung. Stattdessen sollen die vielfältigen Möglichkeiten von Gefährdung so wie Wahrung und Nutzung historischer Bausubstanz an Hand konkreter Beispiele aus den fünf „Modellstädten" des Denkmalschutzjahres und den „Problemstädten" herangezogen werden, außerdem die Modellstädte bieten Beispiele für

einer Isartangente weichen, der übrigens auch die Wiedenmayrstraße zum Opfer gefallen wäre. Man kann annehmen, daß es nicht die Einsicht in die Notwendigkeit der Erhaltung solcher Bauten war, die den Abbruch verhinderte, sondern lediglich die schlechte Finanzlage der Stadt.

schutzjahres Eine Zukunft für unsere Vergangenheit" auch zu seiner Forderung wird." Bleibendes Kernstück wird der Katalog sein.

Beteiligt ist das Bayerische Landesamt für Denkmalpflege auch an der Vorbereitung der mit 300 bis 400 Teilnehmern in Rothenburg stattfindenden Tagung vom ICOMOS (International Council of Monuments and Sites). Militärarbeiter des Landesamts werden bei Exkursionen und Führungen durch Orte Mittel- und Unterfrankens vor den ICOMOS-Leuten im Mai 1975 den Beitrag bayerischer Gemeinden zum Denkmalschutzjahr und die Planungen für die Zukunft darbieten: Die Besichtigungen werden in Württemberg fortgesetzt.

Das Landesamt bereitet außerdem für den Spätherbst 1975 einen internationalen Kongreß der Deutschen Werkbundes über Denkmalschutz und -pflege vor, der in Regensburg stattfinden soll und weiterem Denkmalschutz und -pflege gehalten. Alles dient dem Ziel, eine Zukunft für unsere Vergangenheit zu schaffen: in Bayern für Europa.

Damit sich „ein geschärftes Denkmalbewußtsein" schon im Kindesalter heranbilden kann, wird die Landesgruppe Bayern des Deutschen Werkbundes eine Foto-Ausstellung mit Hilfe von Lepporello-Tafeln, Texten und weiterem Begleitmaterial für bayerische Schulen erarbeiten: in großer Auflage und geeignet auch zur Aufstellung in Pausenhallen. An der Akademie für Lehrer-Fortbildung in Dillingen werden Vorträge über Denkmalschutz und -pflege gehalten. Alles dient dem Ziel, eine Zukunft für unsere Vergangenheit zu schaffen: in Bayern für Europa. Reinhard Müller-Mehlis

ste". Einstweilen jedoch sperrt sich die Bundesregierung gegen Steuervorteile bei Erhaltungs- und Wiederherstellungsmaßnahmen, die bisher nur bei Abbrüchen und Neubauten in Frage kamen, und spricht von einem befürchteten Steuerausfall von jährlich 250 Millionen Mark, ohne daß dafür grundlegende Erhebungen angestellt wurden.

Eberl: „Es würde ja Umschichtungen geben und einen Anreiz, mehr alte Häuser zu restaurieren, dadurch also sogar Mehreinnahmen."

Auch das Landesamt bestreitet, daß bei Vergünstigungen nach Art des Paragraphen 7 b des Einkommensteuergesetzes mit zusätzlichen Steuerausfällen zu rechnen sei: „Im übrigen sollte es auch dem Bund etwas wert sein, daß die wenigen alten Städte, die den 2. Weltkrieg überdauert haben, und die Baudenkmäler, die noch nicht zerstört sind, erhalten und instandgesetzt werden."

*

Benno Becker-Villa in der Maria-Theresia-Straße als Gebäude Beckers wie als Beispiel des Münchner Villenstils einzigartig.

*

Galvanisieranstalt in der Schönfeldstraße: ein Biedermeierhaus, das typisch für die Vorstadt-Bebauung des mittleren 19. Jahrhunderts war.

*

Kothmüllerhaus in der Lilienstraße: ein alter Gasthof, der in der Bausubstanz wahrscheinlich auf das 16. Jahrhundert zurückgeht.

*

Herzog-Heinrich-Straße 18: ein historisches Bürgerhaus des späten 19. Jahrhunderts; als Abschluß des in sich geschlossenen Kaiser-Ludwig-Platzes wichtig.

*

Verkehrsministerium, Fassade zur Marsstraße: ein bedeutsamer Bau des älteren Hocheder; unter den Repräsentationsbauten des frühen 20. Jahrhunderts einzigartig.

*

Schottenhamel-Block: als Werk Leo von Klenzes ein Münchner Baudenkmal ersten Ranges.

*

Bundesbahndirektion: ein nobler Repräsentativ-Bau der Gründerjahre, städtebaulich wie durch die gelungene Verwendung italienischer Renaissance-Formen bedeutsam.

*

Erhardstraßen-Block: eine wohlerhaltene Dominante, wie als kunstgeschichtliches Dokument gleich wertvoll.

IGNAZ-GÜNTHER-ALARM

Im Jubiläumsjahr des Münchner Rokokobildhauers

Das Jahr 1975 gehört auch Ignaz Günther (1725—1775), dem großen Rokokobildhauer, der in München lebte und wirkte. Die Sorge um die Erhaltung seines Hauses am Oberanger 11 und am Unteranger 30 beschäftigt die Öffentlichkeit sei langem.

Man fragt sich, ob die Stadt das Jubiläumsjahr ihres berühmten Bürgers mit dem Abriß seines Hauses begehen will. Das Baureferat empfiehlt dem Stadtrat nun den Verkauf des Gebäudes zusammen mit dem angrenzenden städtischen Areal. Für eine Einbeziehung der Fassade des alten Hauses in den zu planenden Neubau wird plädiert.

Mit dieser Lösung würde eines der letzten Altmünchner Bürgerhäuser zu einer bloßen Attrappe degradiert. Hat man wirklich angemessene Verwendung zu finden? Oder denkt man daran, das alte Haus einer angemessenen Nutzung anzupassen (sprich „kommerziellen")? Ist für die ideale Lösung, eine Stätte der Erinnerung an Ignaz Günther, im Zusammenhang mit dem Stadtmuseum kein Geld vorhanden?

Das Landesamt für Denkmalpflege empfiehlt den Verkauf des Gebäudes unter Bezugnahme auf das Denkmalschutzgesetz, zur Instandsetzung des Ignaz-Günther-Hauses aufgefordert. Im Falle einer Instandsetzung des Gebäudes unter Wahrung der Belange der Denkmalpflege kann die Stadt mit einem Zuschuß des Landesamts rechnen.

Elle ist auf jeden Fall geboten, sonst gehört das Haus in absehbarer Zeit zu den bekannten Fällen, in denen historische Bausubstanz durch Verwahrlosung vernichtet wurde.

Das Landesamt hat inzwischen die Stadt München als Besitzerin, unter Bezugnahme auf das Denkmalschutzgesetz, zur Instandsetzung des Ignaz-Günther-Hauses aufgefordert.

SO SIEHT MEIST DIE ALTERNATIVE zum Denkmalschutz aus: alte Bürgerhaus-Fassaden weichen einer Allerweltsarchitektur.

Damit die Vergangenheit eine Zukunft hat
Am 20. Januar beginnt das Europäische Denkmalschutzjahr / Das Programm in Bayern

München (SZ) — Der Leiter des Bayerischen Landesamts für Denkmalpflege, Generalkonservator Michael Petzet, setzt große Hoffnungen in das Europäische Denkmalschutzjahr, das mit einer Veranstaltung des Deutschen Nationalkomitees unter dem Präsidium von Bundesinnenminister Werner Maihofer und Bayerns Kultusminister Hans Maier am 20. Januar in Bonn eröffnet wird. „Als Ergebnis dieser denkmalpflegerischen Bemühungen", meint Petzet, „könnte sich in der Bevölkerung ein geschärftes ‚Denkmalbewußtsein' herausbilden, so wie auch als Erfolg des Europäischen Naturschutzjahres 1970 ein wachsendes ‚Umweltbewußtsein' zu verzeichnen war."

Um in der breiten Öffentlichkeit das Verständnis für die Denkmalpflege zu wecken, wird gegenwärtig vom Landesamt eine Wanderausstellung vorbereitet, die unter dem Motto des Denkmalschutzjahres „Eine Zukunft für unsere Vergangenheit" steht und die zunächst im Münchner Stadtmuseum aufgebaut und dann in weiteren zehn deutschen Städten gezeigt werden soll. Die Ausstellung, in der Photos, Dias, Filme, Modelle und Dokumente von allen Denkmälern in der Bundesrepublik zusammengefaßt werden, entsteht im Auftrag des Deutschen Nationalkomitees und behandelt folgende Themen: Ensembleschutz, Verkehrsprobleme in alten Ortskernen, Stadtentwicklung und Stadtsanierung sowie die Beziehungen zwischen Denkmalschutz und Umweltschutz.

Den Mitarbeitern des Landesamts in München kommt auch die Aufgabe zu, die Vorbereitungen für die Tagung des „International Council of Monuments and Sites (ICOMOS), die im Mai in Rothenburg ob der Tauber stattfindet und an der mehr als 300 Denkmalpfleger aus aller Welt teilnehmen, zu treffen. Außerdem werden die bayerischen Konservatoren ihre ausländischen Kollegen auf Führungen und Exkursionen durch historische Orte in Mittel- und in Unterfranken begleiten.

Darüber hinaus will Petzet zum Denkmalschutzjahr noch mit einem eigenen bayerischen Programm aufwarten. So lädt er die Arbeitsgemeinschaft der Alpenländer zu einem zusätzlichen Kongreß ein, der sich dem Thema „Alpenländische Denkmalpflege" widmen und der in der Zeit vom 7. bis zum 10. Oktober in Regensburg und in Füssen abgehalten wird. Nach der Eröffnung der Tagung durch Ministerpräsident Goppel in Regensburg werden sich die Teilnehmer am zweiten Tag des Kongresses nach Großweil bei Murnau begeben, wo sie das Freilichtmuseum, das dort entsteht, besichtigen. Im Anschluß daran werden die Denkmalpfleger nach Füssen weiterfahren, wo sie in Arbeitssitzungen folgende Themen erörtern werden: Schutz der Kulturlandschaft, Verhinderung von Kunstdiebstählen, Öffentlichkeitsarbeit und Inventarisation von Denkmälern. „Diese Sitzungen", unterstreicht Petzet, „dienen vor allem dem gegenseitigen Erfahrungsaustausch."

Das Landesamt bereitet außerdem in Zusammenarbeit mit dem Deutschen Werkbund eine Ausstellung vor, die an allen bayerischen Schulen gezeigt werden soll. Zu diesem Zweck werden illustrierte Leporello-Tafeln geschaffen, die in größeren Auflagen gedruckt und so mühelos im ganzen Land verbreitet werden können. Die Ausstellung soll den Kindern den Sinn und die Aufgaben der Denkmalpflege näherbringen und bei ihnen das Interesse an alten Bauwerken wecken. Petzet denkt daran, die Werbeschau für den Denkmalschutz in den Pausenhallen der Schulen aufstellen zu lassen.

Überdies hat der Generalkonservator die Aktion „Denk mal!" angeregt, die, wie Petzet meint, „aufklärend über Denkmalpflege wirken soll". Dazu werden Autoaufkleber entworfen, ein Plakat herausgegeben und Briefe an Bürgermeister gesandt, in denen das Landesamt auf die Bedeutung der Denkmalpflege in den Gemeinden hinweisen will. Diese Aktion soll sich über das ganze Jahr erstrecken.

Außerdem plant das Landesamt einen Wettbewerb für die Besitzer von privaten Baudenkmälern, die sich durch vorbildliche Restaurierungen ihrer Bauwerke verdient gemacht haben. Petzet beabsichtigt auch, im Rahmen des Europäischen Denkmalschutzjahres in 14 bayerischen Städten bauliche Maßnahmen zur Verbesserung des Ortsbildes anzuregen und zu fördern. Ein weiteres Ziel des Generalkonservators ist die Wiederherstellung von Privatbauten in Bamberg und in Regensburg, „für die wir uns in diesem Jahr ganz besonders engagieren wollen".

Der Schwerpunkt aller Maßnahmen seines Amtes liegt für Petzet jedoch im Denkmalschutzjahr „auf dem reibungslosen Vollzug des Denkmalschutzgesetzes", den der Generalkonservator „völlig unbürokratisch" gestalten will. Seine Mitarbeiter sollen künftig noch mehr als bisher die Leute an Ort und Stelle beraten. „Wir wollen nicht mehr, daß so viele Akten ins Amt kommen."

Als einen vorbildlichen Beitrag für das Denkmalschutzjahr sieht Petzet den Aufruf der Regierungspräsidenten in Bayern an, die alle Gemeinden ihres Regierungsbezirks aufgefordert haben, „aus eigener Kraft wenigstens ein geschichtlich, künstlerisch oder heimatkundlich wertvolles Denkmal ohne staatliche Finanzhilfe zu erneuern oder zu erhalten". Die Anregung dazu war von der Regierung der Oberpfalz ausgegangen.

Hans-Günter Richardi

ZU EINER BELASTUNG können die Schätze der Vergangenheit für die Städte werden. Bamberg zum Beispiel kann die Kunstwerke, wie etwa das „Reiche Tor" der Alten Hofhaltung (unser Bild) nicht aus eigener Kraft erhalten. Im Europäischen Denkmalschutzjahr soll nun den Kommunen, die mit den Problemen ihrer historischen Altstädte fertig werden müssen, mehr Hilfe zuteil werden.

Um den Durchbruch an der Maximilianstraße:

Originalgetreue Schließung der Lücke?

Fachleute des Baureferats und des Denkmalschutzes diskutieren das Problem

Wenigstens alternativ sollte untersucht werden, ob und wie eine originalgetreue Schließung des Altstadtring-Durchbruchs an der Maximilianstraße möglich wäre. (Bisher stand eine Überbauung des Ringes — in historischer oder moderner Form — zur Debatte.) Dies ist die dringendste Forderung der Architekten im Münchner Forum, an der Spitze Regierungsbaumeister Dr. Erwin Schleich, auf dessen Initiative jetzt ein Gespräch mit kompetenten Fachleuten des Baureferates und des Denkmalschutzes zustande kam.

Zwar verwies der Vorsitzende des Landesdenkmalrates, der Landtagsabgeordnete Dr. Erich Schosser, nachdrücklich auf die Entscheidung seines Gremiums, die ganze Maximilianstraße als Ensemble unter Schutz zu stellen („Daran hat sich die Stadt zu halten"), gleichzeitig zeigte er sich aber auch kompromißbereit: wenn die Stadt einen anderen Beschluß als eine historische Schließung der Lücke am Altstadtring im Stil Bürkleins fasse, müsse der Rat erst wieder gefragt werden. Man sei aber durchaus bereit, sich über andere Lösungen zu unterhalten. Allerdings sei es nicht Sache des Landesdenkmalrates, Fragen der Realisierbarkeit zu erörtern.

Klage über das Baureferat

Bitter beklagte sich dagegen Schleich über die mangelnde Bereitschaft zur Zusammenarbeit im städtischen Baureferat. Er würde gerne Vorschläge zu dem Problem machen, bekomme aber keine Erlaubnis zur Einsichtnahme in die städtischen Planunterlagen. Stadtbaurat Uli Zech habe ihm auf diesbezügliche Bitten in einem „dürren Brief" eine Absage erteilt. Daraufhin wurde Schleich von dem bei der Diskussion ebenfalls anwesenden Tiefbauexperten im Baureferat, Rudolf Falter, eingeladen, die Unterlagen in seinem, Falters, Büro zu besichtigen.

Streit um Tunnel

Zuvor hatten der städtische Straßenbauer und der Regierungsbaumeister darüber ein Streitgespräch geführt, ob durch die Auflassung der Fußgängerunterführung im Bereich der Kreuzung Maximilianstraße/Altstadtring ein Tunnel unter der Maximilianstraße im Zuge des Altstadtringes kürzer werden würde oder nicht. Während Schleich diese Frage bejahte, behauptete Falter, eine Straßenunterführung der Maximilianstraße bedeute in jedem Fall auch den Zwang einer Unterführung des Isartorplatzes. Eine Untertunnelung der Maximilianstraße gilt

Fortsetzung auf Seite 14

DER DURCHBRUCH des Altstadtringes an der Maximilianstraße soll bekanntlich wieder geschlossen werden. Über die Form, in der das gestörte Stadtbild an dieser Stelle restauriert werden soll, streiten sich noch die Experten.   Photo: Fritz Kuhn

Originalgetreue Schließung...

Fortsetzung von Seite 13

aber unter den gegebenen verkehrstechnischen Umständen als Voraussetzung für eine historische Schließung der Lücke.

Als daraufhin der Präsident des Landesamtes für Denkmalpflege, Dr. Michael Petzet, Schleich aufforderte, seine Pläne herzuzeigen, weigerte sich dieser mit der Begründung, er werde sich hüten, ohne Kenntnis der Voraussetzungen „Wunschalternativen" vorzulegen, die dann jeder zerpflücken könne. Der Architekt Karl Klühspies plädierte in diesem Zusammenhang dafür, den technischen Zwang gegenüber anderen Gesichtspunkten zurückzustellen. Beim Prinz-Carl-Palais sei das auch möglich gewesen.

Vier Alternativen

Hans-Ulrich Jäger, stellvertretender Leiter der Gruppe Stadtplanung im Baureferat, teilte dazu mit, daß gegenwärtig vier Alternativen für eine Lösung des Problemstücks Altstadtring/Maximilianstraße untersucht würden: zwei mit und zwei ohne Tunnel. Als gegen Jägers Kollegen Falter der Vorwurf erklang, bei der Stadt wolle man gar keine Lösung im Bürkleinschen Sinn, obwohl sie möglich wäre, beteuerte der Tiefbaufachmann, er wäre froh, wenn man eine solche verwirklichen könnte.   *Otto Vilser*

Süddeutsche Zeitung, 13. Januar 1975

Vergangenes bewahren im Interesse der Zukunft

Das bayerische Programm für das Europäische Denkmalschutzjahr

„Eine Zukunft für unsere Vergangenheit" — unter diesem Motto steht das Jahr, das vor kurzem begonnen hat: Der Europarat hat das Jahr 1975 zum Europäischen Denkmalschutzjahr erklärt und die Mitgliedländer aufgerufen, mit groß angelegten Aktionen die Öffentlichkeit wachzurütteln, damit der bedrohlich fortschreitenden Zerstörung gewachsener Bausubstanz Einhalt geboten werden kann. „Wir müssen Alarm schlagen und zu Taten aufrufen, ehe es zu spät ist", hieß es in einem Rundschreiben des Vorsitzenden des Internationalen Organisationskomitees, Lord Duncan-Sandys; „wir dürfen den Ausverkauf der Vergangenheit nicht als unvermeidlichen Preis für den Fortschritt in Kauf nehmen." Auftakt der Aktionen in der Bundesrepublik ist am 20. Januar eine öffentliche Kundgebung in Bonn.

Eine Zukunft für unsere Vergangenheit — das hat nichts mit jener Rückwärtsträumerei zu tun, für die das Wort „Nostalgie" in Mode kam. Es meint auch nicht das Aufpolieren musealer Relikte als Kulturattrappen oder Touristenattraktion. Es meint die Erhaltung einer humanen Umwelt, die Menschen als ihre Heimat erfahren können. Das Programm des Denkmalschutzjahres legt den Hauptakzent daher nicht auf das einzelne Baumonument, sondern auf städtebauliche Ensembles, in denen Erhaltung der baulichen Substanz und sozio-ökonomische Lebensfähigkeit einander wechselseitig bedingen.

„Wo die gewachsene Substanz unserer Städte und Gemeinden entstellt oder gar zerstört wird, gerät das gemeindliche Leben in Gefahr, raubt sich der heutige Mensch einen Teil seiner geistigen und kulturellen Existenzgrundlage", heißt es in einem Aufruf von Kultusminister Prof. Hans Maier, dem Deutschen Nationalkomitee zur Vorbereitung des Europäischen Denkmalschutzjahres präsidiert. Es komme vor allem darauf an, „unser historisches Erbe in das Leben von heute zu integrieren, damit menschlicher Maßstab und Qualität unserer Umwelt auch für die Zukunft erhalten bleiben", was z. B. bedeute, „alte Ortskerne und Stadtquartiere für Wohnzwecke attraktiv zu halten bzw. zu machen, dort Arbeitsplätze und die zur Versorgung notwendigen Geschäfte zu sichern".

Wachsendes Denkmalbewußtsein

Das gilt selbstverständlich nicht für die „Beispielstädte", die als exemplarische „Modellfälle für die Probleme der Sanierung städtebaulicher Ensembles ausgewählt wurden; in der Bundesrepublik sind das Stadtviertel oder ganze Kleinstädte." Außerdem möchte Petzet sich der bayerischen „Problemstädte" Regensburg und Bamberg auch in finanzieller Hinsicht besonders intensiv annehmen; hier müßten Schwerpunkte gesetzt werden. In dem großen Engagement der Bürger dieser Städte für ihr historisches Erbe sieht Petzet eine Verpflichtung: „Das sollten wir nach Kräften unterstützen." Wieviel da möglich sein wird, werden die Haushaltsberatungen ergeben.

malpflege eingesetzt werden (Steuergesetze, die das Abreißen und Neubauen attraktiv machen), aber auch auf vorbildliche private Initiativen. Den Abschluß des Rundganges wird ein „Lokalteil" bilden, der die Problemsituation des jeweiligen Ausstellungsortes behandelt. Die Zusammenarbeit mit dem Bayerischen Rundfunk wird in doppelter Weise zu Buche schlagen: durch technische Hilfe und durch den Multiplikationseffekt der Mattscheibe.

Das Denkmalschutzgesetz bewährt sich

Neben dem nationalen Programm wird es noch ein bayerisches geben. Dazu gehören u. a. eine gemeinsam mit dem Werkbund erarbeitete Wanderausstellung für Schulen, die gleichzeitig an mehreren Orten gezeigt werden kann, und eine Aufklärungsaktion für Landräte und Bürgermeister. Dazu kommen Kongresse und Symposien, die vor allem dem internationalen Erfahrungsaustausch und der Fachleute dienen. Rothenburg wird im Mai der Schauplatz des großen ICOMOS-Kongresses sein (International Council for of Monuments und Sites), für den eigens die historische Spitalscheune als Kongreßhalle ausgebaut wird und zu dem auch ein umfangreiches bayerisches Besichtigungsprogramm gehört; im Oktober findet dann in Regensburg und Füssen ein Kongreß für alpenländische Denkmalpflege statt, bei dem es um den Zusammenhang von Denkmalpflege und Ensembleschutz mit Raumordnung und Strukturplanung geht und von dem Petzet sich konkrete Ergebnisse verspricht. Es soll aber nicht nur für den Denkmal-

schutz geworben werden, es soll auch konkret etwas geschehen. Petzet: „Das Denkmalpflegeamt könnte für etwa 12 bis 14 Städte und Kleinstädte in Bayern Planungen initiieren und mitfinanzieren, z. B. für Fußgängerzonen oder auch für die Sanierung von Stadtvierteln oder ganzen Kleinstädten." Außerdem möchte Petzet sich der bayerischen „Problemstädte" Regensburg und Bamberg auch in finanzieller Hinsicht besonders intensiv annehmen; hier müßten Schwerpunkte gesetzt werden. In dem großen Engagement der Bürger dieser Städte für ihr historisches Erbe sieht Petzet eine Verpflichtung: „Das sollten wir nach Kräften unterstützen." Wieviel da möglich sein wird, werden die Haushaltsberatungen ergeben.

Ein konkreter Beitrag zum Denkmalschutz wäre allerdings auch, wenn der Bundestag sich entschlösse, den von den Ländern eingebrachten Gesetzentwurf zur steuerlichen Begünstigung von Altbausanierungen zu verabschieden. Das Argument, daß dadurch hauthaltspolitisch nicht vertretbare Steuerausfälle entstünden, läßt Petzet nicht gelten.

Petzets größte Sorge im Denkmalschutzjahr aber gilt dem vor etwas mehr als Jahresfrist in Kraft getretenen neuen bayerischen Denkmalschutzgesetz, das in Fachkreisen weit über die Landesgrenzen hinaus als vorbildlich gilt, das aber noch immer von mächtigen Interessentengruppen erbittert bekämpft wird. Petzet: „Wir müssen und wir werden zeigen, daß der Vollzug des Denkmalschutzgesetzes in Bayern trotz der noch immer äußerst angespannten Personalsituation ausgezeichnet funktioniert."

kr

VORBILDLICH RESTAURIERT UND SINNVOLL GENUTZT: In Meeder (Kreis Coburg) ist die Kreissparkasse in einen ehemaligen Bauernhof eingezogen.

ENTSTELLT durch einen brutalen Anbau, das historische Rathaus von Schweinfurt

Bayerische Staatszeitung
17. Januar 1975

Programm zum Denkmalschutzjahr erwünscht

Aktuelle Chance für Denkmalpflege am Lech

Generalkonservator sieht finanzielle Möglichkeiten
Offizieller Antrittsbesuch am 30. Januar in Augsburg

Von unserem Redaktionsmitglied Ingrid Bergmann

Gemeinden und Privatleute wurden von der Regierung von Schwaben aufgerufen, sich im Europäischen Denkmalschutzjahr 1975 verstärkt für die Erhaltung von Denkmälern einzusetzen. Dabei wurde nicht zuerst an die großen Maßnahmen gedacht, sondern an die kleineren Initiativen, an Fassadenrestaurierung, an die Wiederherstellung aller Bildstöcke und Wegkreuze oder an die Entrümpelung von Bodendenkmälern, Projekten also, die keine Millionensummen verschlingen. Zahlreiche Städte und Gemeinden im schwäbisch-bayerischen Raum haben sich um Zuschüsse für solche Programme aus Landesamt für Denkmalpflege gewandt.

Augsburg hat bisher diese Chance nicht wahrgenommen, obwohl gerade am Lech jeder Pfennig für die Pflege der unzähligen Denkmäler und Kunstwerke willkommen sein muß.

Mit dem Besuch des Generalkonservators Dr. Michael Petzet am 30. Januar, der sich als neuer Leiter des Landesamtes für Denkmalpflege beim Regierungspräsidenten, beim Oberbürgermeister und bei der Oeffentlichkeit durch eine Pressekonferenz vorstellen will, bietet sich noch eine Gelegenheit, das Münchner Amt um Zuschüsse im Rahmen des Denkmalschutzjahres anzugehen.

In einem Vorgespräch, das gestern mittag im „Schwabenspiegel" des Bayerischen Rundfunks übertragen wurde, ging Bezirksheimatpfleger Dr. Hans Frei den Generalkonservator in Sachen Augsburg an. Er schlug vor, im Rahmen einer gemeinsamen Alt-Augsburg-Gesellschaft, als „Stadt und Landesamt für Denkmalpflege eine Reihe kleinerer Verbesserungen in Angriff zu nehmen.

Will Geld zählen

Dr. Petzet zeigte sich an diesem Vorschlag interessiert und will prüfen, was an Mitteln noch zur Verfügung steht. In erster Linie sieht er eine Chance für die Privatinitiativen in der Denkmalpflege.

Auf den Zustand der Altstädte angesprochen, äußerte sich Dr. Petzet optimistisch. Die Entwicklung der Architektur weise heute wieder verstärkt auf die Altstadt hin. Von der Monotonie und Phantasielosigkeit moderner Vorstädte komme man heute wieder zurück auf den Wert der alten Kerne. Darin seien auch die Villenviertel des 19. Jahrhunderts eingeschlossen.

Stellungnahme zum Kurhaus

Der Generalkonservator, selbst Spezialist für das 19. Jahrhundert, nahm in der Sendung auch Stellung zum Gögginger Kurhaustheater. Es handle sich hier um einen einzigartigen Bau, der unbedingt zu erhalten sei. Die Frage, ob er dieses Gebäude einer alten Kirche an Wert gleichsetze, bejahte Dr. Petzet

Was die Bauten des 19. Jahrhunderts allgemein betreffe, so sehe er darauf, daß diese Epoche bei der Denkmalpflege nun auch nicht überbetont werde. Es sei wichtig, in welchem örtlichen Bezug diese Gebäude ständen, wenn es um ihre Erhaltung gehe.

Sympathiewelle

Dr. Michael Petzet glaubt, daß die schon seit geraumer Zeit anlaufende Sympathiewelle für die Denkmalpflege nicht als Nostalgiemode abzutun sei. Das Interesse der Oeffentlichkeit gehe tiefer. Deshalb wolle er in Zukunft verhindern, daß das Landesamt gegen den Willen der Bevölkerung arbeite und Objekte preisgebe, die mit Hilfe der öffentlichen Meinung noch zu retten seien

Augsburger Allgemeine
13. Januar 1975

---

blick ist darunter neben Berlin, Trier, Xanten und Alsfeld auch eine bayerische Stadt: Rothenburg o.d. Tauber. Eine große Wanderausstellung, die in München (Stadtmuseum) startet und dann in zehn weitere Städte geht, eine Anzeigen- und Plakatkampagne und verstärkte Medienarbeit sollen überall im Lande das Bewußtsein für den keineswegs nur ästhetischen Wert unverwechselbarer Orts- und Stadtbilder und für die schwerwiegenden Gefahren ihrer Zerstörung wachrütteln, und ein nationaler Wettbewerb zum Denkmalschutz im Städtebau soll Initiativen wecken. Darüber hinaus sind auf Länderebene zahlreiche Aktivitäten geplant.

Generalkonservator Dr. Michael Petzet vom Bayerischen Landesamt für Denkmalpflege, der die Vorbereitung und Durchführung der Wanderausstellung leitet, verspricht sich vom Denkmalschutzjahr mehr als einen Augenblickseffekt; er hofft auf fortwirkende Impulse. Als ermutigendes Indiz für ein wachsendes „Denkmalbewußtsein" nennt er nicht nur die zunehmende Aufgeschlossenheit der Architektenschaft, sondern auch das Beispiel des Regierungspräsidenten der Oberpfalz, das rasch Schule machte: inzwischen haben auch die Regierungspräsidenten der übrigen Bezirke ihre Landkreise und Gemeinden aufgefordert, zum Denkmalschutzjahr aus eigener Kraft wenigstens ein historisch wertvolles Objekt instandzusetzen, und dieser Aufruf stößt — so Petzet — „nach unseren Erfahrungen auf großen Widerhall".

Aufrüttelnde Alternativen

Für die Wanderausstellung hat Petzet ein Konzept entwickelt, das die Dinge deutlich beim Namen nennt. Nicht bisher Erreichtes soll mit Stolz vorgewiesen werden, sondern die vielfältigen Möglichkeiten der Gefährdung und Zerstörung einerseits und der Erhaltung und Nutzung andererseits sollen an konkreten Beispielen veranschaulicht werden. Der Besucher wird immer wieder vor Alternativen stehen und zur Entscheidung herausgefordert sein; panoramaartige Konstellationen und der Einsatz audiovisueller Techniken sollen ihm die Probleme des Denkmalschutzes so hautnah vergegenwärtigen, daß er unter dem Motto des Denkmalschutzjahres „Eine Zukunft für unsere Vergangenheit" zu seiner eigenen Forderung macht. Da werden etwa „gegenübergestellt" „gewachsener" Kulturlandschaften der Vergangenheit mit der uniformen Massenproduktion moderner Trabantenstädte deutlich machen, was es heißt, in einer gebauten Umwelt zu Hause zu sein, mit der man sich identifizieren kann, oder einer gesichtslosen Zukunft ohne Vergangenheit entgegenzugehen; die verschiedenen Formen der Zerstörung (Verkehrsplanung, Spekulation, „Bauen als Umweltzerstörung") werden ebenso dargestellt wie die Möglichkeiten sinnvoller Nutzung historischer Bausubstanz als Aufgabe nicht nur des Denkmalpflegers, sondern der Allgemeinheit. Dabei möchte Petzet „auch immer wieder die Verantwortlichen für Zerstören oder Bewahren vorstellen". Hinweise etwa auf öffentliche Mittel, die indirekt gegen die Denk- ▽

ABGEBROCHEN, OBWOHL SCHUTZWÜRDIG: Die Prachtzeile von Neurenaissancehäusern an der Münchner Erhardtstraße muß dem Kolossalbau eines Europäischen Patentamtes weichen, das auch wegen der Beeinträchtigung der Stadtsilhouette auf Bedenken der Denkmalpfleger stößt.

Das Denkmaljahr verspricht gute Ernte

Große Restaurierungsvorhaben im ganzen Stadtgebiet / Gespräch mit dem Chef des Landesamts

Von unserem Redaktionsmitglied Heinrich Breyer

Obwohl es — abgesehen von einigen Dokumentar-Ausstellungen — kein eigenes Münchner Schwerpunktprogramm zum „Jahr des Denkmalschutzes 1975" gibt, wird in den nächsten Monaten erfreulich viel praktische Arbeit im Sinn dieses Jahres geleistet. In einem Gespräch mit der SZ legte der Präsident des Landesamts für Denkmalpflege, Dr. Michael Petzet, eine respektable Liste von Rettungs- und Restaurierungsvorhaben für Objekte im Stadtgebiet vor — von der Sicherung alter Haidhauser Herbergen an der Kreppe bis zur Renovierung der frühgotischen Fröttmaninger Kirche. Dem Rang und Umfang der Aufgabe nach an der Spitze steht die Restaurierung des Innenraums der Asamkirche, für deren Finanzierung sich ein privater Mäzen gefunden hat.

Das Rokoko-Juwel der Brüder Asam an der Sendlinger Straße soll nun auch im Innern seinen alten Glanz zurückgewinnen. Während die Fassaden der Kirche, des Asam- und des Priesterhauses heuer endgültig ausgerüstet werden, beginnt im Kirchenraum eines der schwierigsten und ehrgeizigsten Restaurierungsvorhaben der Nachkriegszeit. „Wir setzen hier den ganzen ver-

des unkenntlich gewordenen Hauptbilds über dem Schiff' so weit erhalten, daß sie wieder sichtbar gemacht werden kann.

Theatinerkuppel wird saniert

Schwerwiegende Schäden haben sich neuerdings auch an einem zweiten barocken Hauptwerk Münchens, der Theatinerkirche, ergeben.

sieht Petzet auch in der künftigen Nutzung des Hildebrand-Hauses durch die Monacensia-Sammlungen der Stadt. Die Künstlervilla wird heuer unter Leitung von Professor Enno Burmeister stilgerecht renoviert. „Allerdings sollte der Besucher in diesem Haus auch an Hildebrand erinnert werden — durch einen kleinen Ausstellungsraum etwa oder ein paar Plastiken in der Eingangshalle."

Komplizierte Eigentumsverhältnisse

Ein anderes Künstlerdenkmal, das Ignaz-Günther-Haus am Oberanger, wird in dem Jahr, in dem sich der Geburtstag des großen Rokoko-Bildhauers zum 250. mal und sein Todestag zum 200. mal jährt, von der Stadt wenigstens in seinem Bestand gesichert. „Über eine spätere Verwendung kann man dann immer noch reden." Ähnliches gilt für die alten Haidhauser Herbergen an der Kreppe. „Daß sie erhalten bleiben, steht fest. Schwierigkeiten machen nur die komplizierten Eigentumsverhältnisse, die die Stadt in langwierigen Verhandlungen lösen muß." Der gleiche Fall ergebe sich beim benachbarten Kriechbaumhof an der Wolfgangstraße, wohl dem letzten Münchner Beispiel einer Herberge mit Holzlauben. Was noch davon übrig ist, soll geborgen und — möglichst in der Nähe — in eine Rekonstruktion des ursprünglichen Architekturbilds eingebaut werden. „Die Miteigentümer des Anwesens sind jedoch in aller Welt verstreut, so daß man nur schwer verhandeln kann."

Insgesamt nennt Petzet die Zusammenarbeit zwischen Stadt und Denkmalamt „fast beispielhaft". Daß etwa in mindestens 14tägigem Abstand ein Informationsgespräch über Bauanträge zwischen Vertretern seines Amts, der Lokalbaukommission und dem Kreisheimatpfleger seit Jahren guter Brauch sei, das bilde noch einen Ausnahmefall im Zusammenspiel mit Kommunalbehörden. „Ich möchte das für ganz Bayern einführen." Positiv wertet er auch die Haltung der Stadt in der Frage der Wiedergutmachung an der Maximilianstraße. „Es ist doch erfreulich, daß gerade Verkehrsplaner die Möglichkeit gesehen haben, den Altstadtring zu verschmälern und den Weg für eine historische Überbauung der Lücke zu eröffnen." In diesem Punkt werde sicherlich im Denkmalschutzjahr 1975 eine zufriedenstellende Entscheidung fallen; und ebenso im Wettbewerb um die Gestaltung des Gärtnerplatzes.

GERÜSTE werden heuer das Bild der Theatinerkirche lange Zeit verdecken. Die Kuppel wurde bereits im letzten Jahr neu eingedeckt; jetzt kommen die Turmhauben und die Fassaden an die Reihe. Außerdem haben sich auch im Innern schwere Schäden an der Kuppel bemerkbar gemacht.
Photo: Fritz Neuwirth

fügbaren wissenschaftlichen und technischen Apparat ein, um zu einem beispielhaften Ergebnis zu kommen", versichert Dr. Michael Petzet. Die finanziellen Voraussetzungen hat der Inhaber der Elektrotechnik-Firma Karl Zettler, Diplomingenieur Leo Benz, mit der Zusage übernommen, die Kosten für das Restaurierungswerk zu tragen. Auf Wunsch des Stifters wurde Regierungsbaumeister Dr. Erwin Schleich als federführender Architekt berufen. Zusammen mit den Restauratoren des Amts und Wissenschaftlern des Doerner-Instituts soll er ein Konzept ausarbeiten, das nicht nur Schäden, sondern auch Sünden der Vergangenheit wieder gut macht.

Was ist noch original?

Die Schwierigkeiten beginnen damit, daß kaum noch festzustellen ist, wie die Kirche im Originalzustand aussah; daß es eigentlich auch niemals einen Originalzustand gab, weil die Ausstattung beim Tod Egid Quirin Asams (1750) nicht vollendet war. „Noch im 18. Jahrhundert wurde viel hinzugefügt, herausgenommen, verändert; später gab es häufig Wasserschäden, dann wurden die Fresken wieder ausgebessert", erläutert Dr. Petzet. „Wir stehen vor einem Flickwerk, das nicht aus schweren Kriegsschäden resultiert."

Hauptproblem: Die Fresken

Am Anfang der Arbeiten muß also eine Bestandsaufnahme stehen, die klärt: Was ist original, was ist Zutat, was ist spätere Restauratorenarbeit. Eine erste Untersuchung des baulichen Zustands hat erschreckende Ergebnisse gezeitigt: Im Deckengemälde wurden neue Wasserschäden registriert, an Gesimsen und Emporen klaffende Risse; die Wandmalereien — selbst die Retuschen aus den 50er Jahren — haben die Bindung zum Putz verloren. Überhaupt werden die Fresken das Hauptproblem bei der Restaurierung bilden. Aber immerhin ist die Komposition

Bereits im letzten Jahr mußte mit einem Kostenaufwand von einer Million die Kuppel neu mit Kupferblech eingedeckt werden. Dasselbe wird heuer mit den Turmhauben geschehen — mit der bedauerlichen Folge, daß der herrliche Farbklang der grünen Patina frühestens in 25 Jahren, wenn das Metall oxydiert ist, wieder über dem Odeonsplatz zu bewundern sein wird. Während die Restaurierung der Außenfassaden ohnedies für dieses Jahr geplant war, stellte sich vor wenigen Wochen mit einer bösen Überraschung eine neue Aufgabe: Im Kirchenraum brach ein Stuckteil von der Kuppel herab, so daß die Vierung gesperrt werden mußte. Weitere Risse deuten an, daß die gewaltige Kuppel auch im Innern saniert werden muß.

Auf dem „kirchlichen" Restaurierungsprogramm 1975 steht ferner die Weiterführung der Arbeiten an der Fassade von St. Bonifaz, die ihr Originalbild zurückerhalten soll; an der Außenseite des Doms werden endlich die Marmorepitaphe, die von Abgas-Säuren bös zerfressen sind, in Kur genommen (entsprechende Arbeiten an der Peterskirche sind schon fast abgeschlossen); und schließlich ein Projekt am Stadtrand: Die frühgotische Kirche von Fröttmaning, die jahrelang leerstand und völlig verwüstet war, soll für eine neue Funktion vorbereitet werden. An der Verbindung mit einem Rastplatz an der neuen Autobahnverbindung im Norden und der geplanten Grünanlage von Großlappen soll sie auch wieder Gläubige von Einkehr einladen.

Zur Erinnerung an Hildebrand

Das ist ein Beispiel für eine Restaurierung, die mit einer Neubelebung verbunden ist. Ein anderes will der Chef des Landesamts für Denkmalpflege geben, wenn er heuer mit einer ersten Abteilung in unbenutzte Räume der Alten Münze am Hofgraben umzieht. Der Zugang zum Renaissance-Hof bleibt zwar noch gesperrt, „aber das ist nur eine Frage der Zeit, bis der Neubau für die Münze steht". Eine glückliche Lösung

Das Fassaden-Wunder

Schließlich äußert der Denkmalschutz-Chef den Wunsch, daß sich die Privatinitiative weiter so wie in den letzten Jahren an der Fassadenaktion entzündet. „Was da in ganzen Straßenzügen innerhalb kurzer Zeit passiert ist, kommt einem Wunder gleich." Er möchte verstärkt auch in anderen bayerischen Städten dieses Münchner Beispiel predigen und daneben noch engere Kontakte mit den Handwerkskammern halten. „Gerade jetzt, in der Flaute der Neubautätigkeit, wird die Altbausanierung interessant und damit die Beratung, wie das gut, stil- und sinnvoll gemacht werden kann. Denn Denkmalpflege — die fängt beim guten Handwerk an."

Süddeutsche Zeitung
25./26. Januar 1975

Leute von heute

MICHAEL PETZET, Chef des Bayerischen Landesamts für Denkmalpflege, konnte der *Süddeutschen Zeitung* kein Interview geben, weil er nach Dienstschluß von übereifrigen Untergebenen in seinem Amt eingeschlossen worden war, und niemand zu ihm gelangen konnte. Da das Amt über keine Klingel verfügt und die Telephonzentrale zu dieser Zeit nicht mehr besetzt war, war auch eine Verständigung mit dem Eingeschlossenen von außen nicht möglich. Um mit der SZ noch Kontakt aufnehmen zu können, mußte Petzet sein Haus durch einen Nebeneingang verlassen und sich einer öffentlichen Fernsprechzelle bedienen. Damit ihm der Rückzug in das Amt nicht versperrt blieb, stopfte er in den Türspalt eine Zeitung die das Zufallen der Tür verhindern sollte

Süddeutsche Zeitung
31. Januar 1975

Nürnberger Zeitung, 25. Januar 1975

Zukunft für die Vergangenheit!

Ein NZ-Gespräch mit dem Leiter des Bayerischen Landesamtes für Denkmalpflege

Von DIETMAR WITTMANN

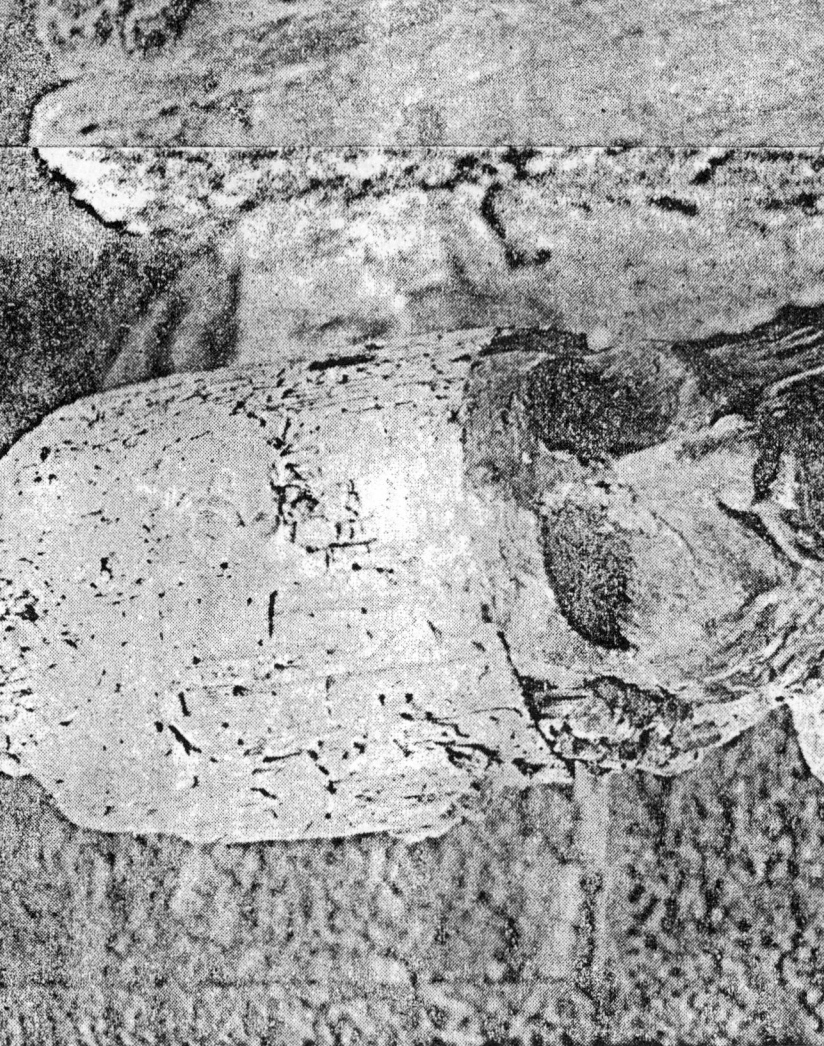

NZ: Am 1. Januar hat für 17 Länder Europas das Europäische Denkmalschutzjahr begonnen. Der Europarat in Straßburg hat dazu als Leitmotiv herausgestellt, es solle versucht werden, für die Vergangenheit eine Zukunft zu finden. Was versprechen Sie sich konkret vom Europäischen Denkmalschutzjahr? Hat die Vergangenheit noch eine Zukunft?

PETZET: Ich würde soweit gehen, daß die Zukunft ohne diese Vergangenheit eigentlich völlig unmöglich ist. In dieser gebauten Umwelt unserer Vergangenheit liegt unsere Zukunft. In München stehen heute zum Beispiel riesige Wohnungshalden leer, während in Häusern aus dem 19. Jahrhundert kaum mehr eine Wohnung frei ist. Man hat erkannt, daß in den alten Häusern das Wohnen menschlicher und um ein Vielfaches als in sogenannten Luxuswohnungen ist. Es gibt mehr Platz, mehr Individualität, mehr Möglichkeiten, sich einzurichten.

NZ: Dieser Bewußtseinswandel in der Öffentlichkeit zugunsten erhaltenswerter Denkmalschutzjahr hätte nicht günstiger gewählt werden können: Das Jahr 1975 trifft zusammen mit einem überraschend starken Bewußtseinswandel in der Öffentlichkeit, der — weit mehr als Nostalgie — eine breite Grundstimmung zugunsten der wieder teuer gewordenen historischen Bausubstanz erzeugt hat. Zu Beginn des Denkmalschutzjahres wird aber auch deutlich, daß das neue Denkmalschutzgesetz reibungslos funktioniert. Der Denkmalschutz sollte in die Bebauungspläne hinein. Auch in der Landesentwicklungsplanung muß er eine Rolle spielen.

NZ: Welche Projekte stehen im Ballungsraum Nürnberg auf der Prioritätenliste?

PETZET: Ich kann hier nur einige nennen: Die St.-Sebaldus-Kirche in Nürnberg wird auch im nächsten Fünfjahresplan enthalten sein. Wir hoffen, daß mit der Gesamtsanierung des Engelschores bald begonnen werden kann. In der Lorenzkirche laufen Restaurierungsarbeiten an den farbigen Chorfenstern. Das Schloß Burgfarrnbach bei Fürth wird ebenso instandgesetzt wie das ehemalige Schloß in Höchstadt/Aisch. Die Gastwirtschaft im Schloß Veldenstein wird zu einem Hotel ausgebaut. Sehr wichtig ist der mit erheblichen Zuschüssen betriebene Umbau der "Zehentscheune" in Rothenburg, die später Reichsstadthalle heißen wird. Hier wird auch der erste internationale Kongreß zum Denkmalschutzjahr abgehalten.

Geschäfte in der Altstadt

NZ: Eine Grundvoraussetzung für die Erhaltung historischer Bausubstanz dürfte sicher sein, daß man geeignete Nutzungen für die alten Gebäude findet. Gibt es hier neue Wege?

PETZET: Das ist ein sehr schwieriges Problem. Ich glaube, man wird in den meisten Fällen doch eine sinnvolle Nutzung finden können. Sehr oft ist es eine Sache der Phantasie, wie man zum Beispiel eine Universität in eine Stadt integriert. Heidelberg hat es geschafft, die Universität in Regensburg steht dagegen auf der grünen Wiese. Heute ist zum Beispiel wieder Qualität von Einzelhandelsgeschäften in der Altstadt gefragt. In den USA geht man schon dazu über, Kaufhäuser in einzelne Geschäfte zu zerlegen. Der brutale Kaufhausblock ist nicht mehr gefragt, es geht um die attraktive Altstadt.

NZ: Welche Mittel stehen für die bayerische Denkmalpflege zur Verfügung?

PETZET: Im vergangenen Jahr hatten wir in Bayern über Baukostenzuschüsse von 12,5 Millionen DM zu verfügen. Davon wurde die letzte Vierteljahresrate wieder gestrichen.

NZ: Nach dem Städtebauförderungsgesetz müssen Bund und Län-

lich, daß schnell gehandelt werden muß, wenn die Vergangenheit noch Zukunft haben soll. Die Geschichte von Jahrtausenden droht im Steinfraß der Domfassaden, in Bodenspekulationen und in rigorosen Projekten ehrgeiziger Stadtplaner unterzugehen. Das Europäische Denkmalschutzjahr könnte zum Jahr des Umbruchs für den Denkmalschutz werden. Die „Nürnberger Zeitung" sprach darüber mit Generalkonservator Dr. Michael Petzet, dem Leiter des Bayerischen Landesamtes für Denkmalpflege.

tenswerter. Bausubstanz ist sicher nicht. Das ist heute die allgemeine Tendenz. Man könnte sagen, daß das Denkmalschutzjahr vielleicht nur ein vorübergehender Propagandaerfolg erzielt würde, wenn nicht diese allgemeine Grundströmung, die doch sehr entschieden in Richtung unserer Anliegen geht, kann man sich einen sehr lange anhaltenden Erfolg versprechen, wie zum Beispiel auch durch das Naturschutzjahr ein großer Erfolg eingetreten ist.

NZ: Können Sie einige Beispiele für diesen ‚Bewußtseinswandel' in der Öffentlichkeit geben?

PETZET: Dieser ‚Wandel' ist schon sehr deutlich spürbar. In Augsburg wurde durch Bürgerinitiative das Zeughaus gerettet. In München gab es allgemeine Aufregung, als am Marienplatz der neue Kaufhof gebaut wurde. Beim Münchner Baukunstausschuß passieren Dinge, die noch vor einiger Zeit undenkbar gewesen wären. Ich denke dabei an die Schließung des Durchbruchs der Maximilianstraße. Bei der Aufstellung unserer Listen für die Denkmäler in ganz Bayern stellen wir fest, daß immer mehr Städte und Gemeinden immer mehr Objekte — auch Ensembles — anmelden.

NZ: Nach Ansicht der Nürnberger Altstadtfreunde hat sich die Stadt Nürnberg aber bisher mit der Meldung von schutzwürdigen Denkmälern auffallend zurückgehalten.

PETZET: In Nürnberg gibt es eine Reihe von Objekten, die von sich aus auf das Bild der Stadt sieht. Wir werden uns mit der Stadt Nürnberg schon über diese Liste einigen. Ich werde mit dem Nürnberger Ober-

Foto: Hans G. Zimmermann

Verfall oder Renovierung?

bürgermeister Dr. Urschlechter Anfang Februar besprechen, was speziell im Denkmalschutzjahr in Nürnberg noch zu machen ist.

Ich habe solche Gespräche auch in Regensburg geführt und wir haben ein großes gemeinsames Programm erarbeitet. Nicht nur wichtige Kirchen sollen restauriert werden, auch die Privatinitiative soll angeregt werden, was auch mit kleineren Mitteln möglich ist. Wir können mit Zuschüssen und mit Mitteln aus dem Entschädigungsfonds arbeiten, durch die man wirklich entscheidend helfen kann.

NZ: Wie verhalten sich die Verkehrsplaner heute im Umgang mit historischer Bausubstanz? Bemerken Sie auch hier ein Umdenken?

PETZET: Ich finde, daß selbst die Autobahnplaner vorsichtiger geworden sind. Die Stadtplanung und die Verkehrsplanung in München hat sich zum Beispiel gewaltig geändert. Auch die Regensburger Verkehrsplaner sind entschieden denkmalfreundlicher geworden. Sicher gibt es aber noch viele kleine Städte, in denen das Ideal einer Verkehrsplanung von zwanzig Jahren vorherrscht. Die Planer der größeren Städte haben aber schon sehr umgedacht. Das ist in der Denkmalpflege meiner Ansicht nach haltend wird.

NZ: Staatssekretär Dr. Hubert Abreß sagte bei einer internationalen Städtetagung in Weißenburg, die Erhaltung der Lebensfähigkeit historischer Städte und Stadtteile sei eine große europäische Aufgabe, aber auch eine europäische Chance. Wird diese Chance in der Bundesrepublik und in Europa schon genügend erkannt?

PETZET: Im Ausland ist das noch höchst unterschiedlich. Bologna ist in der Stadtsanierung zum Beispiel sehr vorbildlich, während es in vielen anderen Städten Italiens noch nicht einmal Fußgängerzonen gibt. In der Bundesrepublik wird die Chance allmählich erkannt. Ich glaube, daß bei der gegenwärtigen Krise in der Bauwirtschaft die Sanierung der Altbauten noch wesentlich mehr Bedeutung bekommen wird. Da werden auch die kleinen Unternehmen mit ihrer handwerklichen Qualität zum Zuge kommen.

Ausstellung und Kongresse

NZ: Wie sieht das bayerische Programm zum Denkmalschutzjahr aus?

PETZET: Das Bayerische Landesamt für Denkmalpflege hat im Auftrag des Deutschen Nationalkomitees eine Wanderausstellung vorbereitet, die in zehn Großstädten der Bundesrepublik zu sehen sein wird. Die Ausstellung — sie wird im Juni in München eröffnet — wendet sich an ein breites Publikum. Es geht nur am Rande um die in der Denkmalpflege üblichen Methoden von Konservierung und Restaurierung. Statt dessen sollen die vielfältigen Möglichkeiten von Gefährdung bzw. Bewahrung und Nutzung historischer Bausubstanz anhand konkreter Beispiele vor Augen geführt werden.

Ein Hauptakzent der Ausstellung wird auf dem Bereich Stadtentwicklung/Stadtsanierung liegen, wozu vor allem Beispiele aus den fünf Modellstädten des Denkmalschutzjahres (Berlin, Xanten, Trier, Alsfeld, Rothenburg ob der Tauber) und den Problem-Städten Bamberg, Regensburg und Lübeck herangezogen werden. Außerdem wird an den bayerischen Schulen eine eigene Ausstellung zu sehen sein.

NZ: Es wird auch internationale Kongresse in Bayern geben?

PETZET: Ja, in Rothenburg wird am 25. Mai ein internationaler Kongreß unter dem Motto „Erhaltung historischer Kleinstädte" stattfinden. Wir haben für die Teilnehmer Exkursionen nach Würzburg, Dettelbach, Volkach, Iphofen, Ansbach, Dinkelsbühl und Nördlingen arrangiert. Ferner bereitet das Landesamt für Denkmalpflege gegenwärtig einen Kongreß für alpenländische Denkmalpflege vor, die in der Arbeitsgemeinschaft Alpenländer vertreten sind. Dieser Kongreß wird am 7. Oktober in Regensburg beginnen und in Füssen enden. Der enge Kontakt der Denkmalpfleger in den Alpenländern soll für die Zukunft eine beständige Aufgabe sein.

Der Aufruf der Regierungspräsidenten an die Landräte und Bürgermeister, für jede Gemeinde ein pflegebedürftiges Baudenkmal zu restaurieren, hat inzwischen ein großes Echo gefunden. Wir wollen erreichen, daß die Denkmalpflege nicht von einem Unfall von der je ein Drittel für Altbausanierungen zahlen — jedoch erst dann, wenn die Kommunen ihr Drittel aufgebracht haben. Bei der chronischen Geldknappheit der Städte, die sich immer weiter verschlechtert, bedeutet dies, daß Denkmalschutz-Projekte oft auf die lange Bank geschoben werden müssen. Es gibt zunehmend kritische Stimmen, die behaupten, daß das Städtebauförderungsgesetz und das geänderte Bundesbaugesetz langfristig keine spürbaren Verbesserungen bringen. Wie sehen Sie die Auswirkungen dieser Gesetze auf den Denkmalschutz?

PETZET: Für die Denkmalpflege hat sich das Städtebauförderungsgesetz durchaus auch negativ ausgewirkt. In vielen Fällen wurde alles total „abgeholzt" und nur wenige Objekte wurden bewahrt. Das Städtebauförderungsgesetz greift besonders in den kleinen Gemeinden nicht recht. Das gilt auch für das neue Modernisierungsgesetz. Ich verspreche mir im Moment mehr von kleinen Schritten.

Hilfe aus Bonn?

NZ: Einige Politiker — unter ihnen der Staatssekretär im Wohnungsbauministerium Abreß — haben erfreulich deutlich gesagt, sie würden es begrüßen, wenn es für die Erhaltung alter Bausubstanz steuerliche Hilfen geben würde. Trotzdem scheint die Bereitschaft in Bonn gegenwärtig nicht groß zu sein, solche Maßnahmen zu subventionieren. Rechnen Sie noch mit Hilfe aus Bonn?

PETZET: Daß die entscheidende Gesetzesinitiative der Länder auf steuerliche Hilfen für die Erhaltung historischer Bauten bisher nicht zum Zuge kam, liegt nur am Bundesfinanzministerium. Es wäre ein Akt der Gerechtigkeit, wenn einer, der sein altes Haus saniert, vollkommen gleichwertig mit dem behandelt würde, der neu baut. Das Bundesfinanzministerium hat einen Steuerausfall von 250 Millionen DM nach Inkrafttreten eines solchen Gesetzes errechnet. Die Denkmalpflegeämter haben jedoch festgestellt, daß diese Zahl frei erfunden ist.

Ich hoffe sehr, daß man noch einsieht, daß die Unterstützung der Privatinitiative von Altbaubesitzern ein kardinaler Punkt ist. Man sollte sich nicht nur auf das neue Modernisierungsgesetz herausreden. Es wäre für uns das wichtigste Ergebnis des Denkmalschutzjahres, wenn in Bonn die Notwendigkeit steuerlicher Hilfen eingesehen würde.

Regensburg
im Jahr des Denkmalschutzes

Generalkonservator Dr. Petzet: Hofft auf enge Zusammenarbeit mit der Stadt.

Zum Auftakt ein Interview

Regensburg ist neben Bamberg und Lübeck die Stadt, die im Rahmen des nationalen Programms in der Bundesrepublik im europäischen Denkmalschutzjahr besonders herausgestellt wird. Aus diesem Anlaß wird die WOCHE in diesem Jahr regelmäßig zu Problemen des Denkmalschutzes in Regensburg kritisch Stellung nehmen, positive und negative Aspekte aufzeigen. Als Auftakt der Serie von Berichten und Reportagen bringt die WOCHE in dieser Ausgabe ein Exklusiv-Interview mit dem Leiter des Landesamtes für Denkmalpflege, Generalkonservator Dr. Michael Petzet.

Die Villa Lauser: Der Bau wird vor dem Verfall gerettet. Das notwendige Geld kommt aus dem Entschädigungsfonds.

WOCHE-Exklusiv-Interview mit Bayerns oberstem Denkmalschützer
Kriegsbeil begraben

das Gebäude im Besitz der Stadt bleibt, könnte man auch hier das gute Einvernehmen demonstrieren und es gemeinsam versuchen. Von uns werden erhebliche Zuschußmittel notwendig sein. Man soll ruhig einmal optimistisch sein und hoffen, daß die Baumaßnahme in einem Jahr abgeschlossen ist.

1975 internationaler Kongreß

Das entspricht übrigens genau unserer Linie: In München wollen wir in die Münze. Wir haben uns geweigert, in einen Neubau zu ziehen, obwohl schon die Finanzierung da war. Für eine Behörde ist es viel angenehmer, in einem alten Haus zu sein, weil man es viel menschlicher einrichten kann. Die Neubauten gleichen ja doch bloß einem Bienenhaus.

Als wichtigste Veranstaltung im Denkmalschutzjahr in Regensburg

einzigartig; das ist auch so ein Haus, das es nur in Regensburg und sonst nirgendwo mehr gibt.

Es gibt natürlich noch eine ganze Reihe anderer städtischer, kirchlicher und staatlicher Maßnahmen wie Innenrestaurierung mit Freilegung der kompletten Ausmalung von 1570 in der Ulrichskirche am Dom. Aber mit das Großartigste ist, daß das Kloster St. Magn in Stadtamhof erhalten bleibt und mit einer Funktion wie der Kirchenmusikschule beseelt wird.

Beim Hotel Maximilian sind unsere Forderungen klar: Gemäßigte Höhenentwicklung, Freihaltung des Stadtgrabens, äußerliche Erhaltung des Hotels samt den zwei wichtigen Räumen im Erdgeschoß. Wir warten auf einen konkreten Vorschlag mit den Bebauungsplan. Im Detail ist noch vieles unklar. Aber Maximilian ist nicht so ein Konfliktfall, wie er gerne dargestellt wird. Die Denkmalpflege jedenfalls kann keine

Im Europäischen Denkmalschutzjahr 1975 ist das bayerische Landesamt für Denkmalpflege gegenüber Regensburg ganz auf weiche Welle eingestimmt. Offen bieten die Münchner den Regensburgern eine enge partnerschaftliche Zusammenarbeit an, wobei die Sünden der Vergangenheit vergessen sind. Das Kriegsbeil also ist begraben! Aus dem Entschädigungsfonds soll Geld für dringend notwendige Sanierungen privater Bauten nach Regensburg fließen, in die Stadt, die das Landesamt als absoluten Schwerpunkt in Bayern ansieht. Über 100 000 Mark Zuschüsse für Fassadenrenovierungen soll es geben und als Dokument der Bedeutung Regensburgs: eine Zweigstelle des Landesamtes für Denkmalpflege in der berühmten „Sanierungsruine", dem Runtingerhaus. Dies alles erklärte Generalkonservator Dr. Michael Petzet bei einem Exklusiv-Interview in München der WOCHE. Nachfolgend drucken wir das WOCHE-Gespräch mit Dr. Petzet und dem zuständigen Referenten für Regensburg, Direktor Bauch, ab, ohne die Fragen im einzelnen anzuführen. Der Tenor des Interviews lautete: „Was geschieht im Denkmalschutzjahr alles in Regensburg?"

Als Ausgangslage haben wir für Fassaden in Regensburg an 100 000 Mark oder sogar noch mehr gedacht. Aber es soll kein Fassadenwettbewerb werden, sondern es soll eine Fassadenerneuerung angeregt werden, die im Bereich um das Rathaus wie am Rathausplatz, Kohlenmarkt und an der Wahlenstraße. Ähnlich ist es in München in den Gründerzeitvierteln mit großem Erfolg geschehen. Gemeinsam mit der Stadt wollen wir mit den Hausbesitzern reden, welche Absichten bestehen, was man machen könnte. Es soll also nicht so sein, daß man rein kosmetisch die Fassaden renoviert.

Privatinitiative wecken

Ich verspreche mir da auf die Dauer mehr, wenn man in einem Gespräch in einem solchen Bereich die Privatinitiative weckt als von einem Sanierungsgebiet. Hier baut man über viele Jahre hinweg, aber im Grunde ist das Ergebnis für die Denkmalpflege doch etwas zweifelhaft, weil sehr viel abgerissen und neu gebaut wird. Wenn wir weiterkommen, sollte man jedes Jahr einen Schritt weitergehen. Es geht einfach darum, etwas anzuregen und die private Initiative zu wecken und mit einem Zuschuß zu unterstützen.

Es gehört auch dazu, daß wir in diesem Viertel so eine Art Gesamtplanung finanzieren. Das fängt damit an, daß wir hier sämtliche Hausfassaden aufmessen. Das möchten wir heuer im Sanierungsgebiet durchführen. Und das verbinden wir dann mit einer Untersuchung der Häuser innen. Die Geschichte kostet uns 200 000 Mark, dann wäre das Gebiet fotogrammetrisch aufgemessen.

Die Meisterschule für das Malerhandwerk in München will in Regensburg eine Ausstellung machen und die können bei den Fassaden beraten. Man könnte sogar einen Teil des Beratungsergebnisses in einer Ausstellung bringen. Das entspricht insgesamt unseren Bemühungen um ein solides Bauhandwerk. Wir brauchen solide Handwerker in Regensburg auf längere Zeit.

Grundsätzlich möchte ich als Leiter des Landesamtes für Denkmalpflege betonen: **Wir betrachten Regensburg wegen seiner Bedeutung als absoluten Schwerpunkt in Bayern nicht nur im Denkmalschutzjahr.**

Wir wollen eine Reihe von Gebäuden aus Mitteln des Entschädigungsfonds retten. Dabei handelt es sich immer um Bauten, die in ihrem Zustand unmittelbar gefährdet sind. Auch hier ist in Regensburg ein Schwerpunkt. Wir können aber jetzt noch nicht über alle Fälle reden. Ein gutes Beispiel ist die Villa Lauser am Oberen Wöhrd, Lieblstraße 2. Dies ist ein sehr bedeutender Bau, eine klassizistische Villa, errichtet 1795. Sie befindet sich im Privatbesitz und kann nur mit Privatbeteiligung vom Verfall gerettet werden. Hier wollen wir eine sehr massive Förderung geben.

In Regensburg möchten wir aus dem Entschädigungsfonds fünf bis sechs Projekte fördern. Wir warten da auch noch auf Vorschläge der Stadt.

Noch ein wichtiger Punkt: die Außenstelle des Landesamtes für Denkmalpflege kommt ins Runtingerhaus. Gerade weil Regensburg für uns ein Schwerpunkt ist, möchten wir hier mit einer Außenstelle vertreten sein. Das Runtingerhaus ist nur unvollständig renoviert und steht jetzt so da. Da muß man schon noch einiges hineinstecken. Es gibt keine sanitären Anlagen, kein Licht, keine Heizung. Die Fassade muß überholt werden. Das wird jetzt eine kombinierte Aufgabe. Landesamt und Stadtarchiv, Ausstellungsräume könnte man gemeinsam nutzen. Da ist der Kongreß für alpenländische Denkmalpflege anzusehen; er wird am 7. Oktober in Regensburg eröffnet und am 10. Oktober in Füssen im Allgäu beendet. Teilnehmer sind: Bozen, Graubünden, Lombardei, Salzburg, Tirol, Trient, Vorarlberg. In Regensburg wird auch über die Koordinierung von Maßnahmen auf allen Gebieten des Denkmalschutzes beraten, so über die Zusammenarbeit bei der Fahndung nach gestohlenen Kunstgegenständen. Gerade heute haben wir einen Anruf von Architekt Naumann bekommen, er sitzt schon über den Detailplänen für das Haus der Begegnung Hinter der Grieb. Mit der Renovierung wird heuer begonnen. Wir geben einen Zuschuß von 500.000 Mark. Das meiste Geld stammt mit 3,5 Millionen Mark von der Volkswagenstiftung. Dieses Gebäude aus dem 13. Jahrhundert ist wirklich

Einige Negativbeispiele

Abschließend wollen wir feststellen: Wir freuen uns sehr, daß die Stadt Regensburg noch heuer eine Gestaltungsverordnung als Ortssatzung für die Altstadt anstrebt. Einiges, was in Regensburg in der Vergangenheit geschehen ist, gilt heute als Negativbeispiel in ganz Deutschland. Doch es hat keinen Sinn, immerzu über das zu klagen, was passiert ist, man sollte vielmehr jetzt gemeinsam mit der Stadt überlegen, was man künftig tun soll!

Interview: Günter Schießl

Schuld treffen, wenn das Projekt scheitert. Auch bei der Bayerwaldbrücke warten wir auch Detailpläne der Stadt. Dann wollen wir weitersehen.

„Sanierungsruine" Runtingerhaus (links): Hier installiert das Landesamt für Denkmalpflege eine Zweigstelle. — Mittelalterliche Hausburg Hinter der Grieb: Bald beginnt die Renovierung.
Fotos: Hanske

Der Denkmalsschutz hilft auch dem Handwerk
Konservator belebt die Konjunktur
Petzet lobt die schwäbischen Aktivitäten — Sinn für das Alte auch in der Schule

Von unserem Redaktionsmitglied Dr. Elisabeth Emmerich

Augsburg. Daß eine Schulklasse im Europäischen Denkmalschutzjahr ein altes Feldkreuz in Pflege nimmt, ist so gut wie ein kostenintensiver Restaurierungsplan für ein historisches Bauwerk. Die Aktion der Schulklasse hilft ein „Problembewußtsein" dafür schaffen, daß es sinnvoll ist, zu erhalten, was frühere Jahrhunderte an Wertvollem in unseren Städten und Dörfern geschaffen haben. Die Bedeutung solcher öffentlicher Bewußtseinsbildung im Rahmen der Aktivitäten des Denkmalschutzjahres hat der Generalkonservator des Bayerischen Landesamtes für Denkmalpflege, Dr. Michael Petzet, anläßlich eines Arbeitsbesuches in Augsburg unterstrichen. Petzet besprach dabei die Pläne für das Denkmalschutzjahr mit der Regierung und dem Bezirk Schwaben sowie der Stadt Augsburg.

Auf einer Pressekonferenz klang Befriedigung an über den bisherigen Widerhall in den Landkreisen auf einen Aufruf des Regierungspräsidenten Frank Sieder, jede schwäbische Kommune solle 1975, je nach ihren finanziellen Möglichkeiten, ein ganz bestimmtes Objekt zur Restaurierung vornehmen. Bereits jetzt hat rund die Hälfte der Landkreise, wie Bezirksheimatpfleger Dr. Hans Frei mitteilen konnte, ein erstes Konzept darüber vorgelegt, was bei ihnen geschehen soll. In den anderen sind zum Teil noch Wettbewerbe unter den Gemeinden um die besten Vorschläge im Gang.

Wohlgefallen erregte auch die Aktion der Leiterin der Schulabteilung der Regierung von Schwaben. Regierungsschuldirektorin Hanni Rist hat ein übriges zu den ersten Vorschlägen des Kultusministeriums für eine Auswertung des Themas Denkmalschutz in den Schulen getan und die Schulräte und Schulleiter zu einer eigenen zusätzlichen Initiative animiert.

Lauter als bisher

Generalkonservator Petzet unterstrich vor der Presse, man dürfe auch ruhig lauter als bisher davon reden, was Vorhaben der Denkmalpflege zum gegenwärtigen Zeitpunkt an gezielter Konjunkturhilfe vor allem für kleinere Handwerksbetriebe bedeuten könnten. Insgesamt habe er, so sagte Petzet, in Schwaben eine Aufgeschlossenheit für die Belange des Denkmalschutzjahres gefunden, die ihn hinsichtlich der reellen Chancen für die Durchführung der Bestimmungen des neuen bayerischen Denkmalschutzgesetzes nicht pessimistisch stimme.

Die erste Aufregung vorbei

Nach Mitteilung des Rechtsexperten in Sachen Denkmalschutz bei der Regierung von Schwaben, Regierungsdirektor Dr. Günter Schmitt, hat sich die erste Aufregung um die „Listen" derjenigen Objekte und Ensembles, bei denen im Fall baulicher Veränderungswünsche das denkmalpflegerische Gutachten künftig verbindlich eingeholt werden muß, weitgehend gelegt. Es gibt inzwischen sogar Gemeinden, die den ersten Entwurf ihrer „Liste" erweitern möchten.

Der Schwaben-Referent im Landesamt, Landeskonservator Dr. Karl-Ludwig Dasser, verspricht sich von den künftigen zwei monatlichen Sprechtagen in Sachen Denkmalschutzgesetz — einer für die Stadt Augsburg, einer für den Regierungsbezirk — einen erfolgversprechenden zusätzlichen Service für die Gemeinden.

Das Landesamt kümmert sich neben der fachlichen Betreuung von Aktivitäten der Kommunen, Körperschaften und privater Bauherren 1975 um folgende eigene größere Objekte in Schwaben: Ottobeurer Kaisersaal, Schloß Oettingen, Schloß Ichenhausen, Kemptener Fürstensaal, Klosterhof St. Mang und Hohes Schloß Füssen, Kirche Auhausen, St. Georg und „Daniel" in Nördlingen, St. Thekla in Welden, Kloster Zimmern (Donau-Ries-Kreis), Stadtpfarrkirche und Theater in Weißenhorn, Stadtbefestigungen in Aichach und Füssen, Günzburger Schloß, Klosterkirche Maihingen (Donau-Ries) und Kloster Oberschönenfeld (Landkreis Augsburg). In Maihingen entsteht das künftige Rieser Bauernmuseum, in Oberschönenfeld das mittelschwäbische Bauernmuseum. Das Dillinger Heimatmuseum soll für die Zwecke der dortigen Lehrerfortbildungsakademie neu organisiert werden.

Landeskonservator Dr. Günther Krahe, Leiter der Außenstelle für Bodendenkmäler in Schwaben, wird sich heuer auf die publikumsattraktiven Grabungsschutzzonen im Erholungsgebiet Augsburg-Westliche Wälder, auf der Monheimer Alb und bei den Offnethöhlen im Ries konzentrieren.

Auch der Deutsche Städtetag weiß keine Lösung

München (lb). Die optimale Lösung für das sogenannte Stadt-Umland-Problem im Rahmen der kommunalen Gebietsreform ist nach Ansicht des Geschäftsführenden Präsidialmitgliedes des Deutschen Städtetags, Dr. Bruno Weinberger, noch nicht gefunden. Vor dem Münchner Presseclub erklärte der Kommunalpolitiker, nirgends werde mehr experimentiert als auf diesem Gebiet. Innerhalb des Städtetags habe man bisher weder einen Beschluß für noch gegen Eingemeindungen zugunsten von Großstädten zustande bringen können. Die Schaffung größerer Einheiten, so meinte Weinberger weiter, bringe keine Ersparnis, sondern zunächst eine Verteuerung. Doch bedeute mehr Leistungskraft die Grundlage für eine vernünftige Entwicklung der Gemeinden. Die Richtzahl von 5000 Einwohnern für Gemeindezusammenlegungen in Bayern bezeichnete Weinberger als „richtig und tragbar".

GOLDENE WORTE FÜR DIE SCHWABEN. Bayerns Generalkonservator Dr. Michael Petzet (rechts) lobt deren Initiative im Denkmalschutzjahr — eine Genugtuung für Schwabens Bezirksheimatpfleger Dr. Hans Frei (Mitte) und Landeskonservator Dr. Karl-Ludwig Dasser (links). AZ-Bild: Fred Schöllhorn

Augsburger Allgemeine
1. Februar 1975

Weißgerbergasse Paradestück im Denkmalschutzjahr

Leiter des Landesamtes für Denkmalschutz, Dr. Michael Petzet, kündigt bessere Zusammenarbeit an

Nicht nur die Paradestädte Bamberg und Regensburg sollen im bayerischen Raum während des Denkmalschutzjahres herausgestellt werden, sondern neben einigen anderen auch Nürnberg mit seiner historischen Altstadt. Aus diesem Grunde fand gestern ein Gespräch zwischen dem Leiter des Landesamtes für Denkmalspflege, Generalkonservator Dr. Michael Petzet, auf der einen Seite, und Oberbürgermeister Dr. Andreas Urschlechter sowie Baureferent Otto Peter Görl auf der anderen Seite statt.

Besonders hervorgehoben wurde dabei, daß die Zusammenarbeit zwischen dem Landesamt und der Stadt durch einen engeren Kontakt noch effektiver als bisher gestaltet werden soll. Petzet äußerte sich überzeugt davon, daß es künftig durch Personalmehrung in seinem Amt gelingen werde, alle Aufgaben zu erfüllen. Bereits jetzt sei man wesentlich besser im Vollzug, und das Gesetz werde optimaler praktiziert.

Auch Oberbürgermeister Dr. Urschlechter gab sich dahingehend optimistisch, daß eine gedeihliche Zusammenarbeit auf beiden Seiten zustande kommen wird. Künftig werde gewährleistet sein, daß jeweils ein Regierungsbeauftragter auch bei den Amtskonferenzen des Baureferenten zugegen sein wird.

Das Thema Weißgerbergasse, der Hauptbeitrag der Stadt Nürnberg zum Denkmalschutzjahr, werde erstmals unter dem Aspekt der Zusammenarbeit zu sehen sein. Die dort geplanten Maßnahmen bezeichnete Dr. Urschlechter wichtiger als beispielsweise eine örtliche Erklärung zum Denkmalschutzjahr. Eine Arbeitsgruppe von Architekten soll nunmehr das Projekt ausarbeiten und dabei insbesondere erkunden, wie die vorhandenen baulichen Lücken zu schließen sind.

Petzet regte an, die Weißgerbergasse zum Sanierungsgebiet zu erklären, um auf diese Weise an die für solche Zwecke bereitgestellten Mittel zu kommen. Zudem erklärte er sich bereit, die Gesamtplanung durch Zuschüsse seines Amtes zu unterstützen. Die Weißgerbergasse könne durchaus zu einem Modell für andere Straßenzüge werden, meinte der Generalkonservator.

Gleichzeitig nannte Dr. Petzet eine Reihe von anderen Maßnahmen, die noch im laufenden Jahr in Nürnberg vom Landesamt durchgeführt werden sollen. (Die NZ hat in einem Interview bereits teilweise darüber berichtet.) So wird St. Sebald demnächst in den neuen Fünfjahresplan aufgenommen werden, an der Lorenzkirche sollen die begonnenen Maßnahmen konsequent weitergeführt werden, für St. Elisabeth ist die Sanierung der Gesimse der äußeren Turmkuppeln geplant, die Instandsetzung von St. Jakob wird abgeschlossen, an der Ruine des Katharinenklosters sollen heuer die noch vorhandenen Kriegsschäden beseitigt werden, wünschenswert wäre auch ein Dach, schließlich sollen demnächst die Renovierungsarbeiten am Pfarrhaus der Frauenkirche abgeschlossen werden.

Zur Sanierung des Kreuzganges der Katharinenkirche, die von der Stadt vorgenommen wird, erklärte Baureferent Otto Peter Görl, daß in den nächsten Wochen ein Gesamtkonzept mit verschiedenen Denkansätzen vorgelegt werde.

Erfreut zeigte sich Petzet darüber, daß der Nürnberger Hauptbahnhof wieder eine Kuppel erhalten wird. Zum Thema Karstadt-Kaufhaus sei er zuversichtlich, daß hier eine gute Lösung gefunden werde. Als positiv stellte er auch die Sanierungsmaßnahmen an der Stadtmauer heraus, „die wesentlich zur Erhaltung des Stadtbildes beitragen". Ein Problem sei derzeit der Unschlittplatz. Hier gehe es um drei Fassaden, für die eine gemeinsame Lösung in Zusammenarbeit mit der Stadt gefunden werden müsse.

Eines lastet nicht nur den Bauverantwortlichen der Stadt, sondern auch dem Generalkonservator schwer auf der Seele: das Haus Albrecht-Dürer-Platz 4, das trotz aller Bemühungen in Gesprächen mit seiner Besitzerin immer noch ein Notdach trägt. Petzet befürchtet, daß man dieses Problem auch nicht werde lösen können, obwohl für die Errichtung eines ordentlichen Daches, das ungefähr 250 000 DM kostet, von seinem Amt ein Zuschuß von 20 Prozent, dazu von der Stadt einer von zehn Prozent der Baukosten gezahlt werden würde.

Auf die unliebsame und dazu kostenträchtige Steintribüne, die ebenfalls in der Denkmalschutzliste enthalten ist, angesprochen, betonte Petzet, daß er in dieser Sache mit sich reden lasse. Er habe auch nichts dagegen einzuwenden, daß die Seitentürme, wie von der Stadt beschlossen, abgetragen werden.

Nürnberger Zeitung
8. Februar 1975

„Ohne ein solides Bauhandwerk ist kein Denkmalschutz möglich"

Bayerns »Generalkonservator«: Privatinitiative muß angekurbelt werden

München (ddp). Der Bundesrepublik einziger »Generalkonservator«, wie er offiziell heißt, der Leiter des Bayerischen Landesamtes für Denkmalpflege, Michael Petzet, gibt sich optimistisch. Er hofft, daß im Jahr des europäischen Denkmalschutzes 1975 für die Renovierung kulturhistorisch wichtiger Bauten in Bayern »weit mehr Geld« bereitgestellt wird als in früheren Zeiten. Petzet wendet sich dagegen, wenn behauptet wird, allein für Bamberg sei »eine Milliarde DM« notwendig. »Damit kann man die ganze Stadt sanieren«, sagt er.

Beispiele dafür, was sich Bayern — »sicherlich ein sehr starker Schwerpunkt« der Denkmalpflege in der Bundesrepublik — für 1975 an Restaurationen vorgenommen hat, gibt es genug: Nach Angaben des Konservators ist eines der berühmtesten Baudenkmäler in München, die Asam-Kirche, »noch nie grundlegend« renoviert worden.

In der Nähe von Kaufbeuren in Schwaben soll das »ganze« Kloster Irsee vor dem Verfall gerettet werden. Und in Rothenburg ob der Tauber wird zu dem für Ende Mai angesetzten Kongreß von 300 Denkmalpflegern aus aller Welt die »Zehntscheune« im Spitalviertel »unter vollständiger Wahrung des historischen Baukörpers« zu einer Kongreßhalle umfunktioniert.

Nach den Worten Petzets hat sich angesichts des Rückgangs beim Bau von neuen Wohnungen mit der Renovierung von Altbauten »ein neuer Markt« aufgetan, der auch dem Denkmalschutz zugute kommt. Petzer: »Die Privatinitiative muß angekurbelt werden«. Auch für das Handwerk sei die Restauration »eine entscheidende Sache«. »Ohne solides Bauhandwerk« sei wiederum Denkmalpflege nicht möglich.

Unter dem Stichwort »denk mal« haben die sieben bayerischen Regierungsbezirke die Bürger in allen Gemeinden Bayerns aufgerufen, »was zu tun« im Denkmalschutzjahr. Ende 1975 sollen private Besitzer von Baudenkmälern Preise für vorbildliche Restaurierungen erhalten.

Main-Echo (Aschaffenburg)
18. Februar 1975

Regensburg wird ein Stützpunkt der Denkmalpfleger

Landesamt richtet im Runtingerhaus eine Außenstelle ein / Domfenster sollen gerettet werden

REGENSBURG (Eigener Bericht) — In diesem Jahr will der Chef des Bayerischen Landesamts für Denkmalpflege, Dr. Michael Petzet, sein besonderes Augenmerk auf Regensburg lenken, das im Europäischen Denkmalschutzjahr neben Bamberg und Rothenburg ob der Tauber die dritte Beispielstadt in Bayern ist. Der Generalkonservator sieht in der Regensburger Altstadt, in der sich auf einem Areal von 150 Hektar etwa tausend denkmalwürdige Gebäude befinden, einen „entscheidenden Schwerpunkt der denkmalpflegerischen Arbeit in Bayern", der sein Amt noch jahrzehntelang beschäftigen wird. Er beschloß deshalb, in Regensburg eine ständige Vertretung des Landesamts einzurichten, um der Vielzahl der denkmalpflegerischen Aufgaben in der Stadt gerecht zu werden. Die Außenstelle wird zusammen mit dem Regensburger Stadtarchiv und mit der Abteilung für Vor- und Frühgeschichte des Landesamts, die bisher im Stadtmuseum untergebracht war, in das Runtingerhaus einziehen.

Petzet ist glücklich darüber, daß das historische Gebäude, das zu den bedeutendsten mittelalterlichen Patrizierhäusern in Regensburg zählt, mit dieser Nutzung endgültig gerettet werden konnte. Das Haus, das sich seit 1367 im Besitz der Runtinger befand und später an die Stadt Regensburg fiel, stand jahrelang leer, weil man für das Gebäude keine Verwendung hatte. Die Sanierung des Bauwerks, die man 1961 in Angriff genommen hatte, war nicht zu Ende geführt worden, und so drohte dem Haus lange Zeit der Verfall. Die Mittel für den Abschluß der Restaurierungsmaßnahmen sind nun sichergestellt. Die Arbeiten sollen noch in diesem Jahr beginnen und 1976 beendet werden.

Zum Regensburger Programm des Landesamts im Denkmalschutzjahr gehört außerdem die Wiederherstellung von fünf schutzwürdigen Häusern, die sich in Privatbesitz befinden. Unter ihnen befinden sich das Wohnhaus des Kaiserlichen Astronomen und Mathematikers Johannes Kepler, der 1630 in Regensburg starb, und die Villa Lauser auf dem Oberen Wöhrd. Das Landhaus, das Johann Sorg 1795 erbaute, besitzt einen kostbaren Festsaal mit Malereien aus der Zeit zwischen 1810 und 1820. Weiter plant Petzet den Ausbau der Wirtschaftsgebäude des ehemaligen Klosters Obermünster zum Diözesanmuseum.

Als zusätzliche Aktion zum Denkmalschutzjahr will der Generalkonservator die Restaurierung von Hausfassaden, im geschlossenen Straßen- und Platzensemble Rathausplatz—Kohlenmarkt—Wahlenstraße anregen. Die Stadt Regensburg beabsichtigt außerdem, die Wahlenstraße neu zu pflastern. „So könnte sich", meint Petzet, „in diesem Bereich ein intakter Altstadt-Straßenraum präsentieren." Die Maßnahmen sollten sich jedoch möglichst nicht nur auf „Fassadenkosmetik" beschränken. Es sei vielmehr auch an Verbesserungen im Innern der Häuser gedacht. Durch Privatinitiative, unterstützt durch Zuschüsse des Landesamts und der Stadt, erhofft sich der Generalkonservator ähnlich positive Ergebnisse wie seinerzeit in München bei der Fassadenaktion vor den Olympischen Sommerspielen.

Petzet begrüßt außerdem, daß in das Gravenreuter Haus wieder Leben einziehen soll. Die Universität Regensburg will in diesem bedeutenden Patrizierhaus aus dem 13. Jahrhundert ein Gästehaus und ein „Haus der Begegnung" einrichten. Die Finanzierung des Projekts ist durch Zuschüsse der Stiftung Volkswagenwerk und des Freistaates Bayern bereits gesichert.

Weitere Maßnahmen in Regensburg sind der Abschluß der Restaurierungsarbeiten am Alten Rathaus, die Konservierung der Domfenster, die durch Abgase schwer gefährdet sind, die Freilegung von bedeutenden Wand- und Gewölbemalereien aus der Zeit um 1570 in der St.-Ulrichs-Kirche und die Restaurierung der „Deutschordenskommende". Das barocke Palais wird zum Verwaltungsgebäude für die Regierung der Oberpfalz ausgebaut.

Ferner beabsichtigt die Stadt Regensburg, die Dächer der Altstadt unter „Landschaftsschutz" zu stellen. Dies sieht die „Verordnung über örtliche Bauvorschriften zum Schutz der Altstadt von Regensburg" vor, die jetzt im Entwurf vorliegt. Sie wendet sich vor allem gegen die Zunahme von Flachdächern, die zu einer Verödung der Dachlandschaft der Altstadt führen könne. Verstöße gegen diese Verordnung, die Dächer, Dachhauben, Dachausschnitte und auch Fenster und Balkone als schutzwürdig aufführt, sollen mit Geldbußen bis zu 100 000 Mark geahndet werden.

Hans-Günter Richardi

Süddeutsche Zeitung
26. Februar 1975

Drei Städte stehen Modell im Jahr des Denkmalschutzes

Petzet: Initiativen in Regensburg, Bamberg und Rothenburg

BAMBERG (Eigener Bericht) Vor der Presse betonte Generalkonservator Michael Petzet, daß sich das Landesamt für Denkmalpflege mit den sogenannten Beispielstädten Bamberg und Regensburg im Denkmalschutzjahr mit einem Sonderprogramm stark engagieren werde. Zu den Beispielstädten gehört ferner Rothenburg, das vom Europarat als Modell für einen Fremdenverkehrsort benannt wurde. Die Städte Bamberg, Regensburg und Lübeck haben sich zur Erhaltung ihrer historischen Altstädte bekanntlich zu einer Arbeitsgemeinschaft zusammengeschlossen.

Petzet lobte den Planungsvorsprung Bambergs, das wie kaum eine andere Stadt die Privatinitiative in den Dienst des Denkmalschutzes stelle. Es sei ziemlich „einzigartig", daß so hohe Eigenleistungen in die Denkmalpflege investiert würden — nach Angaben von Oberbürgermeister Mathieu allein in diesem Jahr über 800 000 Mark. Petzet meinte, dies werde sich auszahlen. „Wir werden es nicht bei den drei Beispielen, die jetzt aus dem Entschädigungsfonds nach dem Denkmalschutzgesetz in der Größenordnung von einer Million Mark gefördert werden, bewenden lassen."

Der Generalkonservator nannte als weitere Schwerpunkte der Denkmalpflege in Oberfranken, die zum Teil in Mehrjahresplänen renoviert und gesichert werden, das Schloß Weißenstein in Pommersfelden, die Stadtbefestigung von Seßlach, die Burg Lisberg bei Bamberg und die Burg Greifenstein bei Heiligenstadt. Dagegen gehe es mit einem fränkischen Freilichtmuseum nicht voran; die Unterschiede zwischen Ober-, Mittel- und Unterfranken seien offenbar zu groß, um ein gemeinsames Projekt zu ermöglichen.

Für Bamberg kündigte Petzet die Errichtung einer Außenstelle des Landesamts für Denkmalpflege an, für die bis zu acht Mitarbeiter vorgesehen seien. Ihr werde eine Grabungsabteilung angegliedert, die für ganz Oberfranken zuständig sei.

Adolf Bauer

FDP-Arbeitsgemeinschaft Bamberg—Regensburg—Lübeck

REGENSBURG (dpa) — Eine Arbeitsgemeinschaft haben die FDP-Stadtratsfraktionen von Bamberg, Regensburg und Lübeck gebildet. Zwischen den Stadtverwaltungen dieser drei Städte gibt es bereits eine entsprechende Zusammenarbeit. Die FDP-Arbeitsgemeinschaft will sich vor allem den Fragen der Altstadtsanierung widmen. Sie tritt für Steuererleichterungen bei Sanierungsvorhaben und für die Bereitstellung von Bundesmitteln für sogenannte Demonstrativobjekte ein. Außerdem fordert sie die Begünstigung der privaten Sanierung durch eine Befreiung von der Grunderwerbssteuer. Vorsitzender der Arbeitsgemeinschaft wurde der Regensburger Stadtrat und oberpfälzische FDP-Bezirksvorsitzende Werner Gallus.

Regensburg will größer werden

REGENSBURG (Eigener Bericht) — Das Drosselungsmanöver des bayerischen Staates gegenüber der Stadt müsse beendet werden, sagte der Vorsitzende der SPD-Stadtratsfraktion, Burgau vor der Presse. Daß Regensburg immer mehr Aufgaben auf Kosten seiner Steuerzahler zugemutet und als neues Zentrum die beiden großen Ballungszentren München und Nürnberg entlasten solle, ohne mehr Raum zu erhalten, sei ein „Unfug". Burgau sprach sich für die Eingliederung der Gemeinden Harting, Burgweinting, Oberisling und Pentling sowie von Teilen Barbings, vor allem des neuen Osthafens, aus wie dies die Stadt-Umland-Kommission vorgeschlagen habe. Darüber hinaus strebe die SPD-Fraktion die Eingliederung der mit der Stadt bereits jetzt eng verflochtenen Gemeinden Kareth und Lappersdorf an.

Der bayerische Generalkonservator lobte die Art, wie in Bamberg Denkmalpflege betrieben wird

Hervorragende Zensuren für „Bamberger Modell"

Die Anstrengungen der Stadt beginnen sich auszuzahlen — Hilfe auch über 1975 hinaus versichert

Es gibt den Bamberger Reiter, Bamberger Hörnla, Bamberger Rauchbier, und neuerdings gibt es auch das Bamberger Modell. Letzteres ist auf dem besten Wege, zu einem Bestseller in der bundesdeutschen Denkmalpflege zu avancieren. Der Leiter des Landesamtes für Denkmalpflege in München, Generalkonservator Dr. Michael Petzet, gab ihm gestern bereits beste Zensuren. Nach dem „Bamberger Modell", so meinte Petzet, lasse sich mit vielen kleinen Schritten wahrscheinlich mehr erreichen als mit großen Aktionen, denen die Gefahr des Kahlschlages mehr eingeboren sei als der denkmalpflegerische Effekt; Beispiel: das Städtebauförderungsgesetz.

Einer Meinung: Generalkonservator Dr. Michael Petzet (zweiter von links) mit OB, Rektorin Roth und Baureferent Seifert
Foto: FT-Emil Bauer

Die Bamberg gewidmeten Komplimente fielen in einer Pressekonferenz im Rathaus am Maxplatz, zu der Journalisten aus ganz Nordbayern gekommen waren; Oberbürgermeister Dr. Mathieu und die Heimatpflegerin der Stadt Bamberg, Rektor Prof. Dr. Elisabeth Roth, hießen sie herzlich willkommen. Frau Roth machte — bevor sie nach München reiste, um dort an einer Konferenz der bayerischen Hochschulrektoren teilzunehmen — schnell darauf aufmerksam, daß in Kürze das für die Zwecke der Gesamthochschule wiederaufgebaute Hochzeitshaus eingeweiht werde. Damit sei eine „Initialzündung" dafür gegeben, die Bamberger GH in der Innenstadt fortzuentwickeln.

Generalkonservator Dr. Petzet versicherte namens des Landesamtes für Denkmalpflege, daß der Stadt Bamberg auch über das Europäische Denkmalschutzjahr 1975 hinaus „unser Augenmerk" gelten werde. Es komme nicht auf die Milliarde DM an, die Bambergs Sanierung kosten solle,

wohl aber sei entscheidend, daß Jahr für Jahr in kleinen Schritten etwas getan werden könne — und das eben sei das Bamberger Modell.

■ Der bayerische Generalkonservator anerkannte den Planungsvorsprung, den Bamberg gegenüber anderen Städten habe,

■ anerkannte, daß hier wie kaum an zweiter Stelle die Privatinitiative für den Denkmalschutz relevant sei.

■ Schließlich sei es „ziemlich einzigartig", daß eine Stadt so hohe Eigenleistungen in die Denkmalpflege investiere wie Bamberg. OB Dr. Mathieu warf ein: „Selbst heuer sind es über 800 000 DM!"

Dr. Petzet ließ erkennen, daß dies sich auszahlen werde. „Wir werden es nicht bei den drei Beispielen, die jetzt aus dem Entschädigungsfonds nach dem Denkmalschutzgesetz in der Größenordnung von einer Million DM gefördert werden, bewenden lassen!"

Gefördert werden solle auch die Renovierung und Sanierung der Anwesen Egelseestraße 43, Riegelhofgasse 12 und der Walkmühle. Dazu komme der Versuch, die Gesamthochschule „echt zu integrieren", d. h. in der Innenstadt seßhaft zu machen. Gleiches gelte für Studentenwohnungen.

Das Landesamt sei dabei zu prüfen, ob im Hause Keßlerstraße 24, einem Problemfall, erste Studentenapartments eingebaut werden können. Dr. Petzet: „Da müssen wir uns engagieren!" Und das sei nur ein Anfang.

Darüber hinaus werde das Landesamt für Denkmalpflege aus seinen normalen Mitteln auch kirchliche Baumaßnahmen unterstützen, so die Restarbeiten am Karmelitenkloster, die Innenausstattung der Englischen Institutskirche, die Renovierung der Sakristei von St. Stephan und die Sicherung der Stuckdecke in der Oberen Pfarre. Zuschüsse könnten auch für das Bibrahaus, das Anwesen Pfahlplätzchen Nr. 2, die Gartenanlage der Concordia, den Michaelsberg und für das Pfarrhaus in Gaustadt avisiert werden.

Dr. Petzet bezeichnet „die Stimmung" als insgesamt gut. Man könne jetzt Dinge durchsetzen, „die wir uns früher nicht hatten träumen lassen." Dies gelte insbesondere für Bamberg. Wie günstig das Klima für Denkmalpflege und Altstadtsanierung sei, erklärte Baureferent Seifert am Beispiel eines Kaufhausprojekts. Die bauwillige Firma habe mittlerweile von sich aus erklärt, daß sie sich den Anforderungen des Denkmalschutzes nicht verschließen werde. Dadurch könnte das Ensemble Keßlerstraße gehalten werden.

Generalkonservator Dr. Petzet bestätigte, daß Bamberg eine Außenstelle des Landesamtes für Denkmalpflege erhalten werde. Sie werde speziell für die Stadt arbeiten und eine personelle Ausstattung von bis zu acht Mitarbeitern erhalten. Zugleich sei die angegliederte Grabungsabteilung für ganz Oberfranken zuständig.

Die Außenstelle soll, so will es Dr. Petzet, in einem historischen Gebäude resp. in einem Haus in der Altstadt untergebracht werden.

Der Leiter des Landesamtes versicherte der Presse, daß sein Amt beim Vollzug des Bayerischen Denkmalschutzgesetzes in Oberfranken „vollkommen auf dem laufenden" sei. Es gebe keinen Überhang an unbearbei-

Das ZDF bringt heute in seiner Abendsendung „Die Drehscheibe" einen Bericht über Bambergs Anstrengungen, seine Altstadt zu erhalten.

teten Baugesuchen. Das Amt sei dem Vollzug des Gesetzes durchaus gewachsen.

Zum Schluß wurden weitere Schwerpunkte für Oberfranken genannt. Danach sollen u. a. T. in Mehr-Jahres-Plänen folgende Objekte renoviert und gesichert werden:

■ Schloß Weißenstein/Pommersfelden,
■ Stadtbefestigung Seßlach,
■ Burg Lisberg,
■ Burg Greifenstein bei Heiligenstadt in der Fränkischen Schweiz.

Demgegenüber gehe es mit einem fränkischen Freilichtmuseum nicht voran. Die Unterschiede zwischen den drei Teilen Frankens (Ober-, Mittel- und Unterfranken) seien offenbar zu groß, um ein gemeinsames Projekt zu ermöglichen.

Fränkischer Tag (Bamberg)
6. März 1975

Berichte aus Bayern

Denkmalschützer gehen aufs Land
Landesverein für Heimatpflege will in den kleinen Gemeinden aufklären

München (SZ) — Der Chef des Bayerischen Landesamts für Denkmalpflege, Michael Petzet, sieht bereits die ersten Erfolge des Europäischen Denkmalsschutzjahres. Auf einer Pressekonferenz des Bayerischen Landesvereins für Heimatpflege in München erklärte er, daß Mustersanierungen in allen europäischen Ländern schon jetzt das Engagement weiter Kreise der Bevölkerung und des Gesetzgebers zeigten. „Es beginnt sich", sagte der Generalkonservator, „allerorts die Erkenntnis durchzusetzen, daß die wahllose Zerstörung unserer Städte und Dörfer durch maßstabslose, in der Gestaltung bedeutungslose Bauten nicht die von manchen erhofften belebenden Folgen hatte."

Das Schlagwort von der „Unwirtlichkeit" und von der „Verödung" unserer Städte sei noch nie so aktuell gewesen wie heute, meinte Petzet. Das Landesamt für Denkmalpflege richte in diesem Zusammenhang einen „dringenden Appell" an alle, die hierfür Verantwortung tragen, in der „bewahrenden Erneuerung" unseres baulichen Erbes eine zentrale Aufgabe der kommenden Jahre zu sehen.

Petzet berichtete auf der Pressekonferenz auch über die nationale Wanderausstellung zum Denkmalsschutzjahr, die im Auftrag des Deutschen Nationalkomitees von seinem Haus zusammengestellt und von den Werkstätten des Bayerischen Fernsehens aufgebaut wird. Die Schau, die unter dem Motto „Eine Zukunft für unsere Vergangenheit" steht, wird im Juni im Münchner Stadtmuseum eröffnet und anschließend in weiteren zehn Großstädten der Bundesrepublik gezeigt.

„Die Ausstellung", betonte der Generalkonservator, „wendet sich an ein breites Publikum, das über Denkmalsschutz und Denkmalspflege nicht oder nur ungenügend informiert ist." Beabsichtigt sei eine Darstellung der heutigen Probleme. So plane man, dem Besucher die „vielfältigen Möglichkeiten von Gefährdung oder Bewahrung und Nutzung historischer Bausubstanz" vor Augen zu führen. Der Schwerpunkt der Ausstellung liege auf den Bereichen Stadtentwicklung und Stadtsanierung. Hier würden vor allem Beispiele aus den fünf „Modellstädten" des Denkmalsschutzjahres (Alsfeld, Berlin, Rothenburg ob der Tauber, Trier und Xanten) und aus den drei „Problemstädten" (Bamberg, Regensburg und Lübeck) herangezogen. Bei keinem Beispiel sei jedoch eine umfassende wissenschaftliche Dokumentation angestrebt.

Landtagspräsident Rudolf Hanauer, der sich als erster Vorsitzender des Bayerischen Landesvereins für Heimatpflege an die Presse wandte, sprach über das Programm des Landesvereins im Denkmalsschutzjahr. „Wir werden heuer unsere beiden Zeitschriften *Schönere Heimat* und *Der Bauberater* ganz intensiv unter die Leitgedanken des Denkmalsschutzjahres stellen", sagte er. Die Schriftleitung werde auf spezielle Probleme des Denkmalsschutzes in kleineren und in größeren Orten Bayerns eingehen und insbesondere auch die Situation in den historischen Altstadtkernen großer Städte schildern. Im Werkblatt *Der Bauberater* sei beabsichtigt, sich mit praktischen Lösungen und Lösungsvorschlägen zu befassen, die als Anregung für Architekten, Bauherren und Behörden dienen könnten.

Außerdem sei eine Sonderveröffentlichung geplant, die auf die schweren Verluste hinweise, „die unsere Heimat bisher durch Fehler und Versäumnisse auf dem Gebiet der Denkmalspflege erlitten hat". Darüber hinaus habe der Landesverein seine „fachkundigen und prominenten Mitglieder" aufgerufen, sich für Vorträge über Denkmalsschutz im ganzen Lande zur Verfügung zu stellen. „Es geht uns", unterstrich Hanauer, „mit dieser Aktion darum, die Gedanken des Denkmalsschutzjahres bis in das letzte Dorf hinauszutragen."

Weiter hat der Landesverein vorgesehen, im Rahmen des Denkmalsschutzjahres Auszeichnungen für vorbildliche Heimatpflege zu vergeben. Er will damit auch einmal solche Personen und Personengruppen ehren, „die mehr in der Stille — und ohne für sich selber Reklame zu schlagen — oft großartige Leistungen der Denkmalspflege vollbringen", betonte Hanauer.

Wie der Landtagspräsident ankündigte, wird sich auch der diesjährige bayerische Heimattag, der vom 27. bis zum 30. Juni in Dillingen stattfindet, dem Europäischen Denkmalsschutzjahr widmen. Die „Grundsatzrede beim Festakt" werde Kultusminister Maier halten.

Hans-Günter Richardi

Süddeutsche Zeitung
15./16. März 1975

Bischof von Mainz bittet um eine Säule
Denkmal aus Miltenberg soll zur Tausend-Jahr-Feier des Domes aufgestellt werden

MILTENBERG (dpa) — Zur Tausendjahrfeier des Mainzer Doms hat Bischof Volk den bayerischen Ministerpräsidenten Goppel um kostenlose Überlassung einer der sogenannten Heune-Säulen gebeten, die zu den eindrucksvollsten Denkmälern in der Umgebung von Miltenberg gehören. Die Säule soll auf dem Mainzer Domplatz aufgestellt werden. Nach Ansicht der Archäologen waren diese siebeneinhalb Meter hohen und 15 Tonnen schweren Säulenschäfte aus Rotsandstein zum Bau des ersten Willigis-Domes in Mainz bestimmt, der am Tag seiner Weihe im Jahr 1009 durch Feuer vernichtet wurde.

Generalkonservator Petzet vom bayerischen Landesamt für Denkmalpflege und Unterfrankens Regierungspräsident Meyer besichtigten die noch vorhandenen sieben Säulen im Stadtwald. Von den ursprünglich 14 kamen im vergangenen Jahrhundert je eine in das Bayerische Nationalmuseum nach München und in das Germanische Nationalmuseum nach Nürnberg. Eine dritte steht seit 1966 in den Main-Anlagen von Miltenberg. Bevor dem Wunsch des Mainzer Bischofs entsprochen werden kann, sind ein Gutachten des Landesamts und die Zustimmung des Landratsamts erforderlich. Die letzte Entscheidung trifft die Stadt Miltenberg als Eigentümerin der Denkmäler.

Süddeutsche Zeitung
29./30./31. März 1975

„Eine Zukunft für unsere Vergangenheit"

Nationale Wanderausstellung zum Denkmalschutzjahr 1975 bearbeitet vom Bayerischen Landesamt für Denkmalpflege — Eröffnung im Juni 1975 in München

Die Ausstellung wendet sich an ein breites Publikum, das über Denkmalschutz und Denkmalpflege nicht oder nur ungenügend informiert ist. Beabsichtigt ist eine Darstellung der heutigen Probleme und weniger eine Darstellung des bisher Erreichten (etwa anhand eines mit Fotos dokumentierten Überblicks über verschiedene Gattungen von Einzeldenkmälern nach Art früherer Wanderausstellungen zum Thema Denkmalpflege). Es geht auch nur am Rand um die in der Denkmalpflege üblichen Methoden von Konservierung und Restaurierung und deren Anwendung. Statt dessen sollen die vielfältigen Möglichkeiten von Gefährdung bzw. Bewahrung und Nutzung historischer Bausubstanz anhand konkreter Beispiele vor Augen geführt werden. Ein Hauptakzent der Ausstellung wird auf dem Bereich Stadtentwicklung/Stadtsanierung liegen, wozu vor allem auch Beispiele aus den fünf „Modellstädten" des Denkmalschutzjahres (Alsfeld, Berlin, Rothenburg o.d.T., Trier, Xanten) und den „Problemstädten" Bamberg, Regensburg, Lübeck herangezogen werden. Bei keinem Beispiel wird eine umfassende wissenschaftliche Dokumentation angestrebt. Der Besucher der Ausstellung soll durch die ausgewählten Filme, Fotos, Objekte und Texte über die heutigen Probleme informiert werden, ja er soll in die Entscheidung über das Schicksal historischer Bauten und Ensembles einbezogen und von der Notwendigkeit ihrer Erhaltung überzeugt werden, so daß das Motto des Denkmalschutzjahres „Eine Zukunft für unsere Vergangenheit" auch zu seiner Forderung wird.

Der erste Abschnitt der Ausstellung setzt sich zu einem Panorama „gewachsener" Kulturlandschaften der Vergangenheit zusammen, von prähistorischer Zeit bis in die Gegenwart mit Beispielen für Einzeldenkmäler von der Kirche bis zum Bauernhaus (was ist ein „Denkmal") und Beispielen für Ensembles von Stadtvierteln bis zum Dorf (was ist ein „Ensemble"), dazu wie auch in den folgenden Abschnitten jeweils originale „Kunstwerke", Fragmente, Modelle. Dieser über die Jahrhunderte hin ablaufende schöpferische Prozeß eines allmählichen „Werdens und Vergehens" wird mit der uniformen Massenproduktion eines neue Maßstäbe setzenden sogenannten „Funktionalismus" konfrontiert (vom Bauen in „handwerklicher" Tradition zum „reproduzierbaren Bauen"). Die Bewahrung historischer Bausubstanz wird zur „Lebensfrage": In einem Panorama gefährdeter Kulturlandschaften vollzieht sich die Zerstörung rasch (Beispiel: worin unterscheiden sich ein Bombenteppich, ein neues Geschäftsviertel oder ein Schnellstraßensystem in ihren Auswirkungen auf ein historisches Stadtviertel?) bzw. allmählich (Beispiel: „schleichende" Veränderung eines Dorfbildes).

In den folgenden Abschnitten wird immer wieder die Alternative Zerstören oder Bewahren historischer Bausubstanz zur Diskussion gestellt. Möglichkeiten und Chancen der Erhaltung ergeben sich trotz eines die gesellschaftlichen, wirtschaftlichen und technischen Bedingungen verändernden und damit alle Lebensbereiche, wie Wohnen, Arbeiten, Freizeit umfassenden allgemeinen Strukturwandels: Wohnen in einem Altbau, Wohnen in der Trabantenstadt oder in der Altstadt („zuhause" sein, „Identifikation" des Einzelnen und der Gemeinschaft mit unverwechselbarer gebauter Umwelt), Monostrukturen (das Ideal der „Funktionsentmischung") oder multifunktionale Siedlungsstrukturen (historische Bauten und „Urbanität"), Auswirkungen des wirtschaftlichen Strukturwandels (das Denkmal als „Spekulationsobjekt", Beispiel: Kaufhaus), der Verkehrsstruktur (die „autogerechte" Stadt) und des Tourismus (Kulturlandschaft als „Wirtschaftsfaktor", Beispiel: „Erholungszentren"). Die sinnvolle Nutzung historischer Bausubstanz (statt Zerstörung oder rein „musealer" Denkmalpflege ohne Rücksicht auf die Nutzung) wird bei allen Beispielen als Aufgabe nicht nur des Denkmalpflegers, sondern der Allgemeinheit dargestellt. Angesichts der Bedeutung historischer Bausubstanz für die allgemeine „Lebensqualität" (nicht nur für den Touristenprospekt) sollen auch immer wieder die Verantwortlichen für Zerstören oder Bewahren vorgestellt werden: Das sind nicht nur die Denkmalpfleger mit ihren beschränkten Möglichkeiten, sondern Architekten und Planer, politische Gremien und Parlamente (Beispiel die auf Neubauten abgestellte Bau- und Steuergesetzgebung), vor allem aber die Bürger und damit die private Initiative jedes Einzelnen (Bürgerinitiativen, Fassadenaktionen, Verzicht auf die „kleinen Sünden" bei der Altbaurenovierung). Das Panorama des letzten Abschnitts der Ausstellung zeigt als Alternative „Zukunft mit oder ohne unsere Vergangenheit" im Rahmen der allgemeinen Siedlungsentwicklung, also auch den möglichen Einfluß historischer Architektur auf moderne Architektur und modernen Städtebau (die richtig sanierte Altstadt als Modell der Zukunft) und den engen Zusammenhang Denkmalschutz — Umweltschutz („Bauen als Umweltzerstörung"). Zur Ausstellung gehört ein „Lokalteil", der entsprechend dem jeweiligen Ausstellungsort neu zusammengestellt werden muß: Lokale Problemsituation mit von den verschiedenen Verantwortlichen (Architekten, Denkmalpflegern, Politikern) vorgetragenen Alternativen, dazu ein Informationsstand. Für München wird eine eigene Ausstellung von der Lokalbaukommission erarbeitet.

Die Technik der Ausstellung wird sich nicht mit den üblichen Mitteln der auf Wände bzw. Stellwände verteilten Fotodokumentation begnügen. Das flexible Raumsystem wird auf einer Grundfläche von ca. 600 qm panoramenartige Konstellationen ermöglichen, die neben ca. 60 einzelnen Exponaten (Stadtmodelle, Originale, Fragmente) und Fotos mit Beschriftung die verschiedenen audiovisuellen Möglichkeiten mit einbeziehen, von Texten und Geräuschen über Lautsprecher, Groß- und Kleinprojektionen (vor allem Rückprojektionen, auch Magnetonprojektionen) bis zu Kurzfilmen (Videogeräte, auch Großprojektionen). Größere Panoramen setzen sich in Form von „Mosaikprojektionen" zusammen. Hier wird die Ausstellung neben den mit scharfen Kontrasten arbeitenden Fotoprojektionen auch mit Kurzfilmen argumentieren. Das Kurzfilmprogramm wird in Zusammenarbeit mit den Fernsehanstalten der Länder und dem ZDF verwirklicht. Der Aufbau der Ausstellung wird von den Werkstätten des Bayerischen Fernsehens übernommen.

M. Petzet

Landshuter Zeitung, 15. März 1975

Denkmalamt will keine Veränderung der Grünwalder Burg

GRÜNWALD — Das Bayerische Landesamt für Denkmalpflege hat sich mit dem Schicksal der Grünwalder Burg beschäftigt. Man sprach sich dafür aus, daß zwar die im Hauptgebäude der Grünwalder Burg bereits vorhandenen Wohnungen selbstverständlich im Sinne einer zukünftigen Nutzung modernisiert werden können, daß aber das Landesamt einer einschneidenden Veränderung der Gesamtanlage durch den Neubau eines Appartementhauses oder den neuerdings erwogenen Bau eines Altenheimes, dem mit Ausnahme der Türme vermutlich die gesamte Burg zum Opfer fallen würde, unter keinen Umständen zustimmen wird. Generalkonservator Petzet ist der Meinung, daß die einzige größere mittelalterliche Burg im Raum München, die schon immer das Ziel zahlreicher Besucher und vor allem der Münchner Schulklassen war, nicht verunstaltet werden dürfe. Sie sollte statt dessen restauriert und damit in unveränderter Form der Öffentlichkeit erhalten bleiben.

Süddeutsche Zeitung
3. April 1975

Alarm auf Ansbachs Promenade
Denkmalpfleger gegen Abbruch von Barockhäusern zugunsten eines Kaufhausbaues

ANSBACH (Eigener Bericht) — Das Bayerische Landesamt für Denkmalpflege wehrt sich gegen den Bau eines Kauf- und Parkhauses, das die Geschäftsleitung des Großversandhauses Quelle an der Promenade in Ansbach plant. Nach Auskunft von Generalkonservator Dr. Miachael Petzet würden dem „überdimensionierten" Bau, den der Kemptener Architekt Georg Bartelt entwarf, fünf Häuser zum Opfer fallen. Die Gebäude, die abgebrochen werden sollen, stammen alle aus der Blütezeit der Stadt im 18. Jahrhundert. Ihr Verlust würde eine tiefe Wunde in die Front der Promenade schlagen, die ein Teil der barocken Stadtanlage ist.

Die Promenade, die Ansbachs mittelalterliche Altstadt mit der barocken Neustadt verbindet, besteht aus zwei Straßen mit einer Baumallee auf dem Mittelstreifen. Sie entstand zusammen mit der regelmäßig angelegten barocken Stadterweiterung, die unter dem Namen „Neue Auslage" weit über die Grenzen der Markgrafenstadt hinaus bekannt wurde. Neben Ansbach besitzen nur noch Mannheim und Erlangen eine solche „Neustadt".

Der Architekt, der das Bild des neuen Ansbacher Stadtteils wesentlich geprägt hat, war der geniale Johann David Steingruber, der auch der „Cuvilliés von Ansbach" genannt wird. Das Ansbacher Spätbarock, der sogenannte Markgrafenstil, wurde von ihm mit bestimmt. Unter den Häusern, die nun der Spitzhacke geopfert werden sollen, befindet sich auch das Gebäude an der Karlstraße 4/6, das Steingruber 1763 für sich erbaute. Das dreigeschossige Gebäude ist ein Doppelhaus mit Feldergliederung, das zu den kostbarsten barocken Bauwerken in Ansbach zählt.

Die Häuser, denen der Untergang droht, sind außerdem das Gebäude Promenade 6, das als das älteste Haus an der Promenade angegeben wird, das Haus Promenade 8, das Steingruber 1748 als Palais für den Landschaftsdirektor Freiherrn von Nostiz erbaute, und das Haus Karlstraße 8, das ebenfalls von Steingruber im Jahre 1762 errichtet wurde.

Nach den Plänen des Versandhauses Quelle, die im Juli 1974 dem Stadtbauamt in Ansbach vorgelegt wurden, soll an Stelle der fünf Gebäude eine einheitliche Baumasse entstehen. Dazu wird nach den Vorstellungen des Architekten fast die gesamte Grundstücksfläche überbaut. Die ursprüngliche Bebauung bestand dagegen im wesentlichen nur aus einer Randbebauung mit freien Hofflächen. In seiner Stellungnahme zu dem geplanten Bau des Kaufhauses warnte Petzet das Ansbacher Stadtbauamt davor, daß „bereits durch die Baumasse ein schwerwiegender Einbruch in die städtebauliche Struktur zu befürchten ist".

Der Grund für diese Baumasse, führt der Generalkonservator weiter aus, sei nicht durch die Verkaufs- und Nebenräume des Warenhauses, sondern zu etwa zwei Fünfteln durch die Anlage von Parketagen bedingt. „Die Anzahl der Abstellplätze ist offenbar weit über die Erfüllung der Vorschriften hinaus erhöht worden, um im Osten der Altstadt zusätzlichen Parkraum zu schaffen.

Petzet weist darauf hin, daß durch den Bau des Warenhauses der Maßstab der Umgebung „brutal gesprengt" wird. „Die Proportionen der historischen Gebäude", meint er, „werden geradezu in ihr Gegenteil verkehrt." An Stelle einer strengen Achsenfolge und abgewogener Proportionen der Altbauten seien beim Neubau Öffnungen, aufgesetzte Teile und Absätze „willkürlich" verteilt. Diese Fassaden könnten an dieser Stelle, unweit vom Markgrafenschloß, nicht als „Bereicherung des Stadtbildes" gewertet werden.

„Wir werden dieser Planung unter keinen Umständen zustimmen", erklärte Petzet gegenüber der *Süddeutschen Zeitung*. „Eine solche Verschandelung ist nicht tragbar." Der Generalkonservator kündigte bereits weitere Schritte an, wenn die Stadt Ansbach, die bereits am 5. Mai 1971 die Abbruchgenehmigung für die fünf bedrohten Häuser erteilte (die nicht vollzogen wurde), dem Versandhaus ihr Einverständnis geben sollte. „Dann wird sich die Regierung von Mittelfranken damit befassen."

Petzet ist aber auch „zu Entgegenkommen bereit". Er würde dem Bau des Kaufhauses zustimmen, wenn sich der Bauherr damit einverstanden erklären würde, daß der Neubau hinter den historischen Fassaden entstünde. Das bedeutet, daß das Landesamt für Denkmalpflege Abbrüche „mit Bedauern" hinnehmen würde, wenn dafür die Fassaden der Gebäude erhalten blieben. Eine Ausnahme macht Petzet jedoch bei dem Wohnhaus von Steingruber, das er in jedem Fall unangetastet lassen will.

Hans-Günter Richardi

Süddeutsche Zeitung
22. April 1975

Generalkonservator Dr. Petzet stellte während des Fernsehgesprächs — unser Foto — die Behauptung auf, Ansbachs Neue Auslage zwischen Promenade und Ludwigskirche habe städtebaulich in Europa einmaligen Rang. · *Foto: Röck*

Fernsehgespräch trug wenig zur Versachlichung des Meinungsstreits bei

Zankapfel zwischen Ansbach und München: „Stern"-Ruine

Bayerisches Landesamt für Denkmalpflege zeigt sich nicht mehr weiter kompromißbereit
Historisch zwar wertvolle Bauruine im Zentrum der Stadt wäre wenig akzeptabel

Ansbach. Das Münchner Landesamt für Denkmalpflege trägt dick auf. Zu dick, wie die Fernsehsendung am Montagabend gezeigt hat. Daß Ansbachs Neue Auslage städtebaulich europäischen Rang hat, dürfte selbst dem kulturbeflissensten Onoldinabewohner etwas völlig Neues sein. Jedenfalls hat dies Generalkonservator Dr. Michael Petzet im Gespräch mit Dr. Zumach und dem Moderator Dr. Dotterweich behauptet. Sehr schmeichelhaft für Ansbach – aber in diesem Fall sicher eine Schutzbehauptung im Meinungsstreit zwischen dem Stadtrat und dem Landesamt für Denkmalpflege. „Abreißen oder renovieren" hieß denn auch der Untertitel dieser Sendung im 3. Programm. Und mit Abbruch oder Renovation ist der Komplex an der Promenade/Karlstraße gemeint.

Ansbachs OB Dr. Zumach hat sich im Fernsehgespräch wacker geschlagen und in würdiger Form den Willen der Stadtratsmehrheit vertreten. Und das war nicht immer einfach, da der Moderator entgegen seiner Pflicht als Gesprächsleiter mit seiner persönlichen Meinung nicht hinter dem Berg gehalten hat. Und meinungsmäßig liegt er auf der Ebene der Denkmalpfleger. Von Ausgewogenheit konnte deshalb keine Rede sein. Dieser Eindruck verstärkte sich durch das Einblenden von betonklotzigen Kaufhäusern in Kempten und Augsburg. Just diese häßlichen Apparate vermittelten geschickt den Eindruck, als sollte in Ansbach ein ähnlicher Kaufhausklotz entstehen, der wie die Faust auf dem Auge zum städtebaulichen Allgemeinbild paßt. Das ist aber keineswegs der Fall, wie die Planungen der Quelle zeigen.

Daß aber der Eindruck überhaupt entstehen konnte, daran ist die Quelle nicht unschuldig. Immerhin durfte Moderator Dr. Dotterweich seinen Zuschauern verkünden, daß der Konzern es ihm „verboten" habe, Planungs- und Modellfotos des Kaufhausprojektes zu zeigen. Dieses Unterfangen ist natürlich unsinnig, da es der Sache nicht dient und nur Geheimniskrämerei dort entstehen läßt, wo Transparenz zur Meinungsbildung dringend geboten erscheint.

Wie ist denn nun wirklich die Sachlage? Dazu folgendes: 1. Vor sieben Jahren hat die Quelle den „Stern"-Komplex gekauft mit dem Vorhaben, dort ein großes Kaufhaus zu errichten. Geschehen ist seither nichts; die Gebäude vergammeln als barocke Ruinen. 2. Alter wie neuer Stadtrat sprachen sich mit überwältigender Mehrheit für den Bau eines Kaufhauses an dieser Stelle aus. 3. Demgegenüber stehen die Vorstellungen des Münchner Landesamtes für Denkmalpflege. Sie machen Auflagen in einem solchen Umfang, daß selbst dem generösesten Bauherrn langsam die Lust zum Bauen vergehen muß.

Es ist nun keinesfalls so, wie es in der Sendung mehrfach von Dr. Petzet hingestellt wurde, daß der Stadtrat kritiklos der Quelle-Planung gegenübersteht, etwa nach dem Motto: „die Hauptsache ist, wir haben in Ansbachs Zentrum ein Kaufhaus". So ist es nicht. Ganz im Gegenteil! Klipp und klar und nicht aus der Luft gegriffen geht das Plenum in Bejahung eines Antrages der SPD-Fraktion davon aus, „daß die Bauherrin wirtschaftlich vertretbare Maßnahmen, die zur Einpassung eines Neubaues in die umliegende Bausubstanz gefordert werden müssen, akzeptiert". Mit den Christsozialen befürchten die Sozialdemokraten „andererseits bei einem endgültigen Scheitern der Verhandlungen die Entstehung einer historisch wertvollen Bauruine im Zentrum der Stadt, da eine anderweitige Verwendung der Gebäude unter Beibehaltung der Fassaden kaum erhofft werden kann".

In der Tat ist dem so. Darüber täuscht auch des Generalkonservators Aussage nicht hinweg, wonach bei gutem Willen alles zu meistern sei. „Guter Wille" ist hier doch nur eine Umschreibung für „Wille des Landesamts für Denkmalpflege". Und was meint die Quelle dazu? Wir bemühten uns in einigen Telefongesprächen um ihre Sellungnahme. Leider vergebens. Heute will sie uns ihre Meinung per Fernschreiber zustellen. Kurt K r a m e r

Das Modell der Quelle-Architekten zeigt sichtlich die Bemühungen, das beabsichtigte Kaufhaus in die vorhandene Bausubstanz einzugliedern. Deutlich im Bild: die Karlstraße.

Fränkische Landeszeitung
23. April 1975

Landesamt für Denkmalpflege fordert:

Historische Lösung für den Jakobsplatz

Generalkonservator Petzet lehnt geplante Teilüberbauung strikt ab / Brief an die Stadtverwaltung

Von unserem Redaktionsmitglied Otto Vilser

In einer Stellungnahme zur Gestaltung des Jakobsplatzes hat Generalkonservator Dr. Michael Petzet das vorliegende Modell von Professor Fred Angerer (die SZ berichtete ausführlich darüber) energisch abgelehnt. Die Pläne Angerers, die auch von der Stadt als Konzept übernommen wurden, entsprächen nicht den historischen Voraussetzungen, schreibt Petzet an das städtische Baureferat. Der Chef des Landesamtes für Denkmalpflege vertritt weiter die Auffassung, daß eine Teilüberbauung des Platzes, wie sie das Angerer-Projekt vorsehe, in jedem Fall als „willkürlicher Eingriff in die historische Stadtstruktur" gewertet werden müsse.

„Ausgangspunkt für eine den denkmalpflegerischen Grundsätzen und der Stadtgeschichte gerecht werdende künftige Platzgestaltung sollte die Erhaltung beziehungsweise Wiederherstellung des ursprünglichen mittelalterlichen Platzgrundrisses sein, wie ihn das Sandtner-Modell im Zustand vor der zeitweiligen Teil-Überbauung des Platzes in der 2. Hälfte des 18. Jahrhunderts zeigt." Petzet, der diesen Standpunkt gegenüber der Stadt mit allem Nachdruck vertritt, fordert außerdem die Bewahrung des originalen Freiraumes einschließlich der ihn begrenzenden historischen Baulinien.

Grundriß soll erhalten bleiben

Der Generalkonservator begründet seine Haltung mit der „hohen geschichtlichen Bedeutung des Platzes" und mit der bedeutenden Stellung, die der Platz in der Entwicklung des städtebaulichen Gefüges der Altstadt einnehme. „Jede Abweichung vom historischen Platzgrundriß würde daher einen schweren Eingriff in die historische Struktur der Altstadt an einer besonders gewichtigen Stelle bedeuten..."

„Neugestaltung nicht angebracht"

Sowohl vom Standpunkt der Denkmalspflege wie auch im Hinblick auf die Stadtgeschichte sei daher jeder Plan einer Abweichung von den historischen Baulinien abzulehnen, schreibt Petzet an die Stadt. Die Erhaltung des historischen Platzgrundrisses schließe natürlich auch jede Teilüberbauung des Freiraumes aus, da eine solche „eine Verfälschung des auf das Mittelalter zurückgehenden Platzgefüges bedeuten würde". Die Pläne Angerers entsprächen also nicht den dargelegten historischen Voraussetzungen. Eine „Neugestaltung" im eigentlichen Sinn sei in diesem Bereich „nicht angebracht". (Anm. d. Red.: Wie bereits mehrfach berichtet, hat die Stadt die Vorschläge Angerers als Grundlage für die weitere Jakobs-Platz-Planung akzeptiert.)

Generalkonservator Petzet meint in seinem Schreiben an die Stadt: „Nachdem man die bereits erfolgte Neubebauung der Südseite mit Kirche und Kloster sowie die Garage an der Südwestecke als gegebene Tatsachen hinnehmen muß, sollte man um so mehr bestrebt sein, an den drei verbleibenden Platzseiten eine Bebauung auf der historischen Baulinie, im Sinne der ursprünglichen Grundstücksaufteilung und in einer zurückhaltenden, unaufdringlich sich einfügenden Formensprache zu verwirklichen." In dieser Hinsicht, schreibt Petzet weiter, wäre es „eine städtebauliche Inkonsequenz ersten Ranges", wenn der derzeit vorgesehenen ausgesprochen historisierenden Erweiterung des Stadtmuseums an der Nordseite des Platzes an dessen Ostseite ein großer, langgestreckter, noch dazu weit vor die alte Baulinie gerückter Komplex mit Flachdach an die Seite gestellt würde.

In der Art der alten Parzellen...

Vielmehr müsse an der Ostseite, unter Berücksichtigung der Nähe des ehemaligen Zeughauses und der historischen Baugruppe der sogenannten Seifensiederhäuser am Sebastiansplatz (sie sind als Ensemble in der Denkmalliste vorgesehen) eine in der Art der alten Parzellen untergliederte Häuserfront zwischen den zu erhaltenden Eckhäusern St. Jakobsplatz 4a und 12 eingefügt werden. Nur eine solche Lösung werde der historischen Struktur dieses Stadtbereiches gerecht.

DAS PROBLEM JAKOBSPLATZ bleibt weiterhin umstritten. In einem Schreiben an die Stadtverwaltung hat sich Generalkonservator Dr. Michael Petzet gegen jegliche Überbauung gewandt. Das Oraghaus (Bildmitte rechts) und das Ignaz-Günther-Haus (Bildmitte links) sollen nach Auffassung Petzets unbedingt erhalten bleiben. Photo: Fritz Neuwirth

Süddeutsche Zeitung
4. April 1975

Süddeutsche Zeitung
30. April/1. Mai 1975

Gemeinsame Front gegen Kunstmühle
Denkmalpfleger und Stadt Landshut lehnen geplanten Silo-Neubau ab

LANDSHUT (Eigener Bericht) — Der erste Schritt zur Erhaltung der Landshuter Stadtpfarrkirche St. Martin ist getan. Dies gab Kultusminister Maier auf einer Pressefahrt nach Landshut bekannt, zu der er in seiner Eigenschaft als Präsident des Deutschen Nationalkomitees für das Europäische Denkmalschutzjahr eingeladen hatte. Der Minister berichtete, daß man sich am 24. April in München darauf geeinigt hatte, im ersten Bauabschnitt zunächst die Innenpfeiler der Kirche zu sichern. Die Pfeiler des Gotteshauses, das nach dem Absinken des Grundwassers nicht mehr auf sicherem Untergrund stehe, seien bereits teilweise verbogen. Bei einigen bestehe sogar die Gefahr des Abknickens.

Die Kosten für die Sicherung der Pfeiler gab Maier mit 4,67 Millionen Mark an. Mit den Arbeiten, die man in zwei Jahren abwickeln will, soll 1976 begonnen werden. Der Minister kündigte außerdem an, daß das gesamte Fundament des 132 Meter hohen Kirchturms erneuert werden müsse. Die Gesamtkosten, die für die Erhaltung der Kirche aufgewendet werden müßte, beliefen sich auf 20 Millionen Mark.

Der Pfarrer der Stadtpfarrkirche beklagte, daß die Steinfiguren an der Außenwand des Gotteshauses durch Abgase immer mehr Schaden nähmen. Die Gesichtszüge der Skulpturen seien in den letzten dreißig Jahren so stark abgewaschen, daß man sie zum Teil nicht mehr wiedererkennen könne. Der Pfarrer sprach sich dafür aus, den Parkplatz auf dem früheren Martins-Friedhof vor der Kirche zu verlegen. Der Chef des Bayerischen Landesamts für Denkmalpflege, Dr. Michael Petzet, griff den Vorschlag auf und appellierte an den Landshuter Oberbürgermeister Josef Deimer, zumindest einmal „den Versuch einer Fußgängerzone zu machen". Der Generalkonservator lobte bei dieser Gelegenheit den vorbildlichen denkmalpflegerischen Einsatz der Landshuter Bürger, die im Gegensatz zu den Einwohnern mancher Orte „ein ganz anderes Verhältnis zur Geschichte ihrer Stadt haben".

Wie besorgt die Landshuter um die Erhaltung ihres Stadtbildes sind, wurde deutlich, als Oberbürgermeister Deimer auf den Neubau des Silos einging, den die „Vereinigten Kunstmühlen" auf der Hammerinsel zwischen der Kleinen und der Großen Isar inmitten der Stadt planen. Er betonte, daß die Stadt Landshut der Errichtung des gewaltigen Bauwerks nie zustimmen werde. „Die Mühle", sagte Deimer, „ist eine Beleidigung für die Silhouette unserer Stadt". Deshalb versuche man nun, die „Vereinigten Kunstmühlen" dazu zu bewegen, ihren Betrieb außerhalb der Stadt anzusiedeln. Das sei „eine einmalige Chance, die Mühle aus Landshut herauszubringen".

Bisher scheiterten jedoch alle Anstrengungen der Stadt an der Forderung der „Vereinigten Kunstmühlen", die für die Räumung der Hammerinsel 22 Millionen Mark verlangten. „Das ist für uns ein viel zu großer Brocken", meinte Petzet, der bedauerte, daß sich sein Amt hier „finanziell nicht engagieren" könne. Der Generalkonservator warnte jedoch ausdrücklich vor dem Bau des Silogebäudes, das „eine Konkurrenz zu St. Martin und zum Burgschloß Trausnitz bildete".

In einer Stellungnahme des Landesamts, die Petzet der Presse übergab, wird darauf hingewiesen, daß „schon der heutige Bestand der Bebauung auf der Hammerinsel in seiner Umgebung durch fremde Maßstäblichkeit das Stadtbild stört". Eine Verschlechterung des gegenwärtigen Zustands könne nicht hingenommen werden. Überdies würde der Siloneubau die optische Verbindung zwischen der Altstadt und der historischen Bebauung nördlich der Isar abriegeln. „Ein Bauwerk dieser Größenordnung", heißt es in der Stellungnahme weiter, „wird trotz der relativen Entfernung zur Altstadt und obwohl kein Baudenkmal unmittelbar betroffen ist, auch ,in der Nähe eines Baudenkmals oder eines Ensembles' im Sinn des Artikels 3 des Denkmalschutzgesetzes gewertet werden müssen." Aus diesem Grund werde das Projekt vom Landesamt abgelehnt.

Hans-Günter Richardi

Münchner Stadtanzeiger
(Süddeutsche Zeitung)
29. April 1975

Denkmalpflege für städtisches Leben
Chef des Landesamtes für Denkmalpflege klagt moderne Architektur an

Dr. Michael Petzet, Leiter des Landesamtes für Denkmalpflege, erläuterte vor der Bauinnung München seine Gedanken zum Thema „Denkmalpflege — heute".

Petzet betonte, daß sich nach dem Kriege die frühere Auffassung der Denkmalpflege, die sich überwiegend mit dem Konservieren einzelner Kunstwerke beschäftigte, entscheidend geändert

führen. Nur so kann sie mit echtem städtischen Leben erfüllt werden, um nicht lediglich zur Touristenattraktion degradiert zu werden.

Petzet brachte zum Ausdruck, daß er aufgrund der großen Bedeutung, die die moderne Denkmalpflege, vor allem aufgrund ihrer dringend notwendigen städtebaulichen Funktion für die Allgemeinheit habe, sich dafür einsetzen

SANIERUNG IN HAIDHAUSEN. *Die beiden Herbergen an der Wolfgangstraße (im Bild links) bleiben erhalten und werden modernisiert. Die Kohlenhandlung (im Vordergrund des Bildes) soll einmal aufgelassen werden. (Siehe auch Seite 3 und 5.)*

habe. Der im Zuge des Wiederaufbaus herrschende Bauboom habe einerseits die historische Bausubstanz so schnell wie noch niemals zuvor zerstört.

Die moderne Architektur anderseits habe zu einem Verlust an Originalität und Individualität durch Uniformierung, Zersiedelung und reproduzierbares Bauen geführt. Sie habe es nicht geschafft, eine echte Urbanität, quasi vom Reißbrett her, zu erreichen.

Die Bewahrung historischer Bauten bzw. ganzer Stadtviertel bedeute deshalb mehr als die Rettung von Kulturdenkmälern. Sie bedeute die Rettung des städtischen bzw. ländlichen Lebens und dessen Kultur schlechthin. Moderner Denkmalschutz müsse deshalb unter städtebaulichen Gesichtspunkten gesehen werden, der darauf abziele, durch Erhaltung historischer Substanz den Menschen in Zeit und Raum zu orientieren und sinnvolles städtisches Leben zu erhalten, ggf. neu zu schaffen.

Nach Auffassung Petzets muß sich die Denkmalpflege deshalb bemühen, die historische Substanz nicht museal zu erhalten, sondern einer auch heute noch sinnvollen Nutzung zuzu-

wolle, die Öffentlichkeit noch mehr für diese Aufgabe zu interessieren, um auf diese Weise eine breite Unterstützung zu finden, damit diese nicht lediglich ein Lippenbekenntnis bleibe. In diesem Zusammenhang erhob er die Forderung nach vermehrten öffentlichen Mitteln (derzeitig ca. DM 10 Millionen bei ca. 100 000 Baudenkmälern in Bayern) sowie nach Schaffung von Steuervergünstigungen, gerade für die Besitzer von Altbauten. Nach Auffassung Petzets ist nämlich eine Sanierung „von Haus zu Haus" durch Reparieren, Renovieren und Modernisieren alter Bausubstanz, die von den Eigentümern auch aufgrund wirtschaftlicher Überlegungen angestrebt wird, jeder „Flächensanierung" vorzuziehen.

Petzet brachte in diesem Zusammenhang zum Ausdruck, daß im Zuge dieser immer wichtiger werdenden Sanierungsarbeiten ein großes Potential an Handwerkern, die die Techniken handwerklicher Tradition beherrschen, notwendig sein wird. Er äußerte die Sorge, daß mangels eines entsprechenden qualifizierten Nachwuchses dieses wichtige Anliegen der Allgemeinheit gefährdet sein könnte.

Fränkischer Anzeiger (Rothenburg)
1./2. Mai 1975

Landesamt für Denkmalpflege arbeitet mit der Stadt eng zusammen

Zehntscheune: Argument für die Freilichtbühne?

Vieles spricht dafür — Landeskonservator begrüßt weitere Aufwertung des Spitalviertels — Dr. Petzet: „Eine der schönsten und originellsten Kongreßhallen" — Eröffnung am 26. Mai

ROTHENBURG — Schon immer war die Tauberstadt ein Schwerpunkt im Arbeitsprogramm des Landesamtes für Denkmalpflege. Landeskonservator traf Dr. Michael Petzet, Landeskonservator, auf einer Pressekonferenz, zu der Oberbürgermeister Alfred Lederteil am Dienstag ins Rathaus eingeladen hatte. Zusammen mit Konservator Vincent Mayr, Referent für Mittelfranken am Landesamt, und Pressereferentin Sigrid Patellis informierte sich Petzet über den Ausbau der Zehntscheune und besichtigte bei dieser Gelegenheit zusammen mit den zuständigen Ressortleitern der Verwaltung denkmalpflegerisch wertvolle Gebäude im Altstadtbereich.

Aus der Zehntscheune, die vor Jahren noch Reitstall war, würde eine Reichsstadthalle

fallen, sondern kann in die Halle verlegt werden;
● auf direktem Wege haben die Zuschauer ebenerdig Zugang zu Garderoben und Toiletten;
● im Moment noch nicht genützte Gebäude wie der Stöberleinsturm oder das Pesthaus könnten eine neue Verwendung finden.

Das Landesamt hat dazu zwar noch keine Planung entwickelt, begrüßt aber grundsätzlich jede weitere Aufwertung des Spitalviertels, das seiner mittelalterlichen Motive wegen

---

Bayerische Staatszeitung
2. Mai 1975

Wer will die Frauenkirche abbrechen?

Denkmalpflege in Bayern / Von Generalkonservator Michael Petzet

In seinem Vorwort zur 2. Auflage des Kommentars zum Bayerischen Denkmalschutzgesetz (bearbeitet von Wolfgang Eberl und Werner Schiedermair) hat der Leiter des Bayerischen Landesamtes für Denkmalpflege die heutigen Aufgaben und Probleme des Denkmalschutzes umrissen. Wir geben den Text in Auszügen wieder.

Wenn heute, nach Jahren der Expansion, in denen die Denkmalpflege selbst im Kampf um hervorragende Einzelmonumente oft genug unterliegen mußte, der Gedanke des Bewahrens der historischen Bausubstanz unserer Stadtkerne und alten dörflichen Siedlungsstrukturen, auch der neueren Stadtteile und Villenviertel des 19. Jahrhunderts, wesentlich mehr Gewicht hat, so ist dies mehr als eine vorübergehende „Nostalgiewelle" angesichts einer in der Masse noch deprimierenden und an Eintönigkeit kaum zu überbietenden neuen Bauproduktion. Es ist ein gerade in letzter Zeit immer deutlicher werdender Umschwung der öffentlichen Meinung in vielen europäischen Ländern, ein Umschwung ohne den auch das bayerische Denkmalschutzgesetz, das ja für den Vollzug des Verständnisses der Allgemeinheit und letztlich jedes einzelnen für die Bedeutung der zu schützenden „Denkmäler" bedarf, kaum zu voller Wirkung käme.

Überall in Europa gilt es jetzt die Reste jenes „kulturellen Erbes" zu retten, die noch vor einem halben Jahrhundert, sondern Natursteinbauten, Bronzestatuen und Kirchenfenster in den vergangenen zwanzig Jahren stärker zerstört hat, als es Jahrhunderte vorher vermochten.

Klasse, eine Klassierung, die sich in anderen Ländern als geradezu lebensgefährlich für den Denkmälerbestand erwiesen hat, weil damit nur einzelne bedeutende Denkmäler erster Klasse gewissermaßen als „Traditionsinseln" bewahrt werden, während die oft gerade den Reiz eines Ensembles ausmachenden Denkmäler zweiter Klasse zugrunde gehen. Das bayerische Listensystem dagegen ist „Diskussionsgrundlage" für vernünftige Lösungen, Neubau oder Veränderungen nicht ausgeschlossen, ohne die Möglichkeit zu verschenken, immer das „Ganze" im Auge zu behalten.

Auch mit seinen Bestimmungen über den Ensembleschutz wird das bayerische Gesetz den gewandelten Aufgaben des Denkmalschutzes und der Denkmalpflege gerecht. Denkmalpflege läßt sich ja schon wegen der heute selbstverständlichen Einbeziehung der Umwelt einzelner Monumente und vor allem mit den neuen großen Aufgaben des Ensembleschutzes kaum noch auf die klassischen kunsthistorischen Aufgaben einschränken. Sie ist Teilaspekt einer allgemeinen Umweltschutzbewegung und hat in bestimmten Bereichen mit den gleichen Problemen zu tun, mit Wirtschafts- und Verkehrsplanung, mit der Zerstörung der Landschaft, mit der Gefährdung durch die Dunst- und Abgasglocke über den Städten, die ja nicht nur den Menschen bedroht, sondern Natursteinbauten, Bronzestatuen und Kirchenfenster in den vergangenen zwanzig Jahren stärker zerstört hat, als es Jahrhunderte vorher vermochten.

Als „eine der schönsten und originellsten Kongreßhallen, die ich je gesehen habe", bezeichnete der Landeskonservator die „Zehntscheune". Sie wird ihre Premiere als Tagungsstätte unter dem Namen „Reichsstadt-Halle" am 26. Mai haben. Die weltweit verbreitete ICOMOS-Organisation, eine Untergruppierung der UNESCO, wird sich mehrere Tage lang mit international interessierenden Denkmalpflege-Themen befassen. Daß Rothenburg so schnell zu einer Stadthalle kam, ist zum erheblichen Teil diesem Kongreß zu verdanken. Die Initiativen kamen ohnehin vom Landesamt für Denkmalpflege, das bis heute ständiger Gesprächspartner der Stadtverwaltung beim Ausbau der mittelalterlichen Scheune ist.

Konservator Vincent Mayr kam nach der Hallen-Besichtigung ins Schwärmen: „Das 14. Jahrhundert für Rothenburg". In der Tat wertet die Reichsstadt-Halle das Spitalviertel und damit den ganzen Kappenzipfel auf. Das Konzept des Landesamtes ging unter Beibehaltung des historischen Charakters aus. Dieses Ziel wurde erreicht. Die Halle steht nicht nur für Tagungen, angefangen vom Konzert über die Kunstausstellung, bis zur Theateraufführung, zur Verfügung.

Freilichtbühne?

Der Gedanke, eine Freilichtbühne in dem geeigneten Gelände zwischen Stöberleinsturm und Pesthaus zu schaffen, hat neuen Auftrieb bekommen. Folgendes spricht jetzt für die Anlage einer Freilichtbühne:
● bei Regen muß die Aufführung nicht ausfallen, wie das Plönlein.

Vor dem Gebäude am Markusturm: OB im Gespräch mit Dr. Petzet und Begleitern

Museumsrenovierung ab 1977

Rund 300 Museen werden vom Landesamt für Denkmalpflege betreut, darunter auch das Reichsstadt-Museum, dessen Zustand äußerst bedenklich ist. Petzet: „Ein Sorgenkind von uns". Die Stadt will das Mammutprojekt der Erneuerung nach Abschluß der Renovierungsarbeiten an der Ratstrinkstube endgültig in Angriff nehmen. Haushaltsmittel sind eingeplant. Trotzdem rechnet Oberbürgermeister Alfred Lederetheil nicht damit, daß die 3 bis 5 Jahre dauernden Renovierungsarbeiten vor 1977 beginnen können. Abschnittsweise soll das ehemalige Dominikanerinnenkloster in einen der Stadt würdigen Zustand versetzt werden.

Abreißen oder stehenlassen?

Auch das leidige Thema „Haus Rödergasse 2/4" am Markusturm kam zur Sprache. Der Verein „Alt-Rothenburg" vertritt die Ansicht, wenn das Gebäude abgerissen werden muß, soll es exakt rekonstruiert werden. An der Frage abreißen oder stehenlassen scheiden sich die Geister. Der Oberbürgermeister plädiert im Hinblick auf einen sinnvollen Ausbau zur späteren Nutzung für Abriß, das Landesamt für Denkmalpflege fürchtet den Verlust „des Charakteristischen", wenn die schiefen Wände und Dächer nachgebildet werden. Zuschüsse jedenfalls sind beim Erhalt des Gebäudes greifbar.

Ob auf den Ausbau der Zehntscheune nun auch noch eine Freilichtbühne folgt, ist fraglich. Immerhin hat sich der Oberbürgermeister für die Aufwertung des Spitalviertels ein kurzfristiges Vorhaben in petto: aus dem Hegereiterhaus soll eine Altenbegegnungsstätte werden.

diba

Altenbegegnungsstätte Hegereiterhaus

---

ranten für „menschlichen Maßstab", „Urbanität", „Identität", „Atmosphäre", „Milieu", ja eine unter „Wahrung der historischen Substanz vorbildlich sanierte Altstadt könnte geradezu ein Modell für die Zukunft darstellen — ganz im Sinn neuester Theorien des Städtebaus, die von der „entballten" und „durchgrünten" Wohnsiloarchitektur unserer Trabantenstädte bereits wieder abrücken. Die Bewahrung von historischen Stadtvierteln bedeutet also weit mehr als Bewahrung von historisch interessanten Stadtvierteln — sie bedeutet die Bewahrung städtischen Lebens und städtischer Kultur.

Denkmallisten und Ensembleschutz

Diese neue Einstellung zu unserer historisch gebauten Umwelt, die ebenso bedroht ist wie die natürliche Umwelt, bedeutet aber insgesamt eine wesentliche Erweiterung des Aufgabenbereichs der Denkmalpflege. Denn selbst Gebäude, die rein kunsthistorisch gesehen zweiter oder dritter Qualität oder überhaupt ohne Bedeutung sind, machen oft gerade den Reiz eines Ensembles, den Charakter einer Stadt, eines Dorfes aus. Zugleich hat sich die Zeitgrenze für den Denkmalschutz ständig verschoben. Galten zu Ende des vorigen Jahrhunderts noch vor allem die mittelalterlichen Gebäude als „denkmalswürdig", so daß in den alten Inventaren noch oft Bauten des Barock und Rokoko fehlen, so reicht die Zeitgrenze heute bis nahe an unsere Gegenwart, womit auch der lange Zeit bei den Denkmalpflegern verpönte Bereich des späteren 19. Jahrhunderts, also die Bauten des Historismus und die Bauten des Jugendstils vor dem 1. Weltkrieg, schließlich die Sachlichkeit der 20er Jahre hinzugekommen ist. Die tragfähigste Basis eines derart erweiterten Denkmalbegriffs bleibt dabei im Grunde der „Geschichtswert".

Das bayerische Denkmalschutzgesetz wird mit dem System der Denkmallisten diesem erweiterten Denkmalbegriff gerecht. Die Listen kennen im Gegensatz zu anderen Denkmalschutzgesetzen keine Denkmäler erster, zweiter oder dritter

Es geht um das „Ganze"

Alle Versuche, den Vollzug des Gesetzes dadurch zu „vereinfachen", daß in bestimmten Bereichen die Gutachterbehörde an Stelle des Denkmalamtes als Gutachterbehörde auftreten, wobei es sich in Anlehnung an den aufgegebenen alten § 81 II der bayerischen

> ZUM BEISPIEL LANDSHUT: Stadt, Staat und Denkmalamt bemühen sich um eine Verlagerung der Vereinigten Kunstmühlen an den Stadtrand. Ein Schandfleck soll damit verschwinden, eine weitere empfindliche Beeinträchtigung des Stadtbildes durch geplante Silobauten auf der Hammerinsel direkt gegenüber der historischen Altstadt soll verhindert werden. Eine einmalige Chance, aber die Kosten für die Stadt sind trotz Mitteln aus dem Städtebauförderungsgesetz, und der Wirtschaftsförderung gewaltig; andere Sanierungsprojekte müssen zurückstehen. Rund 20 Millionen Mark wird allein die statische Sanierung der St.-Martins-Kirche kosten, mit der 1976 begonnen wird; auch hier muß die Stadt mit einspringen. Ungelöst ist das Verkehrsproblem; der Durchgangsverkehr dröhnert durch die historischen Straßenzüge, die Skulpturen an St. Martin zerbröckeln unter der Einwirkung der Abgase. Stadtbaurat Schwaiger-Herrschmann sagt: „Das Denkmalschutzgesetz wird als sehr hilfreich und klärend empfunden, und es zeigt sich ganz deutlich, daß damit doch erheblich günstigere Voraussetzungen für die Aufgabenstellungen, wie sie eine solche Stadt mit sich bringt, gegeben sind."

rischen Bauordnung (Bauten in der Nähe von Monumentalbauten) besonders im Bereich „Nähe" von Baudenkmalen handelt, bedeutet nicht nur eine unnötige Komplizierung des Verfahrens. Sie würden letztlich das Gesetz in entscheidenden Punkten unterlaufen. Denn Bauen und Verändern in der „Nähe" von Denkmälern vom Denkmälern zu trennen, bedeutet nicht nur im Fall von „Monumentalbauten" — also etwa im Fall eines Erholungszentrums neben der Wieskirche — das Ende einer modernen Denkmalpflege, die vor allem im Ensemble stets das „Ganze" im Auge behalten muß. Und wenn es gelingen soll, unsere alten Städte und letztlich das Bild unserer Kulturlandschaft zu bewahren, sie am Leben zu erhalten oder

auch mit neuem Leben zu erfüllen, also wirklich zu „sanieren" und zu „revitalisieren" — Worte, die leider oft gerade dann gebraucht werden, wenn man ganz im Gegenteil zerstören und das Leben vertreiben will.

Der Versuch, etwa auf dem Weg über eine „Vereinfachung" des Gesetzesvollzugs die Denkmalpflege wieder auf ihren „klassischen" Bereich, also das bloße Konservieren von Bauten, erster Klasse", von Kirchen, Schlössern und einzelnen wichtigen Bürgerhäusern, zurückzudrängen, wird nicht ausbleiben. Ob er gelingt, erscheint auch angesichts der zunehmenden öffentlichen Interesses an allen Fragen des Denkmalschutzes und der Denkmalpflege fraglich. Die Denkmalpflege auf einen Bereich zurückzudrängen, in dem es im Grunde gar keines Gesetzes bedarf — wer will zum Beispiel allen Ernstes die Münchner Frauenkirche abbrechen? — wäre auch allzu bequem: Gerade ein so vorbildliches Gesetz, wie das bayerische Naturschutzgesetz, ebenso wie auch das Naturschutzgesetz, in manchen Bereichen „unbequem" sein dürfen, wie immer wenn Interessen von einzelnen mit den Interessen der Allgemeinheit konfrontiert werden.

Schließlich sollte gerade in einem Land wie Bayern, das — immer noch — eine von seinen historischen Bauten entscheidend geprägte einzigartige Kulturlandschaft besitzt, die Denkmalpflege ihren besonderen Stellenwert haben, der auch in einem entsprechenden finanziellen Mitteln zum Ausdruck müßte. Geht doch die Bedeutung der Denkmalpflege weit über den engeren Rahmen etwa der Musikpflege, des Theaters oder der Museen hinaus, von denen im übrigen an die 300 Heimatmuseen durch das Denkmalamt betreut werden. Man sollte die Denkmalpflege ruhig einmal nicht als reinen Posten unter anderen im Kulturhaushalt, sondern in ihrer wahren wirtschaftlichen Bedeutung betrachten, angefangen von der Werbung — mit der unzerstörten Kulturlandschaft wird selbst von denen geworben, die sie zerstören — bis zum Tourismus, bei dem es, schon angesichts einer stehenden modernen „Erholungszentren", mehr denn je auf die unverwechselbare Eigenart, auf historisch gewachsene „Individualität" ankommt.

Mehr finanzielle Mittel für die Denkmalpflege sind auch unter wirtschaftlichen Gesichtspunkten eine echte Investition für die Zukunft. Sie können einem bayerischen Denkmalschutzgesetz getragene neue bayerische Öffentlichkeit letztlich darüber mitentscheiden, ob sich die Menschen bei uns in Bayern, „zu Hause" fühlen.

Viel Denkmalpflege mit begrenzten Mitteln

Zum Beispiel Landsberg
Was eine kleine Stadt mit großem Engagement leisten kann

Landsberg — Man nehme einen tatkräftigen Oberbürgermeister, einen engagierten Referenten für Denkmalpflege, 24 traditionsbewußte Stadträte und unzählige opferbereite Bürger. Das Ergebnis: Ein mittelalterliches Städtchen, das getreu dem Motto des Europäischen Denkmalschutzjahres auf dem besten Weg ist, seiner Vergangenheit eine schmucke Zukunft zu bereiten. Begonnen haben die Landsberger damit allerdings schon 1970. Und stolz zeigen sie derzeit als erste bayerische Stadt in einer Dokumentation im barocken Rathaus, was sie bis heute alles geleistet haben.

Es kann sich schon sehen lassen, das 15 000 Einwohner zählende Mittelzentrum am Lech. Das mußte auch der Chef des Landesamtes für Denkmalpflege, Generalkonservator Dr. Michael Petzet, zugeben, als ihn Oberbürgermeister Hanns Hamberger zum Auftakt einer Festveranstaltung zum Europäischen Denkmalschutzjahr durch die Gassen der Altstadt führte, die 1974 als eine der ersten unter Ensemble-Schutz gestellt wurde.

Vier Millionen haben in den vergangenen Jahren Stadt, Staat und Kirche in die alten Mauern gesteckt. Zwei der teuersten Maßnahmen kann der Oberbürgermeister täglich von seinem würdigen Dienstzimmer im 1168 erbauten Schmalzturm aus bewundern, wo ihm die Tradition sozusagen fast auf den Kopf fällt und in die Deckenbalken die Namen seiner Amtsvorgänger geritzt sind: das restaurierte barocke Rathaus und den neugestalteten Hauptplatz.

Genau 414 400 Mark haben sich die Landsberger das Rathaus kosten lassen (davon 75 000 Mark Zuschuß vom Landesamt für Denkmalpflege). Etwa zwölf Tonnen Stahl mußten in die brüchig gewordene Decke zwischen dem zweiten und dritten Stockwerk eingebaut werden. Nachdem dann auch in dem kunstgeschichtlich bedeutendsten Profanbau der Stadt Stuckdecken und Deckenbemalung freigelegt worden waren, können seit etwa einem Jahr Sitzungen der Stadtväter, Konzerte und Festveranstaltungen in würdigem Rahmen ablaufen.

Teuer kam die Landsberger ihr ursprünglich mit Lechkieseln gepflasterter Hauptplatz zu stehen, der wegen der Erschütterungen des Straßenverkehrs eine festere Grundlage brauchte. Um den Charakter des Altstadtbildes zu wahren, deckte man den Platz um den Marienbrunnen mit Kieseln und die Straßen mit Granitpflaster. 1,3 Millionen Pflastersteine wurden verankert, und fast ebenso viele Mark kostete das ganze.

Nochmals knapp 100 000 Mark (25 000 DM Zuschuß vom Landesamt) war der Stadt ihr Marienbrunnen wert. Der empfindliche Sandstein der Madonna, ein Werk des Tiroler Barockbildhauers Joseph Streiter von 1782, hatte sich durch die Einwirkung der Autoabgase zersetzt.

Stein um Stein stellen die Landsberger ihre spätmittelalterliche Stadtmauer mit Toren und Wehrtürmen wieder her, die Klosterfassade, 1765/66 von Johann Baptist Bengmüller aus Augsburg geschaffen, wurde restauriert, an die Kirchen Mariä Himmelfahrt und Hl. Kreuz wird rettende Hand angelegt.

In diesem Jahr hat man auch mit den Voruntersuchungen für eine umfassende Altstadtsanierung begonnen. Eine „Gemeindeverordnung über besondere Anforderungen an bauliche Anlagen im Altstadtbereich" wird vorbereitet, die — sofern sie in München abgesegnet wird — eine Abkürzung des Genehmigungsverfahrens bringen soll, da dann nicht mehr alle Baumaßnahmen dem Landesamt für Denkmalpflege vorgelegt werden müssen.

Daneben vergessen aber die Stadtväter nicht, daß nur sanieren kann, wer gut verdient. Deshalb spricht man ungern von Fußgängerzonen, gegen die die Geschäftsleute Sturm laufen würden.

Jetzt hat Oberbürgermeister Hamberger seine Bürger wieder zum Spenden

IN ALTER PRACHT: RATHAUS

aufgerufen. Das 1425 erbaute Bayertor, das zu den schönsten noch erhaltenen gotischen Toren Süddeutschlands zählt, muß schnell restauriert werden. Die Stadt plant die Herausgabe einer offiziellen Medaille aus Silber mit eingeprägtem Wappen und Bayertor. Ein Teil des Verkaufserlöses ist für die Tor-Erhaltung bestimmt.

Von so viel Engagement war denn auch Landesamts-Chef Petzet beeindruckt. An Ort und Stelle versprach er: „Wir werden uns entscheidend an den Kosten beteiligen."   **Ruth Langhans**

ROMANTISCH, ABER SANIERUNGSBEDÜRFTIG: DAS HEXENVIERTEL

Münchner Merkur
7./8. Mai 1975

Abgase bedrohen das Landsberger Wahrzeichen
Schwere Schäden am Bayertor / Landesamt für Denkmalpflege verspricht der Stadt Hilfe

LANDSBERG — Dem Bayertor in Landsberg am Lech, das zu den bedeutendsten gotischen Toranlagen in Bayern zählt, droht der Untergang. Das 1425 vollendete Bauwerk bietet in seinem Verfall ein so erschreckendes Bild, daß der Chef des Bayerischen Landesamts für Denkmalpflege, Dr. Michael Petzet, den die Landsberger zu Hilfe gerufen hatten, bei seinem Besuch in der Stadt von „einem echten Notfall" sprach.

Der Generalkonservator beklagte vor allem den Zustand der von gotischem Maßwerk umrahmten Reliefgruppe an der Schauseite des 36 Meter hohen Hauptturms, die im Dunst der Autoabgase immer mehr verfällt. Die Figuren aus Sandstein, die ein Kreuzigungsbild mit Maria und Johannes darstellen, haben nur noch eine Zukunft, wenn ihre Retter nicht mehr lange auf sich warten lassen. Sonst steht ihnen das gleiche Schicksal wie den vielen Sandsteinfiguren bevor, die in den letzten 30 Jahren am „Smog" unserer Zeit zugrunde gingen, nachdem sie zuvor 500 Jahre lang Kriege und Katastrophen überdauert hatten.

Damit es mit dem Bayertor, dem Wahrzeichen von Landsberg, nicht so weit kommt, nahm der Landsberger Oberbürgermeister Hanns Hamberger das Europäische Denkmalschutzjahr zum Anlaß, um die Freunde der Stadt in einer Festveranstaltung auf seine denkmalpflegerischen Nöte hinzuweisen. Zugleich erinnerte Hamberger die Heimatpfleger, Denkmalschützer und Konservatoren daran, daß Landsberg kein Bittsteller mit leeren Händen ist. Zu diesem Zweck ließ er im Rathaus eine kleine Ausstellung aufbauen, die den Gästen zeigte, daß Landsberg schon mit eigenen Mitteln Denkmalpflege betrieb, als in anderen Städten davon noch nicht die Rede war. Die Schau, die eine Dokumentation der bisher in Landsberg geleisteten Arbeiten auf dem Gebiet der Denkmalpflege ist, verfehlte ihre Wirkung nicht. Anerkennend meinte Petzet nach dem Rundgang durch die Ausstellung: „Für Landsberg hätte es des Europäischen Denkmalschutzjahres nicht gebraucht." Zugleich versprach er den Landsbergern, ihnen bei der Rettung des Bayertores, für die sein Amt gegenwärtig ein Gutachten ausarbeitet, mit Zuschüssen kräftig unter die Arme zu greifen.

Bürger als Denkmalpfleger

Die Landsberger begannen bereits 1969 mit den ersten Erneuerungs- und Restaurierungsmaßnahmen an den Baudenkmälern in ihrer Stadt. Sie galten zunächst der Erhaltung des barocken Rathauses, dessen Innenräume und Fassade der Erbauer der Wieskirche, Dominikus Zimmermann, in den Jahren von 1718 bis 1720 gestaltet hatte. (Zimmermann war von 1749 bis 1754 Bürgermeister von Landsberg.) Die Restaurierung der Außenfassade und der Innenräume mit ihren Fresken und Gemälden ließ sich die Stadt 414 000 Mark kosten. Das Landesamt für Denkmalpflege beteiligte sich an den Kosten für die Arbeiten, die sich über fünf Jahre erstreckten, mit einem Zuschuß von 75 000 Mark.

Das zweite große Vorhaben, das die Stadt in Angriff nahm, war die Neugestaltung des Hauptplatzes vor dem Rathaus, der ursprünglich mit Kieseln aus dem Lech gepflastert war und der nun wieder an Stelle einer Asphaltdecke ein Granitpflaster erhalten hat. Im Zuge dieser Arbeiten ließ die Stadt auch den Marienbrunnen auf dem Hauptplatz restaurieren. Der Brunnen war, wie es in der Landsberger Dokumentation zum Denkmalschutzjahr heißt, „vor allem durch den ständig zunehmenden Verkehr in seiner Substanz gefährdet. Der empfindliche Sandstein der Madonna, ein Werk des Tiroler Barockbildhauers Joseph Streiter von 1782, zersetzte sich durch die Einwirkung der Autoabgase, das Antlitz drohte abzuplatzen. Auch die übrigen Teile des Brunnens, vor allem die Delphine, waren stark verwittert. Die Renovierung festigte durch Kunstharz den Stein und sicherte ihn so für die Zukunft weitgehend vor neuer Zerstörung". Die Kosten dafür in Höhe von 93 000 Mark bestritt die Stadt zum größten Teil aus der eigenen Tasche. Der Zuschuß des Landesamts betrug 25 000 Mark.

Ein drittes rühmliches Beispiel für den aktiven Denkmalschutz in Landsberg ist die Rettung der Klosterfassade durch die Initiative der Pfarrei Mariä Himmelfahrt. Mit einem Kostenaufwand von rund 145 000 Mark gelang es, die Fassade, die „neben der Rathausfassade die zweite Barockfassade Landsbergs von überörtlichem Rang" (Landsberger Dokumentation) ist, durch Trockenlegung des Mauerwerks, Reinigung der Fassade und Entfernung des schadhaften Putzes vor dem Verfall zu bewahren.

Hans-Günter Richardi

Süddeutsche Zeitung, 10./11. Mai 1975

Denkmalschützer fühlen sich nicht mittellos
Generalkonservator Petzet hält wirkungsvolle Arbeit auch mit kleineren Geldsummen für möglich

FREISING. — Mißtrauen und Skepsis gegenüber dem Denkmalschutz versuchte der Generalkonservator des Landesamtes für Denkmalpflege, Michael Petzet, bei einer Podiumsdiskussion im Freisinger Asam-Saal abzubauen. Schließlich sei das Gesetz nicht, wie vielfach zu hören sei, entgegen den Interessen der Bevölkerung geschaffen worden, sondern um wertvolle Gebäude und Stadtbilder für die Allgemeinheit und nicht etwa für den Kunsthistoriker zu erhalten.

Befürchtungen, wonach die für den Denkmalschutz zur Verfügung stehenden staatlichen Mittel bei weitem nicht ausreichen könnten, vermag Petzet nicht zu teilen. In der vom „modern studio freising" organisierten Veranstaltung zum Thema „Denkmalschutz und Stadt für morgen" betonte Petzet, anstelle der oft genannten Milliardensummen könnte auch schon mit weit geringeren Summen Bayern „Zug um Zug" saniert werden. Im laufenden Staatshaushalt sei immerhin ein Entschädigungsfonds von 20 Millionen Mark enthalten. Da überdies mit Zuschüssen anderer Stellen und einer verstärkten Privatinitiative zu rechnen sei, könne er den oft geäußerten Pessimismus nicht teilen. Kein Ausweg sei es jedenfalls, verschiedene Kategorien einzuführen, und etwa nur die „Denkmäler erster Klasse" zu schützen, alles andere aber fallen zu lassen.

Die alten Städte müßten nicht allein aus historischen oder kunsthistorischen Gründen vor der Zerstörung bewahrt werden, sondern vor allem deshalb, weil sie ein „Modell für die Stadt der Zukunft" abgeben könnten. Es sei nun einmal eine erwiesene Tatsache, daß die heute an eine Stadt gestellten Anforderungen (Milieu, Urbanität, Maßstäblichkeit) in den Trabantenstädten nicht verwirklicht seien.

Petzet rief die Architekten auf, die „größere Chance" wahrzunehmen, innerhalb eines bereits bestehenden Ensembles, wie einer Straßenzeile, ein Haus passend einzubauen, als nur auf der grünen Wiese zum wiederholten Male den gleichen Entwurf zu verwirklichen.

An dieser Aufgabe scheitern allerdings viele Architekten, wie Professor Franz Hart einleitend an Hand von abschreckenden Dia-Beispielen eindringlich zu belegen vermochte. Nach wie vor schreckten seine Kollegen davor zurück, „harmlose, bescheidene Formen" zu wählen. Sie wollten sich statt dessen ein Denkmal setzen und bemühten sich verzweifelt, den Anschluß an die internationale Architektur nicht zu verlieren. Hart empfahl, die Häuser auch nicht „für die Ewigkeit" zu bauen, sondern so, „daß sie leicht wieder beseitigt werden können".

Kritik an „Pauschalurteilen" mancher Architekten übte Harts Kollege Helmut Gebhard von der TU München, der die Diskussion leitete. Vielfach werde vorschnell behauptet, die Substanz eines Gebäudes sei schlecht und könne nicht mehr restauriert werden.

„Erhebliche Unruhe und nicht nur Jubel" angesichts des Denkmalschutzgesetzes konstatierte der Freisinger Oberbürgermeister Adolf Schäfer (SPD) unter seinen Mitbürgern. Schäfer bedauerte insbesondere „die armen Leute, die Besitzer eines Denkmales sind". Sie müßten oftmals in durchfeuchteten Räumen leben, hätten harte Auflagen zu erfüllen und müßten erhebliche Kosten tragen. Derartige „Sonderopfer" für die Allgemeinheit müßten jedoch ausreichend entschädigt werden.

Ähnlich argumentierte Landrat Ludwig Schrittenloher (CSU), der neben dem fehlenden Geld auch die langwierige Genehmigungsprozedur von Bauvorhaben beklagte. Petzet wehrte sich gegen den Vorwurf, sein Amt trage zu irgendeiner Verzögerung bei. Bislang habe es lediglich sechs strittige Fälle gegeben, bei denen als letzte Instanz das Kultusministerium habe entscheiden müssen. Sonst fasse bereits die jeweils zuständige Bezirksregierung die erforderlichen Beschlüsse.

Trotz seiner grundsätzlich zuversichtlichen Einschätzung der finanziellen Situation forderte Petzet die Gleichstellung des Personenkreises, die ihre alten Häuser renovierten, mit denen, die alte Bauten einfach abreißen und für den Neubau dann vom Staat steuerlich begünstigt würden. Eine solche Gesetzesnovelle wäre das „wichtigste Ereignis" im Denkmalschutzjahr 1975.

Ralf Husemann

Süddeutsche Zeitung
15. Mai 1975

Beim Denkmalschutz kleine Schritte

Münchner Merkur
16. Mai 1975

Podiumsdiskussion in Freising mit Dr. Petzet — Mancher Bürger muß passen

me. Freising — Gegen die angeblich weit verbreitete Vorstellung, Denkmalpflege koste enorm viel Geld, wandte sich der Leiter des Landratsamtes für Denkmalpflege, Dr. Michael Petzet, bei einer Podiumsdiskussion des „modern studio Freising" zum Thema „Denkmalschutz und Stadt für morgen". Petzet wies auf die kostensparende Pflege dieser Art von Kulturgut hin, die in kleinen Schritten betrieben werde.

Unter der Leitung von Professor Dr. Gebhardt stellten sich neben Petzet die Professoren Glaser, Hart und Landgrebe neben Freisings OB Schäfer, Landrat Schrittenloher und Freisings Einzelhandelsvorsitzender Grimm in der Domstadt den Fragen um den Problemkreis Denkmalschutz.

Generalkonservator Petzet räumte dabei mit dem Schlagwort „Konservieren, nicht restaurieren" auf, das die Denkmalpflege im vergangenen Jahrhundert bestimmt habe. Unter diesem Motto könne man Museumsstücke pflegen, nicht aber etwa Baudenkmäler. Schließlich sei in einer halbverfallenen Kirche kein Gottesdienst zu halten und in einem baufälligen Haus lasse es sich nicht wohnen. Deshalb ist laut Petzet der Denkmalschutz als „Ergänzung" zu sehen.

Der Unterschied zwischen Theorie und Praxis in Sachen Denkmalschutz wurde in Freising dann recht deutlich. So mancher Bürger der Domstadt, der ein nach dem Denkmalschutzgesetz erhaltenswürdiges Haus sein eigen nennt, kann, wie die Diskussion ergab, das Geld für eine Renovierung kaum aufbringen. Finanzkräftige Unternehmen sind zur Stelle und treiben dann Denkmalschutz auf ihre Weise, wie das etwa in der Freisinger Altstadt deutlich geworden ist.

Denkmalpflege ohne Bauhandwerk nicht möglich

Dr. Michael Petzet bei der Münchner Bau-Innung

Die Bedeutung des Denkmalschutzes für das qualifizierte Bauhandwerk stellte Dr. Michael Petzet, Leiter des Landesamtes für Denkmalpflege, in einem Vortrag zum Thema „Denkmalpflege — heute" bei der Bau-Innung München heraus. An der Vortragsveranstaltung im dicht besetzten Saal des Münchner Baugewerbehauses nahmen auch zahlreiche Vertreter der Bauverwaltung sowie viele Architekten teil. „Reparieren, Renovieren und Sanieren ist eine originäre Aufgabe des Bauhandwerks", sagte Petzet, wobei es in Zukunft mehr und mehr auf die Qualität als auf die Quantität ankomme. Umgekehrt sei Denkmalpflege zur Rettung städtischen Lebens ohne ein qualifiziertes Bauhandwerk nicht denkbar. Die Denkmalpflege brauche Handwerker, die alle Techniken ihres Handwerks — auch die traditionellen — beherrschen. Er äußerte die Sorge, daß durch Mangel an qualifiziertem Nachwuchs diese kulturpolitisch wichtigen Renovierungsarbeiten gefährdet werden könnten.

Petzet stellte in seinem Vortrag heraus, daß sich nach dem Kriege die frühere Auffassung der Denkmalpflege, die sich überwiegend mit dem Konservieren einzelner Kunstwerke beschäftigte, entscheidend geändert habe. Der im Zuge des Wiederaufbaus herrschende Bauboom habe einerseits die historische Bausubstanz so schnell wie noch niemals zuvor zerstört. Die moderne Architekrut andererseits habe zu einem Verlust an Originalität und Individualität durch Uniformierung, Zersiedelung und reproduzierbares Bauen geführt. Sie habe es nicht geschafft, eine echte Urbanität, quasi vom Reißbrett her, zu erreichen.

Die Bewahrung historischer Bauten bzw. ganzer Stadtviertel bedeute deshalb mehr als die Rettung von Kulturdenkmälern. Sie bedeute die Rettung des städtischen bzw. ländlichen Lebens und deren Kultur schlechthin.

Moderner Denkmalschutz müsse deshalb unter städtebaulichen Gesichtspunkten gesehen werden, der darauf abziele, durch Erhaltung historischer Substanz den Menschen in Zeit und Raum zu orientieren und sinnvolles städtisches Leben zu erhalten, ggf. neu zu schaffen.

Nach Auffassung Petzets muß sich die Denkmalpflege deshalb bemühen, die historische Substanz nicht museal zu erhalten, sondern einer auch heute noch sinnvollen Nutzung zuzuführen. Nur so kann sie mit echtem städtischen Leben erfüllt werden, um nicht lediglich zur Touristenattraktion degradiert zu werden.

Petzet brachte zum Ausdruck, daß er aufgrund der großen Bedeutung, die die moderne Denkmalpflege, vor allem aufgrund ihrer dringend notwendigen städtebaulichen Funktion für die Allgemeinheit habe, sich dafür einsetzen wolle, die Öffentlichkeit noch mehr für diese Aufgabe zu interessieren, um auf diese Weise eine breite Unterstützung zu finden, damit diese nicht lediglich ein Lippenbekenntnis bleibe. In diesem Zusammenhang erhob er die Forderung nach vermehrten öffentlichen Mitteln (derzeitig ca. 10 Millionen DM bei ca. 100 000 Baudenkmälern in Bayern) sowie nach Schaffung von Steuervergünstigungen, gerade für die Besitzer von Altbauten.

Nach Auffassung Petzets ist nämlich eine Sanierung „von Haus zu Haus" durch Reparieren, Renovieren und Modernisieren alter Bausubstanz, die von den Eigentümern auch aufgrund wirtschaftlicher Überlegungen angestrebt wird, jeder „Flächensanierung" vorzuziehen.

Deutsche Handwerkszeitung (München)
23. Mai 1975

Statuen wie diese gibt es nur noch wenige auf Schloß Mainberg; dafür sprießt überall das Unkraut, und über der beschaulichen Idylle liegt ein Hauch des langsamen Verfalls. — Nicht nur als Zeuge aller Bauepochen seit dem Mittelalter ist Schloß Mainberg interessant, sondern auch wegen seiner herrlichen Lage mit weitem Blick auf das Schweinfurter Land. Unser Bild zeigt Dr. Michael Petzet im Gespräch mit OB Petzold und Landrat Dr. Georg Burghard. — Von grünem Laub überwuchert wie Dornröschens Schloß führt die Mainberger Anlage heute ein Schattendasein. Wann es „wachgeküßt" wird, ist ungewiß, denn nicht die Liebe, sondern nur das Geld spielt hier eine Rolle.
Fotos: Rost

Nutzung für das Schloß gesucht

Landesamt für Denkmalpflege würde sich an der Renovierung von Schloß Mainberg beteiligen

Der Generalkonservator des Landes Bayern, Dr. Michael Petzet, kam, und hinterher sonnte sich alles in ungewohntem Optimismus. Die einen weniger und die anderen stärker, doch einig war man sich darin, „die Sache mit Feuereifer angehen zu wollen". Die Sache — das ist das leidige Problem Schloß Mainberg, das beim Besuch des Landeskonservators natürlich im Mittelpunkt stand. Was sich jetzt konkret eigentlich ändern soll und welchem Zweck das Schloß wohl einmal dienen wird, weiß freilich immer noch niemand, doch möchte die Stadt im Verein mit dem Landkreis und dem Landesdenkmalamt verstärkt darüber nachdenken. Jedenfalls will man Schoß Mainberg in öffentlicher Hand behalten; einen Verkauf für gewerbliche Zwecke wollte Oberbürgermeister Petzold bei der anschließenden Pressekonferenz als „letzte Möglichkeit" allerdings auch nicht ausschließen.

Eingefunden hatte sich Dr. Petzet in Schweinfurt auf Einladung des Oberbürgermeisters, der mit dem Generalkonservator denkmalpflegerische Probleme zu erörtern hatte. Besichtigt wurden so neben dem Mainberger Schloß das alte Gymnasium am Martin-Luther-Platz und der Ebracher Hof. Am Gymnasium nämlich will die Stadt die Fassade erneuern lassen (geschätzte Kosten ca. 400 000 DM), und das Landesamt soll sich daran beteiligen. Dieses wiederum hofft, daß das auch etwas billiger geht, sagte aber prinzipiell seine Unterstützung zu. Nur besichtigt wurde der Ebracher Hof, über dessen spätere Nutzung in einiger Zeit noch entschieden werden muß.

Den ersten Platz in der Reihenfolge der Besichtigung nahm jedoch Schloß Mainberg ein. Mit dabei waren neben Dr. Petzet und dem Oberbürgermeister den Referenten Dipl.-Ing. Günter Lüdke und Heinrich Huber, Landrat Dr. Georg Burghard, Dr. Adolf Pahl, Leiter der Volkshochschule, und Kreisheimatpfleger Karlheinz Hennig. Die Gäste konnten dabei feststellen, daß die älteren Teile des Schlosses baulich noch tadellos erhalten sind; Schäden an der Substanz gab es dagegen an den Anbauten, die ebenfalls Ernst Sachs erst Anfang dieses Jahrhunderts errichten ließ. Schuld daran ist die defekte Verrohrung: Die Wassermengen, die die riesigen Dachflächen auffingen, wurden nicht wie vorgesehen abgeleitet, sondern versickerten im Erdreich, bahnten sich ihren Weg hangabwärts und weichten dadurch den Untergrund auf. Traurig sieht es um die Inneneinrichtung aus, die so gut wie gänzlich fehlt, doch gelten die Stuckarbeiten gerade in der neueren Zimmerflucht, die ebenfalls Ernst Sachs von kunstfertigen Handwerkern mit viel Geschmack anfertigen ließ, als einmalig zumindest in Unterfranken.

Das Problem ist nun — und das ist nichts Neues — eine sinnvolle Nutzung für das Schloß zu finden. Praktischen Sinn bewies OB Petzold bei der Pressekonferenz am Nachmittag im Rathaus, als er den Leitsatz prägte: „Es soll kein übertreuer Zuschußbetrieb werden". Bei dieser einen konkreten Aussage blieb es denn auch, dafür gab es jede Menge Vorschläge. Ein Museum wollen die einen daraus machen, doch die sind wiederum Zuschußbetriebe. Gastronomie im Schloß wird auf jeden Fall gewünscht, und sowohl Landesamt als und Stadt hätten gerne ein Bildungsinstitut an dieser Stätte. Auch eine kombinierte Nutzung durch Gewerbe und öffentliche Hand wird nicht ausgeschlossen. Wünsche und Vorstellungen also, doch keine Pläne. Gibt es die jedoch einmal, so will sich das Landesamt für Denkmalpflege bei der Herrichtung des Schlosses „gewaltig engagieren", wie Dr. Petzet versicherte. Das meinte er in finanzieller Hinsicht. Doch erst einmal muß man sich etwas einfallen lassen.

Dieter Landgraf

Schweinfurter Tagblatt, 23. Mai 1975

Als Ausflugsziel?

Seit 1962 ist die Stadt Schweinfurt Schloßherr und ließ sich diese Funktion bisher immerhin 173 000 DM kosten. Viel mehr wird allerdings erforderlich sein, wenn das Schloß jetzt einer sinnvollen Nutzung zugeführt werden soll, und gerade diese Finanzfrage ist des Pudels Kern: Die Stadt knausert mit Rücksicht auf ihr schlaffes Geldsäckel und will eine Beteiligung des Landkreises. Der Landkreis wiederum beruft sich auf seine Armut, und das Landesamt für Denkmalpflege würde gerne kräftig zuschießen — bloß müßte jemand das Geld aufbringen, zu dem man etwas zuschießen kann. Angesichts dieser Situation wäre allerdings auch eine Lösung denkbar: Während der Besichtigung des Schlosses sah man auch einen Herrn, der mit einem auffälligen Straßenkreuzer gekommen war, sich aber denkbar unauffällig verhielt und vor dem Auge unserer Kamera regelrechte Furcht hatte. Dieser Herr nämlich will Schloß Mainberg kaufen, so erfuhr man gerüchteweise, und für gewerbliche Zwecke nutzen. Die Stadt wäre ihre Sorgen dann zwar los, doch der Öffentlichkeit wäre ein Ausflugsziel im Nahbereich entgangen, das sich wegen seiner Schönheit, seiner herrlichen Lage — und eventuell mit zugkräftigen Attraktionen wie einem Museum angereichert — durchaus mit Leben erfüllen ließe.

Dieter Landgraf

„Denkmalpfleger besser ausbilden"

Kultusminister Maier fordert stärkere Stellung der Denkmalämter

Rothenburg o. T. (lb) — Eine fundierte Ausbildung der Denkmalpfleger und eine Verbesserung der Stellung und Ausstattung der Denkmalämter forderte der bayerische Kultusminister Professor Hans Maier. Er sprach am Montag als Präsident des Deutschen Nationalkomitees für das Europäische Denkmalschutzjahr 1975 zur Eröffnung der vierten Generalversammlung von ICOMOS (International Council of Monuments and Sites), einer Unterorganisation der UNESCO, in Rothenburg ob der Tauber.

Der Minister bedauerte die unzureichende wissenschaftlich-theoretische und praktische Ausbildung der Denkmalpfleger. Zum Berufsbild müssen nach Ansicht Maiers Kenntnisse über Grundlagen des Konservierens und Restaurierens gehören. Auch sollten Kunsthistoriker die wesentlichen technischen Voraussetzungen der Erhaltung und Instandsetzung von Gebäuden kennenlernen. Der Kultusminister sprach sich außerdem für ein stärkeres Gewicht der Denkmalpflege bei der Bauplanung aus.

Generalkonservator Dr. Michael Petzet vom bayerischen Landesamt für Denkmalpflege betonte, Rothenburg sei schon immer Modellstadt für praktische Denkmalpflege gewesen. Als ein Beispiel der sinnvollen Nutzung historischer Bauwerke nannte er die mittelalterliche Zehntscheune, die rechtzeitig zum ICOMOS-Kongreß für 3,5 Millionen Mark zu einer modernen Tagungsstätte unter vollkommener Beibehaltung des historischen Charakters ausgebaut wurde.

Die Generalversammlung geht am Dienstag zu Ende. Dann schließt sich für die rund 350 Teilnehmer aus aller Welt ein Symposium über die Erhaltung historischer Kleinstädte an, das bis zum Freitag dauert. — Siehe auch Kultur.

Münchner Merkur
27. Mai 1975

Weltkongreß in der Rothenburger Zehntscheune
400 Denkmalpfleger aus aller Welt zu Gast / Kultusminister Maier für Aufwertung des Berufsstandes

Rothenburg (Eigener Bericht) — In der Reichsstadthalle, der aus dem Mittelalter stammenden Zehntscheune im Spitalviertel der Stadt, sind zur Zeit 400 Denkmalpfleer aus aller Welt zur vierten Generalversammlung des „International Council of monuments and sites" (ICOMAS) versammelt. Dieser internationale Rat befaßt sich als Unterorganisation der UNESCO mit der Denkmalpflege und dem Schutz von Kulturgütern. Rothenburg, im europäischen Denkmalschutzjahr als eine der Modellstädte ausgewählt, baute die Zehntscheune als Beispiel sinnvoller Nutzung unter vollständiger Erhaltung des historischen Baukörpers zu einem Tagungshaus um; die Arbeiten konnten gerade noch vor Beginn der Tagung abgeschlossen werden, die bis 30. Mai dauert.

Die Teilnehmer wurden vom Präsidenten des Deutschen Nationalkomitees von ICOMAS, Professor Werner Bornheim gen. Schilling, empfangen. Bayerns Kultusminister Hans Maier, Präsident des Deutschen Nationalkomitees für das Europäische Denkmalschutzjahr 1975, beschäftigte sich bei der Eröffnungsveranstaltung mit den Aufgaben der heutigen Denkmalpflege und dem Bild des Denkmalpflegers. Bei der Denkmalpflege gehe es nicht mehr in erster Linie darum, Schäden zu verhindern und zu beseitigen, die der Zahn der Zeit den Bauwerken zugefügt habe, sagte Maier. Es gelte vielmehr, die Denkmäler gegen menschliche Eingriffe, gegen planende, unternehmende und ausführende Personen und Stellen in Schutz zu nehmen.

„Zu den Leuten, die ein angenehmes Leben haben, zählt ein Denkmalpfleger sicher nicht", betonte der Minister. Im Grunde habe der Denkmalpfleger sogar einen Beruf, den er unmöglich zu aller oder auch nur zu seiner eigenen Zufriedenheit ausüben könne. Ständig habe er die undankbare Aufgabe, Leuten, denen vor allem ihre persönlichen Vorteile am Herzen liegen, klarzumachen, daß die Interessen der Allgemeinheit solchen Wünschen häufig entgegenstünden. „Und doch, und gerade deswegen, ist er ein Mann der höheren Weisheit. In der Einsicht, daß es ohne die Präsenz der Vergangenheit, ohne ihre überwältigende Vielfalt, ohne ihre durch nichts zu vergleichende Schönheit, ohne die großartige Ordnung der scheinbar oft Regellosen und Untergeordneten, weil in vielen Jahrzehnten oder Jahrhunderten nacheinander Entstandenen, ohne das persönlich, wenn auch nicht immer vollkommen Gestaltete, ohne die fürstliche Gesinnung vergangener Bauherren, ohne das Geschick meisterhafter Handwerker und ohne die Werke genialer Künstler auch in der Gegenwart nicht geht und in der Zukunft noch viel weniger gehen wird, in dieser Einsicht ist er den meisten in unserem Lande weit voraus."

Schon fange dieser Idealismus an, Früchte zu tragen, meinte Maier. Die Einsichten der Denkmalpfleger, „wenn sie nur mit genügend Nachdruck verbreitet werden, dürfen der Zustimmung einer großen Masse sicher sein".

Als Mittel zur Stärkung der Position der Denkmalpfleger nannte der Kultusminiser eine Verbesserung der Stellung und Ausstattung der Denkmalämter, eine Vermehrung der Planstellen, die der Erweiterung dieser Aufgaben Rechnung trägt, sowie mehr Geld. Weiter sollten das Gewicht der Denkmalpflege bei der Bauplanung verstärkt und ihre Gesichtspunkte frühzeitig eingebracht werden. Der Kultusminister bedauerte die bislang unzureichende wissenschaftlich-theoretische und praktische Ausbildung der späteren Denkmalpfleger. Er forderte, daß die angehenden Denkmalpfleger auch mit den Grundlagen des Konservierens und Restaurierens schon auf der Hochschule und die Kunsthistoriker die wesentlichen technischen Voraussetzungen der Erhaltung und Instandsetzung von Gebäuden kennenlernen sollten.

Weiter wies der Minister darauf hin, daß der Denkmalpfleger heute nicht nur wissenschaftlicher, sondern auch Verwaltungsbeamter sei, der daher neben einer besonderen Ausbildung im Denkmalrecht eine umfassende Kenntnis von den Grundzügen der Behördenorganisation und des Verwaltungsverfahrens brauche. Darüber hinaus solle er mit dem Gang aller baurechtlichen Verfahren, aber auch mit anderen Verfahren, die auf die Erhaltung von Denkmälern Einfluß nehmen könnten, wie etwa straßen- oder wasserrechtlichen Planstellungsverfahren, vertraut gemacht werden.

Sonderbriefmarken der Bundespost

Außer Rothenburg hat das Deutsche Nationalkomitee zur Vorbereitung des Europäischen Denkmalschutzjahres die Städte Alsfeld, Trier und Xanten sowie Berlin als Modellstädte für besondere denkmalpflegerische Leistungen benannt. Die Bundespost gibt aus diesem Anlaß eine Sonderbriefmarken-Serie mit vier Werten und die Landespostdirektion Berlin eine weitere Sondermarke heraus. Für die fünf Marken im Wert von 50 Pfennig sind folgende Motive verwendet worden: Der Alsfelder Hauptmarkt mit Rathaus; Plönlein, Siebersturm und Koboldzeller Tor in Rothenburg; die Steipe in Trier; eine Gesamtansicht von Xanten; Häuser in Berlin-Kreuzberg.

ALS MUSTERSTADT gilt im Europäischen Jahr des Denkmalschutzes die Stadt Rothenburg. Rechts das reichsstädtische Rathaus.
Photo: SZ-Archiv

Süddeutsche Zeitung
27. Mai 1975

Petzet verweist auf enge Verbindung zwischen Denkmalpflege und Naturschutz

BAMBERG (dpa) — Die enge Verbindung zwischen Denkmalpflege, Naturschutz und Umweltschutz unterstrich der Generalkonservator des Bayerischen Landesamtes für Denkmalpflege, Michael Petzet, bei einem Festakt anläßlich der 850-Jahr-Feier der Giechburg im Landkreis Bamberg. So wie die Bewahrung historischer Stadtviertel gleichzeitig die Bewahrung städtischen Lebens und städtischer Kultur bedeute, sei die Rettung der dörflichen Siedlungsstrukturen auch als die Rettung einer einzigartigen bäuerlichen Kultur zu sehen. Diese dürfe sich gerade in Bayern nicht nur in Heimatmuseen dokumentieren, sondern müsse lebendig bleiben, sagte Petzet. Die Denkmalpflege sei auch ein Teilaspekt einer allgemeinen Umweltschutzbewegung, weil Umwelteinflüsse an historischen Bauwerken innerhalb weniger Jahrzehnte stärkere Zerstörungen anrichteten als es die Zeit über Jahrhunderte hinweg vermochte.

Süddeutsche Zeitung
19. Juni 1975

Anläßlich des 850. Geburtstages der historischen Stätte bei Bamberg

Feier auf der Giechburg

Generalkonservator Petzet: Denkmalspflege und Umweltschutz eng verbunden

BAMBERG — Die enge Verbindung zwischen Denkmalspflege, Naturschutz und Umweltschutz unterstrich der Generalkonservator des bayerischen Landesamtes für Denkmalpflege, Dr. Michael Petzet, bei einem Festakt anläßlich der 850-Jahr-Feier der Giechburg im Landkreis Bamberg.

So wie die Bewahrung historischer Stadtviertel gleichzeitig die Bewahrung städtischen Lebens und städtischer Kultur bedeute, sei die Rettung der dörflichen Siedlungsstrukturen auch als die Rettung einer einzigartigen bäuerlichen Kultur zu sehen. Diese dürfe sich gerade in Bayern nicht nur in Heimatmuseen dokumentieren, sondern müsse lebendig bleiben, sagte Petzet.

Die Denkmalspflege sei auch ein Teilaspekt einer allgemeinen Umweltschutzbewegung, weil Umwelteinflüsse an historischen Bauwerken innerhalb weniger Jahrzehnte stärkere Zerstörungen anrichteten, als es die Zeit über Jahrhunderte hinweg vermag. Auch der Zusammenhang zwischen Denkmalschutz und Naturschutz sei offenkundig, denn die Zersiedlung einer Landschaft bedrohe die Natur ebenso wie die historischen Siedlungsstrukturen.

Kultureller Höhepunkt der Feier auf der Giechburg, die nach über 100jährigem „Dornröschen-Dasein" vom Landkreis Bamberg wieder restauriert und zu einer kulturellen Begegnungsstätte in Franken gestaltet wurde, war eine Burghof-Serenade mit venezianischer Doppelchöriger Bläsermusik des 16. und 17. Jahrhunderts, interpretiert von den Bläservereinigungen der Berliner und der Bamberger Symphoniker.

Nürnberger Nachrichten, 20. Juni 1975

Süddeutsche Zeitung, 16./17. Juni 1975

Experten-Ja zum Stadtentwicklungsplan

Petzet, Branca und Breitling diskutieren im Rathaus / Pflege der Originalität

Ein wichtiger Passus im neuen Münchner Stadtentwicklungsplan ist dem Thema „Stadtgestalt und Pflege der Originalität" gewidmet. Um den Stadtrat mit dieser komplizierten Materie vertrauter zu machen, lud Stadtentwicklungsreferent Detlef Marx drei namhafte Experten in den Großen Sitzungssaal des Rathauses. Die Referenten behandelten wesentliche Aspekte unter der Fragestellung „Nostalgie oder entwicklungspolitische Notwendigkeit?" Die drei Fraktionen waren durch je einen nichtberufsmäßigen Stadtrat vertreten.

Landeskonservator Michael Petzet (Landesamt für Denkmalpflege) gab zu, daß es im 20. Jahrhundert zwar nicht an Städteplanern fehle, „aber die seit langem von den Fachleuten beschworene ‚humane Stadt' will sich nicht einstellen — schon gar nicht als Neuplanung auf dem grünen Rasen". Er sprach von der trostlosen Anonymität moderner Siedlungen und bezeichnete die Pflege von Stadtgestalt und Originalität schon deshalb als entwicklungspolitische Notwendigkeit. Die Bewahrung der historischen Stadtgestalt bedeute die Bewahrung städtischen Lebens und städtischer Kultur. Jene eigentümliche Qualität, die aus der Verbindung historischer Architektur vom Mittelalter bis zum Barock mit der urbanen Bausubstanz der Zeit vom Klassizismus bis zum Jugendstil resultiere, sei nun mal das Besondere, das die Welt wie an wenigen anderen Großstädten, so auch an München schätze, und dieser Sachverhalt werde vom vorliegenden Stadtentwicklungsplan berücksichtigt.

Allerdings müßten neben der Altstadt, neben der Erhaltung der Innenstadtrandgebiete hinsichtlich ihrer herkömmlichen Strukturen, ihrer Bewohner und ihrer Bausubstanz auch die Villenviertel der Jahrhundertwende (Bogenhausen, Neuwittelsbach, Solln) einen besonderen Schwerpunkt bilden. Zu untersuchen sei ferner inwieweit alte Vorortkerne in ihrer historischen Struktur gefährdet seien. Denkmalpflege, verstanden als Erschließung und Bewahrung dieser unersetzbaren Werte sei somit mehr als Ausdruck einer augenblicklichen, wehmütig-nostalgischen Stimmungslage, eben Notwendigkeit.

Im gleichen Sinne betonte Alexander von Branca als Kreisheimatpfleger, die vorgefundene Gestalt der Stadt habe „eine innere Identität, die aus der Geschichtlichkeit erwachsen ist". Mit dem Identitätswerte hänge aber das Gefühl von Geborgenheit und Beheimatung zusammen. Pflege der Originalität bedeute nicht nur Pflege der überkommenen Gestaltformen, sie sei auch kein Thema ästhetischer Esoteriker, sondern eines der Themen, die das Überleben des Menschen betreffen. Mit den Zielen der Stadtentwicklung bestehe, betonte Branca als Heimatpfleger ausdrücklich, weitgehende Übereinstimmung. Er redete einem Stadtteilföderalismus das Wort und warnte davor, daß heute jeder kleine Ort „Stadt" sein wolle, also kein alternatives Angebot zur gewachsenen Stadt mehr zu bieten habe.

Architekt Peter Breitling, der den Lehrstuhl für Städtebau und Regionalplanung an der TH innehat, lieferte seinen Diskussionsbeitrag in Thesen und Beispielen. Stadtgestaltung diene laut Stadtentwicklungsplan u. a. dazu, für alle Bürger ein Höchstmaß an Chancengleichheit und Lebensqualität zu schaffen und die Finanzausstattung den laufend wachsenden Bedürfnissen und berechtigten Forderungen der Bürger anzupassen, in Wirklichkeit jedoch seien im Einzelfall Härten, Einbußen und Abstriche hinzunehmen. An den Beispielen Fürstenried-Ost und Arabellapark wies Breitling nach, daß in aller Regel „hochgezonte" Bebauung Raumbildungen in menschlichem Maßstab verhindere. Auch Breitling erklärte jedoch zum Schluß: „Die im Stadtentwicklungsplan niedergelegten Teilziele entsprechen dem Oberziel und sind, abgesehen von unbedeutenden Einzelheiten, stimmig."

Karl Ude

Denkmalschutz-Schau im Stadtmuseum: „Eine Zukunft für unsere Vergangenheit"

Glas und Sandstein sind verloren

Bittere Wahrheiten

Am heutigen Donnerstag wird im Münchner Stadtmuseum (am Jakobsplatz) die schon längst beschlossene Ausstellung zum Denkmalschutzjahr „Eine Zukunft für unsere Vergangenheit", eröffnet. Der bayerische Kultusminister Hans Maier (als Präsident des Deutschen Nationalkomitees für das Europäische Denkmalschutzjahr 1975") eröffnet die Ausstellung, aus Bonn wird Innenminister Werner Maihofer erwartet.

Dies ist zugleich der große Tag für den noch jugendlichen Generalkonservator des Bayerischen Landesamtes für Denkmalpflege, Michael Petzet, der die Ausstellung (im Auftrag des Nationalkomitees) mit seinem Amt zusammen konzipiert und erarbeitet hat.

Die Ausstellung zum Denkmalschutzjahr wurde vom Bayerischen Landesamt für Denkmalpflege erarbeitet und realisiert. Sie trägt daher auch programmatischen Charakter. Generaldirektor Michael Petzet, jetzt gerade ein Jahr im Amt, kann erste Erfolge, erste Ergebnisse in Bilddokumenten vorführen, kann die Richtlinien für die nächsten Jahre erläutern und kann auf die besonderen Gefährdungen (und leider auch irreparable Schäden) hinweisen.

Die Ausstellung ist damit eine Visitenkarte der deutschen Gebäudepflege und Stadt-Sanierung geworden. Sie wandert, nach München, in zahlreiche

Eisen und Glas, in den modernen Industriestädten unrettbar verloren. Man kann sie nur in ein Museum bringen und an ihrer Stelle Kopien anfertigen (was stellenweise schon geschieht). Aber auch Bronze ist sehr gefährdet (siehe die Putztos an der Münchner Mariensäule).

Das wichtigste Kapital ist die Baudenkmalpflege (Gebäudeerhaltung) und die Altstadt-Sanierung. Zwei Systeme der Altstadt-Sanierung sind in den letzten Jahren durchexerziert worden, mit einem sehr markanten Ergebnis: gut, effektiv und relativ wirtschaftlich ist das „System der kleinen Schritte", Haus für Haus, mit privater Initiative, der neuerdings durch öffentliche Gelder (Zuschüsse) nachgeholfen wer-

in Regensburg gehandhabt wurde: „Diese Projekte versanden meistens im bürokratischen Leerlauf und verursachen Kosten und einen planerischen Aufwand, der in keinem Verhältnis zu den Ergebnissen steht, sagt Petzet. „Mit Regensburg bin ich gar nicht zufrieden. Man sollte versuchen, auch dort neue Wege zu gehen. Es ist immerhin die wertvollste historische Altstadt, die wir in Süddeutschland noch besitzen."

Grausige Beispiele

Besondere Abteilungen der Ausstellung befassen sich mit den Greueln der Warenhaus-

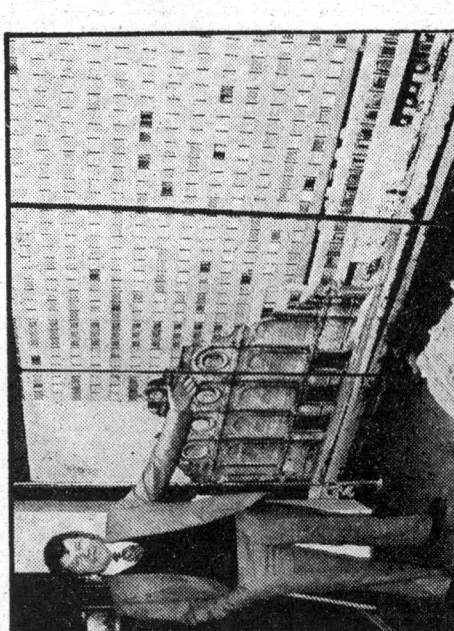

NEUES HAUS: „DIE ALTE MÜNZE" — das Landesamt für Denkmalpflege residiert jetzt in Münchens Renaissancebau gegenüber der Oper. Foto: Schödl

DENKMALSCHÜTZER: Wolfgang Petzet in der neuen Ausstellung im Stadtmuseum am Jakobsplatz. Foto: Buch

des Architekten Ludwig II. Franz Seitz, der Bildhauer Rudolf Seitz, war (zu Anfang des Jahrhunderts) der erste Leiter der Restaurierungswerkstätten des Nationalmuseums, aus denen 1908 das „Landesamt" hervorgegangen ist. Nur durch die Aufträge Ludwigs II. konnte sich die Tradition des Münch-

diesem ehemaligem herzoglichen „Marstall" mit dem berühmten „Münzhof", den es mehr auf Ansichtskarten zu sehen gab, ist Petzet jetzt mit den wichtigsten Teilen seines Amtes eingezogen. Wenn der Umzug beendet ist, kann der Münzhof dann auch für das Publikum (und die Fremden)

AZ (Abendzeitung)
München
3. Juli 1975

Großstädte (zuerst nach Lübeck) und wird im Oktober in Amsterdam zu einer europäischen Abschlußtagung aufgebaut.

Man erfährt in der Ausstellung „harte Tatsachen" und bittere Wahrheiten. So sind beispielsweise Gegenstände aus Sandstein, aber auch aus ner Kunsthandwerks über die Durststrecken der öden 70er Jahre hinwegretten.

Michael Petzet hat deshalb den bayerischen Denkmalpflege erhoben und ließ seine Büste als erstes in seinem neuen Arbeitszimmer in der „Alten Münze" am Hofgraben aufstellen. In

verbauung (wofür ein besonders grausiges Beispiel wieder aus Regensburg beigebracht ist) und der Zersiedelung ganzer Landschaftsteile.

Ohne Bayern gäbe es keine moderne Denkmalpflege, betont Michael Petzet auch in dieser Ausstellung. Ein Sohn

den kann, wie es in **Bamberg** mit zunehmendem Erfolg geschieht.

Schwierig, umständlich, unbefriedigend künstlerisch und teuer ist die Altstadt-Sanierung nach dem „Städtebauförderungsgesetz", nach dem Bonner Muster, wie es (leider)

geöffnet werden.

Vorerst hilft Petzet dem Gedanken der Denkmalpflege durch einen Autoaufkleber nach: „Bayern muß Bayern bleiben — Denkmalschutz" lautet die Plakette, die sich jeder Besucher der Ausstellung an die Heckscheibe kleben kann.

Wolfgang Christlieb

AUSSTELLUNG IM STADTMUSEUM: EINE ZUKUNFT FÜR UNSERE VERGANGENHEIT

In den Städten ist der Krieg noch nicht zu Ende

München präsentiert sich sündenlos

Wenn man sich vor Augen hält, daß, wie der Europarat feststellte, in der Bundesrepublik seit 1945 mehr historische Bausubstanz verlorenging, als in den sechs Bombenjahren des Zweiten Weltkrieges, möchte man bezweifeln, ob Aktionen wie ein Denkmalschutzjahr überhaupt noch einen Sinn haben. Und man möchte hinter den Titel „Eine Zukunft für die Vergangenheit", wie die ab heute im Stadtmuseum zu besichtigende Ausstellung heißt, eher ein Fragezeichen setzen.

Denn dies belegt die Foto-Schau: unsere Städte befinden sich dreißig Jahre nach Kriegsende noch immer im Kriegszustand. Nur ist es heute nicht mehr so leicht, den Feind auszumachen. Hier bedroht ein mächtiger Konzern historisch gewachsenes, dort die Planer-Stupidität staatlicher oder kommunaler Ämter, hier Modernisierungswünsche privater Hauseigentümer, dort vermeintliche Sachzwänge eines vermeintlichen Fortschritts.

*

Schier endlos die Liste der Kampfplätze: Proteste und Radikalisierung der Bevölkerung im Frankfurter Westend, Flächensanierung in Berlin-Kreuzberg, Abbrüche in Baden-Baden, Regensburg, Wiesbaden...

Michael Petzet hat diese Wanderausstellung — sie geht anschließend durch acht deutsche Großstädte — erfreulicherweise nicht als selbstgerechte Verdienstschau der Denkmalpflege konzipiert, sondern als Dokumentation der heutigen Probleme.

Die vielfältige Möglichkeit der Nutzung historischer Bauten wird am Beispiel von acht deutschen Städten gezeigt: Alsfeld, Berlin, Rothenburg, Trier, Xanten, Bamberg und Regensburg. Wobei die bayerischen Beispiele Bamberg und Regensburg für zwei gegensätzliche Methoden der Stadtsanierung stehen.

*

Während in Bamberg die gezielte Förderung privater Initiative beachtliche Ergebnisse hervorbrachte (und bringt), zeigt das Beispiel Regensburg, wo großräumig zu Werk gegangen wird, eher Nachteile: Abbruch und Neubau. Eine Tendenz, die durch verlockende finanzielle Möglichkeiten des Städtebauförderungsgesetzes noch verstärkt wird. Ein Zahlenvergleich, der keines Kom-

mentars bedarf: dem Etat des Städtebauministeriums von mehreren hundert Millionen stehen noch nicht einmal 50 Millionen für den Denkmalschutz in Bayern entgegen (für alle Bundesländer zusammen 160 Millionen).

Auch der praktische Aspekt der Denkmalpflege wird in der Schau angesprochen: verwitterte Sandsteinteile des Kölner Doms, blindgewordene gotische Kirchenfenster, verrostete Gitter der Würzburger Residenz, korrodierte Bronzen aus München stehen für die Bedrohung der Kulturdenkmäler durch die sich ständig verschlechternden Umweltbedingungen.

Alles in allem eine höchst deprimierende Dokumentation von Kurzsichtigkeit und Dummheit.

Michael Petzet: „Man sollte die Denkmalpflege nicht als einen Posten unter anderen im Kulturhaushalt, sondern in ihrer wahren wirtschaftlichen Bedeutung betrachten, angefangen von der Werbung wird selbst von denen geworben, die sie zerstören — bis zum Tourismus, bei dem mit der unzerstörten Kulturlandschaft — mit der unzerstörten Kulturlandschaft wird selbst von denen geworben, die sie zerstören — bis zum Tourismus, bei dem es angesichts der leerstehenden Erholungszentren mehr denn je auf die unverwechselbare Eigenart, auf historisch gewachsene Individualität ankommt."

*

Demgegenüber nimmt sich die Extra-Schau, mit der sich die Stadt München ihre denkmalpflegerischen Leistungen präsentiert, wie ein Blick ins Paradies aus. Glaubte man dem da Gezeigten, könnte man meinen, in München sei nichts geschehen.

STADTSANIERUNG im Sinne des Städtebauförderungsgesetzes: ein gewachsenes historisches Viertel wird planiert. — Aus der Ausstellung „Eine Zukunft für unsere Vergangenheit", die ab heute im Münchner Stadtmuseum zu sehen ist. Siehe Bericht.

Großformatige Farbfotos der (von privaten Hauseigentümern) liebevoll hergerichteten Gründerzeitfassaden allenthalben. Kein Hinweis auf die Verschandlung der Prinzregentenstraße, nichts von den Abbrüchen in Schwabing und anderswo, nichts von den barbarischen Kahlschlägen für den Altstadtring. In München scheint die Welt noch in Ordnung.

Tritt man aus der Ausstellung auf den Jakobsplatz mit dem demolierten Ignaz-Günther-Haus, wird man eines anderen belehrt.

Michael Müller

Münchner Merkur, 4. Juli 1975

Gegen die Verarmung durch den Fortschritt
Kultusminister Maier eröffnet im Stadtmuseum die Wanderausstellung zum Denkmalschutzjahr

Von unserem Redaktionsmitglied Heinrich Breyer

Im Stadtmuseum am Jakobsplatz eröffnete Kultusminister Dr. Hans Maier in seiner Eigenschaft als Präsident des Nationalkomitees für das Europäische Denkmalschutzjahr gestern die Wanderausstellung „Eine Zukunft für unsere Vergangenheit". Vorwiegend mit Photomaterial aus vielen deutschen Städten und Landschaften hat hier Generalkonservator Dr. Michael Petzet vom Bayerischen Landesamt für Denkmalpflege eine umfassende Bestandsaufnahme versucht; eine Dokumentation der Problematik, die in dreißig Jahren Wiederaufbau und Wohlstandswachstum entstanden ist. Beispiele von Städtebau-Todsünden, von zerstörter und geopferter wertvoller alter Bausubstanz, aber auch von Ansätzen zu einer Rettung und Wiederbelebung des historisch Gewachsenen sollen dem Besucher vor Augen führen, daß Denkmalpflege eine Aufgabe ist, die weit über die Arbeit in Restaurierungswerkstätten hinausführt.

„Wenn die Ausstellung täglich auch nur einem Besucher, einem Planer oder Architekten, einem Unternehmer, einem Verwaltungsbeamten oder Politiker eine schlaflose Nacht bereiten würde, dann wäre das schon ein Erfolg", sagte Kultusminister Maier in seiner Eröffnungsrede zum Sinn dieser Dokumentation, die bis Ende 1976 in neun Großstädten der Bundesrepublik gezeigt werden soll. Ohne Beschönigung wies der Minister darauf hin, daß „die Bilanz des Wirkens einer Generation" seit Kriegsende weder mit Gewinn, noch einigermaßen ausgeglichen abschließe, „sondern mit Verlusten, die vielfach größer sind als die durch den Krieg verursachten". Er bedauerte, daß Städte, wie die Ausstellung zeige, zum Gegenstand von Einzel- und Gruppeninteressen geworden sind, die auf den Sinn einer gewachsenen Anlage keine Rücksicht nehmen, ihn vielfach nicht einmal erkennen".

Als die „Schreibtischtäter" kamen

Die positiven Beispiele der Ausstellung, in denen eine Wiederbelebung alter Häuser, Straßen und Viertel vorgeführt wird, kommentierte Maier mit dem Appell, zu einem allgemeinen Umdenken beizutragen. Sicher müsse man zunächst einmal bestrebt sein, genügend Mittel zur Verfügung zu haben, um helfend „oder auch einfach hemmend" eingreifen zu können. Ebenso müsse man aber auch auf eine Zurückstellung von Sonderinteressen dringen. „Wenn wir heute nicht nur an uns selbst denken würden, sondern wenigstens zwei Generationen voraus, dann würden wir auch von einem Tag auf den anderen aufhören, unsere kulturelle Vergangenheit zu töten."

An krassen Belegen, wie nach den Sprengbomben die Bagger, von „Schreibtischtätern" geschickt, dieses Todeswerk vielerorts verrichteten, fehlt es in dieser exemplarischen Ausstellung wahrhaftig nicht. (Die Photo-Dokumentation wurde in den Werkstätten des Bayerischen Rundfunks hergestellt.) Den Schreckensvisionen der Ruinenstädte folgen nicht minder schreckliche Bilder, wie sich brutale Betonburgen in unmittelbarer Nähe von historischen Bauwerken höchsten Rangs breitmachen, so in Regensburg oder auch in Lübeck; wie ein Dorfbild (Kürnbach im Landkreis Karlsruhe) im Zuge einer „Bundes-Modellsanierung" trostlos verödet oder wie Türme, ehemals Wahrzeichen von Stadtteilen und Landschaften, mit Hilfe von Dynamitladungen in die Luft gejagt werden, weil sie für kommerzielle oder auch öffentliche Planungen nicht nutzbar erschienen.

Vielfalt contra Monotonie

Vielfach erschien alte Bausubstanz wohl auch nicht als „künstlerisch wertvoll". Deshalb schaltete Petzet der Schau eine Art optischer Definition des Begriffs „Denkmal" voran. Der Bavaria und der Wieskirche werden ein Förderturm aus der Gründerzeit, ein Bauernhaus, eine Windmühle gegenübergestellt — auch sie Bauwerke, die ihrer Umgebung ein unverwechselbares Gepräge geben und deswegen schutzwürdig sein sollten. Und er zeigt an Details —, der Gegenüberstellung eines alten Tors mit einer Haustür aus der Massenproduktion, einer köstlich dekorierten Jugendstilfassade mit einer Wohnhauswand, an die Balkone wie Gitterkörbe aufgehängt sind, der Dächervielfalt einer alten Kleinstadt mit modernen Wohnblocks aus der Vogelperspektive — welche Verarmung der Fortschritt gebracht hat.

Vorbildliches Bamberg

Eine Fülle von Anschauungsmaterial für Gefährdung — aber auch von Bewahrung und Wiederbelebung historischer Bausubstanz — wird aus den „Beispielstädten" des Denkmalschutzjahres vorgelegt: Alsfeld, Berlin, Rothenburg, Trier und Xanten, die in das europäische Programm aufgenommen wurden, sowie Bamberg, Lübeck und Regensburg, den zusätzlichen „nationalen" Schwerpunkten. Auch hier wird verdeutlicht, daß Sanierung nicht von vornherein zu guten Lösungen führen muß, daß auch hier oft vorschnell abgeräumt und „ausgekernt" wird, um mit ein paar restaurierten Fassaden das Anliegen der Denkmalpflege nach außen hin zu erfüllen. Das absolut positive Beispiel bildet Bamberg, wo aus Privatinitiative und gezielter Förderung eine vorbildliche Renovierung „Haus für Haus" schöne Früchte getragen hat.

... und eine Multivisionsschau

Ein letztes Kapitel ist der traditionellen Denkmalpflege gewidmet, der Rettung und Restaurierung schwer angeschlagener Kunstwerke. Sandsteinfialen vom Kölner Dom, ein Bronzeputto aus dem Brunnenhof der Münchner Residenz und gotische Glasgemälde aus Straubing demonstrieren die verherrenden Folgen der Abgasgefährdung und die sorgfältige Arbeit der Restauratoren. Und verstreut über die ganze Ausstellung wird immer wieder hervorgehoben, wie gute Handwerker, die sich das Vorbild ihrer Vorfahren verpflichtet fühlen, die besten und wichtigsten Mitarbeiter der Denkmalpflege sind.

Eine Multivisionsschau, die Bernd Dürrmeier mit einem Text von Dipl.-Ing. Gregor von Martin produziert hat, gibt den Besuchern der Ausstellung zusätzliche Bildinformationen.

Im „Stadel", der von der Olympia-Ausstellung her noch am Jakobsplatz steht, hat das städtische Baureferat eine lokale Ergänzung zur Hauptausstellung zusammengestellt, die allerdings im Gegensatz zu dieser vorwiegend schöne An- und Ausblicke bietet. Vorgeführt wird das in der Tat glänzende Ergebnis der Fassadenaktion oder die vorgesehene Korrektur einer „Bausünde", nämlich die Schließung des Forums an der Maximilianstraße; man sieht ferner Bilder

Fortsetzung auf Seite 14

STÄDTEBILDER IM KONTRAST: *Kultusminister Dr. Hans Maier, der Präsident des Deutschen Nationalkomitees für das Europäische Denkmalschutzjahr (links), und Generalkonservator Dr. Michael Petzet, der die Photodokumentation zusammengestellt hat, vor einer Ansicht Bambergs und einer Frankfurts.*
Photo: Fritz Neuwirth

Fortsetzung von Seite 13

von Sanierungsprojekten in Haidhausen, schön renovierte Höfe, die Wiederbegrünung der Lindwurmstraße (ausgeklammert ist jedoch das Gegenbeispiel Lindwurm-Allee); und schließlich wird der Königsplatz in seiner früheren und in seiner jetzigen Form als Super-Parkplatz zur Debatte gestellt.

Süddeutsche Zeitung, 4. Juli 1975

Ein Guckloch auf die Münchner Misere

Stadtmuseum: Ausstellung zum Denkmalschutzjahr eröffnet

Ab heute ist im Münchner Stadtmuseum die deutsche Wanderausstellung zum Europäischen Denkmalschutzjahr zu sehen. Unter dem Motto des Jahres: „Eine Zukunft für unsere Vergangenheit" ist die hauptsächlich als Foto-Dokumentation konzipierte Ausstellung vom Landesamt für Denkmalspflege erarbeitet worden. Sie wurde vom Präsidenten des Deutschen Nationalkomitees für das Europäische Denkmalschutzjahr, dem bayerischen Kultusminister Maier, eröffnet, bleibt bis 17. August in München und wird anschließend in neun deutschen Großstädten gezeigt. Ein Teil der Ausstellung wird bei der Abschlußkundgebung des Denkmalschutzjahres im Oktober in Amsterdam gezeigt.

Schirmherr des Denkmalschutzjahres ist der Bundespräsident, dem Kultusminister Maier „größtes Verständnis und ausgeprägtes politisches Feeling für die Belange des Denkmalschutzes" bescheinigt.

Walter Scheel über den Sinn der Ausstellung:

„Niemand will aus unseren Städten Museen machen. Niemand will, daß Bürger, die in alten Stadtteilen wohnen, den modernen Lebenskomfort entbehren sollen. Diese Ausstellung zeigt Möglichkeiten, wie das gewachsene Alte mit gegenwärtigem Leben erfüllt werden kann."

Kultusminister Maier beim Rundgang durch die Ausstellung:

„In der Praxis des Städtebauförderungsgesetzes wurde unter Sanierung bisher immer totaler Abriß verstanden. Alte Gebäude wurden dann wie ein musealer Rest eingekapselt. Wir wollen jetzt weg von dieser Abriß-Sanierung und Haus für Haus vorgehen, indem wir die Bürgerinitiative unterstützen. Das Alte soll in die Lebenswelt hineingenommen und nicht als kostbares Unihat ausgestellt werden. Daß das bisher anders war, muß man verstehen, denn die Ausführenden waren Beamte, die wie wir alle zwei Jahrzehnte lang nur an Wiederaufbau gedacht haben."

Abweichend vom Konzept bisheriger Ausstellungen zum Thema Denkmalschutz wird hier nicht mit bisher Erreichtem nach dem Prinzip „vorher-nachher" geprotzt, sondern auf die besondere Problematik, auf Mißglücktes, Zerstörtes und noch Rettbares hingewiesen.

Neben den zahlreichen Großfotos werden rund dreißig Originalexponate gezeigt (unter anderem eine von Abgasen zerfressene Sandsteinfiale vom Kölner Dom) und eine von Bernd Dürrmeier und Gregor von Martin zusammengestellte Multivisionsschau.

Die in erster Linie von Generalkonservator Dr. Michael Petzet in Zusammenarbeit mit den Werkstätten des BR erarbeitete Schau zeigt wieder die typische Handschrift des erfahrenen und erfolgreichen Ausstellungsmanagers. Mit geschickter Dramaturgie und Sinn für Gags und optische Reize gelingt es ihm, auch „sprödes" Material sinnlich und didaktisch einsichtig zu präsentieren.

Als Einstieg läßt Petzet bekannte Karikaturisten über Städtebau-Probleme nachdenken und die Besucher erst einmal schmunzeln. Klar, daß das dann im Laufe des Rundgangs vergeht. Petzet beweist nämlich an kraß ausgewählten Bildbeispielen, daß nach der kriegsbedingten Zerstörung, die Zerstörung aufgrund eines allgemeinen Strukturwandels unaufhaltsam weitergeht.

Was man mit historischer Bausubstanz anfangen kann, wie man sie sinnvoll eingliedert und wie Renovierung ins Auge gehen kann, wird beispielhaft an den fünf ausgewählten europäischen Beispielstädten Alsfeld, Berlin, Rothenburg o. d. T., Trier und Xanten demonstriert.

Daß die angestrebte Förderung von Privatinitiative erfolgreich funktionieren kann, wird am Beispiel der sanierten Bamberger Altstadt schlagkräftig bewiesen.

Ein kleines Guckloch in einer der schwarzen Ausstellungswände weist übrigens sehr sinnfällig auf Münchner Mißstände hin: Man sieht auf eine Ecke des Jakobsplatzes, an der die Ruine des Ignaz-Günther-Hauses, und ein monströses Parkhaus sich zu einem besonders trostlosen Ensemble zusammentun ... GERT GLIEWE

Der Blick aufs Ulmer Münster von einem Hochhaus verbaut

Abbruch für ein Kaufhaus in Stuttgart

Nach der Zerstörung des Krieges ging die Zerstörung weiter: Abbruch des Kehrwiederturms in Hamburg

tz (Tageszeitung), München, 4. Juli 1975

Schandfleck durchs Guckloch

Im übrigen hat Petzet eine witzige Mahnung an die Stadt in seine eigene Schau einbezogen: durch ein kleines Guckloch hat man ein Stück Jakobsplatz im Visier — und zwar genau das Stück mit der verkommenen Fassade des Ignaz-Günther-Hauses.

Bei der Eröffnungsfeier, zu der sich ein prominentes Publikum versammelt hatte, würdigten neben Minister Maier Bundestagsvizepräsident Hermann Schmitt-Vockenhausen, Dr. Nikolaus Sombart vom Europa-Rat in Straßburg, Ministerialdirigent Dr. Hans-Joachim Ordemann vom Bundesinnenministerium und Stadtbaurat Uli Zech (in Vertretung des Oberbürgermeisters) den „Lehrgehalt" und den Appellcharakter der Ausstellung, die den bedeutendsten und auch kostspieligsten Beitrag zum Denkmaljahr in einem der 22 beteiligten europäischen Länder darstellt. Der Dank der Redner galt den Organisatoren Dr. Petzet, Dr. Wolters und ihrem Mitarbeiterstab.

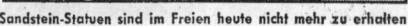

Sandstein-Statuen sind im Freien heute nicht mehr zu erhalten

Denkmalpfleger schießen sich ein

KEMPTEN jw - Die Denkmalpfleger schießen sich sichtlich auf die Stadt Kempten ein. Gestern wurde in der Rundfunksendung „Schwaben aktuell" erneut die Altstadtsanierung in die Mangel genommen. Landeskonservator Dr. Petzet steckte zwar etwas zurück, indem er einräumte, eine so früh begonnene Sanierung habe einfach nicht vorbildlich sein können, man könne die Kemptener bewundern, und in den letzten zwei, drei Jahren sei die Zusammenarbeit mit der Stadt sehr gut gewesen.

Kemptens Stadtarchivar, Heimatpfleger Dr. Haberl, bedauerte im wesentlichen, daß die einstige Reichsstadt immer substanzärmer werde und Neubauten die Maßstäbe sprengen - die gleiche Situation gelte für die Stiftsstadt. Eindringlich forderte er insbesondere, den Verkehr endlich so um den Residenzplatz zu führen, daß nicht Jahr für Jahr erhebliche Mittel zur Ausbesserung erforderlich seien.

Scharf aber bezog Bezirksheimatpfleger Dr. Frei Stellung. Man habe in Kempten „ganze historische Stadtviertel abgeholzt", formulierte er. Die Wiederbebauung sei zwar maßstabgerecht, aber hinsichtlich der Fassaden monoton und langweilig erfolgt. Dr. Frei hält es für möglich, vorhandene historische Teile der Stadt sinnvoll in die Weiterentwicklung einzubeziehen. Aber die Einstellung der Behörden in Kempten hinsichtlich der Denkmalpflege sei nicht so gewährleistet, wie man das wünsche.

Dr. Petzet fährt schweres Geschütz auf:

Scharfe Kritik an Bausünden

Landeskonservator läßt an der Stadtsanierung kaum ein gutes Haar

MÜNCHEN/KEMPTEN mhb - „Ich muß einfach bestreiten, daß Kempten ein Muster an Stadtsanierung aufzuweisen hat. Sie war mit dem Verlust von zu vielen originalen Bauten und der Überbetonung des Verkehrs verbunden. Es ist jedoch anzuerkennen, daß im Hinblick auf den sehr frühen Beginn der Stadtsanierung und auf die damals gültigen planerischen Vorstellungen von einer autogerechten Stadt zwangsläufig Fehler gemacht wurden. In den letzten zwei bis drei Jahren ist die Zusammenarbeit zwischen der Stadt und dem Landesamt für Denkmalpflege wesentlich besser geworden. Man ist mit dem Abbruch jetzt sehr viel vorsichtiger geworden und durchaus gewillt, die guten alten Dinge zu halten." Das sind einige „Kernsätze" aus einem Interview, das Landeskonservator Dr. Michael Petzet dieser Tage unserer Münchner Redaktion gab.

Dr. Petzet äußerte zunächst im Zusammenhang mit den Ausführungen von „Sozialbau"-Direktor Hans Breidenstein (siehe AZ vom 5. Juli) Vorbehalte gegenüber kommerziellen Städte-Sanierungsgesellschaften. Das Landesamt sei mißtrauisch geworden, nachdem es von einigen Unternehmen bereits hinters Licht geführt worden sei. Dr. Petzet hat einen Zeitungsausschnitt aus dem Jahr 1971; danach soll Breidenstein gegenüber einer Coburger Tageszeitung u. a. erklärt haben, am Anfang der Stadtsanierung habe man noch Rücksicht auf das Landesamt für Denkmalpflege genommen. Heute könne es aber nur noch Wünsche äußern, wenn es das Geld mitbringe.

Den von der „Städtebaugesellschaft für Sanierungs- und Entwicklungsmaßnahmen" bzw. „Sozialbau" herausgegebenen neuen Bildband betrachtet der Konservator zu einem guten Teil als eine Dokumentation der Kemptener Sanierungssünde. Er erwägt eine eigene fotografische Zusammenstellung seines Amtes als „Gegenschrift", um aufzuzeigen, was an der Kemptener Sanierung für die Denkmalpfleger problematisch ist.

„Bedauerlicher Rückfall"

Als bedauerlichen Rückfall bezeichnet Petzet den Abbruch des Gasthofs „Sieben Hansen". Es habe sich um ein typisches Kemptener Haus gehandelt, wobei dem Landesamt nicht gegenwärtig gewesen sei, daß sich die Stadt noch vor dem 1. Oktober 1973, also vor Inkrafttreten des Denkmalschutz-Gesetzes, die Abbruchgenehmigung selbst erteilt hat. Das sei sicher ihr Recht gewesen; doch verstehe ein Amt nicht, daß dann ein Wettbewerb ausgeschrieben wurde und die Stadt gegenüber den Denkmalpflegern von der Erhaltung dieses Baues gesprochen habe. „Von der alten Abbruchgenehmigung waren wir nicht informiert, so daß hier doch vielleicht etwas gegen Treu und Glauben verstoßen wurde."

Hinter dem Ganzen stehe natürlich auch der verbreitete Glaube, mit Neubauten könne alles schöner und besser werden, man brauche deshalb auf alte Bausubstanz keine Rücksicht zu nehmen. Unter diesem Motto habe sich gerade ins Kemptener Stadtbild manches an „Pseudoarchitektur" eingeschlichen. Dr. Petzet spricht sogar von manch „billigem Wohnungsbau mit Vorstadtcharakter", den man nirgends schön finden könne. Mit Fassadenbemalungen an Neubauten seien historische Gebäude nicht zu ersetzen.

„Nicht gerade glücklich..."

Das Müßiggengelzunfthaus sei ein gutes Beispiel für Sanierung. Wenn man aber in den Hof eines der schönsten Kemptener Häuser an der Rathausstraße aus der Zeit um 1600 trete, erblicke man die gigantische

Allgäuer Zeitung (Kempten)
10. Juli 1975

Allgäuer Zeitung (Kempten)
4. Juli 1975
▽

In Kempten wurde viel gesündigt...

Bayerischer Landeskonservator kritisiert Sanierungsmaßnahmen in der Allgäu-Metropole

MÜNCHEN mbh - Michael Petzet, Bayerns Generalkonservator, urteilte am Donnerstag so: „In Kempten ist ständig nur abgerissen und neu aufgebaut worden; die Ilzstadt von Passau ist ebenfalls zu Tode saniert worden." Dieses kritische Urteil fällte der Chef des Bayerischen Landesamtes für Denkmalpflege, als er im Beisein von Kultusminister Hans Maier der Presse die nationale Wanderausstellung „Eine Zukunft für unsere Vergangenheit" zum Europäischen Denkmalschutzjahr 1975 erläuterte.

Die Ausstellung wird bis Ende 1976 eine Rundreise durch deutsche Städte machen. Von unserer Münchner Redaktion auf seine kritische Äußerung über Kempten angesprochen, berichtete Dr. Petzet, es sei schon lange sein Wunsch, der Allgäuer Metropole einen Besuch abzustatten. Daß er ganz persönliche Vorstellungen und Wünsche an den Denkmalschutz in Kempten hat, ist nicht verwunderlich. Denn der Generalkonservator inventarisierte in seiner „beruflichen Jugendzeit" sämtliche wertvollen Gebäude und Kunstgegenstände der Stadt. Die Bestandsaufnahme faßte er dann in einem ansehnlichen Buch zusammen, das vom Landesamt vor Jahren herausgegeben worden ist.

In Kempten sei nach dem Krieg viel gesündigt worden, daran hält Petzet fest. Kultusminister Maier erinnerte daran, was jetzt jedem Schulkind bereits vermittelt wird, daß in der Bundesrepublik (übrigens auch in anderen europäischen Ländern) nach 1945 mehr historische Gebäude durch Bagger zerstört worden sind, als während des Zweiten Weltkrieges durch Bomben. Als gelungene Sanierung wird in der bis 17. August zunächst im Münchner Stadtmuseum untergebrachten Wanderausstellung das Lindauer Patrizierhaus „Zum Cavazzen" ausgestellt. Zwei Großfotos stellen es im alten Zustand und nach der Freilegung der vielbewunderten Fassadenmalerei dar.

OB und Breidenstein:

Freunde – nicht diese Töne!

Denkmalpfleger beim Wort genommen – Kemptener Argumente

KEMPTEN jw - Die neuerlichen kritischen Ausführungen von Landeskonservator Dr. Petzet zum Thema Altstadtsanierung (siehe nebenstehenden Beitrag) sowie insbesondere die Äußerungen von Bezirksheimatpfleger Dr. Frei gestern im Bayerischen Rundfunk (vgl. Kasten „Denkmalpfleger schießen sich ein") stoßen bei den für die Kemptener Sanierung Verantwortlichen auf heftigen Widerspruch. Die Äußerung Freis, ganze Stadtviertel seien „abgeholzt" worden, bezeichnet Oberbürgermeister Dr. Höß als „... so unqualifiziert, daß man sich nur wundern kann, wie ein Mann in dieser Position so etwas äußert. Es wäre nützlicher gewesen, wenn sich Dr. Frei vorher über die Tatbestände informiert hätte. Dann müßte er sagen, daß der ‚abgeholzte' Bereich am Müßiggengelzunfthaus aus in Privatbesitz befindlichen Schuppen, Stadeln und Garagen sowie aus Häusern in einem Zustand bestand, den man sich nicht desolater vorstellen kann."

AUCH PRIVATINITIATIVE wird in der Kemptener Altstadtsanierung groß geschrieben. Ein bedeutendes Beispiel dafür ist die Erneuerung der König'schen Häuser an der Kronenstraße.
Bild: Heyer

Brandmauer eines Neubaues, die befürchten lasse, daß an dieser Stelle weiter „saniert" werden solle. Nicht gerade glücklich ist der Landeskonservator auch über das, was rund um die Residenz geschehen ist. Er findet es in Ordnung, daß der alte Schlachthof verschwand und statt dessen ein Kaufhaus gebaut wurde. Doch hätte das Kaufhausgebäude architektonisch besser ins Stadtbild eingefügt werden sollen.

Geschäftshäuser mit Flachdächern, gleichfalls in der Nachbarschaft der Residenz, stoßen bei ihm ebenso auf Kritik. Für die Berechtigung der Beanstandungen spricht nach Meinung des Landeskonservators auch die derzeitige Augsburger Ausstellung „Denkmalpflege in Schwaben", die negative Beispiele aus Kempten demonstriere.

„Sozialbau"-Direktor Hans Breidenstein weist auf die Ziele der Sanierung hin (slumartige Wohn- und miserable Verkehrsverhältnisse verbessern, Wirtschaftsleben stärken) und betont: „Altstadtsanierung bedeutet für den Träger, vor allem in historischen Straßenzügen, bewahrende Erneuerung der funktionell unbrauchbar gewordenen Altbau-Substanz mit Mitteln, die der Individualität der Stadtgestalt Rechnung tragen." Daher gelte es, die historisch und künstlerisch wertvollen Altstadtviertel „als unersetzliche Zeugen alter Kultur zu erhalten, sie mit neuem Leben zu erfüllen und ihnen eine wirtschaftlich tragfähige Funktion im Stadtorganismus zu sichern." Breidenstein wörtlich:

● „Wollte man jedoch die Sanierung nur als Restaurierung der Vergangenheit verstehen, wären der Altstadt Siechtum und Alterstod beschieden. Wer will denn noch in den alten Häusern ohne eigene Toilette und eigenen Wasseranschluß wohnen...?"

Der Generalkonservator müsse sich schon an andere Unternehmen wenden, wenn er von „kommerziellen Städtebau-Gesellschaften" spreche: Die Kemptener Gesellschaft sei als verlängerter Arm der Stadt ausschließlich im Treuhandverhältnis tätig!

Im Stich gelassen

Auch das Coburger Zitat sei richtigzustellen: Auf die Frage, welche Mittel das Landesamt für Denkmalpflege für die Restaurierung des Müßiggengelzunfthauses bereitstellte, mußte mitgeteilt werden, daß das Amt „zwar Wünsche geäußert und Zuschüsse versprochen", dann aber, als es ans Bezahlen ging, „Sozialbau" im Stich gelassen habe, so daß das Wohnungsunternehmen die Viertelmillion allein finanzierte. Vom Landesamt so allein gelassen, sei die Äußerung gefallen, daß dieses Amt „... erst dann auf uns zukommen könne, wenn es das dafür erforderliche Geld mitbringe.

Denkmalpflege besteht nicht nur aus Reden, sie kostet auch Geld!"

Oberbürgermeister Dr. Höß hebt hervor, daß die Abbruch-Genehmigung für „Sieben Hansen" völlig zu Recht 1973 erteilt, der Abbruch selbst aber bewußt erst kurz vor Beginn des Neubaues ausgeführt wurde. In dem Beurteilungsgremium für den Wettbewerb der Sanierung des ganzen Gebietes „Sieben Hansen" seien neben Heimatpfleger Dr. Haberl auch Dr. Dasser und Dipl.-Ing. Vonmetz vom Landesamt für Denkmalpflege vertreten gewesen.

Breidenstein: „Das Haus Sieben Hansen wurde eigens besichtigt, und ich machte ausdrücklich darauf aufmerksam, daß die vorliegende Abbruchgenehmigung rechtswirksam ist. Das war im Juni 1974. Mir ist nicht bekannt, daß das Amt gegen den Abbruch Stellung genommen hätte! Es ließ vielmehr trotz Kenntnis die Zügel schleifen."

Meinungen im Wandel

OB und Breidenstein weisen darauf hin, daß seit je mit dem Landesamt zusammengearbeitet werde: etwa bei der Bebauung Klims/Heinrichgasse, wo man Dachausbauten und Dachgärten auf Wunsch des Amtes strich und dann ein Jahr später ein anderer Denkmalpfleger zutiefst diese Streichung bedauerte; ebenso beim Altstadtdurchbruch, für den dieses Amt schließlich selbst plädiert habe; etwa bei der Rahmenplanung Stadtbild, die doch den Bestrebungen dieses Amtes entgegenkomme.

Im Falle Kaufhaus Horten allerdings sei die verwirklichte Lösung über den Landeskunstausschuß erreicht worden: Der Widerstand gegen das Bauwerk in seiner ursprünglichen Planung aber sei nicht vom Landesamt für Denkmalpflege, sondern vom damaligen Regierungspräsidenten Dr. Fellner ausgegangen.

Die Zukunft belastet...

Oberbürgermeister Dr. Höß erkennt an, daß Dr. Petzet im Rundfunk bemüht war, seine erste pauschale Kritik abzuschwächen. „Man muß uns aber präzise sagen, was aus heutiger Sicht des Amtes falsch gemacht wurde bzw. wo das Amt nicht mitwirkte." Kempten sei bereit, mit dem Amt zusammenzuarbeiten, ernsthafte Vorschläge zu erwägen, sofern wenigstens ernsthaft versucht werde, Denkmalpflege und Wirtschaftlichkeit auf einen Nenner zu bringen. „Aber wir wenden uns gegen pauschale Beschuldigungen, die nur angetan sind, die begonnene vertrauensvolle Zusammenarbeit für die Zukunft zu belasten. Freunde, nicht diese Töne!"

Schnellerer Amtsweg für Baupläne
Schwerfälligkeit der Verwaltung soll beseitigt werden / CSU-Tagung in Prien

PRIEN — Nach Möglichkeiten, der brachliegenden Bauwirtschaft rascher zu Aufträgen zu verhelfen, suchte der CSU-Bezirksverband Oberbayern gestern auf einer Arbeitstagung seiner politischen Mandatsträger in Prien am Chiemsee. Zu diesem Zweck wurde eine Kommission unter dem Eichstätter Landrat Dr. Regler gegründet. Diese soll Lösungsvorschläge erarbeiten, wie man die überaus schwerfälligen und zeitraubenden Anhörungsverfahren der Träger öffentlicher Verwaltung vereinfachen und abkürzen kann.

Regierungspräsident Raimund Eberle, der zu der Tagung als Gast kam, richtete in diesem Zusammenhang an die anwesenden Abgeordneten die Bitte, bei neuen Gesetzen nicht jedes verfahrensmäßige Detail zu regeln. Die Vielzahl der formellen Bestimmungen erschwere die Arbeit der Verwaltung ungeheuer. Beispielsweise liefen bei der Regierung von Oberbayern gegenwärtig für einen einzigen Fabrikbau neun Verwaltungsverfahren mit unterschiedlichen Fristen.

Durch organisatorische Änderungen, kündigte Eberle im übrigen an, hoffe die Regierung von Oberbayern ab Herbst zur Beschleunigung der Bauleitplanung beizutragen. Die Neuerung soll ab 15. September zunächst probeweise eingeführt werden und zu einer noch engeren Zusammenarbeit mit den Landräten führen.

Die partnerschaftliche Zusammenarbeit mit den Landratsämtern bewährte sich bereits auf dem Gebiet der Denkmalspflege, wie der gleichfalls als Gast auf der Tagung anwesende Landeskonservator Michael Petzet versicherte. Die Aufregung über die Denkmalslisten würde sich inzwischen im Land legen. Bayern habe ein ideales Denkmalschutzgesetz geschaffen, dessen Offenheit eine ständige Fortschreibung gestatte und damit auch eine Anpassung an öffentliche Wünsche möglich mache.

Kurz angesprochen wurde das Problem der Chiemseeverschmutzung und einer gegebenenfalls notwendig werdenden Beschränkung der dort eingesetzten Schiffe. Die Grenze, so sagte Minister Streibl zu diesem Thema, sei jedoch nach dem erst kürzlich ergangenen Reiterurteil des Verwaltungsgerichts schwer zu ziehen. Eine Güteabwägung zwischen den Erfordernissen der Gewässerreinhaltung und dem verfassungsmäßig verankerten Recht auf freien Zugang zu den Naturschönheiten, meinte Streibl, müsse im Rahmen der Regionalplanung geschehen.

Erika Paetzmann

Süddeutsche Zeitung
24. Juni 1975

Museumsleiter haben Sorgen
Generalkonservator will helfen

Eindrucksvoller Ablauf der hiesigen Tagung

Von unserem Mitarbeiter Dr. Jürgen Völckers

vö. Garmisch-Partenkirchen — Mit ziehenden Wolken unterm weißblauen Himmel, aber auch mit Donner und Blitz bei nächtlichem Gewitter, empfing das „Landl" zu ihrer hiesigen Tagung die Leiter der rund 300 nichtstaatlichen Museen in Bayern. Gekommen waren sie, um vorab darüber zu diskutieren, wo sie der Schuh drückt. Kaum reichte die (ja auch zu Besichtigungen genutzte) Zeit aus, nur die wichtigsten Probleme zu erörtern.

Im „Rassen"-Saal hatte man sich zum Begrüßungsabend und gemütlichen Beisammensein eingefunden, wozu das Partenkirchner Bauerntheater einen heiteren Einakter beisteuerte. Beim eigentlichen Tagungsbeginn konnte Bernhart Roth als Direktor des Werdenfelser Heimatmuseums unter den Gästen (von Generalkonservator Dr. Michael Petzet abgesehen) auch Bezirksheimatpfleger Paul-Ernst Rattelmüller willkommen heißen, und Kurdirektor Karl-Walther Schuster entbot nochmals Grüße der Marktgemeinde, die mit der Arbeit eines Museumsleiters schon von früher her wohlvertraut sei.

Dann nahm, begleitet von drei Mitarbeitern des Landesamts für Denkmalspflege, Generalkonservator Dr. Petzet Stellung zu grundlegenden Fragen. Sie betrafen einerseits die seiner Behörde gesetzlich übertragene Fürsorge in bezug auf die Denkmalspflege der nichtstaatlichen Museen Bayerns, wie auch den bereits 1971 von der Deutschen Forschungsgemeinschaft veröffentlichten Aufruf zur materiellen und funktionalen Verbesserung der Arbeits- und Wirkungsmöglichkeiten der Museen.

Er gelte, so betonte Dr. Petzet, auch — oder vielmehr gerade — für die überall im Land verstreuten Heimatmuseen: „Ihre Bestände und Sammlungen sind der Spiegel historischer, heimatkundlicher, kunst- oder kulturgeschichtlicher Entwicklung und Tradition für jede Landschaft und für jede Stadt!"

Anschließend kam Dr. Petzet auf die Kriterien zu sprechen, die als Mindestanforderungen für ein künftiges „Schwerpunktmuseum" unerläßlich seien, und zählte sie im einzelnen auf. Sie müßten, forderte er, in etwa gleichmäßig über das Land verteilt sein — was nur durch Zusammenarbeit aller zuständigen Stellen zu erreichen sei.

Dann setzte sich Dr. Petzet für die zur Betreuung der nichtstaatlichen Museen Bayerns durch das Landesamt für Denkmalspflege unerläßliche Aufstockung der Zuschüsse auf etwa 800 000 DM im Jahr für die Museumsarbeit ein. Nur sie würden „fürsorgende" Maßnahmen ermöglichen, wie man sie von Amts wegen plane, zumal im Fall der Museen von überregionaler Bedeutung. Letzteres gelte auch in bezug auf den „für das Landesamt aus verschiedenen Gründen besonders wichtigen Bereich" der Bauernhof- und Freilichtmuseen.

Mit dem Dank auch seines Amtes an die Tagungsteilnehmer für ihre „oft aufreibende, selbstlose, aber stets von bewundernswertem Idealismus getragene" museumspflegerische Arbeit schloß Dr. Petzet seine Ausführungen. Schließlich verwies er noch auf den bevorstehenden Abschied des (ebenfalls anwesenden) langjährigen Museumsreferenten, Franz Prinz zu Sayn-Wittgenstein, der demnächst aus seinem Amt ausscheidet: Ein im Grund unersetzlicher Fachmann, der (wie erinnerlich) seinerzeit auch die Neueinrichtung des hiesigen Heimatmuseums geleitet und ihm in seinen — eben aufgelegten — „Weißblauen Museumsfahrten" mehrere Abschnitte gewidmet hat.

Anschließend erläuterte, für wohl alle Anwesenden von besonderem Interesse, Landeskonservator Dr. Johannes Taubert die zuvor erwähnten „fürsorgerischen" Maßnahmen seines Amtes näher.

Gedacht sind sie als eine Art „erster Hilfe" zur Erhaltung des Museumsgutes. Damit ist nicht so sehr die Restaurierung seitens des Amtes gemeint oder eine (an der Personalknappheit zumeist scheiternde) Abstellung von Hilfskräften, als vielmehr eine zeitlich begrenzte, systematische Schulung von Museumskräften selber: Mithin eine Grundausbildung, was Restaurierung und Konservierung von Museumsgut anlangt. Anregungen wolle man hier vorab geben, betonte Dr. Taubert, und Empfehlungen zur Lösung anfallender Probleme.

„Konservierungs-Aktionen" dieser Art haben, wie in diesem Zusammenhang verlautete, in einigen nichtstaatlichen Museen bereits stattgefunden. In den Amtswerkstätten erhielten Museumswarte besagten „Erste-Hilfe-Kurs", qualifizierte (freiberuflich tätige) Restauratoren wurden nachgewiesen: all das dank vertrauensvoller Zusammenarbeit aller Beteiligten, wobei — wie betont wurde — die Initiative stets von den jeweiligen Museumsleitern ausgehen müßte, „zum Wohl des uns allen anvertrauten Kulturgutes"!

Fragen der Ausstellung (und des Verleihs) von Museumsgut nahmen in der Diskussion so breiten Raum ein, daß wenig Zeit übrigblieb für das eigentliche Thema, nämlich die sachgemäße Pflege der Bestände. Nochmals sagte Dr. Petzet die Hilfestellung seines Amtes, das gerade auf diesem Gebiet seine Arbeit künftig noch intensivieren wolle, fest zu und schloß damit die Aussprache ab.

Unter Führung von Kreisheimatpfleger Ott besuchte man nachmittags das Kleinod der Wallfahrtskirche St. Anton und gruppenweise das Werdenfelser Heimatmuseum (Dr. Petzet: „Ohne Zweifel eines der attraktivsten seiner Art in Bayern!"). Wetterglück war andertags auch dem Ausflug zum Freilichtmuseum bei Großweil beschieden, und in Oberammergau wurde vor der Heimfahrt noch das dortige Museum besichtigt.

DIE BEDEUTUNG NICHTSTAATLICHER MUSEEN unterstrich der Generalkonservator des Landesamtes für Denkmalspflege, Dr. Michael Petzelt (am Pult) u. a. bei der Tagung der Museumsleiter in Garmisch-Partenkirchen. Im Vordergrund (von links) Wilhelm Kagel für den Werdenfelser Museumsverein, Kurdirektor Karl-Walther Schuster und stellv. Landrat Michael Braun. (Völckers)

Heimatpfleger nimmt Stellung

KEMPTEN jw - Unabhängig von der Diskussion im Kemptener Rathaus hat Bezirksheimatpfleger Dr. Frei in einem kritisierten Schreiben an Dr. Höß seine Äußerungen im Bayerischen Rundfunk erläutert. Die Stadt hat nämlich inzwischen beim Bezirkstagspräsidenten Dr. Sinnacher Beschwerde eingelegt.

Dr. Frei steht nach wie vor zu folgender Meinung: „Das Problem der Kemptener Altstadtsanierung besteht meines Erachtens darin, daß man flächenmäßig vorgegangen ist und ganze historische Stadtviertel abgeräumt hat." Das Wort „abgeholzt" (Dr. Petzet verwendete es allerdings in Kempten in der Diskussion auch) sei im Rundfunk nicht gefallen. Dr. Frei räumt ein, daß es sich zum großen Teil um „denkmalpflegerisch unbedeutende Objekte wie alte Scheunen, Garagen und Hinterhofbebauung" gehandelt habe.

Bei seiner Aussage sei es ihm auch gar nicht um Kritik an der Beseitigung denkmalgeschützter Objekte, sondern lediglich um die Feststellung gegangen, daß größere zusammenhängende Flächen innerhalb der Altstadt niedergelegt und geschlossen einer Neubebauung zugeführt worden sind.

Der Wiederaufbau habe wenig Rücksicht auf traditionelle Stilelemente und ortsübliche Materialien genommen, schreibt Dr. Frei und nennt hierfür Beispiele (Gebiet zwischen Vogtstraße und Grünbaumgasse, zwischen Gerberstraße und Theaterstraße, die Häuser Rathausplatz 25 und 27). Er weist auf weitere Bausünden hin: auf die Gefahr, daß nur einige „Traditionsinseln" erhalten bleiben und infolge ausdrucksloser Neubauten auch die bestimmenden Stadtbereichs- und Wirkung eines geschlossenen Stadtbereichs zerstört werde. Gerade hierum sei es bei der von Dr. Petzet entfachten Diskussion gegangen. Daß solche Gesichtspunkte „.... bei der in der Anfangsphase der Stadtsanierung entwickelten Konzeption in Kempten noch nicht genügend Berücksichtigung gefunden haben, ist auch den Verantwortlichen im Denkmalpflege verständlich." Die geübte Kritik solle die Aufmerksamkeit auf diese Probleme lenken und ein Gespräch darüber in Gang bringen.

FLÄCHEN- ODER OBJEKTSANIERUNG - das ist hier die Frage. Bei der Rathausdiskussion von Stadt- und Denkmalpflegern (v. links): Professor Spengelin, Alt-OB Fischer, OB Dr. Höß, Landeskonservator Dr. Petzet, Konservator Dr. Dasser und Bezirksheimatpfleger Dr. Frei.
Bild: Erika Bachmann

Fünfstündiges Grundsatzgespräch im Rathaus:

Denkmalpfleger und Stadtväter um Zusammenarbeit bemüht

Einige Meinungsverschiedenheiten abgebaut — Stadt fordert Revision des Pauschalurteils

KEMPTEN jw - In einem fünfstündigen Grundsatzgespräch konnte ein Teil der Meinungsverschiedenheiten zwischen der Stadt Kempten und dem Landesamt für Denkmalpflege abgebaut werden. Die AZ berichtete im Juli ausführlich über die Pauschalkritik, die Generalkonservator Dr. Michael Petzet und Bezirksheimatpfleger Dr. Hans Frei an der Kemptener Stadtsanierung geübt hatten. In Kempten war bezüglich dieses Vorgehen als Beeinträchtigung des Stadt-Image angesehen worden. Gestern im Kemptener Rathaus gab Dr. Michael Petzet zu, daß auch vom Landesamt für Denkmalpflege Fehler gemacht worden seien. Oberbürgermeister Dr. Höß gab der Erwartung Ausdruck, daß Dr. Petzet und Dr. Frei eine gewisse Wiedergutmachung im Hinblick auf diese Pauschalkritik leisten.

Zunächst hatten OB, Alt-OB Fischer, Professor Spengelin, Oberbaudirektor Bürgle, Sozialbau-Direktor Breidenstein, Oberrechtsrat Schwappacher und Heimatpfleger Dr. Haberl sowie Dr. Petzet, Dr. Frei und Pro- und Neubebauung) stattgegeben worden, aber keinem auf Objektsanierung (d. h. Renovierung eines bestehenden Gebäudes)! Man habe also Flächensanierung betrieben, und weil man noch keine Objektsanierung betrei- ge ist es nicht getan"). Stadtrat Miller meinte, die Zahl der Jahre allein sage noch nichts über die Wertigkeit aus - die Bedeutung eines gesägten Balusters in einem der genannten Häuser z. B. sei „gleich null".

Andererseits trat Oberbaudirektor Bürgle dafür ein, daß die Fassaden der ersten Raumflucht der wertvollsten Häuser an der Schützenstraße zu erhalten. Das Problem der Finanzierung kam dabei mehrfach zur Sprache. Erneute Gespräche mit dem Landesamt folgen, sobald die derzeit angeordneten Untersuchungen abgeschlossen sind. Auch das Problem Dannheimerhaus (Gefährdung durch benachbarte Bauarbeiten) wurde angeschnitten.

Konzilianz und starre Haltung

Konservator Dr. Dassel diskutiert; später kamen die Stadträte des „Sozialbau"-Aufsichtsrats und der Bauausschuß hinzu.

Altoberbürgermeister Fischer wies auf den schnellen Wandel der Ansichten zum Thema Stadtsanierung und darauf hin, daß man es nicht der Stadt anlasten dürfe, wenn dieser Wandel heute im Landesamt für Denkmalpflege zu einer kritischen Meinung führe:

● „Sie müssen das Pauschalurteil bereinigen, sonst hat diese Besprechung keinen Sinn!"

Ähnlich Stadtrat Hartmannsberger: „Was als unrichtig im Raume steht, muß bereinigt werden." Auch Dr. Frei kommt um eine Rechtfertigung nicht herum... Darauf aufbauend wollen wir in einem Forum loyaler Zusammenarbeit schaffen."

Dr. Frei hielt an seinen Formulierungen (siehe gesonderter Beitrag „Dr. Frei nimmt Stellung") fest. Er bekundete lediglich, daß es ihm weder um eine Image-Demontage noch um eine Polemik gegangen sei, sondern daß er nur unter dem Aspekt der Denkmalpflege gesprochen habe. Seinem Hinweis, daß nördlich und südlich des Rathauses neben denkmalpflegerisch bedeutungsloser Substanz auch erhaltenswerte Gebäude gestanden hätten, begegnete Direktor Breidenstein:

● Südlich des Rathauses war – in Übereinstimmung auch mit Heimatpfleger, Regierung und Landesamt – kein Haus unter Denkmalschutz und keines, das wegen des Ensemblewertes hätte erhalten werden müssen. Wo in anderen Bereichen Abbrüche erfolgten, war stets zuvor die Zustimmung des Landesamtes eingeholt worden.

Bonn blockierte Objektsanierung

„Warum kritisieren Sie nicht in Bonn?" fuhr Breidenstein fort. 1971/75 sei allen Anträgen auf Flächensanierung (d. h. Abbruch treiben durfte! Erst heuer seien Richtlinien ergangen, wonach auch für Objektsanierungen Mittel vom Bundesbauministerium genehmigt werden können."

Dr. Frei hierzu: „Daß man aus gesetzgeberischen Gründen bisher für eine Flächensanierung sein mußte, berührt nicht die Meinung der Denkmalpflege."

Kritik an Dr. Frei

Dr. Petzet trat nachdrücklich für möglichst weitgehende Erhaltung historischer Bausubstanz ein. Sein Amt wolle jedoch nicht grundsätzlich auf Objektsanierungen bestehen, „... aber man sollte von Haus zu Haus mit uns reden".

Dr. Petzet lenkt ein

Dr. Petzet würdigte Kemptens frühe Sanierungsarbeit als Pionierleistung. Er kennzeichnete – in Übereinstimmung mit den Kemptnern – hier begangene bauliche Sünden, lobte andererseits die vorgesehene Rahmenplanung Stadtbild mit guten Verbesserungsvorschlägen auch im Hinblick auf das Altstadt-Parkhaus. Er räumte ein, daß auch das Landesamt Sünden begangen habe, und trat für eine gute Zusammenarbeit mit dem Ziel einer „etwas differenzierteren Form der Sanierung" ein. Sonderlob zollte Dr. Petzet der Renovierung der Häuser am Mühlberg. Er bekundete auch sein Bemühen, Geldmittel für die Objektsanierungen flüssig zu machen.

Die Kernfrage

Stadtrat Holzmann formulierte die Kernfrage für den Stadtrat: Wie kann das Stadtzentrum am Leben erhalten werden, ohne daß dieser Bereich, der nicht einmal Museumscharakter habe, verfällt? Ein Minimum an Wohnqualität sei erforderlich; denn nicht nur Geschäfte, sondern vor allem eine Wohnbevölkerung bringe Leben.

Damit war das Thema Schützenstraße-West anvisiert. Direktor Breidenstein stellte die Probleme dar, die einer Renovierung bestimmter Gebäude, wie der alten Münze, entgegenstehen. Zahlreiche Stadträte unterstrichen dies, indem sie hervorhoben, daß die Substanz keinen sonderlichen Wert habe, die Wohnverhältnisse aber ohne Neubau kaum zu sanieren seien (Endras: „Mit etwas Rou-

tine hätte man das Ganze geplant, ohne daß die historische Bausubstanz zu bewahren, zeigte sich aber in der Form konzilant, brachte zum Ausdruck, daß es ihm – zugleich angesichts der vom Landesamt selbst begangenen Fehler – nicht um ein abwertendes Pauschalurteil über Kempten gehe und zollte auch Anerkennung.

Anders Bezirksheimatpfleger Dr. Frei. Als OB Dr. Höß die Diskussion mit dem Verlangen und der Erwartung abschloß, daß die Denkmalpfleger ihr Pauschalurteil vor der Öffentlichkeit revidieren und den Kempten zugefügten Image-Schaden wiedergutmachen, hatte man

 AZ-Kommentar

nicht den Eindruck, daß Dr. Frei auch nur entfernt auf eine solche Linie einschwenkt.

Dr. Frei hält seine Formulierung von „ganzen historischen Stadtvierteln" (bzw. „Abschnitten"-Stadtvierteln", denn zwei Häuserblocks sind weiß Gott noch kein Stadtviertel) aus der Warte der Denkmalpflege für richtig. Daß seine vereinfachende Aussage eine krasse Abwertung Kemptens bedeutet, sieht er nicht ein. Und daß Bonner Gesetze einem anderen Handeln Kemptens entgegenstanden, interessiert ihn nicht („... berührt nicht die Meinung der Denkmalpflege").

Wenn eine konstruktive Zusammenarbeit von Stadt und Denkmalpflege gewährleistet werden soll, muß auch Dr. Frei aufgeschlossener werden.

Schlecht zu verhandeln ist mit einem Manne, der einschlägige Fragen nur aus seinem persönlichen oder fachbedingten Winkel sehen und beurteilen will; der andere Gesichtspunkte ausklammert oder nicht zur Kenntnis nimmt.

Den Kemptnern geht es, weiß Gott darum, ihre Stadt unverwechselbar und ihre City am Leben zu erhalten. Das dürften auch die Denkmalpfleger gespürt haben.
J. Weigel

Allgäuer Zeitung (Kempten)
1. August 1975

Süddeutsche Zeitung
15. September 1975

Bayerns Burgen sollen nicht sterben

Petzet fordert staatliche Hilfe für die Erhaltung der mittelalterlichen Wehrbauten

NÜRNBERG (Eigener Bericht) — Burgen in Bayern sind ein Kulturerbe von hohem Wert. Der Kampf gegen den allmählichen „schleichenden Verfall" der mittelalterlichen Wehrbauten ist noch längst nicht gewonnen. Dies erklärte der Leiter des Bayerischen Landesamtes für Denkmalpflege, Generalkonservator Michael Petzet, anläßlich des „Tages der Burg" in Nürnberg. Für diesen Beitrag Bayerns zum europäischen Denkmalschutzjahr hatte der Präsident des deutschen Nationalkomitees, Kultusminister Hans Maier, die Schirmherrschaft übernommen.

In einem Grußwort stellte der Minister fest, es sei zu hoffen, daß durch die zahlreichen Aktivitäten auch in der Öffentlichkeit ein Umdenkungsprozeß einsetze und man sich des Wertes der Kulturgüter in verstärktem Maße bewußt werde. Der Deutschen Burgenvereinigung und ihrer Landesgruppe Bayern dankte Maier für die Einsatzbereitschaft und für ihren Idealismus bei der Erhaltung, der Erforschung und der fachgerechten Pflege von historischen Burganlagen, Herrensitzen, Burgruinen und Burgställen.

Petzet wies darauf hin, daß im Laufe der Jahrhunderte in Bayern nur ein kleiner Bruchteil der Burgen erhalten geblieben ist. Wenigstens 2000 Burgställe ohne sichtbare Mauern stünden heute etwa 100 bewohnten Burgen und 400 Burgruinen gegenüber. Für die Erhaltung werde oft das Fehlen geeigneter Handwerker zum Problem. Petzet forderte als Hilfen für die Instandhaltung größerer Burganlagen steuerliche Abschreibungsmaßnahmen, da es, wie er hervorhob, Beispiele für eine sinnvolle Nutzung als Jugendherbergen, Hotels und Tagungsstätten gebe. In „öffentlich geförderten Investitionsruinen" — wie dem „Schwabylon" in München oder dem „Kreisel" in Berlin — würden mehr Millionen stecken, als für eine gründliche Renovierung sämtlicher Burgen und Burgruinen in Bayern je benötigt würden.

Im Rahmen des Festaktes im Rittersaal der Nürnberger Kaiserburg wurde der von dem im Ruhestand lebenden Landeskonservator Werner Meyer gestaltete Film „Burgen in Bayern" aufgeführt. Im Kemenatenbau der Burg wurde dann die von der Deutschen Burgenvereinigung in Zusammenarbeit mit der Bayerischen Vereinsbank gestaltete Ausstellung „Burgen und Ritterleben" eröffnet. Bis zum 28. September vermittelt diese Schau mit zahlreichen Dokumenten, zeitgenössischen Darstellungen und Burgmodellen einen Einblick in die Kulturgeschichte des Mittelalters.

N.

AZ (Abendzeitung), München
23./24. August 1975

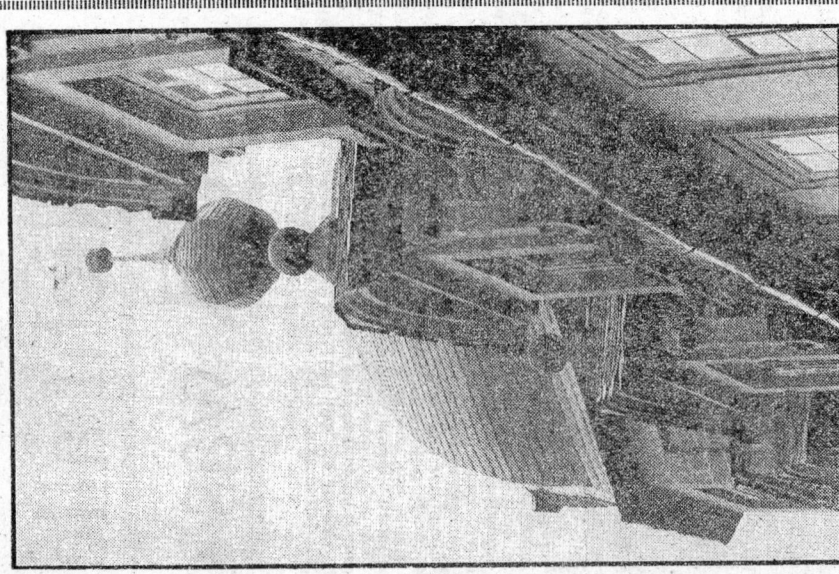

EDLES FRANKENBAROK schräg anvisiert: Schloß Seehof war eine idyllische Sommerresidenz für Bambergs Fürstbischöfe.
Fotos: von Quast

Schloß Seehof wird Denkmalpflege-Filiale

Die Rettung kam in letzter Minute

Im Frankenland wird die bayerische Denkmalsbehörde künftig höchstherrschaftlich und gleichermaßen zweckdienlich residieren. Dieser Tage wurde der Ankauf von Schloß Seehof (bei Bamberg) durch das Landseum und die Schlösserverwaltung als rettende Anläufer.

Die pompöse Sandsteingruppe „Herakles und Fama" aus der großen Kaskade beispielsweise war abgeräumt bis auf die Hauptgruppe. Das Decken-

Experten stimmen überein: es ist höchste Zeit, die Ruinen vor dem Verfall zu retten

Bald aus mit Burgenherrlichkeit?

Feierstunde zum „Tag der Burg" — Generalkonservator Dr. Michael Petzet hielt die Festrede — Nürnbergs Wahrzeichen ist Musterbeispiel für die Erhaltung wertvoller Bauwerke in Bayern — Ausstellung

Musikanten in historischer Tracht unterhielten die Gäste am „Tag der Burg". Foto: Contino

Sackpfeifer und Schembartläufer unterhielten auf der Kaiserburg die Gäste, die sich zum „Tag der Burg" zu einer Feierstunde zusammengefunden hatten. Im Rahmen des Europäischen Denkmalschutzjahres erinnerte diese Veranstaltung der Landesgruppe Bayern der Deutschen Burgenvereinigung an ein Kulturerbe von hohem Wert, mit dem Bayern reichlich von der Geschichte bedacht wurde.

Von den einstmals 2000 Burgen sind allerdings nur knapp die Hälfte noch vorhanden. Und von diesen präsentieren sich die wenigsten in der ursprünglichen Pracht. Wie Generalkonservator Dr. Michael Petzet in seinem Festvortrag mitteilte, fing für die meisten wehrhaften Herrensitze der Zahn der Zeit schon im 16. Jahrhundert zu nagen an. Die Gemäuer boten mit der Erfindung der Artillerie keinen hinreichenden Schutz mehr. Und um dem ständigen Zipperlein zu entgehen, zogen es die Edelleute vor, die muffigen Gemäuer der Burg mit einem komfortableren Schloß zu vertauschen. In der Folge zerbröckelten die Ringmauern, stürzten die Bergfriede zusammen und wuchsen die Gräben zu. Oftmals setzten aufständische Bauern oder Landsknechte den roten Hahn aufs Dach.

Im 19. Jahrhundert begann die romantische Wiederentdeckung der Burg oder besser der Burgruine. In der Folgezeit wandelten sich die „Romantischen Versatzstücke in der Waldeinsamkeit" zu patriotischen Symbolen.

Diese Erscheinung bewirkte einen Boom für neugotische Restauratoren, die die alte Schutz- und Trutzherrlichkeit wieder erstehen lassen wollten. In diese Jahre fiel auch die erste Generalüberholung der Nürnberger Burg durch Heideloff. Heute gilt „Nürnbergs steinerne Krone" als Musterbeispiel gelungener Burgenkonservierung.

Für viele andere Burgen ist es allerdings höchste Zeit, will man dem endgültigen Verfall stoppen. Private Burgenbesitzer können die erheblichen Mittel nicht mehr aufbringen, die zur Instandhaltung einer Burg oder ihrer Überreste nötig sind. Es gibt für viele Burgen gute Lösungen, die eine sinnvolle Verwendung erreicht haben. So befinden sich Museen, Jugendherbergen, Gaststätten und Tagungszentren in mittelalterlichen Gemäuern.

Eine kleine Ausstellung, die zusammen mit der Bayerischen Vereinsbank gestaltet wurde, liefert die Dokumentation zur höfisch-ritterlichen Kultur, an dessen Blüte die Burgen noch als steinerne Zeugen erinnern. H. B.

Nürnberger Nachrichten
15. September 1975

Bayern rechtskräftig. 5,8 Millionen Mark betrug der Kaufpreis für das 1686/96 erbaute Barockschloß, ehemalige Sommerresidenz der Bamberger Fürstbischöfe. Die Anlage mit der berühmten, von Balthasar Neumann entworfenen, von Dientzenhofer vollendeten Orangerie, dem weitläufigen Parkgelände mit Gartenhäusern, Teichen, Kaskaden sowie den großartigen Gartenplastiken des Ferdinand Dietz ist ein Juwel schönster fränkischer Schloßbaukunst.

Zum Ankauf, den das Kultusministerium laut Landeskonservator Michael Petzet aus seinem Fond „besonders ver-

gemälde im großen Festsaal (Appiani, 1752) war samt Wandpaneelen schon so gut wie verhökert an ein US-Museum. Die Löwen von der Orpheus-Gruppe im Parkweiher standen mit traurigen Mienen und trockenem Fuß zum Abtransport bereit.

Kurzum — der Ausverkauf von Seehof schien um 1970/71 unaufhaltsam. Damals strengte das Landratsamt Bamberg einen Prozeß gegen den Verkauf von Kunstwerken an, die im „Verzeichnis national wertvollen Kulturgutes" angeführt sind. Und gewann. Die Löwen durften bleiben, auch die Deckenstücke ist noch da, Teile der Aus-

KEIN GRUND ZUR TRAURIGKEIT: der zum Verkauf aufs Trockene gebrachte Brunnenlöwe durfte wieder ins Wasser zurück.

zweifelte Fälle", reservierten Entschädigungsfonds tätigen konnte, läßt sich nur, mit einem Seufzer der Erleichterung, sagen: Endlich wird das kostbare und großzügige Besitztum vor dem drohenden Verfall und dem seit Jahren vorgenommenen schleichenden Ausverkauf wertvoller Einrichtungsgegenstände und Ausstattungsstücke gerettet.

Eingeweihte und Verantwortliche verfolgten seit Jahren bekümmert und hilflos die allmähliche Entkernung des Seehof-Besitzes. Die privaten Eigentümer zierten sich wenig, bewiesen kaum allzu große Verantwortung vor dem ihrer Obhut anvertrauten alten Kunstgut.

Im in- und ausländischen Kunsthandel tauchten immer wieder wertvolle Prachtmöbel aus Seehof auf, Gartenplastiken, ja ganze Gruppen antiker Götter wechselten den Besitzer. Wo möglich, betätigten sich das Bayerische Nationalmuseum, das Germanische Mu-

stattung konnte inzwischen das Landesdenkmalamt aus der Schweiz zurückholen.

Wenn jetzt der Staat zum Kaufe schritt, so ist es für Seehof die einzig vernünftige Lösung, Landeskonservator Petzet, der schon als bayerischer Schlösserverwalter die Seehof-Tragödie geradezu mit Entsetzen verfolgte, wird das Seinige dazu getan haben. Jetzt meint er trocken: „Damit wir endlich auch mal ein Schloß haben."

Petzet möchte in Seehof Werkstätten für die Konservierung von Stein- und Glasarbeiten einrichten. Außerdem wird die oberfränkische Abteilung für Bodenfunde in Seehof einziehen, gleichfalls die jetzt in Bamberg untergebrachte Inventarisierungsstelle Oberfranken. Bis 1977, so hofft Petzet, werde die Parkanlage und die renovierten Repräsentationsräume im Schloß für Publikum und kennerische Barockreisende zugänglich sein.

Ingrid Seidenfaden

Süddeutsche Zeitung, 9. Oktober 1975

Die Alpenlandschaft soll nicht ihren Charakter verlieren
Denkmalpfleger warnen bei einer Tagung in Regensburg vor der Zerstörung der Umwelt

REGENSBURG (Eigener Bericht) — Den Ländern Salzburg, Tirol, Vorarlberg, Lombardei, Trient, Graubünden, Bayern und der autonomen Provinz Bozen, die seit mehreren Jahren in der „Arbeitsgemeinschaft Alpenländer" zusammengeschlossen sind, stelle sich eine gemeinsame, für alle existentielle Aufgabe: Ebenso wie die natürliche auch die gebaute Umwelt im Alpenraum in ihrer ursprünglichen und in ihrer historisch gewachsenen Einmaligkeit zu erhalten. Dies betonte die Staatssekretärin Mathilde Berghofner-Weichner in Vertretung von Bayerns Kultusminister Maier beim ersten „Kongreß Alpenländische Denkmalpflege", der in Regensburg begann und am Freitag in Füssen abgeschlossen wird.

Die Gemeinsamkeiten der Regionen der Alpenländer, so sagte die Staatssekretärin, seien in der Vergangenheit durch gleiche Lebens- und Siedlungsformen und durch entsprechende Erscheinungsformen künstlerisch gestaltet in einer von den gleichen Grundvoraussetzungen geprägten Landschaft entstanden. Auch in der Gegenwart gebe es eine Gemeinsamkeit, nämlich die in allen Regionen gleiche Bedrohung der Lebensgrundlage. Durch das Anwachsen der Bevölkerung und durch den starken Siedlungsdruck auf eine in ihrem Freizeitwert bis in den hintersten Winkel erkannte und begehrte Landschaft, durch die verkehrsmäßige Erschließung der letzten Täler und Gipfel, durch eine industriell betriebene Landwirtschaft, durch eine an allen Ecken und Enden drohende Zersiedelung eines der schönsten Gebiete Europas und damit auch durch eine zunehmende Gefährdung eines einmaligen Bestandes an Bauernhäusern in Dörfern und an alten Orten seien alle Regionen in gleicher Weise betroffen.

Ständige Kontakte

Der erste Kongreß der Denkmalpfleger der Alpenländer befaßt sich mit Fragen der Inventarisierung, der Sicherung bedrohter Kunstgüter, der schnellen Fahndung nach Kunstdieben, der gesetzlichen Grundlagen der Denkmalpflege, die in den Ländern der Regionen noch sehr unterschiedlich sind, des Schutzes der Kulturlandschaft und der Öffentlichkeitsarbeit. Der Regensburger Kongreß soll, so betonte ein Sprecher der „Arbeitsgemeinschaft Alpenländer" den Auftakt für eine ständige Fühlungnahme der Experten der Denkmalpflege der alpenländischen Regionen darstellen.

Nach der Begrüßung der Teilnehmer durch Oberbürgermeister Schlichtinger setzte die Kongreßarbeit mit drei Vorträgen der bayerischen Ministerialräte Terhalle und Schmidt sowie von Generalkonservator Petzet über Raumordnung und Landesentwicklung, Stadtentwicklung und Denkmalpflege in Bayern ein. Heute, Donnerstag, unternehmen die rund 50 Teilnehmer eine Rundreise mit Besichtigungen durch Oberbayern und Tirol.

Werner Huber

Denkmalpflege zieht Jahresbilanz
Generalkonservator Petzet: erfolgreiche Aktionen / Guter Kontakt zu Gemeinden

Zum Abschluß des Denkmalschutz-Jahres lud der Landesdenkmalrat, der seit zwei Jahren mitgeholfen hat, bayerische Kulturgüter zu retten, in den Schwarzen Saal der Residenz zahlreiche Persönlichkeiten vorwiegend aus dem Bauwesen und der Heimatpflege ein, um sie über den Stand der Dinge zu informieren. Abgeordneter Dr. Erich Schosser sprach in seiner Eigenschaft als Vorsitzender des Landesdenkmalrates von einer „hervorragenden Zusammenarbeit" mit Bürger- und Gemeindevertretungen und meinte, es sei bereits viel „für die Zukunft unserer Vergangenheit" getan worden.

Um die Gefahren zu veranschaulichen, von denen heute auch dörfliche Ensembles bedroht sind, wurde ein instruktiver Film vorgeführt, den Dieter Wieland für das Studienprogramm des Bayerischen Rundfunks gestaltet hat. Erschreckend negative Beispiele machten neben wenigen positiven deutlich, welche Bausünden nicht nur von privaten Bauherrn, sondern auch bei neuen Rathäusern und Sparkassen begangen werden.

Keine Verzögerungen mehr

Im Hauptreferat des Abends bestätigte Generalkonservator Dr. Michael Petzet vom Bayerischen Landesamt für Denkmalpflege, daß das zu Ende gehende Jahr nicht nur Reden und Kongresse, sondern eine Fülle positiver Aktionen gebracht habe. Das Denkmalschutzgesetz habe seine Schrecken weitgehend verloren, führte Petzet aus; sein Vollzug bewirke keine Verzögerungen mehr, der Personaleinsatz sei vergrößert worden, alle zwei bis vier Wochen fänden Besprechungen mit den Gemeinden statt, die Denkmal-Listen würden gründlicher bearbeitet als am Anfang, viele Anregungen, die von außen kämen, würden aufgegriffen. Ein Beispiel: Kempten beantragte von sich aus Ensembleschutz für alte Bauernhäuser. Zwar gebe es immer wieder auch Angriffe, aber, so der Generalkonservator: „Wenn wir mit den Denkmälern weiterleben wollen, dann muß man den Denkmalschutz ernst nehmen."

Der laut gewordenen Anregung, für die zu schützenden Bauwerke eine Staffelung nach drei Klassen einzuführen, trat Petzet entgegen. Sie würde nur dazu führen, daß man Gebäude der zweiten und dritten Klasse „freigebe". Als „außerordentlich verhängnisvoll" bezeichnete er ferner das Bestreben, das Gebiet nach Sakral- und Profanbauten aufzugliedern, denn für Entscheidungen über Schlösser sei der gleiche Sachverstand nötig wie für solche über Kirchen. Im übrigen seien die bedeutenden Baudenkmäler weniger bedroht als gerade die kleinen auf dem Lande — sie bedürften dringend eines Gutachters und „Pflichtverteidigers". Käme es zu verschiedenen Standpunkten zwischen Denkmalschutz, Industrie und Verkehr, so wäge jeweils die Regierung die Interessen gegeneinander ab und wisse eine Entscheidung zu finden.

Mehr Zuschüsse als früher

Zur finanziellen Lage sagte Petzet: 1975 habe es mehr Zuschüsse gegeben als in wirtschaftlich günstigeren Jahren. So habe Schloß Seehof bei Bamberg endgültig gerettet werden können. Bei Dörfern und Kleinstädten hätten sich kleine Zuschüsse durch Aktivierung von Privatinitiative in der Wirkung oft versechs-, ja verzehnfacht. Auch in Bamberg und Regensburg sei bei der Stadtsanierung viel erreicht worden durch Zusammenarbeit mit der Obersten Baubehörde. In Landshut sei die Verlegung alter Mühlen im Rahmen des Städtebauförderungsgesetzes verwirklicht worden. Die Maßnahmen zur Konjunkturförderung ließen erwarten, daß 1976 nicht geringere Erfolge bringen werde. Im übrigen: „Für das Bayerische Landesamt für Denkmalpflege ist jedes Jahr ein Denkmalschutzjahr!"

Karl Ude

Münchner Merkur, 6./7. Dezember 1975

JETZT DER JAHRESBERICHT DES LANDESDENKMALRATES

Petzet: „Wir brauchen keine Milliarden"

Modernisierungssucht schadet mehr als die Verkehrsplanung

Der Landesdenkmalrat rief zu Information und Begegnung in die Münchner Residenz: alle Ebenen der Denkmalpflege fanden sich ein und plauderten über ihre Erfahrungen mit dem Denkmalschutzgesetz bei Wein und Häppchen im illuminierten Antiquarium.

Im Schwarzen Saal dankte MdL Dr. Erich Schosser, der Ratsvorsitzende, für guten Mut und wirksame Zusammenarbeit. Generalkonservator Dr. Michael Petzet, der Leiter des Landesamts, zeigte sich ebenfalls vorwiegend zufrieden: „Wir sind dem Vollzug des Gesetzes gewachsen", wobei eine Erweiterung des behördlichen Personalstands für 1976 bereits einkalkuliert ist.

Als sehr günstig hätten sich, so berichtet Petzet, die alle zwei bis vier Wochen stattfindenden Besprechungen erwiesen, durch deren Protokolle 80 bis 90 Prozent aller anstehenden Fälle rasch zu erledigen seien. Nur bei größeren Objekten müßten vor der aktenmäßigen Entscheidung die entsprechenden Gutachten eingeholt werden.

„Ende des Jahres" sollen die Denkmallisten vorläufig abgeschlossen sein: in Bayern werden rund 100 000 Einzelobjekte und Ensembles vom Gesetz geschützt sein. Petzet lehnt eine Klassifizierung der Objekte ab (andere Bundesländer verfahren so): „Dann werden Denkmäler zweiter und dritter Klasse zum Abschuß freigegeben." Ebenso unsinnig sei eine Trennung sakraler und profaner Bauwerke: „Sie erfordern denselben Sachverstand."

Mit Hilfe des Entschädigungsfonds (jährlich 20 Millionen Mark) konnte 1975 in Bayern trotz finanzieller Schwierigkeiten mehr erreicht werden als jemals zuvor: „Die Rettung von Schloß Seehof bei Bamberg war das wichtigste Ereignis." In der Wirkung, sagt Petzet, vervielfacht sich ein Zuschuß des Landesamts bis zum Zehnfachen: „Wir brauchen keine Milliarden."

Petzet wehrt sich gegen eine unrealistische Zweckpropaganda vor allem im Fall Bamberg, wo die kommunal veranschlagten Summen zum Neubau ganz Bambergs (in kaum besserer Form) ausreichen würden: „Es genügt auch in einem so großen Gesamtkunstwerk wie Bamberg, wenn man jährlich drei bis vier Millionen einsetzt." Bewährt habe sich die „Renovierung von Haus zu Haus". Selbst das Städtebauförderungsgesetz ließe sich nutzbringend anwenden.

Mit weiteren „ermutigenden Erfolgen" wird für 1976 gerechnet: „Das nächste Jahr wird nicht schlechter sein als 1975." Für das Landesamt sei schließlich jedes Jahr ein Denkmalschutzjahr. Es habe eine Fülle von Einzelaktionen gegeben, ein großes Echo auf den Aufruf der Regierungspräsidenten und die Schreiben des Landesamtes, zahlreiche „Kleinmaßnahmen auf Landesebene" — zum Schluß sei „alles sehr ins Detail gegangen".

Die Denkmalpflege soll sich, sagt Petzet, „nicht auf große Monumente beschränken". Vorteil des Landesamts sei, daß es „unabhängig auftreten" könne, wobei das Denkmalamt „auch unterliegen" mag — zumal bei „Erfordernissen des Verkehrs".

Petzets Kommentar zu Dieter Wielands zuvor in Großprojekten gezeigtem Fernsehfilm „Unser Dorf soll schöner werden" (gesendet am 19. September 1975): „Nicht alles, was dort an Scheußlichkeiten zu sehen war, ist behördlich genehmigt worden." Gerade die Verkleidung alter Häuser mit Asbestzement- und Kunststoffplatten sei oft „Schwarzbau", verursacht durch die Aktivität fliegender Händler.

Alle stimmten zu, als Petzet erklärte: „Ich glaube, daß wir uns auf dem Land schwerer tun als in den Städten." Der Film von Dieter Wieland (27½ Minuten), dessen kritisch-unterhaltsame Diktion allgemein beklatscht wurde, soll kopiert und als Unterrichtsmaterial eingesetzt werden. Er ist ein klug mit positiven und negativen Beispielen belegtes Mittel gegen die „Saubermann"-Gesinnung des Pflegeleichten, Wartungsfreien, Abwaschbaren, von der die Gemüter auf dem Land noch mehr beherrscht zu sein scheinen als in den Städten.

Petzet, Schosser und die unteren Denkmalschutzbehörden („die Zusammenarbeit mit den Heimatpflegern konnte wesentlich verbessert werden") haben es mit Widerständen und Interessen zu tun, die bei diesem wohlmeinenden Jahresrückblick offiziell nicht zur Sprache kamen. So scheint das übereilte Konjunkturförderungsprogramm der Bundesregierung den Einbau von lagernden Großvorräten sprossenlose Kippfenster in fränkischen Fachwerkhäusern eher zu begünstigen als etwa zu verhindern.

Die teure Modernisierungssucht der Dorfbewohner und das schlecht beratene, falsch orientierte Gewinnstreben von Kleinstädtern mag heute mehr zum bösen Wandel des Vorhandenen beitragen als die Planungsgewalt der Verkehrsstrategen oder die (erlahmte) Energie der Baulöwen. Fast alle Verantwortlichen jedoch sind sich einig: „Wir haben es leichter als noch vor einigen Jahren."

Reinhard Müller-Mehlis

◁ Süddeutsche Zeitung
6./7. Dezember 1975

Münchner Merkur, 12. Dezember 1975

Petzet will auch eine Kaserne retten

Besuch in Lindau — Bürger stiften 100 000 DM für historisches Rathaus

Lindau (lb) — Doppelt soviel Geld wie im vergangenen Jahr stehen dem Bayerischen Landesamt für Denkmalschutz heuer zur Verfügung: 20 Millionen Mark im Entschädigungsfonds und 19 Millionen Mark als Zuschüsse. Dieser Betrag soll auch nach Ablauf des Denkmalschutzjahres für 1976 wieder bereitstehen, kündigte Bayerns Generalkonservator Dr. Michael Petzet bei einem Besuch der Bodenseeinsel Lindau und der benachbarten Halbinsel Wasserburg an. Beide haben noch kostspielige Aufgaben zur Erhaltung alter Bausubstanz vor sich.

Über 100 000 Mark sind von Lindauer Bürgern zur Renovierung des historischen alten Rathauses (1422-1436) gespendet worden. Sie haben damit gezeigt, daß sie sich der baulichen Werte ihrer Insel bewußt sind und ihnen die Erhaltung ihres Schmuckstückes in der neugeschaffenen Fußgängerzone einiges wert ist, stellte Oberbürgermeister Josef Steurer fest.

Eines der ältesten Bürgerhäuser, das sogenannte Schlössle (um 1600) trägt seinen Namen heuet zu Unrecht: Es stellt sich als schäbigster Bau der Insel vor. Nachdem alle Verhandlungen mit dem Besitzer über eine Wiederherstellung der einstmals reizend bemalten Renaissancefassade gescheitert sind, soll nun ein neuer Versuch unternommen werden. Die Möglichkeit eines 50prozentigen Zuschusses aus dem Entschädigungsfonds beim Verkauf — der ohnehin geplant ist — und Mittel für die Renovierung locken. An eine Enteignung werde jedoch noch nicht gedacht, hieß es.

Überraschung löste das Urteil über das auf Abbruch kürzlich von der Stadt erworbene Areal der Luitpoldkaserne aus. Das „interessante, ja äußerst witzige und mit zahlreichen Türmen und Türmchen verzierte Gebäude", wie es Dr. Petzet nannte, sollte zumindest teilweise erhalten oder mit dem ohnehin auf der hinteren Insel geplanten Kongreßgebäude verbunden werden. Die von Professor Fr. Thiersch 1903/04 gebauten Kasernen seien nicht nur in ausgezeichnetem baulichen Zustand, sondern auch „überlieferungswürdig". Steurer kündigte an, daß dieser Vorschlag als Bedingung für einen städtebaulichen Wettbewerb für 1976 aufgenommen werden soll.

Vorbereitet werden soll 1976 in München auch die Renovierung des spätklassizistischen Lindenhofes am Ufer von Lindau-Schachen. Und angemessene finanzielle Hilfe wurde für die Kirchenrestaurierung auf der Halbinsel Wasserburg zugesagt.

INTERESSANT, JA ÄUSSERST WITZIG FAND PETZET DIESE KASERNE
Bei einem Besuch in Lindau sprach sich der Landeskonservator dafür aus, die aus den Jahren 1903/04 stammende Luitpold-Kaserne zu erhalten. dpa-Bild

Generalkonservator Michael Petzet zieht Jahresbilanz

Denkmalschutz ist populär geworden

Die europäische Initiative 1975 hat in Bayern gezündet / Wachsendes Verständnis für Ensembleschutz

Von unserem Redaktionsmitglied Hans-Günter Richardi

München, 26. Dezember — Das Europäische Denkmalschutzjahr, das nun zu Ende geht, wertet Generalkonservator Michael Petzet in Bayern als vollen Erfolg. „Der Denkmalschutz", sagte er in einem Gespräch mit der „Süddeutschen Zeitung", „fand ein ungeheures öffentliches Interesse." Petzet hat außerdem festgestellt können, daß den Denkmallisten, die zum Jahresende im Entwurf abgeschlossen werden, kein Widerstand mehr entgegengebracht wird. Sie hätten im Gegenteil 1975 viele einsichtige Freunde gefunden. „Wenn es zum Beispiel nach den Wünschen der Städte ginge", meinte Petzet, „müßten mehr Ensembles unter Denkmalschutz gestellt werden, als wir überhaupt wollen."

schutz engagierte, hat jetzt die Chance, dafür belohnt zu werden. Der Bezirk Schwaben setzte 5000 Mark für die Prämiierung der besten Leistungen aus. Der Bezirk Mittelfranken will Privatpersonen und Gemeinden für beispielhafte Instandsetzungen sogar mit einem Gesamtbetrag von 30 000 Mark auszeichnen. Unterfranken stellte 5000 Mark für Prämiierungen 8000 und die Oberpfalz 5000 Mark bereit. Darüber hinaus plant das Kultusministerium für das kommende Jahr eine Preisverteilung auf Landesebene.

Süddeutsche Zeitung
27./28. Dezember 1975

Das Denkmalschutzjahr hat nach Ansicht des Generalkonservators in Bayern das Ziel erreicht, der „Öffentlichkeit die Bedeutung des historischen Erbes für uns alle heute und in der Zukunft und dessen Gefährdung vor Augen zu führen". Wesentlich dazu beigetragen hätten die nationale Wanderausstellung „Eine Zukunft für unsere Vergangenheit", die in Großstädten zu sehen gewesen sei, und die Wanderausstellung „Ohne Vergangenheit keine Zukunft", die für Schulen und Gemeinden in Bayern zusammengestellt worden sei. Der Regierungsbezirk Schwaben habe die Aufklärungsarbeit der Wanderausstellung unterstützt, der das Motto „Der Vergangenheit eine Zukunft" gegeben worden sei.

In zahlreichen Städten und kleineren Ortschaften wurden nach Auskunft Petzets und des von ihm geleiteten Landesamts für Denkmalpflege Bürgerinitiativen gebildet, deren Mitglieder sich das Ziel setzten, denkmalwürdige Bauwerke vor dem Verfall zu bewahren. Besonders rührig waren die Unterfranken. In Würzburg konstituierten sich zwei Bürgerinitiativen zur Erhaltung von historischen Monumenten und zum Schutz des Maintales. In Karlstadt entstand ein historischer Verein. In Veitshöchheim schlossen sich Bürger zur Erhaltung der Marktinskapelle zusammen. In Miltenberg setzte sich eine Bürgerinitiative die Wiederherstellung des alten Rathauses zum Ziel.

Bauhandwerk profitiert

„Die wirtschaftliche Bedeutung der Denkmalpflege", meint Petzet, „wurde erstmals in diesem Jahr erkannt." Davon hätten vor allem das mittelständische Baugewerbe und das Bauhandwerk profitiert, denen durch Renovierung und Modernisierung neue Aufgaben zugefallen seien. Auch im Fremdenverkehr messe man den Baudenkmälern mehr Wert bei als bisher. Um diese Entwicklung zu unterstützen, fördere das Landesamt für Denkmalpflege zusammen mit dem bayerischen Wirtschaftsministerium den Bau von Fremdenverkehrseinrichtungen wie Hotels, Gaststätten und Heimathäusern in alten Bauwerken.

Zur Freude des Generalkonservators wurde der Aufruf der bayerischen Regierung an die Landkreise, Städte und Gemeinden, dem Denkmalschutzjahr zum Erfolg zu verhelfen, weithin befolgt. Vorbildlich war dabei der Bezirk Schwaben, wo in diesem Jahr die Instandsetzungsarbeiten an fünfzig Objekten abgeschlossen wurden. „Das sind drei bis vier Objekte pro Landkreis", konstatierte Petzet. Mit gutem Beispiel gingen auch die Schulen voran. Zahlreiche Klassen übernahmen freiwillig die Instandsetzung und Pflege von Kapellen und Wegkreuzen.

Wer sich 1975 besonders für den Denkmal-

Die originellste Aktion — zur Renovierung ihrer St.-Nikolaus-Kirche — starteten die Landfrauen von Pfatter in der Oberpfalz. Sie veranstalteten auf ihrem Marktplatz einen Erntedank-Markt mit Würstl vom Grill, frischem Käse, Fischsemmeln und Festbier. Außerdem boten sie selbstgebastelte Puppen, Kasperl, Flachszöpfe und Gewürzsträußchen zum Verkauf an. Der Höhepunkt der Veranstaltung war ein Fußballspiel, in dem die Landfrauen gegen den Gemeinderat antraten. Die Bäuerinnen, die vorher hart trainiert hatten, erzwangen mit 4:4 ein Unentschieden. Der Reinerlös des Marktes wurde für die Erneuerung der Kirche zur Verfügung gestellt.

Die beiden bedauerlichsten Vorfälle im Denkmalschutzjahr ereigneten sich nach Auskunft Petzets in Markt Altenstadt in Schwaben und in Rosenheim. In Markt Altenstadt brannte ein historisches Haus ab, nachdem das Landesamt den Abbruch des Gebäudes nicht genehmigt hatte. In Rosenheim ließ die Stadt das Hoppenbichlersche Benefiziatenhaus abbrechen, obwohl es Leute gegeben hatte, die das Gebäude kaufen und erhalten wollten. Das Haus war eines der letzten Baudenkmäler aus der Zeit des Biedermeier in Rosenheim.

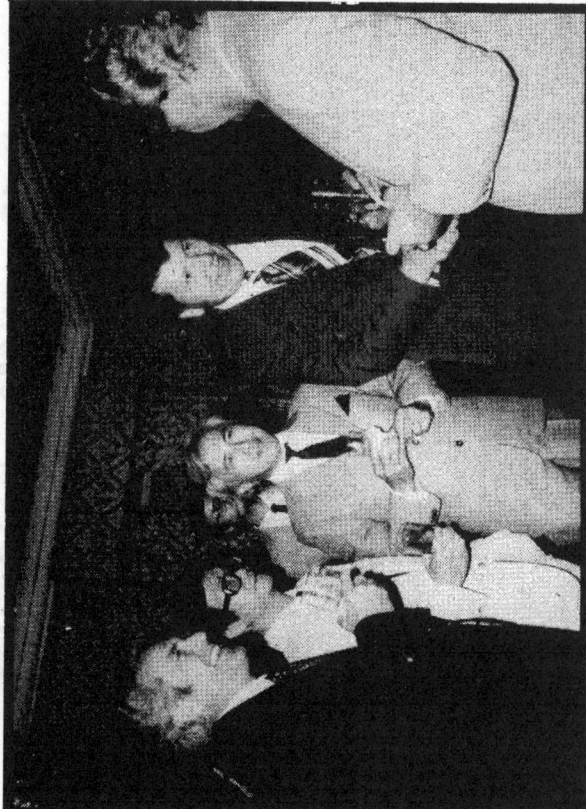

A cocktail party was held at the Oriental Hotel Thursday evening in honour of Dr Michael Petzet, visiting general conservator of the Department of Conservation of Historical Monuments in Munich and other panellists and the discussion on "Conservation of Historical Monuments and Environment," which took place at the German Cultural Institute the same day.

Hosts of the evening were members of the Society for Conservation of National Treasure and Environment, the Fine Arts Commission of the Association of Siamese Architect and the German Cultural Institute.

From left: GCI's director Dr Anton Regenberg, Dr Sumet Jumsai, Dr Mayoon Viseskul, Dr Michael Petzet, and Mr Rudolf Horch, First Secretary to the German Embassy.

Bangkok Post
December 13, 1975

Münchner Merkur 3./4. Januar 1976

Denkmalschutz – eine Daueraufgabe

Von Ruth Langhans

Jahrzehntelang führten sie ein Schattendasein, ständig bedroht von moderner Planung und Spitzhacke. Dann wurden sie plötzlich ins Rampenlicht gezogen, und man sicherte ihnen große Zukunft zu: Denkmälern wurde sogar ein ganzes Europäisches Jahr gewidmet. Daß rund 60 Prozent der Deutschen das nicht wissen, kann jedenfalls nicht daran liegen, daß zuwenig darüber geredet wurde. Kulturreller Umweltschutz hieß das Schlagwort. Die großen Worte von der notwendigen Rettung unserer Vergangenheit sind noch nicht verhallt, da droht dem Denkmalschutz bereits wieder Gefahr. Es sieht so aus, als wolle man nach der einjährigen Episode zur Tagesordnung übergehen, erneut Breschen in unsere Kultur schlagen.

Dabei hatte alles so vielversprechend begonnen. Schon mit dem Denkmalschutzgesetz hatte Kultusminister Maier den Bayern klargemacht, daß die Pflege alter Gemäuer keine nostalgische Modeerscheinung ist. Das wegen seiner Eindeutigkeit als vorbildlich geltende Gesetzeswerk räumte mit der Meinung auf, Denkmalschutz bedeute lediglich der Erhaltung einiger Kirchen und musealer Inseln im Meer der Betonhochburgen, allenfalls geeignet, den Tourismus zu beleben, ein paar Kunsthistoriker zu erbauen und ansonsten dem Fortschritt nicht im Wege zu stehen.

Freilich: Für manchen Bürger war das Recht der Allgemeinheit auf Bewahrung seines Eigentums zu fest zementiert. Er sah seiner persönlichen Entscheidungsfreiheit den Boden entzogen. Und der Überschwang und die – verständliche – Eile der professionellen Denkmalschützer, das Gesetz auf alles einigermaßen Alte anzuwenden, verstärkten die Abwehr. Noch dazu, da der einzelne Denkmalbesitzer in keiner Weise beteiligt wurde.

Auch heute noch gibt es durchaus Hauseigentümer, die mit dem Gedanken des kulturellen Umweltschutzes nicht viel anfangen wissen. Besonders auf dem Lande gilt das Florian-Prinzip ab und zu weiter. Ein alter Stall, in dem sich Ochs und Kuh kaum zeitgemäß halten lassen, soll schützenswert sein? Schwer zu glauben. Außerdem ist hier die Modernisierungssucht, der Hang, Häuser mit „pflegeleichten" Materialien zu verkleiden, moderne Kippfenster in Fachwerkhäuser einzubauen, noch weit verbreitet, wird der Slogan „Unser Dorf soll schöner werden" – oft

Aber abgesehen von solchen Fällen – die Tendenzwende ist schon gekommen. Die Bevölkerung hat sich in den vergangenen Monaten für den Denkmalschutz engagiert wie noch kaum für eine Idee. Da kämpfen Bürgerinitiativen gegen Kahlschlag-Euphorie und Reißbrett-Ideologie von Planern, die immer noch Altstädte autogerecht machen und dafür neue Wohnsilos am Stadtrand aus dem Boden stampfen wollen. Da basteln Landfrauen und verkaufen ihre Werke zur Rettung einer alten Kirche; da spielen Damen zum gleichen Zweck Fußball; da richten Kinder, ja ganze Schulklassen Bildstöcke und andere kleine Denkmäler wieder her.

Die Bürger haben ihre Lektion in Sachen Denkmalschutz gelernt. Zu vergessen scheinen dagegen die Wegbereiter der Idee, was sie einst lehrten. Im Maximilianeum hört man von Bestrebungen, den harten Gesetzestext aufzuweichen, die Maschen zum Durchschlüpfen größer zu machen. Stimmkreisabgeordnete intervenieren bei den Denkmalschutzbehörden, wenn es gilt, einen auf Abriß eines schützenswerten Gebäudes sinnenden Wähler zufriedenzustellen. Da helfen sogar Parlamentarier aller Parteien zusammen – so geschehen in Oberfranken, wo ein 200 Jahre altes Fachwerkhaus schwarz mit Eternitplatten verkleidet wurde und die Abgeordneten nicht nur eine Geldbuße, sondern sogar den Abriß der Platten verhinderten.

Manche Landratsämter sind offenbar dem Denkmalschutz ebenfalls nicht gerade wohlgesonnen. Zwar sieht das Gesetz bei vorsätzlichen Verstößen Geldstrafen bis zu einer Million Mark vor. Die Beträge, die Landratsämter verhängen, bewegen sich jedoch meist bei wenigen hundert Mark. 200 Mark mußte beispielsweise ein Bauherr zahlen, der sein geschütztes Haus schwarz für 100 000 Mark umbaute. Er bedankte sich beim Landesamt für Denkmalpflege... Überhaupt werden nur knapp etwa ein Fünftel der vom Landesamt angeregten Geldbußen von den Landratsämtern verhängt.

Vor allem aber sollte sich der Bund nicht länger auf Geldmangel und Steuerausfälle hinausreden, wenn er die geforderten steuerlichen Vergünstigungen für den Denkmalschutz ablehnt. Und der Freistaat sollte nicht ausgerechnet am Entschädigungsfonds, einem für das Landesamt emi-

DIE FASSADE von Schloß Eurasburg ist stehengeblieben. Sie ist bei dem Brand in der Neujahrsnacht nicht so schwer beschädigt worden, als daß sie nicht erhalten werden könnte. Photo: Weich

Der Schutt wird beiseite geräumt

Eurasburg ersteht wieder

Denkmalpfleger wollen Wiederaufbau des abgebrannten Schlosses vorantreiben

EURASBURG — Schloß Eurasburg — seit der Nacht zum 1. Januar fast nur noch ein Haufen rauchender Trümmer — soll neu erstehen. Spezialisten des Landesamts für Denkmalschützer haben sich angeschaut, was die Flammen von dem Schloß aus der Spätrenaissance übriggelassen haben. Trotz der schweren Schäden sind alle optimistisch: „Wir werden Eurasburg wieder aufbauen." Michael Petzet, Chef des Landesamts: „Jetzt müssen zunächst die Trümmer weggeräumt werden, um den noch immer schwelenden Brand ganz löschen zu können. Außerdem besteht Einsturzgefahr, wenn die Schuttmassen weiter auf den übrigen Gebäudeteilen lasten."

Die Außenfassade ist durch das Feuer schwer in Mitleidenschaft gezogen worden. Petzet: „Da die Wände aber die orkanartigen Stürme der letzten Tage überstanden haben, bin ich guter Hoffnung, daß die Mauern erhalten werden können." Zwei Drittel des Obergeschosses, alle Türme und der gesamte Dachstuhl sind zerstört. Aber das Untergeschoß blieb weitgehend verschont. Auch die Kapelle ist bis auf wenige Gewölbe unbeschädigt. „Wenn die Bayerische Versicherungskammer zahlt — das ist natürlich die Hauptbedingung —, werden wir genügend Mittel zusammenbekommen, um den Wiederaufbau finanzieren zu können", erklärt der Chef des Landesamts für Denkmalschutz. „Das Landratsamt und die Gemeindeverwaltung sind genauso stark daran interessiert, wie wir, die Anlage zu erhalten." Als erste Soforthilfe stellte das Landesamt 5000 Mark zur Verfügung, damit sofort mit den Aufräumungsarbeiten begonnen werden kann.

Am meisten liegt den Denkmalschützern daran, daß die verbliebenen Majolikaöfen aus dem Jahre 1632 gerettet werden. Dazu Petzet: „Leider sind bei dem Brand zwei zertrümmert worden. Diese Öfen stellen einen kunsthistorisch unschätzbaren Wert dar." Eine vollkommene Rekonstruktion des Schlosses wird nach Meinung der Fachleute aber nicht mehr möglich sein. „Wir werden den Bau vieles vereinfachen müssen", erklärte der Generalkonservator der SZ.

Zunächst wird ein Notdach errichtet, damit die Witterung nicht mehr Schaden anrichtet. Wann Eurasburg wieder im alten Glanz erstrahlen wird? Petzet: „Zeitprognosen sind im Moment noch genauso unmöglich, wie die Bestimmung der Bau- und Renovierungskosten."

Ekkehard Müller-Jentsch

Süddeutsche Zeitung, 10./11. Januar 1976

Mandatsträger Maurer und Breitschwert sprachen bei Generalkonservator Dr. Petzet vor

MdL Hans Maurer in Sachen „Stern": Alle Beteiligten an einen Tisch!

Minister Dr. Maier schrieb an Konsul Dr. h. c. Schickedanz – FLZ-Gespräch mit Professor Wiedemann

Ansbach. Das Jahr des Denkmalschutzes ist vorüber. Aber noch immer pfeift der Wind durch die morschen Dachlatten des leerstehenden „Stern"-Komplexes. Etwas Sichtbares hat sich in den vergangenen Monaten nicht abgespielt in dem Hickhack zwischen dem Quelle-Konzern um das Landesamt für Denkmalpflege in München. Sind die Verhandlungen festgefahren? Bestehen überhaupt noch Aussichten, das geplante Kaufhausprojekt zu verwirklichen? Und wenn kein Kaufhaus, was dann? Diese Fragen bewegen viele Ansbacher, kompetente und weniger kompetente. Schließlich kann es uns nicht egal sein, was aus dem „Stern"-Komplex wird. Verständlicherweise hat sich kein Gemeinwesen ein Interesse daran, am Rande seiner Kernstadt eine Denkmalruine zu haben. Diese Fragen wurden in den heimischen Landtagsabgeordneten Hans Maurer und Stadtrat Breitschwert, Mitglied des Bauausschusses, beim Chef des Landesamtes für Denkmalpflege (LfD) in München persönlich vorzusprechen. Auf Einladung des Abgeordneten waren zwei Vertreter der FLZ bei diesem Gespräch mit Generalkonservator Dr. Petzet in der Pfisterstraße dabei.

Ein Fazit vorweggenommen, darf es heißen: Generalkonservator Dr. Petzet zeigte sich über Erwarten kompromißbereit. Maurer und Breitschwert stimmten zu, daß der Verfall des leerstehenden, also ungenutzten „Stern"-Projektes keinesfalls im Sinne der Denkmalpflege sei. Es müsse vielmehr eine Lösung gefunden werden. Aber leider gebe sich die Quelle unwahrscheinlich stur", so daß seinem Amt, im Moment nichts anderes übrig bleibe, als abzuwarten. Dr. Michael Petzet erklärte sich aber ohne lange Überlegung bereit, den Vorschlag des Abgeordneten Maurer zu akzeptieren. Maurers Vorschlag ist: Alle Beteiligten sollten sich an einem Tisch treffen und miteinander nach Lösungen suchen.

Dies vorab. Und nun zum Gespräch selbst, bei dem seitens der Denkmalpflege anwesend war: Generalkonservator Dr. Michael Petzet, Konservator Dr. Vincent Mayr, Konservator Diplomingenieur Marano. Die beiden Mandatsträger Maurer und Breitschwert legten anhand einiger Beispiele ihre Standpunkte dar, die im wesentlichen identisch sind mit denen der überwiegenden Mehrheit des gesamten Stadtrats und der Verwaltung. Ansbachs Dilemma sei demnach: Die Stadt stehe zwischen der Quelle und dem Landesamt. Während dieses Tauziehens aber verfalle der Quelle gehörige Häuserzeile an der Promenade/Karlstraße. Andererseits sei auch die Mehrheit des Stadtrats aus kommunal- und wirtschaftspolitischen Interessen für den Bau eines Kaufhauses an der Grenze zum Innenstadtbereich. Auch könne die Stadt derzeit nicht einmal daran denken, den Gebäudekomplex von der Quelle zu kaufen, da die Kommune Plan anzufertigen. Dieser ist zwischenzeitlich bei der Stadt eingegangen. Angesprochen, warum Professor Wiedemann sich zurückgezogen habe, erklärte er: „Ich habe mir die ganze Sache lange durch den Kopf gehen lassen und auch schon gewisse Planvorstellungen entwickelt. Aber ich reiße mich nicht um solche Aufträge, die mehr als heikel sind..."

Natürlich sei er in Ansbach an Ort und Stelle gewesen und habe alles genau angesehen. Er habe dann dem Quelle-Unterhändler seine Vorstellungen gesagt, unter deren Voraussetzung er gewillt sei, den Auftrag zu übernehmen. Des Professors Vorstellungen aber sind: Städtebaulich befinde sich der „Stern"-Komplex inmitten einer historisch gewachsenen Bausubstanz, eben an der Nahtstelle zwischen barocker Neuer Auslage und dem mittelalterlichen Stadtkern, angegliedert an der Promenade, einer städtebaulich überaus reizvollen West-Ost-Achse. Deshalb sollte hier keine städtebauliche Störung entstehen. Das heißt, die Fassade des „Stern" sollte auf jeden Fall erhalten bleiben. Das sei technisch möglich. Erhalten werden aber sollte auch die Fassade des Steingruberhauses. Hier schränkte Wiedemann allerdings ein: „Dies dürfte wohl am schwierigsten sein, wenn es technisch überhaupt zu lösen ist. Aber wenn's irgendwie geht, sollte diese Fassade erhalten bleiben. Und die Schwierigkeit läge hier vor allem im Höhenunterschied zum „Stern"-Trakt."

Soweit Professor Wiedemann von der Technischen Universität München, der sagte, er sei unter Akzeptierung seiner Vorstellungen dennoch bereit, das „heikle Eisen" anzupacken, vorausgesetzt natürlich, die Quelle beharre nicht auf einem totalen Abbruch ihrer Gebäude. Professor Wiedemann wörtlich: „Wenn der Quelle-Bevollmächtigte sagt, wir sind einverstanden, dann mache ich mit."

Auch Konservator Marano, ein Diplomingenieur, gab ein ähnliches technisches Urteil ab über die Erhaltungsmöglichkeiten der „Stern"-Fassade. Was das Steingruberhaus betreffe, so könnte die Quelle dieses Projekt von der Kaufhausplanung gleichsam ausspannen und es als Verwaltungstrakt oder Cafeteria verwenden. Auch diesen Vorschlag soll zeigen, daß das Landesamt prinzipiell gegen einen Kaufhausbau sei. Generalkonservator Dr. Petzet verwies bei dieser Gelegenheit auf die Tatsache, daß seine Behörde von sich aus auf die Erhaltung des einstigen Wendelsteinschen Anwesens, dieses niedlichen Barockbaues, verzichtet habe. Dr. Petzet: „Hätten wir das nicht getan, dann wäre ein Kaufhausprojekt von vornherein unmöglich." „Die Quelle wie die Stadt Ansbach möge dies bitte bedenken. Aber nochmals Konservator Marano: „Bei einigem guten Willen und der Bereitschaft, notfalls mehr Geld zu investieren, ist ein für alle Teile befriedigender Kompromiß durchaus möglich." Abgeordneter Maurer dazu: Er werde sich diesbezüglich mit dem Generalbevollmächtigten der Quelle, Laschet, in Verbindung setzen.

Stadtrat Breitschwert sprach dann noch ein Thema an, mit dem er und seine Kollegen vom Bauausschuß ständig konfrontiert würden. Es geht um die Verzögerungen, oft monatelang, von Baugenehmigungen jener Gebäude, die unter Denkmalschutz stehen. Leider müsse man immer wieder hören, für diese Verzögerungen trage das Landesamt für Denkmalpflege die Verantwortung. Was das Landesamt betreffe, so treffen diese Vorwürfe keinesfalls zu. So Dr. Petzet, und Dr. Mayr. Letztgenannter Konservator halte alle zwei Wochen Sprechstunden in Ansbach ab und sei berechtigt, an Ort und Stelle Genehmigungen auszusprechen, die lediglich protokollarisch festgehalten würden. Das Landesamt, fügte Dr. Petzet hinzu, sei vielmehr darauf bedacht, möglichst unbürokratisch zu verfahren, um Bauwerbern entgegenzukommen. In München selbst werde nur über totale Abbruchgenehmigungen entschieden.

Abschließend betonte Generalkonservator Dr. Petzet noch einmal seine Bereitschaft, mit allen Beteiligten um eine Lösung zu ringen. Ganz offen sagte er sinngemäß: Mit Professor Wiedemann hätte es sicher harte Sachdiskussionen gegeben, sei es aber überzeugt, daß mit ihm eine Lösung zustandegekommen wäre, da Professor Wiedemann eine anerkannte und erfahrene Kapazität auf diesem Gebiet sei – ein Künstlermensch mit dem Gespür für Harmonie zwischen alt und neu. **Kurt Kramer**

Fotos: Röck

Konservator Dr. Vincent Mayr: Hält regelmäßig Sprechstunden in Ansbach und kann an Ort und Stelle Entscheidungen treffen.

Konservator Diplomingenieur Marano: Eingliederung der „Stern"-Fassade technisch möglich.

(Generalkonservator Dr. Michael Petzet während des Gespräches. Er zeigte sich überaus kompromißbereit.

Fränkische Landeszeitung (Ansbach)
24. Januar 1976

Main-Echo
20. Februar 1976

Ein Stück Stadtgeschichte wird gerettet

Ignaz-Günther-Haus noch heuer wiederhergestellt / Funde und Entdeckungen

Von unserem Redaktionsmitglied Heinrich Breyer

Seit dem 22. Dezember letzten Jahres, dem Tag, an dem die Bauleute im Ignaz-Günther-Haus am Jakobsplatz damit begonnen haben, eines der kulturhistorisch bedeutsamsten Gebäude der Stadt wieder instand zu setzen, hat es dort fast von Tag zu Tag neue Entdeckungen gegeben. Bei einer gemeinsamen Pressekonferenz demonstrierten jetzt Fachleute vom Bayerischen Landesamt für Denkmalpflege und von städtischen Bauämtern München, wie hier Baufoscher, Kunsthistoriker, Architekten und Bauhandwerker in einem Idealfall zusammenarbeiten, um eines der wenigen noch erhaltenen Bürgerhäuser Münchens aus der Zeit vor dem Barock zu erforschen, zu restaurieren und sinnvoll wieder nutzbar zu machen.

Gleich zu Beginn gab der Günther-Forscher Dr. Gerhard Woeckel ein Exempel, wie Forschung und Praxis an einem interessanten Punkt zusammentreffen können: er zitierte aus Rechnungen der Nachlaßverwalter Günthers, nach denen ein Hausbrunnen im Anwesen des großen Rokokobildhauers repariert wurde. Und eben diesen Brunnen entdeckten Bauarbeiter vor wenigen Tagen bei der Freilegung der alten Fundamente neben einer zweiten Abflußzisterne. Der leitende Architekt der Restaurierungsarbeiten, Professor Johannes Ludwig, berichtete wiederum, daß sein Konzept einen kleinen Zierbrunnen an dieser Stelle des Doppelanwesens vorgesehen hatte — ein Projekt, das sich durch den historischen Fund erübrigt hat.

Balkendecke aus dem 15. Jahrhundert

Auch die wichtigste Entdeckung der letzten Wochen verursachte eine Änderung der Planung: Im ersten Stock der Wohnhaushälfte, die am Oberanger liegt, kam unter dem Verputz eine handwerklich hervorragend gearbeitete Balkendecke aus dem 15. oder 16. Jahrhundert zutage. Ursprünglich waren hier kleinere Büroräume für die Verwaltung des Stadtmuseums vorgesehen. Jetzt kann sich die Direktorin des Museums, Dr. Martha Dreesbach, darauf freuen, hier in dem schönen, saalartigen Raum ein stilvolles Besprechungszimmer zu erhalten. Dieser Fund stützt auch eine These Dr. Woeckels, der entdeckt hat, daß die berühmte Hausmadonna Ignaz Günthers nicht an der Fassade zum Jakobsplatz, sondern im Rückgebäude über dem Portal des Hauses am Oberanger prangte — die These nämlich, daß die eigentlichen Wohnräume Günthers auf dieser Seite lagen.

Was die Mauerfundamente aussagen, die nur für kurze Zeit freilagen, erläuterten Dr. Hans Habel und der Bauforscher Dr. Walter Haas, beide vom Landesamt für Denkmalpflege. Danach gehören zu einem gotischen Bau, der bereits im Sandtnerschen Stadtmodell von 1572 zu sehen ist. (Er war allerdings nur zwei Stockwerke hoch.) Die Grabungen beweisen, daß dieser Erdgeschoß des Anwesens am Oberanger zu dieser Zeit noch im Souterrain lag, zu dem Stufen von der Straße aus hinunterführten. Insgesamt sind drei Bauzustände erkennbar, die alle noch „vor Sandtner" auf Umbaumaßnahmen schließen lassen. Im Vordergebäude schließlich, das nicht unterkellert war, fand sich eine gemauerte, über Stufen zugängliche Vertiefung, die vorläufig noch Rätsel aufgibt. Abflußrohre und kreisrunde Abnützungsspuren auf einem Ziegelpodest lassen den Schluß zu, daß hier vielleicht ein Backofen oder auch ein Waschtrog gestanden haben könnte.

Hausrat — Scherben — Ofenkacheln

Neben diesen historischen Spuren im Stein konnte Friedolin Stumpf vom Denkmalamt auch eine kleine Kollektion von Fundstücken vorzeigen, die vom Alltagsleben in diesem Haus Zeugnis geben: Scherben von Gefäßen, die teils aus gotischer, teils aus barocker Zeit stammen, einige Ofenkacheln, einen Baluster, und Reste Günthers übriggeblieben sein könnte, und Reste von diversem Hausrat. Unmittelbare Zeugnisse, die mit dem Namen des größten Münchner Bild-

---

»Heute gilt es als schick, in alten Häusern zu wohnen«

Interview mit Generalkonservator Dr. Michael Petzet

Aschaffenburg. Generalkonservator Dr. Michael Petzet, der an der Spitze des Bayerischen Landesamtes für Denkmalpflege in München steht, hielt am Mittwoch einen Vortrag beim Geschichts- und Kunstverein Aschaffenburg, der sich mit Problemen des Denkmalschutzes und der Entwicklung der Denkmalpflege in Bayern befaßte. In einem Interview versuchte Christel-Barbara Meyer die von Dr. Petzet in seinem Vortrag angesprochenen Fragen zu vertiefen und einiges über die Schwierigkeiten zu erfahren, mit denen die staatliche Denkmalpflege in Bayern zu kämpfen hat.

Frage: Mit seinem Denkmalschutzgesetz hat Bayern eine Menge getan, um die Zeugnisse der Vergangenheit zu bewahren. Die Diskussionen in der Öffentlichkeit um dieses Gesetz — unter anderem auch in Aschaffenburger Stadtrat und seinen Gremien, — haben aber auch gezeigt, daß die Kenntnisse über die Gesetzesbestimmungen und ihre Auswirkungen sehr mangelhaft sind. Hat man die Öffentlichkeit ausreichend und in der richtigen Form über Absicht und Bedeutung des Gesetzes informiert?

baute Apartments leerstehen. In gewissem Sinn ist es geradezu wieder elegant und schick, in einem alten Haus zu wohnen. Wir haben eine Fülle von Anfragen von Leuten, die in Bauernhäusern und alten Bauernhäusern suchen und bereit sind, für die Instandsetzung sehr viel Geld aufzuwenden.

Frage: Denkmalschutz betrifft nicht nur Baudenkmäler, er bezieht auch die Zeugnisse der Vergangenheit ein, die der Boden birgt. In den letzten Jahren kommen immer mehr populär-wissenschaftliche oder populäre Publikationen heraus, die sich mit Archäologie befassen. Bücher wie der jüngst erschienene Roman Irving Stones über die Ehe von Heinrich und Sofia Schliemann, der sicher ein Bestseller wird, muß der Archäologe aber doch wohl mit gemischten Gefühlen sehen. Einerseits wird seine Disziplin durch solche Veröffentlichungen unerwartet populär, andererseits geraten die Archäologen auf den Plan, die mit den neuerdings angebotenen »Minen-Suchgeräten« in ihrer Freizeit als Schatzgräber unterwegs sind und der wissenschaftlichen Erforschung der Bodendenkmäler unermeßlichen Schaden zufügen. Welche Handhabe besitzen Sie gegen derartige Raubgräber?

Antwort: Diese Bewegung, die Sie ansprechen, beobachten wir in der Tat und wir sehen sie als verheerend an, weil da mit wichtige geschichtliche Zeugnisse ruiniert werden und für alle Mal verlorengehen. Wir müssen leider zugeben, daß das Landesamt tatsächlich seit vielen Jahren mit Problemen ständig hinterherlaufen. Eine systematische wissenschaftliche Grabung ist kaum noch möglich. Sie ist auch fast nicht zu verantworten, solange wir Tag für Tag vor neuen, akuten Problemfällen stehen. Diese sind mit den Nachlassen der Bautätigkeit allerdings etwas weniger geworden.

Juristisch braucht man für jede Grabung, bei der ein Bodenfund zu erwarten ist, eine Erlaubnis. Nicht-Fachleuten, die zum Beispiel mit derartigen Minen-Suchgeräten ans Werk gehen, würde die Erlaubnis nicht erteilt, weil diese Amateure die Grabung niemals so vornehmen können, daß sie dabei auch das retten, was über den eigentlichen Fund hinaus historisch interessiert ist. Im übrigen können wir bei der unteren Denkmalschutzbehörde beantragen, wenn uns ein Fälle unerlaubter Grabungstätigkeit bekannt werden. Diese Geldbußen können sehr empfindlich sein.

müssen. Allzuviel ist das aber nicht, wenn man bedenkt, daß alle diese historischen Bauten nur einen Bruchteil von dem ausmachen, was seit 1918 gebaut wurde.

Frage: Bei der Stadt Aschaffenburg hat man doch den Eindruck, daß der Begriff »Denkmal« von den Mitarbeitern des Landesamtes einseitig zeitbezogen ausgelegt wird. Die Stadt selbst hat beispielsweise den Vorschlag gemacht, das Aschaffenburger Rathaus einmal in die Denkmalliste aufzunehmen, weil es ein für die Erbauungszeit typisches Bauwerk darstellt und in wenigen Jahren durchaus Denkmalcharakter gewinnen könnte. Sind nicht Bauwerke der jüngsten Vergangenheit bei der Zusammenstellung der Denkmallisten insgesamt sehr stiefmütterlich behandelt worden?

Antwort: Ich möchte nicht ausschließen, daß beispielsweise das Aschaffenburger Rathaus eines Tages in einer Denkmalliste erscheint. Wenn ich allerdings auf dieses Rathaus stehe und auf die Stiftskirche schaue, dann ist mir doch äußerst zweifelhaft zumute, ob nicht hier ein anderes, sehr viel bedeutenderes Baudenkmal durch den Rathausbau schwer beeinträchtigt worden ist. Grundsätzlich muß etwas, um als Denkmal gelten zu können, aus einer abgeschlossenen Epoche sein. Die Beton-Hochbunker aus dem letzten Krieg sind zu meinem Schrecken in der Münchner Denkmalliste aufgetaucht. Man kann sagen, daß es sich hier um ein Zeitdokument handelt. Die Aufnahme in die Denkmalliste ist für meine Begriffe dennoch eine Übertreibung, unter anderem auch deshalb, weil kein Mensch daran denkt, diese Bunker abzutragen, das ist nämlich schon rein technisch unmöglich.

Aus den 20er Jahren haben wir nur ganz wenige, ausgewählte Dinge in die

Antwort: Eine Broschüre des Kultusministeriums informiert in einer sehr hohen Auflage über das Gesetz. Außerdem haben wir zu einer Menge von Veranstaltungen eingeladen, bei unserer Juristen und des zuständigen Sachbearbeiters vor der jeweiligen Stadtrat. In Aschaffenburg ist es bei den Erörterungen vor allem um die Bedeutung der Denkmalliste gegangen. Hier kommt es darauf an, daß man die Bedeutung der Listen kennt. Die Listen haben rein nachrichtlichen Charakter. Ein Denkmal wird zum Denkmal nicht dadurch, daß es auf der Liste steht, sondern durch seine historische Bedeutung. Der große Vorzug beim bayerischen System ist, daß diese Liste offen ist, daß man sie kürzen oder erweitern kann. Man wird sie ständig überarbeiten und verbessern müssen. Alle Anregungen der Städte werden, ehe die endgültige Liste entsteht, berücksichtigt, zumindest aber genau geprüft. Bei der in Bayern gewählten offenen Form wird das Gebäude nicht durch die Liste in einem feierlichen Akt unter Schutz gestellt, wie es in anderen Ländern teilweise geschieht. In Bayern wird die Eintragung in die Denkmalliste erst dann wirksam, wenn der Besitzer eines Gebäudes umbauen möchte oder den Abbruch plant. Dann werden die Pläne, die er vom Bauamt ohnehin vorlegen muß, vom Denkmalamt mitgeprüft. Wenn ein Denkmal in der Liste steht, so bedeutet das durchaus noch nicht, daß das Gebäude verändert oder verändert werden darf.

Frage: Die Denkmallisten sind von Mitarbeitern des Landesamtes für Denkmalpflege aufgestellt worden. Sicherlich standen die Fachleute dabei vor einer schwierigen- und zeitraubenden Arbeit. Die Art, in der die Denkmallisten erstellt wurden, läßt aber doch – zumindest im Fall Aschaffenburg – eine starke Schematisierung erkennen. Im Stadtrat wurde der Verdacht laut, man habe einfach alles, was vor einem bestimmten Zeitpunkt gebaut wurde, in die Liste aufgenommen, ohne auf seine baugeschichtliche Bedeutung und den künstlerischen Wert Rücksicht zu nehmen. Sehen Sie eine Möglichkeit, einer solchen schematischen Eintragung in die Denkmalliste entgegenzuwirken?

Antwort: Man kann sicher nicht von einer starken Schematisierung bei der Erstellung der Listen sprechen. Die Denkmallisten sind von Fachleuten aufgestellt worden. Diese Fachleute werden auch laufend überprüft. Selbstverständlich haben sich bei einem solchen Unternehmen Fehler einschleichen. Deshalb haben wir den Heimatpflegern und den Gemeindeparlamenten die Möglichkeit eingeräumt, Korrekturen anzubringen und Ergänzungen vorzuschlagen. Von Schematisierung könnte man höchstens insofern sprechen, als tatsächlich alle vor dem 18. Jahrhundert entstandenen Bauten in der Liste stehen.

Listen aufgenommen. Man braucht einfach einen gewissen zeitlichen Abstand zur Erbauungszeit, um sich ein Bild über die Bedeutung eines Bauwerkes zu machen. Ich sehe keinen Sinn darin, Bauten, die vielleicht gerade 15 Jahre alt sind, unter Denkmalschutz zu stellen, um sie dann vielleicht nach weiteren 20 Jahren wieder zu streichen und andere aufzunehmen. Man darf auch nicht vergessen – und dieses Argument wird auch von Seiten der Architekten in den Diskussionen immer wieder vorgebracht –, daß bauliche Entwicklung nur garantiert ist, wenn es den ständigen Wechsel von Werden und Vergehen gibt. Hätte es von Anbeginn der Welt ein Denkmalschutzgesetz gegeben, so ständen wir mit unseren Bauten heute noch auf der Entwicklungsstufe der Steinzeit. Im übrigen wird es angesichts der heute weltweit zu beobachtenden Uniformität unserer Bauproduktion sehr schwer sein, die Denkmale unserer Zeit einmal zu bestimmen. Vielleicht sollten wir froh darüber sein, daß wir uns darum nicht auch noch kümmern müssen und das Denken den kommenden Generationen überlassen können.

Frage: Denkmalschutz ist zur Zeit eine. Wir schwimmen schon seit einigen Jahren auf der Nostalgie-Welle und haben gerade eben das Denkmalschutzjahr hinter uns gebracht. Wenn man die Strömungen in diesem Land beobachtet, kann man den Eindruck gewinnen, daß die Forderung nach verstärktem Denkmalschutz ein wenig nach dem Vorbild des Gebetes an den heiligen Florian vertreten werden: solange es einen selbst nicht betrifft, ist Denkmalschutz eine gute Sache. Aber wehe, wenn die eigenen Belange berührt sind! Können Sie aus Ihrer Erfahrung diesen Eindruck bestätigen?

Antwort: Dieser Eindruck ist nur teilweise zutreffend. Wir haben durchaus Leute, die sich für den Denkmalschutz einsetzen und für ihr eigenes Denkmal Ungeheures tun. Wir treffen auf eine große Fülle von Privatinitiative, die allerdings nach Städten recht unterschiedlich sein kann. In Bamberg oder Landshut ist man stolz darauf, in der Altstadt und in einem denkmalwürdigen Haus zu leben. Das echte Interesse ist jedenfalls sehr viel größer geworden. Vielleicht spielt es dabei auch eine Rolle, daß es oft wirklich wirtschaftlicher ist, ein altes Gebäude zu renovieren als es abzureißen und neu zu bauen. In München bekommen sie kaum einmal eine Wohnung in einem der Häuser der Gründerzeit angeboten, während im Münchner Raum etwa 10 000 neu ge-

Frage: Sie sind heute aus Warschau zurückgekommen. Ostblockländer stehen in dem Ruf, der Denkmalpflege sehr viel mehr Geld und Aufmerksamkeit zu widmen, als das bei uns der Fall ist. Haben Sie diese Ansicht bei Ihrem Besuch in Polen bestätigt gefunden?

Antwort: Ich habe in Polen an einer UNESCO-Konferenz teilgenommen. Tatsächlich ist es erstaunlich, was in diesem Land alles geschehen ist. Im Bereich des dortigen Generalkonservators sind etwa 10 000 Leute tätig, davon 6000 im Bereich der Museen und 4000 im Bereich der Denkmalpflege. Man kann diese Zahlen aber nicht einfach mit unseren Verhältnissen vergleichen. Während in Polen sämtliche Restaurierungen durch staatliche Mitarbeiter vorgenommen werden, arbeiten wir vor allem in Bayern eine alte Tradition und eine sehr hohe Qualität Firmen, die vor allem in Bayern eine alte Tradition und eine sehr hohe Qualität haben. Die Polen exportieren ihre Denkmalpflegewissen geradezu. Kürzlich war zu hören, daß Schloß Brühl von einer Gruppe polnischer Fachleute restauriert wird und daß diese Arbeit nur von den Polen gemacht werden könne. Das ist natürlich Unsinn, diese Arbeit könnte von unserem Amt genauso getan werden. Allerdings muß man sehen, daß andere Länder der Bundesrepublik gibt, die im Vergleich zu Bayern denkmalpflegerisch schon etwas unterentwickelt sind.

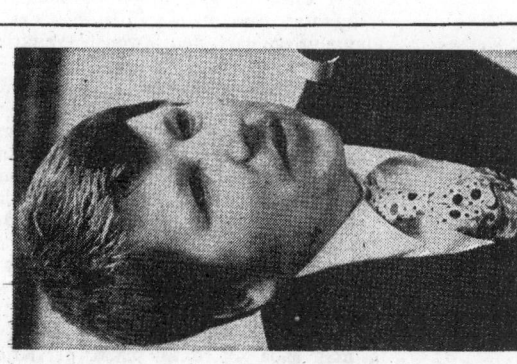

UNTER DEM VERPUTZ ENTDECKT: eine handwerklich hervorragend gearbeitete Balkendecke aus dem 15. oder 16. Jahrhundert. Ein ähnliches Beispiel bürgerlicher Wohnkultur aus spätgotischer Zeit hat sich sonst im Stadtgebiet nirgendwo erhalten.
Photo: Fritz Neuwirth

schnitzers nach Erasmus Grasser verknüpft wären, kam allerdings nicht zutage. (Günther hatte das Doppelanwesen 1761 bei einer Zwangsversteigerung für 3978 Gulden gekauft und bis zu seinem Tod im Jahre 1775 bewohnt.)

Stadt zahlt nur 20 Prozent

Nach dem Zeitplan des Stadtbauamts wird das Ignaz-Günther-Haus, das von der Stadt in den 60er Jahren im Zusammenhang mit einer früheren U-Bahn-Planung zum Zweck des Abbruchs gekauft wurde und seitdem immer mehr verrottet war, bis Ende dieses Jahres wiederhergestellt sein. Das Konjunkturförderungsprogramm des Bundes und der Länder machte es dem Kämmerer relativ leicht, der Restaurierung zuzustimmen: von den Kosten in Höhe von rund 1,8 Millionen Mark braucht die Stadt nur zwanzig Prozent zu tragen. Mit diesem relativ geringen Aufwand erhält sie im Erdgeschoß Ausstellungsräume für eine Dokumentation des Lebens und Werkes von Ignaz Günther und in den übrigen vier Geschossen Räume für die Verwaltung des Stadtmuseums, das sich schräg gegenüber am Jakobsplatz, wie eine große Baugrube aufweist, demnächst auch in bezug auf die Ausstellungsräume einen bedeutenden Zuwachs erhoffen darf.

Süddeutsche Zeitung
13. Februar 1976

Denkmäler in erster Linie für die Menschen erhalten

Generalkonservator Dr. Petzet beim Geschichtsverein

Als Gast des Aschaffenburger Geschichts- und Kunstvereins sprach am Mittwochabend im Sitzungssaal des Rathauses Generalkonservator Dr. Michael Petzet, der »oberste Denkmalpfleger« Bayerns, über Fragen der Denkmalpflege und über das neue Denkmalschutzgesetz. Dankbar haben die Denkmalpfleger das im Zeichen der Nostalgie wachsende Verständnis für ihre Anliegen registriert. In Bayern ist Denkmalpflege keine neue Erfindung. Sie wird vielmehr von einer mehr als hundertjährigen Tradition getragen und geht in ihren Anfängen in das frühe 19. Jahrhundert zurück. In dieser langen Entwicklungszeit hat sich das Selbstverständnis der Denkmalpflege mehr als einmal grundlegend verändert. Geblieben ist die von Dr. Petzet mit großem Nachdruck unterstrichene Verpflichtung, historische Substanz nicht in erster Linie für die Kunstwissenschaften zu bewahren, sondern sie im Interesse der Menschen zu retten, die unter anderem auch den Anspruch auf eine »menschliche Umwelt« haben.

Aschaffenburg hat schon vor über hundert Jahren einen bedeutungsvollen Beitrag zur Denkmalpflege geleistet: Bayerns erster Generalkonservator wurde 1868 der in Aschaffenburg geborene Jakob von Hefner-Alteneck. Damals war der Generalkonservator zugleich noch Direktor des Bayerischen Nationalmuseums. Seit 1908 besteht das selbständige Generalkonservatorium. Ein erster Wendepunkt im Selbstverständnis der Denkmalpflege zeichnete sich in den zwanziger Jahren dieses Jahrhunderts ab, als man mit dem Grundsatz: »konservieren statt restaurieren« von der historisierenden und purifizierenden Denkmalpflege des 19. Jahrhunderts abrückte.

Riesige Aufgaben von bis dahin ungekannten Ausmaßen stellten sich der Denkmalpflege nach dem Zweiten Weltkrieg, der fast alle historischen Stadtkerne in Bayern mehr oder weniger in Mitleidenschaft zog. Dr. Petzet bezeichnete es »geradezu als ein Glück für Bayerns Städte«, daß man nach dem Krieg der Versuchung widerstand, die sich bietende »Chance zu einer gründlichen Sanierung« zu nutzen. Dadurch sei das vertraute Gesicht der Städte weitgehend gerettet worden.

Der Bauboom der 50er und 60er Jahre habe dann die Stadtkerne teilweise stärker verändert und vernichtender getroffen als der Krieg selbst. Einen Unterschied müsse man dabei allerdings sehen: der Krieg traf die gesamte historische Substanz ohne Unterschied. Dem Bauboom fielen Monumentalbauten nicht zum Opfer. Er fraß vor allem die kleinen, als Einzelerscheinung nicht sonderlich bedeutenden Häuser, die aber fast immer den Reiz eines historischen Ortsbildes ausmachen und ohne deren Nachbarschaft Monumentalbauten oft beziehungslos im Raum stehen.

Bei der Sanierung historischer Stadtkerne hat sich in den letzten Jahren ein Wandel vollzogen, der die Abkehr vom Kahlschlag der Flächensanierungen brachte. Der neu erkannte Wert historischer Substanz für die Erhaltung von Leben und Kultur im städtischen Bereich veränderte die Einstellung zur Sanierung grundlegend.

Das Denkmalschutzgesetz in Bayern, seit 1973 in Kraft, kam nach den Worten Dr. Petzets »gerade noch rechtzeitig«. Er erläuterte dann im Detail die Gesetzesbestimmungen und ihre Bedeutung für Hausbesitzer und Bauherren. Als außerordentlich nützlich bezeichnete er das sehr unbürokratische und Wandlungen jederzeit zugängliche System der Denkmalliste, die ihre schützende Wirkung erst dann entfaltet, wenn Veränderung oder Abriß drohen. Bis dahin bleibt sie ohne Vor- oder Nachteil für den Eigentümer.

Von Vorteil ist nach Ansicht Dr. Petzets auch die zentrale Organisation der Denkmalpflege in Bayern, die einen einheitlichen Vollzug des Gesetzes garantiert. Als zu gering bezeichnete der Generalkonservator die Mittel, die für Denkmalpflege zur Verfügung stehen — im Jahr 1975 für Zuschüsse 19 Millionen, für den Entschädigungsfonds 20 Millionen Mark. In diesem Zusammenhang forderte Dr. Petzet eine Änderung der Steuergesetzgebung, die steuerlich die Renovierung eines alten Hauses der Investition für einen Neubau gleichstellen müsse, und erklärte, Denkmäler dürften nicht nur als Opfer der Wirtschaft verschwinden. Man müsse sie auch als interessante Wirtschaftsfaktoren sehen, die das Engagement der Wirtschaft herausforderten.

Als unerbittliches Gesetz der Denkmalpflege bezeichnete Dr. Petzet die ständige Auseinandersetzung zwischen Altem und Neuem. Dort, wo für ein Denkmal keine Nutzungsmöglichkeit mehr gefunden werde, erreiche man die Grenze aller Bemühungen. Historische Bauten müßten im Leben stehen, von Leben erfüllt und umgeben sein. Nur auf diese Weise könne man sie für das Leben erhalten.

(Vergl. dazu »Heute gilt es als schick, in alten Häusern zu wohnen« auf Seite 10 dieser Ausgabe).

Main-Echo, 20. Februar 1976

Der Bayerische Generalkonservator Dr. Petzet wird heute in Schwabach erwartet

Restaurierung der Stadtkirche nun vollendet

Der hohe Gast aus München wird bei einer Besichtigung Schwabachs auch diese kulturelle Leistung würdigen können — In zwei Jahrzehnten wurden 1,1 Millionen Mark aufgewendet — Die Konservierung der eindrucksvollen Ölberggruppe erwartet

SCHWABACH — Das Kultusministerium versetzte am 1. 7. 1974 Dr. Michael Petzet aus der Städt. Galerie München in das Bayer. Landesamt für Denkmalpflege, wo er seitdem als Generalkonservator wirkt. „Meine Hauptaufgabe in nächster Zeit," äußerte er damals auf einer Arbeitstagung, „wird sein zu beweisen, daß das Bayer. Denkmalschutzgesetz, um das uns andere Länder schon jetzt beneiden, trotz gewisser, eigentlich selbstverständlicher Anfangsschwierigkeiten sehr wohl praktikabel ist!"

Dazu bedürf es zunächst einer Behebung der personellen und finanziellen Misere des Landesamtes für Denkmalpflege, die man vielleicht schon im Haushalt 1975/76 erhoffen könne, wie der dann eigentlich erst möglichen intensiven Zusammenarbeit mit den Unteren Denkmalschutzbehörden, also mit den Stadtbaumeistern und Kreisbaumeistern, ebenso der vertrauensvollen Zusammenarbeit mit den Heimatpflegern, zu der das Gesetz auch ausdrücklich aufrufe.

In diesem Miteinander wurden bisher erste und entscheidende Schritte zurückgelegt: In Schwabach beschloß der Stadtrat nach umfassenden Beratungen die Altstadtsanierung, die Erfassung des schützenswerten Bestandes in einer Denkmalliste sowie eine Bau- und Werbeverordnung für das Altstadtgebiet. Länger als ein Jahr schon ist der Vertreter des Landesdenkmalamtes, Dipl.-Ing. Marano, an regelmäßigen Sprech- und Beratungstagen in der Stadt.

An diesem Mittwoch erstmals besucht der Generalkonservator Dr. Petzet als Leiter jener staatlichen Fachbehörde, die für alle Fragen des Denkmalschutzes und der Denkmalpflege zuständig ist, unsere Stadt Schwabach.

Während der Ortsbesichtigung wird er auch das bedeutendste und imposanteste Denkmal Schwabachs, die Stadtkirche St. Martin, besichtigen. Deren Instandsetzung und Restaurierung konnten die Nürnberger Architekten BDA H. Steuerlein und Georg Stolz im vergangenen Spätherbst nach 22jährigem, unermüdlichen und gewissenhaften Einsatz in wesentlichen Teilen beenden. Neben hervorragender Erneuerungen einzelner Bürgerhäuser in der Altstadt geschah hier am Martin-Luther-Platz, — kaum von jedem beachtet, — eine kulturelle Leistung von bewundernswerter Selbstverständlichkeit. Aus kunsthistorischer Verpflichtung und aus dem Bewußtsein für dieses mehr als 500 Jahre alte gotische Denkmal, hat insbesondere die evangelische Kirchengemeinde dazu beigetragen, daß die Stadtkirche für Gottesdienste und Kirchenkonzerte von Rang weiterbenutzt, aber auch als eine der kulturell hochinteressanten Sehenswürdigkeiten Mittelfrankens besucht und gewürdigt wird. Der zielstrebige Fortgang der umfassenden Renovierungsarbeiten ist das Verdienst vor allem zweier Pfarramtsleiter, des verstorbenen und unvergessenen Dekans Martin Bohrer und des amtierenden Dekans Günter Bauer.

Erste Bauschäden am Gewand der Stadtkirche waren bereits im vergangenen Jahrhundert zu beheben: 1804 mußte die Maßwerkbrüstung am Turmkranz durch ein eisernes Stabgitter ersetzt werden; 1831/32 wurde im Zuge der Kirchenrenovierung unter dem Restaurator Heideloff die Abdeckung der Strebepfeiler verändert; nach Aufhebung des alten Lazarusfriedhofs mußte zwischen 1850 und 1854 vor allem der Chorsockel ausgebessert werden. Obwohl keine Kriegsschäden zu beklagen waren, mußte nach 1945 mit einer gründlichen und umfassenden Erneuerung begonnen werden. Wie Herbert Reber berichtete, hatte „die natürliche Verwitterung den weichen und porösen Burgsandstein allenthalben ihre tiefen Spuren eingegraben. — Der niederfallende Regen enthält durch Industrieabgase und Rauchentwicklung viele Bestandteile, die den Steinzerfall beschleunigen. Dazu kommt der Kot der Tauben ... und der Steinfraß in den Fundamenten." Der alarmierende Befund veranlaßte schließlich die nun abgeschlossenen Baumaßnahmen.

Die verschiedenen Arbeiten zur Außeninstandsetzung begannen mit der Erneuerung des Dachgeschosses der Sakristei (1952) und mit der Renovierung des Westgiebels (1954/55), weil dort das steinerne Giebelkreuz herabgestürzt war. 1961/62 widmete man sich der Dachinstandsetzung und dem Neubau des Dachreiters auf der Rosenberger Kapelle. 1964 wurde dann die bewährte Nürnberger Steinmetzfirma Lothar Franke mit der Außeninstandsetzung der Südseite beauftragt, die von der Südwestecke fortschreitend in zwei Jahren die Restaurierung der Sakristei und Südseite des Chors einschloß. In den Jahren 1968/69 waren dringende Ausbesserungsarbeiten am Turm nötig. Nach der Renovierung der Westseite und des Chors (1973) wurde die Außeninstandsetzung in den Jahren 1974/75 mit Arbeiten an der Rosenberger Kapelle und schließlich an der Kirchenschiff-Nordseite beendet.

In derselben Zeit waren in Abstimmung mit dem Landesamt für Denkmalpflege auch im Inneren der Stadtkirche bedeutende Restaurierungen vorzunehmen. 1960 waren der Fußboden und das Gestühl zu erneuern sowie eine neue Kanzel zu errichten. 1962/63 war die Umgestaltung der Orgelempore fällig, da die Kirchengemeinde nach erfolgreichen Bemühungen des Orgelspenderkreises und ihrer hervorragendsten Sprecher KMD Dr. Stollberg und Pfr. Arthur Schmidt endlich eine neue, 50-registerige Orgel der Fa. Weigle, Echterdingen, anschaffen konnte.

1968/69 begann man mit der Kunstgutbetreuung, die in den anschließenden drei Jahren zu Notkonservierungen am Hauptaltar durch die Vertreter des Germanischen Nationalmuseums Leonie von Wilkens, Dr. Frenzel und die Restauratoren Lehmann und Oellermann führte, schließlich auch die berühmten Baldung-Grien-Tafeln und weitere Altäre erfaßte; Arbeiten die weitgehend im Stillen geschahen, aber zur Erhaltung der Kunstschätze überaus wichtig waren.

Bei einer Sondierung der finanziellen Aufwendungen für das schützenswerte Gebäude in mehr als zwei Jahrzehnten ist nicht ohne Erstaunen festzustellen, daß in dieser Zeit über 1,1 Mill. Mark aufzubringen waren. Allein die Innenrestaurierung, der Einbau der Orgel und der Empore sowie des Gestühls und der Heizung, erforderte 350 000 DM, die bis auf ein Sechstel der Summe (Leistung der Landeskirche) aus dem Etat der Kirchengemeinde und, in außerordentlich großherziger Weise, durch beträchtliche Spenden Schwabacher Bürger beschafft wurden.

Die Außengestaltung verschlang insgesamt etwa 750 000 DM, zu denen die Landeskirche mit etwa 330 000 DM, das Landesdenkmalsamt mit 65 000 DM, die Regierung von Mittelfranken mit 12 900 DM und die Stadt Schwabach mit etwa 110 000 DM wegen der Zwei-Drittel-Trägerschaftsverpflichtung bei der Kirchturmerneuerung zuschossen. Die für alle Maßnahmen allein von Kirchenmitgliedern aufgebrachten ca. 400 000 DM sind eine hervorragende Leistung, aus der nicht nur das Kulturbewußtsein vieler Schwabacher sondern auch der Wille zu erkennen sind, in diesem tradierten Gotteshaus das gemeindliche Leben neu zu fördern.

Nach Fertigstellung der notwendigen Instandsetzungsarbeiten sind immer noch einige wichtige Ergänzungen, wie es in diesem Jahr und vielleicht noch anschließend zu leisten gilt. Zunächst ist die Erneuerung der Außenportale geplant; dann aber die Renovierung der Außenstufen und Gehsteigbereiche, der elektrischen Installationsanlage und der Fensterverglasung. Für die Sicherung des kirchlichen Kunstgutes sind gezielte Maßnahmen nötig, die sicher wieder die Eigenmittel der Kirchengemeinde weit überschreiten.

Vor allem aber ist, wie bereits vielfach gewünscht, auch die Konservierung der eindrucksvollen Ölberggruppe an der Kirchensüdseite, für die nächste Zeit vorgesehen.

Hierbei bürgen für eine gediegene Vollendung auch der letzten künstlerischen Erfordernisse die Erfahrung und das Verständnis des Architekten Georg Stolz, der seit langen Jahren auch in St. Lorenz zu Nürnberg die Arbeiten betreut, wie sein letztes, in der Reihe der „Blauen Bücher"(bei Karl Robert Langewiesche Nachfolger Hans Köster, Königstein im Taunus, erschienener Farbbildband „Engelsgruß und Sakramentshaus" in hervorragender Weise darstellt.

Nicht nur die Kirchengemeinde, vielmehr die Stadt Schwabach ist durch seinen Einsatz bewundernswert reich, das heißt: zur Verkündigung auf das vielfachste begabt geblieben.

Nordbayerische Zeitung (Schwabach)
3. März 1976

DIE GRÜNEWALD-TAFELN *vom Altarschrein aus Lindenhardt werden derzeit in den Werkstätten des Landesamts für Denkmalpflege restauriert, deren Leitung Dr. Dasser übernommen hat.*
Photo: Jürgen Schneck

Neuer Chef in der Kunst-Klinik
Karl Ludwig Dasser übernimmt Leitung der Denkmalpflege-Werkstätten

Durch den überraschenden Tod von Landeskonservator Dr. Johannes Taubert, dessen Verdienste als Kunsthistoriker, Restaurator und Denkmalpfleger international anerkannt waren, hatte das Bayerische Landesamt für Denkmalpflege im Dezember vergangenen Jahres den Leiter seiner Restaurierungswerkstätten an der Widenmayerstraße verloren. Jetzt konnte Generalkonservator Dr. Michael Petzet im Rahmen einer Pressekonferenz Tauberts Nachfolger Dr. Karl Ludwig Dasser vorstellen.

Dasser, 1937 im Allgäu geboren, hat nach seinem Studium über den Rokokomaler Johann Baptist Enderle promoviert, hat Praktika in der Kirchenmalerei, der Schreinerei und Bildhauerei sowie im Zeichnen und Malen absolviert, ehe er freiberuflich als Restaurator tätig wurde. 1972 wurde er Mitarbeiter des Landesamts, zunächst als Direktionsassistent, zuletzt als Gebietsreferent für den Regierungsbezirk Schwaben. Seine neue Aufgabe geht Dasser mit einer umfassenden Konzeption an. Er weiß, daß keiner der wichtigsten Aufgabenbereiche, also Konservierung und Restaurierung in der praktischen Denkmalpflege, Forschung und wissenschaftliche Tätigkeit und erst recht die Ausbildung freiberuflich tätiger Restauratoren für sich allein gesehen werden darf, weil sie sich vielfach überschneiden oder sogar sich gegenseitig bedingen.

Für Kirchen, Schlösser, Museen zuständig

Bei der Einführungsfeier gab Dasser zu bedenken, daß die Mitarbeiter des Landesamts rund neun Zehntel des bayerischen Kunstbesitzes zu betreuen haben: in Kirchen, Schlössern, Museen. Begreiflich, daß die Zusammenarbeit mit anderen wissenschaftlichen Instituten wie dem Doerner-Institut, der Materialprüfungsanstalt der TU sowie den Werkstätten von staatlichen Museen, beispielsweise denen des Bayerischen Nationalmuseums oder der Prähistorischen Staatssammlung, nicht nur angestrebt, sondern in vielen Fällen bereits praktiziert wird.

Die wertvollsten Stücke, die sich derzeit in Bearbeitung durch die Werkstätten an der Widenmayerstraße befinden, sind die romanischen Bronzeportale des Augsburger Doms, der spätgotische Kruzifixus aus der Wallfahrtskirche Allerheiligen bei Scheppach und die Matthias Grünewald zugeschriebenen Tafeln vom Altarschrein in Lindenhardt. Die Restaurierung zieht sich jeweils meist über Jahre hin, wobei immer wieder grundlegende Entscheidungen zu treffen sind. Beispielsweise stieß man bei dem genannten Kruzifixus auf vier Bemalungsschichten, die in mühevoller Kleinarbeit abgetragen werden.

Welche aber ist für die Restaurierung verbindlich? Eigentlich die erste aus spätgotischer Zeit; da jedoch die Plastik im 18. Jahrhundert innerhalb des barocken Hochaltars diesem entsprechend bemalt worden ist, ist „aus allgemein demkmalpflegerischen Gesichtspunkten" diese spätere Bemalung maßgebend.

Bei den Grünewald-Tafeln wird sich während der Restaurierung erweisen müssen, ob und wieweit sie wirklich von des Meisters Hand sind.

Falls die achtzehn Statuen aus dem Kaisersaal von Ottobeuren, von denen eine, Ferdinand III., bereits in Arbeit ist, allesamt renoviert werden sollen, werden sich die Kosten auf rund 180 000 Mark belaufen — für jede Figur 7000 bis 10 000 Mark. Mit Rücksicht auf die hohen Kosten können deshalb in den Werkstätten des Landesamts für Denkmalpflege jeweils nur Modellfälle erarbeitet werden, die dann für ähnliche Unternehmungen draußen im Lande wie auch für die auszubildenden Restauratoren als verbindliche Vorbilder zu gelten haben.
Karl Ude

Süddeutsche Zeitung
3./4. April 1976

Dem Lucknerhaus droht die Spitzhacke

Bank will den Sitz einer weltberühmten Chamer Familie abreißen / Protest der Denkmalschützer

Von unserem Redaktionsmitglied Hans-Günter Richardi

CHAM, 21. Juli — Dem Gasthaus „Zum Schwanen", das unter dem Namen „Lucknerhaus" über die Grenzen der Stadt hinaus bekanntgeworden ist, droht der Abbruch. Die benachbarte Raiffeisenbank, die das Gebäude erworben hat, plant, an der Stelle der alten Gaststätte einen Erweiterungsbau zu errichten. „Bei allem Wohlwollen", erklärte der Leiter der Bank, Walter Kellner, gegenüber der SZ, komme man an einem Abriß nicht vorbei. „Wir können das Haus in seiner jetzigen Form nicht verwenden."

Die Pläne der Chamer Raiffeisenbank haben den Protest der Denkmalschützer ausgelöst. Das Landesamt für Denkmalpflege ist fest entschlossen, das Gebäude gegen die Spitzhacke zu verteidigen. „Einem Antrag auf Abbruch", teilte Generalkonservator Michael Petzet dem Landratsamt in Cham mit, „kann das Bayerische Landesamt für Denkmalpflege nicht zustimmen."

Bereits sein Vorgänger, Professor Torsten Gebhard, hatte auf die Bedeutung des Hauses „als erhaltenswertes Baudenkmal" hingewiesen. „Der Gasthof Luckner ist ein Gebäude mit mittelalterlicher und barocker Substanz", schrieb er dem Chamer Landratsamt. „Der breite behäbige Bau mit dem über Eck gestellten gotischen Erker, dem hölzernen ‚Sonnentor' und dem Wirtshausschild ist für das historische Stadtbild von besonderem Wert."

Das Wirtshaus ist um so wertvoller, als es zu den wenigen historisch bedeutsamen Gebäuden zählt, die bei der letzten großen Feuersbrunst in Cham vor hundert Jahren unbeschädigt blieben. Außerdem erinnert das Haus als einziges architektonisches Denkmal an die Familie Luckner, die, wie der Heimatpfleger des Landkreises Cham, Willi Straßer, hervorhebt, „weit über die Stadt hinaus Geschichte gemacht hat".

Der Gasthof „Zum Schwanen" wurde im Jahre 1749 von Josef Luckner erworben. Der Gastwirt war der Bruder des berühmten Marschalls Nikolaus Luckner, der in Cham geboren wurde und dem die Marseillaise, die der Pionieroffizier Rouget de Lisle in der Nacht zum 25. April 1792 in Straßburg dichtete, gewidmet ist. Das Geburtshaus des Marschalls, der nach einem bewegten Soldatenleben auf dem Schafott endete, ist nicht mehr erhalten.

Ein bekanntes Mitglied der Familie war auch der Seeoffizier Felix Graf von Luckner, der im Jahre 1881 in Dresden zur Welt kam. Dem unerschrockenen Sachsen gelang es im Ersten Weltkrieg, mit seinem Dreimastvollschiff „Seeadler" die englische Blockade zu durchbrechen. Unter dem Namen „Seeteufel" wurde der Graf, der gern seine Bärenkräfte an zerrissenen Telephonbüchern demonstrierte, weltberühmt.

DAS HISTORISCHE LUCKNERHAUS in Cham soll nach den Plänen der Raiffeisenbank einem Erweiterungsbau des Geldinstituts weichen.

Süddeutsche Zeitung
22. Juli 1976

MVV regt zum Kulturwandern an

Führer zu sehenswerten Baudenkmälern in der Umgebung / Testwanderung mit Petzet

Zwar nicht mehr rechtzeitig vor Pfingsten, aber immerhin gleich nach den Pfingstfeiertagen, wird der neue Kultur-Wanderführer „Wandern mit dem MVV — Schlösser, Burgen, Kirchen, Klöster" im Buch- und Zeitschriftenhandel zu haben sein. Bei einer Testwanderung im Freisinger Raum erläuterten die MVV-Geschäftsführer und der Generalkonservator des Bayerischen Landesamts für Denkmalpflege, Dr. Michael Petzet, das neue Programm unter dem Motto „Auf alten Pfaden zu neuen Zielen".

Bei der Zusammenstellung der kunsthistorischen Sehenswürdigkeiten in der Umgebung der 32 „Wanderbahnhöfe" arbeitete der Münchner Verkehrsverbund eng mit dem Landesamt für Denkmalpflege zusammen. Die Idee zu Kultur-Wanderprogramm stammt von Stadtrat Alfred Lottmann, Studienleiter an der Münchner Volkshochschule. Die Aktion soll dabei — so erklärte Petzet — nicht nur zu den „großen" Kulturdenkmälern führen, zu berühmten Kirchen und Schlössern, sondern gerade auch zu den gern übersehenen und deshalb um so mehr bedrohten „kleinen" Denkmälern, zu Bürger- und Bauernhäusern, zu Kapellen und kleinen Flurdenkmälern und nicht zuletzt zu den Heimatmuseen des Münchner Umlandes. Einige dieser Ziele wurden auch bereits in den Fahrgastinformationen (MVV-Telegraf) vorgestellt.

So führte denn auch die Testwanderung durch die Wälder und Wiesen rund um Freising, entlang der grün-weißen MVV-Markierungen, nicht nur zum Domberg mit seinen prächtigen Bauten und Einzelkunstwerken von der romanischen Zeit bis ins Rokoko, sondern beispielsweise zum weit weniger bekannten Wieskirchherl, das in den Jahren 1746 bis 1748 erbaut wurde.

Eine weitere Etappe auf dem Rundweg, für den man sich schon einen ganzen Tag Zeit lassen sollte (allein die Wegstrecke ist rund 10 Kilometer lang), ist die frühere Prämonstratenserkirche St. Peter und Paul, eine prunkvolle Barockkirche des Baumeisters Giovanni Antonio-Viscardi, nach einem Brand renoviert von Johann Michael Fischer, ausgestattet unter anderem mit Figuren von Ignaz Günther.

Auch Wirtshausbesuch eingeplant

Selbstverständlich sind auch bei den Kulturwanderungen ausreichend Wirtshäuser in die Route angeplant, so daß neben dem geistigen auch das leibliche Wohl nicht zu kurz kommt. Bei der Wanderung um Freising sollte man allerdings der Versuchung widerstehen, nach dem Besuch des Dombergs gleich im Weihenstephaner Bräustüberl für den Rest des Tages „hängen" zu bleiben. *Walter Firgau*

Süddeutsche Zeitung
2. Juni 1976

Nach Premiere: Neuauflage des Denkmalschutzwettbewerbs?

Bürger retteten durch eigene Initiativen wertvolle Substanz

„Einmalig in Bayern", lobte Generalkonservator Dr. Michael Petzet

Ansbach. „Wir schätzen uns in Mittelfranken glücklich, daß wir einen Bezirkstag haben, der den Fragen der Denkmalpflege so einmütig aufgeschlossen gegenübersteht." Mit diesen Worten würdigte Regierungspräsident Heinrich von Mosch am Dienstagabend im Rahmen einer Feierstunde im Ansbacher Markgrafenschloß die am gleichen Tage getroffene endgültige Entscheidung für die Errichtung eines mittelfränkischen Freilandmuseums und den im vergangenen Jahr ausgeschriebenen Denkmalschutzwettbewerb. Letztere Initiative bezeichnete der Leiter des Bayerischen Landesamtes für Denkmalpflege, Generalkonservator Dr. Michael Petzet, als „einmalig, sowohl was die Höhe des ausgesetzten Betrages, als auch die Erfolge, die sie aufzuweisen hat, betrifft".

Bezirkstagspräsident Dr. Ignaz Greiner gab die „Blumen" an die 107 Persönlichkeiten weiter, die in Mittelfranken „mit so viel Engagement, mit so viel Mut, Opferbereitschaft und Heimatliebe gezeigt haben, daß es ihnen etwas wert ist, ihre Heimat und ihre Baudenkmale herzurichten, zu gestalten und damit auch nächsten Generationen zu erhalten". Auf diese Bürger könne die Gesamtbevölkerung Mittelfrankens stolz sein.

Die Mehrzahl der Preisträger des mit 30 000 Mark und damit höchsten Betrages in Bayern dotierten Wettbewerbs, bei dem es darauf angekommen war, denkmalpflegerische Eigeninitiativen von Städten, Gemeinden und Bürgern zu prämiieren, wohnte der Feierstunde im Ansbacher Schloß bei.

Dies nahm Gastgeber Heinrich von Mosch zum Anlaß, ihr „besonderes Engagement in ideeller und finanzieller Hinsicht als außergewöhnliche Leistung der Denkmal-, Heimat- und Kulturpflege, aber auch als Vorbild für andere Mitbürger" einzustufen. Insbesondere Privateigentümer von schützenswerten Objekten hätten „große Opfer für die Allgemeinheit" erbracht. Die „hohe Anerkennung" des Regierungspräsidenten galt auch jenen Bürgerinitiativen, die sich nicht „durch reines Opponieren, sondern durch Initiativen für die Bürgerschaft hervorgehoben haben".

Da gerade in Mittelfranken durch den Zweiten Weltkrieg viele wertvolle Bausubstanzen verlorengegangen seien, habe der Bezirk, so dessen Präsident Dr. Ignaz Greiner, schon von der Gründung im Jahr 1954 an durch die Bereitstellung zweckgebundener Mittel versucht, das noch Erhaltene für die Nachwelt zu retten. Es habe also nahegelegen, im Jahr des Europäischen Denkmalschutzes diese Mittel besonders auszustatten und bei finanziellem Anreiz mit der Bitte an die Bevölkerung heranzutreten, dem Denkmalschutz forciert Rechnung zu tragen.

Der Wettbewerb habe, so Dr. Greiner, Begeisterung ausgelöst. Das Ergebnis lasse „gute Gesinnung, Heimatverbundenheit, -liebe und -treue in Mittelfranken erkennen". Es sei nicht möglich, jede Leistung einzeln zu würdigen. Urkunden, Zinnteller und Geldgeschenke „sollen den Dank des Bezirks ausdrücken, zugleich aber Ansporn für die Zukunft sein, unsere Städte und Gemeinden so zu erhalten, daß sie nicht nur Fremde bewundern, sondern daß wir selbst auf unsere Heimat stolz sein können".

Zunehmendes Interesse am und tieferen Ernst gegenüber dem Denkmalschutz registrierte Generalkonservator Dr. Petzet. Dies sei keine „alleinseligmachende Wahrheit, vom Landesamt verkündet und unter allen Umständen durchzusetzen". Er sowie seine Mitarbeiter verstünden sich als „Anwälte für historische Gebäude und für das Bild unseres Landes". Jedem Denkmal sollte die Chance des Überlebens im ständigen Wandel gegeben werden zumal ein starker Verlust an Denkmälern vor allem auf dem Lande zu verzeichnen sei.

Um so erfreulicher sei es nach Ansicht des Experten, daß in dem vorbildlichen Querschnitt des Wettbewerbes in Mittelfranken viele kleine Baudenkmäler vertreten seien. Bedauerlich sei es nur, daß bei der angespannten Haushaltslage des Landesamtes kein Geld für diese kleinen Objekte zur Verfügung stünde. Da es insbesondere in Mittelfranken noch sehr viel zu tun gebe, um den ständigen Verlust an originalen Bausubstanzen — „und sei es nur durch moderne Fassadenverkleidungen" — zu stoppen, könne man nur auf finanziell günstigere Voraussetzungen hoffen.

Mit dem Freilandmuseum, dessen Standortentscheidung für Bad Windsheim „sehr glücklich" sei, dürfe nicht der Eindruck entstehen, genug für den Denkmalschutz getan zu haben. Dr. Petzet: „Das Museum muß als Mittelpunkt der mittelfränkischen Dörfer mit einzigartigem Reiz gesehen werden." Die Perspektiven des Denkmalschutzes müßten weit über museale Aspekte hinausgehen. Der Bezirk Mittelfranken habe dies erkannt und es bleibe auf eine Wiederholung des Wettbewerbes zu hoffen, denn schließlich sei „jedes Jahr ein Denkmalschutzjahr".

Der Bezirk Mittelfranken trägt sich nach dem überwältigenden Erfolg des Wettbewerbes und der stimmungsvollen Preisverleihung mit dem Gedanken der Neuauflage einer in dieser Größenordnung in Bayern einmaligen Initiative. Besondere Leistungen werden dadurch zweifelsohne zu Recht öffentlich gewürdigt. Über eklatante Fehlleistungen aber spricht man bisher nur in den Amtsstuben der Fachbehörden. Vielleicht sollte man auch hier künftig die Dinge in aller Öffentlichkeit beim Namen nennen!   zi

Fränkischer Anzeiger (Rothenburg)
29. Juli 1976

Keine Probleme bei Denkmalpflege in Bayern

Dr. Michael Petzet: Vollzug des Gesetzes funktioniert jetzt

dpa/lb **Ansbach.** Gegen die Behauptung, das Denkmalschutzgesetz sei »kompliziert zu vollziehen«, wandte sich der Leiter des bayerischen Landesamtes für Denkmalpflege, Generalkonservator Dr. Petzet, in Ansbach bei der Prämierung der besten denkmalpflegerischen Leistungen in Mittelfranken. Dieser Vorwand werde nur von denjenigen gebraucht, die einen Grund suchten, um das vorbildliche neue bayerische Denkmalschutzgesetz zu ändern und zu durchlöchern.

Der Vollzug des bayerischen Denkmalschutzgesetzes funktioniere jetzt und es gebe für das Landesamt keine Probleme mehr, sagte Petzet. Bei den zahlreichen Sprechtagen des Landesamtes auf Bezirks- und Kreisebene könnten die Fälle schnell erledigt werden. Das Landesamt betreibe den Denkmalschutz nicht als Selbstzweck, sondern verstehe sich als Anwalt der historischen Gebäude und Ortsbilder, die das Bild der Landschaft bestimmten. »In dem ständigen Wandel des Lebens muß auch das Denkmal eine Chance zu überleben haben«.

Das Ergebnis, daß bei dem in dieser Form einmaligen Wettbewerb des Bezirks Mittelfranken unter den zahlreichen Objekten durch die Jury allein in diesem Regierungsbezirk 107 »beste Leistungen« prämiert werden konnten, bezeichnete Petzet als Beweis dafür, daß der Denkmalschutz nicht nur von oben verordnet, sondern von der Bevölkerung getragen und unterstützt werde.

Traunsteiner Wochenblatt, 31. Juli 1976

Neues Leben kommt in alte Gemäuer

Außenstelle des Landesamtes für Denkmalpflege in Schloß Seehof eröffnet

BAMBERG (RNT). Die ehemaligen Repräsentationsräume der Fürstbischöfe im Schloß Seehof (Gemeinde Memmelsdorf, Landkreis Bamberg) sollen in absehbarer Zeit für Empfänge und Konzerte dienen. Auch der derzeit noch zum Teil sehr ungepflegte Park wird bald der Öffentlichkeit als Oase der Ruhe zur Verfügung stehen. Das gab der Generalkonservator im Bayerischen Landesamt für Denkmalpflege, Dr. Michael Petzet, bei einem Empfang im Schloß Seehof bekannt.

Anlaß hierzu bot die Eröffnung einer Außenstelle des Landesamtes, in dem vom Freistaat Bayern vor einem Jahr erworbenen Schloß Seehof. An der Isar hatte man sich zum Erwerb des kunsthistorisch wertvollen Schlosses entschlossen, um es vor dem drohenden Verfall zu retten. Dr. Petzet: „Die Restaurierungsarbeiten werden etliche Millionen Mark kosten".

Eine Million Mark wird noch 1976 verbaut. Nach der Einrichtung von mehreren Zimmern für die Außenstelle — sie sieht im Endausbau Referate für Vor- und Frühgeschichte in Oberfranken mit eigener Konservierungsanstalt, Werkstätten für die Restaurierung von Textilien und Glasgemälden, Referate für Bau- und Kunstdenkmalpflege für Unter- und Oberfranken sowie ein Referat für Inventarisation in Oberfranken vor — müssen zwei Dächer der zwischen 1687 und 1695 erbauten Anlage gedeckt (es regnet bis zu den Stuckdecken herunter) und die Kanalisationsarbeiten abgeschlossen werden.

Schmuckstück des Schloßinnern soll der „Weiße Saal" werden. Dort sind Konzertveranstaltungen vorgesehen, um die sich insbesondere die Gesellschaft der Freunde von Schloß Seehof bemühen will. Ihr Vorsitzender ist Landrat Otto Neukum. Das erste Konzert ist für 1977 vorgesehen.

Schloß Seehof wurde im 17. Jahrhundert von Antonio Petrini als Sommersitz des Fürstbischof Marquardt Sebastian Schenk von Stauffenberg errichtet; es war eine der ersten Anlagen nach der Wiederaufbauzeit des Dreißigjährigen Krieges.

Nach wechselvoller Geschichte kam es 1840 in den Besitz der Freiherren von Zandt. 1956 begann, so Dr. Petzet, nach dem Tode des letzten Barons von Zandt der große Ausverkauf des Gesamtkunstwerkes Seehof. Die nach den Zerstörungen des Krieges in der Würzburger Residenz als Meisterwerk fränkischen Rokokos in dieser Qualität nahezu einzigartige Ausstattung, an geschnitzten Vertäfelungen, Wandbespannungen, Möbeln, Öfen usw. wurde zu einem großen Teil in alle Winde zerstreut. Der Abbruch der letzten großen Figurengruppen im Park konnte durch das neue bayerische Denkmalschutzgesetz in letzter Minute verhindert werden.

Horst Mitzel

Bayerische Rundschau (Kulmbach)
31. Juli/1. August 1976

Fränkischer Tag (Bamberg), 31. Juli 1976

Generalkonservator Petzet stellt fest:
Midgardhaus ist ein Denkmal
Alte Tutzinger Villa am Seeufer soll nicht für Hotelbau geopfert werden

TUTZING — An der Midgardvilla, die — wie mehrfach berichtet — einem Hotelbau weichen soll, scheiden sich nach wie vor die Geister. Die Gemeinde Tutzing legt in einem Flugblatt, das an die Haushaltungen verteilt wird, ihren Standpunkt erneut dar, der besagt, daß das Midgardhaus abgerissen und an seiner Stelle ein 250-Betten-Hotel errichtet werden sollte. Diese Standortentscheidung wird von der Gemeinderatsmehrheit getragen. Auch der Direktor des Fremdenverkehrsverbands „Starnberger Fünfseenland", Herbert Pohl, ist der Auffassung, daß den Tutzingern „nichts Besseres passieren" könne, als der Abbruch des „vernagelten Schuppens".

Anderer Ansicht ist Bayerns Generalkonservator Michael Petzet. Das Landesamt für Denkmalpflege werde als Fachgutachterbehörde auf jeden Fall die Rettung des Hauses Midgard anstreben, das 1850 für den Großvater der Dichterin Ina Seidel, Professor Georg Ebers, nach dem Vorbild florentinischer und toskanischer Landhäuser in reizvoller Lage am Seeufer errichtet wurde, betont Petzet. Daran, daß das Gebäude ein Denkmal sei, bestehe kein Zweifel.

Der Generalkonservator plädiert dafür, die nicht mehr sehr zahlreichen malerischen Villen des 19. Jahrhunderts am Starnberger See zu erhalten, die für die ganze Landschaft dort charakteristisch geworden sind. Zu ihnen gehört die Tutzinger Midgardvilla. Ohne Übertreibung, so Petzet, könne man sie als eine der schönsten Villen am See bezeichnen.

Der Leiter des Bayerischen Landesamts für Denkmalpflege wird am Donnerstag mit dem Starnberger Landrat und mit Tutzings Bürgermeister über das Midgardhaus konferieren. Den

Museen, Kunstwerke wieder Schloß Seehof zur Verfügung zu stellen. In vielen Fällen werde es lediglich möglich sein, Kopien herzustellen.

Bürgermeister Körner freute sich in einem Grußwort über die Begegnung der Memmelsdorfer mit dem neuen Schloßherrn, von dem inzwischen bekannt sei, daß er Seehof in sein Herz geschlossen hat und alles tut, um die notwendigen Restaurierungsarbeiten voranzubringen.

Dankesworte richtete der Memmelsdorfer Bürgermeister auch an MdL Vollkommer, dessen unnachgiebigem Einsatz die Rettung von Schloß Seehof mitzuverdanken sei.

Generalkonservator Dr. Petzet betonte seinerseits den Wunsch nach einem guten Kontakt zur Gemeinde Memmelsdorf. Eine immer wiederkehrende Begegnung zwischen dem neuen Schloßherrn und der Gemeinde Memmelsdorf soll Tradition werden.

Beim Rundgang durch das Schloß vermittelten Besucher einen Eindruck von den bereits durchgeführten Renovierungsmaßnahmen, die zum großen Teil die Einrichtung des Domizils für die Außenstelle des Landesamtes galten. Die Gäste, geführt von Generalkonservator Dr. Petzet und dem Leiter der Bamberger Außenstelle des Landesamtes Dr. Hans Ramisch,

durften auch einen Blick in die Schatzkammer des Schlosses werfen, wo ein Teil der heimgekehrten Skulpturen eingelagert ist. Es handelte sich dabei vor allem um Werke von Titz und Benkert, die wahr-

Auch die Aufgaben der Außenstelle Bamberg des Landesamtes für Denkmalpflege werden z. T. in den ganzen bayerischen Raum hinausstrahlen, werde doch die Außenstelle im Endausbau folgende Referate umfassen:

● Referat für Vor- und Frühgeschichte in Oberfranken mit eigener Konservierungsanstalt

● Werkstätten für die Restaurierung von Textilien

● Werkstätten für die Restaurierung von Glasgemälden

Jagdhornbläser und gemütliche Runde bei fränkischer Brotzeit in den Arkaden ... in Schloß Seehof ist wieder Leben eingekehrt

Der neue Schloßherr hatte zum Empfang gebeten

Seehof endgültig aus dem Dornröschenschlaf erwacht
Enge Verbindung mit Memmelsdorf bekräftigt — Die ersten Kunstwerke sind zurückgekehrt

Schloß Seehof ⊕ Bürger von Memmelsdorf, in erster Linie vertreten durch Bürgermeister und Gemeinderat, waren am Donnerstag Gäste in Schloß Seehof. Der Generalkonservator des Bayerischen Landesamtes für Denkmalpflege, Dr. Michael Petzet, hatte sie eingeladen, um dadurch die enge Verbindung zwischen Memmelsdorf und Schloß Seehof zu demonstrieren, die sich in der Vergangenheit nicht in bloßer Nachbarschaft, sondern immer wieder in tätiger Anteilnahme ausdrückte. Der Generalkonservator nützte die Gelegenheit, ein Jahr nach der Übernahme des Schlosses durch den Staat eine Zwischenbilanz der bisherigen Renovierungsarbeiten zu ziehen, künftige Vorhaben aufzuzeichnen und schließlich die Öffentlichkeit darauf aufmerksam zu machen, daß die Außenstelle Bamberg des Bayerischen Landesamtes für Denkmalpflege inzwischen ihre Arbeit aufgenommen hat.

Süddeutsche Zeitung
6. Oktober 1976

Erster offizieller Empfang im Weißen Saal von Schloß Seehof. Es grenzt fast an ein Wunder, daß seine Ausstattung nicht dem Ausverkauf des Schlosses durch den Vorbesitzer zum Opfer fiel. Foto: FT-Emil Bauer

Ausgehend von der Tatsache, daß durch den rigorosen Ausverkauf des Schlosses nach dem Tode des letzten Barons Zandt, das in seinem kunsthistorischen Wert in Europa einmalige Bauwerk dem Untergang nahe war, nannte Dr. Petzet als vordringliche Renovierungsaufgaben die Sicherung und Instandsetzung aller Dächer und den Anschluß des Schlosses an die Kanalisation. Nächste Restaurierungsaufgaben werden sich vor allem auf die ehemaligen Repräsentationsräume der Fürstbischöfe erstrecken, die dann der Öffentlichkeit zugänglich gemacht und teilweise als anspruchsvoller Hintergrund für Empfänge und Konzerte dienen sollen.

Dr. Petzet nannte es einen Glücksfall, daß der Festsaal des Schlosses mit dem Deckengemälde von Appiani in einem relativ unzerstörten Zustand übernommen werden konnte.

Nach den Informationen des Landesamtes waren amerikanische Museumsexperten und italienische Kunsthändler auf Veranlassung des Vorsitzers bereits damit befaßt, Möglichkeiten einer Demontage des Deckengemäldes zu prüfen.

Generalkonservator Dr. Petzet freute sich über die lebhafte Anteilnahme der Memmelsdorfer am Schicksal „ihres Schlosses", dankte dem Landrat für die Initiative bei der Gründung der Gesellschaft Freunde von Schloß Seehof und würdigte auch das Engagement des Abgeordneten Philipp Vollkommer und des Pfarrers von Memmelsdorf Güthlein.

● Referate für Bau- und Kunstdenkmalpflege für Unterfranken und Oberfranken.
● Referat für Inventarisation in Oberfranken.

Nach Beseitigung der durch die Baufälligkeit der Kaskaden vorhandenen Gefahren, werde auch der Schloßpark der Öffentlichkeit wieder zugänglich gemacht.

Die Wiederherstellung der Kaskaden sei jedoch zum Großteil eine Frage der Finanzierung, da z. B. die Instandsetzung der Treppe mit rund einer Million Mark veranschlagt werden müsse.

Hier gäbe es für Mäzene ein weites und dankbares Feld idealistischen Engagements.

Ein besonderes Problem sei die Wiederbeschaffung der in den letzten Jahren verschleuderten Kunstwerke. Sie seien heute über die ganze Bundesrepublik verstreut. Weniger schwierig sei es, die meist von Ferdinand Tietz stammenden Skulpturen wieder aufzuspüren. Soweit sie sich in Privatbesitz befänden, sei jedoch ein Rückkauf nahezu unmöglich.

Von Kunsthändlern konnten dagegen schon mehrere Stücke zurückgekauft werden.

Große Hoffnung setzt der Generalkonservator auf die Bereitschaft der

scheinlich in einem geplanten Tietzmuseum in Seehof ihren endgültigen Standplatz finden werden.

Viele Figurenfragmente, die bei Grabungen im Schloßhof gefunden wurden, sind vorläufig noch Einzelteile eines schwierigen Puzzlespieles für die Restauratoren.

Sorge bereiten auch die starken Verwitterungen an den noch vorhandenen Figuren im Schloßpark. Dazu kämen noch mutwillige Beschädigungen durch ungebetene Schloßparkbesucher.

Hier setzt man große Hoffnungen auf einen staatlichen vierbeinigen Bewacher, dessen Ankauf inzwischen vom Kultusministerium genehmigt wurde.

Eine kräftige fränkische Brotzeit mit küchlen Bier, der Duft von Rostbratwürsten im gemütlichen Innenhof des Schlosses und schließlich der Hörnerklang einiger Jagdbläser in den Abendstunden waren eindeutige Zeichen, daß Schloß Seehof aus seinem Dornröschenschlaf längst wieder aufgewacht ist. Bis es sich jedoch wieder in seinem schönsten Gewand zeigen kann, dürfte allerdings noch einige Zeit vergehen, zumal darüber nicht allein idealistisches Engagement, sondern die harten Tatsachen von Soll und Haben im Etat des Kultusministeriums entscheiden.

Gedanken der Bürgerinitiative zur Erhaltung des Hauses aufgreifend, meint Petzet, man könne sich das Gebäude durchaus als kleines Café vorstellen. Einem Zuschuß des Landesamts für die Restaurierung würden sich sicher Regionalfördermittel hinzugesellen, falls die Gemeinde Tutzing das Haus instandsetze. Niemandem sei indessen geholfen, wenn ein „bis zu viergeschossiger Kasten" an den See komme, den der Hotelneubau bringen würde.

Gert Sarring

Ein Blick in die „Schatzkammer" des Schlosses. Skulpturen von Ferdinand Tietz und J. P. Benkert sind in „ihr" Schloß heimgekehrt. Auch ihnen steht eine neue Zukunft bevor
Fotos: FT-Emil Bauer

Lüster kehren aus dem Berliner Schloß Charlottenburg nach Seehof zurück

Appiani-Saal ab Juni 1977 für die Öffentlichkeit frei
Festwoche zum 200. Todestag von Ferdinand Tietz

Schloßkapelle wird ihrer sakralen Bestimmung zugeführt — Seehoffreunde haben viel vor

Schloß Seehof (Lkr). Zu seiner ersten und damit konstituierenden Sitzung trat der Vorstandsrat der Gesellschaft der Freunde von Schloß Seehof unter Leitung des Vorsitzenden, Landrat Otto Neukum, zusammen. Mit großem Beifall nahmen der Vorstand und die Beisitzer von der Mitteilung des Landrats Kenntnis ‚daß der Weiße Saal (Appiani-Saal) ab Juni 1977 wieder für Veranstaltungen der Bevölkerung zur Verfügung steht. Mit besonderer Genugtuung wurde ferner die Nachricht des Vorsitzenden aufgenommen, daß der Rückkauf der zwei Lüster dieses Festsaales gesichert sei, zumal die Oberfrankenstiftung hierfür bereits einen Betrag von 30 000 DM genehmigt hat.

Ein Foto aus der Zeit, als die Lüster noch im Weißen Saal von Schloß Seehof hingen. Sie fielen später dem Ausverkauf des Schlosses zum Opfer und landeten im Berliner Schloß Charlottenburg. Mit Hilfe der Oberfrankenstiftung kehren sie bald wieder nach Seehof zurück. Foto: FT-Emil Bauer

Zu Beginn der Sitzung des Vorstandsrates gab Landrat Otto Neukum in seiner Eigenschaft als Vorsitzender der Gesellschaft der Freunde von Schloß Seehof einen Bericht über die bisherige Arbeit. Die am 24. Juni 1976 gegründete Gesellschaft wurde am 2. September 1976 in das Vereinsregister des Amtsgerichtes Bamberg eingetragen. Mit Bescheid des Finanzamtes Bamberg vom 16. September wurde die Gesellschaft als gemeinnützig anerkannt.

Dadurch sind Mitgliedsbeitrag und Spenden für diese Gesellschaft steuerrechtlich voll absetzbar. Vorsitzender Neukum berichtete weiter über seine Gespräche mit Generalkonservator Dr. Petzet vom Landesamt für Denkmalpflege in München, insbesondere wegen der Restaurierung des festlichen Appianisaales.

Dieser Festsaal und die anschließenden Prunkräume und Gänge eignen sich bestens für Musk- und Vortragsveranstaltungen, für Ausstellungen, Empfänge usw. Das Beheizungsproblem müsse noch gelöst werden. Bis Juni 1977 wird der Saal wiederhergestellt sein.

Große Freude löste die Mitteilung von Landrat Otto Neukum aus, daß die zwei früher vorhandenen Lüster im Berliner Schloß Charlottenburg ausfindig gemacht wurden. Ein Rückkauf bzw. die Herstellung von Kopien sei möglich und entsprechende Verhandlungen waren positiv. Der Preis liege bei ca. 30 000 DM. Das Geld hierfür, so führte der Landrat aus, sei bereits gesichert und werde von der Oberfrankenstiftung gegeben.

Die Stiftung, der der Landrat Neukum als Stiftungsrat angehört, wird das Eigentum an den Lüstern erwerben und diese als Dauerleihgabe Schloß Seehof bereitstellen. Damit sei einer der wichtigsten Faktoren für die Revitalisierung des Appianisaales geschaffen.

Vorsitzender Landrat Otto Neukum konnte auch die erfreuliche Mitteilung geben, daß der Kultur- und Sportausschuß des Kreistages Bamberg damit einverstanden war, daß die Geschäftsführung der Gesellschaft mit beim Landratsamt erledigt werde.

Pfarrer Güthlein bemerkte, daß der Orgelschrank für die Schloßkapelle von Seehof von ihm mit 7000 DM inzwischen gekauft wurde. Der Schrank steht bereits wieder im Schloß. Auch die Hauskapelle soll wieder voll eingerichtet werden und für die Bevölkerung zugänglich gemacht werden.

Ein Teil des Altarbildes, der lange Jahre in der Drosendorfer Schule lagerte, befindet sich heute im Diözesanmuseum in Bamberg. Eine Rückgabe soll hier versucht werden. Jedenfalls soll die Kapelle wieder als sakraler Raum würdig gestaltet werden, damit später auch besondere Gottesdienste, wie z. B. Hochzeiten möglich seien.

Vorsitzender Landrat Otto Neukum gab bekannt, daß eine Reihe von Konzertorchestern und Musikern sich bereiterklärt hätten, ohne oder um ein geringes Honorar Konzerte in Schloß Seehof aufzuführen. Das Gleiche gelte für Gesangsgruppen. Die Bestuhlung für den Weißen Saal könne vorläufig die Landkreisverwaltung bereitstellen.

Die Gesellschaft der Freunde von Schloß Seehof werde auch als Veranstaltungsträger hervortreten. Manche Hürden, so Vorsitzender Neukum, müßten noch genommen werden.

Bei der Wiederherstellung des Parkgeländes soll auch der Gartenbautrupp des Kreises mithelfen. Über die Wiederherstellung der Kaskaden teilte der Landrat mit, daß rund eine Million DM notwendig seien.

Gesprochen wurde in der Vorstandsratssitzung auch über die Veranstaltung im Jahre 1977. Durch die 200. Wiederkehr des Todestages von Ferdinand Tietz, der im Memmelsdorfer Friedhof begraben liegt, erhält der Veranstaltungskalender von Schloß Seehof für das Jahr 1977 einen besonderen Akzent. So ist vom 17. bis 24. Juni 1977 eine Festwoche geplant. Auch Ausstellungen, Konzert- und Gesangsdarbietungen seien vorgesehen.

In einer weiteren Sitzung des Vorstandsrates anfangs November soll über das Programm 1977 beraten werden. Dabei soll auch über Mitglieder- und Spendenwerbung gesprochen werden.

Die Gesellschaft wird sich auch eine künstlerisch gestaltete Vignette zulegen, damit diese bei allen Werbeträgern, Briefbogen, Druckerzeugnissen usw. mitverwendet werden kann.

Fränkischer Tag (Bamberg)
23. Oktober 1976

DIE KONTRAHENTEN in Sachen Denkmalschutz bei der Sendung des Bayerischen Rundfunks auf dem Starnberger Kirchplatz. Auf dem linken Photo von links: Landeskonservator Dr. Michael Petzet, Leiter des Landesamts für Denkmalpflege, Dr. Werner Hupka, Vertreter der Bürgeriniative zur Erhaltung alter Bausubstanz in Starnberg, und Bürgermeister Heribert Thallmair. Auf dem rechten Bild ist Rundfunkreporter Michael Stiegler, umgeben von interessierten Starnbergern, zu sehen.
Photos: Burmann

Denkmalschutzgewitter über Starnberg
Livesendung des Bayerischen Rundfunks vom Kirchplatz der Kreisstadt aus

Starnberg — Musik auf dem Starnberger Kirchplatz lockte zahlreiche Vorübergehende an. Sie kam aus dem Aufnahmewagen des Bayerischen Rundfunks, der eine Live-Sendung zum Thema „Denkmalschutz in Starnberg" machte. In kürzester Zeit sammelten sich etwa 100 Interessierte an. Anwesend waren auch Bürgermeister Heribert Thallmair, die Sprecher der Stadtratsfraktionen, Theo Beigel (CSU), Otto Roßmadl (SPD) und Dr. Claus Hasslinger (FDP), Dr. Michael Petzet, der Leiter des Landesamts für Denkmalpflege, die Vertreter der Bürgerinitiative zur Erhaltung alter Bausubstanz in Starnberg, Dr. Werner Hupka und Dr. Udo Klein, sowie Dr. Barbara Meyer und Dr. Ursula Schramm von der Kreisgruppe des Bunds Naturschutz.

Rundfunkreporter Michael Stiegler hörte weniger die Vertreter der Bürgerinitiative, dafür um so mehr die Starnberger Passanten. Wenn es nach ihnen geht, muß die alte Bausubstanz im Stadtzentrum und darüber hinaus auch in den anderen Bereichen erhalten bleiben. Sie seien es, die das Gesicht Starnbergs prägen, meinten Diskussionsteilnehmer. Was bisher an Neubauten in Starnberg entstanden sei, gehöre zum industrialisierten Baustil, erklärte ein älterer Starnberger. Er zeigte sich mehr besorgt um den Stil künftiger Neubauten, als um die alten Häuser, wenngleich auch er für deren Erhaltung eintrat.

„In Starnberg soll der Fremdenverkehr gefördert werden", mahnte eine Bürgerin. „Wenn man aber Straßen mit Betonbauten zupflastert, wird Starnberg wohl kaum zum Anziehungspunkt für Touristen." Ein anderer Einwohner bedauerte es, daß immer mehr Vorgärten in der Maximilianstraße verschwinden und alte Häuser durch stillose Anbauten verschandelt werden.

Es gab aber auch Äußerungen gegen den Denkmalschutz. So bemerkte ein Starnberger, man solle nicht übertreiben. Die Stadt müsse auch an ihre Zukunft denken. Vielleicht würden selbst die „Viecherl" am See, die Enten, Schwäne und Gänse, unter Denkmalschutz gestellt. Er erhielt Beifall, aber weit mehr Zustimmung wurde den Äußerungen der Befürworter des Denkmalschutzes gezollt.

Bürgermeister Heribert Thallmair erklärte, der Stadtrat wie auch er bejahten nach wie vor den Stadtzentrumsplan. Es gehe darum, die Innenstadt wirtschaftlich zu öffnen. Diese Entwicklung bahne sich bereits seit Jahren an. Die Maximilianstraße sei längst Geschäftsstraße. Selbstverständlich werde dem Denkmalschutz der Platz eingeräumt, der ihm innerhalb dieser Entwicklung zustehe. Wenn die alten Villen erhalten werden sollten, seien entsprechende Nutzungen zu finden. „Im übrigen ist der Stadtzentrumsplan keine festgeschriebene Planung. Er wird insbesondere dann überdacht, wenn Be-

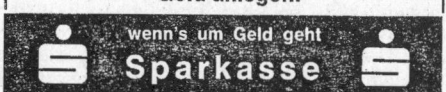

bauungspläne entstehen", sagte Thallmair. Der Bürgermeister betonte, weder er noch der Stadtrat ließen sich in eine Gegnerschaft zum Denkmalschutz drängen.

Landeskonservator Dr. Petzet wies auf das Geschäftsgebäude der Kreissparkasse hin und meinte, wenn in diesem Stil weitergebaut werde, habe die Kreisstadt in Kürze „großstädtischen Charakter". „Wir haben die in die vorläufige Liste aufgenommenen Denkmäler gründlich geprüft und werden darüber im Benehmen mit der Stadt beraten", sagte Dr. Petzet.

Der Vertreter der Bürgerinitiative, Dr. Hupka, vertrat die Meinung, Denkmalschutz gehe vor die wirtschaftlichen Interessen. Im Stadtzentrum gäbe es genügend Flächen für die Errichtung von Neubauten. Daher brauchten schützenswerte Häuser nicht abgerissen zu werden.

Über Starnberg sei ein Denkmalschutzgewitter hereingebrochen, sagte FDP-Stadtrat Dr. Claus Hasslinger. Der Denkmalschutz müsse zwar bejaht werden, aber er dürfe nicht die Entwicklung der Stadt behindern. In diesem Sinne äußerten sich auch CSU-Stadtrat Theo Beigel. Er erinnerte daran, daß der Stadtzentrumsplan einstimmig vom Stadtrat verabschiedet wurde. Von der alten Bausubstanz könne nur das erhalten werden, was wirklich schutzwürdig sei. Für „vernünftige Lösungen" in dieser Hinsicht, sprach sich SPD-Stadtrat Otto Roßmandl aus. Sein Fraktionskollege Karlheinz Scherze forderte die erneute Überprüfung des Stadtzentrumsplanes, auch unter dem Gesichtspunkt des Denkmalschutzes.

Die Rundfunksendung wurde gelegentlich durch Musik unterbrochen. Anfangs hatte Studiosprecher Rüdiger Stolze von Starnberg als einer „charakterlosen Stadt" gesprochen. Rundfunkreporter Stiegler beendete die Interviews mit der tröstlichen Bemerkung, der Bürgermeister werde sich schon um die alten Häuser kümmern. Aus dem Studio war dann noch der Satz zu hören, diese Sendung sei ein interessantes Lehrstück für das, was Bürger wollen und was Stadträte politisch verantworten müssen.

Hildegard Burmann

Süddeutsche Zeitung
Aus dem Landkreis Starnberg
12. November 1976

DIESE DREI HÄUSER — von links: Josef-Jägerhuber-Straße 5, Hanfelder Straße 9 und Dampfschiffstraße 1 in Starnberg, gehören zu den 60 Objekten, die in die vorläufige Denkmalschutzliste aufgenommen sind. Am 24. November beschäftigt sich der Bauausschuß mit dieser Liste. Die strittigen Objekte sollen mit Vertretern des Landesamts für Denkmalpflege in einer Ortsbegehung nochmals überprüft werden. Danach entscheidet der Stadtrat über die Aufnahme der Denkmäler in die Liste. Das Landesamt ließ wissen, es werde im Einvernehmen mit der Stadt handeln.

Denkmalpflege über die Grenzen hinweg
Bayerische Restauratoren beteiligen sich an der Bergung von Kunstwerken im Friaul

MÜNCHEN (SZ) — Neben Hilfsorganisationen aus der Bundesrepublik leistete auch das Bayerische Landesamt für Denkmalpflege in der italienischen Region Friaul Nachbarschaftshilfe. Generalkonservator Michael Petzet entsandte die beiden Restauratoren Manfred König und Hans Wippermann in das Katastrophengebiet, das im Mai und im September dieses Jahres von schweren Erdbeben heimgesucht worden war. Der italienische Amtskollege, Professor Gian Carlo Menis, hatte Petzet um Beistand bei der Bergung und Sicherung von Kunstwerken im Friaul gebeten.

König und Wippermann, die inzwischen wieder nach Bayern zurückgekehrt sind, berichteten ihrem Chef, daß das zweite Erdbeben im September noch verheerender war als das erste im Mai. Bauwerke, die bereits in ihrer Substanz angegriffen und durch Notgerüste abgestützt waren, überstanden die letzten Erdstöße nicht mehr. Zu den Bauten, die dabei völlig zerstört wurden, gehörte auch der romanisch-gotische Dom von Venzone.

Bei ihrem Aufenthalt im Friaul stellten die Restauratoren fest, daß die italienischen Denkmalpfleger nichts unversucht ließen, um möglichst viele Kunstwerke aus den Ruinen und Trümmern zu retten. Sie wurden dabei großzügig von der Armee unterstützt. Oft mußten unter Lebensgefahr Ausstattungsstücke aus Kirchen und Kunstschätze aus Museen und aus Privathäusern geborgen werden.

Die Kunstwerke wurden zunächst in die *Chiesa di San Francesco* nach Udine gebracht, wo die italienischen Denkmalpfleger eine provisorische Restaurierungswerkstatt mit Diebstahlsicherungs- und Klimatisierungsanlagen, die für das wertvolle Bergungsgut erforderlich sind, eingerichtet hatten. In dieser Kirche arbeiteten die bayerischen Restauratoren gemeinsam mit Kollegen, die aus der Region Trento entsandt worden waren.

Zu den schwierigsten Aufgaben, die von den Fachleuten gemeistert werden mußten, gehörte die Rettung eines frühgotischen Holzkruzifixus, der als eines der Hauptwerke des Domes in Gemona gilt. Die Skulptur war in mehr als zwanzig Teile zerbrochen, als sie aus den Trümmern geholt wurde. Die einzelnen Stücke mußten so schnell wie möglich verleimt werden, da die Gefahr drohte, daß sich das Holz verwarf und die Teile dann nicht mehr zusammenpaßten.

Die Hauptarbeit der Restauratoren bestand jedoch im wesentlichen im vorsichtigen Entfernen von Schutt, verkrustetem Mörtelstaub und Erde, die viele Kunstwerke verschmutzt hatten. Außerdem sicherten sie an Altären und Skulpturen die gefährdete Bemalung und imprägnierten das Holz gegen Anobien- und Pilzbefall. Daß hier höchste Eile geboten war, zeigte sich an mehreren Stücken, die längere Zeit im Regen gelegen hatten. Auf ihnen wuchsen bereits Pilze oder bildete sich Schimmel.

Die Helfer aus Bayern waren auch an dem Abbau und an dem Abtransport von drei Altären aus einsturzgefährdeten Bergkirchen im Gebiet um Tolmezzo beteiligt. Diese Einsätze erforderten von den Denkmalpflegern einigen Mut. So mußten sie einmal einen Altar aus einer hoch in den Bergen gelegenen Kirche bergen, die nur über einen schmalen Fußpfad zu erreichen war. Lastwagen und Kettenfahrzeuge schieden deshalb als Transportmittel aus. Auch ein Hubschrauber konnte keine Hilfe bringen, da für ihn ein geeigneter Landeplatz fehlte. Schließlich blieb den Restauratoren nichts anderes übrig, als das Kunstwerk den Rücken von Maultieren anzuvertrauen, die sie bei den italienischen Gebirgsjägern angefordert hatten.

Zu den Altären, die Manfred König und Hans Wippermann retten halfen, gehörten ein gotischer Altar mit zwölf Figuren aus Ramazacco und der gotische Altar von Domenico da Tolmezzo.

Hans-Günter Richardi

Süddeutsche Zeitung, 13. Dezember 1976

Bei aller Kampfeshärte Sinn für Ausgleich
In Tutzing fand kein Krieg im Saale um das Midgard-Haus statt

Tutzing — Der von manchen erwartete „Krieg" um das Midgard-Haus fand im Saal des Andechser Hofes nicht statt. Sei es aus taktischen Gründen oder auf dem Rückzug, die bisherigen Befürworter des Hausabbruchs für ein Steigenberger-Hotel mit 250 Betten hielten sich zurück. Auch auf dem Podium gab es bei den Kurzreferaten und der anschließenden stundenlangen, durchaus lebhaften Aussprache keine allzu krassen Worte für das geplante Projekt und gegen dessen Gegner. Bei aller deutlichen Haltung für das Hotelkonzept trug dazu wesentlich die verbindliche Diskussionsführung durch Bürgermeister Dr. Alfred Leclaire bei, dem dafür später einmütig Anerkennung gezollt wurde.

Wesentlichen Anteil hatte das Ehepaar Joachim und Christa Jaworski mit seiner „Beinahe-Moritat", dem Midgard-Haus-Lied nach der bekannten Wildschütz-Jennerwein-Melodie. Daran hatten nicht nur die Lacher und die Freunde

BIS IN DEN LETZTEN WINKEL war der Saal des Andechser Hofes von Tutzing beim Informations- und Diskussionsabend zum geplanten Steigenberger-Hotelbau im Bereich des Midgard-Hauses besetzt. Unter den Besuchern vorne links am Tisch sitzend Christa Jaworski, Ernst Maria Lang, der Leiter des Bayerischen Landesamtes für Denkmalpflege Dr. Petzet und Marianne Koch. Zweiter vorne rechts Joachim Jaworski, einer der Initiatoren des Vereines zur Erhaltung des Midgard-Hauses.
Photo: Goslich

des Midgard-Hauses ihre Freude, sondern auch ungeteilt die Verfechter des Hotelprojekts im Midgard-Bereich, allen voran Bürgermeister Dr. Alfred Leclaire, auf den die Beinahe-Moritat voll gemünzt war.

Viel Prominenz

Bis auf den Flur drängten sich die Tutzinger schon lange vor Beginn des Informations- und Diskussionsabends. Bei allen Erwartungen auf einen starken Besuch war darauf kaum jemand gefaßt. Auch prominente Freunde zur Erhaltung des Midgard-Hauses waren weither gekommen, so der Leiter des Bayerischen Denkmalamtes, Dr. Petzet, ferner Ernst Maria Lang, der Präsident der Bayerischen Architektenkammer, und die Schauspielerin Marianne Koch sowie als frühere Jugendbewohnerinnen die Töchter des Kunstmalers Hermann Ebers, Antonie Ebers (München) und Maria Pfeiffer (Starnberg).

Landrat Dr. Rudolf Widmann betonte als erster Podiumssprecher, es würde im Landkreis eine Zunahme von etwa 1200 Fremdenbetten in drei oder sechs Hotels zum derzeitigen Angebot von 2000 Betten angestrebt, als eine nützliche Ergänzung der Fortentwicklung im Landkreis. Er sei der Meinung, „daß ein solches Hotel auch im südlichen Teil des Starnberger Westufers seinen Raum hat". Der Landrat bescheinigte der Gemeinde, daß sie sich um Alternativstandorte für das geplante Hotel bemüht habe. Konstruktiv nannte der Landrat in der Diskussion noch die Frage von Dr. Mößmer, ob beim Freistaat Bayern der Gedanke erweckt werden könne, die Dienstbarkeit für den Kustermann-Park zugunsten eines Hotelbaues aufzugeben.

Herbert Pohl, der Geschäftsführer des Fremdenverkehrsverbands Starnberger Fünfseenland, stellte ausführliche Berechnungen an über das Midgard-Haus als Museum im Vergleich zu einem Hotel. Während ein Midgard-Haus-Museum der Gemeinde jährlich etwa 200 000 Mark Kosten verursachen würde, seien bei einem Hotel u. a. über Gewerbesteuern,

Lohn- und Einkommensteuereinnahmen 280 000 Mark Einnahmen jährlich zu erwarten. Auch anderswo habe es zuerst „Aufruhr" gegen Steigenberger-Hotelbauten gegeben wie im Bayerischen Wald, die dann der Begeisterung gewichen sei.

„Nicht aus eigenem Antrieb"

Der Verkaufsleiter der Steigenberger-Gesellschaft, Hansjörg Teichmann, betonte wiederholt, der Konzern sei zur Prüfung eines Hotelbaues in Tutzing von der Gemeinde eingeladen worden und nicht aus eigenem Antrieb gekommen. Es gebe aber „wahrlich wenig noch schönere Gebiete als der Starnberger See" für einen Hotelbau. Die Einbeziehung der Bausubstanz des Midgard-Hauses bezeichnete Teichmann als unmöglich. Gegen einen Standort Kustermann-Park sei nichts einzuwenden, es sei aber derselbe Streit zu befürchten. Teichmann lehnte ein Sechzig-Betten-Hotel im Midgard-Haus ab, da es ob der Kosten „ein Luxusschuppen" werde.

Architekt Frank Schüren, dessen Modell zusammen mit einem Modell des Midgard-Hauses stark beachtet wurde, klagte über die Auflagen der Regierung, „ein Haus zu bauen, das man im Sommer und Winter nicht sieht". Das Modell lasse durchaus noch Spielraum für Änderungen. Allerdings sei die Gestaltung „zu sehr großem Teil" von Regierungsstellen vorgeschrieben worden.

Als erster Diskussionsredner wurde Dr. Hans Röckl, der Vorsitzende des Vereins zur Erhaltung des Midgard-Hauses, mit anhaltend besonders starkem Beifall begrüßt. Der Applaus kennzeichnete von vornherein die Stimmung im Saal bei rund 500 Besuchern.

Kritik an Denkmalliste

„Die Midgard-Villa ist ein Baudenkmal", betonte gleich anschließend der Leiter des Bayerischen Landesamtes für Denkmalpflege, Dr. Petzet, um hinzuzufügen: „Die Information der Gemeinde über die Denkmalliste war nicht sehr sachlich." Dr. Petzet verwies auf das Midgard-Haus als eine der ältesten Villen am See mit sehr bedeutender Geschichte und stellte die Frage, was München ohne die Architektur des vorigen Jahrhunderts wäre. „Zu Tutzing gehört das Midgard-Haus." Tourismus und Denkmalspflege müßten Hand in Hand gehen. Das Landesamt sei bereit, „das Haus bescheiden für ein anderes Projekt zu erweitern, aber nicht ein Hotel an dieser Stelle zu akzeptieren". „Wir werden uns mit einem ansehnlichen Zuschuß bei einer Lösung beteiligen", fügte Dr. Petzet unter Zweifeln seiner Zuhörer hinzu.

Das Hotelprojekt an dieser Stelle wertete Ernst Maria Lang, Präsident der Bayerischen Architektenkammer, als einen „verunglückten Versuch". Die Gemeinde solle qualifizierte Alternativuntersuchungen anstellen. „An dieser Stelle etwas auszubauen, ist ein Fort Tutzing, dazu gebaut, etwaige Angriffe von Schlachtschiffen von der Seeseite aus abzuwehren", fügte Ernst Maria Lang spöttisch hinzu. Tutzing, das den Fremdenverkehr sicher nötig habe, sei ein Modellfall für viele Plätze an den bayerischen Seen. Es sei ein sinnvoller Wettbewerb zur Entwicklung von Alternativen durchzuführen, regte Ernst Maria Lang ferner an und bemerkte, man klammere sich für einen Hotelbau nicht so sehr an das Seeufer. Dabei sei ein Hotel erfolgreich, wenn es typisch sei. Entscheidend sei eine ruhige Lage mit entsprechender Aussicht und eine Öffnung für alle durch entsprechende Einrichtungen. „Die Lage am See fällt nicht so sehr ins Gewicht."

„Fehlentscheidung revidieren"

Chefarzt Dr. Robert Genewein verwies auf die 140 Mitglieder des Vereins zur Erhaltung des Midgard-Hauses in kürzester Zeit, die in einer Woche ohne Anerkennung der Gemeinnützigkeit bisher bereits 10 000 Mark aufgebracht haben. Der Gemeinderat solle seine Fehlentscheidung für den Hotelbau im Midgard-Bereich rückgängig machen und einen der schönsten Plätze am See mit dem hohen Wert für die Gesundheit der Bevölkerung erhalten; denn dann sei es auch mit der Brahms-Promenade vorbei. „Wir wehren uns, daß dieser Platz für wenige Hotelgäste erhalten werden soll, während unsere Bürger nur unter Verzehrzwang dort sein können."

SPD-Fraktionssprecher Johann Kawasch erklärte, der Blick in die Zukunft verpflichte, dieses wertvolle Midgard-Grundstück ohne Hotelbunker zu erhalten. Gemeinderat Konrad Erhardt hielt einen Alternativstandort Kustermann-Park für absolut undiskutabel und erkundigte sich beim Midgard-Erhaltungsverein nach dessen Verhalten, wenn im Raumordnungsverfahren ein Hotelstandort Midgard abgelehnt werde.

H. Henle hatte als Vertreter des Bundes Naturschutz nichts gegen ein kleines Hotel im Midgard-Haus, war aber entschieden gegen das geplante große Projekt. Unter großem Beifall verwies Rolf Wünsch als stellvertretender Ortsvorsitzender auf den Entschluß der Jungen Union, der Midgard-Grund sei kein Standort für das Hotelprojekt. Zumindest sei an einen Arsenen" und fügte mit Hohn und Spott hinzu, mit den Auflagen der Regierungsstellen wäre der Planungsauftrag besser nicht einem Architektenwettbewerb zu denken. Es sei ferner daran zu denken, den „Seehof" wieder bewohnbar zu machen oder dort ein neues Hotel zu errichten. Oberregierungsrat Dr. Bernhard Danschacher wandte sich gegen „ein Land der Muten, sondern einem Tiefbauingenieur vergeben, „denn der hätte das Hotel eingegraben". Vielleicht sei auch durch einen Architektenwettbewerb billiger und eher zu einem Bau zu kommen.

„Quadratur des Kreises"

Bürgermeister Dr. Alfred Leclaire erinnerte an die Vielzahl der Tutzinger Diskussionen in den letzten anderthalb Jahrzehnten zum Midgard-Haus und zum Kustermann-Park sowie zu einem Hotelbau und Kurzentrum. Außerdem betonte der Bürgermeister zu allen Auseinandersetzungen: „Wir befinden uns nicht im Krieg." Bei aller gegenteiligen Stellungnahme habe er niemand den Krieg erklärt und niemand habe ihm den Krieg erklärt. Dr. Leclaire verwies ferner auf die Alternativuntersuchungen und bemerkte dazu: „Wir haben teilweise die Quadratur des Kreises zu lösen." Für die Benutzung des Midgard-Hauses habe er bisher jedenfalls Alternativvorschläge vermißt. Auch habe es dazu bisher keine finanzielle Hilfestellung beamteter Vertreter gegeben. Daher habe er auch vor dem Midgard-Erhaltungsverein mit seiner Sammelaktion allen Respekt. Im Gemeinderat werde jetzt die Diskussion über das Hotelprojekt und Midgard-Haus weitergehen, kündigte schließlich noch der Bürgermeister an unter Hinweis auf Fragen eines Wettbewerbs, einer Kommissionsbildung und des Hotelstandorts. Den Tutzingern jedenfalls stelle das Verhalten auf dem Diskussionsabend ein gutes Zeugnis aus. Besonders dankte der Bürgermeister dann noch dem Ehepaar Jaworski für das Midgard-Haus-Lied.
Friedl Brehm

Bonner Rundschau
16. März 1977

Bei der Besichtigung der Ausstellung vor einer Fotowand mit renovierten Fassaden Bonner Häuser (von links): Generalkonservator Dr. Michael Petzet, Bürgermeister Steger, Staatssekretär Gerhart Rudolf Baum und Minister Karl Ravens. Foto: Munker

Denkmalpfleger fordern eine Zukunft für die Vergangenheit

Letzte Station der Ausstellung zum Denkmalschutzjahr: Bonn

RR. Bonn. Letzte Station für die Ausstellung „Zukunft für unsere Vergangenheit", die bereits in zehn bundesdeutschen Städten gezeigt wurde, ist jetzt Bonn. Im Haus der Evangelischen Kirche (Adenauerallee 37) ist bis zum 11. April ausgestellt, was das Bayerische Landesamt für Denkmalpflege zum europäischen Denkmalschutzjahr 1975 im Auftrag des Deutschen Nationalkomitees für Denkmalschutz zusammenstellte.

Im Gegensatz zu anderen Ausstellungen zum Thema Denkmalpflege, die sich vor allem auf eine Fotodokumentation zur Restaurierung von Einzeldenkmälern beschränkten, wird hier versucht, weniger das bisher Erreichte, als die besonderen Probleme von Denkmalschutz und Denkmalpflege in der heutigen Situation darzustellen.

Auch die Stadt Bonn steuerte ihren Teil zu der Ausstellung bei und präsentiert Beispiele aus der Südstadt, „um deren Erhalt sich ganz besonders bemüht wurde", wie Bürgermeister Hans Steger bei der Begrüßung der Gäste betonte. In seinem Eröffnungsreferat appellierte der Landeskonservator Rheinland, Dr. Günther Borchers, an die Politiker, Neuplanung und Neubauten nicht um jeden Preis durchzusetzen und ein menschliches Zuhause nicht Stück für Stück zerstören zu lassen.

Die Bewohnbarkeit der Städte machte der Parlamentarische Staatssekretär beim Bundesminister des Innern, Gerhart Rudolf Baum, zu seinem Anliegen: „Die Flucht aus der Stadt ist unser Hauptproblem. Unsere Innenstädte unterliegen zunehmend der Verödung und Strukturveränderung." Staatssekretär Baum plädierte für Städte „in denen Menschen wieder wohnen und leben können", auch Kinder und Alte sollten einen ihnen gemäßen Lebensraum finden.

Die Ausstellung ist täglich von 10 bis 18 Uhr im Haus der Evangelischen Kirche zu besichtigen. Ein vom Deutschen Nationalkomitee für Denkmalschutz herausgegebener Katalog (5 DM) ist erhältlich.

Süddeutsche Zeitung, 17. März 1977

Nochmals: die Asamkirche

Zur umstrittenen Restauration

Sollten die kunsthistorischen Interpreten bei ihren traditionellen Hymnen auf die Münchner Asamkirche einem Irrtum aufgesessen sein? War der stimmungsvoll dämmrige Raum, wie man ihn kennt, seit es kunsthistorische Würdigungen und photographische Dokumente gibt, ursprünglich von den Asams doch als ein symmetrisch von der Eingangsseite und der Altarseite her hell durchlichteter Raum geplant worden?

Auch nach dem ersten Blick durch die Baugerüste hinauf in die strittige Partie des Chors ist es noch keineswegs klar, ob die bei den jetzigen Restaurierungsarbeiten eingebrochene riesige Fensteröffnung in der Chorrückwand dem ursprünglichen Raumkonzept näher kommt als die zahllosen bisherigen Kompromißlösungen. Freilich lassen sich vor Ort die wenigen, schwer deutbaren Zeugnisse, auf die sich die Restauratoren und die Kunsthistoriker berufen müssen, glaubwürdiger für die „neue" Fensterlösung auslegen.

DER CHOR DER ASAMKIRCHE (im Querschnitt), wie ihn der Architekt Erwin Schleich bei den gegenwärtigen Restaurierungsarbeiten rekonstruierte. Auf der Emporenbühne des Choranbaus, vor dem neuen Fenster (rechts), die neu aufgestellte Figur des hl. Nepomuk. Davor und darüber der „Gnadenstuhl", die originale Asam-Skulptur der Dreifaltigkeit.

Auch der Baubestand, wie ihn die Restauratoren im Chorraum vorfanden und wie er vom Seitzschen Stadtmodell aus der Mitte des letzten Jahrhunderts bestätigt wird, legt die Möglichkeit eines zentralen Fensters im Chor nahe. Welche Form es gehabt haben sollte, wird man freilich nie mit Sicherheit sagen können. Fest steht jedenfalls, daß der Lichteinfall aus dem ehemals eng umbauten Hof nie so direkt, so hart gewesen sein kann wie jetzt, wo der Chorbau nicht mehr von Mauern umstellt ist, das Abendlicht also ungehindert in breitesten Fluten durch den Chor ins Kirchenschiff eindringt und dem Raum — das läßt sich schon durch den Plastikverhang und durch das Gitter der Gerüste spüren — eine neue, laute, geheimnisarme Eindeutigkeit aufdrängt.

Man muß also auf den Eröffnungstermin der restaurierten Kirche gespannt sein. Mehr als ein weiterer Kompromiß war bei den Arbeiten im Chor in keinem Fall zu leisten. Sicher ist man beim Rekonstruieren der denkbaren Ursprungssituation einen Schritt zu weit nach vorn gegangen, doch ist damit auch eine Chance gegeben: die Chance, sich der denkbar besten Lösung von einem neuen Ausgangspunkt her näherzukommen. Schon jetzt hat das Landesamt für Denkmalpflege Retuschen an der Form des umstrittenen Fensters in Aussicht gestellt, wenn sich die augenblickliche Lösung als unerträglich erweisen sollte.

Vor der Restauration, die durch eine private Spende getragen wird, war der Raum in einem schlechten bis trostlosen Zustand, doch seine Qualität war nicht zu übersehen gewesen; was erwartet den Besucher, wenn jetzt am 18. April die Tore der Kirche wieder geöffnet werden? G. K.

Um das Schwanengelände wird jetzt ganz „scharf geschossen"

MdL von Truchseß erhebt schwere Vorwürfe gegen den Chef des bayerischen Landesdenkmalamtes — Dr. Petzet weist Vorhaltungen zurück

Main-Post
26. März 1977

Die Zustimmung des Leiters des bayerischen Landesamtes für Denkmalpflege, Generalkonservator Dr. Michael Petzet, gegenüber der Stadtverwaltung zur Bebauung des Schwanengeländes hat den Vorsitzenden des Regionalausschusses für Ober- und Unterfranken im Landesdenkmalrat, den SPD-Landtagsabgeordneten Volker von Truchseß zu einem scharfen schriftlichen Protest veranlaßt. Der Abgeordnete sprach darin von einer indirekten, unheiligen Allianz des obersten bayerischen Denkmalpflegers mit dem größten bayerischen Bodenspekulanten. In dem umfangreichen Brief an Dr. Petzet erklärte der Abgeordnete, er fühle sich durch die Haltung des Generalkonservators brüskiert, nachdem der Landesdenkmalrat sich mit Mehrheit gegen die Kaufhausbaupläne auf dem Schwanengelände ausgesprochen hatte.

Volker von Truchseß warf Dr. Petzet „Willfährigkeit" gegenüber den Wünschen des Hertie-Konzerns vor. Auch Mitarbeiter des Landesamts würden dadurch desavouiert. Volker von Truchseß forderte Dr. Petzet auf, seine Gründe dafür zu nennen, daß er gegen die Mehrheitsentscheidung des Landesdenkmalrats und gegen die gutachtlichen Äußerungen seiner eigenen Fachleute Stellung nahm.

Der Abgeordnete brachte seine Verwunderung darüber zum Ausdruck, daß der Generalkonservator seine Meinung nicht in der Sitzung des Landesdenkmalrates offen dargelegt habe. Volker von Truchseß deutete an, daß sich Dr. Petzet möglicherweise für sein Verhalten der Rückendeckung durch das Kultusministerium versichert habe. Er verwies darauf, daß die Minderheit im Landesdenkmalrat für die Hertie-Baupläne ausschließlich aus Politikern bestand, vorwiegend solchen aus der CSU, einschließlich des Vorsitzenden des Landesdenkmalrates, des CSU-Landtagsabgeordneten Dr. Erich Schosser.

Nach Ansicht des SPD-Politikers ist die Schwanenentscheidung von Bedeutung weit über Würzburg hinaus, da überall im Lande häßliche Kaufhausbauten die Innenstadt verunstalten. Es sei ihm unbegreiflich, schrieb von Truchseß, daß weder Dr. Petzet noch die Stadt Würzburg seinen Vorschlag aufgegriffen habe, das Schwanengelände mit den rechtlichen und finanziellen Möglichkeiten des Städtebauförderungsgesetzes für die Stadt zurückzugewinnen. Der Rückkaufpreis von 10 Millionen DM sei zwar sehr hoch, aber finanzierbar. Nach dem Städtebauförderungsgesetz wären „mit Sicherheit" dafür Millionen zu bekommen gewesen.

Was da geschehen sei, schrieb von Truchseß an Petzet, verdiene nur die Bezeichnung „Kosmetik" und weiter: „Mir würde die Schamröte ins Gesicht steigen, hätte ich meine Hand zur Vollendung dieser gigantischen Bodenspekulation gegeben".

Mit den Worten, „wir können rechtlich den Bau eines Kaufhauses auf dem Würzburger Schwanengelände nicht verhindern", wehrte sich gestern der Chef des bayerischen Landesdenkmalamts. Dr. Petzet betonte, auch er habe bei seinem jüngsten Besuch seine grundsätzlichen Bedenken gegen den Bau vorgetragen. Wenn die Stadt aber bauen wolle und die Zustimmung der zuständigen Behörden schon vorliege, dann könne man nur noch retten was zu retten ist. „Wir haben in den Verhandlungen mit Oberbürgermeister Dr. Klaus Zeitler drei entscheidende Punkte ausgehandelt." Diese entsprächen der Forderungen, die am 18. März auch der Landesdenkmalrat erhoben habe. Sie beträfen die historische Situation an der Brückenrampe und die Erhaltung des Spiegeltors an seinem alten Platz. Petzet wies Vorhaltungen als „absurd" zurück. Was er in Würzburg gesagt habe, entspreche voll der Haltung des Landesdenkmalrats.

lr/lb

Meinungswandel im Tutzinger Gemeinderat

Hotelbaupläne am See „gestorben"

250-Betten-Projekt auf dem Midgardgrundstück wird nicht verwirklicht

TUTZING — Der langumkämpfte Bau eines 250-Betten-Hotels durch den Steigenberger Konzern am Starnberger See auf dem Gelände der Midgardvilla von Tutzing ist „gestorben", wie Bürgermeister Alfred Leclaire nach einer Abstimmungsserie im Tutzinger Gemeinderat feststellte. Die Auflagen als Ergebnis eines Raumordnungsverfahrens hatten bei einigen Vertretern der bisherigen Mehrheit für den Hotelbau im Gemeinderat einen Stimmungsumschwung verursacht. Bisher hatten sie mehr oder weniger still auf den Abbruch der Midgardvilla gehofft.

Dieser Abbruch des baufälligen, architektonisch bedeutsamen Bauwerks aus dem vorigen Jahrhundert mit seinem florentinischen Stil wurde jedoch im Raumordnungsverfahren abgelehnt. Die Villa, für deren Erhalt das Landesamt für Denkmalpflege bis zu 100 000 Mark beisteuern will, soll stehenbleiben. Niemand will aber bisher die Kosten der Instandsetzung aufbringen, auch der Steigenberger Konzern nicht. Die Gemeinde Tutzing sieht sich dazu außerstande. Auch die „Freunde des Midgardhauses" können den notwendigen Betrag von mehreren hunderttausend Mark nicht beisteuern.

Gelände ist zu klein

Ohne den Bereich der Villa erachtete der Gemeinderat das gemeindliche Grundstück, der für den Hotelbau in Erbpacht zur Verfügung gestellt werden soll, für zu klein. Die Nachbarn wollen nichts verkaufen und an ein Enteignungsverfahren denkt im Tutzinger Gemeinderat niemand. So war das Projekt bereits zu Beginn der entscheidenden Sitzung gescheitert.

Jahrelange Beratungen nahmen damit ein erfolgloses Ende. Der Gemeinderat ging mit seiner Mehrheit gleich so weit, auch ein kleineres Hotelprojekt im Midgardbereich abzulehnen und sprach sich auch gegen einen Alternativbau im Bereich des Kustermann-Parks aus.

Der Vertreter des Steigenberger-Konzerns tröstete sich nach der negativen Entscheidung, durch die sein Haus einige hunderttausend Mark bisheriger Investitionen verliert, mit dem Gedanken an Hotelbaugesuche aus vielen anderen Orten Bayerns. Der Geschäftsführer des Fremdenverkehrszweckverbands Starnberger Fünf-Seen-Land, Herbert Pohl, der sich stets für das Tutzinger Projekt eingesetzt hatte, zog betrübt von dannen.

Friedl Brehm

Süddeutsche Zeitung
21. April 1977

AZ feuilleton

NICHT MEHR ZU RETTEN ist die Kuppel, wenn bis 1980 nichts Entscheidendes geschieht. Fotos: Buch

Das Münchner Armeemuseum wird wieder aufgebaut. Doch Experten streiten noch um die Form.

Rings um die Kuppel ist alles öd und leer

Das Armeemuseum — Münchens letzte monumentale Ruine — wollen Bayerns Kulturpolitiker originalgetreu rekonstruieren lassen, um dem geschmähten Phantom „Haus der bayerischen Geschichte" unter der heute noch nackten Kuppel eine stolze Heimstatt zu verschaffen. Dieser erstaunlicherweise einmütig gefaßte Beschluß von SPD und CSU wird sehah. Wie überhaupt der ganze „Altstadtring Nord-Ost" trotz aller Wettbewerbe noch heute so häßlich, leer und öde wie am ersten Tag ist. Offenbar hat diese Untätigkeit der Stadt und der Grundeigentümer am Altstadtring die Landtags-SPD so provoziert, daß sie nun mit dem Wiederaufbau des Armeemuseums ein Signal setzen will.

dung der Kuppel diskutieren zu können.

Selbst der Chef der bayerischen Denkmalpflege, Michael Petzet, meint, man solle nicht „eisern auf der Rekonstruktion bestehen", sondern müsse auch heutige Entwurfsvorschläge bedenken, ehe man sich endgültig entscheide.

Der Leiter des Landbauamtes, Hermann Syndikus, hält „die Geschichte in der Kuppelhalle den Zusammenhang der drei anderen Sammlungen zerstören würde".

Dube ist überzeugt, „daß sich das Programm seines Hauses nur dann adäquat verwirklichen läßt, wenn die Kuppel von modernen Ergänzungsbauten, quer zur Ruine liegend, flankiert wird."

*

Daß bis vor einiger Zeit das

AZ (Abendzeitung), München
11. Mai 1977

den langen, heftigen Streit um das Schicksal des Armeemuseums zweifellos wieder entfachen. Die AZ sprach mit Landtagsabgeordneten, Architekten, Museumsleuten und Denkmalpflegern.

Schon zu Anfang des Jahrhunderts, als Ludwig von Mellinger im Auftrag des Kriegsministeriums den 160 Meter langen Prunkbau im Stile der preußischen Neurenaissance errichtete, wurde dem Architekten vorgeworfen, die wuchtigen, hohen Baumassen vertrügen sich nicht mit der Nachbarschaft der Residenz und auch nicht mit dem feineren Maßstab der Hofgartenarkaden.

Zuvor wurde der Hofgarten von einer schlichten niedrigen Kaserne nach Osten hin abgeschlossen; und noch früher stand hier nur ein zierliches Gartenschlößchen, das sich in einer Wasserfläche spiegelte.

Bizarre Trümmer

Nach dem Zweiten Weltkrieg besaß gerade diese Ruine einen ganz eigenartigen Reiz, weil die Bomben hauptsächlich die Zwischenflügel getroffen hatten, so daß sich eine bizarre Trümmersilhouette vom stehengebliebenen Mittelteil wie eine Girlande zu den äußeren Kopfbauten schwang.

Viele Münchner empfanden damals diesen beinahe theatralisch anmutenden Zustand des Armeemuseums als grandioses düsteres Mahnmal, an dem nichts verändert werden sollte. Andere wollten die Trümmerbeseitigung nicht ausgerechnet vor dem Hofgarten aufhören lassen.

Doch die Ruine wurde vollends zum Torso, als der heftig befehdete Altstadtringtunnel dem Museum sein östliches Vorgelände abschnitt und im selben Aufwasch die ganze Bausubstanz bis auf den Kuppelteil weggesprengt wurde.

Nun hatten die Gegner der Ruine plötzlich gute Gründe, auch noch die Beseitigung der Kuppel zu fordern, denn sie, allein gelassen mit ihrem unschönen, bunkerartig wirkenden Unterbau, schien jeglichen städtebaulichen und geschichtlichen Sinn verloren zu haben. Jedoch nach zwei Architektenwettbewerben zum Thema Altstadtring und vielen Diskussionen in der Öffentlichkeit, hatten sich die Liebhaber der Kuppel durchgesetzt. Einige ließen sie ganz in Ruhe, andere wollten sie durch moderne Flügelbauten ergänzen.

Und dann war Ruhe. Nichts ge-

Daß die Kulturpolitiker (Jürgen Böddrich von der SPD und Erwin Schosser von der CSU) jegliches gestalterische Risiko vermeiden wollen und sich deshalb nur eine Landtagsinitiative für unrealistisch und der Aufgabe nicht angemessen", weil es ja schließlich nicht nur um die Unterbringung des „Hauses der bayerischen Ge-

ZWEITKLASSIGER BAU aus dem Jahr 1900? Das Armeemuseum in seiner ursprünglichen Gestalt.

Buddeberg   von Branca   Petzet   Dube

historische Rekonstruktion des Armeemuseums vorstellen können, stößt allerdings auf den Widerspruch vieler Architekten.

So findet der bekannte Münchner Architekt Peter Buddeberg „die Rekonstruktion eines zweitklassigen Baus aus dem Jahre 1900 nicht gut" und er meint, man solle sich die Chance nicht entgehen lassen, „hier den Versuch zu machen, alte und neue Architektur auf höchstem Niveau zu vereinen". Er hofft dabei auf eine „interessantere Lösung anstelle eines müden Aufgusses". Eine solche Kombination könne entweder in einem ausgeprägten und gleichwohl auf einander Bezug nehmenden Kontrast zwischen Alt und Neu bestehen oder aber durch die intelligente, spielerische Verwendung historisierender Stilzitate reizvolle Zusammenhänge schaffen.

Auch der Architekt und engagierte Heimatpfleger Alexander von Branca ist der Auffassung, daß „der exakt historische Wiederaufbau nur eine denkbare Alternative" sein sollte; er empfiehlt der Zeit zu nützen, um außer dem Landtagsvorschlag auch zeitgenössische Varianten einer Einbin-

schichte" gehe, sondern vor allem um das künftige Domizil für die moderne Staatsgalerie, die Graphische Sammlung und die Neue Sammlung. Syndikus warnt übrigens vor weiteren Zuwarten, „denn wenn bis 1980 nichts geschieht, ist die Kuppel so verrottet, daß sie nicht mehr gerettet werden kann".

Schutz gegen Sonne

Wolf-Dietrich Dube, der zuständige Direktor der Bayerischen Staatsgemäldesammlungen, zeigte sich höchst verwundert über den Vorstoß des kulturpolitischen Ausschusses, denn nach seiner Meinung lassen sich „die drei Sammlungen in einem in der alten Form wiederaufgebauten Armeemuseum nicht optimal einrichten, weil es an Platz fehlt, weil das Armeemuseum so ausgerichtet ist, daß es der Ost- und der Westsonne ausgesetzt ist, was komplizierteste Sonnenschutzapparaturen zur Folge hätte — und weil das geplante Museum der bayerischen

ominöse „Haus der bayerischen Geschichte" bei den Auseinandersetzungen um das Armeemuseum nur am Rande eine Rolle gespielt hat, nun aber zum Zugpferd eines historischen Wiederaufbaus werden soll — ohne Rücksicht auf die vorrangigen Interessen der anderen Museen —, ist das Kuriose an dieser Geschichte.

Aber ein Anlaß zur hoffentlich letzten öffentlichen Diskussion zur Klärung dieser so wichtigen und trotzdem so arg vernachlässigten städtebaulichen Situation in München. Es ist zwar verständlich — nachdem die heutige Architektur durch die überwiegend indiskutable Bauproduktion in Mißkredit geraten ist —, daß vorsichtig gewordene Politiker das Risiko scheuen und nun eher der sicheren Konvention als dem ungewissen Fortschritt trauen.

Aber in diesem Falle geht die junge, heftige Liebe zur Denkmalpflege doch zu weit. Denn hier hieße es, um billige Bürgergunst buhlen — auf Kosten der objektiven Notwendigkeiten der drei Sammlungen.

Auch sollte man zur Kenntnis nehmen, daß gerade die besseren (und damit selbstkritischeren) Architekten die Vertrauenskrise ihres Berufsstandes als Aufforderung zur Rück- und Neubesinnung verstanden haben. Sie arbeiten nicht mehr losgelöst von allen historischen Bindungen und Zusammenhängen, sondern modernen Mitteln zu behutsameren, rücksichtsvolleren, aber die Gegenwart keineswegs leugnenden Entwürfen zu kommen.

Diese fruchtbare Renaissance des gestalterischen Denkens sollte man nützen und das Wagnis eines zeitgenössischen Museums mit alter Kuppel wagen. Peter M. Bode

FÜRSTBISCHÖFE und die Herzöge von Leuchtenberg bewohnten die Residenz in Eichstätt. Am eleganten Treppenhaus, 1767 im Rokokostil aufgeführt, wurde bei der Restaurierung und beim Umbau zum Landratsamt nichts verändert.

Ein Bürohaus in Barock und Rokoko
Die Residenz der Eichstätter Fürstbischöfe wird Landratsamt / Restaurierung in kurzer Zeit

EICHSTÄTT (Eigener Bericht) — Der kunstgeschichtlich bedeutendste Profanbau der Stadt, die ehemalige Fürstbischöfliche Residenz, die seit dem Auszug des Amtsgerichts 1975 leerstand und vom Verfall bedroht war, wird am heutigen Mittwoch in Anwesenheit von Ministerpräsident Goppel als Hauptgebäude des bislang auf fünf Häuser verteilten Landratsamtes einer neuen Bestimmung zugeführt. Es sei gelungen, den Barockbau wieder „zum Leben zu erwecken" und ihm in neuer Funktion „die Chance des Überlebens zu sichern", schrieb Generalkonservator Michael Petzet, Leiter des Landesamts für Denkmalpflege, in seinem Abschlußbericht über die Restaurierung, die 5,4 Millionen Mark kostete. Durch „behutsame Revitalisierung zu einem modernen Bürogebäude, ohne Zerstörung des wertvollen Bestandes", sei „eine Symbiose zwischen alt und neu" gefunden worden.

Mit der Verlegung der Eichstätter Amtsgerichtszweigstelle nach Ingolstadt Ende 1975 sah Landrat Konrad Regler die Chance, das leerstehende Gebäude für den Landkreis zu erwerben. Nach langwierigen Verhandlungen gelang dies im Tausch mit einem kreiseigenen Grundstück in Ingolstadt, das der Staat erhielt. Ferner gelang es dem cleveren Landrat, im Tauschvertrag die auf seinen Landkreis zukommenden Umbaukosten auch von der Höhe der zu erwartenden Staatszuschüsse abhängig zu machen. Das Landesamt für Denkmalpflege erklärte sich bereit, die durch seine Aufgaben bedingten Kosten von 1,3 Millionen Mark zu übernehmen. Den stolzen Rest von 4,1 Millionen Mark machte Regler schließlich aus dem Sonderprogramm Stadtsanierung der Bundesregierung locker. Dieses Programm mit knapp bemessenen Fristen zwang zur Eile; die Aufträge mußten bis spätestens 31. Dezember 1975 vergeben, die Baumaßnahme bis 30. November 1976 abgeschlossen sein. In nur elf Monaten wurde dann das Haus in seiner ursprünglichen Fassung wiederhergestellt und als Büro- und Behördengebäude eingerichtet.

Eugen Beauharnais als Hausherr

Die Residenz der Fürstbischöfe von Eichstätt, in den Jahren 1700 bis 1727 von den Hofbaumeistern Jakob Engel und Gabriel de Gabrieli errichtet, ist ein dreiflügeliger Barockbau, dem Mauritio Pedetti 1767 bei der Erweiterung des Westflügels mit dem eleganten, lichtdurchfluteten Treppenhaus und dem repräsentativen Spiegelsaal anmutige Rokokoelemente aufsetzte. 1791 wurde die Residenz unter dem letzten Eichstätter Fürstbischof Josef von Stubenberg vollständig umgestaltet und im klassizistischen Stil erneuert. 1806 fiel das Gebäude an die Krone Bayerns. König Max I. übertrug 1917 seinem Schwiegersohn Eugen Beauharnais, dem Stiefsohn Napoleons, das Fürstentum Eichstätt und ernannte ihn zum Herzog von Leuchtenberg. Nach dem Tode Herzog Maximilians von Leuchtenberg 1852 beschlossen dessen Erben, den Besitz aufzulösen. 1855 fiel das Fürstentum Eichstätt an den bayerischen Staat, der auch die Residenz übernahm. 1857 zog die Justiz ein.

Süddeutsche Zeitung
15. Juni 1977

Vom Fluch der Fußgängerzonen und vom falschen Fortschritt auf dem Land

Aktuelle Probleme bei der Jahrestagung der Denkmalpfleger in Bamberg

Eines der schönsten historischen Stadtensembles, das sich in Deutschland erhalten hat, stand zur Demonstration bereit, als sich in Bamberg die Denkmalpfleger der Bundesrepublik zu ihrer diesjährigen Tagung versammelten. Doch nicht nur Schönheiten und denkmalpflegerische Glücksmomente hatte Bamberg seinen Gästen zu bieten, auch die augenblicklich drängendsten Probleme waren in der Stadt und ihrer ländlichen Umgebung konzentriert zu erleben. Von den Schwierigkeiten der Steinkonservierung war die Rede, von der angenehm unauffälligen Restaurierung des Bamberger Doms und von der geplanten spektakulären Restaurierung des Schlosses Seehof bei Bamberg; doch die aktuellsten Fragen gingen nicht von weltberühmten Bauten aus, sie lagen buchstäblich an und auf der Straße.

Schon im Taxi erfuhr ich, was die Bamberger derzeit am meisten bewegt: Man hat ihnen eine Fußgängerzone serviert, die in aller Eile mit seltsamen gestalterischen Elementen vollgestellt wurde. Dieser seit längerem tiefste Eingriff in die historische Struktur des Stadtbilds war auch das zentrale Beispiel, als bei der Tagung der Denkmalschützer über die Gefahr der neuen Fußgängerzonen für den Bestand der Denkmäler geredet wurde. Katastrophenmeldungen aus der ganzen Bundesrepublik deuteten den Umfang der Problematik an.

Seit einige Großstädte mit ihren Fußgängerzonen überraschende Popularitätserfolge eingeheimst haben, spukt das neue Stichwort wie eine Droge durch die Gehirne der Stadtväter. Von Fußgängerzonen erwartet man sich das Heil für die bedrängten, erkrankten Stadtkerne, nicht nur eine Steigerung der kommerziellen Attraktivität, sondern auch eine urbane Belebung des Zentrums. Doch die Möglichkeiten, die sich in München durch die Eröffnung von U- und S-Bahn für die Innenstadt auftaten, lassen sich nicht überall herbeizwingen. Häufig sind größere bauliche Zerstörungen entlang den neuen Verkehrstrakten und längerfristige Strukturveränderungen in den angrenzenden Bezirken der eigentliche Preis, der zu bezahlen ist, wenn vor den Tempeln des Kommerz der rote Teppich ausgelegt werden soll.

Kitsch neuzeitlichen Designs

An den Planungen für die Fußgängerzone im Mainstädtchen Lohr lassen sich die Schwierigkeiten ablesen, mit denen eine noch weitgehend unzerstörte Kleinstadt zu kämpfen hat, wenn sie im kommunalen Wettstreit mithalten will. Die Hauptstraße von Lohr, an der sich die wichtigsten städtischen Einrichtungen aufreihen, soll — ein begreiflicher Wunsch — von der unerträglichen Verkehrsbelastung einer Durchgangsstraße befreit werden. Doch da einst der Bau einer Umgehungsstraße versäumt wurde, muß jetzt der ganze Schwerlastverkehr, den man aus der Stadtache verbannen will, durch die reizvoll verwinkelten Ränder der Altstadt geleitet werden. Daß danach von der bislang noch intakten Multistruktur und von der Wohnqualität dieses Gassenviertels nicht mehr viel übrig sein wird, lehrt die Erfahrung: Radikale Sanierungsmaßnahmen sind dann unvermeidlich. Das Gesicht der Stadt wird zahnlückig; die paar plombierten Stiftzähne, die man stehen läßt, wecken schmerzhafte Erinnerungen.

In Bamberg waren die Voraussetzungen für eine Fußgängerzone ungleich besser. Die zentrale Trasse der Altstadt, von der alten Rathausbrücke über den Grünen Markt zum neuen Rathaus, ließ sich ohne makabre Amputationen vom Verkehr befreien. Die Aussichten waren verlockend: Ein fassadenprächtiger gewundener Straßenzug wurde den Blicken erschlossen; die wichtigsten Verwaltungseinrichtungen und das Einkaufszentrum, die Hauptkirche des Viertels und der Marktplatz wurden bequem miteinander verbunden und so als konstituierende Stadteinheit wieder erlebbar gemacht.

Daß dennoch überall Unmut aufkam, als die Plattenlegerkolonnen den Bereich verließen und die Fußgänger in ihren Schutzbereich einziehen sollten, wird bei einem Rundgang allzu leicht verständlich. Die gute Stube Bambergs ist jetzt, nach ihrer modernen Möblierung, ein Zentrum des schlechten Geschmacks. Einem gewachsenen, charaktervollen Stadtbild wurde der Kitsch eines stillos neuzeitlichen Designs aufgezwungen: Faltenrockartig geblähte metallische Blumen- und Abfallkübel und runde Sitzbänke, in deren Mitte frisch gepflanzte Bäumchen im Abfall ersticken, stehen munter verteilt im Weg herum. Roh behauene Steinplatten, die auf grotesken Steinhockerchen aufliegen, umgeben wie Grabplatten den barocken Neptunbrunnen. Nicht weit davon ist vor der monumentalen Barockfassade der Martinskirche ein Geringel aus gekappten Röhren in den Boden eingelassen: eine Art Fahrradständer, aus dem es plätschert. Am empfindlichsten Gelenk der Stadt aber, dort wo das Gäßchen von der Rathausbrücke sich zur Innenstadt, zum Markt hin platzartig erweitert, ist der Eingriff am brutalsten zu spüren: Zwischen putzigen Puppenstubenhäuschen türmen sich Granitblöcke auf zu einem Klippenmonument über einer Wasserfläche, auf der quallenartige Plexiglasgebilde, Licht und Wasser speiend, herumschwimmen.

Ertränkt in Plattenseen

Die Fehler der Bamberger Fußgängerzone liegen jedoch nicht nur in den Zutaten, sie sind, wie auch anderswo, schon im Konzept angelegt. Man darf historische Gebäude, die mit Bordstein, Gehweg, Schwelle und Sockel aufgewachsen sind, nicht in einem Plattensee, der sich bis in die Türeingänge ergießt, ertränken. Plätze, Straßen und Kreuzungen verlieren durch die Einebnung ihren spezifischen Charakter, sie verschwimmen konturlos ineinander. Blickrichtungen und Bewegungsachsen gehen verloren. Am Reißbrett müssen neue, den Baubestand interpretierende Bewegungsräume konstruiert werden. Pflanzkübel sollen die desorientierten Fußgänger beruhigen und in bestimmte Kanäle schleusen. Was vor den Schaufensterfronten der Münchner Kaufhäuser noch zur Auflockerung, zur Belebung beitragen kann, wird vor den historischen Fassaden Bambergs zum Greuel. Winklers Fehler war, daß er sein Konzept für die Münchner Fußgängerzone, das ja hier nicht ohne Kritik geblieben ist, instinktlos auf Bamberg übertragen, ja dort gar noch mit besonders üppigen Zusatzkreationen aufgemöbelt hat. Leider ist Bamberg kein Einzelfall in der deutschen Landschaft. Wen wundert es also, daß die Denkmalpfleger, denen eine autofreie Stadt behagen müßte, zu Gegnern der Fußgängerzonen (wenigstens der augenblicklich üblichen, historisch blinden Lösungen) werden mußten.

Auch auf dem Land hat man mit dem Gespenst eines falsch verstandenen Fortschritts zu kämpfen. Doch dort sieht die Front so finster aus, daß man fast von einem Kampf auf verlorenem Posten reden könnte. Was in den letzten zehn Jahren, meist mit unbedacht angewandten staatlichen Fördermitteln, an dörflichen Substanzen zerstört worden ist, dürfte den Kriegsschäden in den Städten nahekommen. Städtische Bedürfnisse werden von falschen Propheten aufs Land getragen. Die Greuel der synthetischen Baustoffe wüten wie die Pest. Alte Fachwerkhäuser, die sich, bei einiger Phantasie, mit den zur Verfügung stehenden Mitteln leicht für die heutigen Wohnbedürfnisse umbauen ließen, werden abgerissen und durch charakterlose Billigstbauten ersetzt, in denen für die Küche, den Ort, an dem sich 80 Prozent des bäuerlichen Wohnungsalltags abspielen, nur noch wenige Quadratmeter zur Verfügung stehen. Der bunte Bauernvorgarten muß den Garagen weichen, statt seiner hängt man sich bunte Plastikbalkone vors Fenster.

Die Ansätze zu einem neuen Bewußtsein, das dem gewachsenen ländlichen Ensemble seinen humanen Wert zuerkennt, haben sich bisher nur schüchtern durchgesetzt. Das nächste Denkmalschutzjahr — darin war man sich in Bamberg einig — muß dem Denkmalschutz auf dem Lande gewidmet sein. Dann könnte ein kaum versehrtes Juwel wie das fränkische Ackerbaustädtchen Seßlach, das im Zonenrandgebiet von der Glasbausteinwelle verschont geblieben ist, als Musterort offeriert werden. Dort hat sich bislang die Neubauwut nur in einer abgeschlossenen Siedlung draußen vor dem vollständig erhaltenen Mauerbering austoben können; durch die Stadttore fahren aber noch immer, wie vor hundert Jahren, die Heuwagen in die Idylle ein. Hier hat der bayerische Denkmalschutz, der sich auf ein andernorts vielbeneidetes, verhältnismäßig mächtiges Gesetz stützen kann, im rechten Moment ein Sanierungsprogramm entworfen, das dem zum Sterben verurteilten kleinbäuerlichen Stadtkern eine neue Zukunft sichern könnte. Seßlach war also ein Hoffnungsmoment und darum eine der Ausnahmen in der vielstimmigen Klagelitanei, zu der sich die Denkmalschützer in Bamberg versammelt hatten.

GOTTFRIED KNAPP

Süddeutsche Zeitung
29. Juni 1977

Landtag soll die Denkmalschützer entmachten

Vetorecht für Gemeinden gegen unwillkommene Bauschranke? — Leben wie im 18. Jahrhundert

München (dpa/lby). Fünf Jahre nach seiner schwierigen Geburt steht Bayerns Denkmalschutzgesetz, oft gefeiert als Modell, vor einer scharfen Ecke: Die winzige Vorsilbe in dem Wort „Benehmen" — das bisher zwischen Gemeinde und Landesamt für Denkmalpflege bei der Aufnahme in die Denkmalliste gefordert war — soll fallen und dem Ausdruck „Einvernehmen" weichen. Mit anderen Worten: Gemeinden können künftig wirksam nein sagen, und Bürgerwiderstand gegen unwillkommene Bauschranken durchsetzen.

„Eine schlimme Sache", findet ein Mitglied des kulturpolitischen Arbeitskreises der CSU-Landtagsfraktion, der sich gegen diesen Wandel stemmt. Die „Bresche" würde das Gesetz, glaubt man in diesem Lager, „in seiner ganzen Richtung ändern". Die Denkmalshüter sehen eine „Schande" voraus, wenn sich die lokalen Baulobbys mit dem verbreiteten Unmut über langwierige und verwickelte Baugenehmigungsverfahren verbünden und ihre Kräfte landauf landab an den Kulturgütern des Freistaates testen. Eine derartige Ermächtigung könnte die lokalen Parlamente, die ja wiedergewählt werden wollen, „ungeheuer unter Druck setzen", warnen Verfechter des geltenden Systems. Der einheitliche Maßstab für alle Teile des Landes würde zersiebt, und das „wegen ein paar Einzelfällen", in denen auch der Landtag schlichten könnte.

Ganz anders sieht es freilich der Abgeordnete Dr. Edmund Stoiber, den „furchtbare Klagen" seiner Wähler aus dem denkmalreichen Oberbayern zu dieser Initiative brachten. Den allzu unbeweglichen Charakter des Denkmalschutzgesetzes illustriert Stoiber mit der Not von Besitzern musealer Höfe, denen der Anbau eines Silos verwehrt wird, während sie mit Deckenhöhen von 1,90 Meter, ohne Wasserspülung auf dem „Häusl" und ohne Heizung wie im 18. Jahrhundert leben müssen.

Gegnerschaft zum Denkmalschutz liegt Stoiber fern, aber das Eigentumsrecht der Bürger und das Selbstverwaltungsrecht der Gemeinden liegen dem CSU-Mann näher. Nur in fünf bis höchstens 15 Prozent aller Fälle, so kalkuliert er, müßten die „Fachleute" mit ihrem Schutzwunsch zurückstecken, und deswegen „bricht der Denkmalschutz mit Sicherheit nicht zusammen".

Die Chancen seines Antrages schätzt Stoiber selbst auf 50:50. Die Unterschrift des einflußreichen Kommunalfachmannes der Landtags-CSU, Paul Diethei (Kempten), hat er schon und damit praktisch fast das Votum des Rechts- und Verfassungsausschusses.

Doch damit nicht genug: Die Frage nach der entscheidenden Vorsilbe soll sogar die 1000 Delegierten des CSU-Parteitages Ende September beschäftigen. Zweiter Punkt des Vorstoßes: Eine teilweise Entmachtung des Landesamtes für Denkmalpflege, die bedeutet, daß sich die Landratsämter wie bei anderen Verwaltungsentscheidungen auch über die Stimme dieser Fachbehörde hinwegsetzen können.

Passauer Neue Presse, 11. August 1977

Ameranger Bauernmuseum erfreut sich großer Beliebtheit

Das ostoberbayerische Bauernmuseum in Amerang, Landkreis Rosenheim, das vor kurzem seiner Bestimmung übergeben worden ist, erfreut sich in diesen ersten Tagen einer großen Beliebtheit. In dem Freilichtmuseum mit sechs alten Gebäuden soll der Bauernhausbau früherer Jahrhunderte erhalten bleiben. Das Landesamt für Denkmalpflege plant auf dem Gelände auch noch die Errichtung eines Bauhofes, in dem die Handwerker die alten Techniken kennenlernen können. (Foto: dpa)

Von Willkür bedrohte Heimat

Generalkonservator Petzet sieht Denkmalschutzgesetz in Gefahr

Ein Antrag des CSU-Abgeordneten Edmund Stoiber im bayerischen Landtag verlangt eine Änderung des neuen 1973 in Kraft getretenen bayerischen Denkmalschutzgesetzes. Danach soll den Gemeinden eine selbständige Entscheidung darüber zugebilligt werden, welches Gebäude unter Denkmalschutz gestellt wird. Generalkonservator Michael Petzet legt jetzt in einer Stellungnahme zu diesem Antrag geschlossenes Visier an.

Bayerns oberster Denkmalschützer sieht nach einem solchen Eingriff das von allen Parteien beschlossene, als vorbildlich geltende Gesetz grundsätzlich gefährdet. Petzet: „Bei dem leider offenbar bevorstehenden Kampf um das bayerische Denkmalschutzgesetz wird es nicht um mehr oder weniger Einfluß für das Landesamt gehen, sondern darum, das entscheidend von den Baudenkmälern geprägte Bild unserer bayerischen Heimat vor einer gefährlichen Bedrohung zu retten."

Das neue Gesetz dehnte erstmals den Denkmalschutz auch auf Gebäude des 19. Jahrhunderts aus, auf profane, nicht unbedingt allein aus künstlerischen Gründen schutzwürdige Bauten, und auf Ensembles in Städten und Gemeinden. Betroffen davon sind - spät genug, bedenkt man die durch bedenkenlose Neubauwut bereits angerichteten Schäden — Bürgerhäuser, Bauernhöfe, alte Fassaden und Zweckbauten, die nun nicht mehr durch schnellen Zugriff beseitigt oder auf fragwürdige Weise modern umfrisiert werden können.

Das Landesamt erstellte eine (nicht endgültige) Liste von insgesamt 108 987 schutzwürdigen Baudenkmälern in Bayern. Im „Benehmen" mit den Gemeinderäten, die als untere Organe des Denkmalschutzes die Beratung des Landesamtes einholen müssen, falls ein solches Gebäude baulich geändert werden soll.

Stoibers Antrag will nun den Einfluß der Gemeinden entscheidend vergrößern, indem er, juristisch, das Wort „Benehmen" in „Einvernehmen" umschreibt. Petzet: „Damit erhielten die Gemeinden eine Art Vetorecht für die Eintragung in die Denkmallisten."

Denkmalschützer Michael Petzet (oben) kämpft um sein Gesetz. Das kostbare „Schusterhäusl" in Törwang (links) konnte vor dem Erweiterungsbau einer Bank bewahrt werden. Beispiel für die Arbeit des Landesamts.

Nach bisherigem Vollzug war für den Umbau oder die neue Nutzung eines geschützten Gebäudes ein Gutachten des Landesamtes notwendig. Dazu Petzet: „Die Verluste vor allem an bäuerlichen Kulturdenkmälern sind dabei trotz Denkmalschutzgesetz angesichts eines zum Teil notwendigen und unaufhaltsamen Strukturwandels, aber auch angesichts der vielfach beklagten Zustände des ‚Bauens auf dem Lande' immer noch sehr hoch, pro Jahr etwa fünf bis acht Prozent des in den Listen erfaßten Bestandes, eine erschreckende Zahl, die jedoch dem Abgeordneten Stoiber noch nicht zu genügen scheint."

Die Gefahr des Stoiber-Antrages sieht Petzet darin, daß ein wechselnden individuellen, kommerziellen und Lobby-Interessen in den Gemeinden starken Einfluß einräumen würde beim Entscheid darüber, welche Gründe oder Ensembles schutzwürdig sind.

Der Willkür wären Tür und Tor geöffnet, weil das Denkmalamt, vom „Einvernehmen" der Gemeinde abhängig, beispielsweise den Abriß eines alten Hofes nicht einmal mehr als gesetzmäßige Gutachterbehörde steuern könnte.

Petzet warnt, bevor es zu spät ist: „Fünf bis 15 Prozent der bayerischen Baudenkmäler könnten seiner Initiative vielleicht zum Opfer fallen, kalkuliert Stoiber — immerhin ein beträchtliches Stück unserer Heimat, das hier in unverantwortlicher Weise preisgegeben werden soll."

sei

Neuer Streit um Denkmalschutz

CSU-Abgeordnete wollen durch Gesetzesänderung mehr Rechte für Gemeinden

MÜNCHEN (dpa/SZ) — Bayerns Denkmalschutzgesetz, oft gefeiert als Markstein und Modell, steht vor einer gefährlichen Klippe: Die winzige Vorsilbe in dem Wort „Benehmen" — das bisher zwischen Gemeinde und Landesamt für Denkmalpflege bei der Aufnahme von Objekten in die Denkmalliste gefordert war — soll fallen und dem Ausdruck „Einvernehmen" weichen. Mit anderen Worten: Gemeinden können künftig wirksam „Nein" sagen und Bürgerwiderstand gegen unwillkommene Bauschranken durchsetzen.

„Eine schlimme Sache", findet ein Mitglied des kulturpolitischen Arbeitskreises der CSU-Landtagsfraktion, der sich gegen diesen Wandel stemmt. Die „Bresche" würde das Gesetz, glaubt man in diesem Lager, „in seiner ganzen Richtung ändern". Die Denkmalshüter sehen Schlimmes voraus, wenn sich die lokalen Baulobbies mit dem verbreiteten Unmut über langwierige und verwickelte Baugenehmigungsverfahren verbünden und ihre Kräfte landauf landab an den Kulturgütern des Freistaates messen.

Eine derartige Ermächtigung könnte die lokalen Parlamente, die ja wiedergewählt werden wollen, „ungeheuer unter Druck setzen", warnen Verfechter des geltenden Systems. Der einheitliche Maßstab für alle Teile des Landes würde verschoben, und das „wegen ein paar Einzelfällen", in denen auch der Landtag schlichten könnte. Sogar Gemeindeväter raten deshalb: „Verschont uns damit." Sie legen auf solche zweifelhafte Stärkung ihrer Stellung keinen Wert.

Völlig anders und viel grundsätzlicher sieht es der Abgeordnete Edmund Stoiber, der „furchtbare Klagen" seiner Wähler aus dem denkmalreichen Oberbayern als Hintergrund seiner Initiative anführt. Die Chancen des kontroversen Antrages schätzt er selbst auf 50:50. Die Unterschrift des stellvertretenden Vorsitzenden im Landtagsausschuß für Verfassungs-, Rechts- und Kommunalfragen, Paul Diethei, hat er schon.

Die Frage nach der entscheidenden Vorsilbe soll sogar die 1000 Delegierten des CSU-Parteitages Ende September beschäftigen. Zweiter Punkt des Vorstoßes: Eine teilweise Entmachtung des Landratsamts für Denkmalpflege, die bedeuten würde, daß sich die Landratsämter wie bei anderen Verwaltungsentscheidungen auch über die Stimme dieser Fachbehörde hinwegsetzen könnte. Den allzu unbeweglichen Charakter des Denkmalschutzgesetzes illustriert Stoiber mit der Not von Besitzern musealer Höfe, denen der Anbau eines Silos verwehrt werde, während sie mit Deckenhöhen von 1,90 Meter, ohne Wasserspülung auf dem „Häusl" und ohne Heizung wie im 18. Jahrhundert leben müßten.

Gegnerschaft zum Denkmalschutz liegt Stoiber fern, aber das Eigentumsrecht der Bürger und das Selbstverwaltungsrecht der Gemeinden liegen ihm als CSU-Mann näher. Nur in fünf bis höchstens 15 Prozent der Fälle, so kalkuliert er, müßten die Denkmalschützer zurückstecken, und deswegen „bricht der Denkmalschutz mit Sicherheit nicht zusammen".

„Ein Drittel der Baudenkmäler auf der Abschußliste"

Durch Stoibers Initiative soll das Motto im Denkmalschutzjahr 1975, „Bayern muß Bayern bleiben", offenbar in sein Gegenteil verkehrt werden, befürchtet dagegen Generalkonservator Michael Petzet in einer Stellungnahme. Das 1973 von allen Parteien gebilligte und inzwischen in ganz Europa als vorbildlich anerkannte bayerische Denkmalschutzgesetz sei ernstlich bedroht, falls der innenpolitische Arbeitskreis der CSU-Landtagsfraktion den vorgeschlagenen Änderungen zustimmen sollte.

Das Gesetz versuche in einer sich wandelnden Welt den Baudenkmälern „eine Chance des Überlebens" zu geben. Selbst nach geltender Rechtslage seien die Verluste vor allem an bäuerlichen Kulturdenkmälern „immer noch sehr hoch", erklärt Petzet, nämlich fünf bis acht Prozent des in den Denkmallisten erfaßten Bestandes — „eine erschreckende Zahl", wie der Generalkonservator findet. Sie scheine jedoch dem CSU-Abgeordneten Stoiber noch nicht hoch genug zu sein. Petzet wirft dem Parlamentarier vor, Stimmungsmache für den Abbruch der letzten historischen Bauernhäuser zu betreiben mit der angeblichen Not von Besitzern „musealer Höfe ohne Heizung und Wasserspülung, denen der Denkmalschutz auch noch den Bau eines Silos verwehre — als ob der Denkmalschutz eine sinnvolle Modernisierung ausschließen würde, als ob die wirtschaftliche Notwendigkeit eines Silos nicht selbstverständlich wäre".

Süddeutsche Zeitung
22. August 1977

Die Erfordernis des „Einvernehmens" statt des bisherigen „Benehmens" könnte bei der höchst unterschiedlichen Einstellung der Kommunen zu den Denkmallisten eine eklatante Verletzung des Gleichheitsgrundsatzes, eine völlig uneinheitliche Handhabung bedeuten, befürchtet Bayerns oberster Denkmalschützer. Nach den bisherigen Einwänden der Gemeinden müsse für den Fall, daß Stoibers Vorschlag angenommen wird, damit gerechnet werden, „daß eine reichlich zufällige Auswahl von etwa einem Drittel der bayerischen Baudenkmäler gleichsam auf eine vorläufige Abschußliste käme".

Petzet bezweifelt, ob ein Feldzug für die Zerstörung von Baudenkmälern in den kommenden Wahlkämpfen besonders werbewirksam sei; eine Umfrage habe kürzlich immerhin ergeben, daß fast 70 Prozent der Bevölkerung dem Denkmalschutzgedanken positiv gegenüber stehen. Beim „leider offenbar bevorstehenden Kampf" um das Denkmalschutzgesetz werde es nicht „um mehr oder weniger Einfluß für das Landesamt für Denkmalpflege gehen, sondern darum, das entscheidend von den Baudenkmälern geprägte Bild unserer bayerischen Heimat vor seiner gefährlichen Bedrohung zu retten", betont Petzet.

Daß man anderswo den Stellenwert, der dem Denkmalschutz in Bayern bislang eingeräumt wurde, mit Anerkennung betrachtet, zeigt die Forderung des hessischen CDU-Landesvorsitzenden Alfred Dregger nach verstärkten Anstrengungen auf diesem Gebiet. In Fulda kritisierte er am Wochenende, daß Hessen in der Förderung des Denkmalschutzes in der Schlußgruppe aller Bundesländer liege. Die Denkmalschutzbehörden müßten personell und finanziell weitaus besser als bisher ausgestattet werden. Dregger regte die Einrichtung eines Denkmalfonds nach bayerischem Vorbild an und meinte, alle Bemühungen könnten freilich nur dann Erfolg haben, wenn sich die ganze Bevölkerung für die Erhaltung der Kulturdenkmäler verantwortlich fühle.

◁ AZ (Abendzeitung)
München
22. August 1977

Schutz für Denkmalschutz

Evangelische Kirche warnt vor Änderung des Gesetzes / Gemeindetag kritisiert Landesamt / Städteverband sucht sachliche Diskussion

Von unserem Redaktionsmitglied Christian Schneider

München, 29. August — Zu der vom CSU-Landtagsabgeordneten Edmund Stoiber angestrebten Änderung des Denkmalschutzgesetzes — wir berichteten darüber — mehren sich Pro- und Contra-Stimmen. So unterstützt der Bayerische Gemeindetag die Absicht des Parlamentariers, die andererseits bei der Evangelisch-Lutherischen Landeskirche auf scharfe Ablehnung stößt. Um eine Versachlichung der Diskussion bemüht sich der Bayerische Städteverband, der Generalkonservator Michael Petzet und leitende Beamte des Landesamts für Denkmalpflege zu einer Aussprache eingeladen hat.

Der Vorstoß Stoibers ist Wasser auf die Mühlen vieler Bürgermeister und Gemeinderäte, die sich seit Verabschiedung des Denkmalschutzgesetzes vor vier Jahren in zunehmendem Maße über die denkmalpflegerischen Fachbehörden mokieren. Der jetzt aufgebrochene Streit um das Gesetz, so meint der Gemeindetag, hätte vermieden werden können, wenn Bürgermeister, Stadt- und Gemeinderäte in Sachen Denkmalschutz und Denkmalpflege nicht oft als „Unmündige" hingestellt worden wären. Schon bei der Aufstellung der Denkmalliste, in der die Baudenkmäler registriert werden sollen, habe das Landesamt seine Autorität verspielt, weil in vielen Fällen die gewählten Gemeindevertreter von der Fachbehörde überhaupt nicht konsultiert worden seien.

Der Gemeindetag bedauert, daß mancher Konservator als Kunsthistoriker nicht immer Fachkenntnisse im bautechnischen Bereich mitbringe, daß aber in Fragen des Denkmalschutzes vielfach auf den Sachverstand der Stadt- und Kreisbaumeister verzichtet werde. Der Fehler habe schon damit begonnen, daß in Schnellkursen ausgebildete Mitarbeiter des Landesamtes für Denkmalpflege in die Städte und Gemeinden geschickt worden seien, um die Baudenkmäler für die Denkmalliste zu registrieren. Scharf kritisiert wird schließlich die Kompetenzfülle des Landesamtes gegenüber den gewählten Vertretern einer Gemeinde.

„Durch eine Änderung der Verfahrensbestimmung im Denkmalschutzgesetz und eine Beteiligung der kommunalen Seite bei der Verteilung der von den Städten und Gemeinden mitfinanzierten Zuschüsse", so schreibt der Gemeindetag, „könnte erreicht werden, daß sich die fachlich berufenen Hüter unserer Baudenkmäler und die dem gegenwärtigen Vollzug des Denkmalschutzgesetzes kritisch gegenüberstehenden Politiker aller Ebenen in ihren Standpunkten wieder aufeinander zu bewegen."

Beim Städteverband äußert man sich sehr viel zurückhaltender. Generell geht man davon aus, daß sich einige Schwachpunkte bei der Handhabung des Denkmalschutzgesetzes in einem Gespräch mit der Spitze des Landesamtes aus dem Wege räumen lassen, ohne daß gleich von einer Änderung des Gesetzes zu reden wäre. Die sachlichen Positionen sollen im Oktober bei einer Zusammenkunft des Städteverbandes mit Generalkonservator Petzet abgesteckt werden. Dieses Gespräch, das unter dem Thema „Denkmalschutz und Bauleitplanung" geführt werden soll, ist auf Betreiben des Städteverbandes schon lange vor den Aktivitäten Stoibers vereinbart worden. Wo der Städteverband die Problematik sieht, umreißt der stellvertretende Leiter seiner Geschäftsstelle, Ludwig Radle: „Die Städte wollen den Sachverstand der Denkmalschützer nicht missen; sie wehren sich aber dagegen, daß die Meinung einer staatlichen Fachbehörde die Entscheidung eines von Bürgern gewählten Stadt- und Gemeinderates letztlich schlichtweg ersetzen kann."

„Gute Erfahrungen"

Eine Änderung des Denkmalschutzgesetzes hält der Referent für Denkmalpflege im Münchner Landeskirchenamt, Oberkirchenrat Bernhard Bach, „weder für notwendig noch für zweckmäßig". Die bisherigen guten Erfahrungen rechtfertigten keine Gesetzesänderung. Vielmehr sollte das nach dem Europäischen Denkmalschutzjahr im Bewußtsein der Bevölkerung in Bayern entwickelte positive Verhältnis zur kulturhistorisch wertvollen Bausubstanz begrüßt werden, anstatt den Schutz der Denkmäler „in das Belieben von unterschiedlichen, zum Teil nur kurzfristigen Interessen in den Gemeinden zu stellen".

Durch den Krieg und mehr noch durch die Zerstörung beim Wiederaufbau sei, so Bach, schon so viel wertvolle Bausubstanz unwiederbringlich verlorengegangen, als daß man sich gleichsam gesetzlich genehmigte weitere Einbußen leisten könne.

Die Denkmalpfleger

helfen beim Wiederaufbau des durch Blitzschlag beschädigten Dachstuhls des Heinachshofes zwischen Kösten und Stetten (Kreis Lichtenfels). Die 74jährige Bäuerin will trotz Einsturzgefahr nicht ausziehen. Sie lebt von einer Monatsrente von 145 Mark und den Erträgen von sieben Tagwerk Ackerland, zwei Kühen und zwei Schweinen. Photo: dpa

Süddeutsche Zeitung
30. August 1977

NICHT DAS GANZE ENSEMBLE der Wieskirche, eines Schmuckstücks des bayerischen Rokoko, soll nach dem Willen der Gemeinde Steingaden in die Denkmalliste aufgenommen werden.
Photo: SZ-Archiv

Damit in der Wies kein Hotel entsteht
Katholische Stimme gegen Änderung des Denkmalschutzgesetzes / Gerüchte in Steingaden

MÜNCHEN (KNA) — „Ein moderner Hotelkomplex direkt neben der unvergleichlichen Wieskirche? Undenkbar" — so kommentiert die *Münchner Katholische Kirchenzeitung* Gerüchte und die Weigerung der Gemeinde Steingaden, das gesamte Wies-Ensemble auf die Liste der schutzwürdigen bayerischen Denkmäler setzen zu lassen. Besorgt äußert sich die Kirchenzeitung in diesem Zusammenhang über den Vorschlag des CSU-Abgeordneten Stoiber, künftig die Eintragung von Baudenkmälern in die offiziellen Denkmallisten nicht mehr im „Benehmen", sondern im „Einvernehmen" mit den betreffenden Gemeinden zu vollziehen. Dies würde bedeuten, „daß damit den Gemeinden stets ein absolutes Veto-Recht eingeräumt und der Denkmalschutz damit so gut wie machtlos" würde.

Nach Auffassung von Paul Mai, Leiter des Bischöflichen Zentralarchivs Regensburg und Mitglied des Landesdenkmalrats, würde eine Änderung der Verfahrensbestimmung im Denkmalschutzgesetz die Belange der Kirche nicht unmittelbar tangieren. Mai sprach sich jedoch gegen eine Gesetzesänderung aus, weil in der Regel die Regierungen und das Landesamt für Denkmalpflege bessere denkmalpflegerische Gesichtspunkte als die Kommunen anführen könnten. Auch würden bei einem Zwang zum „Einvernehmen" mit jeder Gemeinde zuviele Privatinteressen ins Spiel kommen.

Prälat Richard Schömig (Würzburg), ebenfalls Mitglied des Landesdenkmalrats, wünscht sich eine differenziertere Auslegung sowie weniger bürokratische Handhabung der Denkmalschutzbestimmungen. Auch solle seitens der Denkmalpflege nicht einfach „so souverän verfahren werden, wie dies manchmal geschieht". In der Praxis würden die „eigentlichen Entscheidungen manchmal über die Köpfe der Gremien hinweg getroffen". Insbesondere liturgische Belange könnten bei der Gestaltung von denkmalgeschützten Gottesdiensträumen oder Kirchenerweiterungen „nur sehr hart durchgesetzt werden".

Gewerkschaft kritisiert kirchliche Gesamthochschule Eichstätt

MÜNCHEN (dpa) — Die kirchliche Gesamthochschule Eichstätt nutzt nach Meinung der Gewerkschaft Erziehung und Wissenschaft (GEW) ihre durch das Konkordat zwischen Bayern und dem Vatikan gewährleistete Sonderstellung über das „zumutbare Maß hinaus" aus. In der Personalpolitik, der Aufnahme von Studenten und bei Lehrinhalten versuche sie ihre katholischen „Intentionen" einseitig zu verwirklichen. So habe sich die GEW-Studentengruppe vor dem Verwaltungsgericht das Recht erkämpfen müssen, das Schwarze Brett für ihre Informationen mitbenutzen zu können. Als integrierte Gesamthochschule ausgewiesen und zu 80 Prozent aus Steuergeldern finanziert, lasse sie das Integrationsmoment nirgends recht erkennen, kritisierte die Gewerkschaft. Es zeigten sich im Gegenteil „stärkere Separationsbestrebungen" der einzelnen Fachbereiche und Studienrichtungen. Offensichtlich wolle man sich in Eichstätt mit aller Gewalt vor einer säkularisierten Außenwelt abschließen.

Süddeutsche Zeitung
2. September 1977

Süddeutsche Zeitung
3./4. September 1977

EIN HISTORISCHER BOGEN *spannt sich vom romanischen zum barocken Bamberg. Baudenkmäler aus vielen Jahrhunderten sind erhalten geblieben — auch dank einer musterhaften Pflege.*

Kultusminister verteidigt Denkmalschutzgesetz
Warnung vor einer Änderung / Rechtsunsicherheit befürchtet / Sorge um das Ansehen Bayerns

M ü n c h e n (SZ) — Eine klare Absage hat Kultusminister Hans Maier den Bestrebungen erteilt, das erst 1973 in Kraft getretene bayerische Denkmalschutzgesetz zu ändern. Die Verwirklichung der Absicht, bei der Aufstellung der Denkmallisten volles „Einvernehmen" statt wie bisher „Benehmen" mit den Gemeinden vorzuschreiben und diesen damit ein Instrument zur Verhinderung in die Hand zu geben, würde nach Ansicht Maiers „einen nicht zu ermessenden Schaden" bedeuten. Der Kultusminister befürchtet eine Minderung des Ansehens Bayerns als „Musterland der **Denkmalpflege und als Hort der Kulturpflege auf nationaler und internationaler Ebene.**

Auf Grund des Denkmalschutzgesetzes, das überall als vorbildlich anerkannt werde, habe Bayern seit 1973 insgesamt 87 Millionen Mark ausgegeben, betont Maier. Hinzu kämen 70 Mill. aus dem Entschädigungsfonds, der jeweils zur Hälfte vom Freistaat Bayern und von den Kommunen getragen wird. Damit liege Bayern zusammen mit Baden-Württemberg an der Spitze der Bundesländer.

Als Kernpunkt des Denkmalschutzgesetzes bezeichnet der Kultusminister die Vorschrift, daß die Denkmalliste durch das Landesamt für Denkmalpflege im Benehmen mit den Gemeinden zu erstellen ist. Volles „Einvernehmen" mit den Gemeinden würde es unmöglich machen, bei der Eintragung der Denkmäler im Land nach einheitlichen Maßstäben zu verfahren. Eine zentrale und einheitliche Bewertung aller Gebäude des Landes sei aber ein Gebot der Gerechtigkeit. Denkmalschutz werde unglaubwürdig, wenn an einer Stelle geschützt werde, was man anderenorts niederreiße. Allgemeine Rechtsunsicherheit wäre die Folge.

Die bisherige Zusammenarbeit mit den Gemeinden nennt Maier gut. Beim Ensembleschutz von 187 Projekten habe es lediglich bei 5 keine Übereinstimmung gegeben. Solche Ergebnisse seien aber nur möglich, wenn sowohl für das Landesamt als auch für die Gemeinden ein gesetzlicher Zwang zur Einigung bewirkt werde. In dem Augenblick, wo eine Seite allein entscheiden könne, bemühe sich niemand mehr, beim Partner Verständnis für seine Auffassung zu erwecken.

„Auch Denkmalschutz muß selbstverständlich auf die Bedürfnisse des modernen Lebens Rücksicht nehmen", betont der Minister. Daß der eine oder andere Denkmalschützer im Eifer einmal übers Ziel hinausschieße, werde immer wieder vorkommen. „Aber ist solcher Übereifer nach Jahren fast ungehemmter Beseitigung von Denkmälern als Reaktion nicht verständlich? Und wie sähe die bayerische Kulturlandschaft heute aus ohne den geduldigen und zähen Einsatz von Denkmalpflegern, Naturschützern und Heimatpflegern, von Land- und Forstwirten für den Schutz und die Erhaltung des Beständigen?" Der Vollzug des Gesetzes könne noch verbessert, den Interessen aller Beteiligten noch eingehender nachgegangen werden. Eine Änderung des Gesetzes jedoch würde „die Denkmalpflege unwiderruflich zurückwerfen und bliebe auf die Dauer nicht ohne Folgen für Landschaft und Kultur des Bayernlandes".

Der FDP-Landtagsabgeordnete Jaeger bezeichnete vor der Presse eine Änderung des Denkmalschutzgesetzes zwar als notwendig, und forderte eine umfangreichere Beteiligung der Gemeinden am Denkmalschutz. Andererseits versicherte er aber, die Freien Demokraten lehnten die Einführung eines Vetorechts für die Gemeinden ab. Jaeger kündigte an, daß die FDP-Landtagsabgeordneten Fachleute zu einer Anhörung in den Landtag einladen werden.

Die Bayernchronik des Bayerischen Rundfunks veranstaltet heute, Samstag, 12.05 Uhr, im Zweiten Hörfunkprogramm eine Diskussion, an der die Landtagsabgeordneten Stoiber (CSU), einer der eifrigsten Verfechter einer Gesetzesänderung, und Böddrich (SPD), ein Verteidiger des Gesetzes, teilnehmen.

Wird Bayern kaputtgemacht?

Was auf dem Land geschieht, wenn das Denkmalschutz-Gesetz verwässert wird

AZ (Abendzeitung), München
23. September 1977

Bayerns Denkmalschützer sind in Aufruhr: Was inzwischen in ganz Europa als vorbildlich neidlos anerkannt wird, das 1973 von allen Parteien gebilligte Denkmalschutzgesetz, soll nach dem Willen des CSU-Abgeordneten Edmund Stoiber, so argwöhnen sie, aus seinen Angeln gehoben werden. Und zwar mit Hilfe einer geänderten Vorsilbe. Anstatt wie bisher im „Benehmen" mit der Gemeinde festzustellen, welche Objekte in die Denkmalliste eingetragen werden, soll dies in Zukunft im „Einvernehmen" mit ihr geschehen — was schlicht ein Vetorecht der Gemeinden bedeuten würde. Ob Denkmalschutz möglich ist oder nicht, läge damit bei ihnen. Zwei praktische Beispiele zeigen, wohin der Stoiber-Weg führt.

Da ist etwa das bayerische Nationalheiligtum Wieskirche, Rokoko-Juwel des genialen Dominikus Zimmermann. Der Bescheid der Gemeinde Steingaden zur Denkmalliste, in der natürlich das Ensemble Wieskirche stehen soll, verschlug den Denkmalschützern den Atem. Die Steingadener sagten schlicht „nein". Mutmaßte Michael Petzet, Bayerns oberster Denkmalschützer: „Will man sich etwa die Chance wahren, neben der Wies einen Hotelkomplex zu erbauen?"

So schlimm, wie sie vorgeben und Petzet fürchtet, sind die Steingadener nun freilich nicht. Hartnäckiges Bohren beim Bürgermeister bringt ein bayerisches Histörchen mit beinahe schwankhaften Zügen ans Tageslicht. „Es ist ja bloß zwecks dem jetzt scho sechsjährigen Dauerärger mit dem Feuerwehrhäusl bei der Wies. Ich renn' von Pontius zu Pilatus, weil wir des zu klein gewordene Feuerwehrgerätehaus in der Länge vergrößern wollen — und nix kommt heraus dabei! Wir sollen das Häusl an anderer Stelle neu aufbauen, sagen die Münchner Herren — aber wo, des sag'n s' net!"

Die Wies-Kirche als Gemeindepfand

Und also beschlossen Bürgermeister Ernst Weber und seine Mannen im Gemeinderat schroff den Münchnern mit einem „nein" zur Wies in der Denkmalliste erst einmal die kalte Schulter zu zeigen. Sozusagen als Pfand in Gemeindehand. Fügt Weber grollend hinzu: „Mir Einheimischen wissen scho, was uns die schöne Kirch' wert ist."

Das Landesamt für Denkmalpflege freilich sieht den Ärger ums Spritzenhaus als ein Musterbeispiel dafür an, was geschehen würde, wenn der Vorschlag Stoibers durchkäme: Der Ensembleschutz für die Wies würde an „sachfremden Erwägungen" scheitern, „denn was hat die Vergrößerung des Spritzenhauses mit der Kirche zu tun? Nichts!" Gerne geben die Münchner Sachkenner zu, daß von ihrer Seite nicht immer der richtige Ton getroffen worden sei, aber: „Man muß halt reden miteinander, dann wird's schon."

Die segensreiche Wirkung des Gesetzes in seiner jetzigen Form demonstriert hingegen zum Beispiel der jetzt in letzter Minute vor dem Abbruch gerettete Maierhof in Piding bei Reichenhall, Musterfall unter vielen anderen. Das einstige Amtshaus des ehemaligen Gerichts Staufeneck stellt ein „hervorragendes Kunst- und Geschichtsdenkmal dar, das in solcher Geschlossenheit und Qualität außerhalb von Schlössern und Burgen bisher unbekannt war!"

Barocke Holzbalken- und Stuckdecken weisen das Einfirsthaus als eines der schönsten seiner Zeit aus. Ein wohlbetuchter Rheinländer, der Grund und Haus erworben hatte, wollte den Richtersitz abreißen und dafür flotte Ferienhäuser errichten. Fünf Jahre währte das Tauziehen zwischen dem Mann vom Rhein und den Mannen an der Isar. Das Denkmalschutzgesetz verhalf den Münchnern schließlich zum Sieg; „ja der Besitzer will jetzt den schönen Hof sogar selbst in unserem Sinne restaurieren und in einen Gasthof umwandeln".

Edmund Stoiber, Empfänger von, wie er versichert, Dutzenden von Briefen, die seinen Angriff auf die Denkmalschützer gutheißen, will, wie er beschwörend feststellt, Bayern keinesfalls seiner Kunstdenkmäler berauben. Ihm gehe es vielmehr um ein verbessertes Mitspracherecht, um mehr Selbst- und Mitverwaltung der Gemeinden. Parteifreund Dr. Erich Schosser freilich, selbst einer der Väter des unter Beschuß stehenden Gesetzes, fordert „Hände weg vom Denkmalschutzgesetz", die Gemeinden seien überfordert, wenn sie letztlich über die Denkmalwürdigkeit kunsthistorischer Schätze zu entscheiden hätten.

Edith Eiswaldt

Kommentar

Vernagelte Fassaden

Herrn Stoibers Motive, das Denkmalschutzgesetz so zu entschärfen, daß es mit Sicherheit ziemlich wirkungslos werden würde, sind zweifellos ehrenwert, und ihm werden durchaus die Ohren klingen von den Klagen einiger Besitzer schöner Bauernhöfe, die ihre Fassaden mit Zementplatten vernageln wollen, denen Sprossenfenster zu unpraktisch sind und die überhaupt viel lieber einen kahlen Vorstadtbungalow an die Stelle ihres mit Würde gealterten Wohnhauses stellen möchten.

Aber auch ohne das Zutun des Tegernseer Landtagsabgeordneten und trotz Denkmalschutz werden in Bayern jährlich sechs Prozent (!) dieser „geschützten" Bauernhäuser abgebrochen oder willentlich dem Verfall preisgegeben. So wird gerade das in Bayern nach und nach zerstört, worauf dieser Staat besonders stolz ist: die in Jahrhunderten gewachsene Harmonie zwischen Kulturlandschaft und der charakteristischen, bäuerlichen Architektur.

Sogar der Landwirtschaftsminister hat inzwischen begriffen, daß die optische Verheerung des Landes mit lieblosen Allerweltsbauten nicht nur eine Folge moderner Betriebsführung, sondern auch des falschen Bewußtseins ist.

Denkmalschutz und zeitgemäßes Wirtschaften müssen sich ausschließen, wenn beide Seiten zum Gespräch bereit sind.

Peter M. Bode

„PFLEGELEICHT" HEISST DIE DEVISE in den Dörfern: Mit nackten Häusern und amputierten Bäumen.

Denkmalrat verteidigt Gesetz
Warnung vor Änderungsplänen / Verbesserung der Praxis erwartet

Süddeutsche Zeitung
28. September 1977

München (SZ) — Der Landesdenkmalrat hat „mit großer Sorge von Bestrebungen Kenntnis erlangt, das im Jahre 1973 in Kraft getretene Bayerische Denkmalschutzgesetz zu ändern". In einer Entschließung wird diesen Absichten entgegengehalten, die einheitliche Anwendung denkmalpflegerischer Kriterien sei nur möglich, wenn die Entscheidungsbefugnis der Denkmalschutzbehören auf allen Ebenen, wie sie im Gesetz geregelt ist, erhalten bleibe. Die bisherigen Erfahrungen zeigten, daß ohnehin in den meisten Fällen die Zustimmung der Gemeinden zu den Denkmallisten habe erreicht werden können. In den strittigen Einzelfällen sei es unerläßlich, daß die letzte Entscheidung auch weiterhin nach den übergeordneten Gesichtspunkten des Denkmalschutzes getroffen werde.

Wie berichtet, geht es einer Gruppe von CSU-Abgeordneten darum, Entscheidungen über die Aufstellung von Denkmallisten und die Festsetzung von Ensembles an das Einvernehmen mit den betreffenden Gemeinden zu binden. „Mit dieser Änderung würde das Bayerische Denkmalschutzgesetz, das sich bisher bewährte und mittlerweile europäisches Ansehen gewonnen hat, in seiner Wirksamkeit geschwächt und damit im ganzen bewertet", stellt der Landesdenkmalrat fest. Er sei sich bewußt, daß vor allem während der Anlaufzeit beim Vollzug des Denkmalschutzgesetzes Schwierigkeiten aufgetreten seien. Soweit diese noch vorhanden seien, sollten sie durch eine Verbesserung der praktischen Handhabung des Gesetzes beseitigt werden. „Im Interesse der Erhaltung unseres bayerischen Kulturgutes" sei eindringlich vor jeder Änderung des Denkmalschutzgesetzes zu warnen.

Die Bemühungen der an einer Änderung des Denkmalschutzgesetzes interessierten CSU-Abgeordneten werden zunächst den Landesausschuß der CSU beschäftigen. Ein Antrag, mit dem die Unterstützung des Parteitags am vergangenen Wochenende gewonnen werden sollte, konnte nicht zur Abstimmung gestellt werden, weil mehr als die Hälfte der Delegierten die Veranstaltung bereits verlassen hatten und somit die Beschlußfähigkeit verlorengegangen war. Der Parteitag wurde deshalb auch vorzeitig abgebrochen. Zu den Befürwortern einer Änderung des Denkmalschutzgesetzes gehört auch der Bayerische Gemeinderat. Für die Beibehaltung hat sich unmißverständlich Kultusminister Maier ausgesprochen, der daran erinnerte, daß das bayerische Gesetz in Europa als vorbildlich gelte. Verteidigt wird die gegenwärtige Regelung auch von der SPD-Landtagsfraktion.

Michael Petzet, Generalkonservator am Landesamt für Denkmalpflege, und **Lenz Kriss-Rettenbeck**, Generaldirektor des Bayerischen Nationalmuseums, nahmen zusammen im China-Restaurant „Mandarin" einen Lunch ein. Bekannte, die sie sahen, staunten sehr: die beiden waren wegen einer Kontroverse in Sachen Asamkirche lange Zeit spinnefeind.

AZ (Abendzeitung), München
28. Oktober 1977

Altmühl-Bote (Kelheim)
20. Oktober 1977

Petzet: Kaum Widerstand gegen Denkmalschutzgesetz

Straubing (dpa). Nach Meinung von Generalkonservator Dr. Michael Petzet gibt es entgegen manchen Befürchtungen gegen die derzeitige Praxis des Denkmalschutzes in Bayern nicht überwiegend Widerstand. Bei einem Gespräch mit der Jungen Union in Geiselhöring (Landkreis Straubing-Bogen) erklärte Petzet, bei über 109 000 Eintragungen in die Denkmalliste habe es nur zwei Prozesse gegeben. Allerdings hätten die Gemeinden etwa gegen jeden dritten Vorschlag zur Aufnahme von Bürger- und Bauernhäusern Einwände erhoben. Nach Mitteilung der CSU vom Mittwoch betonte Petzet, dieses Problem solle durch intensive Gespräche mit den Beteiligten gelöst werden. 300 000 DM jährlich will das Landesamt für Denkmalschutz für ein niederbayerisches Bauernhausprogramm zur Verfügung stellen. „Die niederbayerischen Vierseithöfe sind einmalig", begeisterte sich der Generalkonservator. Ein historischer Hof, der bewirtschaftet und genutzt werde, sei allemal einer musealen Lösung vorzuziehen. Petzte lobte in diesem Zusammenhang das Bauernhofmuseum in Massing und regte an, noch einen oder zwei Höfe darzustellen.

Donau-Zeitung (Dillingen)
17. Oktober 1977

Im nächsten Fünf-Jahres-Plan:

Denkmalschützer entwickeln Spezialprogramm für Lauingen

Generalkonservator Dr. Michael Petzet auf Informations-Tour

Dillingen (vN). Über anstehende Probleme und bereits laufende Projekte des Denkmalschutzes im Kreis Dillingen informierte sich Generalkonservator Dr. Michael Petzet vom Bayerischen Landesamt für Denkmalschutz. Er kam auf Einladung der Landtagsabgeordneten Otto Meyer und Dr. Anton Dietrich. Zunächst war die Besuchergruppe, der sich Lothar Schaetzl, die Kreisheimatpfleger Sailer und Seitz sowie Jürgen Mayer-Karstadt anschlossen in Lauterbach. Dort ging es um das ehemalige Ordens-Vogteihaus. Dr. Petzet: „Erstmals wurden bei diesem Umbau in großer Höhe Mittel aus dem sozialen Wohnungsbau mit einbezogen, was früher bei derartigen historischen Gebäuden schwierig war." Das Landesamt will noch mit einem Extra-Zuschuß weiterhelfen.

Vorwiegend ein Problem der Nutzung stellt der leerstehende Pfarrhof in Lauterbach dar. Dr. Petzet: „Wir werden zunächst Gespräche mit der Besitzerin, der Kirche, führen." Nach Besichtigung des Wertinger Marktplatzes und der ehemaligen Schule, die wahrscheinlich einem Neubau weichen wird, ging es nach Gottmannshofen. Dort wird der Pfarrhof mit Mitteln aus dem Sonderprogramm für schwäbische Pfarrhöfe gefördert umgebaut. Das Landesamt gibt dazu 70 000 Mark.

Der bereits laufenden Renovierung der Klosterkirche Obermedlingen galt ein weiterer Abstecher. Was den Kosterkonvent und die ehemalige Klosterbrauerei angeht (Petzet: „Die machen uns noch Sorgen"), will man sich um eine zukünftige Nutzung bemühen. Nach der noch in Betrieb befindlichen alten Dorfschmiede in Haunsheim und dem Schloß wurde der Pfarrhof in Unterbechingen als gutes Beispiel einer gelungenen Renovierung angesehen.

Seine Beratung bietet das Landesamt bei der Renovierung des Schlosses Oberbechingen an, das derzeit von einem Antiquitätenhändler (Petzet: „Sinnvoll") genutzt wird. Eine außerordentlich wichtige Idee nannten Otto Meyer und Dr. Anton Dietrich die Verlegung des Wittislinger Rathauses in das alte Gasthaus „Stern". Dort stellt sich zunächst die Frage der Finanzierung und des Ankaufes.

Auf das Dillinger Heimatmuseum angesprochen, boten die Vertreter des Denkmalschutzes ihre Hilfe bei der Inneneinrichtung an. Dazu sind die Planunterlagen notwendig, die derzeit beim Landbauamt in Donauwörth liegen sollen. Beim Haus Hafenmarkt 10 stelle sich, so Lothar Schaetzl, für die Stadt Dillingen die Frage, ob sie das dem Baumeister Albertal zugeschriebene Gebäude kaufen wolle.

„Stadt Einsatz wert"

Im Rahmen eines Arbeitsessens im Lauinger Hotel „Drei Mohren" wurde Bilanz gezogen. Lauingens Bürgermeister Martin Schermbach hatte zuvor noch die speziellen Probleme in der Herzogstadt angeschnitten (dritter Bauabschnitt Spital, Glockengießerhaus und „Mauerfarb"). Generalkonservator Petzet versprach noch heuer extra nach Lauingen zu kommen. Petzet: „Für Lauingen werden wir ein Spezialprogramm entwickeln, in dem wir hoffentlich alle Probleme gut lösen können." Mit Landesamts-Mitteln aus dem nächsten Fünf-Jahres-Plan wird man etwas tun. Der Denkmalschützer: „Diese Stadt wäre einen entschiedenen Finanz-Einsatz wert."

IM RAHMEN EINES ARBEITSESSENS wurde nach der Besichtigungstour von Generalkonservator Dr. Petzet Bilanz im Hotel „Drei Mohren" in Lauingen gezogen. Im Bild (vierter von rechts) Stimmkreisabgeordneter Otto Meyer, daneben Dr. Petzet.
Bild: von Neubeck

Mehr Hausverstand oder mehr Kulturbewußtsein?

Denkmalschutz im Kreuzfeuer

CSU diskutiert heißes Eisen / Abgeordneter Stoiber macht dem Landesamt zu schaffen

HOCHSTADT — Wird der Denkmalschutz zum öffentlichen Ärgernis und zu einer schweren Beeinträchtigung des betroffenen, unter Schutz gestellten Privatbesitzes oder gilt es, kulturelle Werte zu erhalten, die ohne staatliche Maßnahmen ausgerottet würden? Etwa in dieser Überspitzung behandelten Redner und Gegenredner, Diskutanten und Gegendiskutanten in einer Veranstaltung des CSU-Kreisverbands dieses „heiße Eisen". Dabei offenbarten sich krasse Meinungsunterschiede auch innerhalb der Partei. In der Frage des Denkmalschutzes ist die CSU nicht auf eine Linie zu bringen, wenn sie auch nach offizieller Lesart hinter dem Gesetz steht, wie Kreisvorsitzender Heinrich Frey zu Beginn bekanntgab.

„... weil sich Bauern eh net waschen"

Aber gerade ein so prominenter CSU-Vertreter, wie der Landtagsabgeordnete Dr. Edmund Stoiber aus dem Nachbarkreis Bad Tölz/Wolfratshausen, macht den Denkmalschützern am meisten zu schaffen. Stoiber rügte die Gesetzgebung. Es gebe zu viele Gesetze, die den Bürger einschränken. Die Denkmalschutzgesetzgebung speziell auferlege den Eigentümern Beschränkungen, die problematisch seien. „Mehr Hausverstand" forderte der Abgeordnete, und fand damit den Beifall vieler im Saal. Sein Vorschlag, die Frage, ob ein Privathaus als Denkmal anzusehen sei oder nicht, solle nicht nur den Fachbehörden überlassen werden, die ohnehin lediglich fachspezifische Gesichtspunkte gelten ließen, sondern es seien die Gemeinden an der Aufstellung der Denkmallisten zu beteiligen, blieb allerdings nicht unwidersprochen. Stoiber forderte ferner, dem Landesdenkmalrat Schiedsrichterbefugnisse einzuräumen, falls Denkmalschützer und Kommunalpolitiker sich in die Haare geraten, und er wollte, daß die Denkmallisten die Form einer Rechtsverordnung erhalten.

Halt, sagte da Landtagspräsident Rudolf Hanauer, und auch der Bezirksheimatpfleger Paul Ernst Rattelmüller — „ich bin kein CSU-Mitglied" — rügte wortgewaltig und pfiffig die mitunter popularitätsheischende Methode Stoibers. Als dieser davon sprach, Beamte des Landesamts für Denkmalpflege rieten modernisierungsbeflissenen Landwirten davon ab, ein Bad in ihr malerisches Anwesen einzubauen und fügten diesem Rat die Begründung hinzu: „weil sich Bauern eh net oft waschen", konterte der oberste oberbayerische Heimatpfleger ausgesprochen ungehalten: „Das ist nicht die Basis, auf der man sich unterhalten kann."

Der von Stoiber erwähnte bäuerliche Widerstand gegen die Denkmallisten könne gar nicht so groß sein, meinte Kreisheimatpfleger Gerhard Schober aus Unterbrunn, weil im Kreis Starnberg nur an die 25, höchstens 30 bäuerliche Anwesen auf die Denkmalliste gesetzt wurden.

Daß bei einer entscheidenden Mitsprache der Kommunen das Denkmalschutzgesetz unwirksam würde, davon zeigten sich Diskussionsredner, wie der Landtagspräsident und Vorsitzende des Landesvereins für Heimatpflege, Rudolf Hanauer, überzeugt.

Jährlicher Substanzverlust

Generalkonservator Dr. Michael Petzet, der Leiter des Landesamts für Denkmalpflege, erinnerte daran, daß in einer Zeit der Uniformierung des Baustils, wie der unseren, da „von Moskau bis Afrika" in den Großstädten „überall dasselbe gebaut" werde, kaum eine andere Möglichkeit der Erhaltung des Hergebrachten bestehe als dessen Schutz. Im übrigen, so Dr. Petzet, würden sowieso jährlich fünf bis acht Prozent der Gebäude, die in die Denkmalliste aufgenommen wurden, abgebrochen. Das sei eine erschreckende Zahl. („Überlegen Sie mal wie das in einigen Jahren bei uns aussieht.")

Die Gegner des „eigentumsfeindlichen Gesetzes" hielten jedoch nicht hinter den Berg. Barbara Fey, Ehefrau des CSU-Kreisvorsitzenden, erinnerte daran, daß die vom Denkmalschutz Betroffenen jene seien, die die ganze Last zu tragen haben — finanziell und durch den Verlust des Wohnkomforts. Und CSU-Kreistagsfraktionsvorsitzender Dr. Klaus Arnold bezeichnete es als Kühnheit, durch ein Gesetz ein Haus ein für alle Male als Denkmal zu brandmarken, ohne daß der Besitzer eine Abwehrmöglichkeit habe. Diese Chance bestehe sehr wohl, meinte Präsident Hanauer. Die Liste stehe nicht „in kugelsicherem Glas". Paul Ernst Rattelmüller sprach von der Gesinnung, ohne die der Schutz des Hergebrachten in Sitte und Baustil nicht möglich erscheine; Attacken der Skeptiker blieben nicht aus. Helmut Wagner, Kreisobmann des Bauernverbands, berichtete über Häuser in Rothenburg, die unter Denkmalschutz stehen und nicht verändert werden dürfen, und die von ihren Besitzern deshalb verlassen wurden, weil sie unwohnlich sind. Generalkonservator Petzet wiederum sprach von Hausbesitzern, die sich bemühen, ihr Gebäude auf die Denkmalliste unterzubringen. Dahin gehe heute der Trend. Nicht jedes schöne alte Haus sei aber schutzwürdig. Zur Zeit gibt es nach Angaben Petzets knapp 109 000 Denkmäler in Bayern, eingeschlossen die Feldkreuze.

Warum nur die Landwirtschaft?

Gilchings Bürgermeister Heinrich Will stellte die Frage, warum man auf die Landwirtschaft „losgeht" und nicht auf andere Häuser im ländlichen Bereich hernehme. Staatssekretärin Dr. Mathilde Berghofer-Weichner aber riet davon ab, dem Denkmalschutz „alles mögliche in die Schuhe" zu schieben. Sie sprach vom Gekonnte die Frage der Landschaftsverschandeschichtsbewußtsein und von der Pflicht, den nächsten Generationen Werte zu erhalten.

Nur anklingen und nicht ausdiskutiert werden lung durch moderne Betonsilos, Supermärkte und Schul-Glaspaläste.
Gert Sarring

Starnberger Neueste Nachrichten (Süddeutsche Zeitung), 29./30. Oktober 1977

Neue Presse Coburg, 10. November 1977

Mitentscheidung für Gemeinden

Es geht um den Denkmalschutz — Oberfranken rügt: Kostenbeteiligung ja — Mitsprache nein

Coburg/München - Auf seiner Landesausschußsitzung unter dem Vorsitz von Oberbürgermeister Senator Dr. Hans Weiß, Bad Kissingen, hatte der Bayerische Gemeindetag den Präsidenten des Bayerischen Landesamts für Denkmalpflege, Dr. Michael Petzet, und seinen Mitarbeiter Regierungsdirektor Dr. Werner Schiedermair zu Gast. In einem außerordentlich fruchtbaren Gespräch wurden zahlreiche Probleme des Denkmalschutzes sehr offen und sachlich angesprochen. Seitens des Bayerischen Gemeindetags wurde Denkmalschutz als eigenes Anliegen der Gemeinden herausgestellt, jedoch Kritik im Vollzug des Denkmalschutzgesetzes geübt.

Insbesondere wurde für die Aufstellung der Denkmallisten, aber auch für Einzelfälle, ein besseres Eingehen auf die Vorstellungen der Gemeinden gefordert. Es wurde herausgestellt, daß die Gemeinden nicht nur die Belange des Denkmalschutzes, sondern auch andere berechtigte öffentliche Belange im Interesse ihrer Bürger zu vertreten hätten.

Dr. Petzet zeigte sich gegenüber den kritischen Äußerungen aufgeschlossen und stellte heraus, daß es auch ein Anliegen seines Hauses sei, das Gespräch mit den Vertretern der Gemeinden zu suchen. Er wisse, daß Denkmalsdchutz und Denkmalpflege ohne oder gegen die Gemeinden längerfristig nur wenig erreichen können und deshalb das Miteinander für diese Anliegen erreicht werden müsse.

In diesem Sinne wurde vom Landesausschuß des Bayerischen Gemeindetags ein Antrag von Abgeordneten des Bayerischen Landtags begrüßt. Dieser soll sicherstellen, daß bei der Erstellung der Denkmallisten das Vorbringen der Gemeinden mit dem Ziel, eine Übereinstimmung zu erreichen, gewürdigt wird und für streitige Fälle eine Entscheidung des Landesdenkmalrates herbeigeführt werden soll. Auch Dr. Petzet stimmte einer derartigen Verfahrensweise zu.

Dr. Petzet teilte noch mit, daß bereits jetzt bei den Landratsämtern in regelmäßigen Abständen Behördensprechtage zur Beschleunigung der Baugenehmigungsverfahren stattfänden. Der Landesausschuß forderte, daß auch die Bürgermeister in Angelegenheiten ihrer Gemeinden zu diesen Besprechungen hinzugezogen werden. Dr. Petzet begrüßte aus seiner Sicht dieses Anliegen.

Der Bezirksverband Oberfranken, der bei der Landesausschußsitzung durch 1. Bürgermeister Weininger vertreten war, ergänzt die Mitteilungen des Bayerischen Gemeindetages wie folgt:

Süddeutsche Zeitung, 12./13. November 1977

Städte und Denkmalschutz einig

Generalkonservator Petzet und Verband sprechen über Gesetzespraxis

MÜNCHEN (SZ) — Das Denkmalschutzgesetz soll mit Augenmaß vollzogen werden, wobei Rücksicht auf die örtlichen Verhältnisse zu nehmen und selbstverwaltungsgerecht zu verfahren ist. Mit diesem Ergebnis endete ein Meinungsaustausch des Wohnungs- und Bauausschusses des Bayerischen Städtetages mit dem Leiter des Landratsamtes für Denkmalpflege, Michael Petzet. Weitere Gespräche sollen folgen.

Der Vorsitzende des Städteverbandes, der Landshuter Oberbürgermeister Deimer, berichtete vor der Presse, man habe offen miteinander geredet und dabei auch kontroverse Standpunkte dargelegt. Eine Novelle zum Denkmalschutzgesetz wünsche der Städteverband nicht. Seine Vertreter hätten umgekehrt auch die großen Schwierigkeiten des Landesamts erkannt, zumal da die Gesetzgebung Jahrzehnte hindurch am Denkmalschutz vorbeigelaufen sei.

Der Vorsitzende des Bauausschusses, Zimmerer (Würzburg), nannte als „gewisses Ergebnis" auch die Erkenntnis, daß beide Seiten aufeinander angewiesen seien. Keiner könne „einen Justament-Standpunkt" vertreten. Petzet unterstrich, der Städteverband stehe voll hinter dem Gesetz. „Wir sind auf dem richtigen Weg, das Gesetz zu vollziehen." Als „Problemfragen" nannte er unter anderen Stadtplanung und Fußgängerzonen. r

Denkmalpfleger kämpfen um alte Bauernhäuser

Generalkonservator Petzet beklagt Schwierigkeiten mit der Landbevölkerung — Renovierung ist oft billiger als ein Neubau

MÜNCHEN. (lb) Noch immer haben die Denkmalschützer in Bayern Schwierigkeiten, die Bevölkerung vom Wert alter Bauernhäuser zu überzeugen. Wie wichtig aber gerade diese Denkmäler für die Landschaft sind, führte jetzt der Chef des Landesamts für Denkmalpflege, Generalkonservator Dr. Michael Petzet, bei einer Pressefahrt nach Miesbach und Tölz vor. Die Denkmalschützer seien gerade im Gebiet Miesbach, Tölz und Wolfratshausen in letzter Zeit auf besonders große Schwierigkeiten gestoßen.

Der Generalkonservator erinnerte an den Vorstoß des dortigen CSU-Abgeordneten Dr. Edmund Stoiber im Landtag, wonach das Landesamt beim Festlegen der Denkmalliste das Einvernehmen — statt des Benehmens — mit den Gemeinden erzielen sollte. Inzwischen sei aber ein gangbarer Weg gefunden worden, sagte Petzet. Man solle nun möglichst das Einverständnis mit den Gemeinden herstellen.

Anhand mehrerer Beispiele wurde vorgeführt, daß die Denkmalschützer beim Erhalten alter Bauernhöfe auch den modernen Wohnbedürfnissen Rechnung tragen. So hat etwa der Hoinerhof in Tegernsee von der zentralen Ölheizung über ein komfortables Bad bis zur Einbauküche alles, was für einen modernen Haushalt und für behagliches Wohnen nötig ist. Als die Stadt den Hof 1964 übernahm, war er fast eine Ruine. Für 300 000 Mark ist daraus inzwischen ein Komforthaus entstanden.

Die Denkmalschützer versichern, daß eine solche Renovierung bei vielen alten Höfen möglich ist — und daß sie immer noch billiger sei als ein Neubau. Außerdem gebe es dafür auch oft Zuschüsse. So hat das Landesamt für Denkmalpflege ein eigenes Programm Bauernhäuser, mit dem solche Maßnahmen gefördert werden. Im nächsten Jahr soll ein gesondertes Programm zur Restaurierung von Lüftlmalerei dazukommen.

Main-Post (Würzburg)
26. November 1977

AZ (Abendzeitung), München
30. November 1977

Mit jedem Bauernhof stirbt ein Stück von Bayerns Kultur

Viele Landwirte sind bereit, ihren Hof für mehr Komfort zu zerstören

Von Edith Eiswaldt

● Müssen unsere Dörfer ihr Gesicht verlieren? Muß es so weit kommen, daß sich die Bauernhäuser in Oberbayern und Franken gleichen wie ein Ei dem anderen? Wonach sich manche Städter „ein Bein ausreißen", einen schönen, alten Bauernhof — darauf, so scheint's, pfeifen viele Bauern und möchten das „alte Graffel", je eher je lieber, loswerden. Sehr zum Leidwesen der Denkmalschützer, die dem Land mit den Höfen auch, und nicht nur mit Kirchen und Schlössern, die Eigenheit erhalten wollen. Zu einer Fahrt in Sachen „Denkmalschutz für Bauernhöfe" lud Generalkonservator Dr. Michael Petzet die Presse in die Landkreise Miesbach und Tölz ein.

Der Ignazhof bei Bad Wiessee verfällt, weil der Bauer von einem 40-Betten-Neubau träumt

„DER UMBAU IST ZU TEUER", sagt der Besitzer vom Ignazhof mit seiner schönen Lüftlmalerei. Die Denkmalpfleger wissen es besser: „Das Bauernhaus ließe sich retten, ein Neubau ist kostspieliger."

Den Hoinerhof rettete die Gemeinde Tegernsee und ließ ihn renovieren

Der Hof mit Fassadenmalerei aus dem Jahr 1689 steht breit und behäbig hoch überm Schliersee. „Direkt lichthungrig werd' ma in dem Haus! Wo andere Fenster ham von ob'n bis unten, ha'n mir bloß kloane Guckerln," jammert die Schwester des Bauern Adalbert Leiner, die mit ihrem ledigen Bruder das Anwesen bewirtschaftet. Für einen Knecht mit Familie sei auch kein Platz, der Wind pfeife durch das Haus, „Rheumatis" zwicke sie schon überall.

Die Leiners, das ist offenkundig, möchten den Hof am liebsten abreißen. Wenn's schon gar nicht anders ginge, meint Kreisbaumeister Karl Schmid von Miesbach, dann sollten sie das Haus halt verkaufen. „Nix werd' verkauft", erklärt kategorisch die Schwester.

Ihr ist eine Ruine lieber. Alle Vorschläge der Denkmalpfleger und des Kreisbaumeisters, wie das Haus winddicht und trocken zu machen sei, fallen auf fruchtlosen Boden. Der Hof sei auf moderne Weise nicht zu bewirtschaften, sagt der Bauer und daß ein Neubau billiger als ein Umbau sei. Der Kreisbaumeister macht eine 200 000-Mark-Rechnung auf — der Bertl Leiner glaubt es nicht und sagt, der Umbau kostet „mindestens 400 000 Markl". Und des Generalkonservators schüchterner Einwurf, sein Amt würde sich „hoch mit einem Zuschuß engagieren", an die 50 000 Mark, ist in den Wind gesprochen.

Ein kalter Wind pfiff den Denkmalschützern auch vor kurzem aus der Miesbacher Ecke auf die Schreibtische. Der CSU-Landtagsabgeordnete Dr. Edmund Stoiber wollte das Landesdenkmalschutzgesetz zum Wackeln bringen.

„Wir sind nicht von ungefähr hierher gekommen", erklärte denn auch Petzet, zufrieden aber, daß Stoibers Vorstoß mißlang: Das Landesamt soll nun, wie schon bisher praktiziert, möglichst „Einverständnis" mit den Gemeinden erzielen.

Die Luft freilich, die da zwischen Denkmalschützern und Bauern steht, die von der Meinung beherrscht sind, daß die alten Höfe unwirtschaftlich, daß die Modernisierung nicht möglich oder aber viel teurer sei als ein gesichtsloser Einheits-Neubau, ist noch immer „geladen".

Schlimmstes Beispiel: der Ignazhof bei Bad Wiessee, mit wunderschöner Lüftlmalerei, aber schon fast ruiniert. „Es sieht schlimmer aus", sagt Petzet. Der Besitzer, der sich nicht blicken läßt, hat sich neben dem Hof sein Haus von der Stange gebaut und läßt den Hof nun vergammeln.

Er wünscht sich an Stelle des Barockhofes einen 40-Betten-Neubau, wobei sich unschwer vorstellen läßt, daß die Feriengäste aus dem Ruhrgebiet wohl lieber Urlaub in dem — modernisierten — Hof mit der Luftlmalerei machen würden.

Freilich läßt sich in manchen niedrigen Bauernstuben mit den kleinen Fenstern, wo die feuchte Luft stickig ist und der Raum kaum warm, schlecht vorstellen, wie sich aus dem alten Hof ein modernisierter zaubern lassen soll.

Aber der Hoinerhof oberhalb vom Tegernsee beweist, daß man aus einem alten Anwesen ein bequem-modernes Haus machen kann. Die Stadt Tegernsee stand vor Jahren vor der Entscheidung, den Bau entweder „über den Hang" rutschen zu lassen — oder den Hof, „der viel schlimmer aussah, wie der Oberleiten-Hof", zu renovieren. Die Stadt entschloß sich für das letztere. Sie bot dem alten Besitzer-Ehepaar einen Platz im Altersheim auf Lebenszeit, bekam das Haus dafür und richtete es für 300 000 Mark mit Ölheizung, Bad, Einbauküche und schönen, großen Zimmern, holzgetäfelt, her zu einem, wie die heutigen Mieter sagen, „Traum von einem Bauernhaus".

Meinte Schmid: „Ich sag' den Leuten oft, denkt daran,

AUF TAUBE OHREN trafen die Vorschläge zur Rettung des Oberleiten-Hofes: v. l. Karl Schmid, Michael Petzet und die Besitzer, das Geschwisterpaar Leiner. Foto: Frank M. Mächler

wie ihr eure schönen Bauernmöbel an die Städter verkauft und gegen Resopal und Nußbaum-Konfektion eingetauscht habt! Jetzt reut's euch. Nicht anders wird es euch mit euren Höfen gehen, in die die Städter einziehen, weil sie sich geborgen fühlen in den lebendigen Behausungen."

Allerlei lernen können jene, die vom „alten Grafelf" sprechen, von den fünf Bauern von Ort bei Kochel: Sie legten 10 000 Mark zusammen, und so erstand ihre schöne, alte Kapelle wieder im neuen, alten Glanz.

WIE EIN TRAUM kommt es den Mietern vom Hoinerhof vor, daß sie in dem Bauernhof wohnen können, in dem es eine Öl-Zentralheizung, eine eingebaute Küche und ein Bad gibt.

Generalkonservator Dr. Michael Petzet:

Das Museum hat überregionale Bedeutung

Bayerns höchster Denkmalschützer besuchte das Museum, die Peterskirche und das Karmelitenkloster

Architekt Peter Prellwitz (links) erläutert Generalkonservator Dr. Petzet (auf dem zweiten Bild rechts) seine Vorstellungen vom Umbau der Fürstenherberge. Neben Dr. Petzet Bürgermeister Georg Bräuherr und Oberbürgermeister Ludwig Scherl.

Von den archäologischen Schätzen her besitzt Straubing ein gewachsenes Schwerpunkt-Museum. Dies bestätigte gestern Dr. Michael Petzet, Generalkonservator des Bayerischen Landesamts für Denkmalpflege, anläßlich eines Besuches bei Oberbürgermeister Ludwig Scherl. Besonders begrüßte er die Entscheidung der Stadt, die ehemalige Fürstenherberge zu kaufen und zur Erweiterung des Gäubodenmuseums zu verwenden. Damit ergebe sich vom Raum- und Funktionsprogramm ein Angebot, das weit über den Rahmen üblicher Heimatmuseen hinausreiche. In Anwesenheit zahlreicher Baufachleute erläuterte Architekt Peter Prellwitz dem Gast seine Vorstellungen über die möglichen Umbaumaßnahmen.

Bei einem Gespräch im Dienstzimmer des Oberbürgermeisters betonte Dr. Michael Petzet, daß er das Straubinger Museum seit Beginn der Renovierungsarbeiten kenne und daß er sich selbst immer wieder Gedanken über eine mögliche Erweiterung gemacht habe. Der Vorschlag, das Museum in das Herzogschloß zu verlegen, sei bei Verhandlungen mit dem Historischen Verein eingehend geprüft worden, letztlich jedoch wegen der unbefriedigenden Raumaufteilung wieder verworfen worden. Die Erweiterung des Museums durch die ehemalige Fürstenherberge sei wegen der ausgezeichneten Gliederung der Räume ein verlockender Gedanke. Gerade weil dort neben Museumsräumen auch Werkstätten, Depots, Ausstellungsräume, ein Museums-Café und ein für vielerlei Zwecke geeigneter Saal entstehen, könne man sicher sein, daß dieses Projekt weit über den Rahmen eines üblichen Heimatmuseums hinausgreife.

Zum Museum selbst stellte der Generalkonservator fest, daß die dort liegenden archäologischen Schätze von überregionaler Bedeutung seien und daß ihm deshalb ein Schwergewicht zukomme, das nicht erst künstlich geschaffen werden müsse. „Wir haben in Bayern zwischen 400 und 500 nichtstaatliche Museen zu betreuen und haben kein Interesse, weitere zu schaffen", sagte Dr. Petzet wörtlich. Die Förderung des Straubinger Museums sei jedoch allein von den Exponaten her gerechtfertigt. In dem erweiterten Haus gehe es darum, die Stadtgeschichte wieder lebendig werden zu lassen.

Zur Finanzierung des Projekts stellte der Gast fest, daß man es nach Kräften fördern werde — das Landesamt hat für ganz Bayern 1978 etwa 45 Millionen Mark zur Verfügung — und daß das Landesamt seine beratende Funktion als kostenlosen Service anbiete. Dr. Petzet scheint auch für mögliche Leihgaben Verständnis zu haben, wenn er feststellte, daß man „nicht alles in München konzentrieren wolle", daß Funde unbedingt dort bleiben sollten, wo sie gefunden wurden. Da dem Straubinger Gäubodenmuseum auch unter dem Aspekt des Fremdenverkehrs in Zukunft Bedeutung zukomme, sei es denkbar, daß auch über das Bayerische Wirtschaftsministerium Mittel flüssig gemacht werden können.

Vom Gäubodenmuseum nach St. Peter und zu den Karmeliten

Vertreter des Stadtbauamts, des Sanierungsbüros, Oberbürgermeister Ludwig Scherl, Bürgermeister Bräuherr und der Vorsitzende des Historischen Vereins, Adalbert Scherl, begleiteten Dr. Petzet anschließend zum Gäubodenmuseum, wo Architekt Peter Prellwitz erste Skizzen über den Ausbau der Fürstenschenke erläuterte. Nach einem Rundgang durch das Museum — auch die laufen-

In der Kirche St. Peter, v. l.: Dr. Michael Petzet, Bauingenieur Ludwig Schuderer, der Vorsitzende des Historischen Vereins, Adalbert Scherl, Bürgermeister Georg Bräuherr, Kaplan Rudolf Schultes und Pfarrer Siegfried Lintl.

Straubinger Tagblatt, 20. Januar 1978

Den Sowjets zeigen, wie das Schuhplatt'ln geht

Das gab es noch nie: Bayern-Ausstellung in Moskau

Von Edith Eiswaldt

„Ich denke, das wird ein großer Erfolg, wenn die Bayern demnächst in Moskau einfallen", sagte der Münchner Architekt und Karikaturist Ernst Maria Lang. Zusammen mit Rudolf Werner vom Landesamt für Denkmalpflege und Ernst Hürlimann hat er in der russischen Metropole eine Schau aufgebaut, die selbst von bajuwarenfeindlichen Kreisen schlicht als „sensationell" empfunden wird: Auf 3600 Quadratmetern Fläche können vom 22. Februar bis zum 12. März staunende Moskauer besichtigen, wer und was die sagenhaften Bayern sind. Mit der Ausstellung „Bayern – Land und Leute" auf sowjetischem Boden, ist den Organisatoren von der Isar gelungen, was bisher noch kein anderes deutsches Bundesland fertiggebracht hat.

„Eine pfundige Uniform hat er angehabt und narrisch freundlich war er auch, aber ich muß zugeben: der Oberbranddirektor von München ist doch a bißl großzügiger wie der von Moskau", erzählt Ernst Maria Lang, der einige Nüsse knacken mußte, was die strengen feuerpolizeilichen Vorschriften der Moskowiter anlangt. „Und daß wir Butterfässer und Barockengel in weißblauen Rautenzelten unterbringen wollten, in einer festen Halle, wo's doch nicht hineinregnet, das hat ihm schon zweimal nicht einleuchten wollen." Lang fügt aber hinzu: „Die Gastfreundschaft der Russen war überwältigend, sowas hab' ich noch nicht erlebt."

Wenn jetzt das bayerische Architekten-Trio vor der feierlichen Eröffnung der Schau, zu der eine 40 Mann starke offizielle Regierungsdelegation aus München angeflogen kommt (an der Spitze Bayerns Ministerpräsident Goppel), noch einmal die Ausstellung inspiziert, stehen die alpenländischen Zelte bereits. Mit 13 Vitrinen, in denen 500 Ausstellungsstücke prangen — von den Mittenwalder Geigen über die hochbeladenen Kammerwagen einer ländlichen Braut bis hin zu einem Modell der Münchner Fußgängerzone —, stellen

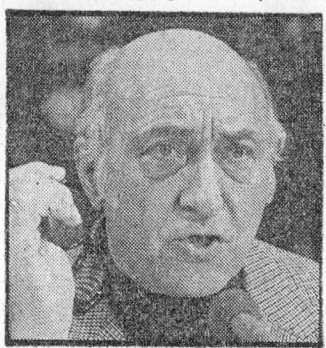

MITVERANTWORTLICH: Architekt und Karikaturist Ernst Maria Lang

sie den Kern von Bayerns Repräsentation dar. Um ihn herum ordnet sich in Hufeisenform, was sonst noch das Land vor den Alpen so ausmacht: Plakate, Fotos und Produkte von Bayerns Industrie und Wirtschaft, von Technik, Wissenschaft und Handwerk. Außerdem ein eigenes Kabinett für bayerische Forscher der Vergangenheit und Gegenwart.

Für die Präsentation der weißblauen Industrie sind die Imag, die Internationale Messegesellschaft, und die Nowea in Düsseldorf verantwortlich. Lang stellt mit Bitternis fest: „Da erkennt man, daß unsere bayerische Industrie von arrogant-legeren jungen Männern in Nadelstreifenanzügen mit flachen Diplomatenköfferchen und norddeutscher Zunge vertreten wird, die von Bayern keine Ahnung haben und denen das Land auch völlig Wurscht ist."

An Land gezogen wurde die außergewöhnliche Gelegenheit einer Bayern-Schau im Sowjetreich von der Bayerischen Gesellschaft zur Förderung der Beziehungen zwischen der Bundesrepublik Deutschland und der Sowjetunion, die in München beheimatet ist. Ihr Vorsitzender Erwin Essl hat in zähen, über zweijährigen Verhandlungen den Russen, die 1975 an der Isar die erfolgreiche Ausstellung „Weltraumforschung und Umweltschutz in der UdSSR" abgehalten haben, die Zusage abgeluchst, daß nun auch die Bayern in Moskau eine Chance bekommen. Den neben Essls Verhandlungen wahrscheinlich schwierigsten Teil des Unternehmens leistete das Bayerische Landesamt für Denkmalpflege. In etwas mehr als zwei Monaten schafften die Konservatoren, zuständig für 400 nichtstaatliche Museen im Freistaat, die über 500 Ausstellungsstücke aus ganz Bayern heran: Originale und Kopien, Fahnen, Trachten, Bierkrüge, Schnupfdosen, Wappen, Spielzeugflöße, Partituren von Richard Wagner und Richard Strauss, das Fernrohr von Fraunhofer und bayerische Himmelbetten, König-Ludwig-Büsten, aber auch den kostbaren Wappengobelin aus der Residenz.

„Unser Ziel war es", sagt Generalkonservator Dr. Michael Petzet, „die Vielfalt des Landes in allen Lebensbereichen wenigstens anzutippen." Schwierigkeiten ergaben sich beispielsweise mit einem allzu gewichtigen römisch-bayerischen Löwen — „es sollte ja ein hervorragend schöner sein" — und mit einem Prachtexemplar von Maibaum, „schön, aber viel zu groß". Das Symbol bayerischer Festeslust wird jetzt in Moskau hergestellt, die bunten, geschnitzten „Ausleger", die Äste, kommen jedoch original aus Bayern.

Obendrein gibt's noch Filme, spielt die Högl-Band und halten neun leibhaftige bayerische Professoren Referate. Auch ein bißl Jodler und Gaudi muß sein: Auf der Bühne werden zünftige bayerische Burschen und fesche Dirndl zeigen, was ein echter Schuhplattler ist.

AZ (Abendzeitung), München, 15. Februar 1978

---

den Renovierungsarbeiten wurden begutachtet — besichtigte der Generalkonservator die Kirche St. Peter, wo gegen den Willen des Denkmalamtes neuromanische Fresken zugunsten der strengen romanischen Grundstruktur beseitigt wurden. „Das Problem St. Peter ist ausgestanden", sagte der Generalkonservator beim Rundgang. Besonders angetan war er vom Friedhof, wo es seiner Ansicht nach vor allem darum gehe, die Steinkonservierung durchzuführen. Mit entsprechenden Zuschüssen werde das Landesamt der Stadt unter die Arme greifen.

Um Geld ging es auch beim Besuch des Karmelitenklosters, wo sich Dr. Petzet von Pater Prior und Pater Gabriel das Ausmaß der Gebäudeschäden zeigen ließ. Dabei handle es sich aber, so Dr. Petzet, um reine Bauunterhaltsfragen und um keine denkmalpflegerische Aufgabe. Dennoch bekundete er an der Renovierung der herrlichen Stuckdecken in der Bibliothek und im Refektorium großes Interesse.

„Chancen sind größer denn je"

Die Chancen, erhaltungswürdige Projekte zu sanieren und zu finanzieren, seien, so Dr. Petzet, im Augenblick größer denn je. Besonders angetan war er von dem Plan, am Stadtplatz eine Fußgängerzone einzurichten. Wenngleich das Landesamt längst nicht mehr alle Projekte dieser Art befürworte, sei Straubing auch in diesem Fall eine Ausnahme. „Die Chancen für Straubing sind gewaltig", erklärte der Generalkonservator, betonte jedoch gleichzeitig, daß dabei äußerst behutsam zu Werke gegangen werden müsse. Auch bei der Lösung dieses Problems stehe das Landesamt den Straubingern bei wichtigen Fragen zur Seite. Begrüßenswert wäre im Augenblick der Erlaß einer Reklamesatzung, nach der aber dann alle Geschäfte gleich behandelt werden müßten.

h.

Das Kultusministerium entscheidet:

Die Asamkirche wird, wie sie war

Umstrittenes Chorfenster muß wieder geschlossen werden / Lorch-Relief kehrt zurück

Süddeutsche Zeitung, 21. März 1978

Im Streit um die Restaurierung der Asamkirche an der Sendlinger Straße sind jetzt die Würfel gefallen. Das bayerische Kultusministerium als oberste Denkmalschutzbehörde hat in einem Brief an die Münchner Stadtverwaltung festgelegt, daß die von Architekt Dr. Erwin Schleich vorgenommenen Änderungen gegenüber dem Zustand vor der Restaurierung im wesentlichen zurückzunehmen sind. Wichtigster Punkt: Das probeweise ausgebrochene Mittelfenster im oberen Chor muß wieder geschlossen werden.

Ferner legte das Ministerium fest, daß die Nordfenster im Chorbereich wieder zu öffnen sind; daß die hinter dem Gnadenstuhl eingezogene Zwischendecke zu beseitigen ist; daß schließlich anstelle des jetzt aufgestellten Abgusses einer Nepomukstatue von Egid Quirin Asam am oberen Choraltar die von Franz Lorch kurz nach Kriegsende geschaffene Reliefgruppe wieder anzubringen ist.

DIE EXPERIMENTE, die bei der Restaurierung der Asamkirche gewagt wurden, sollen nach dem Willen des Kultusministeriums nicht zur Dauerlösung werden. Das im Hochchor ausgebrochene Fenster soll wieder geschlossen werden. Photo: SZ-Archiv

Die Entscheidung wurde nach einem Expertengespräch gefällt. Die Fachleute kamen dabei nach Mitteilung des Ministeriums zu dem Ergebnis, „daß der zu Lebzeiten der Brüder Asam bestehende Zustand des Chores der Kirche beim gegenwärtigen Stand der Quellenkenntnis nicht mit letzter Sicherheit zu ermitteln und im übrigen in keinem Fall rekonstruierbar ist". Auch die anwesenden Kirchenvertreter sprachen sich für eine Gestaltung des Chorraums nach dem zuletzt bestehenden Zustand aus. ey

Zur Innenrestaurierung der Asamkirche

Von Dipl.-Ing. Sigrid Patellis,
Pressereferentin des Bayerischen Landesamtes für Denkmalpflege

Über die Innenrestaurierung der Asamkirche hat das Landesamt für Denkmalpflege bereits in den Denkmalpflege-Informationen vom 31. Januar 1977 berichtet. Das rege öffentliche Interesse und die z. T. kontroverse Diskussion um einzelne Probleme dieser Restaurierung veranlassen zu einer nochmaligen Stellungnahme.

Hauptanliegen des Restaurierungskonzeptes, wie es durch den beauftragten Architekten Dr. Schleich mit dem Landesamt für Denkmalpflege erarbeitet wurde, ist die Wiedergewinnung des originalen Raumzustandes der Asamzeit, soweit dies noch möglich ist. Aus dieser Zielsetzung ergeben sich zwei Aufgaben:

1. die wissenschaftlich-restauratorische Behandlung der — glücklicherweise noch zum größten Teil erhaltenen — originalen Substanz, und
2. die Überlegungen hinsichtlich der ergänzenden Maßnahmen in einem nicht mehr in der ursprünglichen Form erhaltenen, für das Raumganze jedoch sehr wichtigen Teilbereich, dem Altarraum über der Empore.

Die Grundlage für die Wiedergewinnung des originalen Raumkonzepts war eine umfassende Befunderstellung an sämtlichen Details durch die Restaurierungswerkstätten des Landesamtes für Denkmalpflege. Aufgrund der Befunde konnte die Freilegung der originalen, äußerst einfühlig abgestuften Raumfarbigkeit erfolgen, die durch mehrere spätere Übermalungen zum Teil arg entstellt, verfälscht und verdüstert worden war. Ein Hauptproblem war die Restaurierung des schon 1907 als „ruinös" bezeichneten großen Deckenbildes von Cosmas Damian Asam aus dem Jahre 1735, das 1944 und — wie sich herausstellte — auch durch allzu flüchtige und z. T. unsachgemäße Restaurierungsmaßnahmen der Folgezeit weitere erhebliche Schäden erlitten hatte. Hier wurde zunächst die originale Malsubstanz Asams freigelegt und gesichert, wobei sich erfreulicherweise herausstellte, daß sie in größeren Partien erhalten war als zuvor angenommen worden war.

Das Deckenbild

Das schwierigste, derzeit lebhaft erörterte Problem im Rahmen der Restaurierung ist die Lösung des Chorabschlusses über der Galerie.

Dieser hier ausnahmsweise gegen Westen gelegene Raumteil war — nach bereits viel früher erfolgten Veränderungen — 1944 vernichtet und danach neu errichtet worden, so daß hier keine Befunduntersuchungen mehr vorgenommen werden konnten. In diesem für das Raumbild besonders wichtigen Bereich ist die originale Gestaltung nicht mehr erhalten und seit langem Gegenstand von z. T. kontroversen wissenschaftlichen Forschungen mit keineswegs eindeutigen Ergebnissen. Während sich die Forschung jedoch bisher auf die Aufstellung von Theorien und Hypothesen beschränken konnte, stehen die für die derzeitige Restaurierung Verantwortlichen vor der Aufgabe, hier eine konkrete Entscheidung treffen zu müssen.

Das Altarkonzept

Der Altarraum stellt in der Asamschen Konzeption eine große, viersäulige Baldachinkomposition dar, die in drei Zonen gegliedert ist. Im verhältnismäßig dunklen unteren Bereich steht der Hauptaltar — nicht mehr der ursprüngliche, sondern ein 1783 aufgestellter frühklassizistischer Altar von R. A. Boos, der immerhin wie der Vorgänger vom Schrein mit der Liegefigur des hl. Johannes v. Nepomuk überhöht wird. Den oberen Abschluß der Altarraum-Komposition bildet die berühmte, freiplastisch herabhängende Dreifaltigkeitsgruppe Aegid Quirin Asams. Die dazwischenliegende Mittelzone, durch die der Chorraum sein Licht empfangen haben dürfte, bildet im Raumzusammenhang die große Fehlstelle, deren originale Gestaltung nicht genügend nachzuweisen ist.

Als älteste schriftliche Quellen liegen Aufzeichnungen des Priesterhausdirektors Blasius Miller von 1795 und 1817 vor (also aus einer Zeit lange nach Vollendung der 1746 geweihten Kirche), die auf eine versilberte Stuckreliefgruppe des vor Maria knienden hl. Johannes v. Nepomuk unterhalb eines großen Rundfensters schließen lassen. Über die Gestaltung der Gruppe im einzelnen ist nichts überliefert. Wegen Nässeschäden wurde die Chorschlußsituation um 1824 vollständig verändert, indem das erwähnte Fenster vermauert und der Chor über der Galerie durch ein großes Gemälde der Dreifaltigkeit (Öl auf Leinwand) von Andreas Seidl abgeschlossen wurde, das 1944 zugrunde ging.

Der auf diese Weise entscheidend veränderte, im Abschlußbereich um seine plastische wie um seine Licht-Komponente reduzierte Raumeindruck wurde in späteren Zeiten immer stärker als Mangelzustand empfunden und veranlaßte seit 1930 eine Reihe von Forschern, sich mit dem Problem der originalen Chorraumgestaltung zu befassen und auch Überlegungen zur Verbesserung der Situation anzustellen. Alle Forscher waren und sind sich einig, daß in der Mittelzone über der Galerie der hl. Johannes von Nepomuk dargestellt war, wenn auch über die Form die Überlegungen auseinandergehen.

Als erster nahm 1932 Adolf Feulner an der Stelle des Seidelschen Bildes eine von oben und von der rechten Seite her beleuchtete plastische Gruppe des hl. Johannes v. Nepomuk mit Maria als ursprüngliche Lösung an; er schlug bereits vor, als Ersatzlösung statt des Bildes versuchsweise die eigenhändige Nepomukfigur von Aegid Quirin Asam, die im Hofe des Asamhauses stand, in der Kirche aufzustellen.

Ottmar Endres in seinen „Untersuchungen zur Baukunst der Brüder

Münchner Stadtanzeiger (Süddeutsche Zeitung), 25. März 1977

Asam" (1934) nahm wie Feulner Lichteinfall von oben und von der Seite an und stellte die These auf: „Das Seidelsche Bild hinter dem Tabernakel im oberen Umgang ersetzt eine plastische Gruppe, deren eine Figur heute im Hofe des Asamhauses steht."

Carl Lamb in seiner Dissertation (1934) stützte sich bei seiner rekonstruierenden Raumanalyse auf Befunde, die bei kurz zuvor durchgeführten Renovierungsarbeiten am Chorschluß festgestellt worden waren. Er selbst stellte durch Untersuchung fest, „daß hinter dem Bilde von Seidel sich eine Ziegelmauer befindet, die mit einer mehrfingerdicken Gipsschicht bestrichen ist. Unterhalb des Bildes hört die Gipsschicht auf, und es beginnt Mörtelverputz." Einen Schindelbelag an der Außenwand genau hinter dem Gemälde, „der sich von der Sohlbank des Oberfensters an herabzieht bis zur Höhe, an der innen das Bild endet", deute Lamb als zur Zeit der Einfügung des Bildes angebrachten Schutz gegen Mauerfeuchtigkeit.

Herbert Brunner in seinem Aufsatz „Schaubühne und Ciborium in der Altarbaukunst Egid Quirin Asam" (1954) folgte Lamb in der Annahme: „Der

Trotz aller Restaurierungsprobleme: Kunstfreunde sind dankbar, daß die Handwerkskunst der Gegenwart Kunstschätze der Vergangenheit erhalten und neu beleben kann — wie hier in der Münchner Asamkirche.

Photos: Bayer. Landesamt f. Denkmalpflege

Emporenaltar als Zentrum der Anlage beherbergte ursprünglich eine vollplastische Figur des Heiligen in der strahlenden Helle eines Apsisfensters"; Lambs Hinweis auf den knienden Heiligen des Bruderschaftszettels erschien ihm überzeugend.

Jakob Mois hingegen (1957) in seinem Aufsatz über „Die ursprüngliche Gestalt der Altäre in der Asamkirche" nahm auf Grund der Angaben des Priesterhausdirektors Miller von 1817 an, Egid Asam habe „in die Mittelnische zwischen dem Säulenaufbau des Galeriealtars vor ein großes Fenster die Gruppe des vor Maria betenden Johannes Nepomuk gestellt".

Aufgrund der erwähnten Berichte Millers von 1795 bzw. 1817, die nacheinander von Jakob Mois, G. Hojer (1964) und H. Lehmbruch (1973) veröffentlicht wurden, dürfte zumindest feststehen, daß (wenigstens zu Millers Zeit) ein versilbertes Stuckrelief des vor der Muttergottes knienden hl. Johannes von Nepomuk unterhalb eines Fensters den Raum im Westen abschloß.

Somit erscheint die Existenz eines Fensters in der Westwand durch die Überlieferung gesichert, wenn auch Millers Zitate auf ein kleineres Fenster als das von Lamb und Klett durch Befund festgestellte schließen lassen. In diesem Punkte widersprechen sich Befund und schriftliche Tradition. Da der Chorschluß 1944 vernichtet wurde, sind die Befunde nicht mehr nachzuprüfen und wir müssen trotz mancher nicht restlos zu klärender Details die Feststellungen eines anerkannten Kunsthistorikers wie Lamb und eines für das Landbauamt tätigen Architekten ernst nehmen.

Mit der Beschreibung von 1795 und 1817 ist die Existenz eines einst größeren Westfensters allerdings wohl nur dann zu vereinen, wenn man hypothetisch annimmt, dieses sei bald — vermutlich noch zur Zeit Asams — wieder zumindest teilweise vermauert worden. Das könnte vielleicht im Jahre 1739 erfolgt sein, als die Einführung der Dreifaltigkeitsbruderschaft Anlaß zur Aufstellung eines eigenen Bruderschaftsaltares auf der Galerie und vielleicht damit zusammenhängenden weiteren Änderungen gab.

Die laufenden Bauuntersuchungen des Landesamts für Denkmalpflege erbrachten zumindest einen wichtigen Befund im Hinblick auf die originale Chorlösung. In der zum Chorschluß überleitenden schrägen Wandachse der Nordseite zeichneten sich außen hinter der Figurennische mit dem hl. Johannes Evangelista die Umrisse einer vermauerten Öffnung im Putz ab. Die Untersuchungen ergaben, daß es sich hier tatsächlich um eine ehemalige Öffnung handelt, jedoch nicht um ein Fenster, da keine Spuren einer ehemaligen Verglasung festzustellen waren, sondern um eine schachtartige offene Verbindung zwischen dem Kircheninnern und einem Anbau. Dies geht aus der einheitlich durchgehenden alten Innenputzschicht hervor, die in der Laibung der Öffnung und weiter an der benachbarten Außenwand bis zum Winkel am Ansatz des 1944 zerstörten Chorschlusses festgestellt wurde. Der Stadtplan von 1806 bestätigt die Existenz eines äußeren Anbaues an dieser Stelle, rechts vom Chor; doch dürfte dieser Anbau bereits in der 1. Hälfte des 19. Jahrhunderts erniedrigt worden sein.

Seine Existenz an dieser Stelle und in dieser Höhe ist auf Grund des erwähnten Putzbefundes nicht wegzuleugnen und zwingt zu der Folgerung, daß der Chorschlußraum ursprünglich von der rechten, nördlichen Seite kein direktes Licht erhalten haben kann. Dies wiederum stützt die Annahme eines Fensters in der Westwand, da ja von irgendeiner Seite Licht in den Raum eingefallen sein muß, der ansonsten bis 1944 dicht von Anbauten eingeschlossen war. Der Westwand war bis dahin ein kleiner, lichtschachtartiger Hof vorgelagert; der ihr gegenüberliegende Gebäudetrakt zeigt auf dem Seitzschen Stadtmodell des mittleren 19. Jahrhunderts (Nationalmuseum) eine deutliche Absenkung des Daches, um mehr Licht in den Hof einfallen zu lassen.

Somit ist die Existenz eines Fensters in der Westwand durch mehrere Indizien und die Überlieferung als gesichert anzusehen und kann nicht einfach weginterpretiert werden, wenn auch in einzelnen seine Form und Größe nicht mit letzter Klarheit feststehen mag, nachdem die Zerstörung der Westwand keine Untersuchung mehr zuläßt und die Überlieferung widersprüchlich ist.

In den Erörterungen um die Restaurierung zwischen dem Architekten und dem Landesamt für Denkmalpflege spielt auch das große, schlanke Rundbogenfenster am Westende der Nordwand des Kirchenschiffes eine Rolle, weil sich hier gegenüber eine durch eine Loge mit Balustrade geteilte Nische befindet und sich somit die Frage nach der Symmetrie im Raume erhob.

Für das Raumbild, das bereits durch das 1944 zerstörte Seidelsche Gemälde von circa 1824 entscheidend verändert worden war, bedeuteten auch die nach dem Krieg verwirklichten Lösungen keine Verbesserung. Zunächst wurde ein wenig passendes neues Gemälde im Chorschluß angebracht, dann (1959/60) ein bereits 1944 von Franz Lorch in barockisierenden Formen neugeschaffenes Relief des hl. Johannes von Nepomuk auf Wolken, das vor einem grau marmorierten Hintergrund befestigt wurde.

Auch diese letzte — an sich wohlgemeinte — Lösung konnte nur als Notbehelf gelten; dazu kam der unbefriedigende Umstand, daß gerade an der zentralen Stelle im Raum keine originale Schöpfung Asams, sondern eine moderne, historisierende Erfindung in den Blickpunkt trat.

Das Landesamt für Denkmalpflege behauptet in keiner Weise, daß mit der jetzt vorgesehenen Lösung der Originalzustand des Altarraumes wiederhergestellt würde, über den — wie dargelegt — im einzelnen zu wenig bekannt ist. Der ursprüngliche Zustand ist in diesem Bereich nicht wiederzugewinnen. Unter dieser Voraussetzung müßte jede hier in Aussicht genommene Lösung umstritten sein. Als einziger Alternativvorschlag aber wurde von den Kritikern der geplanten Lösung nichts als die Beibehaltung des bisherigen unbefriedigenden Zustandes vorgebracht, oder auch die Aufstellung einer Kopie der der Kirchenstiftung gehörenden Asamschen Nepomukfigur angeregt.

Der Kirchenpatron

Aegid Quirin Asams Figur des Kirchenpatrons ist, wie auch zwei erhöht angebrachte Repliken in niederbayerischen Kirchen bezeugen, auf Untersicht berechnet und für ihren vorgesehenen Standort, wie eine erste Probeaufstellung eines Abgusses bewiesen hat, gut geeignet. Ihre Stellung zwischen den beiden anderen Heiligen — Johannes dem Täufer links und dem Evangelisten rechts — entspricht der Anordnung auf dem Asamschen Nepomukaltar im Freisinger Dom. Wenn die Figur in ihrer zurückhaltenden Mehrfarbigkeit nicht mit den flankierenden, weiß gefaßten Figuren übereinstimmt, so erscheint dies bei der Darstellung des Kirchenpatrons nicht als unzulässige Hervorhebung; daß sie andererseits nicht die Gold-Silber-Fassung der Dreifaltigkeit darüber aufweist, braucht angesichts des hierarchischen Unterschiedes nicht zu befremden.

Angesichts der gestalterisch diffizilen, durch die Forschung nicht eindeutig geklärten Situation im Altarraum wird es natürlich notwendig sein, die künftige Gestaltung zu erproben. Dafür kann ein Modellversuch nicht genügen — dies kann nur an und im Bau selbst erfolgen.

Schönheiter dieser Stadt überraschter selbst der Generalkonservator:

„Man hat Kulmbach bisher viel zuwenig gewürdigt"

Blitzbesuch des „obersten Denkmalschützers Bayerns"

BAYERNS OBERSTER DENKMALSCHÜTZER, Generalkonservator Dr. Michael Petzet, war gestern zu Besuch in Kulmbach. Bei der Ansprache ging es in erster Linie um die Möglichkeiten zur Erhaltung des Eckhauses Langgasse/Schießgraben. Unser Bild zeigt (von rechts) Stadtbaudirektor Siegl, Generalkonservator Dr. Petzet, dessen Gattin, OB Dr. Stammberger, Konservator Dr. Leusch und Kulturreferent Stößlein. Foto: BR/hö

Eine überraschende Wende bahnt sich beim Schicksal des Hauses Ecke Langgasse/Schießgraben an: Schien noch bis vor kurzem klar zu sein, daß das historisch wertvolle, aber leider sehr baufällige Gemäuer der Spitzhacke zum Opfer fallen muß, so wurden in jüngster Zeit doch Möglichkeiten ausgekundschaftet, das Gebäude erhalten zu können. Diese Mitteilung machte Montag abend der „oberste Denkmalschützer ...rns", Generalkonservator Dr. Michael Petzet, der zusammen mit seiner Frau und einem seiner Mitarbeiter, Konservator Dr. Frank Leusch, Kulmbach, zum erstenmal einen Besuch abstattete. Nach der Ansprache, an der auch Stadtbaudirektor Carl Siegl und Kulturreferent Hans Stößlein teilnahmen, und einem kurzen Rundgang über beide Seiten beim OB darüber, „wie gut Sie (Dr. Petzet) die Anliegen der Denkmalpflege in unserer Stadt kennen" und beim Generalkonservator über die vielen erhaltenen Gäßchen und erhaltenswerten Gebäude, die diese Stadt in sich birgt. Sein Schlußkommentar: „Man hat Kulmbach bisher viel zu wenig gewürdigt."

Im Mittelpunkt des Blitzbesuches Dr. Petzets stand das Haus Schießgraben Nr. 24, in dem bis vor kurzem noch das Modegeschäft Rudel seinen Laden hatte. Das Haus sei seit sechs Jahren ein Sorgenkind des Landesamtes für Denkmalschutz, in erster Linie wegen seiner sehr wichtigen städtebaulichen Bedeutung für diesen Bereich, erklärte der Generalkonservator. Man habe sich lange mit der Frage befaßt, ob rein technisch die Möglichkeit zur Erhaltung bestehe, ..."d. war fast schon am Resignieren.

..nzwischen habe ein neuer Statiker eine neue Chance entdeckt, und zwar in Form einer Betonwanne, mit der das Haus unterfangen werden soll. Dies wäre dann auch gleichzeitig das Fundament für den neuen Keller.

Die Maßnahme ist dringend notwendig, da durch das Absinken des Grundwasserspiegels die Holzpfähle, auf denen das Haus errichtet ist, morsch wurden und die Mauern abrutschten. Tragfähigen Grund findet man an dieser Stelle erst in einer Tiefe von 4,80 Metern.

Statikers und die Kostenvoranschläge abzuwarten.

Mit den umfangreichen Erneuerungen soll – nicht zuletzt, weil auch für das baufällige Haus, das nach Plänen von Carl Christian Riedl erbaut ist, die Zeit drängt – heuer begonnen werden. Fassade und Dachstuhl sollen bei der Restaurierung erhalten werden.

Ein weiterer Punkt, über den beim Besuch des Generalkonservators gesprochen wurde, war die Gestaltung der Fußgängerzone, die „sehr zurückhaltend werden sollte" (Dr. Petzet). Unter anderem teilte Baudirektor Siegl mit, daß es mit großen Mühen gelungen sei, genügend alte Gaslaternen aufzutreiben; ähnlich denen, die früher in der Langgasse für Licht sorgten.

Lob erntete man für die „kleinmaßstäbliche Bebauung mit modernen Formen", die für den Zentralparkplatz vorgesehen ist. Mit dem Beginn der Arbeiten ist dort im nächsten Frühjahr zu rechnen.

Die Tatsache, daß man so glücklich über die neuen Erhaltungsmöglichkeiten ist, hängt allerdings nicht nur mit dem Denkmalschutz zusammen, der diesen „Eingang zum inneren Altstadtbereich" gerne in seiner ursprünglichen Form gewahrt wissen will. Auch aus rein bautechnischen und nicht zuletzt finanziellen Erwägungen hätte ein Abbruch (im wahrsten Sinne des Wortes) möglicherweise eine Lawine ins Rollen gebracht. Es ist nämlich nicht auszuschließen, daß das Nachbarhaus, das einst mit dem Eckhaus eins war, bei einem Abbruch mit ins Rutschen kommen würde.

Das Entscheidendste für die neue Besitzerin, Inge Kerl, dürfte an der jetzigen Situation sein, daß die Restaurierung des Eckhauses mit Unterstützung aus dem Entschädigungsfonds finanziert wird. Dieser Fonds, der bei Inkrafttreten des neuen bayerischen Denkmalschutzgesetzes ins Leben gerufen wurde und je zur Hälfte vom Staat und der Gemeinden gespeist wird. Vorerst sind jedoch die genauen Pläne des neuer

Allerlei Zuschußanträge

Nicht unerwähnt blieb freilich auch diesmal das Prinzessinnenhaus, für dessen Seitenflügelrestaurierung Baudirektor Siegl zusätzliche Mittel zu bekommen versuchte; eine endgültige Zusage steht hier noch aus. Einen weiteren Zuschuß beantragte er für den Innenausbau des Schlößleins. Darüber hinaus wurde vereinbart, die Kulmbacher Denkmalliste demnächst gemeinsam durchzusprechen, um Unstimmigkeiten aus dem Weg zu räumen.

Bei dieser Gelegenheit wurde von Generalkonservator Dr. Petzet darauf hingewiesen, daß die Denkmalliste vielerorts an Beliebtheit gewinne der Grund seien die erheblichen steuerlichen Vorteile bei Erhaltung eines Denkmals; bei Neubau dagegen gebe es keine Vergünstigungen.

Oberbürgermeister Dr. Stammberger dankte dem Generalkonservator zum Schluß nicht zuletzt dafür daß dieser vielerorts während eines Telefongesprächs letzte Woche spontan sein Kommen zusagte. Er freute sich darüber, daß alle Probleme „in so aufgeschlossenem Geist beraten werden konnten". Dr. Petzet versprach, künftig mindestens einmal im Jahr nach Kulmbach zu kommen – „weil es schön ist".

Bayerische Rundschau (Kulmbach) 12. April 1978

Trostberger Tagblatt
18. Mai 1978

Mit dem Denkmalschutz im Zwiespalt

Generalkonservator Dr. Michael Petzet zu Denkmalschutzproblemen im Landkreis

In einer Rolle als Mittler zwischen einer Fachbehörde und dem Vollzug einschlägiger Gesetze betätigte sich Landtagsabgeordneter Alois Glück am gestrigen Mittwoch. Er hatte Generalkonservator Dr. Michael Petzet, den Leiter des Landesamts für Denkmalpflege, in den Landkreis Traunstein eingeladen, um zu Problemen des Denkmalschutzes an Ort und Stelle Stellung zu nehmen. Als Hauptproblem zeigte sich dabei, daß die Erfordernisse des Denkmalschutzes in vielen Fällen zwangsläufig mit denen einer wirtschaftlichen Nutzung der betreffenden Objekte in Konflikt geraten.

Den Abschluß der Besichtigungstour bildete ein Gespräch im Traunsteiner Hofbräuhaus, an dem außer Landrat Schmucker und Kreisheimatpfleger Ebert auch zahlreiche Bürgermeister, Ortsheimatpfleger und Vertreter von Organisationen teilnahmen. Durch Alois Glück wurde hier unter anderem klar ausgestellt, daß die Bevölkerung die Notwendigkeit des Denkmalschutzes erkannt und ihm auch einen positiven Stellenwert gegeben hat. Das Bemühen, so führte er aus, müsse nun darauf abzielen, unnötige Konflikte abzubauen.

Bauern als „Museumsverwalter"?

Ein großer Teil des Gesprächs drehte sich um schutzwürdige Bauernhöfe. Besonders BBV-Kreisobmann Simon Zehentner und BBV-Kreisgeschäftsführer Ing. Adam Ströhlein wiesen darauf hin, daß es sich ein Bauer schon im Interesse seiner Verpflichtungen der Familie gegenüber nicht leisten kann, nur für den Denkmalschutz zu investieren und nicht dazu seinen Betrieb leistungs- und wettbewerbsfähig zu machen. Alois Glück sprach von einem psychologischen Problem dabei. Seiner Meinung nach müßten die staatlichen Zuschüsse zu Bauernhofrestaurierungen höher und die damit verbundenen Belastungen durch Grundbucheintragungen befristet werden. Landrat Schmucker hob hervor, daß es dem Bauern nicht zugemutet werden dürfe, im Interesse des Denkmalschutzes laufende Betriebserschwernisse in Kauf zu nehmen. Der weiteren Diskussion war zu entnehmen, daß der Erwerb schützenswerter Bauernhöfe durch „geldige" Leute aus München oder aus dem Rheinland nicht immer mehr als die allerbeste Lösung angesehen wird und die Aufstellung alter Höfe in Freilichtmuseen nur als letzte Zuflucht in Betracht kommen sollte.

Am Nachmittag schauten sich MdL Glück, Generalkonservator Dr. Petzet und deren Begleitung auf Anregung des Bayer. Bauernverbands zunächst den Dandl-Hof in Moosen bei Törring als exemplarisches Objekt an, ein schützenswerter Bauernhof, bei dem aber die Denkmalschutzerfordernisse dem Bemühen nach wirtschaftlicher Betriebsführung ganz erheblich in die Quere kommen.

Kreisheimatpfleger Franz Ebert erinnerte an seine und seiner Helfer umfangreiche Aufklärungsarbeit in Sachen Denkmalschutz. Denn da und dort auftauchenden Schwierigkeiten setze er entgegen, daß auch bereits Dutzende von Fällen zu allseitiger Zufriedenheit gelöst werden konnten. Beifall erhielt er für die Bemerkung, daß der Bauer nicht zum Museumsverwalter degradiert werden dürfe. Lobend erwähnte Franz Ebert die finanzielle Hilfe und Unterstützung des Landkreises in einschlägigen Fällen und bedauernd vermerkte er das Fehlen der Grundstücke zur Aufstellung einstweilen eingelagerter schutzwürdiger Bauernhöfe.

Ein Schandfleck in Trostbergs Stadtbild

Was den Denkmalschutz in den Städten anbelangt, so wurde durch Traunsteins Oberbürgermeister Rudolf Wamsler darauf hingewiesen, daß den Städten in der Regel das Geld fehlt, sich über ihre unabweisbaren Aufgaben hinaus noch solcher Dinge anzunehmen. Der Staat müßte hier, so meinte er, noch mehr Mittel zur Verfügung stellen. Dieser Meinung sind sicher auch die Denkmalschützer, doch konnte Dr. M. Petzet darauf verweisen, daß der Staat dafür bereits allerhand ausgibt, im Falle Tittmonings beispielsweise bisher 1,8 Mio DM für die Restaurierung der Burg und weitere 500 000 DM für die Stadtmauer.

Im weiteren Verlauf seines kontrastreichen Besichtigungsprogramms sah Dr. Petzet die Stadt Tittmoning mit ihrem nach Sanierungsmaßnahmen rufenden Stadtplatz und hier in Sonderheit ein historisches Gebäude, das für seinen Besitzer nur interessant ist, wenn es ihm nicht als Museumsstück auf der Tasche liegt, sondern wirtschaftlichen Nutzen bringt; als Schandfleck im Stadtbild. Es sollte entweder renoviert oder aus der Denkmalsliste herausgenommen und abgebrochen werden.

Wie einige andere Gesprächsteilnehmer, so sprach auch Oberregierungsrat Schinzel vom Landratsamt von einer guten Zusammenarbeit mit dem Landesamt für Denkmalpflege. Bemängelt wurde aber die oft sehr lange Dauer von Genehmigungsverfahren, oft auch schon die Entscheidung in der Frage, ob ein Gebäude ein Denkmal ist oder nicht. Hier konnte Dr. Michael Petzet mit der Feststellung antworten, daß das Landesamt nur bei 0,77 Prozent aller Baugenehmigungsverfahren in Bayern beteiligt ist. R. Se.

spezielle Wünsche aus einzelnen Städten und Gemeinden des Landkreises an den Leiter des Landesamts herangetragen. So meinte Trostbergs Bürgermeister Hans Schlagberger, das Gebäude des ehemaligen Amtsgerichts Trostberg, das dem Staat gehört, sei wohl versehentlich in die Denkmalsliste gerutscht, denn es präsentiere sich tatsächlich

Der Alltag der Denkmalpflege

Notizen von einer Reise durch Städte und Dörfer in Nordschwaben

Es gibt Juwele der praktischen und tätigen Denkmalpflege wie das im Schwäbischen gelegene Schloß Harthausen, von den Besitzern mit Stolz vorgeführt, nur dezent begleitet vom gelegentlichen Seufzern über Mühsal und Dreck der Bauarbeiten und natürlich, das teure Geld. Und es gibt in verwunschenen Städtchen mit mörderischem Durchgangsverkehr und in winzigen Dörfern unzählige Wohnhäuser, Höfe, Städel, die noch erzählen von Kultur, Lebensweise und Arbeit vor etlichen hundert Jahren, und die, manchmal schon beängstigend ruinös, dringend der Sanierung harren, sollen sie nicht in Bälde ganz verschwinden. Es sind nicht die aktenkundig berühmten historischen Baudenkmäler, die den Alltag der Denkmalpflege ausmachen, sondern eben diese Tausende unscheinbarer Objekte. Gebäude, von denen der Vorüberreisende wohl sagen mag, „Ach, wie nett!", oder mit einem nostalgischen Flackern im Blick, „wie romantisch, hier könnte man alt werden". Ohne darüber nachzudenken, wie sich ein so romantisches flankiertes Lebensabend wohl anlassen würde zwischen durchfeuchteten Wänden, unter beschädigtem Dach und ohne rechte sanitäre Anlagen. Oder anders herum: wer soll, wer kann das bezahlen?

Um die Probleme und Umstände — und natürlich auch Ergebnisse — der täglichen Denkmalpflege vor Ort einmal vorzuführen, luden Michael Petzet, Chef des bayerischen Denkmalamtes, und seine Mitarbeiter unlängst zu einer Pressefahrt nach Nordschwaben ein. Denkmalpflege vor Ort, unter anderem in dem malerischen, noch ganz mittelalterlich geprägten Städtchen Lauingen an der Donau, das 1975 ins Städtebauförderungsprogramm aufgenommen wurde und dessen historische Altstadt nach dem neuen Denkmalschutzgesetz unterliegt. Auch Dillingen lag auf der Route, und etliche winzige Dörfer im Donauries. Für die zur Sanierung anstehenden oder bereits restaurierten Gebäude stehen jeweils Mittel aus dem Entschädigungsfonds des Denkmalamtes (insgesamt jährlich 2 Millionen Mark) zur Verfügung, zumeist als Unterstützung der Eigenaufwendung des Besitzers. Daß es für die Eigentümer denkmalgeschützter Objekte auch die Möglichkeit steuerlicher Abschreibung für ihre Aufwendungen gibt, ist wichtig, aber noch keineswegs allgemein bekannt. Gespräch und finanzielle Beratung sind ein Teil der alltäglichen Denkmalpflege.

Liebevolles Interesse am Ererbten

Das Schloß Harthausen in der Nähe von Günzburg, ein herrschaftlicher Landsitz mit freundlichem Park und einem kleinen Ehrenhof, präsentiert sich, zumindest nach außen, bereits im Zustand

gleich Teil eines Freilichtmuseums sein. Von einheimischen Handwerkern werden die zu ersetzenden schweren Dachbalken im alten Stil mit Beilen behauen („Beilen"), das Dach wird nach alter, offenbar materialsparender Ries-Bauweise mit untereinander vermörtelter Nonnenziegeln gedeckt. Das Denkmalamt kann so interessierten Bauherrn und Architekten die alten Techniken vorführen, merkt aber vorsorglich dazu an, daß das „Beilen" der Dachbalken eine Restaurierung notwendig verteuert, dafür aber statische Vorteile bietet.

Die Wirtin des Gasthofs „Zum Löwen" in Huisheim (800 Einwohner) begrüßte Denkmalchef Michael Petzet in breitem Schwäbisch: „Des isch dr Mo, der wo's Geld hot". Sie hat allen Grund: ihr behäbig am Dorfplatz, gegenüber von Kirche und Pfarrhof hingelagerter Gasthof ist der erste im Rahmen des Gasthof-Programms vollendete Modellbau. Das alte Gebäude, einst Amtshaus des Kaisheimer Pflegers, wurde unter sachkundiger Beratung und mit 12 000 Mark Zuschuß restauriert. Was in der Praxis wohl vor allem bedeutet, daß man Gaststättenpächter ermutigt, lieber ein altes, in der Regel arg vernachlässigtes Gebäude pfleglich zu renovieren, statt auf kurzem Weg ein neues Gebäude hinzustellen, das — wie gerade in Huisheim augenfällig — einen schönen und intakten Dorfmittelpunkt häßlich zerstören würde.

Daß solche Ermutigungen, die in vielen Fällen sicher mit Überredung beginnen müssen, gerade bei den unscheinbaren historischen Objekten dringend geboten

Jeder in seiner eigenen Ruine

Im „Unteren Brunnental" gibt es ein total ruinöses, altes Färberhaus, das praktisch nicht mehr zu retten ist. Dennoch, wenn man es abreißt, wird man um die Frage einer Rekonstruktion nicht herumkommen — denn ein Neubau, wie auch immer, kann in der Praxis wohl vor allem bedeutet, daß man nicht endgültigen Untersuchung hat das Denkmalamt über dreißig einzelne Gebäude als wichtige und typische „Sanierungsfälle" ermittelt, die im Zuge des zunächst bis 1982 laufenden Förderungsprogramms „modellhaft saniert" und angemessen bezuschußt werden. An Mitteln stehen dafür jährlich 100 000 Mark zur Verfügung, die vorwiegend zur Sanierung von Baudenkmälern in Privatbesitz verwendet

sind, konnte, ja mußte man auf dieser Denkmals-Reise beiläufig registrieren. Was sich da bei der Fahrt durch kleine und mittlere Ortschaften dem Auge darbot an modernistischen Scheußlichkeiten aus früheren Jahren, als es noch kein Denkmalschutzgesetz gab, ist durchaus zum Erschrecken. Es sind die Sünden zum Wiederaufbauwut, mit der wir auch leben müssen. Die Dinge stehen in der Gegend, manchmal wie warnende Menetekel, die uns mittlerweile lehren sollten, wie man es nicht macht. Als positive Erfahrung durfte man von dieser Reise hinwiederum die Einsicht mitnehmen, daß sich die Ideen des Denkmalschutzes auch für triviale Bauten — was wäre ein Zehn-Staedel anderes? — doch allmählich festsetzen im Denken der Allgemeinheit. Ja, es gibt sogar einen gewissen Stolz auf das bewahrte und wieder eroberte Alte.

Ingrid Seidenfaden

ALLTAGSSORGEN MIT DER ROMANTIK: links die „Schwalbennester" über der Stadtmauer von Lauingen, rechts die private Sanierung eines Wohnhauses in Dillingen.
Bilder: Landesamt für Denkmalpflege

Bayerische Staatszeitung
7. Juli 1978

Denkmalpflege unter Bauern

VON URSULA PETERS

Der Antrag ist zwar zurückgestellt. In dieser Legislaturperiode des bayerischen Landtags wird sich nichts rühren. Aber die Ruhe trügt. Der CSU-Abgeordnete Edmund Stoiber und seine Freunde haben bereits angekündigt, daß ihr Anliegen wieder auf den Tisch kommt. Sie verlangen, daß die Landratsämter letzte Instanz sein sollen, wenn es um das Schicksal von historischen Gebäuden geht. Was aber hier unter der Rubrik *Bürgernähe* und *Vereinfachung* von Bauverfahren betrieben wird, da läuft in der Praxis auf das beschleunigte Verschwinden von überlieferter bäuerlicher Architektur in der Kulturlandschaft hinaus, jedenfalls auf eine Verwässerung des Denkmalschutzes. Zwar werden die lokalen Politiker mit Stolz auf die neuen Häuser im streng heimatgebundenen Stil hinweisen, doch die Originale stehen eben nur noch im Bauernhofmuseum zu besichtigen. Ergebnisse jahrhundertelanger Bau-Erfahrung, wie schützende Holzverkleidung, breite Dächer, kleine Sprossenfenster, geraten zum beliebig eingewandten Dekor. Beispiele für eine derart mißverstandene, modisch-rustikale Architektur überschwemmen bereits das ganze Oberland. Ein bayerisches Walt-Disney-Land.

Allerdings hat die Gruppe von CSU-Politikern mit ihrer Initiative durchaus die Hand am Puls des Volkes. Es hatte viel Unmut gegeben, als die Fachleute von Dorf zu Dorf gingen, um die Objekte für die Denkmalschutzliste zusammenzustellen. Im Landkreis Miesbach sind es beispielsweise 1200 bäuerliche Anwesen. Deren Besitzer fühlen sich durch die Schutzbestimmungen in ihren Eigentumsrechten und der persönlichen Freiheit beschnitten. Dazu kommt der Neid auf den reicheren Nachbarn, der sein altes Haus schon vor dem Inkrafttreten des Denkmalschutzgesetzes 1973 durch einen komfortablen Neubau ersetzen konnte. Der Besitz historischer Gebäude ist für viele nur eine Last. Meistens sind es die weniger Arrivierten im Dorf, die ihre alten Höfe noch nicht renovieren konnten — die noch keine praktischen Einscheibenfenster und pflegeleichte Haustüren aus dem Versandhauskatalog einbauen konnten. Die Vorschläge der Berater aus dem staatlichen Landwirtschaftsamt zur betrieblichen Sanierung kollidieren ebenfalls häufig mit den Forderungen der Denkmalpflege und der Erhaltung von guten architektonischen Proportionen.

Man hat den Eindruck, daß manche Abgeordnete den vorhandenen Widerwillen gegen das alte G'lump', in dem es sich nicht menschenwürdig wohnen läßt, noch anstachelt. Bürgermeister stimmen mit ein, weil sie sich vom Denkmalschutz in ihrer Ortsplanungskompetenz beschnitten fühlen. So sind Fälle zu erklären, daß gleichsam in Nacht-und-Nebel-Aktionen geschützte Gebäude — wie kürzlich der Pfarrhof von Reichersbeuern — abgebrochen werden. Das Bußgeld für solche Verstöße setzt das Landratsamt fest, nicht die Denkmalbehörde. Es dürfte sehr gering ausfallen, wenn die Kreisverwaltung die Erhaltung des historischen Gebäudes ebenfalls für nicht notwendig hält.

Indessen kann und darf die Handhabung des Denkmalschutzes nicht von der örtlichen Interessenlage abhängen. Nicht jeder Landrat oder Kreisbaumeister hat das Gefühl für historische Zusammenhänge und einen ausgeprägten Sinn für Bauschönheiten. Oft sind auch der Landrat, als Wahlbeamter, und der Kreisbaumeister als sein Untergebener nicht einmal einer Meinung. So gesehen müßte sich eine Veränderung des jetzigen Vollzugs des Denkmalschutzgesetzes, mit der Verlagerung der Entscheidungskompetenz auf die Kreisebene, verheerend auswirken. Bereits jetzt verschwinden Jahr für Jahr fünf bis acht Prozent der bäuerlichen Anwesen, die unter Denkmalschutz stehen, weil sie einfach nicht mehr zu halten sind. Aus dieser relativ geringen, gleichwohl schon alarmierenden Zahl würde ein tausendfältiges Zerstörungswerk, wenn in häufigen Interessenkonflikt zwischen Landratsamt und Denkmalpflege nicht mehr eine unbeteiligte Instanz — in diesem Fall die Bezirksregierung — entscheiden würde.

Die Wurzel des Problems liegt tiefer. Es ist nämlich nicht damit getan, Kompetenzen nach unten zu verlagern und damit mehr „Freiheit" zu gewähren. In erster Linie fehlt es an Beratung und Aufklärung der Betroffenen.

Die Methoden moderner Altbausanierung sind auf dem Land zu wenig bekannt. Und die Bauern werden zusätzlich durch Gerüchte verschreckt wie etwa, es dürfe in ein denkmalgeschütztes Haus kein Teppichboden gelegt oder keine gekachelte Küche installiert werden. Das Landesamt für Denkmalpflege verfügt nur über einen einzigen technischen Berater für Sanierungsfälle, der für ganz Bayern zuständig ist. Viele Architekten sind ebenfalls im Stande der Unkenntnis, was denkmalpflegerische Erhaltung von Häusern, betrifft. Sie sind nicht dafür ausgebildet worden und stellen naturgemäß ihr Können bei einem Neubau hin, als sich an die mühselige Arbeit der Renovierung eines Hauses aus dem 18. Jahrhundert zu machen.

Die Bauern und die Dorfgemeinschaft selbst müssen gelehrt werden, auf ihr Erbe stolz zu sein, wieder Freude an der Handwerkskunst ihrer Vorfahren zu haben. Bezeichnenderweise haben die Städter, seitdem es Fassadenpreise gibt, gelernt, alte Häuser wieder als Wert zu sehen. Nur auf dem Land kämpft die Denkmalpflege noch mit Windmühlenflügeln. Das Kultusministerium, das schließlich für Denkmalpflege zuständig ist, könnte die Schullehrpläne entsprechend anreichern, auch wenn es kein Fach „Heimatkunde" mehr gibt. Mit gutem Willen wären noch viele Kostbarkeiten zu retten.

---

stand einer geglückten Restaurierung. Die beiden Außenflügel, im 18. Jahrhundert durch einen eleganten Zwischentrakt verbunden, stammen aus dem 16. Jahrhundert, wo die Schlößher die teilweise noch im Bau befindlichen Innenräume läßt ahnen, in welch sorgenvollem Zustand sich das Gebäude, das nach dem Krieg Dutzenden von Flüchtlingsfamilien Unterschlupf bot, vor der Restaurierung befand. Von „akuter Einsturzgefahr" spricht das Protokoll, Architekt und Schlößherr wissen von erschreckenden Schallmauer-Rissen zu berichten, da die Statik „elastisch" war.

Der Besitzer, Maximilian Freiherr von Riedheim, hat die alten Urkunden und Bauzeichnungen mit der aktuellen Dokumentation der Sanierung gesammelt. Sicher wird es in den noch unvollendeten Untergeschoßräumen, die später der Öffentlichkeit zugänglich gemacht werden sollen, ein kleines Schloßarchiv geben, das auch die Leistungen der heutigen Denkmalpflege vorführt. In die bisherigen Baukosten teilten sich der Eigentümer mit rund 600 000 und ein Entschädigungsfonds mit einem Zuschuß von 720 000 Mark. Eindrucksvoll wie liebevolle Interesse des Besitzers für die Erhaltung des ererbten Baudenkmals. Von Last, wie im Zusammenhang mit den lästigen Bauarbeiten oft die Rede — was jeder versteht, der über Wochen oder Monate Handwerker im Hause hat.

Ein bäuerlicher Betrieb mit Land- und Milchwirtschaft in einem urigen, hochgiebeligen Schlößchen — das ist die liebenswert-ungewöhnliche Situation in Schloß Tapfheim (Donauries). Seit der Säkularisation ist das auf einem Hügel inmitten der kleinen Gemeinde gelegene Schloß im Besitz der Familie Waiß. Die weitläufigen, flach überwölbten Korridore, die wuchtig proportionierten Räume, die schweren Holztüren im Haus — alles hat eine schwere, großzügige Würde. Zeigt, daß hier Menschen ganz selbstverständlich leben und arbeiten. Der neue Boiler im Bad ist eine Errungenschaft, bislang bohrte sich der Kamin des Backofens wie in Nachkriegszeiten zum Fenster heraus… Die Restaurierung von Tapfheim galt vor allem dem Dach und dem Dachstuhl, spätere Anbauten wurden entfernt, und die Fassade mit den schönen, hohen Giebeln unter dem Satteldach wurde in der originalen Farbgebung restauriert.

Ein gediegener Landsitz in sehr schönen, einfachen Proportionen krönt nun, wieder intakt, das kleine Dorf. Daß die Stallungen daneben, verglichen mit den hochmodern ausgestatteten Bauernhöfen etwa in Oberbayern, geradezu vorsintflutlich ausgerüstet sind, zeigt nur, wieviel Verzicht die Besitzer vom alten Denkmälern doch auch leisten.

Das Donaustädtchen Lauingen liegt im Ruhmes-Schatten der romantischen Schwabenstädte Rothenburg, Nördlingen und Dinkelsbühl. Dabei hat es neben seinem spätgotischen Pfarrkirche einen mit Marktplatz, Glockenturm und einer solid seiner winkligen Struktur bestens erhal-

Ein gewisser Stolz auf das Alte

Um unser und der Menschheit leibliches Wohl besorgt, hat das Denkmalamt — wovon bisher kaum die Rede war — ein Programm zur Sanierung und Nutzung alter Gasthöfe entwickelt. Der seit 1639 existierende Gasthof Traube in Dillingen (unmittelbar benachbart dem Haus am Hafenmarkt) ist so ein Fall. Die Hofbauten zum Innenhof und ein angrenzender Speicher zeigen sich heute, kaum mehr nutzbar, als „altes G'raffel". Hier soll ein Zuschuß dem Pächter beim restaurativen Aufbau helfen.

Auf der Fahrt zum nächsten Denkmals-Gasthof in der kleinen Gemeinde Huisheim (Donauries) streifen wir in Herolfingen einen alten Zehntstadel (wo einst die Abgaben, inklusive Jungschweine, eingesammelt wurden). Er soll als Außenstelle des Ries-Museums genutzt werden und als historisches Gebäude zu-

tenen Stadtkern. In dieser Stadt wird nun ein ganzes Haus-Ensemble aufgekauft und restauriert, wie es, wenn alles gut geht und auch die Bewohner mitmachen, ein Musterbeispiel für Denkmalpflege im Sinne des Denkmalschutzes?

Dillingen, die einstige Bischofs- und Jesuitenresidenz mit ihren prächtigen Kirchen und Barockbauten wirkt, nach dem mittelalterlichen Lauingen, beinahe großstädtisch. Doch auch dieser Ort hat, seitab von der Hauptstraße, seine Problemecken. So das Haus Hafenmarkt 10, das am Kirchenbauer Johann Albertal zuschreibt. Der Abbruch wurde nicht genehmigt, und inzwischen, so merkt man, nahm der Gedanke des Denkmalschutzes mehr als früher Platz in den Überlegungen der Öffentlichkeit. Ein privater Bauunternehmer will das von der Stadt angekaufte Haus renovieren. Seine Absicht: „Eine Art Demonstrativ-Vorhaben, bei dem bautechnische und handwerkliche Möglichkeiten zu angemessener und schonender Altbausanierung aufgezeigt und erprobt werden sollen". Der Mann selbst sagt es einfacher: Er will in der auftragsarmen Winterzeit Lehrlinge und Handwerker beschäftigen, ihnen Gelegenheit geben, traditionelle Bautechniken zu lernen und zu praktizieren. Ein schönes Beispiel dafür, wie sich geschäftliche und öffentliche Interessen vereinen lassen.

Süddeutsche Zeitung
26. Juni 1978

Generalkonservator Dr. Petzet sah sich im Landkreis um

Denkmalpflege bringt auch Steuervorteile

Reichtum an Denkmälern bringt auch viele Probleme mit sich — Förderung angekündigt

Bamberg Land (Lkr). Die Denkmalpflege gehört zu den großen Kulturaufgaben. Besonders reich ist der Landkreis Bamberg mit Denkmälern aller Art gesegnet. Daher kamen MdL Philipp Vollkommer zusammen mit Landrat Otto Neukum und MdL Dieter Morgenroth überein, den „Ersten Denkmalpfleger" im Land Bayern, Generalkonservator Dr. M. Petzet, für eine Rundfahrt durch den Landkreis Bamberg einzuladen. Damit sollte dem Generalkonservator dokumentiert werden, daß für den Bereich des Landkreises Bamberg eine verstärkte Förderung erforderlich ist. Der Erfolg dieser Rundfahrt: Prof. Dr. Petzet sicherte entsprechende Förderungen zu.

Vor der alten Mühle in Leesten. Von l. n. r. Bürgermeister Weiß, Strullendorf, Landrat Neukum, MdL Vollkommer, Generalkonservator Dr. Petzet, MdL Morgenroth, H. Krause und Dr. Leusch vom Landesamt für Denkmalpflege. Foto: FTlkr

Während in der Vergangenheit Denkmalpflege eine Angelegenheit einiger weniger Interessierter war, nimmt heute ein großer Teil der Bevölkerung an der Lösung der wichtigen kulturellen Probleme Anteil. Die Denkmalliste für den Landkreis Bamberg hat den doppelten, wenn nicht dreifachen Umfang der in anderen Landkreisen.

Der Landkreis Bamberg ist in Oberfranken der denkmalreichste Kreis.

wendungen und Opfer, die die Schloßeigentümer zur Erhaltung des Schlosses gebracht haben.

Bürgermeister Förtner bemerkte, daß das um 1600 erbaute Schloß Trabelsdorf im Eigentum der Gemeinde steht. Die Gemeinde plant eine Restaurierung, um das Schloßgebäude vor dem Verfall zu bewahren. Ein Architekturbüro erstellt derzeit einen Sanierungsplan. Generalkonservator Dr. Petzet und Landrat Neukum rieten der Gemeinde, mit einem bereits bewilligten Förderbetrag die dringend notwendige Sanierung des Dachstuhls und die Dacheindeckung durchzuführen.

Die Gemeinde Viereth beabsichtigt, das alte Rathaus aus der zweiten Hälfte des 17. Jahrhunderts zu sanieren. Bei diesem Gebäude handelt es sich um eine ehemalige Schmiede.

Die Planung hierfür wurde durch das Architekturbüro Dellert-Eis durchgeführt. Bei der Besichtigung waren auch die Bürgermeister Schmitt und Dippold anwesend. Der Generalkonservator will prüfen, inwieweit hier Mittel aus dem Entschädigungsfonds zur Verfügung gestellt werden können. Ein weiteres Projekt in Viereth wurde von Architekt Seemüller, Bamberg, erläutert. Es handelt sich um die Renovierung der Zehntscheune in Viereth, die in ein Atelier umgebaut werden soll.

Zum Abschluß der Rundreise wurde die St.-Valentins-Kapelle in Unterleiterbach, die ein Baudenkmal von hohem geschichtlichem Wert ist, besichtigt.

Sie wurde in den Jahren 1738/39 nach Plänen von Johann Jakob Michael Küchel erbaut und ist im wesentlichen eine Reduktion von Küchels Plänen für Vierzehnheiligen. Vom Architekturbüro Dellert und Eis wurden die notwendigen Instandsetzungen erklärt. Auch die Bürgermeister Martin und Griebel wiesen auf die Dringlichkeit des Projekts hin. Die Gefährdung des Bauwerkes, insbesondere der Dachkuppel, beruht hauptsächlich auf Durchfeuchtung. Generalkonservator Dr. Petzet versprach, sich für eine entsprechende Bezuschussung zu verwenden.

Privatinitiativen notwendig

Nach der Rundreise fand in Zapfendorf eine Schlußbesprechung zusammen mit Landrat Neukum, MdL Vollkommer und MdL Morgenroth statt. Hierbei wies Generalkonservator Dr. Petzet darauf hin, daß gerade im Landkreis Bamberg in den letzten Jahren sehr viel zur Erhaltung von Baudenkmälern geleistet wurde.

Die für die Rundfahrt ausgesuchten Projekte seien eine interessante Mischung von denkmalpflegerischen Maßnahmen von privaten, kommunalen und kirchlichen Trägern. Diese Maßnahmen seien für viele andere Projekte im Landkreis Bamberg beispielhaft.

Heute sei man bei der Denkmalpflege auf die Initiativen von Privatpersonen und der Gemeinden angewiesen.

Es sei stark spürbar, daß bei den Bürgern und den Gemeinden das Bewußtsein an der Denkmalpflege wächst. Obwohl im Landkreis bereits viel geschehen sei, gebe es noch viel zu tun. Nach den Worten von Dr. Petzet löst oft ein denkmalpflegerischer Anstoß in einem Ort eine große Kettenreaktion aus. Dr. Petzet bestätigte dem Landrat, daß bisher die Zusammenarbeit mit dem Landratsamt sehr gut war.

Es wurde auch auf die steuerlichen Vorteile bei der Durchführung denkmalpflegerischer Projekte hingewiesen, die sehr unerheblich seien.

Landrat Otto Neukum dankte dem Generalkonservator, daß der Landkreis Bamberg bei der Förderung von Baudenkmälern bisher gut weggekommen sei. Schließlich kam man überein, eine solche Fahrt zu einem späteren Zeitpunkt zu wiederholen.

Diese Aufnahme zeigt das Musterbeispiel der Renovierung eines fränkischen Fachwerkhauses in Viereth.
Foto: FT-lkr

In Leesten wurde die alte Mühle aus dem 18. Jahrhundert besichtigt, die heute noch fast unverändert erhalten ist. Die Druchführung notwendiger Sicherungsmaßnahmen ist dringend notwendig, um die Mühle vor dem endgültigen Verfall zu bewahren. Prof. Dr. Petzet war von der Ursprünglichkeit dieses Baudenkmals sehr beeindruckt.

Das Wasserschloß in Buttenheim aus dem Jahr 1774 weist große Schäden auf. Freifrau und Freiherr von Seefried erläuterten die beabsichtigten denkmalpflegerischen Maßnahmen, die durch das Architekturbüro Dellert und Eis ausgeführt werden sollen. Bei der Besichtigung war auch Bürgermeister Kauer mit Gemeinderäten anwesend.

Schloß Reichmannsdorf wurde in den Jahre 1704 – 1719 von Johann Dientzenhofer erbaut. Die Eigentümer, Elisabeth Freifrau von Schrottenberg, Oberst i. G. a. D. Alfred und Franz

Größere Schäden weist das unter Denkmalschutz stehende Schloß Reichmannsdorf auf
Foto: FT-lkr

Vom Luxushotel bis zu historischen Kirchen
Projektserie unter Vorzeichen Denkmalpflege

Marathonlauf des Generalkonservators durch Regensburg / Rathaus-Anbindung ans Parkhaus geplant

bi. Marathonlauf durch Regensburgs Denkmal- und Stadtbildpflege! Einige Aspekte (im Telegrammstil): Neue Millionen für die Restaurierung der Minoritenkirche erforderlich. Überbau der D.-Martin-Luther-Straße, Zusammenschluß des Neuen Rathauses mit dem Parkhaus. Privatsanierung von neun Gebäuden an der Lederergasse geplant. Für das „Luft-Haus" 260 000 Mark bewilligt, weitere 210 000 Mark für diese Maßnahme erhofft. Vorbildlicher Ausbau des ehemaligen Stallgebäudes an der Hüllung zu Depot- und Ausstellungsräumen der Bischöflichen Sammlungen. Und: Schon am 12. Mai 1979 Inbetriebnahme des Regensburger Luxushotels in historischen Mauern: des Parkhotels Maximilian. All das und noch mehr wurde gestern zum Ereignis, Projekt, Gesprächsthema — beim Besuch des Generalkonservators des Bayerischen Landesamtes für Denkmalpflege, Dr. Michael Petzet, in Regensburg.

Binnen sieben Stunden Besichtigung von zehn Baustellen, sowie Gespräche über weitere Maßnahmen der Denkmalpflege im Bereich der Stadt Regensburg, all das stand auf dem Programm. Auch das Runtingerhaus, das Haus Fischgäßl 2, der Fischmarkt und das Auerhaus alias Am Römling 12 und die Auerkapelle im

Kommen sie doch noch zusammen, das Neue Rathaus und das Parkhaus Dachauplatz? Wird der Trakt, in dem sich der Sitzungssaal des Stadtrates und Büros befinden, über die zweite Fahrbahn der D.-Martin-Luther-Straße hinweg bis zum Parkhaus verlängert? Dr. Petzet, der Generalkonservator des Bayerischen Landesamtes für Denkmalpflege, äußerte sich zu diesem Vorschlag positiv. Es ergäbe sich hier eine Verschönerung des Stadtbildes, meint er.
Aufnahmen: Berger

Vom Luxushotel bis . . .
Fortsetzung von der vorhergehenden Seite

stückszimmers", eine großzügige Hotelhalle, wobei alle Architekturelemente des im Jahre 1886 erbauten Hauses erhalten bleiben. Wo sich das Loungezimmer befand, will man kleine Boutiquen, im Keller zusätzliche Gastlokale und Konferenzzimmer, sowie eine Bar schaffen, unter dem Garten eine Tiefgarage für 40 Personenautos und im Gartenbereich einen Caféplatz für 150 Gäste, Grünanlagen und ein Springbrunnen — nach Vorbild der früher vorhandenen Brunnenanlage. Alle Zimmer des Hotels werden mit Kosmetiknische und Bad/WC ausgestattet. Künftig wird das Hotel 108 Betten haben, zusätzlich können insgesamt 25 Kinderbetten aufgestellt werden. Das Doppelzimmer wird 96 DM — als Einzelzimmer 86 DM — kosten, die Kinderbetten werden kostenlos mit zur Verfügung gestellt.

Anbau ans Neue Rathaus

Zu einem Vorschlag von Architekt Karl Schmid äußerte sich Generalkonservator Dr. Petzet positiv: den Westflügel des Neuen Rathauses, in dem sich der Sitzungssaal befindet, bis zum Parkhaus zu verlängern, das Rathaus architektonisch mit dem Parkhaus Dachauplatz zu verbinden, somit dessen lange Fassade zu unterbrechen und den Dachauplatz — an dem sich das Städtische Museum, das einstige Klostergebäude mit der Minoritenkirche befindet — wieder zu einem städtebaulich geschlossenen Raum zu machen. Er wäre grundsätzlich dafür, durch solch eine Maßnahme wieder eine Gliederung zu schaffen, bestätigte er uns.

Minoritenkirche 5,4-Millionen-Projekt

In der Minoritenkirche, in der zur Zeit Seccomalereien aus dem Jahre 1499 freigelegt werden, kamen neue Probleme zur Sprache. Die Freilegungen und Konservierungen in der Kirche, ursprünglich auf 600 000 bis 700 000 DM geschätzt, werden 2,5 Millionen Mark kosten, und nun zeigte sich, daß auch der Dachstuhl und die Außenwände, vorwiegend aus Sandstein, erneuerungsbedürftig sind, dafür wurden weitere 2,9 Millionen veranschlagt. Insgesamt werden also für die Minoritenkirche 5,4 Millionen erforderlich sein, fast so viel wie für das Gesamtprojekt „Maximilian". Dr. Petzet: „Das ist schon ein Heidengeld!" Er erklärte dem Verwaltungsleiter des Städtischen Museums, Gerhard Nothhaft, es sei wohl am besten, mit den bisher noch zur Verfügung stehenden Mitteln zunächst einmal die Gemäldefreilegungen fortzusetzen und dann zu versuchen, eine ganz neue Finanzierung aufzubauen.

Über weitere Projekte des Denkmalschutzes in Regensburg, die gestern behandelt wurden, werden wir noch berichten.

Mittelbayerische Zeitung (Regensburg)
12. Juli 1978

nimmt, könnten wir Denkmalpfleger nichts ausführen!"

Die Fassade des „Maximilian" bleibt vollends erhalten, sie wird instandgesetzt und renoviert. Insgesamt erhalten bleiben auch der Festsaal und der Rokokosaal, in den Flächen zwischen den Deckengemälden des Saales werden die ursprünglichen Farben, Malereien mit viel Goldton, wieder freigelegt. Im östlichen Bereich entsteht, unter Einbeziehung des einstigen „Frühstücks-...

Bitte lesen Sie auf der nächsten Seite weiter

Besonderes Interesse galt dem Park-Hotel Maximilian. Hier begann die Besichtigungstour, und hier verhielten sich die Denkmalpfleger gleich anderthalb Stunden. Dr. Robert Eckert, Oberstudiendirektor, Inhaber des „Maximilian" wie des großen Berufsförderungswerkes, das in seinem Namen trägt, führte die Gäste selbst. Da-

Viel Arbeit für Denkmalpfleger

Generalkonservator Petzet spricht von Fortschritten bei der Sanierung in Regensburg

REGENSBURG (Eigener Bericht) — Die Altstadt die Generalkonservator Michael Petzet „einen absoluten Schwerpunkt der Arbeit des Landesamtes für Denkmalpflege" nannte, war das Ziel einer Pressefahrt, bei der an zehn Objekten Erfolge, Möglichkeiten und Schwierigkeiten der Sanierung einer mittelalterlichen Großstadt aufgezeigt wurden. Wenn die Bedeutung Regensburgs, „das eine Fülle von weltlichen und kirchlichen Baudenkmälern aus dem 13. und 14. Jahrhundert besitzt wie keine andere Großstadt", auch vornehmlich in seiner großen geschichtlichen Vergangenheit liege, so dürfe darüber die baugeschichtliche Kontinuität bis in die Gegenwart hinein nicht vernachlässigt werden, sagte Petzet.

In dieser Beziehung ist es für ihn „nach jahrelangen harten Kämpfen eine unglaublich erfreuliche Angelegenheit", daß das Parkhotel Maximilian, 1889 im Neu-Rokoko-Stil erbaut und heute „ein Musterbeispiel der Hotelkultur der Gründerzeit", in seiner ursprünglichen Gestalt und zeitgemäß ausgestattet werden könne. Das Hotel werde nach der Restaurierung der Fassade und der Freilegung der mittelalterlichen Stadtmauer in der Tiefgarage voraussichtlich von Mai 1979 an wieder zugänglich sein. Petzet erinnerte an Pläne, das Hotel nach dem Kauf durch die Stadt abzureißen und an seiner Stelle ein modernes Kongreßzentrum mit Kaufhaus zu errichten. Dagegen habe sich das Landesamt stets gewandt.

Als „völlig hoffnungsloser Fall, den man nur durch Abreißen lösen kann", sei auch ein Haus bezeichnet worden, in dem Astronom Johannes Kepler wohnte; erinnerte der Generalkonservator. „Wir haben mit der Instandsetzung einen Musterfall einer Sanierung durchgezogen und gezeigt, was man machen kann." Im übrigen sei erstaunlich, wie günstig sich sanierte Altbauhäuser vermieten ließen.

Zur Verbreitung der Keplerstraße sollte schon vor einigen Jahren auch das spätgotische „Haus am Sauseneck" abgebrochen werden. Die bedrohlich gefährdete Bausubstanz dieses Gebäudes, für das sich besonders die „Freunde der Altstadt" eingesetzt hatten, soll nach dem Bericht Petzets durch Zuschüsse aus dem Entschädigungsfonds gerettet werden. Die jetzigen Mieter haben durch die Freilegung gotischer Decken und barocker Türen in eigener Initiative für eine Sanierung bereits wichtige Vorarbeiten geleistet.

Die wachsende Bereitschaft zur privaten Sanierung, die durch Mittel aus dem Fonds des Landesamtes und durch vermehrte steuerliche Vergünstigungen wesentlich angeregt werde, begrüßte der Generalkonservator. Besonders die private Sanierung mit Mitteln des Stadtbauförderungsgesetzes durch die Stadtbau-GmbH bezeichnete er als gute Kombination. Er sprach sich für eine punktuelle und individuelle, nicht für eine „Einheits-Sanierung en gros" aus. Auf diese Weise werde dem Wesen einer Stadt am besten Rechnung getragen.

Werner Huber

Am Römling 8 wurden besichtigt. Informationen wurden zudem über die Gesandtengräber bei der Dreieinigkeitskirche, über die Restaurierungen in St. Ulrich beim Dom, sowie über die Sanierung der Villa Lauser ausgetauscht.

Begleitet wurde der Generalkonservator des Landesamtes für Denkmalpflege u.a. von Baudirektor Dipl.-Ing. Hubert Bauch, dem Gebietsreferenten des Landesamtes für die Stadt und den Landkreis Regensburg, sowie von Pressevertretern. „Man" stieg bis auf taubenmistübersäte Dachböden leerstehender Altstadt-Wohnhäuser wie auch in Kellergewölbe, und man besichtigte Privatwohnungen ebenso wie neue Muster-Hotelzimmer und Secco-Malereien.

Von Hotelhalle bis Springbrunnen

Die Arbeiten im Park-Hotel sind in vollem Gange, die Maßnahmen in den Obergeschossen weit fortgeschritten. „Das haben wir uns ja kaum träumen lassen, wie schön das wird", sagte Dr. Petzet, den Dr. Eckert einmal beim Gang durchs Haus. Den Dank, den Dr. Eckert dem Landesamt zollte, erwiderte er mit dem Hinweis: „Ohne Sie, ohne einen Unternehmer, der sich so der Sache annahm bei wies er darauf hin, daß Sanierung und Umbau dieses Hotels 6,4 Millionen Mark kosten werden, von denen 420 000 DM als Zuschuß des Landesamtes für Denkmalpflege, ebenso viel als verbilligtes Darlehen des Landesamtes, sowie über 3,5 Millionen als Förderdarlehen gewährt werden, so daß rund zwei Millionen Mark aus Eigenmitteln aufzubringen sind.

Vor dem Park-Hotel Maximilian, das sich derzeit in Baugerüsten präsentiert: Generalkonservator Dr. Petzet (links) und Dipl.-Ing. Bauch, der Gebietsreferent des Bayerischen Landesamtes für Denkmalpflege (zweiter von links) mit dem Inhaber des Hotels Maximilian und des Berufsförderungswerkes, Dr. Eckert (Mitte) und Teilnehmern der Besichtigung sowie Mitarbeitern der Privaten Schulen Eckert.

Süddeutsche Zeitung, 13. Juli 1978

Blitztour in Sachen Denkmalspflege

Entscheidungen fielen oft an Ort – Schönster Pfarrhof der Diözese verfällt

Landsberg (Bl). Ein dichtes Programm hatte Generalkonservator Dr. Michael Petzet und die Herren und Damen seiner Begleitung am vergangenen Mittwoch zu absolvieren. „Wir werden sehen, was uns da im Landkreis erwartet", meinte Dr. Petzet, als die Wagenkolonne mit Landtagsabgeordnetem Thomas Goppel, mit Bürgermeistern, dem Heimatpfleger Dipl.-Ing. Neu und Oberamtsrat Hermann Weigel vom Landratsamt bei strömendem Regen in Richtung Geltendorf brauste. Das war der erste Punkt in der umfangreichen Besichtigungsreise, die Geltendorf, Windach, Utting, Dießen, Apfeldorf und Epfach umfaßte. Einige Objekte mußten aus Zeitmangel gestrichen werden, denn der Abschluß der sehr inhaltsreichen Besichtigungsfahrt war Landsberg, wo Stadtpfarrer Gabriel Beißer und Oberbürgermeister Hanns Hamberger mit ihren denkmalpflegerischen Problemen warteten.

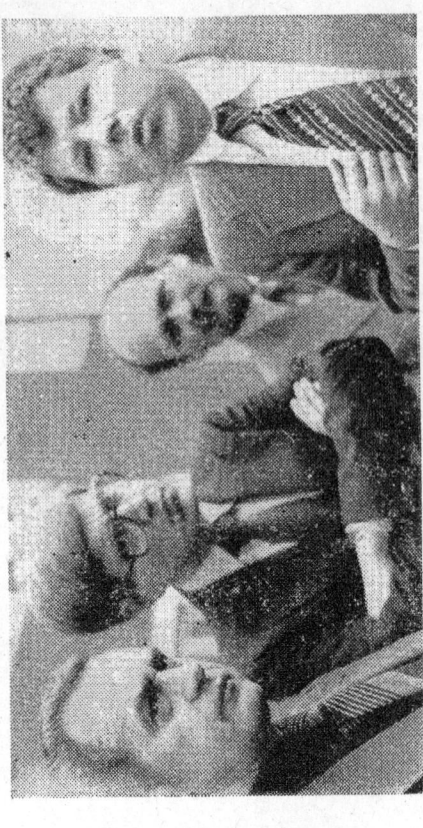

DER GENERALKONSERVATOR Dr. Petzet (im Bild rechts) im Gespräch mit Stadtpfarrer Gabriel Beißer. Thema: Die Kirchenfenster, Orgel und Empore. Bild: Bl

Landsberger Tagblatt
21. Juli 1978

DER BEDEUTENDSTE PFARRHOF der Diözese Augsburg steht in Epfach. Ein Baudenkmal von besonderer Bedeutung. Es verfällt. Seit Jahren steht der Pfarrhof leer. Nur wenn ein Geistlicher einzieht, kann der Staat Mittel einplanen. Bild: Bl

In Geltendorf galt die Besichtigung einem Bauernhof aus dem 18. Jahrhundert und einem alten Backofen, der nach einer Auflage des Landratsamtes hätte verschwinden müssen. Ergebnis: der Backofen wird abgerissen und der Backofen bleibt. Das Landsberger Tagblatt wird darauf noch gesondert eingehen.

In Windach stand der Schloßankauf zur Diskussion und Bürgermeister Graf referierte dem sachkundigen Gremium. Resultate konnten nicht erwartet werden, da jegliche rechtliche Unterlage für den Schloßerwerb durch die Gemeinde fehlt. Bürgermeister Graf wörtlich: „Wir bekommen das Schloß sicher, nur protokolliert wurde noch nichts." Antwortete der Generalkonservator: „Wir können uns nicht mit Problemen befassen, wo die Eigentumsverhältnisse noch unklar sind."

Vorbildliches Bauernhaus

Nachdem die Dorferneuerung und Denkmalspflege ein zusammenhängender Begriff sind, wurde in Utting kurz Station gemacht. Ein völlig neu restauriertes Bauernhaus stand zur Besichtigung an. Von einem Arztehepaar aus einer Ruine aufgebaut, gehört es heute zu den Prunkstücken der Gemeinde. Von Lastenausgleich für Denkmalpflege wurde lediglich ein Beitrag von ca. 15 000 Mark zugeschossen. Alles andere, dem Vernehmen nach ca. 250 000 Mark, brachten die Eigentümer auf. Kommentar der Denkmalpfleger: „Wohlverstandene Ortsbildpflege, an diesem Beispiel deutlich, bleiben Aufgabe und Verantwortung der Gemeinde. Wir können nur raten, aber die Last und auch die Lust an diesen Aufgaben, die das Arztehepaar so vorbildlich gelöst hat, bleiben bei denen, um deren eigenen Lebensraum es sich handelt."

In Dießen stand neben dem Komplex Klosterkirche besonders der „Beamtenturm" wie ihn ein Besichtigungsteilnehmer nannte, im Blickfeld. „Ein Denkmal der Häßlichkeit" nannte der Generalkonservator dieses Bauwerk und plädierte für die Wiedererrichtung des historischen Barockturms.

Rote Kirche unerwünscht

Apfeldorf war ein kritischer Punkt. Mit 140 000 Mark wird die Dorfkirche restauriert und jetzt besteht Meinungsunterschiede in der Farbgebung der Kirche. Zuerst hatte man sich generell für eine „rote Kirche" entschieden, aber dagegen läuft die Bevölkerung Sturm. In einer sehr ausführlichen Diskussion wurde jede nur mögliche Farbgebung besprochen. Zu einem abschließenden Ergebnis kam man nicht. Vorschlag des Landesamtes für Denkmalpflege: Der Kirchenmaler soll Farbskizzen vorlegen.

Traurig war der Besuch in Epfach. Steht doch dort, wie die Denkmalpfleger sagten, der wohl bedeutendste Pfarrhof der Diözese Augsburg. Ein Prachtbau in schloßartiger Gliederung, im Erdgeschoß und Obergeschoß durch äußerst qualitätsvolle Rokokostukaturen geschmückt, welche dem Umkreis F. Feichtmayers oder der Finsterwalder zugeordnet werden. Arbeiten, die besonders durch ihre Feinheit und Eleganz bestechen. Für diesen Pfarrhof von Epfach besteht eine Staatsbaulast, d. h. der Staat ist verpflichtet das Gebäude unter Dach und Fach zu halten.

Kein Pfarrer – kein Geld

Alle weiteren Maßnahmen aber sind von einer Nutzung dieses Gebäudes abhängig. Da die Pfarrei nicht besetzt ist und in absehbarer Zeit auch nicht besetzt werden wird – das Baudenkmal steht alle Jahre leer – können auf Grund der Rechtslage vom Staat derzeit keine Mittel eingeplant werden.

Ein unhaltbarer Zustand, denn der historische Pfarrhof verfällt. Bei der Besichtigung waren die Schäden deutlich zu sehen. Regenschäden am Stuck, gefährdete Fresken an der Fassade und verfaulende Fußböden. Der Vorschlag des Denkmalamtes an die Diözese, das Gebäude mit einem pensionierten Pfarrer oder einem Religionslehrer zu besetzen, damit für die Erhaltung des Bauwerks die nötigen Mittel freigemacht werden können, blieb ohne Wirkung. Angeblich wollen alte Pfarrherren nicht mehr aufs Dorf.

Kirchenfenster und Empore

In Landsberg erklärte Stadtpfarrer Beißer Gabriel dem Generalkonservator die Dringlichkeit in Sachen Kirchenfenster. Diese in Süddeutschland einmaligen Fenster sind ohne Schutz. Als notwendiger Betrag wurde eine Summe zwischen 400 000 und 600 000 Mark genannt. Bei diesen Zahlen zog der Generalkonservator seine Stirn in Falten und sagte: „Landsberg hat in letzter Zeit sehr viel Geld bekommen und ich habe ein ungutes Gefühl."

Auch das Emporen- und Orgelproblem wurde besprochen. Frau Dr. Dittrich erklärte sich bereit, neue Farbanalysen anzustellen, um die wissenschaftliche Untersuchung in jeder Richtung zu untermauern. Außerdem ist eine dritte Anhörung zusammen mit dem Historischen Verein geplant, wo endlich eine Entscheidung fallen sollte.

Wehrgang genehmigt

Oberbürgermeister Hanns Hamberger zeigte den Besuchern das Stadttheater und demonstrierte seine Vorstellungen. Anschließend gingen die Denkmalpfleger zum Bayertor, um bezüglich der Stadtmauer grünes Licht für die Errichtung eines Wehrganges zu geben wurde.

Mehr darüber auf der Ammersee-Seite unseres Blattes.

▽

Schwabach ist schon wieder ein Modellfall: Erster Band über „Baudenkmäler in Bayern"

Das erste Exemplar der Reihe, die rund 100 Bände umfassen wird, übergab Landeskonservator Dr. Petzet am Sonntag dem Oberbürgermeister — Kein Zufall, daß Schwabach diese Ehre widerfuhr — Buchhandlungen nehmen ab sofort Bestellung auf

SCHWABACH (gu) — Ein Ereignis, das dem Bürgerfest vom vergangenen Sonntag besonderen Glanz verlieh, haben wir uns im Rahmen der Berichterstattung bis zuletzt aufgehoben. Weil es einfach würdig ist, den ersten Platz auf der ersten Seite des Lokalteils einzunehmen: Am Sonntagvormittag überreichte Landeskonservator Dr. Michael Petzet das erste Exemplar des Schwabacher Bandes in der rund 100-bändigen Reihe „Baudenkmäler

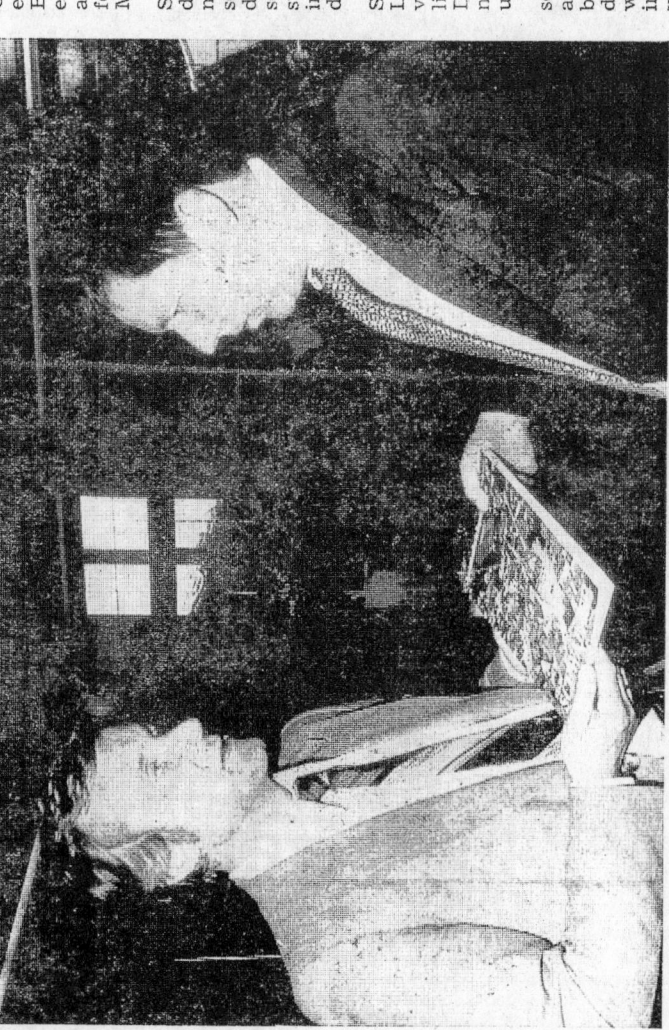

Oberbürgermeister Reimann nimmt von Dr. Petzet das erste Exemplar in Empfang. Foto: Streibel

in Bayern" an Oberbürgermeister Reimann. Diesem kleinen Festakt wohnten auch Bezirksheimatpfleger Dr. Eichhorn, Stadtheimatpfleger Seidling, Archivpfleger Schlüpfinger sowie Stadtratsmitglieder und Vertreter des Schwabacher Buchhandels bei. Verleger Hans Ullrich konnte im späteren Verlauf des ersten, noch druckfrischen Bücher dem Anwesenden vorstellen.

Der Band trage zwar die Nummer 63, meinte OB Reimann, doch handle es sich um den ersten Band dieser Reihe. Die Übergabe dieses Buches füge sich wunderbar in diese Tage ein, denn die Stadt rechne es sich zur Ehre an, den Anfang dieser Reihe machen zu dürfen. Schwabach gelte hierbei als Muster- und Modellfall.

Die Erfolge im Denkmalschutz und in der Sanierung seien in Schwabach stets Anlaß zu doppelter Anstrengung, weil hier überkommene Werte nicht — wie anderswo — wirtschaftlich genutzt werden könnten. Dem Chef des bayerischen Landesamtes für Denkmalschutz sei für diese Würdigung zu danken. Mit stolzgeschwellter Brust — noch in frischer Erinnerung an den Landessieg — nehme man dieses Buch in Empfang.

Dr. Petzet betonte, es sei kein Zufall, daß Schwabach die Nummer 1 geworden ist. Der Landessieg, die großartige Fußgängerzone und viele Beispiele von Sanierungsmaßnahmen ließen sein Amt „sehr, sehr zufrieden" sein. Diesem ersten Band über Schwabach würden nun Bücher über Fürstenfeldbruck, Miesbach und Eichstätt folgen.

Ausgangspunkt für diese Veröffentlichungen seien die Denkmallisten. Überall setze sich nun allmählich die Erkenntnis durch, daß dieses bayerische Modell eine gute Grundlage für die Denkmalpflege darstellt. Dieser Band weise allerdings einige Häuserfassaden auf, die in der Zwischenzeit wesentlich schöner geworden sind, als sie sich im Buch darstellen.

Nachdrücklichst bedankte sich Dr. Petzet für die glänzende Zusammenarbeit. Vor allem bei Heimatpfleger Seidling, Baurat Meier, Stadtverwaltung und allen Mitarbeitern der Stadtverwaltung. „Vielleicht schaffen wir es, jedem Denkmalbesitzer einen solchen Band zu schenken", wünschte Dr. Petzet.

Es habe sich inzwischen herumgesprochen, daß die Aufnahme in die Denkmalliste für Denkmalbesitzer auch gewisse Vorteile mit sich bringt, vor allem steuerlicher Art. So sei zu beobachten, daß heute viele Leute in diese Liste drängen. Er hoffe nur auf eine weiterhin gute Zusammenarbeit mit der Stadt. Die Tatsache, daß sich ein großer internationaler Verlag eingeschaltet hat, sei sehr hoch zu bewerten. Der Band über Schwabach werde jedenfalls in der ganzen Bundesrepublik als Modell mit großem Interesse erwartet. Andere Bundesländer wollten diesem Beispiel Bayerns folgen.

„Ganz abgeschlossen ist die Denkmalliste nie", betonte der Landeskonservator. Es werde vieles erhalten werden, aber es werde auch Abbrüche geben, wenn dies nicht zu verhindern sei. Es sei ein großes Mißverständnis, wenn man glaube, daß einfach alles erhaltenswert ist. In Bayern gebe es rund 108 000 Denkmäler, davon allerdings 12 000 Flurdenkmäler und 25 000 Objekte im bäuerlichen Bereich. Die Zahl der schützenswerten Objekte sei also gar nicht so gewaltig, wie man immer meine.

Stadtheimatpfleger Seidling dankte für die vorbildliche Zusammenarbeit mit dem Landesamt bei der Erarbeitung der Grundlagen für dieß Buch. Dank gelte nicht nur der Verwaltung und dem Bauamt, sondern auch dem Stadtrat, der die Denkmalliste einstimmig angenommen habe. Eine wertvolle Hilfe sei die Vorarbeit von Karl Dehm gewesen, dessen Häusergeschichte hier gute Dienste leistete.

*

Der Band „Stadt Schwabach" in der Reihe „Baudenkmäler in Bayern" ist ein Buch im Format von ca. DIN A 4. Herausgeber ist Dr. Mich. Petzet, Generalkonservator des bayerischen Landesamtes für Denkmalpflege, mit den Autoren Dr. Klaus Kratsch und Dr. Alexander Rauch. Die Fotos stammen großteils von Joachim Sowieja. Erschienen ist das Buch im Münchner Verlag „-team Hans Ullrich KG". Der örtliche Buchhandel nimmt derzeit Vorbestellungen auf, wobei ein Preis von noch 29,80 DM gültig ist. Der Ladenverkaufspreis beträgt später 36,— DM.

Die nun vorliegende Bilddokumentation stellt eine kommentierte Ausgabe der amtlichen Denkmalliste nach Artikel 2 des Bayerischen Denkmalschutzgesetzes dar. Bayerns Kultusminister Prof. Hans Maier hat das Vorwort geschrieben.

Das Buch umfaßt 104 Seiten, enthält vier Farbtafeln, 358 Schwarz-weiß-Fotos von den Baudenkmälern der Stadt, ein Luftbild Stadt Schwabach, fünf historische Pläne sowie fünf historische Fotos und Stiche.

Die Reihe der historischen Veröffentlichungen über Schwabach hat mit diesem Buch, das nicht nur lokale Bedürfnisse befriedigt, sondern als Modellfall im In- und Ausland Aufsehen erregen wird, eine wertvolle Bereicherung erfahren. Den Schwabacher Interessenten sei angeraten, die kurze Zeit des Vorbestellpreises von 29,80 DM zu nützen. Ansichtsexemplare sind bei den Buchhandlungen vorrätig, die weitere Auslieferung wird zügig __nstatten gehen.

Schwabacher Tagblatt, 26. Juli 1978

Hausbesitzer erkennen den Denkmalswert
Dafür gibt es jetzt Finanzhilfen des Bundes

Beachtliche Steuererleichterungen — Generalkonservator Dr. Michael Petzet besuchte Amberg

Mit dem Gesetz zur Erhaltung und Modernisierung kulturhistorisch und städtebaulich wertvoller Gebäude vom 22. Dezember 1977 hat der Bund die Bedeutung von Denkmalschutz und Denkmalpflege erneut unterstrichen und für die Besitzer solcher Gebäude eine außerordentliche Steuererleichterung geschaffen. Der Leiter des Landesamtes für Denkmalpflege, Generalkonservator Dr. Michael P e t z e t, der auf Einladung des Landtagsabgeordneten Toni D o n h a u s e r sich am Dienstag den ganzen Tag in unserer Stadt aufhielt zur Besprechung denkmalpflegerischer Maßnahmen, wies auf die finanzielle Hilfe hin, die das genannte Gesetz bieten kann.

kulation dürfte ins Schwimmen kommen" — meinte Stadtpfarrer Johann R o i d l, der aber von Dr. Petzet auch eine erfreuliche Mitteilung hören konnte: Das Land Bayern hat jetzt einen Finanzierungszuschuß von 1,04 Millionen DM für die Restaurierung von St. Georg eingewiesen, so daß auch die Einweisung der Gelder des Bundes in gleicher Höhe (400 000 Mark sind davon schon vorfinanziert) zu erwarten ist, um die Baumaßnahme ohne Unterbrechung weiterführen zu können. Bonn hatte für den Rest die erste Zahlung Bayerns abgewartet.

Zum permanenten Thema bei einem Besuch von Vertretern des Landesamtes für Denkmalpflege und Denkmalschutz ist das Gespräch um die Erhaltung des alten Kirchengestühls geworden, wobei das Landesamt sehr nachdrücklich die Wiederaufstellung und Restaurierung der sogenannten „Schulterbänke" (einstmals Sitze der Patres und Fratres) fordert und davon nicht abweicht. „Solche Kirchenbänke sind eine Rarität, sie sind nur sehr selten noch anzutreffen" — so Dr. Petzet. Stadtpfarrer Roidl wären nicht so voluminöse und platzverschwendende Kirchenbänke lieber, denn er muß den Angehörigen der Pfarrei mehr Sitzplätze anbieten.

Weitere Besuche in der Stadt galten dem Eckhaus am Roßmarkt/Georgenstraße, das abgerissen und im alten Stil wiederaufgebaut werden soll, dem Altstadtsanierungsgebiet, dem Nabburger Tor, dessen heller Verputz Diskussionen in der Bevölkerung ausgelöst hatte. Dr. Petzet: „Ich finde, das Nabburger Tor, wie es jetzt herschaut, ist sehr gut geworden."

In der Mariahilfbergkirche konnte man zu einer Einigung in der Frage der Beleuchtungskörper kommen. Es werden wieder die alten Lüster verwendet, doch wird ihr bisheriger kronenartiger Aufbau entfernt. Auch im Stadttheater, wo Oberbürgermeister Franz Pater. Als die „Bittsteller" noch einmal beredt den besonderen Wert der Kirche als Baudenkmal darstellten (Asam-Kirche, Grabstätte der Wittelsbacher), sagte auch der Generalkonservator neue Bemühungen um eine Aufstockung des Zuschusses zu.

450 000 DM umfassen für Pfarrer F r i e d r i c h die Baukosten für die Restaurierung und Sanierung der Wallfahrtskirche Stettkirchen. Bisherige Zuschußzusage 30 000 DM. Da sofort Sicherungsmaßnahmen für Dachstuhl und Stuckdecke einzuleiten sind, wird jetzt dieser Zuschuß auf den 1. Bauabschnitt bezogen, d. h., es wird für die weiteren Arbeiten um neue Zuschüsse gekämpft. MdL Toni Donhauser ließ erkennen, welche Türklopfer-Tour in München und oftmals auch in Bonn notwendig wird, um alle sich bietenden Möglichkeiten der Finanzierungshilfe auszuschöpfen.

„St. Sebastian" erhält ein neues Dach, und im Grunde profitiert das kleine Filialkirchlein von der Renovierung von „St. Georg". Dort waren nämlich 40 000 alte Dachziegel gestapelt, die sich für die Stadtpfarrkirche nicht mehr verwenden ließen, die aber nun bei „St. Sebastian" gute Dienste leisten und wenigstens den Dachstuhl vor weiterem Verfall schützen. Natürlich ist auch diese Kirche längst „reif" zur Sanierung — aber wer soll diese finanzieren? Das Pfarrhaus ist verwaist, Gottesdienste hält Dekan Hans Geberl, aber eine kleine Gemeinde steht immer treu zu diesem Gotteshaus.

Voraussetzung, um die steuerlichen Hilfen dieses Gesetzes in Anspruch nehmen zu können, ist, daß das betroffene Gebäude als Baudenkmal ausgewiesen und in die Landesdenkmalsliste Bayerns eingetragen wurde. Bei den Hilfen, die das Gesetz bietet, wird unterschieden nach Herstellungskosten (Vermehrung oder Verbesserung der Bausubstanz z. B. durch Einbau von Bädern) die über 10 Jahre mit je 10 Prozent abgesetzt werden können, also praktisch hundertprozentig. Es gibt dann noch Erhaltungskosten, die den regelmäßigen Bauunterhalt umschließen. Diese können auf 2 Jahre bis 5 Jahre verteilt werden. Diese Vergünstigungen kann jeder Steuerpflichtige in Anspruch nehmen.

Günstige Hilfen erkannt

Generalkonservator Dr. P e t z e t wies in dem mit ihm geführten Gespräch darauf hin, daß man die günstigen Hilfen des Gesetzes jetzt zu erkennen beginne. Während Hausbesitzer vor Verkündigung dieses Gesetzes zumeist versuchten, die Denkmalschutzwürdigkeit von ihren Häusern abzuwenden, um sich nicht entsprechenden Auflagen des Landesamtes für Denkmalpflege unterwerfen zu müssen, sei jetzt die Stimmung genau in das Gegenteil umgeschlagen. Man versuche nunmehr, die begehrte Bescheinigung für ein Baudenkmal zu erhalten. Besonders stark ist das Interesse in Regensburg, das neben Bamberg zu den Schwerpunkten denkmalpflegerischer Aufgaben in Bayern zählt.

Aber auch Amberg zieht das Interesse der Denkmalschützer an, die in den letzten Jahren schon mehrere Groß-Baumaßnahmen in unserer Stadt betreuten, wie die Restaurierung von St. Martin, des Stadttheaters, der Mariahilfbergkirche und derzeit St. Georg.

Sorgen um den Georgs-Turm

St. Georg galt dann auch besonders der Besuch des Generalkonervators, der sich hier sehr befriedigt über den Baufortschritt und der Restaurierung zeigte. Sorgen macht hier vor allem der Turm, der in seiner Bausubstanz noch schwerer gefährdet ist, als man angenommen hat. „Dieser Teil der Kostenkal-

Amberger Zeitung
28. Juli 1978

DAS GITTER UM DEN AUGUSTUSBRUNNEN soll rechtzeitig zur 2000-Jahr-Feier mit Hilfe der Alt-Augsburg-Gesellschaft wieder den Rathausplatz zieren. Bild: Archiv

Pläne zum Stadtjubiläum 1985

Sprossenfenster fürs Rathaus
Brunnen für den Ulrichsplatz

Dr. Michael Petzet sprach bei der Alt-Augsburg-Gesellschaft

Komplimente machte Generalkonservator Dr. Michael Petzet, der Leiter des Bayerischen Landesamtes für Denkmalschutz, der auf Einladung der Gesellschaft zur Erhaltung Alt-Augsburger Kulturdenkmale auf deren Mitgliederversammlung im oberen Fletz des Rathauses sprach. „Wir sind in Augsburg mustergültig informiert worden", bekannte er. „Die Zusammenarbeit mit Stadtbaurat Stab ist gut." Er sagte aber auch der Alt-Augsburg-Gesellschaft Dank dafür, daß sie sich nicht nur um alte Bauwerke, sondern auch um Häuser aus der Gründerzeit bemüht.

Zu den Renovierungsmaßnahmen am Zeughaus vermerkte Dr. Petzet: „Erfreulich, wie sorgsam und vorsichtig dort zu Werk gegangen wird." Besonders am Herzen liege ihm auch das Gögginger Kurhaustheater, für das sich nun „Spuren einer günstigen Lösung" anbahnten. Von den rund 110 000 Baudenkmälern in Bayern, darunter vielen Kirchen und etwa 12 000 Flurdenkmälern, seien in Augsburg etwa 1100 bis 1200 Objekte. „Wenn wir überall solche Zusammenschlüsse hätten wie die Alt-Augsburg-Gesellschaft, die einmalig in der Bundesrepublik ist, gäbe es weniger Probleme mit der Denkmalpflege", bekannte Dr. Petzet.

Heiner Seybold, der erste Vorsitzende der Alt-Augsburg-Gesellschaft, betonte in seinem Rechenschaftsbericht: „Wir wollen die Erhaltung Alt-Augsburgs mit Geld fördern. Im 18. Geschäftsjahr werden wir mit der Summe an Mitteln die Vier-Millionen-Grenze überschreiten." Er machte auch mit den Plänen für die nächste Zeit bekannt: Mit jährlich 20 000 Mark (2000 Mark im Einzelfall) soll die Wiederanbringung von Nischenfiguren gefördert werden. 30 000 Mark gibt es für die Instandsetzung des Neptunbrunnens vor der Fuggerei, 50 000 Mark für die Fassadenrenovierung des Maximilianmuseums, und 150 000 Mark stehen für die Verschönerung des Wertachbruckertors und des Backofenwalls bereit.

Pläne gibt es aber auch schon für das 2000jährige Bestehen Augsburgs im Jahr 1985. Das Rathaus soll wieder Sprossenfenster bekommen, das Turamichele soll nach dem Vorbild der von Christoph Murmann stammenden früheren Figur angefertigt werden, und am Augustusbrunnen soll das prächtige Gitter wieder angebracht werden. Der Erlös aus den nächsten Tombolen soll vor allem für die Ausgestaltung von Dom-, Rathaus- und Ulrichsplatz verwendet werden, „die sich bisher in einem unvollendeten Zustand präsentieren", wie Heiner Seybold betonte. „Vielleicht kann zum Ulrichsplatz der Felberbrunnen zurückgeführt werden, der heute in Schloß Burtenbach steht."

Ueber die Finanzlage informierte Schatzmeister Hartmut von Hößlin: „Zwischen 1960 und 1977 haben wir 264 800 Mark an Mitgliedsbeiträgen, 461 410 Mark an Spenden und 160 345 Mark an Zinsen eingenommen. Die neun bisherigen Tombolen, deren Ergebnisse zwischen 254 000 und 447 000 Mark lagen, erbrachten insgesamt 3,097 Millionen Mark." -ler.

Augsburger Allgemeine
5. August 1978

Denkmalschützer bewundern das Schloß

Zu einer folkloristischen Party in die gute Stube der Getreidemühle Baumhof eingeladen

Amberg-Sulzbach. (kw) Da staunten die Denkmalschützer, als sie am Mittwochabend in der guten Stube der Spiegelglasschleife und Getreidemühle Baumhof saßen und die gediegene handwerkliche Arbeit betrachteten, die in diesen Bau an allen Ecken und Enden sichtbar wird. Denn der Wiederaufbau dieses Gebäudes nach alten Plänen ist beispielhafter Denkmalschutz, wie er nicht überall gehandhabt wird.

In der guten Stube im Baumhof (von rechts): Landrat Dr. Wagner, Generalkonservator Dr. Petzet, Bezirksheimatpfleger Dr. Eichenseer und (ganz links) Museumsdirektor Dr. Wolf.

Der Kachelofen strömte behagliche Wärme aus, auf den gedeckten Tischen lagen handfeste Holzteller, eine Kalte Platte versprach Gaumenfreuden, das Duo Lehner-Pohl spielte mit großer Zurückhaltung auf, die Wutschdorfer Sänger brachten gar manches muntere oder nachdenkliche Liedchen und die Gäste waren bester Stimmung. Was konnte sich Gastgeber Landrat Dr. Hans Wagner zu seiner kleinen folkloristischen Party mehr wünschen als solche Voraussetzungen. Er hatte die Denkmalpfleger und die Presseleute eingeladen und dabei sehr geschickt den Baumhof als Stätte der Begegnung gewählt.

In diesen Rahmen paßte natürlich auch das Butterfaß, in dem frische Butter gestampft wurde, wobei sich auch Generalkonservator Dr. Michael Petzet und der Landrat an dieser Prozedur beteiligen mußten. Man sah bewundernd zu, mit welchem Eifer sie sich dieser Aufgabe widmeten. Bezirksheimatpfleger Dr. Adolf Eichenseer, der ebenso wie der Leiter des Museums, Dr. Helmut Wolf, unter den Gästen weilte, fand da manchen humorvollen Vergleich. Nach getaner Arbeit gab es frische Kartoffeln, frische Butter, frische Buttermilch und frisches, von der Familie Baum in Lichtenegg gebackenes Bauernbrot.

Schließlich lockerten noch ein „Klarer" und ein kühler Trunk die Zungen, so daß man allgemach von den fachlichen Gesprächen auf muntere Reden überging und gar mancher Witz in der großen Tischrunde erzählt wurde. Aber allzu lang zog sich der Abend nicht hin, denn am nächsten Tag stand ein strammes Besichtigungsprogramm an. Ein herzliches Wort des Dankes von Generalkonservator Dr. Petzet galt Landrat Dr. Wagner für diesen stimmungsvollen Tagesabschluß, aber auch für die Besichtigung des Schlosses Theuern, das bei den Gästen nachhaltigen Eindruck hinterließ und Bewunderung fand. Kulturreferent Rudolf Schörner hatte sich als Schloßführer zur Verfügung gestellt und zeichnete auch für die Organisation des Abends verantwortlich.

Unter kritischen und fachmännischen Blicken beim Ausbuttern: Dr. Petzet.

Bilder: Heider

Amberger Zeitung
22. September 1978

Die Schönheit wieder erlernen?

Die Stadt als Lebensraum – Eine Tagung in München

Viel interessiertes Publikum und viel Spontanbeifall fand in der Katholischen Akademie ein eintägiges Diskussionsforum zum Thema „Die Stadt. Ein humaner Lebensraum?". Zentraler Ansatz und Impuls der Veranstaltung war das Fragezeichen am Schluß des Titels: die Formulierung des Zweifels an der Menschlichkeit unserer Städte. Architekten, Denkmalschützer und Politiker waren aufs Podium gebeten, um sich dieser, im Rahmen der modischen Umweltdiskussion schon oft angerissenen, oft zerredeten Problematik zu stellen.

Während die fachspezifisch argumentierenden Kommentatoren auf dem Podium mit ihren Meinungen nur Bekanntes—Allzubekanntes bestätigen oder bestreiten und so das Problem nicht aktualisieren konnten, bekam die theoretische Fragestellung sofort Körper, wenn sich Stimmen aus dem Publikum meldeten. Überhaupt konnte man es fast als Zynismus empfinden, oder doch als absurde Liebesmüh, in den luxuriösen architektonischen Erholungszone der Katholischen Akademie, über die Inhumanität unserer gebauten Umgebung zu diskutieren und die Selbstmordquoten in unseren Trabantenstädten als Argumente ins Feld zu führen, ohne die Betroffenen, also etwa die Bewohner Neuperlachs selber, ausdrücklich befragt oder eingeladen zu haben.

So wirkte vieles, was von den Rednern vorgebracht wurde, allzu theoretisch, allzu vorgefaßt, allzu wunschbestimmt. Daß von Architektenseite tiefe Schuldbekenntnisse kamen und sehnsüchtige Liebeserklärungen an die gewachsenen Ensembles der italienischen Altstädte (etwa Venedig, Siena oder San Gimignano) ergingen, die — zwei Bewohner des heutigen Münchner Neubauviertel meldeten sich zu Wort — ein engagiertes Lob über die Lebensqualität in ihren Wohnquartieren anstimmten, gab dem ganzen Unternehmen eine zusätzliche absurde Note.

Daß in der anfangs idealistisch zukunftsbestimmten, später zunehmend von materialistischen Interessen bestimmten Aufbauphase nach dem Zweiten Weltkrieg das investierte Phantasiepotential mit dem Bauvolumen nicht Schritt halten konnte, daß allenthalben Bauten von einer beleidigenden Gesichtslosigkeit entstanden, daß ästhetische Kategorien mit katastrophaler Verantwortungslosigkeit vernachlässigt wurden, wissen wir alle so gut, daß viele von uns heute nicht mehr bereit sind, Toleranz und Verständnis für die Möglichkeiten des neuen Bauens aufzubringen. Das hilft aber den eingeschüchterten Stadtbauräten und Architekten kaum weiter; und umgekehrt kann es auch für die Denkmalschützer keine ungetrübte Genugtuung sein, wenn sie als Hemmschuh notwendige Entwicklungen blockieren sollen und dabei noch populäre Unterstützung genießen.

Auch die Referenten des langen Akademietages empfanden es so und meldeten sich darum jenseits dieser unumgänglichen aktuellen Prämisse mit bescheidenen Wünschen und Vorstellungen zu Wort. Alexander Freiherr von Branca, der für die Architekten sprach, sah die einzige Rettung aus der gegenwärtigen Misere in einer neuen ästhetischen Erziehung der Öffentlichkeit; im persönlichen Eingehenkönnen auf die Schönheit, die uns umgibt; im Zuhören, im Hinsehen. Und Michael Petzet, der Generalkonservator des bayerischen Landesdenkmalamts, gab von der Gegenseite aus die Losung aus, daß die uns anvertrauten, schützenswerten Baudenkmäler als Ansporn und nicht als Hindernisse zu begreifen seien; durch sie würde der Phantasiespielraum des Architekten nicht eingeschränkt, sondern im Gegenteil erweitert.

GOTTFRIED KNAPP

Süddeutsche Zeitung, 2. Oktober 1978

Münchner Kulturberichte

Denkmalschutz und Architektur

Die Stadt – ein humaner Lebensraum?

„Wie aber müßte eine wirklich humane Stadt aussehen, wo sich die Menschen wohl fühlen", fragte die Katholische Akademie ihre Referenten und Gesprächspartner beim Samstag-Forum über „Die Stadt. Ein humaner Lebensraum?"

Wie schwer es offenbar ist, sich verständlich zu machen, mußte wieder einmal der Architekt und Kreisheimatpfleger Alexander Freiherr von Branca erfahren, als in der Diskussion der Münchner Kulturreferent Dr. Jürgen Kolbe ihm unterstellte, den „Heilsamkeitsanspruch der Ästhetik" und sonst nichts formuliert zu haben.

Mit der beliebten „Frage nach einem neuen Selbstverständnis des Menschen" und den Kategorien des „demokratischen Bauens" verdrängte Kolbe jedenfalls nicht, tiefer in die Probleme einzudringen als seine Vorredner von Branca und Dr. Michael Petzet, der als Chef des Landesamts für Denkmalpflege, wie Kolbe meinte, den Begriff der Geschicklichkeit nicht klar genug gemacht habe.

Petzet sieht sich durch die Angriffe der Architektenschaft offenbar immer mehr in die Defensive gedrängt. Aus der Gelegenheit heraus, über „Denkmalschutz und moderne Architektur" sprechen zu können, setzte er seinerseits zur Attacke an, zumal Christoph Hackelsberger als einer der Wortführer der Gegenseite ihm mit einem Artikel im „Baumeister" 1977 den „Frontverlauf" abgesteckt hatte.

Petzets Verständnishilfen und Friedensangebote sollten dem BDA ermöglichen, seinen „Grabenkrieg der fulminanten Scheingefechte", der in den braunen Mitteilungsblättern zudem anonym geführt wird, allmählich aufzugeben. Petzet weiß: „Gebaute Geschichte ist nicht wiederholbar", gute moderne Lösungen wie an der Augsburger Bahnhofstraße und beim Anbau des Dachauer Rathauses sind auch gern gesehen.

Wenn die Architektenschaft die unersetzbaren Werte der Stadtgestaltung an die Denkmalpflege abtritt, begibt sie sich der Möglichkeiten, in Fragen des menschlichen Maßes und der handwerklichen Qualität noch ernstgenommen zu werden.

Hackelsbergers irrige Vorstellung, daß Venedig heute der Industrieregion von Mestre und Marghera bedarf, um überleben zu können, deutet auf einen Mangel an Information und Gutwilligkeit. Erst die Ausgemeindung des historischen Venedig könnte das politische Übergewicht der Industrieinteressen vermindern.

Die Stadt als humaner Lebensraum konnte auch von Vogels einstigem Helfer Dr. Hubert Abreß nicht glaubwürdig formuliert werden. Die Appelle werden an der Praxis gemessen — und die ist fürchterlich. r. m.

Münchner Merkur, 2. Oktober 1978

Mittelbayerische Zeitung (Regensburg), 7. Oktober 1978

Der Generalkonservator in der Oberpfalz

Denkmalschutz zwischen Idealisten und „Barbaren"

So mancher gestandene Bauer in der Oberpfalz traut seinen Ohren nicht, wenn er hört, daß sein altes Wohnhaus, das endlich einem Neubau mit fließend Wasser, Bad und anderen Annehmlichkeiten der heutigen Wohnkultur weichen dürfe, ein „Denkmal" sei und gar nicht verschwinden dürfe. Selten sieht der tüchtige Landbewohner dann die Notwendigkeit ein, der Nachwelt seinen „alten Kasten" zu bewahren. Bauernhäuser rücken im Bereich des Denkmalschutzes immer mehr in das Zentrum der Aktivitäten, nachdem zunächst Kirchen, Schlössern und Burgen das Interesse galt. Da war es oft auch einfacher, zu konservieren oder auch zu restaurieren, weil die Bauten in der Mehrzahl der Fälle nicht mehr bewohnt waren.

Der Wirkungsbereich des Landesamts für Denkmalpflege, dessen Mitarbeiter von Generalkonservator Dr. Michael Petzet angeführt werden, ist groß. Er wurde in einer Informationsfahrt Vertretern der Presse und des Rundfunks am Beispiel der Oberpfalz eingehend dargestellt. Nicht überall empfing man Dr. Petzet und seine Mannen (und Frauen) so herzlich, wie es der Landrat des Landkreises Amberg-Sulzbach, Dr. Hans Wagner, tat. Der Politiker proklamierte anläßlich des Besuchs einen Denkmalschutztag und brachte den Leuten vom Amt und der Presse die Mentalität des Amberger Raums bei einem Folkloreabend näher, den Gesangsvorträge und Brauchtum („Ausbuttern") würzten. Daß dies auf dem Gelände des Bergbau- und Industriemuseums Ostbayern in Theuern stattfand, versteht sich von selbst.

Denkmalschützer sind nicht überall gern gesehen. Vor allem dann nicht, wenn private und öffentliche Interessen kollidieren. Das Denkmalschutzgesetz aus dem Jahr 1973 kann also einen Hauseigentümer daran hindern, sein Domizil einfach abzureißen, andererseits behauptet Kreisheimatpfleger Willi

der Denkmalpflege auch in Zukunft ein Juwel. Bei der Neupflasterung der beiden Marktplätze bleibt, so Bürgermeister Hans Kuffer, der Stadtbach weiter erhalten.

Eine der ärmsten Gemeinden in Bayern ist **Hohenburg** im Lauterachtal. Schuld daran ist vor allem die Randlage am Truppenübungsplatz Hohenfels und die hauptsächlich agrarische Wirtschaftsform der Kommune. Hohenburg baut in Zukunft — trotz des Truppenübungsplatzes — auf den Fremdenverkehr, denn es gibt dort einiges anzuschauen. Hoch über dem Lauterachtal ragt die Burgruine aus dem 10. Jahrhundert in den Himmel. Noch heuer sollen die absturzgefährdeten Mauerreste gesichert werden, wobei die Denkmalschützer derzeit überprüfen, inwieweit das Verteidigungsministerium finanziell bei der Maßnahme herangezogen werden kann, weil sich die Ruine im Territorium des Übungsplatzes befindet. Eindrucksvoll die „Ackerbürgerhäuser" entlang des Hohenburger Markts, die in ihrer Gesamtheit eines

Über 400 Jahre alt ist dieser ehemalige Gasthof in Hohenburg, Landkreis Amberg. Das markante, leerstehende Gebäude ist akut gefährdet, und herabfallende Ziegel stellen eine Gefahr für die Sicherheit des Nachbarn dar.

Wie spitze Krallen ragen die Reste der schon vor 1000 erbauten Hohenburg hoch über dem Lauterachtal in den Himmel. Für insgesamt 100 000 Mark sollen diese Überbleibsel vor weiteren Schäden geschützt werden.

Nur noch dreimal in Bayern kommt das aus dem 18. Jahrhundert stammende Umgebindehaus vor. Unser Bild zeigt das am besten erhal-

Schwierigkeiten mit Eigentümern der Denkmäler

Mit Mozarts „Don Giovanni" wird am kommenden Donnerstag das neue **Amberger Stadttheater** seiner Bestimmung übergeben, genau 175 Jahre, nachdem im ehemaligen Franziskanerkloster (1452 gegründet) zum ersten Male eine Aufführung über die Bühne ging. Seit 1951 war das Theater wegen fehlender Feuersicherheit nicht mehr bespielt worden. Vor acht Jahren sollte es an ein Münchner Bankhaus mit der Absicht des Abbruchs und Neubaus verkauft werden. Der Tod des Theaters wurde aber verhindert, indem das Landesamt für Denkmalpflege mit einem sehr hohen Zuschuß „einstieg" und unmittelbar mit den Dachreparaturen begonnen werden konnte. Der gotische Chorraum der ehemaligen Klosterkirche, der im alten Theater Kulissenraum und Garderobe war, dient im neuen Haus als Foyer. Zuschauer- und Bühnenraum wurden um 180 Grad gedreht. Drei Amberger Stadtväter haben für eine Spielzeit, in der Gastensembles aus der ganzen Bundesrepublik insgesamt 43 Aufführungen bis Ende Mai 1979 geben, 350 000 Mark veranschlagt. Das Interesse ist riesengroß: „Wir hätten schon im Abonnement alle Karten verkaufen können", tut Oberbürgermeister Franz Prechtl kund.

Vor zwei Jahren sind die sogenannten **Waldlerhäuser**, hauptsächlich im Landkreis Cham vorkommend, in die Denkmalliste aufgenommen worden. Damit haben sich Generalkonservator Dr. Petzet und seine Mitarbeiter eine heikle Aufgabe gestellt, denn häufig kommt es zu Auseinandersetzungen mit den Eigentümern, denen „die alte Hüttn" für einen Neubau im Weg steht. Laut Dr. Petzet und Bezirksheimatpfleger Dr. Adolf Eichenseer sind schon zu viele dieser Zeugen bäuerlicher Baukultur verschwunden. Für die meisten dieser Gebäude ist das geplante Freiluftmuseum in Perschen (Landkreis Schwandorf) Endstation, wo sie — sorgfältig abgetragen — wieder aufgestellt werden. Beispiele dafür sind das seltene Umgebindehaus in Pemfling und das Haus Nummer 2 in Weißenregen bei Kötzting. Schwieriger gestaltet sich der Fall beim Anwesen des Landwirts Max Dachs, ebenfalls in Weißenregen. Der Landwirt stellte für sein stattliches Bauernhaus aus dem frühen 19. Jahrhundert einen Abbruchantrag, der vom Landratsamt nicht genehmigt wurde. Auch das Verwaltungsgericht Regensburg, bei dem Dachs ein Verfahren anstrengte, entschied inzwischen gegen ihn. Eine vom Denkmalamt geforderte Renovierung, die für Bauer Dachs „nur eine halbe Sache" ist, würde 350 000 Mark kosten. Die bisher in Aussicht gestellten Mittel — 30 000 Mark Zuschuß von Dr. Petzets Behörde, sowie Beträge aus dem Grenzlandprogramm und vom Landwirtschaftsministerium — nehmen sich bescheiden aus.

Als sich der Generalkonservator auf seinem Hof einfand, begann bald ein heftiger Wortwechsel, in dem auch das Wort „Barbaren" fiel. Für die Schwester von Bauer Dachs, die dem Junggesellen bei der Bewirtschaftung des Hofes hilft, sind Denkmalschützer „Unmenschen", weil „man in diesem Haus, in dem nur ein Raum zu heizen ist, eine Unterkellerung fehlt und die Türen nicht schließen, nicht mehr wohnen kann". Und alles nur wegen dieser...

Die Leute vom Denkmalschutz dürfen sich nicht von solchen Angriffen aus der Ruhe bringen lassen. Mit sachlichem Gespräch konnte schon so mancher Privatmann umgestimmt werden und sogar beim Dachs-Bauer von Weißenregen waren schon erste Anzeichen von Bereitschaft festzustellen. Womit für den Betrachter der erste Schritt vom „Barbaren" zurück zum Idealisten getan wäre.

Manfred Sauerer

Paul Unterkircher (rechts), Gebietsreferent des Landesamtes für Denkmalpflege für den Landkreis Amberg-Sulzbach, erläutert Generalkonservator Dr. Michael Petzet (zweiter von links) und Landrat Dr. Hans Mayer (rechts neben ihm) die Maßnahmen zur Erhaltung der Burgruine Hohenburg. Zweiter von rechts Hohenburgs Bürgermeister Siegfried Härtl. Aufnahmen: Sauerer (3), Bayerisches Landesamt für Denkmalpflege (2)

Straße, der den Altlandkreis Cham betreut, daß mit Hilfe dieses Gesetzes zu viele Denkmäler bereits abgerissen worden sein, weil nach Aussage von Politikern den Eigentümern ein weiterer Unterhalt unter keinen Umständen habe zugemutet werden können.

Eines steht unumstößlich fest: Denkmalschützer müssen Idealisten sein. Man könnte Seiten füllen, um die Arbeit der Kreisheimatpfleger und Gebietsreferenten zu beschreiben. Verblüffend oft, wie sie selbst beim kleinsten Projekt über jede Einzelheit informiert sind und die Verhältnisse „aus dem ff" kennen. Und wie bereits erwähnt, Denkmalschützer sind nicht überall willkommen. Der Journalist staunte auf der Fahrt durch die Oberpfalz: Wer weiß schon, daß in Pemfling ein sogenanntes Umgebindehaus (Blockbau, Obergeschoß aus Holzpfosten) aus dem 18. Jahrhundert steht, von dessen Art es nur noch zwei weitere Vertreter gibt? Oder kennt jemand die Ackerbürgerhäuser aus der Renaissance entlang die historischen Straßenmarktes in Hohenburg (Landkreis Amberg-Sulzbach)? Besser dürfte das neue Stadttheater Amberg, ein Acht-Millionen-Projekt mit 2,3-Millionen-Zuschuß vom Landesamt für Denkmalpflege, bekannt sein. Am Donnerstag ist dort Wiedereröffnung mit „Don Giovanni".

Ein Prunkstück in der Galerie des Denkmalschutzes ist die kleine Stadt **Berching** an der Sulz nahe Beilngries. Aber die Idylle des in zwei Hälften geteilten Städtchens (obere Stadt „geschützt" von einer völlig intakten Befestigung, und Vorstadt, etwa 1500 ummauert) wird von einem Projekt gestört, das schon andernorts für einige Aufregung gesorgt hat: der Rhein-Main-Donau-Kanal. Wenn westlich der Stadtmauer die 60 Meter breite Wasserstraße fertig sein wird, sind wichtige Teile der Stadt praktisch vom Kern abgeschnitten. Sie können aber nicht einfach durch eine Brücke mit dem Zentrum verbunden werden — eine solche hätte eine viel zu große Höhe —, sondern finden ihren Anschluß durch zwei Verbindungsstraßen, die, nachdem sie den Kanal überwunden haben, im Süden und Norden in die „Innenstadt" münden. Im Norden muß dabei die Befestigungsmauer durchbrochen werden. Doch abgesehen von dieser „Verschandelung" ist Berching in den Augen der ungestörtesten Ensembles (die Gesamtheit zusammengehöriger Denkmäler) in der Oberpfalz bilden. Zwei Bestandteile dieses Ensembles machen Sorgen. Der ehemalige Gasthof Lautenschlager, ein stattlicher Putzbau mit steilem Satteldach aus dem 16. Jahrhundert, verfällt langsam. Einen Abbruch läßt das Amt für Denkmalpflege auf keinen Fall zu. Hier wird von Dr. Petzet ebenso ein Zuschuß gegeben wie für das Rathaus (erbaut etwa 1562), dessen Instandsetzung ebenfalls vonnöten ist.

tenste in Pemfling, Landkreis Amberg-Sulzbach, dessen Besitzer den Blockbau allerdings abreißen möchte. Endstation für das mit nur 1,60 Meter hohen Zimmern ausgestattete Haus wird wohl das geplante Freiluftmuseum in Perschen bei Schwandorf sein, wo es neu aufgebaut werden wird. Die rechte Aufnahme zeigt einen schönen Blick auf die 1430 entstandene Befestigungsmauer von Berching frei. Im Hintergrund einer der zwölf Wehrtürme, von denen aus die „obere Stadt" bewacht und geschützt wurde. Auch die „Vorstadt" Berchings ist von einer Schutzmauer umgeben, die allerdings erst im 15. Jahrhundert entstand.

Städter als Retter von Bauernhöfen
In Niederbayern finden gute Beispiele Nachahmung / Ein Programm der Denkmalpfleger

Von unserem Redaktionsmitglied Ursula Peters

MÜNCHEN, 5. Oktober — „Wohl beschäftigt immerdar / Und dabei auf Gott vertraut / So hab ich dann in zehn Jahr / Den ganzen Hof gebaut." Diese Inschrift hat der Bauer Johann Mayer anno 1823 an sein Hoftor unter ein selbstgemaltes Bild gepinselt. Sein stattliches Anwesen in Riedertsham (Landkreis Passau) zählt heute zu den schönsten Bauernhöfen Bayerns: Ein geschlossener Vierseithof mit einem ringsum laufenden, gedrechselten Balkon und reicher Bemalung. Zur Zeit sind die Handwerker damit beschäftigt, die mehrfarbige Originalfassung wiederherzustellen. Das Landesamt für Denkmalpflege zahlt den größten Teil dieser Renovierung, denn dieser Hof ist ein Baudenkmal.

Er muß ein musischer und tatkräftiger Mensch gewesen sein, dieser Bauer Johann Mayer. Seine Nachkommen, die Familie Weinholzer, bewahren voll Stolz seine mehrfarbigen Entwürfe für den Hofbau auf, samt Kostenvoranschlägen und Abrechnungen. Sie halten ihren ererbten Besitz hoch in Ehren und wissen sehr wohl, was für ein Juwel das Gehöft ist. „Mit dem Fingernagel habe ich überall gekratzt, damit die alten Farbschichten wieder herauskamen", berichtet die Bäuerin Konradine Weinholzer. „Es soll jetzt alles wieder so werden wie damals." Sie hat in ihrer Küche noch den riesigen alten Holzfeuerherd in Betrieb (neben modernen Geräten), und in den alten Ställen funktioniert eine moderne Viehwirtschaft. „Man muß nicht immer alles abreißen", meinen die Weinholzers.

Bei einer Pressefahrt des Landesamts für Denkmalpflege wurde der alte Mayer-Hof als Paradebeispiel dafür vorgeführt, daß es in Niederbayern noch Bauern gibt, die mit Liebe ihr historisches Bauernhaus pflegen und es so hergerichtet haben, daß es auch heutigen Ansprüchen an Komfort und Wirtschaftlichkeit gerecht wird. Die Mitarbeiter von Generalkonservator Petzet haben in Niederbayern eine Reihe von Beispielen herausgesucht, um das Thema „Erhaltung von Baudenkmälern im bäuerlichen Bereich" von allen Seiten zu beleuchten. „Im ganzen gesehen ist die Situation in Niederbayern erfreulicher als in anderen Landschaften", betont Petzet. „Es ist noch relativ viel da."

Daß ein gutes Beispiel ansteckend ist und es oft nur eines kleinen Anstoßes bedarf, um Bauern die Schönheit ihrer alten Häuser erkennen zu lassen, zeigt der Fall einer Städterin, die sich bei Pfarrkirchen mit ihren drei Söhnen ansiedelte. Sie wollte auf ihr Grundstück ein altes niederbayerisches Bauernhaus stellen und fand im Kreis Passau etwas geeignetes: Ein typisches Röttaler Holzhaus aus dem 18. Jahrhundert, das zum Abbruch freigegeben war und das der Bauer ihr für einige Tausendmarkscheine verkaufte. Das Haus wurde Balken für Balken zerlegt und von einem örtlichen Zimmermann auf ihrem Grundstück in seiner ganzen Pracht wieder zusammengesetzt. Zwei Bauern aus der Nachbarschaft waren so begeistert von dem Haus, daß sie die Besitzerin um die Vermittlung anderer „Abbruchhäuser" baten, um sie an Stelle ihres nicht historischen Hofs zu setzen.

„Ihr spinnerter Städter", wurden hingegen ein Münchner Arzt und seine Frau, eine Graphikerin, ausgelacht, als sie in der Nähe von Schönau (Landkreis Rottal) ein leerstehendes „Stockhaus" erwarben und sich zuerst einmal als „Wochenend-Niederbayern" dort niederließen. Inzwischen hat der Mediziner die örtliche Landarzt-Praxis übernommen und in sechsjähriger Arbeit wurde das breit hingelagerte Bauernhaus mit viel Geschmack und Sachkenntnis instandgesetzt. Das Haus ist inzwischen innen und außen ein Schmuckstück bäuerlicher Kultur.

Doch es gibt auch die Möglichkeit, daß die Bauern selbst ihren noch bewirtschafteten Hof erneuern, und in das historische Gebäude moderne Installationen und Heizungen einfügen. So zeigte Petzets Mannschaft wiederhergestellte Häuser mit typischen ortsgebundenen Bauformen in Mariakirchen (Dreiseithof aus dem Jahr 1769) und Niederelbach (von 1725). In beiden Fällen wurden erhebliche Zuschüsse vom Landesamt für Denkmalpflege gegeben. „Wenn ich vom Amt nicht 25 000 Mark Zuschuß bekommen hätte, hätte ich das Haus abreißen lassen", begründete der Landwirt Alfons Sieblinger den Entschluß, sein Anwesen zu erneuern. „Häufig ist ein nur geringfügiger finanzieller Anreiz ausschlaggebend für die Rettung oder unversehrte Erhaltung von Details", bemerkte Petzet. Aus diesem Grund hat das Denkmalpflegeamt zu Beginn des Jahres 1977 ein spezielles Bauernhausprogramm beschlossen.

Es kommt allerdings auch vor, daß Bauern keine Freude mehr an ihrem Erbe haben, wie der Besitzer eines Holzhauses mit einem Krüppelwalmdach, wie es in der Landshuter Gegend nur noch in wenigen Exemplaren vorhanden ist. Er möchte lieber einen komfortablen Neubau inklusive Austragswohnung. Da werden die Architekten vom Denkmalamt noch viel Überredungskunst benötigen, um ihn — trotz Zusage von einem schönen Batzen Geld — von Neubauplänen abzubringen. „Viele Bauern können sich einfach nicht vorstellen, daß man in einem sanierten Haus genau so kommod leben kann wie in einem Neubau", sagen die Denkmalpfleger. Oft bleibt nichts anderes übrig, als ein derart baugeschichtlich wichtiges und schönes Haus in ein Freilichtmuseum umzusetzen.

Süddeutsche Zeitung
6. Oktober 1978

Fürstenfeldbrucker Tagblatt
24. Oktober 1978

„Jahrhundertwerk" für den Kreis
Bildband zur amtlichen Denkmalliste im Landratsamt vorgestellt

Fürstenfeldbruck (wk) — Im großen Sitzungssaal des Landratsamtes wurde gestern in Anwesenheit von Bürgermeistern, Kreisräten und Besitzern von Baudenkmälern eine Broschüre vorgestellt, die seit einigen Tagen in den Buchhandlungen aufliegt und die an und für sich als „Jahrhundertwerk" gelten kann: Der Bildband zur amtlichen Denkmalschutzliste für den Landkreis Fürstenfeldbruck.

Die aufwendig illustrierte Dokumentation — jedes in der Denkmalschutzliste aufgenommene Objekt ist mindestens mit einer Fotografie abgebildet — ist der zweite Band einer auf 96 Bände veranschlagten Reihe „Baudenkmäler in Bayern". Die Reihe und Art der Präsentation der Denkmalschutzliste für die einzelnen Städte und Landkreise Bayerns sei nicht nur ein Beitrag zur Kunsttopographie des Landes, sondern auch ein Pilotprojekt für die Bundesrepublik, das sicherlich auch Ausstrahlungen auf das europäische Ausland haben werde, meinte der Präsident des Bayerischen Landesamtes für Denkmalpflege, Generalkonservator Dr. Michael Petzet.

Landrat Gottfried Grimm, der in seinem Grußwort von Denkmalbewachern, Denkmalbesitzern, Denkmalbewohnern und Denkmalbesessenen sprach, wies auf die besondere Situation des Landkreises hin: „Wir haben weder einen besonderen historischen Baustil, noch eine große Zahl profaner charakteristischer Gebäude." Außerdem habe der Landkreis durch eine stürmische Entwicklung nach dem zweiten Weltkrieg eine totale Veränderung in der Bausubstanz erfahren.

„Gerade unsere Generation und unser Landkreis als Tummelplatz der Wachstumseuphoriker stehen deshalb im Spannungsfeld zwischen dem Wunsch nach individueller Schönheit der Lebensumwelt auf der einen Seite, und wirtschaftlicher Rationalität auf der anderen Seite", führte Grimm aus. Mit der Veröffentlichung der amtlichen Denkmalliste sei auch ein Nachdenken verbunden, über die Position der Denkmalbesitzer, „Denkmalbesessenen" und Denkmalsopfer.

Generalkonservator Dr. Michael Petzet wies auf die steuerlichen Vergünstigungen hin, in deren Genuß die Besitzer von Baudenkmälern kommen und betonte: „Die noch wenigen im Landkreis Fürstenfeldbruck existierenden profanen Baudenkmäler können ein Ansatzpunkt für ein neues individuelles Bauen, abseits des ‚deutschen Einheitshauses' sein." Als besondere Sorgenkinder bezeichnete der Generalkonservator das Schloß Weyhern und die zahlreichen Kapellen im Brucker Land.

(dazu Photo) ▷

Generalkonservator Dr. Petzet hatte zum Empfang nach Seehof geladen

Das Schloß wie in alter Zeit mit Leben erfüllen

Meinungsumschwung zugunsten der Denkmalpflege — Eine „schnelle Behörde" geworden

Schloß Seehof ⓕ Wenn Münchner Journalisten sich auf Einladung des Landesamtes für Denkmalpflege in der Provinz umsehen und dabei nach Oberfranken kommen, ist es selbstverständlich, daß auch in Schloß Seehof Station gemacht wird. Ursprünglich war der Empfang der Gäste aus München in Seehof für den Sommer terminiert, doch inzwischen war es wegen Urlaubs und anschließender Wahlkampfzeit fast November geworden, und aus einem Sommerfest wurde ein festlicher Abend im Schloß, wobei sich die abendlichen Temperaturen wohl kaum von denen der Abende des Sommers '78 unterschieden.

Dennoch, wer sich Ende Oktober ungenügend „verpackt" zu einem abendlichen Konzert in den Weißen Saal von Seehof wagt, der tut gut daran, nach dem Kunstgenuß noch eine Portion heißen Tee mit viel Rum zu genießen oder vorsorglich einige Grippevorbeugungstabletten zu schlucken. Kenner des Schlosses wußten wohl um die Temperaturverhältnisse und kamen im Wintermantel bzw. die Damen in modischen Pelzjäckchen. Wer seine Garderobe noch nicht auf Wintertemperaturen umgestellt hatte, der fror und holte sich einen Schnupfen, der die Erinnerung an den Abend in Seehof noch einige Zeit wachhalten dürfte.

Bayerns Generalkonservator Dr. Petzet und MdL Philipp Vollkommer hatten zum Empfang geladen, doch der Generalkonservator mußte die Gäste, allein auf sich gestellt, begrüßen. Der Abgeordnete Vollkommer war in letzter Minute nach München geeilt, wo bereits am Dienstag die ersten parlamentarischen Ämter innerhalb der CSU-Fraktion „ausgekartelt" wurden.

Und Philipp Vollkommer weiß aus der Erfahrung zweier Legislaturperioden, daß nur wachsame Präsenz vor dem Übersehenwerden bei der Verteilung von Parlaments- und Staatsämtern bewahrt. Bei der personellen Stärke der CSU-Landtagsfraktion ist die immerhin noch überschaubare Zahl der zu vergebenden Ämter stets ein ernsthaftes Problem für alle parteipolitischen Mathematiker. So gilt auch für den Bamberger Abgeordneten die Binsenwahrheit, nur wer beim Zählen da ist, zählt auch mit.

Doch zurück zum Festabend von Seehof. Generalkonservator Dr. Petzet begrüßte unter den Gästen einen repräsentativen Querschnitt des gesellschaftlichen Lebens aus Stadt und Landkreis. Er hieß nicht nur den Präsidenten der Bamberger Hochschule, Prof. Dr. Oppolzer, und dessen Vizepräsidenten Prof. Dr. Lehmann willkommen, er erwähnte auch besonders Bambergs Bürgermeister Dr. Schleyer, der, so wörtlich, „die große Last des weiten Weges in den Landkreis auf sich genommen" hatte. Landrat Neukum hatte sich entschuldigt, er wurde durch seinen Oberverwaltungsrat Kremer vertreten.

Unter den Gästen fiel ein Mann auf, der in der Kommunalpolitik des Landkreises einmal eine große Rolle spielte und später nach der Umgliederung seiner Gemeinde nach Bamberg u. a. von seinen ehemaligen Freunden und Kampfgefährten politisch kaltgestellt worden war, Gaustadts Ex-Bürgermeister Andreas Stenglein.

In seinen Begrüßungsworten verlieh Generalkonservator Dr. Petzet dem Abgeordneten Vollkommer das Prädikat „rettender Engel für Schloß Seehof". Das Landesamt für Denkmalpflege teile den Wunsch, Schloß Seehof nicht nur zum Domizil einer staatlichen Behörde, sondern es wie in früheren Jahrhunderten zu einem gesellschaftlichen Mittelpunkt zu machen, es wieder mit Leben zu erfüllen. Zu den Anliegen des Denkmalschutzes im allgemeinen erklärte Generalkonservator Dr. Petzet, daß dank vielfacher journalistischer Unterstützung in der öffentlichen Meinung ein Meinungsumschwung zugunsten des Denkmalschutzes eingesetzt habe.

Die Öffentlichkeit habe erkannt, daß Denkmalpflege nicht immer in erster Linie eine Frage des Geldes, sondern der inneren Einstellung sei.

Nicht zuletzt werde der Denkmalschutz zu einem interessanten Mittelstandsprogramm, da Instandsetzungsaufträge nahezu ausschließlich soliden Handwerksbetrieben zukämen. Von Superfirmen habe die Denkmalpflege nichts zu erwarten.

Schließlich wirkten sich inzwischen beschlossene Steuerermäßigungen positiv auf die Denkmalpflege aus. Dadurch werde der Besitzer eines denkmalgeschützten Hauses steuerrechtlich nicht schlechter gestellt als der Bauherr eines Neubauprojektes.

Dr. Petzet stellte schließlich noch zufrieden fest, daß sich im Zusammenhang mit der Denkmalpflege auch die Organisation des Landesamtes verbessert habe. Dazu trage nicht zuletzt die Außenstelle Nordbayern in Seehof entscheidend bei.

Das Landesamt für Denkmalpflege sei in letzter Zeit eine schnelle Behörde geworden.

Dann begann der musische Teil des Festabends. Interpreten waren dabei eine Bläsergruppe der Jäger, ein aus München „mitgebrachtes" Celloduo und das Orchester des Gesangvereins Baunach unter Leitung von Rudolf Treml. Sie alle erhielten begeisterten und dankbaren Beifall.

Dem kulturellen Genuß folgte der „Antsurm" aufs kalte Büfett, bestückt mit rustikalen Spezialitäten. In gelokkerter Atmosphäre wurde bei Bier und Wein noch lange — nicht nur über Probleme der bayerischen Denkmalpflege — diskutiert.

Die Informationsfahrt des Bayerischen Landesamt für Denkmalpflege hatte am Dienstag in Unterfranken begonnen, wo in Mönchsondheim (Kreis Kitzingen), Würzburg, Dettelbach und Volkach (Kreis Kitzingen) sowie in Oberschwappach (Haßbergkreis) Station gemacht wurde.

Am Mittwoch ging es von Seehof aus durch Oberfranken mit Stationen in Bamberg, Coburg, Trieb und Vierzehnheiligen. Gerhard Urban

Fränkischer Tag (Bamberg), 26. Oktober 1978

Obgleich dieses ehemalige Schöngeisinger Bauernhaus in der amtlichen Denkmalschutzliste aufgenommen ist, liegt die Abbruchgenehmigung schon vor. Das ehemals strohgedeckte Mittertennhaus mit verbrettertem Giebel und an der Nordseite herabgezogenem Dach ist neben einem Anwesen in Türkenfeld das einzige Beispiel des alten Bauernhaustyps der Region.

◁◁

Dr. Petzet besichtigte Ausgrabungen
Landeskonservator auf Rundreise im westlichen Niederbayern — Überraschung bei Straubing: Befestigungsanlage entdeckt

Die Informationsfahrt zu Ausgrabungen im westlichen Niederbayern führte Landeskonservator Dr. Petzet (2. von links) auch zu den Grabungsfeldern neben der Bundesstraße 20 bei Aiterhofen im Landkreis Straubing-Bogen (Bild links). — Dort wurde vor einigen Tagen erst eine neue Befestigungsanlage noch unbekannten Alters aufgefunden, die auch einen über zwei Meter tiefen Graben besitzt (Bild rechts).

Straubing-Landshut. „Wir wollen wenigstens in einem Regierungsbezirk aufzeigen, was für eine Fülle an Material und Arbeit in einem Jahr anfällt." Dies erklärte Generalkonservator Dr. Michael Petzet, Chef des Landesamtes für Denkmalpflege, anläßlich der gestrigen Rundreise zu bedeutenden Ausgrabungsstellen im westlichen Niederbayern. Gerade im Regierungsbezirk seien durch die zahlreichen Großbaustellen, so beispielsweise den Bau des Rhein-Main-Donau-Kanales und den Autobahnbau, zahlreiche Funde in diesem Jahr gemacht worden. Aufgrund dieses Ausmaßes der Zeugnisse früherer Zeiten — in Niederbayern gebe es schätzungsweise 50 000 Bodendenkmäler — könne man nur gleichsam mit Notmaßnahmen versuchen, das Wichtigste zu erfassen. Überrascht von den Ereignissen wurden die Teilnehmer an der Informationsfahrt auf den Grabungsfeldern in Aiterhofen bei Straubing. Dort waren vor einigen Tagen in der Nähe der vor noch nicht langer Zeit entdeckten einzigen Tempelanlage aus der Hallstattzeit nördlich der Alpen eine weitere Befestigungsanlage aufgefunden worden, die vielleicht aus der Keltenzeit stammt. Untersuchungen sollen in den nächsten Tagen eine genaue Feststellung des Alters dieser Anlage erbringen.

Begonnen hatte die Informationsfahrt, die von der Landesamt-Außenstelle in Landshut unter ihrem Leiter Dr. Christlein vorbereitet worden war, in einem Vorort von Landshut, wo erst im Juni dieses Jahres ein Herrensitz aus der Hallstattzeit und eine Befestigungsanlage (rund 700 v. Chr.) in einer Testgrabung der Havard-Universität (USA) festgestellt wurde. Zwischen Altdorf und Pfettrach war im Bereich der Autobahntrasse bei Landshut im Oktober der wohl älteste Siedlungsplatz im ganzen Isartal, eine Siedlung aus der ältesten Phase der sogenannten Linearbandkeramik (um 4500 v. Chr.) entdeckt worden.

Im Mündungsgebiet der Altmühl in die Donau liegt nahe der Ortschaft Gmünd bei Kelheim ein weiteres Ausgrabungsgebiet, das anschließend besichtigt wurde. Hier entschloß sich das Landesamt für Denkmalpflege im Zuge des RMD-Kanalbaues für Ausgrabungsarbeiten. Gefunden wurden dabei Siedlungen des mittleren Neolithikums (um 3800 v. Chr.), des Spätneolithikums (um 2300 v. Chr.), der Urnenfelderzeit (um 1000 v. Chr.), der Hallstattzeit (um 700 v. Chr.), der Frühlatènezeit (um 400 v. Chr.), der Spätlatènezeit (um 100 v. Chr.) und des frühen Mittelalters (600 bis 1000 n. Chr.). Von all diesen Siedlungen war vor Beginn der Ausgrabungsarbeiten nichts bekannt.

Von besonderer Bedeutung ist dabei vor allem die Siedlung des frühen Mittelalters mit allen Anzeichen einer zentralörtlichen Funktion. Sie hat sich auf mehrere hundert Meter entlang einer gepflasterten „Marktstraße" erstreckt. Zwischen den Häusern dieser Siedlung wurden zahlreiche Gräbergruppen mit über 100 Bestattungen der Zeit um 700 n. Chr. entdeckt. Diese Siedlung, die nach Aussage der Wissenschaftler in keiner Urkunde erwähnt ist, dürfte zweifellos die Vorgängerin der heutigen, um das Jahr 1000 gegründeten Stadt Kelheim sein.

Dritte Station der Rundreise war Langfeld, ebenfalls im Landkreis Kelheim gelegen, wo die Ausgrabungsstelle des größten vorgeschichtlichen Gebäudes Süddeutschlands aus der Zeit um 4000 v. Chr. besucht wurde. In einer Siedlung aus der Zeit der Linearbandkeramik waren dort die Überreste des Holzgebäudes mit einer Länge von 55 Metern und einer Breite von zehn Metern aufgefunden worden.

In Aiterhofen bei Straubing wurde dem Landeskonservator dann eine Überraschung präsentiert. Dort war vor einigen Tagen im Ausgrabungsgebiet unmittelbar neben der neuen B 20 eine Befestigungsanlage entdeckt worden. Gefunden wurden bisher Teile eines über zwei Meter tiefen Grabens, einer Doppelpfostenpalisade und ein Tor, deren Alter noch nicht bestimmt sind.

Dr. Christlein, der Leiter der Landesamtaußenstelle Landshut, erklärte in Aiterhofen den Besuchern, auch Straubings zweiter Bürgermeister Bräuherr und Landrat Ingo Weiß sowie der Bürgermeister von Aiterhofen, Rohrmeier, befanden sich darunter, Verlauf und Ausmaß der Ausgrabungen südlich der Gemeinde. Seinen Worten nach wurden bisher aufgefunden: ein Dorf aus einem älteren Abschnitt der Linearbandkeramik (um 4300 v. Chr.) mit einem Ausmaß von 500 x 2 000 Metern, Gräber aus der Linearbandkeramik, ein Gräberfeld der Glockenbecherkultur (um 2000 v. Chr.), eine Siedlung der frühen Bronzezeit (um 1700 v. Chr.), eine Siedlung der Urnenfelderzeit (um 1 000 v. Chr.), ein Tempelbezirk aus der Hallstattzeit (um 700 v. Chr.) und eine Siedlung aus der Frühlatènezeit (um 400 v. Chr.).

Im Gäubodenmuseum in Straubing wurde der Landeskonservator abschließend über die laufenden Grabungsmaßnahmen im römischen „Sorviodurum" unterrichtet. Außerdem besichtigte man die Ausstellung von vorgeschichtlichen Ausgrabungsstücken, die in der Zeit von 1973 bis 1978 aufgefunden wurden.

Seit dem Jahr 1977, damals stellte man einen Archäologen fest an, wurden in Straubing drei weitere Kastelle entdeckt, von denen zwei unter dem bekannten römischen Kastell lagen, eines sich jedoch im Bereich des Straubinger Elisabethkrankenhaus befand. Von diesem letzten Kastell, das gegen Ende des ersten Jahrhunderts errichtet worden sein dürfte, wird in nächster Zeit der einzige noch unüberbaute Rest durch einen Erweiterungsbau des Krankenhauses verschwinden. Er ist daher das Ziel einer noch laufenden Ausgrabung. Notbergungen in diesem Jahr erbrachten in Straubing unter anderem noch die Feststellung der Nord-Süd-Hauptstraße der Kastellvicus von „Sorviodurum" sowie 70 Bandgräber in der Nähe dieser Straßenachse. Aufgefunden wurde außerdem ein 1808 vergrabener Schatz von 450 Silbermünzen.

-fabo-

Straubinger Tagblatt
8. November 1978

zu Artikel: Süddeutsche Zeitung, 16./17. Dezember 1978 ▷

EIN TROMMLER *für die Denkmalpflege: Mit seinen Fahrten durch Bayern wirbt der Generalkonservator vor allem auch bei den Kommunalpolitikern für die lebenswichtige Bedeutung des Denkmalschutzes. Unser Bild zeigt Michael Petzet mit Journalisten bei der Besichtigung eines Ensembles in Regensburg.*
Photos: Nübler (2)

Süddeutsche Zeitung
16./17. Dezember 1978

SZ-Besuch bei Michael Petzet

Die Vergangenheit ist sein Alltag

Um für den Denkmalschutz stets überall präsent zu sein, reist der Generalkonservator im Jahr 60 000 Kilometer durchs Land

Von unserer Mitarbeiterin Eva-Elisabeth Fischer

Krailling, 15. Dezember

„Wir wollen aus alten Häusern keine Museen machen, sondern sie nach ihrer Instandsetzung möglichst sinnvoll nutzen." Der Mann, der dies sagt, gibt selbst das beste Beispiel: Seine Arbeitsstätte mit dem Namen „Alte Münze" in der Pfisterstraße zu München ist ein vorbildlich renoviertes altes Gebäude, das als exemplarisch für die moderne Auffassung von Denkmalschutz gelten kann. In dem historischen Bau ist das Bayerische Landesamt für Denkmalpflege untergebracht. Hier schaltet und waltet Generalkonservator Dr. Michael Petzet, Wächter über Bayerns kulturelles Erbe.

Auf den ersten Blick wirkt Petzet ein wenig steif und unbeholfen in seinem korrekten Nadel-

EIN CHEF, *der zuhören kann: Im Gespräch mit Bürgern und Mitarbeitern ist Michael Petzet unermüdlich. Er zieht die Information an Ort und Stelle dem Aktenstudium vor.*

Weitere Gründe sind eher ideeller Art: Man habe festgestellt, daß das Geschichtsinteresse des Bürgers ständig zunehme und somit auch die Wertschätzung geschichtsträchtiger Bauten: „Wenn der Bürger an seine Heimatstadt denkt, denkt er erstmal an die Baudenkmäler", sagt Petzet dazu. Und schließlich darf man auch nicht vergessen, daß die Jugend mehr und mehr Verständnis für die Umwelt aufbringt. Nicht nur gezielter Unterricht an den Schulen trägt dazu bei, sondern auch das manchmal nostalgische Bedürfnis der Jungen, sich eine Umgebung mit Patina zu bewahren, nicht in menschenfeindlichen Betonsilos zu ersticken.

Eine positive Wende zugunsten der Erhaltung alter baulicher Substanz habe vor allem das Denkmalschutzjahr 1975 bewirkt. „Ich glaube, wir haben da einen gewaltigen Sprung vorwärts gemacht", so Michael Petzet, „und daß wir jetzt beispielsweise lauter Tengelmann-Tüten mit Denkmalschutzwerbung haben, das hat's noch nie gegeben".

Arbeit und Hobby zugleich

Und letztendlich haben Umwelt- und Naturschützer ähnliche Interessen, und man darf mit einigem Stolz behaupten, daß der deutsche Bürger im Gegensatz zu seinen italienischen und französischen Nachbarn in jüngster Zeit immer umweltbewußter geworden ist. Diese Sensibilität für Umweltprobleme konnte nach Petzets Meinung erst einige Jahre nach Ende des Zweiten Weltkriegs entstehen: „Ich glaube, daß sich der Denkmalschutz nach dem Krieg, wo eine Art Verdrängung der Geschichte stattgefunden hat, sehr schwer getan hat. Und das Schlimmste für den Denkmalschutz ist, wenn so eine Art Geschichtslosigkeit einsetzt."

kommt, wissenschaftlich zu arbeiten. Er würde gern noch einiges zur französischen Architektur schreiben: „Ich glaub immer dran, daß das irgendwann noch geht." Im Augenblick müsse er sich damit begnügen, Vorträge und „irgendwelche komischen Vorworte" zu verfassen. Dennoch findet er seinen Beruf kreativ und somit befriedigend. Er klingt recht überzeugend, wenn er sagt, daß sich in seinem Fall Hobby und Arbeit überschneiden.

Natürlich gibt es nicht nur den Historiker und Denkmalpfleger Petzet, sondern auch den Familienvater, der seinen beiden halbwüchsigen Kindern auch mal bereitwillig bei einer Cicero-Übersetzung hilft. Sehr viel Zeit bleibt ihm allerdings für sein Familienleben nicht, denn er ist beruflich viel unterwegs: „Ich fahre pro Jahr durchschnittlich 60 000 Kilometer."

Liebe zur Kunst hat Michael Petzet sozusagen schon mit in die Wiege gelegt bekommen, denn sein Vater, Dr. Wolfgang Petzet, war Schriftsteller, Kunst- und Theaterkritiker. Theater fasziniert den Denkmalpfleger immer noch sehr: „Ich war ständig, schon als Kind, immer im Theater, habe alle Aufführungen gesehen." Diese Liebe hat ganz privat Gestalt angenommen — Michael Petzets Frau ist Bühnenbildnerin.

KEIN REDNER, der vom Blatt liest: Michael Petzet ist es gewohnt, in harten Debatten seinen Mann zu stehen. Er argumentiert sachlich, nie emotional.
Photo: Hesse

Verblüffend ist die Produktivität des jetzt 45jährigen. Promoviert hat der fleißige, jedoch nicht streberhafte Historiker in der Rekordzeit von zwölf Semestern — er hätte heutzutage sicherlich keine Schwierigkeiten mit der drohenden Regelstudienzeit.

Außerdem gibt es eine beeindruckende Vielzahl von Veröffentlichungen über bayerische Kunst und sein Spezialgebiet, die französische Architektur des 17. und 18. Jahrhunderts. Petzet übertreibt nicht, wenn er von sich selbst sagt: „Ich hab' schon soviel geschrieben wie manche ihr ganzes Leben nicht." Seine jetzige Tätigkeit nimmt ihn jedoch zeitlich so in Anspruch, daß er zu seinem eigenen Bedauern nicht mehr dazu kommen kann, die regelmäßig stattfindenden Pressefahrten und gelegentlichen Einweihungen am Wochenenden.

streifenanzug mit Weste und passendem Binder. Die scheinbare Unbeholfenheit entpuppt sich schnell als schüchtern-charmante Galanterie, hinter konservativer Kleidung verbirgt sich ein eher unkonventionell denkender Mensch.

Bayerns Denkmalpfleger Nummer eins bemüht sich offensichtlich, seine Aufgabe tätigkeitsbezogen zu erfüllen, Denkmalpflege nicht losgelöst von wirtschaftlichen Faktoren zu betrachten. So versucht er auch nicht, die Schwierigkeiten, mit denen er und seine Kollegen ständig konfrontiert sind, herunterzuspielen. Man erfährt, daß die Restaurierung sakraler Gebäude nahezu kein Problem darstellt, wohingegen bei der Instandsetzung profaner Gebäude oftmals größere Hürden zu überwinden seien.

„Man muß zunächst den Denkmalbesitzern klarmachen, daß es wichtig ist, diese Dinge zu behalten." Eine besonders heikle Angelegenheit sei es immer wieder, Bauern vom Wert ihres alten Hofes, einer seltenen Holzdecke oder eines besonders schönen Stallgebäudes zu überzeugen. Meist wollen die Leute lieber ihr renovierbedürftiges altes Haus abreißen, um anschließend einen Einheitsneubau mit bunten Glasziegeln und Aluminiumrollos an Stelle der dekorativen Fensterläden hinzustellen. Und mehr Profit versprechen sie sich durch ein meist häßliches neues Anwesen auch. „Da spielen einige wirtschaftliche Faktoren eine Rolle, wie zum Beispiel die EG-Normen und die Entwicklung der landwirtschaftlichen Technik", fügt Petzet erläuternd hinzu.

Doch sollte man die Schwierigkeiten, die finanziellen Probleme und den Widerstand einzelner auch nicht überbewerten, denn im allgemeinen sind die Äußerungen von Petzet bezüglich des bayerischen Denkmalschutzes recht zufriedenstellend. Er erzählt, daß ganz verschiedene Komponenten die Arbeit der Denkmalpfleger in den letzten Jahren erleichtert hätten. Zunächst haben Privatleute, die ihr Anwesen instand setzen lassen, große steuerliche Vergünstigungen.

Der Generalkonservator

Bayerns höchster Denkmalpfleger. Er leitet das Bayerische Landesamt für Denkmalpflege, das heuer auf eine 70jährige Geschichte zurückblicken kann. Die Zentrale der Denkmalschützer wurde am 1. November 1908 als „Generalkonservatorium" (daher die Amtsbezeichnung seines Chefs) gegründet. Das Amt, das sich um die Erhaltung der bayerischen Kultur- und Kunstdenkmäler bemüht, untersteht dem Kultusministerium. Als Pionier des Denkmalschutzes in Bayern gilt König Ludwig I. Kurz nach seinem Regierungsantritt verfügte er durch die Ministerialverordnung vom 12. Januar 1826, daß das Abbrechen von Ringmauern, Türmen und Toren sowie das Auffüllen der Gräben in den mittelalterlichen Städten, wie beispielsweise Dinkelsbühl, Nördlingen und Rothenburg ob der Tauber, unverzüglich einzustellen sei.

Das Interesse des Monarchen beschränkte sich jedoch nicht nur auf die Bauten des Mittelalters. Am 21. November desselben Jahres ordnete er an, alle öffentlichen und beweglichen Einzelkunstwerke unter Denkmalschutz zu stellen. Um ihren Fortbestand zu sichern, befahl er schließlich am 29. Mai 1827 den Verwaltungsbehörden, sämtliche Kunstdenkmäler Bayerns in einem Verzeichnis zu erfassen und zu beschreiben. Diese Arbeit ist heute noch nicht abgeschlossen.

ri.

Ein Schwabinger Kindl

Er eilt alle zwei Wochen in sein Zweitbüro im Schloß Seehof bei Bamberg, und besonders schwierige denkmalpflegerische Problemfälle muß er an Ort und Stelle besichtigen. Dazu kommen noch die regelmäßig stattfindenden Pressefahrten und gelegentlichen Einweihungen an Wochenenden.

Ferien macht der Generalkonservator jedoch immer mit seiner Familie. Die Petzets haben jedes Jahr ein anderes Reiseziel, „damit die Kinder was sehen", sagt der Papa. „Aber ich bin nicht so ein Vater, der die Kinder im Urlaub ständig zwingt, die Museen anzuschauen." Dieses Prinzip hat sich offenbar als sehr positiv bewährt, denn er erzählt, daß sein Nachwuchs sehr an Kunst interessiert sei: „Die sind im Urlaub fast ausdauernder als ich."

Bis zu seinem sechsten Lebensjahr war Petzet ein Schwabinger Kindl. Dann erwarben seine Eltern ein Haus in Krailling, das der Sohn mit Frau und Kindern immer noch bewohnt. Den Hausrat bezeichnet Michael Petzet als „gewachsenes Durcheinander"; da seien Möbel von den Urgroßeltern und den Großeltern und Gemälde von der Großmutter und dem Onkel, die beide leidenschaftlich gern malten: „Wir haben halt Sachen vom 19. Jahrhundert bis zur Jetztzeit." Der Generalkonservator ist also nicht jemand, der seine Wohnung bis in den letzten Winkel mit antiken Kunstschätzen vollstopft, wie das möglicherweise manch einer denken könnte.

Zum Haus gehört selbstverständlich auch ein Garten, in dem Petzet gelegentlich den Rasen mäht. Mit dieser Betätigung sind seine gärtnerischen Ambitionen denn auch schon erschöpft: „Der Garten wächst halt so einfach. Da sind große Bäume drin, die man möglichst erhält." — Petzet also Konservator auch im eigenen Garten.

Und wie hält sich ein Generalkonservator, der zwar gelegentlich auf ein Baugerüst steigt, fit? Mit spitzbübischem Lächeln verrät er, daß er gern Tischtennis spielt – und wie man von verschiedenen Seiten hört, ist er ein wendiger, geschickter Spieler. Fast entschuldigend fügt er hinzu: „Das ist meine einzige sportliche Betätigung." Übrigens gibt es auch im Landesamt für Denkmalpflege eine Tischtennisplatte.

Fränkischer Tag (Bamberg), 30. Dezember 1978

Bürger warten auf den Einzug in „ihr" Schloß

Bauhedarfsplan noch nicht genehmigt — MdL Vollkommer erinnert den Staat an seine Pflicht
Bürokratie bremst Restaurierungsarbeiten in Seehof

Schloß Seehof ⊕ Viele Freunde von Schloß Seehof — organisierte und unorganisierte — warten zwei Jahre nach der Verstaatlichung des von Verfall und Ausverkauf bedrohten Schlosses noch immer mit Ungeduld auf den Tag, an dem sich die Schloßtore endgültig der Öffentlichkeit auftun, wie es in euphorischem Überschwang nach der Übernahme durch den Staat für die „allernächste Zeit" angekündigt worden war. Passanten präsentiert sich Schloß Seehof optisch immer noch als große Baustelle. Immer wieder wird die Frage gestellt, wann denn der Bürger als symbolischer Schloßherr der Gegenwart auch tatsächlich Einzug in die historischen Mauern halten kann.

Es wäre ungerecht, dem Landesamt für Denkmalpflege als Hausherrn von Seehof den Vorwurf zu machen, den offensichtlich schleppenden Fortschritt bei der Restaurierung von Seehof durch bürokratische Hemmnisse verschuldet zu haben. Was die weit draußen in der fränkischen Provinz zu liegen.

Angesichts dieser Umstände scheint es gegenwärtig völlig ungewiß, ob und in welchem Umfang das vom Landbauamt 1977 formulierte Grundkonzept der Wiederherstel-

Nahezu einziges nach außen hin auffallendes Zeichen des Fortschritts der Restaurierungsarbeiten, die neugedeckten Turmkuppeln von Schloß Seehof Foto: FT-r.

lung werden kann. In der westlichen Orangerie sind Ausstellungsräume und Räume für kulturelle Veranstaltungen vorgesehen. Die östliche Orangerie soll das ständige Ferdinand-Tietz-Museum aufnehmen.

Beim Zeitplan im Verzug

Dieses ursprüngliche Konzept des Landbauamtes nannte für die Ausführung aller Arbeiten einen Zeitraum von gut zehn Jahren, stellte aber gleichzeitig das Jahr 1978 als Termin für den Abschluß der Instandsetzungsarbeiten im Hauptgebäude, damit der Hauptbau voll genutzt werden kann.

Gegenwärtig laufen die Bemühungen des Landesamtes dahin, die Schauräume in den ursprünglichen Zustand zu versetzen. Sie sollen sich in ihrem ursprünglichen Glanz der Öffentlichkeit präsentieren.

Der in Seehof etablierten Werkstatt für Textilrestaurierung gelang es, aus vorhandenen acht Zentimeter breiten Streifen der Originaltapeten, mit denen Nagelleisten verdeckt waren, Muster und Farbe der ursprünglichen, vom Vorbesitzer

entfernten Tapeten lückenlos zu rekonstruieren.

In Zusammenarbeit mit einer Tapetenfabrik in Württemberg gelang es ein Verfahren zu finden, das dem ursprünglichen Handdruck in der Farbqualität nahe kommt. Ein früher zur Ausstattung der Schloßräume gehörender wertvoller Fayenceofen steht gegenwärtig im Bayerischen Nationalmuseum.

Die Repräsentanten des Landesamts für Denkmalpflege Generalkonservator Dr. Michael Petzet und Außenstellenleiter Dr. Rahmisch sehen das vordringliche Problem der „Öffentlichkeit" nicht ausschließlich in der Bewilligung der Restaurierungsarbeiten, sondern in der Verpflichtung geeigneter Personen für sachkundige Führungen, verbunden mit einer ebenfalls notwendigen Aufsicht. Ein Großteil der Führungen mußte bisher von Dr. Rahmisch in dessen Freizeit bewältigt werden. Es gab schon Sonntage, an denen bis zu 500 Personen durch das Schloß geleitet wurden.

Eine Aufgabe, die auch von Idealisten nicht für alle Zukunft als Freizeitbeschäftigung erwartet werden kann.

Der Öffentlichkeit verpflichtet

In einem Gespräch mit dem ⊕ betonte MdL Vollkommer wiederholt mit Nachdruck, daß der Staat mit dem Schloßkauf auch die Verpflichtung übernommen habe, das Schloß der Öffentlichkeit zugänglich zu machen.

Hier habe die Münchner Staatsbürokratie einmal mehr Gelegenheit zu demonstrieren, daß ihr oft propagiertes Interesse am fränkischen Grenzland mehr als nur ein Lippenbekenntnis ist.

An der Renovierung des Schlosses profitieren auch zahlreiche Handwerksbetriebe, denen Gelegenheit geboten werde, noch vorhandene oder wiedererlangte handwerkliche Fähigkeiten zu demonstrieren. Ein besonderes Problem der Begegnung mit der Öffentlichkeit ist auch die Bewältigung organisatorischer Voraussetzungen.

Hier sei der Verein „Freunde von Schloß Seehof" aufgerufen, sich auch intensiver als bisher für die Realisierung eines umfassenden vielseitigen kulturellen Programms zu engagieren.

Ein zündend-begeisterndes Engagement der Vereinsführung in dieser Richtung wird von zahlreichen Freunden von Schloß Seehof gegenwärtig schmerzlich vermißt.

des Schlosses. Da die meisten Stücke kaum zurückgekauft werden können, wird man sich immer wieder intensiv bemühen, wenigstens Kopien der Originale nach Seehof zu bringen.

Vor der Sicherung des Freskos von Appiani im Weißen Saal ist noch die Sanierung der darüberliegenden Balkendecke erforderlich.

Während Pläne auf Erweiterung des Schloßparkes auf seine ursprüngliche Größe aus finanziellen Gründen zunächst zurückgestellt werden müßten, konnten die Voraussetzungen für eine Restaurierung der Kaskade weit vorangebracht werden.

Die Wasserspiele sind in ihrem heutigen Zustand auch vom technischen Gesichtspunkt her nicht mehr funktionsfähig, da sie nach Abbau der Rohrleitungen durch verschiedene Umbauarbeiten in der Mitte des 19. Jahrhunderts stark verändert wurden. Die Kaskade diente dem damaligen Schloßbesitzer in erster Linie als Terrasse.

Die noch vorhandene Anlage wurde in den vergangenen Monaten gründlich vermessen. Dadurch wurde die Möglichkeit einer Rekonstruktion der Anlage als vorgaussetzung für die naturgetreue Restaurierung geschaffen.

Im Garten verstreute Fragmente der Kaskade wurden gesammelt und in der Art eines Puzzle-Spiels wieder ihrem ursprünglichen Standort zugeordnet. Eine Wiederherstellung der Kaskade bedeutet die Schaffung eines neuen Wasserversorgung über ein eigenes Reservoir im Umlaufverfahren. Die in den Seehofwiesen stehende Fontänengruppe könnte u.U. mit Zustimmung des Besitzers über die Weiher erfolgen.

Zu den Restaurierungsplänen im Schloßgartenbereich gehört auch die Befestigung der stark vom Verfall bedrohten Seemauer.

Neue Tapeten in alter Qualität

Sehenswertes fränkisches Rokoko

Repräsentanten des Landesamtes nicht auszusprechen wollen oder können, der Abgeordnete Philipp Vollkommer, dem das Hauptverdienst an der Rettung des Schlosses vor Ausverkauf und Verfall zukommt, kann es dafür um so deutlicher sagen. **Zwischen dem engagierten Tatendrang der Denkmalpfleger und der öffentlichkeit Ungeduld der öffentlichkeit hat sich wieder einmal die Bürokratie als Hemmnis dazwischengeschoben.**

Die für die Restaurierungsarbeiten zunächst bereitgestellten 4,8 Millionen DM wurden in einem Titel des Staatshaushalts verankert und können nur über einen sogenannten Raumbedarfsplan verwendet werden. Dieser Plan ist bisher noch nicht genehmigt. Wenn die für die baulichen Maßnahmen zuständige Landesbauamt jedoch Bauunternehmen in Seehof vorhat, ist deren Verwirklichung allein von der Bereitstellung von Mitteln durch das Staatsministerium der Finanzen abhängig. Und für die Münchner Ministerialbürokratie scheint Seehof ganz lung der Schloßanlage von Seehof zeitlich und finanziell zu realisieren sein wird.

Das Konzept nennt als Grundidee die Wiederherstellung des barocken Gesamtanlage. Es beinhaltet im einzelnen die Instandsetzung der vorhandenen Gebäude, so weit vertretbar, die Wiederherstellung der Parkanlage und die Wiedererrichtung abgetragener Gebäude.

Bei der Instandsetzung des Gebäudes sollen, das fordert das Landesamtes Restaurierungsgutachten des Landesamtes für Denkmalpflege, die konservierenden Maßnahmen den Vorrang vor restaurierenden Maßnahmen haben.

Zu den Restaurierungsmaßnahmen zählen neben dem Hauptgebäude die vorhandenen Außengebäude der Schloßanlage von Seehof. Die beiden Wachtgebäude sollen nach erfolgter Instandsetzung wieder als Wohngebäude genutzt werden. Im Gärtnerhaus und im westlichen Gewächshaus werden Werkstätten der Steinrestauratoren werden. In der westlichen Orangerie soll nach erfolgter Instandsetzung der in der halben gliickenlose Bestandserfassung und Lokalisierung der in der halben Welt verstreuten Ausstattungsstücke gemacht öffentlichkeit zugänglich

1978 sollte auch bereits mit der Instandsetzung der beiden Wachhäuser begonnen werden.

Der Kostenplan des Landesbauamtes nannte nach den Kostenberechnungen und Schätzungen der Jahre 1976/77 eine Gesamtsumme von rund 25 Millionen Mark. Davon wurden für die Instandsetzung des Hauptgebäudes acht Millionen DM, für die Wachhäuser 1,7 Millionen DM, für Gärtnerhaus, Orangeriegebäude und östliches Gewächshaus 5,2 Millionen DM vorgesehen. Für den Aufbau des Frankensteinschlößchens und die Wiederherstellung der Außenanlagen mit dem Schloßpark wurden 11,5 Millionen DM ausgewiesen.

Insgesamt sieht der Kostenplan für die Wiederherstellung abgegangener Bauanlagen und die Erweiterung des Schloßparkes den Betrag von 8,2 Millionen DM vor.

In den vergangenen Monaten wurde trotz aller Hindernisse viel in der stillen für die Substanzsicherung des Schlosses geleistet. Dazu gehört u.a. auch eine lückenlose Bestandserfassung und Lokalisierung der in der halben Welt verstreuten Ausstattungsstücke MdL Vollkommer vertritt die Ansicht, daß Schloß Seehof durch seine Vergangenheit und die ihm künftig zugedachte Funktion die ideale Voraussetzung für eine Ausstellung „Fränkisches Rokoko" bieten würde.

Eine Rückschau auf die Zeit des Glanzes zur Zeit des Fürstbischofs Adam Friedrich Graf von Seinsheim (1755 bis 1779) würde das späte fränkische Rokoko, das bisher zu wenig im Blickpunkt der Öffentlichkeit stand, über den regionalen Bereich zur Geltung bringen und demonstrieren, daß es durch seine lokalen Verbindungen von Bamberg nach Bayreuth, Ansbach bis nach Würzburg auch zum kurbayerischen Hof ausstrahlte und damit eine gesamtbayerische Dimension erreichte.

Das späte Rokoko, wie es in den von Seisenheim in Seehof geschaffenen Anlagen zum Ausdruck kam, stehe, in seiner Qualität den Denkmälern des Münchner Rokoko in keiner Weise nach.

Eine derartige Ausstellung würde als lokale Attraktion auch eine starke Ausstrahlung auf den Fremdenverkehr für die Stadt Bamberg haben. Die in der Restaurierung befindliche Orangerie würde auch die Voraussetzungen für eine Stätte kunstverständiger und kunstbegeisterter Begegnungen bieten.

Um all diese Ideen zu verwirklichen, bedarf es sowohl des pekuniären Engagements durch den Staat als auch der tatkräftigen Förderung aller vorhandenen ideellen Begeisterung. Beide sollten sich in bezug auf die weitere Zukunft von **Schloß Seehof sinnvoll ergänzen und keinesfalls gegenseitig hemmen.**

Nur wenn die weitere Restaurierung konsequent und ohne Fessel eines bürokratischen Staatsbaumechanismus fortgesetzt werden kann, wird sich die ursprüngliche Investition des Staates beim Schloßkauf als lohnend erweisen und das Ziel der Freunde von Schloß Seehof, dem fränkischen Kleinod durch neues Leben eine bestandssichernde Zukunft zu sichern, verwirklichen lassen.

Gerhard Urban

Im Innenbereich noch eine einzige Baustelle. Im Bereich der Orangerie gibt es noch viel zu tun, um den Baubestand zu erhalten. – Die Kaskade in ihrem gegenwärtigen desolaten Zustand. Durch eine gründliche Vermessung der bestehenden Anlage wurden die Voraussetzungen für die geplante Restaurierung geschaffen. – Die Gerüste zeigen einerseits an, daß sich in Seehof etwas tut. Die Zeit, bis sie wieder fallen, zeugt aber oft auch vom schleppenden Gang der Restaurierungsarbeiten   Fotos: FT-r

Süddeutsche Zeitung
7. Juni 1979

EINEN BAROCKEN ORGELSCHRANK, der bis in die sechziger Jahre zum Inventar von Schloß Seehof gehörte, und dann vom damaligen Besitzer verkauft worden war, erwarb der oberfränkische Raiffeisenverband zurück. Staatssekretär Simon Nüssel übergab als oberfränkischer Raiffeisen-Präsident am Montagabend im „Weißen Saal" des Schlosses die Schenkungsurkunde an Generalkonservator Dr. Michael Petzet vom Landesamt für Denkmalpflege in München. Rechts: Lothar Güthlein, katholischer Pfarrer aus Memmelsdorf, der an der „Heimkehr" des wertvollen Orgelschrankes maßgeblichen Anteil trug.

Coburger Tagblatt, 14. März 1979

DAS MAROKKO-HAUS von König Ludwig II. soll jetzt vor dem Verfall gerettet werden. Finanzminister Streibl hat beschlossen, daß dieser Pavillon, den der Monarch 1878 in Paris auf der Weltausstellung kaufte, vom Freistaat Bayern aus Privatbesitz erworben wird. Das Gebäude befindet sich in traurigem Zustand in der Nähe von Oberammergau und stand ursprünglich an der Tiroler Grenze bei Schloß Linderhof. Unser Bild zeigt ein zeitgenössisches Aquarell. Photo: Hannes Heindl

Süddeutsche Zeitung, 5. April 1979

Städter dürfen hoffen

Wohnungsbauminister Haack kündigt Verbesserung der Lebensbedingungen an

PAPPENHEIM (epd) — Das fränkische Pappenheim bildete die richtige Kulisse für eine Tagung, die dort von der Evangelischen Akademie Tutzing und dem Bildungszentrum der Evangelischen Landjugend in Bayern veranstaltet wurde. „Leben in der Provinz — eine Alternative zur Stadt" lautete das Thema. Unter den Referenten waren Wohnungsbauminister Haack und Generalkonservator Petzet vom Landesamt für Denkmalpflege.

Bayerns oberster Denkmalpfleger warf den Dorfbewohnern „ein gebrochenes Verhältnis zum Geschichtsbewußtsein" vor, einen Nachahmungstrieb, der die „Modernisierung" der Dörfer nach dem Vorbild der Bausparkassenprospekte zur Folge habe, falsch verstandene Rustikalität, die zur Einheitseinrichtung aus dem Katalog führe und Niveaulosigkeit beim Bauen, hervorgerufen durch zuviele Angebote an Baumaterialien. Petzet machte aus seiner Abneigung gegen einheitliche Dachneigungen, Glasbausteine und Verkleidungen keinen Hehl. Erst langsam setzt im Baustoffhandel das Angebot von herkömmlichem Material — wie Sprossenfenster oder hölzerne Klappläden — wieder ein und Bausparkassen bieten Beratung im landschaftsbezogenen Bauen.

Gegenpol zu Petzets Ausführungen, der das Leben in der Provinz aus denkmalpflegerischer Sicht erläuterte, war der Vortrag von Bundesminister Haack über Vorzüge, Chancen und Probleme des urbanen Lebens. Er nannte eine Reihe von Gründen, dem „Häuschen im Grünen" das Wohnen in der städtischen Gemeinschaft vorzuziehen. Um die Stadt als Lebensraum erstrebenswert zu machen, müsse — so Haack — jedoch das Wohnumfeld attraktiver gestaltet werden, zum Beispiel durch Verkehrsberuhigung, Verbesserung des Fahrradverkehrs, intensive Freiraumplanung und nicht zuletzt durch die Ausführung des von der Bundesregierung entwickelten Stadthauskonzepts. Das „Stadthaus" soll eine Alternative zum Wohnen im anonymen Hochhaus bieten und eine Art städtisches Reihenhaus sein.

Konkrete Beispiele neuer Wohnformen formulierte außerdem der Münchner Architekt Theodor Henzler in seinem stadtökologischen Konzept, in dem er auf die Bedeutung von Stärkung der Nachbarschaft, Sparsamkeit im Landverbrauch durch Halbierung der Wohnstraßenfläche, einem Nutzgartengürtel um eine ganze Siedlung oder von Innenhofhäusern hinwies. Ein Siedlungsprojekt übrigens, das sowohl in der Stadt als auch auf dem Land realisierbar sei.

Auch der Beauftragte der evangelischen Kirche für agrarsoziale Fragen, Landeskirchenrat Herbert Rösener, ging auf gemeinsame Probleme von Stadt und Land ein, indem er forderte: „In Stadt und Land brauchen wir mehr Bürgernähe der Verwaltung und Mitbestimmung in den Vierteln, in denen man wohnt." In diesem Zusammenhang sei auch seine Ablehnung einer Gebietsreform innerhalb der Kirche zu sehen: „Die Kirche möchte überschaubare seelsorgerische Bezirke erhalten, um der Nähe zu den Menschen willen." Die Tagung brachte vielerlei Anregungen, die positiven Seiten des Lebens in der Stadt und auf dem Land zu erkennen und die negativen Entwicklungen zu vermindern.

Denkmalpfleger beugen Sünden auf der Alm vor

Historische Kaser gerettet / Zuschuß für Schindldächer

Von unserem Korrespondenten Ludwig Fisch

Süddeutsche Zeitung 7./8. Juli 1979

BERCHTESGADEN, 6. Juli — Im Rundumkaser auf der 1020 Meter hohen Bindalm nahe der österreichischen Grenze gab es am Donnerstag Hochbetrieb. Mit einer Brotzeit, mit Bier und Obstler feierten Vertreter des Landesamtes für Denkmalpflege mit Politikern, Heimatpflegern und Journalisten die Tatsache, daß drei historische Kaser-Almhütten auf der Bindalm, die zu den wenigen erhaltenen volkskundlichen Wahrzeichen des Berchtesgadener Landes zählen, erhalten werden konnten. Besonders stolz sind die Denkmalpfleger auf die Rettung des sogenannten Baldramkasers, einer Frühform des Rundumkasers, der aus dem Jahr 1686 stammt und der schon so verfallen war, daß er den nächsten Winter nicht mehr überstanden hätte.

Im Zusammenhang mit der Errichtung des Alpennationalparks hat man sich auch dieses schützenswerten Gebäudes angenommen, von denen es im Berchtesgadener Land ohnehin nur noch sechs bis acht gibt und die Zeugnis von der einfachsten Form des Almlebens ablegen: Im Kasstöckl, einem fensterlosen Blockhaus mit einer Feuerstelle, das umschlossen wird von einem Umlaufstall, hauste die Sennerin. Weil die drei Rundumkaser auf der Bindalm einen idealen Ausgangspunkt für die geplante Schutzzone des Nationalparks darstellt, will man auch eine Kaser-Almhütte aus dem Jahr 1692, die derzeit zum Heimatmuseum Berchtesgaden gehört, wieder in die Bergwelt zurückversetzen.

Die historischen Almhütten waren nur eines von mehreren Beispielen für das erfolgreiche Engagement der Denkmalpfleger im Berchtesgadener Land, die bei einer Pressefahrt präsentiert wurden. „Während wir sonst meistens von den Schwierigkeiten mit der Erhaltung der geschützten Baudenkmäler berichten müssen, können wir hier mit positiven Beispielen aufwarten", sagte Generalkonservator Michael Petzet. Dazu zählte er vor allem den Gruberhof in Weißbach an der Alpenstraße, dessen Renovierung den Besitzer 400 000 Mark kostet. Während der Einbau von Gästebetten und Verbesserungen im Innern auf Kosten des Bauern gehen, dienen die staatlichen Zuschüsse von 140 000 Mark vor allem für die Restaurierung der Fassaden des barocken Gebirgshauses mit seinen Giebellauben, geschnitzten Balkonkonsolen und künstlerischen Fresken aus dem 18. Jahrhundert.

Der Wiederherstellung und Bewahrung des historischen Erscheinungsbilds gelten auch die Arbeiten am Schusterlehen in der Gemeinde Maria Gern. Die mit Zuschüssen geförderte Instandsetzung dieses besterhaltenen Prototyps des ältesten Berchtesgadener Bauernhauses erstreckt sich auf Fenster, Giebellaube und das Dach, das wieder mit Legschindeln gedeckt werden soll. Beim Fernsebenlehen in Ramsau hat das Decken des weitausladenden Dachs mit hölzernen Schindeln fast 50 000 Mark gekostet. 10 000 Mark steuerte das Landesamt für Denkmalpflege zu der Erhaltung bei, weil man verhindern will, „daß diese landschaftsprägende Dachart ganz ausstirbt".

In Selbst- und Nachbarschaftshilfe hat das Schebererlehen in der Gemeinde Marktschellenberg einen neuen Dachstuhl bekommen — mit einem provisorischen Pappdach. „Solche Baudenkmäler können die Denkmalpflege vor fast unlösbare Pobleme stellen", sagten die Beamten des Landesamtes. Hier müssen die Forderungen nach Erhaltung der historischen Gebäude mit den berechtigten Modernisierungswünschen der Bewohner in Einklang gebracht werden. Beim Schebererlehen ist dies um so schwieriger, als das 1668 gebaute Haus nahezu unverändert erhalten ist — einschließlich einer Rauchkuchl mit offenem Kamin.

Daß die Erhaltung solcher Bauwerke vom Besitzer beträchtliche Opfer fordert, konnten die Teilnehmer an der Pressefahrt auch im Landkreis Traunstein erfahren. In Hammer hat der Bauer Josef Dufter den „Wastlbauernhof", der nicht mehr bewohnt ist und nur mehr für den Weidebetrieb dient, in vielen Stunden und mit großem handwerklichem Geschick wieder hergerichtet und mit alten Möbeln und Geräten ausgestattet. Jetzt ist das Wohnhaus ein Museum, das mit seinem prächtigen Laubengang im Obergeschoß, seinen schönen Malereien an der Fassade und im Flur und mit seinem Glockenständer auf dem Schindeldach die Besucher begeistert. Vor sechs Jahren noch sollte der Hof abgerissen werden.

Staat kauft Marienbad

BAD REICHENHALL (Eigener Bericht) — Der Freistaat Bayern hat jetzt das „Marienbad" in Bad Reichenhall erworben. Die Gebäude auf dem 6480 Quadratmeter großen Grundstück sollen abgerissen und das Gelände zur Erweiterung des Kurparks zur Verfügung gestellt werden. Die bisherigen Mieter will man anderswo angemessen unterbringen. Geplant ist, nach dem Abbruch zunächst für die Kurverwaltung auf dem Areal eine provisorische Unterkunft zu schaffen. Das bisherige Gebäude der Kurverwaltung muß dem neuen Kurzastzentrum weichen. Nach dessen Fertigstellung wird das Marienbad-Gelände in den Kurpark miteinbezogen.

EIN TYPISCHER BAUERNHOF *des Berchtesgadner Lands ist das Schusterlehen in Maria Gern. Es ist eines der ältesten Anwesen in der Gegend. Vor allem das Holzschindeldach mit seinen Steinen zum Beschweren gehört zum Bild der Landschaft.* Photo: Landesamt für Denkmalpflege

Mittelbayerische Zeitung (Regensburg), 12. Juli 1979

Generalkonservator Dr. Petzet (links), Landrat Rupert Schmid (Mitte) und Pfarrer Josef Bräu (rechts) unternahmen einen Abstecher in die neu renovierte Kirche von Frauenzell.
Aufnahmen: Schramm

Generalkonservator Dr. Petzet besuchte den Landkreis
Renovierung des Klosters Frauenzell wird fortgesetzt

Bisher stehen 1,8 Millionen zur Verfügung / Im Wörther Schloßhof künftig wieder Festspiele?

Regensburg (sd). Generalkonservator Dr. Michael Petzet stattete am Mittwoch dem Landkreis einen Besuch ab. Landrat Rupert Schmid trug dem Gast die Sorgen auf dem Gebiet des Denkmalschutzes vor. Die Besichtigungsfahrt, an der sich auch Konservator Dr. Schmid und Baudirektor Hubert Bauch, beide vom Landesamt für Denkmalschutz beteiligten, führte zum Kloster Frauenzell, dem Wörther Schloß und dem Schloß Karlstein. Die Renovierungsarbeiten am Kloster Frauenzell können ab sofort wieder aufgenommen werden. Man zeigte sich zuversichtlich, daß weitere Mittel, bisher stehen 1,8 Millionen Mark abrufbereit, lockergemacht werden können.

Bei der Besprechung im Landratsamt bezeichnete Landrat Schmid das Kloster Frauenzell als „Sorgenkind Nummer eins" des Landkreises. Um die Baugenehmigungsverfahren abzukürzen, sollen künftig auch die Kreisheimatpfleger den Sprechtagen in der Regierung hinzugezogen werden. Dadurch soll dieses Verfahren um rund sechs Wochen verkürzt werden.

In Frauenzell erläuterten Architekt Professor Peithner und der Geschäftsführende Beamte ver VG Wörth, Hubert Schötz, die Sanierungsmaßnahmen des Klosters. Für die Instandsetzung wurden vom Amt für Denkmalschutz eine Million Mark, aus ABM.-Mitteln und Geldern der Gemeinde Brennberg und des Landkreises insgesamt 800 000 Mark bereitgestellt. Die Bauarbeiten am Nord- und Westflügel des Klosters mußten nach Auskunft von Schötz wegen Einsturzgefahr eingestellt werden. Außerdem fehlten für die endgültige Renovierung rund 400 000 Mark.

Das Landesamt für Denkmalschutz zeigte sich nicht bereit, noch mehr zu investieren, da die Mittel dieser Abteilung derzeit erschöpft seien. Es wurde beschlossen, die Arbeiten trotzdem wieder aufzunehmen. Die Maßnahme soll in Abschnitten durchgeführt werden. Es gelte, zu prüfen, so Baudirektor Bauch, ob nicht Gelder aus dem sozialen Wohnungsbau zur Verfügung stünden. Der Landrat sicherte seine volle Unterstützung zu. Bürgermeister Franz Lindinger führte an, daß es nunmehr gelte, die Besitzverhältnisse zu klären.

In Wörth nutzte Bürgermeister Franz Beutl die Gunst der Stunde und führte Dr. Petzet durch die Schloßstraße. Es stehe nunmehr an, die Straße zu sanieren. Dabei soll auch das Pflaster neu verlegt werden. Der Generalkonservator stellte einen Zuschuß für diese Maßnahme in Aussicht. Im Wörther Schloß wurde das Gremium von Verwalterin Silvi Kegelmeier empfangen. Landrat Schmid regte an, im Schloßhof die Festspiele wieder einzuführen. Vom Landkreis werde hierfür die Tribüne gestellt. Es wurde angeregt, einige Gebäudeteile für Ausstellungen und Museen herzurichten. Zur Sprache kam auch die eventuelle Eröffnung eines Hotels und eines Cafés. Die akute Gefährdung der „Mischgemälde" im Rondellzimmer soll sofort beseitigt werden. Das Landesamt für Denkmalschutz versprach sofortige Abhilfe.

In Karlstein wurde das Schloß besichtigt. Franz Graf Drechsel führte die Denkmalschützer und Landrat Schmid durch die Räume des Schlosses. Für die Sanierung des Gebäudes seien rund 1,3 Millionen Mark notwendig, führte der Graf an. Dr. Petzet sicherte dem Schloßherrn schnelle Hilfe zu. Es wurde bekanntgegeben, daß mit der Sanierung der Außenmauern und der Schloßkapelle eventuell noch in diesem Herbst begonnen werden kann.

Süddeutsche Zeitung
25. Juli 1979

Besseres Klima für Denkmalpflege
Bereits 400 Ensembles in Bayern festgestellt / Verständnis für Denkmalschutz wächst

MÜNCHEN (SZ) — Einen Stimmungsumschwung im Lande konstatieren die Denkmalpfleger voller Freude. Von der Verurteilung des „alten Glump" hin zur Wertschätzung historischen Besitzes. Es soll sogar schon Gegenden geben, wo Eigentümer alter Häuser die Behörden oder den Heimatpfleger ersuchen, doch in die Denkmalsliste aufgenommen zu werden. Bisher war eher üblich gewesen, daß Besitzer alten Gemäuers dies als halbe Enteignung und schlimmes Schicksal betrachteten, weil sie nicht mehr nach eigenem Belieben abreißen und umbauen durften.

Ursache dieser wachsenden Denkmalsfreudigkeit der Bevölkerung in Bayern war in vielen Fällen die Initialzündung von Prämierungen gelungener Restaurierungen — sei es städtischer Fassaden oder alter Bauernhöfe. Aber auch Steuervergünstigungen für Althausrenovierungen und dergleichen und schließlich Zuschüsse der Öffentlichen Hand aus einer Reihe von Quellen haben dafür gesorgt, daß überall in Bayern an alten Häusern, Kirchen, Schlössern Baugerüste stehen und Restauratoren arbeiten. „Es läuft gut im Vergleich zu früheren Jahren", stellte am Dienstag Landeskonservator Michael Petzet fest. Der Denkmalschutz habe in letzter Zeit keine krassen Niederlagen mehr erlebt.

Insgesamt 400 Ensembles in Bayern — also Straßenzüge und Häusergruppen — sind bis jetzt in die Denkmalsliste aufgenommen worden. Das berichtete der Vorsitzende des Landesdenkmalrats, Erich Schosser, gestern vor der Presse. Diese Ensembles wurden im Einvernehmen der betreffenden Gemeinde festgelegt. Man rechnet, daß man noch etwa fünf Jahre brauchen wird, bis man in allen Landkreisen die geschützten Ensembles bestimmt hat. Allerdings macht dieser Denkmalsschutz für ganze Häusergruppen auch Sorgen, weil dessen Einhaltung wesentlich schwerer zu kontrollieren ist, als bei einem einzelnen Bauwerk. „Oft erfahren wir von Verstößen, also Umbauten oder Abrissen erst, wenn es zu spät ist", sagte Schosser.

Der Landesdenkmalsrat tritt außerdem dafür ein, daß der Strafrahmen für Verstöße gegen den Denkmalsschutz von den zuständigen Landratsämtern wesentlich gründlicher ausgeschöpft wird, als bisher üblich. „Nach dem Gesetz können Geldbußen bis zu einer Million Mark verhängt werden. Da sind die höchstens 25 000 Mark Strafe, die bisher zu zahlen waren, geradezu lächerlich." Für einige potente Denkmalssünder sei so eine Summe eine Lappalie. Schosser fordert, daß bei willentlichen Zerstörungen von Denkmälern von den Behörden wesentlich schärfer verfahren wird. „Wenn das Denkmalsschutzgesetz dem Buchstaben nach vollzogen würde, kämen im Land keine Abbrüche von Denkmälern mehr vor."

In 51 834 Fällen läuft die offizielle Benachrichtigung an die Eigentümer, daß ihr Besitz in die endgültige Denkmalsliste aufgenommen wurde, das ist etwa die Hälfte der bayerischen Denkmäler. Ein weiteres Drittel sei noch strittig, berichtete Petzet. Bis jetzt gab es verschwindend wenig Prozesse — etwa 20 — im Zusammenhang mit dem Denkmalsschutzgesetz. Allerdings gibt Petzet zu, daß die Denkmalsfreudigkeit von Landkreis zu Landkreis und auch von Gemeinde zu Gemeinde verschieden sein kann. Beispielsweise habe Hindelnag im Allgäu keine Kirche und kein Haus in der Denkmalsliste haben wollen, das benachbarte Sonthofen dagegen machte den Denkmalspflegern zusätzliche Vorschläge, weil der Stadt so vieles erhaltenswürdig und wertvoll erscheint. *Ursula Peters*

Hinweis des Innenministeriums
Küchenabfälle gehören nicht in Abfluß

MÜNCHEN (dpa) — „Leitungswasser ist kein Transportmittel für Küchenabfälle." Darauf machte das Bayerische Innenministerium aufmerksam. Anlaß dazu gaben die immer häufiger angebotenen Küchengeräte, in denen Knochen, Gemüsereste und Obstschalen gemahlen und über den Ablauf des Spülbeckens in die Kanalisation geleitet werden. Das aber stehe im Widerspruch zu der in Bayern fast einheitlich geltenden Mustersatzung, nach der auch keine zerkleinerten Stoffe, die den Ablauf der öffentlichen Entwässerung erschweren können, den kommunalen Abwässern zugeführt werden dürfen.

Bayerische Journalisten informierten sich über Denkmalpflege

Fahrt des Denkmalamtes nach Passau — Altstadtsanierung und Ausgrabungen Niedernburg

Kulturbewußtsein und Denkmalpflege können ganz schön anstrengend sein: Einen ganzen Tag lang schmeckten bayerische Journalisten in die Arbeit des Landesamtes für Denkmalpflege hinein, schauten sich an, was in Passau für die Denkmalpflege getan wird. Am Abend waren sie alle recht erschöpft — und hatten doch nur einen kleinen Ausschnitt aus der vielfältigen denkmalpflegerischen Tätigkeit in einer 2000jährigen Stadt kennengelernt.

Generalkonservator Dr. Michael Petzet führte die Gruppe der Redakteure von Zeitungen und Presseagenturen bewußt nach Passau: „Immer wird nur von der Altstadtsanierung in Bamberg gesprochen, aber Passau ist ebenfalls sehr bedeutsam, die Probleme hier sind vielschichtig und groß." Das merkten die Journalisten sehr schnell aus eigener Anschauung. Vor der Veste Oberhaus erzählte ihnen Stadtrat Kreisheimatpfleger Dr. Gottfried Schäffer die Geschichte der Burg, dann wurden die brüchigen Mauern auf dem Weg zur Batterie Linde in Augenschein genommen. Freilich, viel ist hier in den letzten Jahren getan worden, aber noch viel bleibt zu tun. Das Landesamt engagiert sich jährlich mit rund 400 000 DM an Zuschüssen.

Von der Batterie Linde aus hatten die Besucher einen erstklassigen Überblick über Altstadt und Sanierungsgebiet, das verwinkelte Rathaus, auf die Baustelle Studentenwohnheim Bräugasse und auf die Innstadt. Dr. Petzet sprach von den Plänen für eine zweite Innbrücke und davon, wie sehr eine Straßenschneise die kleine Innstadt zerschneiden und zerstören würde.

Im Gebäude der städtischen Wohnungsaufbau begrüßte Oberbürgermeister Dr. Emil Brichta die Gäste und betonte in seiner Ansprache, wie wichtig die Presse zur Unterstützung der Stadt sei. Dann erzählte er einiges über die Altstadtsanierung, nannte ein paar imposante Zahlen (80 Millionen Sanierungskosten etc.) und sprach davon, daß man die Altstadt durch die Sanierung zu neuem Leben erwecken wolle. Anschließend zeigte Architekt Hanns Egon Wörlen anhand der Studentenwohnheim-

Über Probleme der Altstadtsanierung erfuhren bayerische Journalisten viel Interessantes im Gebäude der städtischen Wohnungsaufbau. Oberbürgermeister Dr. Emil Brichta begrüßte die Gäste, darunter Generalkonservator Dr. Michael Petzet (Bild) in der Steiningergasse.
(Foto: Popp)

Pläne ein kleines Stück Altstadtsanierung. Im Haus der Wohnungsaufbau wurde die gelungene „Wiederbelebung" eines Gebäudes an Ort und Stelle in Augenschein genommen: Besonders großes Interesse erregte die raffinierte, faltbare Brandleiter aus Metall an der Seitenfassade des Hauses.

Im Großen Rathaussaal sollte es für alle warmen Leberkäs und kaltes Bier geben. Aber Dienst ist Dienst: Obgleich schon mancher Magen knurrte, schaute die Gruppe in Hinterhöfe, alte Hausfluren und in kleine Gäßchen hinein. Im Rathaussaal nutzte der Oberbürgermeister die Gunst der Stunde, um Generalkonservator Dr. Petzet auf den schlechten Zustand der Wagner-Gemälde aufmerksam zu machen. Mit einer Gedenkmedaille der Stadt versüßte er dem Chef des Denkmalamtes die Erinnerung an das teuere Passau.

In Niedernburg wartete Oberkonservator Dr. Rainer Christlein auf die Besucher und führte sie mit schwungvollen Worten zurück bis in das spätantike Passau. Ein paar Superlative als Leckerbissen für die Journalisten wurden zum besten gegeben: 700 römische Münzen unter dem Kirchenboden, die Gebeine des Erzbischofs Gregorius von Armenien, „wildgewordene Markomannenstämme", die die römische Siedlung in Schutt und Asche legten (wovon eine dünne Brandschicht im Boden zeugt) — das alles interessierte die Reporter sehr. Dr. Christlein hingegen vernahm erfreut von Generalkonservator Dr. Petzet, daß seine Außenstelle in Landshut demnächst durch zwei zusätzliche Grabungsleiter verstärkt werde.

Ein paar hundert Schritte nur — und schon gelangten die Journalisten von der Spätantike hinein ins Hochbarock: In der Sakristei des Domes erwarteten Domdekan Max Thurnreiter und Diözesanbauamtsleiter Alfred Zangenfeind die wißbegierigen Gäste, die interessiert aufhorchten, als von den großen Schwierigkeiten der Domrenovierung die Rede war. So kompliziert hatte sich das keiner vorgestellt. Restaurator Martin Zunhamer erzählte ein paar besonders anschauliche Beispiele aus der Arbeit der vergangenen sechs Jahre, die Fotodokumentation im Dom ergänzte die Vorträge. Landeskonservator Dr. Karl Lippert wußte ebenfalls viel Überraschendes von den Sanierungsschwierigkeiten zu berichten. Ein Besuch in der Dombauhütte, bei dem Dombauhüttenmeister Berthold Schneider einiges erzählte, beschloß den „kulturellen Teil" des Tages.

Der Imbiß im Hotel „Zum König" mußte ein wenig abgekürzt werden, damit die Münchner Journalisten rechtzeitig zurück nach München fahren konnten. Mit solchen Informationsfahrten will das Landesamt für Denkmalpflege nicht nur Imagepflege betreiben — die Problematik der Denkmalerhaltung soll möglichst vielen Menschen bewußt werden, damit das Verständnis für deren Notwendigkeit noch stärker wächst.
me

Passauer Neue Presse
27. Juli 1979

Nicht in nostalgischen Gefilden

4. Bamberger Gespräche: „Stadtbild und Stadtgestaltung"

Bayerische Staatszeitung
12. Oktober 1979

Denkmalschutz auf dem Lande „vor Ort" diskutiert

Mainroth (str). Bei einer Besichtigungsfahrt durch die Landkreise Kulmbach und Lichtenfels, die von Vertretern des Bayerischen Bauernverbandes (BBV), an ihrer Spitze BV-Präsident Gustav Sühler, mit Generalkonservator Dr. Michael Petzet durchführte, entstanden Meinungsverschiedenheiten über die Praxis des Denkmalschutzes bei landwirtschaftlichen Anwesen.

Diskutiert wurden an Ort und Stelle insbesondere die Gestaltung von Fenstern und Türen bei unter Denkmalschutz stehenden Gebäuden sowie vom Landesamt für Denkmalpflege geforderte Giebelverkleidungen von neuen Stall- und Scheunenbauten.

BBV-Vertreter kritisierten, daß die Eigentümer im allgemeinen nicht darüber informiert worden seien, wenn ihr Hof unter Denkmalschutz gestellt wurde und daß die baulichen Veränderungen durch entsprechende Auflagen entstehenden Mehrkosten nicht einmal zu einem Drittel vom Landesamt bezuschußt würden. Ferner wandten sie sich gegen Planungen, in Unterfranken auch Weinberge unter Denkmalschutz zu stellen.

Präsident Gustav Sühler, der zu der Exkursion eingeladen hatte, wies darauf hin, daß die Funktionsfähigkeit eines landwirtschaftlichen Betriebes durch den Denkmalschutz nicht beeinträchtigt werden dürfte.

Obermain Tagblatt
Lichtenfels
24. August 1979

Alarm an der Walhalla

Auch Generalkonservator Petzet gegen Bau einer neuen Donaubrücke

REGENSBURG (Eigener Bericht) — In der Frage des Brückenschlags bei Donaustauf unterhalb der Walhalla haben Kultusministerium, Wissenschaftler der Regensburger Universität und Naturschützer mit dem Landesamt für Denkmalpflege einen Verbündeten erhalten. Als „wahre Katastrophe" bezeichnet Generalkonservator Michael Petzet in einer Stellungnahme den Brückenschlag, der eine „symbolbeladene Denkmallandschaft von europäischem Rang" bedrohe.

Mit der Anlage der Walhalla habe König Ludwig I. eine Kulturlandschaft geschaffen, die die bestehenden Baudenkmäler — die mittelalterliche Salvatorkirche von Donaustauf, die Burgruine und, in der Ferne, der Regensburger Dom — mit der eigenen Schöpfung koordiniere, betont Petzet. Er stellt eine „mystische und in ihren Symbolzügen doch sehr konkrete Überhöhung des Umfeldes der Walhalla" fest. Großbauwerke wie eine Brücke oder gar eine von der Stadt Regensburg geplante Klärschlammdeponie könnten diesen Absichten kaum gerecht werden.

Der Generalkonservator spricht sich auch gegen einen Neubau am Standort der alten Brücke aus und plädiert für einen Übergang bei Sulzbach östlich Donaustauf. Mit dieser sogenannten Trasse III aber sind wiederum die Donaustaufer nicht einverstanden. Diese Trasse geht ihnen zu weit am zentralen Ort Donaustauf vorbei. Die Bezirksregierung der Oberpfalz muß schon bald in einem Raumordnungsverfahren die Entscheidung treffen. *Werner Huber*

Süddeutsche Zeitung
28. Serptember 1979

Bayerns oberster Denkmalschützer, Generalkonservator Dr. Michael Petzet, geizte nicht mit aufmunternden Dankesworten: Das Landesamt betreibe Denkmalpflege schließlich nicht als Anschauungsunterricht für Kunsthistoriker, sondern für die Bürger, und so könne er es nur begrüßen, wenn diese in Bürgerinitiativen ihre Meinungen äußerten — selbst solche, die über die Forderungen seiner Behörde hinausgingen.

Unter den am vergangenen Wochenende zu den 4. Bamberger Gesprächen auf der Altenburg versammelten Vertretern von 20 Zusammenschlüssen zwischen Husum und Regensburg durften sich die Altstadtfreunde aus der jubilierenden Oberpfälzer Metropole besonders angesprochen fühlen: Ihr Problem, das Hochwasserschutzobjekt in Stadtamhof, war das brisanteste und aktuellste der Beispiele zum Tagungsthema „Stadtbild und Stadtgestaltung — Restaurierungen und Neubauten in Altstadtbereichen". Nicht nur, weil es die taktischen Winkelzüge beteiligter Behörden zur Beruhigung mißtrauischer Bürger — verharmlosende Modellchen in „Weihnachtskripperl-Manier" — aufs schönste demonstrierte. Auch die dem Landesamt gesetzten Grenzen wurden sichtbar. Petzet zeigte sich zwar „unglücklich" über den an einem „alle drei- bis vierhundert Jahre zu erwartenden Maximalhochwasser" orientierten monumentalen Uferwall und versprach, sich für einen möglichst geringen Eingriff einzusetzen, doch müßten die Interessen gegenseitig abgewogen werden:

Diese Einsicht haben die sich alle zwei Jahre in Bamberg treffenden Vereinigungen längst geschluckt. Daher auch das Bemühen der in ihrer Art bisher bundesweit einmaligen Veranstaltung, die häufig in einen Kleinkrieg verstrickten Kontrahenten an einen Tisch zu bekommen, um gemeinsame Lösungen anzupeilen: Abgeordnete, Ministerien, Stadtbauämter, Architekten und Initiativen. Nachdem seit dem Denkmalschutzjahr 1975 das Verständnis für die Notwendigkeit der Substanzerhaltung beim wichtigsten Sanierungsträger, dem Bürger, fest verankert ist, stehe man nun, so der Moderator und Motor der Bamberger Gespräche, Dr. Victor Harth, an einem Wendepunkt: Das Gewicht verlagere sich auf den „kulturellen Umweltschutz" mit dem Nahziel einer Wiederbelebung der Altstädte.

Den Zündstoff lieferte dann in der Diskussion freilich die Frage des richtigen Wegs zwischen historisierender Rekonstruktion und neuem Bauen in der Altstadt. Der Limburger Architekt Franz Josef Hamm, Verfasser des richtungsweisenden hessischen Handbuchs, widersprach vehement der Alternative. Sein engagiertes Plädoyer gegen die Tendenz zu einer „Als-ob-Architektur im Faksimile", zur „Disneyland-Kulisse" mündete in die Forderung nach einer „Denkmalpflege durch neues Bauen". In die gleiche Kerbe schlug der Fernsehregisseur Dieter Wieland („Unser Dorf soll häßlich werden"): Die Glaubwürdigkeit des Denkmalschutzes sei gefährdet, wenn „Bühnenbilder schlechtester Art" nach dem infamen Spiel errichtet würden: „Die Substanz ist nicht zu erhalten, wir stellen es euch genau so wieder hin."

Dem bayerischen Generalkonservator mißfiel die Definition einer „Denkmalpflege durch neues Bauen" als in sich unsinnig; Denkmalpflege bedeute Bewahrung geschichtlicher Substanz. Erst wo sie nicht mehr möglich sei, könne an den Neubau gedacht werden — in der Auseinandersetzung mit der gewachsenen Bebauung ringsum und unter Rücksichtnahme auf sie. Aber auch Petzet wollte die Gefahr eines „Neuen Historismus" nicht leugnen, „falsche Geschichte neben Geschichte zu stellen, die man nicht neu bauen kann". Allerdings habe das Landesamt mit einer — selbst unter den Tagungsteilnehmern bemerkbaren — Begeisterung des Bürgers für Rekonstruktionen" zu rechnen.

Unsicherheit allenthalben: Anwesende Architekten fühlten sich vom Landesamt „allein gelassen" und wünschten sich — Aufschrei bei hessischen Vertretern — Anleitungen nach dem Vorbild des Nachbarlands. Während Petzet davor warnte, seiner Institution die Rolle einer „gigantischen Geschmacksbehörde" zuzumuten („Ins Detail zu gehen, ist von Übel"), forderte Wieland, das Landesamt solle sich nicht drücken: „Es ist bequem, zuerst zu sagen, da hören unsere Kompetenzen auf, und hinterher Einspruch zu erheben: So nicht." Die „totale Freiheit" der letzten dreißig Jahre habe in die Sackgasse geführt. Petzet bestand darauf: „Es gibt keine Rezepte. Die Architekten sind gezwungen, sich etwas einfallen zu lassen. Notwendig ist das Ringen in jedem Einzelfall." Zustimmung von Senator Franz Fuchs, dem Präsidenten der unterfränkischen Handwerkskammer und Malermeister: Reglementierungen griffen in die Bürgerrechte ein.

Nur an Symptomen gedoktert

Als ob es Einschränkungen nicht zuhauf gäbe: haushaltsrechtliche zum Beispiel, auf die der Bamberger Landtagsabgeordnete Wünsche verwies, den Verwaltungsgrundsatz der Verhältnismäßigkeit, Bauordnungen. Architekt Hamm: „Die Verwaltungen wollen von vornherein wissen, was es kostet. Aber das geht nicht, der Unsicherheitsfaktor ist zu groß." Überdies entsprächen die Verordnungen meist nicht den Erfordernissen der Altstädte: „Wenn wir sie berücksichtigen wollten, müßten die alten Städte abgerissen werden. Die Bauverwaltungen sollten mehr Bereitschaft zum Risiko zeigen." Bestätigung von Generalkonservator Petzet: Ärger gebe es immer wieder mit den Vorschriften über den sozialen Wohnungsbau, die Zuschüsse bei der Altstadtsanierung seien von denselben Voraussetzungen abhängig wie bei der Stadtsanierung. Das führe zu einem Substanzverlust, die Qualität des Altbaus werde so zunichte gemacht: „Es ist einfach unsinnig, manche Richtlinien auf Altbauten anzuwenden."

Was tun? Der Bamberger Architekt Seemüller, zu dessen Aufgabengebiet die Unterbringung der Universität in historischen Bauten gehört, beklagte eine allgemeine Orientierungslosigkeit. Ihm und seinen Kollegen falle der schwierigste Part zu; die Entwürfe würden „von allen Seiten" kritisiert. Ähnliche Rügen aus den Reihen der Bürgerinitiativen: Sie handelten bei ihren Aktionen gegen Neubauten in der Altstadt in Notwehr, „weil nichts Gescheites angeboten wird. Es gibt bei uns zwar hervorragende Architekturkritiker, aber es fehlen hervorragende Architekten."

Zum Kernproblem stießen die 4. Bamberger Gespräche dennoch nur ansatzweise vor. Selbstkritisch meinte einer der Teilnehmer: „Bisher haben wir an Symptomen herumgedoktert. Wir müßten uns über die Ursachen unterhalten: Wozu wurden die alten Städte gebaut, was wollen wir damit heute anfangen?" Das Problem der Nutzung also. Mit der Überlegung, die großflächige Nutzung durch Kaufhäuser, Banken und Versicherungen müsse aus den alten, auf kleinteilige Nutzung ausgerichteten Stadtkernen verbannt werden, fand er wenig Widerhall — trotz der einhelligen Ablehnung Potemkinscher Fassaden wie jüngst in Würzburg. Senator Fuchs mahnte und umriß damit das Dilemma der Denkmalpfleger: „Es hilft uns nichts, wir kommen nicht weiter, wenn wir gegen eine Nutzung durch Banken und wirtschaftliche Großbetriebe sind." Die Strukturen seien nun einmal so. Schließlich erhielten solche Betriebe Arbeitsplätze und schafften neue.

Grund zur Resignation? Dieter Wieland nannte den Bürgerinitiativen konkrete Ziele: Sie sollten sich fachkundiger machen, eigene Forschungen anstellen, Material beschaffen, wie es beispielhaft das Regensburger Forum vorexerziere. Kurzum: Positive Exempel propagieren. Wichtig sei es, den Anschein der Spießigkeit zu vermeiden, mit dem man die Architekten vergraule, an Ort und Stelle darüber nachzudenken, was die lokalen Eigenheiten seien und was davon ohne Täuschung übernommen werden könne. Wieland empfahl, die alten Städte nicht zu überfrachten: „Man kann aus einem Pkw keinen Omnibus machen."

Daß es keine Patentrezepte gebe, unterstrich abschließend Generalkonservator Petzet. Bei aller Unsicherheit in der Entwicklung der Architektur gab er zu bedenken: „Die Stadt ist ein historischer Organismus, der sich auch in unserer Zeit weiterentwickelt." Entscheidend bleibe die Wohnnutzung.

Über die Fachdiskussion hinaus zeigten diese 4. Bamberger Gespräche jedenfalls, daß die an der Denkmalpflege Beteiligten keineswegs in nostalgischen Gefilden leben. Mit ihrer Ratlosigkeit zumindest stehen sie nicht allein. Werner Titze, Chefredakteur beim Südwestfunk Baden-Baden und Mitglied des Nationalkomitees für Denkmalpflege, umriß den Horizont der Auseinandersetzung, als er von einer „faszinierenden Periode der Unsicherheit und des Umdenkens" sprach, die auch die anderen Lebensbereiche erfasse: „Bisher standen die materiellen Werte im Vordergrund, wir aber stehen vor einem in erster Linie geistigen Problem, vor einer geistigen Herausforderung."

Winfried Schleyer

Delegation des bayerischen
Einmalig

So ~~lo~~bte Generalkonservator Dr. Mi~~chael Petzet die Gustav~~straße — Ähnliches gebe es nur noch

FÜRTH — Eine Delegation des bayerischen Landesamtes für Denkmalpflege, an ihrer Spitze der Generalkonservator Dr. Michael Petzet, hielt sich zum Studium der Fürther Altstadt einen Vormittag lang in der, wie sie sagten, „teilweise einmaligen deutschen Stadt" auf. Ihr besonderes Interesse galt den noch beinahe vollständig erhaltenen Straßenzügen sowie den Bestrebungen, durch Neubebauung und Sanierung das alte Stadtbild zu erhalten.

Ausgangspunkt der Visite war das „Herzstück" der Fürther Altstadt, die St.-Michaels-Kirche, die bereits ahnen ließ, so Petzet, über welch ungeheuer reichen Bestand an alten und erhaltenswerten Gebäuden Fürth verfüge. Bei der „Mutterkirche" von St. Lorenz in Nürnberg könne man nach der Innen- und

Vor der Kulisse der Gustavstraße lassen sich die Gäste aus München von Archivdirektor Emil Ammon (mit Mütze) kurz in die Geschichte der Stadt einführen.

Fürther Nachrichten
26. Oktober 1979

Landesamtes für Denkmalpflege sah sich in der Stadt um

in der Bundesrepublik

chael Petzet das Häuserensemble in der Blumen-, Rosen- Pfister- und Theater-
in Paris und Wien — Ein „Grenzfall zwischen Denkmal- und Stadtbildpflege"

Der alte Marktplatz mit seiner mittelalterlichen Kulisse hatte es den Denkmalschützern besonders angetan. Hier werden sie unter sachkundiger Leitung durch die Altstadt geführt.

Oberbürgermeister Kurt Scherzer und Dr. [M]chael Petzet (Mitte) lassen sich von Pfar[rer] Johannes Diez die Renovierung der Michae[ls]kirche erläutern.

Außenrenovierung sehen, daß hier ebensoviel Wert auf die Konservierung wie auch auf die Rekonstruierung gelegt worden sei.

Der Bereich um die Gustavstraße zeigte den Gästen aus München etwas vom ursprünglichen Charakter des ehemaligen Marktfleckens. Die Fürther „Bauerngasse" und der sich anschließende Grüne Markt hätten durch die Vielzahl von Fachwerkhäusern noch einen etwas ländlichen Charakter behalten. Freilich sei auch hier, wie in anderen deutschen Städten, nicht zu vermeiden gewesen, daß der Anteil der ausländischen Bevölkerung in solchen Gebieten rapid zunähm, da es den Besitzern billiger erschien, zu vermieten als zu erneuern. Dennoch gäbe es einige Beispiele für die Erhaltung der Altstadthäuser.

Nicht ganz ohne Kritik kam nach den ersten positiven Eindrücken die Neugestaltung der Altstadt davon. Zwar habe man sich sichtlich Mühe gegeben, dem vorhandenen Stadtbild „gerecht zu werden", doch sei das bei der Vielfalt der alten Details beispielsweise nicht immer zu bewerkstelligen gewesen. Es handele sich hier um einen Grenzfall zwischen Denkmalpflege und Stadtbildpflege, wobei letzteres selbstverständlich vorrangig beachtet werden mußte, so der Generalkonservator. Vorbildlich dagegen nehme sich der „historische Eckzahn", der Frau-von-Liers-Hof, aus, bei dem die alte Fassade vollständig erhalten bleibe.

Als „einmalig in der gesamten Bundesrepublik" lobten die Münchner Denkmalpfleger die Fassaden in Blumen-, Rosen-, Pfister- und Theaterstraße. So etwas gebe es nur mehr noch in Wien oder Paris, daß die gesamten Häuserzeilen, so wie sie sich bereits im 19. Jahrhundert präsentierten, heute noch vorhanden sind.

Zu verdanken sei diese Tatsache nicht zuletzt dem Denkmalpfleger Heinrich Habe, der seinerzeit jedes einzelne Haus in die Denkmalliste aufgenommen und somit einen störenden architektonischen Eingriff verhindert habe.

Auf ein gutes Beispiel folgte ein weniger ansehnliches, so wies Dr. Petzet am Bahnhofsplatz auf eine seltsame „Dreieinigkeit" hin und stellte fest, das Denkmalschutzgesetz hätte hier noch im letzten Moment eine Bebauung gestoppt, die sich heute wohl „hervorragend" mit den drei vorhandenen Gebäuden (Bahnhof-Center, Warenhaus und Sparkasse) verbinden würde. Ob man dies „Glück oder Unglück" nennen sollte, darüber waren sich auch die Münchner nicht einig.

Aber die Besucher wurden entschädigt, nämlich durch eine Hausbesichtigung in der Hornschuchpromenade, bei der fast keiner der Teilnehmer aus dem Staunen herauska[m]. Ungeahnte Schätze verbergen sich dort hin[ter] einer renovierten Fassade, die der Antiqui[tä]tenhändler und Sammler Albert Trapp [sich] persönlich eingerichtet hat. Trapp, der schon fast als „Hobby" bezeichnet, renov[ie]rungsbedürftige Gebäude zu kaufen und h[er]zurichten, logiert dort in einem wohl einma[li]gen Einklang von innenarchitektonische[m] Stil der 20er Jahre und einer schier unübe[r]schaubaren Sammlung von Antiquität[en] sämtlicher Stilepochen.

Dieser „glorreiche Abschluß", wie Dr. Pe[t]zet sagte, trüge dazu bei, Fürth als „etw[as] Besonderes" im Gedächtnis zu behalten. A[ls] „Stadtdenkmal" verfüge Fürth über sovi[ele] einmalige Bauwerke und Ensembles, daß [man] sich hier ganz besonders eine glückliche Han[d] bei Renovierung, Restaurierung und Sanie[]rung wünsche.

Dr. Petzet, Diplomingenieur Wilfert vom Stadtplanungsamt, und sein Kollege Meyer-Rhotert vor dem Paradestück der Altstadtsanierung, dem „Frau-van-Liers-Hof". Fotos: Meyer

Von Straße zu Straße ein anderes Jahrhundert

Denkmalpfleger stellen Fürth als bauhistorisches Buch vor / Bürger entdecken ihre Stadt

FÜRTH (Eigener Bericht) — Es ist noch nicht lange her, da wurde die Stadt zwischen Pegnitz und Rednitz von ihren Einwohnern nicht so besonders geliebt: Ein grauer, düsterer Ort im Schatten Nürnbergs ohne viele kunstgeschichtliche Attraktionen, eben ein Zentrum für Handel und Industrie. Seitdem sich jedoch die Denkmalpfleger nicht nur um sakrale und profane Monumentalbauten kümmern, sondern auch größere Ensembles alter Wohnhäuser als schützenswerte Denkmäler sehen, hat die historisch gewachsene Stadtanlage von Fürth enorm an Bedeutung gewonnen. „An den Straßenzeilen, die praktisch Schicht um Schicht chronologisch von Norden nach Süden nach dem 30jährigen Krieg entstanden sind, kann man die Stadtgeschichte ablesen", sagt Generalkonservator Michael Petzet, Chef des Landesamts für Denkmalpflege. Fürth sei eine der wenigen Städte dieser Größenordnung ohne Kriegszerstörungen und deshalb als Stadtensemble enorm wichtig. 2300 Häuser stehen in der vorläufigen Denkmalliste.

Besonders beachtlich findet Petzet die völlig einheitlichen Straßenzüge aus jeweils einer Epoche. „In keiner anderen Großstadt der Bundesrepublik ist eine derart klar lesbare stilistische Entwicklung dieser Größenordnung in so vielen geschlossenen Straßenbildern erhalten geblieben", bemerkte er bei einer Informationsfahrt seines Hauses. Vor allem die reichhaltigen Beispiele aus dem letzten Jahrhundert vom Klassizismus bis zu prächtigsten Gründerzeit- und Jugendstil erfreut die Kunsthistoriker. Die Fassaden sind vorwiegend aus Sandstein und nur vom Alter geschwärzt.

Daß auch die Fürther selbst langsam Geschmack an ihrer Stadtgestalt finden, berichtete Bürgermeiser Heinrich Stranka. Der Knoten ist geplatzt. Die Leute reden vom Denkmalschutz, gehen spazieren und schauen sich die Fassaden an. Es gibt der Stadt ein ganz neues Selbstbewußtsein, sozusagen ein lebendiges Architekturmuseum zu sein." Allerdings sind Fürther Bürger wie der Antiquitätensammler Albert Trapp noch selten, dessen zum Geschäft gewordenes Hobby es ist, leerstehende historische Häuser zu kaufen, sachverständig restaurieren zu lassen und dann einer neuen Verwendung zuzuführen — vor allem als Eigentumswohnungen. Er selbst führte dem Generalkonservator und der Presse sein eigenes Haus, ein Prunkgebäude aus der Zeit des Historismus an der Hornschuchpromenade vor, wo einst Deutschlands erste Eisenbahn fuhr. Die komplette Ausstattung stammt aus dem Jahr 1920.

Sehr bemüht um die Erhaltung historischer Bausubstanz ist der Fürther Altstadtverein, dem es speziell um die Freilegung von Fachwerk und die Restaurierung der kleineren Häuser aus dem 17. und 18. Jahrhundert in der Nähe des Grünen Markts und der Königstraße geht. „Es fehlt hier noch das Gefühl, daß man in der Altstadt wieder wohnen kann", stellte Heimatpfelger und Stadtarchivdirektor Emil Ammon fest. „Die Hausbesitzer wollen kein Geld für Reparaturen investieren." Man blickt mit Neid auf das benachbarte Nürnberg, wo der Verein der Altstadtfreunde es in zäher Arbeit fertiggebracht hat, eine Vielzahl alter Häuser zu retten, Käufer zu finden, die mit Liebe restaurieren und anschließend die modernisierten Wohnungen vermieten. Die Wohnungen gehen reißend weg.

In Fürth wohnen vor allem viele Gastarbeiter in den alten Vierteln in der Nähe der Michaelskirche. Nebenan auf dem Gelände des ehemaligen Judenviertels macht man erste zaghafte Versuche von „Bauen in alter Umgebung". Vor zehn Jahren war dieses Viertel mit vielen baufälligen Häuschen aus dem 18. Jahrhundert als sogenannte Flächensanierung abgerissen worden. Man wollte dort etwas ganz Modernes mit Flachdächern und völlig anderer Straßenführung hinbauen. Es blieb mehr oder weniger eine kahle Fläche von über acht Hektar übrig, für die bessere Baulösungen gesucht werden.

Ursula Peters

Hoffnungsschimmer für Gögginger Glaspalast

Denkmalpfleger wollen Kurhaustheater von 1886 retten / Stadt Augsburg macht Geld locker

Von unserem Redaktionsmitglied Birgit Matuscheck

AUGSBURG, 16. November — Wie ein „Kulturdenkmal allerersten Ranges" allmählich völlig verrottet, davon konnten sich Denkmalspfleger und Journalisten bei der diesjährigen Informationsfahrt des Landesamtes für Denkmalpflege im Augsburger Stadtteil Göggingen ein Bild machen.

In einem Park im Zentrum Göggingens steht die Ruine des ehemaligen Kurhaustheaters. Das frühere Palmenhaus und Theater entstand im Jahre 1886 als Bestandteil der von Hessing'schen Kuranlage nach Plänen von Jean Keller. Das schon wenige Jahre nach seiner Entstehung wegen seiner hervorragenden Gestaltung in Meyer's Lexikon von 1890 erwähnte Theatergebäude wurde nach wechselvoller Geschichte — zunächst als Operettenbühne, später als Kino genutzt — nach einem Brand im Jahre 1972 (bei dem erstmals nach Jahrzehnten wieder die historische Eisenbaukonstruktion des Hauses zum Vorschein kam), von der Stadt Augsburg erworben.

Die Vorbilder des Gögginger Kurhauses gehen bis in die Frühzeit des 19. Jahrhunderts zurück. Dazu zählt das Gewächshaus im Nymphenburger Schloßpark von Klenze ebenso wie Bauten aus Eisen und Glas in Berlin (Palmenhaus von Härter), München (Glaspalast von Voit), London (Kristallpalast) und Paris (Jardin d'Hiver). Diese Wintergärten wurden Zentren des öffentlichen Lebens mit oft südlicher Flora und hatten die Funktion der gesellschaftlichen, politischen und wirtschaftlichen Begegnung.

Die Denkmalpfleger sehen im Gögginger Kurhaus nicht nur ein Kulturdenkmal allerersten Ranges, sondern auch ein einmaliges technisches Bauwerk. So war das ehemalige Theater mit einem „Locomobile" für den Strom, elektrischer Beleuchtung und einer zentralen Warmwasserheizung, mit der alle Räume auf 15 Grad erwärmt werden konnten, ausgestattet. Auch verfügte das Theater damals schon über eine versenkbare Bühne mit Hydraulik. Die Gesamtanlage besteht — noch heute erkennbar — aus einem von Trinkhallen mit Grottenarkaden eingefaßten Vorhof, der in seiner Achse auf eine Orchesternische ausgerichtet war.

Nach dem Brand im Jahre 1972 war zunächst von Abbruch die Rede. Gerade noch rechtzeitig wurde die baukünstlerische Rarität erkannt, und die Stadt als Eigentümerin ließ wenigstens die notwendigsten baulichen Sicherungsarbeiten — Notdächer und provisorische Schließung der Fenster und Türen — ausführen. Deren Wirkung hat jedoch längst nachgelassen, so daß das Gebäude jetzt zusehends verfällt. Erschrocken stellte der Heimatpfleger des Bezirks Schwaben, Dr. Hans Frey, bei der Besichtigung den rapiden Fortgang der Zerstörung durch die Witterung fest. Insbesondere die für den Baustil charakteristische ornamentale Eisenkonstruktion ist nach Angaben des Denkmalpflegeamtes erheblich korrosionsgefährdet. Daneben schreitet der Verfall der reichgegliederten Außenputzflächen, die bisher nicht behandelt wurden, in einem beängstigenden Maße fort. Auch ist versäumt worden, ausreichende Absperrmaßnahmen anzubringen, so daß inzwischen Bauteile von Liebhabern ungehindert abtransportiert wurden.

Zwar sind sich Baufachleute und Stadträte mit dem Landesamt für Denkmalpflege einig, daß nach Abschluß der Fundamentsicherung, die momentan durchgeführt wird, unverzüglich die umfassende Sicherung der Bausubstanz eingeleitet werden müsse. Allerdings ist man sich darüber bei der Stadt seit langem im klaren, und seit Jahren auch bietet das Landesamt für Denkmalpflege „großzügige" Zuschüsse aus dem Entschädigungsfonds an — umsonst. Unter dem Vorwand, nach einer geeigneten Nutzung zu suchen, schob der Stadtrat eine endgültige Entscheidung immer wieder hinaus.

Generalkonservator Dr. Michael Petzet, der das Kurhaus für einzigartig in Deutschland hält, wiederholte bei seinem Besuch in Augsburg sein großzügiges Unterstützungsangebot. Noch heuer sei das Landesamt bereit, zuzüglich zu den bereits abgerufenen 100 000 Mark eine Schlußrate von 50 000 Mark nur für Sicherungsmaßnahmen zu zahlen. Es scheine sogar vertretbar, meinte Petzet, im Vorgriff auf ein endgültiges Nutzungskonzept zunächst lediglich das Gebäude von außen in bautechnischer und statischer Hinsicht zu sanieren und sachgerecht ohne Veränderung des überlieferten originalen Zustandes zu restaurieren.

Der Finanzausschuß des Stadtrats hat inzwischen Mittel in Höhe von 210 000 Mark für die Entfeuchtung und Betonarmierung der Grundmauern bewilligt. Die Kosten für das gesamte Stahlbetonkorsett werden mit 400 000 Mark veranschlagt. Die restlichen 200 000 Mark sollen 1981 zur Verfügung gestellt werden. Die Kosten für die Gesamtsanierung des Kurhauses gab Stadtbaurat Stab vor dem Finanzausschuß mit 15 bis 16 Millionen Mark an. Er vertrat jedoch die Auffassung, daß das Gebäude schon zu retten sei, wenn man zunächst einmal einen Rohbau zur Substanzsicherung schaffe, dessen Kosten er mit vier bis fünf Millionen Mark angab.

Süddeutsche Zeitung
17./18. November 1979

Süddeutsche Zeitung
30. Oktober 1979

PARADESTÜCK der Wilhelminischen Epoche ist die Hornschuch-Promenade in Fürth. Hier fuhr, durch Anlagen von den Häuserzeilen getrennt, bis zum Jahre 1922 die Ludwigsbahn auf Deutschlands erster Eisenbahnstrecke.   Photo: Landesamt für Denkmalpflege

Straubinger Tagblatt, 24. November 1979

Erwin Kellerhals vom Haus- und Grundbesitzerverband zum Denkmalschutz:

„Petzet — ein wildgewordener Nostalgiker"

Der Generalkonservator wolle jeden alten Kuhstall erhalten — Scharfe Kritik am 2. Wohnraumkündigungsschutz-Gesetz

Das 2. Wohnraumkündigungsschutz-Gesetz und der Denkmalschutz („Generalkonservator Dr. Michael Petzet ist ein wildgewordener Nostalgiker, der jeden alten Kuhstall erhalten will") standen im Zentrum knallharter Attacken, die Erwin Kellerhals, Vorsitzender des Landesverbandes Bayerischer Haus- und Grundbesitzer, am Donnerstagabend im Hotel Gäubodenhof ritt. Der Münchner Rechtsanwalt sprach vor über 50 Mitgliedern der Straubinger Haus- und Grundbesitzer, unter denen Ortsvorsitzender Helmut Mayr auch Oberbürgermeister Ludwig Scherl und Bürgermeister Georg Bräuherr begrüßen konnte. Mayr dankte in diesem Zusammenhang der Stadt, die sich auf Antrag des Vereins um klare Verhältnisse bei den Mietpreisen bemühe. Der starke Mitgliederzuwachs in den vergangenen Monaten zeigt nach Auffassung von Rechtsanwalt Helmut Mayr, daß der Verein auf dem richtigen Weg ist.

Oberbürgermeister Scherl nannte den Antrag des Vereins auf Erstellung eines Mietspiegels eine gute Sache. Er sei ebenso für den Mieter wie auch den Vermieter als Maßstab wichtig und könne dazu beitragen, Streitigkeiten zu vermeiden. Allerdings scheitere das Projekt, da sich die Kosten auf über 150 000 Mark belaufen würden. Aus diesem Grund wolle man versuchen, die Erhebungsbögen für die Volkszählung 1981 entsprechend zu modifizieren, berichtete Scherl.

Die Sozialliberale Koalition, so betonte dann Hauptreferent Erwin Kellerhals, sei angetreten, das Wohnmietrecht entscheidend zu ändern. Durch das 2. Wohnraumkündigungsschutz-Gesetz, das im Dezember 1974 verabschiedet worden sei, wurde die Kündigung nach den Worten von Kellerhals zur Ausnahme gemacht. Das freie Kündigungsrecht sei seit 1972 für den Vermieter ausgeschlossen.

Das große Problem sei außerdem die Findung der ortsüblichen Vergleichsmiete, da der Vermieter sein Erhöhungsverlangen begründen müsse. Dafür gebe es drei Möglichkeiten: den Mietspiegel, wobei Oberbürgermeister Scherl schon auf die zu hohen Kosten für eine Stadt wie Straubing hingewiesen habe; das Sachverständigen-Gutachten, das ebenfalls nicht billig sei, und die Benennung vergleichbarer Objekte.

Die Vergangenheit, so Kellerhals, habe gezeigt, daß der Mietspiegel in manchen Städten nichts getaugt habe. In München — wo jetzt schon der zweite Mietspiegel vorliege — sei er von der Mehrheit des vorigen Stadtrats manipuliert worden. Doch auch jetzt könnten sich Statistiker nur durch Stichproben informieren, wobei wiederum dem Zufall Tür und Tor geöffnet werde.

Zum Thema Vergleichsdaten klagte der Referent, daß gerade die Bürger in kleineren Städten nur ganz selten bereit seien, dem Verein die notwendigen Daten zur Verfügung zu stellen. In diesem Zusammenhang appellierte er an die Solidarität der Haus- und Grundbesitzer, die Daten im eigenen Interesse ihrem Verein zu überlassen.

Mietwohnungsbau stagniere

Da durch das 2. Wohnraumkündigungsschutz-Gesetz eine Mietanpassung an die allgemeine Marktentwicklung nicht möglich sei, fehle auch der Anreiz zum so dringend notwendigen Mietwohnungsbau. „Und von Seiten dieser Bundesregierung", so konstatierte Kellerhals, „ist da auch nichts zu erwarten".

Als unabdingliche Forderungen müßten die Haus- und Grundbesitzer auf einer Änderung der Kündigungsmodalitäten und ein praktikables Mieterhöhungs-Verfahren bestehen. „Sonst sehe ich für die Wohnraumversorgung der Bevölkerung schwarz", prophezeite Rechtsanwalt Erwin Kellerhals. Die öffentliche Hand könne die Bedarfslücke niemals decken, wenn man allein schon die bestehende Fehlbelegung der Sozialwohnungen betrachte.

Ungereimtheiten beim Denkmalschutz

Schon bei der Definition des Begriffs „Denkmal" beginnen nach Meinung von Kellerhals die Ungereimtheiten des Denkmalschutz-Gesetzes. Im Kommentar werde es noch schlimmer: Denn dort sei festgehalten, der Eigentümer eines unter Denkmalschutz stehenden Gebäudes könne bis an den Rand des Ruins zu Sanierungszahlungen herangezogen werden. Den Generalkonservator Dr. Michel Petzet nannte Kellerhals einen „wildgewordenen Nostalgiker, der jeden alten Kuhstall erhalten will".

Auch die Haus- und Grundbesitzer sagten „Ja" zu einer wirklichen Denkmalpflege, wenn sie im berechtigten Interesse der Allgemeinheit liege. Aber dann, so der Münchner Rechtsanwalt, sollte auch die Allgemeinheit die hohen unrentierlichen Kosten der Sanierung tragen. Konkrete Vorstellungen zur Änderung dieses Gesetzes habe man bereits erarbeitet, und auch der Wirtschaftsbeirat der Union hätte heftige Kritik am Istzustand geübt.

Abschließend gab Helmut Kellerhals noch einige Tips zum Thema Energie-Einsparung.

—bhi—

HILZ Goldband- und Juwelenuhren

OPTIKER JANSEN
BRILLEN · CONTACTLINSEN

Marktrat Tännesberg trotzt Denkmalpflegern

Problem Kelleranlage durch Mauerbau kühn gelöst – Generalkonservator Dr. Petzet kam zum Ortstermin

Tännesberg. (ka) Die alte Kelleranlage unter dem Haus Berggasse 79 endet an einer dicken Mauer aus Hartbrandsteinen. Vom bruchsteingemauerten Keller eins existiert nur mehr ein Teil; der Felsenkeller zwei „schlummert" unter einem Betondeckel. Keller eins ist, soweit er in die Straße hineinragt hat, mit Erdreich aufgefüllt. Das heißdiskutierte Problem der historischen, vom Landesamt für Denkmalpflege für schützenswert erklärten Anlage hat man „im Handstreich" gelöst. Der Marktrat Tännesberg, der von jeher Schutzwürdigkeit bestritt, trotzte auf bemerkenswert couragierte Art der Münchner Denkmalschutzbehörde.

Obwohl es nichts mehr zu retten gab, standen gestern nachmittag gewichtige Persönlichkeiten zu einem nochmaligen Ortstermin an der Baugrube in der Berggasse beisammen. Bei frostiger Atmosphäre flackerte in der Diskussion erneut Erregung auf, wurde „letzter Dampf" abgelassen. Als auffallend „ruhender Pol" erwies sich Generalkonservator Dr. Michael Petzet. Mit dem Chef des Landesamtes für Denkmalpflege hatte Diplomingenieur Paul Unterkircher, Gebietsreferent dieser Behörde, das „schwerste Geschütz" in einer „Schlacht" aufgeboten, die ohnedies für Münchchen verloren war. Mit dabei waren Landtagsabgeordneter Otto Zeitler aus Perschen, Direktor Erwin Schreiber vom Wasserwirtschaftsamt Weiden, die Bürgermeister Horst Robl und Simon Wittmann sowie eine Reihe Tännesberger Marktgemeinderäte, aus Mün-

chen ferner Diplomingenieur Georg Bryknar, der das jüngste Gutachten angefertigt hatte.

Bürgermeister Robl in zweieinhalb Tagen

Bürgermeister Robl agierte rhetorisch knallhart, wenn auch noch immer sichtlich unter dem Eindruck des langen Streites, der den Marktvertretern viel Nerven gekostet hat. Wie sich herausstellte, hatte der energische Bürgermeister so durch „Gesetz des Handelns" die Entscheidung bewirkt: Mit einer sogenannten Duldungsordnung war er am 13. November um 7.30 Uhr früh bei den Nößner-Damen aufgekreuzt. Unter Androhung eines Zwangsgeldes von 5000 Mark hatte der Vertreter des Marktes die Frauen damit konfrontiert, die Arbeiten zum Unterfangen der Grundmauern ihres Hauses zu erlauben. Nach kurzer Zeit erlosch ihr Widerstand gegen die Beseitigung der Keller. Nach vorbereitenden Arbeiten wurde in zweieinhalb Tagen die Mauer entlang der Grundstücksgrenze aufgerichtet.

Nicht einmal mehr ein Kompromiß

Erregte Debatten entfalteten sich an der Tiefbaustelle in der Tännesberger Berggasse. „Zielscheibe" des zornigen Bürgermeisters Horst Robl war Gebietsreferent Diplomingenieur Paul Unterkircher (zweiter von links). Das ebenfalls eingeladene Landratsamt Neustadt WN war nicht vertreten. Bilder (3): Kaiser

Im aufsehenerregenden Tännesberger Kellerstreit hat sich der Marktrat forsch selbst „Vorfahrt" gegeben. Zweiter Bürgermeister Simon Wittmann (rechts) im Gespräch mit Generalkonservator Dr. Michael Petzet, Chef des Münchner Landesamtes für Denkmalpflege.

Ein Zugang zum tiefergelegene Felsenkeller, der zeitweise als eine Art Kompromiß im Gespräch war, ist nicht vorhanden. Unter dem Betondeckel, mit dem die Treppen zu diesem Stollen verschlossen wurden, herrscht Grabesruhe. Die 20 000 bis 30 000 Mark, die dieser Zugang gekostet hätte, wollten die Nößner-Damen nicht ausgeben. Das Problem für den Markt ist gelöst — wenn auch ohne Einvernehmen mit den Denkmalschützern. Robl schiebt den „Schwarzen Peter" dem Gebietsreferenten zu: „Unterkircher hat sich zu sehr engagiert und dadurch die Angelegenheit in eine Richtung gesteuert, die er eigentlich nicht wollte."

Der Bürgermeister wies Unterkircher, gegen den in einer Marktratssitzung heftige Angriffe gerichtet wurden, beim Ortstermin darauf hin, daß er in Tännesberg eigentlich „unerwünschte Person" sei. „Doch wir sind höflich und verhandeln nochmals mit Ihnen", bemerkte Robl kühl und überlegen lächelnd.

Ortstermin als „Démonstration"

Die Initiative zu dem Ortstermin war vom Landesamt ausgegangen. Unterkircher wollte in aller Öffentlichkeit demonstrieren, daß er „hieb- und stichfeste Beweismittel" angeboten hatte. Der Chef des Wasserwirtschaftsamtes bestätigte in der Tat, daß Kanal und Wasserleitung ohne Gefährdung der Kelleranlage hätten verlegt werden können. Dabei stand aber die Höhe der Mehrkosten nicht mehr zur Debatte. Erst an Ort und Stelle sah allerdings auch Direktor Schreiber, daß der Keller eins den Straßenbau stark behindert hätte.

Generalkonservator Dr. Petzet räumte souverän und sachlich ein, daß es ein gewichtiger Gesichtspunkt gewesen wäre, wenn die historische Anlage die Kanalisation behindert hätte. Er gab zu bedenken: „Privaten ohne Not einen Keller wegzunehmen, finde ich auch ohne denkmalpflegerischem Aspekt als fragwürdig." MdL Zeitler sprach sich ebenfalls offen für die Beachtung der Interessen der Nößner-Damen aus. „Im übrigen ist es noch nicht geklärt, wem die Keller überhaupt gehören." Ein Marktrat rechtfertige die Handlungsweise des Marktes: „Wir werfen Keller nicht mutwillig ein!"

Mit Aktennotiz ist der Fall erledigt

Die Vertreter des Landesamtes gaben zu erkennen, daß nach dieser Besichtigung für sie „der Fall mit einer Aktennotiz erledigt ist". Daß die Kelleranlage ohne Erlaubnisverfahren abgebrochen worden ist, bedeutet nach Paragraph 23 des Denkmalschutzgesetzes eine Ordnungswidrigkeit. Dies kann mit bis zu einer Million Mark geahndet werden. Das Münchner Landesamt ist Fach- und nicht Vollzugsbehörde. Daher liegt es jetzt an der Unteren Denkmalschutzbehörde, dem Landratsamt Neustadt, ob und wie das Tännesberger „Störtruppunternehmen" bestraft wird. Wer das Verhältnis des Landrats zur Denkmalpflegebehörde kennt, kann sich leicht ausmalen, wie das ausgeht. Eingeweihte schmunzeln — vielsagend.

Der Neue Tag
(Weiden)
28. November 1979

Bei der Kanalisation in der Berggasse hat man den „kritischen" Bereich am Anwesen 79 erreicht. Der bruchsteingemauerte Keller eins steht aber den Arbeiten nicht mehr im We-e.

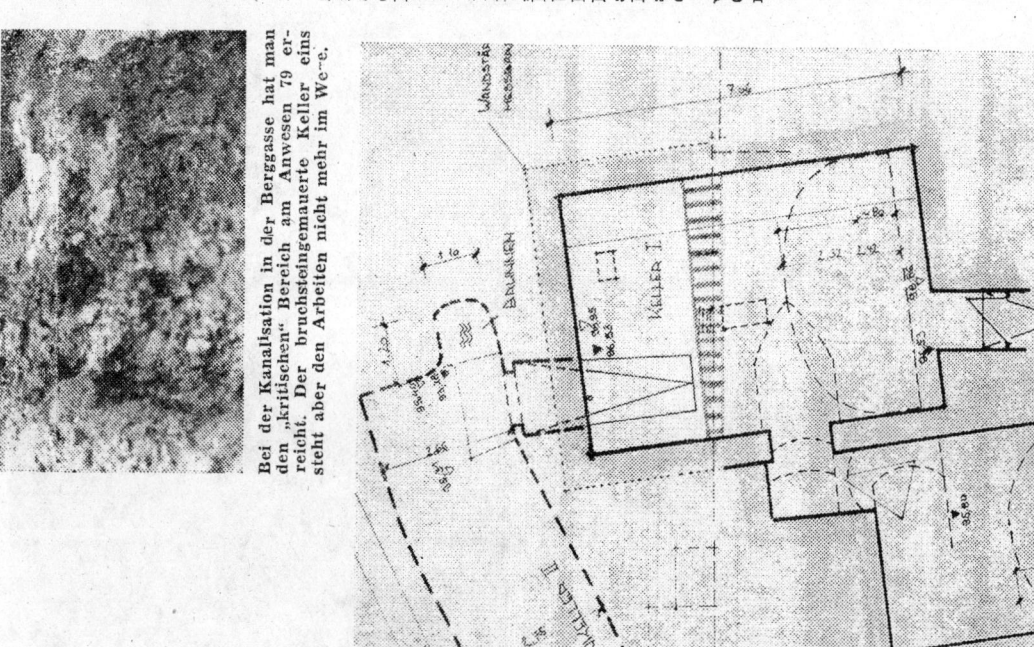

Der Plan zeigt die Lage der historischen Kelleranlage, die bei der Kanalisation der Berggasse in Tännesberg zum Stein des Anstoßes geworden war. Keller eins ist jetzt durch eine dicke Mauer (schraffiert) unter den Fundamenten des Hauses 79 getrennt. Den oberen Teil hat der Markt auffüllen lassen. Zum Felsenkeller zwei (oben) besteht kein Zugang mehr. Die Treppe wurde mit Betondeckel verschlossen.

MIT EINEM NEUEN DACH *präsentiert sich das Schloß Possenhofen hier von der Ostseite dem Betrachter. Dahinter ist der umstrittene Hufeisenanbau zu erkennen.* Photo: Kovacs

VORERST TROCKENGELEGT *ist auch die Schloßkapelle, die ein Kupferdach erhielt.* Photo: Kovacs

Schloßhotel Possenhofen läßt auf sich warten

Besprechung kurzfristig abgesagt / Neue Dächer

POSSENHOFEN – Gespanntes Abwarten kennzeichnet gegenwärtig den Stand der Bemühungen um die künftige Nutzung des Sissy-Schlosses in Possenhofen. Wie bereits mehrfach berichtet, soll in dem Hufeisenbau neben dem eigentlichen Schloß ein 100-Betten-Hotel entstehen. Noch offen ist, ob der U-Trakt, der wie das Schloß unter Denkmalschutz steht, abgerissen werden darf oder nicht. Der Termin für eine Besprechung aller an dem Projekt Beteiligten im November des vergangenen Jahres wurde kurzfristig abgesagt, weil der Architekt von Kurt Bagusat, dem Geschäftsführer der Schloßhotel-Possenhofen-GmbH, die Baupläne erst am Vorabend eingereicht hatte. Ein neuer Termin steht noch nicht fest.

Inzwischen hat Bagusat für 250 000 Mark das Dach des Schlosses und der Kapelle richten lassen. Das Kupferdach entspricht dem historischen Originalzustand. Kommentar von Dr. Dieter Kugele aus dem Kreisbauamt: „Er hat das gut gemacht." „Froh, daß die Dinge gut unter Dach sind", zeigt sich auch der Chef des Landesamts für Denkmalpflege, Dr. Michael Petzet. Der Generalkonservator: „Wir sind erbaut." Seit Jahren habe sein Amt mit allen Mitteln darauf gedrungen, daß zumindest die Dächer instandgesetzt werden. Vor allem in der Schloßkapelle waren erhebliche Wasserschäden zu beklagen.

Nach wie vor lehnt Petzet jedoch den Abbruch des Hufeisenbaus ab, auch wenn die Sanierung der Anlage damit weiter auf sich warten läßt. Petzet: „Ich möchte da kein Tauschgeschäft eingehen." „Selbstverständlich zu Überlegungen bereit" ist der oberste Denkmalpfleger bei Umbauten und „echten" Plänen, die sich mit dem Bestand auseinandersetzen. Die Arbeiten von Studenten des Münchner Architektur-Professors Otto Meitinger, in denen Alternativen für die künftige Nutzung der Schloßanlage als Hotel angeboten wurden, rechnet Petzet nicht dazu. Nachdem nun die dringendsten Instandsetzungsarbeiten ausgeführt wurden, sieht der Generalkonservator keine Möglichkeit, etwa die totale Renovierung des Objekts durchzusetzen. Im Denkmalpflegeamt wartet man nun auf die Vorstellungen des Bauherrn.

Der hat seine Pläne fertig in der Schublade liegen und wartet wiederum auf ein Gespräch mit Vertretern des Kreisbauamtes, um zu erfahren, was und wie groß er nun eigentlich bauen darf. Laut Flächennutzungsplan und Bebauungsplan der Gemeinde Pöcking stehen dem Bauherrn jedenfalls 107 Abwassereinheiten zu. Bagusat: „Das Kreisbauamt muß jetzt einen neuen Termin bestimmen." Er habe den Eindruck, daß Kugele seinem Vorhaben objektiv gegenüberstehe und bereit ist, den „gordischen Knoten" durchzuschlagen. Der Kreisbeamte seinerseits sieht Schwierigkeiten im wirtschaftlichen Bereich auftauchen, falls der Hufeisenbau stehen bleiben muß. Das würde Mehrkosten von 1,5 bis zwei Millionen Mark verursachen und damit den Hotelbetrieb unrentabel machen. Kugeles private Meinung: „Die Hotelidee ist nicht besonders glücklich."

Manfred Hummel

Starnberger Neueste Nachrichten
(Süddeutsche Zeitung)
26./27. Januar 1980

Schwabacher Zeitung, 4. Februar 1980

Restaurierung des St.-Martin-Altars:

Gemälde bergen manchen Hinweis auf den Künstler

Vorzeichnungen sollen mit Hilfe von Infrarotaufnahmen nun besser sichtbar gemacht werden — Die Arbeiten werden kunstwissenschaftlich begleitet

SCHWABACH (jk) — Der erste Arbeitsabschnitt der Restaurierungsarbeiten am Hochaltar der Schwabacher Stadtpfarrkirche St. Martin, die Konservierung und Restaurierung des Gesprenges, ist abgeschlossen, der zweite Abschnitt, die Gemälderestaurierung, hat begonnen. Aus diesem Grund hatte das Bayer. Landesamt für Denkmalpflege — wie berichtet — zu einer Pressekonferenz eingeladen, denn, so der Leiter der Restaurierungswerkstätten beim Landesamt, Dr. Karl-Ludwig Dasset, „wenn der Altar zum Zwecke der Restaurierung schon der Öffentlichkeit entzogen ist, hat die Öffentlichkeit auch ein Recht darauf, über den Fortgang der Arbeiten informiert zu werden". Auch Generalkonservator Dr. Michael Petzet („Ich bin jetzt schon fast jeden Tag in Schwabach") war ebenso in die Restaurierungswerkstätte, die in einem Flügel des alten Deutschen Gymnasiums untergebracht ist, gekommen, wie OB Reimann und Heimatpfleger Seidling.

Dr. Petzet führte aus, daß das Vorhaben in Schwabach im Moment eines der wichtigsten Restaurierungsunternehmen darstelle. Der Schwierigkeitsgrad der Maßnahme in Schwabach sei in etwa mit dem der Restaurierung eines Altars im Ingolstädter Münster zu vergleichen. Die Einrichtung einer Restaurierungswerkstätte habe den großen Vorteil, daß die Arbeiten nun hier am Ort vorgenommen werden könnten. Das Restauratoren-Team unter Elke Oellermann habe bereits mit guten Erfolgen bei anderen Maßnahmen viel Erfahrung sammeln können. Dr. Petzet bezeichnete den Altar in der Schwabacher Kirche als „einmaliges Altarwerk".

Dekan Günter Bauer von der Kirchengemeinde St. Martin zeigte sich erfreut über den guten Fortgang der Maßnahmen. Es sei geplant, nach Beendigung der Arbeiten eine Dokumentation herauszugeben.

Der Leiter der Restaurierungswerkstätten beim Landesamt für Denkmalpflege, Dr. Dasser, ging dann auf Einzelheiten der Arbeiten an den Gemälden ein, die nun als zweiter Abschnitt durchgeführt werden.

Probleme habe es gegeben, als erkannt wurde, daß sich im Laufe der Zeit die Malbretter

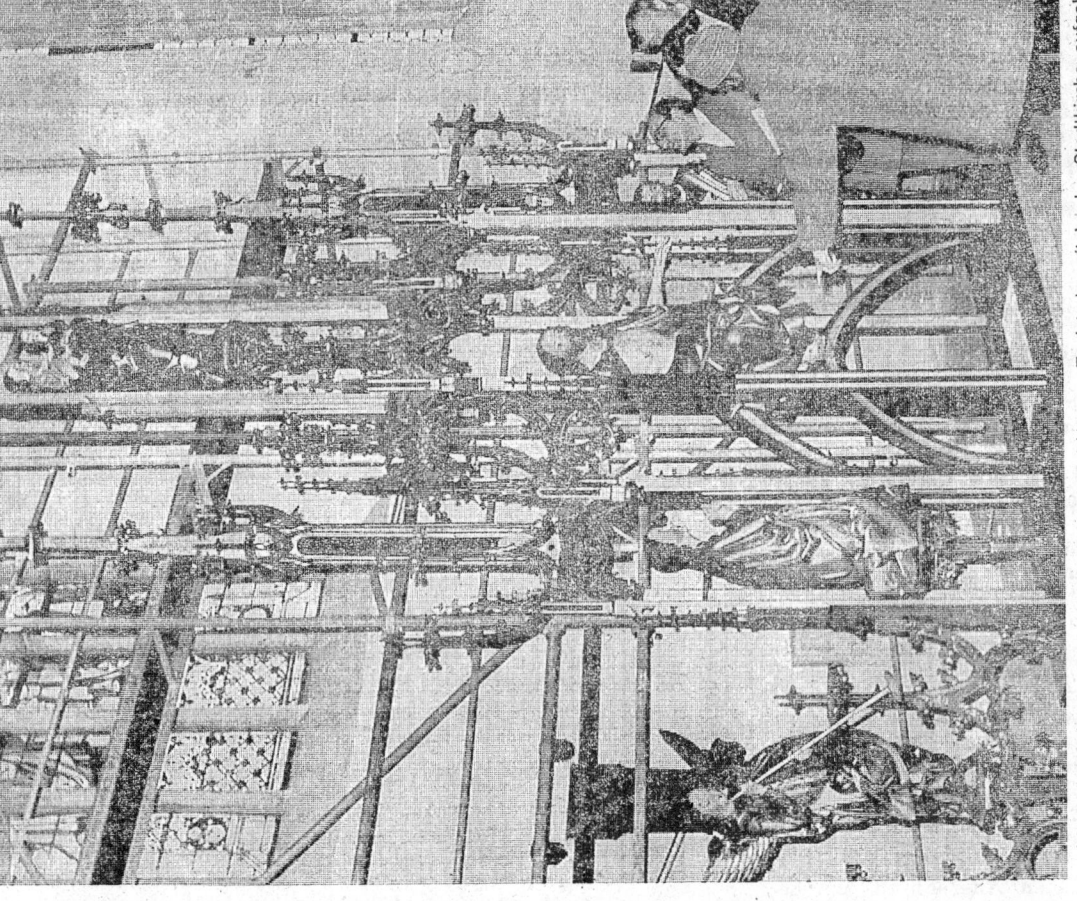

Substanz durch pflegliche Behandlung gut erhalten

Der Schwabacher Altar ist bis 1506 unter der Leitung Michael Wolgemuts (1433/34 bis 1522), wahrscheinlich unter Beteiligung von Sebastian Dayqs — Meister des Heilsbronner Marienaltars — und Veit Stoß entstanden. Der hohe Wert des Altars — das Ausmaß an erhaltener Substanz ist ungewöhnlich — ist auch nach der Reformation voll erkannt worden, so daß sich über die Jahrhunderte hinweg eine Fortsetzung guter Aufstellung und pfleglicher Behandlung ergeben hat.

Das Programm des Wandelaltars umfaßt in geöffnetem Zustand (Feiertagsseite) die Schnitzfiguren der Marienkrönung im Zentrum, die Heiligen Johannes der Täufer und Martin; in der Predella die Abendmahlsgruppe; im Gespränge Christus als Weltenrichter mit Maria und Johannes als Fürbitter, den Gerichtsengeln und den Armen Seelen sowie Anna Selbdritt; dann die Relieftafeln des Marienlebens mit Christi Geburt und Pfingsten sowie Auferstehung Christi und Marientod.

Im einfach geschlossenen Zustand (Werktagsseite) sind in je vier Tafelbildern das Leben der beiden Kirchenpatrone Johannes d. T. und Martin dargestellt sowie die Grablegung Christi auf der Predella.

Der zweifach geschlossene Altar (Passionszeit) zeigt im Zentrum vier Tafelbilder mit Szenen aus der Passion Christi, während die beiden doppelt so großen Außenflügel (Standflügel) die monumentalen Bilder von Johannes d. T. und Martin tragen.

Auf der Rückseite des Schreins sind der Stammbaum Christi und das Schweißtuch der Veronika dargestellt, auf der Rückseite der Standflügel gotisches Rankenwerk.

1933 kamen der Schrein mit seinen Skulpturen, die Flügelgemälde, die Predella und die Skulpturen aus dem Gespränge anläßlich der Veit-Stoß-Ausstellung in das Germanische Nationalmuseum Nürnberg. Während des Krieges sicherte man den Altar zunächst durch einen gemauerten Splitterschutz und lagerte ihn später wegen der zunehmenden Luftangriffe aus.

notwendig geworden, um das hohe Ausmaß an originaler Substanz weiterhin zu erhalten.

Über die Konstruktion und die Statik des Altars liegt ein ausführliches Gutachten vor. Den hier gewonnenen Erkenntnissen entsprechend, sollen die statischen Mängel des Schreingehäuses behoben und die Beweglichkeit der Flügel verbessert werden.

Für den Arbeitsabschnitt des Sommers 1980 ist vorgesehen, die Skulpturen der Schreinmittelgruppe in die Werkstatt zu bringen.

---

ren. Vielleicht könne man dann auch zu der Frage des Künstlers Stellung beziehen.

Das Gespränge des Schwabacher Hochaltars wurde bereits in einem ersten Konservierungsabschnitt fertiggestellt. Es ist derzeit im nördlichen Seitenschiff der Stadtkirche aufgebaut und kann dort von interessierten Besuchern besichtigt werden.

Nach der Abnahme aller Neuvergoldungen und Übermalungen des 19. Jahrhunderts zeigt

Am Gespränge sind die Arbeiten bereits abgeschlossen. Es ist derzeit in der Stadtkirche aufgebaut.

könnten. Der dann zu beobachtende Stil lasse gewisse Rückschlüsse auf den Meister zu.

Im Verlauf der Arbeiten habe sich auch gezeigt, daß auf einer zweiten Tafel die Jahreszahl „1506" zu lesen sei. Bisher sei diese Datierung erst von einem der Standflügel bekannt gewesen.

Die Schleierbretter — an den Ecken der einzelnen Altarflügel angebracht — seien zunächst dem 19. Jahrhundert zugeschrieben worden, nicht zuletzt auf Grund der Ölgold-

Orden der Schwabanesen für den Generalkonservator

Generalkonservator Dr. Petzet, der anläßlich der Pressekonferenz in Schwabach weilte, konnte aus der Hand des Schwabanesen-Ehrenpräsident Fritz Tratz den Orden der Faschingsgesellschaft für die diesjährige Session in Empfang nehmen.

Der Orden zeigt, in Anklang an die Bemühungen, die die Schwabanesen mit der Renovierung ihres Vereinsheimes, des ehemaligen Zollhäuschens, unternommen haben, einen kleinen Querschnitt durch die Vielfalt der Häuserfassaden der Schwabacher Altstadt, die alle ein Zeugnis für erfolgreiche Sanierungsbemühungen der Besitzer ablegen. Dr. Petzet bedankte sich bei Fritz Tratz für die Auszeichnung.

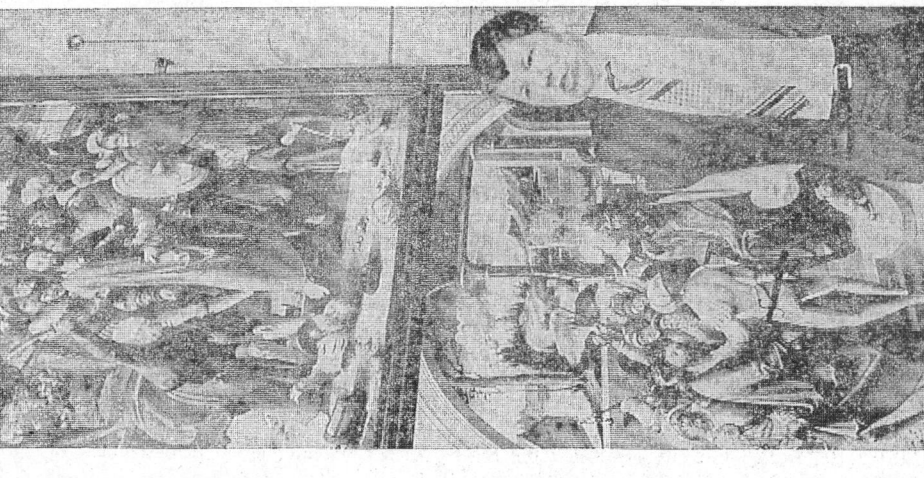

Restaurierung unterzogen. Generalkonservator Dr. Michael Petzet berichtete über den Fortgang.

Werkstätten-Leiter Dr. Dasser (links) gab eingehende Erläuterungen zu den einzelnen Maßnahmen. OB Reimann (Dritter von links) und Stadtheimatpfleger Seidling (Zweiter von rechts) verfolgten die Ausführungen interessiert. Fotos: Streibel

Diese wundervollen Gemälde des Hochaltars der Stadtkirche werden derzeit einer umfassenden...

zusammengezogen haben. Dadurch sei die Standfestigkeit der Flügel gefährdet gewesen. Man habe sich geholfen, in dem man Anstückelungen an den Rändern vorgenommen habe, so daß das Maßverhältnis des Rahmens gewahrt werden konnte.

Die Arbeiten würden auch kunstwissenschaftlich begleitet. Nicht zuletzt erhoffe man sich davon, Rückschlüsse auf die Herkunft des Altars noch nicht geklärt sei. So sei es beispielsweise besonders interessant, daß man bei genauem Betrachten Vorzeichnungen erkennen könne, die mit Hilfe der Infrarot-Aufnahme-Technik noch besser sichtbar gemacht werden

die über neun Meter hohe Zierarchitektur nun wieder ihre ursprüngliche Bemalung, die empfindliche Oberfläche vorsichtig gereinigt und gegen die Auswirkungen einer künftigen Verstaubung geschützt wurde.

Dr. Dasser ging dann noch auf Einzelheiten der Restaurierungstechnik ein. An einigen Bildträgern und Rahmen seien die notwendigen holztechnischen Arbeiten schon abgeschlossen. Die alten, nachgedunkelten Übermalungen an einzelnen Fehlstellen der Gemälde seien entfernt worden. Zu stark vergilbte Firnisschichten müsse man äußerst behutsam reduzieren, um eine Einheitlichkeit bei der Farbgebung aller Gemäldeoberflächen des Altars zu gewährleisten.

Der Restaurator müsse immer darauf bedacht sein, auf das Kunstwerk ausgerichtet zu arbeiten. Früher seien in den Farben grobere Pigmente vorhanden gewesen. Bei der Restaurierung müsse man nun auf den ursprünglichen Zustand Rücksicht nehmen und sich auch bei den Farben entsprechend angleichen.

Den Zustand der Gemälde am Altar in der Schwabacher Stadtkirche bezeichnete Dr. Dasser als sehr gut. — Vor der jetzigen Maßnahme hätten bereits im 19. Jahrhundert zwei Restaurierungen stattgefunden.

Die jetzt durchgeführten Restaurierungsmaßnahmen seien eine gute Gelegenheit, die Gemälde einmal ganz aus der Nähe betrachten zu können. Manche interessanten Fakten könnten hierbei sicher beobachtet werden. Man plane, nach Abschluß der Arbeiten aller Erkenntnisse in ein Kolloquium internationaler Fachleute einzubringen und zu diskutie-

übermalung. Nun sei es gelungen, diese zu entfernen, und Proben hätten ergeben, daß die Bretter das selbe Alter hätten wie die Flügel des Altars.

Insbesondere wurden die Vergoldungen abgetragen, die im 13. Jahrhundert aufgebracht worden waren. Darunter befand sich dann das sogenannte „Zwischgold" (Silber mit einer dünnen Goldschicht), das beim Bau des Altars offensichtlich aus Ersparnisgründen Verwendung gefunden hatte.

Nun ist die Oberfläche des Gesprenges wieder mit der ursprünglichen Schicht aus „Zwischgold" versehen, wobei sogar darauf geachtet wurde, daß die Patina wieder hergestellt wurde.

Der Begriff des Originals wurde bei der Restaurierung des Gesprenges so sorgsam verfolgt, daß sogar die Nägel wieder Verwendung gefunden haben, die ursprünglich zur Befestigung angebracht worden waren.

Die Restaurierungsarbeiten am Schwabacher Hochaltar, der zu den bedeutendsten und letzten spätgotischen Schreinaltären gehört, werden von einem Gutachterrat begleitet. Ausschlaggebend für die sehr hohe Einschätzung des Hochaltars in der Stadtpfarrkirche St. Martin sind nicht allein seine beachtlichen Abmessungen (Höhe 15,10 Meter; Breite 6,30 Meter) oder die künstlerische Qualität, sondern auch der Erhaltungszustand, durch den — wie kaum an einem anderen Beispiel — noch viel von der ursprünglichen Wirkung vermittelt werden kann. Die jetzige umfassende Konservierung und Restaurierung war

Bei der Ortsbegehung in Oettingen:

Fünf Gebäude unter die Lupe genommen

Staatsminister Anton Jaumann und Generalkonservator Dr. Petzet informierte sich vor Ort

Oettingen (mor). Der bayerische Wirtschaftsminister Anton Jaumann ist am Freitag mit Generalkonservator Dr. Petzet und dem Leiter der Restaurations-Werkstätten, Dr. Dasser, vom Landesamt für Denkmalpflege (München), dem Vertreter des Landratsamtes (Sitz Donauwörth), Baudirektor Simon, und Bürgermeister Hans Raidel zu einer Ortsbegehung zusammengetroffen. Im Mittelpunkt der Gespräche standen der Erhalt beziehungsweise der Abbruch von fünf Oettinger Gebäuden, die allesamt – ob nun als Einzelprojekte oder innerhalb eines Ensembles – in der Denkmalschutzliste aufgeführt sind. Als „Stadtherr" meinte Raidel, daß die Besichtigung vor Ort auch im Rahmen der Haushaltsaufstellung zu sehen sei, da die entsprechenden Mittel dann in den Etat mitaufgenommen werden könnten. Allerdings würde es sich immer um längerfristige Projekte handeln.

Erstes Ziel der Ortsbegehung war das Haus Nr. 6 an der Nördlinger Straße, in der Wörnitzstadt als früheres Waisenhaus bekannt. Zur Diskussion wurde hier gestellt: Abbruch – Teilabbruch (Scheune) oder vollständige Restauration des Gebäudes. Zwar würden sich die etwaigen Kosten für die letztere Möglichkeit, laut Raidel, auf etwa 400 000 Mark belaufen, doch sprach sich Generalkonservator Dr. Petzet bei der Besichtigung für den Erhalt aus.

„Ich bin froh, daß ich das Gebäude selbst gesehen habe", meinte der Denkmalschutzexperte. Trotzdem ob das Haus nun in seiner jetzigen Form – also auch mit Scheune bestehen bleibt, konnte gestern nicht geklärt werden, zumal auch ein Unternehmen Interesse an dem Grundstück bekundet hat. Staatsminister Anton Jaumann will daher zunächst weitere Gutachten abwarten, bevor er sich endgültig eine Meinung bildet. Bürgermeister Raidel: „Zwei Gedanken stehen sich hier gegenüber; zum einen die Erhaltung des alten, zum anderen die Schaffung des Modernen." Auch müßte beim Erhalt des Waisenhauses die Finanzierungsfrage noch gelöst werden.

Schnelle Hilfe ...

Restauration – ja oder nein? Diese Frage stand auch beim Beyhlschen Haus an, dem heutigen „Reiter-Domizil". Bei der ersten Meinungsbildung vor Ort war man sich einig, daß das Gebäude so schnell wie möglich restauriert werden sollte.

Noch nicht geklärt

Offen bleibt dagegen bis auf weiteres der Antrag auf ersatzlosen Abbruch eines Anwesens vor dem Königstor. Auch über zwei gegenüberliegende Häuser vor dem Schloß will man erst beraten, wenn echte Pläne vorliegen. Vorgesehen ist hier, eines der beiden Häuser eventuell abzureißen und das somit freie Grundstück für eine Erweiterung der Straße zu nutzen. Das dort bisher untergebrachte Geschäft sollte dann in das gegenüberliegende Gebäude übersiedeln.

Während der Ortsumgehung brachte Oettingens Bürgermeister auch den Wunsch vor, im Rahmen einer Restauration des alten Gymnasiums – heute Herberge der Volkshochschule – einige freistehende Räume zu einem „Haus des Gastes" umzufunktionieren. „Diese Koppelung ist durchaus vertretbar", argumentierte Raidel und machte die damit verbundene Fremdenverkehrsförderung deutlich. Zur Renovierung stünden beim alten Gymnasium überdies das Dach und die Außenfassade an. Die Experten erkundigten sich vor Ort und wollten über dieses Thema ebenso wie über die anderen, angesprochenen Maßnahmen noch einmal beraten. Beim Gymnasium müßte überdies die Finanzierung noch abgeklärt werden.

NICHT NUR von außen wurden die fünf zur Debatte stehenden Häuser begutachtet, auch von den Räumlichkeiten und der erhaltungswürdigen Substanz im Innern verschafften sich die Experten ein Bild. Unser Foto zeigt Staatsminister Anton Jaumann und Bürgermeister Hans Raidel beim Eintritt in das „Waisenhaus". Im Hintergrund Baudirektor Simon vom Landratsamt in Donauwörth.

DAS ALS „WAISENHAUS" bekannte Gebäude an der Nördlinger Straße Nr. 6 fand bei der Ortsbegehung in Oettingen besonderes Interesse. Bei der Besichtigung vor Ort nahmen unter anderem auch Wirtschaftsminister Anton Jaumann und der Generalkonservator vom Landesamt für Denkmalpflege (München), Dr. Petzet, teil.   Bilder: (2): Rohlmann

Rieser Nachrichten
(Nördlingen)
29. März 1980

Ortsbesichtigung in Wemding und Umgebung:

Alte Portale und Brunnen unter der Lupe

Staatsminister Anton Jaumann und Generalkonservator Dr. Petzet informierten sich

Wemding/Otting (ron). In Sachen Denkmalpflege besuchten der Bayerische Wirtschaftsminister Anton Jaumann, Generalkonservator Dr. Michael Petzet und der Leiter der Restaurations-Werkstätten vom Landesamt für Denkmalpflege (München), Dr. Dasser, sowie Baudirektor Simon vom Landratsamt Donauwörth neben einigen Orten im Altlandkreis Nördlingen auch die Verwaltungsgemeinschaft Wemding. Dabei ging es um Portale und Brunnen der Wallfahrtskirche Maria Brünnlein, das Wemdinger Hospital als eventuellen Standort für ein Kreisaltenheim, die Erhaltung und Weiterverwendung des Schloßbereiches in Gosheim, die Farbgebung der Pfarrkirche St. Richard in Otting und das Öffnen oder Nichtöffnen der Gruft in der dortigen Schloßkapelle sowie um die weiteren Maßnahmen bei der Restaurierung der Laurentiuskapelle in Wolferstadt.

Bei den zwei Außen-Brunnen an der Wallfahrtskirche in Wemding fehlt an den Kunstwerken aus Kalkstein bereits soviel, daß eine Ergänzung nicht mehr sinnvoll ist, war Dr. Petzets und Dr. Dassers Meinung. Es sollte nur der jetzige Zustand konserviert werden. Ähnliches gelte auch für die drei Portale. Beim Hauptportal machte Stadtpfarrer Lorenz Gärtner und Kirchenpfleger Josef Bosch auf die gefährlichen Risse in den Kalksteingebilden direkt über dem Eingang aufmerksam. Das Ergebnis: Das Westportal, das die Denkmalpfleger wie auch Bildhauer Ernst Steinacker und Steinmetz Hans Engelhardt von der künstlerischen Aufgabe her als am leichtesten zu bewerkstelligende bewerteten, soll als erstes in Angriff genommen werden.

Stadtpfarrer Lorenz Gärtner wird aufgrund eines bereits vorhandenen Gutachtens des Landesamtes Angebote einholen. „Dann werden wir uns über die Finanzierung einigen," schlug Jaumann vor. Der Generalkonservator meinte dazu: „Wir sind uns bewußt, daß wir hier groß einsteigen müssen." Der Wirtschaftsminister schlug vor, Landesamt für Denkmalpflege und die Diözese Eichstätt sollten ie Hauptkosten einig werden l- len dann der Stadtpfarrer und er sorgen. Er, Jaumann, werde „dafür sammeln gehen". Die Baumaßnahme sollte jedoch bis zum Frühjahr 1981 erledigt sein, war der Wunsch Gärtners, „Denn wir begehen im kommenden Jahr ein Jubiläum — 1781 wurde Maria Brünnlein konsekriert."

Umgehungsstraße angesprochen

Und noch ein weiteres Anliegen trugen Stadtpfarrer Gärtner und Bürgermeister Willi Fackler vor: Im Rahmen der Flurbereinigung bestünde die Möglichkeit, eine Umgehungsstraße zu bauen und damit um die Wallfahrtskirche eine verkehrsberuhigte Zone zu schaffen. Jaumann meinte dazu, daß das Landesamt für Denkmalpflege in einem Gutachten dies begrüßten sollte, was Petzet zusicherte, da der Verkehr das Bauwerk nicht unerheblich erschüttere und damit Schäden zufüge. Die im Süden der Wallfahrtskirche geplante Straße könne als Ortsstraße und als Ortsverbindungsstraße eingestuft werden, meinte Jaumann.

Ein Kreisaltenheim auf dem Gelände des jetzigen Spitals begrüßten sowohl Minister Jaumann als auch die Vertreter des Landesamtes und der Kreisbaumeister. Während sie den jetzigen Standort in Wemding als Asyl bezeichneten, plädierten sie für eine Neugestaltung eines Altenheimes auf dem Spitalareal und einigen umliegenden Grundstücken, da hier die Integration der Senioren in das Stadtleben gut möglich sei.

Gutgeheißen wurde auch der Vorschlag von Erstem Bürgermeister Willi Fackler einige umliegende Gebäude mitzuerwerben, um ein ausreichend großes Grundstück für das geplante 80 Bettenprojekt zur Verfügung zu haben. Die Kleinstruktur der angrenzenden Bauten müsse jedoch erhalten bleiben, so die Denkmalschützer. Für Sinnvoll hielt das Gremium auch, für das Landkreisvorhaben einen Bauwettbewerb auszuschreiben.

Für eine Erhaltung des Gosheimer Schlosses, der Festungsmauer und des Pfarrstadels sprachen sich der Wirtschaftsminister, die Vertreter des Landesamtes sowie Kreisbaumeister Simon bei der Ortsbesichtigung aus. Während am Schloß derzeit keine Änderungen vorgenommen werden sollen — es sind mehrere Wohnungen darin untergebracht — müsse am Pfarrstadel in erster Linie das Dach saniert werden.

Historisches Gewand

Um der Pfarrkirche St. Richard in Otting wieder ihr historisches Gewand zu geben, wird das Landesamt, sobald das Außengerüst steht, Untersuchungen machen. Die Kirche soll dann wieder in ihrer ursprünglichen Farbe (Farben) erstrahlen.

„Als Ministranten steigen wir öfters in die Gruft und schauten uns die Grafen an, die mit vielen Orden an der Brust dort in Zinnsärgen lagen", schilderte Bürgermeister Karl Häfelein den Besuchern aus der Landeshauptstadt und aus Donauwörth. Noch vor dem Krieg hätte in der Mitte der Schloßkapelle über eine Treppe ein Zugang zu der Gruft bestanden. Bei seiner Rückkehr nach 1945 hätte er den jetzigen Zustand vorgefunden. Jaumann sprach sich, falls dies möglich sei, für die Wiedereröffnung der Totenstätte aus, da sie zur Geschichte des Schlosses und der Kirche gehöre und diese erkläre. Auf die enormen Kosten, die mit der Öffnung verbunden sein könnten, wiesen Dr. Dasser und Dr. Petzet allerdings hin.

Thema Farbgestaltung

Die Farbgestaltung bei der Laurentiuskapelle in Wolferstadt, die seit 1974 renoviert wird, soll im Sinne des 18. Jahrhunderts erfolgen, schlugen die Experten Bürgermeister Xaver Schnierle und Pfarrer Harrer vor. Jaumann sagte bei der Besichtigung, es sollte nicht nur innen renoviert werden, sondern auch von außen auf die innere Schönheit des Kleinods hingewiesen werden. „Wenn man sieht, was die Gemeinde leistet, (1979 und 1980 jeweils 40 000 Mark) — wird das Landesamt für die Maßnahmen im Innern sicher finanziell größer einsteigen", war Jaumanns Überzeugung hinsichtlich der Bewältigung des Finanzproblems.

Donauwörther Zeitung
1. April 1980

KONSERVIERUNG ODER RESTAURIERUNG? Vor dieser Frage standen Wirtschaftsminister Anton Jaumann und Generalkonservator Dr. Michael Petzet (rechts) bei den Außen-Brunnen an der Wallfahrtskirche Maria Brünnlein in Wemding. Da jedoch noch große Unsicherheit bei der Steinkonservation bestehe, und an den Brunnen schon sehr viel fehle, so Dr. Dasser, entschied man sich für das Erhalten des jetzigen Zustandes.
Bild: Sisulak

Süddeutsche Zeitung, 17. April 1980

„Denkmalschutz funktioniert in München"

Stadtbaurat Zech und Denkmalamt-Chef Petzet vor dem CSU-Wirtschaftsbeirat

Der Vollzug des 1973 in Kraft getretenen bayerischen Denkmalschutzgesetzes funktioniert in der Landeshauptstadt ohne größere Probleme. Diese positive Bilanz zogen bei einer Veranstaltung der Bezirksgruppe München des Wirtschaftsbeirats der Union Stadtbaurat Uli Zech und der Generalkonservator des Bayerischen Landesamtes für Denkmalpflege, Michael Petzet.

Zu der Diskussion: „Denkmalschutz in München – ein Hindernis für die Wirtschaft?" hatte der Arbeitskreis Planen und Bauen des Wirtschaftsrats eingeladen. Vorsitzender Otto Meitinger erklärt einleitend, das bayerische Gesetz gelte zwar in der Bundesrepublik als vorbildlich, doch habe es nicht bei allen davon Betroffenen Freude ausgelöst. Einzelheiten der Schutzbestimmungen seien auch heute noch umstritten.

Von Bauherrn akzeptiert

Zech vertrat nach den bisherigen Erfahrungen mit dem Gesetz die Ansicht, daß der Bürger die Regelungen nicht nur hinnehme, sondern auch wisse, daß man diese Bestimmungen brauche. Es werde hoffentlich gelingen, das Gesetz „am Leben zu erhalten". Der Stadtbaurat spielte damit auf Bestrebungen vor allem auf dem Lande an, das Gesetz wieder abzuschaffen oder zu verwässern. Eine solche Entwicklung würde die Stadtverwaltung nicht begrüßen.

Von den 7900 Bauanträgen, die im letzten Jahr gestellt wurden, hingen 1600, also 20 Prozent, wie Zech erläuterte, mit dem Denkmalschutzgesetz zusammen. Bauherren und Architekten hätten den Sinngehalt des Gesetzes akzeptiert. Der Stadtbaurat unterstrich die Bedeutung einer qualifizierten Beratung des Bürgers, wie gemeinsam mit allen beteiligten Stellen bei Sprechtagen erfolge. Das zeitgenössische Bauen solle durch das Gesetz nicht verhindert werden. Die Architekten müßten sich der Herausforderung der alten städtebaulichen Situation stellen.

„Bis zur Großhesseloher Brücke"

Petzet lobte ebenfalls die Zusammenarbeit, die auch mit den anderen großen Städten ähnlich gut funktioniere. Zwar gebe es manchmal auf Landkreisebene Probleme, aber auch auf dem Land funktioniere der Gesetzesvollzug immer besser. Mit der Stadt München bestehe ein außerordentliches Einvernehmen. Bei der Einrichtung von Sprechtagen handle es sich fast um ein „Münchner Modell". Zum Ensembleschutz meinte der Redner, es sei nicht möglich gewesen, die gesamte Altstadt einzubeziehen.

Dieser Schutz komme nur für Bereiche mit viel historischer Substanz in Frage. Die über 8000 Münchner Denkmäler, die auf der Liste stünden, reichten vom Wegkreuz bis zur Großhesseloher Eisenbahnbrücke als einem Denkmal besonderer Art. Die Renovierung von Bürgerhäusern in der Landeshauptstadt verlaufe reibungslos. Die Denkmalpflege trage im übrigen viel für das Image einer Stadt bei. „Was wäre die Landeshauptstadt ohne sein Stadtbild, das entscheidend von den Baudenkmälern geprägt wird", sagte Petzet. Wirtschaftlich wirke sich die Denkmalpflege in einer Förderung des Handwerks aus. Notwendig seien mehr Geldmittel für den Denkmalschutz. Es gebe „erhebliche finanzielle Probleme". An die Referate schloß sich eine Diskussion an.

---

25. April 1980

Senator Fuchs: Nicht ganze Städte unter Ensembleschutz stellen

Denkmalpflege ohne Handwerk nicht möglich

Denkmalschutz im Bayerischen Senat

Bayern könne sich glücklich schätzen, daß es noch so hervorragende Handwerker wie Stukkateure und Kirchenmaler besitzt, die für die Denkmalpflege unentbehrlich seien. Dies sagte der oberste Denkmalschützer des Freistaates, Generalkonservator Dr. Michael Petzet, vor dem bau- und kulturpolitischen Ausschuß des Senats. Ohne die Mithilfe des Handwerks sei eine solide Denkmalpflege gar nicht möglich. Das Landesamt für Denkmalpflege unterstütze mit seinen Werkstätten die Handwerker bei der Restaurationsarbeit.

Nicht ganz so optimistisch äußerte sich Petzet über das Maurer-, Schreiner- und Zimmererhandwerk. Diese seien oft schon zu sehr auf moderne Produktion festgelegt. Er rief deshalb dazu auf, bei der Ausbildung auch den Sinn für traditionelle Fertigkeiten wieder zu wecken. Die wirtschaftliche Bedeutung der Denkmalpflege für den Mittelstand sei nicht zu unterschätzen. So seien beispielsweise bei der Sanierung in Regensburg im Jahr 1979 50 Millionen DM Zuschuß im Jahr 1979 50 Millionen DM verbaut worden.

Eine der großen Aufgaben des Landesamtes für Denkmalpflege sei die Restaurierung von Kunstwerken in eigenen Werkstätten. Dabei werde jedoch vor allem den Handwerkern mit Rat und Tat geholfen, sagte Petzet. Anders als etwa in Polen, wo der Staat selbst 10 000 Fachkräfte beschäftige, werde ein Großteil der Denkmalpflege bei uns von mittelständischen Handwerksbetrieben übernommen.

Senator Franz Fuchs, als Präsident der Handwerkskammer für Unterfranken selbst anerkannter Denkmalpfleger, stellte in der Debatte die Frage, was „gute Handwerker nützen bei schlechten Architekten". Die „Baugesinnung der Nachkriegszeit" habe sich in der Produktion und auch bei den Baubehörden durchgesetzt. Bedenken äußerte Fuchs gegen den Vorschlag, ganze Städte, wie etwa Würzburg, unter Ensembleschutz zu stellen. Er führte Klage darüber, daß bei der Auftragsvergabe oft Betriebe den Zuschlag erhielten, die nicht denkmalpflegegerecht kalkulieren und damit billiger seien.

Insgesamt sei das Verständnis der Bevölkerung für den Denkmalschutz in den letzten Jahren stark gestiegen, meinte Petzet. Er äußerte sich zufrieden über die „Denkmallisten", die vor Jahren noch viel Staub aufgewirbelt hätten. Dadurch seien schnell und unkompliziert über 108 000 Denkmäler ohne langwierige wissenschaftliche Begründung erfaßt worden. Diese Denkmallisten seien Grundlage für die Denkmalpflege, die gleichzeitig auch die einschneidendsten Folgen für den Bürger bringen, da Gebäude im allgemeinen nur mit Einwilligung der Denkmalschützer veräußert oder abgerissen werden dürfen. Bayern als Flächenstaat weise mit diesen 108 000 Denkmälern im Vergleich zu anderen Bundesländern keine übertriebenen Zahlen auf. Die Reaktion der Gemeinden auf die Denkmallisten sei unterschiedlich. Während die eine Gemeinde sämtliche Baudenkmäler einschließlich der Kirchen abgelehnt habe, seien andere mit ihren Vorhaben um bis zu 30 Prozent über die Listen hinausgegangen.

Martin Rehm

Vater Staat – ein ungeschickter Schatzgräber

Archäologen klagen über Sparsamkeit am falschen Platz / 1,8 Millionen Mark für Fund von Weißenburg

Von unserem Redaktionsmitglied Ursula Peters

München, 30. Mai — In den letzten Jahren wurden immer mehr vor- und frühgeschichtliche Funde in Bayern gemeldet. Die Ursache dafür ist die beträchtliche Zunahme der Bautätigkeit — von den Siedlungen und Straßen bis hin zum Rhein-Main-Donau-Kanal. Fast täglich schürfen Baumaschinen irgendwo in der Tiefe des Erdbodens Spuren früherer Besiedlung an: Gräberfelder, Reste von Häusern oder Kastellen, Zeugnisse alter Kulturen bis zurück zur Jungsteinzeit. Auch moderne Pflügemethoden der Landwirtschaft, die den Boden tiefer aufreißen, fördern Zeugnisse früherer Jahrtausende zutage.

Die Archäologen sind weder personell noch finanziell in der Lage, alle Fundstellen mit wissenschaftlicher Akribie zu untersuchen und die Hinterlassenschaften früherer Zeiten zu sichern. Oft sind die Ausgrabungsleute im Wettlauf mit der Zeit nur ein kleines Stück den Baumaschinen voraus. Zwar wird nicht selten eine Art Stillhalteabkommen geschlossen, um Zeit für eine sogenannte Notgrabung zu bekommen, so daß die schlimmsten Verluste bei der Erforschung der Frühgeschichte vermieden werden können. Doch wegen der drängenden Termine, auch angesichts drohender Schadenersatzforderungen wegen baulicher Verzögerungen, ist in der Regel eine systematische wissenschaftliche Arbeit der Archäologen nicht möglich.

Zudem steckt — wie bereits berichtet — das Landesamt für Denkmalpflege derzeit in einer argen finanziellen Klemme. Es kann in diesem Jahr nicht 6,6 Millionen Mark wie 1979, sondern nur 1,3 Millionen Mark für Ausgrabungen ausgeben. Angesichts der Entwicklung auf dem Arbeitsmarkt entfallen unter anderem die Zuschüsse der Bundesanstalt für Arbeit aus dem sogenannten Arbeitsbeschaffungsprogramm; die Erdarbeiten können nicht mehr bezahlt werden. Etwa ein Drittel der geplanten Ausgrabungen 1980 müssen gestrichen werden.

Daß der Staat hier an der falschen Stelle spart, zeigt der Schatzfund von Weißenburg. Wie gemeldet, hat dort ein Hobbygärtner beim Anlegen eines Spargelbeets etwa 150 Meter neben der offiziellen Ausgrabungsstelle der Römerthermen in 40 Zentimeter Tiefe einen künstlerisch bedeutenden Römerschatz entdeckt, darunter 21 Bronzestatuetten und elf silberne Votivbilder. 1,8 Millionen Mark mußte jetzt der bayerische Staat zahlen, um den Schatz in seine Hand zu bekommen.

„Dabei wußten wir ganz genau, daß neben den Römerthermen zahlreiche Überreste von Wohnhäusern im Boden liegen. Wir hatten nur nicht das Geld, sie systematisch auszugraben", bedauert der Leiter der Abteilung Vor- und Frühgeschichte im Denkmalamt, Rainer Christlein. Er schätzt, daß man rund 400 000 Mark gebraucht hätte, um Weißenburgs römische Vergangenheit ans Licht zu befördern. „Dabei wären wir ganz zwangsläufig auch auf den Schatz gestoßen. Der Grundstückseigentümer — eine Erbengemeinschaft — hätte Anspruch auf 50 Prozent, also 900 000 Mark, gehabt, und der Staat hätte die gleiche Summe gespart. Also ein gutes Geschäft."

Als der Weißenburger Hobbygärtner, ein Lehrer, am 19. Oktober 1979 beim Umgraben im Garten „Am Römerbad" auf grünpatinierte Bronze und ein verrostetes Klappstuhlgestell stieß, dachte er zuerst an Müll, fand jedoch darunter, bedeckt von zwei Bronzeschalen, die Statuetten und die Silbervotivplatten sowie eine große Anzahl anderer Bronze- und Eisengegenstände. Wie die Archäologen jetzt vermuten, wurde der Schatz aus einem Tempel des Kastells *Castra Biriciana* bei einem Alemannen-Überfall im dritten Jahrhundert nach Christus hastig in ein Wohnhaus gebracht und dort vergraben. Die Eigentümer des Spargelfelds, eine dreiköpfige Erbengemeinschaft ließen vorerst nichts von dem Fund verlauten, obwohl sich in der Stadt Gerüchte breit machten. Vor allem versäumten sie pflichtwidrig die sofortige Meldung an die zuständigen Behörden. „Bei einem Pädagogen hätten wir eigentlich mehr Sinn für den Staat erwartet", meinte Kultusminister Maier bei der Präsentation des Schatzes in München. Die Archäologen bedauern, daß dadurch die „Fundsituation" zerstört worden sei, die wichtige Rückschlüsse erlaubt hätte.

„Die drei Eigentümer waren durch nichts zu bewegen, den Fund zur wissenschaftlichen Erfassung und Registrierung herauszugeben", berichtet der Direktor der Prähistorischen Staatssammlung, Hans-Jörg Kellner. Statt dessen hörte man von eifriger Reisetätigkeit; schließlich wurden die Archäologen vom Londoner Auktionshaus Sotheby informiert, es habe jemand kostbare Bronzestatuetten aus Bayern angeboten. Das Kultusministerium ließ die Fundstücke in die Liste zum Schutz gegen Abwanderung deutschen Kulturguts sowie in die Denkmalliste eintragen. Durch Vermittlung von Landtagsvizepräsident Lechner und Weißenburgs Oberbürgermeister Zwanzig konnte der Römerschatz endlich Anfang März von den Wissenschaftlern studiert werden. Im April wurde der Kauf perfekt: Die 1,8 Millionen Mark wechselten vom Entschädigungsfonds des Kultusministeriums in die Taschen der Spargelbeetbesitzer.

Der Römerschatz von Weißenburg, der zur Zeit in der Prähistorischen Staatssammlung in München zu sehen ist, wird nach der Restaurierung die Hauptattraktion des künftigen Zweigmuseums für Vor- und Frühgeschichte in der mittelfränkischen Stadt sein. „Eine willkommene Gelegenheit zur Bereinigung von Museumsproblemen in Mittelfranken" sagt Kultusminister Maier. Durch das neue Vorhaben würden jedoch nicht die Pläne berührt, im ebenfalls mittelfränkischen Bad Windsheim auch ein solches Zweigmuseum mit Ausgrabungsfunden aus der näheren Umgebung einzurichten. Es soll in zwei Jahren eröffnet werden.

Die große Zahl archäologischer Funde macht die neue Politik der Dezentralisierung von Museen in Bayern leichter. So sollen auch im Schloß Neuburg an der Donau und wahrscheinlich auch in Amberg Zweigmuseen der Prähistorischen Staatssammlung errichtet werden. Später möchte der Kultusminister ein großes Museum für die Vor- und Frühgeschichte Frankens in Nürnberg wissen, wo das Germanische Nationalmuseum bereits über einen bedeutenden Fundus verfügt.

HERKULES AUS DEM SPARGELBEET. *Eine Bronzestatuette, die in Weißenburg gefunden wurde und derzeit in München ausgestellt ist.*
Photo: Prähistorische Staatssammlung

Süddeutsche Zeitung, 31. Mai/1. Juni 1980

In Vilgertshofen wurde vertagt

Diskussionen um Standort für ein neues Priesterheim sollen fortgesetzt werden

Vilgertshofen (eba). In die dritte Runde gingen die Gespräche um den Bau eines Priesterhauses und sanitärer Anlagen an der Wallfahrtskirche Vilgertshofen. Zum Lokaltermin trafen sich diesmal der Generalkonservator vom Landesamt für Denkmalpflege, Dr. Michael Petzet, der nach wie vor Frau Dr. Dietrich vertrat, ein Neubau eines Priesterhauses auf dem Grundstück südlich der Kirche komme vorerst nicht in Betracht.

Dem entgegen argumentierten die Vertreter von Landkreis (stellvertretender Landrat Franz Horner), Gemeinde (Bürgermeister Josef Berger und Altbürgermeister Joseph Arnold), der Bischöflichen Finanzkammer (Alfred Drittenpreis und Wolfgang Hirnich) sowie der Architekt Oswald Schmid und Geistlicher Rat Hofmiller: Ein Priesterhaus sei für die Pflege der Wallfahrt unumgänglich, der betreffende Standort störe das Ortsbild kaum. Während ein nördlich der Kirche gelegener Bauplatz nicht mehr diskutiert wurde, brachte Dr. Petzet einen neuen Vorschlag ins Gespräch: Die Ablösung des früheren Priesterhauses im Kreisaltenheim vom Landkreis und die hufeisenförmige Erweiterung des Heimes in südlicher Richtung durch den Landkreis. Bei diesem Bauvorschlag müßte man, so Kreisbaumeister Kistenmacher mit etwa 2,7 Millionen DM rechnen. Zu einer gütlichen Einigung trug Landtagsabgeordneter Thomas Goppel bei: Er riet dazu, um das Projekt, um welches nunmehr seit zwei Jahren gerungen wird, möglichst schnell (das heißt Februar oder März nächsten Jahres) in Angriff nehmen zu können, alle Vorschläge noch einmal auf ihre Finanzierbarkeit hin abzuklopfen und sich in rund acht Wochen zu einem neuen Gespräch zu treffen. Zu dem Zugeständnis, daß, wenn die Einbeziehung nicht gelänge, wenigstens den südlichen Standort mit allen notwendigen Auflagen zu favorisieren, ließ sich Dr. Petzet nicht bewegen: „Ein Neubau ist ein vollkommen neues Element in dem Wallfahrtsort." Die Oeffentlichkeit, so rechtfertigte er seinen Entschluß, würde davor stehen und sagen: „Um Gottes Willen, wer hat denn das genehmigt?" Dr. Petzet machte den Vorschlag, in die nächste Diskussionsrunde auch Vertreter der Regierung einzubeziehen: „Die können sich dann an diesem empfindlichen Punkt die Zähne ausbeißen."

ZÄH VORAN gehen die Verhandlungen zwischen dem Amt für Denkmalschutz und Landespflege und den Vertretern von Landkreis, Diözese und Gemeinde Vilgertshofen um die Errichtung eines neuen Priesterhauses mit sanitären Anlagen für die Wallfahrer. Vermittelnd schaltete sich jetzt Landtagsabgeordneter Thomas Goppel (Bildmitte) ein. Ihre Standpunkte vertreten nach wie vor Dr. Michael Petzet (Bild links), stellvertretender Landrat Horner (zweiter von rechts) und Geistlicher Rat Hofmiller (ganz rechts). Bild: eba

Süddeutsche Zeitung
2. Mai 1980

Den Denkmälern der Vergangenheit eine Chance zum Überleben geben

Landeskonservator Dr. Michael Petzet sprach über Gegebenheiten und geglückte Beispiele im Ries

Minister Anton Jaumann, der diese Idee einem vielköpfigen Publikum aus Fachleuten und interessierten Laien vortrug, gab zu Beginn des Vortrages eine Deutung des Wortes Denkmal, bei dem es sich nach seiner Meinung um den in Form und Farbe geprägten Geist unserer Väter handle. Wer in recht verstandener Tradition lebe, komme ohne eine bewußte Denkmalpflege nicht aus. Befasse man sich mit der Materie, dann stelle man sehr bald fest, daß unsere Altvorderen ein ganz besonderes Gefühl für Maß und Harmonie entwickelt hätten, das der heutigen Zeit abhanden gekommen sei.

Keine Käseglocke . . .

Dr. Michael Petzet versah seinen mit Lichtbildern versehenen Vortrag ebenfalls mit einigen allgemeinen Bemerkungen zur Denkmalpflege. Diese dürfe keine Käseglocke sein, die man über ein Objekt, vielleicht über eine ganze Landschaft stülpen könne um einfach zu konservieren, was vorhanden sei. Man müsse aber den Denkmälern der Vergangenheit eine Chance geben, zu überleben, denn sie zeigten in einer Welt des uniformierten Bauens andere Maßstäbe auf. Denkmalpflege bedeute aber nicht nur die Erhaltung und sinnvolle Nutzung alter Gebäude, sondern ebenso die Pflege und Bestandssicherung.

Aus dem großen Fachgebiet löste der Vortragende dann die verschiedensten Beispiele geglückter Baudenkmalpflege im Ries heraus. Es begann mit der Nördlinger Wehranlage, die Dr. Petzet als eine langfristige, fast immerwährende Pflegeaufgabe bezeichnete. Der Daniel wird voraussichtlich 1983 ohne Gerüst in neuem Glanz erstrahlen. Dafür wird das Gerüst dann aber um die gesamte Georgskirche herumwandern, denn es sind Schäden an Wänden und Strebepfeilern zu beheben. Neben dem öffentlichen Bereich habe sich in Nördlingen im Privatbereich denkmalpflegerisch viel getan. Dr. Petzet hob hier einige geglückte Beispiele hierfür hervor, unter anderen das Haus des Restaurators Schwenkenbecher und das Feix'sche Haus. Der Kaufhausneubau und der Neubau des Klosters Maria Stern würden in Nördlingen ebenfalls neue Akzente setzen, die in der Nachbarschaft der alten Bausubstanz vertretbar sein werden.

In einem weiten Streifzug ging es dann durch das gesamte Ries zu Kirchen, Klöstern, Pfarrhäusern, Herrschaftssitzen, Wirtshäusern und ganzen Dorfensembles. Aus der Vielzahl der angesprochenen Objekte seien hier einige beispielhaft genannt. Am Schloß von Amerdingen – einem hochbedeutenden Herrschaftssitz – seien bedenkliche statische Schäden festgestellt worden. In dem um 1600 erbauten Jagdschloß Hirschbrunn habe die Sanierung mit der Erneuerung des Daches begonnen. Im Inneren wurden Friese mit seltener Sgraffito-Technik gefunden, die wahrscheinlich erhalten werden.

Nach der Restaurierung von Auhausen gilt die Sorge des Denkmalpflegers der Kirche zu Klosterzimmern. In Arbeit ist die Klosterkirche des ehemaligen Minoritenklosters Maihingen, wo die statische Sicherung ein großes Problem war. Bei der Hainsfarther Synagoge (erbaut in den Jahren 1867/68) ist die Wiederherstellung eng mit der Frage einer sinnvollen Nutzung verbunden. (Anmerkung von Staatsminister Jaumann hierzu: Es sollte sich ein Trägerverein bilden, der dieses Objekt unter seine Fittiche nimmt. Nicht nur den Hainsfarthern, auch den Oettingern stünde es aus mancherlei Gründen gut an, wenn sie sich hierum kümmern könnten).

Nach einem Streifzug durch verschiedene Dörfer widmete Dr. Petzet das letzte Kapitel seines Vortrages der Fürstenstadt Oettingen. Er berichtete von der Renovierung des Schlosses als einer der wichtigsten Maßnahmen im gesamten Riesraum. Insbesondere im großen Saal des Schlosses würden Maßstäbe für die Restaurierung gesetzt, die weit über das Ries hinaus wirken würden. Der Referent war der Meinung, daß das Waisenhaus an der Nördlinger Straße (erbaut 1714) als „ein alter Eckzahn dieser Stadt" nicht verlorengehen dürfte. Er erinnerte die anwesenden Stadtvertreter daran, daß das Gebäude, in welchem dieser Vortrag stattfinde, nämlich die alte Lateinschule wegen Durchfeuchtung in seiner Nutzbarkeit beeinträchtigt sei.

Der Leiter des Arbeitskreises Denkmalpflege und Kunstgeschichte, Vikar Anton Feile, forderte nach Abschluß des mit viel Beifall aufgenommenen Vortrages zu einer Diskussion auf. Sie drehte sich im wesentlichen um das Bauen in unseren Dörfern. Beklagt wurde, daß gute Beispiele hierfür noch fehlten. Andererseits wurde auch Verständnis dafür gezeigt, daß man auf dem Lande keinen Veränderungsstop bei den Häusern verfügen könne. Die Ersatzbauten sollten aber einen echten Beitrag zum Ortsbild bringen.

Fazit des überaus aufschlußreichen Abends: Denkmalpflege ist mehr als nur ein Gerangel um Sprossenfenster. Aber die davon Betroffenen brauchen Vorbilder und Beispiele, damit sie für einen vernünftigen Denkmalschutz sensibilisiert werden (siehe auch Bericht auf „Kultur").

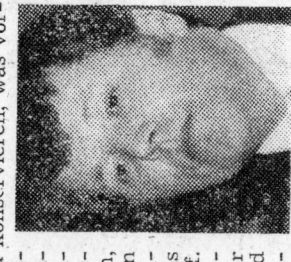

Dr. Michael Petzet
Bild: Foto Fischer

Rieser Nachrichten
(Nördlingen)
5. Mai 1980

ALS AUSGEZEICHNETER STADTFÜHRER betätigte sich Sanierungsexperte Roland Thiele vom Bauverwaltungsamt (2. v. rechts) hier im Schloßhof. Interessierte Zuhörer sind von links: Stadtbaudirektor Hermann Benner, Dr. Dasser, der Leiter der Restaurationswerkstätten des Bayerischen Landesamtes für Denkmalpflege, Dr. Wolfgang Petzet, Bayerns oberster Denkmalpfleger, eine Rundfunkreporterin und eine Münchener Journalistin. Rechts auf dem Bild Altkreisheimatpfleger und Museumsleiter Michael Eckstein.

Bayerns oberster Denkmalpfleger Dr. Wolfgang Petzet:

Trotz Sünden der Vergangenheit Lob für städtisches Sanierungsgeschehen

Pressefahrt des Landesamtes für Denkmalpflege wählte Neuburg als Ziel
Auswärtige Journalisten zeigten sich tief beeindruckt

Wie wichtig diese Fahrt für die Stadt war, merkte man bald an dem allgemeinen Staunen über die verborgenen Reize der Stadt und an der Verwunderung, von diesen noch nie etwas gehört und gesehen zu haben. Das Bayerische Landesamt für Denkmalpflege hatte Journalisten aus dem Münchner Raum im Rahmen seiner diesjährigen oberbayerischen Pressefahrt in die Ottheinrichstadt eingeladen, wo Dr. Wolfgang Petzet, Bayerns oberster Denkmalschützer, sechs Stunden lang die wichtigsten Projekte in der Oberen und Unteren Altstadt vorstellte. Dabei sollte auch der Multiplikationseffekt dieser Pressefahrt nicht unterschätzt werden, denn fast jeder der Journalisten — so auch vom Bayerischen Rundfunk und den großen Münchner Zeitungen — versicherte im Anschluß daran, nicht das letzte Mal in dieser Stadt gewesen zu sein, konkrete Zusagen zum Beispiel zum Fischergaßlerfest am kommenden Samstag und zum Schloßfest vom 27. bis zum 29. Juni liegen bereits vor.

Innere der Hofkirche wird heute der historischen Tatsache angepaßt werden müssen, daß spätere Zeiten neue Altäre schufen.

Gelungene Privatprojekte

Beeindruckt zeigte sich die Journalistenrunde auch von einer Reihe von Privatprojekten wie dem Bachmannhaus, dem Rieschhaus am Karlsplatz und vor allem auch dem Zieglerhaus, dessen Sanierungsmaßnahmen rund 2,9 Millionen Mark verschlingen werden, die großenteils auch aus öffentlichen

Für einen Berichterstatter der Heimatzeitung waren viele Punkte der sechsstündigen Tour nicht mehr unbekannt, dennoch bot der Tag eine hervorragende Übersicht über die Sanierungsprojekte und Städtebauförderungsmaßnahmen, für die allein in diesem Jahr wieder rund fünf Millionen Mark an öffentlichen Geldern aufgewendet werden sollen.

Zur Einführung gab Roland Thiele, der Chef des Bauverwaltungsamtes und Sanierungsexperte der Stadt, einen Überblick über die Entwicklung der letzten Jahre, an deren Anfang allerdings auch schwere denkmalpflegerische Sünden standen, so die Entstehung der Zwehllücke, der Abbruch des sogenannten Hexenhäuschens und in der Unteren Altstadt einige Betonbauten mit Flachdach und Asbestzementverkleidung. Dennoch glaubte Dr. Wolfgang Petzet, assistiert von Konservator Dr. Karl-Heinz Marschall, der Architektin Siegrid Pastellis und Dr. Dasser, dem Leiter der Restaurationswerkstätten des Bayerischen Landesamtes, durchaus von einer positiven Entwicklung des Sanierungsgeschehens in Neuburg sprechen zu können. Neuburg sei allemal eine Reise wert.

Neues Bewußtsein

1968, so Roland Thiele, setzte die Renovierung des Stadttheaters erste Zeichen für die Obere Stadt. Bald danach ernannte der Stadtrat, im Zeichen eines neuen Bewußtseins, einen eigenen Altstadtreferenten, bereits 1970 wurde dann eine Gestaltungsverordnung für die Obere Altstadt erlassen doch bereiten, so der kommunale Sanierungsexperte, nicht nur die herausragenden Baudenkmäler, denen zweifelsohne das Hauptaugenmerk der öffentlichen Hand gelte, sondern in besonderem Maße auch die mangelnde Modernisierung der Altbauten, die Abwanderung der Bewohner wie mancher Betriebe, die zu einem Ausbluten der Altstadt führten, die beginnende Ghetto-Bildung und eine mangelnde Neubelebung, bedingt durch die isolierte Lage.

200 Farbgutachten

Im Dezember 1973 wurde die Obere Altstadt durch Stadtratsbeschluß zum Untersuchungsgebiet ernannt, ein Jahr später begann die systematische Erstellung von über 200 Einzelfarbgutachten, die heuer zu einer Gesamtdokumentation zusammengefaßt wurden, die Kosten allein dafür belaufen sich auf 100 000 Mark. Seit 1973 gibt die Stadt auch Zuschüsse für Fassadenrenovierungen und bei denkmalpflegerischen Mehraufwand an Privatprojekten. Sinn der Farbgutachten sei es nach der Auskunft von Roland Thiele nicht, damit nun starr einzuhaltende Entscheidungsrichtlinien zu haben, vielmehr könne anhand dieser Untersuchungen nach einer optimalen Lösung im Einzelfall geforscht werden.

Blick für Gewachsenes

Diese Ansicht bekräftigte auch Dr. Wolfgang Petzet, der sich nachdrücklich zu einem Umdenken in Sanierungs- und Restaurierungsfragen bekannte. Längst wäre man davon abgekommen, immer den originalen und ältesten Zustand eines historischen Gebäudes zu rekonstruieren, vielmehr müssen in die Überlegungen auch der geschichtliche Werdegang eines Gebäudes einbezogen und auch dessen gewachsene Umgebung berücksichtigt werden. Nach diesem Verfahren wurde gerade in der Oberen Altstadt schon wiederholt entschieden. So orientierte sich bei der Neugestaltung der Weveldhaus-Fassade an der Form, die Gabriel Gabrieli diesem Stadtpalais verliehen hatte, auch das Mitteln getragen werden. Dies auch der Hauptwunsch, den Landesamt-Chef Petzet für die Stadt hegt, daß in Zukunft verstärkt noch die Privatinitiative gefördert werden kann, wobei er vor allem an die neuerlichen hervorragenden steuerlichen Möglichkeiten erinnert, die für unzumutbare Mehrbelastungen gebe es auch andere finanzielle Unterstützungen der öffentlichen Hand.

Große Anstrengungen

Zurück zu den Großprojekten der Stadt: Schloß mit den weitreichenden Museumsplänen, die Renovierung der Münz für eine Million Mark, die Renovierung der Stadtmauer mit Geldern aus Mitteln der Bundesanstalt für Arbeit, Ausweisung eines Sanierungsgebietes in der Herrenstraße mit Absiedlung einer störenden Schreinerei (Kosten 400 000 Mark), Kanalisation der Oberen Altstadt, Ausweisung eines Sanierungsgebietes Karlsplatz/Amalienstraße, Restaurierung der Provinzialbibliothek, Außeninstandsetzung des Marstalls, Weveldhaus, die Außenrenovierung der Grundschule am Schloß, dem ehemaligen Jesuitenkolleg und schließlich die Harmonie, in die zwischenzeitlich erste Teile der Stadtverwaltung bereits eingezogen sind. Die Gesamtkosten dafür belaufen sich nach den neuesten Berechnungen auf 5,5 Millionen Mark.

Höhepunkt Grünau

Die Informationstour, die auch durch die Untere Altstadt führte, wovon wir noch berichten werden, bot auch die Möglichkeit, erstmals die Farbproben in der Hofkirche zu sehen, über die jetzt das Landesamt die endgültige Entscheidung fällen wird. Höhepunkt des Tages war zweifelsohne eine Besichtigung des Alten Schlosses in Grünau mit den einmaligen Fresken aus der Frührenaissance. Dr. Petzet versprach, mit Nachdruck darauf zu drängen, daß diese prächtigen Kunstschätze möglichst bald auch der Öffentlichkeit zugänglich sein werden. Doch bis davon trennen derzeit noch eine fehlende Million für die Restaurierung und Konservierung der Fresken.

DAS STAUNEN über die verborgenen Schätze der Stadt war bei den angereisten Journalisten groß. Mancher von ihnen versprach, nicht das letztemal in Neuburg gewesen zu sein. Bilder (3): jh

SO SIEHT ES DERZEIT im Innern der Provinzialbibliothek aus: sämtliche Bücher fehlen, ein Teil der Inneneinrichtung und des wertvollen Gestühls ist eingelagert. Die Arbeiten im Untergeschoß sollen noch in diesem Jahr abgeschlossen werden.

Gespräch mit Bayerns obersten Denkmalpfleger Dr. Wolfgang Petzet:

Nach den Leistungen von Stadt und Staat Stärkung der Privatinitiative

Denkmalpflegerisches Handeln und wirtschaftliche Überlegungen lassen sich gut in Einklang bringen — Generalkonservator: Jetzt große steuerliche Vorteile

„Neuburg ist eine Reise wert!" Das meint Dr. Wolfgang Petzet, der Leiter des Bayerischen Landesamtes für Denkmalpflege nicht nur als einen netten Allgemeinplatz für Neuburger Ohren. Eine Reise wert sei die Stadt auch in denkmalpflegerischer Hinsicht, womit eben nicht nur deren Denkmäler, sondern gerade auch die Pflege dieser Denkmäler angesprochen ist. In Neuburg laufe es sehr gut, „wir sind sehr zufrieden."

Das Landesamt für Denkmalpflege ist bei jeder baulichen Maßnahme an einem Denkmal beteiligt, und das sind nach der Denkmalliste allein in der Stadt weit über 100 Gebäude, dazu kommen noch ganze Ensemble, wie beispielsweise die Obere Altstadt, bei denen auch die Umgebung mit in die Fittiche der Denkmalpfleger einbezogen ist.

Direkte Impulse

In der Regel wird die Münchner Behörde aktiv, wenn sich an einem Denkmal etwas tut, aber ebenso gehen von ihr zwischenzeitlich auch direkte Impulse aus. So gab für die hervorragende Sanierung und Restaurierung des Ziegler-Anwesens nicht zuletzt das Landesamt den Anstoß, in vielen gemeinsamen Gesprächen mit dem Besitzer konnte dann auch ein gangbarer Weg für die Finanzierung gefunden werden.

Mit neuem Leben füllen

Wie Generalkonservator Dr. Petzet berichtet, ist man ständig bemüht, nicht nur die Bausubstanz alter Gebäude zu erhalten, sondern gerade auch Baudenkmäler wieder mit neuem Leben zu füllen. Häufig wird es eine behördliche Nutzung sein, gerade wenn es sich um große Projekte handelt. So ließe sich das Neuburger Schloß wohl nur leidlich für den sozialen Wohnungsbau nutzen.

Museale Nutzung

Geraten aber nicht zwingend Denkmalschutz und zeitgemäße Nutzung aneinander. Diese Gefahr sieht Dr. Wolfgang Petzet in aller Regel nicht. Natürlich gebe es herausragende Kulturdenkmäler, die oftmals bereits als solche erhalten werden müssen und für die unter Umständen auch nur eine rein museale Nutzung noch in Betracht kommt, so zum Beispiel beim Alten Schloß in Grünau.

Problem alter Neuhof

Viel häufiger könnten dringend erforderliche Sanierungsprojekte nur deshalb nicht in Angriff genommen werden, weil sich für sie keine Nutzung finden lasse. Das beste Beispiel dafür sei in Neuburg wohl der Alte Neuhof, dessen Sanierung in dem Moment kein wesentliches Problem mehr wäre, gäbe es für ihn eine neue, auch wirtschaftlich interessante Nutzung. So aber gammelt er in großen Teilen einfach dahin.

Von Biergarten begeistert

Gerade am Beispiel des Alten Neuhofs zeigt sich, daß die Denkmalschützer keine Museumshüter sind. So wären die Experten des Bayerischen Landesamtes von einem Biergarten in seinem Hof begeistert. Überdies wäre es, so Petzet, ein großes Anliegen des Landesamtes, wenn nach den großen Anstrengungen der öffentlichen Hand verstärkt auch Privatprojekte in Neuburg noch in Angriff genommen würden. Und hier verweist Bayerns oberster Denkmalpfleger vor allem auf die hervorragenden steuerlichen Möglichkeiten, die bei Sanierungsprojekten eine hundertprozentige Abschreibung erlaubten. Denkmalpflege und Wirtschaftlichkeit müßten bei uns längst nicht mehr konträr stehen.

In der Oberen Altstadt gelten die sorgenvollen Blicke der Münchner Denkmalschützer vor allem dem Marstallkomplex, für den in ihren Augen nur eine Gesamtlösung in Frage kommt. Tödlich für das Ganze wäre es, würden Teile daraus herausgelöst oder gar von der Stadt veräußert werden. Nutzungsmöglichkeiten zeichneten sich ja schon genügend ab.

jh

Neuburger Rundschau
(Neuburg a. d. Donau)
19. Mai 1980

DR. WOLFGANG PETZET, der Leiter des Bayerischen Landesamtes für Denkmalpflege: „Neuburg ist eine Reise wert." Bild: jh

Bayerischer Generalkonservator Petzet klagt:

Viel zu wenig Geld für Denkmalspflege

Kritische Töne bei Einweihung – Schloß Unterthingau restauriert

Von unserem Redaktionsmitglied Rosemarie Walther

UNTERTHINGAU – Herbe Kritik äußerte am Wochenende in Unterthingau der bayerische Generalkonservator Dr. Michael Petzet an der bayerischen Denkmalschutz-Politik. Im Rahmen einer Einweihungsfeier des gerade restaurierten Schlößchens in Unterthingau klagte Petzet vor zahlreichen Vertretern des öffentlichen Lebens, daß in Bayern für die Belange der Denkmalspflege erhebliche Geldmittel fehlten. Derzeit stünden pro Jahr nur 40 Millionen Mark zur Verfügung, der „Antragsstau" im Entschädigungsfonds für Bayern mache dagegen bereits 130 Millionen Mark aus. Mit Neid, sagte Petzet, blicke er ins Nachbarland Baden-Württemberg, wo durch ein Fünfjahres-Sonderprogramm von 120 Millionen Mark nun jährlich 60 Millionen für die Denkmalspflege bereitstünden.

In seinen Ausführungen unterstrich Generalkonservator Petzet die wirtschaftliche Bedeutung der Denkmalspflege insbesondere für das örtliche Handwerk und die mittelständischen Betriebe. Auch aus diesem Grunde sei zu bedauern, daß der Freistaat nicht mehr Gelder zur Verfügung stelle. Der Denkmalpfleger erkannte aber auch an, daß der Vorsitzende des Haushaltsausschusses im Bayerischen Landtag, MdL Richard Wengenmeier (Marktoberdorf), „viel Verständnis für die Belange der Denkmalspflege in Bayern aufbringe".

Vier Jahre Bauzeit

Erfreulicher war für den Generalkonservator der Anlaß der Feier in Unterthingau. Mit einem Kostenaufwand von zwei Millionen Mark hat die Marktgemeinde mit Unterstützung des Regierungsbezirkes Schwaben, des Freistaates Bayern und des Landkreises Ostallgäu das Unterthingauer Schloß restaurieren lassen. Die Bauzeit dafür betrug vier Jahre. Das historische Gebäude war vor den Maßnahmen völlig vom Verfall bedroht. In dem „Reichshof zu Thingau", wie das Schloß ursprünglich hieß, residierten seit dem späten 15. Jahrhundert die „stiftkempetischen Vögte".

„Restaurierung vorbildliche Leistung"

Generalkonservator Petzet bezeichnete die Restaurierung als „vorbildliche Leistung, ganz im Sinne wohlverstandener Denkmalspflege" und nannte den Füssener Kreisheimatpfleger Sepp Lorch in diesem Zusammenhang „einen der besten Restauratoren in Bayern". Lob zollte Petzet auch dem Architektenteam.

Das Schloß wird nun einer praktischen Nutzung dienen, die an seine historische „verwalterische Tradition" anschließt: In dem Gebäude ist der Sitz der Verwaltungsgemeinschaft Unterthingau – dazu gehören auch Kraftisried und Görisried – untergebracht. Außerdem haben die Blaskapelle des Marktes, der Schützenverein sowie die Pfarr- und Gemeindebücherei Räume zur Verfügung. Der Ostallgäuer Landrat Adolf Müller gratulierte dem „Schloßherrn" und Bürgermeister Anton Boneberg zu der „geglückten Sanierung".

ZU EINEM SCHMUCKSTÜCK wurde nach vierjähriger Restaurierung das Schlößchen in Unterthingau. Nach den Baumaßnahmen, die zwei Millionen Mark verschlungen hatten, wird das historische Gebäude jetzt als Verwaltungssitz wieder praktisch genutzt.
Foto: Erika Heyer

Allgäuer Zeitung (Kempten), 19. Mai 1980

Süddeutsche Zeitung, 23. Mai 1980

Den Denkmalpflegern geht das Geld aus

Landeskonservator Petzet spricht von akuter Notlage / Dramatische Finanzierungslücke durch Kürzungen

MÜNCHEN (SZ) – Einen Hilfeschrei ließ gestern Landeskonservator Michael Petzet, der Chef des Landesamts für Denkmalpflege, in Richtung Landtag und Finanzministerium los: Die Kassen des Landesamts für Denkmalpflege sind leer und auch für das nächste Jahr ist praktisch kein Pfennig mehr frei verfügbar. Durch ein Zusammentreffen mehrerer Umstände hat Petzet für die Baudenkmalpflege heuer 40 Prozent weniger Geld zur Verfügung als im letzten Jahr, und die Flut der Anträge um Zuschüsse für die Rettung denkmalgeschützter Gebäude steigt weiter an. „Eine an und für sich erfreuliche Erscheinung. Überall im Land wächst das Interesse für die Erhaltung von Baudenkmälern, sowohl von privater als auch von kommunaler Seite. Jedoch erwartet man natürlich, daß der Staat auch sein Scherflein dazu beiträgt", sagte Petzet auf einer Pressekonferenz. „Es sind starke Rückschläge für die Denkmalpflege zu befürchten, wenn sich jetzt Unzufriedenheit breitmacht. Wir sind in einer akuten Notlage."

Der finanzielle Notstand der Denkmalpfleger in diesem Jahr entstand aus mehreren Gründen. Einmal bewilligte der Landtag nur 20 Millionen Mark (im Vorjahr 27 Millionen) für 1980, davon sind als Sparmaßnahme drei Millionen Mark haushaltrechtlich gesperrt. Rund sechs Millionen Mark sind außerdem für besonders große Projekte aus dem Fünf-Jahres-Plan reserviert. So bleiben dem Landesamt heuer gerade noch elf Millionen Mark für Zuschüsse übrig. Zu allem Unglück fallen auch die Gelder aus dem Bundesprogramm für Konjunkturförderung weg, und die Bundesanstalt für Arbeit zahlt auch kein Geld mehr für das Arbeitsbeschaffungsprogramm für Arbeitslose, das im vergangenen Jahr sich besonders segensreich bei Ausgrabungen ausgewirkt hat.

Auch im Vorgriff auf 1981 wurden zwölf Millionen Mark verplant beziehungsweise als Zuschuß bereits bewilligt – eine Möglichkeit, die das Landesamt offiziell für besonders dringende Fälle hat. Für das Haushaltsjahr 1980 liegen bereits jetzt 1036 Anträge über mehr als 30 Millionen Mark Zuschüsse vor. Erfahrungsgemäß sind im Lauf des Jahres noch Anträge für mindestens 20 Millionen Mark zu erwarten. „Alles dringende Fälle und bereits mit den zuständigen Landratsämtern abgesprochen. Im einzelnen sind es oft relativ kleine Summen, die nötig sind, ein Denkmal vor dem Verfall zu retten." Bei den großen Brocken springt ohnehin meistens der sogenannte Entschädigungsfonds ein (jährlich 20 Millionen), den das Kultusministerium verwaltet und der je zur Hälfte von den Kommunen und dem Staat gespeist wird. Da stapeln sich allerdings auch schon Anträge für 131 Millionen Mark Zuschüsse.

Angesichts des großen Lochs in der Kasse ist es kein Wunder, daß Petzet mit Neid auf das Nachbarland Baden-Württemberg blickt. „Dort hat die Denkmalpflege 100 Prozent mehr staatliche Mittel zur Verfügung: 36 Millionen Mark Zuschußetat und zusätzlich 24 Millionen aus einem Sonderprogramm. Für die Bodendenkmalpflege – also die Archäologie – gibt man in Württemberg die gleiche Summe aus, die in Bayern für Ausgrabungen im ganzen Land (1,1 Millionen Mark im Jahr) zur Verfügung steht. Petzet gibt allerdings zu, daß es in anderen Bundesländern gerade mit der Baudenkmalpflege noch schlechter aussieht.

Bayerns Archäologen blutet jedenfalls das Herz, und Politikern mit Geschichtsbewußtsein müßte es ebenso gehen, wenn sie hören, daß beispielsweise gerade in dieser Woche in Niederbayern die Straßenbaumaschinen wieder eine Keltensiedlung zerstören, weil eine Bundesstraße über die Trasse gelegt wird und die Archäologen des Denkmalamts die ihnen zugestandene Wartefrist aus Geld-, aber auch aus Personalmangel ungenützt verstreichen lassen mußten. „Für den Staat eigentlich ein schlechtes Geschäft, wenn man bedenkt, welche Millionenschätze bei der reichen historischen Vergangenheit Bayerns da im Boden liegen können", sagt der Leiter der Bodendenkmalpflege, Rainer Christlein, und verweist auf die verschiedenen Römerschätze, die man jüngst gefunden hat. „Dagegen sind die Summen für Ausgrabungen fast ein Pappenstiel." Statt der 6,6 Millionen Mark im Jahr 1979 für Ausgrabungsarbeiten hat Christlein heuer für ganz Bayern nur 1,1 Millionen Mark zur Verfügung. „Dabei brauchen wir für ein Minimalprogramm der dringendsten Ausgrabungen wenigstens 2,4 Millionen Mark", sagt Christlein.

„Auch Kultusminister Maier ist über die Notlage der Denkmalpflege bestürzt", berichtete Petzet. Wegen des Antragstaus fordert er den Landtag und die zuständigen Ministerien auf, den Etat des Landesamts von 20 auf 40 Millionen Mark zu erhöhen und auch den Entschädigungsfonds zu verdoppeln. „Wir stehen mit dem Rücken an der Wand."

Ursula Peters

Ratschläge des Landesamts für private Hausherren

Geld für Denkmalpflege aus vielen Töpfen
Zahlreiche staatliche Finanzhilfen bei Restaurierungen möglich / Auch steuerliche Vergünstigungen

Von unserem Redaktionsmitglied Ursula Peters

München, 28. Mai — Rund 65 000 Privatleute in Bayern sind Besitzer eines denkmalgeschützten Wohnhauses oder Bauernanwesens. Ihr Eigentum ist in der offiziellen Denkmalliste oder im Entwurf dazu verzeichnet; es darf nicht ohne Genehmigung der Denkmalschutzbehörde verändert werden. Es bedeutet einerseits eine Ehre, ein schönes, altes Haus zu besitzen, andererseits aber eine Last. Denn die Erhaltung alter Gebäude kostet viel Geld, und mancher Eigentümer würde lieber das ganze „alte Glump" abreißen und etwas wirtschaftlich Lukratives an seine Stelle setzen lassen. Viele wissen allerdings nicht, daß es eine Reihe von Möglichkeiten gibt, als Denkmaleigentümer an Geld aus der Öffentlichen Hand zu kommen und steuerliche Vorteile auszunutzen. Das Landesamt für Denkmalpflege hat jetzt eine Liste der Vergünstigungen in einer Broschüre zusammengestellt.

„Wer ein Denkmal besitzt, trägt damit Verantwortung auch für die Allgemeinheit. Doch er steht nicht allein. Es gibt Beratungen, Zuschüsse und steuerliche Vergünstigungen", erläutert Landeskonservator Michael Petzet das Bemühen seines Amtes, den Denkmaleigentümern mit einer Aufstellung aller Zuschußmöglichkeiten praktische Hilfe zu geben. Oft sei es nur durch eine Kombination verschiedener Geldquellen zuzüglich der Eigeninitiative des Besitzers möglich, ein wertvolles altes Gebäude vor dem Verfall zu retten und damit als Kulturdenkmal zu erhalten.

„Auch ein Bauernhaus, eine Mühle, ein Bürgerhaus, ein alter Backofen können uns die Geschichte unserer Heimat vor Augen führen. Ihre Erhaltung ermöglicht es, die unterschiedliche Eigenart unserer Städte und Dörfer zu bewahren und uns vor einer immer drohender werdenden Geschichtslosigkeit zu schützen", meint Petzet. Berühmte Monumente wie Schloß Pommersfelden oder die Wieskirche seien nicht in dem Maß gefährdet wie kleinere Objekte.

Unmittelbare Zuschüsse gibt das Landesamt für Denkmalpflege selbst. Der Etat von 20 Millionen Mark im Jahr ist allerdings angesichts der Fülle der Objekte schnell ausgeschöpft. Durch Zuschüsse wird die Erhaltung eines Denkmals in seinem historischen Bestand gefördert. Ihre Höhe richtet sich nach dem sogenannten denkmalpflegerischen Mehraufwand, der Gefährdung des Hauses und seiner Bedeutung sowie nach der Leistungsfähigkeit des Eigentümers. Im Einzelfall reichen diese Zuschüsse von einigen tausend Mark (Petzet: „Eine Art Anerkennungsgebühr, die aber oft viel bewirkt") bis zu 100 000 Mark. Für große, bedeutende Gebäude, die vor dem Verfall gerettet werden müssen, ist der Entschädigungsfond des Kultusministeriums da. Aus diesem Topf gibt es Zuschüsse und Darlehen, um die „unmittelbare Gefahr" der Zerstörung zu beseitigen.

Auch Gemeinden, Landkreise und Bezirke können in finanzieller Bedrängnis helfen. In vielen kommunalen Haushalten sind erhebliche Beträge für Denkmalpflege vorgesehen, in Einzelfällen gibt es auch Sonderzuschüsse. Es lohnt sich also für Denkmaleigentümer bei der Gemeinde und im Landratsamt vorstellig zu werden. Als untere Denkmalschutzbehörde sind diese Behörden ohnehin auch die Antragsstelle für die Gelder des Landesamts und aus dem Entschädigungsfonds. Bei der Instandsetzung bedeutsamer Baudenkmäler kann auch die Bayerische Landesstiftung einspringen.

Kriterien für Förderung

Das Förderungsprogramm des Bundes und des bayerischen Staates für die Modernisierung von Wohnungen kann in Anspruch genommen werden, wenn in einem alten Haus „der Gebrauchswert von Wohnungen nachhaltig erhöht wird". Die Instandsetzung und Modernisierung von Denkmälern wird dabei bevorzugt behandelt, wie in Rathäusern oder Landratsämtern zu erfragen ist. Ähnlich ist es mit dem bayerischen Modernisierungsprogramm für Altbauwohnungen. Umfangreiche Um- und Ausbauten in älteren Gebäuden können, wenn die sonstigen Modernisierungszuschüsse nicht ausreichen, auch analog dem sozialen Wohnungsbau gefördert werden. Es gibt außerdem Geld aus dem Städtebauförderungsprogramm oder von der Landesbrandversicherung, wenn durch Modernisierung zur Brandverhütung beigetragen werden kann.

Kleinere Zuschüsse sind über die Landwirtschaftsämter für Rationalisierungsmaßnahmen im Wohnbereich oder für den Ausbau von Zimmern für Feriengäste auf dem Bauernhof locker zu machen — das ist auch eine mögliche Nutzung eines denkmalgeschützten Bauernhofs. Wenn das Denkmal im Rahmen eines gewerblichen Betriebs genutzt wird, gibt es eine Reihe von Finanzierungshilfen wirtschaftlicher Art, über die von den Bezirksregierungen Näheres zu erfahren ist. Wenn ein altes Haus im Rahmen des „Winterbaus" saniert wird, haben die Arbeitsämter Förderungsmöglichkeiten. Schließlich gibt es noch Vergünstigungen steuerlicher Art — von der Erbschafts- und Vermögenssteuer bis zur Grundsteuer und zu Abschreibungsmöglichkeiten. (Die Schrift mit Tips für Denkmaleigentümer ist im Landesamt für Denkmalpflege, Pfisterstraße 1, München, kostenlos erhältlich.)

Süddeutsche Zeitung
29. Mai 1980

IN EINER BOMBENNACHT des Zweiten Weltkriegs sank der Goldene Saal in Trümmer.

Denkmalschützer warnen vor perfekter Sanierung

Generalkonservator Petzet: Moderne Baukunst gefährdet historische Identität / Seminar in Nürnberg

NÜRNBERG (Eigener Bericht) — Als verhängnisvoll hat der Vorsitzende der Vereinigung „Freunde der Altstadt Regensburg", Gerhard Sandner, die „windelweiche Zustimmung" zu Planungen durch die Denkmalpflege bezeichnet. Auf dem Denkmalschutzseminar zum Thema „Rettet unsere alten Städte", des Bayerischen Landesvereins für Heimatpflege in Nürnberg sagte er, „bedauernde Zustimmung mit ihren vielen Wenn und Abers" entziehe einer denkmalpflegerischen Argumentation sehr viel Boden. Er forderte für die Zukunft, daß denkmalpflegerische Bedenken eindeutig als Ablehnung formuliert werden müssen.

Sandner berichtete über die Aktivitäten und Möglichkeiten von Bürgerinitiativen am Versuch, den Hochwasserschutz in Regensburg altstadtgerecht zu gestalten. Für die Erhaltung einer historischen Stadt sei es wichtig, ein kulturelles Klima zu schaffen, in dem die aktive Einbeziehung von vielen mehr zählt, „als die große und wahre Kunst". Ebenso wichtig sei es, ein Sozialgefüge zu erhalten oder zurückzugewinnen, für das die Stadt gebaut sei und für das die vorhandenen Häuser schon paßen, als trickreiche Nutzungen zu finden, die es gerade noch ermöglichen, Fassaden und ein paar Balken zu erhalten. „Wir glauben nämlich, daß die nächste Generation weniger empfindsam und ehrlicher als wir, dann auch die Fassaden den Nutzungen anpassen wird."

Der Vorsitzende der „Vereinigung der Freunde der Altstadt Nürnberg", Erich Mulzer, unterstrich, daß Freilegung und Sanierung historischer Bauten mehr sei als nur Fassadenkosmetik. Nürnberg habe vor 1939 mehr als 3000 historische Bauten gehabt, davon seien nach dem Krieg nur noch 300 übrig geblieben. Beim Wiederaufbau der größeren historischen Gebäude seien die nur 220 erhaltenen Bürgerhäuser fast schutzlos gewesen. Heute gebe es nur noch knapp 200. Die „Anpassungsarchitektur" des Wiederaufbaus würde zwar das historische Bild erkennen lassen, die Sünden der fünfziger und sechziger Jahre seien jedoch erheblich. Erst 1973 sei eine Wende eingetreten, als die erste geschlossene Siedlung in Deutschland, die noch vor der Augsburger Fuggerei entstand, die sogenannten Sieben Zeilen, abgebrochen wurden und lautlos verschwanden.

In den nachfolgenden Jahren gelang es der Vereinigung auf rein privater Ebene 70 wertvolle Objekte in der Stadt zu sichern. Sie hätten optische Signalwirkung auf die Nachbarhäuser ausgeübt. Es wurden alte Chörlein renoviert, Brunnen errichtet und Dacherker an alten Häusern wieder angebracht. Aber auch historische Hauszeichen aus den Museen wurden kopiert und wieder angebracht. Die Vereinigung habe früh die Notwendigkeit erkannt, daß die Bevölkerung interessiert werden müsse, um erfolgreich arbeiten zu können. Man habe nicht den Weg des Protestes gewählt, sondern jenen des positiven Beispiels.

Lob für Bürgerinitiativen

Vieles, was man in alten Städten bewundert und was kulturbewußte Bürger zu schätzen wissen, sei dem tatkräftigen Engagement vieler denkmalpflegerischer Bürgerinitiativen zu verdanken, betonte der Vorsitzende des Bayerischen Landesvereins für Heimatpflege, Landtagspräsident a. D. Rudolf Hanauer. Niemand dürfe untätig zusehen, daß historische Bauten und die alten Städte planlos den dynamischen Kräften eines vermeintlichen Fortschritts, einer Allerweltsbauweise überlassen werden. Bürgerinitiative sei jedoch nicht gleich Bürgerinitiative. Nur allzu oft würden sich dahinter auch massive hintergründige Interessen verbergen. Hanauer erinnerte daran, daß sich schon vor Jahrhunderten Bürger dem Kulturverlust entgegenstellten. So sei der Abbruch der Wieskirche verhindert worden, die zum Verkauf ausgeschriebene St.-Jakobs-Kirche in Bamberg von einer Bruderschaft erworben worden und die Wallfahrtskirche Marienberg bei Burghausen, ein Rokokobau, von Bürgern vor dem Abbruch gerettet worden, die dafür für mehrere Wochen ins Gefängnis wanderten. Vieles Vorbildliche werde im Stillen, dafür fundierter und überzeugender geleistet.

Der Generalkonservator des Bayerischen Landesamts für Denkmalpflege, Michael Petzet, wies auf zahlreiche positive Entwicklungen seit dem Denkmalschutzjahr 1974 hin. Der Wert von Altstädten werde heute in einem anderen Licht als vor einigen Jahren gesehen, der Schutz des Stadtbildes sei ein wesentliches Anliegen der Bürger geworden. Er warnte vor einer perfekten Sanierung, dies führe zu einer Uniformierung alter Bausubstanzen. Die historische Identität werde oft nivelliert, wenn man nach den Normen moderner Baukunst saniere. Die Fassaden würden so nur zur Verkleidung für einen genormten Wohnungsbau.

Petzet gab zu, daß die amtlichen Forderungen der Denkmalpflege oft Hindernisse seien und Konfliktstoff böten. Die Gemeinsamkeiten würden jedoch überwiegen. Hinter der vermeintlichen engstirnigen Haltung der Behörde stehe oft die Notwendigkeit, den Dokumentcharakter zu erhalten. *Hubert Neumann*

Süddeutsche Zeitung, 29. Juli 1980

Süddeutsche Zeitung, 25. Juli 1980

Silberstreif für Goldenen Saal

Augsburgs Stadtrat beschließt den originalgetreuen Wiederaufbau

AUGSBURG (SZ) — Für die vollständige Wiederherstellung des großen Goldenen Saales im Rathaus nach historischem Vorbild hat sich mit deutlicher Mehrheit der Stadtrat entschieden. Für 4,4 Millionen Mark soll bis zur 2000-Jahr-Feier der Stadt im Jahre 1985 neben der Sanierung von Rathaus und Perlachturm die erste Zwischenstufe der Rekonstruktion des Prunksaales abgeschlossen sein. Sie sieht die Wiederherstellung der Kassettendecke, des Marmorfußbodens und der Portale vor. Die Decke soll zunächst ohne Bildschnitzereien, Vergoldungsarbeiten und Malereien, die Portale ohne figürlichen Schmuck wiederhergestellt werden.

Der Entscheidung waren jahrelange Diskussionen vorausgegangen. Daß es trotz der Bedenken vieler Bürger und Stadträte zu dieser Entscheidung kam, ist im wesentlichen auf das Urteil eines internationalen Experten-Colloquiums im Jahre 1978 sowie auf ein Gutachten des Wiener Professors Alois Machatschek, der mit der Gesamtplanung beauftragt ist, zurückzuführen. Schließlich haben die Mitglieder des „Goldenen-Saal-Vereins" durch Spenden in Millionenhöhe Fakten geschaffen, an denen die Politiker nicht mehr vorbeigehen konnten.

Das Machatschek-Gutachten überzeugte die Stadträte davon, daß „die kunsthistorische und technische Durchführbarkeit einer vollständigen Rekonstruktion nicht mehr in Frage gestellt werden kann". Nach 1986 sind für Fresko-Malereien, Portalaufsätze und Figuren, Bildschnitzereien, Deckengemälde sowie die Vergoldungsarbeiten weitere 6,2 Millionen Mark veranschlagt. Für die Gesamtrekonstruktion und Sanierung werden insgesamt rund 26 Millionen Mark aufzubringen sein. Wegen der gespannten Finanzlage der Stadt erschien diese Summe insgesamt 13 Stadträten — zwölf der SPD und einem der FDP — zu hoch angesichts anderer Vorhaben wie der Altstadtsanierung oder die Sanierung des Gögginger Kurhauses. Sie versagten ihre Zustimmung.

Stadtrat Herbert König (SPD) bezeichnete die „Verbesserung der Lebensqualität am Lech" als dringendere Aufgabe als die Rekonstruktion des Goldenen Saales. Der Stadtrat mache sich unglaubwürdig, wenn einerseits immer wieder betont werde, wegen der angespannten Haushaltslage müßten Ausaben, die nicht notwendig seien, zurückgestellt werden, andererseits aber dem Projekt „Goldener Saal" zustimme.

Kein Baustop in der Stadt

Oberbürgermeister Hans Breuer wies darauf hin, daß für den Goldenen Saal zwar ein großer Teil der Ausgaben zur 2000-Jahr-Feier zu Buche schlagen würden, daß es aber dennoch falsch wäre, „wenn der Eindruck entstehen sollte, die Wiederherstellung des Saales werde zu einem Baustop im Stadtgebiet führen". CSU-Stadtrat Ekkehard Gesler wischte finanzielle Einwände mit dem Hinweis vom Tisch, zum Bau des Augsburger Rathauses zu Beginn des 17. Jahrhunderts habe die Stadt ein Drittel ihres Jahresetats aufgebracht. *Birgit Matuscheck*

Generalkonservator Petzet über Millionen-Kauf des Bezirks:

„Rettung in letzter Minute..."

Buxheimer Chorgestühl kehrt nach 100jähriger Irrfahrt an seinen Ursprungsort zurück

Von unserem Redaktionsmitglied Stefan Stremel

Augsburg. Der Irrweg begann mit dem Gerichtsvollzieher. Man schrieb das Jahr 1883, als den Grafen Waldbott von Bassenheim ein zwar nicht standesgemäßes, aber doch weitverbreitetes Uebel widerfuhr — ihnen ging das Geld aus. Und um die drohende Zwangsversteigerung zu verhindern, griffen sie zu einem folgenschweren Mittel: Für einen Schleuderpreis von 4000 Mark verkauften die Grafen eines der wertvollsten Stücke süddeutscher Bildhauerkunst — das Chorgestühl aus Buxheim (Landkreis Unterallgäu). Nach knapp 100 Jahren soll die Odyssee des Kunstschatzes nun beendet werden (wir berichteten). Mittlerweile mit einem Schätzpreis von 1,8 Millionen DM versehen, erregte das seit 1886 in England beheimatete Chorgestühl die Aufmerksamkeit des Bezirks von Schwaben, dessen Präsident Dr. Georg Simnacher schnell zugriff.

„Gewisse Situationen" müsse man schnell nützen, berichtete Dr. Georg Simnacher am Freitag bei einer Pressekonferenz in Augsburg. Gemeint war damit aber nur der Erwerb des kostbaren Chorgestühls. Mitgliedern des Bezirkstags, die bereits vor der Pressekonferenz Einzelheiten über den in einer nichtöffentlichen Sitzung beschlossenen Kunstkauf plauderten, wollte Simnacher ihr schnelles Reaktionsvermögen nicht so hoch anrechnen. Hier sprach der Bezirkstagspräsident vielmehr von einer „gewissen Schwatzhaftigkeit".

„Es war eine Rettung in letzter Minute", berichtete Dr. Michael Petzet, Generalkonservator des Münchner Landesamtes für Denkmalpflege. Ueber den Verkaufsverhandlungen zwischen dem schwäbischen Bezirk und dem englischen Frauenorden „Convent of the Presentation" habe ständig die Gefahr geschwebt, daß das aus 30 Sitzen bestehende Chorgestühl in Einzelteilen zu hohen Preisen in den privaten Kunsthandel wandere und dann für Buxheim endgültig verloren sei. Petzet: „Das wäre aus unserer Sicht die reinste Barbarei gewesen."

Arbeiten beginnen am Montag

Das prächtige Chorgestühl, versehen mit üppigen Schnitzereien, die zahlreiche, fast lebensgroße Heiligenfiguren, die zwölf Apostel, Engel und Mönche darstellen, ist ein Werk des Tiroler Bildschnitzers Ignaz Waibel, der sich 1699 in Amendingen bei Buxheim niedergelassen hatte und am 16. Februar 1733 in Heimertingen bei Memmingen starb. In den Jahren 1684 bis 1700 schuf Waibel das aus Eichenholz bestehende Gestühl, das zu den bedeutendsten Werken süddeutscher Bildhauerkunst der Barockzeit zählt. Bereits am kommenden Montag sollen in der Klosterkapelle bei Hythe in der Grafschaft Kent zwei Spezialisten des Münchner Landesamtes für Denkmalpflege mit den Vorarbeiten für den Abtransport des Kunstschatzes beginnen. In einigen Monaten wird dann das Gestühl in der Buxheimer Kartäuser-Kirche wieder aufgestellt. Die Heimkehr des Kleinods fällt noch in das Buxheimer Jubeljahr, da der Ort heuer sein 1000jähriges Bestehen feiert.

Eine eigene Kapelle

Doch der Weg von Buxheim über England nach Buxheim war lang. Nachdem die Grafen Waldbott von Bassenheim infolge ihrer angespannten Finanzlage das im Zuge der Säkularisation erworbene Chorgestühl verkaufen wollten, wurde es unter der Nummer 320 von der „Carl Försterschen Kunst-Auction" angeboten. Ein Makler griff für 4000 Mark zu. Dann landete das Gestühl in Clarembourg in Holland. Der Kunsthändler M. Handelaar ließ es später nach Brüssel bringen, und verkaufte es einem College im britischen Cambridge. Am 1. September 1886 erwarb dann Mister Edward Howley Palmer, Direktor der Bank von England, das Schnitzwerk und schenkte es den Schwestern des St. Savion's Hospital in London. Als der Orden seinen Sitz 1962 in die Grafschaft Kent verlegte, erhielt das Gestühl 1964 eine neue Kapelle. Sie wurde eigens nach den Maßen des Buxheimer Chores entworfen.

Mit Zuschüssen wird gerechnet

Entdeckt wurde der Kunstschatz aber erst im August 1979 vom Leiter der Restaurierungswerkstätten des Landesamtes für Denkmalpflege, von Dr. Karl Ludwig Dasser. Bei einem Kongreß in England machte ihn sein Kollege Peter Burmann auf die Kostbarkeit aufmerksam. Unter Mitwirkung des Londoner Auktionshauses Sotheby konnte dann der Bezirk Schwaben einen Vertrag unter Dach und Fach bringen, der von Fachleuten als äußerst günstig eingeschätzt wird. Der Kaufpreis von 1,8 Millionen DM beinhaltet nämlich auch sämtliche Transport- und Versicherungskosten, die bei dem wertvollen Transportgut nochmals rund 200 000 DM betragen. Der Bezirk rechnet nun mit Zuschüssen des Freistaats Bayern, mit Beiträgen mehrerer Stiftungen, mit Mitteln eines Sonderfonds des Bundesinnenministeriums und vielleicht mit einer Finanzspritze der Diözese Augsburg.

Wenn das umfangreiche Gestühl in Buxheim wieder aufgestellt ist, dann will das Landesamtes für Denkmalpflege über eine Restaurierung des Kunstwerks entscheiden. fahrt schwarz gebeizt und sollen nun wieder in den Originalzustand versetzt werden. Seit hundert Jahren erinnert in Buxheim nur der Priorenstuhl des geschnitzten Meisterwerks an den verlorenen Kunstschatz. Der Stuhl blieb nämlich von dem gräflichen Notverkauf verschont.

Bisher sind nur Fotografien des Buxheimer Chorgestühls nach Deutschland gekommen. In wenigen Monaten wird aber auch das Original an seinen Ursprungsort zurückkehren. Vor den Bildern die „Väter" des Millionenkaufs: (Von links) Dr. Michael Petzet, Generalkonservator des Landesamtes für Denkmalpflege, Bezirkstagspräsident Dr. Georg Simnacher und Dr. Karl Ludwig Dasser, Leiter der Restaurierungswerkstätten beim Denkmalpflegeamt. AZ-Bild: Wolfgang Diekamp

Mittelschwäbische Nachrichten
(Krumbach)
2. August 1980

Ein riskanter Freibrief

VON HANS SCHUSTER

Je nach Temperament und Betroffenheit mag man sich über die Auswüchse der Baubürokratie lustig machen oder ärgern. Tatsache ist, daß es auch auf diesem Gebiet einen Dschungel von Vorschriften gibt, der allen Beteiligten — von der Behörde über den Architekten bis zum Bauherren — mehr Unannehmlichkeiten als Vorteile beschert. Insoweit ist das Entbürokratisierungsvorhaben der (bayerischen) Kommission für den Abbau von Staatsaufgaben und für Verwaltungsvereinfachung zu begrüßen, nach dem Motto: mehr Freiheit, aber auch verstärkte Eigenverantwortung.

Die Vereinfachung der Verwaltung ist allerdings keine einfache Aufgabe. Zielkonflikte sind unvermeidlich. Die Mittel müssen im rechten Verhältnis zum Zweck stehen. Man kann nicht für Denkmalschutz eintreten und im selben Atemzug den öffentlichen (Denkmals-)Dienst abbauen. Man kann auch nicht das Ziel verfolgen, die Verschandelung von Städten und Dörfern zu verhindern und zugleich das Ziel einer unbegrenzten Liberalisierung der Bauordnung anzustreben. In diesem Konflikt trifft der Entwurf für eine Novelle der Bayerischen Bauordnung, von der Neubauer-Kommission angeregt, an einer entscheidenden Stelle eine recht einseitige Entscheidung: Fassaden, die doch das Bild unserer Städte und Dörfer bestimmen, sollen künftig ohne jede Genehmigung geändert werden können. So können Fenster, Türen, Verkleidungen und auch Verblendungen geändert oder neu installiert werden, ohne daß etwaige Auswüchse von vornherein zu verhindern wären.

Wer nicht unempfindlich für die Verheerungen ist, die das ungezügelte Wachstum in vergangenen Jahrzehnten angerichtet hat, wird sich fragen, wie sich das Bild der städtischen Wohnviertel und der Dorfstraßen in Zukunft wandeln könnte, wenn schon die lokal sehr unterschiedlich gehandhabte Bauaufsicht in der Vergangenheit versagt hat. Auf Schritt und Tritt kann der aufmerksame Beobachter Verunstaltungen des Straßenbildes registrieren. Die Fassade spiegelt die Art, wie die einschlägige Bauindustrie Bauherren wie Architekten mit den jeweils neuesten, oft häßlichen Baustoffen umwirbt. Da gibt es nicht nur Plastikbahnen und „Fortschrittsplunder", sondern auch „konservativen" Schnickschnack, Talmi-Eleganz und Pseudobarock, und dies womöglich vereint auf einer Fassade.

Die Vorstellung, daß künftig solchen Mißgriffen ein „Freiraum" geschaffen werden soll, muß jeden erschrecken, der sich vorgenommen hat, mit gutem Beispiel voranzugehen. Gewiß, wenn es stimmt, daß in den letzten Jahren bei der Bevölkerung das Verständnis für die Qualität der bebauten Umwelt gewachsen ist, wäre damit schon viel gewonnen. Nur kann man sich nicht in jedem Einzelfall darauf verlassen. Daher wäre es sinnvoll, die vorhandenen Ansätze einer rechtzeitigen, konstruktiven Beratung auszubauen, damit im Einvernehmen zwischen Bauherren, Architekten und Bauaufsicht das Schlimmste verhütet werden kann. Was aber, wenn alle Beratung nicht ausreicht, den Eigentümer zu überzeugen? Wann wird ein klares Nein notwendig?

Der für die Verwaltungsvereinfachung verantwortliche Staatssekretär Neubauer hält den Kritikern seines Entwurfs vor, sie sprächen dem Bürger bei der Gestaltung seines eigenen Hauses das Verantwortungsbewußtsein ab. Davon kann in dieser Verallgemeinerung keine Rede sein. Dennoch darf nicht übersehen werden, daß die gestalterische Freiheit des einzelnen in vielen Fällen nicht gar so groß ist. Es gibt so etwas wie die „manipulierte" Entscheidung durch Versandhauskataloge. Hausierende „Fassadenkolonnen" und Schema-F-Planfertiger üben einen Einfluß aus, der nicht nur auf Kosten der Eigeninitiative des Bauherrn, sondern auch der Architekten-Aufgabe und des soliden Handwerkers gehen kann. Verunstaltete Fassaden sprechen jedenfalls ihre eigene Sprache. Zumindest in Fällen, wo die Verschandelung des Straßenbildes droht, müßte ein Konsens möglich sein, der die Ablehnung erlaubt.

Überall da, wo wir uns an einer gelungenen Straßengestaltung erfreuen, haben wir es mit einem Fassaden-Ensemble im weitesten Sinne zu tun, mit einer Vielfalt, die sich zum Ganzen verbindet. Muß die Hoffnung aufgegeben werden, eine von allgemeiner Zustimmung getragene Qualität der Städte- und Dorfbilder zu erreichen? Eine seltsame Schizophrenie zeigt sich an. In Bayern gelten heute 108 000 Einzelbauwerke und einige hundert „Ensembles" samt ihrer Fassaden als schützenswert. Soll nun die gesamte, nicht unter speziellem Schutz stehende gebaute Umwelt der „Freiheit am Bau" ausgeliefert werden? Man fragt sich, welche dem Zufall überlassenen Straßenbilder im Jahr 2000 künftigen Generationen noch als gelungen oder erhaltenswert erscheinen werden.

Eine Fassade ist immer auch ein Stück Öffentlichkeit, und deshalb muß die öffentliche Diskussion darüber erlaubt sein, wie weit die „Selbstverwirklichung" des Bauherrn gelten darf, wenn seine Nachbarn und die Öffentlichkeit im weiteren Sinn wegen des häßlichen Ergebnisses daran Anstoß nehmen. Gewiß gibt es in unserer „pluralen" Gesellschaft, in einer sich rapide ändernden technischen Welt nicht mehr das überlieferte Stilempfinden früherer Zeiten, das Bauherren, Architekten, Handwerkern und Bürgern selbstverständlich war und heute durch keine noch so gutgemeinten Paragraphen zu ersetzen ist. Dieser Mangel darf jedoch kein Anlaß sein, einen Freibrief für Verschandelung auszustellen, der manchen Bürger guten Willens entmutigen würde.

Süddeutsche Zeitung, 11. August 1980

SZ-Gespräch mit Generalkonservator Petzet

Denkmalschutz ist populär geworden

Wachsende Privatinitiative / Ruf nach stärkerem finanziellen Engagement des Staates

Von unserem Redaktionsmitglied Ursula Peters

München, 12. September — Die Bayern haben viel übrig für den Denkmalschutz. Bei einer Umfrage ergab sich, daß 92 Prozent der Wahlberechtigten die Bewahrung des kulturellen Erbes vom historischen Gebäude bis zu vorgeschichtlichen Bodenfunden gut heißen. Damit hat Bayern unter den deutschen Bundesländern die meisten Denkmalfreunde. Die Meinungsforscher sprechen sogar von einem Nord-Süd-Gefälle, nachdem festgestellt worden ist, daß beispielsweise in Schleswig-Holstein Denkmalschutz weit weniger beliebt ist. Die meisten Befürworter des Denkmalschutzes, nämlich 93 Prozent, sind unter jungen Leuten zu finden, die wenigsten in der Generation über 50. Frauen zeigen im allgemeinen mehr Engagement als Männer.

„Diese erstaunliche Popularität müßte die Politiker aufhorchen lassen", meint Generalkonservator Michael Petzel, der Leiter des Landesamts für Denkmalpflege, der nicht müde wird, sich beim Landtag und beim Finanzministerium um eine bessere Ausstattung der Denkmalpflege mit Geld zu bemühen. „Gerade jetzt, da wir im ganzen Land einen Umschwung zugunsten der Denkmalpflege feststellen können und die Zustimmung zur Erhaltung von Baudenkmälern wächst, wäre es wichtig, private Initiativen durch den Staat zu unterstützen." Letzten Endes gehe es um bescheidene Summen, die jedoch große Wirkung zeigen könnten.

Viel seltener würden heutzutage historische Häuser abgerissen als noch vor einigen Jahren, freut sich Petzel. Aber: Das wachsende Interesse an der Erhaltung historischer Bausubstanz, die Eigeninitiativen der Denkmalbesitzer, seien es Privatleute, seien es Kommunen, hätten zu einer riesigen Welle von Zuschußanträgen geführt. „Für heuer sind unsere Taschen bereits leer, und auch die Mittel für 1981 sind im Rahmen der Verpflichtungsermächtigungen bereits verteilt", rechnet der Generalkonservator vor. „Wir stehen mit leeren Händen da, wenn unser Etat jetzt nicht vom Landtag erhöht wird." Petzel hält 1981 eine Steigerung von 20 Millionen auf 25 Millionen Mark jährlich für notwendig; für Ausgaben, die im Vorgriff bewilligt würden, müßten die Verpflichtungsermächtigungen von 12 Millionen auf 40 Millionen erhöht werden. 1982 sei ein Etat von 48 Millionen Mark plus 45 Millionen Mark Verpflichtungsermächtigungen erforderlich, um wenigstens in dringendsten Fällen in dem an Denkmälern so reichen Bayern helfen zu können.

Zu den Einzelfällen, in denen ein vergleichsweise kleine Summen ein großer Effekt erzielt wird, zählt Petzel die Förderung des Sonderprogramms zur Erhaltung charakteristischer Bauernhäuser im Kreis Eichstätt, das Landrat Konrad Regler initiiert hat. Den Eigentümern dieser behäbigen Giebelhäuser werden jährlich insgesamt 250 000 Mark Zuschüsse zu den Instandhaltungskosten gezahlt, wovon das Landesamt für Denkmalpflege und der Bezirk Oberbayern je 100 000 Mark und der Landkreis 50 000 Mark übernehmen. „Das Programm läuft hervorragend, berichtet der Generalkonservator." Auch das örtliche Handwerk wurde belebt. Und die Bauern sind auf einmal derart stolz auf ihre Häuser, daß sie es keinem mehr verkaufen, selbst wenn das Gebäude schon verfallen ist." Zwei weitere Landkreise bereiten ein ähnliches Programm vor.

Den anregenden Effekt guter Beispiele konstatiert Petzel auch in Niederbayern bei der Renovierung alter Bauernhäuser. „Landratsämter organisieren dort bereits Besichtigungsfahrten zu vorbildlich sanierten Bauernhöfen. Noch vor zwei Jahren waren die abrißbedrohten Bauernhäuser Sorgenkinder der Denkmalpflege. Selbstverständlich erwarten die Renovierungswilligen aber auch einen kleinen Zuschuß vom Staat zu ihren Investitionen. Zeichen setzen sollen auch das „Burgenprogramm" in der Oberpfalz oder die Aktion zur Renovierung alter Befestigungsmauern in kleinen Städten. „Überall wird halt ein wenig Geld zur Unterstützung von uns erwartet", seufzt Petzel. Hinzu kommen die Anforderungen der Archäologen, die zunehmend vor- und frühgeschichtliche Funde bei Straßen- und Siedlungsbauten zu retten haben.

Daß historische Häuser in Mode kommen, beweist auch die Tatsache, daß der „Altwarenhandel" des Denkmalamtes bereits unter Knappheit leidet. Gemeint sind damit alte Häuser, Burgen Schlößchen, die zum Verkauf stehen, sowie antikes Baumaterial aus Abbrüchen. „Vor fünf Jahren haben wir die Objekte wie saures Bier angeboten, jetzt rennt man uns mit Anfragen die Türe ein, und wir haben viel zu wenig Angebote", stellt Petzel fest. Ein schwäbischer Geschäftsmann macht mit Verkauf und Vermietung von Schlössern — darunter allerdings immer weniger aus Bayern — hervorragende Geschäfte mit zahlungskräftigen Altertumsliebhabern.

s. Abbildung

Süddeutsche Zeitung
13./14. September 1980

Warten auf ein Chorgestühl

Nach dem Rücklauf in England steht die Überführung nach Buxheim bevor

AUGSBURG (SZ) — Das barocke Chorgestühl aus der ehemaligen freien Reichskartause Buxheim wird demnächst wieder nach langer Reise an seinen angestammten Ort im Kreis Unterallgäu zurückkehren. Die Formalitäten zur Rückführung der monumentalen Schnitzerarbeit des Tiroler Bildhauers Ignaz Waibel machen gute Fortschritte. Zur Zeit lagern die Teile des Chorgestühls in Canterbury in England, im Londoner Ministerium für Kunst liegt die Genehmigung zur Überführung zur Unterschrift.

Kunstschätze des Klosters nach und nach verschleuderten. 1883 wurde der gräfliche Besitz gepfändet, das Chorgestühl (und die Klosterbibliothek) verkauft.

Unter der Nr. 320 erschien das Buxheimer Chorgestühl im September 1883 in einem Versteigerungskatalog und ein Londoner Makler bekam den Zuschlag für 4000 Mark. Zunächst fand er keinen Käufer, dann wanderte das mächtige Schnitzwerk über Holland nach Brüssel und landete wieder bei einem Möbelhändler

Süddeutsche Zeitung
19. November 1980

ZU VERMIETEN ist das 500 Jahre alte Schloß Haldenwang zwischen Augsburg und Ulm. Ein vom Landbauamt Bayreuth unter Münchner Beratung durchgeführt wird, er- *schwäbischer Geschäftsmann bietet das 45-Zimmer-Objekt für 4000 Mark pro Monat an. „Altwarenhandel" nennt man solche Geschäfte beim Landesamt für Denkmalpflege.*

Der Vertrag, daß der Bezirk Schwaben das Kunstwerk für 1,8 Millionen Mark von einem anglikanischen Konvent zurückkauft, wurde — wie berichtet — schon im Sommer geschlossen. Die englische Regierung verlangte vor der Genehmigung des Handels noch eine förmliche Versicherung des Freistaats Bayern, daß das Chorgestühl wirklich wieder nach Buxheim kommt und dort komplett zusammengebaut wird, vereinigt mit den Teilen, die die Odyssee des Kunstwerks im letzten Jahrhundert nicht mitgemacht haben. Die Verhandlungen in England hat als Sachverständiger Dr. Karl Dasser vom Landesamt für Denkmalpflege geführt. Das berühmte Londoner Auktionshaus Sotheby war bei der Schätzung und der Abwicklung des Handels beteiligt. „Es kann keine Rede davon sein, daß jemand in England die Rückkehr des Buxheimer Chorgestühls verhindern wollte", betont Dasser.

Das monumentale Chorgestühl, das einmal den gesamten Mönchschor der Kartause von Buxheim ausfüllte, war in den Jahren 1684 bis 1700 entstanden und hat ein bewegtes Schicksal hinter sich. Es zählt mit seinem reichen geschnitzten Dekor und einer Vielzahl von großen Skulpturen zu den hervorragendsten Werken barocker Bildhauerkunst. Nach der Säkularisation kam die Kartause in den Besitz der Grafen von Walbott von Bassenheim, die die wertvollen Sitzen und schenkte es einem Schwesternkonvent in London, der vergeblich hoffte, in einem College in Cambridge einen Interessenten zu finden. 1886 erwarb der Direktor der Bank von England schließlich das Chorgestühl mit seinen dreißig Sitzen und schenkte es einem Schwesternkonvent.

Die Schwestern waren recht stolz auf das prächtige Chorgestühl und ließen bei einem Umzug in die Grafschaft Kent sogar eine Kapelle eigens nach den Maßen des Buxheimer Chors bauen. Das Kloster mußte jetzt jedoch sein Krankenhaus und die Kapelle aufgeben und die Mutter Priorin setzte sich dafür ein, daß das Chorgestühl wieder an seinen ursprünglichen Standort zurückkommt. Anläßlich eines Vortrags in England erfuhr Dassler, der die Restaurierungswerkstätten des Landesamts für Denkmalpflege leitet, von der Möglichkeit, das Buxheimer Kunstwerk wieder zurückzubekommen. Das Marianum, das jetzt in der Buxheimer Klosteranlage residiert, gab die Zustimmung zum Wiedereinbau des Chorgestühls, und der Bezirkstagspräsident von Schwaben, Georg Simnacher, setzte sich energisch dafür ein, daß eine Finanzierung des Vorhabens möglich wurde.

In den nächsten Wochen wird das Chorgestühl in Teile zerlegt von England nach Schwaben reisen und in der Klosterkirche wieder eingebaut. Das Kernstück, der Priorenstuhl in der Mitte, hatte seinen angestammten Platz in Buxheim nie verlassen.

Ursula Peters

Augsburger Allgemeine, 3. Oktober 1980

Grünewalds Altartafeln kehren bald heim

Wichtige Erkenntnisse bei der Restaurierung des Lindenhardter Kleinods in Münchner Werkstätte

Nach ihrem nunmehr vierjährigen Restaurierungs-Aufenthalt in den Münchner Werkstätten des Landesamtes für Denkmalpflege ist es soweit: Die drei berühmten Altartafeln von Matthias Grünewald können voraussichtlich schon im April 1981 ihren angestammten Platz in der Kirche von Lindenhardt (Landkreis Bayreuth) in voller Farbe und Ausdruck wieder einnehmen. Dies bestätigte Generalkonservator Dr. Michael Petzet nunmehr dem Staatssekretär Simon Nüssel, der sich in den Amtswerkstätten ein persönliches Bild über den Stand der Konservierungsarbeiten an diesem kulturellen Kleinod Oberfrankens machen wollte, nachdem er seit Jahren bemüht war, daß auch die Finanzierung der Kirchenbau-Restaurierung gesichert werden konnte.

Denn diese umfangreiche Baumaßnahme, die vom Landbauamt Bayreuth unter Münchner Beratung durchgeführt wird, erwies sich als unumgänglich: Nachdem die Fachleute erkannt hatten, daß die Zerstörungen an den Grünewald-Gemälden hauptsächlich auf schädigende Umwelteinflüsse zurückzuführen sind, war man sich einig, daß alle Rettungsversuche sinnlos seien, wenn das Uebel nicht an der Wurzel gepackt wird. Schon frühzeitig begann man deshalb mit systematischen Klimaaufzeichnungen, wobei sich herausstellte, daß die Luftfeuchtigkeit in der Kirche bei weitem zu hoch war. Darüber hinaus waren die Tafeln dem direkten Sonnenlicht durch die nahen Chorfenster schutzlos ausgeliefert. Die umfangreichen Renovierungsarbeiten, u. a. im Chor und Kirchenschiff, hofft man bis Ende des Jahres abschließen zu können. Wie die Messungen bestätigten, konnte das Raumklima bereits erheblich verbessert werden. Und wenn sich die „Klimakurven" nach Beendigung der Baumaßnahmen „eingependelt" haben, werden die berühmten Flügelgemälde wieder am Altar angebracht, geschützt durch einen eigens aufgetragenen Lichtschutzlack an den Lindenhardter Chorfenstern.

Ihre Befreiung von entstellenden Schmutzschichten und Uebermalungen hat im übrigen auch der Kunstwissenschaft nun jeglichen Zweifel genommen, die Bilder seien Grünewald nicht zuzurechnen. Und fest steht auch: Die schon im Altarschrein eingeschnittene Jahreszahl 1503 ist ebenfalls für die Tafeln verbindlich. Bei geschlossenen Flügeln zeigen zwei von ihnen 14 Nothelfer, wobei St. Georg und St. Dionysius besonders hervorgehoben sind. Das dritte Gemälde, das die gesamte Rückseite einnimmt, stellt einen vor dem Kreuz stehenden Schmerzensmann, umgeben von seinen Leidenswerkzeugen, dar. Hier ist die äußerst komplizierte Stabilisierung des Bildträgers noch im Gange, doch will man in München nicht erst mit der Rückbringung zuwarten, bis auch diese Arbeiten fertig sind.

Nicht ganz ohne Stolz bestätigt man im Denkmalschutzamt das große Interesse an der Wiederherstellung bei Fachleuten weit über Bayerns Grenzen hinaus. Schon im April 1977 hatten sie sich deshalb zu einem Kolloquium in den Amtswerkstätten eingefunden, von denen sie fortan auf dem laufenden gehalten werden. *Ingrid Zellner*

Von den fast fertigen Wiederherstellungsarbeiten an den berühmten Altartafeln von Matthias Grünewald konnte sich nun auch Staatssekretär Simon Nüssel (Mitte) bei einem Besuch in der Restaurierungs-Werkstatt des Landesamts für Denkmalpflege überzeugen. Neben ihm Generalkonservator Dr. Michael Petzet (rechts) und Karl Bachmann, Chef der Restaurierungsabteilung.

Bild: Bayer. Landesamt f. Denkmalpflege

Streit um Rettung alter Bauernhäuser

Meinungsverschiedenheiten zwischen Denkmalpflegern und den Freunden der Freilichtmuseen

MURNAU (Eigener Bericht) — Bayerns Generalkonservator Michael Petzet hatte keinen leichten Stand, als er sich im Bauernhofmuseum auf der Glentleiten über Großweil zum Thema „Freilichtmuseum und Denkmalpflege" äußerte. Bei diesem Auftritt vor dem Freundeskreis Freilichtmuseum Südbayern e. V. wurden erstmals die seit langem bestehenden Spannungen zwischen den amtlichen Denkmalschützern und den Anhängern der Freilichtmuseen öffentlich angesprochen.

Ein Freilichtmuseum, so versuchte Museumsleiter Helmut Keim dem Generalkonservator ins Gewissen zu reden, sei mehr als nur ein Friedhof für Hausleichen, für die die Denkmalpfleger keine Verwendung mehr hätten. Vielmehr sollten der Nachwelt Dokumente einer vergangenen Baukultur als Anschauungsmaterial erhalten werden. Hierfür wurden Objekte ausgewählt, die an Ort und Stelle nicht mehr saniert werden könnten.

Was Keim und den Freundeskreis schon lange ärgert, ist dies: Das Landesamt für Denkmalpflege versuche zunächst prinzipiell alle denkmalgeschützten und gefährdeten Objekte an Ort un Stelle um jeden Preis zu erhalten. Wenn aber der Besitzer eines solchen Baudenkmals sein altes Gemäuer nicht mehr sinnvoll zu nutzen wisse und an einen Abbruch denke, so nehme das Landesamt eine starre Haltung ein mit der Folge, daß das Gebäude vernachlässigt werde und schnell verfalle. Erst wenn es jahrelang leergestanden habe, von „Sammlern" ausgeplündert worden sei und eine Instandsetzung aussichtslos erscheine, schalte sich „im günstigsten Fall" das Freilichtmuseum ein.

Keim will es nicht wahrhaben, daß der Bestand eines Freilichtmuseums durch solche Zufälligkeiten bestimmt werde. Er bedauerte, daß sich in jüngster Zeit das Verhältnis zwischen dem Landesamt für Denkmalpflege und dem Freilichtmuseum „ganz wesentlich verschlechtert" habe. Das Freilichtmuseum werde nicht einmal mehr benachrichtigt, wenn ein interessantes Gebäude vom Abbruch bedroht sei. Statt dessen erführen die Besitzer vom Landesamt, das Freilichtmuseum habe schon genügend Ausstellungsobjekte.

Demgegenüber gab Petzet zu bedenken, daß Baudenkmäler auch ein Produkt ihrer Umgebung seien, aus der man sie nicht einfach herausreißen könne. Deswegen versuche man, alte Gebäude möglichst an ihrem angestammten Platz zu sanieren. Wenn ein Denkmal seinen Platz verlasse, so werde es aus seiner Zeit herausgerissen und ein toter Gegenstand. Man müsse den alten Häusern, wenn irgend möglich, „dieses Schicksal in einem Freilichtmuseum ersparen".

Petzet meldete weiter Zweifel daran an, ob es wirklich immer gelinge, alte und schützenswerter Bausubstanz beim Wiederaufbau in einem Freilichtmuseum wieder werkgetreu zu rekonstruieren. Beim Abbruch und beim Wiederaufbau gehe „viel vom Original verloren". Schließlich könne das Landesamt für Denkmalpflege nicht übersehen, daß von den zahlreichen Freilichtmuseen in Bayern eine gewisse „Sogwirkung" ausgehe. Wisse ein Eigentümer erst einmal, daß ein Museum Interesse an seinem alten Gebäude habe, so sei er nur noch selten interessiert, dieses Baudenkmal an Ort und Stelle zu erhalten. Auf diese Weise trügen die Freilichtmuseen zu einer „kulturellen Verarmung des Landes" bei.

Nicht ohne Sorge verfolge das Landesamt für Denkmalpflege, daß die Freilichtmuseen ständig alte Häuser sammelten, die dann aber nicht aufgestellt würden, sondern in den Magazinen verschwänden. Tatsächlich sind beispielsweise beim Freilichtmuseum auf der Glentleiten derzeit rund 40 Objekte eingelagert. Sie können nicht aufgebaut werden, weil dem Bezirk Oberbayern als Träger des Museums auf der Glentleiten derzeit nicht genügend Grund zur Verfügung steht. Petzet weiß nicht, „was schon alles eingelagert ist und was im Museum überhaupt noch Platz haben wird."

Dies seien, so wurde Petzet entgegengehalten, nur temporäre Schwierigkeiten. Den Vorwurf, daß Freilichtmuseen zur Verarmung des Landes beitrügen, wollte der Freundeskreis auch nicht gelten lassen. In Bayern gebe es mehr schützenswerte Objekte, als in Freilichtmuseen untergebracht werden könnten. Diese seien also keine Konkurrenz zur Denkmalpflege, sondern vielmehr eine Ergänzung.

Man sei sich einig darüber, daß ein Denkmal möglichst an Ort und Stelle bleiben müsse, hielt Vereinsvorsitzender Georg Bauer fest. Aus seiner Praxis als ehemaliger Landrat wisse er aber, daß die Wirklichkeit oft anders aussehe. Was geschehe beispielsweise mit solchen alten Häusern, wenn dem Landesamt für Denkmalpflege das Geld ausgehe? Landesamt und Freilichtmuseum erklärten schließlich ihre Bereitschaft, von einem Nebeneinander zu einem Miteinander zu kommen. Der Freundeskreis hörte es gerne.

Christian Schneider

Süddeutsche Zeitung, 24. November 1980

Süddeutsche Zeitung
25. November 1980

Renaissance der Neugotik

Baudenkmäler des Historismus wieder hoch geschätzt / Kirchen werden restauriert

BAYREUTH (epd) — Noch vor wenigen Jahrzehnten fanden neugotische Kirchen die Verachtung der Kunsthistoriker — heute sind sie als Baudenkmäler des Historismus hoch geschätzt und werden mit Millionenaufwand restauriert. In Oberfranken sollen in den nächsten Jahren vier eindrucksvolle Beispiele dieser Stilepoche — auch „Eisenbahn-Gotik" genannt — mit einem Kostenaufwand von rund 7,5 Millionen Mark vor dem Verfall bewahrt werden. Für zwei der Gotteshäuser war bereits der Abbruch erwogen worden.

Die hundert Jahre alte St.-Johannis-Kirche in Gefrees, die jetzt für 820 000 Mark renoviert wird, profitierte ebenso von der steigenden Wertschätzung der Neugotik wie die 1901 erbaute Kirche von Hetzelsdorf (Landkreis Forchheim). Das einsturzgefährdete Bauwerk wird mit einem Kostenaufwand von 2,3 Millionen saniert. Weitere 2,5 Millionen Mark sollen für die Mitte des vorigen Jahrhunderts errichtete Johanniskirche in Helmbrechts aufgewendet werden. Sie ist, ebenso wie die 1863 erbaute Stadtkirche in Selb (Kosten knapp zwei Millionen), im herben neugotischen Stil Nordostoberfrankens erbaut.

Der Leiter des Landesamtes für Denkmalpflege, Michael Petzet, stellte fest, das Bewußtsein für den Wert der Neugotik habe sich in einem erstaunlichen Maß entwickelt. Der Vandalismus in neugotischen und neuromanischen Kirchen gehöre längst der Vergangenheit an. „Heute ist unser Grundsatz, eine geschichtliche Entwicklung zu bewahren und Gewachsenes zu respektieren", meinte Petzet. So finde heute auch der späte Jugendstil der zwanziger Jahre große Beachtung.

Schöne Fassade oft ohne Wert

Freilichtmuseum und Denkmalpflege — Rege Diskussion auf der Glentleiten

Großweil (ew) — Der Freundeskreis Freilichtmuseum hatte seine Mitglieder zu einer Vortragsveranstaltung auf die Glentleiten eingeladen. Die Liste der Redner, die das Thema „Freilichtmuseum und Denkmalpflege" von ganz verschiedenen Standpunkten beleuchten wollten, versprach von vornherein einen interessanten Abend.

So konnte der Vorstand Dr. Georg Bauer zunächst Generalkonservator Dr. Michael Petzet begrüßen, der den grundsätzlichen Standpunkt des Landesamtes für Denkmalpflege vertrat, daß die Erhaltung eines Baudenkmals an Ort und Stelle in jedem Fall einer Übersiedlung in ein Museum vorzuziehen sei. Er erläuterte diese Auffassung anhand von Dias, die wohlgelungene Beispiele von restaurierten Gebäuden zeigten, die als Ensemble in einem Ortsbild erhalten werden konnten.

Generaldirektor Kriss-Rettenbeck vom Bayerischen Nationalmuseum und sein Mitarbeiter, Baudirektor Krösser, waren ebenso wie Dr. Helmut Keim, der jetzige Museumsleiter auf der Glentleiten, und sein Vorgänger, der Begründer des Freilichtmuseums Dr. Ottmar Schuberth, nicht in allen Punkten der gleichen Meinung wie Dr Petzet. Sie gaben zu bedenken, daß jeweils von Fachleuten genau geprüft werden müßte, ob ein restauriertes Gebäude an Ort und Stelle noch seine ursprüngliche Funktion und Nutzung behalten kann oder ob es nur als schöne Fassade erhalten wird und damit jeden volkskundlichen Wert verliert.

In der Diskussion, an der sich viele Anwesende zu Wort meldeten, konnte als positives Ergebnis erreicht werden, daß in Zukunft durch ein rechtzeitig geführtes Gespräch gemeinsam überlegt werden soll, an welchem Standort ein schützenswertes Gebäude der Nachwelt am besten erhalten werden kann.

Der Freundeskreis Freilichtmuseum will an dem konkreten Beispiel eines volkskundlich bedeutenden alten Sägegatters mit großem Interesse verfolgen, wie sich das Streitgespräch zwischen Denkmalpflege und Freilichtmuseum in der Praxis auswirken wird.

Nicht mit allem, was General Freilichtmuseums auf der Gle malpflege". Man einigte sich schützenswertes Gebäude am

Bürgermeister können Schloßherren werden
Schwäbische Rathäuser in historischen Gebäuden untergebracht / Hilfe durch Denkmalpfleger

Von unserem Redaktionsmitglied Ursula Peters

MARKTOBERDORF, 27. November — Die 2285 Bürger des Marktes Unterthingau im Allgäu haben sich an ihr rotes Schloß gewöhnt. Die meisten sind sogar stolz auf ihr neues Rathaus und loben Bürgermeister Anton Boneberg dafür, daß er mit Dickköpfigkeit und Überredungskunst seinen Plan durchgesetzt hat, aus einer Renaissance-Ruine ein Schmuckstück der Gemeinde zu machen. Das Schloß Unterthingau, ein mächtiger Bau aus dem 15. Jahrhundert in der Ortsmitte, hat ein wechselvolles Schicksal hinter sich. Es sah vor vier Jahren noch so trostlos aus, daß man nur vom Abreißen sprach, „Die Leut' haben sich einfach nicht vorstellen können, was man da draus machen kann", meint Boneberg. Jetzt ist der mit viel Stilgefühl instandgesetzte Bau ein weithin sichtbarer Mittelpunkt des öffentlichen und kulturellen Lebens der Marktgemeinde geworden.

Das Schloß geht auf den Kemptner Fürstabt Adam Renner zurück und war Sitz der stiftskemptischen Vögte. Bei der Versteigerung der geistlichen Liegenschaft während der Säkularisierung 1805 erwarb der Schwanenwirt Johannes Stöckle den mächtigen dreistöckigen Bau. Sein Wirtshausschild hängt heute noch über dem Portal. Bis 1974 wurde Bier ausgeschenkt — bei wechselnden Pächtern in verfallender Bausubstanz. Schon 1965 hatte die Gemeinde das verwahrloste Gebäude erworben. Als die Architekten die Bausubstanz 1975 unter die Lupe nahmen, traten erschreckende Verfallserscheinungen zutage; die Baukosten-Voranschläge stiegen auf 1,5 Millionen Mark. Der Plan, aus dem ehemaligen Schloß ein Rathaus mit Räumen für gesellschaftliche Aktivitäten der Bürger zu machen, war jedoch so bestechend, daß allerlei Zuschüsse flossen. Unter anderen zahlte das Landesamt für Denkmalpflege aus seinem Entschädigungsfonds eine halbe Million Mark.

Jetzt besichtigte Generalkonservator Michael Petzet das gelungene Werk einer musterhaften Sanierung. Im freigelegten Kellergewölbe hat die Musikkapelle Unterthingau ihren geräuschdämpfenden Proberaum, im zweiten Stock ließ sich der Schützenverein nieder und baute auf eigene Kosten Schießstände ein; er zahlt dafür 30 Jahre keine Miete. In den zwei Stockwerken dazwischen befinden sich die gemeindlichen Räume samt Pfarrbibliothek. Die breiten, repräsentativen Gänge mit warmem Ziegelboden und viel Holz werden für Veranstaltungen und Konzerte genutzt. Auch von außen sieht das Schloß wieder stattlich aus: Die vier Eckürmchen samt Kupferdächern wurden rekonstruiert, die historischen Fenster mit mundgeblasenem Glas ebenso, auf dem First dreht sich wieder eine Wetterfahne, und an die ursprüngliche englisch-rote Hausfarbe, nach historischem Befund wiederhergestellt, haben sich die Leute nach anfänglichem Protest ebenfalls gewöhnt.

Musterbeispiel Unterthingau

Für die Denkmalpflege ist Unterthingau ein Beispiel, wie historische Gebäude sinnvoll genützt und mit neuem Leben erfüllt werden können, ohne das eine Wiederherstellung nur eine halbe Sache wäre. In diese Rubrik gehört auch die Sanierung des Schlosses von Türkheim, das Petzet ebenfalls inspizierte. Auch dieses Schloß — einstmals im Besitz der Wittelsbacher und bis 1970 Amtsgericht — soll in Zukunft Rathaus sein. Die Verwaltungsgemeinschaft Türkheim — vier Gemeinden mit insgesamt 8500 Einwohnern — benötigte ein größeres Verwaltungsgebäude und auch Räume für kulturelle Veranstaltungen. Sie kaufte dem Staat das leerstehende Schloß — 1535 gebaut und im 17. Jahrhundert von Viscardi verändert — ab. Bei den Restaurierungsarbeiten zeigten sich allerdings schwerwiegende Bauschäden unter dem Dach, die die Kalkulation in höhere Zahlenregionen trieben. 1,7 Millionen Mark wird die bauliche Sanierung kosten, nicht gerechnet die Einbauten von Büros und Sitzungssälen. 650 000 Mark wird der Denkmalpflegefonds beisteuern, damit die Anlage wieder glänzt und der Bürgermeister Schloßherr sein kann.

Einer neuen Bestimmung wird auch die ehemalige Benediktinerabtei Irsee bei Kaufbeuren zugeführt, die nach der Säkularisation bis vor wenigen Jahren ein Nervenkrankenhaus beherbergte. Seit 1849 gehört die frühere „Kreisirrenanstalt" dem Bezirk Schwaben, der hier jetzt — nach fast 130 Jahren — erstmals tief in die Tasche greift und den großen Klosterkomplex umfassend saniert. Über 22 Millionen Mark wird das kosten, rund 15 Millionen Mark wird der Bezirk selbst aufbringen müssen. Wo früher die Mönche und später die Kranken lebten, werden in Zukunft Seminare und Fortbildungstagungen abgehalten, werden Orchester üben, Wissenschaftler sich begegnen.

Werktreue und Fingerspitzengefühl

Das ganze Kloster mit seinem beachtlichen Rokoko-Stukkaturen und Bemalungen wird mit fanatischer Werktreue und mit Fingerspitzengefühl restauriert. An die 25 Farbschichten entfernten Fachleute mit dem Skalpell in jedem Raum, um die ursprüngliche Farbe ausfindig zu machen. Alle Türen werden nach alten Mustern in blassem Blaugrün und Blattgold gefaßt, die historischen Beschläge rekonstruiert, die Fenster in den Originalzustand der Erbauungszeit Anfang des 18. Jahrhunderts versetzt. Der Bezirk Schwaben hofft, bis zum nächsten Sommer der Öffentlichkeit sein Kleinod fertig vorstellen zu können.

Die Restaurierung der Rokoko-Klosterkirche nebenan, die nicht dem Bezirk gehört, ist ebenfalls in vollem Gang. Der Stuck mit seinem ungewöhnlich reichen Girlandenschmuck und die vielen Deckengemälde sind bereits wiederhergestellt. „Eine der wichtigsten Kirchenrestaurierungen der letzten Jahre in Bayern", urteilt Petzet. Auch dafür öffnete das Landesamt für Denkmalpflege die Kasse.

EXAKT SO wie zu seiner Entstehungszeit wird das Kloster Irsee nach der Restaurierung wieder aussehen. Jedes Detail entsteht wieder neu nach wissenschaftlichem Befund. Das Kloster wird vom Bezirk Schwaben in ein Bildungszentrum verwandelt. Photo: Landesamt für Denkmalpflege

Süddeutsche Zeitung, 28. November 1980

Weilheimer Tagblatt, 28. November 1980

konservator Dr. Michael Petzet (stehend) ausführte, waren die Freunde des ntleiten einverstanden. Es ging um das Thema „Freilichtmuseum und Denkjedoch darauf, künftig gemeinsam zu überlegen, an welchem Standort ein besten erhalten werden kann. (Wiedemann)

Flug in Bayerns graue Vorzeit

Luftbild-Archäologie bringt die Altertumsforschung weit voran / Grundrisse in Getreidefeldern

Von unserem Redaktionsmitglied Ursula Peters

MÜNCHEN, 23. Dezember — Vom Himmel hoch läßt sich Bayerns Vergangenheit am besten erspähen. Aus der Vogelperspektive öffnet sich gleichsam ein Fenster in graue Vorzeiten, über die keinerlei schriftlichen Überlieferungen berichten. Nach den neuesten Ergebnissen der Luftbild-Archäologie hat es in vielen Gegenden Bayerns vor Tausenden von Jahren von Siedlungen und Menschen geradezu gewimmelt — entgegen der bisher vertretenen Meinung der meisten Geschichtsschreiber. Seit das Landesamt für Denkmalpflege im Frühjahr dieses Jahres ein eigenes Referat für „Archäologie vom Flugzeug aus" eingerichtet hat, wurden schon Hunderte von Stellen vorgeschichtlicher Besiedlung entdeckt und auf über 1500 Kleinbildfilmen festgehalten — Gräberfelder, Hausgrundrisse, Karrenspuren, Heiligtümer, Befestigungswälle.

Der hauptamtliche Detektiv in Sachen Vorzeit ist der Bundeswehroberstleutnant a. D. Otto Braasch aus Landshut, der vom Starfighter auf eine einmotorige Sportmaschine umgestiegen ist und jetzt systematisch auf Altertümer Jagd macht, die im Erdboden verborgen sind. Der Amateurforscher, dessen Hobby zum Beruf erklärt hat, entwickelt dabei einen unfehlbaren Blick für Spuren der Vergangenheit. Aus 150 bis 400 Metern Höhe nämlich kann aus einer lieblichen Landschaft ein prähistorisches Bilderbuch werden, das nach 7000 Jahren noch exakt zeigt, wo Bauern der Jungsteinzeit ihre Abfallgruben anlegten oder die Römer vor 2000 Jahren mit ihren Wagen fuhren.

Wenn sich der fliegende Archäologe Braasch auf den Flug ins Gestern macht, trägt er in zwei prall gefüllten Aktentaschen sein ganzes Handwerkszeug mit sich: Zwei automatische Kleinbildkameras mit diversen Filmen, je nach Wetter einzusetzen, ganz Bayern auf Landkarten im Maßstab 1:50 000 sowie in Plastikhüllen die Verzeichnisse der Anflugverfahren sämtlicher Verkehrslandeplätze im Lande. Ein eigenes Flugzeug besitzt er nicht, auch nicht das Landesamt für Denkmalpflege. Es erweist sich als wesentlich wirtschaftlicher, kleine Maschinen am Landshuter Flugplatz stundenweise zu chartern.

Kartenstapel im Cockpit

Bei unserem Besuch zieht Braasch eine Cessna Skyhawk mit 100 Pferdestärken (Benzinverbrauch 15 bis 20 Liter in der Stunde) aus der Halle und tankt am Rollfeld — und ab geht es auf Entdeckungsreise. Vorne auf dem Armaturenbrett liegt der Kartenstapel, um den Oberschenkel des Piloten ist ein Schreibbrett geschnallt, die Kameras sind griffbereit. „Charlie Bravo" — so heißt das Flugzeug samt Pilot im Flugplotsendeutsch — verabschiedet sich vom Tower Landshut und nimmt Kurs auf Heimstetten bei München — eine wichtige Ausgrabungsstätte. Nach wenigen Minuten Flugzeit erkennt auch ein Laie südlich von Moosburg im satten Braun frischgepflügter Felder eine Anzahl kreisförmiger Verfärbungen. „Ein Gräberfeld der Hallstatt- oder Bronzezeit, die genaue Datierung wird erst durch eine Grabung möglich sein", erläutert Braasch, der diese Stätte kürzlich ausgemacht hat. „Vom Boden aus bemerkt man die Verfärbung nicht, und auch von oben nur bei einem bestimmten Lichteinfallswinkel." Das Flugzeug kreist, die dunklen Flecken in der Erde verschwinden und tauchen wieder auf. „Schräg stehende Sonne verrät alle Geheimnisse", meint der erfahrene Archäologie-Pilot, hält die Kamera aus dem Fenster und notiert dann die Nummer aus der Aufnahme und die Fundstelle. „So kann ich später die Bilder korrekt zuordnen und archivieren."

„In Flußniederungen sind Siedlungsspuren besonders lange erhalten geblieben, weil die Bauern erst recht spät mit dem Trockenlegen und Pflügen begonnen haben und weil noch nicht so viel Erde abgetragen worden ist", weiß Braasch, als er bei Fraunberg im Strogental jenen Grabhügel photographiert, die er am Vortag entdeckt hat. Keine Ahnung hatte auch ein Bauer aus Niedereribach von seinem prähistorischen Vorgänger. Auf seinem Grund wurden aus der Luft nicht nur Gräber aus der Hallstattzeit um 700 vor Christus, sondern auch ein römisches Grabmal und Befestigungsanlagen entdeckt, die dann Studenten der Berliner Universität inzwischen ausgegraben haben. Bei jeder Kurve, die den Seiten der Flußtäler waren schon in der Jungsteinzeit dicht besiedelt. Kaum eine Ortsflur ohne Gräberfelder, Häusergrundrisse mit Pfostenlöchern und Abfallgruben, Wälle oder Befestigungen.

Römerstraße neben der Autobahn

Die noch nach 3500 Jahren — so alt etwa ist der Friedhof bei Moosburg — sichtbare Bodenverfärbung ist dadurch entstanden, daß die Erde für die inzwischen längst eingeebneten Grabhügel seinerzeit von einer anderen Stelle hergeschafft worden ist. Auch die Römerstraße, die wenig später fast parallel zur Autobahn bei Freising unter dem Flugzeug ins Blickfeld kommt, ist als helles Band in Wiesen und Feldern von oben sofort zu erkennen. „Der Straßenkies im Boden verändert die Vegetation. Nährstoffarmut läßt da die Pflanzen schlechter gedeihen, früher vertrocknen. Im Herbst reißt der Pflug Steinchen aus dem Untergrund nach oben und macht die Erde heller", erläutert Braasch.

Es gibt einen ganzen Katalog von Bodenveränderungen, die einem Luftbild-Archäologen je nach Jahreszeit zu Hilfe kommen. Über Gruben und Gräben wachsen zum Beispiel im Frühjahr und Sommer die Pflanzen, vor allem Getreide und Rüben höher, weil die Wurzeln mehr Feuchtigkeit und Humus finden. Über verborgenen Mauern wiederum verkümmern sie. Das geht bis ins Detail, so daß sich etwa von einer 2000 Jahre alten Straße die vertieften dunklen Radspuren oder die Straßenmitte von der helleren Straßenmitte abheben. Unterschiedliche Bodenstrukturen, also auch geringste Bodenerhöhungen, zeigen sich nicht nur im Schlagschatten schräger Sonnenlichts, sondern auch, wenn Schnee über dunkleren Erdpartien und wasserführenden Gruben schneller schmilzt.

Nach einer kurzen Sichtkontrolle an der Baustelle für den neuen Münchner Flughafen im Erdinger Moos („In Mooren findet man selten etwas") und einigen Aufnahmen vom Ausgrabungsgebiet Kirchheim-Heimstetten verabschiedet sich „Charlie Bravo" von den hilfreichen Riemer Fluglotsen, die dem Denkmalpfleger stets eine Lücke im Flugbetrieb freihalten, und nimmt Kurs auf Niederbayern, ein Paradies der Archäologen. Die fruchtbaren Lößterrassen an „Charlie Bravo" zieht, kommt Vergangenheit ins Blickfeld: Pfostenlöcher im Rechteck von Häusern der sogenannten Linienbandkeramiker, keltische Mauern, Wälle der Bronzezeit, mittelalterliche Burganlagen und jene Römerstraße, die geradewegs von Dornweg zum Parkplatz der Bayerischen Motoren-Werke in Dingolfing führt.

Dem emsigen Flugbeobachter, der fast täglich unterwegs ist, entgehen auch keine Verstöße gegen das Denkmalschutzgesetz wie der Versuch, den mittelalterlichen Burgstall in Stillwang verstohlen zuzuschütten, oder eine neue Kiesgrube in Wallersdorf im Gelände einer keltischen Siedlung zu eröffnen. „Die Kontrolle aus der Luft hat sich als sehr effizient herausgestellt", betont Generalkonservator Michael Petzet, der Leiter des Landesamts für Denkmalpflege. „Wenn Braasch besondere Vorkommnisse meldet, setzen wir sofort einen Konservator in Marsch."

Immer wieder photographiert der Pilot „unsere Katastrophen-Landshut", das Bentonit-Abbaugebiet bei Landshut. Dort werden viele Hektar Hügelland voll mit archäologischen Fundplätzen zur Gewinnung des seltenen Baumaterials weggebaggert. Allerdings konnten sich die Denkmalpfleger mit dem Unternehmen darüber einigen, daß die Ausgräber zuerst ans Werk gehen dürfen, wenn die Planierraupen den Humus weggeräumt haben. Den Archäologen geht es nämlich nicht darum, Fundstellen museumsartig zu konservieren; sie wollen dort nur alles wissenschaftliche dokumentieren und vermessen sowie die Hinterlassenschaften der Vorzeit von der Keramik bis zu Schmuck und Waffen bergen.

Das brennende Problem der Archäologen ist freilich der chronische Geld- und Personalmangel. Um die Hunderte neuer Fundstellen, die man vom Flugzeug aus entdeckt hat, auch untersuchen zu können, fehlen die Mittel. Doch die Luftbild-Archäologie spart auf jeden Fall Zeit und Geld, denn die Fundstellen sind auf den Metern genau festgehalten und archiviert. Man wartet auf Geld, das der Landtag bewilligen soll, und braucht dann nur noch den Spaten anzusetzen. „Was unter unseren Füßen ruht, sind die einzigen Zeugen von zehntausend Jahren Landesgeschichte", gibt Rainer Christlein, Bayerns Chef-Ausgräber und Leiter der Abteilung Vor- und Frühgeschichte im Landesdenkmalamt, zu bedenken. „Es wäre gewiß manchem förderlich, sich vor Augen zu halten, daß hier vor gar nicht so langer Zeit Menschen in einer Sprache redeten, die wir nicht verstehen würden, daß sie nach Ordnungen lebten, die uns fremd sind, und daß sie an Götter glaubten, die nicht die unseren sind."

Süddeutsche Zeitung
24./25./26. Dezember 1980

Paßt ein Hotel ins Regensburger Stadtbild?

Die Denkmalpfleger sagen zu einem Projekt auf der Donauinsel Unterer Wöhrd Nein / Stadt plädiert dafür

Von unserem Redaktionsmitglied Peter Schmitt

REGENSBURG, 3. März — Bürgermeister Eimar Schieder, ein besonnener Mann, der auch im kommunalen Amt gern seinem Historikerberuf frönt, reagierte heftig. Da werde mit Fußtritten auf die Stadt losgegangen, schimpfte er im Bauausschuß. Und aus den Reihen der Stadträte tönte das Echo mit nicht minder harschen Formulierungen. „Ungehörig und unverfroren" und überhaupt „schulmeisterlich" sei jener Brief, den der Leiter des Landesamts für Denkmalpflege, Generalkonservator Michael Petzet, an die Stadt geschrieben habe. Was die Regensburger Räte so in Harnisch brachte, war eine mehrseitige Stellungnahme zum Vorhaben der Stadt, auf der Donauinsel Unterer Wöhrd ein Hotel mit 150 Betten entstehen zu lassen.

Weil der reiche Bestand an romanischer und gotischer Architektur in Regensburg die Jahrhunderte und vor allem die Jahre zwischen 1939 und 1945 nahezu unbeschadet überstanden hat, nimmt der Touristenstrom zu diesen Sehenswürdigkeiten von Jahr zu Jahr zu. 260 000 Übernachtungen zählte man 1979. Dem Interesse an der 2000 Jahre alten Stadt sind jedoch Grenzen gesetzt. In den Sommermonaten ist die Bettenkapazität nahezu ausgeschöpft. Renommierte Hotelunternehmen wie Holiday-Inn und Sheraton wollen dem abhelfen. Doch bringt zumindest das Bauinteresse der Sheraton-Leute einen Konflikt in die denkmalreiche Stadt. Dort, wo die Großhoteliers mit Billigung der Stadt ihre Herberge hinstellen wollen, möchten die Denkmalschützer, die mit Argusaugen über das Stadtbild wachen, lieber Bäume und grüne Wiesen haben. Weshalb sie das wünschen, begründete Generalkonservator Petzet. Bis ins 19. Jahrhundert nämlich habe der Untere Wöhrd als streubebaute Grünzone der Erholung der Städter gedient. Deshalb könne man dem Bau einer Tiefgarage, wie sie die Stadt dort zur Entlastung ihrer engen Gassen dringend benötigt, auch zustimmen. Vor einem Hotelbau auf dem durch den Abriß einer Likörfabrik freigewordenen Grundstück müsse hingegen eindringlich gewarnt werden.

Der Vorbehalt gegen das Hotel und die Tatsache, daß der Brief zwar vom Generalkonservator unterschrieben ist, im Vermerk jedoch das Kürzel eines seiner Stellvertreter trägt, der früher als Jurist in städtischen Diensten stand, brachte die Regensburger auf. Vermuteten die doch gar eine Art Vergeltung jenes zum Landesamt übergewechselten rechtskundigen Mannes. Anlaß, ver-

stimmt zu sein, ist für Schieder auch die Bemerkung des Denkmalschutzamtes, man wolle nicht noch einmal Fehlentwicklungen wie den Bau eines Parkhochhauses und eines Kaufhauses im Stadtzentrum zulassen. Gerade bei seinem Versuch diese Bauten zu verhindern, sei er seinerzeit von den amtlichen Denkmalpflegern schmählich im Stich gelassen worden, räsoniert der Bürgermeister heute.

Wenn er auch den Gedankenspielen der Regensburger in bezug auf seinen Stellvertreter „kaum folgen kann" und eine „ausgezeichnete Zusammenarbeit" zwischen der Stadt und seinem Amt bestätigt, so lassen sich auch nach Petzets Einschätzung gelegentliche Spannungen im Umgang miteinander nicht vermeiden. Immerhin ist die Denkmalliste für Regensburg ein Buch von 156 Seiten. Kritische Anmerkungen „zu einem so einschneidenden Bauvorhaben wie dem Sheraton-Hotel" müßten ihm wohl erlaubt sein, zumal da man sich ausschließlich von denkmalpflegerischen Maximen habe leiten lassen, meinte Petzet gegenüber der *Süddeutschen Zeitung*. Solche Grundsätze ließen aber „einen Hotelbau nach Schema X" in unmittelbarer Nähe zu einem Stadtkern, der zu den bedeutendsten des Mittelalters zähle, nicht zu. Die Silhouette könnte ganz außerordentlich beeinträchtigt werden. So empfehle man wenigstens einen städtebaulichen Wettbewerb auszuschreiben und in diesen nicht nur das Hotel einzubeziehen, sondern auch ein in der Nähe geplantes städtisches Veranstaltungszentrum, die Dachkonstruktion für ein benachbartes Eisstadion sowie die ebenfalls seit langem erwogene zusätzliche Donaubrücke im Altstadtbereich.

Anreiz für Touristen

Für diesen Vorschlag konnten sich bisher aber nur einige SPD-Stadträte und Altstadtbürger erwärmen. Bürgermeister Schieder und die Mehrheit der Räte sehen das Weichbild der Stadt durch den Hotelklotz keineswegs bedroht. Einen Wettbewerb hält man schon deshalb nicht für sinnvoll, weil die Sheraton-Leute über ihre eigene Bauabteilung bereits eine der Stadt genehme Planung vorgelegt haben. Man könne sich ja noch über die Dachgestaltung unterhalten, heißt es. Auch über die Höhe des Bauwerks ist nach Auskunft von Stadtplanungsdirektor Clemens Steinbauer das letzte Wort noch nicht gesprochen. Mehr als fünf Stockwerke will

Schieder nicht zulassen. Er kommt damit den Denkmalschützern etwas entgegen, die eine vorgesehene Bauhöhe von weit über 20 Meter monierten hatten. „Verstecken kann man ein Gebäude dieser Größenordnung aber nicht", rückt Stadtplaner Steinbauer die Möglichkeiten, den Hotelbau einzudämmen, zurecht.

Kulturdezernent Bernd Meyer, im Rathaus auch für die Erhaltung des historischen Charakters der Altstadt zuständig, hat sich zu einem Ja entschlossen. Die Zeiten, da der Wöhrd überwiegend grün war, seien längst vergangen, so daß die Ansprüche der Denkmalpfleger nicht ganz stichhaltig seien, meint er. Zum anderen weiß er als Zuständiger für die Abteilung Fremdenverkehr, daß dringend Hotelbetten der gehobenen Klasse benötigt werden. Ein „Holiday-In" an einer Schnellstraße außerhalb des Stadtkerns, das in absehbarer Zeit knapp 200 Betten anbieten will, und das Sheraton-Hotel keine 400 Meter vom Dom entfernt sind für ihn der Ausweg. Zudem erwartet man von diesen Häusern nicht nur Abhilfe zur Hauptsaison, sondern auch Anreize für den Tagungstourismus. Die Sheraton-Verwaltung betrachtet ihr künftiges Haus in Regensburg sogar als Entlastungsstation für ihr Münchner Hotel.

Süddeutsche Zeitung
4. März 1981

Grundgesetz Art. 14: Eigentum verpflichtet

108 987 Einzeldenkmäler in Bayern werden derzeit vom Landesamt für Denkmalpflege erfaßt, betreut und gepflegt

Von Ursula Kristen

Wenn der Kaufhof am Marienplatz erst nach dem Oktober 1973 fertiggestellt worden wäre, stünde er höchstwahrscheinlich in der ehemaligen Roman-Mayr-Fassade da und nicht in der immer wieder und immer noch belästerten heutigen Gestalt. Er wäre nämlich unter die Ensembleschutzverordnung gefallen, die der bayerische Staat 1973 im Rahmen einer umfassenden Denkmalschutzgesetzgebung erließ. Damals wurde festgelegt, daß ein Ensemble „aus einer Mehrzahl von Gebäuden oder baulichen Anlagen besteht, die zueinander in einer erkennbaren Beziehung stehen, das heißt, ein erhaltungswürdiges Orts-, Straßen- und Platzbild bilden müssen". Derzeit stehen in Bayern rund 700 Ensembles - in München allein 73 - und 108 987 Einzeldenkmäler (in München davon 8800) auf der Denkmalliste. Viel Arbeit für die insgesamt 179 Angestellten des Bayerischen Landesamtes für Denkmalpflege in der Pfisterstraße, die den chitekt und Maler Karl Friedrich Schinkel (1781-1841), der in seinem Baudeputationsbericht schon 1815 in Preußen die Grundlagen einer systematischen Denkmalpflege schuf, in denen die wissenschaftliche, komplette Erfassung des Denkmälerbestandes enthalten, die Einrichtung eigener Denkmalpflegebehörden vorgesehen und auch schon an die Gutachterfunktion hauptamtlicher Denkmalpfleger gedacht war. Damals war der Denkmalbegriff eng gefaßt und konzentrierte sich auf die Baumonumente der Herrschenden, also Schlösser und Klöster.

Eine, aus heutiger Sicht heilsame, Ausweitung erfuhr der Denkmalbegriff erst in unserem Jahrhundert, das die Denkmalpflege angesichts der Zerstörungswelle zweier Weltkriege vor neue Dimensionen stellte. Im bayerischen Denkmalschutzgesetz vom 25. Juni 1973 heißt es in Artikel 1, Absatz 1: „Denkmäler sind vom Menschen geschaffene Sa-

ben klar umrissene Aufgaben: Beratung und Betreuung restauratorischer Maßnahmen, Konservierung und Restaurierung von beispielhaften Objekten, Forschung und wissenschaftliche Tätigkeit und - in leider engerm Rahmen - Ausbildung. Nicht zuletzt in alten Handwerkstraditionen, wie Wandmalerei, Stuckarbeiten und Steinkonservierung, die andernorts praktisch nicht mehr gelehrt werden.

Über die Grenzen Bayerns und Deutschlands hinaus bekannt wurden die Amtswerkstätten durch ihre Leistung auf dem Gebiet der Restaurierung bemalter Skulpturen. Arbeiten an den Figuren von Ignaz Günther, am Englischen Gruß von Veit Stoß und die Entdeckung der originalen Fassung des romanischen Kruzifixes von Forstenried vermittelten grundlegende Einblicke in die verschiedensten Fassungstechniken. Ein besonderes Interesse gilt der Erforschung verschiedenartiger Marmorierungstechniken und von Fassungen des 19. Jahrhunderts.

Frankfurt – gängige, wenn auch umstrittene Praxis war.

Rückgriff auf Traditionen

Die Methodik moderner Denkmalpflege ist gekennzeichnet durch eine fortschreitende Verwissenschaftlichung und Forschungstätigkeit einerseits und dem notwendigen Rückgriff auf alte Handwerkstraditionen andererseits, die oft nur im Rahmen der Denkmalpflege noch zum Tragen kommen und damit quasi selbst denkmalpflegerisch betreut werden. Heute ist die chemische Analyse der historischen Materialien unerläßlich und die Chemie geht der Konservierung ständig neue, auf neuestem wissenschaftlichem Stand stehende Wege.

In München kam Hilfe von außen dazu: Eine Stiftung des Volkswagenwerkes gab mit 1,654 Millionen Mark vor nicht langer Zeit Starthilfe für ein physikalisch technisches Zentrallaboratorium, das gastweise im Geologischen

Auch der Schreiner, der individuelle Fensterprofile fertigen kann oder der Zimmerer, der am historischen Dachstuhl den langen Nagel beiseite läßt und statt dessen die Holzverbindungen ordentlich schneidet und verzapft, sind die buchstäblichen Nadeln im Heuhaufen. Nicht zu denken, wenn ein Strohdach gedeckt werden soll oder ein Legschieferdach. Auch den Lehmhandwerker, der die Fertigkeit besaß, die Lehmfüllung in einem Fachwerkhaus auszuführen, gibt es als Handwerksberuf schon lange nicht mehr.

Um so notwendiger ist die Einrichtung internationaler Ausbildungsstät- „Altstadt" überproportionale leere, sprossenlose Kunststofffenster aus einer auf „Putz" gefärbten Zementwand, die mit Eisenträgern ein Fachwerk suggerieren soll, und patinierte **Metallbeschläge** verströmen älteshilfe „Charme" brüllende Hirsche in einer maskenlosen Fauna grüßen in einer Maske echter Lüftlmalerei von sogenannten Bauernhäusern.

Andererseits wird unter Fachleuten von einer regelrechten „Sprossitis" beim Fensterbau gesprochen, und die Gemüter der Spezialisten erregen sich über die burschikose Rekonstruktion der Kasseler Orangerie, die an einem „Über-Barock" kränkelt.

Bei der Weite des heutigen Denkmalbegriffes ist ein Gutteil der schützenswerten Objekte in privater Hand – nicht immer zum reinen Glück der Betroffenen. Die Erhebung eines Hauses in den „Adelsstand", den es durch die Eintragung in die Denkmalliste erhält, ist oft mit nicht unerheblichen Kosten, vor allem aber mit Auflagen verbunden. So wehrt sich mancher, wenn er erfährt, etwa bei einem Antrag auf Abriß, wie ein Hofbesitzer im hessischen Raum, daß er schon seit fünfzehn Jahren Denkmalbesitzer ist. Da er den zweihundert Jahre alten Hof nicht abreißen durfte, ließ er ihn stehen - und verkommen.

DIFFIZILE ARBEIT verlangte die Renovierung des „Englischen Grußes" von Veit Stoß in Nürnberg.

Münchner Stadtanzeiger (Süddeutsche Zeitung)
13. März 1981

gesamten bayerischen Raum betreuen.

Der Denkmalbegriff im heutigen Verständnis ist weit gesteckt. Er umfaßt Klöster, Burgen, Stadtbefestigungen ebenso wie Kornhäuser, Zehentstadel, Pfarrhäuser, Brunnen, technische Anlagen, Flurdenkmäler, Grenzsteine und vieles mehr und wird für den Laien schier unübersichtlich.

Denkmalschutz geht nachweisbar bis in die Spätantike des Orients zurück, richtig institutionalisiert wurde er aber erst im 19. Jahrhundert. In Bayern erginen die ersten Schutzverordnungen im Jahre 1826, die aber zunächst nur die aus öffentlichen Besitz befindlichen Baudenkmäler betrafen. Geistige Vorarbeit für die in der Aufklärung aufkommende Denkmal-Bewußtheit, gibt es schon im Ausgang des 18. Jahrhunderts, etwa in dem Aufsatz Johann Wolfgang Goethes „Von deutscher Baukunst", den er 1771, in seinen Straßburger Jahren, verfaßte. Hier wettert er im Interesse der ganzheitlichen Gestalt von Bauwerken unter anderem gegen die Stilsalat aus fremden Bauelementen: „...die Italiäner, der leichte Franzose, der noch weit ärger stoppelt, hat wenigstens eine Art von Witz, seine Beute zu einem Ganzen zu fügen, er baut jetzt aus griechischen Säulen und deutschen Gewölben seiner Magdalena einen Wundertempel. Von einem unserer Künstler, als er ersucht ward, zu einer altdeutschen Kirche ein Portal zu erfinden, hab ich gesehen ein Modell fertigen, stattlichen antiken Säulenwerks. Wie sehr unsre geschminkten Puppenmaler mir verhaßt sind, mag ich nicht deklamieren..."

Für Deutschland war der große Vorreiter heutiger Denkmalpflege der Ar-

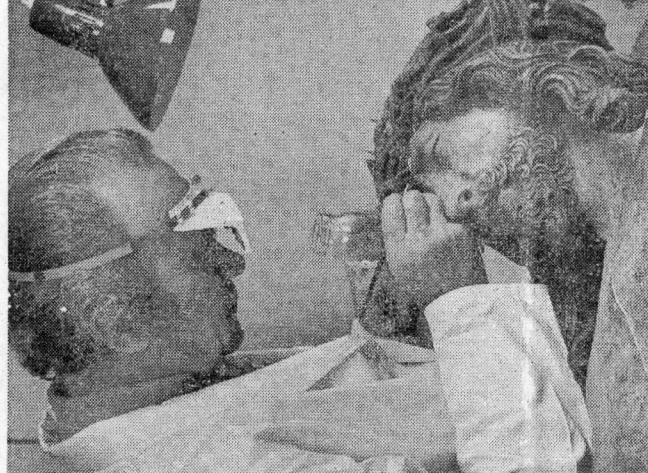

RESTAURIERUNGSARBEITEN am Riemenschneider Kruzifix aus Eisingen bei Würzburg.

chen oder Teile davon aus vergangener Zeit, deren Erhaltung wegen ihrer geschichtlichen, künstlerischen, städtebaulichen, wissenschaftlichen oder volkskundlichen Bedeutung im Interesse der Allgemeinheit liegt."

Moderne Technikgeschichte

Auch die Monumente selbst sind oder Teile davon aus vergangener Zeit, „jünger" geworden. In den letzten zwanzig Jahren wurden auch Gebäude der Gründerzeit, des Jugendstils, der Bauhauszeit als denkmalwürdig befunden, während früher der Denkmalbegriff nur bis hinauf im Stile des 19. Jahrhunderts zur Wirkung kam. Die Zeitgrenze zur Gegenwart ist fließend geworden, moderne Technikgeschichte ging in die Denkmalpflege ein und heute liegen Zeichen, Hammerwerke, Kalköfen oder Mühlen ebenso in ihrem Interesse wie Bauernhäuser und Verkehrsanlagen oder gar Kaufhäuser. Quantitativ erweitert wird die Denkmalpflege auch durch den zunehmenden bedeutungsträchtig werdenden Ensemblebegriff.

Die denkmalpflegerische Praxis hat sich den neuen Verhältnissen angepaßt. Im Vordergrund der Arbeit der Fachbehörden steht die Erhaltung und nicht die schiere Rekonstruktion restlos zerstörter Baudenkmäler, wie es vor Jahren noch – man denke an den Wiederaufbau des Goethehauses in

Institut beherbergt ist und in einem Mehrjahresprogramm Probleme des Verwitterungsschutzes von Naturstein und altem Fensterglas wissenschaftlich untersucht.

Wer in der Maximilianstraße promeniert, bekommt eine Ahnung von der Tragweite der Verwitterungsprobleme an historischen Bauten. An manchen Gebäuden sind an den Sandsteinpfeilern bis in zwei Meter Höhe hinauf häßliche dunkle Verwässerungssäume und helle Salzausblühungen zu sehen, die im weiteren Verfallsverlauf zum Abblättern des braunen Sandsteins und zur Lösung seines Kornzusammenhangs, ergo zum totalen Verfall, führen müssen. Es sind die Folgen der aufsteigenden Grundfeuchte. Und in der Ludwigstraße verfallen die aus Kelheimer Kalk bestehenden Säulen der Staatsbibliothek infolge des schwefeldioxidreichen Luft. Schwefeldioxid, so hat das Zentrallabor des Denkmalpflegeamtes herausgefunden, wandelt Kalk in Gips um, der Zerfall ist nur die Frage einer kurzen Zeit.

Steinkonservierung

Hier hilft nur moderne Steinkonservierung. Bei beweglichen Steinmonumenten wie Skulpturen besteht die Möglichkeit, sie in der Vakuumkammer mit Plexiglas auszufüllen, wodurch das Material säurefest und gegen Ultraviolett unempfindlich wird. Allerdings ist das Plexiglas nicht mehr herauslösbar und es ist noch unbekannt, wie das Material auf lange Zeit darauf reagiert.

Modernste Technik und Verfahrensweisen kommen in allen Sparten des Denkmalschutzes zum Zug. So kann man mit Hilfe der Thermophotographie alten aber überputzten Fachwerkhäusern unter die Oberhaut schauen. Das Prinzip ist ebenso einfach wie wirkungsvoll: Holz gibt eine andere Temperatur ab als Stein, und in einer Aufnahme mit der Infrarotkamera treten die unter Putz liegenden hölzernen Verstrebungen deutlich heraus.

Ohne Handwerk geht nichts

Neben den modernsten Methoden wäre aber Denkmalpflege ohne das alte Handwerk nicht denkbar. Denkmalpflege ist, wie Landeskonservator Dr. Michael Petzet bei der Herbstvollversammlung des Deutschen Handwerkskammertages 1979 in München ausführte, auf das alte Handwerk angewiesen, denn sie beschäftigt sich mit Menschen geschaffenen Sachen aus vergangener Zeit, die nur vom Handwerker instandgehalten werden können.

Das Bayerische Landesamt für Denkmalpflege hat seit seiner Organisation als selbständiges Amt im Jahre 1908 auch eigene, relativ kleine Amtswerkstätten, die sogar richtungsweisend für die Organisation ähnlicher Werkstätten in anderen Bundesländern wurden. Diese Restaurierungswerkstätten ha-

Bedeutender Auftraggeber für das Handwerk

Die Amtswerkstätten können und wollen keine Konkurrenz zum mittelständischen Handwerk sein. Im Gegenteil: Das Landesamt für Denkmalpflege ist ein bedeutender Auftraggeber für das bayerische Handwerk. Michael Petzet schätzte, daß allein im Jahr 1979 über die Denkmalpflege ein Auftragsvolumen von 550 Millionen Mark an das bayerische Handwerk ging. Bezieht man die aus dem Ensembleschutz erwachsenden Aufträge mit ein, so ergeben sich Milliardensummen, die zu einem guten Teil in den mittelständischen Handwerksbetrieb fließen. Zu spüren ist der wohltätige Hauch der Denkmalpflege beispielsweise in der regelrechten Renaissance der Tonziegelindustrie. Die Bemühungen um landschaftsgerechtes Bauen mit ortsüblichen Mitteln, wie sie das Landesamt fordert, belebt das regionale Handwerk. Doch hier zeichnen sich Engpässe ab.

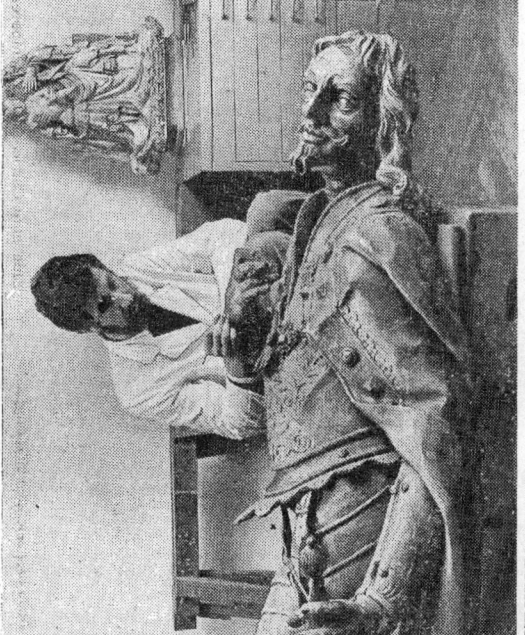

AUF HERZ UND NIEREN geprüft wird eine Kaiserfigur aus dem Kaisertal in Ottobeuren.

Zwar sind speziell in Bayern Kirchenmaler, Stukkateure und Vergolder noch nicht zu vergeblich gesuchten Raritäten geworden, sondern zeigen hier hohes Leistungsniveau im Zusammenarbeit mit den Amtswerkstätten). Aber es gibt bereits heute in anderen Sparten des alten Handwerks echte Mangelberufe.

Wo findet sich angesichts notwendiger technisierter Fertigungsmethoden der fähig ist, an einem alten Gebäude eben nicht den gängigen und schädlichen Zementmörtel, sondern den Putz nach der alten Manier anzusetzen?

ten, wie das Europäische Ausbildungszentrum für Handwerker im Denkmalschutz, das 1977 in Venedig gegründet wurde. Der ständige Dialog zwischen dem Handwerk und den Denkmalpflegern muß in gegenseitigem und eigenem Interesse aufrechterhalten werden — wie dies bereits in den regelmäßigen Treffen von Kirchenmalern und Denkmalpflegern Bayerns der Fall ist. Eine gute Chance zum fruchtbaren Dialog und Erfahrungsaustausch bieten Veranstaltungen, wie die gerade anlaufende Handwerksmesse, wo sich die Errichtung eines eigenen Standes für Denkmalpflege schon bestens bewährt hat.

Schlechte Beispiele

Wie es aussieht, wenn andere als qualifizierte Handwerkshände unter dem Mantel des Denkmalschutzes an Bauwerke greifen, kann man, leider, in vielen bayerischen Groß- und Kleinstädten beobachten.

130 Millionen Mark Entschädigungsansprüche

Einen Schönheitsfleck bekommt die Förderung mit öffentlichen Mitteln, wenn man die Soll- und Haben-Seite betrachtet. Hier fürchtet Michael Petzet auch für die Zukunft Schlimmes. So klaffte bereits 1980 eine bedenkliche Lücke: den rund 20 Millionen Mark drei Millionen Mark stehen berechtigte Entschädigungsanträge in Höhe von 130 Millionen Mark gegenüber. Die Kasse des Landesamtes für Denkmalpflege zeigt ebenfalls bedrohliche Ebbe an. 1980 standen ihr gegenüber 1979 40 Prozent weniger Mittel zur Verfügung — bei ständig ansteigender Zuschuß-Flut von Anträgen. Obendrein waren von den verfügbaren 20 Millionen Mark drei Millionen Mark haushaltsrechtlich gesperrt. Es ist auch unwahrscheinlich, daß angesichts der angespannten Haushaltslage von Bund und Land der Geldsegen in den kommenden Jahren reichlicher fließt. Dies in einer Zeit, da das Denkmalbewußtsein besonders wach ist und auch der Privatmann Interesse an der Erhaltung „seines" Denkmals hat.

Nicht zuletzt führt dieser starke Trend auf die Bemühungen der Denkmalbehörden zurück, nicht gegen, sondern mit den Denkmalbesitzern das Instrumentarium der Verordnungen anzuwenden. Intensive Beratung in technischer wie finanzieller Sicht und gemeinsame Suche nach Lösungen, die alle Interessen befriedigen, vermitteln dem Privatmann Vertrauen und die Zuversicht, kein finanzielles Selbstmordspiel betreiben zu müssen, wenn sein Haus auf der Denkmalliste oder im unmittelbaren Bereich eines Ensembles steht. Im übrigen ist der Besitz eines Denkmals mit grundsätzlich verankerten Pflichten verbunden. Artikel 14 des Grundgesetzes besagt, daß Eigentum verpflichtet.

Das Denkmalschutzgesetz sieht hier durchaus den Begriff der „Zumutbarkeit" und greift dem Besitzer im akuten Notfall finanziell unter die Arme. Geld ist aus vielen Beuteln da, wenn sie auch insgesamt zu wenig Inhalt aufweisen. Im bayerischen Staatshaushalt waren 1980 20 Millionen Mark für den Denkmalschutz enthalten - gebraucht hätte man allerdings 34 Millionen.

Generalkonservator kritisiert die „Schlagseite"

Der „Delphin" gerät in Schräglage

In Starnberg schwelt ein Streit um die Unterbringung des Lustschiffes von König Ludwig I.

STARNBERG — Ausgerechnet das Lustschiff König Ludwigs I. soll nun wortwörtlich in eine schiefe Lage gebracht werden. Der Stolz aller Starnberger Museumsfreunde, das 13 Meter lange Prunkschiff *Delphin* aus dem Jahr 1830, das seinen Auftraggeber, den Kavalier auf Bayerns Thron mit seiner Favoritin Lola Montez einst über den Starnberger See trug, mußte im Pfarrstadel des benachbarten Dörfchens Perchting versteckt werden, weil im Heimatmuseum der Kreisstadt kein Platz für dieses wertvolle Objekt vorhanden ist. Die Pläne der Stadt sehen vor, den *Delphin* in einem Anbau an das Starnberger Heimatmuseum in einer Weise unterzubringen, die weder die Zustimmung des Landesamts für Denkmalpflege und die des Bayerischen Nationalmuseums fand und auch vom Förderverein „Südbayerisches Schiffahrtsmuseum" nicht gebilligt wird.

Das planende Architekturbüro Professor Bernhard Winkler in Starnberg präsentiert nämlich nach Ansicht von Bayerns Generalkonservator Michael Petzet das Lustschiff des Königs „mit Schlagseite in seeuntüchtigem Zustand", noch dazu in einem Gebäude, das wie ein Hallenschwimmbad wirke. Der verärgerte Denkmalschützer: „Die Darbietung eines kenternden Schiffes und der verzogene Hallenquerschnitt sind die Folge einer modischen, vom Medium des Reißbretts ausgehenden Entwurfskonzeption." Die Ausstrahlung dieser Konzeption im Äußeren des geplanten Gebäudes beeinträchtige erheblich die beiden benachbarten Holzbauten des Heimatmuseums am Starnberger Museumsweg. Diese typischen Fischerhäuser sollen einen Betonstützen-Rasterbau mit Fassaden-Füllelementen zum Nachbarn erhalten, der in Kontrast zu ihnen steht. Generalkonservator Petzet lehnt dieses Plankonzept Winklers ab.

Auf einen wichtigen Umstand, der gegen die Schräglegung des Prunkschiffs spricht, verweist das Bayerische Nationalmuseum in einer Stellungnahme in Stichworten: „Schiffe nicht schräg einbauen, da sich auf die Dauer das Holzwerk löst und verschiebt." Der *Delphin* ist immerhin das wichtigste Museumsobjekt, über das die Stadt Starnberg verfügt, und der Vorsitzende des „Fördervereins Südbayerisches Schiffahrtsmuseum", Karlheinz Scherze, ist grundsätzlich der Meinung, der geplante Anbau an das Heimatmuseum könne dem Zweck, den *Delphin* der Öffentlichkeit in einem Schiffahrtsmuseum vorzuführen, nicht gerecht werden. Die „Interboot" in Friedrichshafen im Spätsommer 1980, für die König Ludwigs Lustschiff ausgeliehen worden war, habe gezeigt, daß der *Delphin* nur dann voll zur Wirkung komme, wenn man ihn luftig placiere, so daß er von allen Seiten zu betrachten sei.

Nun hat Scherzes Förderverein es sich zum Ziel gesetzt, das erwünschte Schiffahrtsmuseum, das Starnberg zum Anziehungspunkt für Ausflügler und Feriengäste aus nah und fern machen soll, auf einem Grundstück unmittelbar am Starnberger Seeufer zu errichten und nicht an der Stelle des derzeitigen Heimatmuseums, das, zwischen der Bahnlinie nach Tutzing und einer Tankstelle eingeklemmt, ein unrühmliches Dasein fristet. Das ganze Heimatmuseum soll ans Ufer versetzt werden. Das alte hölzerne Fischerhaus stand einst auch unmittelbar am Seeufer. Es würde aber durch den Bahnbau zurückgedrängt, so daß das Haus heute vom See abgeschnitten ist.

Lange Debatten und Diskussionen um diese Verlegung unter Kommunalpolitikern und in der Öffentlichkeit mit Erbitterung und Engagement geführt, erregten im Vorjahr die Gemüter der Starnberger. Das Heimatmuseum müsse zwar zerlegt werden, doch sei eine Transferierung ohne weiteres möglich, stellten Fachleute fest. Für eine solche Transferierung plädierten der ehemalige Direktor des Bauernhof-Freilicht-Museums auf der Glentleiten, Ottmar Schubert, Bezirksheimatpfleger Paul Ernst Rattelmüller, und Kreisheimatpfleger Gerhard Schober, dagegen der Starnberger Museumsreferent Reinhart Auer.

Der Stadtrat beschloß vor Jahresfrist mit Mehrheit, das Museum werde nicht transferiert. Er folgte damit der Auffassung Auers, das Heimatmuseum gehöre dahin, wo es gewachsen ist; werde es ans Seeufer gebracht, wisse niemand mehr, „wo sich die Urzelle Starnbergs befunden hat". Planer Professor Winkler wurde beauftragt, den genehmigten Plan mit dem Ziel zu überarbeiten, optimale Erweiterungsmöglichkeiten auch für das Schiffahrtsmuseum zu schaffen. In jener Stadtratssitzung wurde von „Schwärmern, Romantikern und Brutalisten" unter den Ratsherren gesprochen und davon, daß ohne den „Druck der Fachleute" die Dinge ins rechte Licht gerückt werden müßten. Natürlich ging es auch ums Geld. Die „Brutalisten" obsiegten. Es handelte sich um die geschlossene CSU-Fraktion.

Professor Winkler, der nach dem Stadtratsbeschluß an die Arbeit ging und nun die Kritik des Landesamts für Denkmalpflege und des Nationalmuseums einstecken muß, gibt zu bedenken, daß er den *Delphin* bewußt in Schräglage aufstellen möchte. „Man könnte das Boot jederzeit geradestellen", sagt er, doch wäre das schade. Schiffe und Boote würden heutzutage in Museen gern so gestellt, daß man dem Beschauer den Blick auf das Deck freigebe. Dies sei eben nur in Schräglage möglich. Winkler nennt es einen großen Unterschied, ob man einen Stuhl oder einen anderen Gegenstand aus dem Einrichtungsbereich präsentiere oder ein Boot, das ja auch in seinem Element, dem Wasser, nicht starr dastehe.

Gert Sarring

AUSQUARTIERT *ist derzeit der* Delphin, *das Lustschiff König Ludwigs I., weil im Starnberger Heimatmuseum kein Platz ist. Nun ist ein Streit darum entbrannt, wie der Delphin aufgestellt werden soll, wenn der Anbau des Heimatmuseums fertig ist.* Photo: dpa

Das Rathaus stellt sich vor die Kuppel

Vollversammlung lehnt Abbruch der Armeemuseumsruine ab / Nur eine Gegenstimme

Von unserem Redaktionsmitglied Otto Fischer

Fast vollzählig stellte sich der Stadtrat gestern vor die Kuppel des Armeemuseums. Gegen die Stimme von Stadtrat Albert Lochner (SPD) kam die Vollversammlung überein, einem Abriß der Monumental-Ruine nicht zuzustimmen. Die bayerische Staatsregierung wurde darüber hinaus aufgefordert, den weiteren Verfall des Bauwerks zu verhindern. Die Restaurierung der Kuppel ist, wie berichtet, vom Haushaltsausschuß des Landtags wegen der auf 3,1 Millionen Mark gestiegenen Kosten abgelehnt worden.

In seltener Eintracht schwangen sich gestern die Stadträte aller Fraktionen zur Verteidigung der Kuppel des Armeemuseums auf. Mit Ausnahme von Stadtrat Albert Lochner (SPD) brachen sogar jene Ratsmitglieder eine Lanze für das arg heruntergekommene Bauwerk, denen die Kuppel ganz und gar nicht ins architektonische oder weltanschauliche Bild paßt. Einige sprangen in der Debatte sogar über ihren parteipolitischen Schatten.

Viele trauten ihren Ohren kaum, als Stadtrat Peter Gauweiler (CSU) zum Beispiel den Umgang des Freistaates mit Münchner Baudenkmälern als „Skandal" brandmarkte. Als Beweis führte er neben der Kuppel auch das Prinzregententheater ins Feld, das dem Verfall anheim gegeben werde, wenn nicht bald etwas geschehe. Gauweiler erinnerte den Freistaat an das Trara, mit dem das Denkmalschutzgesetz als Instrument zur Erhaltung historischer Baudenkmäler gepriesen worden ist. Weltanschaulichen Gegnern der Ruine des Armeemuseums schrieb er ins Stammbuch, daß die Kuppel nicht an die Zeit der Pickelhauben, sondern — ähnlich wie die Kaiser-Wilhelm-Gedächtniskirche in Berlin — an die Bombennächte erinnern solle. Aber auch aus grundsätzlichen Erwägungen lehnte Gauweiler den vom Landtag geforderten Abbruch ab. Die Stadt habe wegen weit weniger gravierender Eingriffe in das Stadtbild über hundert Verfahren gegen Privatleute eingeleitet. Der CSU-Stadtrat schloß mit dem Wunsch, daß Ministerpräsident Franz Josef Strauß ein Machtwort sprechen werde, damit ein solcher Kahlschlag unmittelbar vor seiner Haustür verhindert werde.

Notfalls rechtliche Schritte

Obwohl die Stadträtin Barbara Scheuble-Schaefer (SPD) nicht in das Stoßgebiet „Franz Josef hilf" einstimmen wollte, gelang es ihr doch, ihr Plädoyer für die Kuppel attraktiv einzuleiten. Ihr Appell „Wir müssen Alarm schlagen" wurde eindrucksvoll von dem Geheul der Sirenenprobe untermalt. Das Bauwerk, das glücklicherweise die Neubauwut in München überstanden habe, dürfe jetzt nicht nach der Durchführung mehrerer städtebaulicher Wettbewerbe dem Sparstift geopfert werden. Die hohen Kosten seien zudem vor allem deshalb entstanden, weil der Freistaat so lange mit der Restaurierung gewartet habe. Die Stadträtin forderte die Stadt auf, notfalls rechtliche Schritte zur Rettung der Kuppel einzuleiten.

Votum für die „Ungeheuerlichkeit"

Keine hohe Meinung vom Wert des umstrittenen Baudenkmals hatte dagegen Horst Haffner (FDP). Unter Berufung auf namhafte Architekten meinte er, der Torso sei alles andere als schön. Da jedoch das Stadtbild immer mehr ver-

Fortsetzung auf Seite 18

Fortsetzung:
Das Rathaus stellt sich vor die Kuppel
Fortsetzung von Seite 17

traute Bauwerke verliere, müsse man den emotionalen Gesichtspunkten Rechnung tragen und den Abriß der Kuppel verhindern. Noch drastischer formulierte Klaus Jungfer (SPD) seine Aversion gegen das Baudenkmal. Er bezeichnete die Ruine des Armeemuseums als eine „von historischem Schwulst umnebelte städtebauliche Abscheulichkeit". Dieses vernichtende Urteil hinderte jedoch auch ihn nicht, für ihren Fortbestand zu kämpfen. Des Rätsels Lösung: „Wir müssen den Standpunkt der Stadt als untere Denkmalschutzbehörde stärken."

Bei der Abstimmung schloß sich das Plenum mit Ausnahme von Albert Lochner dem Aufruf von Bürgermeister Winfried Zehetmeier an, der Freistaat solle sich an die Bestimmungen halten, die er seinen Bürgern auferlege. In dem Beschluß wird nicht nur der Abriß abgelehnt, sondern die Staatsregierung auch aufgefordert, durch bauliche Maßnahmen den weiteren Verfall der denkmalgeschützten Kuppel zu verhindern. Der Oberbürgermeister wurde aufgefordert, notfalls rechtliche Schritte zur Erhaltung des Bauwerks einzuleiten.

FÜR EINE SANIERUNG der Kuppel des Armeemuseums trat gestern die Vollversammlung des Stadtrats ein. Man hatte die Kriegsruine schon einmal in den sechziger Jahren eingerüstet, um sie notdürftig vor dem Verfall zu retten. — Photo: Josef Göllinger

Süddeutsche Zeitung
26. März 1981

1000 Kirchenmaler haben volle Auftragsbücher

Luftverschmutzung als Ursache für Zerstörung von Kunstwerken / Tagung in Unterfranken

KITZINGEN (Eigener Bericht) — Das Geschäft mit den Kirchen blüht. Alle fünf Jahre, so war auf dem „Großen Kirchenmalertag 1981" in Unterfranken zu erfahren, müssen heutzutage schon manche Kirchen regelmäßig restauriert werden. Der „enormen Umweltverschmutzung" gibt hierfür Generalkonservator Michael Petzet vom Landesamt für Denkmalpflege die Schuld. Vor allem die durch Abgase empfindlich verschmutzte Luft zersetze Fassaden, zerstöre Malereien und zerfresse Mauerwerk. Eine andere Art von Zerstörung hat Hermann Wiedl aus Nürnberg, Vorsitzender der Kirchenmaler und Vergolder im Landesinnungsverband des Bayerischen Maler- und Lackiererhandwerks, in den Kircheninnenräumen gefunden. Anders als die Gläubigen früherer Tage setzt sich nämlich heute der Gottesdienstbesucher lieber in eine heimelig beheizte Kirche. Große Gebläse wurden in alte Kirchen eingebaut, die ständig für angenehme Wohnzimmertemperaturen sorgen. Daß wegen dieser Beheizung das ganze Holz im Innenraum zerreißt, ist die logische Konsequenz. So nimmt es nicht wunder, daß Kirchenmaler vollbeschäftigt sind. Die Auftragsbücher sind vollgeschrieben, „zu voll fast", wie Wiedl und Petzet in Kitzingen, bei der Eröffnung des Kirchenmalertages, konstatierten.

Kirchenmalerei ist eine typisch bayerische Spezialität. Stolz verweist Petzet darauf, daß nirgendwo sonst in Deutschland ein derart fundiertes und qualitativ hochstehendes Handwerk entstanden sei. Mit ein Grund für diese Entwicklung ist — wie kann es anders sein — beim bayerischen Märchenkönig Ludwig II. zu suchen. Mit zahlreichen Großaufträgen für seine Schlösser, mit denen er Schnitzer, Vergolder oder Faßmaler bedachte, schaffte er einen reichen Boden für das Handwerk. Hauptsächlich auf dem Land angesiedelt, sorgte die Familientradition dafür, daß der Betrieb erhalten blieb. Kirchenmalereibetriebe, die sich bis ins 19. Jahrhundert zurückverfolgen lassen, sind keine Seltenheit. Die große Ansammlung von Kunstgegenständen in Bayern machte dann auch eine kontinuierliche Pflege dieser Gegenstände notwendig. Und nach dem Zweiten Weltkrieg gab es wahrlich genügend, was restauriert werden mußte. Kirchenmaler hatten immer etwas zu tun.

Heute gibt es in Bayern rund 1000 Kirchenmaler mit all ihren zahlreichen Spezifikationen als Vergolder, Faßmaler, Tapetenrestaurierer und was es sonst noch gibt, die in etwa 120 Betrieben beschäftigt sind. 140 Kirchenmaler kamen jetzt in Kitzingen zusammen, um an zwei Tagen „Unterfränkische kirchliche Innenräume des 18. und 19. Jahrhunderts" — so das Tagungsthema — zu studieren. Fünf Kirchen und ein Rathaus standen auf dem Programm. Da werden dann in jeder Kirche die Restaurationstechniken genau unter die Lupe genommen. Die Kirchenmaler legen größten Wert darauf, daß ihre Arbeit möglichst originalgetreu vonstatten geht. So muß die Zusammensetzung des Anstrichs genau stimmen, um den baubiologischen Gegebenheiten gerecht zu werden. So ist beispielsweise durch die moderne Raumbeheizung in den Kirchen ein nicht unerhebliches Problem entstanden. Die Tünche früherer Zeiten war nämlich abgestellt, daß die Kirche einmal pro Woche voll besetzt und somit feuchter war. Projekte von den Kirchenmalern werden an Ort und Stelle diskutiert. Moderne Techniken können selten angewendet werden.

Obwohl die bayerischen Kirchenmaler inzwischen allesamt Experten auf ihrem Gebiet sind, halten sie trotzdem den Erfahrungsaustausch für mit das Wichtigste in ihrem Beruf. Jedes Jahr kommen sie einmal zusammen, um mit Vertretern des Landesamtes für Denkmalpflege zu diskutieren und so ihren Qualitätsstand „zu halten und zu fördern", wie Hermann Wiedl meinte.

Eine der größten Aufgaben, die die Kirchenmalerei in der jüngsten Vergangenheit praktisch bewältigte, war die Restaurierung des Passauer Doms, die sage und schreibe sieben Jahre in Anspruch nahm. Vorgesehen sind jetzt unter anderem Vierzehnheiligen, Waldsassen, Banz, verschiedene Schlösser, Fassaden von Bürgerhäusern (die Kirchenmaler beschränken sich nicht auf sakrale Bauten) und auch am Münchner Dom soll es einiges zu reparieren geben.

Nachwuchssorgen kennen die Kirchenmaler nicht, im Gegenteil. Immer wieder müssen auch Abiturienten abgewiesen werden, die sich für diesen traditionsreichen Beruf interessieren. Dem Landesamt für Denkmalpflege kann es nur recht sein, daß es so viele Betriebe gibt. „Konkurrenz ist immer gut", sagt Michael Petzet, „allein schon wegen der Preise." tey

Süddeutsche Zeitung
9./10. Mai 1981

Erfahrungsaustausch bei einer Reise zu Kostbarkeiten des 19. Jahrhunderts

Kirchenmaler besichtigten Objekte in den Landkreisen Kitzingen und Würzburg

HÜTTENHEIM/ENHEIM (lks). Konservieren oder Restaurieren? Welche Techniken, welche Materialien sind die besten, um kirchliche Kunstwerke möglichst ursprünglich der Nachwelt zu erhalten? Diese und ähnliche Fragen erörterten die rund 140 Kirchenmaler aus ganz Bayern, die sich am Donnerstag und Freitag zu ihrer Tagung in Unterfranken zusammengefunden hatten. Am Freitag bereisten die Teilnehmer Orte in den Landkreisen Kitzingen und Würzburg, um vor Ort weitere Erfahrungen zu sammeln.

Marktbreiter Anzeiger, 11. Mai 1981

Hatte man sich am Donnerstag mit der Besichtigung der Schloßkapelle in Werneck (Lkrs. Schweinfurt) und der Klosterkirche St. Michael in Münnerstadt Bauwerken aus dem 18. Jahrhundert zugewandt, so führte die Reise am Freitag in das 19. Jahrhundert. Erste Station war die katholische Pfarrkirche in Hüttenheim. Jürgen Julier vom Landesamt für Denkmalpflege betonte, daß es sich bei diesem spätgotischen Gotteshaus um ein einmalig gut im ursprünglichen Zustand erhaltenes Bauwerk handelt. Er erläuterte im einzelnen die Ausstattung der Kirche mit dem vom Münchner Kunstschreiner Hofmann gefertigten Holzaltar sowie mit der Kanzel, dem Marienaltar und der Kommunionbank, die einst von der Würzburger Kunstanstalt Driesler hergestellt wurden.

Auch kirchengeschichtliche Dokumente bewahren

Nach dem Besuch in Hüttenheim nahmen die Kirchenmaler die im neugotischen Geschmack des mittleren 19. Jahrhunderts gestaltete evangelische Kirche in Enheim in fachmännischen Augenschein. Wie schon in Hüttenheim, so wurden auch hier eingehende Fachgespräche über die Möglichkeiten der Reinigung, Restaurierung und Erneuerung der Kunstwerke, besonders der Gemälde, diskutiert. Wegen der Akribie und des Detailreichtums sei eine Restaurierung von Kirchengemälden aus der spätgotischen Zeit besonders schwierig. Gelobt wurde in Enheim die Initiative der Kirchengemeinde, die zu einem Drittel den Aufwand für die Baulast trägt. Im übrigen wurde deutlich, daß es nicht immer leicht ist, die Träger von der Notwendigkeit der Maßnahmen zu überzeugen. Dabei haben die Denkmalpfleger nicht nur im Sinn, Kunstwerke zu erhalten, sondern auch mit den Kunstwerken ein lebendiges Stück kirchengeschichtlicher Dokumentation für die Nachwelt zu bewahren.

Zwar nicht aus dem 19. Jahrhundert und mehr profan als sakral, aber dennoch interessant für die Fachleute auf dem Gebiet der Kirchenmalerei war das Rathaus in Marktbreit, wo die Konsistorialstube besichtigt wurde. Anschließend ging es nach Sächsenheim, wo eine Betrachtung der katholischen Pfarrkirche den Abschluß des Kirchenmalertages 1981 bildete.

In der katholischen Pfarrkirche von Hüttenheim gab Jürgen Julier (Mitte) den Teilnehmern des Kirchenmalertages 1981 sachkundige Erläuterungen. Foto: Stäck

Amberger Stadtnachrichten
12. Juni 1981 ▷

Harte Kritik an Ambergs Altstadt-Sanierung
Dr. Michael Petzet: „Planung unzureichend"
Auf einer Fachtagung zeigte der Leiter des Landesamtes für Denkmalpflege wichtige Grundsätze auf

Hinter dem „Paradiesplatz" und zur Paradiesgasse hin schließt sich nun auch der zweite Innenhof im Sanierungsgebiet „A".

Amberg. „Der Wille zu einer weitgehenden Erhaltung der Amberger Altstadt hat in die bisherigen Planungen keinen spürbaren Eingang gefunden. Möglichkeiten für eine weitgehende Erhaltung wurden nicht ernsthaft genug untersucht. Gesichtspunkte der kurzfristigen Wirtschaftlichkeit bestimmten den bisherigen Planungsverlauf, ohne daß ein Ausgleich mit den antagonistischen Anforderungen, die u. a. die Denkmalpflege an das Problem „Sanierung" stellen muß, versucht wurde. Die Zustandsfeststellung wurde ohne ausreichende Angaben der Kriterien durchgeführt; die Ableitung der Maßnahmenkonzeption ist nicht schlüssig. Die Zielsetzung, in den nächsten Jahren sowohl die Wohnfunktion als auch die gewerbliche Nutzung und die Ausstattung mit Gemeindebedarfseinrichtungen im Altstadtbereich zu „stärken", beinhaltet bei den beschränkten Reserveflächen Unvereinbares und muß zu einer Verdrängung ökonomisch „schwächerer" durch ökonomisch „stärkere" Nutzungen führen. Die gesamte vorliegende Planung wird vom Landesamt als unzureichend angesehen. Sie scheint der hohen kulturhistorischen Bedeutung der Altstadt Ambergs in keiner Weise angemessen und bietet keine ausreichenden Entscheidungsgrundlagen".

Ende des Zitats aus einem Vortrag des Leiters des Landesamtes für Denkmalpflege Dr. Michael Petzet, den er in Regensburg bei einer Fachtagung zum Thema „Stadterneuerung und Sanierung" der Deutschen Akademie für Städtebau und Landesplanung hielt . . . und bei der er „kein gutes Haar" ließ an dem, was sonst eigentlich bundesweit schon als Musterbeispiel einer gelungenen Altstadtsanierung bezeichnet wird. Und Dr. Michael Petzet fährt dann fort und sieht im Amberger „Eh-Häusl" schlechterdings den Beweis für mißverstandene Objektsanierung:

„Ein zweifelhaftes Surrogat"

„Der Weg von der Flächensanierung, die im Sanierungsgebiet A allerdings nur in den Randbereichen Denkmäler betraf, zur Objektsanierung in den folgenden Sanierungsgebieten, eine im Sinn der Altstadterhaltung notwendige und aus der Sicht der Denkmalpflege durchaus positive Entwicklung, wäre am Beispiel Amberg gut zu verfolgen und könnte auch den Blick auf die benachbarte Stadt Weiden einschließen, wo man mit der Sanierung der Altstadt später begann und daher aus den Erfahrungen anderer Städte lernen konnte. In Weiden wird die Altstadt als unersetzlicher Wert begriffen, der eben nur durch Objektsanierung im Sinn der Denkmalpflege erhalten werden kann.

Zu denken gibt noch heute etwa das Schicksal des berühmten „Eh-Häusls" in Amberg, ein unscheinbares, aber für die lokale Stadtgeschichte sicher nicht unwichtiges Dokument von unverwechselbarer Eigenart, das dem Sanierungsgebiet A zum Opfer fiel und inzwischen in Form eines zweifelhaften Surrogats wiedererstanden ist."

Denkmalpflege plötzlich in anderem Licht

Petzets Rede – die uns im Manuskript als Information des Landesamtes für Denkmalpflege vorliegt – enthält aber auch eine Reihe wichtiger grundsätzlicher Feststellungen zum Thema Altstadtsanierung; wir bringen daraus einige Auszüge, die uns gerade im Zuschnitt auf die Amberger Situation von besonderer Bedeutung und Aktualität erscheinen.

„Der Verbetonierung überdrüssig"

„Noch vor einem Jahrzehnt wäre man über das allenfalls am Rande interessierende Thema Denkmalschutz hinweg schnell zum Thema Stadterneuerung übergegangen: Zweifel daran, was hier zu erneuern sei, hätte es sicher nicht gegeben. Inzwischen ist, äußerlich durch das Denkmalschutzjahr 1975 bezeichnet, eine gewisse Wende eingetreten. Angesichts eines algemeinen Überdrusses an den „Verbetonierung" unseres Lebensraumes, angesichts einer weltweiten Nostalgiewelle, die mit ihrem „zurück zum guten Alten" einen durchaus ernst zu nehmenden Hintergrund hat, fällt diese Wende bezeichnenderweise mit der in verschiedenen Strömungen des „Postmodernismus" mündenden Krise der modernen Architektur zusammen.

Auch moderne Städteplaner, denen es in den vergangenen Jahrzehnten wahrlich nicht an Selbstbewußtsein mangelte, wenn es darum ging, das „gute Neue" an die Stelle des gern unter der Rubrik „Mißstände" als „verbraucht" klassifizierten Alten zu setzen, erscheinen plötzlich verunsichert. Ja die Ergebnisse modernen Städtebaus werden gar in Grund und Boden verdammt, während die Denkmalpflege plötzlich mit einer gewissen Ausschließlichkeit unter „städtebaulichen" Gesichtspunkten betrachtet und akzeptiert wird, als eine auch aus sozialpolitischen Gründen verordnete „Umwelttherapie" für unsere Altstädte.

Als Surrogat – als Ersatz oder Behelf – bezeichnete Dr. Michael Petzet das maßgetreu rekonstruierte Eh-Häusl in der Seminargasse.

Das Entree zum Sanierungsgebiet „A" ist am Viehmarkt der „Schweinchen-Brunnen". Als Ruhezone wird diese Sitzgruppe mit Bänken und Bäumen gerne angenommen.

Im Gegensatz zu der allgemein empfundenen „Unwirtlichkeit" der Trabantenstädte haben sich die Altstädte eigentlich erstaunlich anpassungsfähig an das moderne Leben gezeigt. Mehr und mehr setzt sich die Erkenntnis durch, daß unsere alten Städte einen unersetzlichen Wert darstellen, der nicht so sehr in Bodenpreise, Umsatzsteuer, Verkehrsaufkommen, sondern vielleicht mit Worten wie „Atmosphäre", „Milieu", „Heimat", „Urbanität" umschrieben wird – Werten der Altstadt also, die sich offenbar nicht so einfach planen lassen, sondern an historische Kontinuität gebunden sind.

An historische Kontinuität gebunden

Es ist nicht nur der „Freizeitwert" einer Altstadt, das Altstadtbild, das zum guten „Image" gehört und nicht zufällig in der Werbung, natürlich auch im Bereich des Tourismus, eine wachsende Rolle spielt, – es ist vor allem das Angebot vielfältiger Funktionen für die Bewohner, vielfältiger Nutzungen vom Einzelhandelsgeschäft bis zum Handwerksbetrieb, ein vielgestaltiger menschlicher Lebensraum. Neu entdeckt wird auch der Wohnwert altstädtischer Bereiche, die insgesamt mehr „Individualität" bieten, aber auch preisgünstigeren Wohnraum. Denn die schon immer fragwürdige Behauptung, Abbruch und Neubau sei billiger als Modernisierung, trifft längst nicht mehr zu. Die neuen steuerlichen Abschreibungsmöglichkeiten für Denkmalbesitzer stellen in diesem Zusammenhang gerade in städtischen Bereichen für den Denkmalschutz einen entscheidenden Pluspunkt dar."

Altstadt ist Heimat im Bürger-Bewußtsein

„Unabhängig von den wirtschaftlichen Möglichkeiten ist die Altstadt im Bewußtsein der Bürger immer noch die „Stadt", auch wenn die Stadt sich gewaltig erweitert hat und man längst in den suburbanen Randgebieten wohnt; als „Herz" der Stadt verbürgt der historische Teil „Heimat" im besten Sinn. Dieses Herz der Stadt im Rahmen einer falsch verstandenen Stadterneuerung zu amputieren aber hieße den gesamten Organismus gefährden. So hat eine Allensbacher Umfrage von 1976 zum Thema Denkmalschutz u. a. ergeben, daß ein hoher Prozentsatz der Befragten, wenn er aus der Ferne an seinen Wohnort zurückdenkt, seine heimatlichen Baudenkmäler im Sinn hat.

Ein kostbares Grundelement

In diesem Zusammenhang noch ein Hinweis auf die viel beschworene „Urbanität", die sich als Ergebnis moderner Stadtplanung nirgends so recht einstellen will: Urbanität scheint als ein kostbares, sehr verletzliches Grundelement des städtischen Lebensraumes jedenfalls eng an die Existenz historischer Bausubstanzen gebunden, die sich nicht einfach „erneuern" läßt. In diesem Sinn hat jedes in seinem originalen Bestand erhaltene Denkmal eine wesentliche Funktion für die Stadtbewohner als echter Orientierungspunkt, der die Dimensionen von Raum und Zeit, von Stadtgestalt und Stadtgeschichte verbindet.

Für eine Stadtentwicklungsplanung, die diese Werte in ihre Überlegungen einbezieht, sind Stadtentwicklung und Stadterhaltung also

(Fortsetzung nächste Seite)

Mit Holzbalkonen und französischen Fenstern bringt der zweite Innenhof Variationen zum Thema Altstadtsanierung. Im Hintergrund (Mitte) das „Seel-Haus", das als Denkmal erhalten bleiben mußte.

Neben der Nutzung als Konzertsaal schlagen die „Denkmalpfleger" die Verwendung für Wanderausstellungen und Heimatmuseum vor; unser Bild zeigt die Besichtigung durch Generalkonservator Dr. Michael Petzet in Anwesenheit von Bezirksheimatpfleger Graf Albrecht von Egloffstein, MdL Walter Großmann und 1. Bürgermeister Dr. Günther Hauptmann. Fotos: rud

Landeskonservator besichtigte historische Bausubstanzen

Klosterlangheim „Faß ohne Boden"

Von Glaskuppel am Stadtschloß nicht sehr begeistert – Hinter der Fassade von Naßanger sieht es nicht rosig aus

L i c h t e n f e l s (rud) - Im Jahr ihres 750jährigen Jubiläums hatte die Stadt Lichtenfels am Dienstag Gelegenheit, ihre Probleme mit historischer Bausubstanz vorzutragen. Durch Vermittlung von MdL Walter Großmann weilte der Generalkonservator des Landesamtes für Denkmalpflege, Dr. Michael Petzet, im Landkreis Lichtenfels. In Begleitung von Bezirksheimatpfleger Graf Albrecht von Egloffstein, 1. Bürgermeister Dr. Günther Hauptmann und MdL Großmann konnte sich der Gast aus München vor Ort ausgiebig informieren. Fazit des Besuchs: Dr. Petzet zeigte sich angetan von dem, was er zu sehen bekam: Von Klosterlangheim, dem Stadtschloß, und dem, was aus Langheimer Klosterzeit im Umkreis vorzufinden ist: dem Rundbau Naßanger und dem Schlößchen in Trieb, einst Sommerresidenz der Langheimer Äbte.

Klosterlangheim

Mit Oberregierungsrat Hans Richter an der Spitze, als Vertreter des Landratsamtes, hatten sich in Klosterlangheim zahlreiche Bürger zum Empfang des Generalkonservators eingefunden. Dr. Petzet äußerte die Überzeugung, daß die Überreste aus Klosterzeit auf jeden Fall erhaltenswert seien. Das Vorhaben der Bewohner, anläßlich der 850-Jahr-Feier im nächsten Jahr die Restaurierung der Gebäude zu forcieren, sei zu begrüßen, wenngleich er in bezug auf Zuschüsse verständlicherweise keine Zusagen machen konnte.

● Für Bürgermeister Dr. Hauptmann ist Klosterlangheim „ein Faß ohne Boden", alles auf einmal sei unmöglich zu verwirklichen", meinte er. Nahziel müsse sein, die Fassaden zu restaurieren und den weiteren Verfall zu stoppen, gemeint war hier vor allem auch die Rückseite des Konventbaues.

Stadtschloß

Bei der Besichtigung des Stadtschlosses ging es neben den baulichen Maßnahmen vor allem auch um den künftigen überhaupt ein düsteres Zukunftsbild. „Wenn der Tierpark geschlossen werden muß und damit die Einnahmen für die Erhaltung der Gebäude wegfallen, sehe ich schwarz!"

Ideal wäre das Gelände seiner Meinung nach für ein Reiterzentrum. Dr. Hauptmann: „Dann würde hier Leben einkehren, die Bewirtschaftung würde florieren – die Einnahmen wären gesichert".

Ob sich diese Wunschvorstellung des Bürgermeisters verwirklichen läßt, hängt natürlich in erster Linie davon ab, ob die beiden Lichtenfelser Reitervereine wieder zueinander finden und sich gemeinsam für diesen Vorschlag erwärmen können. Ein Verkehrsproblem gäbe es allerdings noch zu lösen. Der Radfahrweg, der bis jetzt von Lichtenfels bis Michelau geht, müßte bis Trieb fortgeführt werden; das aber liegt im Zuständigkeitsbereich des Bundes.

Neue Presse (Staffelstein), 19. Juni 1981

Fortsetzung von S. 283

Harte Kritik an Ambergs ...

(Fortsetzung von vorhergehender Seite)

kein Gegensatz. Auch nicht Denkmalpflege und Stadterneuerung, soweit unter „Stadterneuerung" nicht etwa Stadtzerstörung durch Flächensanierung verstanden wird, sondern „Revitalisierung", notwendige Neubauten natürlich eingeschlossen. Angesichts der neuen Tendenzen des modernen Städtebaus – das Denken in kleineren Einheiten, das gepriesene „Stadthaus", die Wiederentdeckung der Blockbebauung usw. – erscheint sogar die These nicht sehr gewagt, daß historisch voll entwickelte, Schritt für Schritt sanierte alte Städte als humaner Lebensraum geradezu Modelle für die Stadtgestalt der Zukunft sind oder sein könnten.

Bessere Chancen für neues Bauen

Im Zusammenhang mit neueren Tendenzen in der Architektur haben sich auch die Chancen für ein neues Bauen im Ensemble oder in der Nähe von Baudenkmälern verbessert. Denn die notwendige Auseinandersetzung mit dem Baudenkmal und seiner Umgebung kann zumindest zu individuellen Lösungen anregen, kann von einer sich in großem historischen Rahmen als „Ergänzung" verstehenden neuen Architektur eine gewisse Bescheidenheit und Rücksichtnahme fordern. In diesem Zusammenhang engen den „Spielraum" des Bauens nicht ein, als 100 000 Baudenkmäler in Bayern den „Spielraum" des Bauens nicht ein, – sie erweitern den Spielraum des Bauens und sie könnten den der modernen Architektur, zum Beispiel auch in Richtung auf einen neuen Regionalismus, sogar gewisse Impulse geben."

Die derzeit kritische Situation des Naßangers, dessen historischer Rundbau bekanntlich mit Hilfe einer „Traumfinanzierung" durch staatliche Stellen restauriert wurde, erläuterte 1. Bürgermeister Dr. Hauptmann dem Gast aus München. Muß der Tierpark geschlossen werden, so ließ er den Generalkonservator bei der Besichtigung der Unglücksstelle am Löwenkäfig wissen, so sei die Erhaltung der Gebäude ernsthaft in Frage gestellt. Ideal wäre der Naßanger nach Meinung des Bürgermeisters für ein Reiterzentrum geeignet.

Verwendungszweck. Übereinstimmung gab es für die Nutzung der Säulenhalle, die sich bereits als Konzertsaal bewährt hat und auch künftig für ähnliche Veranstaltungen zur Verfügung stehen soll.

● Für nicht sehr aussichtsreich halten der Generalkonservator und Bezirksheimatpfleger Graf Egloffstein den Wunsch nach einer Außenstelle Münchner Museen.

Auch der Hinweis von MdL Großmann, die Landeshauptstadt quelle förmlich über von Kunstschätzen, vermochte nicht zu überzeugen. Die Einrichtung eines Heimatmuseums, gekoppelt mit Räumlichkeiten für Wanderausstellungen wäre nach Meinung der Denkmalspfleger sinnvoller.

● Gar nicht anfreunden konnte sich Dr. Petzet mit der im Zuge der Umbaumaßnahmen von Architekten vorgesehenen Glaskuppel im Eingangsbereich; hier ist hoffentlich das letzte Wort noch nicht gesprochen, meinte er.

Was bisher an Restaurierungsmaßnahmen im Stadtschloß durchgeführt wurde, fand die volle Anerkennung des Generalkonservators. Der Bürgermeister vergaß auch die privaten Initiativen zugunsten des Stadtschlosses nicht zu erwähnen; gerade im Jubiläumsjahr zeichne sich der Wunsch nach Wiederverwendung besonders stark ab.

Dr. Hauptmann machte aus seinem Wunsch an das Landesamt für Denkmalpflege keinen Hehl: In den Fünfjahresplan aufgenommen zu werden, damit auch die Außenfassade endlich ne Restaurierung sei voll gelungen. Daß es hinter der schönen Fassade weniger rosig aussieht, verdeutlichten MdL Walter Großmann und Bürgermeister Dr. Hauptmann, die vor allem auf die finanzielle Situation hinwiesen. Auf den bedauerlichen Unfall am Löwenkäfig erinnernd, zeichnete das Stadt-

● Die Erhaltung des Naßangers liegt dem Landesamt für Denkmalpflege verständlicherweise besonders am Herzen; schließlich wurde die Restaurierung fast vollständig über Zuschüsse abgewickelt.

„Eine Traumfinanzierung", stellte der Bezirksheimatpfleger fest. Die Erklärung dafür liegt auf der Hand: „Schließlich gibt es in Bayern nichts Vergleichbares", so der Generalkonservator.

Bevor die Besichtigungsfahrt weiter nach Staffelstein führte, sozusagen um das Langheimer Bild abzurunden, dem Schlößchen in Trieb ein kurzer Besuch abgestattet. Hubertus Benecke übernahm die Führung durch den ehemaligen Sommersitz der Langheimer Äbte. „In gutem Zustand", urteilte Dr. Petzet anerkennend. „Für die Denkmalpflege ideal", fügte Graf Egloffstein hinzu, „wenn die Unterhaltung schutzwürdiger Gebäude in privater Hand liegt!"

Mit der Überreichung eines Jubiläumspokals der Stadt verabschiedete sich 1. Bürgermeister Dr. Hauptmann bei dem Generalkonservator. Dr. Petzet freute sich über das Geschenk: „Das allein schon hat die Fahrt nach Lichtenfels gelohnt!"

Naßanger

● Einen ausgezeichneten Eindruck machte der „Naßanger"s auf Dr. Petzet. „Wunderbar, wie der Rundbau in der Landschaft steht", urteilte er; Angriff genommen werden kann, für die der Lionsclub bekanntlich schon 40 000 Mark Vorschuß geleistet hat.

Keine Probleme hat das Landesamt für Denkmalpflege mit dem Trieber Schlößchen, wie ein Rundgang unter Führung von Hubertus Benecke bewies.

Auch beim »Juwel Frankens« hängt alles am Geld

9,5 Millionen DM kostet die Renovierung

200 000 DM sollen heuer bereitstehen / MdL Großmann bemüht sich um ein Forcieren der Restaurierungsarbeiten

Vierzehnheiligen (gs). Zu einer Besprechung der Renovierungsarbeiten im »Juwel Frankens« trafen sich am Dienstagvormittag auf Einladung von MdL Walter Großmann kompetente Persönlichkeiten aus dem Amt für Denkmalpflege, dem Landbauamt Bamberg, der Regierung von Oberfranken. Fazit dieses etwa zweistündigen Lokaltermins: auch in der Angelegenheit Renovierung der Basilika wird vieles, wenn nicht sogar alles vom Geld abhängen. Wie MdL Großmann mitteilte, werden in Kürze die Einzelberatungen des Kulturhaushaltes 1981 beginnen. In etwa vier Wochen wird sich dann entscheiden, ob die 200 000 DM, die heuer den Arbeiten in Vierzehnheiligen zur Verfügung gestellt werden sollen, bewilligt werden. Für 1982 sollen dann 1,5 Millionen DM bereitstehen und insgesamt werden die Renovierungskosten in der Basilika mit 9,5 Mio DM veranschlagt.

An dem Treffen in Vierzehnheiligen waren neben Landeskonservator Dr. Michael Petzet vom Landesamt für Denkmalpflege, Graf von Egloffstein, Heimatpfleger des Bezirks Oberfranken, Norbert Neumann und Jürgen Oehm vom Landbauamt auch Bürgermeister Reinhard Leutner, Staffelstein, stellv. Landrat Ludwig Schaller, MdL Rudi Daum, Guardian Dominik Lutz, Albine Baumann, Sekretärin im CSU-Kreisbüro und CSU-Kreisgeschäftsführer Siegfried Schmidt sowie ein Vertreter des Rundfunks beteiligt.

Ohne ein Blatt vor den Mund zu nehmen, kritisierte Guardian Lutz nach der Begrüßungsansprache MdL Großmanns die Probeachse, die auf einer der Fresken angelegt wurde. Das Ergebnis steht in keinem Verhältnis zum Aufwand, so Pater Lutz, der an die 160 000 DM Kosten für diesen Versuch erinnerte.

Auch an den Farben, die man versuchsweise am Deckengemälde aufgetragen hatte, wußte der Guardian einiges zu kritisieren. Das Gelb erschien ihm zu laut, zu schreiend, das Blau zu dick, er vermißte die alte Duftigkeit.

Pater Dominiks Wunsch war es auch, das Gold kräftiger aufzutragen, »die Kirche leuchten zu lassen, auch wenn einmal die Sonne nicht von außen hereinscheint und die Basilika zu einem Erlebnis werden läßt«.

Pater Dominik Lutz erläutert die in der Basilika bereits durchgeführten Probearbeiten. Foto: gs

Anhand von Farbphotos ließen sich feinste Farbnuancen abwägen und vergleichen. Foto: gs

Weiterhin meinte er, daß man auch die letzten Palme-Bilder verschwinden lassen solle, sowie die Bilder der Seitenaltäre auszuwechseln.

Zum Abschluß brachte er — wie er betonte — seine Bitten auf einen Nenner: »Dem Raum soll wieder das Ursprüngliche gegeben werden.«

Dr. Neumann vom Landbauamt erläuterte anschließend die Arbeiten an der Probeachse und deckte verschiedene Probleme auf. So glaubte er, daß es nicht einfach sein würde, die notwendigen qualifizierten Arbeiter heranzuholen. Als primären Restaurierungsabschnitt nannte er das Querschiff. Die Arbeiten müßten aber ohne große Beeinträchtigung des täglichen »Betriebes« in der Basilika vonstatten gehen. Dies sei ein weiterer kritischer Punkt. Als fraglich bezeichnete er es, ob die ursprüngliche Qualität der Appiani-Bilder wiederhergestellt werden könne — und last not least — nannte er das Hauptproblem: das Geld.

Die Haushaltsansätze werden kaum überschritten werden können, so Amtsvorstand Neumann, so daß man sich wohl oder übel auf dringend Notwendiges beschränken müsse.

Landeskonservator Dr. Petzet verwies auf das Problem, daß man einen »Palme« nicht einfach entfernen könne, wenn darunter »nur« Fragmente hervorkämen. Ein genaues Prüfen der Fresken sei daher von größter Bedeutung, damit man vor allem den Raum nicht »auseinander restauriere«. Über die Restaurierung der Raumschale sollte man sich also zu Beginn der Arbeiten genauestens geeinigt haben.

Zudem betonte er, »daß man gewaltige Ansprüche an die Ausführenden zu stellen habe«, denn schließlich ging es ja um das »Juwel Frankens«.

Als ein weiteres Problem stellte Pater Dominik Lutz die Opferkerzen-Verbrennung dar. In der Basilika selbst sei dies seiner Meinung nach nicht mehr möglich, da sich durch den steten Rauch Rußablagerungen an der Decke bilden würden.

Vier verschiedene Orte schlug der Pater dem Gremium vor, an denen man eventuell Kerzen abbrennen könne.

So hielt man schließlich eine solche Einrichtung in einer seitlichen Abstellkammer für am günstigsten. Ebenfalls in Erwägung gezogen wurde der Bau einer eigenen kleinen Kapelle neben der Basilika.

Erst gurten - dann starten!

Im Anschluß an diese Besprechung traf man sich im Gasthaus Martin zum Mittagessen. Im Anschluß daran standen am Nachmittag dann auch noch die St. Kilianskirche in Staffelstein sowie ein Besuch in Seßlach auf dem Programm.

Obermain-Tagblatt, 19. Juni 1981

Bote vom Untermain
(Miltenberger Tagblatt)
29. Juni 1981

Bei den Bürgern wächst wieder die Liebe zu den Denkmälern

Premiere im Rathaussaal für Nachdrucke »Kunstdenkmäler von Bayern«

Miltenberg. Der Rathaussaal der Kreisstadt gab den würdigen Rahmen für die Premiere der Buchreihe »Die Kunstdenkmäler von Bayern«, als deren erster Nachdruck nach dem Krieg jetzt die Bände Miltenberg, Obernburg und Marktheidenfeld erschienen sind. Somit ist in diesen drei Bänden der gesamte Großlandkreis Miltenberg enthalten. Zu der Feierstunde hatte die Buchhandlung Halbig (Miltenberg) eingeladen. Außer den Ehrengästen wie, 1. Bürgermeister Anton Vogel, den Vertretern des Verlages Oldenbourg (München) und Generalkonservator Dr. Petzet, Leiter des Landratsamtes für Denkmalpflege, waren Geistliche beider Konfessionen, Vertreter der Landkreisverwaltung und benachbarte Städte und Gemeinden der Wirtschaft, des Handwerks, des Handels, des Fürstenhauses Leiningen, der Schulen sowie sonstigen Institutionen eingeladen und auch gekommen. 1. Bürgermeister Anton Vogel ging in seiner Ansprache auf den Sinn und die Bedeutung der Denkmalpflege in unserer Zeit ein. Am Schluß der Feierstunde wurden den Gästen aus der Landeshauptstadt kleine Geschenke überreicht und sie trugen sich in das goldene Buch der Stadt Miltenberg ein.

Bürgermeister Vogel blendete zurück in die Zeit, als der Band Miltenberg von »Die Kunstdenkmäler in Bayern« im vierten Kriegsjahr 1917 erschien, von dem nun der Nachdruck herausgebracht wurde. Im Vorwort von damals sei zu lesen, daß durch die Inventarisierung der Denkmäler beim Volk die Wertschätzung des örtlichen Denkmälerbestandes geweckt und die Liebe zu den heimatlichen Denkmälern erhalten werden sollte. Vogel bezweifelte, daß man in jener Zeit und in den Notjahren nach dem ersten Weltkrieg diesem Ziele etwas näher kam. Aber man habe damals eine Saat ausgebracht, die heute aufgehe. Das lasse die äußerst rege Nachfrage nach dem Nachdruck deutlich erkennen. Ursache dafür könnten der Verlust wertvoller Denkmalsubstanz im letzten Krieg, die Wucherungen in den Aufbaujahren danach und das Denkmalschutzjahr 1975 sein. Aber auch zahlreiche örtliche Initiativen, wie die Gründung des Förderkreises »Historisches Miltenberg« seien in diesem Zusammenhang zu nennen. Die Einstellung des geschichtlich ansprechbaren und engagierten Bürgers gegenüber der Zeit der Erstherausgabe des Bandes habe sich wesentlich gewandelt. Er habe ein engeres Verhältnis zum bau- und kunstgeschichtlichen Denkmal gefunden. In höherem Maße als früher suche der interessierte Bürger heute vor allem das Wissen, den fachkundig belegten Einblick in den Inhalt, in die Aussage, in die künstlerische und historische Dimension des Denkmals. Unter diesem Gesichtspunkt verdiene der Nachdruck der Kunstdenkmäler Bayerns und hier der Bände Miltenberg, Obernburg und Marktheidenfeld öffentliche Aufmerksamkeit und die Anteilnahme staatlicher und kommunaler Institutionen in Gestalt dieser Buchpremiere. Aus dieser Sicht sei es ihm, als oberster Vertreter der Stadt, eine große Freude, so viele Gäste begrüßen zu können. Vogel hob auch hervor, daß der Landkreis Miltenberg der bisher einzige Kreis sei, für dessen gesamten Bereich nun die Neudrucke der Kunstdenkmäler vorliegen, wenn auch in drei Bänden. Den anwesenden Bürgermeistern empfahl Vogel, zum Ausgleich anstatt Bebauungspläne, Bundesbaugesetz und Entwicklungsprogramme auch einmal den jeweiligen Band der Kunstdenkmäler in die Hand zu nehmen.

Mehr Vertrauen

Vogel ging dann auf das Verhältnis gemeindlicher und staatlicher Denkmalpflege ein, das nicht frei sei von Schwierigkeiten und Mißverständnissen. Zum Teil lägen sie in der Natur der Sache. Neben der finanziellen Belastung die Denkmalschutz mit sich bringe, erweise er sich auch als eine Beschränkung in der Disposition der strukturellen und baulichen Entwicklung. Manche Schwierigkeiten, auch in Form zeitlicher Verzögerungen könnten vermieden werden, wenn die Organe der staatlichen Denkmalpflege mehr Vertrauen in die denkmalpflegerischen Absichten und Fähigkeiten der Gemeinden, ihrer gewählten Vertreter und Bürger setzen würden.

Der Bürgermeister ging dann auf die gewaltigen Leistungen der Stadt, der verschiedenen Vereinigungen und der Bürger ein, verwies auf die großen Summen, die in das alte Rathaus, in die Mildenburg, in das Heimatmuseum und snostige Baudenkmäler gesteckt wurden und noch werden. Dies alles sei geschehen aus freien Stücken, sowohl von der Stadt, als auch von den Vereinigungen und von den Bürgern an ihren Häusern. Die staatliche Denkmalpflege solle die gemeindliche und private Denkmalpflege mehr anerkennen und würdigen, betonte der Bürgermeister. Auf diese Weise könne man die Bürger und die Bürgervertretung noch mehr für die Denkmalpflege aktivieren. Die Buchpremiere der Kunstdenkmäler Bayerns und die überraschend große Nachfrage seien auch ein überzeugender Beleg dafür, daß mancher Bürger heute das Wissen um und das Sorgen für das Denkmal, für sein Denkmal, nicht mehr ausschließlich den staatlichen Spezialisten überlassen möchte, daß er auch selbst mit Sachkenntnis und Einsatz – finanziell ind ideell – seinen Beitrag zur Erhaltung und Bewahrung leisten möchte.

Ein Jahrhundertwerk

Buchhändler Heinz Halbig begrüßte ebenfalls die Gäste und verwies darauf, daß der Anlaß dieser Zusammenkunft das Buch sei. Die Kunstdenkmäler Bayerns seien das Ergebnis vieler geistiger Väter. Der Oldenbourg-Verlag in München, der nun wieder die Nachdrucke herausbringe, sei der größte Privatverlag in Deutschland und Österreich. Halbig dankte Bürgermeister Vogel, der den Rathaussaal für die Feier zur Verfügung gestellt habe, das sei echte Bürgernähe. Gerne hätte man alle Besteller der Nachdrucke eingeladen, doch sei dies aus räumlichen Gründen nicht möglich. Halbig meinte bei der Begrüßung, bei der er sich über die Anwesenheit eines Vertreters des Börsenvereins des Deutschen Buchhandels besonders freute, die Gäste seien ein echter Querschnitt der Bevölkerung des Landkreises. Halbig würdigte die verlegerische Tat des Oldenbourg-Verlags, die bei der Erstherausgabe als Jahrhundertwerk bezeichnet worden sei. Er verwies auch auf die Ausstellung von Notgeld durch Hans-Heike Munkel (Amorbach) im Rathaussaal und auf die Leistungen von Lions-Club, Rotary-Club und Förderkreis »Historisches Miltenberg«.

Dr. Thomas von Cornides, Mitinhaber des Oldenbourg-Verlags, der mit zwei Mitarbeitern aus München gekommen war, dankte mit herzlichen Worten für den »wunderbaren Empfang« in Miltenberg. Statt einer Festrede hatte er ein hübsches Gedicht mitgebracht, das er seinen Zuhörern amüsant vortrug. Mit herzlichen Worten dankte der Verleger Buchhändler Halbig für seinen großen Einsatz und Erfolg für die Herausgabe des Nachdrucks.

Im Namen des verhinderten Landrats sagte Regierungsdirektor Albert Hörnig, daß durch das große Interesse der Bevölkerung und durch die Initiative der Buchhandlung Halbig der Nachdruck von gleichzeitig drei Bänden ermöglicht worden sei. Damit sei der Landkreis Miltenberg abgedeckt. Der Sinn für Geschichte werde lebendiger, jetzt könne man die Feinheiten der Heimat neu entdecken. Hörnig dankte im Namen der Landkreisverwaltung dem Verlag, der Stadt und der Buchhandlung Halbig.

»Wird ernst genommen«

Auch Landeskonservator Dr. Petzet dankte Halbig für seine Initiative, die nicht nur aus Geschäftsinteresse heraus erfolgt sei, sondern auch aus Liebe zur Sache. Er erinnerte an die harmonische Zusammenarbeit mit der Stadt Miltenberg und betonte, daß die städtische Denkmalpflege durchaus ernst genommen werde. Gleichzeitig müsse er aber auch hervorheben, daß die zentrale staatliche Denkmalpflege eine Notwendigkeit sei. Hier gebe es vor allem die nötigen Spezialisten und Werkstätten. Dr Petzet erinnerte an die 560 000 Mark, die das Landratsamt für die Renovierung des alten Rathauses gebe. Der Landeskonservator ging dann auf die Geschichte der »Kunstdenkmäler in Bayern« ein und schilderte die Schwierigkeiten der Herausgabe neuer Bände. Der Denkmalbegriff habe sich in den letzten Jahrzehnten auch etwas verschoben; früher habe man vom Kunstdenkmal gesprochen, heute mehr vom Geschichtsdenkmal. Darunter falle auch die Volkskunst und volkstümliche Baukunst, die Kunst des 19. Jahrhunderts und die aus der ersten Hälfte des 20. Jahrhunderts. Sie alle müßten einmal in den Großinventaren verzeichnet sein. So seien die Bände der »Kunstdenkmäler in Bayern« ein Jahrhundertwerk, das nur allmählich wachsen könne. Die Denkmallisten würden nicht die Großinventare ersetzen. K. Seubert

Im Band Marktheidenfeld findet sich dieses etwa ...ld vom historischen Faulbacher Rathaus, das heute besonders dadurch ...eil erst wieder in jüngster Zeit die Umgebung des historischen Gebäudes ...bau vollkommen verändert wurde. Faulbach kam bei der Landkreisre... Miltenberg.

Ein Altstadtkern von größter Bedeutung
Abschluß einer zweitägigen Pressefahrt des Landesamtes für Denkmalpflege in Weiden

Weiden. (ir) Gerade in einer schnell gewachsenen Industriestadt wie Weiden komme dem historischen Altstadtkern, dem Zentrum und „Herzen der Stadt", eine besondere Bedeutung zu, stellte Generalkonservator Dr. Michael Petzet fest, als eine zweitägige Pressefahrt des Landesamts für Denkmalpflege am Mittwochnachmittag in Weiden ihren krönenden Abschluß fand. Oberbürgermeister Hans Schröpf empfing die „Reisenden in Sachen Denkmalschutz" – rund 20 an der Zahl – stilgerecht in der Sanierungsberatungsstelle, unterstützt von der Städtischen Wohnungsbaugesellschaft als Gastgeber.

Nach Besichtigungen in Michelfeld, Vilseck, Neustadt am Kulm, Kemnath, Waldsassen und Neualbenreuth bildete Weiden die letzte Station der Pressefahrt, die am Tag zuvor mit rund einem Dutzend Journalisten, dem Generalkonservator sowie den beiden für die Oberpfalz zuständigen Konservatoren Dr. Rainer Schmid und Dipl.-Ing. Paul Unterkircher in München ihren Ausgang genommen hatte.

Oberbürgermeister Hans Schröpf hob in seiner Begrüßung hervor, daß enge und gute Verbindungen zum Landesamt für Denkmalpflege und seinen Gebietsreferenten bestünden, und bedankte sich besonders auch bei Dipl.-Ing. Unterkircher dafür, daß trotz manchmal unterschiedlicher Meinungen immer wieder Annäherungspunkte und gute Kompromisse gefunden worden seien.

„Zurück in die Altstadt"

Da der Trend der Zeit eindeutig wieder in die Altstadt zurückgehe und Weiden zudem das Glück habe, im spätgotischen Altstadtkern eine wertvolle Substanz zu besitzen, wolle man alle Anstrengungen unternehmen, um dieses Zentrum weiterhin zu beleben, versicherte Schröpf. Er bedauerte gleichzeitig, daß die Beschleunigungsnovelle fast nur noch auf dem Papier existiere, so daß Privatinitiativen fast kaum mehr unterstützt werden könnten.

Richtige und wichtige Entscheidungen gelte es auch gegen eventuellen Widerstand durchzusetzen, wenn es um denkmalpflegerische Belange gehe, denn oftmals habe sich erst viel später herausgestellt, daß die „ungeliebte Entscheidung" die richtige gewesen sei. Der Oberbürgermeister erläuterte dann die Altstadtsanierung und stellte bei dieser Gelegenheit die Städtische Wohnungsbaugesellschaft mit Geschäftsführer Alfons Kraus vor. Außerdem waren Stadtkämmerer Josef Wachter, Stadtplaner Hartmut Spicher sowie Alfred Hage und Bernd Seidl anwesend. Stadtheimatpfleger Gerhard Zückert hatte bereits die gesamte Reise mitgemacht.

Privatinitiativen mit Vorrang

Bei soviel Aufgeschlossenheit für die Denkmalpflege fiel es Generalkonservator Dr. Michael Petzet nicht schwer, ebenfalls die gute Harmonie zwischen dem Landesamt und der Stadt zu betonen. Auch er war der Ansicht, daß die Privatinitiative Vorrang haben sollte,

Letzte Station einer zweitägigen Pressefahrt des Landesamtes für Denkmalpflege war am Mittwoch nachmittag die Altstadt von Weiden. Generalkonservator Dr. Michael Petzet (zweiter von rechts) sowie die zuständigen Gebietsreferenten Dr. Rainer Schmid (ganz links) und Dipl.-Ing. Paul Unterkircher (dritter von links) begleiteten die informative Fahrt. Beim Rundgang durch die Altstadt waren auch Oberbürgermeister Hans Schröpf und eine Reihe städtischer Baufachleute mit von der Partie. Bild: Bonko

„damit sich in der Altstadt was rührt". Klar sprach sich der Generalkonservator noch einmal dafür aus, daß die Objektsanierung der Flächensanierung unbedingt vorzuziehen sei.

Für den Erhalt der Stadtmauer

Beim anschließenden Rundgang durch die Altstadt lobte Bayerns ranghöchster Denkmalpfleger die Idee der Stadt, die Stadtmauer zu erhalten. Im gesamten Land sei eine Renaissance der Stadtmauern und ihrer Türme zu spüren, meinte er, nachdem zu Beginn des 19. Jahrhunderts, teilweise auf königlichen Rat, die meisten Städte „ihre Fesseln gesprengt" hätten.

Hauptaugenmerk galt naturgemäß dem Umbau am Oberen Markt 10. Die vielen bauhistorischen Details fanden allgemeinen Anklang. Sonderlob gab es für den Hausherrn, Dr. Lothar Bäumler, der enormes Verständnis für die denkmalpflegerischen Belange gezeigt habe. Der Bauherr erwähnte seinerseits Dipl.-Ing. Unterkircher für seine „über das normale Maß hinausgehende Baubetreuung" dieser äußerst komplizierten Sanierungsmaßnahme.

Bedeutender Platz unter Bayerns Städten

Einig waren sich die Denkmalpfleger darin, daß Weiden mit seinen typischen Ackerbürgerhäusern am Markt und dem klar gegliederten spätgotischen Altstadtbild einen bedeutenden Platz einnimmt im Reigen der bayerischen Städte. Eine Bewunderung, die den Gastgebern natürlich Musik in den Ohren war.

Die Gastgeschenke, der Oberpfalz-Bildband der Stadt und ein Bierkrug der städtischen Wohnungsbaugesellschaft, fanden bei den Fahrtteilnehmern großen Anklang, ebenso wie das liebevoll gestaltete Mittagsmahl des Partydienstes Seifert.

Der Neue Tag
(Weiden)
16. Juli 1981

„Diese Kostbarkeiten verdienen Beachtung"
Landesamt für Denkmalpflege auf Pressefahrt – Michelfeld erste Station – Zahlreiche Restaurierungen

In der Klosterkirche von Michelfeld sollen 1984 umfangreiche Restaurierungsmaßnahmen im Innern der Kirche durchgeführt werden, nachdem die Dachkonstruktion und die Fenster bereits in den vergangenen Jahren wiederhergestellt wurden. Bild: Witt

In hohem Maße gefährdet waren die wertvollen Stuckarbeiten in der Friedhofskirche St. Leonhard in Michelfeld. Bei der Pressefahrt des Bayerischen Landesamtes für Denkmalpflege konnten sich die rund 20 Fahrtteilnehmer von den „schulmäßigen Restaurierungsarbeiten", so Generalkonservator Dr. Michael Petzet, überzeugen. Bild: Witt

Michelfeld. (ir) Die Bedeutung der katholischen Pfarrkirche St. Johannes des Benediktinerklosters Michelfeld wurde vom Bayerischen Landesamt für Denkmalpflege am Dienstag besonders gewürdigt: erste Station einer zweitägigen Pressefahrt des Amtes mit rund einem Dutzend Journalisten war dieses barocke Kleinod. Pfarrer Franz Wolfring führte die Reisegruppe durch die Klosterkirche. Der zuständige Konservator Dr. Rainer Schmidt gab die notwendigen Erläuterungen, die vom Architekten, Dipl.-Ing. Arnulf Magerl aus Regensburg, ergänzt wurden.

Der barocke Wandpfeilerbau, der Wolfgang Dietzenhofer als Baumeister zugeschrieben wird, wies in den letzten Jahren Schäden an der Dachkonstruktion auf, die das Gewölbe und den Stuck, geschaffen von den Gebrüdern Asam und der Werkstatt Carlone, gefährdeten. Wie Dr. Schmid ausführte, sei die aufwendige Dachsanierung daher vordringlich gewesen. Die Gefahr sei durch die Maßnahmen der vergangenen Jahre nun gebannt. Gleichzeitig habe man die schadhaften Fenster, die nicht zuletzt durch die ständigen Erschütterungen durch die Schießübungen des nahen Truppenübungsplatzes entstanden seien, ersetzt. Mundgeblasene Waldsassener Mondscheiben in Rundverbleiung habe man dafür ausgewählt.

Sakristei im neuen Glanz

Wie sich die rund 20 Fahrtteilnehmer selbst überzeugen konnten, wurden auch in der Sakristei umfangreiche Restaurierungsmaßnahmen durchgeführt. Die wertvollen Sakristeischränke aus dem 18. Jahrhundert konnten mit einem Zuschuß des Landesamtes für Denkmalpflege bei einem Münchner Möbelrestaurator hervorragend restauriert werden, nachdem sie durch häufiges Hochwasser im Sockelbereich erhebliche Schäden aufgewiesen hatten. Die zugehörige Stuckdecke der Sakristei wurde ebenfalls freigelegt und restauriert, so daß dieser Teil der Klosterkirche, die jetzt als Pfarrkirche dient, wieder in alter Schönheit erstrahlt. Etwa 250 000 DM, so war zu erfahren, betrugen die Kosten. Ein Zuschuß von 70 000 DM stammte vom Landesamt für Denkmalpflege.

Große Restaurierung zugesagt

Für 1984 versprach Generalkonservator Dr. Michael Petzet, sei die große Restaurierung im Inneren der Pfarrkirche vorgesehen. Bis dahin soll die Gesamtinstandsetzung der Friedhofskirche abgeschlossen sein, die zur Zeit auf vollen Touren läuft. Auch hier war durch den schlechten Zustand des Daches die Stuckdecke in besonderer Weise gefährdet. Konservator Dr. Schmid, der die Restaurierungsmaßnahme beaufsichtigt, wies darauf hin, daß die Friedhofskirche St. Leonhard unter den Oberpfälzer Sakralbauten eine besondere Bedeutung habe. Der sehr filigrane Stuck mit großen Rocaillen, vegetabilen Formen, Kartuschen Putten verleihe dem Bauwerk höfischen Charakter und stelle eine kunsthistorische Besonderheit dar. Hofstukkator Rudolf Albini aus Bayreuth habe hier ein Kleinod der Stuckkunst geschaffen.

Grabungsfunde

Zur Zeit werden hier mit viel Sachverstand die Stuckdecken nach den Befunden restauriert. Eine Entfernung und Isolierung des Bodens sowie die Putzerneuerung im Sockelbereich erfolgt ebenfalls. Das Gestühl wird unter Verwendung der vorhandenen Wangen wiederhergestellt. Besondere Erwähnung fand die exakte Anfertigung eines analysierenden Bauaufmaßes durch das Architekturbüro Magerl, das eine wichtige Voraussetzung für eine weitestgehende Herstellung der ursprünglichen Form ist. Die schulmäßige Restaurierung, wie Dr. Petzet lobte, habe außerdem beim Handaushub des Kirchenbodens mittelalterliche Weihegaben, sogenannte Leonhardsbeigaben zutage gebracht. Die eisernen Motive wurden sichergestellt.

Heilige auf großer Fahrt

Die Ölbergkapelle an der Westseite des Friedhofes fand ebenfalls große Beachtung. Die fast lebensgroßen Steinfiguren, die wahrscheinlich der Nürnberger Schule des Adam Kraft um 1500 zuzuordnen sind, waren allerdings am Tage zuvor in eine Nürnberger Werkstatt zur Restaurierung transportiert worden. Wie die Experten erläuterten, befand sich das barocke „theatrum sacrum" aus dem 18. Jahrhundert in einem bedenklichen Zustand. Starke Setzungen an der Rückwand des Bauwerkes gefährdeten seine Standfestigkeit und führten zu Rissen in den wertvollen Wandbildern, die von Doser um 1732 geschaffen wurden. Durchfeuchtung und Algenbefall zerstörten außerdem den Trägerputz, der Sandstein der Reliefs war verrottet und sandete ab. Das Gebäude mußte daher zunächst unterfangen und mit Ankern gesichert werden, um es wieder standfest zu machen. Die Wandbilder wurden durch eine Festigung des Putzgrundes gesichert und nach einer genauen Befunduntersuchung restauriert, ebenso wie die Reliefs und die Figuren. Zur Sicherung sollen schließlich Gitter zwischen den Arkadenbögen eingebaut werden. Daß dieses Bauwerk besonders dringlich der Restaurierung bedurfte, zeige die Finanzierung der Maßnahme, so Dr. Schmid, denn sie geschehe aus Mitteln des Entschädigungsfonds des Kultusministeriums, dem sogenannten „Feuerwehrfonds".

Viel zu viele Maßnahmen

Alles in allem hatte man den Eindruck, daß trotz der 140 derzeit laufenden Kirchenrestaurierungen – viel zu viele auf einmal, wie Dr. Petzet sagte – und der totalen Überlastung des zuständigen Gebietsreferenten Dr. Rainer Schmid, den Maßnahmen in Michelfeld höchste Beachtung geschenkt werden. Pfarrer Wolfring konnte mit Freude vermerken, daß seine Anliegen auch von Seiten des Landesamtes gewürdigt und unterstützt werden, wobei er seinerseits die große Opferbereitschaft seiner 1673 Seelen zählenden Pfarrgemeinde hervorhob.

Die Heiligen aus der Ölbergkapelle im Friedhof von Michelfeld sind zur Zeit auf großer Fahrt. Sie werden ebenso wie das Bauwerk selbst mit großem Aufwand restauriert. Konservator Dr. Rainer Schmid (im Vordergrund des Bildes) erläuterte bei der Pressefahrt die Maßnahme. Witt

Generalkonservator Dr. Michael Petzet (links im Bild), Bayerns ranghöchster Denkmalpfleger, überzeugte sich in Michelfeld von den bisher durchgeführten Restaurierungsarbeiten. Die baulichen Kostbarkeiten fanden bei der Pressefahrt des Landesamtes für Denkmalpflege großen Anklang. Bild: Witt

Der Neue Tag
(Weiden)
18. Juli 1981

Denkmalamt zur Affäre Friedensengel:

Aktion von unfaßlicher Leichtfertigkeit

Protestschreiben von Generalkonservator Michael Petzet an das Baureferat

Mit äußerster Schärfe protestiert jetzt auch das Bayerische Landesamt für Denkmalpflege gegen das „ebenso brutale wie unsachgemäße Vorgehen" der städtischen Baubehörde bei ihrem Versuch, den Münchner Friedensengel von seinem Sockel herunterzuholen. Wie berichtet, ist die Bronzeskulptur, eines der markantesten Denkmäler der Stadt, von der Feuerwehr mit einem Schneidbrenner in der Mitte durchgesägt worden, um zunächst den oberen Teil abzubauen. Das Denkmalamt, das von der Blitzaktion nicht unterrichtet worden war, spricht von einem „Schildbürgerstreich", dem Teile des Bronzegusses zum Opfer gefallen seien.

Anstatt den tatsächlichen Zustand des Friedensengels, der lediglich einen Riß am Bein aufwies, durch eine genaue Untersuchung feststellen zu lassen, habe sich das städtische Baureferat zu seiner nächtlichen Aktion von einem statischen Gutachten verleiten lassen, das offenbar „von völlig falschen Voraussetzungen ausging", heißt es im Informationsblatt des Landesamts für Denkmalpflege. Dabei wisse jeder Fachmann, daß die Standfestigkeit einer derartigen (mehrere Tonnen schweren und etwa sechs Meter hohen) Figur „nicht nur vom äußeren Bronzemantel, sondern vor allem von der inneren Tragekonstruktion abhängt."

Das Denkmalamt spricht von einem „Anschlag auf den Friedensengel". Die städtische Baubehörde habe, als sich die Figur nicht ohne weiteres von ihrem Platz auf der Säule entfernen ließ, einfach deren oberen Teil abgetrennt, statt ihn „durch Lösen der originalen Verschraubungen" vom unteren Teil abzuheben. „Erschreckend" seien auch Pressephotos, auf denen man sehen konnte, wie ein Arbeiter im städtischen Bauhof mit einem Straßenbesen das Oberteil der Figur zu säubern versucht — „sicher nicht die richtige Art der Behandlung für die patinierte und durch Korrosion angegriffene Oberfläche des Kunstwerks."

Fachleute wurden übergangen

In einem geharnischten Brief an den Leiter der Hauptabteilung Hochbau des städtischen Baureferats, Sebastian Rosenthal, spricht Generalkonservator Michael Petzet von „unfaßlicher Leichtfertigkeit". Man habe, ohne die Denkmalschutzbehörden einzuschalten, „mit einer Blitzaktion vollendete Tatsachen" geschaffen. Dabei vermerkt Petzet, es sei schon mehrfach vorgekommen, daß die Denkmalschutzbehörde bei Restaurierungen von Kunstdenkmälern, die sich in städtischem Besitz befinden (etwa der Wittelsbacher Brunnen oder der Ceres-Brunnen am Thierschplatz), erst nachträglich und auf ihr eigenes Betreiben eingeschaltet worden sei.

Zerstörung originaler Substanz

Das Protestschreiben, dem bereits schwere Vorwürfe des Verbands freiberuflicher Restauratoren vorausgegangen waren, setzt Rosenthal davon in Kenntnis, daß für die Behebung der Schäden am Friedensengel, die durch die „brutale Halbierung der Figur" angerichtet worden sind, vom Landesamt für Denkmalpflege gemeinsam mit Metallrestauratoren ein Konzept entwickelt werde. Petzet beendet seinen Brief mit dem Satz: „Schon jetzt dürfte allerdings feststehen, daß Ihre unüberlegte Aktion, ganz abgesehen von der unwiederbringlichen Zerstörung originaler Substanz, wesentlich höhere Restaurierungskosten verursacht hat."

Fragen an das Baureferat

Im Zusammenhang mit den vom Denkmalamt und vom Verband freiberuflicher Restauratoren erhobenen Vorwürfen hat inzwischen Stadträtin Barbara Scheuble-Schäfer (SPD) eine aus mehreren Punkten bestehende Anfrage an das städtische Baureferat gerichtet. Unter anderem erwartet sie Aufschluß darüber, ob der Abteilung Hochbau bekannt war, daß der Friedensengel von Schrauben zusammengehalten war (wodurch sich die obere Hälfte der Figur an der originalen Verschraubungsstelle hätte abtrennen lassen). Ferner möchte sie wissen, inwieweit die Stadt nach dem Denkmalschutzgesetz verpflichtet ist, bei Restaurierungsvorhaben den Rat des Landesamts für Denkmalpflege einzuholen und sich nach ihm zu richten. Schließlich interessiert es die Stadträtin, um wieviel sich die Kosten für die Restaurierung des Friedensengels durch die erfolgte unsachgemäße Handhabung erhöhen werden. *Charlotte Nennecke*

> ### Auch die Söhne sind entsetzt
>
> *Als Söhne der Erbauer des Friedensdenkmals, der Professoren Düll und Pezold, geben wir unserem Entsetzen über das barbarische Vorgehen bei der „Restaurierung" des Denkmals Ausdruck. Wenn, was keineswegs der Fall war, eine akute Absturzgefahr von Teilen der Denkmalsfigur bestanden hätte, dann hätte man durch Absperrungen den Gefahrenbereich sichern können. In München ist man mit Straßensperren sonst auch nicht pingelig. In keinem Fall aber berechtigt die bloße Gefahrenvermutung das Städtische Bauamt dazu, ein Denkmal, das im Herzen der Münchner und unzähliger Fremden seinen Platz hat, unfachgemäß zu zersägen.*
>
> *Ein Einblick in die noch vorhandenen Konstruktionspläne und eine ohne weiteres mögliche behutsame Abnahme der Figur im ganzen wäre das Mindeste gewesen, was man von den Verantwortlichen hätte verlangen können.*
>
> *Es ist nunmehr notwendig, daß an dem weiteren Geschehen Fachleute beteiligt werden, die wissen, was dieses Denkmal für München bedeutet, und die auch danach handeln.*
>
> *Es ist ferner notwendig daß die personellen Zuständigkeiten und der zeitliche Ablauf der weiteren Restaurierungsarbeiten vor der Öffentlichkeit dargelegt werden.*
>
> *Alle Münchner Bürger, die ihre Stadt lieben, sind dazu aufgerufen, jetzt unablässig darauf zu drängen, daß der angerichtete Schaden behoben und das Friedensdenkmal mit aller Beschleunigung wieder in seinen ursprünglichen Zustand versetzt wird.*
>
> Georg Pezold
> zugleich für Max Pezold, Franz Düll,
> Fritz Düll, Heinrich Düll

Süddeutsche Zeitung, 31. Juli 1981

VERSCHWUNDEN ist der Friedensengel, das weithin sichtbare Münchner Wahrzeichen aus der Prinzregentenzeit. Nur der untere Teil der Figur steht noch hoch oben auf der Säule — hinter einem Gerüst verborgen, mit dessen Hilfe er demnächst heruntergeholt werden soll. Der bronzene Engel ist am Ende des vorigen Jahrhunderts zum Dank und als Denkmal für den seit 1871 zwischen Deutschland und Frankreich herrschenden Frieden errichtet worden. Photo: Karlheinz Egginger

Geteilter Engel: Was der Zahn der Zeit nicht ganz schaffte ...

AZ (Abendzeitung) München
31. Juli 1981

Jetzt tobt ein Krieg um den Friedensengel

Denkmalpfleger kritisieren „barbarisches Vorgehen" der Stadt bei der Demontage

Von Peter Dermühl

München — Krieg um den Friedensengel: Als „barbarisch" hat der Chef des Landesamts für Denkmalpflege, Michael Petzet, das Vorgehen des städtischen Hochbauamtes bei der Demontage des Monuments an der Prinzregentenstraße kritisiert. Wie berichtet, ließ die Verwaltung die übermannshohe Bronzefigur wegen angeblicher Absturzgefahr in einer „Nacht- und Nebelaktion" (Petzet) von der Feuerwehr mit Schneidbrennern kurzerhand halbieren. Dieter Hett, Chef des bayerischen Restauratorenverbandes, zur AZ: „Ein Beispiel purer Dummheit".

In einem Protestschreiben an den verantwortlichen Hochbau-Chef Sebastian Rosenthal sprach Petzet gar von einem „Attentat auf den Friedensengel" und warf dem Beamten vor, dieses Vorgehen zeuge von „einer unfaßlichen Leichtfertigkeit im Umgang mit Kunstdenkmälern". Petzet verübelt der Verwaltung vor allem, weder die städtische Denkmalschutzstelle noch das Landesamt vorher informiert zu haben. Das sei im übrigen nicht das erste Mal gewesen.

Restauratoren-Sprecher Hett, international gefragter Experte für Bronzeskulpturen: „Diese blödsinnige Aktion wäre gar nicht notwendig gewesen; man hätte nur drei Schrauben zu lösen brauchen." Jetzt allerdings würden wegen diesem „Heckmeck" Restaurierungskosten in Höhe eines fünfstelligen Betrages anfallen.

EINGERÜSTET: der Friedensengel.
Foto: Petra Schrmek

---

tz (Tageszeitung), München
31. Juli 1981

Denkmalschutz schießt gegen „Killer" vom Friedensengel

Hick-Hack um „Dame ohne Unterleib"

Von REINHARDT SANDNER — tz München

An eine Varieté-Nummer war sicherlich nicht gedacht. Aber jetzt entwickelt sich um die „Dame ohne Unterleib" doch ein ziemlicher Zirkus. Sicher ist: Bei der Demontage des Friedensengels war der „Teufel im Spiel"! Die obersten Denkmalpfleger meinen gar, die gewichtige Dame sei „brutal und unsachgemäß" angefaßt worden.

Generalkonservator Dr. Michael Petzet sagt dem Hochbauchef Rosenthal unverblümt, daß dessen „unüberlegte Aktion" — ganz abgesehen von der unwiderbringlichen Zerstörung originaler Substanz — wesentlich höhere Restaurierungskosten verursacht hat".

Scheinheilig und keinesfalls mit Engelszungen stellte gestern — in Kenntnis des Petzet-Vorwurfs — die Stadträtin Barbara Scheuble-Schaefer (SPD) ans Baureferat die Anfrage „wie hoch denn die entstandenen Mehrkosten sind".

Spätestens seit dem Papst-Besuch weiß man ja, daß mit Engeln (speziell mit Barbaras) nicht gut Kirschenessen ist und daß auf Anfragen Antworten erwartet werden.

Auch die Stadträtin hakte in der Sache „Nacht- und Nebelaktion Friedensengel" bereits zum zweiten Mal nach: Der Münchner Steuerzahler darf eine Erklärung der Verantwortlichen erwarten wollen diese nicht auch „abgesägt" werden.

... erledigten flugs die Schweißbrenner. Nur ein Torso blieb stehen.

„Attentat auf den Friedensengel"

Brief des Generalkonservators Michael Petzet an Stadtdirektor Rosenthal

In einer aufsehenerregenden Nacht-und-Nebel-Aktion hat die Hauptabteilung Hochbau des Baureferats der Landeshauptstadt München den Friedensengel mit Hilfe der Feuerwehr einfach halbieren lassen, nachdem es nicht gelungen war, die angeblich absturzgefährdete Bronzefigur von ihrem Standort sachgemäß zu entfernen.

Anlaß für diesen Schildbürgerstreich war ein statisches Gutachten, das offenbar von völlig falschen Voraussetzungen ausging. Die nächtliche Blitzaktion scheint nämlich vor allem mit der Feststellung eines Risses am Bein des mehrere Tonnen schweren und ca. sechs Meter hohen Engels begründet worden zu sein, obwohl jeder Fachmann weiß, daß die Standfestigkeit derartiger Figuren nicht nur vom äußeren Bronzemantel, sondern vor allem von der inneren Tragekonstruktion abhängt, die in der Standfläche verankert ist. Nur eine genaue Untersuchung hätte Aufschlüsse über den tatsächlichen Zustand der Figur geben können. Als sich dann der Friedensengel nicht ohne weiteres von seinem Platz auf hoher Säule entfernen ließ, wurde der obere Teil der Figur einfach mit Schneidbrennern abgetrennt, statt ihn durch Lösen der originalen Verschraubungen vom unteren Teil der Figur abzuheben. Diesem ebenso brutalen wie unsachgemäßen Vorgehen sind leider Teile des originalen Bronzegusses zum Opfer gefallen. Erschreckend für den Fachmann sind auch Photos, auf denen ein Arbeiter im städtischen Bauhof mit einem Straßenbesen das Oberteil des unglücklichen Friedensengels zu reinigen versucht – sicher nicht die richtige Art der Behandlung für die patinierte und durch Korrosion angegriffene Oberfläche des Kunstwerks.

Weder das Bayerische Landesamt für Denkmalpflege noch die Untere Denkmalschutzbehörde der Landeshauptstadt waren von dem beabsichtigten Anschlag auf den Friedensengel informiert worden.

Mit dem folgenden Brief an den Leiter der Hauptabteilung Hochbau der Landeshauptstadt hat der Generalkonservator gegen die barbarische Behandlung des Münchner Friedensengels protestiert:

„Sehr geehrter Herr Stadtdirektor Rosenthal!

Mit Bestürzung hat das Bayerische Landesamt für Denkmalpflege aus Berichten von Augenzeugen und aus der Presse die Einzelheiten Ihrer Nacht-und-Nebel-Aktion gegen den Münchner Friedensengel erfahren. Die Halbierung der Bronzefigur mit dem Schweißbrenner zeugt von einer unfaßlichen Leichtfertigkeit im Umgang mit Kunstdenkmälern. Auch die beste Zusammenarbeit des Landesamts mit der Unteren Denkmalschutzbehörde der Landeshauptstadt hilft nichts, wenn, wie in diesem Fall, die Hauptabteilung Hochbau das Bayerische Denkmalschutzgesetz einfach ignoriert, die Denkmalschutzbehörden nicht einschalten und mit einer Blitzaktion vollendete Tatsachen schafft... In diesem Zusammenhang fällt allerdings auf, daß die Zusammenarbeit zwischen der Haputabteilung Hochbau und dem Bayerischen Landesamt für Denkmalpflege bei der Metallrestaurierung der Mannesbacher Brunnen und Ceresbrunnen) erst nachträglich auf eigenes Betreiben eingeschaltet...

Die Werkstätten des Bayerischen Landesamts für Denkmalpflege werden in Zusammenarbeit mit Spezialisten für Metallrestaurierung ein Restaurierungskonzept für den Friedensengel entwickeln, mit dem auch die durch die brutale Halbierung der Figur angerichteten Schäden so gut wie möglich behoben werden sollen. Schon jetzt dürfte allerdings feststehen, daß Ihre unüberlegte Aktion, ganz abgesehen von der unwiederbringlichen Zerstörung originaler Substanz, wesentlich höhere Restaurierungskosten verursacht hat.

Mit freundlichen Grüßen
Dr. Michael Petzet
(Generalkonservator)"

Die Stellungnahme des Baureferates

Nach dem Gutachter war die Standsicherheit des Friedensengels bei starkem Wind nicht mehr gewährleistet. Es war somit Gefahr im Verzug. Die volle Verantwortlichkeit für das mögliche Absturzen der weitausladenen Figur oder von Teilen lag beim Baureferat, dem sie auch niemand abnehmen konnte. Es mußte also noch am Freitag, 17. Juni 1981, unverzüglich gehandelt werden. Selbstverständlich wurde die Möglichkeit erwogen, eine großräumige Absperrung um die Säule vorzunehmen und die Errichtung eines tragfähigen Gerüstes abzuwarten. Dies hätte jedoch bedeutet, daß ein Absturz der Figur – oder von Teilen davon – im Falle eines Sturms in Kauf genommen worden wäre. Dabei hätten abstürzende Teile durch Windböen unter Umständen ziemlich weit seitlich ausgelenkt werden können. Davon abgesehen, konnte nach Auffassung des Baureferats das Risiko einer Zerstörung der Figur und einer Beschädigung der Säulenhalle nicht eingegangen werden.

Die Figur wurde nicht „teilweise zerstört", sondern an einer vorhandenen Konstruktionsfuge mit einer Trennscheibe exakt zerteilt. Lediglich schmale, aus Sicherheitsgründen bis zuletzt stehengelassene Stege wurden mit einer Sauerstofflanze durchtrennt. Es ist gewährleistet, daß die beiden Teile der Figur nach der Restaurierung wieder einwandfrei zusammengefügt werden können. Die von Dr. Petzet geäußerte Ansicht, das Baureferat habe nicht gewußt, daß die Figur zusammengeschraubt sei, und habe daher übersehen, daß durch das Lösen von drei Schrauben eine Demontage möglich gewesen wäre, ist unrichtig. Dem Baureferat war bekannt, daß die Figur aus mehreren Teilen zusammengefügt und verschraubt ist. Außerdem wurde die Verschraubung bei der am Mittwoch, 17. Juli 1981 stattgefundenen Untersuchung deutlich festgestellt. An der Konstruktionsfuge, an der schließlich die Trennung stattfand, ist die Figur mit elf (nicht wie behauptet mit drei) verschliffenen Schrauben zusammengehalten. Ein Lösen dieser Schrauben wäre von der Leiter aus äußerst schwierig und außerdem für die Arbeiter gefährlich gewesen.

Ausschlaggebend für die Entscheidung, die Figur zu teilen, war aber der schräge Verlauf der Konstruktionsfuge. Auch bei einem eventuellen Lösen der Verschraubung hätte der Kran das Oberteil der Figur nicht senkrecht abheben können. Der für das Abnehmen des Oberteils - notwendige Schrägzug des Krans wäre aus Gründen der Technik und der Sicherheit nicht möglich gewesen. Durch das Abnehmen des oberen Teils der Engelfigur wurde die Gefahr des Abstürzens von Teilen beseitigt. Der Weg ist nun frei für die weiteren Untersuchungen und Restaurierungspläne, deren Ergebnis man doch wirklich erst einmal abgewartet werden sollte. Dabei wird das Baureferat für Rat und Hilfe aller Fachleute, auch von denen des Landesamts für Denkmalpflege, dankbar sein. Der Bauausschuß des Stadtrats wird nach Abschluß der Untersuchungen über deren Ergebnis sofort und eingehend informiert. Bürgermeister Dr. Winfried Zehetmeier hat für etwaige weitere Fälle von dieser Bedeutung veranlaßt, daß jeweils das Landesamt für Denkmalspflege rechtzeitig eingeschaltet ist.

Münchner Stadtanzeiger (Süddeutsche Zeitung) 4. August 1981

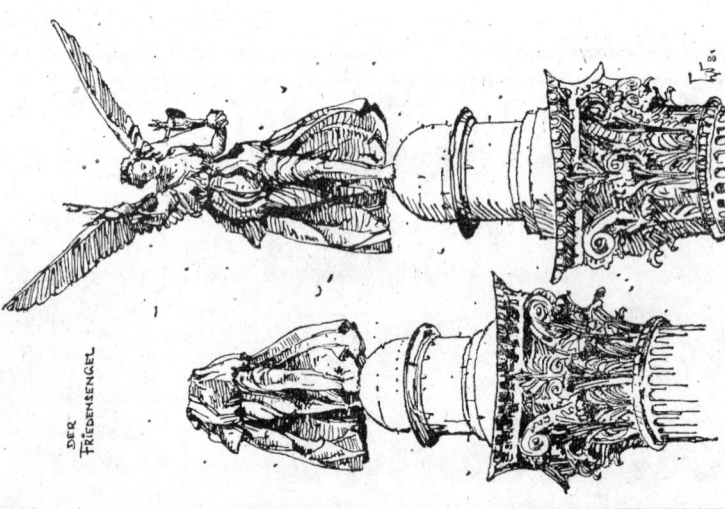

DER FRIEDENSENGEL ist eines der bedeutendsten Denkmäler der Prinzregentenzeit in dominierender städtebaulicher Lage. Als Abschluß der Prinzregentenstraße bildet er einen wichtigen künstlerischen Akzent im vertrauten Münchner Stadtbild. Der Friedensengel wurde in den Jahren 1896 bis 1899 als Denkmal für die Segnungen des

Rettungsaktion für 20 Bundwerkstadel

Kreis Traunstein will alte Zeugnisse der Zimmermannskunst erhalten / Ornamente aus Holzbalken

Von unserem Redaktionsmitglied Ludwig Fisch

TRAUNSTEIN, 7. August – Die Bundwerkstadel aus dem 19. Jahrhundert, die auf vielen Höfen Südostoberbayerns zu finden sind, stellen für das Landesamt für Denkmalpflege ein „einzigartiges Phänomen" dar. Paul Werner vom Landesamt, der sich ausgiebig mit dieser Spezies bäuerlicher Zimmermannskunst beschäftigt hat, nennt vor allem bei den Vierseithöfen das sogenannte Bundwerk der Stadel „das wichtigste künstlerische Gestaltungselement dieser Hauslandschaft". Freilich sind viele dieser bis zu 150 Jahre alten Bauwerke bereits renovierungsbedürftig oder sogar baufällig. Der Landkreis Traunstein hat deshalb eine Aktion gestartet, welche die „Erhaltung, Wiederherstellung und Revitalisierung von besonders wertvollen, in ihrer Substanz gefährdeten Bundwerkstadeln" zum Ziel hat.

Solche Hofgebäude, die meist in der Zeit von 1830 bis 1860 entstanden sind, gibt es nicht nur im Chiemgau und Rupertiwinkel, sondern auch in den Landkreisen Mühldorf und Altötting. Unter einem Bundwerk verstehen die Fachleute ein „zimmermannsmäßig abgebundenes, stehendes Balken- und Riegelgerippe mit Bretterhinterverschalung, die das statische Gefüge des Traggerippes nach außen sichtbar läßt". Viele Bundwerkpartien präsentieren sich als Schmuckmotive und Ornamentformen: Neben Andreaskreuzen und Balkengittern findet man zusätzliche Zierformen verschiedener Stilepochen wie barocke Rocaillen, geschnitzte Vasen, Girlanden und Schriftfelder zwischen Rautenspiegeln mit verschnörkelten Jahreszahlen, Initialen und Monogrammen.

„Möglicherweise kamen bei der Hochblüte der ostoberbayerischen Bundwerkskunst mehrere Momente zusammen", erläutert Paul Werner den Reichtum der Ornamente und Zierformen. „Zu nennen wären vor allem: die ausgereifte Zimmermannstechnik, der wachsende Hang zur Dekoration, die zunehmende Neigung zur Repräsentation und ein gleichzeitiger wirtschaftlicher Höhepunkt."

Im Landratsamt Traunstein hat man in jüngster Zeit bei der Bearbeitung von Zuschußanträgen zur Erhaltung von Gebäuden, die unter Denkmalschutz stehen, den Eindruck gewonnen, „daß man in puncto Bundwerkstadel etwas tun muß", wie Sachbearbeiter Träg berichtet. Man entschloß sich zu einem Schwerpunktprogramm, das die Rettung und Erhaltung der alten Stadel garantieren soll. Von 300 Bundwerkstadeln, die der Kreisheimatpfleger im Landkreisbereich no-

tiert hat, wurden 20 besonders wertvolle und restaurierungsbedürftige Objekte herausgesucht, deren Substanz in den kommenden Jahren gesichert werden soll.

Die Zuschüsse für den ersten Abschnitt mit acht Objekten sind bereits zugesagt: Der Kreisausschuß bewilligte 60 000 Mark, das Landesamt für Denkmalpflege steuert den gleichen Betrag bei, und der Bezirk Oberbayern wird in den nächsten drei Jahren jeweils rund 70 000 Mark zuschießen. „Damit können wir hoffen, daß wir im Laufe der nächsten Jahre sogar über die zunächst vorgesehene Zahl von 20 Stadeln hinauskommen", glaubt Sachbearbeiter Träg vom Landratsamt.

Auch das Landesamt für Denkmalpflege ist mit der Auswahl der Objekte zufrieden. „Die im Sonderprogramm des Landkreises Traunstein erfaßten Vierseithöfe zählen zu den wichtigsten Beispielen ihrer Art und sind durchwegs in der Denkmalliste verzeichnet", stellt Paul Werner fest. Er hat sich für die Restaurierung dieser Bauwerke einen Gesamtkostenaufwand von rund 800 000 Mark ausgerechnet, wovon knapp die Hälfte mit öffentlichen Mitteln finanziert werden soll.

EIN MUSTER bilden die Balken an der Holzfassade dieses Bundwerkstadels in Brandhofen (Kreis Traunstein). Hinter dem sogenannten Bundwerk ist eine glatte Bretterwand, die häufig auch noch mit gemalten Ornamenten oder Schrift verziert ist.

Denkmalpflege sowie der Unteren Denkmalschutzbehörde schon bisher gelegentlich zu wünschen übrig ließ. So wurden die für den Denkmalschutz zuständigen Behörden bereits mehrfach bei in städtischem Besitz befindlichen Denkmälern (z. B. Wit- fünfundzwanzigjährigen Friedens seit dem Abschluß des Deutsch-Französischen Krieges errichtet. An der Ausführung waren die Bildhauer Heinrich Düll, Georg Petzold und Max Heilmeier beteiligt.

Bauer-Oltsch

Kolbe – von SPD verlassen, von CSU bedroht

AZ (Abendzeitung), München, 11. August 1981 und 12. August 1981

Jeder auf seinen Platz
Schreckschuß für Kolbe – aber Petzet will nicht Kulturreferent werden

Abwesenheit schützt nicht vor Politik. Während der urlaubenbedingten Abwesenheit des Jürgen Kolbe (41) in Italien sicher nur ans süße Nichtstun denkt, sägt man in München an seinem Kulturreferenten-Stuhl, den er im Oktober für eine weitere Amtszeit von 6 Jahren einnehmen möchte.

Kurz vor Ablauf der Bewerbungsfrist (23. August) wird – vor allem aus der konservativsten Ecke der CSU – ein gewichtiger Gegenkandidat lanciert: Michael Petzet (48), derzeit Generalkonservator am Bayerischen Landesamt für Denkmalpflege, davor erfolgreicher Chef der Städtischen Galerie.

Den besten Mann zu suchen für das wichtige Amt, ist gut. Aber ist Kolbe nicht mehr gut genug? Wenn man sich umhört in der kulturpolitischen Szene, scheint die Lobby für Petzet eher einen gezielten Schreckschuß auf Kolbe abgeben zu wollen: Wenn wir dich dennoch wählen, dann bedenke, du bist nicht der Alleinseligmachende – es gibt auch andere Könner neben dir...

Den ganz Rechten ist Kolbe immer noch zu links, den Linken inzwischen zu rechts. Auch als gewiefter Kulturpolitiker kommt man zwischen den Stühlen der Parteien eben leicht ins Schleudern; nimmt man auf dem bequemsten Platz, gerät man mit der an sich wohlmeinenden Opposition in den Clinch – und mit sich selbst bisweilen ins Unreine. Ganz sicher ist Kolbe nicht nur daran gewachsen, daß die Sachfragen sich oft zu Parteizwängen ausgewachsen haben.

Aber wenn man rückblickt – auf geglückte und mißratene Aktivitäten –, sieht man eigentlich keinen Grund, einen neuen Mann zu suchen. Auch nicht für den Posten unseres obersten bayerischen Denkmalpflegers! Denkmal-Fürsorge ist eine langfristige Verpflichtung. Die sieben Jahre, die Petzet so erfolgreich im Amt ist, genügen nicht, um wirklich entscheidend zu wirken.

Petzet weiß das: „Ich bin zwar gerührt, daß man sich in der Stadt meiner erinnert, aber ich möchte der Versuchung widerstehen. In der Städtischen Galerie konnte ich in zwei Jahren eine Menge erreichen, aber in der Denkmalpflege braucht man viel Zeit. Ich bin jetzt gerade über sieben Jahre im Amt und brauche eigentlich noch einmal die gleiche Zeit."

Ich käme mir fahnenflüchtig vor, wenn ich mich jetzt für den Posten des Kulturreferenten bewerben würde, obwohl ich mir die Arbeit durchaus zutrauen würde. Die Aufgabe reizt mich sehr, ich muß ich zugeben, aber ich möchte meinen Denkmälern nicht untreu werden – das ist auch eine moralische Frage."

Kolbe oder Petzet? Beide! Und solange es weder für den einen noch den anderen eine schlagende Alternative gibt.

Gert Gliewe

Petzet als Gegenkandidat soll den Kulturreferenten schocken

Von Ralf Scharnitzky

München – Soll Kulturreferent Jürgen Kolbe jetzt eingeschüchtert werden? Seine Gegner in der Rathaus-CSU drohen mit einem prominenten Gegenkandidaten: mit Michael Petzet, dem Chef des Landesamtes für Denkmalspflege. Und da der parteilose Kolbe auch von der SPD nur mehr halbherzig unterstützt wird, ist die Situation für ihn bedrohlich.

Die „Genossen" stellten erst vor kurzem klar: „Wir haben ihn nicht aufgefordert, sich erneut um den Posten zu bewerben." Im Klartext: Bei einer Kandidatur kann Kolbe nicht mit allen SPD-Stimmen rechnen. Dies freilich könnte dem demnächst 41jährigen Kultur-Chef noch egal sein: Glaubte er doch CSU und FDP hinter sich.

Doch bei den „Schwarzen" haben nun diejenigen, denen die Politik Kolbes zu liberal ist, erneut ihre Chance erkannt. Dem Kulturreferenten soll ein Denkzettel verpaßt werden. Deshalb wurde unter der Hand ein Gegenkandidat präsentiert: Michael Petzet, 1933 in München geboren und von 1972 bis 1974 Chef der Städtischen Galerie.

Allerdings hat die CSU schlechte Erinnerungen an Petzet: Als er 1974 von Kultusminister Hans Maier als Denkmals-Chef vorgeschlagen und von Ministerpräsident Alfons Goppel und dem Ministerrat gewählt worden war, gab es einen Riesen-Krach. CSU-Chef Franz Josef Strauß wetterte gegen Petzet (er hatte einmal „Künstlerscheiße" in der Dose ausgestellt), „Einmischung" wurde von der SPD Goppel aufgefordert, seinen Hut zu nehmen.

Deshalb glaubt man auch im Rathaus: Kolbe soll nicht abgesägt werden, sondern lediglich verschreckt. Man will ihn mit der Drohung eines Gegenkandidaten endgültig auf die totale CSU-Linie zwingen.

Denn auch seine Gegner wissen genau: OB Erich Kiesl steht voll hinter seinem derzeitigen Kulturreferenten.

BEDROHT: Kulturreferent
Jürgen Kolbe

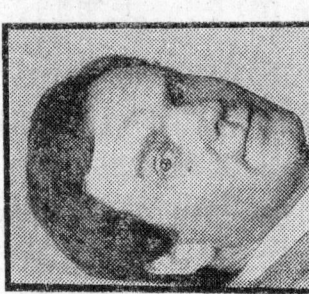

DROH-KANDIDAT:
Michael Petzet

Die Denkmäler brauchen mich

AZ-Gespräch mit Generalkonservator Michael Petzet zur Kulturreferentenwahl im Oktober

Michael Petzet, seit 1974 Chef des Bayerischen Landesamts für Denkmalpflege, kam überraschend ins Gespräch als Münchens neuer Kulturreferent und möglicher Nachfolger von Jürgen Kolbe (AZ berichtete). Die Wahl des Kulturreferenten für die nächsten sechs Jahre ist im Oktober fällig. Die AZ sprach mit Petzet über seine Ansichten und Aussichten.

Will Bayerns oberster Denkmalpfleger überhaupt kandidieren für den Posten des Kulturreferenten? Oder gibt es Interessen innerhalb der Münchner Parteien, die Petzets Namen — aus welchen Gründen auch immer — mit Blick auf den kommenden Wahlkampf einfach so in die Diskussion warfen?

Herr Petzet, es ist kaum denkbar, daß Ihr Name ohne Ihr Einverständnis in die Diskussion kam?

Petzet: „Schon im Januar hat eine Münchner Zeitung meinen Namen im Zusammenhang mit dem Kulturreferat genannt. Ich wußte, daß ich im Gespräch bin. Es war

MICHAEL PETZET
Foto: Schödl

für mich doch überraschend, daß von allen Parteien ein großes Interesse an meiner Bewerbung zu bestehen scheint. Das Vertrauen, das man da in mich setzt, freut mich natürlich: Das Interesse reicht schon von der CSU bis in die SPD. Ich hätte eine solide Mehrheit, da bin ich sicher..."

Wie erklären Sie sich die Erfindung Ihrer Person?

Petzet: „Nur so, daß man innerhalb der Parteien und über die Parteien hinweg eine Münchner Alternative für dies Amt haben will. So kann ich mich schon sehen. Es gibt kritische Stimmen, wie ich glaube, berechtigte, die sagen: Wie Glasperlen für die Eingeborenen wird Kultur nach München gebracht. Da ist auch viel bloßer Aktionismus, den München nicht nötig hat. Ich will Herrn Kolbe nicht kritisieren, doch ich glaube, daß München selbst eine gewaltige Potenz an Kultur hat. Es ist keine Öde, die entwickelt werden muß."

Sie gelten als Kandidat der CSU.

Petzet: „Ich bin parteilos. Ich fühle mich auch nicht als Drohkandidat in einer bestimmten Konstellation. Ich hätte sehr gute Aussichten, aber aus guten Gründen kann ich das leider nicht machen."

Keine Kandidatur also, ganz sicher?

Petzet: „Ich muß der Versuchung widerstehen, so sehr mich das reizt. Für mich wäre das Kulturreferat sehr schön, sehr erfreulich. Aber die Denkmalpflege kann man wirklich nur über ganz viele Jahre betreiben, die Denkmäler brauchen mich nötiger. Ich möchte erleben, daß das Amt komplett in der Münze sitzt und arbeitet, auch, daß wir uns in vielen Bereichen verbessern. Das Denkmalschutzgesetz von 1973 war doch ein starker, verpflichtender Neubeginn. Ich kann mir im Moment wirklich nichts anderes vorstellen als meine jetzige Tätigkeit."

In sechs Jahren gibt es wieder eine Kulturreferenten-Wahl. Wollen Sie sich dafür aufrüsten, jetzt?

Petzet: „Was in sechs Jahren ist, w'rd man sehen. Vielleicht bin ich dann zu alt?" *Ingrid Seidenfaden*

AZ (Abendzeitung), München
13. August 1981

MÜNCHEN AKTUELL
Von Ralf Scharnitzky

So macht man Referenten

Noch ist alles offen — zumindest offiziell. Denn die Bewerbungsfrist für die Posten der 13 Stadtminister ist noch nicht abgelaufen. Doch hinter den Rathaus-Kulissen ist in einigen Fällen schon alles in die Wege geleitet, zum Teil wohl schon gar gelaufen.

So im Kapitel „Kommunales". Da ist der **Werner Veigel**, und da gibt's den **Karl Feigel**. Der erste möchte gerne weiter Referent bleiben. Der zweite, derzeit noch Stadtdirektor hinter noch Stadtdirektor **Kiesl**. Denn der mag seinen Duz-Freund Werner (der mit V) nicht mehr.

Nur hat der Kiesl ein Problem. Vielen in der Rathaus-CSU leuchtet nicht ein, warum. Deshalb kam dem OB eine glorreiche Idee: Er hat — so hört man — dem Werner Veigel einen schönen Posten als Chef einer städtischen Wohnungsfirma angeboten. Damit der freiwillig nicht an seinem Stadtministeramt kleben bleibt.

Doch wahrscheinlich hilft's nichts: Nimmt der nämlich das großherzige Angebot nicht

an, dann bleibt er Referent. Dank SPD, FDP und einiger Kiesl-Abweichler in der CSU.

Spannend wird's im Kapitel „Werke". Referent **Dr. Wilhelm Zankl** geht in Pension. Gewehr bei Fuß stehen zwei SPD-Leute: Werks-Vize **Dr. Hanns Kurz** und Personal-Referent **Walter Layritz**. Den Kurz will die SPD, den Layritz die CSU. Die CSU will den Kurz nicht, die SPD will den Layritz weiter als Personalchef. Doch der Layritz wird's werden. Denn die CSU wirft dem Werks-Vize „Betriebsspionage" vor. Kurz war lange Jahre enger Vertrauter von Landesminister **Anton Jaumann**, ohne jedoch seine SPD-Mitgliedschaft zu beichten.

Beim Kapitel „Kreisverwaltung" sind sich die CSU einig: **Dr. Klaus Hahnzog** muß weg. Schließlich ist er einfach zu sehr SPD-Mann und hat den OB schon mal vor Gericht besiegt. Doch wer's werden soll? Zwei sind im Gespräch: **Dr. Peter Gauweiler**, der geliebt-ungeliebte Fraktions-Vize. Und **Karl Inhofer**, persönlicher Referent vom früheren Innen-Staatssekretär Kiesl. Ein Teil der Fraktion will Gauweiler endlich aus der Stadtrats-Riege haben, die anderen halten Inhofer für besser. Vielleicht hilft hier die SPD bei der Entscheidung. SPD-Chef **Horst Salzmann** soll dem „Schwarzen Peter" versprochen haben: „Wenn Hahnzog nicht durchkommt, kriegst du Stimmen aus der SPD." Und daß Hahnzog nicht durchkommt, ist sicher.

Sicher ist auch: **Dr. Jürgen Skolbe** bleibt. Denn **Dr. Michael Petzet**, von CSU-Rechten und SPD-Linken (seltsam) als Gegenkandidat aufgebaut, verzichtet.

Spannweite der Denkmalpflege in München:
Von der Hackerbrücke bis zum Dom...
Generalkonservator Michael Petzet berichtet über die Schwerpunkte der Restaurierungsarbeiten

Von unserem Redaktionsmitglied Charlotte Nennecke

Allein in München stehen auf der Liste erhaltenswerter Baudenkmäler mehr als 8000 Objekte, teilte Generalkonservator Michael Petzet bei einer Pressekonferenz des Bayerischen Landesamts für Denkmalpflege mit, die über die beratende und gutachtende Tätigkeit dieser Fachbehörde anhand einer Fülle von Beispielen orientierte. Auf zehn eng bedruckten Seiten hat Petzet die aktuellsten denkmalpflegerischen Aufgaben in der Landeshauptstadt zusammengefaßt — ein Katalog, der von der Michaelskirche über Kirchenbauten des 19. Jahrhunderts und Münchner Dorfkirchen bis hin zu öffentlichen Gebäuden, Einzelhäusern und verschiedenen städtebaulichen Problemen reicht. Über neueste Restaurierungsmaßnahmen unter der Obhut des Denkmalamtes konnten sich die Journalisten bei einem Rundgang informieren.

„Daß wir uns heute auch für technische Bauwerke wie die Hackerbrücke engagieren — so etwas wäre vor zwanzig Jahren sicher nicht der Fall gewesen", sagte Michael Petzet bei der Pressekonferenz, die erstmals in großem Umfang die Denkmalpflege speziell in München zum Thema hatte. Petzet akzentuierte mit diesem Satz die ständige Erweiterung denkmalpflegerischer Aufgaben, um dann gleich auch auf ein anderes technisches Objekt zu kommen, das ihm am Herzen liege: die Schrannenhalle aus der Zeit des Glaspalastes, eine interessante Eisenkonstruktion aus dem mittleren 19. Jahrhundert, deren Reststück heute in städtischen Gaswerk vergammelt.

Da dieses Eisenbauwerk zerlegbar ist, möchte Petzet prüfen lassen, ob es sich in die Nähe des Stadtmuseums zurückversetzen läßt (einstiger Kopfbau der ehemaligen Getreidehalle war die noch bestehende jetzige Freibank am Viktualienmarkt). Dem Stadtmuseum könnte man mit der geräumigen und luftigen Halle neue Ausstellungsmöglichkeiten und auf diese Weise auch „neue Dimensionen" bieten. Auf jeden Fall müsse mit dem Bauwerk „unbedingt etwas geschehen".

Die Frage der Gulbransson-Villa

Daß das Denkmalamt nur eine gutachtende Behörde und keine Vollzugsbehörde ist, wurde Presse beim Besuch des Doms mitgeteilt. Die Gewölberippen ocker zu streichen und die Konsolen in Grau zu halten, sei legitim, hieß es, nachdem man bei Untersuchungen des historischen Befunds sichere Anhaltspunkte für Ocker bis zu seiner Restaurierung im letzten Jahr als Depot hatte herhalten müssen. Die Decke mit ihren Fresken von Johann Anton Gumpp war nach dem Krieg lieblos übertüncht worden. Jetzt wurde der Raum in all seiner barocken Schönheit wiederhergerichtet: Auf rosa Grund zeigt die Decke ornamentalen Schmuck in Gelb und zartem Blau; die großen Medaillons mit ihren von Rosen gezierten Stuckrahmen erhielten wieder ihre Bildmotive mit der Mutter Gottes und dem Jesuskind, die den Menschen in verschiedenen Nöten helfen — bei den Gefahren von Feuer, Wasser, Erde und Luft.

Kleine Freilegungsproben hatte man dafür schon 1980 gemacht; unlängst wurde der Raum fertig. Wer den Lesesaal besichtigen will, hat dazu von Montag bis Freitag zwischen 9 und 12 Uhr und zwischen 13 und 17 Uhr Gelegenheit (an der Türe läuten!).

Hier steht These gegen These

Zum umstrittenen Westfenster der Asamkirche stellten Michael Petzet und sein Amtskollege Heinrich Habel auf Fragen von Pressevertretern fest: „Letzte Beweise wird man nicht beibringen. Die kunsthistorische Lehrmeinung zu Beginn der Restaurierungsarbeiten war, daß hier ein Fenster gewesen sein muß. Auch der Restaurierungsarchitekt Erwin Schleich war dieser Meinung. Dann wurde durch subtilste Archivforschung immer wieder Neues beigebracht. Wir selbst können nicht in jedem Fall solche Forschungen anstellen, aber wir freuen uns über die vielen Forschungen und sind allem gegenüber offen." Eine vom Kultusminister einberufene Expertenkommission, die sich mit dem Problem befasse, werde sicher auch zu unterschiedlichen Ansichten gelangen. „Es wird immer These gegen These stehen, weil es sich hier in der Asamkirche um keine alte, sondern um eine neue Wand handelt und es sonst nur gewisse Quellen gibt."

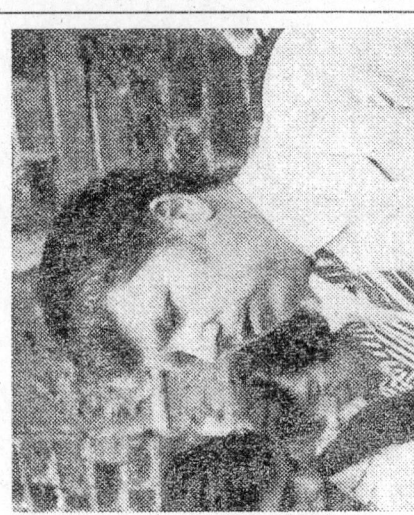

MICHAEL PETZET *erläuterte vor der Presse die vielfältigen Aufgaben und Probleme des Bayerischen Landesamts für Denkmalpflege, dem er seit sieben Jahren vorsteht.*

noch einmal am Beispiel Gulbransson-Haus deutlich. Obwohl man für die Denkmalpflege in ganz Bayern über jährliche Zuschußmittel von 20 Millionen Mark und über einen Entschädigungsfonds von weiteren 20 Millionen Mark verfügt, sei es „nicht machbar", astronomische Summen für die Ablösung eines einzelnen bestehenden Abbruch eines denkmalgeschützten Gebäudes wie die Gulbransson-Villa am Englischen Garten zu bezahlen. Im Hinblick auf dieses Haus bleibe das Denkmalamt jedoch bei seinem Plädoyer, es seien auch noch Überlegungen von anderer Seite im Gang; ernsthafte Betrachtungen könnten jedoch nur gemeinsam mit der Stadt München angestellt werden.

„Tropfsteine" am Prinzregententheater

Einen kleinen Schock löste bei der Pressekonferenz die Mitteilung aus, am allmählich immer mehr verkommenden Prinzregententheater seien bereits drei Zentimeter lange „Tropfsteine" gesichtet worden, die sich unter dem undichten Balkon gebildet hätten. Ein Vertreter des Landbauamts, das mit der Erhaltung des Bauwerks beauftragt ist, stellte jedoch fest, es werde alles getan, „damit es nicht reinregnet". Petzet vermerkte dazu: „Für uns wäre es undenkbar zu sagen, wir verzichten auf diesen Theaterbau." Er hält Überlegungen für erforderlich, zunächst einmal eine Außenrestaurierung des Prinzregententheaters in Gang zu bringen.

FREUNDLICHER als bisher wirkt das Innere des Doms durch das frische Ocker der Gewölberippen. Nach Erforschung des historischen Beſundes erachteten die Denkmalpfleger diese Farbgebung als legitim.
Photo: Landesamt für Denkmalpflege

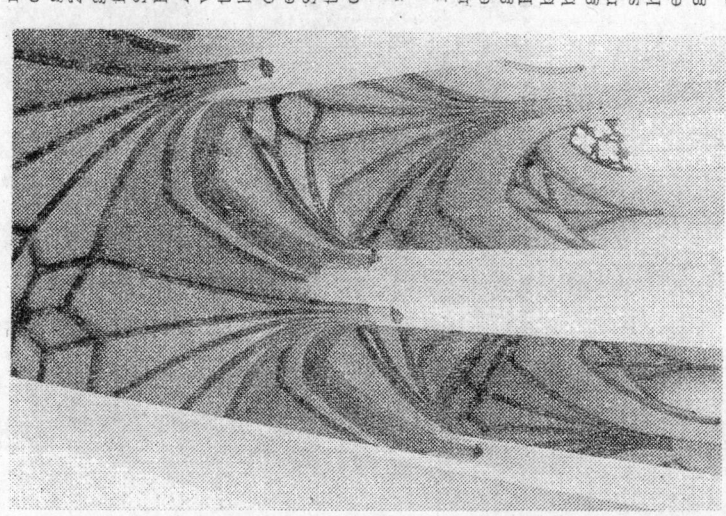

DIE VERWITTERTEN EPITAPHE am Liebfrauendom harren ihrer Konservierung. Das Gestein wurde bereits in einem Spezialbabor genau untersucht.
Photos: Fritz Neuwirth

und Grau im Kirchenschiff zur Erbauungszeit des Doms gefunden habe.

Auch in der Michaelskirche sind die Restaurierungsmaßnahmen noch in vollem Gang. Hier wird vor allem der Stuck ergänzt, der seit dem 1953 abgeschlossenen Wiederaufbau der Kirche an der (seither glatten) Tonne gefehlt hat. Da an Photos und Zeichnungen aus der Vorkriegszeit vorhanden waren, ergaben sich für diese Ergänzungen — auch der halbplastische Engelskranz an der Vierung gehört dazu — keine besonderen Probleme, wie Baudirektor Theo Schmidt vom Landbauamt, der ausführenden Behörde, erläuterte. Durch die Neueinrichtung der Orgelempore, die künftig die Fenster nicht mehr verdeckt, erhalte der Vorraum wieder mehr Licht. Die Orgel selbst wird nach Archivmaterial des Jahres 1698 rekonstruiert; mit ihrem Bau ist ein bayerischer Orgelbauer beauftragt. Zum 400. Jahrestag ihrer Grundsteinlegung am 18. April 1983 soll die Michaelskirche fertig sein.

Sakristei der Karmeliterkirche

Höchst reizvoll war schließlich ein Einblick in die einstige Sakristei der Karmeliterkirche, die den einzigen noch erhaltenen Teil dieses Kirchenbaues von 1660 darstellt und jetzt als Lesesaal des Diözesanarchivs dient, nachdem der Raum

Konservierung der Dom-Epitaphe

An der Außenfront des Liebfrauendoms zeigten die Denkmalpfleger der Presse die über 100 Wandepitaphe (entstanden etwa zwischen 1580 und 1780), deren Konservierung in Angriff genommen wird, um ihren weiteren Verfall aufzuhalten. Im Steinkonservierungslabor der Stiftung Volkswagenwerk an der Luisenstraße ist für jeden Stein — da es sich hier um viele verschiedene Gesteinsarten handelt — ein Gutachten erstellt worden. Die Konservierungsmaßnahmen sollen direkt am Dom vorgenommen werden.

Frischere Farbigkeit

Die Restaurierungsarbeiten im Dom, von Münchnern und Touristen seit ihren Anfängen im vergangenen Jahr mit großem Interesse verfolgt, sind vor allem darauf gerichtet, dem Kirchenraum nach der letzten, unbefriedigenden „Grauweißlösung" wieder eine „frischere und angenehmere Farbigkeit" zu geben, wurde der

Michael Petzet will nicht Kulturreferent werden

Dem Gerücht, er werde sich zu den Bewerbern um das neu ausgeschriebene Amt des Münchner Kulturreferenten gesellen, hat der Chef des Bayerischen Landesamts für Denkmalpflege, Generalkonservator Michael Petzet, gestern widersprochen. Bei der Pressekonferenz im Denkmalamt sagte Petzet im Hinblick auf die ihm unterstellte Ambition: „Ich werde diesen Versuchungen zu widerstehen versuchen." Die Frage, ob dies eine definitive Absage bedeute, bejahte er.

Zwar erscheine ihm der Posten des Münchner Kulturreferenten „schon reizvoll", vermerkte Petzet zu seinen persönlichen Erwägungen; doch da es in Bayern bei der Denkmalpflege, der er seit sieben Jahren vorsteht, „noch soviel zu verbessern gibt" und er „noch eine Menge erreichen möchte", finde er es ratsamer, diese Arbeit jetzt nicht aufzugeben.

Petzet gab zu, daß es bereits gewisse „Gespräche" gegeben hat („Ich kenne ja viele Stadtväter"); doch seien diese mehr „informell" gewesen, obwohl er gemerkt habe, daß er im Gespräch sei. „Aber es muß ja nicht unbedingt ich sein."

München-Bilanz von Generalkonservator Petzet: Schon 8000 Bauwerke und Gebäude in der Stadt sind schutzwürdig

Wenn das eigene Haus zum Denkmal wird

Generalkonservator Michael Petzet.
Foto: Enzwieser

Tausende von Münchner Hausbesitzern haben sie neuerdings schwarz auf weiß daheim: Die Bestätigung, daß ihr Haus ein schutzwürdiges Bau-Denkmal ist und deshalb in die Denkmalliste des Landes aufgenommen wurde. Diese Liste umfaßt mittlerweile gut 108 000 Einzelbauten im ganzen Land. Allein in München wurden bis Ende letzten Jahres weit über 3000 Baudenkmäler als „listenwürdig" anerkannt.

Befriedigt stellte Bayerns oberster Denkmalschützer, der Generalkonservator Michael Petzet, gestern bei einer „München-Bilanz" fest, daß gerade die Privatbesitzer solcher Baudenkmäler durchweg positiv auf die Tatsache reagierten, in der Liste zu stehen. Darüber hinaus aber registrierten die Denkmalschützer überrascht, daß immer mehr Hausbesitzer aus der Landeshauptstadt unbedingt nachträglich in die Liste aufgenommen werden wollen. Hauptgrund: Steuervergünstigungen. Freilich kann ein Baudenkmals-Besitzer auch mit Zuschüssen für die Sanierung seines Gebäudes rechnen.

Viel Lob zollte Petzet in diesem Zusammenhang den Besitzern von Privathäusern, die inzwischen mit namhaftem Aufwand ihre Baudenkmäler instandsetzen: Man könne da nicht genug auf die städtebauliche Bedeutung solcher Privatinitiativen hinweisen. Vielen geglückten Renovierungen von Privathäusern stünden aber leider auch drohende Verluste gegenüber, beteuerte Petzet sorgenvoll.

Nicht jedes Haus der Denkmalliste läßt sich nämlich ohne weiteres vor dem Abbruch bewahren. Kummervoll registrierte der Denkmalschützer: „Die Baurechts-Probleme in München machen uns sehr zu schaffen." Opfer des Baurechts, das dort Probleme schafft, wo vor dem Beginn des Denkmalschutzgesetzes bereits ein Bebauungsplan entstand, sind etwa ein Neubarockhaus der Münchner Architekten Seidl (Marsstraße) oder auch das Gulbransson-Haus (an der Keferstraße), für dessen Rettung vor dem Abbruch das Landesamt für Denkmalpflege noch fieberhaft nach einer Lösung sucht. Ein Ankauf über den Entschädigungsfond des Landes — er umfaßt pro Jahr 20 Millionen Mark — oder durch die Stadt kommt kaum in Frage: Die Zeiten, in den ein Hildebrandhaus (für die Monacensia-Sammlung) gekauft und saniert werden konnte oder die Seidl-Villa in Schwabing (sie kostete einmal fünf Millionen) sind vorbei.

Doch die Sorgenkinder der Denkmalshüter befinden sich nicht nur unter Privathäusern. Neben dem „Dauerbrenner" Armeemuseum, für dessen Erhaltung Petzet erneut nachdrücklich eintrat, ist da etwa auch das Prinzregententheater. Wenn es schon in absehbarer Zeit nicht bespielt und daher auch nicht insgesamt renoviert würde, sollte wenigstens die Außenfassade einer Sanierungskur unterzogen werden: „Immerhin bildet sich hier bereits Tropfstein unter dem Balkon der Vorfahrtshalle".

Dringend empfiehlt Petzet die Rettung eines Stücks Münchner Geschichte, das derzeit einsam am Gaswerk vor sich hinrostet: Die Schrannenhalle (die einmal am Viktualienmarkt als imposanter Eisen-Glasbau eine Hauptrolle spielte). Sie sollte bald „möglichst am ursprünglichen Platz neben der Freibank, die ja der Kopfbau der Halle war", aufgestellt werden.

Neben der Bedeutung, die sie als Ausstellungshalle neben dem Stadtmuseum hätte, sei sie auch erhaltungswürdig: „Wir würden bei diesem Projekt helfen", betonte Petzet die Finanzierungsbereitschaft des Denkmalamts.

Finanzhilfe von einem Mäzen (der Messerschmidt-Stiftung) erhält übrigens die Frauenkirche: An ihrer Außenwand sind 100 stadthistorisch sehr wichtige Grabplatten alter Familien zu retten. Ein Projekt das zwei Jahre dauern wird. Die Innenrenovierung der Frauenkirche soll bereits im Herbst abgeschlossen sein. Fertig ist auch Münchens schönster Lesesaal. In der alten Karmelitenkirche wurden barocke Deckenfresken entdeckt und wiederhergestellt. **Irmi Schwartz**

Münchner Merkur
13. August 1981

Vom Abbruch bedroht

Viele Sorgenkinder gibt es unter den historischen Bauten der Stadt: Etwa das alte frühbarocke Paulanerkloster in der Au (oben), an der Ohlmüllerstraße. Der Bau wird jetzt in einen Wettbewerb für das benachbarte Landratsamt einbezogen, „und hoffentlich erhalten", wie das Landesdenkmalamt betont. Finanzielle Probleme behindern noch die Rettung der reizvollen Tribüne (von 1897) auf der Riemer Galopprennbahn: Eine Lösung ist noch nicht in Sicht. Abgebrochen wird vermutlich ein Baudenkmal an der Marsstraße 26. Das neubarockes Haus des Münchner Architekten Gabriel Seidl ist zwar in der Denkmalliste, aber auch mit Baurecht belastet, ein Problem vieler Münchner Bau-Denkmäler.

Vorbildlich renoviert

Wie wichtig eine Fassadenrenovierung für das Stadtbild sein kann, das zeigt sich nach Ansicht der Denkmalschützer an diesem Eck-Haus (Widenmayerstraße 52): Der Bau (oben) im deutschen Renaissance-Stil gehört zu der Reihe besonders vorbildlich renovierter Münchner Häuser.

Die bedeutendste Innenrestaurierung einer Münchner Kirche wird derzeit im Frauendom (unten rechts) durchgeführt. Bereits fertig ist die Kreuzgewölbedecke über dem Grabdenkmal von Ludwig dem Bayern. Der gesamte Innenraum des Domes soll im Herbst in neuem Glanz erstrahlen.

Unter den vielen Kirchen, die in der Stadt restauriert werden, ist auch ein kaum bekannter Bau aus der Zeit Ludwig I. Die alte Haidhauser Kirche (ehemalige Klosterkirche zum Guten Hirten). Sie sollte abgebrochen werden. Doch auf Einspruch der Denkmalschützer wird sie saniert (links).

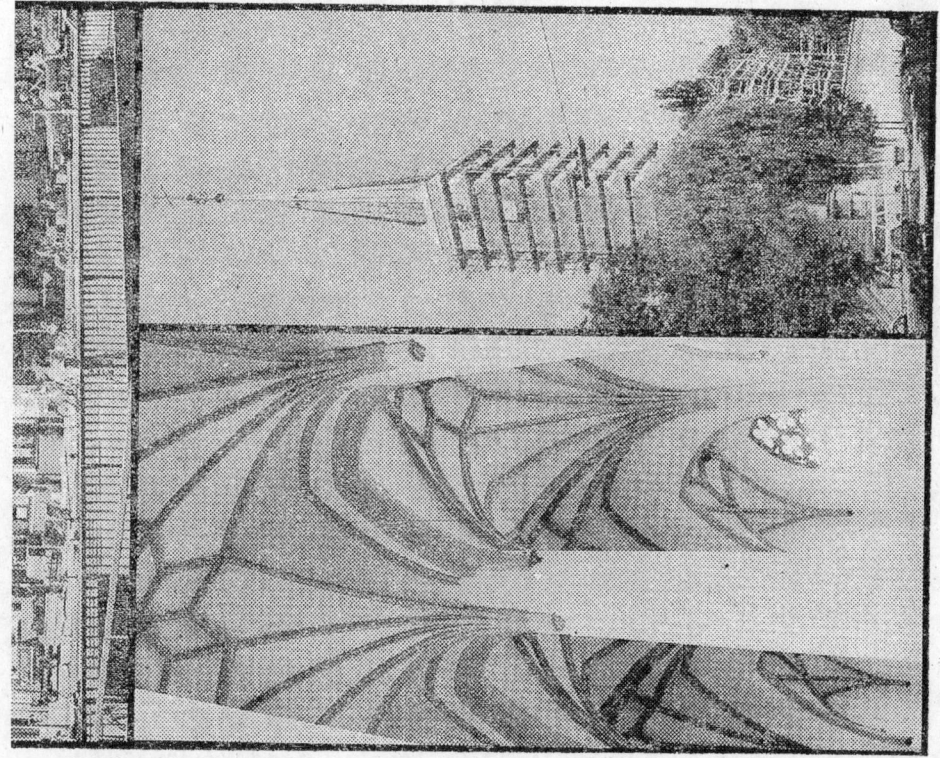

Die umstrittenen Szenen des Augustin Palme
Ein Deckenfresko in der Wallfahrtskirche Vierzehnheiligen entzweit die Fachleute

Von unserem Redaktionsmitglied Rosel Termolen

STAFFELSTEIN, 13. August – Nicht die mittlerweile auf mehr als sieben Millionen Mark veranschlagten Kosten scheinen derzeit die seit gut fünf Jahren laufenden Vorbereitungen zur Gesamtrestaurierung der Wallfahrtskirche Vierzehnheiligen bei Staffelstein eingefroren zu haben, sondern eher eine gewisse Unsicherheit der Denkmalschützer angesichts einer „Reihe von Problemen, die in der wechselvollen Geschichte des Innenraumes begründet sind".

Die von Balthasar Neumann konzipierte Basilika wurde 1764–72 von J. M. Feichtmayer und J. G. Überhör stuckiert und durch den kurmainzischen Hofmaler Giuseppe Appiani mit prachtvollen Fresken versehen, die – bezogen auf die Stiftungslegende der Wallfahrt – Erscheinungsszenen des Alten und des Neuen Testaments zeigten. Bei einem Brand anno 1835 wurden diese Deckengemälde in Mitleidenschaft gezogen, 1849–1871 malte sie Augustin Palme, ein kaum bekannter Münchner Maler der Nazarener-Schule, dann neu. Um seinem Farbputz bessere Haftung zu sichern, versah Palme die Appiani-Fresken mit hunderten eng gesetzter Hammerlöcher, er „spitzte sie auf". 1915 begann die schrittweise Entfernung dieser Übermalung, die Restaurierung der Appiani-Fresken mußte aber wegen Geldmangel bald abgebrochen werden.

Eine Wiederherstellung der Appiani-Fresken erscheint dem Denkmal auch heute nicht mehr möglich. Angesichts der Übermalungen hält man auch eine Integration von rekonstruierten Fresken oder Neuschöpfungen für unangebracht. Die Palme-Bilder, von den meisten Freunden der Wallfahrtsbasilika als grober Stilbruch empfunden, sollen deshalb erhalten, die Farbgestaltung der umgebenden Stuckierung auf sie abgestimmt werden. „Auch Palme gehört zu der Geschichte der Kirche, man sollte das nicht leugnen", hatte Generalkonservator Michael Petzet bei einer Besichtigung der Basilika kürzlich festgestellt. Die moderne Denkmalpflege sei gegen forciertes Restaurieren, das nicht mehr rückgängig gemacht werden könne, wenn spätere Zeiten zu einem anderen Urteil kämen.

Dem Beschluß, vorerst die Palme-Fresken zu erhalten, ging nicht nur ein umfangreicher Schriftwechsel zwischen dem Bauherrn – dem Franziskanerkloster in Vierzehnheiligen nämlich – dem Freistaat Bayern als Kostenträger, dem Bamberger Ordinariat als kirchlicher Aufsichtsbehörde und dem Landesamt für Denkmalpflege voraus, sondern auch eine erste Untersuchung des gesamten Raums im Jahr 1976 und, von 1979 an, die probeweise Gestaltung einer Achse im südlichen Querarm der Kirche. Die dort entstandene Farbgebung – ein auf „Smalte" (eine Glasurfarbe mit gemahlenem Kaliglas als Grundstoff) basierendes, kühles Graublau für die Stukkaturen, ein kräftiges Ockergelb in den Kartuschen, dazu die Vergoldungen, vor allem aber die farbige Fassung der Putten wäre – nach Ansicht des zuständigen Denkmalschutzreferenten Peter Pause für die Kirche „ein Hauptgewinn". Diese neue Farbgebung sei deutlicher als die bewußt patinierten Pastellnuancen der Renovierung von 1958/59 am Original orientiert, aber nicht so kräftig, daß sie die beiden erhaltenen Appiani-Fresken zurückdrängten.

Eben diese Farbproben aber haben den Mißmut vieler durchaus sachkundiger Freunde der Basilika erregt, weil sie „an ein billiges, gelbbeschmiertes Altbau-Stiegenhaus mit grauem Ölsockel und (durch die allzu ebenmäßig ausgemalten Brokatbänder) Plastikfolienverzierung" erinnern.

So wenig wie über die farbliche Ausgestaltung des Raumes herrscht Einigkeit über die künftige Gestaltung der Altäre. Daß der freistehende, grandios konzipierte Gnadenaltar unangetastet bleiben soll, steht außer Zweifel, auch, daß – nachdem Appianis ursprünglicher Hochaltar nicht mehr aufgefunden wurde – dort die Darstellung der Himmelfahrt Mariä, ebenfalls in Nazarener-Manier, nicht ersetzt werden soll, zumal dieses Bild zu den Fresken der gleichen Periode korrespondiert. Für die beiden Seitenaltäre aber würden sich die Wallfahrer-Patres „etwas neues Altes" wünschen. Dort nämlich hängen seit den 50er Jahren kunstlos-realistische Darstellungen der Franziskaner-Heiligen Franziskus und Antonius. Zwar wäre es, wie das Denkmalamt zugesteht, nicht allzu schwierig, aus einem staatlichen oder kirchlichen Depot passende Altarbilder fränkischer Barock- oder Rokoko-Maler zu finden. Peter Pause aber befürchtet, eine solche bewußt hergestellte Stileinheit könnte zu einem „musealen Effekt" führen, den man für Kirchenräume vermeiden sollte.

Die Klärung der anstehenden Fragen wird dauern – die Risse im Gewölbe sind „noch nicht bedrohlich", die Fresken pudern, so Dr. Pause, „nicht übertrieben stark". Er findet eine Diskussionspause ganz sinnvoll, denn „je rascher die Renovierungen aufeinander folgen, desto höher ist der Substanzverlust. Wir haben uns ohnehin an einen Neuheitseindruck gewöhnt, der den Alterswert verleugnet. Es ist notwendig, daß wir künftig etwas zögernder an solche Arbeiten herangehen".

Ein Standpunkt, der sicherlich Zustimmung finden könnte – der allerdings auch die Frage offenläßt, warum man dann die Farbgestaltung der „Probeachse" so forcieren mußte.

Süddeutsche Zeitung, 14./15./16. August 1981

EIN MEISTERWERK des Rokoko ist die Basilika Vierzehnheiligen von Balthasar Neumann. Die reichen Stukkaturen stammen von den Wessobrunnern Feichtmayr und Übelherr. Um die Restaurierung der Kirche wird seit Jahren debattiert. Photo: Bornschlegel

Was das Landesamt für Denkmalpflege alles macht

Nie gab es so viele Kirchenrenovierungen in der Landeshauptstadt München wie zur Zeit. Anläßlich eines Pressegesprächs im Bayerischen Landesamt für Denkmalpflege erläuterte Generalkonservator Dr. Michael Petzet die derzeit durchgeführten Restaurierungsmaßnahmen an Münchner Kirchen. Hierzu gehört die seit über einem Jahr laufende Innenrestaurierung des Münchner Liebfrauendomes, des größten altbayerischen Sakralbaus unter den großen Domen des Mittelalters.

Mit Acrylharz dem Kirchenzerfall auf den Leib gerückt

Dr. Petzet stellte bei einer Ortsbesichtigung den Vertretern der Presse in Aussicht, daß mit den Arbeiten an der Raumschale noch vor dem Winter zu rechnen sei. Vor allem die Weiß- und Grautöne, inzwischen arg verschmutzt, ließen die Frauenkirche eher als eine Art „Rohbau" erscheinen. Nachdem man beim Wiederaufbau nach dem Krieg auf eine entschiedene Farbgebung verzichtet hatte, wird die Kirche jetzt mit frischen Farben, die sich auf historische Funde stützen, ausgemalt. So wies man beispielsweise für die Gewölbekonsolen einen Grauton nach, der analog dazu auch an den Wanddiensten angewendet wurde.

Konserviert auf über 100 Jahre hinaus wurde am Außenbau des Doms das künstlerisch überaus wertvolle Brautportal. Mit einer Volltränkung durch Acrylharz soll die bereits stark verwitterte Inschrifttafel, die an die Grundsteinlegung des Gotteshauses von 1468 erinnert, vor dem sicheren Zerfall bewahrt werden. Ebenfalls mit Acrylharz sollen die rund um den Dom angebrachten Grabtafeln konserviert werden. Mit dem Abschluß dieser Maßnahme rechnet man im bayerischen Denkmalamt innerhalb der nächsten beiden Jahre.

Originales Erscheinungsbild angestrebt

Das Sanierungsprogramm, das mehrere 100 000 Mark verschlingt, wird von der Messerschmitt-Stiftung gefördert.
Generalkonservator Petzet machte darauf aufmerksam, daß man bei den Kirchen aus dem 19. und 20. Jahrhundert nach den Purifizierungen der 50er und 60er Jahre wieder ein möglichst originales Erscheinungsbild bei den Restaurierungen herstellen möchte. Außerdem sprach sich Petzet auch für ein Sanierungsprogramm historischer Friedhöfe in Bayern aus, um dem Zerfall bedeutender Plastiken, auch des 19. Jahrhunderts zu begegnen. Dafür stehen dem Landesamt für Denkmalpflege allerdings jährlich nur rund 40 Millionen Mark zur Verfügung.

St. Michael auf Hochglanz bringen

Ebenfalls auf Hochglanz gebracht wird bis zum Frühjahr 1983, genau zum 400jährigen Jubiläum, die berühmte Jesuitenkirche St. Michael, die inmitten der Fußgängerzone liegt. Der bereits von Gerüsten wieder freie Teil des gewaltigen Gewölbes zeigt, wie wesentlich der Stuckdekor für das künstlerisch einheitliche Erscheinungsbild des Raumes ist.

Freilegung interessanter Decken

● Bei der Innenrestaurierung einer der größten Kirchen Münchens, der Pfarrkirche St. Gabriel, wurde durch die Freilegung der Holzdecke eine Annäherung an den Originalzustand angestrebt.

● Besonders eindrucksvoll für den Betrachter ist eine der schönsten barocken Stuckdecken Bayerns, die im Diözesanarchiv des Erzbischöflichen Ordinariats, in der Sakristei der ehemaligen Karmeliterkirche zu sehen ist. Diözesanarchivdirektor Dr. Sigmund Benker veranlaßte bei der Restaurierung der Decke die Freilegung der schönsten barocken Malereien. Diese stammen von dem bekannten Münchner Hofmaler Johann August Gumpp aus dem 18. Jahrhundert. Die Fresken stellen die vier Nöte des Menschen (Feuer, Wasser, Erdgeister und Sturm) dar, der mit Hilfe des Skapuliers schließlich gerettet wird. Das Skapulier, ein Tuchstreifen, gehörte zum Ordensgewand der Karmeliter.

Auch Dorfkirchen interessant

Neben zahlreichen Kirchen in der Landeshauptstadt gilt ein besonderes Augenmerk des Denkmalamtes aber auch den Gotteshäusern der Dorfkirchen in den Außenbezirken. Dazu gehörten unter anderem die Nikolauskirche in Freimann und die Heilig-Kreuz-Kirche in Fröttmaning, bei der nach Fertigstellung der Außenrenovierung derzeit das Innere instandgesetzt wird.

Als eine überaus langwierige Angelegenheit hat sich die Restaurierung der Kirche St. Wolfgang in Pipping erwiesen. Sie gilt als seltenes Beispiel einer vollständig erhaltenen spätgotischen Landkirche.

Vielfache Bemühungen

Eine denkbar ungünstige Ausgangsposition haben die Denkmalschützer bei mehreren Vorortkirchen aus der Übergangszeit vom Historismus zum Jugendstil bzw. zur Moderne. Zu ihnen gehört auch die katholische Pfarrkirche St. Georg in Milbertshofen, dessen barockisierender Bau durch eine Farbfassung im Anschluß an den originalen Zustand wesentlich verbessert werden konnte. Auch wurde an Stelle des verlorenen Hochaltars provisorisch der kostbare spätgotische Flügelaltar aus der alten St.-Georgs-Kirche in Milbertshofen aufgestellt.

Bei der Pfarrkirche St. Johannes Baptist in Solln ist man bestrebt, eine Verbesserung des farblos nüchternen Raumbildes in Anlehnung an den früheren Zustand zu erzielen. In diesem Zusammenhang soll auch das wertvolle Gemälde des einstigen Hochaltars, die Taufe Christi von Karl Becker-Gundahl wieder am originalen Aufstellungsort zur Geltung gebracht werden.
Dem Bayerischen Landesamt für Denkmalpflege stehen für die Erhaltung und Restaurierung der Kirchen und zahlreicher anderer weltlicher Baudenkmäler im Freistaat Zuschußmittel von 20 Millionen Mark zu, sowie ein Entschädigungsfonds in Höhe von ebenfalls 20 Millionen Mark.

J. Danner

Mit Acrylharz wurde das Brautportal an der Südseite des Domes konserviert. Jetzt kommen auch die Grabsteine dran. Aufn.: Landesamt (2)

Die Gewölberippen des Münchner Liebfrauendomes erhielten bei der Restaurierung einen kräftigen Ockerton. Für die Konsolen wurde ein Grauton nachgewiesen, der analog auch an den Wanddiensten angewendet wurde. Für die gesamte Gewölbezone gaben vor allem original deponierte Bruchstücke, die man untersucht hatte, wichtige Aufschlüsse. Bei der Farbe der Gewölbekappen fand man heraus, daß Pfeiler und Gewölbeflächen den gleichen gelblich gebrochenen Weißton aufweisen.

Archäologen mit der Rettung bedrohter Bodendenkmäler ausgelastet

„Leider nur Notgrabungen"

Generalkonservator Michael Petzet bei einer Erkundungsfahrt: mittelfränkischer CSU-Abgeordneter für „Sicherungskäufe" — Immer noch Nachholbedarf

GUNZENHAUSEN — Auf geschichtsträchtigen Boden wagte sich die Arbeitsgemeinschaft der mittelfränkischen CSU-Abgeordneten bei einer Informationsfahrt durch das südliche Mittelfranken.

Auf dem Programm stand die Besichtigung der markantesten und spektakulärsten Überreste aus der Römerzeit: Der Limes bei Gunzenhausen und die Therme in Weißenburg.

Die Fundamente von Mauern und Türmen des vorgeschichtlichen Ringwalls sind auf dem Burgstall in Gunzenhausen freigelegt und konserviert worden. Die Stadt, die heuer das Jubiläum „80 Jahre Limesforschung" feiern kann, wird aus diesem Anlaß eine Gedenkmedaille herausgeben.

Mit einem finanziellen Aufwand in Höhe von 40 000 Mark soll in nächster Zeit einer der römischen Wachttürme nach Originalvorbild wieder aufgemauert werden; dazu werden Steine von Abbruchhäusern verwendet. Wie der Gunzenhausener Bürgermeister Willi Hilpert erläuterte, komme den kulturgeschichtlichen Sehenswürdigkeiten im Zeichen eines anwachsenden Fremdenverkehrs eine immer größere Bedeutung zu.

Das trifft auch für die Römertherme in Weißenburg zu. Die 1977 entdeckte Bäderanlage soll in aufwendiger und bislang einzigartiger Weise dem Publikum zugänglich gemacht werden. Oberkonservator Harald Koschick des Landesamts für Denkmalpflege unterschied drei Phasen: Die vor zwei Jahren hervorragend gelungene Überdachung der Fundstelle („Wir müssen uns sehr anstrengen, die Blicke der Besucher vom Dach abzulenken"), die vor vier Monaten von ungarischen Fachleuten begonnene Konservierung und die Innenausstattung mit Laufstegen und Schautafeln.

Nach den Worten von Generalkonservator Michael Petzet wäre eine Rettung der Römertherme ohne der Entschädigungsfonds nicht möglich gewesen: „Die Mittel aus dem Denkmalpflege hätten nichtausgereicht."

Petzet sprach sich in diesem Zusammenhang für „Sicherungskäufe" von Gelände mit erhaltungswürdigen Bodendenkmälern aus. Mitteln des Fonds aus. Falls eine Konservierung wertvoller Funde zum gegenwärtigen Zeitpunkt nicht finanziert werden könne, „dann sollen die Archäologen eben erst in 200 Jahren graben".

Wie Dr. Christlein vom Landesamt erklärte, hinkt der Freistaat hinter den anderen Bundesländern immer noch hinterher, obwohl die Mittel für archäologische Ausgrabungen von 1,1 auf gegenwärtig zwei Millionen Mark aufgestockt worden sind. Mit der Sicherung von Fundorten, die eine Grabungsfläche von 20 bis 30 Hektar ausmachen, sind nach seinen Worten in Bayern zur Zeit 400 Personen beschäftigt; davon sind 300 in Form von ABM-Maßnahmen der Bundesanstalt für Arbeit angestellt.

„Falls Geld gestrichen wird, müßten wir zur Bauverhinderungsbehörde werden", sagte Christlein. Er betonte, daß die Archäologen gegenüber der Baukunst-Denkmalpflege noch immer einen Nachholbedarf haben, „den aufzuholen in den letzten Jahren versäumt worden ist".

Die „Feuerwehrfunktion" der Denkmalpfleger erläuterte Michael Petzet: „Wir können nur versuchen, wie die Feuerwehr zu retten, was zu retten ist." Die Archäologen könnten nur das sichern, „was zwangsläufig durch Straßenbauarbeiten und andere Erdbewegungen auf uns zukommt."

Als einen „Problemfall" bezeichnete Koschick den „von der Öffentlichkeit vereinnahmten" Hesselberg, die dritte Station auf der Erkundungsfahrt der vom Landtagsvizepräsidenten angeführten Parlamentarier. Durch Steinbrüche, Baumaßnahmen, Bodenerosion und den Ausflugsverkehr seien die vor- und frühgeschichtlichen Befestigungen bedroht gewesen und auch heute noch gefährdet.

Nürnberger Nachrichten, 24. Oktober 1981

Ortstermin am Burgstall im Gunzenhausener Wald: Die Konservatoren Harald Koschick (2. v. L.) und Michael Petzet (rechts daneben) erläutern die freigelegten Limesreste. Foto: Auer

Rettet die alten Bauernstadel!

Sie zählen mit zum Schönsten bayerischer Landkultur: Die uralten Bundwerkstadel, wie sie seltsamerweise nur in Ostbayern vorkommen. Für das rare Sach' startete gestern eine „Rettungsaktion" aus München.

Mit Michael Petzet, Chef vom Landesamt für Denkmalpflege, machten sich Experten auf in die Altöttinger Gegend — zu acht Musterexemplaren dieser Zimmererkunst. Sinn des Ganzen: Den dortigen Bauern den Rücken zu stärken. Und den anderen zu zeigen, daß Erhalten statt Abreißen auch lohnt: Dafür gibt's Landeszuschüsse.

Bundwerk — seine Blütezeit war 1830–1860. Um Scheunenwände „bindig" zu den, wurden Balken zu Mustern verschränkt: Zu (diagonalen) Andreaskreuzen und Rautengittern, verziert von Schnitzornamenten wie schützenden Schlangen.

Ein Prachtstück von Bundwerkscheune steht bei Palling (Foto). Nur hat der Bauer ein so ärmliches Wohnhaus, „daß ma da drin vor Näss'n und Kält'n bald verreckt." *Wulf Petzoldt*

AZ (Abendzeitung), München, 29. Oktober 1981

GEFÄHRDETE LANDKULTUR: Ein prächtiger Bundwerkstadel in der Nähe von Palling.

Süddeutsche Zeitung
2. November 1981

Reise in die Baugeschichte des Bauernhofs

Der Landkres Altötting ist mit prachtvollen Exemplaren der Zimmermannskunst reich gesegnet

Von unserem Redaktionsmitglied Ludwig Fisch

ALTÖTTING, 1. November – Für den Kreisheimatpfleger Alois Stockner ist der Bundwerkstadel in Gallersöd an der Straße von Trostberg nach Burghausen „der schönst seiner Art in Oberbayern". Generalkonservator Michael Petzet, der Leiter des bayerischen Landesamts für Denkmalpflege, geht noch weiter: „Für mich ist das der schönste Bundwerkstadel auf der Welt." Diese Ausweitung auf eine globale Dimension fällt dem Amtsleiter vor allem deshalb leicht, weil die schönsten Beispiele dieser in kunstvoller Bauweise errichteten Zimmermannsarbeiten ohnehin fast alle im Südosten Oberbayerns zu finden sind. Der viel gepriesene Gallersöder Stadel bildete einen der Zielpunkte einer Informationsfahrt durch den Landkreis Altötting, bei der die Denkmalpfleger Baudenkmäler aus dem bäuerlichen Bereich vorstellten, die vor dem Verfall gerettet wurden und die sich jetzt in neuer Pracht präsentieren.

Bei fünf von den acht besichtigten Gebäuden handelte es sich um Bundwerkstadel, eine Spezialität der bäuerlichen Zimmermannskunst, die in der Zeit von 1830 bis 1860 ihre höchste Blüte erreicht hat. Um die meist renovierbedürftig oder sogar baufällig gewordenen Bestandteile der für diese Landschaft charakteristischen Vierseithöfe der Nachwelt zu erhalten, hat man sich – wie berichtet – im Landkreis Traunstein zu einer Rettungsaktion mit einem amtlichen Schwerpunktprogramm entschlossen.

„Wir haben mit solchen Restaurierungen bereits 1976 begonnen", berichtete Landrat Seban Dönhuber für den Landkreis Altötting, der solche Maßnahmen – ebenso wie das Denkmalpflegeamt und der Bezirkstag – mit Zuschüssen fördert. Was dabei herauskommen kann, zeigte sich am Beispiel Gallersöd besonders eindrucksvoll: Der mit zwei Bundwerkshütten verbundene Stadel war vor zwei Jahren eine Ruine, über deren Abbruch sich kaum jemand in der Gemeinde gewundert hätte. Angesichts der früheren Pracht des 30 Meter langen und zwölf Meter breiten Gebäudes nahmen jedoch Eigentümer und Denkmalpfleger die Rettung in Angriff, die vor allem einem staatlichen Restaurateur und einem engagierten Zimmermannsmeister zu verdanken ist. Die Kosten freilich können sich auch sehen lassen: Mehr als 270 000 Mark hat die Restaurierung des Bundwerkstadels gekostet, der sich durch seine ungewöhnlich reichen und phantasievollen Zierformen auszeichnet.

Was einem solchen Bauwerk seine künstlerische und baugeschichtliche Bedeutung gibt, erläuterte Paul Werner vom Landesamt für Denkmalpflege. Unter einem Bundwerk verstehen die Fachleute ein „zimmermannsmäßig abgebundenes, stehendes Balken- und Riegelgerippe mit Bretterhinterverschalung, das das statische Gefüge des Tragerippes nach außen sichtbar läßt. Neben diesen konstruktiven Elementen des Bundwerks, das ohne Verwendung von Eisennägeln zusammengefügt wurde, weisen die Stadelpartien kunstvoll gestaltete Ornamentformen und Schmuckmotive auf.

In Gallersöd gibt es auch kunstvolle Inschriften und szenische Darstellungen aus dem bäuerlichen Bereich, bunt bemalte Toreinfassungen und sogenannte Brettenkopfbüge in Gestalt von gekrönten Löwen, die in den Pranken Schilde mit Sinnsprüchen halten. Alle schadhaften Teile des Bundwerks mußten restauriert, die zerstörten durch detailgetreue Nachbildungen ersetzt werden.

Für einige der Altöttinger Bundwerkstadel, deren Verfall hauptsächlich auf die Umstrukturierung der landwirtschaftlichen Betriebe und der damit verbundenen Zweckeinbuße der Stadel zurückging, fand sich auch wieder eine neue Verwendungsmöglichkeit: etwa als Lagerhalle oder als Unterstellraum für landwirtschaftliche Maschinen und Geräte.

Ohne neue Zweckbestimmung geblieben ist dagegen der Kalkbrennofen in der Gemeinde Marktl, der aus dem 18. Jahrhundert stammt und einsturzgefährdet war. Jetzt wurde der Brennofen mit der vorgelagerten Brennhütte renoviert und dient als einziges derartiges Anschauungsprojekt in Süd-Ost-Oberbayern für das früher an Flußufern übliche Kalkbrennen. Bisher voll genutzt wurden dagegen die beiden letzten Objekte aus der Rundfahrt des Denkmalamtes: Ein sogenanntes Stockhausgehöft in Perach, das als das „südlichste Exemplar dieses aussterbenden Gehöfttyps" gilt und ein ebenfalls durchwegs in Holzblockweise errichteter Einfirsthof aus dem 16. Jahrhundert in der Gemeinde Pleiskirchen. Der wurde früher von einer Burghauser Scharfrichterfamilie bewohnt, und auch heute ist das Ambiente nicht ohne blutiges Element: Die Holzbalken an der Decke der Wohnstube weisen noch immer den alten Anstrich aus Ochsenblut auf.

EIN SCHMUCKSTÜCK der alten bäuerlichen Holzblockbauweise ist dieser Einfirsthof aus dem 16. Jahrhundert in der Gemeinde Pleiskirchen.
Photo: Landesamt für Denkmalpflege

Spitzhacke gegen Baudenkmäler

Augsburg und Donauwörth mißachten den Denkmalschutz

Süddeutsche Zeitung
12. Januar 1982

AUGSBURG (SZ) – Immer häufiger beobachtet das Landesamt für Denkmalpflege Verstöße gegen das Denkmalschutzgesetz. Dabei sind die Sünder nicht etwa nur profitgierige Baulöwen, sondern auch die Kommunen, die eigentlich über die Einhaltung der Gesetze wachen sollten. Exemplarisch dafür sind zwei Fälle aus jüngster Zeit in Augsburg und Donauwörth, wo städtische Baudenkmäler ohne Genehmigung der Denkmalpflege kurzerhand abgerissen wurden.

Die Stadt Augsburg – beim Landesamt für Denkmalpflege für ihre rüden Methoden bereits bekannt – hat sich jüngst selbst die Abbruchgenehmigung für das denkmalgeschützte „Hugenotten-Haus" im Trinkwasserschutzgebiet von Siebenbrunn bei Augsburg ausgestellt. Ohne den zuständigen Sachbearbeiter beim Landesamt auch nur zu informieren, wurde der auch als „Franzosenhaus" bezeichnete zweigeschossige um 1800 errichtete Mansardenbau in einer „Nacht- und Nebelaktion" abgerissen. Die Abbruchgenehmigung hatte der stellvertretende Leiter des Bauordnungsamtes während des Urlaubs seines Vorgesetzten ausgestellt.

Während der für Schwaben zuständige Mitarbeiter des Landesamtes für Denkmalpflege, Lothar Schätzl auf Anfrage erklärte, das Landesamt werde auf Verhängung eines Bußgeldes dringen, ist der Jurist des Landratsamtes nicht so sicher, daß das möglich ist. Die Stadt als untere Denkmalschutzbehörde, Hauseigentümer und Genehmigungsbehörde müßte sich nämlich den Bußgeldbescheid selbst zustellen. Das klingt auch für Generalkonservator Michael Petzet „absurd". Dennoch will er die Sache keinesfalls auf sich beruhen lassen. Die Abbruchgenehmigung sei rechtswidrig gewesen.

Ob ein Bußgeldverfahren einzuleiten ist, prüft derzeit auch das Landratsamt Donau-Ries. Die Stadt Donauwörth hat ihr im Kern spätgotisches Taufer-Haus nach Auskunft von Schätzl „vollständig abgebrochen, ohne die geringste und vorher abgesprochenen Auflagen des Landesamtes zu berücksichtigen". Der Bürgermeister der nordschwäbischen Kleinstadt, Alfred Böswald, gibt dagegen an, das Landratsamt Donau-Ries habe der Stadt eine Teilabbruchgenehmigung „bis unterhalb der Decke des Erdgeschosses erteilt". Mehr habe man auch nicht realisiert, erklärt Böswald. „Doch dann kam die große Regenzeit, und das Ganze ist eingefallen. Schätzl hält das freilich für eine „Schutzbehauptung". Übereinstimmend mit dem Landesamt für Denk-

malgründen oftmals der bereits begonnenen totalen Veränderung hinterher. Dabei wollen die Denkmalpfleger der Bodenforschung den Rang einräumen, den der Bodenarbeit der Archäologen niemand mehr abspricht. Die Dokumentation von Gebäuden und ihrer Nutzung durch die Jahrhunderte hindurch dient sogar weniger der Wissenschaft als unmittelbar den Hausbesitzern und den mit der Sanierung befaßten Architekten. Als ergänzende Planungsgrundlage bei Umbaumaßnahmen beispielsweise. Höhere Baukosten durch Verzögerungen, die auf später entdeckte Details zurückzuführen sind, können durch Voruntersuchungen dieser Art vermieden werden.

Doch angesichts der Fülle von Sanierungsobjekten kommt die Bauforschung nicht selten erst dann, wenn nur noch im Schnellverfahren bereits Verändertes aufgenommen werden kann. In solchen Fällen arbeitet die Regensburger Bauforscherin Heike Fastje dann mit Zeichenblock und Photoapparat zwischen Preßlufthämmern und Betonrüttlern. Leichter fiele ihr diese Arbeit, wenn die freischaffenden Architekten einen Teil dieser Untersuchungen gleich selbst erledigten. „Auf den Hochschulen allerdings werden sie dafür nicht ausgebildet", klagte sie.

So freut man sich in der Regensburger Außenstelle des Landesamtes, wenn man einmal ein Objekt lange vor dem Beginn der Sanierung genau unter die Lupe nehmen kann. Der Goldene Turm, der höchste Patrizierturm der Stadt, mit Stilelementen aus allen möglichen Epochen, ist das Paradebeispiel für eine solche Voruntersuchung, die Generalkonservator Petzet von einer neuen Qualität in der Denkmalpflege sprechen läßt.

Regensburg baut auf auf den Denkmalschutz

Neue Dokumentationen zur Baugeschichte der 1800 Jahre alten Stadt vorgelegt

Süddeutsche Zeitung
27. November 1981

Von unserem Redaktionsmitglied Peter Schmitt

REGENSBURG, 26. November – Um annähernd gleiche Dimensionen des Denkmalschutzes zu finden wie in Regensburg, muß man weit gehen. Wohl gar ins europäische Ausland. Denn die hier anzulegenden Maßstäbe sind anders als irgendwo sonst in Deutschland, findet der bayerische Generalkonservator Michael Petzet. Er stellte nicht nur neue oder neu aufgelegte Dokumentationen zur Baugeschichte der 1800 Jahre alten Stadt vor und ließ jüngste Erkenntnisse der Bodenforschung zur Vor- und Frühgeschichte präsentieren, auch die Denkmalliste ist nun reif für die Drucklegung.

Regensburg empfindet der Generalkonservator als ständige Herausforderung für sein Amt. Gerade deshalb konnte Oberbürgermeister Friedrich Viehbacher es nicht so richtig verstehen, daß ausgerechnet ein in Sachen Altstadtsanierung bewanderter Baudirektor vom Landesamt abgezogen wurde, ohne daß die Stelle gleich wieder neu besetzt werden sollte. Der Fehler soll nun korrigiert werden, versprach der Generalkonservator.

Derlei Randprobleme sind nicht typisch für den Umgang der Stadt und ihrer Verantwortlichen mit den amtlichen Denkmalpflegern. Im großen und ganzen ist man sich einig in der Sicht der Dinge. So gab es beim Zusammenstellen der umfangreichsten Denkmalliste für eine deutsche Stadt dieser Größenordnung zwar viele Verhandlungen in den vergangenen sieben Jahren, jedoch keine ernsthaften Dissonanzen. Zumindest redet man heute, nachdem das Werk nahezu vollendet ist, nicht mehr davon, daß von der Festlegung der Ensembles die jetzt betonte Harmonie erst in langen Gesprächen hergestellt werden konnte. Nunmehr allerdings gibt es bei immerhin

1274 erfaßten Baudenkmälern keinen einzigen Dissensfall mehr, und die Einsprüche der Besitzer werden – kaum glaubhaft – mit der Zahl zwei angegeben.

Bei soviel Übereinstimmung möchte schließlich der Oberbürgermeister doch ein wenig nach grundlegendes Übel bei der heutigen Denkmalpflege nicht unterdrücken. Es ging ihm um das Nichtbeachten der historischen ständigen Veränderung aller Bauwerke, die sich auch in der Gegenwart fortsetzen lassen müsse. Konservieren allein könne nicht Sinn der Denkmalpflege sein. Der keineswegs neue Vorwurf entlockte dem Generalkonservator dann auch eine nicht unbekannte Antwort: Es solle ja nun nichts unter eine Käseglocke gestellt werden, doch das 20. Jahrhundert erhebe Anspruch auf die bauhistorisch notwendige Korrektur, wenn nicht sämtliche Spuren der Geschichte mit Beton ausgelöscht werden sollten.

Es gibt andere Bahnen, auf denen der Konsens ebenfalls noch nicht ganz gefunden ist. Das Thema Neubauten in Altstadtlücken zum Beispiel. Hier kollidieren unterschiedliche Meinungen sogar innerhalb der Regensburger Stadtverwaltung miteinander. Während der Kulturdezernent dafür plädiert, daß Architekten auch in historischer Umgebung die Möglichkeit eingeräumt wird, Spuren ihres Schaffens zu hinterlassen, stellt für den Baudezernenten die Anpassung an das Bestehende die größere Anforderung dar. Das alte Maß neu zu beleben, so Baufachmann Tile Brakebusch, sei wichtiger als neue Maßstäbe zu setzen. Wenn diese Diskussion das Landesamt für Denkmalpflege zwar tangiert, so ist die Bauforschung in Regensburg zentrales Anliegen der Behörde. Doch hier läuft man aus Geld- und Perso-

EIN DORN IM AUGE ist den Denkmalpflegern das Vorhaben der Lechwerke in Augsburg, historische Bauten am Königsplatz (rechtes Bild) durch einen markanten Verwaltungsbau (links das Modell) zu ersetzen. Auch die Synagoge in der Nachbarschaft würde durch den massiven Baukörper beeinträchtigt.
Photo: Müller

Streit um das Gesicht des Königsplatzes

Landesamt für Denkmalpflege beantragt Normenkontrollverfahren über Augsburger Bauvorhaben

AUGSBURG (SZ) – Im Konflikt zwischen wirtschaftlichen und städtebaulichen Belangen will das Landesamt für Denkmalpflege jetzt den Rechtsweg beschreiten. Im Rahmen eines Normenkontrollverfahrens soll geklärt werden, ob der Bebauungsplan für das Zentrum von Augsburg im Bereich des Königsplatzes rechtsgültig ist. Zu diesem Vorgehen sind Bayerns oberste Denkmalpfleger durch Verwaltung und Stadtrat in Augsburg sowie durch die Lech-Elektrizitätswerke provoziert worden.

Die Lechwerke, zweitgrößter Steuerzahler der Fuggerstadt, planen die Errichtung eines achtgeschossigen Verwaltungsgebäudes auf ihrem Grundstück am Königsplatz. Dem Neubau müßten nicht nur zwei denkmalgeschützte Villen von Jean Keller weichen; die „städtebaulichen und gestalterischen Mängel" des Projekts würden nach Auffassung der Denkmalpfleger auch „zu einer äußerst schwerwiegenden maßstäblichen Beeinträchtigung der jüdischen Synagoge von Augsburg" führen. Die Synagoge ist eine der wenigen noch erhaltenen kultischen Großbauten dieser Art in der Bundesrepublik. Als Baukunstwerk gilt der zwischen 1914 und 1917 errichtete Bau einschließlich des Verwaltungsgebäude als überregional bedeutend. Das Denkmal wurde darüber hinaus mit hohem finanziellem Aufwand durch den Freistaat in den vergangenen Jahren einer vollständigen Außenrenovierung unterzogen.

Das Neubauprojekt der Lechwerke hat nicht nur in der Augsburger Öffentlichkeit Proteste hervorgerufen (die „Grünen" sammelten 2000 Unterschriften gegen das Vorhaben). Auch der Baukunstbeirat der Stadt Augsburg und der Landesdenkmalkunstausschuß haben sich gegen die Pläne ausgesprochen. Beide Gremien hatten übereinstimmend mit den Denkmalpflegern die Errichtung eines ruhigen und geschlossenen Baukörpers gefordert, der dem Königsplatz einen wandartigen Abschluß gibt. Darüber hinaus müsse der Neubau sich in der Höhe am alten sechsgeschossigen Lechwerk-Gebäude orientieren, wobei der Übergang zur Synagoge in der Halderstraße von besonderer Sorgfalt auszuführen sei. Auch das bayerische Innenministerium hat der Stadt empfohlen, die Wünsche des Landesbaukunstausschusses zu berücksichtigen.

Die Lechwerke jedoch halten allen Widerständen zum Trotz an ihren Plänen fest. „Wenn wir nicht so bauen können, wie wir wollen, müssen wir die Stadt verlassen", hat Direktor Franz Karl Drobek schon mehrfach öffentlich erklärt. Aus der Angst, einen der potentesten Steuerzahler Augsburgs in wirtschaftlich ohnehin schwierigen Zeiten zu verlieren, erklärt sich zumindest zum Teil die nachgiebige Haltung des Baureferenten Friedrich Herrman Stab und der Mehrzahl der Stadträte. Sowohl der Bauausschuß als auch der Stadtrat stimmten inzwischen dem Abbruch der beiden denkmalgeschützten Villen in Kenntnis des negativen Votums des Landesamtes zu. „Wir sind es den Lechwerken schuldig, sie nicht länger im unklaren zu lassen", hieß eine Begründung. „Schließlich gehören die Lechwerke zum RWE-Konzern und sind nicht irgendeine Schokoladenfabrik", lautet eine andere. Der Denkmalschutz jedenfalls sei nachrangig, war die vorherrschende Meinung. Allerdings war man auch nicht ganz unglücklich darüber, daß die Beschlüsse erst rechtskräftig werden, wenn die Regierung von Schwaben den durch die unterschiedlichen Auffassungen entstandenen „Dissensfall" zugunsten der Stadt entscheiden sollte.

In einem sechsseitigen Schreiben hat Landeskonservator Michael Petzet inzwischen noch einmal die Position des Landesamtes deutlich gemacht. Die Denkmalpfleger wären bereit, über den Abbruch der beiden Villen mit sich reden zu lassen, wenn die Lechwerke ihrerseits Kompromißbereitschaft hinsichtlich der architektonischen und städtebaulichen Forderungen des Landesbaukunstausschusses zeigen würden. Davon kann jedoch im Moment ebensowenig die Rede sein wie von einem Ausweichen auf ein Ersatzgrundstück, eine Möglichkeit, die ebenfalls diskutiert wird. Petzet bittet die Stadt, die Lechwerke darauf hinzuweisen, „daß das Landesamt zu einer weiteren Beratung bereit ist, sofern der Antragsteller mit Rücksicht auf das Stadtbild von Augsburg und die denkmalpflegerischen Belange Einsicht zeigt und eine Umplanung einleitet".

Unabhängig davon müsse jedoch festgestellt werden, daß aus der Sicht des Landesamtes der gesamte Bebauungsplan für das Gebiet zwischen Schrannen-, Bahnhof-, Schaezler-, Herrmannstraße und Friedhof den Forderungen des Denkmalschutzgesetzes zum Erhaltung von Baudenkmalen widerspricht und deshalb nichtig ist".

Um künftige Konflikte zwischen den Festsetzungen des Bebauungsplans und dem Denkmalschutzgesetz zu vermeiden, wird das Landesamt für Denkmalpflege die notwendigen und gesetzlich vorgesehenen Schritte unternehmen müssen". Das Bauvorhaben der Lechwerke sei nur der aktuelle Anlaß für ein Normenkontrollverfahren, heißt es in dem Brief an die Stadt.

Oberbürgermeister Hans Breuer geht zwar nach wie vor der Rechtsgültigkeit des Bebauungsplans aus, hält aber das Normenkontrollverfahren für die „beste Lösung", um nicht auf Dauer mit dem Verdacht rumlaufen zu müssen, der Plan sei nicht in Ordnung.

Birgit Matuscheck

pflege erklärt der Jurist des Landratsamtes, Josef Heckel, die Stadt habe den Abbruch des Anwesens nicht beantragt, folglich habe er auch nicht genehmigt werden können. Lediglich der Bauantrag sei genehmigt worden, allerdings ausdrücklich vorbehaltlich denkmalpflegerischer Auflagen, betont Heckel. „Wir haben der Auskernung des Gebäudes unter Beibehaltung sämtlicher Außenmauern und dem Abbruch von Gebäudeteilen zugestimmt, keinesfalls einem Totalabbruch."

Die Kommune hatte das Taufer-Haus, eines der wenigen im Krieg nicht zerstörten Häuser Donauwörths, Ende 1979 erworben, um das nach den Worten von Böswald völlig desolate Gebäude in die Bürgerspitalsanierung einzubeziehen. Für insgesamt sieben Millionen soll das Altenheim auf den modernsten Stand gebracht werden. Das Landesamt zeigte sich gegenüber den Plänen der Kommune aufgeschlossen, obwohl es das angebotene Erhaltungskonzept nicht für optimal hielt. Die Denkmalpfleger forderten lediglich die Erhaltung der seitlichen Umfassungswände, des geknickten Westgiebels, der östlichen Giebelmauer und die gestalterische Einbindung der historischen Details in Fußboden-, Wand- und Deckenbereich der erdgeschossigen Hallenzone sowie eine fachliche Abstimmung der Gesamtgestaltung.

Statt die erstmals bereits 1976 angebotene beratende Unterstützung des Landesamtes in Anspruch zu nehmen, habe die Stadt nichts Eiligeres zu tun gehabt, als abzubrechen, bedauert Schätzl. Gewissermaßen als Tüpfelchen auf dem i beantragte die Stadt für die Sanierung des Altenheims dann noch einen Zuschuß beim Landesamt für Denkmalpflege. Ein Ansinnen, das Generalkonservator Petzet mit Hinweis auf den ungenehmigten Abbruch des Taufer-Hauses kühl zurückwies. „Bis heute haben wir keine offizielle Stellungnahme der Stadt zu diesem Vorgehen", teilt Schätzl mit. Lediglich ein „wenig moderater und ziemlich unsachlicher Brief des Stadtbaumeisters" sei dem Landesamt zugegangen.

Schätzl sieht – wie übrigens auch der Landesdenkmalrat – die Ursache für dieses „maßforsche" Vorgehen im wesentlichen darin, daß die Denkmalsünder kaum mit Strafen zu rechnen haben. Zwar sind nach dem Denkmalschutzgesetz Geldbußen bis zu einer Million Mark Buße möglich, aber – so kritisierte der Landesdenkmalrat bei seiner jüngsten Tagung in Augsburg – die Landratsämter und Kreisverwaltungsbehörden machten von dieser Möglichkeit zu wenig Gebrauch.

Birgit Matuscheck

Süddeutsche Zeitung
18. Dezember 1981

AZ-Diskussion: „München – Moderne Architektur in der Sackgasse?"

Ich warne händeringend vor Diktatur des Geschmacks

Der Andrang war groß, der Saal zu klein, die Diskussion intensiv: Was ist los mit der Münchner Architektur? Wird das moderne Bauen durch eine konservative Tendenz wende ins Abseits gedrängt? Hat der Denkmalschutz zuviel Gewicht bekommen? Macht die Rückwendung zur Vergangenheit das Bauen menschlicher? Verhindert die Anpassung an das historisch Vorhandene einen selbstbewußten Gegenwartsstil? Mit diesen Problemen setzten sich – moderiert von AZ-Redakteur Peter M. Bode – die FDP-Stadträtin Cornelia Schmalz-Jacobsen, Architekt und Kreisheimatpfleger Alexander von Branca, Architekt und Kritiker Dr. Christoph Hackelsberger, Dr. Michael Petzet, Chef der Denkmalpflege, Dr. Erwin Schleich, Architekt und Vertreter des „konservativen Lagers", Peter C. von Seidlein, Architekturprofessor und unbeugsamer Verfechter der „klassischen Moderne", Helmut Schöner, Architekt und Verfasser einer Ortsgestaltungssatzung, der engagierte TV-Autor Dieter Wieland und Stadtbaurat Uli Zech auseinander. Wir bringen eine Zusammenfassung der Debatte.

Bode: „Steckt die moderne Architektur in einer Krise, und hat die Veränderung und Verunsicherung auch auf München übergegriffen?"

v. Seidlein: „Architektur hat einen langen Atem; modische Änderungen können langfristige Entwicklungen in der Architektur nicht beeinflussen. In diesem Zusammenhang empfinde ich die ‚Postmodernen' wie die Pausenclowns der Architektur."

Bode: „Es läßt sich aber doch nicht wegdiskutieren, daß das funktionalistische Bauen ein Defizit hinterlassen hat, auf das die historisierenden Architekten heute reagieren. Das Unbehagen scheint mir nicht nur aus modischen Gründen herbeigeredet."

Hackelsberger: „Jede Architektur hinterläßt ein Defizit. Der das ist mir wirklich unsympathisch."

Bode: „Gehen wir über die Sprossen zu einem anderen Thema: der Baufreiheit. Es gibt dazu zwei Standpunkte: Gutes Bauen, sagen die einen, wird durch gute Vorbilder und Erziehung bewirkt. Die anderen, enttäuscht durch die Erfahrungen der letzten 50 Jahre, plädieren für ein Mindestmaß an Verordnungen. Soll es Gestaltungsverordnungen geben, um das Bild unserer Städte zu verbessern?"

Schöner: „Das Problem betrifft nicht die große Architektur, denn große Leute finden immer die Möglichkeit, große Dinge auch gegenüber Vorschriften durchzusetzen. Doch Verfall und Katastrophe zeigen sich im Mittelfeld. Ein Blick zurück auf die Dinge, die wir schätzen, zeigt, daß sie durch Konvention entstanden sind. Wir fahren nicht Bauverbot gleichkommen. Stichwort: fehlende Anpassung."

Petzet: „Die Denkmalpflege ist keine Bauverhinderungsbehörde. In unserer Geschichte haben wir uns immer für moderne Architektur eingesetzt. Aber ohne Zweifel ist die Sackgasse geraten. Wir sind als Denkmalschützer nicht in eine Sackgasse geraten. Wir fragen lediglich: Stört das Neue an dieser Stelle unser Baudenkmal oder das geschützte Ensemble?"

v. Branca: „Es ist doch so, daß der Pluralismus in weiten Bereichen ins Chaos geführt hat. Man muß feststellen, daß die Dinge, so wie sie laufen, schlecht laufen. Heute ist doch allen wurscht, wie etwas aussschaut. Es ist eine Aufgabe für uns alle, in diese Wurschtigkeit und Lieblosigkeit einzugreifen. Wir haben eine tionalismus Neu-Perlach heißt, dann bin ich dagegen."

Hackelsberger: „Fangen wir noch mal beim Funktionalismus an, dessen humanes Anliegen gerade in seinen frühen Anfängen bitter ernst zu nehmen ist. Zur Gestaltungsverordnung: Eine Gemeinde hat dazu durchaus das Recht, aber wenn dann daraus womöglich eine Mustersatzung wird, die auf ein ganzes Land ausgedehnt wird, hört der Spaß auf."

Bode: „Welchen Stellenwert hat die Tradition?"

v. Branca: „Der Schritt in die Zukunft, ohne das Erbe mitzunehmen, ist nicht möglich. Wir müssen unser Verhältnis zur Geschichte überdenken."

Schmalz-Jacobsen: „... und das kaputte Verhältnis zu unserer Gegenwart auch. Bei Wettbewerben, bei denen ich mitju-

AZ (Abendzeitung), München
22. Januar 1982

DIE TEILNEHMER DER DISKUSSION (von links): Dr. Christoph Hackelsberger, Peter C. von Seidlein, Dieter Wieland, Alexander von Branca, Peter M. Bode, Cornelia Schmalz-Jacobsen, Helmut Schöner-Fedrigotti, Dr. Erwin Schleich, Uli Zech, Dr. Michael Petzet. Foto: Bieberstein

Historismus auch, der hat ein soziales Defizit hinterlassen. Alle Architektur-Phänomene, wenn sie massenweise auftreten, ergeben Defizite. Wenn man viele Leute irgendwo zusammenbringen muß, hat das mit Stil nichts mehr zu tun. Wenn wir in einer defizitfreien Welt leben wollen, müßten wir alle Menschen totschlagen."

v. Branca: „Die moderne Architektur hat ihren Ursprung in der Aufklärung; daher kommt das Defizit. Man war an einem Punkt, wo man geglaubt hat, daß man den Menschen durch Perfektion erlösen kann. Die Architektur hat sich der Technik verschworen, ohne dem Menschen eine menschliche Antwort zu geben."

Bode: „Es gibt einen Streit zwischen Herrn von Seidlein und dem Landesamt für Denkmalpflege: Soll man die Sprossenfenster wieder herstellen oder nicht?"

Petzet: „Im Sinne der Maßstäblichkeit ist ein Sprossenfenster wichtig. Natürlich hätten die Alten auch gern ohne Sprossen gebaut, aber wenn man zu schützende Bauten historisch ernst nimmt, muß man auch die Sprossen berücksichtigen. Aber inzwischen gibt es ja ganze Sprossen-Orgien, da findet man sogar Sprossen auf Dachfenstern."

Schleich: „Furchtbar, diese modische Sprossen-Euphorie,

nach Siena, weil die Stadt aus lauter Kunstwerken besteht, sondern weil sie ihre typische Charakteristik hat. Das gilt genauso für Venedig oder für den Stadtkern Münchens. Doch in der Region trifft man auf das große Durcheinander, das von keiner Verordnung verhindert wird. Unser Versuch in Oberhaching, durch das Bürgergespräch zu einer gestalterischen Übereinstimmung zu kommen, kostete zwei Millionen Mark, hat aber nicht ausgereicht. Der einfache Bürger wäre bereit gewesen, nicht aber die wirtschaftlich potente. Nach zwei Jahren kam der Entschluß zu einer Verordnung – als demokratisches Mittel, das einer Gemeinde zusteht."

Schmalz-Jacobsen: „Als Liberale habe ich meine Bedenken, denn schon so manche Satzung hat Lächerliches produziert. Was mir aber als Mitglied der Kommission für Stadtgestaltung zu denken gibt, ist das Schielen nach Nostalgie und die Hasenfüßigkeit, mit der man sich anpaßt – nicht zuletzt, um besser die Behörden zu passieren. Es ist traurig, wenn aus Muckertum nicht die Sprache unserer Zeit gesprochen wird."

Zech: „Ich warne händeringend davor, daß Verwaltungen in Form von Verordnungen eine Geschmacksdiktatur auferlegen und möchte unbedingt den Freiheitsraum garantieren. In meinen zwölf Jahren hier habe ich eine zunehmende Sensibilisierung der Bürger gegenüber den Vorgängen in dieser Stadt festgestellt. Und solange man miteinander reden kann, bin ich nicht bereit, zum Knüppel des Gesetzes zu schwingen."

Bode: „Aber es gibt in dieser Stadt konkrete Beispiele, die auch ohne Bauverordnung einem

Freiheit für und nicht von etwas. Da muß man halt auch mal Opfer bringen."

Bode: „Herr Wieland, Sie versuchen in Ihren Filmen einen Weg zum besseren Bauen zu zeigen."

Wieland: „Ich versuche gegen den Mangel an Information anzugehen. Jeder Autofahrer muß üben, bevor er den Führerschein bekommt, aber ein Haus bauen darf jeder ohne Erfahrung. München ist keine Stadt, die auf die Architektur herausfordernd wirkt. In Eichstätt wird besser gebaut als in München. Mich ärgert, daß Münchner Architekten hier an anderswo. Das Klima zum Gutbauen ist nicht gut hier."

Bode: „Herr von Seidlein, im Zusammenhang mit Ihrer Arbeit wurde schon das Wort ‚Berufsverbot' laut."

v. Seidlein: „Ich habe zur Zeit fünf Verfahren wegen nicht genehmigungswürdiger Bauten am Hals. Zum Problem Lokalbaukommission: Es ist nicht Aufgabe des Staates, Architektur zu befehlen. Hitler und Stalin haben das getan, da muß man doch merken, daß irr und widersinnig ist. Es ist auch nicht so, daß große Architektur sich in jedem Fall durchsetzt, wie vorhin gesagt wurde. Wenn man erst auswandern muß, um sich durchzusetzen, ist das ja wohl nicht das Wahre. Zum Problem Funktionalismus: Wenn Funk-

riere, habe ich oft genug den Eindruck, daß nicht der Beste gewählt wird, sondern der, der am besten ankommt."

Bode: „Noch ein Wort zu zwei umstrittenen Neubauten der jüngsten Zeit: Herr v. Branca, wie werden Sie mit der Kritik an der Neuen Pinakothek fertig, die einige Ihrer Kollegen für unzeitgemäße Attrappen-Architektur halten?"

> Was heißt schon ehrliche Architektur – Diese moralische Etikettierung ist überholt.

v. Branca: „Diese moralischen Wapperl der ehrlichen Architektur, mit der man eine bestimmte Moderne auszeichnet, bedienen sich einer falschen Etikettierung. In bestimmten Zeiten wollte man bestimmte Bilder bauen, und dafür war jedes Mittel recht. In der Wieskirche wollte man den offenen Himmel darstellen, und die Ehrlichkeit war, daß ein Mensch daran geglaubt hat. Ich wollte keine geschmäcklerischen Dinge machen, sondern habe versucht, in einer Zeit, in der sich der Materialismus selbst überwindet, einen Schritt in eine Richtung zu tun, an die wir glauben können."

Bode: „Herr Schleich, zu Ihrem Gebäude am Lenbachplatz: wie sind Sie auf diese Idee gekommen, und was ist das eigentlich für ein Stil?"

Schleich: „So wie dort baue ich seit dreißig Jahren. Wenn meine Häuser nicht stören, empfinde ich das als Vorzug. Ich wollte den Block anständig und unauffällig einfügen, damit man weder der Deutschen Bank noch dem Justizpalast etwas antut."

> Soll man Gestaltung per Gesetz verordnen, um das Bild unserer Städte zu verbessern?

Caritas will ein Schloß abbrechen
Streit mit dem Landesamt für Denkmalpflege um Schlachtegg

MÜNCHEN (KNA) – In einen heftigen Streit sind der Caritasverband der Diözese Augsburg und das Landesamt für Denkmalpflege um das von Verfall und Abbruch bedrohte Schloß Schlachtegg in Gundelfingen geraten. Seit Jahren schwelt dieser Konflikt, der von exemplarischer Bedeutung für das Verhältnis wohlfahrtspflegerischer Organisationen zu den staatlichen Stellen des Denkmalschutzes werden könnte. Neuerdings erhob das Denkmalschutzamt in einem Brief an die Gemeinde Gundelfingen schwere Vorwürfe gegen die Caritas.

Dieser wird darin vorgeworfen, „planmäßig" auf den Abbruch des aus dem 16. Jahrhundert stammenden Schlosses Schlachtegg hingearbeitet zu haben. Der Caritas wird Vandalismus, Grundstücksspekulation und bewußte Vernachlässigung des kunstgeschichtlich sehr bedeutsamen Baudenkmäls vorgeworfen. Zudem sei das Schloß nie ausreichend gesichert gewesen, so daß zahlreiche Beschädigungen und ein stetiger Verfall eingetreten seien. Die Caritas nennt diese Vorwürfe „ungeheuerlich". Besonders befremdet zeigte sich ihr Sprecher Nikolaus Oblinger darüber, daß Unterstellungen dieser Art, die parteipolitisch geprägt seien, von einer staatlichen Stelle offenbar ungeprüft übernommen worden seien und als gesicherte Anschauung einer Staatsbehörde vertreten würden.

Schloß Schlachtegg, zuletzt im Besitz des 1975 aufgelösten „Vereins Emmausheim Gundelfingen", ging durch eine Schenkung an die Caritas über. Der anfängliche Plan, es zu einem Altenheim umzubauen, wurde wegen hoher Kosten aufgegeben. Mindestbauverordnungen, Vorschriften und Auflagen aller Art hätten bei Inbetriebnahme des Schlosses Pflegesätze verursacht, die Schlachtegg zu einem „Luxusheim" gemacht hätten, meint die Caritas. Ihre Satzung schreibe aber bindend vor, daß Gelder nur für „wohlfahrtspflegerische Zwecke" ausgegeben werden dürfen. Denkmalschutz dürfe nicht betrieben werden.

Der Streit reduziert sich so auf ein Problem der Finanzierung. Die Caritas darf kein Geld für die Erhaltung des Schlosses ausgeben, und das Denkmalamt kann wegen leerer Kassen und anderweitiger Schwerpunkte kein Geld zuschießen. Diese Umstände verschreckten auch Kaufinteressenten. Im November 1981 brachte die Caritas den Antrag auf Abbruch ein.

Der Dillinger Landrat Anton Dietrich spricht von Renovierungskosten zwischen zwei und vier Millionen Mark. Auflagen des Denkmalamts seien sinnlos, wenn es keinen Finanzierungsrahmen gebe. „Wir würden das Schloß am liebsten erhalten, aber ich sehe keine Nutzung für die Zeit nach der Sanierung." An einem Tisch saßen die streitenden Parteien bisher noch nicht.

Süddeutsche Zeitung, 6./7. März 1982

Süddeutsche Zeitung, 10. März 1982

DIE ECKDATEN für den Bebauungsplanentwurf des Areals „Türkenkaserne" wurden gestern von der Stadtgestaltungs-Kommission „zustimmend zur Kenntnis" genommen. Demnach darf das Gelände zwischen Türken-, Gabelsberger-, Barer- und Theresienstraße – Eigentümer ist der Freistaat Bayern – fünfgeschossig bebaut werden. Die Art der Bebauung – ob zum Beispiel mit „Blocks oder Solitärfigurationen", so ein Kommissionsmitglied –, ist noch völlig offen. „Wichtig ist, daß hier nicht klötzchenweise gebaut wird, daß kein Häuslwerk wie im Hinterhof im Schlachthofviertel entsteht", sagte Bürgermeister Winfried Zehetmeier als Kommissionsleiter angesichts der Bedeutung des Platzes. Generalkonservator Michael Petzet regte neben universitärer Nutzung auch den Bau eines „Museums für das 20. Jahrhundert" an. wms / Photo: Karlheinz Egginger

Dem Ickstatthaus droht die Spitzhacke
Streit um ein berühmtes Rokokogebäude in Ingolstadt / Abriß oder Sanierung

Von unserem Redaktionsmitglied Ursula Peters

INGOLSTADT, 23. März – Ein hoher Bretterzaun in der Fußgängerzone um das Anwesen Ludwigstraße 5 lenkt den Blick der Ingolstädter auf ein denkmalpflegerisches Problem, das die Stadt schon geraume Zeit beschäftigt: Das Ickstatthaus mit seiner berühmten Rokoko-Fassade soll einsturzgefährdet sein und wurde vergangene Woche von der Regierung von Oberbayern zum Abbruch freigegeben, nachdem Tage zuvor der Bauausschuß des Stadtrats in gleichem Sinn entschieden hatte. Die Fassade soll allerdings erhalten bleiben, dahinter ein neues Haus entstehen.

Die Abbruchverfügung der Bezirksregierung brachte die Denkmalfreunde in blankes Entsetzen. Beim Abriß des für die Stadtgeschichte so wichtigen Hauses, das der Gelehrte Ickstatt um 1730 errichten ließ, würde eine für Ingolstadt einzigartige Treppenanlage mit Schnitzereien und Stukkaturen sowie barocke Räume, wertvolle Türen und vermutlich unter neueren Tünchungen verborgene Wandmalereien unwiederbringlich verlorengehen. „Wir sind gegen eine reine Fassadendenkmalpflege, das Ickstatthaus ist ein Dokument", meint Bayerns oberster Denkmalpfleger, Generalkonservator Michael Petzet. Man sollte alles versuchen, das Haus im ganzen zu sanieren.

Ob diese Sanierung überhaupt noch möglich ist oder der Verfall des Rokokohauses so weit fortgeschritten ist, daß nur noch der Abbruch bleibt, darüber ging in den letzten Monaten der Streit. Der Gutachter des Hausbesitzers, einer württembergischen Schuhfabrik, kam zu dem Schluß: „Nicht mehr sanierbar." Auch das Materialprüfungsamt der Technischen Universität München kam zu einem ähnlichen Ergebnis, berichtet Ingolstadts Oberbürgermeister Peter Schnell. „Der Stadtrat war außerordentlich betroffen vom Ausmaß der Gefährdung. Die Sicherheit ist nicht mehr gewährleistet."

Das Landesamt für Denkmalpflege hält trotzdem die Abbruchgenehmigung für übereilt. Der international anerkannte Statikprofessor aus Karlsruhe, Wenzel, den das Landesamt für Denkmalpflege mit einem Gegengutachten betraut hat, ist mit seiner Arbeit noch nicht fertig. Bei den ersten Untersuchungen habe Wenzel jedoch festgestellt, das Ickstatthaus sei technisch durchaus sanierbar. Petzet meint, man habe die Möglichkeiten der Erhaltung noch nicht ausreichend geprüft und vor allem noch keine Untersuchung angestellt, was eine technische Sanierung im Vergleich zu einem Neubau gleichen Raumumfangs plus Erhaltung der Fassade kostet. Der Neubau soll sechs bis sieben Millionen Mark erfordern.

Gegen den Abbruch des Baudenkmals, „das für Ingolstadt mindestens die Bedeutung hat wie das Preysing-Palais für München", protestierte auch nachdrücklich der Landesdenkmalrat und fordert die zuständigen Behörden auf zu prüfen, wie der Abriß verhindert und der Eigentümer in die Lage versetzt werden könne, das Denkmal im ganzen zu erhalten. Dem Protest schlossen sich der Heimatpfleger Ingolstadts, Siegfried Hoffmann, sowie viele Bürger und das „Forum Ingolstadt" an. Petzet will auf der Stelle noch einmal einen Statiker zur Untersuchung des berühmten Bürgerhauses in Marsch setzen, da Professor Wenzel erst Mitte April an seinem Gutachten weiterarbeiten könne. Das Landesamt für Denkmalpflege räumt ein, daß das Ickstatthaus baufällig ist. Man habe deshalb seit Monaten auf eine sofortige Sicherung des Gebäudes gedrängt. „Über die Abbruchverfügung sind wir jetzt alle empört."

Oberbürgermeister Schnell sieht den Fall Ickstatthaus ebenfalls mit weinendem Auge. „Es handelt sich immerhin um eines der wichtigsten historischen Gebäude Ingolstadts." Bis zum vergangenen Sommer habe man „engagiert mit allen Beteiligten verhandelt". Anhand der Gutachten sei man jetzt aber zum Schluß gekommen, daß das Innere des Hauses nicht mehr zu retten ist. Durch zahlreiche Umbauten sei die Statik dahin, die tragenden Balken verrottet, im Erdgeschoß beim Einbau des Schuhladens die tragenden Mauern entfernt. „Jetzt wölben sich die Wände teilweise bis zu 37 Zentimeter aus der Achse. Dadurch ist auch die Stuckfassade gefährdet." Die protestierenden Leute seien über den extrem schlechten Zustand des Hauses eben nicht genügend informiert. „Auch das Landesamt für Denkmalpflege hat sich sehr viel Zeit mit seinem Gutachten gelassen zu Lasten der Eigentümer und der öffentlichen Sicherheit."

Diese öffentliche Sicherheit hat den Stadtrat und Schnell jetzt bewogen, den Abbruch zu beschließen. „Wir tragen jetzt nach der erteilten Abbruchgenehmigung das Risiko, daß etwas passiert und durch einen Einsturz jemand zu Schaden kommt. Ich hafte mit meinem Kopf dafür", sagte Schnell am Dienstag. Das Haus sei – inklusive Laden im Erdgeschoß – letzte Woche geräumt, das ganze Anwesen durch den Bretterzaun abgesperrt worden. Die Denkmalfreunde hoffen jedoch immer noch auf ein Wunder.

Süddeutsche Zeitung
24. März 1982

Gesamtkunstwerk

Nicht nur die schöne Rokokofassade, sondern auch das Innere mit einem prächtigen Treppenhaus wollen die Denkmalpfleger von dem stattlichen Ickstatthaus an der Ludwigstraße in Ingolstadt erhalten. Die Abrißgenehmigung liegt bereits vor.

Photo: Landesamt für Denkmalpflege

Wollen Sie Herr auf diesem Schloß werden?

Schloßherr gesucht! Für 400 000 Mark (Verhandlungsbasis) können Sie das alte Schloß Schlachtegg in Gundelfingen mit 7300 Quadratmetern Grund erwerben. Der Eigentümer, die Caritas, hatte bereits Abbruchanträge für das Gebäude gestellt, ist aber nun nach einem Gespräch mit Generalkonservator Michael Petzet doch zum Verkauf bereit.

Schloß Schlachtegg liegt außerhalb der historischen Stadtbefestigung von Gundelfingen. Sein östlicher Trakt dürfte zwischen 1533 und 1560 erbaut sein, der daran anschließende Westflügel ist barocken Ursprungs und enthält eine spätbarock ausgestattete und stuckierte Hauskapelle.

Petzet: „Für den neuen Eigentümer ergeben sich aus denkmalpflegerischer Sicht wenig Einschränkungen. Denkbar wären als neue Nutzung Wohnungen, ein Gästehaus, ein Verwaltungsgebäude oder ähnliches."

Auskunft: Landesamt für Denkmalpflege, Telefon 21141. *edi*

AZ (Abendzeitung), München
19. April 1982

Nächster Schritt: bauliche Bestandsaufnahme

Landesamt will Schlachtegg bayernweit zum Kauf anbieten

Gespräch über mögliche Verwendung im Gundelfinger Rathaus

● Gundelfingen (m). Die prekäre Situation des seit 1975 leerstehenden Schlosses Schlachtegg erneut in Sachlichkeit zu erörtern, war Gegenstand eines Gesprächs, zu dem der Gundelfinger Bürgermeister Peter Schweizer in den Sitzungssaal des Rathauses geladen hatte. Unter den Gesprächsteilnehmern, die alle Möglichkeiten prüften, das Gebäude zu erhalten und einen Interessenten zu finden, der es einem sinngemäßen Zweck zuführt, befanden sich der Leiter des Landesamtes für Denkmalpflege, Generalkonservator Dr. Michael Petzet, München, der Caritasdirektor für die Diözese Augsburg, Prälat Hermann Lutz, Landrat Dr. Anton Dietrich, dazu Stadträte der einzelnen Fraktionen.

Die Teilnehmer der Konferenz kamen zu dem Ergebnis, daß trotz der Schwierigkeiten, einen Käufer zu gewinnen, zunächst eine bauliche Bestandsaufnahme gemacht werden müßte und die Grundkosten einer Sicherung und weiteren Verwendung des Gebäudes errechnet werden müßten, um für Verkaufsverhandlungen eine klare finanzielle Orientierung zu haben. Generalkonservator Dr. Petzet versprach, dies durch das Landesamt tun zu lassen.

Gewandelte Ansprüche

In einer kurzen Information, wie der Caritasverband in den Besitz von Schlachtegg gekommen sei, betonte Direktor Lutz, daß nicht nur die gewandelten Ansprüche an ein Altenwohnheim, sondern ebenso das staatliche Heimgesetz und die Heimmindestbauverordnung eine weitere Verwendung des Michaelsheimes, das am Schluß noch etwa 15 Bewohner zählte, unmöglich gemacht hätten. Zudem sei das Haus für jegliche sozial-caritative Nutzung heute völlig ungeeignet. Bei sämtlichen Verkaufsgesprächen sei nie die geforderte Summe, die vom Generalkonservator und fast sämtlichen Sitzungsteilnehmern als öffentlich vertretbar bezeichnet wurde, die erschwerende Barriere gewesen. Vielmehr habe es an den noch nicht überschaubaren Kosten gelegen, das Schloß nach den Vorstellungen des Denkmalschutzes herzurichten.

Daß dem Caritasverband immer daran gelegen gewesen sei, die Schloßanlage als Ganzes abzugeben, gehe schon daraus hervor, daß er nie daran gedacht habe, die unbebaute Fläche in Parzellen zu verkaufen und damit den Gebäudewert zu mindern, betonte der Caritasdirektor. Wegen dringender zeitbedingter Aufgaben sei der Caritasverband gehalten, den Verkauf bald tätigen zu können, um das Geld zur Verfügung zu haben. Er würde es der Stadt Gundelfingen und dem Landkreis schenken, wenn diese ihrerseits eine entsprechende Summe für Caritaszwecke geben würden.

Guter Wille vorhanden

Bürgermeister Schweizer und Landrat Dr. Dietrich erwiderten, daß der gute Wille Schlachtegg zu erhalten, einhellig vorhanden sei, nicht aber die dafür erforderlichen Mittel. Wenn der Caritasverband aus den bekannten Gründen nichts ohne Gegenleistung verschenken dürfe, so könnten dies auch die Kommunen und öffentlichen Körperschaften nicht. Sie seien vom Gesetz wie von ihren Parlamenten her gehalten, mit ihren Geldern gewissenhaft umzugehen. Beide Kommunalpolitiker schilderten ausführlich die verschiedenen Absichten und Verwendungsmöglichkeiten, die bisher letztlich immer an den fehlenden Finanzen scheiterten. Nicht zuletzt sei man bestrebt gewesen, eine überörtliche Einrichtung für Gundelfingen zu gewinnen. Einig waren sich alle, daß bei einem Verkauf Gewähr bestehen müsse, daß das Gebäude in seiner Außenansicht erhalten bleibt und saniert wird, um nicht nach Jahren der finanziellen Ohnmacht eines neuen Besitzers und einer weiteren Verwahrlosung endlich doch noch abgebrochen zu werden. Das war auch die Meinung der Gundelfinger Stadträte, die es sich zum Ziel gesetzt haben, konstruktive Pläne zu erstellen, Schlachtegg nicht dem „Zahn der Zeit" auszuliefern.

Dr. Petzet zeigte sich zuversichtlich, denn es gebe immer wieder im größeren Umkreis, auch außerhalb Bayerns, Interessenten an solchen Objekten. Man müsse alles tun, um die Verhandlungsatmosphäre nicht durch vorschnelle oder emotionelle Veröffentlichungen zu belasten. Das Landesamt für Denkmalpflege werde jetzt jedenfalls Schlachtegg erneut mit Bild in seinem Mitteilungsblatt anbieten.

Donau-Zeitung (Dillingen)
29. März 1982

Mit Hilfe von Kultusministerium und Denkmalpflege:

Krumbach kann auf Sanierung seiner Baudenkmäler bauen

Dr. Hans Maier und Generalkonservator Dr. Petzet gestern in der Kammelstadt

Krumbach (hk). Feste Zusagen, sich dafür einzusetzen, daß die Mittel für die Sanierung des Hürbener Wasserschlosses möglichst zügig weiterfließen, waren das wichtigste Ergebnis eines Besuches von Kultusminister Professor Hans Maier in Begleitung des Generalkonservators und Chefs des Landesamtes für Denkmalpflege in Bayern, Dr. Petzet. Zugesagt wurde auch ein Zuschuß für die Renovierung der Fassade des Hauses Nr. 15 in der Hürbener Straße um die Erhaltung und Einbindung in den dort geplanten Neubau sicherzustellen. Und auch beim dritten Problemkind auf denkmalpflegerischem Gebiet, das der Stadt zur Zeit große Sorgen macht, dem Rixner-Haus, stellten der Minister und der Generalkonservator dem Bürgermeister in Aussicht, daß die Stadt mit finanzieller Unterstützung rechnen könne, um wenigstens die nötigsten Sicherungsmaßnahmen zur Erhaltung des Hauses finanziell verkraften zu können.

Bürgermeister Georg Winkler empfing den Kultusminister und den Chef des Landesamtes für Denkmalpflege im Beisein des Stadtbaumeisters und der zuständigen Sachbearbeiter sowie des Kämmerers im Rathaus um ihnen zunächst einen Überblick über den gegenwärtigen Stand der Sanierungsmaßnahmen im Rahmen der Denkmalpflege in der Stadt zu geben, aber auch um ihnen die Sorgen und Nöte der Stadt bei der Finanzierung dieser Maßnahmen deutlich vor Augen zu führen.

Ohne Hilfe geht nichts

Der Bürgermeister ließ keinen Zweifel aufkommen: Es kann nur weiter etwas getan werden, wenn auch Bund, Land, Bezirk und Kreis die Stadt trotz des allgemein so knapp gewordenen Geldes unterstützen. Die Stadt Krumbach ist auf keinen Fall in der Lage, auch nur die geringsten Vorleistungen zu erbringen. »Der Bürger hätte angesichts der angespannten Finanzlage kein Verständnis, wenn die Stadt hier weiter Geld investieren würde, ohne daß Aussicht besteht, daß von außen entsprechende Zuschüsse zu erwarten sind«, erklärte Winkler sehr deutlich und mit Nachdruck.

Halbe Million-Lücke

Bei der Sanierung des Hürbener Wasserschlosses sind derzeit Mittel in Höhe von 1,236 Millionen Mark gesichert, davon 824 000 Mark als Zuschüsse von Bund und Land. Es besteht also noch eine Lücke von 564 000 Mark zu den geschätzten Gesamtkosten von 1,8 Millionen Mark.

Der Minister und der Generalkonservator sagten dem Bürgermeister zu, daß die Stadt mit weiteren Zuschüssen aus dem Entschädigungsfonds und von der Landesstiftung rechnen könne. Damit soll sichergestellt werden, daß die Arbeiten zügig weitergehen können. Professor Maier und Dr. Petzet zeigten sich bei der Besichtigung des Schlosses sehr beeindruckt von dem bisher geleisteten.

Weitaus schwieriger wurde die Sache dann, als es um das Rixner-Haus und das Haus in der Hürbener Straße Nr. 15 ging. Das Haus in der Hürbener Straße Nr. 15 wurde inzwischen von einer Wohnbaugesellschaft erworben. Diese möchte es am liebsten abreißen, doch wäre sie bereit, es in den dort geplanten Neubau zu integrieren und damit zu erhalten, wenn sie zugesagt bekommt, daß sie für die Sanierung mit Zuschüssen rechnen könne. Nachdem Dr. Petzet klargemacht hatte, daß einem Abbruch von seiten des Landesamtes nicht zugestimmt werden könne, stellte er einen entsprechenden Zuschuß für die Renovierung verbindlich in Aussicht.

Erste Rate

So sehr Professor Maier und Dr. Petzet vom Anblick des Rixner-Hauses beeindruckt waren, das inzwischen im Besitz der Stadt ist, und so sehr beide für eine Erhaltung dieses Gebäudes waren, sowenig wollten sie sich zunächst auf eine Zusage für einen Zuschuß zur Sanierung festlegen lassen. Erst als sie sich bei der Besichtigung davon überzeugen abreißen konnten, daß einerseits schnell etwas getan werden müsse, wenn das Gebäude erhalten werden soll, auf der anderen Seite Bürgermeister Winkler aber unmißverständlich klar machte, daß die Stadt allein auf keinen Fall in der Lage sei, hier auch nur das Geringste zu tun, waren Minister und Generalkonservator bereit, dem Bürgermeister eine erste Rate für die spätere Gesamtsanierung in Aussicht zu stellen. Mit diesen Mittel soll fürs erste erreicht werden, daß die Baustubstanz so gesichert werden kann, daß einer späteren völligen Wiederherstellung nichts mehr im Wege steht.

Der Minister ließ es sich nicht nehmen auch die Renovierungsarbeiten an und in der Pfarrkirche in Niederraunau zu besichtigen. Sehr beeindruckt waren Professor Maier und Dr. Petzet auch von den Fortschritten bei der Sanierung des Pfarrhofes in Billenhausen, dessen Bau im Jahr 1773 dem Wettenhauser Stiftsbaumeister Joseph Dossenberger d. J. zugeschrieben wird. Eine Besichtigung der vom Verfall bedrohten Kapelle in Reichertsried und des Klosters in Wettenhausen rundeten die denkmalpflegerische Erkundungsfahrt des Ministers und des Generalkonservators ab.

GANZ GENAU ließ sich der Kultusminister und der Chef des Landratsamtes für Denkmalpflege von den Vertretern der Stadt, an der Spitze Bürgermeister Winkler, über den Fortgang der Sanierungsmaßnahmen am Hürbener Wasserschloß informieren.
Bilder: Kment

Mittelschwäbische Nachrichten (Krumbach)
27. April 1982

Landshuter Zeitung
30. April 1982

LANDSHUT - HEUTE

Dr. Petzet: „Denkmalpflege in Bayern heute selbstverständliches öffentliches Anliegen"

Erste Jahrestagung der Bayerischen Denkmalpflege fand überwältigendes Echo — Auch großes Interesse des Auslandes

Ein auch für den Veranstalter, das Bayerische Landesamt für Denkmalpflege, unerwartetes Echo fand die erste Jahrestagung der Bayerischen Denkmalpflege, die am Donnerstagvormittag im historischen Rathausprunksaal festlich eröffnet wurde, am Nachmittag dann und heute mit Fachvorträgen, Diskussionen und Besichtigungen zum Thema „Grundlagen und Voraussetzung zur Denkmalerhaltung" fortgesetzt wurde bzw. abgeschlossen wird. Statt der zunächst erwarteten 250 kamen rund 600 Teilnehmer nach Landshut. Gastgeber Generalkonservator Dr. Michael Petzet vom Landesamt konnte neben Repräsentanten der Kirchen, des öffentlichen Lebens und der Behörden und Institutionen auch Abordnungen aus dem Ausland begrüßen. In seinem Festvortrag unterstrich Dr. Petzet, daß sich in Bayern eine im weitesten Sinne des Wortes politische Denkmalpflege mit der Neuorganisation von Denkmalschutz und Denkmalpflege im Rahmen des neuen Denkmalschutzgesetzes von 1973 und nach einer voll über Bayern hinaus durch das Denkmalschutzjahr 1975 markierten Wende voll durchgesetzt habe. Denkmalschutz und Denkmalpflege seien heute in Bayern eine Selbstverständlichkeit, ein selbstverständliches Anliegen und damit auch ein selbstverständlich politisches Anliegen.

Dr. Petzet: „Auch angesichts düsterer Zukunftsperspektiven nicht entmutigen lassen"

Nicht nur jene, die sich beruflich der Denkmalpflege verschrieben haben, sondern darüberhinaus Repräsentanten der Kirchen, Politiker aller Ebenen, von Abgeordneten über Regie-

rungspräsidenten bis zu Bürgermeistern, Gemeindevertretern hätten sich die Sache der Denkmalpflege angelegen sein zu lassen. „Nichts ist so konkret wie das Bemühen um einen konkreten Gegenstand", meinte Dr. Petzet, der auch gleich einen Beweis lieferte: In Bayern gebe es immerhin 100 000 Denkmäler, die ja nicht nur theoretisch-wissenschaftlich erfaßt, sondern auch konkret geschützt und gepflegt werden müßten. Entschieden wandte sich Dr. Petzet gegen die immer wieder aufkommende Meinung, daß angesichts düsterer Zukunftsperspektiven die Bemühung um die Denkmäler der Vergangenheit sinnlos werden müßten, zumindest eigentlich den Charakter einer „Urlaubsbeschäftigung in Erwartung des Weltuntergangs" annehmen könnten. Dies dürfe nicht sein. Wenn die oft prophezeite Apokalypse stattfinde, seien zu deren Zeitpunkt die Kulturdenkmäler das geringste Problem.

Der Meinung, das mit der Denkmalpflege als einer öffentlichen Aufgabe aller gebe es heute in Bayern keine Probleme mehr, das Motto der Tagung „Selbstverständliches Anliegen" sei wörtlich zu nehmen, nicht im wörtlichen Sinne als Frage zu „Hätte die Tagung selbstverständlich"

fallen müsse, hat sich nicht erfüllt", meinte Dr. Petzet wörtlich. Im Gegenteil, angesichts des gewachsenen und noch ständig wachsenden Interesses der Öffentlichkeit an der Erhaltung einer historisch geprägten Umwelt seien die Denkmalschützer heute und auch in Zukunft dazu aufgerufen, den Standpunkt als Anwalt der Denkmäler energisch zu vertreten, auch wenn es dabei im Interessenkonflikt einmal erheblichen Ärger geben sollte.

Rettende Initiativen für bedrohte Denkmäler und Denkmälergruppen aber könnten zu spät kommen, wenn es nicht in Zukunft mehr als bisher gelinge, die denkmalpflegerischen Gesichtspunkte möglichst rechtzeitig in die Planungen einzubringen, mit denen die Weichen für die Zukunft gestellt würden, von der allgemeinen Regionalplanung bis zur Straßenplanung und zur Bauleitplanung der Gemeinden, warnte der Sprecher. Dabei sei es der Denkmalpflege im Bereich der Stadtsanierungen, wo gefährliche Flächensanierungen und Verkehrsschneisen erfreulicher Weise nur noch die Ausnahme seien, gelungen, mit ihren Vorstellungen in vieler Hinsicht durchzudringen, während die Dorferneuerung ein besonderer Problembereich bleiben werde. Dieser immer wichtiger werdende Bereich erfordere jedenfalls verstärkte Anstrengungen.

Nur die traditionellen Methoden anwenden

Auf die Methoden der Denkmalpflege der Zukunft eingehend, meinte Dr. Petzet, könnten nur die traditionellen Methoden des Handwerks der Vergangenheit sein. Die nicht erst seit heute zu beobachtende Gefährdung, handwerklicher Traditionen durch Industrialisierung und Massenproduktion sei also eine sehr ernst zu nehmende Gefährdung für die Denkmalpflege, die auch in Zukunft auf das traditionelle Handwerk angewiesen sein werde. Die Denkmalpflege brauche nicht nur den Restaurator und den spezialisierten Kunsthandwerker, die vor allem im Bereich der Kirchenrestaurierung spezialisierten Betriebe, sondern den ortsansässigen Maurer, der den Putz am Pfarrhof in alter Manier und mit Zementmörtel ausbessern könne, den Zimmerer und andere Sparten. Gesucht sei der Handwerker, der mit Respekt vor der Arbeit seiner Vorgänger und mit den überlieferten Techniken repariere; denn Reparatur in traditionellen Techniken und mit traditionellem Material sei ein lebenswichtiger Grundsatz für die zukünftige Erhaltung der Baudenkmäler, die nach den Normen des modernen Bauwesens

An den Rand geschrieben

Alle Erwartungen, auch die des Veranstalters, übertroffen hat das Echo auf die erste Jahrestagung der bayerischen Denkmalpflege in Landshut, die statt zunächst geschätzter 250 Interessenten schließlich über 600 nicht entgehen ließen. Daß dieses überwältigende Interesse vor allem organisatorische Probleme aufwarf, sei nur am Rande erwähnt, zu dem man aus Landshuter Sicht gerne in Kauf, war doch diese Tagung eine Gelegenheit mehr, einmal außerhalb der traditionellen Veranstaltungen wie die „Landshuter Hochzeit" die bisherigen beispielhaften Leistungen auf dem Sektor Denkmalpflege und Denkmalschutz ins rechte Licht zu rücken.

Aber auch der bayerische Ober-Denkmalschützer, Dr. Michael Petzet vom Landesamt für Denkmalpflege sah sich aufgrund der überwältigenden Beteiligung in seiner Feststellung bestätigt, daß sich eine im weitesten Sinne des Wortes politische Denkmalpflege in Bayern voll durchgesetzt habe, daß Denkmalschutz und Denkmalpflege ein selbstverständliches öffentliches und selbstverständliches politisches Anliegen seien.

Freilich, wir, die wir täglich mit dieser Materie konfrontiert werden, sind uns dessen oft gar nicht mehr bewußt. Da bedarf es beispielsweise schon des Lobes des höchsten österreichischen Denkmalpflegers, des Präsidenten des Österreichischen Bundesdenkmalamtes, Dr. E. Thalhammer, der in charmant-österreichischer Art, aber auch ein bißchen neidvoll feststellte, daß eine Fachversammlung in seinem Land mit einer derartigen Beteiligung schon einem Volksbegehren gleichkäme.

Mit seiner zweiten Feststellung allerdings, daß ein aufrechter Österreicher eher nach München als nach Wien fahre, passierte ihm allerdings ein kleiner Faux-pas. Aber wie hätte der Gast aus Österreich auch wissen sollen, daß Landshut alle Anstrengungen unternimmt, aus dem kulturellen Windschatten Münchens herauszutreten. Und mit derart eindrucksvollen Veranstaltungen wie der der Denkmalpfleger ist man auf dem besten Weg dazu. -ws-

daß man das hervorragende Ergebnis, so die historische Innenstadt, im Rahmen dieser Tagung einer derart „erlauchten" Gesellschaft präsentieren könne. Er ging kurz auch auf die finanziellen Schwierigkeiten ein, die die Denkmalpflege nach sich ziehe und sprach die Hoffnung aus, daß diese Tagung zumindest Wege zur Lösung des Problems aufzeige. Domkapitular Prälat Dr. Gruber stellte die enge Verbindung zwischen staatlichen und öffentlichen Denkmalschutz und kirchlichem Leben in der Vordergrund seines Grußwortes. Denkmalschutz bei kirchlichen Gebäuden bedeute, daß man es nicht mit toten Steinen, sondern mit lebendem Organismus zu tun habe, wobei es nicht selten zu einer „Gratwanderung" komme. In Bayern hätten die Kirchen und das Landesamt aber Wege zueinander gesucht und auch gefunden. Abt Placidus verwies auf die Erfahrungen bei Renovierungen usw. im Kloster Niederalteich, wo man sich ohne die Bayerische Denkmalpflege zwar leichter getan hätte, es sich sicherlich aber auch zu leicht gemacht hätte. Freiherr von Crailsheim betonte, daß Denkmäler aus der Vergangenheit zwar zum Gebrauch, nicht aber zum Verbrauch gedacht seien. Der Präsident des Österreichischen Bundesdenkmalsamtes schließlich dankte für die langjährige gute Zusammenarbeit.

Ständig wachsendes Interesse der Öffentlichkeit

Die seit Jahrzehnten geforderte, im weitesten Sinne des Wortes politische Denkmalpflege habe sich in Bayern mit der Neuorganisation von Denkmalschutz und Denkmalpflege im Rahmen des neuen Denkmalschutzgesetzes von 1973 und nach einer voll über Bayern hinaus durch das Denkmalschutzjahr 1975 markierten Wende voll durchgesetzt, meinte der Gastgeber, Generalkonservator

rungs- und Bezirkstagspräsidenten, Oberbürgermeister und Bezirksräte und Landräte bis hin zu Stadt- und Gemeinderäten, Repräsentanten verschiedener Ministerien, Behörden und Institutionen waren bei der Eröffnung der ersten Jahrestagung der bayerischen Denkmalpflege in Landshut vertreten. Großes Interesse hatte die Tagung auch im Ausland, insbesondere im benachbarten Österreich, hervorgerufen, das mit einer starken Abordnung des Bundesdenkmalamtes und mit einer Reihe von Landeskonservatoren vertreten war. Weitere Abordnungen kamen aus Italien, der Region Venedig und aus Südtirol, und schließlich waren sogar Slowenien und Kroatien vertreten. Namentlich begrüßte Generalkonservator Domkapitular Prälat Dr. Gruber als Vertreter der Erzdiözese München und Freising, Abt Placidus von Niederalteich, Freiherr von Crailsheim von der Bayerischen Verwaltung der Staatlichen Schlösser, Gärten und Seen, sowie die Präsidenten des Österreichischen Bundesdenkmalamtes, Dr. E. Thalhammer. Ein besonderer Gruß galt dank der Stadt Landshut, die durch Bürgermeister Hansjörg Mößmer repräsentiert wurde.

Anerkennung von allen Gästen

Bürgermeister Mößmer unterstrich dann auch in seinen Grußworten die gute Zusammenarbeit, die die Stadt Landshut mit dem Landesamt für Denkmalpflege und gab seiner Freude darüber Ausdruck,
oft nur zu Tode saniert werden könnten. Aber nicht nur die alten Techniken, auch denkmalgerechtes Material werde also in Zukunft nötig sein. Man müsse sich bewußt werden, daß manche historische Materialien, vom Pflasterstein bis zum Dachziegel, Kostbarkeiten darstellten, die nicht für die Müllkippe bestimmt sein könnten, sondern für eine eventuelle Wiederverwendung sorgfältig gelagert werden müßten.

Auf das „Innenleben" kommt es an

Wenn man von der Fülle gegenwärtiger und zukünftiger denkmalpflegerischer Maßnahmen spreche, sollte man nicht vergessen, daß es eigentlich darum gehe, daß solche Maßnahmen möglichst selten und am besten überhaupt nicht notwendig würden; denn jede Maßnahme bedeute notgedrungen auch Verluste und solche Verluste am historischen Bestand müsse die Denkmalpflege nach Möglichkeit verhindern. Dr. Petzet verwies in diesem Zusammenhang auf ein zukunftsweisendes Modell, das leider zu wenig Gebrauch gemacht werde, nämlich Wartungsverträge mit freien Restauratoren für Stücke, die der ständigen Gefährdung durch die allgemeine Umweltbelastung ausgesetzt seien. Dies sei nichts anderes als die übliche Pflege, die für Auto, Waschmaschine oder Heizung selbstverständlich sei, nicht aber für Baudenkmäler, die als individuelle Schöpfungen nicht mehr ersetzt werden könnten. Und das Abwarten bis zur nächsten großen Restaurierung bedeute oft Verlust, und zwar unwiederbringlichen Verlust.

Eigentlich scheine es unnötig, zu betonen, daß alle denkmalpflegerischen Maßnahmen, die in Zukunft stattfänden immer das ganze Denkmal und sein Umfeld berücksichtigen müßten, meinte Dr. Petzet weiter. Und doch liege hier vieles im argen, vor allem dort, wo in einer für den Denkmalerbestand in seiner Konsequenz manchmal höchstgefährliche Verwechslung von Ortsbildpflege und Denkmalpflege auch mit wohlgemeinten ästhetischen und städtebaulichen Überlegungen der passende Ersatzbauliche Konzession, die Rekonstruktion der Fassade für das Ortsbild, oder, als „großzügige" Konzession, der Erhalt der Fassade nicht zu trennenden Innenlebens der Baudenkmäler angeboten werde. Eine reine Fassadendenkmalpflege müsse jedenfalls in Zukunft der Vergangenheit angehören. Recht verstandene Denkmalpflege bedeute heiße Denkmalerhaltung, Bewahrung originaler Zeugnisse der Kultur, und nicht Bereitstellung von alten oder neuen Fassadenkulissen zur beliebigen „Verschönerung" der Umwelt.

Auch in der Frage der Nutzung von Baudenkmälern zeichne sich in den letzten Jahren eine deutliche Wende ab. Dabei sei entscheidend vor allem die neue Attraktivität, die das Wohnen in der Altstadt, auch in den Wohnvierteln der Gründerzeit, gewonnen habe. Diese Wende zeige sich zum Beispiel dort, wo man noch vor Jahren mit Listen verkäuflicher Denkmäler mühsam nach zur Sanierung bereiten neuen Eigentümern habe suchen müssen. Jetzt brauche man solche Objekte kaum noch anzupreisen, denn es wimmle nur so an Interessenten für Pfarrhäuser, Schulen, Bauernhäuser, Türme von Stadtmauern usw.

Sorgen in den ländlichen Bereichen

Es gebe auch eine Reihe negativer Beispiele, führte Dr. Petzet weiter aus. Über die Hälfte der ortsnahen frühmittelalterlichen Reihengräber dürften ebenso dem Bauboom der letzten Jahrzehnte zum Opfer gefallen sein wie ganze historische Hauslandschaften. Es gebe schon heute ehemals bäuerlich geprägte Landkreise, in denen die Denkmalliste noch ein historisches Bauernhaus verzeichnen könne. Hier werde sich auch in Zukunft dem Denkmalpfleger

Bitte umblättern

Dr. Petzet: „Denkmalpflege..."

immer wieder die Frage nach dem Freilichtmuseum als letztem Reservat stellen müssen, ohne daß das Freilichtmuseum zum Alibi werden dürfe, das Bemühungen um die Erhaltung bäuerlicher Kulturdenkmäler an Ort und Stelle in Frage stelle.

Zusammenfassend meinte der Redner, der Gedanke, daß der Denkmalpflege in Zukunft tatsächlich einmal die Arbeit ausgehen könnte, sei, soweit man die Bemühungen als ein behutsames Bewahren und allmähliches Hinüberführen des historischen Bestandes in die Zukunft geäußerte Vorstellung, man brauche nur die Zahl der Denkmäler zu reduzieren, um dann mit dem vorhandenen Geld den Rest in kurzer Frist gleichzeitig ein für allemal instandsetzen zu können. Dies sei eine unsinnige Vorstellung, denn ebenso wie die Denkmäler in den vergangenen Jahrhunderten gewachsen seien, so bedürften sie auch einer allmählichen Instandsetzung, die in Lauf der Jahrzehnte immer wieder Schritt für Schritt erfolgen könne und keineswegs auf einen Schlag mit ungeheuren Mitteln geschehen dürfe. Damit sei man allerdings auch schon bei der Zukunftsperspektive „Geld", wobei sich Dr. Petzet mit dem Hinweis begnügte, daß auf lange Sicht wenigstens eine Verdoppelung oder Verdreifachung der Zuschüsse nötig wäre, um der Kürzung der Mittel aber angesichts der längst erkannten Bedeutung dieser Zuschüsse vor allem für die mittelständischen Betriebe des Handwerks gerade in der schwierigen Arbeitsmarktsituation schon aus volkswirtschaftlichen Gründen nicht vertretbar erscheine.

Gesteigertes privates und öffentliches Engagement

Schließlich lobte Dr. Petzet den Hintergrund der Denkmalpflegearbeit, das in den letzten Jahren so überraschend gewachsene Verständnis der Bürger, die sich einer Zerstörung der gerade in Bayern immer noch entscheidend von historischen Bauten geprägten Umwelt widersetzten und die Fülle der Geschichtsdenkmäler ihrer Heimat als unentbehrliche Orientierungspunkte in Raum und Zeit begreifen würden. Das habe zu einem bereits heute spürbar gesteigerten privaten wie öffentlichen Engagement im Bereich der Denkmalpflege geführt. Vor diesem Hintergrund dürfte man sich in der gemeinsamen Arbeit auch angesichts düsterer Zukunftsperspektiven nicht entmutigen lassen, vor allem angesichts einer vielleicht in Zukunft noch steigenden Umweltbelastung, die unter anderem dazu führe, daß heute eben nicht nur das eine oder andere Denkmal aus Stein oder das eine oder andere Glasfenster bedroht seien, sondern praktisch der gesamte Bestand. Der Denkmalpfleger, der auf seine oft verzweifelt gegen eine weitere Zerstörung der Umwelt ankämpfe, gab Dr. Petzet ein Wort des Priors Florian Schaller von Niederalteich mit auf den Weg, der in schwerer Zeit, kurz vor der Säkularisation, dazu aufgefordert habe, „die Vergangenheit als wohltätige Lehrerin der Gegenwart zu benützen".

—ws—

Denkmalpfleger lassen sich nicht entmutigen

Trotz düsterer Zukunftsperspektiven wächst das Selbstbewußtsein / Jahrestagung in Landshut

Von unserem Redaktionsmitglied Ursula Peters

*Süddeutsche Zeitung
12. mai 1982*

LANDSHUT, 2. Mai – Ein wenig überwältigt standen die Organisatoren der ersten Jahrestagung der bayerischen Denkmalpfleger vor dem Andrang, den diese Veranstaltung in Landshut erlebte. „Wir hatten mit 300 Teilnehmern gerechnet und über 600 kamen", berichtete Generalkonservator Michael Petzet vom Landesamt für Denkmalpflege. Was eigentlich als eine Art Familienfest und fachliche Information mit einem zweitägigen Programm von Vorträgen und Besichtigungen für ausübende Denkmalpfleger gedacht war, wurde unversehens zu einem Treffen von zum Teil hochgestellten Denkmalpflege-Interessierten auch aus Rathäusern, Behörden und Ordinariaten.

„Ein selbstverständliches öffentliches und politisches Anliegen", nannte Petzet deshalb erfreut die Denkmalpflege in Bayern. Auch angesichts düsterer Zukunftsperspektiven dürfe man sich nicht entmutigen lassen. In seinem Festvortrag nannte der Chef des Landesamts für Denkmalpflege eine ganze Reihe von Problemen – zusätzlich zu der ständigen Geldknappheit angesichts der rund 110 000 Denkmäler in Bayern. Auf lange Sicht sei eine Verdopplung oder Verdreifachung der momentan fließenden Zuschüsse für das Amt (z. Z. 21 Millionen Mark im Jahr) notwendig. Petzet gab zu bedenken, daß diese Zuschüsse vor allem den mittelständischen Betrieben des Handwerks zugute kämen. „Hier existiert noch ein sehr arbeitsintensiver Bereich, in dem auch in Zukunft nicht erhöhte Produktivität mit weniger Arbeitskräften verlangt wird, sondern kontinuierliche Arbeit in traditioneller Form mit traditionellem Material, was man nicht durch Computerrationalisieren kann."

Die Schulung der Handwerker in althergebrachten Techniken, die langsam der Vergessenheit anheimfallen, ist ohnehin eine große Sorge der Denkmalpfleger, berichtete Petzet. Im Bereich der Kirchenrestaurierung gebe es zwar noch spezialisierte Betriebe – Kirchenmaler, Stukkateure etc. –, aber es hapere bei ortsansässigen Handwerkern, die beispielsweise den Putz im Pfarrhof in alter Manier ohne Zementmörtel ausbessern oder Fensterstöcke mit individuellem Profil schreinern sollen. Petzet machte sich für ein „Bauarchiv" stark, in dem alte Techniken, Materialien, historische Farbproben für die Nachwelt gesammelt werden, „damit man auch noch in 100 Jahren historische Gebäude restaurieren kann". Durch laufende Instandhaltung könne man sich in vielen Fällen eine teure Großsanierung alle 20 Jahre sparen. Es gebe bereits „Wartungsverträge" mit privaten Restauratoren von Kunstdenkmälern.

Petzet sprach sich dafür aus, das gesetzliche Instrument der „Instandsetzungsverfügung" durch die Behörden für nachlässige oder obstinante Eigentümer von Baudenkmälern wesentlich häufiger anzuwenden. Vor drei Jahren hätte sich dadurch beispielsweise das berühmte Ickstatthaus in Ingolstadt, das – wie berichtet – jetzt bis auf die Fassade wegen Baufälligkeit abgerissen werden muß, noch retten lassen. Petzet wandte sich entschieden gegen reine „Fassadendenkmalpflege" im Sinn von städtebaulichen Kulissen zur beliebigen Verschönerung der Umwelt. Die Verwechslung von Ortsbildpflege und Denkmalpflege sei höchst gefährlich.

Kultusminister Hans Maier zog in seiner Festrede im Rathausprunksaal „eine imponierende Bilanz" der bayerischen Denkmalpflege seit Inkrafttreten des Denkmalschutzgesetzes 1973. Insgesamt seien vom Staat in diesem knappen Jahrzehnt 320 Millionen Mark an Zuschüssen für die Erhaltung von Zeugnissen alter Kultur ausgegeben worden. Per Saldo stehe Bayern damit an der Spitze aller Bundesländer. Angesichts des breit erwachten Denkmalschutzbewußtseins in der Bevölkerung und bei den Eigentümern sollte der Staat allerdings noch verstärkt als Initiator von Erhaltungsmaßnahmen in Erscheinung treten. Maier wies darauf hin, daß sich die Steuer-

Finanzierungsloch bei Ausgrabungen

Ausstellung mit Funden aus dem Jahr 1981 / Arbeit der Archäologen gefährdet

„Das archäologische Jahr in Bayern 1981", sein Ertrag an Funden und an wissenschaftlichen Erkenntnissen präsentiert jetzt das Landesamt für Denkmalpflege, Abteilung für Vor- und Frühgeschichte, in der Prähistorischen Staatssammlung (Lerchenfeldstraße 2). Mit dieser Ausstellung, die gestern von Wirtschaftsminister Anton Jaumann eröffnet wurde, will man die wichtigsten Ausgrabungsgegenstände des vergangenen Jahres zeigen, bevor sie wieder in die Museen oder in Privatbesitz zurückkehren. Gleichzeitig aber soll deutlich werden, wie zahlreich und wichtig die geschichtlichen Quellen im bayerischen Boden sind, die aber täglich durch Wohnungs- oder Straßenbau unwiederbringlich zerstört werden. Die Ausstellung ist bis zum 22. August geöffnet, das dazu erschienene umfangreiche Buch kostet 34 Mark.

„Die Ausstellung soll helfen, auf diesen so wichtigen Teil der bayerischen Geschichte hinzuweisen", sagte der Leiter der Abteilung für Vor- und Frühgeschichte des Bayerischen Landesamtes für Denkmalpflege, Rainer Christlein. Denn zeigen wolle man nicht nur die kostbaren Funde und die Arbeit seiner Abteilung, die ja sonst im Verborgenen bleibe, sondern auch die großen Sorgen der Bayerischen Landesarchäologie. „Wir haben unserer Aufgabe gerade noch gerecht werden können", gegraben wurde nur an Stellen, die es heute nicht mehr gibt, an denen Häuser oder Straßen entstanden sind. Zehn Millionen Mark seien im vergangenen Jahr aufgewendet worden, davon zwei Millionen Landesetat, die übrige Summe hätten andere Stellen finanziert, darunter fast sechs Millionen die Bundesanstalt für Arbeit. Mit diesem Zuschuß wurden über 300 Arbeitskräfte eingestellt. Gerade dieser Summe aber sei man beraubt worden, man habe ein Finanzierungsloch in Höhe von acht Millionen Mark.

„Es sollte möglich sein, die erforderlichen Mittel zur Verfügung zu stellen", betonte Christlein, andernfalls müsse der Staat auf diese Quellen, auf 90 Prozent der bayerischen Geschichte, verzichten. Die Objekte, die in der Prähistorischen Staatssammlung aufgebaut sind, zeigen Bedeutung und Reichtum der Ausgrabungen. Geordnet wurde die Ausstellung chronologisch. Von der Altsteinzeit bis zu Gegenständen aus einer oberpfälzer Glashütte aus dem 17. Jahrhundert. Die ältesten Funde aus einer Höhle im Altmühltal, dem Hohlen Stein bei Schambach, in der man 120 000 Jahre alte Spuren menschlicher Tätigkeit wie Steinwerkzeuge fand, gelten als wissenschaftlich besonders bedeutend. In Gräbern in Salmannsberg stieß man auf Spuren erster bäuerlicher Kolonisatoren, Linearbandkeramiken um 4500 vor Chr., Bronzegegenstände aus der Urnenfelderzeit, Messer, Tassen, Schwerter stammen aus der Pfalz, Niederbayern und dem Chiemgau.

Keltische und bajuwarische Gräber

Zu den bedeutendsten Funden gehören eine Gewandspange aus einem keltischen Grab in Sengkofen bei Regensburg, ein fein gearbeitetes Pferd und die keltischen und bajuwarischen Gräber in Straubing-Alfeld, an deren Stelle heute Neubauten stehen. Silberne, vergoldete Fibeln mit Granat und Niello-Einlagen, Schmuckstücke wie Gürtelschnallen oder Ohrringe, etwa in Form eines Vogels, wurden aus dem Boden geholt, Keramiken, Glasgefäße. Die Ausgrabungen, sagt Christlein, hätten 20 000 Mark gekostet, der Wert der Gegenstände sei aber eine siebenstellige Zahl. Sehr zahlreich sind die Grabbeigaben aus römischer Zeit, darunter aus den Totenhäusern von Günzburg. Römisch ist auch das wichtigste Stück der Ausstellung, eine bronzene Brunnenmaske aus dem zweiten Jahrhundert n.

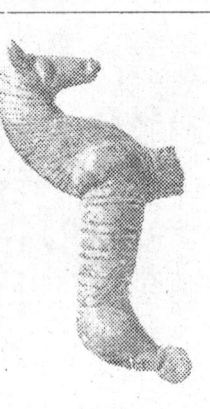

Chr. die den Gott Okeanos darstellt und in einem Gutshof in Treuchtlingen-Schambach entdeckt wurde.

Baumaßnahmen – positiv gesehen

Wirtschaftsminister Anton Jaumann wies in seiner Ansprache darauf hin, daß die Archäologie auch Berührungspunkte mit der Wirtschaft habe, etwa im Fremdenverkehr, im Messebereich und im beschäftigungspolitischen Sektor. Jaumann sah in der die Archäologen beunruhigenden Zunahme von Baumaßnahmen einen positiven Aspekt: Dadurch seien auch Eingriffe in den Bodenbestand möglich, die in dieser Zahl früher kaum denkbar gewesen wären. Gerade die Fülle von „Notgrabungen" hätten Kenntnisse und Sammlungen, die eine ähnliche Funktion wie Archive für schriftliche Zeugnisse hätte, außerordentlich erweitert. Besonders erfreulich sei es, daß die Exponate einmal dezentral auf ganz Bayern verteilt würden, was Museen in peripher gelegenen Gebieten aufwerte.

Zur Ausstellung „Das archäologische Jahr in Bayern 1981" wird heute um 18 Uhr Rainer Christlein im Vortragssaal des Nationalmuseums sprechen, 14 weitere Vorträge sind, jeweils mittwochs, dort vorgesehen.

Heidrun Graupner

leichterungen für die Eigentümer von Denkmälern sei sehr segensreich ausgewirkt und die Investitionsbereitschaft stark gefördert hätten. Rampornierte historische Gebäude, die zum Verkauf stehen, fänden in letzter Zeit sogar lebhaften Absatz.

Die Zahl der Streitfälle um die Erhaltung von Baudenkmälern sei erfreulicherweise nicht sehr groß, berichtete der Minister. Es habe sich als richtig erwiesen, daß bei derartigen Problemen die weiter vom Ort entfernten Bezirksregierung die Schiedsrichterrolle zufalle und nicht den Landratsämtern. Maier ermahnte die Bezirksregierung, jedoch sorgfältig abzuwägen und vordergründige Argumente der Beteiligten nicht ungeläßt zu übernehmen.

Süddeutsche Zeitung
3. Mai 1982

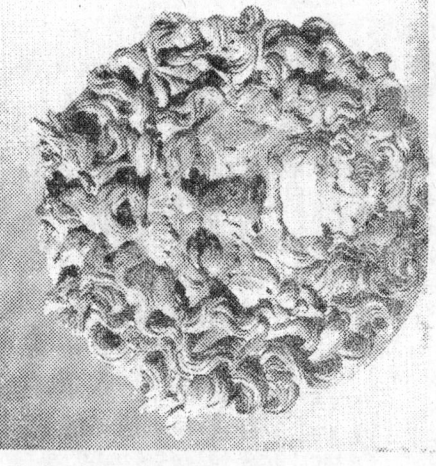

EINER KELTISCHEN DAME *wurde im fünften Jahrhundert v. Chr. dieses 4,8 Zentimeter lange Bronzepferdchen in Sengkofen bei Regensburg ins Grab gelegt. Darunter die Maske des Gottes Okeanos aus dem zweiten Jahrhundert n. Chr., die einen römischen Brunnen in der Nähe von Treuchtlingen schmückte.*

Süddeutsche Zeitung, 13. Mai 1982

Auf den Spuren des Chiemgauer Gebirgshauses

Der Landkreis Traunstein praktiziert vorbildliche Denkmalpflege auf dem Bauernhof

Von unserem Redaktionsmitglied Ludwig Fisch

TRAUNSTEIN, 12. Mai – Der Weiler Häusern in der Gemeinde Siegsdorf liegt einsam im hügeligen Vorfeld der Chiemgauer Berge und besteht aus drei Gehöften. Die drei Bauwerke, die alle zum Anwesen des Bauern Abtsreiter gehören, stellen für das Landesamt für Denkmalpflege eine „einzigartige baugeschichtliche Chronik eines bäuerlichen Hoftypus" dar, aus der sich die Entwicklung des „Traunsteiner Gebirgshauses" zusammenhängend über drei Jahrhunderte ablesen läßt. „Eine Baugruppe dieser Art ist im oberbayerischen Raum bisher nicht bekannt geworden", sagte Oberbaurat Paul Werner bei einer Pressefahrt des Landesamtes durch den Landkreis Traunstein, bei der mustergültige Beispiele bereits praktizierter oder noch bevorstehender Denkmalpflege vorgestellt wurden.

In Häusern ist nur das jüngste Gebäude, ein mächtiger Einfirsthof aus der zweiten Hälfte des 19. Jahrhunderts, in gutem Bauzustand. Bei den beiden älteren Gehöften wird der Zustand von den Experten des Landesamtes als „ruinös" bezeichnet. Trotz der stark lädierten Bausubstanz denkt jedoch niemand an Abbruch. Im Gegenteil: Im nächsten Jahr will man mit der Restaurierung beginnen, für deren Gelingen es im Landkreis bereits ein Schulbeispiel gibt: „Der Wastlbauernhof bei Hammer war in einem noch schlimmeren Zustand", sagt Oberbaurat Werner. Seit der gelungenen Restaurierung ist dieser Hof eine Sehenswürdigkeit, die Interessenten von weither anlockt.

Daß sich die Instandsetzungsarbeiten auch in Häusern lohnen, belegen die Fachleute mit einer Fülle von Hinweisen auf erhaltene Bauteile. Das älteste Bauwerk in Häusern, ein auffallend kleiner Einfirsthof aus dem frühen 17. Jahrhundert, zeichnet sich durch ein „baugeschichtliches Fossil" aus: Der Grundriß mit einer Feuerstätte als Mittelpunkt weist darauf hin, daß es sich hier um das älteste Beispiel des „Traunsteiner Gebirgshauses" handelt. Ein giebelseitig erschlossener Flur, der zu einer großen Feuerstelle mit einem gewaltigen Kamin führt, gibt es keine Treppe. Von den zwei Stuben zu beiden Seiten des Flurs führen jedoch schmale Holztreppchen in die darüberliegenden Schlafkammern.

Der zweitälteste Einfirsthof von Häusern, im Erdgeschoß aus Massivholz gemauert, im Obergeschoß aus massivem Holz gezimmert, entspricht in seiner Anlage bereits der frühbarocken Form des „Traunsteiner Gebirgshauses" – mit einer geraden Treppe vom Flur ins Obergeschoß, einer Giebellaube mit geschnitzten Laubensäulen, Fenster mit Butzenscheiben, einer gewölbten Kuchel und Wandschränken in der Wohnstube, die mit dem Hühnerstall durch ein „Hennen-

steigl" und ein verschließbares Hühnerloch verbunden ist. „Solche Häuser sieht man sonst eigentlich nur noch in Freilichtmuseen" sagte Generalkonservator Michael Petzet, der Leiter des Landesamtes für Denkmalpflege. Er findet es besonders wichtig, daß derartige Gebäude auch noch in der ursprünglichen Landschaft erhalten bleiben, zumal wenn mehrere historische Häuser auf engstem Raum die baugeschichtliche Kontinuität deutlich machen.

Daß solche wertvollen Zeugnisse der ländlichen Baukultur erhalten bleiben, ist im Landkreis Traunstein der Allianz mehrerer Stellen zu verdanken, die den Eigentümern mit Zuschüssen unter die Arme greifen. Neben dem Landesamt für Denkmalpflege und dem Bezirk Oberbayern hilft auch der Landkreis und in manchen Fällen auch die jeweilige Gemeinde mit, die alten Gebäude zu erhalten, selbst wenn sie – wie ein großer Vierseithof in Pfaffenham – nicht mehr der ursprünglichen Bestimmung für kinderreiche Bauernfamilie und 20 Knechten entsprechen, sondern nur noch von drei Erwachsenen und drei Kindern bewohnt werden.

Besonderes Lob zollte Generalkonservator Petzet Landrat Leonhard Schmucker und den an deren Verantwortlichen des Landkreises Traunstein dafür, daß sie vor zwei Jahren eine Sonderaktion zur Rettung von Bundwerkstadeln ins Leben gerufen haben, die bereits schöne Erfolge gebracht hat. Die Teilnehmer an der Pressefahrt konnten sich aber davon überzeugen, daß sich das denkmalpflegerische Bemühen im südöstlichen Oberbayern nicht nur auf die in ihrer Substanz besonders gefährdeten Zeugnisse alter Zimmermannskunst beschränkt, sondern bei-

IM VISIER DER DENKMALPFLEGER: *Die Hofanlage von Häusern in der Gemeinde Siegsdorf.*
Photo: Landesamt für Denkmalpflege

spielsweise auch die aufwendige Restaurierung eines ehemaligen Benefiziaten- und Doktorhauses mit einschließt, das in Palling im neuen Glanz erstrahlt.

Vorwiegend der Privatinitiative ist die Erhaltung eines 170 Jahre alten Bauernhauses zu verdanken, das zum Abbruch vorgesehen war: Der Bauer Franz Huber aus Hof in der Gemeinde Kirchanschöring, bekannt als Sammler bäuerlichen Arbeitsgerätes, kaufte den abbruchreifen „Schmiedhof" in Hötzling, trug das Gebäude mit

Hilfe seiner Familie und von Freunden ab und baute es fünf Kilometer entfernt neben seinem eigenen Anwesen wieder auf. Den Einfirsthof aus dem Jahre 1811, der für die Laufener Gegend charakteristisch ist, richtete Bauer Huber mit Möbeln, Gebrauchsgegenständen und Textilien aus der Zeit um 1920 ein, so daß er jetzt auf seinem Grund ein Bauernhausmuseum stehen hat, das die frühe Industrialisierung der bäuerlichen Arbeitswelt dokumentiert und das es in dieser Art sonst nirgends gibt.

Streit um ein altes Haus entzweit eine Gemeinde

Das Ferstl-Gebäude in Schongau sorgt für Ärger

Schongau (pw) — Der Landesdenkmalrat spricht von der „Kunst, ein Denkmal verfallen zu lassen", das bayerische Innenministerium bedauert, daß ihm die Hände gebunden sind, und der Bürgermeister von Schongau fürchtet, daß „Denkmalschutz in Materialschutz ausartet". Seit nunmehr 13 Jahren wird in der kleinen Stadt Schongau mit ihren 22 000 Einwohnern darüber gestritten, ob es nun besser sei, das alte Ferstl-Haus mitten am Marienplatz gleich ganz abzureißen oder in seiner historischen Bausubstanz zu erhalten. Und nach der jüngsten Sitzung des kulturpolitischen Ausschusses im Bayerischen Landtag hat es ganz den Anschein, als würde das Ferstl-Haus auch weiterhin für Gesprächsstoff in der ehemaligen Kreisstadt sorgen. Mit einem Abstimmungspatt (8:8 Stimmen) vermieden es nämlich die Abgeordneten, sich eindeutig auf eine Seite zu schlagen.

Eindeutig ist da schon die Haltung des im April des vergangenen Jahres gegründeten Vereins „Freunde der Altstadt Schongau". Mit Unterschriftenaktionen und einer wahren Flut von Briefen bis hin zur Petition an den Landtag unternehmen die rund 30 Mitglieder alles zur Rettung des arg in Mitleidenschaft gezogenen Ferstl-Hauses des nach dem ersten Besitzer, des Rechtsanwalts Theodor Ferstl.

Der Ärger um das aus zwei gotischen Häusern im 18. Jahrhundert durch einen mächtigen Dachgiebel zusammengefügte Gebäude begann, als das Haus 1969 von einer Wohnbaugesellschaft gekauft wurde. Die wartet seither vergeblich auf die Abbruchgenehmigung.

Dagegen erhob nämlich das Landesamt für Denkmalpflege Einspruch. Generalkonservator Michael Petzet: „Das Ferstl-Haus sollte als Dokument der Schongauer Stadtgeschichte erhalten bleiben."

Geschichtsträchtig ist das alte Haus allemal. Im Erdgeschoß befindet sich gar eine Küchenan-lage aus dem 15. Jahrhundert. Mehrere Schongauer Bürgermeister erblickten im Ferstl-Haus das Licht der Welt. Zeitweise wohnte die Witwe des Barock-Baumeisters Herkommer dort.

Daß das altehrwürdige Gebäude am Schongauer Marienplatz in seinem jetzigen Zustand — mit eingeworfenen Fensterscheiben und mehr oder weniger geplündertem Innern ein Schandfleck ist,

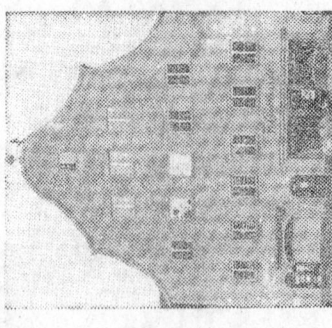

Soll abgerissen werden: das Ferstl-Haus in Schongau.
Foto: privat

darin sind sich alle einig. Nur die Schlüsse, die sie daraus ziehen, sind unterschiedlich.

Bürgermeister Georg Handl plädiert mit dem Stadtrat den Abriß: „Ich kann mich nur noch wundern über die Arroganz, mit der staatliche Behörden und sogar Abgeordnete den Hauseigentümern im unklaren lassen."

Die Wohnbaugesellschaft hätte schließlich ein Anrecht darauf, zu wissen, wie es mit ihrem Haus weitergehen soll.

Hans Heldwein, Mitbegründer der Altstadtfreunde und selbst Eigentümer eines mit eigenen Mitteln sanierten Altstadthauses, plädiert leidenschaftlich für die Erhaltung des Ferstl-Anwesens: „Das Gebäude ist nicht nur von seiner Bausubstanz, sondern auch von der Historie her, bedeutsam für Schongau."

Freisinger Tagblatt, 17. Mai 1982 ▷

Festakt zur Wiederaufstellung des wertvollen Schwabacher Hochaltars aus der Werkstätte von Michael Wolgemut

Die drei „Gesichter" eines Kunstwerkes

Erstmals wieder alle sechs Flügel präsentiert — Landesamt für Denkmalpflege gab ein Buch über Restaurierung heraus

SCHWABACH — Mit einem Festakt in der Schwabacher Kirchengemeinde St. Martin und St. Johannes den spätgotischen Hochaltar, einen der bedeutendsten in Süddeutschland, am Wochenende wieder in ihre Obhut.

Oberbürgermeister Reimann nannte die Rückkehr des Altars nach dreieinhalb Jahren während Restaurierung „einen Höhepunkt in der Geschichte der Stadt", aber auch einen „Tag der Dankbarkeit dafür, daß dieses Kunstwerk von europäischem Rang vor Katastrophen und Schäden bewahrt blieb". Die Renovierung sei ein Beitrag zu den Bemühungen gewesen, „der Geschichte gerecht zu werden, Überkommenes zu bewahren und für nachfolgende Generationen zu pflegen".

Auf die herausragende überregionale Bedeutung des in der Werkstatt von Michael Wolgemut 1505/1506 geschaffenen Altars machte auch Mit-

Die sogenannte „Werktagsseite" des Schwabacher Hochaltars: die gedrehten Flügel zeigen je vier Gemälde aus dem Leben der beiden Kirchenpatrone | St. Marin und St. Johannes. Die beiden anderen Seiten zeigen Ausschnitte aus der Passion bzw. wertvolle Plastiken und Reliefs.

telfrankens Bezirkstagspräsident Georg Holzbauer aufmerksam. Vom Umfang und der künstlerischen Qualität her sei er mit den außergewöhnlichen Kunstwerken Nürnbergs gleichzusetzen. Mit ihm habe Schwabachs Stadtkirche ein einzigartiges Juwel zurückerhalten.

Generalkonservator Dr. Michael Petzet (München) betonte, bei den umfangreichen Arbeiten sei es allein darum gegangen, den historischen Bestand zu erhalten und nicht zu ergänzen. Deshalb zeige der Schwabacher Altar wieder seinen alten und nicht etwa neuen Glanz.

Den Dank an den Staat, die Landeskirche, die Bürgerschaft und alle anderen, die Zuschüsse für die Restaurierung geleistet hatten, sprach Dekan Günter Bauer. Oberkirchenrat Johannes Viebig (Nürnberg) ging in einem Festvortrag vor der Aufführung von Carl Philipp Emanuel Bachs „Magnificat" (Leitung von Kirchenmusikdirektor Dr. Ekkehart Nickel) auf das protestantische Ma-rien-Verständnis ein. Während der Feierlichkeiten wurde der aus vier beweglichen und zwei festen Flügeln bestehende Altar erstmals wieder „gewandelt". Zunächst, wurde die sogenannte Passionsseite gezeigt; dann waren nach einer Drehung die Bilder aus dem Leben der beiden Kirchenpatrone auf der sogenannten „Werktagsseite" zu sehen. Und zum Abschluß wurden die kostbaren Plastiken und Reliefs der „Sonntagsseite" präsentiert. Um das Kunstwerk vor Schäden zu bewahren, soll dies später nur noch an Hand eines Modells demonstriert werden.

Zur Wiederaufstellung des Schreinaltars hat das Landesamt für Denkmalpflege ein 180 Seiten umfassendes Arbeitsheft mit Textauszügen aus dem internationalen Kolloquium von 1981 über den Schwabacher Hochaltar, Aufsätzen der Restauratoren und zahlreichen Farbbildern herausgebracht. Es ist in den örtlichen Buchhandlungen erhältlich.

Altmühl-Bote (Gunzenhausen), 17. Mai 1982

Passaus Römer-Museum feierlich eröffnet

Ministerpräsident Strauß und zahlreiche Ehrengäste beim Fest — Papst-Schreiben zum Severin-Jubiläum

Passau (me). Ein verlesener Brief von Papst Johannes Paul II. und die Festansprache von Ministerpräsident Franz Josef Strauß waren die Höhepunkte der Feier zum 1500. Todesjahr des heiligen Severin, die in Passau mit der Eröffnung eines kleinen Römer-Museums verbunden war. Das Museum auf dem Gelände des vor acht Jahren entdeckten spätrömischen Kastells Boiotro in der Passauer Innstadt hat besondere Bedeutung: Hier wirkte vor mehr als 1500 Jahren der heilige Severin, hier gründete er ein Kloster. Schließlich führte er die römischen Soldaten rechtzeitig vor dem Ansturm der Germanen zurück in die Heimat.

Ein Politiker und Heiliger, dessen Ansichten auch heute noch Gültigkeit haben, so stellten die Festredner den heiligen Severin dar, dessen Lebensgeschichte in der Vita Severini von Eugippius beschrieben ist. Das Römer-Museum in der Innstadt nannte der Ministerpräsident in seiner Ansprache ein erstrangiges bayerisches Geschichtsdenkmal. Das Wissen um die geschichtliche Vergangenheit sei für die Jugend lebenswichtig, denn ohne Vergangenheit könne es keine Zukunft geben.

Von der römischen Vergangenheit sei in Bayern mehr geblieben als nur archäologische Funde, sagte Strauß. Und er erinnerte an die Weltoffenheit, die Toleranz, die typisch sei für Bayern und die wohl auf die römische Geschichte des Landes zurückzuführen sei. Der heilige Severin sei kein le-

gendärer Heiliger gewesen, sondern zugleich eine politische Persönlichkeit in hohem Maße. Auch heute wieder sei in der Zeit des Umbruchs, der Gärung. Strauß rief dazu auf, Severin in seiner Standfestigkeit nachzueifern, in seiner Überzeugungstreue, seinem diplomatischen Geschick und seiner Suche nach Entspannung.

Der Ministerpräsident betonte, daß Bayern trotz der angespannten finanziellen Lage auf kulturellem und denkmalpflegerischem Gebiete nicht spare. Seit 1978 seien allein für Niederbayern 20 Millionen DM für die Denkmalpflege ausgegeben worden, für ganz Bayern seien es 180 Millionen DM gewesen.

In einem Brief an Kardinal König, Erzbischof von Wien, Franziskus Zak, Bischof von St. Pölten, Antonius Hofmann, Bischof von Passau, und Maximilian Aichern, Bischof von Linz, nahm Papst Johannes Paul II. Stellung zum Leben des heiligen Severin. Unter anderem heißt es in dem Schreiben, das Bischof Antonius am Samstag im Pontifikalgottesdienst zu Ehren des heiligen Severin verlas: „Der Heilige hat auch den Menschen unserer Zeit, die sich gleichfalls in einer unsicheren und widerwärtigen Lage befinden, durch das Beispiel seines Lebens etwas zu sagen. In erster Linie weist er darauf hin, worauf es vor allem ankommt, und das Gebet und einen geistlichen Lebenswandel..."

Severin führte vor mehr als 1500 Jahren in Norikum den „Zehnten" ein, um die Hungersnot in armen Gebieten zu bekämpfen. Der Papst: „Zur Ausübung solcher Werke barmherziger Liebe, dieses herrlichste Zeugnis christlichen Lebens, will der heilige Severin auch uns ermahnen. Dabei ist freilich zu bedenken, daß ein, wenn auch noch so lobenswertes, bloß natürliches Mitleid in diesem Bereich des Apostolats nicht genügt. Man muß vielmehr tiefer blicken und in den Brüdern Christus selber sehen."

Viele Gäste aus Bayern und Österreich feierten vor mehr als 1500 Jahren mit den Passauern das Doppelfest. Unter anderem gehörten Minister Alfred Dick, Bezirkstagspräsident Sebastian Schenk und der oberösterreichische Landeshauptmann Dr. Hans Ratzenböck dazu. Träger des Römer-Museums in der Innstadt ist der Bezirk, der das Gelände kaufte, um es für die Nachwelt zu retten. In seiner Rede bei der Museumseröffnung sagte Schenk: „Der Bezirk hat die Trägerschaft gerne übernommen, denn hier sahen wir eine echte Aufgabe überörtlicher Kulturpflege."

Das kleine Museum mit dem Freigelände ist eine „Denkmallandschaft", erklärte Generalkonservator Dr. Michael Petzet am Vorabend der Feierlichkeiten bei einem Festakt in der Universität Passau. Auf dem Freigelände wurden die mächtigen Fundamente des spätrömischen Kastells wieder aufgemauert, so daß sich der Besucher ein Bild machen kann von der wehrhaften Anlage, die bis zur zweiten Hälfte des fünften Jahrhunderts bestand. Im „Gruberhaus", einem mittelalterlichen Gebäude, das die Ausstellungsräume birgt, sind im Erdgeschoß die originalen aufgehenden römischen Mauern freigelegt: Auf dem Kastellmauern wurde im Mittelalter das neue Haus errichtet.

In den Vitrinen des Museums sind einige hundert Fundstücke zu sehen, die in Boio-

tro und in der Altstadt von Passau innerhalb der letzten Jahre ausgegraben wurden. Zu den schönsten Stücken gehören eine kleine Statue der Göttin Viktoria, in der Klosterkirche Niedernburg gefunden, germanische und römische Fibeln, Keramiken aus der antiken Vergangenheit der Stadt, Waffen und Hausgerät.

Hauptkonservator Dr. Rainer Christlein, der die Ausgrabungen in Passau fast acht Jahre lang von Landshut und München aus betreute, kam nicht zu den Feierlichkeiten nach Passau. Er hatte nach einem Streit um den Essimnus-Grabstein überraschend abgesagt. Der Essimnus-Grabstein, der im Inn gefunden wurde, war zur Restaurierung nach München geschafft, dem Passauer Oberhausmuseum jedoch als spätere Leihgabe versprochen worden. Weil die Rückgabe so lange dauerte und der Stein plötzlich in der Ausstellung „Das archäologische Jahr 1981" stand, beschwerten sich einige Passauer über diese abermalige Verzögerung und befürchteten, der Stein werde — wie viele antike Schätze im 17. Jahrhundert — von München gänzlich mit Beschlag belegt. Diese Anschuldigungen lösten den Streit aus. Der Stein des Anstoßes, so war verärgert aus München zu hören, könne sofort aus der Ausstellung geholt werden.

Passauer Neue Presse
24. Mai 1982

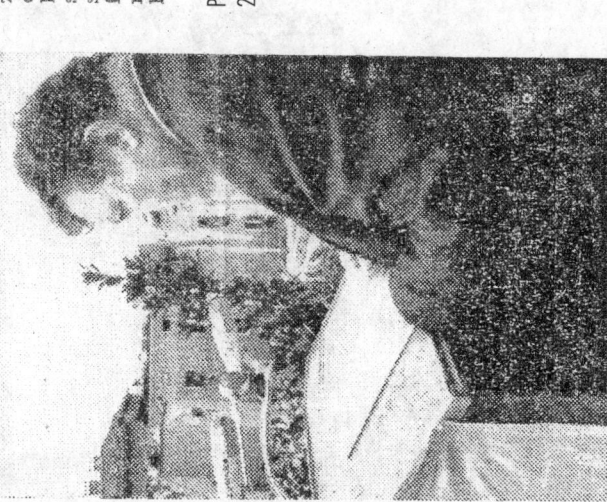

Hunderte von Menschen waren gekommen, um die Eröffnung des Römermuseums in der Passauer Innstadt zu erleben. Ministerpräsident Franz Josef Strauß hielt die Festansprache.
(Foto: Popp)

F. J. Strauß: Römisches Lebensgefühl hat sich bis heute erhalten

Doppelfest zum Gedenken an den hl. Severin und zur Eröffnung des Römermuseums — Aufgabe überörtlicher Kulturpflege

Mit einem Pontifikalgottesdienst im Dom gedachten die Passauer am Samstag des hl. Severin, der vor 1500 Jahren starb. Zu den Besuchern des Gottesdienstes (oben links) gehörten Prinz Rasso, Marianne und Franz Josef Strauß, Umweltminister Alfred Dick und Bezirkstagspräsident Sebastian Schenk. Rund 100 Vereine zogen mit ihren Fahnen in den Dom (oben rechts). Am Nachmittag wurde auf dem Gelände des spätrömischen Kastells Boiotro das Museum eröffnet, Festredner war Ministerpräsident Franz Josef Strauß, den Generalkonservator Dr. Michael Pezet (unten rechts) schließlich durch das Museum führte. (Fotos: Popp)

Verbunden mit der Eröffnung eines Römer-Museums in der Innstadt feierte Passau am Wochenende das 1500. Todesjahr des heiligen Severin von Norikum. Das ehemalige Kastellgelände (Bild links) wurde ein erstklassiges bayerisches Geschichtsdenkmal. Bischof Dr. Anton Hofmann (rechts) segnete das Museumsgelände.

(Fotos: Popp)

Viel Bäuerliches unter Denkmalschutz
Sonderaktion des Bayerischen Landesamtes zur Rettung von Bundwerkstadeln

Traunsteiner Wochenblatt
4. Juni 1982

Was ist ein Bundwerkstadel? Diese Frage stellten wir mehreren Passanten in Traunstein. »Ein was? Stadel? Na ja, halt ein hölzernes Haus, wo Heu lagert. Bundwerk? Weiß ich nicht.« Nur sehr wenige beschrieben es genauer. Die richtige Antwort kam von einem Siegsdorfer Bauern: »Gei, da schaun S'; mei i woaß dees halt, weil i selber an Bundwerkstadel dahoam hab.« Das Landesamt für Denkmalpflege startete jetzt eine Aktion zur Rettung von Bundwerkstadeln im Landkreis Traunstein. Zunächst werden 20 besonders wertvolle Bauwerke im Rahmen dieses Sonderprogrammes gefördert.

Für den ersten Abschnitt hat der Landkreis Traunstein 57 500 Mark bewilligt, den gleichen Betrag steuerte das Landesamt für Denkmalpflege bei, und der Bezirk Oberbayern will in den nächsten drei Jahren jeweils rund 70 000 Mark zuschießen.

Kreisheimatpfleger Franz Ebert beschreibt die Bundwerkstadel so: »Der erste Punkt ist, daß sie ganz aus Holz sind. Erst später wurde der untere Teil des Gebäudes gemauert. Sogar die Nägel sind aus Holz. Das zweite ist, daß alle Balken ineinander verstrebt sind; charakteristisch sind hierfür Andreaskreuze. Die Balken sind auf Druck und Zug angeordnet, damit sich das Holz nicht lockert. Von innen sind diese Höfe meist nur verbrettert.«

Die Bundwerktechnik nahm in Tirol ihren Anfang, wurde im 17. Jahrhundert weiterentwickelt und entfaltete in den Kerngebieten der oberbayerischen Vierseithoflandschaft zwischen 1830 und 1860 ihre höchste Blüte. Nach Meinung von Rudolf Pfister, der bereits 1926 die Bundwerktechnik genau dokumentierte, kamen bei der Hochblüte der ostoberbayerischen Bundwerkskunst mehrere Momente zusammen: die vollentwickelte, ausgereifte Zimmermannstechnik, der Hang zur Dekoration, die Neigung zur Repräsentation, ein wirtschaftlicher Höhepunkt und die Fürsorge der bayerischen Regierung für dieses Gebiet. Von den vielen Bundwerkstadeln in unserem Landkreis sollen hier nur einige beschrieben werden:

In Siegsdorf, nahe dem Feriendorf Vorauf, steht der Weiler Häusern. Er besteht aus drei Gehöften, die eine einzigartige baugeschichtliche Chronik eines bäuerlichen Hoftypus darstellen. Paul Werner, der Referent des Landesamtes für Denkmalpflege für den Landkreis Traunstein: »Der bereits in Mischbauweise errichtete älteste Bau, ein relativ schmuckloser Einfirsthof, ist gewiß eines der ältesten Beispiele eines »Traunsteiner Gebirgshauses« und stammt wahrscheinlich aus dem frühen 17. Jahrhundert. Der Grundriß stelle »ein baugeschichtliches Fossil« dar. Das gilt auch für die Art der Feuerstätte. Mit der Renovierung der beiden Gehöfte, die aus den Jahren 1758 und 1797 stammen, wird im nächsten Jahr begonnen. Hierbei werden sich die Experten bemühen, möglichst das ganze noch vorhandene Inventar zu übernehmen. Eine solche Baugruppe, die auf engstem Raum baugeschichtliche Kontinuität über drei Jahrhunderte veranschaulicht, ist bisher in Oberbayern nicht bekannt gewesen.

◁ *Passauer Neue Presse*
24. Mai 1982

In Freutsmoos bei Palling steht ein ehemaliger Vierseithof, von dem noch ein Bundwerkstadel aus dem Jahre 1849 erhalten ist. Hier zeigt sich eine Kunst, die man als »Filigran in Holz« bezeichnen könnte. Die vielen künstlerischen Details geben dem Gebäude Seltenheitswert. Damit der Stadel noch genutzt werden kann und somit seine eigentliche Bedeutung nicht verliert, wurde in das Untergeschoß ein Stall eingebaut. In diesem Gebäude findet sich eine weitere Rarität: ein zweigeschoßiger Getreidekasten, datiert mit 1768. Eine große Seltenheit ist eine an diesem Kasten angebrachte Sterntüre, die man in dieser Form bisher nur als Haustüre fand.

In Hof bei Kirchanschöring befindet sich eine wahre Pilgerstätte für Freunde der bäuerlichen Geschichte. Der Landwirt Franz Huber machte sich schon vor einigen Jahren einen Namen als Sammler bäuerlicher Arbeitsgeräte und nicht zuletzt durch die jährlich stattfindende Vorführung des Dampfdreschens im Spätsommer. »Für mich ist es in erster Linie ein Hobby,« erzählt der großgewachsene Mann mit dem schwarzen Vollbart. »Mich hat das alte Zeug schon immer interessiert, und so hab i halt die Sachn zusammeng'sucht.« Ihm

Filigranarbeit in Holz
An diesem Stadel in Freutsmoos, Gemeinde Palling, ist eine herrliche Bundwerkarbeit zu sehen. Sie wurde vor kurzem restauriert und besitzt mit ihren vielen künstlerischen Details Seltenheitswert.
(Bayr. Landesamt für Denkmalpflege)

geht es vor allem darum, die bäuerlichen Arbeits- und Lebensverhältnisse früherer Zeiten den Besuchern »lebendig« zu zeigen.

1975 versetzte Franz Huber einen aus dem späten 17. Jahrhundert stammenden Getreidekasten von Herrenöd nach Hof und später folgte das Brechlbad zu Dürnberg, ebenfalls ein Beispiel früherer Blockbauweise. Das Gebäude, das jetzt als Museum dient, ist der aus dem Jahr 1811 stammende Schmiedhof aus Hötzling, den Franz Huber kaufte und mit Hilfe seiner Familie und Freunden abtrug und auf dem fünf Kilometer entfernten Gelände neben seinem eigenen Anwesen wieder aufbaute. Da es sich um ein denkmalgeschütztes Objekt handelte, unterstützte ihn das Landesamt für Denkmalpflege, der Landkreis Traunstein und die Gemeinde Kirchanschöring.

Der Besucher betritt viele kleine Räume, die nach dem damaligen Aussehen von 1920 renoviert worden sind. Mobilar, Gebrauchsgegenstände und Textilien stammen aus dieser Zeit. In jeder Hinsicht war man bemüht, das Haus in den Zustand zu bringen, wie ihn die Vorbesitzer noch in Erinnerung hatten.

In Armutsham bei Trostberg steht ein sehr auffälliger Stadel. Der Dreiseithof der Familie Grafetstetter, mit dem auf 1846 datierten Bundwerkstadel, gehört zu den bekanntesten Gehöften im Landkreis. Auffallend sind die großen Scheunentore, die in Blau gestrichen sind. Hier vermischte der Zimmermann Formen der Münchner Maximiliansstraße mit Klassizistik und Nachbarock. Bemerkenswert sind die Kapitele mit ihren antiken Formen. Besonders stechen die geschnitzten Aufsätze

Geflügelte Löwen
Fabelwesen, wie geflügelte Löwen und zierliche Schlangen, schmücken das Tor eines Bundwerkstadels in Armutsham bei Trostberg.

über den Stalltorbögen hervor: geflügelte bayerische Löwen als Wappenhalter und andere Fabelwesen, wie die Schlange, die wahrscheinlich als glücksbringender Hausgeist gedacht war.

Nicht weit von Armutsham liegt Moosham. Hier steht der geschlossene Vierseithof der Familie Sinzinger, 1379 urkundlich zum ersten Mal erwähnt. Eine Kostbarkeit am diesem Wohngebäude ist das Nordportal. Es besteht aus einer Holzschnitzerei mit christlichen Emblemen, interessant sind auch die Kruzifix-Schnitzerei sowie das Vordach am Ostgiebel, in dessen rautenförmigen Vordachfenstern der nächtliche Sternenhimmel mit den jeweiligen vier Phasen der Mondabnahme und Mondzunahme abgebildet ist. Der Südtrakt besteht aus einem großen Bundwerkstadel mit sehr auffallendem Bundwerk, das über die ganze Südseite geht.

In Pfaffenham bei Schnaitsee besitzt die Familie Stockner einen Vierseithof, der mit seinem großen Bauvolumen und seiner Geschlossenheit den End- und Höhepunkt der historischen Entwicklung dieses Hoftypus darstellt. Das Wohn-Stall-Haus im Norden besitzt ein Kniestockgeschoß mit bemerkenswerter neugotischer Ornamentik. Reiches Bundwerk zeichnet den gegenüberliegenden Stadel aus. Die Hoffassade besteht im Erdgeschoß aus flachen und sehr weit gespannten Korbbögen und aus zwei gebauchten Säulen, die dem Gebäude einen sehr eigenartigen Charakter geben. Das Landesamt führte mit dem Besitzer lange Verhandlungen, da dieser am dem Gebäude einiges ändern möchte, um den landwirtschaftlichen Betrieb zu erleichtern. Jetzt fand man einen Kompromiß, der beide Seiten zufriedenstellt.

In Landertsham bei Obing kaufte die Familie Thurner einen Bundwerkstadel aus Wölkham und baute ihn auf eigenem Boden wieder auf. Dieses Gebäude zeichnet sich vor allem durch ornamentalen Reichtum aus. Sehr reizvoll wirken die Torbögen, die in Schlangenköpfen enden. Neben Tierfratzen findet man eine Reihe filigraner Darstellungen aus dem bäuerlichen Leben.

Die im Sonderprogramm erfaßten Vierseithöfe zählen zu den wichtigsten Beispielen ihrer Art und fast alle Baudenkmäler. Diese Aktion, die viele Stadel retten soll, ist eine in Bayern bisher einzigartige Initiative, die wegen des akuten Verfalls vieler Bundwerke sehr wichtig ist. Das Bayerische Landesamt für Denkmalpflege und der Bezirk Oberbayern haben der Förderung dieser Aktion höchste Priorität eingeräumt und eine auf mehrere Jahre verteilte Förderung vorgesehen.

Claudia Weh

Information an Ort und Stelle
Generalkonservator Dr. Michael Petzet (links) der Leiter des Landesamtes für Denkmalpflege, im Gespräch mit dem Besitzer des Bauernhofmuseums in Hof bei Kirchanschöring Franz Huber. Der Landwirt bekam für den Aufbau seiner Sammlung einige Zuschüsse.

Beim Landesamt für Denkmalpflege:

Restauratoren ziehen ins „Antic-Haus"

Verlegung der Werkstätten umstritten / Petzet verteidigt die Maßnahmen

Süddeutsche Zeitung
12./13. Juni 1982

Die Werkstätten des Staatlichen Landesamts für Denkmalpflege, die bisher in den Häusern Widenmayerstraße 34 und neben dem Nationalmuseum an der Prinzregentenstraße untergebracht waren, sind vor kurzem ins „Antic-Haus" an der Neuturmstraße umgezogen. „Durch einen neuen Bauabschnitt zur Erweiterung des Nationalmuseums mußten wir die Werkstätten Prinzregentenstraße total räumen", begründete Generalkonservator Michael Petzet den raschen Umzug, „seit Jahren haben wir schon nach geeigneten Räumen gesucht."

In den nächsten zwei oder drei Jahren wolle man schließlich – sobald die neue „Münze" fertiggestellt sei – endgültig mit allen Einrichtungen in die Pfisterstraße ziehen. „Im Moment habe der Umzug „erhebliche räumliche Verbesserungen" gebracht, „die staatlichen Werkstätten haben ja nicht das geringste mit den Antiquitätenläden des Antic-Hauses zu tun", bekräftigte Petzet. Vor allem aus Sicherheitsgründen habe man auch das alte Domizil an der Widenmayerstraße nicht beibehalten können.

Umstritten ist dagegen bei einigen staatlichen Restauratoren der Umzug in die Neuturmstraße. In den vergangenen Wochen waren kritische Stimmen laut geworden. Den kostbaren Kunstschätzen würde der häufige Ortswechsel nicht guttun – denn in den kommenden Monaten solle innerhalb des Antic-Hauses nochmals umgezogen werden, wurde geklagt. Die räumlich beengten Arbeitsbedingungen seien nicht optimal, überdies würde das Antic-Haus durch die Anwesenheit staatlicher Restauratoren über Gebühr aufgewertet, befürchten Kritiker.

Petzet stellt demgegenüber fest, daß demnächst innerhalb dieses Hauses kein Umzug mehr stattfinde, „es wird nur auf gleicher Geschoßebene gegeben". Im übri-

gen seien die Werkstätten „im ganzen gesehen nicht schlecht untergebracht, sie haben bessere Lichtverhältnisse und sind vor allem vom Landesamt aus in ein paar Minuten zu erreichen", sagte Petzet. Die Reaktionen der Mitarbeiter – die noch mitten im Umzug stecken – seien verschieden: „Viele freuen sich darüber, andere sind weniger davon erbaut."

wms

Dr. Rainer Christlein als Amtsleiter suspendiert

Er ist nicht mehr Leiter der Abteilung für Früh- und Vorgeschichte am Landesamt für Denkmalpflege

Dr. Rainer Christlein, der die Ausgrabungen in Boiotro geleitet hat und zusammen mit Bezirksheimatpfleger Dr. Hans Bleibrunner das Römermuseum des Bezirks in der Innstadt einrichtete, ist nicht mehr Leiter der Abteilung für Früh- und Vorgeschichte am Landesamt für Denkmalpflege in München. Der Hauptkonservator verlor zwar diese Position, jedoch nicht seine Stellung am Landesamt für Denkmalpflege. Nachfolger wurde sein bisheriger Stellvertreter Dr. Erwin Keller.

Wie der Leiter des Landesamtes für Denkmalpflege, Generalkonservator Dr. Michael Petzet, beteuert, habe die Amtsenthebung Dr. Christleins nichts mit den jüngsten Vorfällen in Passau zu tun. Er sei lediglich aus „innerdienstlichen Gründen", die Dr. Petzet nicht näher bezeichnen wollte, als Abteilungsleiter suspendiert.

Wie berichtet, ist Dr. Christlein nicht, wie ursprünglich vorgesehen, zur Eröffnung des Museums in Boiotro mit Ministerpräsident Dr. h.c. Franz Josef Strauß erschienen und hat auch ein vorgesehenes Referat bei einer Veranstaltung der Universität nicht gehalten, weil er sich über Christlein, den Essimnustein in der Ausstellung „Das archäologische Jahr 1981 in Bayern" zeigen zu dürfen. Vom Delphinstein war nicht mehr die Rede. In dem Buch „Das archäologische Jahr in Bayern", das zur Ausstellung erschien, steht als Eigentümer unter den beiden Steinen Oberhausmuseum Passau und Prähistorische Staatssammlung.

Diese Erfahrungen nährten in Heimatpfleger Stadtrat Dr. Gottfried Schäffer und Museumskustodin Christa Hartl den Verdacht, daß die Steine womöglich nie mehr nach Passau zurückkommen werden. Entsprechend scharf forderte Dr. Schäffer daher im Kulturausschuß des Stadtrates die Rückgabe der Steine endgültig mit Ende der Ausstellung zum 20. August. Die Reaktion von Dr. Schäffer wiederum verärgerte Dr. Christlein so sehr, daß er seine Teilnahme an der Eröffnungsfeier absagte, obwohl die gar nichts mit den Steinen zu tun hatte und auch nicht von der Stadt veranstaltet worden war.

rr

eine heftige Reaktion von Heimatpfleger Stadtrat Dr. Gottfried Schäffer im Kulturausschuß des Stadtrates geärgert hatte.

Im Kulturausschuß ging es um die beiden Grabsteine, die im Februar und März 1981 bei Kanalbauarbeiten am Inn gefundenen römischen Grabsteine. Der Grabstein des Weinhändlers Essimnus sollte ebenso wie der andere Grabstein, der mit einem Delphin verziert ist, nach Dr. Christlein und der Auswertung durch Fachleute in der Prähistorischen Staatssammlung im Oberhausmuseum eine endgültige Bleibe finden, obwohl die Steine dem Freistaat Bayern gehören – wie alle Funde aus Gewässern.

Die Steine sollten zunächst im Spätsommer 1981 zurückgegeben werden. Doch dann erkrankte der Restaurator, der schließlich bis zum Spätherbst 1981 fertig werden wollte. Doch auch das klappte nicht, woraufhin Februar 1982 als nächster Termin genannt wurde. Statt der Steine kam dann im Frühjahr die Bitte von Dr.

Hohes Lob für alte Schmiede

Landeskonservator: Ein beispielhafter Erfolg der Denkmalpflege

Nußdorf (hh) — Seit rund zehn Jahren steht die Alte Schmiede in Nußdorf unter Denkmalschutz. Als heuer im April die Eigentümer Hans und Klara Neuschmid das Haus renovieren wollten, brauchten sie deshalb die Einwilligung des Bayerischen Landesamts für Denkmalschutz. Im Mai, rechtzeitig zum großen Musikfest, waren die Arbeiten abgeschlossen. Landeskonservator Dr. Michael Petzet

wohl die Erneuerung des Kalkputzes — genau nach historischem Vorbild aus Sumpfkalk ohne synthetische Beimischungen —, die einfühlsame Rekonstruktion und Fenster einschließlich der Bleiverglasung und der geschmiedeten Gitterstäbe, als auch die gelungene Nachbildung der vermorschten Giebellaube fanden große Anerkennung. Ein Kirchenmaler re-

Alle schmiededeisernen Verzierungen am Haus, so auch die Gitterstäbe an den Fenstern, hat der Hausherr selbst gefertigt.

An der südlichen Längsmauer der Schmiede fließt der Mühlbach vorbei. Früher trieb das Bach den großen Schmiedehammer über ein Wasserrad an. Über der Verklei-

---

Passauer Neue Presse
4. Juni 1982

Reglementiert Denkmalschutz zuviel?

Architekt kritisiert Generalkonservator / Diskussion um Nymphenburger Beispiel

Eine „marxistische Auffassung vom Denkmalschutz" hat Professor Peter von Seidlein, Mitglied des Bundes Deutscher Architekten, dem Generalkonservator des Landesamtes für Denkmalpflege, Michael Petzet, vorgeworfen. Bei einer Podiumsdiskussion der CSU zum Thema „Denkmalschutz in München – Beispiel Nymphenburg", deren Leitung der CSU-Landtagsabgeordnete Erich Schosser übernommen hatte, standen sich die Ansichten Pet-

komplett." Häufig seien aber die bisherigen Zerstörungen so groß, daß sich die Frage stelle, ob es sich noch lohne, ein Ensemble zu erhalten.

Seidlein zeigte in seinem Diavortrag Bilder von den unterschiedlichsten Häusern des Ensembles Neuwittelsbach. Ein einheitliches Erscheinungsbild, das ja durch den Ensembleschutz gewahrt werden soll, sei hier nur schwer zu definieren. Den Denkmalschützern sei entgangen, daß das allesverbindende Gemeinsame die Stilvielfalt sei,

sprach in einem Schreiben dem Bauherrn hohes Lob „für das verständnisvolle und sorgfältige Eingehen auf denkmalpflegerische Richtlinien" aus. Er würdigte eingehend „diesen Erfolg, der zu den wichtigsten und beispielhaftesten der Denkmalpflege im Landkreis Rosenheim in den letzten beiden Jahren zählt."

Auch lobte der Landeskonservator für die Arbeit der Handwerker: So staurierte das Marienbildnis und die Jahreszahl auf der Fassade. Dort prangt die Zahl 1631. Die Initialen „M.N." beziehen sich auf die älteste urkundlich nachgewiesene Erwähnung des Anwesens, als die Witwe Martha Neuschmied das Haus an ihren Sohn übergab. Demnach ist der Bau älter als die Zahl ausweist.

Leider ist die Urkunde neben anderen alten Schriften vernichtet worden. Hans Neuschmid, der 68jährige Schmied, schildert die Begebenheit: 1938 gab ich ein ganzes Packerl alter Schriften zur Erforschung an den Oberlehrer Josef Kirchgessner, den im Haus seines Nachbarn, eines NS-Reichsleiters, wohnte. Als 1945 die Amerikaner kamen, verbrannten sie alles Papier aus dem Haus des hohen NS-Funktionärs, darunter auch meine alten Urkunden."

Im Kamin glüht immer noch Feuer

Seit jeher sind die Neuschmids Schmiedemeister. Heute, im technisierten Zeitalter, spielt im Anwesen Hauptstraße 11 die Schmiede nur die zweite Rolle. Hauptbeschäftigung, zunächst im Sommer, ist die Fahrrad-Werkstatt. Aber im Kamin glüht immer noch Feuer.

dung, unter der sich nach dem Krieg, als der Hammer abgebaut wurde, ein Stromgenerator verbarg, ist heute ein Balkon.

Vor dem Haus steht der Dorfbrunnen. „Der war früher viel schöner", berichtet Klara Neuschmid. Als die Straße vor zehn Jahren verbreitert wurde, riß man den alten Brunnen ab. Damals wurde auch die Hausnummer von 1 auf 11 geändert.

War es schwierig, mit den Auflagen der Denkmalschützer zu plaßnen? „Wir haben da keine Probleme gehabt, da wir das schöne, alte Haus ja nicht verschandeln wollten", sagen dazu die Eheleute Neuschmid übereinstimmend.

Landeskonservator Dr. Petzet hat in seinem Schreiben in Aussicht gestellt, mit einem Zuschuß aus dem Etat 1983 die Anstrengungen der Neuschmids angemessen zu würdigen.

Die Jahreszahl 1631 auf der Fassade der Alten Schmiede in Nußdorf nimmt Bezug auf die erste urkundliche Erwähnung des Hauses.

Für Ihre Party
Krustensemmeln
BERGMEISTER

„die den Liberalismus widerspiegelt". „Das Landesamt für Denkmalpflege handelt ahistorisch, wenn es die Vielfalt nicht erkennt". „Es greife weit über seinen gesetzlichen Auftrag hinaus, wenn es in solch einem Gebiet alle Neubauten reglementiere. Seidleins Fazit: „Es ist an der Zeit, daß wir den Denkmalschutz vor den Denkmalschützern in Schutz nehmen."

Petzet ging in seinem Diavortrag, der sich neben Neuwittelsbach auch mit den beiden anderen Ensembles in Nymphenburg, der Villenkolonie Gern und dem Schloßbereich, beschäftigte, auf die Vorwürfe seines Vorredners ein. „Es ist nicht die Aufgabe des Landesamtes, als Geschmacksbehörde aufzutreten, sondern historische Bestandteile zu erhalten." Die daran anschließenden Fragen aus dem Publikum, zu denen sich auch der nicht erschienene Planungsreferent Uli Zech hätte äußern sollen, drehten sich unter anderem um die Neugestaltung des Rot-Kreuz-Platzes und um die weitere Bebauung des Stadtteils. Petzet sah sich da veranlaßt, darauf hinzuweisen, daß sich das Landesamt nicht um Ortsstilpflege kümmern könne; das sei Aufgabe der Kommunen. Die Frage nach dem verwahrlosten Haus Schloßrondell Nr. 1 machte wieder bewußt, daß der jahrelange Streit mit dem Besitzer um die nötige Sanierung noch längst kein Ende gefunden hat. Seidlein kommentierte sarkastisch: „In Warschau oder in Moskau wäre das schon längst beseitigt - für Kollegen, denen ich das sage, ist das eine Art Ausweis für die freiheitliche Gesellschaft, in der wir leben."

Säule bayerischer Lebensart

Seidlein wandte sich auch gegen die Tendenz, „verschiedene Schichten der Vergangenheit", etwa Sozial- und Trivialbauten, zu bewahren. Durch diese „marxistische Auffassung ... wenn ich alles erhalten will, was über 25 Jahre alt ist", werde alles auf den Privatbesitzer abgewälzt. Richtiger sei, das zu schützen, „was aus kunsthistorischer Sicht wertvoll ist". Petzet hielt dem entgegen, daß der zentrale Punkt des Denkmalschutzes nicht das Kunstdenkmal, sondern das Geschichtsdenkmal sei. Auch Schosser wehrte sich gegen die Unterstellung einer „materialistischen Geschichtsauffassung" und meinte, Denkmalschutz in Bayern sei „eine der Säulen, auf der auch die bayerische Lebensart beruht".

Freiheit zur Selbstverwirklichung

In seinem Schlußwort forderte Seidlein „Freiheit zur Selbstverwirklichung im Bau". Nach Petzets Worten entspricht der Denkmalschutz dem „Wunsch der Allgemeinheit, sonst könnten wir unsere Arbeit gar nicht vollziehen". Schosser räumte schließlich der ökonomischen Existenz eines Denkmalbesitzers den Vorrang ein: „Wir müssen den Menschen sehen, der im Denkmal lebt."

Sven Loerzer

---

zets und Seidleins von Anfang an unvereinbar gegenüber.

Schosser, der seit 1973 Vorsitzender des Landesdenkmalrates ist, eröffnete die Veranstaltung im Saal der Gaststätte Hirschgarten mit der Feststellung, Denkmalschutz sei der einzige parteipolitisch unumstrittene Bereich in der Politik. „Denkmalschutz ist heute betont Ensembleschutz", stellte Schosser fest. In München seien bereits 60 Ensembles festgelegt, in den nächsten Monaten würden weitere wenige folgen. „Damit ist dann der Ensembleschutz in München

▽ Oberbayerisches Volksblatt
(Rosenheimer Anzeiger)
24. Juni 1982

Das beispielhaft renovierte Anwesen in Nußdorf. Der Landeskonservator zollte den Besitzern und den Handwerkern hohes Lob. Fotos: hh

Süddeutsche Zeitung △
7. Juli 1982

Passauer Neue Presse, 11. Juli 1982

Vier denkmalgeschützte Gebäude sollen Spitzhacke zum Opfer fallen

Altes Stadtgefängnis, Stöckl, Wagnerhaus und St.-Georgs-Kapelle — Wirtschaftliche Erwägungen

Wenn die beiden Gebäude links von der Grünanlage am Paulusbogen bei einem Wiederaufbau um fast zwei Stockwerke höher werden, wie gewünscht, würde die bisher harmonische Dachlandschaft in dem Bereich zum Domberg hin nach Ansicht des Landesamtes für Denkmalpflege empfindlich gestört. (Foto: Popp)

Er kommt selten zu einer fachlichen Unterredung nach Passau, denn er hat gute Mitarbeiter. Doch wenn er sich selber hierher bemüht, liegt etwas in der Luft: Generalkonservator Dr. Michael Petzet, Leiter des Landesamtes für Denkmalpflege in München, kam auf Einladung von Oberbürgermeister Dr. Emil Brichta zu einer Besprechung und Besichtigung von vier denkmalgeschützten Gebäuden, die die Eigentümer abzureißen gedenken: das gotische Stöckl (Heilig-Geist-Stift), eines der ältesten Gebäude der Stadt, die ehemalige Georgs-Kapelle am Steinweg bei dem Grünanlage St. Paul, das Haus Zinngießergasse 4, in dem einst das alte Stadtgefängnis war, und das Wagnerhaus an der Roßtränke.

Oberbürgermeister Dr. Brichta hatte den Generalkonservator und seine Mitarbeiter eigens nach Passau gerufen, um wenigstens einen Kompromiß auszuhandeln. Doch das Landesamt für Denkmalpflege blieb standhaft. Dr. Petzet will die Probleme gar dem Landesdenkmalrat vortragen, falls die Stadt alle Abbruchgenehmigungen gibt. Dr. Petzet: „In der Stadt Passau vertritt man die irrige Auffassung, mit dem Abbruch von alten Gebäuden und deren Wiederaufbau Arbeitsplätze in der Bauwirtschaft zu schaffen. Das ist ein falscher Standpunkt." Abgesehen davon, daß man wertvolle historische Substanz von Passau nicht aus solchen Gründen opfern sollte, würden nicht die notleidenden kleinen Handwerksbetriebe profitieren, sondern die großen Bauunternehmer. Mit einer Sanierung hingegen würde man hier das Aufstocken mittelständischen Handwerksbetriebe unterstützen und somit eine gute Tat begehen.

Die Unterredung im Rathaus fand streng geheim statt. Die Öffentlichkeit wurde mit Rücksicht auf „Interessen Dritter", nämlich die abreißwilligen Hauseigentümer (ei-

verlangt vorerst eine genaue Untersuchung des Gemäuers, bevor es sich zu einer Sanierung, einem Umbau oder einem Neubau endgültig äußern will. „Es könnte schließlich die schönste gotische Balkendecke von Passau unter dem Putz zum Vorschein kommen", sagt Oberkonservator Dr. Ing. Ueblacker vom Landesamt für Denkmalpflege, der dem „Passauer Stadtplanungsamt und den sanierungswilligen Bürgern von Passau stets mit fachlichem Rat zur Seite steht. Gerade im Haus Zinngießergasse könnte es verborgene Schätze geben. Schließlich wurden im Rathaus bei Sanierungsarbeiten vor einem Jahr schöne alte Balkendecken entdeckt, die jetzt Amtsstuben schmücken.

Das vierte Projekt, das zur Debatte steht, sind die Gebäude Steinweg 20/22 mit dem ehemaligen Geschäft Uhren-Hechenberger und der St.-Georgs-Kapelle dahinter bei der Grünanlage von St. Paul. Ein Hotelier erwarb das Grundstück im Tausch gegen ein Grundstück aus seinem Besitz, das die Stadt für einen Sportverein benötigte. Die Stadt fühlt sich ihm also verpflichtet und unterstützt seine Pläne nach besten Kräften.

Zunächst wollte der Hotelier lediglich einen neuen Bettentrakt für sein bestehendes Hotel am Paulusbogen haben. Das Landesamt für Denkmalpflege verlangte lediglich, daß er bei seinem Umbau die alte Bausubstanz erhält, darunter vor allem die

---

Fortsetzung von S. 323:

Vier denkmalgeschützte Gebäude...

(Fortsetzung von I. Lokalseite)

Denkmalamt eine andere Meinung vertritt als die Stadt, gab mittlerweile ihre Zustimmung. Allerdings setzte nur der Sachbearbeiter für Wirtschaftsförderung seine Unterschrift unter das Genehmigungspapier. Er forderte immerhin, daß sich der Ersatzbau einwandfrei in das städtebauliche Ensemble einfügen müsse. Die Abbruchgenehmigung darf die Stadt indes erst erteilen, wenn die Neubaupläne für das Hotel vorliegen. Die Neubaupläne liegen jedoch nicht. Das Landesamt für Denkmalpflege hat schon vorsorglich an die Stadt geschrieben, daß es nicht bestätigen könne, der Neubau füge sich harmonisch ins Stadtbild ein. Jetzt ist die Stadt am Zuge. Gibt sie ihr Plazet, muß sich die Regierung wieder damit befassen und eine Entscheidung fällen.

Dr. Ueblacker kann sich nicht vorstellen, daß man diese Verschandelung im Bereich des Paulusbogens zulaßt. „Was werden dann die Hausbesitzer im Sanierungsgebiet Höllgasse sagen, wenn hier das Aufstocken genehmigt wird, sie aber einen Block weiter generell überhaupt nicht aufstocken dürfen?" Ausnahmen gebe es nur für Kniestöcke oder so etwas, aber nicht für ein Vollgeschoß. Dr. Ueblacker erinnert daran, welch einen ganz besonderen Schatz die Stadt Passau mit ihrer noch nicht geschlossenen schönen Altstadt hat, wie sie in der ganzen Bundesrepublik kaum noch zu finden ist. Auf längere Sicht wäre es wohl kaum zu verantworten, diese Stadt aus kurzfristigen Überlegungen heraus zugunsten wirtschaftlicher Vorteile kaputtzumachen. rr

Die gleiche Baugesellschaft, die in der Zinngießergasse ein Appartementhäuschen einrichten will, plant entgegen früheren Absichten den Abbruch des Wagnerhauses zwischen Roßtränke und Donaulände. 1980 noch legte die Gesellschaft Sanierungspläne für das Gebäude vor, in dem Läden, Büros und Wohnungen eingerichtet werden sollen, von denen das Landesamt für Denkmalpflege ganz „hingerissen" war, wie sich Dr. Ueblacker ausdrückt. Doch jetzt soll nur noch die Fassade stehenbleiben. Damit würden ebenfalls historische Mauern entfernt, auf die man in Passau so stolz ist.

Das Haus hat ebenfalls prächtige Gewölbe, Nischen und Winkel. Die Eingangstür ist mit einer geschnitzten Holztür verziert. Interessant sind die Ladeneinbauten aus dem 19. Jahrhundert mit gußeisernen Säulen, von denen es in Passau nur noch wenige gibt. „Aber jetzt will man das ganze Haus abreißen, weil man glaubt, die statische Sicherung nach Abbruch der Gewölbe erhalten zu können. Wenn man sie erhält, kostet das vielleicht einige Zehntausender mehr, aber den Mehraufwand bekommt man nach einigen Jahren über die Steuerersparnis zu 100 Prozent wieder zurück" gibt Dr. Ueblacker zu bedenken. „Die Stadt wird als Genehmigungsbehörde nicht über unsere Abbruchablehnung hinweggehen können. Wenn sie das will, muß die Regierung von Niederbayern eingeschaltet werden."

Wie beim alten Stadtgefängnis in der Zinngießergasse, so hatte das Landesamt für Denkmalpflege schon 1980 eine gründliche Bauforschung im Stöckl, ein Teil vom Altenheim Heilig-Geist-Stift, verlangt. Bis heute ist diese Bauforschung jedoch nicht in Auftrag gegeben worden. Warum, weiß Dr. Ueblacker nicht. Den Abbruch des Stöckls beschloß der Stadtrat als Stiftsverwalter, nachdem ein Architekten-Duo herausgefunden hatte, nur nach Abbruch und Wiederaufbau des Stöckls ließe sich später eine wirtschaftliche Führung des Heimes ermöglichen. Bei einer Sanierung des Stöckls könnte man nicht so viele Heimplätze schaffen wie bei einem Wiederaufbau.

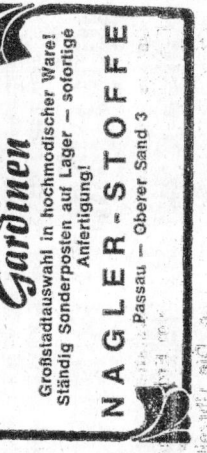

Überreste der St.-Georgs-Kapelle. Auf den Erhalt der ehemaligen Kapelle pocht besonders Heimatpfleger Stadtrat Dr. Gottfried Schäffer, ebenso wie das Landesamt für Denkmalpflege für den Erhalt aller vier denkmalgeschützten Häuser kämpft. Unter der Kapelle parallel zur Donau hin befindet sich ein Tonnengewölbe mit einer Beinstätte, in der sich Gebeine und Totenschädel zu Bergen häufen. Diese Beinstätte dürfte einst zum Friedhof von St. Paul gehört haben.

Als der Hotelier erstmals von einem Erweiterungstrakt für seine Herberge sprach, war von einem 60-Betten-Haus die Rede. Ein Jahr später waren es bei einer Besprechung schon 80 Betten, weil er mit nur 60 Betten womöglich keine staatliche Wirtschaftsförderung erhalten hätte. Mittlerweile ließ Dr. Ueblacker wissen, daß er am Steinweg 20/22 ein komplettes neues Hotel errichten wolle, das einmal sein Sohn führen solle. Zunächst war noch geplant, im Dachgeschoß eine Privatwohnung für den Hotelier einzurichten. Doch diesen Plan gab er inzwischen auf, weil er seine Betten sonst nicht unterbringen kann.

Dieses Vorhaben hätte zur Folge, daß die beiden Gebäudeteile am Steinweg um 5,50 Meter und 5,10 Meter höher würden als jetzt. Das sind fast zwei Geschosse. Sie würden damit nach Ansicht von Dr. Ueblacker die bisher harmonische Dachlandschaft in der Altstadt zum Dornberg hin empfindlich stören, weil die Gebäudeteile über die anderen Dächer hinausragen.

Bei den Plänen des Hoteliers wäre eine Sanierung der Gebäude Steinweg 20/22 nicht möglich, ein Neubau unerläßlich. Die Landesgewerbeanstalt hat bei einer Untersuchung festgestellt, daß die alten Gebäude ohne festes Fundament sind und u. a. wegen feuchter Mauern „nur" noch für eine Wohnnutzung geeignet wären. Auch ein Aufstocken auf den alten Mauern wäre undenkbar. Die Regierung von Niederbayern, die hier zu entscheiden hatte, weil das

(Fortsetzung nächste Seite)

Das Landesamt für Denkmalpflege kämpft um den Erhalt von vier denkmalgeschützten Gebäuden in Passau, darunter auch das gotische Stöckl im Heilig-Geist-Stift (Bild), die allesamt von ihren Eigentümern am liebsten abgerissen würden. Oberbürgermeister Dr. Brichta steht auf ihrer Seite, weil er glaubt, damit die Bauwirtschaft zu unterstützen. Unser Bild zeigt (von links) Gerd Mader, Abteilungsleiter für praktische Denkmalpflege im Landesamt für Denkmalpflege, Generalkonservator Dr. Michael Petzet, Oberbürgermeister Dr. Emil Brichta und Bürgermeister Hans Hösl. (F.: Roider)

Gardinen

Großstadtauswahl in hochmodischer Ware!
Ständig Sonderposten auf Lager – sofortige Anfertigung!

NAGLER-STOFFE

Passau – Oberer Sand 3

Süddeutsche Zeitung
20. August 1982

Wenn Kapellen die Spitzhacke droht

Rettungsaktion für gefährdete Sakralbauten / Kreis Rosenheim und Denkmalpflege geben Zuschüsse

Von unserem Redaktionsmitglied Ludwig Fisch

ROSENHEIM, 19. August. – Mit der Spitzhacke befreite sich ein Bauer in der Gemeinde Halfing aus einem denkmalpflegerischen Dilemma. Weil ihn die Renovierung der 100 Jahre alten Kapelle auf seinem Hofgrundstück 50 000 Mark gekostet hätte, die er nicht aufbringen konnte, riß er die Gebäude – ohne eine Behörde zu verständigen – kurzerhand ab. Als ein von Nachbarn alarmierter Beamter des Kreisbauamts auf dem Halfinger Hof eintraf, waren sogar der Altar und die Betstühle der Kapelle bereits der Hacke zum Opfer gefallen.

Daß die nicht genehmigte Abbruchaktion keinesfalls als Zeichen von Ressentiments gegen die Kirche verstanden werden dürfe, versuchte der Bauer mit einschlägigen Kompensationsbemühungen zu belegen: Er stellte anstelle der abgerissenen Kapelle ein Feldkreuz auf und stiftete einen stattlichen Betrag für die Renovierung der Pfarrkirche. „Aber", so begründete der Bauer seinen Griff zur Spitzhacke, „die Kapelle war stark baufällig und ein Schandfleck."

„Es hätte sich bestimmt ein Weg finden lassen, das Bauwerk zu retten", meinte jedoch das Rosenheimer Kreisbauamt, das in im Abbruch der Kapelle eine „eklatante Verletzung der Denkmalpflege" sah. Der Handstreich des kurzentschlossenen Bauern wurde im Landratsamt um so mehr bedauert, als man kurz vorher eine Aktion zur Rettung und Erhaltung solcher ländlicher Kapellen gestartet hatte. Heute, nachdem der Beginn dieser amtlichen Aktion und die unerlaubte private Selbsthilfe gut zwei Jahre zurückliegen, bestätigt sich die Aussage des Kreisbauamts, daß man mit gutem Willen und in Zusammenarbeit mit aller einschlägigen Stellen durchaus auch private Sakralbauten erhalten kann, ohne den Besitzer unerträgliche finanzielle Belastungen aufzubürden.

Ohne Engagement der Besitzer geht es freilich ebenfalls nicht. Weil aber die Renovierung der schützenswerten Privatkapellen nach Ansicht des Rosenheimer Kreistags „ganz überwiegend im Interesse der Allgemeinheit liegt", hält man es auch für eine „vordringliche Aufgabe", solche Instandsetzungsmaßnahmen nach Kräften zu fördern. Unterstützt werden diese Überlegungen durch das Landesamt für Denkmalpflege, das in sein Mehrjahresprogramm einen eigenen Haushaltstitel für Kapellenrestaurierungen aufgenommen hat. Generalkonservator Michael Petzet nennt vom Allgäu bis Berchtesgaden Landkreise, die diese staatliche Förderung „mit eigenen Zuschüssen kombiniert haben".

Daß bei diesen Bestrebungen dem Landkreis Rosenheim eine Schrittmacherfunktion zukommt, hängt nach Auskunft von Kreisbaumeister Frank nicht zuletzt damit zusammen, „daß es hier besonders viele ländliche Kapellen gibt". Mehr als 250 solche Sakralbauten sind im Kreisgebiet vorhanden, viele von ihnen werden von Kreisheimatpfleger Hugo Decker als „Perlen im Sinne der Denkmalpflege" angesehen. Um auch die Skeptiker unter den Kreisräten davon zu überzeugen, daß es „nicht immer große oder bekannte Bauwerke sein müssen", denen die Bemühungen des Denkmalschutzes gelten sollen, organisierte das Landratsamt eine Rundfahrt zu den markantesten renovierungsbedürftigen oder bereits restaurierten Objekten. Als Musterbeispiel für ein Baudenkmal, dessen Eigentümer nicht zugemutet werden kann", präsentierte sich in Attel bei Wasserburg ein Sakralbau der sinnigerweise den Namen „Kapelle Im Elend" trägt. Die malerisch zwischen kleinen Hausgärten am Fuß des Attler Klosterbergs gelegene Kapelle aus dem Jahre 1840 ist einsturzgefährdet 65 000 Mark die Kosten die Außenrenovierung, 35 000 Mark die Innenrestaurierung. Den Löwenanteil dieser Kosten übernimmt ein Mäzen, der leitende Architekt arbeitet unentgeltlich, bis zu 25 000 Mark will der Landkreis beisteuern.

Bei sieben anderen privaten Kapellen, für die der Rosenheimer Kreistag in diesem Jahr Zuschüsse bereitstellt, liegen die Restaurierungskosten zwischen 15 000 und 52 000 Mark. Jede ihnen hat spezifische Charakteristica aufzuweisen – von der Barockbauweise mit einem vielfältigen Altar über eine Pietagruppe aus der Rokozeit bis zum Marienbild aus einer ehemaligen Wallfahrtskirche. Eigentümer, Denkmal Landkreis, Gemeinde und manchmal auch Bezirk teilen sich die Restaurierungskosten nen festen Prozentsatz macht der Zuschuß Landkreises aus, wenn sich die Kapelle im Eigentum des jeweiligen Pfarramts befindet. In di Fällen steuert der Kreis 2,5 Prozent zu den samtkosten bei. Weil diese aber manchmal bis Millionengrenze heranreichen, sind heute sechs solche Objekte mehr als 82 000 Mark der Kreiskasse fällig.

Dabei ist es aber dann immer noch nicht su daß sich das finanzielle Engagement damit schöpft. So zeigte sich bei der Restaurierung Filialkirche St. Bartholomäus in der Gemei Höslwang, deren prächtige Fresken weitum kannt sind, daß im Presbyterium noch we übermalte Originalfresken vorhanden sein ten. Deshalb soll jetzt ein Restaurator mit U stützung des Landkreises – der Pfarrei gin zwischen das Geld aus – diese Wandma ebenfalls ans Tageslicht bringen.

Windsheimer Zeitung
24. September 1982

Nur bei Substanzerhalt gibt es auch wirklich Geld

Manch herbe Enttäuschung im Kreis: „Denkmalgetreu" alleine genügt nicht

Generalkonservator Dr. Petzet sah sich bei dieser Praxis massiver Kritik der Bürgermeister gegenüber – Klare Informationen gefordert

I p p e s h e i m. Die Sprechtage bei den Unteren Denkmalschutzbehörden — den Kreisverwaltungen oder kreisfreien Städten — seien ein geeignetes Mittel, Problemfälle am Projekt zu erörtern und somit einer möglichst raschen Lösung zuzuführen. Eine entsprechende gute Zusammenarbeit attestierte bei einem Vortrag vor der Bürgermeister-Dienstversammlung am Montagnachmittag im Schloßkeller von Ippesheim der Leiter des Landesamtes für Denkmalpflege in München, dem Kreisbauamt in Scheinfeld. Gleichwohl lehnte es Generalkonservator Dr. Michael Petzet ab, mehr Kompetenzen in die Hände der Kreisbaumeister zu verlegen, wie dies Oberregierungsrat Peter Schwab im Sinne einer weiteren Beschleunigung der Verfahren vorgeschlagen hatte. Ohne an der fachlichen Eignung der Kreisbaumeister zweifeln zu wollen — Andreas Reinlein fand hier vielmehr besondere Anerkennung — hielt Petzet an der Beurteilung durch einen Spezialisten seines Amtes fest. Über Finanzierungsfragen kam es aus den Reihen der Bürgermeister zu teilweise scharfer Kritik an der Praxis des Denkmalschutzes.

Generalkonservator Michael Petzet vor Bürgermeistern in Ippesheim:

Besitz eines Denkmals wichtiger Faktor bei Steuererklärungen

Kaum Absatzprobleme für ältere Bauwerke – Unterschiedliche Reaktionen

Ippesheim. Den meisten Ärger im Zusammenhang mit den Listen der bayerischen Baudenkmäler habe es mit jenen Bürgern gegeben, deren Objekte nicht zu den rund 110 000 Einzeldenkmälern gezählt und in den entsprechenden Katalog aufgenommen worden seien. Diese Feststellung traf der Leiter des Bayerischen Landesamtes für Denkmalpflege, Generalkonservator Dr. Michael Petzet, vor der Bürgermeister-Dienstversammlung des Landkreises Neustadt a. d. Aisch-Bad Windsheim in Ippesheim. Der Fachmann hatte dafür folgende Erklärung parat: Der Besitz eines Baudenkmales sei zu einem wichtigen Faktor bei den Steuererklärungen geworden.

Dies führe dann auch dazu, so Dr. Petzet im historischen Rahmen des erst kürzlich renovierten Schloßkellers von Ippesheim, nahe Uffenheim, daß es gegenwärtig kaum mehr Absatzprobleme für ältere Bauwerke gebe. Unter finanzkräftigen Bürgern bestünde eine große Nachfrage nach Baudenkmälern, vornehmlich dann, wenn diese anerkannt und damit entsprechend steuerlich begünstigt seien.

Von den etwa 110 000 Einzeldenkmälern in Bayern, zu denen noch eine Vielzahl von schützenswerten Ensembles kommen, sind nach Auskunft des Leiters des Landesamtes rund 70 000 Eigentümer verständigt.

Der Regierungsbezirk Mittelfranken hänge hier noch nach, doch solle die Arbeit in diesem Bereich intensiviert werden. Dr. Petzet berichtete von Gemeinden, die weitaus mehr „…e von Gemeinden, die weitaus mehr rich" 'e älter als vorgesehen aufgenommen wissen wollten und anderen, „Hier muß im Prozeß der Zwiesprache zwischen Kommune und Denkmalschützern ein Ausgleich gesucht werden". Insgesamt habe es von den Eigentümern der fraglichen Objekte – die vom Grenzstein bis zum Dom reichten – wenig Gegenstimmen gegeben.

Nachdrücklich unterstrich der Generalkonservator, daß die Denkmallisten in Bayern nur nachrichtlichen Charakter hätten, also keinen „rechtlichen Akt" darstellten. Sie seien flexibel zu handhaben und müßten stets ergänzt werden. Eines Tages werde sich auch dieser Katalog sicherlich auch auf Objekte aus der Nachkriegszeit erstrecken, die ebenfalls „Denkmalwürdiges" hervorgebracht habe. Hierzu zählte Dr. Michael Petzet beispielsweise das Münchner Olympiastadion, vor dessen Unterhaltskosten es den Denkmalpflegern allerdings „grausen" müsse. Moderne Bauten, so die Feststellung des Fachmannes, seien wesentlich schwieriger und kostspieliger zu „konservieren", als ältere Bauwerke, auf die man sich dann auch weiterhin konzentrieren werde.

● Klar wandte sich der Generalkonservator vor den Bürgermeistern des Landkreises Neustadt a. d. Aisch-Bad Windsheim gegen pauschal mentierte „Fallentscheidungen". Vielmehr müsse von Fall zu Fall individuell entschieden werden. Hierbei rief Petzet die Kommunen zu verstärkter Eigenverantwortung – etwa bei der Orts- und Stadtbildpflege – auf. Das Landesamt für Denkmalpflege sei zwar „keine Überbehörde für alle Fragen des guten Bauens" sehe sich den „Denkmalschutz aber durchaus auch gerne mal als Buhmann benutzen, wenn es um die Durchsetzung von Gestaltungsidealen geht".

● Ein krasser Fall ereignete in der Runde der Kommunalpolitiker die Gemüter. In Ottenhofen hatte ein Landwirt, Vater ` sechs Kindern, beim Umbau seines Wohnhauses den Vorschlag der Denkmalpfleger akzeptiert und das Gebäude im alten Stil errichten lassen. Der „denkmalpflegerische Mehraufwand" wurde auf 210 000 Mark beziffert, 36 000 Mark sollten aus Staatsmitteln zugeschossen werden. Doch als der alte Giebel zwar nachgebaut, jedoch nicht im Original erhalten wurde, strich man in München die Zuschüsse.

● Ähnlich verhielt es sich bei der Rathausrenovierung in Marktbergel. Hier war zugesichert worden, daß auch die schon begonnene Maßnahme bezuschußt würde. Dann aber habe man sich in München auf die allgemeinen Haushaltsvorschriften, nach denen dies nicht möglich sei, berufen und keine Mark bezahlt.

In beiden Fällen berief sich Generalkonservator Dr. Petzet darauf, daß Zuwendungen nur möglich seien, wenn auch tatsächlich historische Substanz erhalten und nicht völlig Neues geschaffen werde.

● D :s wurde auch in Geckenheim und ren. 'e, wo das Schulhaus zum Gemeindehaus ..ngebaut wurde. Als man bei der Renovierung Stück für Stück völlig zerstörter Substanz erneuern mußte, kam auch hier der negative Bescheid aus München.

Bürgermeister Schmidt erhob den Vorwurf, daß niemand im Klartext sage, wann es kein Geld gebe. Vielmehr würden Besitzer von Denkmälern im Glauben gelassen, Zuschüsse zu erhalten und würden dann vor den Kopf gestoßen. Meist seien dann durch denkmalpflegerische Rücksichten weitaus höhere Kosten – und Schulden – entstanden.

Generalkonservator Dr. Michael Petzet teilte die Forderung nach einer präziseren Information, zu der die Referenten des Landesamtes als „Anwälte der Denkmäler" aufgefordert werden sollen. Ziel sei es natürlich in erster Linie, echte Substanz zu erhalten,…; und nicht Objekte soweit auszukernen, daß vom Denkmal letztlich nichts übrig bleibe.

● Wie schwer dies ist, wenn Interessen der Denkmalpflege mit Erfordernissen der Nutzung eines Objektes kollidieren, beschrieb Markt Erlbachs Bürgermeister Adolf Schilling am Beispiel des alten Rathauses, das zum Kindergarten umgestaltet werden soll. Werden den Sicherheitsvorschriften befolgt, bleibt nach den Paragraphen des Denkmalschutzes geradeeben noch ein Treppengeländer zu erhalten und damit förderungswürdig. Hier sahen Dr. Petzet und Bauoberrätin Ursula Mandel als für den Landkreis zuständige Konservatorin das letzte Wort noch nicht gesprochen.

Kritisch nahm der Markt Taschendorfer Bürgermeister Kolb die Zuschußpraxis unter die Lupe, nach der zunächst die Gemeinden Zusagen machen müßten, von denen dann „nach oben hin" Förderungen abhängig gemacht würden. Während Dr. Petzet diese Voraussetzung nicht als bindend bezeichnete, erklärte Landrat Pfeifer unmißverständlich, daß er an diesem System festhalten werde. Halte die Gemeinde ein Objekt nicht für förderungswürdig oder den Besitzer für ausreichend kapitalstark, sehe auch der Landkreis keine Veranlassung, einer Förderung aus seinen knappen Haushaltsmitteln.

Daß man aber durchaus auch einmal bereit ist, gesetzte Marken zu überschreiten, zeigte Pfeifer am genannten Beispiel in Ottenhofen auf, wo der Kreistag aufgestockt habe, aufgrund seinen Zuschuß aufgestockt habe, aufgrund sozialen Erwägungen die Denkmalpfleger ihren Hahn zudrehten.

▷ Dr. Michael Petzet forderte Generalkonservator

Landrat Robert Pfeifer bedankt sich bei Generalkonservator Dr. Michael Petzet vom Landesamt für Denkmalpflege für die Unterstützung bei der Renovierung des Lichtensteiner Schlosses in Ippesheim mit dem Landkreisbuch. Bauoberrätin Ursula Mandel und stellvertretender Landrat Willi Hahn verfolgen die Szene.

Dank an die Adresse des Landesamtes für Denkmalpflege gab es im Schloßkeller von Ippesheim selbst „objektbezogen" abzustatten. Denn hier hatten nicht zuletzt Finanzspritzen aus dem Kultusministerium erst die Voraussetzungen zum Gelingen des Projektes geschaffen. Das Landkreisbuch sollte für Dr. Petzet sichtbares Zeichen des Dankes sein (und vielleicht auch der Wink auf manch ein anderes noch lohnendes Projekt zwischen Steigerwald und Frankenhöhe, Aischgrund und Gollachgau) sein. zi

Fränkische Landeszeitung (Ansbach)
22. September 1982

Fränkischer Tag (Bamberg), 9. Oktober 1982

Architekten und Denkmalpfleger diskutierten „Neues Bauen in alter Umgebung"

Gute Lösungen nur durch „permanentes Gespräch"

Einzelobjekt muß im Vordergrund jeder Planung stehen – Freiraum des Architekten umstritten

Befriedigende Lösungen für neues Bauen in alter Umgebung sind nur durch parmanentes Gespräch zwischen moderner Architektur und Denkmalpflege zu erreichen. Dieser Konsens schälte sich als wichtiges Ergebnis einer Diskussion zum Thema „Neues Bauen in alter Umgebung" heraus, der sich unter der Leitung von Bürgermeister Rudolf Grafberger auf Einladung der Städtischen Volkshochschule kompetente Fachleute gestellt hatten. Welch hoher Stellenwert diesem Thema gerade auch in Bamberg zukommt, belegt die derzeitige Ausstellung gleichen Inhalts in der Neuen Residenz und ihre Resonanz beim Publikum.

Anhand von Dias verdeutlichte einleitend Prof. Seidlein zwei Arten des neuen Bauens in historischer Umgebung: Anpassung und Kontrast. Die zum größten Teil unbefriedigenden Umgestaltungen in der Bundesrepublik in den letzten Jahrzehnten seien zum einen zurückzuführen auf das gewaltige Bauvolumen dieser Zeit, zum anderen dem wachsenden Mangel an Sensibilität dem Visuellen gegenüber zuzuschreiben. Zahlreiche geglückte Versuche der Anpassung neuer Bauten an historisch Gewachsenes dürften allerdings nicht zu der Annahme führen, allein auf diese Art eine Bewältigung der Probleme herbeiführen zu wollen.

Der Freiraum des Architekten müsse, selbst bei nicht exakt vorhersehbarem Ergebnis, im Zweifelsfalle gewahrt bleiben. Dennoch – oder gerade aus diesem Grund – forderte Prof. Seidlein: „Wir brauchen bessere Architekten."

Den Standpunkt des Denkmalpflegers erläuterte Generalkonservator

bloße Rekonstruktion nur im Einzelfall erlaubt sein dürfe.

Eine eindeutige Priorität räumte Dr. Harth, Vorsitzender der Schutzgemeinschaft „Alt-Bamberg", der Erhaltung von Baudenkmälern durch frühzeitige Maßnahmen ein. In eindrucksvoller Weise dokumentierte er mittels Dias eine Reihe Bamberger Bausünden der jüngeren Vergangenheit.

Einen Bruch in der deutschen Baugeschichte sah Stadtbauoberrat Jonas. War die deutsche Architektur bis 1933 Avantgarde in Europa, so sei durch die 12 Jahre nationalsozialistischer Herrschaft die Kontinuität zerrissen, ein Zeitraum, der uns heute noch fehle. In der nach dem Statements der Teilnehmer sich kristallisierten Diskussion schwerpunkte heraus: der bereits umstrittene Freiraum des Freiraumes des Architekten sowie die von allen akzeptierte Auffassung, keine Patentlösungen gelten zu lassen, sondern das Einzelobjekt in den Vordergrund jeder Planung zu stellen.

Akzeptable Lösungen, so Dr. Petzet, ermögliche allein die Auseinandersetzung zwischen Architekten und Institutionen der Denkmalpflege.

Für eine Einschränkung der Freiheit und Kreativität der Architekten plädierte Ministerialdirigent Megele, sei doch in der Zeit nach dem 2. Weltkrieg mehr an schützenswerter Bausubstanz verlorengegangen als während des Krieges.

Megele kritisierte energisch den Identitätsverlust vieler deutscher Städte durch moderne Architektur, doch biete auch der Postmodernismus keine Lösungen an.

Notwendig sei vielmehr eine behutsame Denkmalpflege, ohne von einem Extrem ins andere zu verfallen. Nach Auffassung von Dipl.-Ing. Neumann wurde noch zu keiner Zeit schonend mit alter Bausubstanz umgegangen, worüber insbesondere Abbruchmaßnahmen in Paris des 18. Jahrhunderts Zeugnis ablegten.

Eingehend erläuterte der Leiter des Landbauamtes die Planungen der Universität Bamberg im Innenstadtbereich, die besonderes Fingerspitzengefühl erforderten und bereits befriedigende Ergebnisse zeitigten.

Die Problematik architektonischer Gestaltung in der Innenstadt Bambergs erläuterte anschließend Architekt Dipl.-Ing Seemüller anhand des Bebauungsplanes des Kaulbergfußes und der Entwicklung der Verbindung Lange Straße – Kapuzinerstraße. Es seien, so gab Architekt Dipl.-Ing. Volker in. bedenken, in Baulücken trotz historischen Bestandes ehrliche Zeitaussagen zu treffen.

Neben der Sanierung sei die Revitalisierung erforderlich, wobei die

---

Mittelbayerische Zeitung (Regensburg), 29. Oktober 1982

Denkmalschützer fördern Aufhausens Kirchenrenovierung

Zuschüsse auch für Sanierung des Sünchinger Schlosses

Renovierung der über 200 Jahre alten Wallfahrtskirche „Maria Schnee" kostet 4,5 Millionen Mark

Aufhausen/Sünching (jr). Als sich Landrat Rupert Schmid am Mittwoch abend nach der Besichtigung historischer Bauwerke im Sünchinger Schloß von Generalkonservator Dr. Michael Petzet, Landesamtes für Denkmalpflege verabschiedete, war er davon überzeugt, daß Dr. Michael Petzet, „etwas ärmer nach München zurückfahren wird". Diese Erkenntnis stützte sich auf die Aussage des Denkmalschützers, daß die umfassende Renovierung der Aufhausener Wallfahrtskirche „Maria Schnee" und die Sanierung des Sünchinger Schlosses trotz der chronischen Geldmangels weiterhin gefördert werden sollen. Wie Dr. Rainer Schmid betonte, sei das Landesamt nach wie vor darum bemüht, begonnene Maßnahmen fortzuführen und neue Objekte dann in Angriff zu nehmen, wenn eine „akute Substanzgefährdung" zu befürchten ist.

Unser Bild zeigt Landrat Rupert Schmid, Altbischof Dr. Rudolf Graber, Pfarrer Bösl, den Generalkonservator des Landesamtes für Denkmalpflege, Dr. Michael Petzet, und Pfarrer Schmid bei der Besichtigung der Aufhausener Wallfahrtskirche.
Aufnahme: Raith

In Aufhausen, wo die Denkmalschützer von Altbischof Dr. Rudolf Graber und von Pfarrer Hans-Josef Bösl empfangen wurden, konzentrierte sich das Interesse auf die Renovierung der über 200 Jahre alten Wallfahrtskirche „Maria Schnee", deren Kirchenschiff sich zur Zeit als große Baustelle präsentiert. Rund 4,5 Millionen Mark würde nach Auskunft von Pfarrer Bösl die grundlegende Außen- und Innenrenovierung des Gotteshauses kosten, das Johann Michael Fischer von 1736 bis 1751 errichtet hätte. Mit dem Abschluß der Arbeiten rechnet Pfarrer Bösl in etwa vier Jahren.

Pfarrer Bösl stellte dem Generalkonservator außerdem die Bibliothek der Wallfahrtskirche vor. In dieser „kulturhistorischen Fundgrube" wie sie der Seelsorger bezeichnete, befänden sich hinter feuersicheren Türen einige kostbare Bücher, in denen die Geschichte der Wallfahrt festgehalten sei. „Die wertvollsten Exemplare sind allerdings unter Verschluß und sicher verwahrt", versicherte Pfarrer Bösl, der ferner bemerkte, daß die Sammlung mit einem Kostenaufwand von 20 000 Mark katalogisiert worden sei. Vom 12. November bis 9. Januar würden einige Bände im Diözesanmuseum ausgestellt.

der Wintermonate ein Befund erarbeitet, in dem die „originalgetreue Fassung des Raumes" festgestellt werden soll. Im nächsten Jahr sollen dann die Kirchenmaler mit der Restaurierung beauftragt werden.

„Hier müssen wir schon was machen", stellte Dr. Michael Petzet bei seinem Besuch im Sünchinger Schloß fest. Dr. Rainer Schmid bestätigte, daß das Landesamt nicht nur die Restaurierung der Schloßkapelle und der Sicherung der chinesischen Tapeten positiv gegenüberstehe, sondern auch dem Bemühen des Barons von Hoenning O'Carroll, die Wirtschaftsgebäude zu sanieren. „Wir werden versuchen, daß wir dafür Zuschüsse aus dem Entschädigungsfonds zur Verfügung stellen können", betonte Dr. Schmid.

Er bekräftigte ferner, daß dem Landesamt Planungsunterlagen für eine „abschnittsweise Öffentlichkeit" vorliegen würden. Im Interesse der Öffentlichkeit sei es seiner Ansicht nach grundsätzlich notwendig, historische Bauwerke von überregionaler Bedeutung vor dem Verfall zu retten. „Wir werden deshalb auch dem Eigentümer des Sünchinger Schlosses unter die Arme greifen, weil er die Kostenbelastung allein nicht tragen kann", erklärte er.

Dieses Prinzip gelte auch für die Aufhausener Wallfahrtskirche. Nachdem das Landesamt bereits Zuschüsse für die Innen- und Außenrenovierung gewährt hätte, würde nun während

Wird Beratzhauser Zehentstadel nach Muster des „Leeren Beutels" saniert?

Der Generalkonservator gibt „grünes Licht" / „Moral und Heimatliebe"

Beratzhausen (km). Der oberste bayerische Denkmalschützer sieht durchaus Möglichkeiten zur Erhaltung des über 400 Jahre alten Zehentstadels. Bei einem Blitzbesuch erläuterte Generalkonservator Dr. Michael Petzet gestern zusammen mit Befürwortern und Gegnern einer kostspieligen Sanierung die sinnvolle Nutzung des historischen Gemäuers, in dem in den letzten hundert Jahren Bier gebraut worden war. Dabei setzten sich Bürgermeister Staudigl und der Vorstand einer eigens gegründeten Bürgerinitiative, Peter Schaaf, schon aus Gründen der „Moral und der Heimatliebe" für das vom Staat beträchtlich bezuschußte Millionenprojekt ein, während die hohen Kosten den Gemeinderäten Bauer und Kastl ein Dorn im Auge sind. Den beiden genügt vorläufig die billige Sicherung der Bausubstanz, um mit dem gesparten Geld an Stelle der alten Schule einen Neubau für die Marktverwaltung und als „Haus des Gastes" hinzustellen. Schließlich machte Landrat Rupert Schmid den Beratzhausern doch Mut zur Rettung des imponierenden Gebäudes.

Als Vertreter der „Unabhängigen" im Marktrat präsentierte Bauunternehmer Hermann Wittl bereits einen groben Plan für die räumliche Nutzung des sanierten Zehentstadels. Das ginge buchstäblich bis unters noch erhaltene Gebälk, wo nach dem Wittl-Plan ein dringend benötigtes Heimatmuseum Platz finde. Nach dem Vorbild des „Leeren Beutels" in Regensburg sollten die „handbehauenen Balken von ihrem grauen Anstrich befreit werden und sichtbar bleiben. Viel Raum biete das historische Gebäude in den darunterliegenden Geschossen für den Zehentstadels des Marktrates und einen Mehrzwecksaal als „gute Stube" der Gemeinde. Rund 270 Quadratmeter seien für eine Bücherei nicht zuviel und schließlich könne im Erdgeschoß das „Haus des Gastes" mit offenem Flur als „Passage" gestaltet werden.

Obwohl Architekt Lorenz, der für den alternativen Neubau anstelle der alten Schule rund 1,8 Millionen errechnete, für die Stadelsanierung noch keine Zahlen nennen wollte, ließ sich Wittl größenordnungsmäßig auf rund drei Millionen festlegen.

Dazu wies Generalkonservator Dr. Petzet, der die Bausubstanz des Stadels als noch recht gut bezeichnet hatte, Wege zur Finanzierung. Wenn die Gemeinde den Bau vom jetzigen Besitzer Brauerei Wiendl übernehme, stünden auch Mittel aus dem kommunalen Entschädigungsfonds zur Verfügung. Außerdem helfe der Staat mit Zuschüssen für das „Haus des Gastes" im Rahmen des Fremdenverkehrs, für die Verwaltungsräume und für die Denkmalpflege. Allerdings sollten die Beratzhauser nur schrittweise vorgehen und nicht etwa nach dem Motto „alles oder nichts". Das Dachgeschoß bleibe dabei vorerst noch ungenutzt. Mit dem „Haus des Gastes" als erstem Schritt gehe die Gemeinde kein Risiko ein, meinte Dr. Petzet, und gestand zu, daß die Denkmalpfleger schon mal ein Auge zudrückten, wenn zur besseren Belichtung an der Seitenwand weitere und größere Fenster geöffnet würden.

„Bin der Meinung man sollte retten", pflichtete Landrat Schmid mit dem Hinweis auf die Mischfinanzierung dem Bauvorhaben bei. Dabei habe die Gemeinde nach den Worten des Bürgermeisters Xaver Staudigl keine Zeit zu verlieren, da die Wirtschaftsförderung Ende des Jahres auslaufe. Jetzt gehe es darum, die Gegner des Projekts zu überzeugen, um nach den Worten von BI-Sprecher Peter Schaaf „etwas Lebendiges" in den sanierten Stadel zu bringen. Sepp Bauer aus Paarstadel ließ sich allerdings nicht aus seiner bäuerlichen Zurückhaltung locken und verwies auf enorme Folgekosten bei einem voll ausgebauten Zehentstadel: „Das ist das Problem". Marktrat Kastl meinte: „Wir haben schon genug Schulden". In den nächsten 14 Tagen muß der Marktrat über die Zukunft des in vieler Hinsicht überragenden Gebäudes entscheiden.

Lokaltermin in der Paracelsusstraße 29: Den obersten Denkmalschützer Bayerns, Generalkonservator Dr. Petzet (zweiter von rechts) beeindruckte schon das mächtige Portal des Beratzhausener Zehentstadels aus dem 16. Jahrhundert. Weiter auf dem Bild (von links) Architekt Lorenz, Landrat Schmid und Bürgermeister Staudigl.
Aufnahme: Mundt

Mittelbayerische Zeitung (Regensburg)
28. Oktober 1982

Blick vom Schloßhof auf den Zehentstadel. Die baufälligen Aufbauten der Bierbrauer müßten bei einer Sanierung verschwinden.

Ausgrabungen in Nassenfels:

Hunderttausende Einzelfunde aus acht Quadratmeter Boden

Erkenntnisse von grundlegender Bedeutung — Archäologen wieder in Manching tätig

Von unserem Redaktionsmitglied Ulrich Brunhuber

Nur acht Quadratmeter haben die Ausgräber des Bayerischen Landesamtes für Denkmalpflege im Hof der Burg von Nassenfels, wo — wie mehrfach berichtet — Überreste jungsteinzeitlicher Besiedlung und Zeugnisse einer Begehung durch Menschen seit der Altsteinzeit vor etwa 60 000 Jahren gefunden worden sind, heuer in zweimonatiger Arbeit aufgedeckt. Ob die Ausgrabungen hier in den nächsten Jahren weitergeführt werden können, steht noch nicht fest. Das berichteten am Dienstag Sprecher des Landesamtes anläßlich eines Lokaltermins für die Presse, zu dem auch der Leiter des Amtes, Generalkonservator Dr. Michael Petzet, und der Chef der Abteilung Bodendenkmäler dieser Behörde, Dr. Erwin Keller, gekommen waren.

Die Denkmalpfleger berichteten dann auf der zweiten Station der Informationsfahrt, in Manching, daß in den nächsten beiden Jahren rund zwei Hektar im Bereich des dortigen keltischen Oppidums archäologisch untersucht werden: Ein Straßenbau macht diese Maßnahme notwendig. Weiter soll das Osttor des etwa acht Kilometer langen Ringwalls rekonstruiert werden.

Der Leiter der Ausgrabungen in Nassenfels, Karl Heinz Rieder, stellte das bisherige Ergebnis der Arbeiten im Burghof vor. Die vorläufige Sichtung der Funde hat die bisherigen Erkenntnisse bestätigt und ergänzt, berichtete der Leiter der Ingolstädter Außenstelle des Denkmalpflege-Amtes: Auf der damaligen Felseninsel im Schuttersee, der sich Ende der letzten Eiszeit gebildet hat, machten vor rund 60 000 Jahren Neandertaler Station; in der Mittelsteinzeit vor gut 10 000 Jahren suchten ebenfalls Jäger, Fischer und Sammler diesen geschützten Platz in dem nun schon verlandenden See auf; in der frühen Jungsteinzeit vor knapp 7000 Jahren ließen sich hier Vertreter der ersten Bauernkulturen Mitteleuropas nieder, nach der Art ihrer Gefäße aus gebranntem Ton Linearbandkeramiker genannt; später folgten Vertreter von mindestens fünf weiteren Jungsteinzeit-Kulturen bis zur Altdorfer Stufe; Funde aus der La-Tène-Zeit beweisen, daß sich zumindest zeitweise hier auch Kelten aufhielten; römisches Baumaterial weist auf die Besiedlung von Nassenfels im ersten und zweiten nachchristlichen Jahrhundert durch Keltromanen hin; mittelalterliche und neuzeitliche Scherben bestätigen dann die Baugeschichte der Wasserburg der Eichstätter Fürstbischöfe.

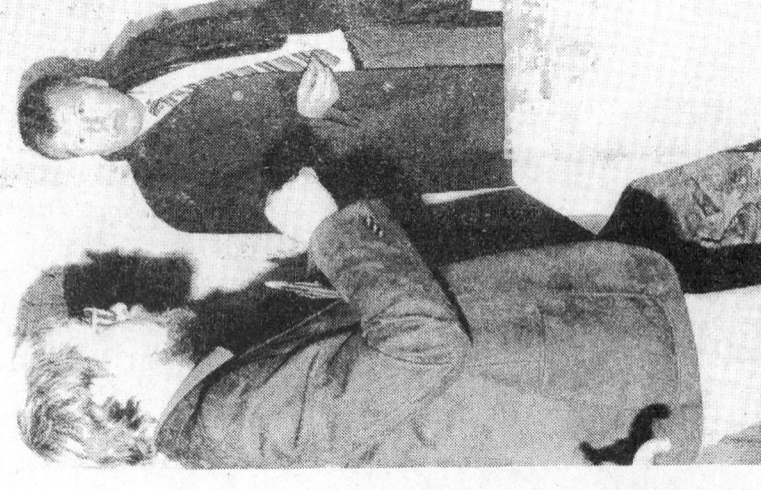

EINEN TEIL DER FUNDE, die im Burghof von Nassenfels entdeckt worden sind, erklärte Karl Heinz Rieder (links) den Besuchern, unter ihnen Generalkonservator Dr. Michael Petzet (rechts). Bild: ub

Fachleute sei ohnehin unverständlich, daß die bisherigen Eingriffe durch den Flugplatzbau vor und nach dem zweiten Weltkrieg nicht verhindert werden konnten. Damit sei ohnehin vieles unwiederbringlich verlorengegangen. Künftig jedoch dürften ähnliche Zerstörungen nicht mehr geduldet werden.

Allerdings sei derzeit Eile geboten, wenn wichtige Befunde für die Wissenschaft gesichert werden sollen. Eine geplante und nicht zu verhindernde Süd- und Ostumgehung Manchings werde das Oppidum schneiden. Vor diesem Straßenbau müßten unverzüglich etwa zwei Hektar Trasse ausgegraben werden. Die Römisch-Germanische Kommission des Deutschen Archäologischen Instituts sei dazu nicht in der Lage, weshalb das Landesamt für Denkmalpflege diese Aufgabe erledigen müsse.

Das sei nun gesichert, berichtete anschließend Dr. Petzet. In den nächsten beiden Jahren werden die notwendigen Ausgrabungen vor auch dem 2. Straßenbau erledigt, sagte er auch dem 2. Bürgermeister von Manching, Bezirksrat Herbert Mayr, zu. Die Finanzierung der Kosten von voraussichtlich 1,5 Millionen DM sei zu zwei Dritteln gesichert; die letzten 500 000 DM könnten voraussichtlich durch Sondermittel des Kultusministeriums aufgebracht werden. Zwei Jahre habe man für die Grabungskampagne Zeit, denn die Straßenbauer werden erst 1985 das Oppidum erreichen.

archäologischen Instituts in der Ausgräberbaracke beim Osttor des Oppidums vor. Die städtische Siedlung wurde um die Wende vom dritten zum zweiten Jahrhundert vor Christus planmäßig angelegt und mehrfach umgestaltet. Nach den bisherigen Erkenntnissen — allerdings wurden nur knapp acht der gut 400 Hektar Stadtfläche seit 1955 aufgedeckt — fungierte die Siedlung als wirtschaftlicher, politischer und kultischer Mittelpunkt für ein großes Gebiet, möglicherweise als Hauptstadt der Vindeliker, und fand im letzten Viertel des letzten vorchristlichen Jahrhunderts ein gewaltsames Ende.

Ob die Stadt, deren Name nicht überliefert ist, im Zusammenhang mit dem Sommerfeldzug vor 15 vor Christus fiel, als die beiden Adoptivsöhne von Augustus, Drusus und Tiberius, das Voralpenland bis zur Donau im heutigen Bayern dem römischen Imperium anschlossen, ist durch die Ausgrabungen weder bestätigt noch widerlegt. Sollten aber die Römer das Manchinger Oppidum erobert und zerstört haben, wofür einiges spricht, dann wäre Altmanching am 1. August 15 vor Christus untergegangen. An diesem Tag brachen die Legionen unter den kaiserlichen Prinzen nämlich in einer äußerst blutigen Schlacht (Strabo: "Grave Proelio") den letzten Widerstand der Vindeliker.

Neuburger Rundschau (Neuburg a. d. Donau)
4. November 1982

Archäologen werten ihre Funde aus

Der Steinzeit auf der Spur

Landesamt für Denkmalpflege richtet Außenstelle ein

Ingolstadt (akr) Trotz des Nebels, der in diesen Novembertagen die Burg Nassenfels einhüllt, mußte ihr geschichtsträchtiger Boden einige seiner Geheimnisse preisgeben, die in der Tiefe lagern. Denn was als ganz profane Kanalverlegung für die Wohnhäuser aus dem 19. Jahrhundert auf dem Burgplatz begann, wurde zu einer Entdeckungsreise in die Menschheitsgeschichte.

Gebaut ist die Burg auf einem jurazeitlichen Korallenriff, das von der Urdonau umflossen wurde. Diese Insel wurde bereits von Neandertalern vor 60 000 Jahren aufgesucht; Beweis sind die im Suchgraben entdeckten Steinwerkzeuge. Die wichtigsten Fundstücke stammen jedoch aus der Jungsteinzeit, als der Ort intensiv von den frühen Bauern besiedelt wurde. Einzigartig in Mitteleuropa sind nach den Worten von Dr. Karl-Heinz Rieder, dem Leiter der bisherigen Ausgrabungen, die Scherben der Bandkeramik, die zum erstenmal in einem anmoorigen Boden gefunden wurden. Indizien für bäuerliche Kultur sind auch die aus Stein gearbeiteten Kratzer für die Holz- und Lederbearbeitung, Schaber, Messereinsätze und Schleifsteine einer Mehlmühle.

Auf dem Speisezettel der Bewohner dieser Siedlung stand das Fleisch der auf der Jagd erlegten Hirsche, Rehe, Wildschweine, Auerochsen, Braunbären, Wisente und Biber, wofür die gefundenen Pfeilspitzen und Knochenreste sprechen. Als Haustiere sind Hund, Schaf, Ziege, Hausschwein und Rind nachgewiesen, doch fand man auch Knochen von einem Pferd, so daß die umstrittene Frage, wann das Pferd zum Haustier des Menschen gezähmt wurde, neu aufgeworfen wird. Bei einem aufwendigen Ausschwemmungsverfahren entdeckte man in der ausgehobenen Erde sogar Fischreste, der den Nachweis für die bisher nur angenommene These erbrachten, daß die frühen Bauern und Jäger auch Fische gefangen haben.

Doch obwohl man durch den Einsatz von Studenten bei einem Stundenlohn von acht Mark versucht hat, die Grabungskosten möglichst gering zu halten, summierten sich die Ausgaben in den zwei Monaten auf 25 000 Mark. Wie der Generalkonservator des Bayerischen Landesamtes für Denkmalpflege, Dr. Michael Petzet, mitteilte, sind in diesem Jahr 130 bis 140 ähnliche Ausgrabungen im bayerischen Raum gelaufen. Hierfür reicht nach Angaben des Abteilungsleiters für Vor- und Frühgeschichte, Erwin Keller, der Gesamtetat von 6,5 Millionen Mark kaum aus, zumal die Bezuschussung der Denkmalpflege durch die Bundesanstalt für Arbeit gedrosselt wurde. Trotzdem will man in Nassenfels weitergraben. Dr. Karl-Heinz Rieder, der die demnächst eingerichtete Außenstelle des Landesamtes für Denkmalpflege in Ingolstadt leiten wird, will weiter nach den Spuren der frühesten Bauern suchen.

Für die Winterzeit „eingemottet" werden auch die archäologischen Ausgrabungsstätten in Manching. Der Leiter der Forschungsstelle, Dr. Franz Schubert, informierte bei einer Besichtigung des „Osttores" der ehemaligen Keltenstadt, die das größte Gemeinwesen vorchristlicher Zeit auf bayerischem Boden war, über die Anlage mit Stadtmauer, Holzhäusern und Gehöftgruppen sowie zahlreichen Vorratsgruben. Seit 1974 hat man in den Untersuchungen jedoch eine Grabungspause eingelegt, um die von der Fachwelt erwarteten Veröffentlichungen in Angriff zu nehmen, die voraussichtlich 1990 abgeschlossen sein werden. Fündig wurde man in diesem Jahr jedoch an zwei anderen Stellen in Manching: auf der Baustelle für eine Gerätehalle und bei der Straßentrasse für die Ostumgehung. Doch vorerst gehen die Archäologen in den Winter, wenn auch nicht in den Winterschlaf. Sie vertauschen den Spaten mit dem Bleistift, die Erde mit dem Papier und werten aus, was der Sommer brachte.

Weiter Grabungen nötig

Karl Heinz Rieder wies auf die Bedeutung dieser Fundstätte für die Erforschung der ersten Bauernkulturen Mitteleuropas hin. Weitere Ausgrabungen seien nach seiner Meinung unabdingbar; trotz der spärlichen Mittel, die dem Landesamt für Denkmalpflege für die Aufdeckung von Bodendenkmälern zur Verfügung stehen. Die Grabungskampagne dieses Jahr habe rund 40 000 DM gekostet; der Aufwand für die Auswertung der einige Hunderttausend Funde allein aus den acht aufgedeckten Quadratmetern werde ein vielfaches davon kosten. Die Bedeutung des Platzes für die Jungsteinzeit-Archäologie bestätigte auch Dr. Petzet. Ob und wann im Burghof von Nassenfels weitergegraben werden kann, vermochte er jedoch nicht zu sagen.

Die bisherigen Ergebnisse der Ausgrabungen in der Keltenstadt von Manching stellte dan Dr. Franz Schubert, wissenschaftlicher Oberrat des Deutschen Ar-

„Einmalige Gelegenheit"

Das Manchinger Oppidum, betonte Dr. Schubert, biete eine einmalige Gelegenheit zu Einblicken in Leben und Funktion einer der ersten urbanen Siedlungen Mitteleuropas. Eine ähnlich große und in weiten Flächen noch ungestörte frühgeschichtliche Stadt gebe es nördlich der Alpen nicht. Für

△ Eichstätter Kurier
11. November 1982

WIEDER AUFGEBAUT werden soll das Zangentor durch den Wall im Osten der früheren Keltenstadt bei Manching. Nach den Ergebnissen der Ausgrabungen sah die Anlage so aus.
Bild: RGK

Probleme bei der Zusammenarbeit

Dekan Rau: Für höchste Ansprüche ... bis ins kleinste Detail fehlt das Geld

Lebhafte Diskussion mit Generalkonservator Dr. Michael Petzet und Dr. Böttger vom »Landesamt«

WERTINGEN (jdt). Um eine Verbesserung des Kontaktes zum Bayerischen Landesamt für Denkmalpflege und um die Beseitigung von offensichtlich in den vergangenen Jahren angesammelten Problemen ging es während einer Aussprache zwischen leitenden Vertretern des »Landesamtes«, Politikern, Pfarrern beider Konfessionen und Kreisheimatpflegern. Stimmkreisabgeordneter Otto Meyer hob zu Beginn der Veranstaltung, die geprägt war von einem bemerkenswert offenen Meinungsaustausch, heraus, daß das Denkmalschutzgesetz nicht das Ziel habe, »die Menschheit zu ärgern, sondern als einer der maßgebenden »Väter des Denkmalschutzgesetzes«, nicht unsere Absicht, aus ganz Bayern ein Museum zu machen«. Hervorgehoben wurde von Meyer die besondere Bedeutung von

Landrat Dr. Anton Dietrich begrüßte unter anderem MdL Meyer, der den Termin mit anderen Vertretern des Landesamtes vermittelt habe. Unter den Teilnehmern befanden sich Dekan Rau, Dillingen, Professor Dr. Rummel, Donaualtheim, Stadtpfarrer Walter Rohmeder, Dillingen, die Geistlichen Räte Melchior Hops, Zusamaltheim, und Karl Hiebl, Höchstädt, die Pfarrer Josef Schillinger, Pfaffenhofen, Stadtpfarrer Albert Zech, Binswangen, Hermann Neuß, Bissingen, Erwin Strehl, Buttenwiesen, und Josef Liepert, Lutzingen, zweiter Bürgermeister Alfred Sigg, Wertingen, vom Landratsamt Regierungsrat Georg Schmid und Kreisbaudirektor Siegfried Földi sowie Mitarbeiter der Kirchengemeinden.

MdL Meyer: Hilfe zur Selbsthilfe

MdL Meyer riß die zur Diskussion stehende Problematik an. Die Aufgabe des Denkmalschutzes sei es, wertvolle Bausubstanz zu retten. Nach dem Zweiten Weltkrieg sei noch mehr an Baudenkmälern »kaputtgemacht« worden als im Krieg zerstört worden sei. Unwiderbringliche Werte dürften nicht verloren gehen. Andererseits führte der Abgeordnete an, aus der Denkmal-Liste sei im Laufe der letzten zehn Jahre manches nicht so Erhaltenswerte wieder gestrichen worden. Um manches werde noch gerungen. Registrierend, daß in den Kommunen und Kreisen »viel Denkmalbewußtsein« entwickelt worden sei, hob MdL Meyer die Bedeutung einer »direkten Aussprache« hervor, um eine »gemeinsame Linie« zu finden. Wünsche der Kirchengemeinden gelte es möglichst unbürokratisch zu erfüllen. Die Finanzmittel des Staates, eine »Hilfe zur Selbsthilfe«, sollten »möglichst ungerupft« bleiben.

Die Diskussion mit Generalkonservator Dr. Petzet und Oberkonservator Dr. Peter

Kompromissen, die man »schon in Hunderten Fällen« habe schließen können und müssen. Dekan Walter Rau, Dillingen, registrierte großartige Leistungen der Denkmalpflege im Landkreis. In aller Deutlichkeit sprach Dekan Rau, ebenso wie anschließend Bistumshistoriker Professor Dr. Peter Rummel, Probleme bei der Zusammenarbeit mit dem Landesamt für Denkmalpflege an. Professor Rummel verwies auf den Vorrang der Seelsorge und plädierte, zum Nutzen beider Seiten, für »mehr Entgegenkommen«. Der Chef des »Landesamtes«, Generalkonservator Dr. Michael Petzet, dankte am Schluß der lebhaften Aussprache für »eine Menge Anregungen«. Landrat Dr. Anton Dietrich stellte in einem Schlußkommentar »unendlich viel Bereitschaft und guten Willen« für gangbare Wege bei der Denkmalpflege fest.

Stadtpfarrer Zech (Dr. Dietrich: »...das ist schwer erträglich«). In ähnlicher Weise äußerte sich Pfarrer Neuß, Bissingen. Das »Denkmalamt« schaffe zwar an, zahle aber »sehr wenig«.

Aus den Erfahrungen seines langjährigen Einsatzes als Heimatpfleger sprechend, lobte Alois Sailer das Arbeitsheft des Bayerischen Landesamtes für Denkmalpflege »Der Kirchenbau und seine Ausstattung — Hinweise für Pfarrer, Kirchenvorsteher, Kirchenpfleger und Mesner«. Es biete praxisnahe Hilfen. Ein besonderes Anliegen war A. Sailer das Eintreten für den Pfarrhof Osterbuch und das ehemalige Deutschherrenhaus in Lauterbach. Pfarrer Strehl, Buttenwiesen, erläuterte die Situation am ehemaligen Pfarrhof Lauterbach. Der Kommentar Dr. Böttgers: »Wir wollen möglichst rasch Nägel

mit Köpfen machen«. Dr. Petzet verwies darauf, daß Denkmalpflege »unendlich kompliziert« sei.

Silbermedaille und Heimatbuch

Zweiter Bürgermeister Sigg, Wertingen, stellte das Engagement der Stadt für die Denkmalpflege heraus. Sie habe in den vergangenen Jahren einige hunderttausend DM investiert, u.a. für die stadteigenen Kirchen und Kapellen. Bedenken ließ A. Sigg anklingen gegen die Neuregelung der Bayerischen Bauordnung. Als Erinnerung überreichte Sigg an Dr. Petzet die Silbermedaille der Stadt Wertingen mit zwei denkmalgeschützten Gebäuden (Schloß und St. Martin).

Im Schlußwort bat Landrat Dr. Dietrich das »Landesamt« um »beschleunigtere« Verfahren und um »noch mehr Flexibilität im einzelnen«. Auf die schönen Ergebnisse der Denkmal- und Ortsbildpflege im Landkreis verweisend, mit einem wachsenden Gespür der Bevölkerung für diesen Bereich, dankte der Landrat MdL Meyer, den Geistlichen und allen Beteiligten. Dr. Petzet erhielt von Dr. Dietrich als Geschenk das neue Landkreis-Heimatbuch, Dr. Böttger die Landkreis-Kerze.

Von einem sehr freimütigen Meinungsaustausch geprägt war in der Sparkasse Wertingen die Diskussion mit Generalkonservator Dr. Petzet und Dr. Böttger vom Bayerischen Landesamt für Denkmalpflege (von links): Dekan Walter Rau, MdL Otto Meyer, Dr. Michael Petzet, Landrat Dr. Anton Dietrich, Dr. Peter Böttger, Professor Dr. Peter Rummel.

Böttger leitete dem anwesenden Vorstandsmitglied Ludwig Albrecht von der Sparkasse Wertingen für deren Gastfreundschaft.

Jahrelanges Warten — enorme Teuerungen

Die Sorgen seiner geistlichen Mitbrüder mit dem Landesamt für Denkmalpflege möge Dekan Rau. Unter anderem verwies er auf jahrelanges Warten auf Antworten und »enorme Teuerungen« angesichts langer Wartezeiten bei der Erledigung von Projekten. Für »höchste Ansprüche« (»...bis ins kleinste Detail«) gebe es kein Geld. Den »Leuten« fehle auch das Verständnis dafür, wenn eine »total verrottete Bausubstanz« offensichtlich »um jeden Preis« erhalten werden solle.

Liturgische Belange vorrangig

Bei Kirchenrenovierungen sollten schließlich, so betonte Dekan Rau mit Nachdruck, die kirchlichen Anliegen und die liturgischen Belange vorrangig, vor dem Denkmalschutz behandelt werden.

Landrat Dr. Dietrich dankte für den »sehr präzisen« ersten Diskussionsbeitrag. Die »deutliche Ansprache der Probleme« würdigte auch Dr. Böttger von »F.J.S.«. Er sprach von dem »Bemühen um sachliche Auseinandersetzungen« und von »Dingen, die schwer vermittelbar« seien. Aufgabe des Landkreises Dillingen reicher als andere Kreise mit schönen Dorfbildern ausgestattet sei. Die noch zu rettenden Pfarrhöfe in Zöschingen und Osterbuch anführend, sprach der Redner davon, daß viele Projekte dieser Art schon »entstellt« wurden. Offenkundiger Protest unter den Zuhörern war spürbar, als Dr. Böttger von einer »gefühlsmäßigen Stimmungsmache« und einer »Kreuzzugsstimmung« gegen alte Gebäude sprach (Zuruf von Dr. Dietrich: »...der findet bei uns nicht statt«).

Die »besondere Qualität« historischer Gebäude betonte Dr. Petzet, nicht zuletzt ange-

Kein Kreuzzug...

(jdt). Mit herzerfrischender Offenheit startete Dekan Walter Rau die Debatte der katholischen und evangelischen Geistlichkeit und der Kreisheimatpfleger mit dem Chef des Bayerischen Landesamtes für Denkmalpflege, Generalkonservator Dr. Michael Petzet, in der Pfarrei St. Ulrich und St. Johannes zu Schwenningen. Mit deutlich spürbarem Verständnis für den Denkmalschutz und seine hauptberuflich tätigen Repräsentanten öffnete Dekan Rau einem offensichtlich jahrelang angestauten Ärger seiner geistlichen Mitbrüder das Ventil. Für viele von ihnen ist, ganz unverkennbar, das »Landesamt« zu einem »Reizwort« geworden: »es gibt mitunter höchst schwer erklärbare, bis zu jahrelange Verzögerungen von teuren und dann noch kostspieliger werdenden Projekten; Unschlüssigkeit; lange Zeit unbeantwortete Briefe; fehlende oder dürftige Protokolle; mangelndes Verständnis für die kirchliche Praxis, bei häufig absolut erscheinendem Vorrang der Denkmalpflege.

Und die Folgen? Offenkundig um noch verhältnismäßig dezente Formulierungen bemüht, schenkte Dekan Rau reinen Diskussions-»Wein« ein: die Vertreter des Landesamtes dürften sich nicht wundern, daß sie häufig »nicht mit Fahnen, sondern mit Pfiffen« empfangen würden. Und mit vollem Nachdruck fügte Rau hinzu: für die Berücksichtigung höchster Ansprüche fehlt das Geld.

»Schwer erträglich«

Die langen Wartezeiten bei Verfahren und Antworten kritisierte der Höchstädter

Kosten verdoppelt

Besonderes Gewicht hatten danach auch die klaren Formulierungen von Professor Dr. Peter Rummel, Donauaaltheim. Der Bistumshistoriker, zugleich Mitglied des Finanzausschusses der Diözese, betonte den Vorrang der Funktion der Kirche als »Haus Gottes«, als Mittelpunkt des seelsorglichen Lebens und Zufluchtsstätte der Gemeinde. Selbst ein engagierter Praktiker der Denkmalpflege, stellte Professor Dr. Rummel unter Hinweis auf den »Fall Eichenbrunn« die Frage: »Läßt sich das verantworten?« Die Kirchenrenovierung in Eichenbrunn in den 60er-Jahren wurde doppelt so teuer wie ein Neubau.

chael Ziegler, wurde der »Leidensweg« hin zur inzwischen fast völlig beendeten Kirchenrestaurierung vom »Landesamt« mit allerlei Problem-Brocken gepflastert. Von der Ortsbesichtigung bis zum endgültigen »Startschuß« für Einzelheiten des Vorhabens vergingen Jahre. Mehrere Einschreibbriefe fanden kein Echo. Als Pfarrer Ziegler sich kaum noch zu helfen wußte, schrieb er dem bayerischen Ministerpräsidenten Franz Josef Strauß. Vielleicht war es nur ein »Zufall«, daß kurz danach die lange Zeit vergeblich erbetene und schließlich angemahnte Initiative aus München kam.

Prominenter »Nothelfer«

Inzwischen hatte sich das Projekt — in rund zwei Jahren — nach grobem und offensichtlich zurückhaltenden Schätzungen um 50 000 bis 60 000 Mark verteuert. Die Innenrenovierung der Kirche mit dem Doppelnamen aus dem Jahr 1726 kostet jetzt 665 000 Mark (für die Außenrestaurierung hatte die Schwenninger Pfarrei 286 000 Mark aufzubringen). Als erste Zuschußrate des Landesamtes für Denkmalpflege gab es die vergleichsweise bescheidene Summe von 11 000 Mark. In der Pfarrei St. Ulrich und St. Johannes der Täufer erhofft man nun die (angeblich) etwa gleichhohe zweite Zuschußrate. Da und dort anklingende Befürchtungen, das »Landesamt« werde, weil dem resoluten Pfarrer Ziegler der stark strapazierte Geduldsfaden riß (mit der Einschaltung von »F.J.S.« als »Nothelfer«), »Schwenningen vergessen«, sind sicherlich völlig unbegründet...

Der Kulturpolitische Sprecher der CSU, der Dillinger Stimmkreisabgeordnete Otto Meyer, traf den Debattennagel auf den Kopf mit der Feststellung, es gebe »viel Mißstimmung durch die Überbetonung des Schutzenswerten«. Das Verständnis für die Notwendigkeit, die Werte der Vergangenheit im Rahmen des (auch finanziell) Möglichen zu retten, ist gerade in Schwaben hochentwickelt. Und zu Recht korrigierte Landrat Dr. Anton Dietrich, der auf beispielhafte und beispielhafte Initiativen verweisen kann, die offensichtlich für diesen Raum nicht zutreffende Anklage von Oberkonservator Dr. Petzet, es gebe »so etwas wie eine Kreuzzugsstimmung gegen alte Gebäude«.

»Der Nachmittag war nicht umsonst...«. Diese Überzeugung werden wohl alle Beteiligten von dieser Konferenz mit nach Hause genommen haben. Das gegenseitige Verständnis wurde dadurch gefördert, daß die Probleme mit offenem Visier angesprochen wurden. Dr. Petzet und Dr. Böttger, ganz offenkundig sehr vielseitig in Anspruch genommen, haben sicherlich das Gefühl vermittelt bekommen, daß sie gerade bei den Pfarrern vielfach offene Türen finden...allerdings verbunden mit der Erwartung praxisnaher, unbürokratischer und rascher Lösungen. Ganz sicher konnte mit dem eifrig genutzten Diskussionsbesen in der Wertinger Sparkasse schon der eine oder andere künftige Ärger weggekehrt werden.

»Kleiner Roman«

Zur Sprache kam andeutungsweise auch der »kleine Roman« der Renovierung der Pfarrkirche von St. Ulrich und St. Johannes der Täufer in Schwenningen. Dem für diese Pfarrei zuständigen und besonders kunstverständigen Pfarrer von Unterglauheim, Mi-

Augsburger Allgemeine
18. Dezember 1982

Von Alt-Augsburg-Gesellschaft, Bezirk und Goldenem-Saal-Verein

Schon rund eine Million Mark Spenden für den Goldenen Saal

Überschreitungen abgefangen — Zahlreiche Besucher auf der Baustelle

Von unserem Redaktionsmitglied Ingrid Bergmann

Vom Fortschritt bei der Rekonstruktion des Goldenen Saales überzeugten sich in den letzten Wochen verschiedene Fachleute und Gruppierungen. Nach dem Goldenen-Saal-Verein informierten sich am Mittwoch der Leiter des Landesamtes für Denkmalpflege, Dr. Michael Petzet, mit Spezialisten seines Hauses an der Baustelle. Am Donnerstag konnte Dr. Hermann Kießling, der Leiter des Hochbauamts, zusammen mit seinem Mitarbeiter Helmuth Beck und dem Architekten Raimund von Doblhoff den Vorstand der Alt-Augsburg-Gesellschaft auf das Gerüst führen. Die Reaktionen waren dabei sehr unterschiedlich. Während sich die Vertreter des Landesamtes, dies nach Kießling zu dieser Rekonstruktion leistet, sehr reserviert gezeigt und an einigen Details Kritik geübt hätten, wie Dr. Kießling berichtete, waren die an der Wiederherstellung ideell und finanziell beteiligten Vereine von den bisher ausgeführten Arbeiten sichtlich angetan. Die Anbringung und Überarbeitung der Deckengemälde war auch Thema im Bauausschuß.

Zur Zeit ruhen die Arbeiten im Goldenen Saal, nachdem die Fenster in der oberen Raumzone eingesetzt worden sind. Handwerker und Künstler sind jedoch in ihren Werkstätten mit Schnitzereien und Schreinerarbeiten beschäftigt. Der Alt-Augsburg-Gesellschaft erläuterten die Vertreter des Hochbauamtes noch einmal die Termine: Bis Ende Februar soll der Architrav (das ist die Zone unter der Decke mit den inzwischen eingesetzten oberen Fenstern) aufgebracht und vergoldet sein. Gleichzeitig sind die elf Tafelbilder der Decke, die Alt-Oberbürgermeister Dr. Klaus Müller in den sechziger Jahren von dem Kunstmaler Professor Oskar Martin-Amorbach nach den Originalen hat anfertigen lassen, zu überarbeiten und in die ovalen und runden Deckenfelder einzusetzen.

Wie Raimund von Doblhoff erklärte, lassen sie sich jederzeit, „falls man bessere Kopien zu bieten haben sollte", durch Schrauben lösen und ersetzen. Neu geschaffen werden dekorative Temperamalereien als Bindeglieder zwischen diesen Deckenbildern durch den Augsburger Kunstmaler Hermenegild Peiker. Da die Kosten für die Überarbeitung der Neuschöpfung vom Goldenen-Saal-Verein getragen werden, stimmte der Bauausschuß diesem Vorhaben am Donnerstag ohne Vorbehalt zu.

Bis zum 15. März soll das Gerüst, das jetzt die Decke von unten verdeckt, abgebaut sein. An diesem Tag werden nämlich „die drei Weisen", die Gutachter-Professoren Dr. Sauerländer, Dr. Paul und Dr. Schmid, erwartet. Wenn sie die Rekonstruktionsarbeiten „ab-

gesegnet" haben, wird mit dem Einbau der Fußbodenheizung und dem Estrich begonnen. Ende 1983 soll der Marmorfußboden verlegt sein. Gleichzeitig laufen die Arbeiten zur Wiederherstellung des Fürstenzimmers in der Nordwestecke des Rathauses. Hier soll einmal der Oberbürgermeister repräsentieren. Die Arbeiten sind wiederum an die Firma Willmeroth vergeben, ferner an die Vereinigten Werkstätten München und einen Parkettleger aus Thierhaupten.

Spenden für Portale

Bis Mitte 1984 werden die zwei Hauptund vier Seitenportale des Goldenen Saales fertig sein. Für eins der beiden großen Portale hat der Bezirk Schwaben bereits seine Zahlungsbereitschaft in Höhe von 470 000 Mark mitgeteilt. Die Alt-Augsburg-Gesellschaft will für die Schreinerarbeiten des zweiten Hauptportales aufkommen, die 205 000 Mark betragen.

Die gesamten Arbeiten der ersten Rekonstruktionsphase belaufen sich nach Angabe des Hochbauamtes auf rund 9 Millionen Mark. Die erste Kostenschätzung durch Professor Dr. Machatschek, der die Leitung des Unternehmens hat, lag um etwa eine Million Mark unter den tatsächlichen Kosten. Der Goldene-Saal-Verein wird in der ersten Stufe etwa 325 000 Mark beitragen (für Vergoldung 100 000, Deckenbilder 25 000 und Gemälde an den Portalen rund 200 000 Mark). Der Verein hat außerdem einen Tonofen für ein Fürstenzimmer gekauft, das aus derselben Zeit der Originalöfen stammt.

„Wir hoffen," so meinte Dr. Kießling, „daß sich der Verein, der ja angeblich über große Spendengelder verfügt, auch noch bei der zweiten Stufe der Rekonstruktion engagiert, wenn die reichen Schnitzereien und die vier Figuren auf den Hauptportalen zur Debatte stehen."

Brunnengitter bald fertig

Die Alt-Augsburg-Gesellschaft will im Rahmen der Rathaussanierung noch an anderen Stellen in diesem Bereich ihren Beitrag leisten. So will sie – wie berichtet – ein Glockenspiel für 180 000 Mark auf dem Perlachturm installieren und das originale schmiedeeiserne Prunkgitter des Augustusbrunnens restaurieren lassen. Diese Arbeit, die rund 100 000 Mark erfordert, ist bereits so weit gediehen, daß das Schmuckstück im kommenden Frühjahr aufgestellt werden kann.

Der Vorstand sah sich bei Schlossermeister Johann Weiß am Donnerstag auch ein bereits mit anthrazitfarbenem Eisenglimmer eingelassenes Musterstück an. Da dieses schöne Gitter mit zwei Türen auf einer oberen Stufe angebracht werden muß, weil der Brunnen nach dem Krieg versetzt worden ist, bleibt den jungen Leuten ihr Stammplatz auf den unteren Stufen noch erhalten. Auf jeden Fall, so erklärte der Leiter des Hochbauamtes, müsse eine neue, größere Holzverschalung für den Winter angefertigt werden. Kostenschätzungen von dafür erforderlichen 50 000 Mark hielt er für überzogen.

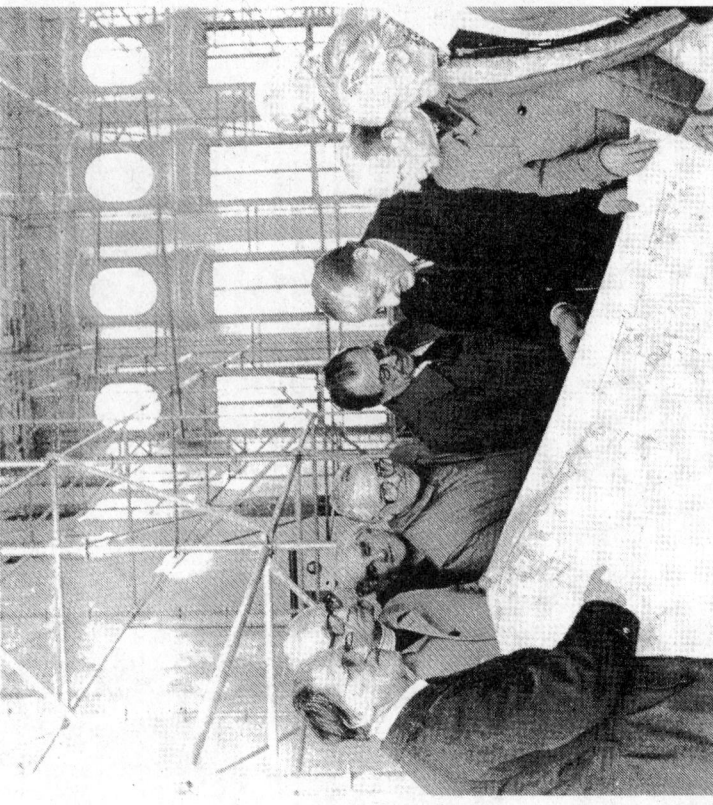

Im Goldenen Saal informierte sich der Vorstand der Alt-Augsburg-Gesellschaft über den Baufortschritt. Die Pläne erläuterte Hochbauamtsleiter Dr. Hermann Kießling (links). Daneben (von links): Helmuth Beck, Alfred Bergmiller, Robert Pfaud, Fritz Kleiber, Kurt Nill, Raimund von Doblhoff, Dr. Josef Bellot, Heiner Seybold und Fritz Eckert.
AZ-Bild: Fred Schöllhorn

Die Garderobe der Markgräfin wird aufgebessert

Im Schloß Seehof restauriert das Landesamt für Denkmalpflege historische Textilien

Von unserem Redaktionsmitglied Ursula Peters

BAMBERG, 23. Dezember – Die Markgräfin Johanna Elisabetha von Ansbach war eine sehr elegante Dame, modisch ganz auf der Höhe ihrer Zeit, dem 17. Jahrhundert. Ihr Seidenkleid mit geschwungenen Absätzen und Stickereien mit Rüschen und Bändern, ihre Knopfstiefelchen mit in diesem Winter, in dem Modeleute vom „Barockstil" schwärmen, Furore machen. Die Garderobe der schicken Markgräfin befindet sich zur Zeit allerdings unter dem Operationsmikroskopen der Textilrestauratorinnen in Schloß Seehof bei Bamberg – zur wissenschaftlichen Dokumentation und zur Konservierung.

„Es ist selten, daß man Gelegenheit hat, so gut erhaltene und exakt datierbare Kleidungsstücke unter die Lupe zu nehmen", sagt Hannelore Herrmann, die Leiterin der Textilrestauration, das Landesamt für Denkmalpflege der Bamberger Fürstbischöfe eingerichtet hat. Die Garderobe der Markgräfin wurde geborgen, als man die von Zinnpest befallenen Särge der Fürstengruft in der Ansbacher Johanneskirche, einer der größten in Europa, restaurieren mußte. Johanna Elisabetha war 1680 gestorben. Ihre Kleidung soll nach der Restaurierung in einer Vitrine in der nach St. Gumbertus verlegten Gruft ausgestellt werden.

„Die Bedeutung konservatorischer Fürsorge für textiles Kunstgut ist erst in den letzten Jahrzehnten erkannt worden", berichtet der Chef des Landesamts für Denkmalpflege, Generalkonservator Michael Petzet. Man habe an Museen mit großen Textilsammlungen Restaurierungswerkstätten eingerichtet, in erster Linie zur Pflege der dortigen Bestände. „Doch auch in Domschatzkammern, Pfarreien, Klöstern, Burgen und Schlössern befinden sich tonnenweise kostbare Textilien, die gesichert und gepflegt werden müssen." Deshalb habe sich das Denkmalpflegeamt entschlossen, ein Referat für Textilrestaurierung samt Modellwerkstätte einzurichten. Dort will man nicht nur besonders kostbare Stücke restaurieren, sondern auch Ausbildung und Beratung pflegen.

Horror vor der Nähmaschine

Was die textilen Denkmalpfleger nämlich am meisten fürchten, sind gutgemeinte Flickversuche von Laien. „Unsere größten Feinde sind Klebstoffe und die Nähmaschine der Mesnerin", bemerkt Hannelore Herrmann, die in ihrem Fach internationalen Ruf genießt. Das Zerstörungswerk älterer Reparaturen kann man zum Beispiel an der berühmten Wolfgangskasel aus dem Regensburger Dom sehen, die jetzt in Seehof auf einem riesigen Glastisch liegt. Das Meßgewand aus der Zeit um 1050 ist völlig zerschlissen, vor allem auch dort, wo die breiten Goldborten im letzten Jahrhundert mit einer Nähmaschine aufgesteppt wurden. „Die Nadel hat die brüchigen Seidenfäden des orientalischen Damasts einfach perforiert. Ganze Partien waren durch Klebstoff verhärtet", berichtet Frau Herrmann.

Jetzt wurde die Wolfgangskasel fachmännisch in die Kur genommen. Das bedeutet in diesem Fall: Nach einer genauen Dokumentation des Zustands wurden die Teile vorsichtig auseinandergetrennt und mit einem Gemisch von Alkohol und entmineralisiertem Wasser gewaschen. Die fragilen bräunlichen Seidenfetzchen des fast tausendjährigen Gewebes befestigte man mit winzigen Stichen mit Hilfe einer Kaltlichtlupe auf einem neuen Untergewebe in exakt der gleichen Farbe, so daß man das ursprüngliche ornamentierte Webmuster wiedererkennen kann. Die dünnen Nadeln müssen dabei immer durch die Zwischenräume geführt werden und dürfen keinen Faden des Gewebes treffen – eine Sisyphusarbeit.

Davon kann die 22jährige Katharina Müller schön ein Lied singen. Sie hat als Mitarbeiterin von Hannelore Herrmann mehr als neun Monate an einem prächtigen Levitengewand von 1740 aus dem Augsburger Domschatz gesessen und mit der Lupe haarfeine Seidenfäden durch die Gold- und Silberfäden sowie durch die roten Rokokoranken auf dem brüchigen Brokat gezogen. „Solche Gewänder dürften eigentlich nicht mehr getragen werden, höchstens zur Christmette", meinte Petzet bei der Besichtigung des gelungenen Rettungswerks. „Unser Prinzip ist, nur den Bestand zu sichern und nichts zu rekonstruieren." Alle Arbeiten werden wissenschaftlich protokolliert.

Votivkind wird entstaubt

„Durch die Fürbitte der hl. Mutter Gottes und der hl. 14 Nothelfer habe ich meine Gesundheit wiedererhalten – Rosa Dorothea Kraus, 4. Sept. 1904", steht auf einem Glaskasten mit einem sogenannten Votivkind. Die liebliche Wachsgestalt trägt ein vornehmes Seidenkleid, wie es damals nur die „Herrschaftskinder" besaßen. Auch dieses Zeitdokument ist der Fürsorge von Frau Herrmann anvertraut und wird jetzt sorgfältig gereinigt. „Staub und vor allem Licht sind die Zerstörer historischer Textilien", weiß man in Seehof.

Zu den Restaurierungsobjekten gehören auch zerschlissene Zunftfahnen, bestickte Altarbehänge aus der Studienkirche in Neuburg an der Donau und ein prächtig ornamentiertes Lederantependium aus dem ehemaligen Zisterzienserkloster Kaisheim. Als besonders gelungen wird die Rekonstruktion der verlorengegangenen Wandbespannung in Schloß Seehof selbst angesehen. Unter den Wand- und Bodenleisten entdeckte Frau Herrmann schmale Stoffstreifen, aus denen sie die kompletten Muster – graziöse Blumenstücke und Rankenmotive des 18. Jahrhunderts – wie ein Puzzlespiel zusammensetzen konnte. Eine württembergische Fabrik hat die Stoffe jetzt nachgearbeitet – zur Verwendung im Schloß.

Geheimnisvoller Reliquienkasten

Wie Zauberei mutet jedoch an, was den Restauratorinnen mit einem Fund aus dem Augsburger Dom gelang. Bei Arbeiten im Westchor wurden aus dem Altar zwei bleierne Reliquienkästen geborgen, gefüllt mit Erde, Staub, Pergamentresten und Reliquienpäckchen, die in zerschlissene Stoffe gehüllt waren. Darunter befand sich ein dunkelbraunes verkrustetes Stoffknäuel. Es entpuppte sich als ein komplettes Täschchen aus der Zeit um 800 nach Christus. Nach der Reinigung mit Feuchtigkeit und Fließblatt sowie mehreren Waschvorgängen kamen Stickereien und eingewebte byzantinische Muster von erstaunlicher Leuchtkraft zutage. Unter dem Mikroskop wurden die losen Fäden des Seidengewebes mit winzigen Stichen gefangen. Im Täschchen befanden sich neben Reliquienresten auch Perlen, ein Stück blauer Seide und Pergamentstreifen mit der Aufschrift „De seput se mariae", was nach Ansicht der Fachleute ein Hinweis in verstümmeltem Latein darauf sein kann, daß die Reliquie vom Grabe der Muttergottes stammen soll.

Sollte die traditionelle biblische Darstellung Marias im blauen Mantel doch Wirklichkeit gewesen sein?

Süddeutsche Zeitung 24./25./26. Dezember 1982

Denkmalschutz auf dem Lande wird nicht vergessen

Vertreter des Bayerischen Gemeindetages sprachen mit Generalkonservator Dr. Petzet — Kritik an den „kleinen Petzets"

MELLRICHSTADT. (Eig. Ber./H. G.) Auf einer Tagung des Bezirksverbands Unterfranken des Bayerischen Gemeindetages in Mellrichstadt, die mit je zwei Bürgermeistern aus allen unterfränkischen Landkreisen beschickt war, ging es in der Hauptsache um ein Gespräch mit dem Generalkonservator Dr. Michael Petzet, Leiter des Landesamtes für Denkmalpflege in München. Die Zusammenkunft hatte den Zweck, mit einigen Vertretern des Landesamtes zu klären und zu beraten, wie die Zusammenarbeit künftig verbessert werden könnte.

Dr. Petzet führte aus, daß das Landesamt nurmehr 20 Millionen Mark zur Verfügung habe und daß aus dem Entschädigungsfonds weitere 20 Millionen Mark dazukommen. Immer wieder wurde die Diskrepanz zwischen den Anforderungen, die aus der Sicht des Denkmalschutzes erhoben werden müßten, und den Wünschen der Kommunen offenbar. Die Bürgermeister wünschten, die Vertreter des Landesamtes mögen ein bißchen flexibler sein in dem Sinne, daß sie finanzielle Zwänge der Bürger und Gemeinden, die im Besitz eines Baudenkmals sind, erkennen. Man solle überlegen, ob man sich nicht auf die wichtigen Baudenkmäler konzentrieren und Prioritäten setzen solle, ohne sich dabei aber auf die zentralen Bauwerke zu beschränken, sondern auch die kleinen erhaltenswerten Objekte auf dem Lande einzubeziehen. In diesem Sinne wurde angeregt, daß die Vertreter des Landesamts den Kontakt mit den Bürgermeistern suchen und sich an ihnen vorbeiorientieren sollten. Einer der Bürgermeister: „Nicht Dr. Petzet mache die Zusammenarbeit schwierig, sondern „die kleinen Petzets"! Der Generalkonservator versprach, die Denkmalpflege werde sich in Zukunft auch auf die Gemeinden konzentrieren und die Zusammenarbeit mit ihnen suchen.

Am zweiten Tag war der Finanzausgleich 1983 Schwerpunktthema. Dazu gab Direktor Dr. Hans Ludyga aus München einen Bericht über die Verhandlungen der kommunalen Spitzenverbände mit den staatlichen Stellen. Hier sehen die kommunalen Spitzen vor allem langfristige Belastungen auf sich zukommen. Wenn es bei den 230 Millionen Mark bleibt, die hier eingespart werden sollen, so wäre das noch vertretbar; schmerzen werde aber die Langzeitwirkung!

Schließlich stand auch noch die Volkszählung auf dem Programm der Sitzung, die vom Bezirksvorsitzenden Alois Kirchgässner (Erlenbach) geleitet wurde. Die Zählung, wurde gesagt, sei für die Gemeinden unumgänglich, schon um Ungerechtigkeiten bei der Verteilung von Zuschüssen auszuschalten.

Schweinfurter Tagblatt, 28. März 1983

Generalkonservator Dr. Petzet sprach zu Steinmetzen

Vor der Innung München-Oberbayern sprach der Chef des Bayerischen Denkmalamts über die Aufgaben des Amts, insbesondere im Bereich der Steinrestaurierung. Er umriß fürs erste den Aufgabenbereich von den Bodendenkmälern, deren Überwachung und Schutz, bis zu den Baudenkmälern, deren Zahl sich in den letzten Jahren durch Einbeziehung wertvoller Fassaden des 19. Jahrhunderts und des Jugendstils stark ausweitete. Das Inventar in Bayern umfaßt bereits 100 000 Objekte, deren genaue Dokumentation allein eine Riesenaufgabe darstellt.

Dr. Petzet ging dann auf die in unserer Zeit vor allem durch die Umwelteinflüsse vermehrten Schäden an Natursteinbauten ein. Kalk- und Sandsteinmaterial ist dabei besonders betroffen. Von den Domen und Schlössern bis zum Bildstock gilt es in allen Fällen zu entscheiden, ob Konservierung, Restaurierung oder bei Einzelstücken auch Abguß oder Kopie gewählt werden müssen. Nur sehr wertvolle Originale finden Platz in Museen oder Kirchenräumen. Werden solche Objekte in oft ungeeigneten Räumen untergebracht, wird meist der Verfall besiegelt.

Der Referent behandelte dann die verschiedenartige Wertigkeit von Restaurierungsverfahren. Die größte Gefahr ist, daß neue Mittel, so positiv sie bewertet werden, in ihren Spätfolgen nicht abschätzbar sind. So erwies sich bei Fassadenergänzungen, daß Steinersatz im Lauf der Zeit Verfärbungen und Flecken zeigt. Selbst die von *Dr. Petzet* als wirkungsvoll beurteilte Acrylharzvolltränkung wird erst in Jahrzehnten gültig zu bewerten sein. Deshalb sollte bei allen Restaurierungsmaßnahmen durch Ergänzungen auch die eventuelle Notwendigkeit der Wiederherstellung des alten Zustands bedacht werden. *Dr. Petzet* schilderte dann die Arbeit der amtseigenen Restaurierungswerkstätten, die, wissenschaftlich geleitet, z.B. bei Deckenfresken in Kirchen Musterfelder restaurieren, ehe die Arbeiten an geeignete Handwerksfirmen übergeben werden. Vor der Vergabe von Restaurierungen an Bauten müssen Architekten und Restauratoren des Amts das Ausmaß der durch Wasser oder Verwitterung ausgelösten Schäden und die Möglichkeiten sowie den Umfang der Beseitigung feststellen. Der Referent machte dies an Beispielen von Kloster Banz, dem Dom von Passau u. a. deutlich. Er zeichnete den fließenden Übergang des Begriffs »Restaurator« auf und präzisierte die Aufgaben der Renovierung und Restaurierung. Entscheidender Grundsatz müsse immer die Ehrfurcht vor dem Original sein, dessen Oberfläche nicht durch Ergänzungen verändert werden solle. Als Beispiel einer solchen verantwortungsreichen Konservierung verwies er auf das von uns im Oktober veröffentlichte Südportal des Augsburger Doms. In allen Fällen stehen die Landratsämter und vor allem die Beratungsstellen des Amtes zur Verfügung.

In der anschließenden Diskussion wurden auch Meinungsverschiedenheiten erkennbar. So meinte *Richard Triebe*, daß nicht jeder schlichte Bildstock ein Heiligtum sei, nur weil er aus dem Jahr 1770 stammt. In solchen Fällen sei auch Ergänzung und Erneuerung am Platz, denn wir wollen nicht nur konservierte Ruinen um uns haben. *Petzet* stimmte dem durchaus zu. Auch Kritik gegenüber einer einseitig wissenschaftlichen Ausbildung von Restauratoren und der Unterschätzung von Erfahrung und Können im Steinmetzhandwerk verschloß er sich nicht. Mit der lebendigen Diskussion schloß das wertvolle Referat. *OM Karrer* sprach *Dr. Petzet* Dank aus. KB

Steinmetz + Bildhauer, März 1983

ÜBER DEN GANG der Renovierungsarbeiten an der Unteren Burg in Tüchersfeld informierte sich Generalkonservator Dr. Michael Petzet vom Landesamt für Denkmalpflege (zweiter von rechts). Die Erläuterungen zum künftigen Fränkische-Schweiz-Museum gaben (von links) der Pottensteiner Bürgermeister Hans Körber, Kreisbaurat Robert Munz, Landrat Dr. Klaus-Günter Dietel und Heimatpfleger Walter Büttner aus Pegnitz. Rechts Dr. Karl-Heinz Beetz vom Landesamt für Denkmalpflege.

Lob für Restaurierungsarbeiten

Landrat mit Denkmalschützern auf Besichtigungsfahrt durch die Fränkische Schweiz

Nordbayerischer Kurier (Bayreuth) 8. April 1983

TÜCHERSFELD. Recht beeindruckt zeigte sich Generalkonservator Dr. Michael Petzet vom Bayerischen Landesamt für Denkmalpflege von den Restaurierungsarbeiten an der Unteren Burg in Tüchersfeld, in der das Fränkische-Schweiz-Museum eingerichtet wird.

Der Besuch in Tüchersfeld stellte den Auftakt zu einer Besichtigungsfahrt durch die Fränkische Schweiz dar, bei der Dr. Petzet mit Landrat Dr. Klaus-Günter Dietel Probleme des Denkmalschutzes erörterte. An der Fahrt nahmen unter anderen auch Kreisbaumeister Robert Munz und Dr. Karl-Heinz Beetz vom Landesamt für Denkmalpflege teil.

Landrat Dr. Dietel betonte gleich zu Beginn der Besichtigungstour durch die Fränkische Schweiz, daß es sich nicht um „eine Klagefahrt" handle, sondern um eine Informationsfahrt. Deshalb habe man nicht nur einige denkmalschützerische Problemfälle aufgegriffen, sondern auch positiv gestaltete Projekte.

Dazu rechnete Landrat Dr. Dietel besonders den sogenannten Judenhof in Tüchersfeld. Sowohl was die Instandsetzung des Gebäudeensembles, bei der mit viel Umsicht vorgegangen worden sei, als auch die Zusammenarbeit zwischen dem Museumszweckverband und dem Denkmalschutzamt anbelangt, sei hier gute Arbeit geleistet worden. Nach Meinung des Landrates handelt es sich bei der Renovierung der Unteren Burg, die noch vor wenigen Jahren unrettbar dem Verfall preisgegeben schien, um ein Musterbeispiel richtig verstandener Denkmalpflege.

Generalkonservator Dr. Petzet unterrichtete er kurz über die Museumskonzeption. Wie Dr. Dietel, der Vorsitzender des Zweckverbandes Fränkische-Schweiz-Museum ist, dazu bemerkte, soll darauf geachtet werden, die Eigenheiten der Fränkischen Schweiz darzustellen, wobei man sich bemühen wolle, den Besuchern eine lebendige Atmosphäre zu vermitteln.

Dankbar zeigte sich der Landrat für die Unterstützung des Projektes durch den Denkmalschutzfonds, aus dem bisher ein Betrag von einer Million Mark für das Fränkische-Schweiz-Museum bewilligt worden sei. Zuletzt seien im Vorjahr 350 000 Mark gewährt worden. Das Kultusministerium habe zudem in Aussicht gestellt, die Schlußfinanzierung für das mit 2,5 Millionen Mark veranschlagte Projekt rechtzeitig durchzuführen. Es geht dabei um rund 950 000 Mark.

Bei einem Rundgang durch die künftigen Museumsräume, bei dem Kreisbaumeister Robert Munz Erläuterungen gab, lobte Generalkonservator Dr. Petzet besonders, daß die Kleinteiligkeit der Innenräume beibehalten wurde. Auch die Absicht, den ehemaligen Synagogenraum wiederherzustellen, fand seine Zustimmung.

Nächste Station der Besichtigungsfahrt war Rabeneck; hier wurden die Mühle und die Burg besucht. Außerdem wurden die Burg Waischenfeld, der Gasthof Krug in Breitenlesau, das Mesnerhaus, die Spitalkirche, das alte Rathaus und das Wittauer Haus in Hollfeld sowie eine Reihe von Fachwerkhäusern in der Fränkischen Schweiz besichtigt.

Landrat Dr. Dietel bedauerte, daß das Programm auf den südwestlichen Teil des Landkreises beschränkt werden mußte. Auch in den anderen Gebieten gebe es denkmalschützerisch interessante Bauwerke. Dr. Dietel leugnete auch nicht, daß es zwischen dem Landesamt für Denkmalpflege und dem Landratsamt gelegentlich Gegensätze in Fragen des Denkmalschutzes gebe. Während es dem Denkmalschutzamt häufig zu stark um eine kunsthistorisch orientierte und ins Detail gehende Denkmalpflege geht, sei das Landratsamt der Meinung, daß es neben einem Substanzerhalt der Baudenkmäler auch wichtig sei, die Bürger finanziell nicht zu überfordern. Außerdem müsse eine nach heutigen Lebens- und Wohnverhältnissen sinnvolle Nutzung möglich sein.

Die Einladung von Generalkonservator Dr. Petzet könne helfen, anhand bestimmter Beispiele die Vorstellungen des Landkreises mit den Zielen des Amtes für Denkmalpflege abzustimmen. Vor Ort erörtert wurden nicht nur Renovierungsmaßnahmen, sondern auch Abbruchanträge und Zuschußfragen.

Das Prinzregententheater soll renoviert werden

Absichtserklärung des Ministerrats / Höhe der dafür vorgesehenen Haushaltsmittel noch offen

Von unserem Redaktionsmitglied Charlotte Nennecke

Bei seiner gestrigen Sitzung hat der Ministerrat der bayerischen Staatsregierung in Sachen Prinzregententheater entschieden, das Vermächtnis von Gertrud Proebst, der Tochter des Theatererbauers Max Littmann – es handelt sich um eine durch Verzinsung auf rund 2,8 Millionen Mark angewachsene Summe speziell für die Wiederherstellung des Theaters – anzunehmen und Haushaltsmittel, über deren Höhe allerdings noch beraten werden muß, für das Prinzregententheater bereitzustellen. Durch diese Absichtserklärung geht einerseits die Erbschaft nicht verloren und es verdichtet sich zugleich die Hoffnung, daß es in dem mittlerweile fast schon totgesagten Theater bald wieder lebendig werden könnte.

Auf jeden Fall ist die gestrige Entscheidung nach einer mehr als 19 Jahre dauernden Zeit der Ungewißheit für alle diejenigen ein Hoffnungsschimmer, die ihrem geliebten Prinzregententheater seit dessen Schließung Ende 1963 nachtrauern und denen der fortschreitende Verfall dieses prachtvollen Littmann-Baues aus der Zeit der Jahrhundertwende immer größere Sorgen bereitet hat. Auch der Sammeleifer des Vereins „Münchner helft dem Prinzregententheater" erhält durch die jüngste Entscheidung zweifellos neue Anreize. Vor allem aber kommen jene 2,8 Millionen Mark aus der Erbschaft von Gertrud Proebst dem Prinzregententheater zugute, die wären einem anderen Erben zugefallen, wenn nicht bis zum 24. Juni dieses Jahres eine Absichtserklärung des Parlaments zur Rettung des Prinzregententheaters vorgelegen hätte.

Vermächtnis mit Dank annehmen

In einer Verlautbarung der Staatskanzlei heißt es: „Die Staatsregierung war ... der Auffassung, daß private Spendenbereitschaft nicht ungenutzt bleiben sollte, sie wird das Vermächtnis von Frau Gertrud Proebst mit Dank annehmen." Von einer „großen" Lösung für das Prinzregententheater – Gesamtsanierung für schätzungsweise 120 Millionen Mark – ist vorerst freilich, wie zu erwarten war, nicht die Rede. Dafür bestünde „angesichts der Zurückstellung vieler wichtiger Projekte in allen Landesteilen ... kein Verständnis", lautet die Begründung.

Der „kleine Plan" für das Prinzregententheater, den Generalintendant August Everding entwickelt und für den er rund 35 Millionen Mark veranschlagt hat, wird in dem Schreiben der Staatskanzlei nicht erwähnt. Es heißt lediglich, die Staatsregierung habe „das Kultusministerium beauftragt, im Einvernehmen mit dem Finanzministerium auf der Basis der geringstmöglichen Kostenbelastung für den Haushalt des Freistaates Bayern sicherzustellen, daß die in dem Vermächtnis für das Prinzregententheater ausgesetzten Mittel nicht verfallen. Eine solche Lösung steht auch einer größeren Lösung für die staatlichen Theater in München nicht im Wege". Nach Auskunft von Everding beginnen die Verhandlungen zwischen den beiden Ministerien bereits in der nächsten Woche.

Everdings „kleine Lösung"?

Bedeutet das nun doch den „kleinen Plan" von August Everding? Der Generalintendant hatte ihn Anfang Dezember den Mitgliedern des Landtagsausschusses für Staatshaushalt und Finanzen erläutert und ihnen zugleich auch das Zuschauerhaus mit einer provisorisch vor dem eisernen Vorhang angedeuteten Bühne gezeigt. Diese Bühne hält Everding für Schauspiel und Tanztheater (keine Dekorationen, nur Paravants), für Konzerte und Kongresse nutzbar. In den geschätzten 35 Millionen Mark wären sowohl die Installation der ins Zuschauerhaus vorgeschobenen Bühne als auch die Restaurierung des Foyers und des Zuschauerhauses enthalten.

NEUE HOFFNUNG besteht nun, daß das Publikum in nicht allzu ferner Zukunft wieder in dem festlichen und für seine hervorragende Akustik berühmten Zuschauerhaus des Prinzregententheaters sitzen kann. Hier ein historisches Photo mit den noch geöffneten Seitennischen. Michael Petzet, Chef des Landesamtes für Denkmalpflege, hatte schon im Dezember festgestellt, daß mit den 2,8 Millionen Mark aus der Erbschaft Proebst bereits die gesamte Raumschale zumindest optisch wieder „in Ordnung gebracht" werden könne. Photo: SZ-Archiv

△ Süddeutsche Zeitung
13. April 1983

Generalkonservator Petzet schlägt Alarm:

Säureangriff macht auch vor Bayerns Denkmälern nicht Halt

München (mm) — Der saure Regen bedroht nicht nur die Wälder, sondern ist auch eine große Gefahr für alle Denkmäler. Der „Säureangriff" macht vor keinem Gebäude und keinem Material Halt, die Denkmalschützer und Restauratoren kommen mit dem Konservieren kaum noch nach, Schäden und Kosten sind unübersehbar. Das Bayerische Landesamt für Denkmalpflege schlug in München Alarm, Generalkonservator Michael Petzet schilderte Ursachen und Folgen der Zerstörung von Kulturdenkmälern durch Umwelteinflüsse. Das Umweltbundesamt in Berlin habe in einer Studie 1980 mit jährlichen Restaurierungskosten von 1,5 Milliarden Mark gerechnet.

Im südlichen Bayern seien zahlreiche Epitaphien (Grabinschriften) aus Rotmarmor, viele Objekte aus Untersberger Marmor, Kelheimer Marmor sowie aus Grünsandstein bedroht. In Nordbayern werfen die vielfach verwendeten Schilfsandsteine ungeheure Konservierungsprobleme auf, sagte Petzet. An Bauverzierungen aus Stein, Putz und Stuck seien die Schäden so gewachsen, daß in vielen Fällen mit dem baldigen Verlust gerechnet werden müsse.

Für die Reinigung und Imprägnierung der Alten Pinakothek in München seien beispielsweise mehr als drei Millionen Mark veranschlagt worden. Beim „Säureangriff" auf Stein seien sich schwefelhaltige Salze, Abplatzungen und Absprengungen seien die Folge. Dabei wirft die Steinkonservierung nach wie vor große Probleme auf, erklärte Bayerns oberster Denkmalschützer.

Den mittelalterlichen Glasgemälden — die Konservierung der Regensburger Domfenster kostete 1,5 Millionen Mark — wird durch den Wetterstein zugesetzt. Dieses gipshaltige Salz verbinde sich mit dem Glas, die Außenschicht wittert ab, schilderte der Chef des Landesamtes. Bronze-Brunnen oder Löwen aus Bronze müssen mit dem durch Wasser und Schwefeldioxid gebildeten Kupfersalz kämpfen. Bei Marmor-Figuren wie an der Glyptothek in München bildete sich Gips, der leicht wasserlöslich und fast mit der Hand abzuwischen sei.

Die Schäden treten nicht nur in der Stadt, sondern auch auf dem Land auf, berichtete Petzet. Die mittleren Schwefeldioxid-Immissionen betragen nach Messungen in Bayern 35 Milligramm pro Quadratmeter und Tag. In nur zehn Jahren reicherten sich dadurch Sulfate in den oberflächennahen Bereichen von Steinen und Putzen zu Gehalten um ein Gewichtsprozent an — eine häufig akute Gefahr für die Substanz.

In den kommenden Jahren müßten für Unterhalt und Konservierung von Denkmalgruppen gewaltige Anstrengungen unternommen werden, sagte der Generalkonservator. Die Kosten durch die Umweltbelastung seien kaum abzuschätzen.

Münchner Merkur
21. April 1983

Denkmalschützer sauer auf den „Sauren Regen"

„Monumentale" Kosten für die Restaurierungen

Von MICHAEL WEDEL   tz **München**

Sauer auf den „Sauren Regen" sind nicht nur die Umweltschützer, denen die Wälder wegsterben, sondern auch die Denkmalschützer, die immer heftiger den Säureangriff auf „ihre" Monumente abwehren müssen. Generalkonservator Prof. Dr. Michael Petzet vom Landesamt für Denkmalpflege: „Wir kommen mit dem Konservieren und Restaurieren kaum noch nach."

Wenn Schwefeldioxid aus der Luft in Verbindung mit (Regen-)Wasser tritt, entsteht Schwefelsäure. Ein explosives Gemisch, das schwer am „Lack" von Gebäuden und Denkmälern kratzt. Besonders anfällig sind die Materialien Stein, (Marmor!), Bronze und Glas. Auch der Putz, etwa von Jugendstilfassaden, wird oft Opfer des „sauren Regens".

Petzet beklagt: „80 Prozent der Restaurierungskosten gehen aufs Konto von Umweltschäden." Und die Kosten sind teilweise „monumental". So werden allein für die Reinigung der Alten Pinakothek drei Millionen Mark veranschlagt! Etwas billiger ist die Säuberung des Münchner Justizpalasts, mit der nächste Woche begonnen werden soll: 870 000 Mark.

Eine „Abreibung" hätten auch die verwitterten Marmorfiguren in der Glyptothek am Königsplatz verdient. Kostenpunkt hier: Über eine halbe Million.

Vom „sauren Regen" zerfressen sind ebenfalls viele Grabmäler, etwa im Alten Südlichen Friedhof. Besonders die Marmorfiguren werden unter dem Einfluß von Schwefelsäure von einer körnigen Kruste wie Zuckerguß überzogen.

Freilich: Manchmal ist nicht mal mehr mit viel Geld, das eh knapp ist, etwas zu retten — den Kunstwerken drohen irreparable Schäden. Über eins macht sich der Generalkonservator ohnehin keine Illusionen: „Ganz ist letztlich bei alten Denkmälern der Verfall nicht aufzuhalten."

tz (Tageszeitung), München
21. April 1983

Sein Gesicht verloren hat durch den Säureangriff der „Vulkan" aus der Münchner Glyptothek

Heilige stehen im sauren Regen
Denkmalpfleger melden schwere Schäden an Kunstwerken und Bauten / Rettung kommt teuer

Von unserem Redaktionsmitglied Ursula Peters

MÜNCHEN, 20. April – Die Luftverschmutzung gefährdet nicht nur die Wälder, sie nagt auch an Bayerns Kulturdenkmälern. Bis vor einigen Jahren war man der Ansicht, daß vor allem die Autoabgase in den Großstädten an der rapiden Verwitterung von Kunstwerken im Freien die Schuld tragen. Als schlimmerer Feind von Stein, Bronze und Glasmalerei erweist sich jedoch immer mehr der saure Regen. Auch Baudenkmäler weitab von Verkehrsadern befinden sich in bedauerlichem Zustand, berichtete am Mittwoch Generalkonservator Michael Petzet vom Landesamt für Denkmalpflege vor der Presse.

Übeltäter ist auch hier das Schwefeldioxyd, das zusammen mit Wasser zur Schwefelsäure wird. 35 Milligramm Schwefeldioxyd pro Quadratmeter und Tag ist die durchschnittliche Belastung in Bayern. Der Säureangriff auf Sandstein, Marmor und Bronze zieht eine chemische Umwandlung der Oberfläche in Sulfate nach sich. Harter Marmor wird zu weichem Gips, den man fast mit der Hand wegwischen kann. Andere Steine beginnen zu arbeiten; die Oberfläche platzt oder bröselt ab. Bei den Natursteinen sind in Südbayern vor allem die Epitaphien und Heiligenfiguren aus Marmor, in Nordbayern die Kunstwerke aus Sandstein gefährdet. „Auch an Gebäuden mit Verzierungen aus Stein, Putz und Stuck sind die Schäden oft so schlimm geworden, daß ein vollständiger Verlust binnen kurzer Zeit befürchtet werden muß", betonte Petzet.

Vieles kann nur durch sofortige Konservierung erhalten werden. Dabei fehlt es nicht nur an Geld, sondern auch oft an gesicherten Erkenntnissen über die richtige Methode, obwohl das Zentrallabor des Landesdenkmalamts bereits vieles erforscht hat. Beispielsweise werden jetzt Steinplastiken unter Vakuum völlig mit Acrylharz getränkt. Mit der früheren Polyesterbehandlung der Oberfläche hat man schlechte Erfahrungen gemacht. „Wenn man die hohen Kosten von nur einer Konservierung bedenkt, zum Beispiel für die Schutzverglasung der mittelalterlichen Kirchenfenster am Regensburger Dom 1,5 Millionen Mark, so sind die Schäden durch Umweltverschmutzung an den Kulturgütern enorm", sagte Petzet. Es gehe um Schäden, die nie wiedergutzumachen seien. Der Sisyphusarbeit des Konservierens sei kaum mehr nachzukommen, selbst wenn man genügend Geld und die richtigen Methoden hätte." Da sind wir leider erst am Anfang."

Kirchenmaler und Denkmalpfleger besuchten Basilika Vierzehnheiligen:

Über Renovierungspläne informiert

130 Teilnehmer des „Kirchenmalertags" begutachteten Schäden in Wallfahrtskirche

130 Teilnehmer des „Kirchenmalertags 1983", die gestern aus ganz Bayern nach Vierzehnheiligen kamen, zeigten sich beeindruckt von der Dimension des in der Wallfahrtskirche aufgestellten Stahlgerüsts, das 22 Meter hoch und 100 Tonnen schwer ist.
Fotos: Gretzke

STAFFELSTEIN. — Im Rahmen des „Kirchenmalertags 1983", einer Fachtagung bayerischer Kirchenmaler und Vergolder in Banz (Landkreis Lichtenfels), stand gestern ein Informationsbesuch in der Basilika Vierzehnheiligen bei Staffelstein auf dem umfangreichen Veranstaltungsprogramm, das auch die Besichtigung von Kloster Banz und der Coburger Ehrenburg beinhaltete. Die insgesamt über 130 Teilnehmer aus dem ganzen Freistaat trafen sich in der berühmten Wallfahrtskirche mit Referenten des Bayerischen Landesamtes für Denkmalpflege — an ihrer Spitze Generalkonservator Dr. Michael Petzet — und Vertretern der Restaurierungswerkstätten in München zu einem internen Erfahrungsaustausch. Den Mittelpunkt der von den Fachleuten erörterten Thematik bildete dabei die grundlegende Innenrenovierung des prachtvollen Rokoko-Gotteshauses, deren Arbeiten im ersten Bauabschnitt noch im Mai beginnen werden.

Der Leiter des Franziskanerklosters Vierzehnheiligen, Pater Dominik Lutz, und Direktor Neumann vom zuständigen Landbauamt Bamberg begrüßten die Gäste herzlich und gaben eine Einführung in die wechselvolle Historie der Basilika. So erklärte Pater Dominik Lutz, sind derzeit schon eingerüstet, und 54 Tonnen Bretter waren notwendig, um die Arbeitsbühnen für Handwerker und Kirchenmaler zu schaffen. Im ersten der drei Bauabschnitte, dessen Beendigung in zwei bis drei Jahren vorgesehen ist, sind neun Emporenfresken zu erneuern. 650 Quadratmeter machen die Stuckflächen aus; rund 100 ornamentale Stuckgebilde in verschiedenen Größen und Formen müssen renoviert werden, erläuterte der Franziskanerpater, der die Restaurierung von Vierzehnheiligen als „Jahrhundertwerk" bezeichnete, das die „ursprüngliche Schönheit, Farbigkeit und Harmonie" des herrlichen Rokokobauwerks von Balthasar Neumann wieder entstehen lassen solle.

Wie der Leiter der Restaurierungswerkstätten des Bayerischen Landesamtes für Denkmalpflege, Dr. Karl-Ludwig Dasser, in seinem Referat ausführte, liege die Problematik der Renovierung von Vierzehnheiligen nicht zuletzt in der wechselvollen Geschichte des Innenraumes begründet.

Rekonstruktion

Als zu Beginn unseres Jahrhunderts die Entdeckung und Wertschätzung der Kunst des 18. Jahrhunderts einsetzte, wurde auch die Wallfahrtskirche Vierzehnheiligen wiederum einer umfassenden Maßnahme unterzogen: Eine Innenrenovierung von 1915 bis 1918 galt der Wiederherstellung der barocken Raumschale im Sinne der damaligen Zeit, soweit dies überhaupt noch möglich war. Erst nach Abnahme der meisten Palme-Bilder (im unteren Bereich sind noch einige erhalten, und das Hauptgemälde im südlichen Querhaus ist nur übermalt) stellte sich das ganze Ausmaß der Zerstörung der Appiani-Fresken heraus. Dies hatte zur Folge, daß die beauftragten Maler Anton Ranzinger aus München und Theodor Stengel aus Staffelstein zu weitgehenden Übermalungen und zu völligen Rekonstruktionen oder Kopien nach anderen Appiani-Fresken — wie im südlichen Querhaus — gezwungen waren.

Die letzte Innenrenovierung von 1958/59 zeigt ganz den Charakter der fünfziger Jahre. Wand und Stuck wurden in lockerem mehrschichtigen Kalkauftrag bewußt unruhig gehalten und die originale Raumfarbigkeit im Hinblick auf die schummrige, reduzierte Farbigkeit der Malereien im Tonwert verändert. Die Deckenmalereien restaurierten Ludwig Gramberger aus Würzburg und Anton Greiner aus Bamberg.

Starke Oberflächenverschmutzung in allen Bereichen, Rißbildungen im Gewölbe sowie Ausbleichen und Abpudern der Malschichten an den Deckenfresken veranlaßten die Franziskaner — die seit 1839 als Seelsorger die Wallfahrt betreuen — eine neuerliche Gesamtrenovierung des Innenraumes der Basilika in die Wege zu leiten. Gleichzeitig sollen die bauphysikalischen Verhältnisse am Gesamtbauwerk verbessert und die Bausubstanz gesichert werden.

Wie Dr. Dasser betonte, bietet die Rekonstruktion der histori- schen Raumfassung aufgrund der jetzigen Befundlage keine allzu großen Schwierigkeiten. Allerdings entspricht die bereits 1979 angelegte Musterachse in manchen Bereichen nicht dem originalen Vorbild und bedarf der Korrektur. Abschließend meinte der Referent: „Das Hauptproblem liegt in der Behandlung der Deckenmalereien. Hier wird derzeit von den Amtsrestauratoren ein großes Musterfeld im Chorgemälde bearbeitet, das dann als Grundlage für weitere Entscheidungen dienen soll. Man kann aber jetzt schon sagen, daß grundsätzlich von der Restaurierung von 1915 bis 1918 ausgegangen werden muß. Anton Ranzinger war ein hervorragender Maler und hat sich intensiv mit Appiani auseinandergesetzt, wenngleich seine Schöpfungen naturgemäß seinen persönlichen Stil nicht verleugnen können." Es handelt sich um neubarocke Malereien, die die freigelegten Appiani-Fresken als Grundlage nehmen und — wo es möglich war — auch mit einbeziehen. Tausende von Hackspuren, große fehlende Teile und die durch die Verputzung von Palme angegriffene Malschicht machten jedoch weitgehende Übermalungen und Rekonstruktionen notwendig. **Willi Gretzke**

Informationsbesuch in der Basilika Vierzehnheiligen: Generalkonservator Dr. Michael Petzet (rechts) im Gespräch mit Restaurator Dr. Karl-Ludwig Dasser (links) und Franziskanerpater Dominik Lutz (Mitte).

Neue Presse (Coburg)
5. Mai 1983

Fundierte Grundlagen für die Stadtsanierung

Baualtersplan für die Westnerwacht vorgestellt / Viele Bürgerhäuser mit einer langen Geschichte

H. Stadtgeschichtlich sowie baugeschichtlich bedeutsam ist auch der neueste Baualtersplan zur Stadtsanierung, der gestern im Runtingersaal vorgestellt wurde. Wie Generalkonservator Dr. Michael Petzet in einem Vorwort schreibt, ist es dem Autor, Dr. Helmut-Eberhard Paulus, gelungen, einen unerwartet umfangreichen Bestand an hochmittelalterlicher Bausubstanz in der Westnerwacht festzustellen. Die Denkmalpfleger bieten damit wissenschaftlich fundierte Grundlagen für eine Planung an, die auch denkmalpflegerische Verpflichtungen wahrnimmt.

Die Westnerwacht, westlichster Teil der Altstadt südlich der Donau, ist Gegenstand des neuesten Baualtersplans. Bisher liegen die Pläne von Donauwacht und Wildwerchwacht, von Wahlenwacht und Witwangerwacht vor. Der nächste Band, der etwa in einem Jahr fertigwerden soll, hat die Pauluser Wacht zum Inhalt.

Oberbürgermeister Friedrich Viehbacher stellte bei der Vorstellung heraus, daß dieses neue Buch ein Vorspiel durch eine Ausstellung in Museum gehabt habe. Fachlich werde die Arbeit vom Landesamt für Denkmalpflege betreut, finanziell von der Stadt.

Als Vorspiel zur Stadtsanierung sieht Generalkonservator Dr. Michael Petzet die vorbereitenden Planungen nach der Städtebauförderung, zu denen auch das Erarbeiten der Baualterspläne gehöre. In Regensburg gebe es große Bemühungen im Hinblick auf die Bauforschung. Entsprechende Ergebnisse hoffe man schon bald vorstellen zu können. Die Baualterspläne seien eine Ergänzung der Inventarisierung der Stadt. In den Bänden „Kunstdenkmäler Bayerns" sind nach den Worten des Generalkonservators vor allem Kirchen und hersausragende Denkmäler enthalten, die neue Zusammenstellung widme sich mehr den Bürgerhäusern, von denen auch ein jedes eine lange Geschichte habe. Besonderes Augenmerk habe Dr. Paulus auf die Kellerlandschaften gelegt,

Präsentierten als neuen Baualtersplan zur Stadtsanierung den Band über die Westnerwacht: Dr. Wolfgang Königs, für Regensburg zuständiger Referent des Landesamtes für Denkmalpflege, Generalkonservator Dr. Michael Petzet und Autor Dr. Helmut-Eberhard Paulus.
Aufnahme: Berger

weil diese auch bei Erneuerungen der Häuser vielfach im alten Zustand erhalten geblieben seien.

Mehrere Bände des Baualtersplans müssen noch erarbeitet werden, kündigte Autor Dr. Paulus an und sprach von der Ostnerwacht, die er bis 1985 vorlegen will, von den beiden Wöhrden und von Stadtamhof. In dem jetzt vorliegenden Band über die Westnerwacht habe er eine Gesamtdarstellung mit Informationen über das Stadtgebiet geschrieben, das abfällig oft als „Glasscherbenviertel" bezeichnet wird. Besonders umfangreich sei das Buch deshalb geworden, „weil in dem Bereich so viel vorhanden ist". Neben einer aufschlußreichen Auflistung aller Gebäude mit Beschreibungen gibt es einen umfangreichen Bildteil, bei dem das Dominikanerinnenkloster der größte Komplex ist. In vielen Fällen zeigen die Bilder eine Gegenüberstellung von früher und heute, viel Liebe wurde auf Details wie Türen, Schlösser oder Beschläge verwendet.

Dr. Paulus plauderte auch aus dem Nähkästchen, wie er bei seiner Arbeit vorgeht. Zunächst müsse er sämtliche zugänglichen Archive durchforschen, um eine historische Vorinformation zu bekommen, dann komme man zur Praxis, dem Gang zu den Hauseigentümern. Oftmals, verriet Dr. Paulus, sei hier eine psychologische Vorbereitung notwendig, ehe er die Erlaubnis bekommt, das Haus vom Keller bis zum Speicher zu begehen. Nach dieser Bestandsaufnahme könne er ein Gutachten erstellen, das die Grundlage für die Beschreibung in den Baualtersplänen ist. Kulturgeschichtliche Ergänzungen zu diesen Informationen liefere dem Interessenten darüber hinaus das Regensburg-Buch von Karl Bauer.

Das Buch, dessen Gesamtherstellung die Regensburger Firma Pustet übernommen hat, gibt es im Buchhandel und heute, viel gibt es im Buchhandel und heute, im Museum und im Bauordnungsamt zum Preis von 20 Mark.

Mittelbayerische Zeitung (Regensburg)
6. Mai 1983

Marmor und Sandstein, Metall und Glas zerbröseln

Der Saure Regen bedroht auch die Denkmäler – Der jährliche Schaden wird für die Bundesrepublik Deutschland auf 1,5 Milliarden Mark geschätzt

GOTISCHES GLASFENSTER des Regensburger Domes: das linke Bild zeigt die Darstellung eines Kopfes auf der Außenseite, die den schädigenden Umwelteinflüssen ausgesetzt ist – das rechte Bild zeigt die Fensterinnenseite, die mit starken Korrosionsschichten. Bilder: Werkstatt Dr. von Treeck, München

Das Waldsterben, lange Zeit unterschätzt, kam in seinem jetzigen Ausmaß zumindest für die „Nicht-Forstleute" wie der Blitz aus heiterem Himmel – der freilich schon lange durch Schadstoffpartikel getrübt ist. Bereits sehr viel früher, wenngleich unter geringerer öffentlicher Anteilnahme, begann sich die verheerende Folgen der Luftverschmutzung im Bereich der anorganischen Natur abzuzeichnen. Sie manifestieren sich dort im fortschreitenden Verfall unserer Bau- und Kunstdenkmäler.

Denn die Luft, die wir atmen, höhlt nicht nur Bäume aus; sie läßt Sandstein und Marmor zerbröseln, frißt sich in Metall und Glas. Was den Nadelbäumen ihr Lametta-Syndrom, ist den Natursteinen ihre Gips- witterungsablaufs sind oder vielmehr die Folge verschiedener, latent akkumulierter Schäden, können, die Experten allerdings auch nicht mit Sicherheit sagen. Fest steht jedoch, daß Staub- und Schwefeldioxidablagerungen in Verbindung mit Feuchtigkeit eine chemisch-physikalische Schadenskette in Gang setzen, die den Zerstörungsprozeß gewaltig vorantreibt.

So führt der Schwefelsäure-Angriff bei Natursteinen zur Bildung leicht wasserlöslicher Sulfate, die bei jeder Feuchtigkeitszufuhr als schädigende Salze aktiv werden und allmählich die Gesteinssubstanz zerstören. Die im Porenverband eines Steins durch Wasser- und Säureeinwirkung entstandenen Salze lösen sich mit der Durch- Im Gegensatz zu Mensch, Tier oder Pflanze sind Materialien wie Stein oder Glas nicht in der Lage, äußere Einwirkungen zu bekämpfen und Schadstoffe abzugeben; sie sammeln sich dort solange an, bis die Zerstörung ein auch für das bloße Auge erkennbares Ausmaß erreicht hat. Ein Auswaschen durch den Regen erfolgt erst dann, wenn die zerstörte Oberfläche des Objekts mit abgelöst wird, womit bereits ein beträchtlicher Substanzverlust verbunden ist.

Zu den durch Umwelteinflüsse besonders gefährdeten Denkmalgruppen gehören, wie Generalkonservator Dr. Michael Petzet erläutert, im südlichen Bayern zahlreiche Epitaphien aus Rotmarmor – wie sie monument für den Grafen Toerring (um 1830).

An vielen Gebäuden beginnen Architekturglieder und Zierteile aus Stein, Putz und Stuck abzubröckeln. Ebenso wie zahlreiche bedeutende Bronzedenkmäler ließe sich auch der Bestand an mittelalterlichen Glasmalereien nur durch sofortige Restaurierungsmaßnahmen retten. Was das heißt, veranschaulicht das Beispiel des Regensburger Doms: 1,5 Millionen Mark wurden dort allein für die einfache Reinigung, Konservierung und Schutzverglasung der insgesamt rund 1400 m² Glasfläche aufgewendet; für die notwendige gründliche Restaurierung, die bei stark korrodierten Gläsern mit nahezu 250 Arbeitsstunden pro Quadrat- technischer Verfahren zur Konservierung von Kulturgütern. Weit über eine Million Mark aus diesen Fonds sind seit 1979 in den Aufbau des wissenschaftlichen Zentrallabors des Bayerischen Landesamts für Denkmalpflege geflossen, das vorerst noch im Geologischen Institut der Universität München untergebracht ist.

Zwei Mineralogen, Dr. Rolf Snethlage und Dr. Hannelore Marschner, untersuchen dort Verwitterungsprozesse an Stein und Glas, erproben und vergleichen die Wirksamkeit verschiedener Konservierungsmethoden und testen – in Verbindung mit der Industrie – die Eignung neuer Produkte für eine Anwendung in der Denkmalpflege. Das Labor ist den Werkstätten des Denkmalamtes unter Leitung von Dr. Karl-Ludwig Dasser angegliedert, es wirkt auch beratend bei aktuellen Restaurierungsvorhaben mit.

Trotz Forschung und interdisziplinärem Austausch – 1982 wurde in München auch ein Arbeitskreis für Archäometrie und Denkmalpflege gegründet – sind die Möglichkeiten konservatorischer Eingriffe immer noch begrenzt. Man ist vorsichtig mit Experimenten am Objekt, zumal chemischer Art, da man noch zu wenig über Langzeitwirkungen und -verträglichkeiten weiß. Zudem sind die Denkmalschützer heute schon verschiedentlich mit den Nachfolgeschäden früherer, durchaus gutgemeinter Instandsetzungen konfrontiert – beispielsweise der Zementausbesserung an Natursteinen und alten Putzen oder der partiellen Behandlung mit Kunststofflösungen.

Ein sehr schonendes Verfahren zur Reinigung und Festigung von Natursteinen stellt das Bad in Kieselsäureester dar, eine anschließende „Hydrophobierung" verleiht dem Stein einen leicht wasserabweisenden Charakter, beläßt ihm jedoch seine Atmungsaktivität. Die Methode wurde soeben mit Erfolg am Südportal des Augsburger Doms praktiziert. Sie besitzt den Vorteil, reversibel zu sein, was Denkmalpfleger schätzen, aber der Nachteil, daß sich die Wirkung mit der Zeit verflüchtigt; nach 10 bis 15 Jahren muß die Prozedur wiederholt werden.

Geradezu mit Samthandschuhen fassen die Spezialisten der Münchner Justizpalast an, mit dessen etappenweiser Reinigung und Instandsetzung jetzt begonnen wurde. Sie entwickelten dazu ein Strahlverfahren, bei dem kaltes Wasser, vermischt mit gebrochener Glasschlacke, unter relativ geringem Druck auf die Gesteinsoberfläche trifft und dort, gleich einer rotierenden Feile, Schmutz und Ablagerungen wegwischt, ohne das Profil allzu sehr zu beschädigen.

Eine neue Dimension hat inzwischen auch die chemische Konservierung er-

Bayerische Staatszeitung, 13. Mai 1983

kruste, die sich irgendwann vom mürbe gewordenen Gesteinsinneren löst. Von „kavernöser Auswitterung" sprechen die Experten, wenn Luft und Feuchtigkeit in jahrzehntelangem zerstörerischen Zusammenwirken den Stein durchlöchert haben, von „Lochfraßkorrosion" bei Bronzen und Glasgemälden, vom „Wetterstein" schließlich, wenn die Außenseite der Glasscheiben aussieht, als wären die Scheiben mit Zement verputzt worden.

Für die Denkmalpfleger ist das Problem, wie gesagt, nicht neu. So sah man sich bereits zu Beginn dieses Jahrhunderts im Königreich Preußen durch besorgniserregende Schäden an Natursteinbauten veranlaßt, eine interdisziplinär besetzte Wissenschaftskommission einzuberufen, die die Ursachen der Verwitterung erforschen sollte. Ein Münchner Geologe hat damals als erster auf die Bedeutung von schwefelsauren Immissionen und der chemischen Verwitterungsbeständigkeit von Natursteinen hingewiesen.

Heute gehen die Wissenschaftler mehrheitlich davon aus, daß ein direkter Zusammenhang besteht zwischen der sprunghaft angestiegenen Umweltbelastung – besonders durch den „Sauren Regen" – und den progressiv wachsenden Schäden an Stein, Putz, Bronze und Glas. Sie unterscheiden dabei zwischen der lokalen Belastung durch Autoabgase und kleinerer Industrieanlagen und der weiträumigen atmosphärischen Verfrachtung von Giftstoffen durch große Heizkraftwerke und Hauptauslöser der Industrieproduktionen, denen der Hauptausstoß an Schwefeldioxid zugeschrieben wird.

Ob die gehäuft auftretenden Schäden an Denkmälern – ländliche Gebiete sind inzwischen genauso betroffen wie städtische – nun die Folge eines beschleunigten Ver-

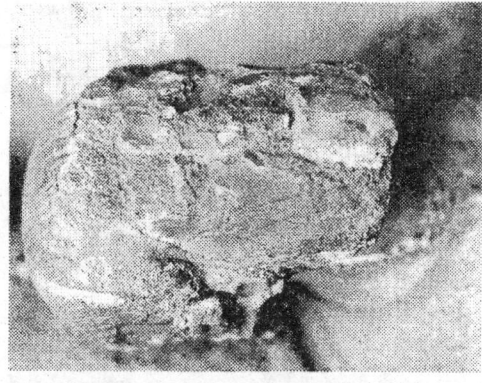

DAS BLIEB vom Prophetenkopf aus Sandstein am Bamberger Dom.

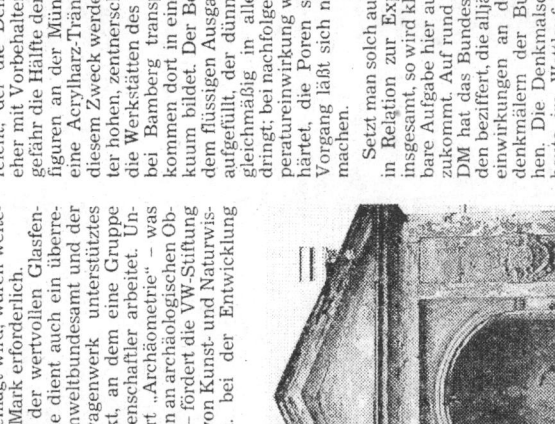

ROTMARMOR-EPITAPH für Sibila von Donnersberg (gest. 1634) an der Stadtpfarrkirche Wasserburg am Inn: Die Ausschnittaufnahme (rechts) zeigt das Ausmaß der Gefährdung, das in der Gesamtansicht nicht zum Ausdruck kommt.

feuchtung teilweise oder ganz auf und kristallisieren beim Austrocknen des Steins wieder aus – wobei sich im Laufe der Zeit an der Gesteinsoberfläche eine salzhaltige, durch Schmutz und Staub zusätzlich verdichtete Kruste bildet, während die darunterliegende Zone immer mehr ausgelaugt wird. Auf diese Weise wird nicht nur der Wasserhaushalt des Steins gestört; es kommt auch zu Kristallisations- und Hydrationsdrucken, die die Zugfestigkeit des Gesteinsverbands bei weitem überschreiten.

an den Außenwänden der Kirchen angebracht sind –, ferner Objekte aus Untersberger Marmor, Kelheimer Marmor und Grünsandstein. Im nördlichen Teil Bayerns sind es vor allem Sandsteinfiguren an Kirchen und die Bildstöcke aus Schilfsandstein, die den Konservatoren Kopfzerbrechen bereiten. Ein Bild des Jammers bieten heute viele in der historischen Friedhof in München – etwa das Schwanthaler zugeschriebene Grabmal der Familie Scherer (um 1850) oder das Grab-

dratmeter veranschlagt wird, wären weitere drei Millionen Mark erforderlich.

Der Erhaltung der wertvollen Glasfenster und -gemälde dient auch ein überregionales, vom Umweltbundesamt und der Stiftung Volkswagenwerk unterstütztes Forschungsprojekt, an dem eine Gruppe Nürnberger Wissenschaftler arbeitet. Unter dem Stichwort „Archäometrie" – was soviel wie „Messen an archäologischen Objekten" bedeutet – fördert die VW-Stiftung die Kooperation von Kunst- und Naturwissenschaften, u. a. bei der Entwicklung

der die Vorbehalten begegnen. So ist ungefähr die Hälfte einer solchen Nischenfiguren an der Münchner Glyptothek für eine Acrylharz-Tränkung vorgesehen. Zu diesem Zweck werden die zweieinhalb Meter hohen, zentnerschweren Standbilder in die Werkstätten des Landesamts in Seehof bei Bamberg transportiert. Die Figuren kommen dort in einen Kessel, der ein Vakuum bildet. Der Behälter wird dann mit dem flüssigen Ausgangsstoff für Acrylharz aufgefüllt, der dünner ist als Wasser und gleichmäßig in alle Gesteinsporen eindringt; bei nachfolgender Druck- und Temperatureinwirkung wird die Flüssigkeit gehärtet, die Poren schließen sich. Dieser Vorgang läßt sich nicht mehr rückgängig machen.

Setzt man solch aufwendige Maßnahmen in Relation zur Expansion der Schäden insgesamt, so wird klar, welch schier unlösbare Aufgabe hier auf die Denkmalpfleger zukommt. Auf rund anderthalb Milliarden DM hat das Bundesumweltamt die Schäden beziffert, die alljährlich durch Umwelteinwirkungen an den Kunst- und Baudenkmälern der Bundesrepublik entstehen. Die Denkmalschützer befinden sich heute im Wettlauf mit der Zeit: Selbst wenn genügend Mittel vorhanden wären, käme man mit dem Restaurieren kaum mehr nach, erklärt Petzet.

Was tun? Diversen kostbaren Objekten wird man wohl in Zukunft ein trockenes Plätzchen im Innern von Kirchen oder Museen reservieren können. Aber was geschieht mit den Denkmälern, die weiterhin im Regen stehen und mit den Gebäuden, die man erst recht nicht unter einen Glassturz stellen kann? Bleibt also nur, auch im Sinne der Denkmalpflege die Emissionsrate Null zu fordern; die gute Luft käme dann ja nicht nur den Steinen zugute.

Helene Maria Reiszil

GRABMÄLER IM ALTEN SÜDLICHEN FRIEDHOF IN MÜNCHEN: von links das Grabmal der Familie Scherer, ca. 1850, vermutlich von Schwanthaler: der Molasse-Sandstein hat underartige kavernöse Auswitterungen an der Vor- und Rückseite, daß sich bereits ein Loch durch den 5 cm dicken Stein bildete; eine Muttergottesfigur aus Marmor: zuckerkörnige Zersetzung des Marmors unter dichter, schwarzer Kruste; Schutzengelfigur aus Molasse-Sandstein: Abplatzungen, kavernöse Auswitterungen; Grabdenkmal für Graf Toerring, vermutlich 1830: völlig verschmutzte Marmorfigur, gefährdeter Stuckputz kurz vor der Zerstörung.

Bilder (7): Bayerisches Landesamt für Denkmalpflege/Suethlage Architekturformen und Wappen aus Stuckputz kurz vor der Zerstörung.

Spitzhacke trifft Passauer Bürgergeschichte

Grabkapelle soll Hotelbau weichen / Denkmalrat beklagt späte Information

Von unserem Redaktionsmitglied Ursula Peters

Süddeutsche Zeitung
8. Mai 1983

MÜNCHEN, 7. Juni - Ein wichtiges Zeugnis aus der Stadtgeschichte von Passau ist von der Spitzhacke bedroht. Wo im Jahre 1432 die beim Bürgeraufstand gegen den Bischof getöteten Passauer beigesetzt wurden, soll in Zukunft der Erweiterungsbau eines Hotels die Wirtschaftskraft der Stadt stärken. Das Mauerwerk der Grabkapelle, die dem Heiligen Georg geweiht ist, befindet sich im Anbau eines Hauses aus dem 17. Jahrhundert direkt am Donauufer vor der Pauluskirche. Das hochaufragende Haus an der Wasserfront, ein Teil der charakteristischen historischen Uferbebauung, steht leer. Es wurde durch den Hotelier von der Stadt im Tauschweg erworben.

Die Abbrucherlaubnis der Bezirksregierung von Niederbayern für den Komplex samt Kapelle wurde bereits vor Monaten – zum Entsetzen des Landesdenkmalrats – erteilt. Der Chef des Landesamts für Denkmalpflege Michael Petzet, sprach jetzt von einem „barbarischen Abbruch", der allerdings mangels Geld von den Denkmalpflegern nicht zu verhindern sei. Passauer Bürger verfaßten dieser Tage eine Petition an den Landtag gegen den Abriß der Georgskapelle. Die Oberste Baubehörde, die den Fall prüfte, sieht keine Möglichkeit, an der Abrißgenehmigung der Bezirksregierung von Niederbayern zu rütteln. Immerhin will die Stadt Passau den Architekten beim Neubau auf die Finger sehen; das Landesamt für Denkmalpflege erließ eine Liste von Auflagen. Doch die Georgskapelle, die letzte Erinnerung an den Aufstand der Passauer gegen ihren Bischof, wird wohl verschwinden.

Diesen Fall schilderte Professor Hubert Glaser der Presse als Beispiel für ein zu spätes Einschalten des Landesdenkmalrats bei einem Streitfall. Die Stadt habe sich bei dem Objekt wohl auch eher von wirtschaftlichen als von denkmalpflegerischen Überlegungen leiten lassen. „Wir wurden erst eingeschaltet, als das Kind schon in den Brunnen lag, nämlich vier Monate nach Erteilung der Abbruchgenehmigung", berichtete Glaser.

Im vergangenen Jahr wurden in Bayern rund 300 Baudenkmäler abgerissen – allerdings zum großen Teil (60 bis 70 Prozent) mit Einverständnis der Denkmalpfleger, weil einfach nichts mehr zu retten oder eine Erhaltung unzumutbar war. Für nur ein Prozent der Abbrüche war keine Genehmigung gegeben worden. „Das ist immerhin beruhigend", meinte der Vorsitzende des Landesdenkmalrats, der CSU-Abgeordnete Erwin Schosser. Das Verständnis für Denkmalpflege sei in den letzten Jahren in allen Schichten der Bevölkerung erstaunlich gewachsen. „Das sieht man an den enormen finanziellen Opfern, die viele Besitzer historischer Gebäude für ihr Denkmal bringen." Die Mittel für Denkmalpflege dürften nicht gekürzt werden. „Auf keinem anderen Gebiet haben relativ geringe Zuschüsse solche enormen Investionswirkungen. In der Regel legen Privatleute und Kommunen das Zehnfache des Zuschusses selbst noch drauf."

Die Hauptarbeit des Landesdenkmalrats in

Eingehüllt in Folien wartet das frühere Palmenhaus auf den Tag der Wiederherstellung.

Feenhafter Musentempel in der Frischhaltetüte

Landesamt für Denkmalpflege und Stadt widmen Baudenkmal ein umfangreiches Heft

Gögginger Kurhaustheater von Fachleuten dokumentiert

Von unserem Redaktionsmitglied Ingrid Bergmann

„Genau ein Jahrhundert nach seiner Eröffnung am 25. Juli 1886 wird heute, am 25. Juli 1986, das ehemalige Hessingsche Kurhaustheater feierlich wiedereröffnet und seiner Bestimmung als Mehrzweck- und Theatersaal übergeben ...". Nicht nur Denkmalschutzreferent Lothar Schätzl, der diese Wunschmeldung formuliert hat, hofft auf ein solches Ende der „Kurhaus-Affäre". Wie die Fachwelt, so haben auch die Gögginger und Augsburger dieses Baudenkmal nicht vergessen, das mit Notdach versehen und in Folien verpackt

In der Reihe der Arbeitshefte des Bayerischen Landesamtes für Denkmalpflege erschien als Band 14 die Dokumentation „Das Kurhaustheater in Augsburg-Göggingen" in einer kleinen Auflage von 3000 Exemplaren. An dem reich bebilderten und teilweise farbi-

.Der am 25. Juli 1886 feierlich eröffnete Monumentalbau war hauptsächlich zu dem Zwecke angelegt, den vielen Patienten des bekannten Orthopäden Abwechslung und Unterhaltung zu bringen." Zeitgenossen schilderten Jean Kellers Gesellschaftshaus

auf die Restaurierung wartet. Vorsorglich hat das Landesamt für Denkmalpflege, unterstützt von der Stadt, jetzt eine umfassende Dokumentation über das ehemalige Palmenhaus der Hessingschen Anstalten herausgegeben. Sie schildert die Zeit von der glanzvollen Eröffnung 1886 über die Zerstörungen durch einen Großbrand 1973 bis zur heutigen Substanzsicherung und weist die internationale kunsthistorische und architektonische Bedeutung dieses Glaspalastes von Jean Keller nach.

Kunsthistorikerin Ruth-Maria Ullrich ein, der den Gögginger Bau in die Reihe der „pleasure gardens" des 19. Jahrhunderts stellt. Diese Erholungsstätten waren vor allem in London, später aber auch in Paris große Mode und hatten mit der Einführung

gen Heft arbeiteten die Verfasser mehrere Jahre. Für Redaktion und Gestaltung zeichnet die Pressereferentin des Landesamtes, Sigrid Patellis, verantwortlich. Die Stadt Augsburg war an der Herausgabe beteiligt.

So teilen sich auch Oberbürgermeister Dr. Hans Breuer und Landeskonservator Dr. Michael Petzet in das Vorwort. Sie sind sich dabei einig, daß es das Kurhaustheater mit seiner überregionalen Bedeutung verdient, gerettet und wiederhergestellt zu werden. Den ersten Schritt zur Erhaltung des Gebäudes, mit der Sicherung des Gebäudes, die einen Millionenaufwand erforderte, bereits getan.

Engagierte Autorin

Über die Wiederentdeckung des Kurhaustheaters berichtet Dr. Astrid Debold-Kritter, die selbst mit Begeisterung und persönlichem Einsatz die Rettung des Bauwerkes betrieben hat. Bei ihren Recherchen für die Denkmalschutzliste der Stadt Augsburg, die sie im Auftrag des Landesamtes zusammenträgt, stieß sie, angeregt durch Heimatpfleger Robert Pfaud und durch unsere Zeitung, auf das bei einem Brand beschädigte Baudenkmal. Bei dem Feuer war die Zwischendecke des früheren Kinosaales hinabgestürzt und hatte die Glaseisenkonstruktion der Kuppel freigegeben.

Die Kunsthistorikerin, die einige Jahre im Stadtplanungsamt beschäftigt war, schildert die noble Vergangenheit des Theaters als Teil der von Friedrich Hessing seit 1886 eingerichteten orthopädischen Anstalten:

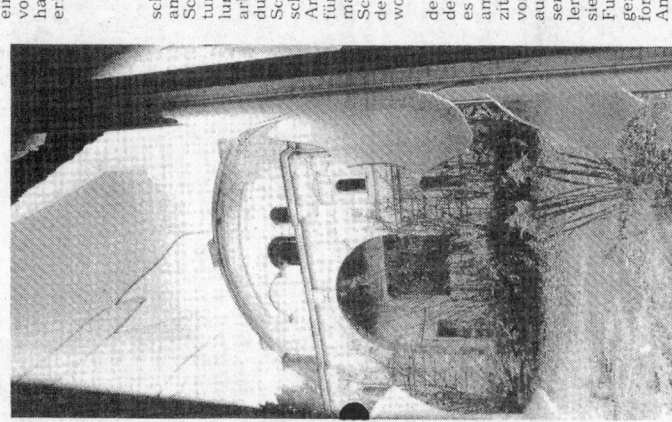

Dem Verfall war das Baudenkmal jahrelang preisgegeben.

mit Wintergarten als „feenhaften Musentempel" und als Bauwerk, „auf welches eine Großstadt oder ein Weltkurort stolz zu sein alle Ursache hätte ...", weiß Dr. Debold-Kritter und schildert dann den Niedergang des Gebäudes.

Niedergang nach 1918

„Mit dem Ausbleiben des internationalen großbürgerlichen und aristokratischen Publikums nach dem Ersten Weltkrieg und dem Tode Hessings 1918 verlor die Kuranstalt Göggingen ihre gesellschaftlich exklusive Bedeutung; das im Rahmen der Orthopädischen Anstalt nicht mehr genutzte Theater wurde seit den zwanziger Jahren verpachtet. Nach entsprechenden Umbauten fand der Bau bereits vor dem Zweiten Weltkrieg als Kino Verwendung. Nachdem das Augsburger Stadttheater 1944 zerstört worden war, genoß das Kurhaustheater als Ausweichbühne für kurze Zeit wieder seine ursprüngliche Funktion zurück. 1951 verkaufte die Hessingstiftung das Gebäude an den langjährigen Pächter ... Schließlich kam es soweit, daß ein Käufer das Areal mitsamt dem Kurhaustheater erwarb, um hier eine Wohnanlage zu errichten. Der Abbruchantrag für das zuletzt als Lager genutzte Haus war bereits gestellt, als der Brand trotz erheblicher Zerstörungen eine Wende herbeiführte ... Die Stadt Augsburg entschloß sich mutig, das Bauwerk mit dem umgebenden Park zurückzukaufen; dringliche Sicherungsarbeiten wurden umgehend eingeleitet ... Als letzter Schritt der einstweiligen Sicherung wurde die Ruine im vorletzten Jahr verpackt — in eine ‚Frischhaltetüte', deren langfristige Wirksamkeit zu erheblichem Zweifel Anlaß gibt."

Fehler durch Gründlichkeit

Die Art der Sicherungsmaßnahmen beschreibt der Zukunfts-Referent des Landesamtes für Denkmalpflege, Architekt Lothar Schätzl. Dabei gibt er Fehler bei der Rettungsaktion zu, die bei einer Wiederherstellung Probleme schaffen. Bei den Reinigungsarbeiten — wie Entrostung der Gußeisenteile durch Sandstrahlen und Räumung von Schutt und Innenraum — sei mit schwäbischer Gründlichkeit vorgegangen worden. Anhaltspunkte für die originale Farbigkeit, für Ornamente im Deckenraum oder Glasbemalungen fehlten deshalb weitgehend, stellt Schätzl fest und macht dafür einen Wandel in der Methodik der Denkmalpflege verantwortlich.

Ausgiebig beschäftigt sich der Architekt des Landesamtes mit der Zukunft des Baudenkmals und kommt zu dem Ergebnis, daß es als Mehrzwecksaal mit Theaternutzung am sinnvollsten wiederzubeleben sei. Dabei zitiert er das Fachgutachten von Hans Heid von 1979, der bei einer solchen Lösung — wenn auch mit Schwierigkeiten und Kompromissen verbunden — für möglich hält. Trotz vieler Fragen, die sich den Fachleuten stellen, sieht Lothar Schätzl, „daß das Mosaik der Funde und Erkenntnisse immer reichhaltiger wird. Das bisher Aufgefundene und Erforschte gibt zu der berechtigten Hoffnung Anlaß, daß das Gögginger Kurhaustheater weitestgehend rekonstruiert werden kann".

Großen Raum in der Kurhaus-Dokumentation nimmt der vergleichende Aufsatz der

den letzten zehn Jahren, nämlich die Festlegung der geschützten Ensembles — also Plätze, Häusergruppen, Straßenzüge — ist zum größten Teil schon getan. 588 Ensembles sind in Bayern bereits festgelegt, wobei Oberbayern mit 194 an der Spitze liegt. Bis auf München ist man dort fast fertig. Ziemlich am Anfang ist man vor allem noch in Nürnberg.

Schosser teilte mit, daß bis Ende dieses Jahres die kompletten Ensemblelisten für Bayern vorliegen werden. Die Denkmalpfleger seien bereits bei der Revision, um das Ganze noch etwas zu straffen. „Wir möchten betonen, daß die Ensembles — entgegen der anfänglichen Kritik — zu 96 Prozent mit Zustimmung der betroffenen Gemeinden festgelegt wurden", sagte Schosser. In Zukunft werde der Denkmalrat etwas mehr Zeit für strittige Fälle haben.

Augsburger Rundschau, 19. Mai 1983

Lichtdurchflutet zeigte sich der prächtige Innenraum erst nach dem Brand im Jahre 1973.

AZ-Bilder: Fred Schöllhorn

343

Mainpost (Würzburg), 9. Juni 1983

Sonderausstellung zeigt 200 000 Jahre Vor- und Frühgeschichte in Bayern

„Persönliche Geschichte eines jeden"

Die Schau „Schätze aus Bayerns Erde" wurde gestern offiziell eröffnet

WÜRZBURG. (bak) „Schätze aus Bayerns Erde", diese Sonderausstellung zum 75jährigen Bestehen des Bayerischen Landesamtes für Denkmalpflege wurde gestern im Mainfränkischen Museum Würzburg offiziell eröffnet. Der Oberbürgermeister der Stadt, Dr. Klaus Zeitler, dankte in seiner Begrüßungsansprache Generalkonservator Professor Dr. Michael Petzet dafür, „daß er nicht nur dem Vorschlag des Mainfränkischen Museums zustimmte, die vom Landesamt für Denkmalpflege beabsichtigte Ausstellung hier in Würzburg zu zeigen, sondern darüber hinausgehend, sie als eine ‚gesamtbayerische' und für das ganze Land hier ausgerichtet wissen wollte".

Wie bereits berichtet, war die Wahl auf Würzburg als Veranstaltungsort für die Jubiläumsschau auch deshalb gefallen, weil hier bereits im Jahre 1908 die erste und für lange Zeit einzige Außenstelle der Münchner Zentralbehörde eingerichtet worden war. Zeitler: „Daß alle Leiter dieser Außenstelle von Anbeginn an bis heute ihr Augenmerk insbesondere auch der Erforschung der frühesten Geschichte Würzburgs und der vorgeschichtlichen Abteilung des Mainfränkischen Museums zugewandt haben, sei mit besonderem Dank angemerkt."

Abschließend dankte Petzet den zahlreichen öffentlichen und privaten Leihgebern, ohne deren Entgegenkommen die gezeigten „Schätze" nicht in Würzburg zu sehen wären. Hier sei vor allem das Germanische Nationalmuseum in Nürnberg zu nennen, das sich für die Sonderausstellung von dem weltberühmten „Goldhut" von Etzelsdorf-Buch getrennt habe. Aber auch die prähistorische Staatssammlung in München und das Stiftsmuseum in Aschaffenburg haben kostbare Leihgaben nach Würzburg entsandt.

Hauptkonservator Dr. Erwin Keller gab für die Gäste der Eröffnungsveranstaltung eine Einführung in die Ausstellung. „Wer seit 75 Jahren Ausgrabungen in Bayern betreibt", sagte er in Anspielung auf das Jubiläum der Behörde, „kann bei der Auswahl der Ausstellungsstücke aus dem vollen schöpfen." Hohe Ansprüche habe man daher bei der Konzeption an den kulturellen und wissenschaftlichen Aussagewert des Gezeigten gestellt. Wie kaum eine andere sei diese Schau daher geeignet, Wandel von Tracht, Bewaffnung, Totenbräuchen, Religion und Kunst über fast 200 000 Jahre in Bayern aufzuzeigen. Keller: „Bei den Ausstellungsstücken — es handelt sich um Werke von Menschen, mit denen uns mehr verbindet, als man gemeinhin glaubt." Untergänge und Katastrophen habe es früher genauso gegeben wie heute. Die Erfahrung zeige hier, daß diese Vorgänge jedoch fast immer zu einem wichtigen Baustein für das Künftige geworden seien. Wenn man etwa davon ausgehe, das 7000 Jahre des Leben von 200 Generationen umfassen, so müsse man sich bewußt sein, daß damit der endstenzeitliche Mensch zu unseren — so betrachtet — nicht allzuweit entfernten Vorfahren zähle. „So geschehen, zeigt diese Ausstellung die ganz persönliche Geschichte eines jeden von uns."

Das Würzburger Percussions-Ensemble unter der Leitung von Prof. Siegfried Fink brachte zur Eröffnungsfeier Werke des 16. bis 18. Jahrhunderts in zeitgenössischer Bearbeitung zu Gehör.

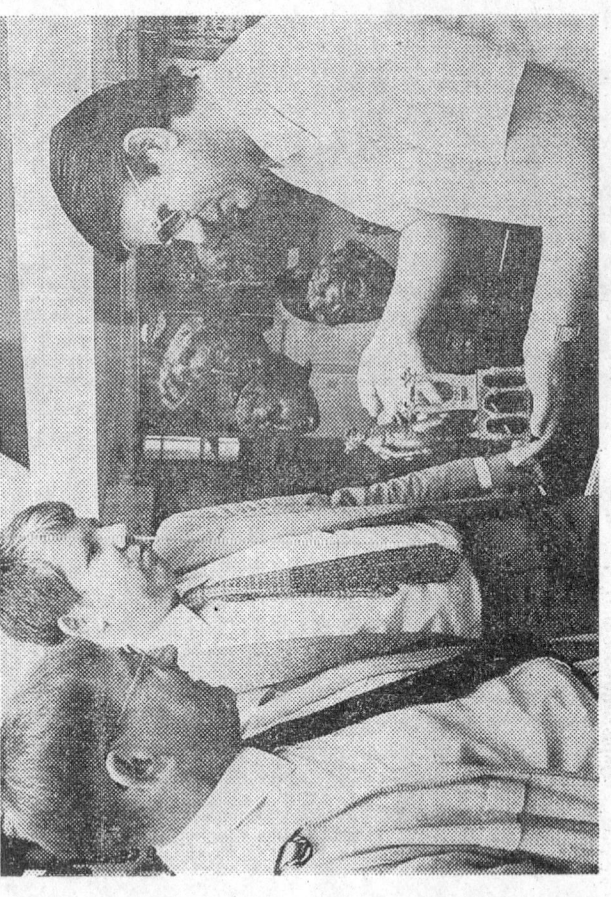

Der Leiter der Würzburger Außenstelle des Landesamtes für Denkmalpflege, Dr. Ludwig Wamser (rechts) zeigt dem Direktor des Mainfränkischen Museums, Dr. Hanswernfried Muth (links) und Generalkonservator Prof. Michael Petzet (München, Mitte) das wohl wertvollste Exponat der „Schätze aus Bayerns Erde", eine Bronzestatuette aus dem 3. Jahrhundert n. Chr.
Foto: Heußner

Für Kultusminister Prof. Dr. Hans Maier nahm anschließend der Generalkonservator des Bayerischen Landesamtes für Denkmalpflege, Prof. Dr. Michael Petzet, die Eröffnung der Ausstellung vor. Sein besonderer Dank galt hier vor allem dem Bezirkstag, „der durch vielfältige Hilfen, weit über die für diese Ausstellung hinaus, zu Erhaltung und Pflege der Bodendenkmale im Bezirk Unterfranken beiträgt". Petzet begrüßte besonders die anwesenden ehrenamtlichen Helfer, die in großer Zahl die Arbeit der Behörde nicht nur unterstützt, sondern nicht selten erst ermöglicht hätte.

Auf die Zusammenarbeit insbesondere der Außenstelle des Landesamtes in Würzburg mit Stadt und Mainfränkischem Museum eingehend, zählte der Generalkonservator beispielhaft einige wichtige Grabungstätigkeiten seiner Behörde auf. So habe der Mitarbeiter der Würzburger „Zweigstelle"

> Die Sonderausstellung „Schätze aus Bayerns Erde" im Mainfränkischen Museum Würzburg ist täglich von 10 bis 17 Uhr zu sehen. Sie dauert bis zum 1. November. Auf die Rahmenveranstaltungen der Freunde Mainfränkischer Kunst und Geschichte e. V. — Führungen, Exkursionen, Vorträge — wird jeweils gesondert hingewiesen.

Fränkisches Volksblatt (Würzburg)
11. Juni 1983

Mainfränkisches Museum Würzburg zeigt „Schätze aus Bayerns Erde"

WÜRZBURG. Von morgen an zeigt das Mainfränkische Museum auf der Würzburger Festung Marienberg bis zum 1. November die umfangreiche Sonderausstellung „Schätze aus Bayerns Erde". Der Grund für die Vergabe dieser hochinteressanten Schau in die Mainfrankenmetropole ist das 75jährige Bestehen des Bayerischen Landesamtes für Denkmalpflege. Im Jahre 1908 war als erste außerhalb Münchens zusammen mit der bayerischen Landeshauptstadt eine Außenstelle in Würzburg errichtet worden. Die weit über 1000 Exponate stammen von 46 öffentlichen und privaten Leihgebern und ermöglichen in 34 Vitrinen ein faszinierendes Bild von Bayerns kultureller Entwicklung von der Frühsteinzeit bis ins 19. Jahrhundert, über einen Zeitraum von rund 170 000 Jahren hinweg. Wir kommen auf die ab morgen täglich von 10 bis 17 Uhr geöffnete Ausstellung im Kulturteil einer der nächsten Ausgaben noch ausführlich zurück.

Süddeutsche Zeitung
13. Juni 1983

Die Ackerfurche als Fundgrube

Sonderausstellung von archäologischen Schätzen in Würzburg / 75 Jahre Landesamt für Denkmalpflege

Von unserem Korrespondenten Wilhelm Hilpert

WÜRZBURG, 12. Juni – In 34 Vitrinen des Mainfränkischen Museums künden Zeugnisse aus dem Schoß der Erde von wichtigen Abschnitten menschlicher Geschichte und deren kultureller Entwicklung. Die Sonderausstellung „Schätze aus Bayerns Erde" decken einen Zeitraum von 200 000 Jahren ab: Von der Altsteinzeit (600 000 bis 10 000 v. Chr.) bis zum Mittelalter. Das älteste Fundstück ist ein altsteinzeitlicher Faustkeil aus dem Wellheimer Trockental bei Eichstätt; zu den „jüngsten" archäologischen Kostbarkeiten gehören drei Tonstatuetten aus einer Straubinger Hafnerei des frühen 17. Jahrhunderts, die 1980 bei Ausschachtungsarbeiten für ein Parkhaus in dieser Stadt entdeckt worden waren.

Die Sonderschau mit über 1000 Grabungsfunden wurde am Wochenende im Museum auf der Festung Marienberg in Würzburg durch Generalkonservator Michael Petzet vom Landesamt für Denkmalpflege eröffnet. Anlaß hierfür ist das 75jährige Bestehen der Behörde, die früher (1908 bis 1917) die Bezeichnung „Generalkonservatorium der Kunstdenkmale und Altertümer Bayerns" führte. Würzburg ist dazu auserkoren worden, die Ergebnisse der Spatenwissenschaft zu präsentieren, weil in dieser Stadt 1908 auch gleichzeitig die erste und lange Zeit auch einzige Außenstelle dieser Behörde im Bayernland errichtet wurde.

Wie Menschen zwischen dem fünften und vierten Jahrtausend vor Christus in der Gegend von Schweinfurt und Kitzingen lebten, zeigen Hausmodelle aus der Jungsteinzeit. Es sind Nachbildung der etwa 30 Meter langen und rechteckigen Gebäude mit drei Räumen zum Wohnen, Arbeiten und Speichern von Vorräten. Dieser standardisierte Haustyp war den Bandkeramiker bislang unbekannt, da ergrabene Grundrisse aus der Frühstufe der Bandkeramiker noch fehlten. Zu sehen sind ferner Gegenstände der Jäger-, Sammler- und Bauernkultur der Steinzeit.

Die Fachleute sprechen gelegentlich von Zufallsfunden. Ein Beispiel ist hierfür der römische Schatzfund von Weißenburg in Bayern. Im Oktober 1979 waren beim Anlegen eines Spargelbeets 156 Objekte aus Edelmetall aus dem dritten Jahrtausend v. Chr. entdeckt und geborgen worden. Darunter befanden sich drei bronzene Gesichtsmasken und ein Hinterhauptshelm aus Eisen und Bronze. Außerdem 22 Bronze-Gefäße (Eimer,

Bei der Eröffnung der Sonderausstellung „Schätze aus Bayerns Erde" im Schönbornsaal des Mainfränkischen Museums: OB Dr. Zeitler, Generalkonservator Prof. Petzet und Gattin, Museumsdirektor Dr. Muth und Gattin (vordere Reihe von rechts). Foto: Heer

unter der Leitung von Dr. Ludwig Wamser etwa die Reste des ersten von St. Burkard gegründeten Klosters im Bereich der jetzigen Kiche sichern können, entdeckten Teile der ältesten Stadtmauer unter der Neubaukirche und wiesen die Spuren einer Burg eines „Würzburgischen Ministeralen" bei Grabungen im jetzigen Rathausinnenhof nach.

Ziel der Ausstellung in Würzburg, so Petzet, sei es nicht, Methoden und Erfolge der 75jährigen Tätigkeit des Landesamtes für Denkmalpflege in Bayern zu beleuchten. Hierfür seien noch zwei weitere Jubiläumsausstellungen in Nürnberg und in Regensburg in Vorbereitung. Mit der Schau im Mainfränkischen Museum, die vom Wert der gezeigten Exponate sicher die wichtigste sei, wolle man das Interesse der Besucher auf die eigene Vor- und Frühgeschichte wecken. Ein Bereich, der im Verhältnis zu Ausstellungen über Zeugnisse fremder, längst vergangener Kulturen in den Hintergrund zu geraten drohe.

Krüge, Schalen, Teller, Weinsieb) sowie 21 Statuetten aus dem gleichen Metall. Als ein qualitätsvolles Beispiel bezeichnen die Experten eine Apoll-Statuette (28 Zentimeter), bei der der Gott seine Linke auf eine mit Drachenköpfen geschmückte Leier stützt; eine durchbrochene Säulen-Bogen-Konstruktion dient als Sockel.

Breiten Raum wird in der Ausstellung den Zeugnissen der römischen Militärmacht gewidmet, die im bayerischen Teil des freien Germaniens nach rund 400jähriger Herrschaft um 488 n. Chr. schließlich den Alemannen, Baiern und Franken weichen mußte. Was in Würzburg zu sehen ist, war unerwartet der Erde entrissen worden: Bei einem Wettpflügen 1974 in Theilenhofen wurde ein 30 Zentimeter großer römischer Paradehelm in Messingbronze in Bruchstücken „ausgeackert" und dann später zusammengesetzt. Die Aufmerksamkeit der Ehrengäste beim Rundgang galt den römischen Brunnenmasken aus Bronze aus der Gegend von Treuchtlingen im ersten Jahrhundert n. Chr.

Zu den Prunkstücken gehören auch der knapp 18 Zentimeter große bronzene Kesselwagen zu kultischen Zwecken aus der Urnenfelderzeit

EIN PRUNKSTÜCK der Würzburger Ausstellung ist dieser aus einem Stück getriebene römische Paradehelm von Theilenhofen im mittelfränkischen Landkreis Weißenburg-Gunzenhausen.

(1200 bis 800 v. Chr.) von Acholshausen im Landkreis Würzburg und der aus der gleichen Zeit stammende hohle, 68 Zentimeter große und zigarrenförmige „Goldkegel" von Ezelsdorf-Buch bei Nürnberg um etwa 1000 v. Chr. Dieser diente vermutlich zum Bekrönen eines Pfahls für kultische Handlungen. Dieses Stück gilt als der prächtigste Vertreter einer kleinen Gruppe alteuropäischer Funde dieser Art, von denen es nur drei Exemplare gibt. Fibeln, Amulette, Goldanhänger und Ringschmuck aus der Merowinger-Zeit verraten ein ausgeprägtes Schmuckbedürfnis sozial hochgestellter Frauen.

UNERMÜDLICH packte Martin Rietzler bei der Restaurierung von Gerstruben mit an.
Fotos: Jürgen Stöcker

Wagners Einzug in den Königssaal

Festspiel-Ausstellung der Staatsoper eröffnet / Rund 80 Dokumente

Der erste Münchner Festspieltag stand gestern ganz im Zeichen Richard Wagners. Noch bevor am Abend „Rienzi" Premiere hatte, wurde vormittags im Königssaal und in den Ionischen Sälen des Nationaltheaters eine Ausstellung „Richard Wagner in München, 1855–1883" eröffnet. Dazu erklangen die Wesendonk-Lieder, gesungen von Cornelia Wulkopf, am Flügel von Wolfgang Sawallisch begleitet.

Nach Begrüßungsworten von Sawallisch und Peter Pfeiffer, Vorstandsmitglied der Bayerischen Vereinsbank, die nun schon die sechste begleitende Ausstellung, die zu den Münchner Festspielen ermöglicht hat, hielt Michael Petzet einen Vortrag zum Ausstellungsthema, wobei er seine Zuhörer nicht zuletzt mit der Beschreibung alljener durch Wagner ausgelösten Turbulenzen und Kampagnen rings ums Hoftheater ergötzte, die um so vieles dramatischer und drastischer waren als heute ausgetragene Fehden.

Zeugnisse von König Ludwigs Huld

Die Ausstellung mit ihren rund 80 Exponaten, von Karin Heindl-Lau (Staatsoper) aus Privatbesitz und Sammlungen zusammengetragen, ist, außer am Abend, täglich von 11 bis 14 Uhr zu besichtigen. Sie rückt nicht nur die damals in München erst- und uraufgeführten Wagner-Opern mit Originalskizzen von Bühnenbildern, Programmzetteln, Gemälden von Sängerinnen und Sängern ins Blickfeld, sondern auch die für Wagner und seinen künstlerischen Durchbruch so schicksalhafte Huld und Freundschaft, die der junge König Ludwig II. dem um Jahre älteren Komponisten entgegenbrachte.

Ein Täschchen aus hellblauem Samt...

Büsten und Bilder von Ludwig und Richard Wagner aus jener Zeit sind ausgestellt; es liegt originale Korrespondenz auf; man kann das mit einem silbernen Schwan besticktes Täschchen aus hellblauem Samt betrachten, in dem der König die Briefe seines Idols verwahrte. Ein Schreiben des jungen Monarchen (vom 14. 8. 1865 aus Hohenschwangau) enthält nach einer emphatischen Anrede unter anderem den Satz: „Während die Welt in Alltagssorgen sich müht, sich verzehrt, nichts ahnend von ihrem Seelen-Spender, werden die herrlichen Werke der Zukunft empfangen, geboren!"

Jahrbuch mit 260 Seiten

Vor der Ausstellungseröffnung konnte Landeszentralbankpräsident i. R. Carl Wagenhöfer das neue „Jahrbuch der Bayerischen Staatsoper" präsentieren, dessen Herstellung die „Gesellschaft zur Förderung der Münchner Opernfestspiele" wieder großzügig finanziert hat. Auf rund 260 Seiten enthält der stattliche Band – diesmal schmückt ihn ein farbiges Szenenphoto aus Wagners „Liebesverbot" – sowohl das Festspielprogramm und Aufsätze zu aktuellen Themen als auch in Rückblick und Ausblick alles, was Opernfreunde interessieren könnte. Das reichbebilderte Jahrbuch kostet im Opernhaus 14,80 Mark (einschließlich Programmheft), im Buchhandel 17,80 Mark.

Charlotte Nennecke

Süddeutsche Zeitung
7. Juli 1983

Der Abbruch der Georgskapelle am Steinweg hat begonnen

Die „Kulturstadt" Passau beraubt sich eines unersetzlichen Kunstdenkmals

Wie in der PNP vom 13. 9. 1983 bereits berichtet, gaben der Stadtentwicklungs- und der Bauausschuß des Passauer Stadtrates jeweils mit Mehrheit der von der „wirtschaftsfördernden" Regierung von Niederbayern sanktionierten Demolierung der ehemaligen Georgskapelle am Steinweg ihre Zustimmung. An der Stelle des einstigen Gotteshauses soll ein Hotelneubau entstehen; der Chef des bayerischen Landesamtes für Denkmalpflege, Generalkonservator Prof. Dr. Michael Petzet, hat dazu bereits im Sommer des Vorjahres (PNP vom 10./11. Juli 1982) die für Passau blamable Feststellung treffen müssen, der Fall „Steinweg 22" sei in ganz Bayern der erste während seiner Amtszeit, bei dem ein gotisches Sakralbau wegen eines Wirtshauses abgerissen werde. Am Montag wurde mit dem Abbruch begonnen.

Es hat in den letzten Jahren nicht an Stimmen gefehlt, die sich mit Energie für die Erhaltung dieser für die Passauer Stadtgeschichte bedeutsamen Bausubstanz am einstigen Friedhof von St. Paul eingesetzt haben. Der Landesdenkmalrat hat den Abbruch der alten Friedhofkapelle „Zum hl. Georg" ebenso verurteilt wie die Professoren aller historischen und kunst-

Friedhof bei St. Paul hatte 1428 die Passauer Bürgerschaft ohne Genehmigung des Fürstbischofs Leonhard von Layming, mit dem sie gerade in Fehde lag, mit dem Bau einer nordostwärts gegen die Donau vorgeschobenen Kapelle begonnen, als deren Patron der hl. Georg erwählt wurde. Während der große „Gottesacker" von St. Paul südwärts der Kirche hinter der „Römerwehr" lag (heute Spielplatz des Seminars St. Valentin), waren in dem kleinen, ungewöhnlichen Geviert zwischen Paulusbogen und Donausteilhang die Pesttoten des Jahres 1348 und die beim Aufstand gegen ihren bischöflichen Landesherrn im Gefecht bei Erlau am 24. April 1367 gefallenen Passauer verscharrt worden; letztere durften, da sie nicht in geweihter Erde beigesetzt werden. Zum Gedenken an diese rund 60 Jahre vorher gefallenen Freiheitskämpfer entstand nun die Sankt Georg, dem Patron aller, Waffentragender" gewidmete Kapelle, durch deren Errichtung der Bürger endlich auch die Benediktion des „Armleutfreithofs" zu erzwingen trachteten. Der sog. „Fünferspruch" des Jahres 1432 beendete die „Irrungen" zwischen Bischof und Bürgern, Leonhard von Layming sanktionierte den schleudert. 1810 fand die „Königl. Bayer. Rentamtsbehörde" endlich eine „sinnvolle" Verwendung für die Kirchenruine, indem sie sie durch Einbringung einer Zwischendecke, Zusetzung der Kapellenfenster und Abbruch der schadhaft gewordenen gotischen Gewölbe zum „Stadtgerichtsdienerhaus" umbauen ließ; der Gruftkeller blieb pietätvollerweise unberührt.

In dieser Funktion und Gestalt als Wohnhaus ist die Georgskirche auf unsere Zeit überkommen, kein „spektakuläres Denkmal", aber ein für Geschichte und Kultur der Stadt außerordentlich bedeutsames Objekt. Die jüngst von Abbruch-Befürwortern vorgebrachte Schutzbehauptung, man habe von der einstigen Kapelle und ihrem lokalhistorischen Rang fehlender Unterrichtung wegen nichts wissen können, wird durch eine Vielzahl von Veröffentlichungen über St. Georg widerlegt: Die Kapelle wird 1842 von Joseph Schöller in seinen „Passauer Sehenswürdigkeiten" und 1864 von Alexander Erhard im 2. Band seiner Passauer Stadtgeschichte, 1911 von Ludwig Heinrich Krick im Buch der Seelsorger und Benefiziaten und 1919 von Felix Mader im Kunstdenkmälerband von Passau, 1927 von Wolfgang Maria Schmid in seiner illustrier-

Bayerns oberster Denkmalschützer lobt Privatinitiative

400 Jahre altes Gebirgsdorf vor dem Verfall bewahrt

Restaurierung von Gerstruben bei Oberstdorf abgeschlossen

OBERSTDORF (jst). Wind und Wetter überstand es ebenso wie die Wirren des Dreißigjährigen Kriegs. Und obwohl kein Postkarten-Motiv schöner sein könnte, trotzt es beharrlich den Verlockungen des Massen-Tourismus: Gerstruben, 1154 Meter hoch gelegenes Oberstdorfer Gebirgsdörflein mit seinen fast 400 Jahre alten Holzhäusern, erlebt in diesen Tagen dennoch eine Renaissance. Heimatverbundene Bürger bewahrten es mit Fleiß, handwerklicher Kunst und finanziellem Einsatz vor dem Verfall. Dafür spendete ihnen gestern Bayerns oberster Denkmalschützer, Generalkonservator Prof. Dr. Michael Petzet, in einer Feierstunde zum Abschluß der Arbeiten allerhöchstes Lob: „Eine einzigartige Initiative!"

„Oberstdorfer Gotik" kreierte. Mit Erfolg. Aus München flossen die Gelder für das Projekt, das insgesamt knapp 400 000 Mark verschlang. Doch hatten all diese Zuschüsse auch die Marktgemeinde und der Landkreis nicht die Tatkraft einiger weniger Männer. Geradezu unentbehrlich waren bei den mannigfaltigen Arbeiten der vollbärtige Martin Rietzler und sein Sohn. Die beiden Landwirte zimmerten und schreinerten, tauschten morsche

Eingewanderte Walser-Familien siedelten sich in der Mitte des 15. Jahrhunderts unterhalb des Hüttenkopfes mit Blick auf die Höfats an. Sie legten in rauher Wildnis den Grundstein für das Gebirgsdorf Gerstruben. Die elf Familien, die dort von der Viehwirtschaft lebten, hatten im Laufe der vergangenen Jahrhunderte ein „kärgliches Leben", schildert der mittlerweile verstorbene Oberstdorfer Anton Berktold die Geschichte.

Wo einst Bergbauern in hartem Tagwerk ihr Brot verdienten, vergnügte sich um 1920 herum ein Freiherr von Heyl aus Worms bei der Jagd. Er hatte den Alpbesitz aufgekauft. Vor 30 Jahren dann erwarb ihn der „Verein der

erzieherischen Lehrstühle der Passauer Universität, wie das Landesamt für Denkmalpflege und der Stadtheimatpfleger; das „Forum Passau" hat durch Sammlung von vielen hundert Unterschriften von Passauern Bürgern und durch eine Interpellation an den kulturpolitischen Ausschuß des Bayerischen Landtags das Kulturdenkmal zu retten versucht. Es ist zutiefst bedauerlich, daß alle diese Bemühungen der Stadt, ein wichtiges Stück ihrer Identität erhalten zu helfen, vergeblich gewesen sein sollen.

Da den verschlungenen Pfaden, die letztendlich zur „Genehmigung" des Untergangs von St. Georg geführt haben, in einer späteren Untersuchung nachgespürt werden soll, gilt es, heute zunächst nochmals die Frage zu beantworten: Welchen Schaden erleidet Passau durch die Zerstörung des früheren Gotteshauses? Dazu ist ein kurzer geschichtlicher Rückblick notwendig: Der Westflügel des Hauses Steinweg 22 ist eine jener 32 Passauer Kirchen und Kapellen, die die Säkularisation im Jahre 1803 entweiht und ruiniert hat. Im „Armleut-

ten Geschichte der Stadt Passau und 1971 von Maximilian Hartmann in seiner Arbeit über die Kirchen von Passau im Jahrbuch der „Ostbairischen Grenzmarken" beschrieben und gewürdigt. Es drängt sich der Verdacht auf, daß „Nicht-wissen-können" sei möglicherweise vom „Nicht-wissen-wollen" überlagert worden....

Die Zahl der in Passau unnötigerweise geopferten Baudenkmäler wird also nun endgültig um ein weiteres „klassisches" Beispiel vermehrt; die makabere Maxime, die Stadt habe so keineswegs offene Türen ein. Oberstdorfs Bürgermeister Eduard Geyer: „Es gab unglaubliche Widerstände bei manchen Behörden. Da fielen Bemerkungen wie: Das ist ja schließlich kein Barock, das sind doch nur ein paar alte Bauernhäuser." Für die Geyer den Begriff

Bau der Georgskapelle, die zuende gebaut werden, aber keinen Turm erhalten durfte. Im gleichen Jahr 1432 wurde sie samt dem umstrittenen „Unteren Friedhof" (so hieß der „Armleutfreithof" fortan) durch den Passauer Weihbischof Matthias vom Krumauau geweiht und mit einem Benefizium bestiftet, dessen Besetzung dem Domkapitel zustand. Diese St. Georgskapelle ist identisch mit dem Westflügel des Hauses Steinweg 22: Sein Mauerwerk besteht, wie die Bauforschung erwiesen hat, aus spätmittelalterlichen Kalk- und Sandsteinquadern, die hohen gotischen Spitzbogenfenster sind, durch spätere Ziegelfüllungen verkleinert und unterteilt, im Erdgeschoß ebensoweit wie auch an der gegen die Grünanlage beim Paulusbogen zu weisenden Schmalseite erhalten. Die spezifische Einmaligkeit der Kapelle, die sie von allen anderen Passauer Kirchen unterscheidet, ist jedoch, daß sie als „Karner-Kirche" angelegt ist; St. Georg besteht aus zwei übereinanderstehenden Kapellen, von denen die untere Gruftkirche als „Beinhaus" diente. In ihm wurden die Gebeine der aus dem kleinen „coemeterium inferiore" exhumierten beigesetzt und aufbewahrt, ein Brauch, der aus mittelalterlichen tirolischen und österreichischen Kirchen (Hallstadt) noch bekannt ist, für den es in Passau und in ganz Ostbayern jedoch kein Beispiel mehr gibt. Da der Gruftkeller dieses Hauses Steinweg 22 noch heute unter dünner Erdüberdeckung mit Hunderten von Skeletten gefüllt ist, bedeutet seine Zerstörung einen ebenso pietätlosen Akt wie unersetzbaren Verlust für die Geschichte des gotischen Kirchenbaus im ostbayerischen Raum.

Beim Stadtbrand von 1662 wurde die Georgskapelle, deren Ostchor runde 100 Jahre bei Anfügung des donauabwärts weisenden Hauses verändert worden war, in Bedachung und Innenausstattung beschädigt und später wiederhergestellt. Im Mai 1709 wurde in ihr der in Linz verstorbene Passauer Domherr und kaiserliche Erbmünzmeister Franz Florian Graf von Sprinzenstein, dessen Familie die Kirche bestiftet hatte, beigesetzt. Als nach Errichtung den „Neuen Friedhofes bey St. Severin" 1787 alle Bestattungen in den alten Pfarrgottesackern der Stadt durch bischöfliches Mandat untersagt worden waren, sperrte man auch die Gruft unter der Georgskirche; die Kapelle blieb weiter Gotteshaus, bis sie, wie erwähnt, die Säkularisation 1803 ausplünderte: Ihre beiden Altäre wurden als Brennholz, ihre Grabmäler als Pflasterplatten versteigert und ver-

ehemaligen Rechtler der Ortsgemeinde Oberstdorf zurück. Sein Sprecher, Franz Brutscher, erinnerte sich gestern: „Uns trieb der Idealismus dazu. Jeder mußte damals 500 Mark bar auf den Tisch legen; für damalige Verhältnisse eine stolze Summe."

Erst reparierten die Rechtler die heruntergekommene Wirtschaft, die heute ein respektables Gasthaus ist, dann brachte sie ein Besuch im Bauernhof-Museum Illerbeuren auf die Idee, mit Hilfe staatlicher Zuschüsse die uralten Gebäude, an denen der Zahn der Zeit genagt hatte, in ihrer Ursprungsform wieder herzustellen.

Nicht nur die alte Säge, auch Baronenhaus, Jagdhütte, Kapelle, Sennküche und Bauerngehöft von Gerstruben dürften jetzt auch das nächste Jahrhundert gut überdauern.

Balken aus, erneuerten Schindeldächer, und sie brachten die völlig verrottete mit Wasserkraft aus dem Dietersbach betriebene Säge wieder in Schwung, die Rietzler senior aus der Gedächtnis nachbaute. „Vor 40 Jahren hab' ich da gearbeitet."

ERFREUT: Rechtler-Vorsitzender Brutscher, Generalkonservator Petzet und Bürgermeister Geyer (von links).

Memminger Zeitung
21. Oktober 1983

freithof" wurde im Jahre 1803 an der Georgskapelle, die zuende gebaut Bau der Georgskapelle... [continuing]

Die Proteste der Denkmalschützer haben nichts genützt: Das Haus am Steinweg, in dessen Mauern die gotische St.-Georgs-Kapelle versteckt ist, wird abgebrochen und als Hotel neu aufgebaut.
(Foto: Popp)

Dr. Gotfried Schäffer, Passau
Stadt- und Kreisheimatpfleger

Passauer Neue Presse
27. September 1983

347

Landesamt für Denkmalpflege 75 Jahre alt — Beispiele der Restaurierung

Der Prinzregent entbietet Grüße

Jubiläumsausstellung in der Burg-Kemenate — Jährlich 42 Millionen DM als Zuschüsse — Blick in Werkstätten

Als schwergewichtiges Ausstellungsstück thront Prinzregent Luitpold — sozusagen als Empfangschef — in Büstenform in der Eingangshalle der Nürnberger Burg-Kemenate, in der das Bayerische Landesamt für Denkmalpflege bis zum 18. Dezember eine Jubiläumsausstellung zum 75jährigen Bestehen des Amtes präsentiert. „Für eine Einrichtung, die sich mit Geschichte befaßt, sind zwar 75 Jahre kein Alter, doch eine willkommene Gelegenheit zur Zwischenbilanz", begründete gestern Generalkonservator, Professor Dr. Michael Petzet, die Nürnberger Ausstellung.

In der Burg-Kemenate wird an Hand von Einzelbeispielen die gesamte Palette der verschiedenen Arbeitsbereiche, der in München beheimateten Behörde dargestellt. So zeigt man den Besuchern zuerst, was ein geschütztes Denkmal alles sein kann: römische Ausgrabungen ebenso wie Wegkreuze, mittelalterliche Kirchen, Bauernhäuser oder Brücken aus dem 19. Jahrhundert, bis hin zur Architektur des Dritten Reiches spannt sich der Bogen der bayerischen Baudenkmäler. Insgesamt werden jährlich rund 42 Millionen Mark an Zuschüssen vom Landesamt ausgegeben, um die Restaurierung und Erhaltung dieser Kunstschätze zu gewährleisten. Dabei geht über die Hälfte dieses Geldes an private Bürger, um sie bei der Sanierung denkmalgeschützter Objekte auch finanziell zu unterstützen.

Bildtafeln zeigen die heutigen Aufgaben des Landesamtes, dessen Mitarbeiter gerade bei Kirchenrestaurierungen mit den Fehlern vorangegangener Stil- und Geschmacksepochen konfrontiert werden. Da wurden Bemalungen übertüncht, barocke Ausschmückungen vernichtet oder einfach durch technische Einbauten zerstört. Auch die Probleme, die der Denkmalspflege durch Luftverschmutzung entstehen, werden ausführlich in der Ausstellung behandelt. Beeindruckende Beispiele des „Steinfraßes" oder die Zerstörung wertvoller Glasfenster beweisen die fortschreitende Zerstörung durch Umwelteinflüsse, gegen die das Landesamt einen zähen Kampf führt.

Im zweiten Stock der Burgkemenate stellen schließlich die Restaurierungswerkstätten ihre Arbeit vor. So kann allein das Bayerische Landesamt für Denkmalpflege in der Bundesrepublik ein Zentrallabor sein eigen nennen, das sich vor allem mit den Schwierigkeiten bei der Stein- und Glaskonservierung beschäftigt. Außerdem zeigen die staatlichen Werkstätten für Wandmalerei, Textilien, Skulpturen, Tafel- und Leinwandgemälde, Steinkonser-

1908 von Prinzregent Luitpold gegründet: Dr. Michael Petzet, der Chef des Landesamtes für Denkmalspflege, in der Jubiläums-Ausstellung vor einer Wand mit Beispielen geglückter Restaurierung und Erhaltung Foto: Gerullis

Nürnberger Zeitung
26. Oktober 1983

vierung und Glasgemälde Beispiele ihrer Restaurierungsarbeit. So wurden bei Grabungen im Schloß Seehof die Bruchstücke eines Tritons des Bildhauers Ferdinand Tietz gefunden. Die Steinfigur — inzwischen wieder zusammengesetzt — ziert nun die Nürnberger Ausstellung.

Leider sind in der Denkmals-Schau, die später auch in anderen bayerischen Städten gezeigt werden soll, keine Beispiele für Nürnberger Restaurierungen zu sehen. Petzet besänftigte jedoch die Gemüter. Er versicherte, daß das Landesamt mit dieser Ausstellung bewußt nach Nürnberg gegangen sei, um zu dokumentieren, daß die Münchner Fachbehörde für den gesamten Freistaat zuständig sei und die Zuschüsse auch gezielt und möglichst gleichmäßig über die Regierungsbezirke verteile. Heute abend findet übrigens im Rittersaal der Kaiserburg die festliche Eröffnung der Ausstellung mit Wirtschaftsminister Anton Jaumann statt. -liz-

Die Denkmalpflege macht Karriere

Denkmalpfleger zeigen Proben ihrer Arbeit

Ausstellung in der Nürnberger Kaiserburg zum 75jährigen Bestehen des Bayerischen Landesamts

Von unserem Redaktionsmitglied Hubert Neumann

NÜRNBERG (Eigener Bericht) – Das Bayerische Landesamt für Denkmalpflege besteht seit 75 Jahren. Anlaß genug, der Gründung 1908 mit einer Ausstellung zu gedenken, die bis zum 18. Dezember in der Nürnberger Kaiserburg gezeigt wird. Dann kann sie als Wanderausstellung ab 1984 in andere bayerische Städte gehen, sagte Generalkonservator Michael Petzet. Sie wolle nicht die Geschichte des Amtes darstellen, sondern vielmehr zeigen, wie moderne Denkmalpflege in Bayern in allen Bereichen praktiziert wird.

„Denkmalpflege ist älter als das Amt", sagte Petzet, die Anfänge reichen zumindest in die Regierungszeit Ludwigs I. zurück. 1908 wurden aber alle Bereiche, von der Bodendenkmalpflege bis zur Bau- und Kunstdenkmalpflege in einer Behörde zusammengefaßt. Sie gibt heute jährlich über 42 Millionen Mark für Private und Kommunen aus. Dazu kommen riesige Summen des Staates und der Kirchen. Erfreulich sei das enorme Wachstum privater Initiativen in Städten und ländlichen Bereichen, berichtete Petzet. Die bayerische Denkmalliste erfaßt mit 100 000 Baudenkmälern, Kirchen und Klöstern, Stadtmauern und Türmen, Burgen und Schlössern, Rathäusern aber auch Pfarr- und Bauernhäusern, technische Anlagen, Brunnen und Grenzsteine. Dazu kommen 900 Ensembles vom unversehrten Dorf bis zu den „Stadtdenkmälern" wie Regensburg und Bamberg.

Dazu kommt aber auch, daß Bayern in einer weithin noch unbekannten Fülle archäologische Zeugen der Geschichte, sogenannte Bodendenkmäler besitzt, die einzigen Zeugnisse menschlichen Lebens aus vor- und frühgeschichtlicher Zeit. So umfaßt heute die Denkmalpflege die Zeitspanne von 10 000 vor Chr. bis in unsere Tage. Durch das Zentrallabor, das einzige aller Landesdenkmalbehörden, hat Bayern eine führende Stellung in allen Fragen der Stein- und Glaskonservierung, sagte Petzet, die Erfassung, Dokumentation und Publikation der Denkmäler sei sowohl aus wissenschaftlichen Gründen wie auch für die Durchführung des Denkmalschutzes die entscheidende Grundlage.

In der Kaiserburgausstellung zeigen alle Bereiche des Amtes, die Boden-, Bau- und Denkmalpflege sowie die Restaurierungswerkstätten Ausschnitte ihres erfolgreichen Schaffens. Die Fülle der Beispiele reicht vom Augsburger Dom vor und nach der Restaurierung 1934, den Wiederaufbau in Würzburg, Rothenburg und München (mit dem Preysingpalais). Die amtlichen Erlasse zur Gründung des Amts, wie das Ministerialblatt für Kirchen- und Schulangelegenheiten von 1908 sind vertreten, dazu topographische Pläne der vorgeschichtlichen und frühmittelalterlichen Ausgrabungen in Bayern. Faustkeile, die zu den ältesten Funden gehören, werden gezeigt, ebenso wie Bügelfibelpaare oder die eiserne Gesichtsmaske aus Stockstadt am Main, die von einem römischen Soldaten bei Schaukämpfen oder Paraden getragen worden ist. Zeugnisse eines Adelsfriedhofs mit Kirche in Herrsching am Ammersee oder die römischen Thermen von Weissenburg sind auch ausgestellt.

Die Konservierungswerkstätten, die Wiederherstellung römischer Mosaiken, von Bildern, Altären und wertvollen Textilien. Befunddokumentationen reichen von Raumfassungen der Renaissance und barocken Türblättern bis zu Stuckdecken und Tapeten. Der Besucher kann den Ablauf bauhistorischer Untersuchungen von mittelalterlichen Häusern verfolgen am Beispiel des Halbgiebelhauses Tändlergasse 2 in Regensburg, eines bäuerlichen Fachwerkhauses von 1500 in Mainbernheim oder der kath. Pfarrkirche von Berching in der Oberpfalz. Schadensdokumentationen von St. Jakobus in Urschalling (Kreis Rosenheim), dem Kaisersaal der ehemaligen Zisterzienserabtei Kaisheim (Kreis Donau-Ries) bis hin zu Bildern nach der Restaurierung sowie die Konservierung der Deckengemälde von Johann Baptist Zimmermann der Pfarrkirche St. Michael im Münchner Stadtteil Berg am Laim werden anschaulich dargestellt. Die Fresken von Carpoforo Tencalle im Passauer Dom fehlen ebenfalls nicht in der Schau. Der Restaurierung wertvoller Skulpturen von Tafel- und Leinwandgemälden ist ein eigener Teil der Ausstellung gewidmet.

Süddeutsche Zeitung
27. Oktober 1983

Mehr Bedeutung und höherer Etat – Kritik am Landesamt

Von unserem Redaktionsmitglied Ingrid Bergmann

ANSBACH. Die Denkmalpflege gewinnt zusehends an Bedeutung und Ansehen. Nachdem bereits am Mittwoch in der Nürnberger Kaiserburg eine Ausstellung zum 75. Geburtstag des Landesamtes für Denkmalpflege von Bayerns Wirtschaftsminister Anton Jaumann eröffnet worden war, steuerte gestern bei der diesjährigen Tagung der Bayerischen Denkmalpflege zum Thema „Zehn Jahre bayerisches Denkmalschutzgesetz" in Ansbach Finanzminister Max Streibl, vertreten durch Staatssekretär Albert Meyer, dem Festvortrag bei. Das Interesse dieser Ministerien zeugt vom Aufstieg des Landesamtes aus dem Schattendasein einer Beratungsstelle ohne feste Richtlinien und rechtliche Kompetenzen zu einer anerkannten Behörde.

Die „Karriere" des Amtes ist verknüpft mit dem wiedererwachten Geschichtsbewußtsein in der Bundesrepublik wie in Europa. Seit dem Europäischen Denkmalschutzjahr 1975 wird in fast allen alten Städten saniert, restauriert und repariert. Diese Aktivitäten haben sich auf die Wirtschaft im mittelständischen Bereich konjunkturfördernd ausgewirkt, betonte Jaumann.

In zehn Jahren sind nach der Darstellung Streibls die Leistungen Bayerns für die Denkmalpflege verdreifacht worden. 1984 soll der Gesamtansatz erstmals die 50-Millionen-Grenze überschreiten. Auch personell hat sich das Landesamt für Denkmalpflege seit dem 1. Oktober 1973, als das bayerische Denkmalschutzgesetz in Kraft trat, von 105 auf über 180 Stellen vergrößert. Hier wird freilich mit einem Zuwachs in der nächsten Zeit kaum mehr zu rechnen sein. Staatssekretär Albert Meyer: „Lieber Geld als Stellen!"

Dreißig Prozent der Bediensteten im Landesamt sind in der Bodendenkmalpflege tätig, die lange als „Stiefkind" gehalten wurde. Auch sie wird im genehmigten Entwurf des Nachtragshaushaltes 1984 im Ansatz um eine auf vier Millionen DM erhöht.

Zwar habe sich nach Erfahrung des Landesamtes das Bewußtsein der Öffentlichkeit im Sinne der Erhaltung gewandelt, aber auch das Anspruchsdenken sei mitgewachsen. „Wir müssen uns das Wohlwollen der Eigentümer von Grundstücken mit Bodendenkmälern oft buchstäblich erkaufen", berichtete der stellvertretende Amtsleiter Dr. Dieter Martin. Der Gegensatz von öffentlichem Interesse an der bayerischen Heimat und dem privaten Anspruch auf Nutzung und Verwertung der Denkmäler bestehe nach wie vor. Um so wichtiger sei der unverwässerte Bestand des bayerischen Denkmalschutzgesetzes, das sich als das beste in Deutschland bewährt habe, wie Generalkonservator Professor Dr. Michael Petzet betonte.

SPD: Widersprüchliche Gutachten

Eine kritische Bilanz der Denkmalpflege in Bayern zog der stellvertretende Vorsitzende des Landesdenkmalrates, der SPD-Landtagsabgeordnete Volker Freiherr von Truchsess. Die Arbeit des Landesamtes für Denkmalpflege sei teilweise beeinträchtigt durch eine erhebliche Personalfluktuation. Das Amt habe in den letzten Jahren eine größere Zahl von hochqualifizierten Mitarbeitern nicht halten können. Die häufigen Umbesetzungen führten dazu, daß vom Landesamt voneinander abweichende Gutachten erstellt worden seien.

In einer Vielzahl von Fällen hätten die Denkmalschutzbehörden die Genehmigung zum Abbruch von bedeutenden Baudenkmälern erteilt, kritisierte von Truchsess. Oft seien die Entscheidungen dabei von der politischen Ebene her beeinflußt worden.

Mittelschwäbische Nachrichten (Krumbach)
29. Oktober 1983

AZ (Abendzeitung), 2. November 1983

Denkmalschutz oder Abbruch?

VON DER SPITZHACKE BEDROHT: Deutschlands ältestes Flughafengebäude, das in Oberschleißheim vergammelt. Foto: Alfred A. Haase

WAS DENKMALPFLEGE LEISTET, führt z. Z. eine Ausstellung auf der Nürnberger Kaiserburg an Beispielen vor. Eines der Beispiele ist das um 1500 erbaute Haus Berggasse 6 in Mainbernheim. Mitte der 70er Jahre schien der Abbruch angesichts des miserablen Bauzustandes unvermeidlich, doch über genaueren Untersuchungen, die einer Dokumentation des wertvollen Denkmals dienen sollten, entschloß man sich zur Rettung. Nicht nur das äußere Erscheinungsbild, auch wesentliche Teile des Innenausbaus konnten erhalten werden. Trotz recht aufwendiger, minutiös ins Detail gehender Restaurierungsarbeiten blieben die Kosten unter denen eines Neubaues von gleicher Nutzfläche.

Der Flughafen Oberschleißheim vergammelt

Schlösser- und Seen-Verwaltung hat kein Geld — Wohnbebauung geplant

Von Angela Böhm

Die hohe Kunst des Bewahrens

75 Jahre Landesamt für Denkmalpflege – Eine Ausstellung in Nürnberg

Als Prinz schon hatte er sich um die lebenden Künstler gekümmert, und kaum saß Bayerns kunstsinniger König auf dem Thron, kümmerte er sich auch um die Römerfunde im Fränkischen, darunter die Thermen von Weißenburg, sondern auch in anderen Regionen wie erst jüngst wieder im Regensburger Raum. Die Photos der

Hinterlassenschaft der längst verstorbenen: Schon 1826 erließ Ludwig I. eine erste „Entschließung zum Schutz von Kunstdenkmälern im öffentlichen Besitz", vor allem zum Schutz der historischen Bauten, „daß niemand sie mehr durch ‚ungeeignete Renovation' verunstalten dürfe, „da wir dergleichen mit aller Sorgfalt erhalten wissen wollen... ‚Die Oberaufsicht über alle Geschehnisse in der hohen Kunst des Bewahrens wurde später dann dem Direktors des Bayerischen Nationalmuseums übertragen, und erst 1908, also vor genau 75 Jahren, zur Zeit des Prinzregenten Luitpold, wurde daraus ein eigenständiges Amt mit einem ständig wachsenden Mitarbeiterstab unter der Leitung eines Generalkonservators: das „Bayerische Landesamt für Denkmalpflege", das heute von Michael Petzet geleitet wird.

Im Kemenatenbau der Nürnberger Kaiserburg wird jetzt aus Anlaß des 75jährigen Bestehens des Amtes eine Ausstellung gezeigt, die in Photos und Dokumenten die Arbeitsweisen und das weite Aufgabenfeld der Denkmalpflege in Bayern darzustellen versucht. Eröffnet wurde die Jubiläumsschau vom bayerischen Wirtschaftsminister Anton Jaumann, der darauf verwies, wie sehr die Denkmalpflege längst über eine bloß schöngeistige Tätigkeit hinausgewachsen und zu einem bedeutenden Wirtschaftsfaktor geworden ist. Das meint nicht nur die Zusammenarbeit mit den an den Restaurierungsarbeiten beteiligten Firmen, das meint auch nicht nur die Tatsache, daß sehr oft auf firmeneigenem Grund Denkmalschutz betrieben wird; das meint vor allem die enormen finanziellen Mittel, die heute dafür erforderlich sind.

Zum Auftakt der Jahrestagung der bayerischen Denkmalpflege in Ansbach teilte Albert Meyer, Staatssekretär im Finanzministerium, mit, daß im kommenden Jahr die Haushaltsmittel für die Denkmalpflege im Freistaat von bisher vierzig auf fünfzig Millionen Mark aufgestockt werden; auch der Entschädigungsfonds wird von bisher zehn auf künftig fünfzehn Millionen Mark erhöht. In den letzten zehn Jahren gab es für die Instandsetzung von Baudenkmälern in Bayern staatliche Zuschüsse in Höhe von 170 Millionen Mark; zusätzlich wurden mit Hilfe des Entschädigungsfonds für Härtefälle 666 Objekte mit insgesamt 203 Millionen Mark gefördert,

Ausstellung zeigen Bauten, Skulpturen und Fresken aus vielen Stilen und Epochen; sie zeigen sie vor und nach der Restaurierung und erklären die Restaurierungsmethoden.

Eine Ausstellung für Fachleute also? Durchaus nicht in einer Zeit, in der das Bewahren des Bestehenden weit mehr Sympathie auf sich zieht als der Fortschritt um jeden Preis – auch wenn die einzelne Maßnahme nicht immer die spontane Sympathie aller beteiligten Privatpersonen findet und die Überredungskünste der Denkmalschützer ohne die lockenden Steuervorteile zuweilen wohl fruchtlos blieben. Denn nicht immer und in jedem Fall greift das vor zehn Jahren geschaffene und inzwischen bewährte Denkmalschutzgesetz. Neben der Aufgabe zu informieren, will die Jubiläumsschau, die bis zum 18. Dezember in Nürnberg bleibt und anschließend auch in anderen bayerischen Städten gezeigt werden soll, auch um ein breiteres Verständnis für die Maßnahmen der Denkmalpflege werben. Die wissenschaftliche Solidität der Dokumentation läßt die Solidität der Arbeit erkennen, von der sie berichtet. Vom über 300seitigen Katalog weitergehend informiert, kann der Besucher hier Einblick nehmen in das sinnvolle und unspektakuläre Werk derer, die versuchen, den Glanz vergangener Jahrhunderte in unsere grauen Tage herüberzuretten und den schon verschütteten Glanz wieder freizulegen. W. F.

Die Ausstellung in der Kaiserburg vermittelt nun einen Eindruck davon, was und mit welchen technischen Mitteln restauriert wurde. Dabei wird zunächst einmal deutlich, daß dies meist jenseits des allgemeinen Interesses abspielende Arbeit der Denkmalpflege weit vielfältiger und interessanter ist, als dem Laien bewußt ist, und in manchen Fällen sogar geradezu spannend, zumal wenn es sich um neue Bodenfunde handelt, bei denen sich etwa die Luftbildarchäologie ausgefeilter Methoden bedient, von denen die weniger systematisch arbeitenden Wissenschaftler unserer Vätergeneration noch keine Ahnung hatten. Gerade in den letzten Jahren gewann so die Archäologie im süddeutschen Raum stark an Bedeutung und öffentlichem Interesse, nicht nur durch die

München – Deutschlands ältestem Flughafen in Oberschleißheim geht's an den Kragen. Dort, wo einst tollkühne Pioniere der Luftfahrt wie von Richthofen, Immelmann und Tutschek mit ihren Maschinen starteten, sollen jetzt Reihenhäuser gebaut und 50 Hektar freie Fläche aufgeforstet werden. Die Gemeinde hat bereits den Abbruch der über 70 Jahre alten Kommandantur und der angrenzenden Flugzeugwerft beantragt. Das Landesamt für Denkmalpflege aber will das historische Gebäude des ehemals königlich-bayerischen Flughafens unter Denkmalschutz stellen.

„Der Mensch lebt nicht vom Denkmalschutz allein", empört sich darüber Oberschleißheims Bürgermeister Hermann Schmid. „Wir brauchen dringend Wohnungen. Und das wäre schließlich auch eine Aufwertung für den Münchner Norden."

Nur einen Teil des Flughafens will er erhalten. Die „Junkers-Hallen" sind als Domizil für den Schleißheimer Segelfliegerclub „Ikarus" vorgesehen. Die Gemeinde plant die Luftfahrtschau des Deutschen Museums nach Schleißheim zu holen. Entsprechende Verhandlungen laufen bereits.

Das aber reicht den bayerischen Denkmalspflegern nicht aus. Auch das Flughafengebäude soll erhalten bleiben. „Es ist ein Dokument der Technikgeschichte und ein Wahrzeichen für den Beginn der Luftfahrt", erklärt Michael Petzet, der Chef des Landesamtes für Denkmalpflege.

Bereits 1912 wurde die Kommandantur für die Luftschiffwerft von Prinzregent Luitpold erbaut. Sie war Abfertigungshalle, Wache und Büro in einem. Nach dem Zweiten Weltkrieg zog dort die US-Luftwaffe ein. Bis 1972 stand der Flughafen unter amerikanischer Verwaltung.

Derzeit gehören die inzwischen halbverfallenen Bauten auf dem Flughafengelände hinter dem Schleißheimer Schloß der Schlösser- und Seenverwaltung. Sie läßt die historischen Gemäuer weiter vergammeln. „Wir selbst haben keine Verwendung und auch kein Geld, um sie zu sanieren", sagt ein Sprecher.

Bei der Schlösser- und Seenverwaltung zeigt man sich allerdings verhandlungsbereit: „Wenn jemand kommt, der einen Verwendungszweck und den nötigen finanziellen Hintergrund mitbringt, können wir über alles reden."

△ Bayerische Staatszeitung
4. November 1983

Der Saal im Ponikauhaus:

Ein Rokoko-Juwel in Kempten leuchtet wieder

Bayern-Kurier
5. November 1983

DENKMALPFLEGE IN BAYERN

Die Aufgaben wachsen

In Stadt und Land, auf und unter der Erde

In Ansbachs Orangerie, an historischem Ort, wie es sich für eine solche Versammlung gehört, hielten die bayerischen Denkmalpfleger ihre diesjährige Jahrestagung ab, feierten die Jubiläen – zehn Jahre Denkmalschutzgesetz, 75jähriges Bestehen des Bayerischen Landesamts für Denkmalpflege und 65 Jahre Staatliche Schlösser- und Seenverwaltung. Dort sprachen sie auch über ihre Sorgen, vor allem die Personalprobleme, ließen sich über größere Projekte, wie die Wiederherstellung des großen Rathaussaales in Nürnberg und die Restaurierung des Schwabacher Hochaltares unterrichten und informierten sich an Ort und Stelle über die mit ihrer Arbeit verknüpften städtebaulichen und restauratorischen Probleme.

Immer wieder wurde dabei der Freude darüber Ausdruck gegeben, wie groß das Echo geworden ist, das die Arbeit der Denkmalschützer in der Öffentlichkeit findet. Beispiele wurden genannt. Ansbach selbst gehört dazu. 800 Häuser stehen hier auf der Denkmalliste, d. h. ein überwiegender Teil der Innenstadt, die den Zweiten Weltkrieg fast unversehrt überstand. Bürgermeister Dr. Ernst-Günther Zumach berichtete, daß 90 Prozent der in den letzten Jahren renovierten Häuser im Zentrum unter z. T.

sprach davon, daß es sich bis auf das 20fache erweitert habe. Die Bodendenkmalpfleger kommen daher kaum noch zu einer ihren Vorstellungen entsprechenden Auswahl bei archäologischen Grabungen, sondern müssen immer dort den Spaten ansetzen, wo gerade etwas durch Hoch- oder Tiefbauten zerstört zu werden droht.

Hier wie an vielen Stellen ist die Aufmerksamkeit und die Einsatzfreude der Heimatpfleger von unschätzbarem Wert. Albert Meyer, Staatssekretär im bayerischen Finanzministerium, selber im Denkmalschutz sehr engagiert, sprach sie deshalb in seiner Festrede in Ansbach besonders an: »Durch ihre profunden, meist in langjähriger ehrenamtlicher Tätigkeit erworbenen Kenntnisse der örtlichen Geschichte und der örtlichen Verhältnisse sind sie als Berater der Denkmalschutzbehörde und des Landesamts für Denkmalpflege von größtem Wert und für die praktische Denkmalpflege inzwischen unverzichtbar. So waren die Heimatpfleger von Anfang an eine wesentliche Stütze bei der Erstellung der Denkmallisten. Sie haben insbesondere dort eine unverzichtbare Hilfe geleistet, wo Flurdenkmäler gehäuft auftreten, die ja auch zu erfassen waren. Die nähere Ortskennt-

Restaurierung als Großtat der Denkmalpflege gewürdigt

KEMPTEN (is). Als eine „Großtat der Denkmalpflege" und ein „Paradebeispiel, das man nicht genug loben kann", bezeichnete Generalkonservator Dr. Michael Petzet vom Bayerischen Landesamt für Denkmalpflege die Wiederherstellung des einstigen Festsaales im Ponikauhaus. 115 Jahre durch eine Zwischendecke verbaut und beinahe dem Verfall preisgegeben, ist dieses von Künstlern des Fürstabtes ausgestaltete Rokoko-Juwel Kemptens nun in seiner ursprünglichen Schönheit wiedererstanden. So wurde der Festakt zur Übergabe des restaurierten Raumes, der als reichsstädtisches Gegenstück zum Thronsaal der stiftischen Residenz gilt, zu einer großen Danksagung an alle Beteiligten und Initiatoren, voran Konsul Friedrich Döbler - Aufsichtsratsvorsitzender der Allgäuer Volksbank - und Bankdirektor Josef Geiger.

Konsul Döbler, der namhafte Repräsentanten des öffentlichen Lebens willkommen heißen konnte, sprach von einem „großartigen Werk", mit dem unersetzliches Kulturgut, nämlich der schönste Bürgersaal Schwabens aus der Rokoko-Zeit, vor dem Verfall bewahrt werden konnte. „Die Provinz hat sich damals angestrengt, sie strengt sich heute an", charakterisierte Döbler die einstigen und die jetzigen Bemühungen um diesen Saal.

Direktor Josef Geiger motivierte die kostspielige Maßnahme, für die keine Zuschüsse hätten erwartet werden können, mit der Erkenntnis „Besitz verpflichtet". Geiger wies darauf hin, daß auch das Foyer in einen ursprünglichen Zustand versetzt wurde, und dankte Restaurator Josef Lorch (Füssen) und Stukkateur Josef Schnitzer aus Buching, die mit hervorragender Sachkenntnis und großem Engagement gewirkt hätten. Dankesworte gab es auch für die Architekten, die Handwerksfirmen sowie für das Landesamt für Denkmalpflege (Beratung).

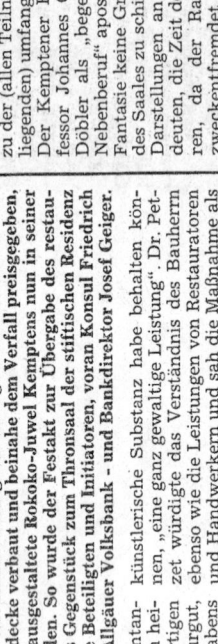

künstlerische Substanz habe behalten können", eine ganz gewaltige Leistung." Dr. Petzet würdigte das Verständnis des Bauherrn ebenso wie die Leistungen von Restauratoren und Handwerkern und sah die Maßnahme als Beispiel für Privatinitiative an. Die restauratorischen Probleme wurden noch in einer eigenen Publikation dargestellt, teilte der Generalkonservator mit und lobte die Arbeit von F. Zollhoefer, der die Geschichte des Hauses zusammengestellt hatte.

Für den Bayerischen Genossenschaftsverband und die Bayerische Zentralkasse gratulierte Verbandsdirektor Dietrich Ohlmeyer. Er anerkannte die „Kombination von wirtschaftlicher Zielsetzung und von Kulturpflege", die auch dem Bürger zugute komme.

Bereicherung für Kempten

Oberbürgermeister Dr. Josef Höß sah in der Restaurierung dieses Raumes, den er einen der schönsten Säle Süddeutschlands nannte, einen Beweis dafür, daß es immer wieder Bürger gebe, „die sich verpflichtet fühlen, Mäzene zu sein". Der OB sprach von einer „kulturellen Tat allererster Ranges". „Unsere Stadt ist wiederum bereichert, die Altstadt noch mehr ins Licht der städtischen Existenz und des Selbstverständnisses bürgerschaftlichen Umgangs in dieser Stadt gerückt".

Gutnachbarschaftliche Grüße und herzliche Glückwünsche an alle Beteiligten überbrachte für den Kreis Oberallgäu Landrat Hubert Rabini. Die Allgäuer Volksbank habe „zweifellos eine Großtat vollbracht", die Impulse geben könne, und sie sei ein Beispiel gesetzt, „das einer Allgäu-Metropole würdig ist".

Generalkonservator Dr. Michael Petzet, der Dank des Landesamtes für Denkmalpflege übermittelte, nannte die Restaurierung dieses Saales, der in der Verborgenheit seine

---

Akteure im Rokoko-Zopf

Alte Zeit kam neu zu Ehren

KEMPTEN (is). Eine längst verklungene Zeit wurde wieder lebendig, als eine illustre Gesellschaft die Übergabe des glanzvoll restaurierten Festsaales im einstigen Haus der Patrizier König und Jenisch feierte. In Rokoko-Gewandung präsentierten sich die Empfangsdamen, ebenso die Musici (Bläserquintett der Bundeswehr), die von der kleinen Empore festliche Klänge in den Saal schmetterten. In Rokoko-Manier auch das Vorwort zu der (allen Teilnehmern schriftlich vorliegenden) umfangreichen Festansprache. Der Kemptener Betriebswirtschaftsprofessor Johannes Goldner - von Konsul Döbler als „begeisterter Historiker im Nebenberuf" apostrophiert - setzte seiner Fantasie keine Grenzen, um die Historie des Saales zu schildern, die allegorischen Darstellungen an der Gewölbedecke zu deuten, die Zeit des Verfalls zu beschwören, da der Raum als Wäscheboden zweckentfremdet war, und schließlich den Aufsichtsratsvorsitzenden als „Märchenprinzen", der den Saal aus dem Dornröschenschlaf erweckt habe, gebührend herauszustellen.

Unter dem „hochverehrlichen Publicum", dem solches „vom Manuskripteur Professor Johannes Goldner höflich rezitieret" wurde, sah man auch MdL Diethei, Alt-OB Fischer, sowie Vertreter von Geistlichkeit, Bundeswehr, Behörden und Wirtschaft.

Der Allgäuer (Kempten)
11. November 1983

UNTER DEN GÖTTERN DES OLYMP, die der stiftkemptische Hofmaler Franz Georg Hermann mit der Personifikation der Reichsstadt Kempten im Deckenbild festgehalten hat, stellten sich im Ponikausaal – eingerahmt von Damen im Rokoko-Gewand – Redner und Gratulanten der Eröffnungsfeier der Fotografen: Von links Konsul Friedrich Döbler als Aufsichtsratsvorsitzender der Allgäuer Volksbank, Generalkonservator Dr. Michael Petzet vom Bayerischen Landesamt für Denkmalpflege, Oberbürgermeister Dr. Josef Höß und Bankdirektor Josef Geiger beim Studium der von Professor Johannes Goldner verfaßten Festschrift.
Bild: Erika Bachmann

Denkmalschutz nimmt sich nun der Schlösser und Burgruinen an

Landesamt setzt mit Dreijahresplan Schwerpunkte

Von unserer Münchner Redaktion

München (job) „Jede öffentliche Mark im Bereich der Denkmalpflegeförderung muß fünf bis zehn private Mark hervorlocken." Diese Forderung an private und öffentliche Eigentümer geschützter Bauten richtete der bayerische Kultusminister Hans Maier bei einer Pressekonferenz anläßlich des 75jährigen Jubiläums des Bayerischen Landesamtes für Denkmalpflege.

Befriedigt registrierte der Generalkonservator die Zusicherung Maiers, den Entschädigungsfonds dienendes Sondervermögen des Staates – bis 1984 von 20 auf 30 Millionen Mark zu erhöhen. Nur die Zustimmung des Landtags als letzte gesetzgeberische Hürde stehe noch aus. Und auch die Mittel für die Erhaltung von Bodendenkmälern – bisher in Bayern ein etwas stiefmütterlich behandelt – solle von zwei auf drei Millionen Mark erhöht werden. Diese Million kommt in erster Linie der frühkeltischen Grabungsstelle in Manching zugute.

Gleichzeitig stellte Michael Petzet, Generalkonservator im Freistaat, den vierten Mehrjahresplan seiner Behörde der Öffentlichkeit vor. Runde 54 Millionen Mark wird sich der Freistaat demnach in den nächsten drei Jahren den öffentlich geförderten Denkmalschutz kosten lassen; weiterhin der zweite Rang in der Bundesrepublik hinter Baden-Württemberg, das mit 60 Millionen den Spitzenplatz belegt.

Der Mehrjahresplan, der nun erstmals auf drei statt bisher fünf Jahre ausgelegt ist, soll für diese Gelder Schwerpunkte setzen. Neben Stadtmauern und Burgruinen seien besonders viele Schlösser in einem desolaten Zustand, betonte Michael Petzet. In der Region Ingolstadt ist es vor allem die Eichstätter Stadtmauer, für die Instandsetzungsmaßnahmen bereits geplant sind. Aber, so Petzet, in dem Finanzplan sei auch noch ein Polster für Sofortmaßnahmen in dem erhaltenswerter Bausubstanz reichsten Bundesland vorgesehen. Immerhin besitze der Freistaat mit 110 000 rund ein Viertel aller schützenswerten Baudenkmäler in der Bundesrepublik.

Anläßlich des Jubiläums der Bayerischen Denkmalschutzbehörde, die aus dem 1881 etablierten königlichen Generalkonservariat hervorgegangen ist, richtete das Landesamt eine Wanderausstellung ein. Nach Nürnberg werden die Leistungen der „königlichen Behörde", so Petzet stolz, auch in Eichstätt zu begutachten sein.

großen Opfern der Bürger so wiederhergestellt wurden, daß die Einheitlichkeit des Stadtbildes erhalten bliebe.

Man ist sich natürlich schon klar darüber, daß das wachsende Engagement vieler Bürger für den Denkmalschutz nicht zuletzt auch sehr handfeste Gründe, nämlich steuerliche Vorteile hat. Wie der Leiter des Landesamts für Denkmalpflege, Generalkonservator Professor Michael Petzet erklärte, erhöhten sich die Begeisterung für die Denkmalpflege beträchtlich. Ja, viele freuten sich sogar über Auflagen seines Amtes, das – kostenlos – dementsprechende Bescheinigungen zur Vorlage beim Finanzamt ausstellte, mit denen können sowohl Auswirkungen auf die Einkommenssteuer haben, als auch auf Vermögens-, Umsatz-, Grund-, Erbschafts- und Schenkungssteuer und zur Anerkennung »außergewöhnlicher Belastungen« führen. Die Bescheinigungen gibt's übrigens nicht, wenn nur die Fassaden stehenbleiben und das Haus dahinter »entkernt« wird. Ein großer Lernprozeß ist in Gang gekommen. Allerdings, ohne die Bereitschaft der privaten Eigentümer und vieler Mieter von alter Bausubstanz sähe das Ergebnis der denkmalpflegerischen Bemühungen, das man landauf, landab in Augenschein nehmen kann, wesentlich bescheidener aus und auch ohne den gewaltigen Einsatz der Kirchen.

Früher hieß es einmal: Armut sei die beste Denkmalpfleger. So ganz stimmt das nicht mehr. Die Aufgaben, mit denen sich der Denkmalschutz beschäftigen muß, ändern sich nicht nur, sie nehmen auch ständig zu und damit der Bedarf an Geld und Personal. Jahrzehntelang galt die Aufmerksamkeit vor allem Kirchen, Schlössern, der Restaurierung von Altären, Statuen, Bildern. Das geschieht zwar heute immer noch, aber ganz neue Bereiche sind für die »Landesanwälte« in Sachen Denkmalschutz hinzu gekommen: zunächst die Bürgerhäuser in den Städten, bis hin zum Schutz gewachsener Häuserzeilen oder Plätze, der Ensembles, dann durch die Dorferneuerung, die dringend notwendig ist, wie Regierungspräsident Heinrich von Mosch betonte, die gesamte ländliche Architektur.

Mit der Entwicklung der Technik, dem Auftauchen neuer Probleme, wie der Umweltschäden, ändern sich auch die Verfahren. Eine neue Wissenschaft wie die Baubiologie vermittelt Erkenntnisse, die auch im Denkmalschutz wichtig werden. Die Luftbildarchäologie erweitert das Spektrum der Bodendenkmalpflege in geradezu atemberaubendem Tempo, Dr. Erwin Keller, der Leiter dieser Abteilung der Denkmalpflege

der Heimatpfleger ermöglichte es, nicht nur viele wertvolle Flurdenkmäler in die Listen einzubeziehen, sondern hat dazu beigetragen, daß auch in entlegenen Einöden schätzenswerte Baudenkmäler nicht übersehen wurden.«

Eine »Freudenbotschaft« – so Professor Petzet – kündigte Staatssekretär Meyer den Denkmalpflegern an: Die Mittel für den »Entschädigungsfonds« steigen von 20 auf 30 Millionen DM. Mit diesem Geld werden in »Feuerwehreinsätzen« private Eigentümer unterstützt, wenn es darum geht, gefährdete Denkmäler zu erhalten, oder einzugreifen wie in Weißenburg. Dort entdeckte man eine römische Badeanlage auf einem Baugrund, auf dem gerade ein Baukomplex entstehen sollte. Der Fund war von großer Bedeutung für die Geschichte Bayerns. Mit Mitteln des Entschädigungsfonds konnte das Terrain noch erworben werden. Auch kleinen Kommunen wird geholfen, z. B. um eine Stadtmauer zu erhalten.

Fruchtbare Zusammenarbeit

Freiherr von Crailsheim, der Präsident der Bayerischen Verwaltung der Staatlichen Schlösser, Gärten und Seen, unterstrich auf dieser gemeinsam ausgerichteten Tagung die immer enger werdende Zusammenarbeit seiner, mit ähnlichen Aufgaben betrauten Behörde mit dem Landesamt für Werkstätten der staatlichen Schlösserverwaltung und zeigte eine Reihe von Beispielen dafür, was alles getan werden muß, um den Bestand und das Inventar der nahezu 50 aus dem ehemaligen Krongut der Wittelsbacher stammenden Burgen und Schlösser zu erhalten.

Bilder, Skulpturen aus Holz und Stein, Bronzen, Gobelins, Stickereien, Kleinodien, Uhren, Porzellane, Möbel müssen – von den Bauwerken selbst einmal abgesehen – gepflegt, repariert, geschätzt und sachgemäß aufgestellt werden. Oft fehlen Fachkräfte, beispielsweise Stickerinnen oder ein Restaurator für die Schatzkammer in der Münchner Residenz. Der Mangel an Fachkräften ist sucht. Der Mangel an Fachkräften ist in beiden Ämtern gemeinsam. Die Nachwuchsausbildung in diesen Bereichen zu sichern und zu regeln, gehört zu den Problemen, die noch einer Lösung bedürfen.

MARIE-HELENE LAMMERS

Donau-Kurier (Ingolstadt)
30. November 1983

Bayerische Staatszeitung
9. Dezember 1983

Ein Erbe zu bewahren, eine Bürde zu tragen

Mit einem neuen Mehrjahresplan setzt das Bayerische Landesamt für Denkmalpflege Schwerpunkte seiner Arbeit

Vielleicht ist es doch eher eine Kuriosität, jenes neuromanische Mausoleum, das sich der Freiherr Hans Georg Friedrich Werner von Seebach kurz vor der Jahrhundertwende bei Ziegelsdorf in der Nähe von Coburg errichten ließ. Eine romantische Zentralbau immerhin: der kreuzförmige Kuppellaterne darüber mit der achteckigen Kuppellaterne getragen und einer von Granitsäumen getragenen Vorhalle davor, zu der eine breite Freitreppe emporführt, birgt sich im Wald; Bach und Tümpel säumen den Weg zu der verwunschenen Stätte. Und eine kunsthistorisch nicht uninteressante: als „vorzügliches Beispiel des Historizismus" hat Fritz Mahnke das Bauwerk in seinem Buch „Schlösser und Burgen im Umkreis der Fränkischen Krone" gerühmt, und der neue Mehrjahresplan des Bayerischen Landesamtes für Denkmalpflege attestiert „architektonische Qualität und hervorragende Innenausstattung".

Die freilich hat empfindlich gelitten. Im rankengeschmückten Giebel prangt eine Jahreszahl: 1897 – das Jahr der Vollendung. Da war der Freiherr bereits zwei Jahre tot, doch er selbst war der Bauherr. Daß er nicht sehr alt werden würde, hat er offenbar geahnt, aber überschätzt hat er die Lebensdauer des Thüringischen Rennvereins, dem er gegen eine sehr stattliche

fur den Entschädigungsfonds" befand das Denkmalamt schon vor vier Jahren. Doch ein für die Baulast Verantwortlicher war nicht zu ermitteln. Fast schien es, als sei nicht mehr zu tun, als eine Ruine zu sichern. Auf 200 000 DM war damals die Dacherneuerung veranschlagt, auf etwa eine Million wäre die Gesamtrestaurierung gekommen. Zehn Jahre davor hatte das Landesamt noch mit 40 000 DM Renovierungskosten gerechnet.

Nun figuriert das Ziegelsdorfer Mausoleum im soeben veröffentlichten neuen Mehrjahresplan der Denkmalspflege, der die Schwerpunkte der Arbeit für die kommenden Jahre bis 1985 festlegt, als eines von 105 Objekten aus allen Regierungsbezirken, denen vorrangiges Interesse gilt. Und da, wie Generalkonservator Michael Petzet betont, die bisherigen Mehrjahrespläne – der jetzige ist der vierte – „im wesentlichen erfolgreich abgewickelt werden konnten", besteht Aussicht, daß hier gelingt, was Petzet noch immer in vielen Fällen als Aufgabe des Denkmalamtes bezeichnet: „Chancen der Revision für eines zum Tode verurteilte Denkmäler" zu eröffnen.

Gewiß kann die Grabkapelle eines obskuren Adligen, zeittypischer Anachronis-

mes; da ist in Oberbayern der noch weitgehend erhaltene Mauerzug um die Altstadt von Schongau mit Toren, Türmen und hölzernem Wehrgang. Überall sind Sanierungs- und Instandsetzungsarbeiten von beträchtlichem Umfang erforderlich, um schleichendem Verfall zu begegnen; in Schongau sollen Mauerabschnitte, die noch in Privathand sind, von der Stadt

Preis des Deutschen Nationalkomitees für Denkmalschutz ausgezeichnet wurde und dessen kostbare Schnitzereien von dem entstellenden schwarzen Anstrich befreit und sorgsam konserviert werden müssen, ehe das Gestühl an seinem ursprünglichen Standort wieder aufgestellt werden kann – ein weiteres Schwerpunktobjekt im neuen Mehrjahresplan. Und an eine sinnvolle neue Nutzung, mit der so oft die Rettung eines bedrohten Baudenkmals steht oder fällt, ist im Falle des Mausoleums überhaupt nicht zu denken. „Bestimmte Dinge müssen einfach erhalten werden", sagt Generalkonservator Petzet; „sie haben ihren Zweck in sich auch ohne Nutzung, sie haben einen psychologischen Wert".

Solches könnte nicht gesagt werden, wenn sich nicht seit dem Inkrafttreten des Denkmalschutzgesetzes vor 10 Jahren und vor allem seit den aufrüttelnden Impulsen des europäischen Denkmalschutzjahres 1975 ein neues Denkmalbewußtsein entwickelt hätte. „Eine Zukunft für die Vergangenheit" hatte es damals geheißen, aber längst ist klar, daß es gar nicht nur um die Vergangenheit geht, sondern um psychische Bedürfnisse der Gegenwart: um Verwurzelung und Kontinuität, um die lebendige Vielfalt einer in Jahrhunderten gewachsenen Umwelt als sinnlich erlebbare, identitätsstiftende Heimat. Nach Funktion und Nutzung darf man auch bei den alten Stadtmauern nicht fragen, deren Reste noch manche alte Reichsstadt umgeben, und doch käme keiner auf die Idee, sie niederzureißen, wie es noch das späte 19. Jahrhundert – etwa in Forchheim – bedenkenlos getan hat, obwohl es eine staatliche Denkmalpflege bereits seit den Tagen des patriotischen und geschichtsbewußten Königs Ludwig I. gibt (als eigene Behörde freilich erst seit 1908, also seit genau 75 Jahren). Sie gehören einfach zum vertrauten Stadtbild und schaffen Gefühlsbindungen, deren seelische Bedeutung weit tiefer reicht, als die sachliche Bezeichnung „historisches Denkmal" zum Ausdruck bringt.

Stadtmauern gehören neben den Burgen und Schlössern zu den besonderen thematischen Akzenten des neuen Mehrjahresplanes der Denkmalpflege. Nicht nur die von Rothenburg, die noch vollständig und kaum verändert die Stadt umschließt und den von weither herbeiströmenden Touristen die Illusion einer Reise ins Mittelalter vermittelt. Da ist etwa das Mauerquadrat aus Kalkstein um das mittelfränkische Merkendorf im Landkreis Ansbach mit spitzhelmigen Türmen an den Eckpunkten und einem erhaltenen breiten Wassergra-

haus aus dem späten 18. Jahrhundert mit prachtvollem Fachwerk vor dem Verfall zu retten. In Regensburg muß das Hauptportal der Schottenkirche St. Jakob von einer harten Schmutzkruste befreit werden, deren Schadstoffe die Steinplastiken bereits bedrohlich angegriffen haben; in Bamberg soll für ein bereits aufgegebenes stattliches Fachwerkhaus in letzter Minute nach einer Rettungsmöglichkeit gesucht und ein akut gefährdeter Gartenpavillon erhalten werden. Die großen, weltberühmten Kulturdenkmäler fordern Pflege, und darüber darf so manche kleine Kostbarkeit nicht vergessen werden. Bayern ist das denkmalreichste Land der Bundesrepublik und die

DAS PRÄCHTIGE FACHWERK dieses Bauernhauses in Unterminderdorf, das zu den bedeutendsten Zeugnissen bäuerlicher Baukultur des 18. Jahrhunderts im Oberallgäu zählt, ist durch jahrzehntelange Vernachlässigung ebenso bedroht wie das empfindlich geschädigte Dach.

NEUROMANIK IM WALD: Das Mausoleum des Freiherrn von Seebach bei Ziegelsdorf.

STADTMAUERN gehören zu den besonderen Schwerpunkten des neuen Mehrjahresplans; hier ein Abschnitt der 1464 begonnenen Befestigungsanlage von Ornbau an der Altmühl.

Geldspende die Vollendung und Pflege seines Mausoleums übertrug. Schon vor Jahrzehnten setzte der Verfall ein: das Dach wurde schadhaft und ließ Regenwasser ein; durch leere Fensterhöhlen pfiff der Wind, Putz bröckelte von den Wänden, und die ornamentale Ausmalung des Kapelleninneren blätterte ab. „Ein klassischer Fall mus in ihrer Mischung aus Spleen und Größenwahn, nicht auf die gleiche öffentliche Anteilnahme rechnen wie etwa das Chorgestühl der einstigen freien Reichskartause Buxheim im Landkreis Donauwörth, für dessen Rückgewinnung für Bayern der schwäbische Bezirkstagspräsident Georg Simnacher kürzlich mit dem ben, hinter dem sich ein weitgehend bäuerlich gebliebenes Städtchen birgt; da ist Ornbau, ebenfalls im Landkreis Ansbach, malerisch gelegen an der Altmühl, mit einem zwischen mächtigen Rundtürmen ausgespannten Mauerbogen; da ist die aus dem frühen 15. Jahrhundert stammende Wehrmauer der Passauer Innstadt mit dem hochragenden Kegeldach des Peichterturms erworben und nach der Sanierung der Öffentlichkeit zugänglich gemacht werden.

„Ein derart reiches Erbe will bewahrt, eine solche schwere Bürde will getragen sein", schreibt Kultusminister Hans Maier im Vorwort zum Mehrjahresplan. Im finanziellen Einsatz für seine Denkmäler hat Bayern sich von Baden-Württemberg überrunden lassen, aber es liegt noch immer auf einem stolzen zweiten Platz. In den zehn Jahren seit Inkrafttreten des Denkmalschutzgesetzes sind rund 260 Millionen DM an staatlichen Mitteln in die Denkmalpflege geflossen, der Personalbestand des Landesamtes wuchs von 105 auf 190 Beamte, Angestellte, Arbeiter und wissenschaftliche Volontäre. Noch immer aber sieht sich Generalkonservator Petzet sein Amt „in der Aufbauphase". „Wir bräuchten etwas mehr Mittel und etwas mehr Personal."

Eine zusätzliche Finanzspritze bringt der kürzlich vom Kabinett beschlossene Nachtragshaushalt für 1984: der Entschädigungsfonds – ein vom Freistaat und den Kommunen jeweils zur Hälfte getragenes Sondervermögen, aus dem private Denkmalbesitzer für sonst kaum durchsetzbare Sanierungsleistungen entschädigt werden – wird um die Hälfte auf 30 Millionen DM aufgestockt, eine Summe, die auch 1985 und 1986 zur Verfügung stehen soll. Der Gesamtansatz der staatlichen Aufwendungen für die Denkmalpflege wird damit im kommenden Jahr mit 50,5 Millionen DM erstmals die 50-Millionen-Grenze überschreiten. Von den rund 203 Millionen DM an Zuschüssen und Darlehen, die bisher aus dem Entschädigungsfonds geleistet wurden, ist übrigens mehr als die Hälfte in die drei fränkischen Regierungsbezirke geflossen.

Trotz der beträchtlichen Festlegungen durch den Mehrjahresplan wird der angewachsene Etat beweglich bleiben: die Kosten für die Realisierung des Planes sind auf jährlich 18 Millionen DM veranschlagt, also knapp 40 Prozent der Gesamtmasse. Und während Petzet sich noch um manche Spezialität sorgt, die Glasgemälde in Regensburger Dom etwa, wo allein die notwendige Schutzverglasung eine Million verschlingt, oder die Zerstörungswelle unter alten Orgeln, die durch den Einbau moderner Kirchenheizungen verursacht wurde, während die Bodendenkmalpflege eine wahre Explosion der Funde zu bewältigen hat, kann er in einem Punkt aufatmen: die Rettung eines alten Bauernhauses, einer Mühle oder eines kleinen Schlosses braucht nicht mehr daran zu scheitern, daß niemand ihr helfen will. „Noch nie hat es ein so gigantisches Interesse am Erwerb von Baudenkmälern gegeben wie heute. Wir brauchen nicht mehr dafür zu werben, wir haben kaum noch etwas, das wir vermitteln könnten."

kr

Palette seiner Schätze ist von außerordentlicher Vielfalt.

Burgruinen wie die Haltenburg im Landkreis Lech mit ihrem noch acht Meter hoch als Stumpf erhaltenen romanischen Bergfried oder Natternberg im Landkreis Deggendorf, eine der bedeutendsten Burganlagen Niederbayerns, stehen ebenso auf der Liste der vordringlichen Sanierungsmaßnahmen wie zahlreiche Schlösser: das äußerlich schlichte, in seinem ovalen Hauptsaal prunkvoll stuckierte Schloß Hacklberg bei Passau etwa oder der mächtige Vierflügelbau der einstigen Wasserburg Wetzhausen im Landkreis Schweinfurt. So bekannt wie das Renaissanceschloß der evangelischen Grafen von Ortenburg in Niederbayern mit seiner berühmten Kassettendecke, das ebenfalls zu den Schwerpunktobjekten gehört, ist Wetzhausen nicht, aber allein schon die Fülle an dekorativen Baudetails, etwa die grazile Spindeltreppe im achteckigen Treppenturm, die auch in ruinösem Zustand noch von unwiderstehlicher Eleganz ist, rechtfertigt den erheblichen Kostenaufwand der Restaurierung (eine Nutzung für Archiv- und Ausstellungszwecke ist vorgesehen).

Augsburgs stolzes Rathaus harrt einer Fassadenrenovierung, bei der auch die ursprüngliche Sprossengliederung der Fenster wieder hergestellt werden soll; in Unterminderndorf im Allgäu gilt es ein Bauern-

AKUT GEFÄHRDET ist dieser Gartenpavillon (links) eines barocken Anwesens in Bamberg als Rest einer historischen Gartenanlage. - Der Reichtum an dekorativen Baudetails wie der elegant geschwungenen Spindeltreppe (rechts) macht den Reiz des Renaissanceschlosses Wetzhausen in Unterfranken aus.

In der Mettennacht saß der Teufel im Backofen

Wie man in früheren Zeiten im Bayernland Weihnachten feierte

Was wäre der Heilige Abend ohne Bescherung, ohne den Gabentisch unter dem Christbaum, ohne die vielzitierten leuchtenden Kinderaugen... Die wenigsten wissen, daß Bescherung und Lichterbaum bei uns keineswegs zum alten Bestand des Weihnachtsfestes gehören und noch im vorigen Jahrhundert in weiten Teilen Bayerns so gut wie unbekannt waren. Als der Gabentisch am Weihnachtsabend in einer Chronik von 1860 bezeichnet wird, welche nur in München, seit den Tagen der Königin Caroline eingeführt worden sei... Ebenso jung ist der Brauch, in der guten Stube einen festen Fuß gewonnen hat", Ebenso jung ist der Brauch, in der guten Stube einen Christbaum mit Kerzen, bunten Kugeln und flimmerndem Lametta aufzustellen. Die ersten Berichte kommen aus Baden, der Rheinpfalz und dem Elsaß; noch um die Jahrhundertwende wußte man in vielen bayerischen Dörfern nichts vom Christbaum.

Beherrschender Mittelpunkt der Weihnachtsfeier war in Altbayern statt dessen viel stärker als heute das Mettenamt, zu dem alle Kirchenglocken und die Böllersalven der Hausknechte riefen. „Das Christkindl anschießen" nannte man diese mittlerweile fast nur noch in Berchtesgaden übliche Sitte. Das Mettenamt begann mit der feierlichen Krippenlegung: Der Pfarrer zog mit dem Christkindl in die Kirche ein, dreimal blieb er stehen und sang den Anfang des Gloria, dann legte er die Figur des göttlichen Kindes in die schön geschmückte Krippe vorm Altar.

Nach dem Heimweg, der im Bayerischen Wald und im Alpenvorland oft stundenlang durch Schneewehen und über vereiste Stege führte, gab es daheim in der warmen Stube den „Christschmaus", Fleischsuppe, Schweinsbraten mit Kraut, Mettenwürste, Knödel, Rohrnudeln mit Hutzelbrüh, Obst und Lebzelten und nicht zuletzt das Kletzenbrot – Gebilde in Form von Sonnen, Ringen und Tieren, gebacken aus getrockneten Zwetschgen, Birnen, Rosinen und Nüssen, nach altem Volksglauben besonders gesund und voller geheimer Kräfte. Im Waldgebirge mit seiner ansonsten so kargen Lebensweise wurde der „Christschmaus" zu einem richtigen Gelage, das bis fünf Uhr früh dauern konnte, aber nach dem strengen Fasten am Heiligen Abend sicher auch notwendig war.

Überall in Bayern war die Mettennacht einmal von mehr oder weniger finsterem Aberglauben umrankt. Wer zur Mettenstunde in den Backofen blickte, glaubte darin den Teufel zu erblicken, und nach der Mitternachtsmesse konnte man auf dem Kirchhof angeblich die Toten herumgehen sehen. Mägde und Knechte legten sich unter den Futtertrog, um sich von dem – in dieser Nacht mit menschlicher Sprache begabten – Tieren über bevorstehende Todesfälle, Geburten und Viehkrankheiten informieren zu lassen. „Rauhnacht", wie lange, finstere Winternacht, in der sich alter Volksglauben die wilde Jagd durch die Lüfte fährt und das Heer der Toten durch die Wälder zieht.

Ein erheblich freundlicherer Volksbrauch ist das „Kindlwiegen", das früher ganz selbstverständlich zu den weihnachtlichen Gottesdiensten bis zum Lichtmeßtag gehörte und heute in manchen Gegenden Bayerns wieder zum Leben erweckt wird. Ein Volkstheater im Kleinen, das Herz und Sinn eine Ahnung vom Geschehen der Geburt Christi vermitteln kann. Wie alt dieses liturgische Szenario sein muß, zeigt ein Bericht des Straubinger Humanisten Thomas Kirchmayr um die Mitte des 16. Jahrhunderts: Er erzählt von Knaben und Mädchen, die es beherbergt, trifft sich davor mit Nachbarn und Freunden zum Gebet.

Der Adventskranz übrigens – optisch das meist verbreitete Symbol der vorweihnachtlichen Zeit, das Kirchen und Wohnstuben genauso häufig ziert wie Supermärkte und Bankfilialen – ist wahrlich eine recht junge Erfindung und überdies ein Import aus dem hohen Norden. Es war der protestantische Pastor Johann Heinrich Wichern, der Vater der Inneren Mission, der in den siebziger Jahren des vorigen Jahrhunderts in dem von ihm gegründeten „Rauhen Haus" in Hamburg Adventsandachten veranstaltete und mit jedem neuen Tag ein Licht mehr am großen Kronleuchter mit seinen 28 Kerzen anzünden ließ.

Aus dieser zunächst lokal beschränkten Sitte entwickelte sich – vor allem von den gutbetuchten Leuten nachgeahmt und als Protest gegen süßlichen Weihnachtskitsch gedacht – der schlichte Tannenkranz mit seinen vier Kerzen. Eher in der altbayerischen Tradition verhaftet ist das „Paradeisl", eine schlichte Pyramide, deren Grundriß drei mit bunten oder goldenen Holzstäben verbundene rotbackige Äpfel bilden und die von einem weiteren Apfel gekrönt wird. In den Früchten stecken kleine Wachslichter, ein paar Tannenzweiglein und vielleicht auch vergoldete Nüsse oder etwas Wacholder. Zum „Klausenbaum" oder „Paradeisgartl" wird die Pyramide, wenn man eine Nikolausfigur in ihre Mitte stellt. *Christian Feldmann (kna)*

Süddeutsche Zeitung
1. Dezember 1983

Lichtblick für verfallene Klöster und Schlösser

Denkmalpfleger haben in den nächsten Jahren mehr Geld zur Verfügung

Von unserem Redaktionsmitglied Ursula Peters

München, 30. November – Die Denkmalpfleger schöpften Hoffnung, in den nächsten drei Jahren wird mehr Geld zur Rettung verfallender Baudenkmäler in der Kasse sein. Kultusminister Hans Maier kündigte bei einer Pressekonferenz anläßlich des 75jährigen Bestehens des Landesamts für Denkmalpflege an, daß der Entschädigungsfonds um zehn Millionen auf 30 Millionen Mark jährlich aufgestockt werden soll. Der Etat für Baudenkmalpflege könne trotz der allgemeinen Sparwelle wohl auf 20 Millionen Mark im Jahr gehalten werden, die Archäologen bekommen 1984 eine Million Mark mehr. Von dem Geld soll in einem Mehrjahresplan vor allem ein Schwerpunktprogramm für besonders gefährdete Objekte bestritten werden.

„Wir schauen zwar mit etwas Neid auf Baden-Württemberg, das 60 Millionen Mark im Jahr für die Denkmalpflege zur Verfügung hat", meinte der Minister, „aber die übrigen Bundesländer haben lang nicht soviel Geld für Denkmalpflege übrig". Baden-Württemberg. sei traditionsgemäß stark in der Förderung der Archäologie, während Bayern mehr die Baudenkmäler pflege. Maier gab jedoch zu, daß auch die Bodendenkmalpflege in Bayern dringend eine Geldspritze benötige. „Wir erleben eine Explosion der Straßenbauprojekte und die neue Funde durch Luftbildarchäologie. Die Zahl der Objekte hat sich in kurzer Zeit verzwanzigfacht."

„Wir haben noch nie soviel ausgegraben wie heuer", sekundierte der Leiter des Landesamts für Denkmalpflege, Michael Petzet. Das sei unter anderem möglich gewesen, weil die Bundesanstalt für Arbeit ihre Zuschüsse für „Arbeitsbeschaffungsmaßnahmen" – mit denen die Schaufler bezahlt werden können – von 3,5 Millionen auf 8,6 Millionen Mark erhöht hatte. Petzet sprach sich jedoch dafür aus, einen Teil der archäologischen Fundstellen nur zu sichern und das Ausgraben und Auswerten späteren Generationen zu überlassen. „Da gibt es sicher neue, bessere Techniken." Zum Beispiel sei die Lithospektrographie, mit der man durch Steine hindurchsehen könne, in der Entwicklung.

Im Schwerpunktprogramm für schwer gefährdete Denkmäler stehen vor allem eine Fülle von Burgruinen und Stadtmauern. Dann gilt es eine

Eine Sorge hat das Bayerische Landesamt für Denkmalpflege nicht mehr – was sie nämlich mit kleineren Schlössern, Rathäusern, historischen Bauernhöfen, Mühlen etc. anfangen soll. Diese Bauten gehen nämlich weg wie warme Semmeln. Die vor einigen Jahren gegründete Vermittlungsstelle zum Erwerb historischer Bauten ist völlig ausverkauft. „Man drängt sich nach Denkmälern."

Reihe von Schlössern wie z. B. Schloß Höllrich in Unterfranken und Schloß Illesheim bei Weißenburg vor dem Verfall zu retten. Große wichtige Projekte sind fernere Klöster und Abteien, die bei der Säkularisation im 19. Jahrhundert aufgelöst wurden und heute oft in trostlosem Zustand sind wie z. B. die Zisterzienserbauten Aldersbach bei Passau oder Klosterlangheim bei Lichtenfels. Aber auch kleinere Objekte will man sanieren – vom „Panorama" in Altötting bis zu einem einsamen Mausoleum im Wald bei Ziegelsdorf in Oberfranken. Regensburg und Bamberg bleiben Sorgenkinder, für die viel Geld gebraucht wird.

Kreis Unterallgäu klagt über unterbelegte Krankenhäuser

MINDELHEIM (dpa) – Erhebliche Einnahmeausfälle verzeichnete der Kreistag Unterallgäu durch die rückläufige Belegung der Kreiskrankenhäuser. Zusätzlich werde der Haushalt des Kreistages durch einen Mehranfall an Gastschülerbeiträgen stark belastet. Der Kreistag billigte jetzt einen Nachtragshaushalt, durch den der Gesamtetat von 170 auf 165 Millionen Mark reduziert wurde. Die Zurückstellung von Baumaßnahmen führte zu diesem geringeren Gesamthaushalt trotz angewachsener Belastungen im Gesundheitssektor.

Süddeutsche Zeitung
21. Dezember 1983

Innenrenovierung des Wasserschlosses Mitwitz abgeschlossen

Herausragendes Denkmal für Nachwelt erhalten

Jahrelang dauernde Arbeiten kosteten vier Millionen DM

MITWITZ. – „Gäste und Besucher aus nah und fern sind so wohl überrascht als auch begeistert von diesem Märchenschloß!" Damit drückte der Kronacher Landrat Dr. Heinz Köhler bei der Abschlußfeier der Innenrenovierungsarbeiten im Wasserschloß Mitwitz (Kosten: vier Millionen DM) am Dienstag abend auch die Begeisterung aus, die Patron Bayern ein Schloß als Patron aussuchen würde, um es renovieren zu lassen, wie es Dr. Köhler in seinem Heimatort Mitwitz getan hat."

Daß das Landesamt für Denkmalpflege in Oberfranken einen Schwerpunkt seiner Aktivitäten gesetzt habe, zeige sich durch den Sitz der Außenstelle im Schloß Seehof bei Bamberg. Von dort aus würden 13 000 Baudenkmäler, davon über 300 ten und mit Leben gefüllt werden können.

Regierungspräsident Wolfgang Winkler dankte dem Landkreis Kronach dafür, daß man den Mut gehabt habe, dieses schwierige Vorhaben zu beginnen. Mit dem Geld der Oberfrankenstiftung sei gut gewirtschaftet worden. Die Revitalisierung des Jahrzehnte fast leerstehenden Komplexes sei gelungen.

Anzeige

Neue Presse (Coburg)
14. Dezember 1983

Entscheidung in Vierzehnheiligen

Disput um Fresken-Restaurierung beendet / Barock und Romantik vereint

VIERZEHNHEILIGEN (dpa) – Denkmalschutzexperten haben sich jetzt auf ein Konzept zur Renovierung der berühmten Fresken in der Wallfahrtskirche Vierzehnheiligen geeinigt. Die ursprünglich barocken Malereien von Giuseppe Appiani sollen dort, wo sie im Original gut erhalten sind, freigelegt und möglichst in ihren Originalzustand versetzt werden. Nach Angaben des Leiters des zuständigen Landbauamtes in Bamberg, Norbert Neumann, werden die späteren Übermalungen durch Augustin Palme (1848–1871), Anton Ranzinger (1915–1918) und Anton Greiner (1959) dort gesäubert und aufgefrischt, wo die Originale Appianis zu stark beschädigt sind, um sie wiederherzustellen.

In der barocken Basilika am Obermain wird es also künftig ein Nebeneinander von barocken Originalen Appianis und romantischen Bildern im Nazarenerstil geben. Dennoch wollen die Restauratoren versuchen, einen einheitlichen Eindruck in der alten Raumwirkung wieder herzustellen. Nachdem ein ursprüngliches Landtagsbeschluß über das Zehn-Millionen-Mark-Projekt nur für eine Reinigung der Fresken genehmigt war, ist nun eine erneute Zustimmung des bayerischen Parlaments Voraussetzung für die Ver- wirklichung des neuen Konzeptes. Ob damit Mehrkosten verbunden sind, ist nach Angaben Neumanns noch nicht abzusehen.

Die aus dem 18. Jahrhundert stammenden Fresken Appianis waren bei einem Brand 1835 teilweise zerstört worden. Die barocken Malereien hatte der Nazarener Palme übermalt. Ranzinger hatte während des Ersten Weltkrieges versucht, die Fresken in ihren barocken Originalzustand zurückzuführen. Damals wie heute werden die Restaurierungen durch den Umstand erschwert, daß die Fresken Appianis teilweise mit zehntausend Spitzhackenschlägen zerstört worden sind. Man hatte im 19. Jahrhundert die alten Fresken zerlöchert, damit der neue Putz für die Übermalungen besser halten sollte. So verstand man damals die Aufgabe der Kirchenrestaurierung.

Die Restaurierung des „Paradeobjektes des Landesamtes für Denkmalpflege" – so Generalkonservator Michael Petzet – wurde Ende letzten Jahres begonnen. Bislang wurden neben der Bestandsaufnahme im Inneren der Basilika das Dach teilweise neu mit Schiefer gedeckt und die Fassaden soweit nötig ausgebessert. (Siehe „Aktuelles Lexikon" Seite 2.)

GERÜSTE werden noch eine ganze Weile in der Basilika Vierzehnheiligen stehen. Immerhin hat man sich jetzt über das Restaurierungskonzept geeinigt.
Photo: dpa

AGHAKHAN
Orientteppiche
NEUERÖFFNUNG
Coburg · Steinweg 36-38
Telefon 09561/99172

Burgen und Schlösser, in Oberfranken betreut. Die gewaltigen Unternehmungen zögen sich über Jahre hin.

Als Beispiele für durchgeführte oder geplante Renovierungen nannte Dr. Petzet die Schlösser in Küps, Friesen, Hain, Schmölz und Oberlangenstadt (alle Landkreis Kronach) sowie das Schloß Hassenberg, das Abtshaus in Mönchröden und das Mausoleum in Ziegelsdorf (Landkreis Coburg). Als kleinen Wermutstropfen in seiner Erfolgsbilanz bezeichnete Dr. Petzet die alte Kirche in Buchbach (Landkreis Kronach), bei der man es wegen Verwahrlosung aufgegeben habe, das Bauwerk zu erhalten.

Im Wasserschloß Mitwitz habe man vor den Restaurierungen genaue Untersuchungen angestellt. Von der Qualität der Arbeiten zeigte sich der Generalkonservator – überaus angetan. Er hoffte, daß das Wasserschloß – ebenso wie die anderen Zeugnisse der Vergangenheit in Oberfranken – erhal-

Landrat Dr. Heinz Köhler bemerkte, das Wasserschloß sei nun überregional bekannt geworden. Es sei in der Zwischenzeit Sitz der Deutsch-Griechischen Initiative mit alljährlichen Symposien und Ferienseminaren. Die Universität Bayreuth wolle außerdem ein Institut für internationale Umweltstudien einrichten. Damit sei es gelungen, im Landkreis Kronach alle drei großen Schloß- und Burganlagen – Burg Lauenstein, Feste Rosenberg und Wasserschloß Mitwitz – zu erhalten. Der Landrat dankte besonders der Familie von Cramer-Klett, die die Zustimmung zur Renovierung gegeben habe, sowie der Oberfrankenstiftung, die – weil das sonst übliche Mäzenatentum gefehlt habe – einen Betrag von 1,2 Millionen DM beigesteuert habe. Der Freistaat Bayern sei mit 1,4 Millionen DM, die Bayerische Landesstiftung mit 600 000 DM beteiligt. Für die nächste Zeit stehen nach Aussagen des Landrats der Abschluß der Arbeiten an der Außenfassade, die Sanierung der Nebengebäude und der Einbau einer Heizung an. Das „spectaculum musicale" gestaltete die Feier musikalisch aus.
Friedwald Schedel

Als Anerkennung für seine vielfältigen Verdienste um die Erhaltung des Wasserschlosses Mitwitz überreichte Kronachs Landrat Dr. Heinz Köhler (links) einen Bildband an den Generalkonservator des Bayerischen Landesamtes für Denkmalpflege, Prof. Dr. Michael Petzet.
Fotos: Schedel

Denkmäler aus Bronze oder aus Natursteinen wie Marmor und Sandstein sowie mittelalterliche Glasgemälde, die schutzlos den Umwelteinflüssen ausgesetzt sind, machen den Denkmalpflegern Kopfzerbrechen: der „saure Regen" zerstört verstärkt die Oberflächenstruktur dieser Kulturschätze. Restauratoren und Konservatoren bleibt heute oft nichts anderes übrig, als in handwerklicher Meisterleistung die nicht restaurierbaren Steine – wie hier für den Kölner Dom – neu zu schaffen. Angesichts der immer weiter eskalierenden Schäden aber führt dieses Auswechseln unversehens zur Rekonstruktion. Foto: GLOBUSpress

Wenn Marmor zu Gips wird

Schadstoffe in unserer Luft zerstören immer mehr unwiederbringliche Kunstwerke

VON MICHAEL PETZET

A larmierende Meldungen über das Waldsterben – als Folge der mit dem Schlagwort „saurer Regen" umschriebenen Form der Umweltverschmutzung – sind seit Monaten an der Tagesordnung. Beobachtungen über das Ausmaß der Zerstörun-

▷

gen an Denkmälern dagegen, Denkmälern im Freien, die den gleichen Umweltbedingungen ausgesetzt sind, werden zwar in internen Fachdiskussionen ausgetauscht – der Öffentlichkeit aber sind diese zusätzlichen Konsequenzen der allgemeinen Umweltverschmutzung noch nicht genügend bewußt geworden. Lassen wir unsere Denkmäler im „sauren Regen" stehen?

Erst seit kurzem wird im Zusammenhang mit dem Waldsterben mehr und mehr auf die offenbar aus den gleichen Quellen stammende Gefährdung für bestimmte Denkmälergruppen hingewiesen. Unter der Überschrift „Mord am Dom – Der saure Regen killt auch Steine" hat eine große Illustrierte erschütternd Bilder der Zerstörung vorgestellt, mit Kommentaren wie „700 Jahre hielt das Werk. Dann verstümmelte den Schwefelregen das Gesicht des Jesuskindes bis zur Unkenntlichkeit." Übertreibungen? Leider nein. Denn anhand von Fotodokumentationen, wie sie um für die Denkmäler des Landes Nordrhein-Westfalen erstellt wurden, läßt sich das erheblich beschleunigte Ausmaß der Zerstörungen in unserem Jahrhundert nachweisen. Diese Dokumentationen zeigen, daß die gravierenden Schäden unabhängig vom Alter der Denkmäler – also unabhängig davon, ob sie vor 200 oder 600 Jahren geschaffen wurden – gerade in den letzten Jahrzehnten entstanden sind.

Schon 1926 gewarnt

Man kann also von einem sprunghaften Ansteigen der Schäden seit der Industrialisierung ausgehen. Bereits 1926 hat Paul Clemen, der rheinische Provinzialkonservator, im Berliner Reichstag auf niederschlagende schweflige Säure als Ursache für „sterbende Bauwerke" hingewiesen und deutlich gewarnt: „Noch sind es scheinbar nur Hautkrankheiten, aber es ist der Augenblick da, wo eine Erkrankung des Knochengerüstes darauszu werden droht." Zwei Generationen später kann diese Prophezeiung, die sich damals wohl vor allem auf Steindenkmäler in industriellen Ballungszonen wie dem Ruhrgebiet bezog, auch für entlegene ländliche Gebiete gelten, die inzwischen von der alle Grenzen überschreitenden Luftverschmutzung genauso heimgesucht werden.

Betroffen sind nun im ganzen Land gerade auch Denkmälergruppen, die scheinbar „für die Ewigkeit" geschaffen wurden. Das gilt im süddeutschen Bayern für die zahlreichen Grabdenkmäler aus Marmor und Grünsandstein – und damit für ganze Denkmalfriedhöfe wie den Münchner Südfriedhof. Das zeigen auch die Schäden an sorgfältig aus Natursein gefügten Schlössern und Kirchen, am Putz und Stuck, die das Äußere historischer Bauwerke schmückt. Und geradezu verheerend ist der rapide Verfall des Schilfsandsteins, der vor allem im nördlichen Bayern vielfältig verwendet wurde. Bedroht ist der Bestand an mittelalterlichen Glasgemälden, bedroht sind viele Bronzedenkmäler, deren Oberfläche dem Säureangriff im Freien schutzlos preisgegeben ist. Bei der Zerstörung von Naturstein ebenso wie bei der Zerstörung von Putz, Glas und Bronze sind natürlich eine Vielzahl verschiedener, chemischer und auch biologischer Prozesse von Bedeutung, also sozusagen „normale", schon immer wirksame, und „anormale" Prozesse, die gleichzeitig ablaufen und sich gegenseitig verstärken. Dabei ist immer Feuchtigkeit beschleunigend beteiligt und führt im Zusammenhang mit Schwefelsäureimmissionen – also den Folgen des „sauren Regens" – zu verstärkter Auflösung der Substanz; Marmor z. B. wird durch eine einfache chemische Reaktion in wasserlöslichen Gips verwandelt.

Die Schadstoffe reichern sich an

Steine, Putze und Glasmalereien aber sind keine lebendigen Systeme, welche äußere Einwirkungen „bekämpfen" und Schadstoffe ausscheiden können. Die aufgenommenen Schadstoffe reichern sich immer weiter an. Der Regen wäscht sie erst dann aus, wenn die bereits zerstörte Oberfläche des Objekts abgelöst wird. Damit ist aber bereits ein wesentlicher Teil des Denkmals zerstört – ein Denkmal lebt von der gestalteten Oberfläche.

Die entsprechenden Analysen der Wissenschaftler des Zentrallabors des Landesamtes für Denkmalpflege lesen sich wie Krankenberichte, wenn etwa die Stationen der Leidensgeschichte unserer mittelalterlichen Glasgemälde diagnostiziert werden. Dabei geht es nicht nur um einige bedeutende Serien in Bayern, es geht um Europas einzigartigen Schatz an Glasgemälden, in denen sich für Millionen Besucher das Wesen der mittelalterlichen Kathedralen unverfälscht offenbart.

Diese Kunstdenkmäler, die gewissermaßen zum Grundstock unserer abendländischen Kultur gehören, werden seit einigen Jahren von einem internationalen Gremium vor der weiteren Zerstörung wenigstens für das Bildarchiv der Kunstwissenschaft erfaßt und dokumentiert. Man muß jedoch fragen: Haben die Denkmalpfleger einen Großteil dieser einzigartigen Kunstwerke in mühsamen Aktionen während des letzten Weltkrieges ausgebaut und gerettet, damit sie jetzt der schleichenden Zerstörung durch die Luftverschmutzung anheim fallen?

Während die Kosten für die Rettung der mittelalterlichen Glasgemälde noch einigermaßen überschaubar sein dürften, lassen sich die insgesamt gewaltigen Kosten für Steinkonservierungen, die zum Teil auch nur Wirkung auf begrenzte Zeit versprechen, kaum ermessen und nur an einzelnen Beispielen darstellen, etwa an den im 19. Jahrhundert geschaffenen Marmorfiguren am Außenbau der Münchner Glyptothek, deren Oberfläche unter der Schmutzkruste stärker angegriffen war als die Substanz in vielen Jahrhunderten älterer antiken Marmorstatuen, die im Innern des Gebäudes geborgen waren.

Die finanziellen Größenordnungen der ständigen Verluste läßt bereits 1980 eine Veröffentlichung des Umweltbundesamtes ahnen, in der, ohne diese grobe Schätzung im einzelnen zu spezifizieren, allein in der Bundesrepublik von jährlichen Schäden durch Luftverunreinigung an Gebäuden und Kulturdenkmälern in Höhe von 1,5 Milliarden Mark die Rede ist. Die Schäden durch Luftverunreinigung in Land- und Forstwirtschaft waren damals noch mit „nur" 0,4 Milliarden Mark jährlich berechnet worden. Nachdem inzwischen das ganze Ausmaß der drohenden Umweltkatastrophen immer deutlicher geworden sein dürfte, ist eigentlich kaum noch Zeit, auf das Lamento der Verursacher von Luftverschmutzung über die Kosten für technisch mögliche Umweltschutzmaßnahmen einzugehen, selbst wenn der Appell an die Verantwortung für unsere Denkmäler auf taube Ohren stoßen sollte.

Und könnte man sich angesichts der düsteren Prognosen vielleicht noch der Hoffnung hingeben, daß sich die Natur nach entsprechenden Anstrengungen im Bereich des Umweltschutzes wieder „rekreieren" lasse, daß die Bäume schon wieder nachwachsen würden, so muß man für die bedrohten Kunstdenkmäler resigniert feststellen, daß hier ein Substanzverlust in gewissem Sinn endgültig ist, daß der Restaurator den Verfall zwar aufhalten, zum Teil nur vorübergehend aufhalten kann, aber das verlorene Original nicht wieder erschaffen kann, selbst mit noch so großen finanziellen Einsatz.

Auch die Möglichkeit, die gestörte Einheit eines Kunstdenkmals durch Ergänzungen wiederherzustellen, hat dort ihre Grenzen, wo die Gefahr der Verfälschung des Originals als eine einmalige und nicht wiederholbare Schöpfung anfängt. Das allmähliche Auswechseln schadhafter Teile, bei Steinbauten über die Jahrhunderte die selbstverständliche handwerkliche Tradition, läuft angesichts der eskalierenden Schäden unversehens auf eine vollständige Rekonstruktion im Maßstab 1:1 hinaus.

Kopien von Steinfiguren müssen bereits hoffnungslos zerstörte Originale an Ort und Stelle ersetzen, schaffen unter Umständen auch die Voraussetzung dafür, daß die Originale noch rechtzeitig in geschützten Räumen, vielleicht im Museum als letztem Zufluchtsort, in Sicherheit gebracht werden können. Aber welche Museen sollen die Hunderte von Steinfiguren aufnehmen, die in den barocken Parkanlagen Europas allmählich durch Kopien ersetzt werden müssen? Und sollte man etwa Museen für die an Ort und Stelle nicht mehr haltbaren Glasgemälde der Kathedralen bauen? Eine absurde Vorstellung angesichts der Fülle der betroffenen Kunstwerke, die ja als Kunst- und Geschichtsdenkmäler erst an dem Platz, für den sie geschaffen wurden, ihren wahren Sinn entfalten.

Bei der Wurzel packen

Gerade dem Denkmalpfleger, der täglich mit den Zeugnissen der Vergänglichkeit umgeht, ist die Vergänglichkeit der Denkmäler bewußt, eine Vergänglichkeit, die sich auch im sogenannten „Alterswert" ausdrückt, in den „Narben der Zeit", in Spuren des Gebrauchs, ja auch in Spuren der Verwitterung. Angesichts der neuen tödlichen Bedrohungen für das historische Erbe Europas aber werden uns auch Erfolge mit den nach manchen Fehlschlägen verbesserten Mitteln der Stein- und Glaskonservierung nicht darüber hinwegtäuschen, daß die Lage für die betroffenen Denkmälergruppen verzweifelt bleibt, so lange man gezwungen ist, an den Folgen der Immissionen herumzulaborieren und das Übel nicht bei der Wurzel packen kann: auch im Sinn der Denkmalpflege wäre es in der Praxis nicht zu fordern. Das heißt, die Luftverschmutzung ist auf der geringstmöglichen Wert zu reduzieren, der technisch machbar ist.

Nürnberger Zeitung 10. März 1984

Nachfolger der Patrizier: Studenten im Goldenen Turm

Sanierung für 44 Wohnungen / Viele Spuren der Vergangenheit

II. Studenten der Regensburger Universität können sich schon im nächsten Jahr als direkte Nachfolger von Patriziern betrachten. Die Patrizierburg „Goldener Turm" wird vom Studentenwerk saniert und mit Wohnplätzen für 44 Studenten ausgestattet. Wie sehr es bei dieser Maßnahme auf die gute und enge Zusammenarbeit zwischen Bauherr, Architekt und Denkmalpfleger ankommt, demonstrierten gestern bei einem Rundgang Geschäftsführer Werner Nees, Dipl.-Ing. Peter Mehr von der Planungsgruppe Schmid-Mehr-Eckl und Generalkonservator Dr. Michael Petzet sowie dessen Mitarbeiterin Dipl.-Ing. Heike Fastje. Sie alle betonten übereinstimmend den Modellcharakter, den die Sanierungsmaßnahme besitze und bescheinigten sich gegenseitig enge und fruchtbare Zusammenarbeit.

Für Studentenwohnungen und Gemeinschaftsräume werden im „Goldenen Turm" künftig rund 900 Quadratmeter genutzt, stellte Dipl.-Ing. Peter Mehr die Einzelheiten der Planung vor; dazu kommen rund 620 Quadratmeter, die gewerblich genutzt werden sollen. Die Kosten gab Mehr mit über sechs Millionen Mark an, die von Land und Bund sowie aus der Städtebauförderung und Denkmalpflege-Zuschüssen finanziert werden.

Leben in die Altstadt

Warum engagiert sich das Studentenwerk in der Regensburger Altstadtsanierung? Auf diese Frage hat Geschäftsführer Werner Nees mehrere Antworten parat. Die Studenten, deren Universität am Rande der Stadt steht und die zum Großteil auch dort wohnen, sollten mehr mit der Stadt in Berührung gebracht werden. Durch Präsenz in der Altstadt sollte der über zehnprozentige Bevölkerungsanteil auch äußerlich zum Ausdruck gebracht werden. Und dann könnten gerade Studenten beitragen, die Altstadt mit Leben zu erfüllen, wenn sie hier wohnen. Nees: „Wir wollen die Integration sichtbar machen und passen dabei aber gut auf, daß nicht Studentenghettos entstehen." Schließlich hat Werner Nees auch sein persönliches Bewußtsein für die Altstadt gefunden. Sanierung müsse sein und das Landesamt habe bei ihm das Gewissen geweckt, daß auch das Studentenwerk etwas beitragen könne.

„Was hier geleistet wird, ist außerordentlich", umschreibt Generalkonservator Dr. Petzet die Modellmaßnahme „Goldener Turm". Er sei froh um die gute Partnerschaft zu seinem Amt, die sich schon mehrfach bewährt habe. Modellhaft werde mit der Patrizierburg – „wie sie selbst in Regensburg nicht oft zu finden ist" – moderne Denkmalpflege betrieben. Besonders erfreulich sei, daß genügend Zeit für genaue Untersuchungen und Bauforschung vor Beginn der Baumaßnahme zur Verfügung stand. So, sagt Dr. Petzet, hätten die Wünsche des Studentenwerks auf einer ganz soliden Kenntnisbasis verwirklicht werden können, habe man schonende Eingriffe in Schützenswertes vorplanen können. Und auch Heike Fastje vom Referat Bauforschung des Landesamts für Denkmalpflege unterstreicht, daß sie ausnahmsweise einmal viel Zeit für ihre Arbeit gehabt habe.

Unterarm einer Statue

Doch trotz aller Vorarbeiten wird bei einem Rundgang durch die Baustelle deutlich, sind Planer, Wissenschaftler und Arbeiter nicht vor Überraschungen gefeit. Gerade als die Pläne näher erläutert werden sollen, kommt wieder ein solcher Überraschungsmoment: Ein Bauarbeiter bringt dem Generalkonservator ein Stück Stein. Auf den ersten Blick nichts besonders, bis man sich nach näherer Untersuchung einig ist: „Das muß der Unterarm einer Statue sein!"

80 Räume geprüft

Vieles aber hat man schon vorher entdeckt, nachdem in fast allen der 80 Räume des Goldenen Turms Putzschichten abgekratzt waren. So etwa gotische Ritzzeichnungen, klassizistische Ausmalungen, Spuren von Umbauten... Die Denkmalpfleger sind sich einig: „Was hier alles gefunden wurde, ist mit das Interessanteste und Aufregendste in Regensburg."

Geschichte des Gebäudes

Die Spuren der Vergangenheit geben den Wissenschaftlern aber auch Aufschluß über die Geschichte des Gebäudes an sich. Heute weiß man, daß es im 13. Jahrhundert errichtet wurde, daß immer wieder Umbauten erfolgten, daß dies bei einer Umgestaltung im 18. Jahrhundert ziemlich radikal vorgegangen und daß die westliche Mauer zur Unteren Bachgasse hin im 19. Jahrhundert völlig neu errichtet wurde und damit das Gebäude etwa einen Meter verbreitert.

Bis in einem Jahr die Studenten einziehen können, wird man sicher noch mehr über die Einblicke in die Geschichte der alten Patrizierburg haben. Ausschnitte davon und Einblicke in die Arbeit der Denkmalpflege können die Regensburger aber schon früher bekommen – bei einer Ausstellung im Städtischen Museum. Am 4. Mai, so Dr. Petzet, wird die „Farbige Architektur Regensburger Häuser" eröffnet, eine Schau über Bauforschung und Befunduntersuchung.

Heute viele gute Tips zum langen Samstag **im Anzeigen-Teil** dieser Ausgabe.

Es lohnt sich, die vielen interessanten Angebote aufmerksam durchzusehen.

Guten Einkauf wünscht Ihre
MITTELBAYERISCHE ZEITUNG

Im Hof der alten Patrizierburg aus dem 13. Jahrhundert: Architekt Dipl.-Ing. Peter Mehr, der Geschäftsführer des Studentenwerks, Werner Nees, Generalkonservator Dr. Michael Petzet und Dipl.-Ing. Heike Fastje (von links).

Die Jahreszahl 1556 (links oben) unter dem abgekratzten größeren Umbau der Patrizierburg „Goldener Turm".

Selbstmordabsicht angekündigt? Suche nach einem Unbekannten

mzn. Am Montag wurde gegen 13.30 Uhr auf dem allgemein zugänglichen Münzfotokopiergerät der Firma Quelle im Donaueinkaufszentrum ein handgeschriebenes Blatt gefunden, aufgrund dessen Textes die Polizei eingeschaltet worden ist. Dem offensichtlich vergessenen und aus einem mehrseitigen Text stammenden Auszug ist zu entnehmen, daß der Schreiber mit dem Umstand nicht fertig wird, daß – obwohl er schon vielen Menschen das Leben gerettet habe – er nun einen Angreifer, der im Unrecht gewesen sei, getötet hat. Dieser Text läßt für die Kripo, die zwischenzeitlich mit dem Schriftstück konfrontiert worden ist, die verschiedensten Auslegungen (mögliche Straftat sowie eventuelle Freitodabsicht?) zu. Genausogut jedoch könnte sich eine andere logische Erklärung für das Schreiben finden, das unter Umständen von einem Hobbyschriftsteller oder Aufsatzschreiber etc. verfaßt worden ist. Die Polizei wäre dem „vergeßlichen" Verfasser des Schreibens dankbar, wenn er sich melden würde. Hinweise erbittet die Einsatzzentrale der Polizeidirektion Regensburg, Telefon 50 64 10.

73jährige Diebin überführt

mpf. Eine 73jährige Ladendiebin wurde in einem Kaufhaus Am Weichser Weg überführt, als sie eine Halskette im Wert von 30 Mark entwendete. Bei ihr wurden laut Polizeiangaben weitere Gegenstände aufgefunden, die aus Kaufhausdiebstählen stammten.

Mittelbayerische Zeitung (Regensburg)
6. April 1984

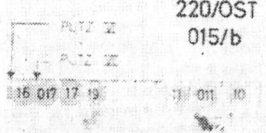

en Putz werten die Wissenschaftler als Datum für einen
Aufnahmen: Nübler

Der „Goldene Turm", eines der Wahrzeichen der Stadt, wird saniert. U. a. werden 44 Studentenwohnungen eingerichtet.

Mittelbayerische Zeitung (Regensburg)
5. Mai 1984

Schätze unter unscheinbaren Hauswänden
Sonderausstellung des Landesamtes für Denkmalpflege von Justizminister Lang eröffnet

bo. „Was sich hinter der oft unscheinbaren Hülle der Regensburger Altstadthäuser verbirgt, sind oft einzigartige Dokumente der Geschichte, die auch für kommende Generationen erhalten werden müssen", betonte der Bayerische Justizminister August Lang bei der Eröffnung der Ausstellung „Farbige Architektur. Regensburger Häuser – Bauforschung und Dokumenation" im Museum der Stadt. In der Sonderausstellung des Landesamtes für Denkmalpflege werden historische Wanddekorationen der Öffentlichkeit zugänglich gemacht, die bei der Arbeit des Amtes unter späteren Putzen und Tapeten zum Vorschein kamen.

Die spektakulärsten Stücke der Ausstellung, die, so Professor Dr. Michael Petzet, Generalkonservator beim Landesamt für Denkmalpflege, „nur einen kleinen Ausschnitt der Arbeit in Regensburg zeigt und die Untersuchungen etwa am Goldenen Turm und am Erbprinzenpalais ausspart" sind große Teile der Fassade des Keplerhauses. Von den Häusern Tändlergasse 2 und Lederergasse 1 stammen Fragmente von Eckausbildungen und Fensterumrahmungen. Wie die Wohnzimmer einst in Häusern der Krebsgasse und Hinter der Grieb ausgemalt waren – barock und klassizistisch – kann weiter bewundert werden. Die originalen Fresken werden ergänzt durch zeichnerische Befunddokumentationen und – in einem eigenen Raum – durch zeitgenössische graphische Darstellungen von Fassadenmalereien, darunter die berühmten Freskenentwürfe für das Alte Rathaus in Regensburg von Bocksberger.

Oberbürgermeister Friedrich Viehbacher hob die Aktualität des Themas „Farbig bemalte Architektur" hervor, die heute auch der Wiederbelebung der Städte und Dörfer diene. Erst durch konzentrierte Untersuchungen der Denkmalpfleger in den letzten Jahren seien die gezeigten historischen Fassaden zum Vorschein gekommen. Viehbacher dankte besonders für die Aufgeschlossenheit der Hausbesitzer und die gute Zusammenarbeit mit den beteiligten Stellen und Firmen.

Minister Lang würdigte die Bedeutung Regensburgs als „größtes Stadtdenkmal Bayerns": „Ein geschichtliches Bilderbuch, in das – wie bei den Funden im Dom – immer wieder neue Seiten eingefügt werden." Bei einer Wiederholung des Europäischen Denkmalschutzjahrs hätte die Stadt beste Chancen, eine der für Europa beispielgebenden Städte zu werden, meinte er in bezug auf die Revitalisierungsmaßnahmen. Die Sanierungs-Arbeitsgemeinschaft der Städte Bamberg-Lübeck-Regensburg habe Vorbildliches in Gang gebracht. Und durch steuerliche Erleichterungen eine Sanierung auch in Zeiten ermöglicht, in denen die Baukonjunktur auf anderen Sektoren stagnierte.

Nach einem kurzen Überblick über die Denkmalpflege in der Oberpfalz kam der Justizminister auf das Bayerische Denkmalschutzgesetz zu sprechen, das zwar Mängel aufweise, aber doch zu einer Vergrößerung der staatlichen Zuschüsse geführt habe. Dem hohen Wert des Regensburger Denkmalbestandes trage das Landesamt mit einem eigenen Zuschußprogramm Rechnung, aus dem jährlich etwa 1,5 Millionen Mark bewilligt würden. „Dies ist ein erheblicher Prozentsatz der insgesamt für Bayern zur Verfügung stehenden Zuschußmittel." Weiter nannte Lang den Entschädigungsfonds zur Restaurierung gefährdeter Denkmäler. Aus dem 1983 zur Verfügung stehenden 20 Millionen Mark entfielen auf die Oberpfalz 3,5 Millionen. Schließlich würdigte Lang auch die finanziellen Anstrengungen des Bezirks, der Städte und Gemeinden.

Vor allem das Handwerk, das in Bayern einen besonders hohen Qualitätsstand aufweise, fuhr der Minister fort, sehe in der Auseinandersetzung mit der Altbausubstanz seine Chance. Um eine gezielte Fortbildung zu sichern, regte Lang eine Einrichtung an, in der in Zusammenarbeit mit der Handwerkskammer historische Techniken des Bauhandwerks an konkreten Beispielen vermittelt werden könnten. „Denkbar wäre eine Art Oberpfälzer Zentrum für Handwerker im Denkmalschutz, das sich beispielsweise mit einer Sammlung historischer Bau- und Ausstattungsteile verbinden ließe." Als Standort käme vielleicht ein größeres ungenutztes Baudenkmal in oder in der Nähe Regensburgs in Frage.

Generalkonservator Petzet dankte schließlich neben Stadt und Museum vor allem der Brauerei Arcobräu Moos, die durch ihren Zuschuß die Ausstellung überhaupt erst ermöglicht habe. Bis zum 17. Juni stellen die Münchner und Augsburger Museen und Sammlungen die sehenswerten Stücke dem Stadtmuseum zur Verfügung.

Vor dem Hintergrund der historischen Fassadenmalerei des Keplerhauses: Oberbürgermeister Friedrich Viehbacher, Regierungsvizepräsident Dr. Erwin Simon, Generalkonservator Prof. Dr. Michael Petzet, Bezirkstagspräsident Alfred Spitzner und Museumsdirektor Dr. Wolfgang Pfeiffer bei der Ausstellungseröffnung.
Aufnahme: Berger

Schatzsuche hinter dem Putz

Bei der Bauforschung der Denkmalpfleger werden oft verborgene Wandmalereien entdeckt

REGENSBURG (Eigener Bericht) – Regensburg ist ein Ort so recht nach dem Herzen von Bayerns Generalkonservator Professor Michael Petzet, nicht nur, weil hier die Baudenkmäler in die Tausende gehen, wofür Petzet die Formel vom „größten geschlossenen Denkmalensemble nördlich der Alpen" gefunden hat. In der alten Reichsstadt hat der Denkmalschutz dazu noch beispielhafte Fortschritte erzielt. Die Ausstellung „Farbige Architektur", die eigentlich schon im vergangenen Jahr gezeigt werden sollte, als das Landesamt für Denkmalpflege 75 Jahre alt wurde, liefert jetzt einen Beweis für diese Vorreiterrolle. Die bis zum 17. Juni im Stadtmuseum ausgestellten 65 Exponate machen deutlich, daß wissenschaftliche Denkmalpflege und der Wunsch nach Bausanierung einander nicht ausschließen müssen.

Das Wissen, daß in fast allen vergangenen Epochen der Wunsch der Bauherren, ihre Bauten innen und außen durch Farbigkeit der Anstriche Glanz zu verleihen, heftiger war als in unseren Tagen, ist mittlerweile Allgemeingut. Ebensowenig wie bei Kirchen, die im Lauf der Zeit mehreren Stilepochen angepaßt wurden, die Stifter des jeweils neuen Interieurs Skrupel zeigten, schreckte man bei Profanbauten vor neuen Anstrichen nach dem wechselnden Zeitgeschmack zurück. Davon profitieren heute die Erforscher der Baugeschichte, denen sich beim vorsichtigen Abheben von Putzschichten ganze Bilderbücher auftun.

Die Regensburger Altstadt kann nur winzige Gucklöcher in diese Welt auftun. In der Regel bleibt der Blick hinter die Tapeten und unter den Kalkschichten den Bauforschern vorbehalten. Zu teuer ist die Freilegung größerer Wandflächen und für museale Zwecke wird in der Regel nur der besonders gefährdete Außenputz abgenommen. Und dies auch nur dann, wenn sich der endgültige Stop des Verfalls selbst durch sachgerechte Konservierung am Haus nicht gewährleisten läßt.

An einer Ausstellungswand des Stadtmuseums hängen größere Partien der Originalfassade des Hauses Keplerstraße 2 in Regensburg. Das Gebäude, „das man in früheren Jahrzehnten wegen seines schlechten Bauzustands wohl einfach beiseite geräumt hätte", wie Petzet im Vorwort des Ausstellungskatalogs anmerkte, ist freilich das erste in der Stadt, an dem vor der Sanierung systematische Bauforschung betrieben wurde. Der Vergleich der originalen Fassadenfragmente, die sich nicht mehr an dem unter starkem Autoverkehr leidenden Gebäude halten ließen und der zurückhaltenden Neubemalung markiert die engen Grenzen, die der Restaurierung in solchen Fällen gesetzt sind.

Leichter haben es die Restaurateure in den Innenräumen, wo Wandbilder aus unterschiedlichen Epochen oftmals in leuchtender Farbigkeit zutage treten, wenn die konservierende Putzschicht abgehoben ist. Freilich kann auch in diesen Fällen der Denkmalpfleger nur selten mehr als Stichproben nehmen. Doch reichen die gewonnenen Einsichten für die Dokumentation aus.

Ohnedies läßt oftmals die heutige Nutzung vieler Räume eine Freilegung alter Wandmalereien nicht zu. Die Methoden, das Gefundene zu sichern, reichen vom Auftragen einer neuen Putzschicht über das Abdecken mit Japanpapier und Glasvlies bis zum Vormauern leichter Wände. „Damit bleibt die Wanddekoration für künftige Generationen, die vielleicht andere Nutzungsvorstellungen und Wünsche haben, erhalten", wie Wolf Koenigs vom Landesamt für Denkmalpflege meint.

Koenigs und die Architektin Heike Fastje betreiben seit einigen Jahren Bauforschung in Regensburger Profanbauten. Ihre Arbeit hat nach Aussage von Generalkonservator Petzet „eine bürgerliche Kultur erschlossen, von der wir bisher keine Ahnung hatten". Ortsbesichtigungen, die dem Besucher der Altstadt jedoch nur in Ausnahmefällen möglich sind, unterstreichen diese Aussage. Ein verkommenes Altstadtgeviert, dessen verschmutzte und beinahe lichtlose Primitivwohnungen noch bis vor kurzem Mieter beherbergten, steht zur Sanierung an. Gerade dort offenbaren sich in heruntergekommenen Wohnhöhlen Wandgemälde von einer Lebendigkeit, wie man sie sich kaum in hoffähigeren Bauten erwartet. An der Wand eines vor Schmutz und Schutt kaum mehr begehbaren Ganges hat Denkmalpfleger Petzet seinen Liebling entdeckt, einen von ungelenker Hand doch im eleganten Sprung hingemalten Hirsch.

Bauforschung ist mühsame Kleinarbeit, teilweise betrieben mit den Methoden der Archäologen. Das Aufspüren früherer Wohnnutzungen und das Anfertigen von zentimetergenauen Plänen, die auch noch die geringste Veränderung festhalten, sind für Petzet trotz aller Mühen und der unweigerlichen Verzögerung der günstigste Weg zur Sanierung. Denn das Wissen um verborgene Mauern und Zwischendecken oder auch Fehlstücken erspart den mit der Sanierung betrauten Architekten unliebsame Überraschungen, die ansonsten nicht selten neue statische Berechnungen und zusätzliche Einbauten erforderlich machen können. In jedem Fall bewahrt das Aufspüren der Baugeschichte noch erhalten gebliebener Wandmalereien vor der Zerstörung durch Installationseinrichtungen oder gar durch Abbruch.

Die Ausstellung im Regensburger Stadtmuseum kann nur die Ergebnisse dieser Arbeit darstellen. Sie muß mit knappen Hinweisen auf das Vorgehen der Denkmalpflege an Ort und Stelle auskommen. Der mit 150 Seiten in überschaubarer Länge ausgefallene Katalog hilft dem interessierten Laien dafür mit mehr Details aus.

Peter Schmitt

Süddeutsche Zeitung, 15. Mai 1984

Umweltschmutz macht den Marmor-Helden den Garaus

Von Rudolf Huber

München – Die Münchner Luft setzt den steinernen Herren vor der Glyptothek ganz schön zu: Obwohl sie erst rund 140 Jahre auf dem Buckel haben, sind ihre Gesichter von Schwefelsäure zerfressen, die Arme sind nur noch Stümpfe, der ganze Marmor-Leib ist verdeckt und verwittert. Die Nischen-Figuren sind Opfer der Umweltverschmutzung.

Wie den alten Griechen geht's den Kulturdenkmälern überall in der Stadt. Generalkonservator Michael Petzet vom Landesamt für Denkmalpflege: „Es geht dahin. Die Umweltschäden häufen sich immer mehr. Und dadurch entstehen natürlich enorme Kosten – das geht in die Millionen."

Die Glyptothek ist eines von Petzets größten Sorgenkindern. Nicht nur die Figuren haben enorm gelitten, auch den Giebel ist äußerst gefährdet. Der Generalkonservator: „Das sieht wirklich schlimm aus."

Böse erwischt hat's aber zum Beispiel auch die Grabmäler im Alten Südlichen Friedhof oder die Propyläen. Alle diese „Patienten" sind seit rund fünf Jahren im Zentrallabor für Denkmalpflege in Behandlung. Dort werden Methoden zur Naturstein-Konservierung – etwa mit Acryl-Lacken – entwickelt. „Aber ein Allheilmittel wird's nie geben", meint der Forscher Rolf Snethlage. „Die beste Methode wäre, die Umweltverschmutzung auf Null zu drücken..."

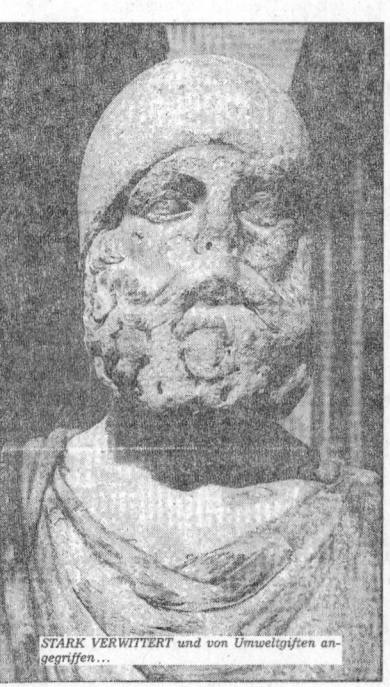

STARK VERWITTERT und von Umweltgiften angegriffen...

...sind die Nischenfiguren aus Laaser Marmor vor der Glyptothek.

AZ (Abendzeitung) München
3. Mai 1984

Zum Schutz von Kunst aus Stein und Glas
Das Zentrallabor des Landesamts für Denkmalpflege forscht nach besseren Konservierungsmitteln

Von unserem Redaktionsmitglied Heidrun Graupner

Nicht mehr reparabel ist das große Loch, das der saure Regen in das Grabmal der Familie Scherer auf dem Alten Südlichen Friedhof gefressen hat. Fünf Zentimeter dick war die Steinplatte, als sie 1850 auf den Friedhof gestellt wurde. Zerfressen sind auch Gesichter und Körper der Marmorfiguren, die in den Außennischen der Glyptothek standen und jetzt restauriert wurden. Mit der Rettung von Kunstwerken aus Naturstein vor Umweltschäden beschäftigt sich seit fünf Jahren das Zentrallabor des Landesamtes für Denkmalpflege in der Luisenstraße 37. Das Forschungsprogramm, das von der Stiftung Volkswagenwerk finanziert wurde, ging Anfang dieses Jahres zu Ende; in einem internationalen Symposium wurde jetzt ein Überblick über Entwicklung und Probleme der Konservierung von Kunstdenkmälern gegeben.

Das Labor im Keller der Technischen Universität in der Luisenstraße wirkt auf den ersten Blick bescheiden. Zwei Naturwissenschaftler und zwei Chemotechniker arbeiten hier. Sie simulieren in der automatischen Tauchanlage und im schrankförmigen Klimaprüfstand die verschiedensten Witterungs- und Umweltbedingungen. Erforscht werde dabei, welche Gesteinsart mit welchem Mittel behandelt werden müsse, erklärte Rolf Snethlage, denn man könne keine pauschalen Konservierungsrezepte aufstellen. Mit 1,6 Millionen Mark unterstützte die Stiftung Volkswagenwerk den Aufbau dieses Labors – es gibt insgesamt nur zwei solche Einrichtungen in der Bundesrepublik – im Jahr 1979. Im Zentrum der Forschung stehen Objekte aus Stein und Glas, die im Freien stehen, die Weiterentwicklung von Steinkonservierungsmitteln, die naturwissenschaftlichen Beratungen der praktischen Denkmalspflege.

Als „unerträglich" bezeichnete Generalkonservator Professor Michael Petzet die Verluste, die ständig an Steinskulpturen, Fassaden, den unersetzlichen Glasfenstern der Kirchen entstehen. Das Umweltbundesamt schätzte bereits 1980 die jährlichen Schäden an Gebäuden und Kunstwerken auf 1,3 Milliarden Mark. Bei den Marmorfiguren in den Außennischen der Glyptothek stellte man schwere Zerstörungen fest, die Plastiken aus dem 19. Jahrhundert seien in einem schlechteren Zustand als die antiken Skulpturen in der Glyptothek. Die gravierendsten Umweltschäden entstehen durch Schwefelsäureemissionen, der saure Regen führe zu irreparablen chemischen Umwandlungen des Gesteins. Die Frage nach einer Toleranzgrenze stelle sich bei einem Kunstwerk nicht, sagte Petzet. Denn im Gegensatz zum lebenden Organismus würden Schadstoffe in Steinen, Putzen und Glasmalereien nicht wieder ausgeschieden. Sie reicherten sich an, bis die Oberfläche und damit das Kunstwerk zerstört sei.

Ein großes Problem für die Wissenschaftler ist die Entwicklung von Konservierungsmitteln, berichtete Snethlage, da die bisherigen Mittel wie etwa Acrylharze nicht für die Steinkonservierung entwickelt wurden und man deshalb nicht sagen könne, wie lange die Schutzwirkung anhalte. Für die Industrie aber sei bisher der Anreiz, sich an der Forschung zu beteiligen, nicht sehr groß gewesen. Gemeinsam mit dem Deutschen Archäologischen Institut in Berlin erprobt das Zentrallabor Konservierungsmittel in Oberägypten und in Athen. Eine ideale Schutzsubstanz wurde aber bisher noch nicht gefunden.

Bitten um Gutachten erhält das Labor bereits aus dem Ausland, beispielsweise aus Modena und Bozen. Arbeitsschwerpunkt aber ist Bayern und München, etwa der Alte Südliche Friedhof, die Glyptothek, bei der sich besonders die Giebelrestaurierung als problematisch erwies. Schwergeschädigt sind auch die Skulpturen aus Schilfsandstein, der vor allem in Franken verwandt wurde. In einem besonders schlimmen Zustand sei das berühmte romanische Portal der Regensburger Schottenkirche, erzählt Petzet, denn man wisse, daß der Stein unter der Schmutzkruste zerfalle. Abgeschlossen sei die Restaurierung des Südportals am Augsburger Dom, die 400 000 Mark gekostet habe.

Wesentlich ausbauen

Angesichts der unübersehbaren Fülle der Zerstörungen, nicht nur in Städten und Industriegebieten, sondern flächendeckend im ganzen Land, sei es ein großes Anliegen, meinte Petzet, „daß dieses Labor wesentlich ausgebaut wird", um effektiver arbeiten zu können. Denn wenn die Zerstörung zu weit fortgeschritten sei, werde die Konservierung sinnlos.

GESTEINSPROBEN, *die im Zentrallabor des Landesamtes für Denkmalpflege Umwelteinflüssen ausgesetzt werden, betrachten Generalkonservator Professor Michael Petzet (links) und Hans Plater von der Stiftung Volkswagenwerk, die das Projekt mit 1,6 Millionen Mark förderte.*
Photo: George Aczel

AN DER GLYPTOTHEK *kommen jetzt auch die durch Bomben und Umwelteinflüsse schwer in Mitleidenschaft gezogenen Marmorskulpturen des Giebels zur Reinigung und Härtung. Letzte Woche wurde das Gerüst aufgebaut, um die Figuren – man sieht im Vordergrund Athena und einen sitzenden Tonbildner (Modellierer) – herunterzuholen. Die italienischen Restauratoren Silvano Bertolin und Eliso de Giusti bereiten die letzte Arbeitsphase am Figurenprogramm von Klenzes Prachtbau gerade vor. Die Nischenfiguren der Westseite und der Frontseite haben ihre vor vier Jahren begonnene Generalüberholung hinter sich. Die am besten erhaltenen Figuren der Ostseite sind ebenfalls gereinigt und konserviert worden; von ihnen werden künftig jedoch nur noch Abgüsse den verheerenden Autoabgasen am Königsplatz ausgesetzt, während die Originale ihren Platz in der Staatsbibliothek finden. Die Formen für die Abgüsse stehen parat. Im Herbst soll alles fertig sein.*
cn/Photo: Karlheinz Egginger

Süddeutsche Zeitung
23. Mai 1984

Ausstellung des bayerischen Landesamtes in der Residenz

Die Bandbreite des Denkmalschutzes

Aus Anlaß des dritten europäischen Kongresses „Handwerk und Denkmalpflege"

WÜRZBURG. (-it-) Die Bürger teilen heutzutage weitgehend die Ansicht vieler Fachleute, daß Denkmalpflege „angewandte Geschichtswissenschaft" ist. Sie werde deshalb von der Bevölkerung akzeptiert und unterstützt, erklärte gestern in der Residenz in Würzburg der Staatssekretär im bayerischen Finanzministerium, Albert Meyer, anläßlich der Eröffnung einer Ausstellung „Denkmalpflege in Bayern", die das Landesamt für Denkmalpflege 1983 anläßlich seines 75jährigen Bestehens erstmals auf der Kaiserburg in Nürnberg gezeigt hatte und für die sich inzwischen auch die Städte Wien und Venedig interessieren. Die bis zum 14. Juni im Treppenhaus zu sehende Dokumentation wurde im Zusammenhang mit dem ab kommenden Montag beginnenden europäischen Kongreß „Handwerk und Denkmalpflege" nach Würzburg geholt und soll die Fachleute aus vielen west- und osteuropäischen Ländern bei ihrer Tagung begleiten. Sie wird voraussichtlich zum letzten Mal in Bayern zu sehen sein.

Die Ausstellung soll einmal die gesamte Bandbreite des Denkmalschutzes und zum anderen die heutigen wissenschaftlich-historischen Arbeiten, die ganz auf ein Objekt ausgerichtet sind, darstellen, erläuterte der bayerische Generalkonservator Prof. Dr. Michael Petzet das Konzept dieser Dokumentation. Die Idee der Jubiläumsausstellung sei es nicht, in der Geschichte des Landesamtes zu blättern, sondern Beispiele zu zeigen, wie man moderne Denkmalpflege betreibt. So werden in Bildfolgen einzelne Restaurierungsschritte vorgestellt und die Entscheidungen der Denkmalschützer für das einzelne Objekt dem Laien verständlich erklärt. Die Restaurierungsgeschichte eines alten Fachwerkhauses in Mainbernheim (Lkr. Kitzingen) etwa, ist exemplarisches Beispiel dafür.

Zur Größenordnung der Arbeit des Landesamtes für Denkmalpflege einige interessante Zahlen: in Bayern betreut es rund 110 000 Baudenkmäler (vom Bildstock bis zum Würzburger Dom), 700 Ensembles, 10 000 obertägige Bodendenkmäler (z. B. Grabhügel) und rund 100 000 Bodendenkmäler im Bereich der Archäologie. Auf der Basis des Nachtragshaushaltes 1984 erhält das Landesamt heuer 50,0 Millionen DM vom Freistaat. Diese Zuschüsse aktivieren einen bis zu zehnfachen Betrag an kommunalen und privaten Finanzmitteln, die überwiegend in das mittelständische Handwerk fließen.

Staatssekretär Meyer zieht denn auch eine überaus positive Bilanz der Denkmalpflege-Förderung in Bayern. Allein aus dem 1974 eingerichteten Entschädigungsfonds wurden bis 1983 Leistungen in Höhe von 203 Millionen DM gewährt, entsprechend dem reichen Erbe an historischen Gebäuden in Franken ging davon mehr als die Hälfte an die drei fränkischen Regierungsbezirke. Insgesamt wurden bisher aus dem Etat des Kultusministeriums 370 Millionen DM an Zuschüssen und Darlehen zur Instandhaltung von Baudenkmälern vergeben.

Dem Handwerk bescheinigte Albert Meyer, die Herausforderung der Denkmalpflege, die in der Auseinandersetzung mit dem Überlieferten liegt, längst als eine Chance erkannt zu haben, weil der Rückgriff auf die traditionellen handwerklichen Methoden und Materialien, mit denen Baudenkmäler einst geschaffen wurden, nur vom Handwerker und nicht vom rationalisierten Großbetrieb durchgeführt werden könne. Neben Staat und kommunalen Gebietskörperschaften leisteten auch die Kirchen beachtliche Beiträge zur Denkmalpflege. Allein die Diözesen und katholischen Kirchengemeinden hätten 1982 rund 192 Millionen DM dafür aufgebracht. Nicht hoch genug bewertet werden könne das Engagement der privaten Eigentümer von Denkmälern, die für deren Erhaltung und Restaurierung erhebliche finanzielle Opfer brächten.

Franz Fuchs, Präsident der den internationalen Kongreß ausrichtenden Handwerkskammer für Unterfranken, freut sich darüber, daß es ihm gelungen ist, diese Ausstellung nach Würzburg zu bringen. Zeige sie doch den Tagungsteilnehmern den ganzen Umfang der Denkmalpflege, erklärte er gestern gegenüber der Presse.

Nicht nur der Hofkeller unter der Residenz wird am Sonntag, 27. Mai, einen „Tag der offenen Tür" haben, sondern auch die Ausstellung „75 Jahre Denkmalpflege in Bayern". Die Schlösserverwaltung weist aber darauf hin, daß wegen der erwarteten hohen Besucherzahl keine Führungen in der Residenz stattfinden können.

Als exemplarisches Beispiel für Denkmalpflege wird in der Ausstellung in der Würzburger Residenz der Restaurierungsvorgang eines Fachwerkhauses in Mainbernheim dargestellt. Diese Dokumentation schauten sich gestern (von links) Handwerkskammerpräsident Franz Fuchs, Finanzstaatssekretär Albert Meyer und Generalkonservator Prof. Dr. Michael Petzet an. Foto: Heer

Fränkisches Volksblatt (Würzburg)
24. Mai 1984

Für die Denkmäler geht die „Ewigkeit" zu Ende

Bayerns Generalkonservator Michael Petzet: Die Schäden sind bereits flächendeckend

Geschaffen wurden sie einst „für die Ewigkeit", die Kirchen und Dome, die Schlösser und Paläste, die Statuen und Standbilder, die kunstvollen Grabmäler und Gedenkstätten, Zier zahlreicher Städte und Dörfer. „Geschafft" hat sie in nur wenigen Jahrzehnten der gleiche Stoff, der auch in jüngster Zeit unseren Wäldern in verheerendem Ausmaß zusetzt: Schwefeldioxyd zerfrißt Bronze, Stein und Marmor, zerstört auch die prächtigen Glasfenster gotischer Kathedralen. Kunstwerke, die 600 Jahre lang Kriegen und Katastrophen getrotzt haben, werden von der Schwefelsäure, dem Abfallprodukt einer überaus produktiven Industriegesellschaft, mit einer für sie krebsartigen Krankheit infiziert.

„Denkmäler sind keine lebenden Organismen, die Schadstoffe bis zu einem gewissen Grad wieder ausscheiden können", sagt Bayerns Generalkonservator Michael Petzet, der Leiter des Landesamts für Denkmalpflege. „Die aufgenommenen Schadstoffe reichern sich immer weiter an, der Regen wäscht sie erst dann aus, wenn die bereits zerstörte Oberfläche des Objekts abgelöst ist. Damit ist aber bereits ein wesentlicher Teil zerstört – ein Denkmal lebt von der gestalteten Oberfläche."

An einschlägigen Beispielen herrscht kein Mangel: Das Südportal des Augsburger Doms, dessen Restaurierung 400 000 DM verschlungen hat, die Marmorskulpturen in den Nischen und am Giebel der Münchner Glyptothek, aus dem ganze Stücke auf den Königsplatz heruntergefallen sind, der gesamte alte Münchner Südfriedhof, ein Ensemble von Grabdenkmälern berühmter Persönlichkeiten, dem die Umweltverschmutzung schwere Schäden zugefügt hat, das Portal der Schottenkirche in Regensburg, das zu den bedeutendsten aus der Zeit der Romanik in Bayern zählt und dessen Steine unter einer Schmutzschicht zerfallen, aber auch Tausende von Bildstöcken und Kreuzwegfiguren auf dem Land, die ihr Gesicht verlieren. „Die Schäden sind flächendeckend", sagt Petzet. Und was die Zerstörung der Glasgemälde mittelalterlicher Kathedralen anbelangt, so mag Bayerns Generalkonservator gar nicht mehr nur von seinem Zuständigkeitsbereich sprechen. „Es geht um Europas einzigartigen Schatz", stellt er fest. Im Gegensatz zum Wald, der durch entsprechende Anstrengungen wieder nachzuwachsen vermöge, sei im Hinblick auf die bedrohten Kunstdenkmäler „ein Substanzverlust in gewissem Sinn endgültig."

Selbstverständlich wissen auch die Denkmalpfleger, daß nicht der saure Regen allein für die Schäden verantwortlich zu machen ist, doch „Schwefeldioxyd ist im Faktor zehn den anderen Schadstoffen an Gefährlichkeit überlegen, weil es zur Bildung von Sulfaten führt", bemerkt Rolf Snethlage, der Leiter des Zentrallabors der Restaurierungswerkstätten des Bayerischen Landesamts für Denkmalpflege. In diesem Zentrallabor in einem Keller der Technischen Universität München versuchen zwei Wissenschaftler und zwei Techniker herauszufinden, welche Umwelteinflüsse Gestein und Glas am stärksten zusetzen und welche Mittel dagegen angewandt werden können. 1,6 Millionen DM hat die Stiftung Volkswagenwerk in den letzten fünf Jahren dazu als Starthilfe zur Verfügung gestellt. In einem internationalen Kolloquium zum Thema Natursteinkonservierung tauschten rund 40 Spezialisten aus verschiedenen Ländern ihre Forschungsergebnisse aus.

Das Fazit, das Petzet und Snethlage jetzt vor der Presse zogen, entspricht auch den Erkenntnissen, die aus den Versuchen im Klimaschrank und in der automatischen Tauchanlage des Zentrallabors resultieren: Bisher ist kein Allheilmittel entwickelt, das imstande wäre, jede Art von Gestein, aus dem die Denkmäler sind, von Umweltschäden zu kurieren. Naturgemäß muß jeder Stein anders behandelt werden, aber womit, bedarf eingehender Untersuchungen. Die Aufgabe, selbst Steinkonservierungsmittel weiterzuentwickeln, vermag das Labor nach Angaben Snethlages noch nicht zu erfüllen. Dazu bedürfe es weiterer Forschungen, vor allem aber der Finanzierung durch den Bayerischen Staat. Seine zweite Aufgabe, die umfassende naturwissenschaftliche Betreuung der praktischen Denkmalpflege im gesamten süddeutschen Raum, erfordere ebenfalls den weiteren Ausbau der Einrichtungen sowie eine Aufstockung an Personal.

Die gutachterliche Tätigkeit sprengt bereits die Landesgrenzen. Umfangreiche Laboruntersuchungen und Beratungen erfolgten über bedeutende bayerische Projekte hinaus für Restaurierungen von Kirchen in Eßlingen, Schwäbisch Gmünd, Reutlingen, Konstanz, Frankenthal/Ludwigshafen oder Kassel und Bremen, aber auch unter extremen Klimabedingungen wurde das Verhalten von Steinkonservierungsmitteln inzwischen getestet, etwa auf dem archäologischen Gelände der Insel Elphantine in Oberägypten und im Grabungsfeld des Kerameikos in Athen – Bayerns Beitrag zur Lösung eines Problems, das nach den Worten von Generalkonservator Petzet zwar internationales Ausmaß erreicht hat, an dem jedoch die Industrie nur wenig Interesse zeige. Die Methode, von Schwefelsäure angefressene Denkmäler in Acrylharz zu tauchen, ist im Münchner Labor zwar getestet und für anwendbar befunden worden, doch der Weisheit letzter Schluß stellt sie noch lange nicht dar. „Die beste Methode", so meint Petzet, „läge zweifellos darin, die Umweltverschmutzung auf Null zurückzunehmen." Weil das aber wohl nur ein schöner Traum der Umwelt- und Denkmalschützer bleibt, erscheint der Ausbau der Forschung nach Gegenmitteln lebenswichtg, eine Feststellung, die nicht allein auf erweichte Steine zutrifft.

Rolf Linkenheil

GLYPTOTHEK: Nischenfigur aus Marmor. Bild: Bayer. Landesamt für Denkmalpflege

Bayerische Staatszeitung
1. Juni 1984

MdL Vollkommer und Generalkonservator Dr. Petzet auf Informationsfahrt

Endlich die Portale von Schloß Seehof öffnen

Dringende Restaurierungen in Schloß Weißenstein und der evangelischen Kirche Pommersfelden

Bamberg-Land ⊙ Pommersfelden und Memmelsdorf waren die Ziele einer Informationsreise, zu der Landtagsabgeordneter Philipp Vollkommer den Chef des Landesamtes für Denkmalpflege, Generalkonservator Dr. Michael Petzet, eingeladen hatte. Dabei ging es sowohl um private Bauvorhaben, die aus denkmalpflegerischer Sicht einer Klärung bedurften, als auch um so bedeutende Projekte wie die beiden Schlösser Weißenstein und Seehof.

In Pommersfelden trug Bürgermeister Erwin Ruhl im Rathaus die Probleme seiner Gemeinde vor. Nach dem Eintrag ins Gästebuch war die evangelische Dorfkirche die erste Station der Besichtigung. Pfarrer Becker betonte eindrucksvoll die Notwendigkeit der Inneninstandsetzung dieses reizenden Gotteshauses, wies aber auch auf die hohen Kosten von rund 600 000 DM hin; hinzu käme noch die Überholung der Orgel, die rund 180 000 DM erfordert. Pfarrer Beck bat, diese Maßnahme zu unterstützen, da sie ohne Zweifel von hohem denkmalpflegerischen Wert sei. Darauf Dr. Petzet:

„Diese Restaurierung ist notwendig, ich werde sie unterstützen."

Vor allem war der Gast aus München von den in der Kirche untergebrachten Grabsteinen angetan, die zum Teil noch eine Bemalung aufweisen und nur selten in dieser Art aufzufinden sind.

Einige private Bauvorhaben waren sodann Gegenstand der Beratungen, wobei es sich als vorteilhaft erwies, daß neben dem Vertreter der Außenstelle des Landesamtes für Denkmalpflege, Dr. Pause, auch seitens des Landratsamtes Regierungsrätin Dr. Schmitt und H. Reindl zugegen waren, konnten doch auf diese Art und Weise schnell und unbürokratisch die notwendigen Entscheidungen gefällt werden.

Auf Schloß Weißenstein begründete Graf Schönborn die Notwendigkeit der Sicherungs- und Restaurierungsarbeiten für den Marstall des Schlosses Weißenstein.

Die Verfallsschäden hätten zwischenzeitlich sowohl an Dächern wie an Plastiken und Architekturen der Hoffassaden derart zugenommen, daß akute Gefährdung Bayerns bezeichnete, bot seine Unterstützung für eine alsbaldige Restaurierung des Marstalles an, um dessen einmalige Schönheit zu erhalten. Das Bauprogramm werde sich über vier bis fünf Jahre erstrecken, wobei auch Dächer und Fassaden in die Restaurierung einbezogen werden müßten.

Besonders die Sattelkammer, fertiggestellt 1719, die mit Architekturmalereien von Francesco Marchini ausgestattet ist, leide unter der Feuchtigkeit, die an den nördlichen Außenwänden schon bis zu einer Höhe von 2,25 m angestiegen ist.

Dr. Petzet, der das Schloß in seiner Gesamtheit einschließlich der noch vollständig erhaltenen Innenausstattung als „Weltspitze" darstellte und als eines der bedeutendsten Objekte Da in Bayern nichts vergleichbares vorhanden sei, wäre die Instandsetzung des Marstalles von Schloß Weißenstein unumgänglich.

Architekt Dankward von Pezold überreichte eine Dokumentation über das Sicherungs- und Restaurierungsprogramm und bat um baldiges „grünes Licht" für die notwendigen Arbeiten.

Friedhof in der Fasanerie erfordert rund 2,7 Millionen

Memmelsdorf war das nächste Ziel. In der Pfarrkirche informierte Pfarrer Lothar Güthlein über den bisherigen Werdegang der Restaurierungsarbeiten und bat mit Förderung, vor allem der denkmalpflegerisch wertvollen Ölbilder der zwölf Kreuzwegstationen und des Altarbildes des Malers Anwander aus dem Jahre 1748. Des weiteren sei es notwendig, die Plastiken des Ölbergs und des Abendmahls zu renovieren. MdL Vollkommer merkte, daß grundsätzliche Bereitschaft zur Förderung der Restaurierung der Pfarrkirche bereits vor Jahresfrist ausgesprochen worden wäre. Einen umfangreichen Katalog denkmalpflegerischer Maßnahmen der Gemeinde Memmelsdorf übergab Zweiter Bürgermeister Hans-Jürgen Hempfling. Vor allem gelte es, für die Neuanlage des Friedhofs in der Fasanerie finanziell behilflich zu sein.

Die Gemeinde sei nicht in der Lage, einen Friedhof mit Baukosten von rund 2,7 Millionen durch Ausbau der Staatsstraße 2190 sowie der Bau von ausreichenden Parkplätzen für die des Staates liegen, hier Verhältnisse zu schaffen, die auf die künftige Entwicklung des Schlosses Rücksicht nehmen. Er, so Vollkommer, zweifle nicht daran, daß die Straßenbaumaßnahmen die Gemeinde Memmelsdorf nicht belasten dürfen.

Auf die Öffnung des Parkes von Seehof für die Öffentlichkeit drängte der Abgeordnete mit Nachdruck. Es gehe auch um die Einlösung des Versprechens, das die Staatsregierung vor zehn Jahren beim Kauf von Schloß Seehof gegenüber dem Landtag abgab.

Der Erwerb des Schlosses wurde vor allem damit begründet, daß es der Öffentlichkeit zugänglich gemacht werden solle. Es sei nun an der Zeit, daß ab 1. August 1985 die Öffentlichkeit – evtl. nur an den Wochenenden – Zugang zum Park von Seehof erhalte.

Generalkonservator Dr. Petzet versicherte, daß er ein Programm entwickeln werde, um die Öffnung des Parkes sicherzustellen. Hinsichtlich des Ausbaus des Friedhofes werde das Landesamt der Gemeinde keine Schwierigkeiten bereiten und keine übertriebenen Forderungen aufstellen.

Die verkehrsmäßige Anbindung der Fasanerie zum Schloß Seehof und die Erschließung

Fränkischer Tag (Bamberg) 23. Juni 1984

durch abstürzende Bauteile und Bruchstücke bestehe.

Besucher des Schlosses und des künftigen Friedhofes bildeten neben der Öffnung des Parkes von Seehof auch die Hauptthemen bei der folgenden Diskussion in der Brauerei Leicht. MdL Vollkommer meinte, angesichts der Tatsache, daß die notwendigen Straßenbaumaßnahmen aufgrund der zu erwartenden Besucher für Seehof notwendig seien, solle es im Interesse

Auch in der evangelischen Kirche von Pommersfelden schaute sich Generalkonservator Dr. Michael Petzet um, nachdem eine Innenrestaurierung sowie eine Überholung der Orgel notwendig sind. Auf dem linken Bild trägt Pfarrer Becker, daneben MdL Vollkommer, dieses dringende Anliegen vor. – Akute Einsturzgefahr besteht im Marstall, dessen Decken bereits abgestützt werden mußten (mittleres Bild). – Aber auch die Außenfassaden des Marstalles machen den Denkmalpflegern Sorgen, wie Schloßherr Graf von Schönborn (rechts) und Architekt von Pezold der Kommission vortrugen (rechtes Bild)

Fotos: FT-Rudolf Mader

Denkmalschützer setzen auf Handwerker-Kunst

2,5 Millionen Bauwerke brauchen Behandlung

Von Erich Seydel

Würzburg – Das Handwerk hat die Zeichen der Zeit erkannt, und dies wurde offenbar in ganz Europa. Dies wurde als Quintessenz eines viertägigen Europaratskongresses „Handwerk und Denkmalspflege" in Würzburg deutlich. Es geht darum, die durch Luftverschmutzung akut gefährdeten Baudenkmäler in ganz Europa zu retten.

Natürlich wittert das Handwerk – vom Maurer, Dachdecker, Steinmetz und Steinbildhauer bis zum Stukkateur, Ziseleur, Zinngießer, Keramiker und Vergolder – auch ein Geschäft. Laut Präsident des Zentralverbandes des Deutschen Handwerks, Paul Schnitker, der Kongreß-Organisatoren Senator Franz Fuchs, Präsident der Handwerkskammer von Unterfranken, und Hauptgeschäftsführer Franz Josef Kleespies gibt es heute in der Bundesrepublik rund 2,5 Millionen Bauwerke, die restauriert, konserviert, saniert oder rekonstruiert werden müssen.

1985 jährt sich zum zehnten Mal, daß die europäische Denkmalsschucharta verabschiedet wurde. Höchste Zeit also, daß – so Kleespies – dem Europarat Dampf gemacht wird. Für Generalkonservator Prof. Michael Petzet vom Landesamt für Denkmalspflege geht es zunächst einmal grundsätzlich um Spurensicherung – handwerkliches Können beim Wiederaufbau setzt er als selbstverständlich voraus. Kompromißlos hart wendet er sich gegen alle Versuche, Originale zu verfälschen. Also auch eine Art „Reinheitsgebot".

Braucht das gefährdete Denkmal mehr denn je den Handwerker, so braucht der Handwerker seinerseits das Denkmal, um die alten Techniken auch anwenden zu können. Bundesbauminister Oscar Schneider schätzte zum Kongreßabschluß die Kosten der Schutzmaßnahmen in der Bundesrepublik auf jährlich 300 Millionen DM. Die „Würzburger Deklaration", als Zusammenfassung von Anträgen nach unvermuteten Geburtswehen wegen unterschiedlicher Ausbildungspraktiken in Italien, Frankreich und der Bundesrepublik doch noch verabschiedet, könnte wegen der Brisanz der Umweltgefährdung Signalwirkung erhalten: Das technische Können des Handwerkers wird darin als Garant für die Erhaltung des europäischen Erbes angesehen.

Münchner Merkur
2. Juni 1984

Vom ungarischen Nationalmuseum wird Wanderausstellung über röm. Thermen eröffnet

Weißenburg in Budapest genannt

Generalkonservator des Bayer. Landesamtes für Denkmalpflege, Prof. Petzet, dazu in Budapest — Weißenburg hofft, daß Ausstellung in unsere Stadt kommt

WEISSENBURG — In der Fachliteratur werden die konservierten und restaurierten römischen Thermen als kulturgeschichtliche Attraktion ersten Ranges, nicht nur für Mittelfranken, sondern ganz Süddeutschland bezeichnet. Die Überdachung bildet als gelungene Ergänzung zu den Resten des einstigen „Volksbades" für die römische Bevölkerung ebenso einen Anziehungspunkt.

Die schwierige Konservierung und Restaurierung der Anlage wurde ab 1981 von Spezialisten über das ungarische Außenhandelsunternehmen ARTEX durchgeführt. Auch diese Restaurierungsarbeiten fanden einhelliges Lob. Die Bedeutung der ausgegrabenen Anlage für die interessierten Kreise wird nachhaltig dadurch unterstrichen, daß das Bayerische Landesamt für Denkmalpflege und die ungarische Firma ARTEX eine gemeinsame Wanderausstellung über die Freilegung, Konservierung und Restaurierung der römischen Thermenanlage in Weißenburg organisiert haben.

In einer Feierstunde wird die Ausstellung durch das Ungarische Nationalmuseum am 13. Juli in Budapest eröffnet. Dabei werden der Generalkonservator des Bayer. Landesamtes für Denkmalpflege, Prof. Dr. Michael Petzet und der Generaldirektor des Ungarischen Nationalmuseums, Ference Fülip, zur Restaurierung, ihren Schwierigkeiten und Ergebnissen, aber auch zur Bedeutung der Thermen sprechen.

An der Finanzierung der Wanderausstellung ist indirekt im kleineren Rahmen auch Weißenburg beteiligt. Bei einer Besprechung zwischen dem Bayer. Landesamt für Denkmalpflege, OB R. Schwirzer, dem Stadtkämmerer und dem Rechtsdirektor, erklärte sich die Stadt bereit, nicht abgesetzte Plakate und einen eigens aufgelegten Führer in einem bestimmten Kontingent abzunehmen.

Zur Eröffnung hatte das Ungarische Nationalmuseum daher auch Vertreter der Stadt Weißenburg und den Oberbürgermeister eingeladen. OB R. Schwirzer dankte für die freundliche Einladung. Aus vielfältigen Gründen wurde jedoch über das Bayerische Landesamt für Denkmalpflege gebeten, für die Verhinderung städtischer Vertreter Verständnis zu haben.

In der Absprache zur Vorbereitung der Ausstellung wurde der Wunsch geäußert, daß die Wanderausstellung möglichst bald auch in Weißenburg zu sehen sein wird.

Weißenburger Tagblatt
12. Juli 1984

Vom technischen „Eisenbahnstyle" der Glas-Eisen-Bauten seiner Zeit wich Jean Keller beim Gögginger Kurhaustheater ab, das er von außen klassizistisch gestaltete (links). Heute wartet das Baudenkmal

Landsberger Tagblatt, 20. Juli 1984

Eine Perle im Dornröschenschlaf

In Augsburg-Göggingen wartet das Kurhaustheater auf Wiederherstellung und Neubelebung

In Fachkreisen gilt das Gögginger Kurhaustheater als Baudenkmal von europäischem Rang. Die Glas-Eisen-Konstruktion, von dem Augsburger Architekten Jean Keller 1886 nach dem Vorbild der englischen und französischen Wintergärten erbaut, ist eine Rarität. Seine Rettung und Wiederherstellung wird deshalb allenthalben gefordert. In Augsburg trauert die Öffentlichkeit über den Verlust dieser einst vielseitigen kulturellen Stätte. Inmitten einer verwilderten Parkanlage liegt das Kurhaus heute im Dornröschenschlaf.

Unter grünen Schutzfolien wirkt das Gebäude wie ein von Verpackungskünstler Christo vermummtes Objekt. Versuche, es endgültig „auszuwickeln", zu restaurieren und mit neuem Leben zu erfüllen, scheiterten bislang am fehlenden Geld; an Ideen mangelte es dagegen nie. Davon zeugen Skizzen von Bürgerinitiativen, Reinzeichnungen engagierter Architekten, Studentenentwürfe und Amtspläne. Auch die emsige Suche nach angemessener Nutzung brachte einen „Rattenschwanz" an Vorschlägen: von der Badeanstalt bis zum Spielkasino.

Die immer wieder aufschäumenden und verebbenden Hoffnungswogen schlagen zur Zeit wieder höher um dieses einmalige Baudenkmal. Am „Dies academicus" legte soeben Bayerns oberster Denkmalpfleger, Generalkonservator Dr. Michael Petzet, der Augsburger Universität das Kurhaus ans Herz. Alarmiert durch den fortschreitenden Verfall unter der Schutzhülle (die nach drei Jahren mehr Gefahr als Schutz darstelle), regte er eine „konzertierte" Rettungsaktion von Denkmalpflege, Stadt und Hochschule an. Das Areal in Göggingen, nicht weit vom Campus, biete mit den zahlreichen Nebengebäuden beste Voraussetzungen für die Einrichtung eines musischen Zentrums, das der jungen Universität immer noch fehlt. Bei der Restaurierung des Baudenkmals als Mittelpunkt dieser Anlage müsse nicht unbedingt sofort die Perfektion angestrebt werden, meinte Petzet. Die Rekonstruktion aller Details sei auch schrittweise zu bewältigen.

In seinem Festvortrag vor den Freunden der Universität stellte Bayerns Generalkonservator das Gebäude in eine reizvolle Ahnenreihe, zuerst neben die vielfältigen Theaterbauten, dann aber in die noch engere Beziehung zu den englischen „Pleasure Gardens" und „Palaces of People", den Vergnügungsstätten für die Bürger. Die deutschen Nachfahren, wie der Wintergarten über der Residenz von Bayerns Märchenkönig errichtet, sind bis auf das Gögginger Kurhaus längst geschleift worden.

Hofrat Hessing und Architekt Keller

Als Glaspalast und Palmenhaus zum Promenieren und Konsumieren kultureller Genüsse wie Theater und Konzert hatte auch Jean Keller seine Architektur konzipiert. Als Bauherr stand Friedrich von Hessing hinter ihm, der geniale Erfinder und Gründer einer Heilanstalt, die heute als orthopädische Klinik der Hessing-Stiftung die Zeiten gesund überlebt hat. Der vielgereiste Hofrat wollte damals nicht nur die Heilung seiner Patienten fördern, ihm lag auch an ihrer Zerstreuung und Unterhaltung, die er auf dem Niveau der renommierten Kur- und Badeorte anstrebte.

So war das Gögginger Kurhaustheater Bestandteil der Heilanstalt wie die märchenhafte Burg oder die neugotische Kapelle. Das Krankenhaus selbst wurde nach dem Krieg durch Um- und Zubauten total verändert und weist nur noch in einem vorgelagerten Flügel Originalsubstanz auf. Dem Zeitgeist sollte auch das alte Theater geopfert werden, das zur Stunde seiner Erbauung durch die moderne Ausrüstung mit elektrischen Bogenlampen, Warmwasserheizung und hydraulischen Bühnenapparaturen Aufsehen erregt hatte.

Nach einer materiell zwar armen, kulturell aber reichen Nachkriegsperiode, die das Kurhaus bei Bällen und Operettenvorstellungen wieder ins Rampenlicht rückte, verschwand sein Charme unter lichtundurchlässigen Verkleidungen für den Einbau eines Kinos. 1951 stieß die Hessing-Stiftung den exotischen und inzwischen nutzlos gewordenen Besitz ab. Über den Kinobesitzer gelangte das ganze Areal schließlich an einen Bauunternehmer, der das Palmenhaus durch eine Wohnanlage ersetzen wollte. Der Abbruchantrag war schon eingereicht, als 1972 ein Brand die Wende brachte.

Das Feuer hatte nämlich nicht nur die kunstvolle Ausstattung angegriffen, es zerstörte auch die verdunkelnden Einbauten und riß die Zwischendecke herab. So zeigte sich nach langen Jahren wieder die Einmaligkeit des Raumes. Fachwelt und Bevölkerung erinnerten sich dieser großartigen Architektur. Die Stadt Augsburg, die inzwischen die Vorstadt Göggingen eingemeindet hatte, untersagte den Abbruch, verhängte eine Veränderungssperre und erwarb schließlich Park und Kurhaus. Mit beträchtlichem Kostenaufwand, unterstützt vom Landesamt für Denkmalpflege, sorgte sie für die Sicherung des Denkmals. Selbst nicht in der Lage zu einer Wiederherstellung des Kurhauses, wartet Augsburg seit 1980 auf einen (finanz)kräftigen Rippenstoß.

Ingrid Bergmann

unter der Schutzhülle auf die Instandsetzung und Wiederbelebung des prächtigen, lichtdurchfluteten Innenraumes (rechts in einer Aufnahme von 1886). Bilder: Landesamt für Denkmalpflege/Schöllhorn

Coburg – ein Sorgenkind des Landesamts für Denkmalpflege
Stirbt intaktes Stadtensemble?
Großprojekte wie das C&A-Kaufhaus sprengen Maßstäblichkeit der Stadtstruktur

COBURG. – Beim Landesamt für Denkmalpflege gilt die Stadt Coburg als Sorgenkind. Dies wurde anläßlich einer Pressefahrt des Landesamts deutlich, die eine Gruppe von Journalisten am Mittwoch nachmittag auch in die Vestestadt führte. Generalkonservator Prof. Dr. Michael Petzet hob hervor, daß die Stadt, die im Zweiten Weltkrieg nur geringe Schäden erlitten hatte, bis in unsere Zeit ein großartiges, intaktes Stadtensemble dargestellt habe, das frei gewesen sei von modernen Verkehrsanlagen und maßstabsprengenden Großbauten. Mittlerweile hätten jedoch Geschäfts-, Verwaltungs- und Verkehrsbauten sowie großflächige Sanierungsprojekte bereits empfindliche Wunden geschlagen. Petzet: „Wenn diese Entwicklung nicht gestoppt wird, ist zu befürchten, daß vom Ensemble Coburg am Ende nur noch touristisch attraktive Kleinbereiche übrig bleiben."

Anhand eines Stadtmodells im Bauamt zeigten Prof. Dr. Petzet und Dr. Alfred Schelter von der Landesamtsaußenstelle Schloß Seehof die bereits erfolgten oder geplanten städtebaulichen Sünden auf. Angefangen habe diese bedenkliche Entwicklung mit der Auflösung eines Gründerzeitquartiers zugunsten des Verwaltungskomplexes der HUK-Versicherung, fortgesetzt habe sie sich mit dem Bau des Kaufhofs und den modernistischen Punkthäusern in der Hindenburgstraße. Einen weiteren schwerwiegenden Eingriff in das Stadtbild werde das geplante Brückenbauwerk im Bereich Schlachthofkreuzung darstellen. Die „brutale Schneise" der Osttangente mit einer Tiefgarage unter dem Schloßplatz habe glücklicherweise verhindert werden können.

Wenn die Denkmalschützer auch einräumten, daß das Parkhaus Webergasse in seiner „relativ raffinierten Konstruktion" als ein „ganz interessantes Modell" anzusehen sei, das das Bemühen um Einfügung in die Kleinmaßstäblichkeit der Stadtstruktur widerspiegele, so zeigten sie sich doch insgesamt über die innerstädtische Sanierungswirklichkeit in Coburg enttäuscht. Prof. Petzets Resümee: „Erhalten und restauriert wurde und wird nur wenig."

Der Mensch soll frei sein und ein Herr aller seiner Werke, unzerstört und unbezwungen! Gnade zerstört nicht die Natur, sie vollendet sie. Verklärung, das ist Gnade an ihrem Ziel.
Meister Eckart

Heißestes Eisen sind derzeit die Pläne zum Bau eines Textilkaufhauses im Bereich zwischen Rosengasse und Ketschengasse. Dabei geht es für die Denkmalschützer gewissermaßen ums „Eingemachte". Dr. Alfred Schelter wies die angereisten Journalisten darauf hin, daß dem Projekt des C&A-Konzerns insgesamt vier Baudenkmäler geopfert werden sollen, darunter das Geburtshaus des berühmten Bühnenmalers Brückner. Prof. Petzet: „Das Brücknerhaus ist für die Stadt Coburg so etwas wie das Goethehaus für Frankfurt." Außerdem gab Bayerns oberster Denkmalschützer zu bedenken, daß der vorgesehene städtebauliche Kahlschlag direkt im Herzen der Altstadt erfolgen würde.

Baudirektor Herbert Feßenmayr erläuterte, daß durch den Verkauf der Grundstücke an C&A die Möglichkeit eröffnet worden sei, die seit jeher als störend empfundene Fleischfabrikation der Firma Grossmann ins Gewerbegebiet auszulagern. Außerdem verknüpften die Kommunalpolitiker mit dem Projekt die Hoffnung, bisher aus Coburg und Umgebung abfließende Kaufkraft in der Stadt binden zu können. Dem wurde von einem Journalisten entgegengehalten, daß die Angebotsstruktur des Coburger Einzelhandels auch ohne ein Großkaufhaus verbessert werden könne.

Anpassungsarchitektur

Die Vertreter des Landesamtes wollen nach eigener Aussage das Kaufhausprojekt nicht verhindern, jedoch stehen sie nach wie vor auf dem Standpunkt, daß zumindest die Baudenkmäler erhalten und saniert werden müßten. Hinsichtlich der Fassadengestaltung des geplanten Textilkaufhauses sehen der Generalkonservator und seine Mitstreiter schwarz: Befürchtet wird eine nichtssagende Anpassungsarchitektur nach dem „Düsseldorfer Altstadt-Einheitsmodell" (Prof. Petzet).

Besorgt äußerte sich Dr. Schelter über die zu erwartenden Auswirkungen des geplanten Kaufhausprojekts auf benachbarte Altstadtviertel. Bei einem Gang durch die Kleine Rosengasse und die Metzgergasse machte er darauf aufmerksam, daß die hier vorhandenen alten Kleinbürger- und Handwerkerhäuser, die zum Teil kleine Innenhöfe aufweisen, vermutlich nicht gehalten werden könnten. Schon heute seien viele der meist von Gastarbeitern bewohnten Gebäude dem Verfall preisgegeben. Der Aufkauf durch Immobilienfirmen habe bereits begonnen. An eine Sanierung dieser Häuser sei dabei wohl kaum gedacht. Nach Darstellung von Prof. Petzet erwägt das Landesamt, eines der Häuser mit Mitteln aus dem Entschädigungsfonds zu restaurieren, um auf diese Weise einen positiven Impuls zu geben.

Entkernung

Im Clinch liegt das Landesamt derzeit mit der Stadt Coburg sowie der Industrie- und Handelskammer auch wegen des Nordflügels des Palais Edinburgh. Dieser Gebäudeteil, 1881 durch Rothbart d. J. im Stil des italienischen Frühmanierismus gestaltet, will die IHK von der Stadt Coburg erwerben, um dort ein Schulungszentrum einzurichten. Zu diesem Zweck beabsichtigt die Kammer, das zweite Obergeschoß zu entkernen, wodurch die Zerstörung der historischen Raumflucht und der wertvollen Raumausstattung vorprogrammiert wären. Das Landesamt kämpft darum, daß die Raumstruktur erhalten bleibt und die Räume und Gänge restauriert werden.

Weitere Station auf ihrem denkmalpflegerischen Passionsweg durch die Innenstadt war das Viertel um die Morizkirche, wo der Abriß der alten Ratsschule und ihr Ersatz durch ein modernes Ämtergebäude ebenfalls das Gesicht der Altstadt nachhaltig verändern wird. Auf heftige Kritik stieß ferner der vorgesehene Abbruch der Baudenkmäler an der Bahnhofstraße und Raststraße, die einem weiteren Erweiterungsbau der HUK weichen sollen. Die Realisierung dieses Bauvorhabens, betonte Prof. Petzet, bedeute wiederum nicht nur den Verlust wertvoller Einzelbaudenkmale, sondern auch einen schweren Eingriff in die Stadtstruktur. **- Ra -**

Erfolgreich und ein **Werbeträger Nr. 1,** *da mehr Leser mit höherem Haushalts-Nettoeinkommen.* *Ergebnis der Media-Analyse '83 =*

Neue PRESSE

mit dem höchsten Anzeigen- und Beilagen-Aufkommen.

Neue Presse (Coburg)
26. Juli 1984

Süddeutsche Zeitung
30. Juli 1984

AUS DEM DORNRÖSCHENSCHLAF wollen die Denkmalpfleger den völlig verwilderten Park von Schloß Seehof erwecken. Das Barockgebäude (von Antonio Petrini) war früher ein fürstbischöfliches Lustschloß. Durch die Wälder reichte damals eine „Sichtschneise" zum zehn Kilometer entfernten Domberg von Bamberg.
Photo: Göllinger

Ein Schloßpark erwacht aus dem Dornröschenschlaf
Denkmalpfleger kultivieren verwilderten Barockgarten von Seehof bei Bamberg

BAMBERG (Eigener Bericht) – Mit Meterstab und archäologischem Spürsinn ist der Bauforscher Manfred Schuller hinter einem vergänglichen Kunstwerk her – den Wasserspielen der großen Kaskade von Schloß Seehof bei Bamberg, die halb mit Gras überwachsen in Trümmern liegt. Der junge Mann im roten Overall versucht seit Wochen, die Architektur des Wassers anhand von Steinbrocken, Dübellöchern und Leitungsöffnungen zu rekonstruieren: eine dramatische Inszenierung von Fontänen, Wasserschleiern, Blubber-Effekten über Beckenebenen und allerlei Stufen, gekrönt von Flußgöttern und dem riesigen Herkules. Die Rokokokaskade von Seehof, die Fürstbischof Adam Friedrich errichten ließ, war eine der prächtigsten in Deutschland.

Daß man nach der Säkularisation 1803 die Wasserspiele bereits verfallen ließ, macht die Rekonstruktion heute nicht einfacher. Sie gehört zu dem ehrgeizigen Projekt des Landesamts für Denkmalpflege, den berühmten Park von Schloß Seehof aus seinem Dornröschenschlaf zu holen und zumindest andeutungsweise wiederherzustellen. „Das Landbauamt hat die Reparatur der Kaskade auf drei Millionen Mark veranschlagt. Das geht mit einer eigenen Arbeitsgruppe aber bestimmt wesentlich billiger", meint Generalkonservator Michael Petzet, der Chef des Landesamts für Denkmalpflege. „Wir können den Park erst für die Bevölkerung öffnen, wenn die Unfallgefahr der ruinösen Kaskade beseitigt ist."

Auf alten Stichen und Plänen kann man sehen, wie der 22 Hektar große Schloßpark einmal ausgesehen haben muß – mit seinem Irrgarten, den abgezirkelten Wegen und Rabatten, Springbrunnen, einem Naturtheater und einem Heer von Steinfiguren. Über 400 Gartenskulpturen und verzierte Bänke hat Hofbildhauer Ferdinand Dietz zwischen 1748 und 1773 für den Park geschaffen. Von dieser steinernden Götterwelt ist nur wenig geblieben. Ein Teil ging schon im 19. Jahrhundert verloren, vieles wanderte noch vor wenigen Jahren – kurz bevor der Freistaat Bayern das Schloß von Privatleuten kaufte – über den Kunsthandel in Museen. „Wir sind bestrebt, so viel wie möglich wieder zurückzubekommen", betont Petzet. „Und sei es als Kopie." Es traf sich gut, daß kürzlich bei Grabungen nach Überresten der Parkausstattung unter der Erde ein unversehrter kleiner Triton von Dietz gefunden wurde, der sogar noch mit Bleiweiß bemalt war.

Im Schloßweiher, der inzwischen einem Fischzüchter gehört, wurden auf zwei künstlichen Inseln die großen Figurenbrunnen mit Wasserspeiern wiederhergestellt – finanziert von der Messerschmitt-Stiftung. In der Orangerie von Balthasar Neumann arbeiten die Steinrestauratoren des Landesamts daran, an den Skulpturen die verheerenden Spuren des sauren Regens zu tilgen. Die Tiere und Figuren werden zuerst nach einem neuen Verfahren in Acrylharz getränkt und anschließend fehlende Teile ergänzt. Die ehemaligen Pommeranzenhäuser des Fürstbischofs will später die Gemeinde Memmelsdorf für Veranstaltungen nutzen.

Im Park werden zur Zeit die originalen Wege angelegt, die völlig unter Gras verschwunden waren. Aus den ehemaligen Boskethecken sind inzwischen allerdings mächtige Buchenalleen geworden und sollen wohl auch bleiben – nicht ganz im Sinn der Denkmalpflege. Man befindet sich hier im Konflikt zwischen den Wünschen der Naturfreunde und dem denkmalpflegerischen Ziel, den Garten historisch richtig instand zu setzen. Petzet: „Bei einem Barockgarten ist eben die künstlerische, ja künstliche Form wichtig. In Seehof war kein Englischer Garten."
Ursula Peters

Generalkonservator Prof. Dr. Petzet, Dr. Alfred Schelter und Vertreter des Coburger Bauamts erläuterten den eingeladenen Journalisten Problembereiche der Denkmalpflege in Coburg. Unser Bild zeigt die Gruppe vor dem Stadthaus auf dem Coburger Marktplatz.
Foto: Blischke

„Die Denkmalpflege braucht das Handwerk"
Alte Techniken werden dazu wieder entdeckt

Alte Handwerkstechniken sind bei der Renovierung der Alten Veste am Eichenforst wieder neu entdeckt worden. In einer Broschüre ist das einmal schriftlich festgehalten worden. Ob Schlosser oder Glaser – von allen war ein Umdenken und eine Rückkehr zur Tradition gefordert. Bilder: Heider

Amberg. (sta) „Die Denkmalpflege braucht das Handwerk – ohne das Handwerk ist Denkmalpflege überhaupt nicht durchführbar." Formuliert hat diesen Satz Bayerns Generalkonservator und Leiter des Landesamtes für Denkmalpflege, Dr. Michael Petzet auf dem Europäischen Kongreß „Handwerk und Denkmalpflege" in Würzburg. Daß diese Feststellung von Dr. Petzet, der zu Amberg durch kritische Anmerkungen zur Altstadtsanierung ein „besonderes Verhältnis" hat, auch bei uns seine Gültigkeit beweist zeigen die Arbeiten an der Alten Veste und dem Walfischhaus. Dort galt es, mehr als bei allen anderen Sanierungsmaßnahmen zuvor, denkmalpflegerische Anforderungen und handwerkliches Können und Geschick in Einklang zu bringen. Das Ergebnis darf heute als durchaus gelungen bezeichnet werden.

Dr. Petzet machte bei seinen Ausführungen in Würzburg deutlich, daß das Bestehen der heute zu bewahrenden, höchst unterschiedlichen Denkmäler abhängig ist von der Vergänglichkeit des Materials aus dem sie bestehen, d. h. sie müssen mit handwerklichen Techniken gepflegt instandgesetzt und unter Umständen auch ergänzt werden. Andererseits sind mit Rücksicht auf eine lebendige Funktion der Denkmäler und ihre Nutzung in der heutigen Zeit auch immer wieder verändernde Eingriffe notwendig, auch Erweiterungen, Umbauten. Dr. Petzet meint, daß diese allerdings so erfolgen sollten, „daß Form und Bedeutung des Denkmals noch ablesbar bleiben".

Denkmalpflege als Spurensicherung

Denkmalpflege ist heute nicht identisch mit den Bemühungen um eine allgemeine Stadterneuerung oder Dorferneuerung: Es geht auch nicht etwa um „Denkmalserneuerung" sondern um die Pflege, das Bewahren unseres „historischen Erbes", um die Zeugnisse unserer Geschichte, und zwar um die Originalität gerade darin bestehen kann, daß sie im Laufe der Geschichte verändert wurden, daß sie sich aus ganz verschiedenen historischen Schichten zusammensetzen, die alle ihre Bedeutung haben. So gesehen wird hier die Denkmalpflege als „Spurensicherung" verstanden.

Der Denkmalpfleger will also zunächst einmal erhalten statt erneuern – und erneuern nur, was nach gründlicher Prüfung nicht erhaltbar ist: Dies gilt für die Teile wie für das Ganze. Dabei ist nach den Worten von Dr. Petzet der „Alterswert" zu respektieren, d. h. nicht der „Neuheitswert" eines Denkmals zur Zeit seiner Entstehung anzustreben. Dabei dürfe man auch nicht einer vielleicht längst durch andere Schichten überlagerten „Urzustand" spätere Teile opfern, die zum Original gehören. Es sei denn, es handelt sich um ausgesprochene Störungen, die beseitigt werden müssen, um das Denkmal „wieder erlebbar" zu machen.

Lieber reparieren als erneuern

Jede denkmalpflegerische Maßnahme sei aber auf das Nötigste zu beschränken. Also: Vorrang der Reparatur vor der Erneuerung, vor dem Austausch von Teilen. Das gelte für einen alten Dachstuhl ebenso wie für einen alten Türbeschlag.

Reparatur und, soweit notwendig, Austausch und Ergänzung, so fordert Dr. Petzet, müsse soweit irgend möglich in authentischen Materialien und handwerklichen Techniken erfolgen, also: Traditionelles Material mit den traditionellen Handwerkstechniken verarbeitet (z. B. Holz- statt Kunststoffenster, keine Betonplomben im alten Mauerwerk). Hier gehe es nur um den Zusammenhang zwischen ästhetischer Qualität und originalen Materalien.

Der Grundsatz der Authenzität von Materialien und Handwerkstechniken dient der geschichtlichen Qualität eines Denkmals. Im übrigen solle das Denkmal in Zukunft wieder altern, die ergänzten Teile sollen auch in Zukunft wieder repariert werden können. „Das Denkmal ist jedenfalls nicht der Platz für den Einbau der üblichen industriellen Wegwerfprodukte.

Oft nur als Alibi

Bei Ergänzungen, die über eine bloße Reparatur hinausgehen, fordert Dr. Petzet große Zurückhaltung: Die Ergänzung dürfe nicht zur Verfälschung des Originalbestandes führen. Andererseits könne ein Ergänzen in originaler Form einfach notwendig sein für das Weiterleben eines Baudenkmals. Selbst die Kopie kann eine denkmalpflegerische Maßnahme sein, nämlich die „Schützende Kopie", die es ermöglicht, daß man ein an seinem ursprünglichen Standort schwer gefährdetes Original in Sicherheit bringt, wie es bei der Verkündigungsgruppe an der Basilika St. Martin geschehen ist.

Wie die Kopie, so stellt die Denkmalschützer auch die Frage der Rekonstruktion von Denkmälern vor grundsätzliche Probleme. Dr. Petzet lehnt hier strikt die Rekonstruktion ab, die als Alibi für die geplante Zerstörung des Originals angeboten wird.

Viel Geschick im Umgang mit Pinsel und Farbe war auch von den Malern gefordert. Auf ihr handwerkliches Können ist die Denkmalpflege besonders angewiesen.

Amberger Zeitung
4. August 1984

Den Nothelfern unter die Arme greifen

Balthasar Neumanns Kirche Vierzehnheiligen wird restauriert

Lorenzo Bernini, dem Vollender der Peterskirche zu Rom und Schöpfer der berühmten, ihren Vorplatz fassenden Kolonnaden, wird das Wort zugeschrieben, ein großer Meister müsse erst in Not gebracht werden, um zu wissen, was er wirklich leisten kann. Ein rundes Jahrhundert später geriet in deutschen Landen ein anderer berühmter Baumeister, Balthasar Neumann, Leiter des bamberg-würzburgischen Bauwesens, in eine solche Notlage. Er mußte feststellen, daß ein ebenso eigensinniger wie baufreudiger Abt seine im Auftrag des Bamberger Fürstbischofs Friedrich Karl von Schönborn gefertigten Pläne für den Bau der Wallfahrtskirche Vierzehnheiligen an den Ausläufern des Staffelberges über dem oberen Maintal beim damaligen Zisterzienserkloster Langheim im Grundkonzept verändert hatte.

Die Kirche, die nach der Grundsteinlegung im April 1743 emporwachsen sollte, erwies sich als zu weit den Berg hinaufgerückt. Weil dadurch der Chor entsprechend verkürzt war, drohte das zentrale Heiligtum, der Altar über dem Stück Ackerboden, auf dem dreihundert Jahre zuvor ein junger Schäfer die Erscheinung der vierzehn Nothelfer im Kreis um das Jesuskind wahrgenommen hatte, nicht mehr im Mittelpunkt zu stehen, nämlich in der Vierung, in der sich Langhaus und Querschiff schneiden. Mag es als ironisches Aperçu der Geschichte erscheinen, daß dafür ein Protestant – der Fürstlich Weimar-Eisenachsche Landbaumeister Gottfried Heinrich Krohne, den Abt Stephan mit der Veränderung gegen den Willen des katholischen Landesherrn betraut hatte – verantwortlich war, so weckte dieser Vorgang in Balthasar Neumann immerhin den Willen, allem Ärger zum Trotz ein außergewöhnliches Werk zu schaffen, das heute zu den bedeutendsten Schöpfungen des achtzehnten Jahrhunderts gezählt wird. Der Gnadenaltar steht im Langhaus, aber der Baumeister hat ihn optisch ins Zentrum gerückt, indem er auf der Längsachse eine Folge von drei Ovalräumen schuf, in die sich Kreis- und Zwickelräume einschieben, die wie Querachsen wirken. Über der Gnadenstelle schließt sich das größte der drei Ovale. Aus der Not, den vierzehn Nothelfern zu einem würdigen Platz inmitten ihrer Kirche zu verhelfen, verstand Neumann eine Tugend zu machen.

Die zahlreichen Pilger und Touristen, die den Hang hinaufziehen, finden seit dem letzten Herbst im Innern der Kirche eine Baustelle von beträchtlichem Ausmaß vor. Vierzehnheiligen stellt nach den Worten des Leiters des Bayerischen Landesamtes für Denkmalpflege, Michael Petzet, eines der bedeutendsten Unternehmen der Renovierung von Kirchenbauten in Bayern dar. Chor und Querhaus sind vollständig eingerüstet, die oberste Gerüstebene zieht sich bis ins Langhaus hinein. Erst wenn im nächsten Jahr der erste Abschnitt fertiggestellt ist, wird der andere Teil für eine Weile dem Zutritt entzogen. „Die Wallfahrt muß ja weitergehen können", meint Pater Dominic, der Guardian der Franziskaner, die seit 1839 die Frommen, die Neugierigen und die Kunstbeflissenen betreuen, die zwischen Mai und Oktober Vierzehnheiligen aufzusuchen pflegen. „Die Stukkateure sind bald fertig, für das große Chorfresko als bedeutendste Renovierungsmaßnahme aber ist es schwierig, immer die geeigneten Leute zu finden." Wie es gemacht werden soll, ist inzwischen allerdings weitgehend klar. Aber einfach war es nicht, ein befriedigendes Konzept zu finden. Die Innenrenovierung der 1772 geweihten Wallfahrtskirche, deren Stukkaturen und Deckengemälde von dem Wessobrunner Künstler Johann Georg Feichtmayr und dem kurmainzischen Hofmaler Giuseppe Appiani stammen, stellt ein augenfälliges Beispiel für die Probleme der Denkmalpflege dar. Appiani gilt den Denkmalpflegern von heute als hervorragender Künstler. Doch 1845, zehn Jahre nach einer durch Blitzschlag verursachten Brandkatastrophe, beschädigte eine Renovierung seine Fresken erheblich. Aus der Nähe sind Tausende von Hackspuren zu entdecken. Durch das Aufhacken erhoffte sich der königliche Kreisbaurat Wilhelm Joseph Frank aus Bayreuth, der die damaligen Arbeiten leitete, eine bessere Haftung für den neuen Malputz des Münchners August Palme. Damals verschwanden auch alle Altarblätter Appianis. Sie sind verschollen.

Doch in den Deckenovalen von Vierzehnheiligen, in denen der Künstler über dem Chor die Anbetung der Hirten, über der Orgel die der Heiligen Drei Könige und über dem Gnadenaltar die Verherrlichung der vierzehn Nothelfer al fresco gemalt hat, wird ein bedeutendes Beispiel süddeutscher Barockmalerei wieder kräftig aufleben. Soweit bis jetzt festgestellt werden konnte, sind trotz zweier weiterer Restaurierungen in den Jahren 1915 bis 1918 und 1958/59 noch etwa siebzig Prozent der alten Substanz vorhanden. „Der Urzustand wird nicht mehr erreichbar sein, und wir wollen auch keinen neuen Appiani hinfälschen", meint Bayerns Generalkonservator Petzet. Aber Anton Ranzinger aus München, der während des Ersten Weltkriegs einer neuen Wertschätzung der Barock- und Rokokomalerei Ausdruck gab, indem er die meisten Palm-Übermalungen abnahm und Appiani – wenn auch mit seiner oft sehr persönlichen Handschrift – zu ergänzen suchte, gilt den heutigen Denkmalpflegern als feinsinniger Erneuerer, dessen Arbeit an allen Stellen, an denen keine ursprüngliche Substanz mehr erhalten ist, nicht verändert zu werden braucht. Von ihrem ersten Konzept, Ranzingers Deckenmalerei nur zu reinigen, sind sie jedoch als „Substanzfetischisten", wie Petzet selbstironisch sich und seine Mitarbeiter bezeichnet, wieder abgekommen, nachdem sie mehr Appiani-Originale entdeckt hatten als zunächst erhofft. Jetzt kostet das neue Konzept den bayerischen Staat als Eigentümer des 1803 säkularisierten Bauwerks 1,6 Millionen Mark mehr als geplant, bei einem Gesamtbetrag von 11,7 Millionen für die Wiederherstellung des ganzen prächtigen Rokoko-Innenraums in seiner ursprünglichen Harmonie der Farben und Formen von Decken, Altären, Säulen und Pilastern samt ihren grandiosen Stuckdekorationen, die original erhalten sind.

„Die Problematik einer solchen Restaurierung, die durch die wechselvolle Geschichte des Bauwerks bedingt ist, läßt sich mit keinem Konzept restlos aufheben", stellt Generalkonservator Petzet fest. Aber die möglichst vollständige Wiederherstellung der historischen Raumfassung läßt auch kommenden Generationen die Möglichkeit offen, eines Tages nach ihrem Geschmack zu verfahren. Etwa 1990 sollen in Vierzehnheiligen alle Gerüste gefallen sein.

Rolf Linkenheil

BALTHASAR NEUMANN: Wallfahrtskirche Vierzehnheiligen   Foto: Bornschlegel

Stuttgarter Zeitung
7. August 1984

Wenn Bürger zu Denkmalpflegern werden
Privatinitiative rettet historische Häuser in der Barockstadt Bamberg / Sankt Martin im neuen Gewand

BAMBERG (Eigener Bericht) – Die Pfarrgemeinde von Sankt Martin am Grünen Markt in Bamberg muß sich an das geänderte Aussehen ihres Gotteshauses erst gewöhnen. Nachdem das Gerüst kürzlich entfernt worden war, überraschte der Innenraum die Gläubigen mit neuen Tönen. Statt auf einen eher düsteren, schwarz-roten Hochaltar von barocker Pracht fällt jetzt das Licht der Chorfenster auf eine Komposition in Gold-Weiß-Rosa von Schnitzwerk, poliertem Stuckmarmor und Apsiswand. Der übrige Kirchenraum wurde statt schneeweiß in blassem Grau getönt, das gewohnte rote Geländerband der Galerien ist verschwunden. Diese bühnenbildartige Inszenierung auf den leuchtenden Hochaltar hin ist keine neumodische Laune, sondern geht auf die Originalbefunde des 18. Jahrhunderts zurück, als die damalige Jesuitenkirche ihre Ausstattung erhielt.

„Dies ist eine der ganz großen Innenrestaurierungen, die zur Zeit in Bayern laufen", betonte Generalkonservator Michael Petzet, Chef des Landesamts für Denkmalpflege, als er kürzlich das fast vollendete Werk inspizierte. Die Arbeiten an Sankt Martin wurden 1979 begonnen und sollen heuer bis zum Martinstag im November abgeschlossen sein. Anlaß für die komplette Restaurierung des Kircheninneren war die statische Sicherung des zusammengesunkenen Dachstuhls gewesen, der zu tiefen Rissen in der Decke geführt hatte.

Keine Mammut-Maßnahmen

Die Bischofsstadt Bamberg mit ihren 1200 Baudenkmälern galt vor wenigen Jahren noch als ernstlich vom Verfall bedroht. Man veranschlagte eine Milliarde Mark für die Rettung dieses einmaligen Stadtensembles von europäischem Rang. Daß es nicht ganz so schlimm gekommen ist, ist vor allem der Privatinitiative, dem gestiegenen Denkmalbewußtsein der Bevölkerung sowie einer verständigen Stadtverwaltung zu danken. „Auch ohne Mammut-Maßnahmen und Groß-Sanierungen ist es hier gelungen, die Probleme in den Griff zu bekommen", meint Petzet. Es gebe kaum mehr hoffnungslose Fälle. Auf dem Weg der kleinen Schritte, mit gutem Willen und Geldspritzen sei die historische Baustubstanz meistens zu retten. So hat sich der städtische Etatposten von 1,2 Millionen Mark im Jahr für die Soforthilfe bei der Sanierung privater Bauten segensreich ausgewirkt.

Ohne ein hübsches Sümmchen aus dieser Kasse hätte es zum Beispiel der Programmierer Leonhard Schwenzer nicht geschafft, sein unlängst erworbenes barockes Fischerhaus in der berühmten Flußzeile „Klein-Venedig" zu sanieren. „Es stellte sich nämlich erst nach dem Kauf heraus, daß das Haus eigentlich nur noch durch die Tapeten zusammengehalten worden war. Darunter war alles morsch und baufällig", erzählt Schwenzer, der seinen Beruf vorerst aufgegeben hat und sein eigener Bautechniker geworden ist – unter Anleitung des städtischen Hochbauamts.

Barocke Wandmalerei freigelegt

Der Schweiß des Edlen – und die insgesamt 100 000 Mark Zuschuß aus verschiedenen Quellen – haben sich gelohnt: das denkmalgeschützte Anwesen ist ein Schmuckstück und eine gemütliche Familienwohnung zugleich geworden. Im Oberstock wurden barocke Wandmalereien freigelegt, die Laubengänge zum Fluß instandgesetzt, das Treppenhaus restauriert.

Die gelungene Restaurierung des historischen Fischerhauses am Regnitzufer soll, so meinen die städtischen Denkmalpfleger, anderen Bambergern ein Beispiel geben. „Viele Leute können sich einfach nicht vorstellen, was man aus einem windschiefen, völlig heruntergekommenen Haus noch machen kann." Und daß selbst eine umfangreiche Sanierung nicht mehr kosten muß, als ein Neubau mit der gleichen Wohnfläche auf der grünen Wiese.

Solche Ermunterungen nicht nötig hat das junge Ehepaar Hans und Mathilde Wolff, das sich kürzlich für 30 000 Mark eine wahre Ruine ersteigert hat. „Es war unser Sorgenkind, das desolateste Haus, das wir in Bamberg hatten. Es sollte bereits abgebrochen werden", erzählt Petzet. Die jungen Leute sind nun wild entschlossen, das mittelalterliche Kleinbürgerhaus mit vorgesetzter Barockfassade zu einem Heim für drei Familien zu machen und kräftig selbst mitanzupacken, um die Kosten zu senken.

Der Sanierungsplan der Baubehörde liest sich wie ein Drehbuch von Raum zu Raum. Kostenvoranschlag: 350 000 Mark. Auch hier werden unter den abblätternden, verschmutzten Farbschichten Wandmalereien vermutet. „Das wird schön, wenn 's fertig ist", strahlt Frau Wolff zuversichtlich. Um sie herum nur Schutt, morsche Balken, schiefe Mauern und Geröll.

Soviel Liebe zu Altertümern kann man in einer anderen oberfränkischen Stadt kaum finden. „Wir sind sehr in Sorge um Coburg", betont Petzet. Die Stadtspitze habe mehr die wirtschaftliche Entwicklung Coburgs im Auge als die Erhaltung der historischen Substanz, die noch ziemlich intakt vorhanden ist. Straßenbauprojekte (z. B. ein Zubringer zur B 4 mit einem großen Brückenbauwerk über die Eisenbahnlinie), die Ansiedlung eines internationalen Kleiderkaufhauses im alten Stadtkern, das geplante Bürogebäude der Stadtverwaltung direkt an der Moritzkirche werden sich in das alte Stadtbild fressen.

Vor allem der jüngeren Baugeschichte – nämlich Jugendstilvillen und ungewöhnlich prächtig ornamentierte Gründerzeithäuser – wird in Coburg mit wenig Verständnis begegnet. „Einheitlichkeit durch Abriß", heißt da oft die Parole, wenn ein potenter Bauherr dahintersteht. So werden die Bagger demnächst auch einigen reich geschmückten Neurenaissance-Häusern am Bahnhof den Garaus machen. Eine Autoversicherung will dort erweitern – sachlich, modern, mit Glas und Beton. Vom „repräsentativen Stadtpalais", wie Münchner Makler die alten Prachtbauten teuer verkaufen würden, hält man in Coburg wohl nicht viel.

Ursula Peters

DIE ALTEN FISCHERHÄUSER *am Regnitzufer von Bamberg – auch „Klein Venedig" genannt – stehen auf Pfählen und sind teilweise morsch und vom Verfall bedroht. Eines davon wurde jetzt von einem Privatmann eigenhändig und mit finanzieller Hilfe von Stadt und Staat gerettet.* Photo Göllinger

Deutsche Tagespost (Würzburg), 21. August 1984

„Sehr bedeutende Funde" erbracht

Petzet: Bau einer Bischofsgruft im Regensburger Dom problematisch

Die im Regensburger Dom durchgeführte wissenschaftliche Grabung, die Aufschlüsse über den romanischen Vorgängerbau der Kathedrale und deren Baugeschichte liefern soll, wird möglicherweise in diesem Monat abgeschlossen. Diese Hoffnung äußerte der bayerische Generalkonservator Prof. Dr. Michael Petzet auf Anfrage der Katholischen Nachrichtenagentur. Die Grabung, die vom Landesamt für Denkmalpflege bisher mit 100 000 DM finanziert worden sei, habe „sehr bedeutende Funde" erbracht; die genauen Ergebnisse seien jedoch abzuwarten.

Für problematisch hält es Petzet, die vom Regensburger Domkapitel geplante Gruft für 27 Bischöfe an dieser geschichtsträchtigen Stelle zu errichten. Er kündigte als nächsten Schritt ein weiteres „offenes Gespräch" mit den Domherren an und betonte: „Das hier ist in keiner Weise ein Streitfall."

Kurz nach Aufnahme der Bauarbeiten für die in der Öffentlichkeit wegen ihrer hohen Kosten umstrittene, mindestens eine Million DM erfordernde Bischofsgrablege war man nur 30 Zentimeter unter dem Fußboden der Kathedrale auf die Kapitelle romanischer Säulen gestoßen. Bei den überraschenden Funden handelt es sich um hervorragend erhaltene, prächtig verzierte Säulen aus der Vorhalle, die den romanischen – im 12. Jahrhundert durch Brand zerstörten – Vorgängerbau des gotischen Domes mit der einstigen Taufkirche St. Johann verband. Diese „wunderschönen Säulen", so Petzet, „kann man ja nicht in Beton verpacken".

Des weiteren stelle sich das Problem des Zugangs zu einer Bischofsgruft und ob man das freigelegte große Grab des Bischofs Anton Ignaz Graf von Fugger-Weißenhorn aus dem 18. Jahrhundert der Gruft wegen zerstören wolle; schließlich sei zu fragen, ob die geplante Grablege gleichzeitig auch eine Kapelle und damit räumlich größer werden solle. Auch im übrigen Dombereich ist laut Petzet unter denkmalpflegerischen Gesichtspunkten die Errichtung einer Gruft „sehr schwierig".

Die wissenschaftliche Grabung in der Kathedrale, die von versierten Mittelalterarchäologen geleitet und von den Professoren Walter Haas (Darmstadt) und Achim Hubel (Bamberg) betreut wird, ist deshalb so wichtig, weil es für die Baugeschichte des Domes keine archivalischen Belege gibt. Die etwa 15 × 12 Meter messende Grabungsfläche wurde bis zum romanischen Fußboden abgetragen. Die einzelnen Füllschichten wurden fotografisch und zeichnerisch dokumentiert, vorsichtig abgehoben und nach Funden durchsucht. Obwohl unter dem romanischen Niveau weitere Funde aus römischer und frühgeschichtlicher Zeit zu erwarten wären, soll die Grabung nicht tiefer gehen, weil man den romanischen Fußboden nicht zerstören will.

Bischof Manfred Müller von Regensburg hat nach eigenem Bekunden eine Menge von Protestbriefen gegen das kostspielige Gruft-Projekt erhalten. Personenkult liege ihm völlig fern, erklärte Müller dazu. Bei diesem bereits lange vor seiner Amtsübernahme verfolgten Plan gehe es vielmehr um eine würdige Grablege für die Diözesanbischöfe. Außerdem solle mit der Bischofsgruft ein Ort des stillen Gebets geschaffen werden. KNA

Budapester Rundschau
3. September 1984

Denkmalpflege

Ungarn restaurierten römische Bäder in Weissenburg

Eine kleine, aber bedeutende Ausstellung war in der Vorhalle des Nationalmuseums zu sehen. Die Schau „Thermae maiores – Biriciana – Weißenburg i. B., Ausgrabung – Konservierung – Restaurierung" berichtete von der Zusammenarbeit des ungarischen Außenhandelsunternehmens ARTEX und des Ausführungsunternehmens für Bildende Künste sowie des Bayerischen Landesamtes für Denkmalpflege. Kennzeichnend für die Bedeutung dieser Kooperation ist, daß die Eröffnungsreden Dr. Ferenc Fülep, Generaldirektor des Nationalmuseums, sowie Prof. Dr. Michael Petzet, Generalkonservator des Bayerischen Landesamtes für Denkmalpflege, hielten.

„Die 1977 bei Weißenburg entdeckten Thermen sind die größte vollständig freigelegte römische Bäderanlage in Bayern", erklärt Michael Petzet. „Da wir uns nicht mit dem zielstrebigen Auffinden von Ruinen beschäftigen, wurde auch dieses Bad zufällig von Bauarbeitern entdeckt. Noch im selben Jahr wurde das Gebäude vollständig freigelegt. Dann zogen wir eine Zeltdachkonstruktion über die Ruinen. Als das Konservierungs- und Restaurierungskonzept ausgearbeitet wurde, suchten wir Fachleute, um es verwirklichen zu können."

„Eigentlich zufällig kam mir ein Angebot des ARTEX in die Hände", berichtet Harald Koschik. Nach den Verhandlungen nahm 1981 ein achtköpfiges ungarisches Team die Arbeit auf. Die Restaurierung und Konservierung wurde im Sommer 1983 abgeschlossen. Was die finanzielle Seite angeht: An ARTEX wurden 1,3 Millionen DM überwiesen.

Der wissenschaftliche Leiter der Restauratorengruppe, Zsolt Visy, erklärt, daß es sich bei den Thermen um ein Militärbad gehandelt haben muß, da in seiner Entstehungszeit am Beginn des zweiten Jahrhunderts im römischen Biriciana (auf dem Gebiet des heutigen Weißenburg) wohl kaum eine zivile Bevölkerung existierte, die zu so aufwendigen öffentlichen Bauten in der Lage war. Das Bauwerk fiel nach 229 den Kriegen im Gefolge der Alemanneneinfälle zum Opfer.

Über den wissenschaftlichen Ertrag der Konservierungs- und Restaurierungsarbeiten wird Zsolt Visy eine Publikation verfassen, die vom Bayerischen Amt für Denkmalpflege herausgegeben wird. Kozlik

Denkmalpflege in Nürnberg – das heißt im Rückblick angesichts der schon im vergangenen Jahrhundert empfundenen besonderen Rolle Nürnbergs als dem großen deutschen „Stadtdenkmal" (gewissermaßen ein Ensemble par excellence) ein wesentliches Stück Geschichte deutscher Denkmalpflege, auch ohne hier auf das Lob der Stadt in zahllosen literarischen und bildlichen Zeugnissen und die entsprechenden denkmalpflegerischen Bemühungen vom romantischen Denkmalkult bis zu der am „Nürnberger Stil" orientierten Stadtbildpflege des späteren 19. Jahrhunderts eingehen zu können.

Dieser Artikel enthält wesentliche Auszüge eines im Juli 1984 gehaltenen Vortrags anläßlich der Jahresveranstaltung des Landesdenkmalrats in der Kaiserburg Nürnberg. Aus redaktionellen Gründen können wir ihn leider nicht in voller Länge wiedergeben.

Denkmalpflege in Nürnberg – das heißt natürlich auch schon ein Stück Geschichte des Bayerischen Landesamts für Denkmalpflege, das 1908 als Kgl.-Bayerisches Generalkonservatorium durch die Aufhebung der seit 1868 bestehenden Personalunion mit dem Bayerischen Nationalmuseum selbständig wurde und deshalb, hier in der Kaiserburg, im vergangenen Jahr mit einer Ausstellung sein 75jähriges Bestehen als zentrale Fachbehörde für alle Fragen der Denkmalpflege feiern konnte.

Bedenkenloser Raubbau

Die Zeit der politischen Umwälzungen im frühen 19. Jahrhundert, die 1806 u. a. die Reichsstadt Nürnberg zum Königreich Bayern gebracht hat, war zunächst für die Erhaltung der Kunst- und Baudenkmale alles andere als günstig. Und speziell für Nürnberg ist man hier geradezu vandalisch vorgegangen: Um die Schuldenlast der Stadt zu mindern, wurde u. a. das berühmte Messinggitter Peter Vischers im Großen Rathaussaal verkauft – das zum großen Teil eingeschmolzene Werk brachte den Erlös von 11 900 Gulden –, eingeschmolzen wurden auch der silberne Deocarusschrein und die silberne Monstranz des Adam Kraft'schen Sakramentshauses, beide aus der Lorenzkirche. Immerhin konnte das Sebalbdusgrab vor dem gleichen Schicksal

Nicht immer können Restaurierungen vor Ort vorgenommen werden, und für manche Objekte ergibt sich die Notwendigkeit einer Zwischenlagerung. In der Donaustraße hat das Denkmalamt seit einem Jahr einen zentralen Lagerplatz eingerichtet. Unser Bild zeigt Nürnbergs obersten Denkmalschützer Herbert Haygis hinter dem zerlegten Becken des Neptunbrunnens, das auf seine Wiederverwendung wartet.
Foto: Erich Guttenberger

Die Probleme bleiben . . .

Vom Raubbau zum Nachbau: Denkmalpflege in Nürnberg / VON MICHAEL PETZET

Und als erste denkmalpflegerische Tat in Nürnberg – gewissermaßen als Ausgleich für das verkaufte Vischer-bildes abzielte, d. h. auf die ästhetisch-bildhafte Gesamtansicht der jeweiligen Stadt, nicht auf Konservierung von fach auf monochrome Holzfassungen aufmerksam gemacht und das Bewußtsein für solche Fassungen außerhalb des Werkes von Riemenschneider geschärft. Demnach mußte die 1933 freigelegte Fassung eine barocke Fassung sein und die Entscheidung über eine weitere Freilegung war zu treffen.

Die Schwierigkeit bestand nun nicht darin, eine fünfzig Jahre alte Amtsmeinung zu revidieren, sondern an der entfernen zu müssen, um die Sicherung der Malerei mit Paraloid durchführen zu können. Wobei zu bemerken

bewahrt werden. Auf Abbruch verkauft wurde der Wehrgang der Insel Schütt, der auf die vorletzte Stadtumwallung zurückging. Ja, nach Auffassung des bayerischen Polizeiinspektors Wurm, 1806–1818 in Nürnberg tätig war, wäre am besten die gesamte Stadtmauer niedergelegt worden, mit Ausnahme der vier wirklich großen runden Tortürme, die „als ächte Wahrzeichen und Zierde der Stadt" stehen bleiben sollten. Der Polizeiinspektor konnte sich mit seinem Projekt zwar nicht durchsetzen, abgebrochen wurden jedoch die Franziskaner- oder Barfüßerkirche und die Dominikanerkirche.

Die erste Tat

Diese im Zuge der Säkularisation ganz Bayern erfassende Abbruchwelle förderte allerdings indirekt Ideen zur Erhaltung der Kunstwerke und Baudenkmale, wie sie später in den Verordnungen König Ludwigs I. wirksam wurden, des „Vaters der bayerischen Denkmalpflege", der sich auch für die Erhaltung von Nürnberger Denkmälern besonders eingesetzt hat.

Gitter – wurde auf Anregung von Kronprinz Ludwig noch unter König Max I. Joseph die Restaurierung des Schönen Brunnens auf Staatskosten versprochen. Der Brunnen sei auf dem Hauptmarkt war, in so schlechtem Zustand, daß die Übernahme von vier gotischen Figuren, im wesentlichen von den Münchner Bildhauer Ernst Bandel und den Nürnberger Burgschmiet und Rothermund eine Kopie geschaffen werden mußte. Einige der damals geborgenen Originale sind heute im Germanischen Nationalmuseum zu sehen.

Selbstverständlich erschien das Nachschaffen eines Originals, das als Nürnbergs „reinstes deutsches Kunstwerk" galt, unbedenklich, ganz abgesehen davon, daß die technischen Möglichkeiten der Steinkonservierung noch unentwickelt waren. Die wiedergewonnene „malerische" Wirkung des Brunnens dürfte besonders hoch eingeschätzt worden sein, ähnlich wie die Ministerialverordnung vom 12. Januar 1826 zum Schutz der Befestigungsanlagen der bayerischen Städte auf die Erhaltung des Stadt- und Landschaftshistorische Bausubstanz im Sinn eines sich erst um die Jahrhundertwende allmählich durchsetzenden wissenschaftlichen Denkmalbegriffs.

Nicht staatlicher, sondern städtischer Initiative verdankt Carl Alexander Heideloff seine Berufung nach Nürnberg, dieser erste große Denkmalpfleger der Stadt, der zugleich Neugotiker war. „Ich ließ es mir sehr angelegen seyn", äußert er sich in seiner autobiographischen Skizze, „den Charakter dieser, ich möchte sagen deutschesten Stadt zu erhalten. Natürlich war der Geschmackssinn der Bürger verschieden, die meisten fröhnten der modernen Bauansicht und durch Gewohnheit konnte man nicht begreifen, wie man dem Alten anhängen mag, was dem Verfasser oft nicht allein viele Hindernisse in den Weg legte, sondern auch manchen Verdruß zuzog, meistens angeregt durch Architekten, welche dem Griechen-Römerthum Modewahne anhängten".

Technische Finessen

Wenngleich die Leistungen Heideloffs und seiner Zeit inzwischen bereits Geschichte geworden sind und damit den Anspruch auf entsprechende Beachtung und Erhaltung erworben haben, so hat sich zunächst die mit Dehios berühmtem Motto „Konservieren – nicht restaurieren" angetretene wissenschaftliche Denkmalpflege gegen das „Restaurationswesen" des 19. Jahrhunderts durchsetzen müssen.

Das 1908 selbständig gewordene Landesamt für Denkmalpflege hatte kein eigenes wissenschaftliches Publikationsorgan erhalten und veröffentlichte seine Berichte zunächst im Rahmen der Zeitschrift des Bayerischen Landesvereins für Heimatschutz. Daneben gab es den viel renommierteren „Anzeiger des Germanischen Nationalmuseums", der sich auch Themen der Nürnberger Denkmalpflege annahm. Die Jahresberichte des Landesamts für Denkmalpflege beschäftigten sich 1936/37 u. a. mit dem Problem der Konservierung mittelalterlicher Glasgemälde in St. Lorenz und St. Sebald, d. h. mit jener Fragestellung, die nach wie vor aktuell ist, zum Teil auch verursacht eben durch jene Maßnahmen der dreißiger Jahre, bei denen das aufstehende Schwarzlot der Glasmalereien mit einem Fixativ gesichert wurde, um die Scheiben dann ausbauen und die Glasmalerei im Einschmelzverfahren wieder fest mit dem Glasträger verbinden zu können.

Heute stehen wir vor dem Problem – zum Beispiel bei dem jüngst restaurierten Löffelholzfenster von St. Lorenz –, das Fixativ wieder

Frage, ob man die vorhandene Fassung – bis auf die Freilegungstreppe auf der Rückseite des Werkes – abnehmen und damit zerstören dürfe. Die Entscheidung, die auch von der Kirchengemeinde St. Lorenz getragen wurde, fiel dadurch leichter, daß die barocke Fassungsschicht in schlechtem und durch Retuschen beeinträchtigtem Zustand war. Die heute sichtbare monochrome Fassung aus der Entstehungszeit des Veit-Stoß-Kruzifixus hat wesentlich dazu beigetragen, dieses Werk neu zu verstehen.

Damit sind wir bereits mitten in den Restaurierungsproblemen unserer Gegenwart, die uns gerade angesichts des in seiner Art mit kaum einer anderen bayerischen Stadt vergleichbaren Bestandes an hochbedeutenden Kunstwerken des 15./16. Jahrhunderts in Nürnbergs Kirchen auch in Zukunft immer wieder beschäftigen werden und hier u. a. zu der beispielgebenden Einführung von „Wartungsverträgen" mit Restauratoren geführt hat. Damit können rechtzeitig kleinere Schäden erkannt und behoben werden, um größere Schäden vermeiden zu helfen, und als Folge größere Restaurierungsmaßnahmen, die ja fast immer auch einen gewissen Substanzverlust bedeuten.

Konflikte mit Fachbehörden

Obere Wörthstraße 19, eine vorbildliche Instandsetzung, die – nach der Ablehnung der ersten Vorstellungen des Bauherrn, die auf Teilentkernung abzielten – mit größter Behutsamkeit erfolgte.

Der Einbau von modernen Hausinstallationen erforderte es hier nicht, den Altputz, die Fachwerkausfachungen zu entfernen oder die alten Innenausbau erhalten bleibt, d. h. Türen, Treppen, Fußböden und dergleichen mehr. Besonderes Augenmerk muß dabei auf die historische Farbgebung gelegt werden. Freilegungen an Spundecken, an Türen, Wandverkleidungen, die in historischer Zeit stets gefaßt waren, aber sollten, überhaupt, nur sehr behutsam durchgeführt werden – auf keinen Fall mit dem Sandstrahlgerät – und erst wenn zunächst eine sorgfältige Befunduntersuchung durchgeführt worden ist.

Bauherren und Bewohner historischer Baudenkmale beweisen hier nicht selten mehr Verständnis und Phantasie als einige der beteiligten Behörden, die im Hinblick auf Statik, Brandschutz und Wärmedämmung manchmal nahezu unerfüllbare Forderungen erheben, Forderungen, bei denen die historische Bausubstanz weitgehend auf der Strecke bleiben muß.

Die konsequente Anwendung bestimmter DIN-Normen führt oft zu ebenso unverständlichen wie unnötigen Zerstörungen des historischen Bestandes, eine Feststellung, die sich natürlich nicht allein auf Nürnberg bezieht.

Die immer wieder von Fall zu Fall voneinander abweichenden Forderungen der jeweiligen Fachbehörden zeigen, daß der Ermessensspielraum im Rahmen der Entscheidungen sehr wohl vorhanden wäre, aber nicht genügend ausgeschöpft wird. Hier könnte vielleicht der Landesdenkmalrat entsprechende Anstöße geben, um auf Befreiung von einengenden Vorschriften dort hinzuwirken, wo Baudenkmäler dadurch unnötig gefährdet werden.

„Trotzdem gibt es positive Beispiele wie die Instandsetzung des Hauses

Nürnberger Zeitung
22. September 1984

Allgäuer Zeitung (Füssen)
5. Oktober 1984

Letzte Weichen für Restaurierung gestellt:

Basilika St. Lorenz soll 1988 in neuem Glanz erstrahlen

„Musterachse" vermittelt ersten Eindruck – Gestern Besichtigung

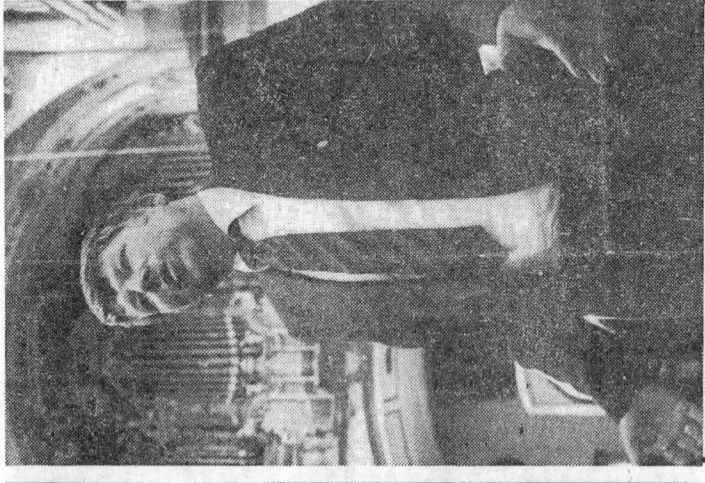

DER GENERALKONSERVATOR des Landesamtes für Denkmalpflege, Prof. Dr. Michael Petzet (rechts), stimmte gestern mit Fachleuten seines Amtes, der Regierung und des Diözesanbauamtes zu, daß die geplante Innenrestaurierung der Basilika St. Lorenz entsprechend der Ausführung des 17. Jahrhunderts erfolgen soll. Ein schmaler Streifen von der Mitte des Gewölbes bis zum Fußboden („Musterachse") wurde bereits entsprechend erneuert und läßt erkennen, daß das Gotteshaus nach Abschluß der Arbeiten einen ungewohnt strahlend hellen Eindruck vermitteln wird.   Bilder: Erika Bachmann

KEMPTEN (jw). Die letzten Weichen für die bevorstehende Innenrestaurierung der Basilika St. Lorenz sind gestellt: Am gestrigen Donnerstag entschieden Vertreter des Landesamtes für Denkmalpflege mit Prof. Dr. Petzet an der Spitze, der Regierung von Schwaben und des Diözesanbauamtes, in welcher Weise die Erneuerung in den kommenden vier Jahren vorgenommen werden soll. An der Besichtigung nahmen u. a. auch Baudirektor Helmut Haum (Landbauamt) und Dekan Msgr. Dr. Lupp teil.

Der vom Landbauamt beauftragte Memminger Restaurator Helmut Juraschek hat in den vergangenen Wochen eine „Musterachse" hergestellt, die einen Eindruck der geplanten Restaurierung vermittelt: Ein Streifen im Langhaus, der vom Mittelscheitel des Gewölbes bis zum Fußboden reicht, zeigt bereits die strahlende Helle an, die den Innenraum des ehrwürdigen Gotteshauses prägen wird.

Wie berichtet, hatten genaue Untersuchungen ergeben, daß die Kirche bisher neun Fassungen besitzt, die im Laufe der vergangenen Jahrhunderte entstanden sind. Man hat sich nun entschlossen, bei der Erneuerung auf die Originalfassung aus dem 17. Jahrhundert zurückzugreifen.

Die eigentlichen Arbeiten sollen im kommenden Frühjahr beginnen, sobald das Wetter es zuläßt.

Baudirektor Haum schätzt, daß die Erneuerung des Langhauses zwei, die des Hauptchors weitere zwei Jahre in Anspruch nimmt. Die Basilika dürfte demnach 1988 bzw. 1989 in neuem Glanz erstrahlen.

Übrigens soll die Kirche auch während der Restaurierungsphase nicht geschlossen werden: Stets wird ein Teilbereich für Gottesdienste zur Verfügung stehen.

▷

378

Fränkischer Anzeiger (Rothenburg), 1. Oktober 1984

Wieder Wettbewerb der Gymnasien auf Schloß Habelsee

Alte Mühlen in Franken: Zeugen der Geschichte

Unter der Schirmherrschaft von Landeskonservator Dr. Petzet

HABELSEE – „Alte Mühlen in Franken" – so heißt ein bildnerischer Wettbewerb für die Gymnasien in Franken in Zusammenarbeit mit dem Bayerischen Landesamt für Denkmalpflege, den Reinhold und Gisela Wiedenmann aus Schloß Habelsee jetzt ausgeschrieben haben. Der Schirmherr des Wettbewerbs, der an andere Aktivitäten ähnlicher Art von Habelsee aus anknüpft, ist Landeskonservator Dr. Michael Petzet. Wie ausführlich berichtet, wurde das Wirken der Wiedenmanns auf diesem Gebiet mit dem Deutschen Preis für Denkmalschutz 1983 ausgezeichnet.

In der Ausschreibung heißt es: „Die Mühlen zu den Baudenkmälern mit außerordentlich reicher geschichtlicher Zeugniskraft. Sie sind die ältesten mechanischen Anlagen, die natürliche Energie umsetzen. Sie sind Urkunden, die Auskunft über die Geschichte der Technik, der Landwirtschaft, der Gesellschaft und über die Geschichte des Bauens geben. Für die barocke Denkmallandschaft in Franken sind sie noch heute neben den vielen Landschlössern die wichtigsten, unverwechselbaren Zeichen.

Schon in der Geschichte kam den Mühlen in der Vorstellung der Menschen eine besondere Bedeutung zu. Dies spiegelt sich in vielen Legenden – Karl der Große soll in einer Mühle in Gauting, südlich von München, geboren worden sein – und in zahlreichen Märchen wieder. Die Verbindung der Mühle mit dem geheimnisvollen Wasser, die einsame Lage außerhalb der Siedlung, das für den einfachen Menschen der geschichtlichen Vergangenheit rätselhafte Rumpeln der Mühlenmechanik, das unerbittliche Mahlen der Mühlsteine und nicht zuletzt der Wohlstand der Müller haben den Mühlen in der Geschichte eine magische Bedeutung verliehen.

Die alten Mühlen sind aber auch ein Denkmaltyp, der besonders gefährdet ist. Denn ihre Geschichte ist zu Ende. Die Mühlenrechte sind nach dem Krieg weitgehend abgelöst. Die industriellen Mühlen und die Sägemühlen sind etwas anderes. Ihnen fehlt die unverwechselbare und anschauliche Verbindung mit der Landschaft und mit der Geschichte der Menschen."

Es sollen nur historische Mühlen dargestellt werden. Am besten eignen sich die Mühlen in landschaftlicher Umgebung. Es können jedoch auch Mühlen im Ort oder am Ortsrand dargestellt werden, wenn es möglich ist, den Zusammenhang der Mühle mit dem Wasser aufzuzeigen." Für den Schülerwettbewerb „Alten Mühlen in Franken" sollen zwei Darstellungen erarbeitet werden:

1. Die Mühle in der Landschaft oder, wenn sie im Dorf steht, die Mühle in ihrer baulichen Umgebung. Gleichermaßen wichtig sind die Darstellung der Mühle in ihrer Umgebung (räumliche Beziehung) wie die Erkennbarkeit des Gebäudes in seiner Eigenart als historische Mühle.

2. Wie mit einem Vergrößerungsglas soll ein besonders charakteristisches Teil der ausgewählten Mühle herausgearbeitet und dargestellt werden. Dieser Ausschnitt kann ein Teil der Wasserhaltung, ein Teil der Mühlenmechanik oder auch ein Teil der Architektur sein. Entscheidend ist die unverwechselbare Zugehörigkeit zur Mühle.

Als Orientierungshilfe für die Auswahl geeigneter Mühlen können interessierte junge Leute die Denkmallisten bei den Städten und Gemeinden einsehen. Außerdem können unter dem Stichwort: „Schülerwettbewerb Alte Mühlen in Franken" beim Landesamt für Denkmalpflege (8000 München 1, Postfach 301) unter Angabe des entsprechenden Gemeindegebietes Auszüge aus der Denkmalliste angefordert werden.

Die Teilnehmer an dem Wettbewerb, bei dem es zahlreiche Preise zu gewinnen gibt, haben mit ihren Arbeiten, für die sie eine beliebige Gestaltungstechnik wählen können, noch bis zum 15. März kommenden Jahres Zeit. Bis dahin kann der Problemkreis, so stellen es sich die Veranstalter des Wettbewerbs vor, fächerübergreifend in der Schule behandelt werden. Es eignen sich da zu: Geografie, Sozialkunde und der Deutschunterricht.

Im Juni kommenden Jahres werden dann die preisgekrönten Arbeiten, die durchweg Eigentum der Schüler bleiben, auf Schloß Habelsee ausgestellt.

---

sungen im Langhaus und Hauptchor erhielt. Der erste Anstrich war noch eine (provisorische) Baufassung. Maßgebend ist laut Direktor Haum die zweite, nach 1661 entstandene Fassung. Es folgte eine Phase mit mehrmaligen Umbauten bis zur Weihe 1748 mit der sechsten Fassung. Bewußt habe man sich für die zweite entschieden, um den Eindruck des Frühbarock wieder herzustellen, nicht aber eine Fassung des Spätrokoko.

Übrigens beruhte auch die neunte, also bisher letzte Fassung von 1915/29 auf dem zweiten Anstrich. Allerdings war wegen eines Irrtums der Grundton damals in Orangerot ausgeführt worden.

Nunmehr wird der pergamentweiße Grundton des 17. Jahrhunderts erneuert. Dabei kann man die echte Goldauflage von 1915/29 im wesentlichen belassen, muß allerdings etliche Ergänzungen vornehmen. Zugleich werden die Gemälde und weiteren Malereien gereinigt und restauriert, ebenso die Stukkaturen. Vorhandene Wasserschäden werden beseitigt.

Das Gesamtvorhaben soll – einschließlich der bereits im Gang befindlichen Brandschutz-Maßnahmen – etwa 6,5 Millionen Mark erfordern, berichtet Helmut Haum. Davon trägt die Pfarrpfründestiftung bzw. Diözese zwei Drittel, der bayerische Staat ein Drittel.

● Noch in diesem Winter werden die einzelnen Arbeiten u. a. für Kirchenmaler, Stukkateur und Gerüstbau ausgeschrieben werden. Die eigentliche Restaurierung kann dann im

Waren Sie schon zur „Feierabendzeit" im Amadeus?
Täglich von 17 bis 20 Uhr.
Es laden ein
Renate und Uli Schmid.

Öffnungsz.: 17-24 Uhr, So. Ruhetag.
Telefon (08 31) 2 33 19 oder 2 33 82

Der lange Rückmarsch des Schmerzensmannes

Letzte Tafel des Grünewaldaltars wird im Juni 1985 wieder in der Lindenhardter Pfarrkirche aufgestellt

LINDENHARDT/MÜNCHEN. Ende Juni nächsten Jahres steht den 405 Einwohnern der Kirchengemeinde Lindenhardt ein großes Fest ins Gotteshaus – zu diesem Termin kehrt die noch ausstehende vierte Tafel des Grünewaldaltars von München heim. Diese definitive Zusage erhielten jetzt Staatssekretär Simon Nüssel und Landrat Dr. Klaus-Günter Dietel, die sich in den Werkstätten des Landesamts für Denkmalpflege vom Fortgang der Restaurierungsarbeiten am Schmerzensmann, dem Bild Christi auf der Rückseite des Kirchenaltars, überzeugten. Generalkonservator Dr. Michael Petzet und der für den Lindenhardter Grünewaldaltar zuständige Professor Karl-Werner Bachmann berichteten dabei über die enormen Schwierigkeiten bei der Restaurierung der Tafel.

Das im Juni 1985 dann bereits zehn Jahre währende Exil des Schmerzensmannes in der Landeshauptstadt hat sich für die Lindenhardter Gemeinde auf jeden Fall gelohnt. Die Kirche erhält „ihren Grünewald" sorgfältig restauriert zurück, wie es nach dem heutigen Stand der Technik möglich ist – und muß dafür keinen Pfennig berappen. Der vom Kirchenschiff aus sichtbare Teil des Lindenhardter Flügelaltars, die drei Grünewaldtafeln mit der Darstellung der Muttergottes im Zentrum der „Feiertagsseite" und der Abbildung der 14 Nothelfer auf des Flügelaltars (zugeklappten) „Werktagsseite", kehrten bereits 1981 nach sechs Jahren Restaurierung von München nach Lindenhardt zurück.

Zu feucht und warm

Voraussetzung dafür war freilich nicht nur ein gehöriger politischer Druck von Oberfranken aus auf die Münchner Museumsbürokratie – man hätte das wertvolle Frühwerk von Matthias Grünewald sicherlich nur allzu gern als „Dauerleihgabe" in einem Münchner Museum präsentiert, auch wenn ihr das Landesamt für Denkmalpflege derartige Gedanken heute mit Nachdruck von sich weist. Als ebenso notwendig erwies sich die Trockenlegung der Kirche mittels einer Drainage, um die für das jetzt 481 Jahre alte Kunstwerk äußerst schädliche hohe Luftfeuchtigkeit im Gotteshaus zu beseitigen. Gelitten hatten die Gemälde auch unter der starken Sonneneinstrahlung, die durch Butzenscheiben an der Kirchenfront hinter dem Altar noch verstärkt wurden.

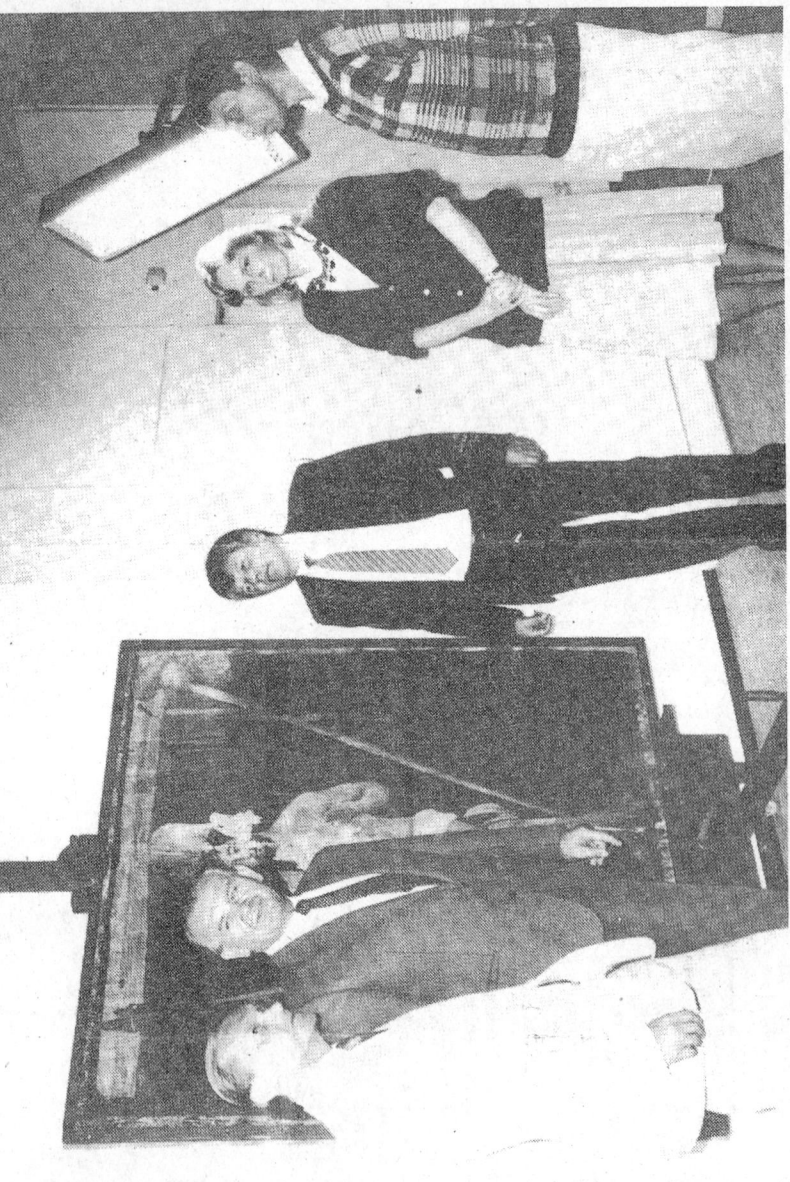

ZWISCHENBILANZ der Restaurierung des Lindenhardter Schmerzensmannes in den Münchener Werkstätten des Landesamts für Denkmalpflege: von links vor dem Grünewald-Frühwerk Landrat Dr. Klaus-Günter Dietel, Staatssekretär Simon Nüssel, Generalkonservator Dr. Michael Petzet, die zuständige Restauratorin Marianne von Besserer und Professor Karl-Werner Bachmann, der wissenschaftliche Betreuer des Grünewaldaltars.

daran gedacht, den Lindenhardter Altar anderswo aufstellen zu wollen als an seinem angestammten Platz.

Ohne Zeitdruck

Staatssekretär Simon Nüssel und der Landrat zeigten sich im nachhinein erfreut über diese Einschätzung und wollten ihren Werkstattbesuch keineswegs als Druck auf die Denkmalpfleger verstanden wissen, doch schneller zu arbeiten. „Die Liebe zu diesem wertvollen Kunstwerk unserer Heimat ist der Antriebsmotor unseres Interesses", bekundete Staatssekretär Nüssel. Auch Landrat Dr. Dietel wollte den Restauratoren genügend Zeit für die schwierigen Arbeiten geben, dem Lindenhardter Pfarrer Klaus

noch große helle Stellen in der linken Gesichtshälfte Christi und am linken Körper überhaupt.

Bevor die fehlenden Stellen des Antlitzes Christi ergänzt werden, will Professor Bachmann freilich noch ein zweites Grünewald-Symposion veranstalten – ein erstes vor der Restaurierung fand 1977 statt – und diese Frage abklären lassen. Zu den Expertengesprächen sollen auch Vertreter Lindenhardts beigezogen werden. „Wir wollen uns später nicht dem Vorwurf aussetzen, wir hätten zuviel oder zuwenig restauriert", begründete Professor Bachmann die geplante Aktion. Persönlich tendiere er dazu, das Kunstwerk möglichst zu ergänzen, um

Der Leidensweg eines Altars

Die Lindenhardter Tafelbilder des Matthias Grünewald wurden vom fränkischen Meister im Jahr 1503 vollendet und zierten zunächst als Altarbilder die Kirche in Bindlach. Die Feiertagsseiten der Flügel zeigen an der Evangelienseite die in flachem Relief geschnitzten Skulpturen St. Wolfgang und St. Bartholomäus. Die Epistelseite stellt das Kaiserpaar Heinrich und Kunigunde dar. In einem Schrein, an Werktagen geschlossen, stehen die Skulpturen der Muttergottes, des heiligen Otto und des heiligen Veit. Das geschlossene Flügelpaar zeigt zusammen die 14 Nothelfer, die Schreinrückseite den Schmerzensmann mit den Leidenswerkzeugen.

In Bindlach mußte das Grünewald-Frühwerk im Jahr 1665 einem neuen größeren Altar weichen und wurde an anderer Stelle im Gotteshaus aufgestellt. 1684 wird Lindenhardt samt Kirche von einer Feuersbrunst heimgesucht, zum Wiederaufbau spenden die umliegenden Gemeinden Einrichtungen – Bindlach steuerte den vermeintlich wenig wertvollen Grünewaldaltar bei. Im Januar 1685 in Lindenhardt angelangt, werden die Tafelbilder zwei Jahre später montiert, wobei die ersten Schäden entstehen. 150 Jahre gibt es erstmals eine Restaurierung, im 19. Jahrhundert versuchen es mehrere „Experten" an den Tafeln: zur Befestigung werden die Flügelreliefs 17mal angebohrt, der Schmerzensmann leidet doppelt: mit weit über hundert Nägeln befestigt man ihn am Altar.

Wärme, hohe Luftfeuchtigkeit und Käferbefall setzen dem Altar auch im 20. Jahrhundert stark zu, alle paar Jahre wird eine oberflächliche Renovierung fällig. Als Grünewaldwerk wird der Altar erstmals 1915 von dem Bayreuther Geschichtslehrer Karl Sitzmann identifiziert – der Lehrer publiziert 1926 seine Erkenntnisse: inzwischen ist sich die Fachwelt einig über die Person des Künstlers. In den Jahren 1923, 1937 und 1952 sind erneut Restauratoren damit beschäftigt, die sich lockernden Malschichten zu befestigen, ohne daß die Reparaturarbeiten von Dauer wären. Angesichts des unaufhaltsamen Verfalls der Altarbilder bringt das Landesamt für Denkmalpflege die wertvollen Kunstwerke im Jahr 1975 nach München

All diese kleineren Umbauarbeiten ließ das Landbauamt Bayreuth Ende der 70er Jahre durchführen – unter der Regie des Leitenden Baudirektors Hellmut Albrecht, damals Amtschef dieser Behörde und heute in der Bauabteilung der Regierung von Oberfranken tätig. Albrecht, der sich in dieser Woche zusammen mit Staatssekretär Nüssel und Landrat Dr. Dietel in München über den Fortgang der Restaurierungsarbeiten am Schmerzensmann informierte, zeigte sich über die bevorstehende Rückkehr der Darstellung Christi samt seiner Marterwerkzeuge ebenso befriedigt, wie die beiden anderen Besucher. „Seit der Trockenlegung sind an den Altartafeln in der Kirche keinerlei Schäden mehr aufgetreten", freute sich der Baudirektor.

Verzögerung unumgänglich

Generalkonservator Dr. Michael Petzet, der als Chef des Landesamtes für Denkmalpflege die Arbeiten am Grünewald-Schmerzensmann in den Werkstätten im Antikhaus an der

Wende und seiner Kirchengemeinde aber einen halbwegs verbindlichen Termin für die Rückkehr des Schmerzensmannes nennen.

Karl-Werner Bachmann, Grünewald-Spezialist des Landesamts und trotz seiner Professur in Stuttgart weiter für das Lindenhardter Werk zuständig, berichtete über die schwierigen Arbeiten am Schmerzensmann, der an einigen Stellen gar mehrfach übermalt war und zum Teil schwere Schäden aufwies. „Lange Zeit hat man dieses Werk nicht als eigenhändige Arbeit von Matthias Grünewald angesehen, weil viele Stellen übermalt waren." Im derzeitigen Stadium der Restauration – für den Laien scheinen die Arbeiten bereits weit fortgeschritten – erscheine die Christusfigur bereits wieder plastisch auf der 1,66 mal 1,47 Meter großen Tafel, weil der rotbraune Untergrund durch Übermalung der zahllosen Fehlstellen (Beschädigungen) inzwischen weitgehend komplettiert sei.

Optimales Ergebnis

„Die Geduld der Lindenhardter wird mit einem optimalen Ergebnis belohnt", versprach Professor Bachmann. Die zuständige Restauratorin Marianne von Besserer führe die Arbeiten jetzt bis zu deren Abschluß weiter. Für den Transport nach Lindenhardt und die Endmontage des Schmerzensmannes habe man die wärmere Jahreszeit des nächsten Jahres vorgesehen, um die wertvolle Tafel sachgerecht einpassen und die bereits restaurierten Flügel samt Vorderseite des Altars mit Firnis überziehen zu können. Zum ersten der beiden Lindenhardter Kirchenjubiläen – im Dezember besteht die Pfarrstelle 425 Jahre – bleibt der Altar zwar noch ohne Rückseite, zum 300jährigen Jubiläum der Aufstellung des aus Bindlach stammenden Kunstwerks in Lindenhardt kehrt der Schmerzensmann auf jeden Fall heim. „Den Termin Ende Juni können wir verbindlich zusagen", unterstrichen Professor Bachmann und sein oberster Chef Dr. Michael Petzet.

Zweites Symposion

Das Kunstwerk selbst zeigt – auf Brettern aus Weißtanne – in fetter Temperamalerei bzw. in mageren Ölfarben Christus als Schmerzensmann, mit Geißel, Kreuz, zwei Nägeln, Lanze und dem Stab mit dem essiggetränkten Schwamm. Unter dem Mikroskop mit dem winzigen Skalpell von entstellenden Übermalungen befreit, gibt es derzeit

DER Schmerzensmann in München – deutlich erkennbar die jetzt freigelegten Fehlstellen der Christusfigur im Gesicht und am Knie.

SO sah der Lindenhardter „Schmerzensmann" vor der Restaurierung aus – die abgeblätterte Stelle im Gesicht war recht laienhaft übermalt worden.

DER WEISSE FLECK im Gesicht des Schmerzensmannes beschäftigt demnächst einen Kreis von Kunsthistorikern: sollen die Fehlstellen nun übermalt werden oder nicht?

Münchner Neuturmstraße erläuterte, unterstrich dabei die uneigennützige Arbeit seiner Behörde. „Wir machen exemplarische Maßnahmen der Restaurierung für den ganzen Freistaat, bilden Mitarbeiter aus und verlangen nach Abschluß der Arbeit keinen Pfennig." Angesichts der vielen zu betreuenden Kunstwerke im Freistaat sei allerdings manche Verzögerung unumgänglich gewesen. Überdies habe das Landesamt nicht im Traum

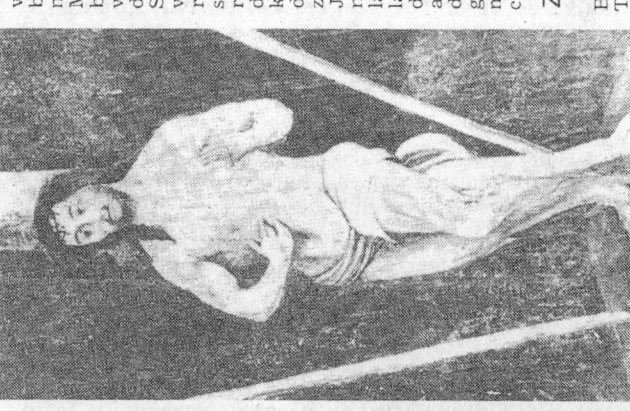

DIE LINDENHARDTER KIRCHE birgt bald wieder ihren größten Schatz – im Juni soll mit der Rückkehr des Schmerzensmannes aus München der Grünewaldaltar nach fast zehn Jahren wieder in seiner ursprünglichen Form aufgestellt werden. Vom Landbauamt Bayreuth – unter Federführung des damaligen Amtschefs Hellmut Albrecht – wurden durch kleinere bauliche Veränderungen inzwischen die Voraussetzungen dafür geschaffen, daß eines der bedeutendsten sakralen Kunstwerke Oberfrankens künftig unbeeinträchtigt bleibt. Für Sicherung und weitere Erhaltung der Altarbilder bleibt nach der gründlichen und sorgfältigen Restaurierung in den Werkstätten des Landesamts für Denkmalpflege in Zukunft die örtliche Kirchengemeinde zuständig.

in die Klimakammer der Werkstätten; sechs Jahre später kehren die Bilder der Altarvorderseite nach Lindenhardt zurück. Ende Juni 1985 soll nun der Schmerzensmann folgen.

Werner Reuschel

Nordbayerischer Kurier (Bayreuth)
13. Oktober 1984

Die Besichtigungstour der Denkmalschützer begann im „Storchen" und führte danach unter anderem zu den Villen Wacker (Mitte) und Seutter (rechts).

LZ-Bilder: Urbanzyk

Das Landesamt für Denkmalpflege hatte Lindau als Ziel für eine Pressefahrt gewählt

Bayerns oberster Denkmalschützer zeigte sich beeindruckt von einer einzigartigen „Villenlandschaft" in Schachen

Adel verpflichtet! Eingedenk dieser Erkenntnis folgten viele betuchte Adelige und Bürgerliche dem Vorbild der Wittelsbacher, die sich im frühen 19. Jahrhundert an die Gestade des bayerischen Bodenseeufers gezogen fühlten und hier die heute nicht mehr existierende „Königliche Villa Amsee" errichten ließen. So entstand bis um die Jahrhundertwende herum eine für Bayern einmalige Villenlandschaft, die mit ihren prachtvollen Schöpfungen noch heute das Auge des Betrachters erfreut. Nicht nur erfreut, geradezu begeistert, zeigte sich am Dienstag der Chef des Bayerischen Landesamts für Denkmalpflege, Generalkonservator Dr. Michael Petzet, der zusammen mit einigen Mitarbeitern als Ziel einer Pressefahrt mit Journalisten aus München und Kempten Lindau gewählt hatte. Die Villa Lindenhof, die Villa Elena (Seutter) und die Villa Wacker wurden eingehend besichtigt.

Vor den Kunstgenuß, zu dem sich – daran wurde kein Zweifel gelassen – bei den Besitzern die Sorge um einen kostspieligen Unterhalt der Gebäude gesellt, hatten die Organisatoren des städtischen Bauamts (Bauamtsleiter Klaus Burger und Stadtbildpfleger Eugen Baumann) den Genuß einer kurzen Schiffahrt gelegt: Auf einem Boot der Wasserschutzpolizei wurde den Gästen die Möglichkeit geboten, zunächst die schadhafte Löwenmole in Augenschein zu nehmen und dann bei strahlendem Sonnenschein einen zauberhaften Blick auf die Uferlandschaft von Schachen zu genießen.

In der schloßartigen, spätklassizistischen Lindenhofvilla, in den Jahren von 1842 bis 1845 von dem Lindauer Kaufmann Friedrich Gruber erbaut, konnte sich Bayerns oberster Denkmalschützer mit eigenen Augen davon überzeugen, daß die Zuschüsse, die bisher für die umfassende und dringend notwendige Restaurierung des Gebäudes geflossen sind, gut angelegt wurden. Einschließlich der derzeit laufenden Erneuerung der Gartenterrasse und des Kellergeschosses wurden bzw. werden 1 157 000 DM ausgegeben. Zwei Drittel davon kommen aus dem bayerischen Entschädigungsfonds als Zuschuß wieder an die Stadt zurück, das fehlende Drittel allerdings muß die Stadt selbst aufbringen. Sie ist seit 1956 Besitzer der Villa und des sie umgebenden herrlichen Parks, ein Werk des bekannten Gartenarchitekten Maximilian Friedrich von Weyhe aus Düsseldorf.

Bisher ist die Restaurierung des Ostflügels, der Lichtkuppel und des Haupttreppenhauses abgeschlossen, nach der laufenden Wiederherstellung der Terrassenanlage und des Kellers müssen die auf der Ost- und der Westseite gelegenen Wintergärten, die Salonräume auf der Südseite und der Zentralbau in Angriff genommen werden. Noch einige Jahre wird es dauern, bis die Restaurierung abgeschlossen ist, zumal auch noch umfangreiche Natursteinarbeiten an der gesamten Außenfassade erforderlich sind.

Selbst der Generalkonservator zeigte sich überrascht, als er die Villa Elena (Villa Seutter) im Öschländerweg betrat, eine kostbare Anlage, die nach den Plänen des renommierten Architekten Eugen von Drollinger 1892 im Stil der italienischen Spätrenaissance erbaut wurde. Überrascht insbesondere von der großartigen zentralen Halle mit dem Treppenhaus, über das sich eine Lichtkuppel, umgeben von Jugendstilmalereien, wölbt. Sehr angetan zeigten sich die Fachleute aus München (darunter natürlich der seit Jahren für den Bereich Südschwaben zuständige Gunter Becker) von der gelungenen Aufteilung der Villa in sechs Eigentumswohnungen, die von mehreren Familien der Erbengemeinschaft Seutter genutzt werden. Geschickt wurde vermieden, das vorhandene Grundrißsystem und die Raumaufteilung zu zerstören. Es fehlten bei der Besichtigung aber auch nicht die Hinweise der Bauamtsvertreter auf die enormen finanziellen Belastungen, die der Bauunterhalt für die Besitzer mit sich bringt.

Drittes Ziel in der Lindauer Villenlandschaft war die Villa Wacker, ein repräsentativer Neurenaissancebau in Rotsandstein, malerisch gruppiert mit Turm, Erkern und Terrassen, der um die Jahrhundertwende entstanden ist. Erbauen ließ ihn Alexander Ritter von Wacker, an den heute noch die weltbekannten Wacker-Werke erinnern. Sein Besitz ging zunächst an eine Erbengemeinschaft über und ist nun seit rund 30 Jahren Erholungsheim des Caritasverbandes, dessen Engagement Dr. Petzet lobte. Besonderes Lob gab's für die beiden Ordensschwestern Roswitha und Germana, die ebenso lange schon die nimmermüden guten Geister des Erholungsheims sind und denen es in erster Linie zu verdanken ist, daß sich der Bau mit seiner wertvollen Innenausstattung und der ausgedehnte Park in einem vorbildlichen Zustand präsentieren. „Eine Innenausstattung von unerhörter Qualität", schwärmte der wohl profundeste Kenner der bayerischen Kunstschätze. Die beiden Schwestern, die sich nicht scheuten, an allen Ecken und Enden selbst mit Hand anzulegen, waren es, die in härtester Arbeit jene abscheulichen Spuren beseitigten, die die Franzosen als Besatzer nach 1945 hinterlassen hatten. Die Villa Wacker diente dem französischen Lattre de Tassigny als Hauptquartier, in dem er so illustre Gäste wie beispielsweise den Sultan von Marokko empfing.

Unbehagen bereitet bereits heute die ▷

An der Reichsstraße:
Private Sanierung könnte als Beispiel dienen

Dr. Petzet appelliert: Weitere wertvolle Substanz erhalten

KEMPTEN (jw). Eine private, vor dem Abschluß stehende Sanierungsmaßnahme in der Altstadt wurde dieser Tage von leitenden Männern des Landesamtes für Denkmalspflege gewürdigt: Generalkonservator Dr. Michael Petzet sowie die Architekten und Diplomingenieure Gerd Mader (Abteilungsleiter für Bau- und Kunstdenkmalspflege München) und Gunter Becker (zuständiger Referent fürs Allgäu) besichtigten das Haus Reichsstraße 8 und zollten dem Architektenehepaar Dietmar und Margarete Prokop Anerkennung, das diese Sanierung mit viel Liebe zum Detail vorgenommen hat. Dr. Petzet knüpfte die Hoffnung und den Appell an, daß es gelingen möge, mit der gleichen Liebe auch eine feinfühlige Objektsanierung der Häuser Reichsstraße 13 und Schützenstraße 11 zu verwirklichen.

Generalkonservator Dr. Michael Petzet im Gespräch mit Dietmar Prokop, dem Eigentümer des sanierten Privathauses Reichsstraße 8

Das Haus Reichsstraße 8 war vor drei Jahren in seinem Bauzustand keineswegs besser als heute das Haus Schützenstraße 11, vermerkte Gerd Mader. Das Ehepaar Prokop hat in dem schon einsturzgefährdeten Gebäude an der Reichsstraße zwei Jahre lang Material abgetragen, ursprüngliches freigelegt, Funde geborgen, alles bis zur letzten Diele gesiebt und gesammelt. Mit einer umfangreichen „Spurensicherung" wurde so die Sanierung vorbereitet.

Das Erstaunliche: Dieses Haus, dessen Substanz im Innern sich keineswegs mit dem viel reicheren, gleichfalls sanierten Hause Reichsstraße 2/4 vergleichen läßt, birgt eine Vielzahl wertvoller historischer Zeugnisse. Prokop hat hieraus eine Dokumentation erarbeitet. Er hat geborgenes Material wiederverwendet, hat Räume und Etagen in ihrer Struktur weitgehend belassen und gerade dadurch eine besonders reizvolle Atmosphäre geschaffen.

Überraschende Funde

Bei der sorgfältigen Vorarbeit gelang es, überraschende Funde zu bergen, die sich meist in den Fehlböden befanden. Das Haus stammt in der jetzigen Gestalt wohl aus dem 17. Jahrhundert, dürfte aber im Kern weitaus älter sein. Dafür spricht, daß über 150 Münzen gefunden wurden, deren Herkunft bis ins Mittelalter zurückweist, und eine Fülle keramischen Geschirrs, teils in Scherben, gleichfalls aus vergangenen Jahrhunderten.

● Laut Dietmar Prokop war die Sanierung, einschließlich der eigens entwickelten Fassadenkonstruktion, möglich, ohne daß man „teurer" wurde, als wenn ein radikaler Neubau erstellt worden wäre. Im Gegenteil: Ein Neubau hätte die Erfüllung kostspieliger Bauauflagen erfordert, die bei der bloßen Instandsetzung naturgemäß wegfielen.

Generalkonservator Dr. Petzet würdigte diese Sanierung ebenso wie die Restaurierungen im Ponikauhaus durch die Volksbank: Wenn so etwas im privaten Bereich möglich, könnte dies auch für ein Wohnungsunternehmen gelten, das dazu bessere finanzielle Voraussetzungen mitbringe.

Dr. Petzet äußerte sich erfreut, daß die Sanierung der „Reichsstädtischen Münze" an der Schützenstraße nun bevorsteht, aber besorgt über die Zukunft der Häuser Reichsstraße 13 und Schützenstraße 11.

Sorgen an Reichs- und Schützenstraße

● Das Haus Reichsstraße 13 sollte nach Auffassung des Generalkonservators nicht weitgehend „entkernt" werden, zumal es im Innern schützenswerte Substanz berge. Die Fenstersäulen aus dem 16. Jahrhundert zum Beispiel seien für Kempten einzigartig.

● Das Haus Schützenstraße 11 sei als Eckgebäude zum St.-Mang-Platz hin besonders wichtig. Hier könnte man aber (so auch Gerd Mader) angesichts der nicht so bedeutsamen inneren Substanz an eine sparsamere Sanierung denken.

Wie berichtet, wird in Kempten derzeit die Auffassung vertreten, daß das Haus Schützenstraße 11 vollends abgebrochen werden sollte. Dr. Petzet hält einen sochen Kahlschlag für falsch! „Ein Haus hat eine lange Geschichte, die nicht einfach ausgeräumt werden sollte, wie das Beispiel Reichsstraße 8 zeigt."

„Aufeinander zugehen"

Dieses „Ausräumen" würde aber geschehen, wenn man stets nur mit dem Gedanken an „Normalmaße und gerade Wände" an eine Sanierung herangehen würde. Eindringlich appellierte der Generalkonservator, auch „Sozialbau Kempten" möge an die Sanierung der altstädtischen Gebäude nicht mit einem „Schema", mit einer „Vorstellung des Neubaues" herangehen, sondern mit dem Blick für die Möglichkeiten einer Restaurierung.

Dr. Petzet wörtlich: „Vielleicht sollten wir uns wegen des Hauses Schützenstraße 11 nochmals zusammensetzen. Vielleicht könnte uns Direktor Breidenstein einen Vorschlag geben, wie eine Erhaltung des Hauses möglich ist."

Allgäuer Zeitung
(Kempten)
13. Oktober 1984

Frage nach dem Schicksal der Villa, wenn die beiden betagten Schwestern einmal nicht mehr in der Lage sein werden, mit jenem Engagement und jenem Sachverstand zu schalten und zu walten, wie dies seit rund einem Vierteljahrhundert der Fall ist.

Auf dem Programm der Pressefahrt des Landesamts stand auch ein Abstecher in das städtische Sanierungsobjekt „Storchen", über dessen Problematik Bauamtsleiter Burger und Helmut Wenk von der Gemeinnützigen Wohnungsbaugesellschaft Lindau die wichtigsten Informationen beisteuerten. Petzet war sich im klaren darüber, daß es sich hier um „eine sehr mühsame Baustelle" handle, die jedoch aller Mühen wert sei, weil sich hier besonders die Kultur bürgerlichen Wohnens im frühen 16. Jahrhundert widerspiegele.

Nach dem Eintreffen der Denkmalschützer und der Journalisten in der Inselhalle hatte sich Bürgermeister Josef Euringer herzlich für die Hilfe bedankt, die seit rund zehn Jahren geleistet wurde, wenn es um den Erhalt oder die Pflege von wertvollem kulturellem Erbe ging. Den Denkmalschützern gebühre Dank, ganz besonders aber auch den Lindauer Bürgern, die sich den Fragen des Denkmalschutzes sehr aufgeschlossen gezeigt und viel bodenständiges Geschichtsbewußtsein bewiesen hätten. Bei der Arbeit in jüngster Zeit hätten auch Klaus Burger, Eugen Baumann und Ortsheimatpfleger Sepp Marmon eine wichtige Rolle gespielt.

Zurück gab dann Dr. Petzet den Dank an die Stadt, die stets um gute Zusammenarbeit mit dem Landesamt bemüht gewesen sei. Der Chef dieser Behörde hatte als Beweis für die besondere Bedeutung Lindaus ein Beispiel bei der Hand: Der erste Auftrag zur Inventarisierung, den das Landesamt für Denkmalpflege nach dem Krieg erteilte, galt der Stadt Lindau. -rer

Lindauer Zeitung
18. Oktober 1984

Süddeutsche Zeitung
30. Oktober 1984

Alte Glasfenster – durch Fensterscheiben geschützt

Doch vor Luftverschmutzung sind sie trotzdem nicht ausreichend bewahrt / Fachtagung der Konservatoren

Von unserem Redaktionsmitglied Evelyn Roll

Die Bäume sterben, Steine „sterben" und auch vor Glas macht die Zerstörung durch schadstoffgeschwängerte Luft und Niederschläge nicht halt. In ganz Europa drohen gegenwärtig unermeßliche Schäden durch den rapide fortschreitenden Verfall vor allem mittelalterlicher Glasfenster an Kirchen und Kathedralen. Vor dieser traurigen Realität trafen sich zu Beginn dieser Woche etwa 60 Wissenschaftler und Restauratoren aus sieben (auch ost-)europäischen Ländern im Zentrallabor der Restaurierungswerkstätten des Bayerischen Landesamts für Denkmalpflege in München zu einem Kolloquium. Titel: „Glaskonservierung – historische Glasfenster und ihre Erhaltung."

Vor der Münchner Presse skizzierte Professor Michael Petzet, Generalkonservator des Bayerischen Landesamts für Denkmalpflege, das Problem. Er appellierte an die Politiker, jetzt schnell etwas gegen die Luftverschmutzung zu unternehmen. Durch praktische Denkmalpflege könne die Zerstörung eines der kostbarsten Kulturerbes Europas besonders aus mittelalterlicher Zeit höchstens aufgehalten, nicht aber rückgängig gemacht werden.

Schwefeldioxid und Feuchtigkeit

Schwefeldioxid in Verbindung mit Feuchtigkeit ist der Hauptfeind der Kirchenfenster. Die Glassubstanz, die Jahrhunderte lang gehalten hat, löst sich (besonders an Nordseiten der Kirchen) rapide fortschreitend auf und wird zum Teil in undurchsichtige poröse Zersetzungsprodukte (Wetterstein) verwandelt. Die Zerstörung hat erst mit der zunehmenden Luftverschmutzung eingesetzt: Wenn man mittelalterliche Glasscheiben, die seit dem 19. Jahrhundert in Museen aufbewahrt werden, mit solchen, die in den Kirchen geblieben sind, vergleicht, wird deutlich, daß eindeutig Umweltschadstoffe und nicht etwa zeitbedingter Verfall verantwortlich zu machen ist.

Eine Scheibe des „Sippenfensters", das 1490 nach Vorlagen von Michael Wolgemuth für die St.-Lorenz-Kirche in Nürnberg geschaffen wurde und seit 1836 im Museum (heute im Bayerischen Nationalmuseum in München) aufbewahrt wird, ist zum Beispiel vollständig mitsamt der feinen Zeichnung der Gesichter und allen Farben erhalten. Die in der Kirche belassenen Scheiben des Fensters sehen traurig aus: Ihre Bemalung ist kaum noch zu erkennen, die Scheiben sind blind und große Teile (wie der Damasthintergrund und die Spruchbänder) mußten bereits durch Kopien ersetzt werden. Überall in Europa nimmt – wie bei der Bausteinverwitterung – auch der Schaden am Glas progressiv zu.

Als Schutzmaßnahme vor weiterem Verfall werden die historischen Glasfenster in den Kirchen schon seit 1950 nach und nach durch zusätzliche Schutzverglasung von der direkten Außenatmosphäre abgeschlossen: Entsprechend unterteilte Klarglasscheiben schließen die Fensteröffnungen ab und die originalen Scheiben werden mit einigen Zentimetern Abstand nach innen versetzt. Diese Außenverglasungen verringern die Verwitterung der Fenster erheblich, bringen sie jedoch nicht zum Stillstand. Schon sehr früh ist das in München mit den Scheiben des Doms und den Renaissancescheiben von St. Michael geschehen. Das „Schutzglas" am Dom wird gegenwärtig erneuert mit Sicherheitsglas, das außer vor den Umwelteinflüssen auch vor Steinwurf (und Hagelschlag) schützt.

Luftschadstoffe setzen historischen Fenstern besonders stark zu

Schutzglas verhindert das Schlimmste

Kolloquium in München befaßte sich mit Methoden der Restaurierung

MÜNCHEN. (lb) Wie Karies fressen sich die Luftschadstoffe immer mehr in Europas historisches Glas. An den Domen und Kirchen von Reims bis Regensburg läßt sich die zunehmende umweltbedingte Zerstörung noch deutlicher als an Stein und Metall ablesen. Die Schäden vor allem an mittelalterlichen Glasgemälden lassen sich häufig nur ungenügend restaurieren. Ein Allheilmittel gegen den überall in Europa drohenden endgültigen Verfall der zum Kulturerbe zählenden Kunstwerke sehen die Fachleute auf absehbare Zeit noch nicht in Sicht. Schutzglas vor den Fenstern verhindert aber das Schlimmste.

„Glaskonservierung – historische Glasfenster und ihre Erhaltung", diesem Thema widmen 60 Fachleute aus neun Ländern am Wochenanfang in München vor dem alarmierenden Hintergrund dieser Schäden ein Kolloquium. Glaswissenschaftler, Restauratoren und Denkmalpfleger tauschen sich darüber aus, wieweit die „grauenhaften Schäden" – so Bayerns Generalkonservator Michael Petzet – bereits vorangeschritten sind und welche Mittel möglicherweise Abhilfe schaffen könnten – sofern das Geld dafür da ist.

macht den Einsatz von Konservierungs- und auch Restaurierungsfachleuten in immer kürzeren Abständen notwendig. Schon sind zahlreiche Werke mittelalterlicher Glasmalerei stark in ihrem künstlerischen Wert herabgesetzt, so Petzet. Abgase von Heizungen, Industrie und Verkehr machen im Zusammenspiel mit Nässe die Glaskonturen nach und nach unkenntlich. Schwefeldioxid zu Schwefelsäure aufgelöst, die schlimmste Wirkung. Das Glas wird an seiner Oberfläche von säurehaltigem Regen- und Kondenswasser aufgelöst.

stehen, wollen aus ästhetischen und konservatorischen Gründen, daß man das Glas reinigt, ehe es geschützt wird. Dabei ist der Arbeitsaufwand jedoch erheblich: Bei stark zerstörten Scheiben sind 200 bis 250 Stunden pro Quadratmeter notwendig. Zum Vergleich: Der Regensburger Dom besitzt noch etwa 1400 Quadratmeter Glasgemälde. Zum Schutz europäischer Kirchenfenster werden diese seit 1950 nach und nach durch Verglasungen von außen abgeschlossen. Für Reparaturen nimmt man vor allem Kunstharz. Direktes Auftragen von Schutzmitteln ist bei den Fachleuten noch recht umstritten.

Für den besten Weg halten die Wissenschaftler und Restauratoren wie bei anderen Umweltschäden an Denkmälern natürlich eine drastische Verringerung der Luftschadstoffe. Das mittelalterliche Glas, im Vergleich zu den Fenstern des 19. Jahrhunderts wegen seiner Zusam-

Fränkisches Volksblatt (Würzburg)
30. Oktober 1984

Das Werk Balthasar Neumanns braucht Nothelfer

Der Erneuerungswut abgeschworen

Nach vielen Restaurierungen sucht man in Vierzehnheiligen behutsam, den Urzustand wiederherzustellen

Von unserem Redaktionsmitglied Ursula Peters

STAFFELSTEIN, 30. Oktober – An jener Stelle, wo 1445 einem jungen Schäfer die vierzehn heiligen Nothelfer samt Jesuskind erschienen sein sollen, erhebt sich eines der bedeutendsten Rokoko-Kunstwerke Bayerns: die Wallfahrtsbasilika Vierzehnheiligen, ein Werk Balthasar Neumanns. Die Wallfahrt zu den Nothelfern steht noch in voller Blüte, aber an der Kirche über dem Maintal, 1743 bis 1772 für den Fürstbischof Friedrich Karl von Schönborn bei Staffelstein erbaut, bröselt der Farbstaub. Das Gotteshaus muß restauriert werden und braucht jetzt selbst Nothelfer.

Ein riesiges Gerüst

Schon seit einem Jahr steht im Chor, dem Querschiff und einem Teil des Langhauses ein riesiges Baugerüst, das bis zu den Deckengemälden reicht und erstmals eine gründliche wissenschaftliche Untersuchung der Fresken und Stukkaturen möglich machte. Wie viele bedeutende Kunstwerke, hat auch Vierzehnheiligen bereits eine ganze Serie von Restaurierungsbemühungen hinter sich. Der schloßartige Innenraum mit seiner anmutigen Folge von ovalen Räumen, von Bögen, Säulen und Altären, wurden dem jeweiligen Zeitgeschmack unterworfen. Dabei ging man mit dem überlieferten Kulturgut keineswegs zimperlich um.

Heute versucht die Denkmalpflege, sämtliche Details und Raumeindruck wieder im Urzustand herzustellen. Vor Beginn der Arbeiten werden sämtliche Farbschichten mit Akribie untersucht. Wenn das Ergebnis vorliegt, bleibt allerdings der Expertenstreit nicht aus, welches Konzept und welche Technik für die Restaurierung richtig seien. Die Harmonie der Formen und Farben im Gesamteindruck soll ja erhalten bleiben und in den Hand hat man oft noch kleine Farbspuren. Vierzehnheiligen ist durch seine wechselvolle Baugeschichte ein besonders vielschichtiges Problem der Denkmalpflege. Nach einem Blitzschlag mit nachfolgendem Brand im Jahr 1835 war das Gotteshaus – inzwischen säkularisiert und Staatsbesitz – vollkommen neu gestaltet worden. Leider hielt man im 19. Jahrhundert nicht viel von Barock und Rokoko. Der Erneuerungswut fielen vor allem die reizvollen Fresken des kurmainzischen Hofmalers Giuseppe Appiani zum Opfer. Zwischen 1848 und 1872 wechselte man seine Seitenaltarbilder aus (sie sind bis heute verschollen) und ließ die Münchner August Palme die Deckenfresken übermalen. Nicht ohne vorher Appianis Putten, Madonnen und Heilige mit der Spitzhacke zu durchlöchern, um den frischen Putz für Palms Nazarener-Darstellungen haltbarer zu machen.

Neubarocke Übermalung

Als nach der Jahrhundertwende die Liebe zum Barocken wiederkehrte, versuchte man mit einer erneuten Renovierung, die Sünden der Väter zu tilgen. Palmes Bilder wurden zum größten Teil wieder abgetragen und dabei entdeckte man voll Entsetzen die Tausenden von Hackspuren in den Appiani-Darstellungen. Der recht begabte Kirchenmaler Anton Ranzinger versuchte, daraus das Beste zu machen. Er nahm die Appiani-Fresken zur Grundlage seiner neubarocken Übermalung. Wenn man jetzt auf dem Gerüst direkt unter der Malerei steht, läßt sich der unterschiedliche Duktus der Pinselführung von Ranzinger und Appiani gut erkennen. Bei der bisher vorletzten Restaurierung in den fünfziger Jahren hat man sich eines impressionistischen Malstils bedient.

Die genaue Prüfung des Befunds ergab jetzt, daß doch recht viel – man spricht von 70 Prozent – von Appianis fast frivolen Rokoko-Engeln und Heiligen erhalten sind, die man „zufriedenstellend" reparieren und in die von Ranzinger gemalten Bereiche integrieren kann. „Der Urzustand wird natürlich nicht mehr erreichbar sein, und wir wollen auch keinen neuen Appiani hineinfälschen", erklärte Generalkonservator Michael Petzet, der Chef des Landesamts für Denkmalpflege, bei einer Visite auf dem Gerüst in Vierzehnheiligen.

Polierter Stuckmarmor

Dafür ist man sich sicher, daß es gelingen wird, den gesamten prächtigen Innenraum der Kirche in seiner Farbwirkung original wiederherzustellen – mit dem Akkord der gebrochen weißen Wände, der bemalten Stukkaturen, dem polierten Stuckmarmor und den Vergoldungen. In vielen Fällen konnten letzte Zweifel durch die Untersuchung der Farbschichten ausgeräumt werden. „Der Gesamteindruck wird heller, frischer und leuchtender", hofft Petzet.

DIE FRÜHBAROCKE STIFTSKIRCHE ST. LORENZ IN KEMPTEN ist neben Vierzehnheiligen bei Staffelstein derzeit das größte Kirchenrestaurierungs-Projekt in Bayern. Das Gotteshaus wurde seit 1665 achtmal verändert. Nun bemüht man sich in Vierzehnheiligen, eine Restaurierungsform zu finden, die die reiche Barockausstattung gebührend zur Geltung bringt.
Photo: Sienz

Allerdings wird das große Werk noch einige Zeit benötigen – zum Kummer der Franziskanerpater, die die Wallfahrt mit ihren Pilgerströmen vom Frühling bis Ende Oktober betreuen. 1985 will man aber mit den Arbeiten im Chor und dem Querhaus fertig sein. Dann wird das Gerüst in die Westhälfte der Kirche umgesetzt. „Die Wallfahrt muß weitergehen, wir können Vierzehnheiligen nicht jahrelang komplett sperren" betont Pater Dominik Lutz. 1990 sollen alle Arbeiten abgeschlossen sein. 11,7 Millionen Mark, bereits vom Landtag genehmigt, wird die Gesamtrestaurierung von Vierzehnheiligen kosten.

Weiß und Gold für Sankt Lorenz

Die zweitgrößte Kirchenrestaurierung Bayerns läuft zur Zeit in der Stiftskirche Sankt Lorenz in Kempten an, einem frühbarocken Bau. Auch hier mußte entschieden werden, welche Fassung man dabei wählt. Insgesamt wurde die Kirche nämlich achtmal seit der Erbauung 1665 verändert. Mit Ergänzungen, Anbauten, neuen Altären und dergleichen wirkte der Farbklang im Gotteshaus immer wieder „umgekrempelt". Die heutigen Kemptner kennen ihre Stadtpfarrkirche als reich dekoriertes Gotteshaus in dominierenden Rosatönen mit etwas Grau und Gold. Die bereits fertige „Musterachse" der Restaurateure – eine Bogengruppe in der Mitte der Kirche – geht auf die zweite Fassung aus dem Jahr 1684 zurück, als der Hochaltar und die Kanzel entstanden. Man hat sich jetzt für diesen Akkord in Weiß und Gold als Hintergrund für die außerordentlich reiche Barockausstattung entschieden. Die ehemalige Kirche des Fürstbischofs in Kempten wird wieder leuchten.

Die eigentliche Zersetzung beginnt später punktförmig als sogenannter Lochfraß: Kraterförmige Vertiefungen im Glas erscheinen bei Licht als dunkle kleine Flecken, die größer werden und das Glas „zernarben". Rasterelektronenmikroskopische Aufnahmen verwitterter Gläser beweisen, daß sich die Zerstörung kariestig einfrißt und Farbgläser dabei undurchsichtig macht.

Die Denkmalpfleger, die erst am Anfang ihrer erschreckenden Bilanz der Schäden fenster, die für Kathedralen eine zentrale künstlerische Bedeutung haben, überstanden, oft konnten sie nur mühsam gerettet werden, inzwischen lösen Schadstoffe sie auf.

Die schwerwiegende Häufung von Verwitterungsschäden seit ein paar Jahrzehnten mensetzung weitaus stärker gefährdet, wird ständig überwacht und gewartet. Fast alle wichtigeren Fenster etwa in Bayern sind schon durch eine Verglasung – wenn auch nicht völlig – geschützt. Im Zentrallabor des Bayerischen Landesamtes für Denkmalpflege, das von der Stiftung Volkswagenwerk mit 1,6 Millionen Mark gefördert wird, denkt man seit 1981 über Ursachen und Zerstörungsabläufe an den alten, meist an der Regenseite stärker geschädigten Fenstern nach.

Süddeutsche Zeitung
31. Oktober / 1. November 1984

Ein Fleißbillett für Denkmalschutz
Professor Petzet rühmt den Landkreis Rosenheim als mustergültig für ganz Bayern

Von Günter Oberst

Rosenheim – Vor Jahren vielfach noch belächelt oder als fortschrittshemmend rundweg abgelehnt, ist die Denkmalpflege heute wesentlich positiver ins Bewußtsein der Bürger gerückt. Wo Neues entsteht, findet sich inzwischen ein höheres Maß an Rücksichtnahme auf denkmalgeschützte Nachbarschaften. Der Landkreis Rosenheim mit seinen über 2000 Denkmälern macht sich dabei in Bayern zum Vorreiter dieser neuen Werte. Dafür gab es jetzt uneingeschränkte Anerkennung des Präsidenten des Bayerischen Landesamtes für Denkmalpflege, Prof. Michael Petzet.

Bei einer Besichtigungsfahrt durch den Landkreis Rosenheim betonte er die ausgezeichnete Zusammenarbeit und stellte die Erfolge des Kreises in der Denkmalpflege als mustergültig für ganz Bayern dar. Vieles von dem, was in den letzten Jahren verwirklicht werden konnte, war nur durch enge Zusammenarbeit zwischen dem Landesamt für Denkmalpflege und dem Landkreis möglich, wobei oft die Mehrkosten, die von den Besitzern denkmalgeschützter, erneuerungsbedürftiger Baulichkeiten nicht aufgebracht werden konnten, zwischen den Ämtern aufgeteilt wurden.

Ein Schmuckstück ist das restaurierte Schmiedeanwesen in Berbling am Fuße des Irschenberg. Das mit reicher Lüftlmalerei verzierte Haus wurde 1714 erbaut. Foto: Oberst

Eine Kapellenaktion gab den Anstoß

Vor einem Kreis von Fachleuten und Journalisten erinnerte Landrat Max Gimple an die Zerstörung der kleinen Kapelle in Halfing vor etlichen Jahren. Dies sei der Ausgangspunkt gewesen, um eine große Rettungsaktion für die rund 300 im Landkreis stehenden, zumeist in Privatbesitz befindlichen Kapellen zu starten. Heute ist die vielbestaunte, weit über Bayern hinaus publizierte Aktion nahezu abgeschlossen. Die Bürger haben nach anfänglicher Skepsis zum Teil begeistert mitgemacht, selbst mit Hand angelegt und auch tiefer in den eigenen Geldbeutel gegriffen. Unter diesen Voraussetzungen gab es dann Zuschüsse vom Landesamt für Denkmalpflege und auch vom Landkreis.

Die Wirkung in der Öffentlichkeit war groß, in den Dörfern sahen die Bürger, wie liebevoll die Kapellen restauriert wurden. Und sie erfuhren, daß es unter Umständen für solche Aktivitäten Zuschüsse gab. So häuften sich Anfragen, und in vielen Fällen kamen Restaurierungen verfallener Backhäuschen, historischer Mühlen, verborgener Gewölbe und vor allem alter Bauernhäuser in Gang.

Abgesehen davon laufen im Landkreis Rosenheim derzeit 35 größere Baumaßnahmen in Pfarrkirchen, finanziert vom erzbischöflichen Ordinariat.

Bei der Rundfahrt führten Professor Petzet und Oberkonservator Klaus Kratzsch auch zu dem aus dem 17. Jahrhundert stammenden Bauernhaus in Hub, Gemeinde Großkarolinenfeld. Die hier begonnene Bauernhaussanierung gilt als beispielhaft. Es handelt sich um das einzige bekannte historische Bauernhaus, das noch auf seinem Originalholzfundament ruht. Das Haus wurde vor zwei Jahren von einer Arztfamilie erworben, die in den Kauf und die Restaurierung bisher schon über eine Million Mark investierte. Die Familie will das Haus nach der Restaurierung auch selbst bewohnen.

Münchner Merkur
2. November 1984

Ein „TÜV" für Baudenkmäler

Rott am Inn (KNA). Einen „TÜV" für hervorragende Kunstdenkmäler will das bayerische Landesamt für Denkmalpflege einführen. Bei einem Pressetermin in der Klosterkirche von Rott am Inn sagte Generalkonservator Prof. Dr. Michael Petzet, eine regelmäßige Inspizierung der gesamten Inneneinrichtung etwa im Zweijahres-Turnus sei sowohl vom denkmalpflegerischen als auch vom finanziellen Standpunkt aus wichtig. Der Referent des Landesamtes für diesen Teil Oberbayerns, Dr. Klaus Kratzsch, erläuterte, durch eine solche Begutachtung mit gleichzeitiger Behebung festgestellter Schäden könnten all die „komplizierten bauphysikalischen und bauchemischen Vorgänge kontrolliert werden, die langfristig zu großen Schäden führen können". Dazu zählten etwa Holzwurmbefall, beginnendes Abblättern von Farbfassungen, undichte Stellen im Dach, Verrußung als Folge einer falsch eingestellten Heizung oder zu hohe Feuchtigkeit. Eine regelmäßige Inspizierung gibt es bisher in Bayern erst für die Kirchen St. Lorenz und St. Sebald in Nürnberg, die besonders wegen ihrer Glasfenster gefährdet sind. Nach der Einschätzung von Kratzsch sind es aber besonders die hervorragenden Beispiele des südbayerischen Rokokos, bei denen wegen ihrer reichen und komplizierten Ausstattung ein „TÜV" erforderlich sei. Dazu zählten beispielsweise die Wieskirche und die Klosterkirchen von Gars am Inn, Rottenbuch und Steingaden.

◁ Passauer Neue Presse
6. November 1984

Bayerische Staatszeitung ▷
16. November 1984

Trostberger Tagblatt
13. November 1984

Restauratoren contra Tiefflieger

Baudenkmäler in Flugschneisen besonders in Mitleidenschaft gezogen

München/Steingaden. Die schweren Schäden an der berühmten Wieskirche bei Steingaden im oberbayerischen Pfaffenwinkel sind möglicherweise nur die Spitze eines Stuckberges. Berichte von Restauratoren an das Landesamt für Denkmalpflege in München weisen immer häufiger bedenkliche Schäden an wertvoller historischer Bausubstanz in Flugschneisen aus.

Landeskonservator Prof. Michael Petzet sieht dadurch den Verdacht erhärtet, daß Tiefflieger und auch Hubschrauber durch Luftwirbel oft schockartige Brüche und Ablösungen in Fresken und Stuck erzeugen. Am schlimmsten sei dies beim Durchbrechen der Schallmauer durch ein Düsenflugzeug.

Für Petzet ist die schon jetzt notwendige Restaurierung der Wieskirche besonders schmerzlich, sagte der Landeskonservator am Montag gegenüber dpa. Feine Risse in Stuck und Fresken seien nicht nur normale Alterserscheinungen, sondern gäben einem Kunsterk auch oft einen „gewissen Alterswert". Für den Denkmalschützer seien solche Schäden meist unbedenklich und machten über Jahrzehnte hinweg keine Restaurierung notwendig. Eine Wiederinstandsetzung, wie sie jetzt in der Wieskirche erforderlich wird, sei aber nie ohne Substanzverlust möglich. Es bestehe die Gefahr, daß sich Originalteile von der Decke lösen und in den Innenraum stürzen. Dies sei aber nur mit Rekonstruktionen wieder auszugleichen.

Das bischöfliche Ordinariat in Augsburg hat die Wieskirche am Wochenende zum Schutz der Besucher geschlossen. Nur noch der Raum unter der Empore ist öffentlich zugänglich. Die Bundeswehr hatte erst in diesem September Hubschraubertiefflüge über die Wieskirche verboten. Alle Bemühungen, auch die Tiefflüge von Düsenjägern über das spätbarocke Kleinod untersagen zu lassen, sind bislang gescheitert. Nach Ansicht des Landeskonservators sei der Verdacht nicht auszuschließen, daß Militärpiloten bei ihren rasanten Flügen über die Bundesrepublik herausragende Bauwerke wie Kirchen und Burgen als Zielpunkte ansteuerten.

DIE SCHWEREN SCHÄDEN AN DER WIESKIRCHE bei Steingaden im Pfaffenwinkel – die Kirche wurde vom Bischöflichen Ordinariat in Augsburg zum Schutz der Besucher geschlossen, nur noch der Raum unter der Empore ist zugänglich – sind möglicherweise nur die „Spitze des Stuckberges". Berichte von Restauratoren an das Landesamt für Denkmalpflege in München weisen immer häufiger bedenkliche Schäden an wertvoller historischer Bausubstanz aus. Generalkonservator Prof. Michael Petzet sieht dadurch die Annahme erhärtet, daß Tiefflieger und auch Hubschrauber durch Luftwirbel schockartige Brüche und Ablösungen in Fresken und Stuck erzeugen. Der Führungsstab der Luftwaffe, der erst im September Hubschraubertiefflüge über der Wieskirche untersagte, hat jetzt – zunächst einmal solange, wie die Wieskirche gesperrt ist – ein generelles Tiefflugverbot im Umkreis von einem Kilometer um die Kirche erlassen. Während feine Risse in Stuck und Fresken, sagt Petzet, als normale Alterserscheinungen gewöhnlich über Jahrzehnte hinweg keine Restaurierung nötig machten, sei eine Wiederinstandsetzung, wie sie jetzt in der Wieskirche nötig wurde, ohne Substanzverlust nicht möglich. Es bestehe die Gefahr, daß sich Teile von der Decke lösen und in den Innenraum stürzen, solche Schäden seien dann nur noch mit Rekonstruktionen auszugleichen. (Vgl. auch den Bericht im Kulturteil dieser Ausgabe.)
Bild: Göllinger

„Saurer Regen" verursacht für die Denkmalpfleger gewaltige Probleme – Landeskonservator warnt:

„Wir sind in einer verzweifelten Situation"

Jährlich entstehen an Bauwerken durch Umwelteinflüsse mehrere Milliarden Mark Schaden

Dinkelsbühl (lby) – Angesichts der Umweltprobleme sei die Denkmalpflege von der Restaurierung her zum Teil in „einer verzweifelten Situation". Das stellte Landeskonservator Michael Petzet bei einem „Tag der Denkmalpflege" in Dinkelsbühl heraus. Bei den Problemen, mit denen sich das Bayerische Landesamt für Denkmalpflege konfrontiert sehe, spielten die Umwelteinflüsse und alles, was mit „saurer Regen" umschrieben werde, eine vorherrschende Rolle. Der rapide Verfall von Kunstdenkmälern habe erst in den letzten Jahren eingesetzt. Unter den verschiedensten Faktoren bilde Schwefelsäure die härteste Aggression.

Gegenwärtig entstünden an Bauwerken und Baudenkmälern im Bundesgebiet jährlich auf drei Milliarden Mark geschätzte Schäden, erklärte Petzet. Das Feld der bedrohten Denkmäler sei so „gewaltig", daß die Denkmalschützer auch mit besten Mitteln dem Verfall kaum nachkommen könnten. Als Beispiel griff Petzet den Münchner Südfriedhof und die Friedhöfe in Nürnberg und Lindau heraus, auf denen wertvolle alte Steine verschiedenster Art bereits verrotteten. Man könne sich mit mehreren Methoden nur bemühen, sie vielleicht in eine Zeit hinüberzuretten, in der noch bessere Mittel zur Verfügung stünden und in der vielleicht die Luftverschmutzung zurückgehe. „Riesenprobleme" ergäben sich auch bei der Konservierung mittelalterlicher Glasgemälde, die mit zu den größten Schätzen an Kunstwerken aus dieser Epoche gehörten. Man sei schon sehr weit mit der Schutzverglasung, um das Wasser abzuhalten, das die schädlichen chemischen Reaktionen auslöse. Allerdings sei schon sehr viel an Substanz verlorengegangen.

Landrat Georg Ehnes betonte, daß der Landkreis Ansbach die unermeßlichen Kunstschätze und Baudenkmäler in seinem Bereich „seit jeher als eine Verpflichtung für die Gegenwart" betrachte. Das gelte nicht nur für das romantische Dinkelsbühl, sondern zum Beispiel auch für Rothenburg ob der Tauber, Feuchtwangen, Wolframs-Eschenbach, Heilsbronn und Windsbach. Diese Städte besäßen alle einen in seiner Geschlossenheit weitgehend erhaltenen mittelalterlichen Stadtkern. Finanziell habe der Landkreis seit 1972 im Rahmen der Denkmalpflege an freiwilligen Zuschüssen rund 1,4 Millionen Mark an Gemeinden, Kirchen und Privatpersonen geleistet.

Einmalig ist das Dorf Unfinden bei Königsberg in Bayern. Der gesamte Ort mit seiner Fachwerkromantik wurde unter Denkmalschutz gestellt. Die reich verzierten Häuser zeugen von dem einstigen Reichtum der Weinbauern. Foto: amw

Münchner Merkur
19. November 1984

Wieder Friede im Augsburger Dom

Streit um Versetzung des Baldachins im Westchor beigelegt

AUGSBURG (SZ) – Eingelenkt hat die katholische Kirche im Streit um den romanischen Baldachin im Westchor des Augsburger Domes. Nach Mitteilung von Domkapitular Josef Grünwald hat Bischof Josef Stimpfle nach einem ausführlichen Gespräch mit den Beteiligten entschieden: Der Baldachin bleibt da wo er ist. Wie berichtet, planten Bischof und Domkapitel ursprünglich eine Versetzung des Rundbogens, der sich nach Expertenmeinung seit dem 11. oder 12. Jahrhundert unverändert im Westchor befindet. Bildhauer Reinhold Grübel, der den Pfarraltar im südlichen Seitenschiff des Domes neu gestalten soll, wollte den Baldachin als Tabernakelhaus verwenden.

wurde, hat die Kirche jetzt von sich aus darauf verzichtet, Paragraph 26 des Denkmalschutzgesetzes, wonach liturgische Gesichtspunkte Vorrang vor denkmalpflegerischen haben, geltend zu machen.

„Eine ziemlich einmalige Sache"

Die Denkmalpfleger begründeten ihre ablehnende Haltung im wesentlichen damit, daß sich das umstrittene Stück seit Bestehen des Westchores an der Stelle befand, an der es heute noch zu bewundern ist. Auch wird bezweifelt, daß es sich ursprünglich um ein Altartabernakel gehandelt habe. Vielmehr gehen die Denkmalpfleger davon aus, daß der von schlanken Säulen mit

Süddeutsche Zeitung
1. Dezember 1984

Augsburger Dom ein Hort des Unfriedens

Streit zwischen katholischer Kirche und Denkmalpflegern um Versetzung eines romanischen Baldachins

AUGSBURG (SZ) – Nachdem im Streit zwischen Landesamt für Denkmalpflege und katholischer Kirche keine Einigung in Sicht ist, soll jetzt Kultusminister Hans Maier über die Zukunft eines rund 1000jährigen Baldachins im Augsburger Dom entscheiden. Bischof Josef Stimpfle und sein Domkapitel wollen den romanischen Baldachin, der sich – so die Experten – seit dem 11. oder 12. Jahrhundert unverändert im Westchor des Gotteshauses befindet, ins südliche Seitenschiff versetzen. Dort soll er künftig einen Pfarraltar dekorieren. Während Bischofsvikar Martin Achter zu dem Vorgang keine Stellungnahme abgeben wollte, erklärte der bischöfliche Baudirektor Carl Maria Ruf, man wolle den Baldachin seiner ursprünglichen Funktion als Tabernakelhaus wieder zuführen. Ruf beruft sich auf Paragraph 26 des Denkmalschutzgesetzes, wonach liturgische Gesichtspunkte Vorrang vor denkmalpflegerischen haben.

Dem kann auch der für Sakralbauten in Schwaben zuständige Sachbearbeiter des Landesamtes für Denkmalpflege, Peter Böttger, nicht viel entgegensetzen. Dennoch wollen die Denkmalpfleger sich den Plänen der Kirche mit allen legalen Mitteln widersetzen, erklärte Böttger. Auch Generalkonservator Michael Petzet habe der Diözese deutlich zu verstehen gegeben, daß mit seiner Zustimmung nicht zu rechnen sei.

Während der bischöfliche Baudirektor Ruf die Meinung vertritt, im romanischen Westchor des Domes sei „vieles unklar" (so wisse auch niemand, ob die Architekturteile ursprünglich als Baldachin gedacht waren oder ob es sich bereits um eine Zweitverwendung handelt), kommen die Denkmalpfleger in einem Gutachten zu der Auffassung, daß das umstrittene Stück seit Bestehen des Westchores an der Stelle befand, an der es heute noch zu sehen ist. Auch wird bestritten, daß es sich ursprünglich um einen Altartabernakel gehandelt habe. Vielmehr gehen die Denkmalpfleger davon aus, daß die Säulen mit Blockkapitellen von jeher den Baldachin über dem Bischofsthron trugen. Für Böttger ist das „eine ziemlich einmalige Sache in Deutschland", die keinesfalls gewaltsam aus ihrem historischen Zusammenhang gerissen werden dürfe. „Schließlich ist das kein Möbel, das man nach Belieben von einer Ecke in die andere verschieben kann", meint Böttger.

„Unglaubliche Ehrfurchtslosigkeit"

Völlig überrascht von den kirchlichen Plänen zeigte sich Augsburgs Heimatpfleger Robert Pfaud, der mitteilte, er werde überhaupt nicht mehr von der Kirche informiert, seitdem er sich einmal kritisch geäußert habe. „Ich werde völlig ausgeschaltet", erklärte Pfaud verbittert. Wie schon häufiger in der Vergangenheit, so zeige sich auch am Beispiel des Baldachins wieder einmal die „unglaubliche Ehrfurchtslosigkeit der katholischen Kirche vor ihrer eigenen Geschichte", meint Pfaud.

UMSTRITTEN ist die Versetzung dieses Baldachins vom Westtor in das südliche Seitenschiff des Augsburger Doms.

Während der bischöfliche Baudirektor Carl Maria Ruf diese Lösung mit der Begründung unterstützte, damit werde der Baldachin seiner ursprünglichen Funktion wieder zugeführt, hielt der für Sakralbauten in Schwaben zuständige Mitarbeiter des Landesamtes für Denkmalpflege, Peter Böttger, hält den Rundbogen für schiedenen Widerstand an. Nachdem Generalkonservator Michael Petzet der Diözese deutlich zu verstehen gegeben hatte, daß mit seiner Zustimmung nicht zu rechnen sei, wollte man die Entscheidung über die Zukunft des Denkmals dem bayerischen Kultusminister überlassen. Bevor Hans Maier jedoch offiziell eingeschaltet wurde, trug die von Blockkapitellen getragene und ornamental verzierte Baldachin von jeher den Bischofsthron zierte. Der für Sakralbauten in Schwaben zuständige Mitarbeiter des Landesamtes für Denkmalpflege, Peter Böttger, hält den Rundbogen für „eine ziemlich einmalige Sache in Deutschland", die keinesfalls aus ihrem historischen Zusammenhang gerissen werden dürfe. „Schließlich ist das kein Möbel, das man nach Belieben von einer Ecke in die andere schieben kann", argumentierte Böttger, der froh ist, daß die Kirche sich doch noch habe überzeugen lassen. *Birgit Matuscheck*

Süddeutsche Zeitung
27. November 1984

Mainpost (Würzburg)
22. Februar 1985

Alte Bürgerhäuser stellen sich vor

Ausstellung über Denkmalpflege in Unterfranken – Gestern Eröffnung

WÜRZBURG. (Eig. Ber./wega) Zum ersten Mal in Unterfranken hat das Landesamt für Denkmalpflege in Zusammenarbeit mit hiesigen Architekten eine Bilderschau zusammengetragen, die über moderne Denkmalpflege informiert. „Historische Bürgerhäuser – Wege und Möglichkeiten der Erhaltung" lautet der Titel der Ausstellung, die bis zum 1. März im Foyer der Regierung von Unterfranken zu sehen ist und gestern eröffnet wurde.

In seiner Eröffnungsansprache gab Regierungspräsident Dr. Franz Vogt der Hoffnung Ausdruck, daß von der Ausstellung viele Impulse ausgehen mögen in das fränkische Umland. Schließlich, betonte Dr. Vogt, liege allen etwas daran, das historische Bild der alten Ortschaften und Städte so weit wie möglich zu erhalten.

Eigens aus München war Generalkonservator Prof. Dr. Petzet zur Eröffnung angereist. Er charakterisierte Bürgerhäuser als ein besonderes Problem der Denkmalpflege: „Hier liegt noch manches im argen." Im Vergleich dazu sehe es bei den Kirchen schon wesentlich besser aus, betonte Petzet, denn in diesem Bereich gebe es schon eine gewisse Tradition der Restaurierung.

Im kommenden Jahr wird die Ausstellung durch verschiedene Städte Unterfrankens wandern. Die ersten Stationen nach Würzburg stehen schon fest. Jeweils 14 Tage können die Bürger von Karlstadt, Kitzingen und Lohr die Bildtafeln betrachten. Interesse haben aber auch schon Aschaffenburg und Gemünden angemeldet.

Gezeigt werden exemplarische Projekte aus der jüngsten Vergangenheit. Fotografien verdeutlichen, daß es heutzutage durchaus möglich ist, Häuser, die auf den ersten Blick unrettbar verloren scheinen, doch noch bewohnbar zu erhalten. Möglich ist dies, nach Angaben von Dr. Wolf Schmidt, Landesamt für Denkmalpflege Bamberg, der maßgeblich an der Zusammenstellung der Ausstellung mitgearbeitet hat, auch ohne einen immens hohen Kapitaleinsatz. Die Restaurierung eines alten Hauses, betonte Schmidt, sei immer noch billiger als ein Neubau.

Mit sachkundigen Erläuterungen brachte Generalkonservator Prof. Dr. Petzet (rechts), der eigens aus München angereist war, dem Regierungspräsidenten Dr. Franz Vogt und seinem Vize Hans Karl Zürn (zweiter und dritter von rechts) die Ausstellung „Historische Bürgerhäuser – Wege und Möglichkeiten der Erhaltung" näher. Gestern wurde die Bilderschau in der Eingangshalle der Regierung von Unterfranken eröffnet.
Foto: Heußner

Süddeutsche Zeitung
20. Februar 1985

Als Schwaben noch Raetien hieß

Augsburg zeigt eine archäologische Sonderschau über die Römerzeit

AUGSBURG (Eigener Bericht) – Um schwere Kost auch für den interessierten Laien leicht verdaulich zu machen, wollen die Veranstalter der Ausstellung „Die Römer in Schwaben" nicht nur Münzen und Modelle, sondern auch original römische Speisen und antike Töpfereien feilbieten. Das Konzept der Jubiläumsausstellung, nach dem Worten von Landeskonservator Michael Petzet die bislang größte archäologische Sonderausstellung Bayerns, die vom 23. Mai bis 3. November im Augsburger Zeughaus zu sehen ist, wurde jetzt bei einer gemeinsamen Pressekonferenz von Stadt und Landesamt für Denkmalpflege in Augsburg vorgestellt.

Rund 1000 Exponate – zum Teil Leihgaben aus den großen Sammlungen in München, Nürnberg und Stuttgart, teilweise aus dem Augsburger Römischen Museum – bieten einen Überblick über das Leben in der Provinz Raetien von den Anfängen der Besiedlung bis zur Spätantike. Mit Fundstücken, Luftaufnahmen, Waffen und militärischen Ausrüstungsgegenständen werden die Okkupation des Voralpenlandes (15 vor Christus) und das römische Militär dokumentiert. Als hervorragende Beispiele früher Städtegründungen werden die ganz nach römischem Muster erbaute Landstadt Cambodunum (Kempten) und die Siedlung auf dem Auerberg präsentiert.

Prunkvolle Grabstätten

Prunk und städtische Lebensart der Augusta Vindelicorum dokumentieren ausgewählte Funde der letzten Jahre, die zum Teil erstmals der Öffentlichkeit gezeigt werden. Auf das Augsburger Paradestück, den Pferdekopf eines Reiterstandbildes aus dem römischen Museum, wird man allerdings verzichten müssen. Er bleibt im Römermuseum, während in der Ausstellung eine Kopie gezeigt werden soll.

Töpfereifunde belegen das hochentwickelte Handwerk und ein wohlorganisiertes Gewerbe in Raetien. Einen relativ breiten Raum nimmt die Darstellung des Totenbrauchtums und der Grabsitten ein, wobei die zum Teil prunkvoll ausgestatteten Gräber und Grabbauten von Wehringen im Vordergrund stehen. Eines der wenigen bekannten Beispiele römischer Kultarchitektur nach mediterranem Vorbild, das Apollo-Grannus-Heiligtum von Faimingen, informiert den Besucher über diesen religiösen Themenkreis. Zur Abrundung des Bildes werden die Auswirkungen der verheerenden Germaneneinfälle im 3. Jahrhundert gezeigt. Die damit verbundene Landflucht brachte die Provinz an den Rand des wirtschaftlichen Ruins.

Um die alten Römer mit neuem Leben zu erfüllen, sollen im Hof des Zeughauses ein römisches Militärlager, eine Garküche nach antikem Vorbild sowie eine Töpferwerkstatt eingerichtet werden. Neben original römischen Speisen und Getränken werden auch Nachbildungen antiker Terrakotten und römischen Geschirrs zum Kauf angeboten.

Birgit Matuscheck-Labitzke

Neuburger Rundschau (Neuburg a. d. Donau), 7. März 1985

Evangelische Gemeinde plagt Raumnot:

Minister mit oberstem Denkmalpfleger auf Rundreise durch Kirchen um Rain

Anton Jaumann und Dr. Michael Petzet hörten sich Sorgen von Geistlichen an

Rain (ron). „Do isch ja alles scho fertig. Habt's Ihr Schuld'n o?", erkundigte sich Staatsminister Anton Jaumann bei einem Besuch der frisch renovierten Kirche St. Peter und Paul im Rainer Stadtteil Etting ganz leutselig bei Pfarrern, Kirchenverwaltung und Ortssprechern. Der Minister war aber sichtlich überrascht, einen fix und fertig neu ausgemalten Kirchenraum vorzufinden. MdB Karl Heinz Lemmrich hatte ihn nämlich gebeten, zu prüfen, ob er nicht den Ettingern bei der Renovierung mit einem Zuschuß helfen könnte.

Inzwischen hatte die Kirchengemeinde kräftig zugepackt und die Stadt Rain ist ihrer Pflicht als Baulastträger mit 120 000 Mark nachgekommen. Doch die Pfarrer drückt der Schuh an einer anderen Stelle: Der frühere Pfarrer der Gemeinde, Wolfgang Steiner, wie auch sein Nachfolger Anto Marić wollen, daß die St.-Anna-Kirche in Tödting wieder hergerichtet wird. Jaumann, aber auch Generalkonservator Dr. Michael Petzet vom Landesamt für Denkmalpflege (München), zeigte sich diesem Anliegen aufgeschlossen. Weitaus schwieriger dürfte die Raumnot der evangelischen Diaspora-Gemeinde Rain zu lösen sein; der Neubau einer „bescheidenen" Kirche mit kleinem Pfarrzentrum oder die Nutzung der Spitalkirche stehen dort in der Diskussion. Eine Weichenstellung konnte aber auch der Besuch des Ministers nicht bringen.

Erweiterung nötig

Das evangelische Gotteshaus in der Tillystadt, das 1937 erbaut und im Jahre 1956 mit einem Anbau notdürftig erweitert wurde, bietet etwa 120 Leuten Platz. Die Diasporagemeinde, deren Mitglieder jedoch etwa 300 Quadratkilometer verstreut sind, zählt knapp 1000 Gläubige.

Bereits in einem Vorgespräch hatten Pfarrer Dr. Ebermuth Rudolph und der Kirchenvorstand dem CSU-Stimmkreisabgeordneten, Wirtschaftsminister Jaumann, die Anliegen der evangelischen Kirchengemeinde vorgetragen. Der kleine Altarraum bedürfe dringend einer Erweiterung, um in einem einigermaßen ansprechenden Rahmen Familiengottesdienste durchführen zu können. Dazu müßten jedoch die vorderen zwei Bankreihen weggenommen werden. Als weiteres Problem erwiesen sich die engen Seitengänge vor allem bei Abendmahlfeiern und bei Hochzeiten. Die Leute können dann kaum aneinander vorbeigehen. Die Schaffung eines Mittelganges koste jedoch mindestens zusätzlich zehn Plätze, schätzt Pfarrer Dr. Rudolph.

oder am Klausenbrunnenweg „etwas G'scheit's zu bauen". Momentan sei jedenfalls alles „zu klein und zu mickrig", war sein Eindruck.

Bitte aus Etting

Die St.-Anna-Kirche in Tödting ist nun einmal da und so soll sie auch erhalten werden. Zumal das Landesamt für Denkmalpflege diese Meinung noch vor einem Vierteljahrhundert vertreten hatte. Der frühere Pfarrer von Etting, Wolfgang Steiner, berichtete, daß das barocke Kirchlein zum Kriegsende teilweise zerstört worden war. Das Landesamt habe sich dann für einen Wiederaufbau ausgesprochen, während man vor Ort überlegt hatte, eine kleine Gedenkstätte zu erhalten. Doch nach dem Rohbau ging der Kirchengemeinde das Geld aus. So steht das Bauwerk seit den 60er Jahren unvollendet da.

Mit der Kirche verbänden sich vor allem die älteren Bürger Etting's eine gute Tradition und die wolle man gern wieder beleben, versicherten Pfarrer Marić, der Kirchenvorstand und Ortssprecher Josef Gastl dem Politiker. Die St.-Anna-Bruderschaft bestehe nach wie vor und so wolle man gerne mehrmals im Jahr zu dem der Schutzpatronin geweihten Haus pilgern. Am Annafest sei früher auch jeweils eine Dult mit Bierausschank bei der Kirche gewesen, erzählte Josef Gastl von Überlieferungen. „Dann richt'n mir die Kirch' und Ihr sorgt's wieder für a Dult", meinte der Minister.

Schließlich verblieb man, daß das Landesamt die noch vorhandene Ausstattung der Kirche anschauen und dazu ein Gutachten erstellen werde. Ferner werde man sich auch mit dem Diözesanbauamt in Verbindung setzen, das, so Kirchenpfleger Gregor Würfl, bereits Pläne fertige.

Jugendkapelle hält Hauptversammlung

Rain (arh). Der gerade zwei Jahre alte Verein „Jugend-Stadtkapelle Rain" hält am Freitag, 8. März, um 19.30 Uhr seine Jahresversammlung im Kriegerheim (Schloßgebäude). Der Förderverein wurde zum Aufbau der schon 1978 gegründeten Kapelle im März 1983 ins Leben gerufen. Neben den Berichten und der Aussprache steht somit heuer auch die Neuwahl des gesamten Vorstands für die zweijährige Amtsperiode an.

Spitallösung gescheitert

Generalkonservator Dr. Michael Petzet griff die Überlegungen zum Spital auf. Da das Spital von der katholischen Seite nicht gebraucht werde, wäre die Nutzung der Spitalkirche durch die evangelischen Christen sowie die Einrichtung eines Pfarrzentrums im übrigen Bereich „von uns aus eine gute Lösung". Petzet meinte, das historische Gebäude könne so einer sinnvollen Verwendung zugeführt werden. Ferner die politische Kirchengemeinde, aber auch die katholische Kirchengemeinde. Mit einem solchen Unternehmen könne eine städtebauliche Zentralität geschaffen werden, was mit einem Neubau am Klausenbrunnenweg nie zu erreichen sei. Entsprechende Verhandlungen — das Spital gehöre der Stadt Rain, die katholische Kirche hat jedoch seit mehr als einem halben Jahrtausend das Nutzungsrecht — waren vor zweieinhalb Jahren gescheitert. Pfarrer Rudolph: „Ich habe von der Spitallösung vor zweieinhalb Jahren Abstand genommen, als das Ordinariat Nein sagte." Die Spitalkirche würde knapp 200 Gläubigen Platz bieten.

Dr. Rudolph wollte sich jedoch auch nicht auf einen Neubau festlegen. „Die Gemeinde soll etwas Ordentliches haben. Ich will für die Zukunft das Beste tun, ob am jetzigen Standort oder beim Spital." Und der Seelsorger fügte hinzu: „Ich bin auch für den Frieden in der Gemeinde verantwortlich."

Wirtschaftsminister Jaumann meinte denn, wenn die Gemeinde gespalten sei, sehe er sich außerstande zu sagen, was für alle das Beste sei. Er werde der Landesleitung der Evangelischen Kirche empfehlen, entweder in Sachen Spital zu verhandeln

QUASI IM ROHBAU steht die St.-Anna-Kirche in Tödting seit etwa 1960 da. Staatsminister Jaumann (rechts) sprach sich bei einer Besichtigung und einem Gespräch mit Ortssprecher Josef Gastl (rechts hinten), dem ehemaligen Pfarrer von Etting, Wolfgang Steiner (dritter von rechts), Kirchenpfleger Gregor Würfl (vierter von rechts) und dem jetzigen Pfarrer Anto Marić (links, halb verdeckt) für eine Restaurierung des Innenraumes aus. Generalkonservator Dr. Petzer (zweiter von links) will zunächst ein Gutachten über die vorhandene Ausstattung erstellen lassen.
Bild: Sisulak

VOR ORT in der evangelischen Kirche in Rain erörterten Staatsminister Anton Jaumann (zweiter von links) und Generalkonservator Dr. Michael Petzet vom Landesamt für Denkmalpflege München (zweiter von rechts) mit Pfarrer Dr. Ebermuth Rudolph (rechts), Kirchenmitglied Rolf Wunderer (dritter von rechts) und dem Mitglied des Kirchenvorstandes Walter Mener (links) die Raum-Misere der evangelischen Kirchengemeinde.
Bild: Sisulak

tz (Tageszeitung), München, 8. März 1985

In Regensburg gibt es großen Wirbel um eine in der Kathedrale geplante Gruft

Toter Bischof stoppt den Millionenbau

Wurden beim Bau für die neue Bischofsgruft freigelegt: die Knochen von unbekannten Bischöfen

Bericht von PETER LEUSCHNER

Sie ist umstritten wie kein anderes kirchliches Bauwerk. Überheblichkeit, Verschwendungssucht und Pietätlosigkeit wurden den Verantwortlichen vorgeworfen. Trotzdem begann die Diözese Regensburg mit dem Bau einer rund eine Million Mark teuren Bischofsgruft. Bistumssprecher Domvikar Richard Völkl: „Seitdem sind wir vor Überraschungen nicht mehr sicher – man weiß nie, wie es am nächsten Tag weitergehen wird." Allerneuester Stand: Ein toter Fürstbischof droht alle Pläne durcheinanderzubringen.

Die Vorgeschichte für das Millionen-Grab ist kurz erzählt. Seit Jahrhunderten ließen sich die meisten der Regensburger Oberhirten in ihrer Kathedrale beisetzen – an den verschiedensten Stellen unter dem Steinfußboden.

Doch nach der Beisetzung des 1961 verstorbenen Erzbischofs Michael Buchberger meldete sich das Amt für öffentliche Ordnung der Stadt Regensburg. Mit dieser Praxis der Bestattung, so die Beamten, sei man künftig nicht mehr einverstanden.

Im letzten Jahr gab daraufhin der seit September 1982 im Amt befindliche Regensburger Oberhirte Manfred Müller das von seinem Vorgänger schon favorisierte Projekt einer Gruft in Auftrag. Sie soll in 20 Nischen nur Diözesanbischöfe aufnehmen – Weihbischöfe und Domherren dürfen in der Gruft nicht beigesetzt werden.

Gemeinsam mit dem Bayerischen Landesamt für Denkmalpflege bestimmte das für den Bauunterhalt des Domes zuständige Landbauamt Regensburg den Standort für die Grablege. Die Experten einigten sich auf eine etwa 100 Quadratmeter große Fläche im Hauptschiff vor dem Hochaltar. Einhelliges Urteil: Hier sind unter dem Fußboden keine wichtigen archäologischen Funde zu erwarten.

Doch kaum hatten im März 1984 die Bauarbeiter mit dem Aushub begonnen, mußten sie dem Stadtarchäologen Dr. Udo Osterhaus Platz machen. Denn keine 30 Zentimeter unter dem Fußboden kamen rund 900 Jahre alte romanische Pfeiler mit reich verzierten Kapitellen zum Vorschein. Daneben bargen die Experten die Knochen von mehreren unbekannten Bischöfen.

Und schließlich stieß man auf die Mini-Gruft des 1787 verstorbenen Fürstbischofs Anton Ignaz von Fugger. Er hatte sich mit dem Gesicht nach Osten in einem Kupfersarg, der in einem Holzsarg steckte, beisetzen lassen. Damit folgte der Fugger-Bi-

Steht der neuen Gruft im Wege: Die Grablege des 1787 verstorbenen Fürstbischofs Anton Ignaz von Fugger

schof einer frühchristlichen Tradition. Ihr zufolge wird am Jüngsten Tag die Wiederkunft Christi aus dem Osten mit aufgehender Sonne erwartet.

Mit einer Zerstörung der Mini-Gruft zugunsten der neuen Grablege erklärte sich nach einem ersten Nein das Haus Fugger einverstanden. Doch als vor zwei Wochen das Fugger-Grab geöffnet wurde, gab es eine neue Überraschung: Die Kammer ist kunstvoll mit Fresken ausgemalt.

Generalkonservator Professor Dr. Michael Petzet vom Landesamt für Denkmalpflege setzte daraufhin einen Ortstermin an, und plötzlich zog auch das Haus Fugger seine Einwilligung zurück.

Graf Albert von Fugger-Glött: „Rein rechtlich haben wir keinen Einfluß auf den Bau der Bischofsgruft. Aber als Angehöriger des Hauses Fugger habe ich die Verpflichtung, mich um die Totenruhe unseres Vorfahren zu kümmern."

Ob die neue Bischofsgruft damit wie geplant heuer noch fertig wird, ist nun in Frage gestellt. Fest steht bisher nur: Die ersten Toten, die in dem Millionen-Grab bestattet werden würden, sind die unbekannten Bischöfe, deren Gebeine bei den Bauarbeiten ausgebuddelt worden sind.

Auch nach Fertigstellung der Gruft wird der Regensburger Dom eine Baustelle bleiben, denn der Hochchor und das nördliche Seitenschiff sollen noch renoviert werden. Doch bis zum 1250jährigen Jubiläum der 739 gegründeten Diözese im Jahre 1989 soll alles vergessen sein. Dompropst Guggenberger: „Es wäre eine Schande, wenn wir bis zu diesem Datum nicht fertig werden."

Seide aus Spanien und China
Textile Schätze Bamberger Besitz wurden analysiert

Bei der Umbettung von Gebeinen, die aus der Sepultur der Grablege des Bamberger Domkapitels stammen, wurden im Garten des Bamberger Domkreuzganges bedeutende textile Schätze gefunden. Nach der Konservierung und systematischen Erfassung von fast 1000 Einzelfragmenten durch die Abteilung Textilrestaurierung des Bayerischen Landesamtes für Denkmalpflege in Schloß Seehof bei Bamberg, konnten jetzt die Gewebefunde – auch bisher unbeachtete Gewebetechniken – analysiert und die Muster größtenteils zeichnerisch rekonstruiert werden. Die Seidengewebe, die in die Zeit des 10. bis 17. Jahrhunderts einzuordnen sind, bilden in reichen Variationen der Musterungen Gruppen aus Byzanz, Spanien, Vorderem Orient und China. Dazu kommen Borten und Stickereifragmente mit bisher unbekannten Mustern.

An einem vom Bamberger Metropolitankapitel und dem Bayerischen Landesamt für Denkmalpflege durchgeführten internationalen Colloquium auf Schloß Seehof beteiligten sich jetzt maßgebliche Wissenschaftler aus dem Bereich Textilkunde und -restaurierung. Dabei wies Generalkonservator Professor Michael Petzet, München, darauf hin, daß die Bamberger Grabfunde durch die Fülle des Materials von großer wissenschaftlicher Bedeutung sind.

Zu den kostbarsten Funden gehören Textilien, die Kaiser Heinrich II. seiner neugestifteten Diözese Bamberg und ihrem Dom geschenkt hat. Nach der wissenschaftlichen Bestandsaufnahme ist dieser älteste Besitz kontinuierlich wenigstens bis zum späten 14. Jahrhundert bereichert worden. Die Seiden dürften ursprünglich vor allem als liturgische Paramente gedient haben und wurden dann, teilweise noch kaum gebraucht, wie z. B. die Kleider, die der Bamberger Papst Clemens II. im Jahre 1047 ins Grab bekommen hat, zumeist aber wohl als bereits ältere Stücke zu Grabgewändern umgearbeitet. Mit ihnen wurden ausschließlich nicht nur die verstorbenen Bischöfe, sondern auch Domherren vor der Bestattung bekleidet. Bis zum späten Mittelalter waren Seidenstoffe sehr wertvoll und wurden von weither importiert. Manche kamen auch als Geschenke nach Deutschland wie das berühmte Gunther-Tuch, das dem Bamberger Bischof Gunther bei seinem Aufenthalt in Byzanz verehrt worden sein dürfte. Vor allem die großartigen Imperialseiden der Jahrtausendwende mit Greifen, Adlern oder Elefanten, waren Produkte der kaiserlichen Manufaktur in Byzanz. Andere Seiden kamen aus Syrien, aus Persien und dem Irak.

Im 11. Jahrhundert begann auch in Spanien, das damals noch in weiten Teilen unter islamischer Herrschaft stand, die Seidenproduktion. Im 12. Jahrhundert dürften ebenso in Sizilien Seiden gewebt worden sein; im 13. Jahrhundert wurde von dort die Herstellung nach Mittel- und Oberitalien übernommen. Als mit dem Niedergang der Mongolenherrschaft in Mittelasien sich nuerliche Kontakte nach China im späteren 13. Jahrhundert anbahnten, kamen auch chinesische Seiden nach Europa. Ihre Muster wurden vielfach als anregende Vorbilder aufgegriffen. Der Bamberger Textilschatz soll in einer Studiosammlung für Fachleute zugänglich gemacht werden. Besondere Stücke werden im Diözesanmuseum aber auch allgemein zu besichtigen sein.

Hans-Günther Röhrig (KNA)

Fränkisches Volksblatt (Würzburg)
25. April 1985

Endgültige Übergabe der Therme
Festlichkeit am 28. März — Generalkonservator Prof. Dr. Michael Petzet wird Ansprache halten — Eines der aufwendigsten Projekte des Denkmalschutzes

Vorbereitungen für die endgültige Übergabe. Noch erinnern trocknende Staubsaugerbeutel an die Überschwemmung der Therme.

WEISSENBURG — In der Geschichte der kulturellen Einrichtungen der Stadt rückt ein bedeutsamer Tag heran: Die endgültige Fertigstellung der römischen Therme. Diese Festlichkeit wird mit dem 28. März eintreten. Kaum eine andere Stadt kann eine vergleichbare Leistung vorweisen. 1977 wurde die Therme entdeckt — 1985 ist die Erhaltung der römischen Fundstätte bis auf die letzte Informationstafel abgeschlossen.

Durchaus nützliche Arbeiten verrichten die Jugendlichen in der Arbeitsbeschaffungsmaßnahme „Arbeiten und Lernen". Sie arbeiten mit großem Eifer. Nachdem sie Tausende von Schrauben in der röm. Therme befestigt hatten, säuberten sie die gesamte Anlage. Gleichzeitig bekämpften Elektriker den „Kupferwurm". Wie bekannt, war durch einen Rohrbruch das Untergeschoß der Therme mit den sanitären Anlagen unter Wasser gelaufen. Wasser füllte auch die Rohrmäntel der Elektroleitungen aus und sickerte aus Steckdosen und Lichtschaltern hervor. Unter Strom gesetzt, hätte man „ein Feuerwerk" erleben können. Diese Schäden werden nun behoben. Erinnerungsstücke an die Überflutung sind nur die Staubsaugerbeutel, die auf einem Geländer trocknen.

Die damit endgültige Übergabefeier der römischen Therme wird am 28. März, um 15.00 Uhr, stattfinden. Nach der Ausgrabung 1977, der Überdachung 1979/80, der Restaurierung 1981—1983 und der nunmehrigen Inneneinrichtung ist damit eines der anspruchsvollsten und aufwendigsten Projekte der archäologischen Denkmalpflege in Bayern zum Abschluß gekommen.

Bei der Übergabefeier wird OB Reinhard Schwirzer die Begrüßung vornehmen. Es schließt sich die Vorstellung und Überreichung einer Sonderprägung der Vereinigten Sparkassen durch Direktor Claus Rüdinger an. Die Ansprache wird Generalkonservator Prof. Dr. Michael Petzet halten. Anschließend wird zu einer „Fränkischen Brotzeit" eingeladen. Wegen der beschränkten Parkmöglichkeiten an der römischen Therme wird der Hof der Zentralschule für auswärtige Gäste, die mit dem Auto anreisen, zu Parkzwecken geöffnet und ein Bus zu der Therme eingesetzt.

Weißenburger Tagblatt
14. März 1985

Einblick in ganze Spannweite der Archäologie

Ausstellung mit Grabungsfunden der letzten zwei Jahre in und um Landshut – Etat für Grabungen ist gestiegen

Oberbürgermeister Josef Deimer (rechts) bei der Eröffnung der Archäologie-Ausstellung im Rathausfoyer. Von links: Bezirksrat Hölzlein, Regierungsvizepräsident Dr. Huther, Landtagsabgeordneter Franzke, stellvertretender Landrat Preißer, Bürgermeister Wilhelm von Altdorf, Generalkonservator Dr. Petzet und Dr. Engelhardt, Leiter der Außenstelle Landshut (Fotos: tr)

Nicht nur das Interesse an der Archäologie in breiten Kreisen der Bevölkerung sei gestiegen, erklärte der Leiter der Außenstelle Landshut, Dr. Bernhard Engelhardt, anläßlich der Eröffnung der Ausstellung mit Grabungsfunden im Rathausfoyer. Gestiegen sei auch der Etat für Grabungen und so habe man allein in Niederbayern fünf Millionen DM für ABM-Kräfte bzw. für Grabungen erhalten. Künftig, so Dr. Engelhardt, wolle die Außenstelle Landshut mit zwei Jahre eine Ausstellung dieser Art durchführen, um auf diesem Weg der Bevölkerung zu zeigen, was in ihrer Heimat gefunden worden ist. Auch Generalkonservator Professor Dr. Michael Petzet verwies auf den erhöhten Etat. Dennoch sei noch mehr Geld vonnöten, werde doch die Arbeit keineswegs weniger und müßten die gemachten Funde auch aufgearbeitet werden. Dr. Petzet erinnerte an die rund 200 größeren Grabungsmaßnahmen, die pro Jahr in Bayern durchgeführt werden und von denen allein das Bayerische Landesamt für Denkmalpflege 90 Prozent ausgeführt hat. Die Ausstellung im Rathausfoyer ist noch bis 27. Mai zu besichtigen.

In seiner Begrüßung zur Eröffnung der Ausstellung mit Grabungsfunden der letzten beiden Jahre in und um Landshut, betonte am Samstag vormittag im Rathausfoyer Oberbürgermeister Senator Josef Deimer, daß gerade auch angesichts der Altstadtausgrabungen das Interesse der hiesigen Bevölkerung an der Archäologie gestiegen sei. Deimer würdigte die Arbeit der Außenstelle Landshut des Bayerischen Landesamtes für Denkmalpflege, dessen Mitarbeiter mit viel Liebe und Engagement bei der

Arbeit. Im Jahr 1984 seien es noch drei Millionen DM und vorher lediglich zwei Millionen DM gewesen. Dennoch, so Dr. Petzet, brauche man noch dringend mehr Geld, wenn man auch nicht vergessen dürfe, daß der Etat anderer Ämter stagniert bzw. sogar zurückgeht und der des Landesamtes für Denkmalpflege eine Steigerung erfahren habe.

Hinzu kämen noch die ABM-Maßnahmen, unterstrich der Generalkonservator. Allein zehn Millionen DM seien von der Bundesanstalt für Arbeit für einige Maßnahmen im Bereich der Archäologie bewilligt worden. Außerdem würden in diesem Jahr 16 Dienstverträge für den Bereich der archäologischen Denkmalpflege neu geschaffen, deren Inhaber im wesentlichen mit der Aufarbeitung der Funde betraut würden. In Niederbayern schließlich werde ein Restaurator mit einem Dienstvertrag eingestellt.

Steigendes Interesse an Archäologie

Neben dem Land Nordrhein-Westfalen, so Petzet, habe Bayern auf dem Gebiet der Luftbildarchäologie inzwischen eine führende Stellung eingenommen, hier ergäben sich echte Chancen und so werde die Arbeit keinesfalls weniger. Im Jahr würden in Bayern zwischen 150 und 200 größere Grabungsmaßnahmen durchgeführt, hob Dr. Petzet hervor. Bei 90 Prozent dieser Grabungen fungiere das Landesamt für Denkmalpflege als Unternehmer, während der restlichen zehn Prozent von Museen, der prähistorischen Staatssammlung, kommunalen Archäologen und anderen Institutionen durchgeführt würden.

Diese Ausstellung im Rathaus zeige die ganze Spannweite der Archäologie, unterstrich Dr. Petzet, der abschließend auf die enge Zusammenarbeit mit der Stadt und namentlich mit Oberbürgermeister Deimer im Bereich der Denkmalpflege verwies.

Die Grüße des Landkreises überbrachte der stellvertretende Landrat Sebastian Preißer. Nicht nur in Landshut, hob er hervor, sondern zuerst in der Umgebung von Landshut sei man fündig geworden. Viele Bewohner hätten sich durch die Ausgrabungsarbeiten zunächst gehemmt gefühlt, dann aber doch eng mit den Grabern zusammengearbeitet und viel Interesse für deren Tätigkeit gezeigt.

Die Archäologie, so Dr. Bernd Engelhardt, Leiter der Außenstelle Landshut des Bayerischen Landesamtes für Denkmalpflege, erfreue sich immer mehr einer größeren Beliebtheit. Mit dieser Ausstellung wolle man den Bürgern die Arbeit der Archäologen näherbringen und ihnen gleichzeitig vor Augen führen, wozu die Steuergelder verwendet werden. Von den zehn Millionen DM für ABM-Maßnahmen habe Niederbayern allein fünf Millionen DM erhalten, betonte Dr. Engelhardt, doch verhehlte er nicht, daß sich die Förderungsbedingungen für ABM ändern werden und dies in Landshut auch bereits geschehen sei.

ralkonservator Dr. Petzet bzw. dem Bayerischen Landesamt für Denkmalpflege aus, mit dem die Stadt gut und eng bei der Erstellung des Denkmallistes im Stadtrat von Landshut zusammengearbeitet habe. Man sei zur Einsicht gekommen, daß das Ensemble mittelalterlicher Stadtbaukunst unbedingt als Ganzes erhalten bleiben müsse. Inzwischen würden in Landshut auch Überlegungen angestellt, wie das Stadtmuseum künftig noch stärker genutzt werden könne, wie es sich ausbreiten und noch mehr herzeigen könne. Unter anderem habe man daran gedacht, mehr Aktivitäten auch auf die Burg zu verlegen bzw. ein frühgeschichtliches Museum einzurichten.

Dem einzelnen solle noch mehr Wissen zuwachsen, betonte Oberbürgermeister Josef Deimer, auch müsse sich sein Verhalten ändern und zusätzlich seine Einstellung gegenüber einer alten Stadt.

Deimers Gruß galt schließlich den Landtagsabgeordneten Dietmar Franzke, Regierungsvizepräsident Dr. Heinz Huther, dem Vertreter des Bezirkstagspräsidenten, Bezirksrat Manfred Hölzlein, dem Vertreter des Landrates, Seba-

Das Ensemble als Ganzes erhalten

OB Deimer erinnerte daran, daß die Ausgrabungsarbeiten rasch vonstatten gehen müßten, wurden doch die Autofahrer durch die Sperrung der Altstadt ungeduldig. Im Juli dieses Jahres, so Stadtoberhaupt, werde aber auch der

informiert. Sein Dank galt auch der Meisterschule der bayerischen Landesgewerbeanstalt, die sich vor allem an dem Konservieren der Funde beteiligt hatte.

Die Funde stapeln sich

Die Außenstelle Landshut, so Dr. Engelhardt, betrachte es als ihre Verpflichtung, künftig alle

Arbeit gewesen seien. Die Landshuter ihrerseits durften an den Ausgrabungen hautnah teilnehmen und wurden durch Führungen auch stets

stian Preißer, Bürgermeister Franz Wilhelm von Altdorf, Generalkonservator Dr. Michael Petzet, dem Leiter der Außenstelle Landshut, Dr. Bernd Engelhardt, sowie Arbeitsamtsdirektor Manfred Germann.

„Wir brauchen noch dringend mehr Geld"

Das Landesamt für Denkmalpflege, so Generalkonservator Professor Dr. Michael Petzet, betrachte Ausstellungen dieser Art als einen Teil seiner Öffentlichkeitsarbeit. Er erinnerte an eine große Ausstellung im Jahr 1983 in Würzburg, an die Ausstellung „Die Römer in Schwaben", die derzeit in Vorbereitung sei und noch in diesem Monat in Augsburg eröffnet werde, und verwies darauf, daß diese Ausstellung im Rathaus die dritte dieser Art sei.

Dr. Petzet brachte seine Freude über diese Aktivität der Außenstelle Landshut zum Ausdruck und dankte Dr. Engelhardt und seinen Mitarbeitern für die Zusammenstellung, die zusätzlich zur eigentlichen Arbeit erfolgt sei und den Sinn habe, für mehr Verständnis für die Archäologie zu werben. Er wies ferner darauf hin, daß die Außenstelle Landshut in den Räumen im Gestüt nun gut untergebracht sei und sich dadurch die Arbeitssituation sehr verbessert habe.

In vielen Bereichen, so Dr. Petzet, habe sich die Archäologie in Bayern in den beiden letzten Jahren verbessern können. Dies gelte auch besonders hinsichtlich des Etats, zumal in diesem Jahr erstmals vier Millionen DM für Ausgrabungen des Landratsamtes zur Verfügung stün-

zwei bzw. drei Jahre eine solche Ausstellung durchzuführen und damit der Bevölkerung zu zeigen, was alles gefunden worden ist. Dr. Engelhardt bedankte sich für die Unterstützung bei den Grabungsarbeiten durch die Stadt Landshut sowie durch die Gemeinden Altdorf, Essenbach, Ergolding und Bruckberg und erinnerte daran, daß die Außenstelle Landshut über keinen eigenen Ausstellungsetat verfüge und aus diesem Grund sehr froh darüber gewesen sei, daß die Stadt Landshut das Rathausfoyer sowie einen Großteil der Vitrinen und Stellwände kostenlos zur Verfügung gestellt habe. Sein Dank galt ferner seinen Mitarbeitern wie auch den freien Mitarbeitern für ihre tatkräftige Hilfe.

Im folgenden gab Dr. Bernd Engelhardt einen Überblick über die Exponate der Ausstellung. So werden unter anderem Gräber der Linienbandkeramik von Essenbach (5000 v. Chr.), Zeugnisse der Altheimer Kultur (2800 v. Chr.) bei Ergolding, ein alter Webstuhl und Funde der frühbajuwarischen Zeit (7. bis 8. Jahrhundert) gezeigt. Des weiteren beschäftigt sich die Ausstellung auch mit der Altstadtgrabung, zeigt Gebrauchsgeschirr eines Bauernhofes im 17. Jahrhundert und wertvolle Gesichtsurnen.

„Die Funde stapeln sich", betonte Dr. Engelhardt, dessen Bitte es in diesem Zusammenhang war, die Funde bleibend der Öffentlichkeit zugänglich zu machen. Die Ausstellung mit Grabungsfunden der letzten beiden Jahre in und um Landshut ist bis zum 27. Mai im Rathaus-Foyer zu sehen.

—rd—

letzte Bauabschnitt des Altstadtumbaus fertiggestellt sein.

Seinen Dank sprach Deimer auch dem Gene-

Landshuter Zeitung
13. Mai 1985

Besondere Kostbarkeiten der Ausstellung mit Grabungsfunden der letzten beiden Jahre sind diese Gesichtsurnen

Römer – Menschen wie du und ich

Ausstellung im Augsburger Zeughaus zeigt Ergebnisse der neuesten „Spurensicherung"

Von Elisabeth Emmerich

AUGSBURG. Allein sieben Ausstellungen von überregionalem Rang – die vielen kleineren nicht gerechnet – erheischen nunmehr von diesem Wochenende an geballte Aufmerksamkeit der Augsburg-Besucher. Den Superlativ „Die große Jubiläumsausstellung zur 2000-Jahr-Feier der Stadt" hat dabei die Gemeinschaftsproduktion „Die Römer in Schwaben" des Bayerischen Landesamtes für Denkmalpflege und der Stadt Augsburg vereinnahmt. Die gestern abend in der Toskanischen Säulenhalle des Zeughauses eröffnete Ausstellung – Laufzeit bis 3. November – stellt vier Jahrhunderte römischer Geschichte in der Provinz Raetien und ihrer Hauptstadt Augusta Vindelicum dar. Sie tut es anhand von großenteils erstmals gezeigten Funden aus dem heutigen Regierungsbezirk Schwaben.

Die 2000-Jahr-Feier Augsburgs fügte sich zeitlich glücklich mit dem 25jährigen Bestehen der Außenstelle Augsburg des Bayerischen Landesamtes für Denkmalpflege zusammen. Diese hat Außerordentliches für die Aufarbeitung der römischen Hinterlassenschaft in Bayerisch-Schwaben geleistet. Geradezu sensationelle zwischenzeitliche Ergebnisse brachte die Intensivierung der Stadtarchäologie in Augsburg vor einigen Jahren. Glücklich zeigte sich gestern vor der zahlreich – auch aus dem Ausland – angereisten Presse der Generalkonservator des Bayerischen Landesamtes für Denkmalpflege, Professor Michael Petzet, über diese Bündelung guter Argumente für eine Sonderausstellung. Sein Haus, so Petzet, habe in Augsburg erstmals die Möglichkeit bekommen, an einem konkreten Raum zu zeigen, was die archäologische Denkmalpflege leiste. Petzet sieht die Denkmalpflege kulturpolitisch neuerings im Aufwind.

Kultusminister Hans Maier hat der Augsburger Ausstellung bereits vorab die Aufgabe zugewiesen, wichtige Impulse für die Arbeit der archäologischen Denkmalpflege in Bayern zu geben und für die von den Denkmalpflegern zu leistende „Spurensicherung" Unterstützung der breiten Öffentlichkeit zu gewinnen.

Zwölf Abteilungen der Ausstellung umfassen ein einzelnen den Zeitraum von der Eroberung des Alpenvorlandes im Jahre 15 vor Christus bis zu den Einfällen der Alemannen im dritten und dem Rückzug der Römer aus Raetien im ausgehenden vierten Jahrhundert. Grundgedanke ist dabei, die fast 400jährige römische Herrschaft und das Leben in der Provinz nicht mit spektakulären Einzelfunden, sondern mit den Gegenständen und Zeugnissen aus dem alltäglichen Leben darzustellen, die beinahe pausenlos bei Ausgrabungen aus dem Boden kommen. Schwerpunkte im Ausstellungsprogramm sind etwa die militärische Besetzung des keltischen Voralpengebietes, mit der die Entwicklung des Straßenwesens ursächlich zusammenhängt, die römischen Städtegründungen mit Kempten und Augsburg im Zentrum, die wirtschaftliche Entwicklung in Stadt und ländlicher Region, Handwerk und Handel (samt lebender Werkstatt), Kulte und Tempel sowie Gräberfelder und frühes Christentum.

Sehr reizvoll ist die Begegnung mit speziellen Arbeitsschwerpunkten der Augsburger Außenstelle des Landesamtes. Da ist zum Beispiel die unter Leitung des Außenstellenleiters Dr. Günter Krahe laufende Grabung und Teilrekonstruktion des Apollo-Grannus-Tempels in Faimingen (Landkreis Dillingen), des wohl bedeutendsten römischen Heiligtums in Raetien. Günter Krahe sind auch die wichtigen Villengrabungen der letzten Jahrzehnte in Friedberg, Großorheim (Landkreis Donau-Ries) und in Schwangau zu danken; in der Schwangauer Villa kamen in Bayern einzigartige Wandmalereien zutage. Dr. Wolfgang Czysz, der zweite Archäologe der Augsburger Außenstelle, erforscht als besonderer archäologischer Spezialität römische Töpfereien und Ziegeleien. Als besonderer archäologischer Schwerpunkt in Schwaben gelten die römischen Gräberfelder, welche die Außenstelle in mehreren Grabungskampagnen untersucht hat, in Kempten, Wehringen, Schwabmünchen, Oberpeiching (Donau-Ries) und Günzburg.

Die Toskanische Säulenhalle, eine durchaus in antikisierend-italienischer Tradition stehende Raumkonstruktion Elias Holls, ist ganz ohne Zwischenwände als überraschend weite Ausstellungslandschaft eingerichtet. Die Ausstellungsarchitektur (Simon Butz) konzentriert sich auf ein in der Hallenmitte ihre detailgetreu nachgearbeiteten Rüstungen aufgehängt. Daneben steht das aus Budapest „angereiste" Grabmal eines römischen Legionärs von Cambodunum.

Außen herum sind in den Randbereichen der Halle Vitrinen mit der geordneten Fülle der Zeugnisse römischer Kultur und alltäglichen Lebens aufgereiht. Es liegt dem Ausstellungsplan daran, Menschen „wie du und ich" lebendig werden zu lassen. Die römische Geschichte handelt, das wird zum Anfassen dargestellt, erstmals wirklich von Personen, die Namen hatten und ein privates Schicksal. Da betrauert etwa eine Augsburger Familie des dritten Jahrhunderts an einem Grabstein ihre kleine Tochter Aurelia Julia, die nur ein Jahr alt geworden ist. Da hat in Kempten ein Nachbar dem anderen ein Fluchtäfelchen unter die Türschwelle geschoben („Stumm sein soll Quartus, gehetzt

Pfauenfresko aus der Römervilla von Schwangau (2. Jahrhundert n. Chr.).

soll er umherirren wie eine Maus"): Dokument einer kleinbürgerlichen Todfeindschaft.

Fotos, Pläne und Karten, hinter denen sich zum Teil Forschungsarbeit von Jahren verbirgt, füllen das gut überschaubare Textmaterial (Grafik Hans Stölzl) auf. Ein großer Mitarbeiterstab unter der organisatorischen Gesamtverantwortung von Dr. Günter Krahe und Peter Fasold ist am Werk gewesen. Die Liste der Leihgeber ist lang, ebenso diejenige der zuarbeitenden wissenschaftlichen Institute, Lehrstühle und Arbeitskommissionen.

Im wissenschaftlichen Katalog, reichbebildertes Großformat von 317 Seiten, kann man alles zum Preis von 25 Mark nach Hause tragen. Unter der Verantwortung von Dr. Erwin Keller, dem Leiter der Abteilung Bodendenkmalpflege des Landesamts, und Dr. Do-

---

Bei der Ausstellung „Römer in Schwaben" sind auch verschiedene Bestattungsarten dargestellt. Im Hintergrund stehen römische Grabmonumente.   AZ-Bilder: Fred Schöllhorn

Landsberger Tagblatt
24. März 1985

Nach dem Schallmauer-Knall durch vorbeifliegende Düsenjets:

Barockkirche stürzte ein

Nur der Sakristeiraum, an dem Arbeiter mit Renovierungsmaßnahmen beschäftigt waren, blieb stehen — Personen wurden nicht verletzt — Schadenshöhe unbekannt

Eine Marmorbüste des römischen Kaisers Hadrian (117 bis 138 nach Christus). Er weitete die Stellung der Kolonie Augusta Vindelicum durch die Verleihung besonderer Rechte auf.

Dinge des täglichen Gebrauchs stehen im Mittelpunkt der Ausstellung.

WOLFRATSHAUSEN. — Nach dem Vorbeiflug von drei Düsenjägern ist am Dienstag nachmittag in Weipertshausen bei Münsing (Landkreis Bad Tölz-Wolfratshausen) eine barocke Filialkirche teilweise eingestürzt. An der zum Dekanat Wolfratshausen des Erzbistums München und Freising gehörenden Kapelle wurden zum Zeitpunkt des Unglücks Restaurierungsarbeiten durchgeführt. Personen kamen nicht zu Schaden. Die Identität der Flugzeuge war gestern mittag noch nicht geklärt.

Das erzbischöfliche Ordinariat in München berichtete gestern nach Aussagen von Bauarbeitern, daß gegen 14.30 Uhr zwei Düsenjäger die dem Heiligen Koloman geweihte Filialkirche überflogen haben, wobei es einen „fürchterlichen Knall" gegeben habe. Etwa zwei Minuten später habe ein dritter Jäger das Gebäude überflogen. „Unmittelbar darauf knisterte es im Gebälk."

Nach etwa einer Minute stürzte das Gewölbe ein, kurz darauf krachten die Längswände zusammen. Schließlich stürzte der Westgiebel mit dem Dachreiter in das Kircheninnere. Lediglich der Sakristeiraum, an dem die Bauarbeiter beschäftigt waren, blieb stehen. Die Inneneinrichtung der Kirche war wegen der Renovierungsarbeiten ausgelagert worden. Erste Gespräche des Baureferats der Erzdiözese mit dem Landesamt für Denkmalschutz haben ergeben, daß ein Wiederaufbau möglich sein dürfte.

Nach dem Vorfall forderte der Baureferent des Ordinariats, Carl Theodor Horn, unverzüglich Flugschneisen einzurichten, daß dadurch nicht Menschenleben und kulturelle Güter akut gefährdet werden. Viele alte Kirchen genügten wegen ihrer technischen Beschaffenheit in ihrer Statik den Belastungen etwa durch überfliegende Flugzeuge oder gar den Schallmauerdurchbruch nicht mehr. Im übrigen hat das Ordinariat per Fernschreiben den Bundesverteidigungsminister unterrichtet.

Der Einsturz der Filialkirche von Weipertshausen sei der dritte Fall in der Erzdiözese München und Freising, bei dem Einsturz von Gebäudeteilen alter Kirchen das Überfliegen mit Düsenjägern und das Durchbrechen der Schallmauer als Hauptursache vermutet werden muß, betonte Horn.

Der erste Fall liegt etwa 15 Jahre zurück und betrifft eine kleine Kirche in München-Riem. Im zweiten Fall stürzten in Esterndorf bei Dorfen im Landkreis Erding Gewölberippen einer gotischen Kirche von der Decke und zerstörten Teile der Inneneinrichtung.

Schlagzeilen machten im vergangenen Jahr Berichte von Restauratoren an der weltberühmten Wieskirche bei Steingaden. Risse und andere Schäden an der Kirche seien jedoch nach Angaben des Parlamentarischen Staatssekretärs Peter Kurt Würzbach nicht durch Überflüge von Militärmaschinen entstanden. Die Bundeswehr erließ jedoch trotzdem ein vorläufiges Überflugverbot für alle Flugzeuge und Hubschrauber der Bundeswehr. Dies schließe auch den Tiefflugbetrieb der Alliierten mit ein. Landeskonservator Michael Petzet hatte auf beim Landesamt für Denkmalpflege vermehrt eingegangene Berichte verwiesen, wonach immer häufiger bedenkliche Schäden an wertvoller historischer Bausubstanz in Flugschneisen festgestellt wurden.

Nur die Sakristei überstand den Einsturz der Barockkirche St. Koloman bei Münsing. Zum Glück wurde niemand unter den Trümmern begraben, da sich die mit Renovierungsarbeiten beschäftigten Bauarbeiter gerade in der Sakristei aufhielten, als vorbeifliegende Düsenjäger die Kirche zusammenbrechen ließen. Foto: dpa.

Nürnberger Zeitung
16. Mai 1985

Eine Venus zum Anknabbern aus weißer Schokolade

Eine Venus zum Anknabbern aus weißer Schokolade gegossen nach der Originalfigur, die in Oberpeiching bei Rain am Lech ausgegraben wurde, das hätten sich die Organisatoren der Ausstellung „Römer in Schwaben" als Gag für die Ehrengäste der Eröffnung am gestrigen Donnerstag abend gewünscht. Diese und auch andere Ideen populärer Vermarktung der Gründungsgeschichte Augsburgs seien jedoch am Veto der Augsburger Kulturgewaltigen gescheitert.

Ab heutigen Freitag bis zum 3. November sind die „Römer in Schwaben" in der Toskanischen Säulenhalle des Zeughauses beheimatet. Etwas über eine Million Mark haben sich die Stadt Augsburg, die Landesstiftung, das Bundesinnenministerium und der Bezirk Schwaben die Dokumentation zur Entstehungsgeschichte Augsburgs kosten lassen.

Für Organisation und wissenschaftliche Betreuung zeichnet das Landesamt für Denkmalpflege unter Leitung von Prof. Dr. Michael Petzet verantwortlich.

Für ihn und sein Amt ist es die größte Ausstellung, die bisher organisiert wurde, und — so Petzet — man könnte auch behaupten, daß es sich um die bisher größte Römerausstellung in Bayern handelt. Zum Ausstellungsraum selbst sagt Petzet: „Es war mein größtes Anliegen, die schöne Toskanische Säulenhalle in die Ausstellung miteinzubeziehen."

Dr. Petzet: „Die Ausstellung ist der Versuch, das Leben in einer römischen Provinz in vier Jahrhunderten zu zeigen. Schwierig ist dabei, die Vielfalt dieses Lebens darzustellen. Nicht nur die äußere Weltgeschichte soll präsentiert werden, sondern auch persönliche Schicksale einzelner Menschen."

Aus der Fülle des Materials mußte man sich auf typische Dinge beschränken. Allerdings, so groß sei die Fülle auch wiederum nicht, erklärt Dr. Petzet. „Man weiß auch von Augsburg viel zuwenig. Zum Beispiel: wo lag das Forum, das Theater? Das muß es ja auch hier gegeben haben. Für Kempten sind da genaue Pläne vorhanden. Für Augsburg gibt es das nicht."

Der Eingang zur Römerausstellung führt über das Vestibül des Zeughauses. Augustus, Drusus, Claudius (Leihgaben der Glyptothek) und Hadrian bilden eine optisch attraktive Garnitur. Im Mittelteil präsentiert sich dem Besucher eine Steinlandschaft mit gewichtigen Brocken, im doppelten Sinne. Stolz ist Generalkonservator Dr. Petzet auf den Grabstein eines römischen Bürgers aus Kempten, der in Budapest starb. Dieses für die Provinz Rätien wichtige Stück kam aus einem Budapester Museum nach Augsburg.

zwischen verflogen. Der berühmte vergoldete Bronzepferdekopf, gefunden in der Wertach bei Pfersee, hängt in Nachbildung als Leihgabe aus der Prähistorischen Sammlung München in der Ausstellung. Dr. Petzet: „Ich verstehe nicht das Römische Museum, daß es jetzt im Jubiläumsjahr sein Prunkstück nicht herausgeben will."

Dabei bahnt sich schon neuer Ärger im Römischen Museum an. Stadtarchäologe Dr. Bakker ist stocksauer auf seinen hauseigenen Restaurator, der die römische Glasschale restaurierte, die ebenfalls zu den Glanzstücken der Römerschau zählen soll. Dr. Bakker: „Ich habe nun die Alternative, nur die Zeichnung der Schale in die Ausstellung zu geben oder die Schale nach dem ersten Rummel herauszunehmen, um sie dann für teures Geld neu restaurieren zu lassen."

Zur Belebung der Ausstellung ist eine Original-Werkstatt eingerichtet. Auf einer nachgebauten römischen Töpferscheibe werden abwechselnd Lothar Geiger (21), Absolvent der Keramikfachschule in Landshut, und Hans Peter Schnellboegl (37), Töpfer aus Fürth, arbeiten. Das getöpferte Geschirr nach römischen Vorbildern soll dann an die Ausstellungsbesucher verkauft werden. Dr. Wolfgang Czysz: „Wir wollen die Stücke auf jeden Fall unter Herstellungspreis abgeben." Als Souvenir für Römerfans wird es auch die bereits erwähnte Venus-Figur geben. Allerdings nicht aus Schokolade, sondern in weißem Pfeifenton aus Gipsmodeln gegossen.

Zur Ausstellung wird auch ein Katalog angeboten aus der Reihe der Arbeitshefte des Bayerischen Landesamtes für Denkmalpflege sowie ein kurzer Ausstellungsführer.

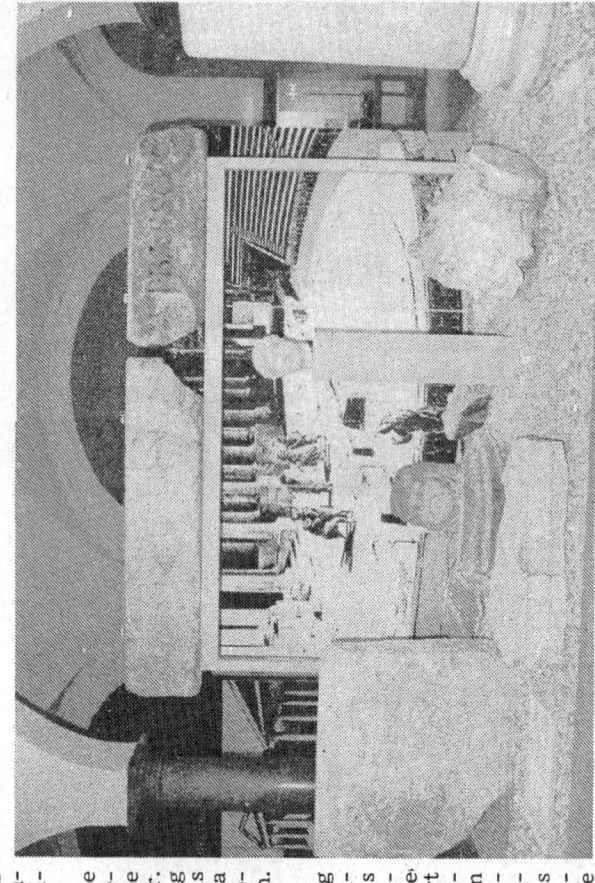

DIE DIDAKTISCH hervorragend gestaltete Ausstellung wurde gestern von Kultusminister Hans Maier im Zeughaus in Augsburg eröffnet.

Aichacher Zeitung
24. Mai 1985

Süddeutsche Zeitung 25./26./27. Mai 1985

Die Römer in Schwaben

Ausstellung im Augsburger Zeughaus / Der Marsch der Legionäre

AUGSBURG (Eigener Bericht) – In der von großen überregionalen Ausstellungen – darunter die Landesgartenschau (bisher 160 000 Besucher), die Ausstellung „Aufbruch ins Industriezeitalter" (bisher 12 000 Besucher), die Ausstellung „Hildesheimer Tafelsilber" (bisher 33 000 Besucher) – geprägten Jubiläumsszenerie der 2000jährigen Stadt Augsburg kommt jetzt auch der römischen Ursprung der „Augusta Vindelicum" zur Geltung. Im Zeughaus wurde die vom Landesamt für Denkmalpflege und der Stadt Augsburg gestaltete Ausstellung „Die Römer in Schwaben" eröffnet, die – teilweies noch nicht publizierte – Funde aus der 400 Jahre dauernden Zeit der römischen Herrschaft in Rätien zeigt. Für das Landesamt war die Römerschau

Generalkonservator Michael Petzet, eine „besondere Herausforderung". Immerhin sei es um die „Vergegenwärtigung von Geschichte durch Denkmäler einer Epoche, die wie kaum eine Epoche zuvor ganz bewußt Denkmäler der Erinnerung an dauerhaftem Material geschaffen hat", gegangen.

Nach Auffassung von Kulturminister Hans Maier, der die Festrede zur Eröffnung hielt, kann die Ausstellung „wichtige Impulse für die gesamte Arbeit der archäologischen Denkmalpflege in Bayern" bringen. Er hoffe, daß sie Verständnis und Unterstützung in der Öffentlichkeit für die von den Denkmalpflegern zu leistende „Spurensicherung" fördere, die ja „nicht nur unseren römischen Fundamenten gilt".

Auf den Spuren des Drusus

Wie bei fast allen in der jubilierenden Augsburg gezeigten Ausstellungen wird auch bei der Römerschau versucht, Leben in die Sache zu bringen. Neben römischen Menüs und naturtrübem Römerbier, serviert in den Zeughausstuben in römischem Tongeschirr, standen zum Auftakt vor allem zwei in römischen Kostümen im Zeughaushof biwakierende und exerzierende römische Truppen im Blickpunkt. Mit großem Jubel wurde von der Bevölkerung eine achtköpfige Legionärstruppe unter dem Kommando von Hans Junkelmann empfangen, die sich – stets den Spuren der Legionen von Drusus folgend – in 24tägigem Marsch von Verona nach Augsburg durchgeschlagen hatte. 540 Kilometer legten sie und ihre beiden von der Bundeswehr ausgeliehenen Mulis zurück, ehe sie sich in den Zeughausstuben laben durften. Eine andere römische Marschierergruppe, auch sie im Kettenhemd der Legionäre, traf ebenfalls am Tag der Ausstellungseröffnung ein: Eine Showtruppe der in Frankfurt stationierten US-Streitkräfte, die in römischem Gewand im Hof des Zeughauses echt römisches Lagerleben vorführte.

Da die Betonung der Ausstellung auf Schwaben liegt und Dr. Günther Krahe, Leiter der Außenstelle des Landesamtes für den schwäbischen Regierungsbezirk, hier auch das 25jährige Bestehen seiner Institution feiern kann, ist auch Kempten mit sehr vielen Exponaten vertreten.

Neben den bekannten Stücken steuerte der Augsburger Stadtarchäologe Dr. Lothar Bakker auch neueste Funde bei: so eine blaue Nicolo-Gemme, die vor vier Wochen in der Kornhausgasse ausgegraben wurde.

Der Ärger über die zum Teil sehr mühsame Beschaffung der Exponate, vornehmlich durch die Querelen im Augsburger Römischen Museum entstanden, ist bei Dr. Michael Petzet in-

VON EHRENJUNGFRAUEN MIT LORBEER BEKRÄNZT *wurden die „Legionäre", die in einem 24tägigen Marsch von Verona nach Augsburg gezogen sind.* Photo: dpa

---

Wörnitz-Bote (Dinkelsbühl) 21. Juni 1986

463 Arbeiten ausgewertet

Alte Mühlen im Bild festgehalten

Rothenburgerin gewann Wettbewerb

Bayerns Generalkonservator Dr. Michael Petzet übergab auf Schloß Habelsee der Gewinnerin des Wettbewerbs, Birgit Höppel aus Rothenburg o. d. T., die Auszeichnung. Foto: Schäfer

Habelsee. Zum Mal- und Zeichenwettbewerb „Mühlen in Franken" hatte das Ehepaar Reinhold und Gisela Wiedenmann von Schloß Habelsee bei Rothenburg ob der Tauber aufgerufen. Über 463 Arbeiten von Gymnasiasten aus ganz Franken lagen daraufhin zur Bewertung vor.

Mehrere Wochen lang waren die Schüler mit Malblock und Bleistift unterwegs gewesen, um die Mühlen in Franken auf dem Papier festzuhalten.

Die im Wettbewerb gestellte Aufgabe war zweigeteilt: Zunächst wurde eine Gesamtansicht der Mühle verlangt. Das zweite Bild muß te ein Detail der Mühle abbilden.

Die Schüler malten mit Bleistift, Kreide, oder Feder in schwarzer und weißer Tusche auf unterschiedlich getöntem Untergrund. Vielfach wurde die Radiertechnik der Kaltnadel und der Strichätzung angewandt.

● Damit die Erinnerung an die alten Mühlen in der Öffentlichkeit nicht ganz verblaßt, hatten die Veranstalter diese besonders gefährdeten Bauwerke zum Thema ihres dritten Mal- und Zeichenwettbewerbs gemacht. sic

Dieter Baur

Lindauer Zeitung
27. Juni 1985

Augsburgs Römerzeit gewinnt Konturen
„Die Römer in Schwaben" – eine Ausstellung im Augsburger Zeughaus

Eine glückliche Verbindung sind ein kleines und ein großes Jubiläum eingegangen: Zum 25jährigen Bestehen der Außenstelle Augsburg des Bayerischen Landesamts für Denkmalpflege ließ sich im Rahmen der Zweitausend-Jahr-Feier der Stadt ein Ausstellungsprojekt über neuere und neueste Ergebnisse von Bodendenkmalpflege und provinzialrömischer Forschung im Regierungsbezirk Schwaben realisieren. Die Stadt Augsburg sorgte nicht nur für die Finanzierung, sondern konnte mit berechtigtem Stolz auch ihre eigene Stadtarchäologie in das Projekt einbringen. Hierfür hat Augsburg eine eigene Position ausgewiesen, nachdem sich herausgestellt hatte, daß die Arbeit am „Untergrund" der schwäbischen Metropole nicht mehr vom Städtischen Römischen Museum mitzuerledigen war.

In den verschiedenen Phasen des Wiederaufbaues nach Kriegsende haben die Archäologen das römische Augusta Vindelicum an vielen Plätzen angestoßen. Zwar hatte es schon in den zwanziger und dreißiger Jahren eine kreative Phase der Archäologie in Augsburg gegeben. Aber tragischerweise machten erst die Bombentreffer die den Weg frei für größere systematische Sucharbeit nach der Hauptstadt der römischen Provinz Raetien. Zum Unterschied von Trier verfügt Augsburg über keine bedeutenden römischen Baudenkmale über dem Boden. Die Augsburger Humanisten, vor allem des 16. Jahrhunderts, hatten zwar schon mit Begeisterung Antiken gesammelt. Aber vieles verschwand in später ausgewanderten Sammlungen, oder es wurde, ähnlich wie in Rom, als Baumaterial für Patrizierhäuser verwendet.

Die jüngste Phase der Stadtarchäologie ist zwar auf weiten Teilen immer noch ein Wettrennen mit den nachrückenden Baggern der Baufirmen. Aber inzwischen hat sich das Bild von Augsburgs römischer und frühmittelalterlicher Vergangenheit bereits durch die Fülle des neu hinzugekommenen Materialien so üppig und farbig geweitet, daß der exzellente junge Stadtarchäologe Lothar Bakker Althistoriker und Fachkollegen gleichermaßen in Atem hält.

Auch die Geschichtsschreibung hat, eben rechtzeitig zur Zweitausend-Jahr-Feier, einige ganz neue Arbeitsperspektion des Apollo-Grannus-Tempels von Faimingen (Landkreis Dillingen), des wohl bedeutendsten römischen Heiligtums in Raetien, durch die Außenstellenleiter Günter Krahe. Krahe hat sich auch mit wichtigen Villengrabungen einen Namen gemacht, zum Exempel in Friedberg vor Augsburg, in Holheim (Donau-Ries) und in Schwangau, wo Bayern einzigartige römische Wandmalereien ans Licht kamen.

Wolfgang Czysz, der zweite Mann der Außenstelle, hat sich auf römische Töpfereien und Ziegeleien spezialisiert. Besonderer archäologischer Schwerpunkt in Schwaben sind seit langem die großen römischen Gräberfelder, etwa in Kempten (Cambodunum), in Wehringen und in Schwabmünchen sowie in der großen Nekropole Günzburg. Der von Erwin Keller und Dorit Reimann verantwortete umfängliche Katalog mit über 300 Seiten im Großformat (25 Mark) dokumentiert den aktuellen Stand der provinzialrömischen Forschung in bayerisch Schwaben in allen damit befaßten Instituten und Einzelunternehmungen.

Die Toskanische Säulenhalle präsentiert sich als perfekte Ausstellungslandschaft mit einem vorzüglichen Design, in dem weniger das einzelne Exponat im Vordergrund steht als der Zusammenhang von Objekt, Foto, Textmaterial und Kartenmaterial, durch Lichteffekte wirkungsvoll inszeniert. Es gibt da den großen Überblick ebenso wie die „populären" kleinen Szenen, die eine ferne Zeit nahe bringen. Professor Michael Petzet, der Generalkonservator des Landesamts für Denkmalpflege, hat zur Eröffnung der Ausstellung kulturpolitischen Aufwind für die archäologische Denkmalpflege registriert. Kultusminister Hans Maier wollte „Die Römer in Schwaben" als Impulsgeber für die öffentliche Wertschätzung dieser Aufgabe verstanden wissen. Der Impuls dürfte in breiteste Publikumskreise wirken. Man hat sich auch Außerordentliches zum Ambiente einfallen lassen, angefangen bei den pünktlich zur Ausstellungspremiere in Originalausrüstung anmarschierten „Legionären" deutscher und amerikanischer Abkunft bis zur lateinischen Markentenderei im Zeughaushof. Die Ausstellung bleibt bis zum 3. November geöffnet. *Elisabeth Emmerich*

Unter den namhaften Referenten auch zwei Staatsminister

Heute und morgen in Lindau Tagung der Bayerischen Denkmalpflege

Unter dem Thema „Umweltschutz und Denkmalschutz" stehen der Internationale Umwelttag 1985 und die dritte Jahrestagung der Bayerischen Denkmalpflege heute und morgen in Lindau. Namhafte Fachleute stehen als Referenten in dem umfangreichen Programm: Neben den Staatsministern Alfred Dick und Professor Hans Maier auch Staatssekretär Dr. Fischer, Landtagspräsident Dr. Heubl, Generalkonservator Dr. Petzet oder der Präsident des Landesamtes für Umweltschutz, Dr. Pohl. Die Stadt Lindau nutzt die Gelegenheit zu einer Selbstdarstellung mit zahlreichen Führungen zu Lindauer Sanierungsobjekten oder historischen Wahrzeichen.

Am heutigen Donnerstag, zehn Uhr, spricht in der Inselhalle zur Eröffnung Staatssekretär Dr. Max Fischer aus dem Ministerium für Landesentwicklung und Umweltfragen. Über die Themenbereiche „Denkmal- und Umweltschutz" beziehungsweise „Umwelt- und Denkmalschutz" sprechen Generalkonservator Professor Dr. Michael Petzet (Landesamt für Denkmalpflege) und Dr. Wolfgang Pohl, der Präsident des Bayerischen Landesamtes für Umweltschutz.

Am Nachmittag geht es um die Zerstörung von Baudenkmälern durch die industrialisierte Umwelt. Die mehr als 300 Teilnehmer an der Tagung erwartet aber auch ein „Überblick über Stand und Ziele der Luftreinhaltung in Bayern".

In der heutigen Abendveranstaltung um 18 Uhr in der Inselhalle spricht einleitend Dr. Franz Heubl, der Präsident des Bayerischen Landtags. Anschließend referiert Umweltminister Alfred Dick über „Verantwortung des Menschen für die Umwelt". Der bayerische Kultusminister Professor Dr. Hans Maier hat sich „Die gebaute Umwelt und ihre Zukunft" zum Thema gewählt.

Am Freitagmorgen geht es um „Kulturlandschaft im Wandel", „Natur in der Stadt" und „Denkmalwerte Gärten und Parkanlagen in Privatbesitz". Aber auch Pfahlbauten und die damit zusammenhängende Forschung sind Themen der Tagung.

Gegen Ende wird der lokale Aspekt in den Vordergrund treten. „Denkmalpflege und historische Gärten: der Lindauer Villengürtel" ist ein Thema. Oberbürgermeister Josef Steurer spricht schließlich über aktuelle Fragen des Umweltschutzes und der Denkmalpflege in Lindau.

Der geballten Ladung von Fachleuten bietet die Stadt Lindau sieben verschiedene Führungen an. Es geht zu Sanierungsobjekten in der Stadt, zur Löwenmole im

---

LZ-Badefibel
vom 26. Juni 1985

Strandbad Eichwald	26°	16°
Lindenhofbad	–	15°
Römerbad	–	15°
Freibad Oberreitnau	26°	–
Strandbad Wasserburg	28°	16°
Strandbad Nonnenhorn	27°	15°
Degersee	–	18°
Lufttemperatur		20°
Pegelstand		

Hafen, die derzeit saniert wird, gezeigt werden die Fassadenmalereien in Lindau, die Lindauer Kirchen in der Altstadt, das Heimatmuseum im Großen und Kleinen Cavazzen. Außerdem können sich die Teilnehmer an der Tagung einer „allgemeinen Stadtführung" anschließen oder vom Schiff aus die Lindauer Uferzone betrachten.

Bayerische Staatszeitung
31. Mai 1985

ven bekommen. Sie betreffen zum einen die Völkerwanderungszeit. Die Wahrscheinlichkeit wächst, daß nach der Räumung des Voralpenlandes durch die Römer Ende des vierten Jahrhunderts die Stadt Augusta Vindelicum nicht untergegangen ist. Am Grab der Märtyrin Afra hat es ebenso wahrscheinlich eine Kontinuität christlicher Gemeinde herauf ins Mittelalter gegeben, worauf die sensationellen neuesten Funde bei St. Ulrich und Afra deuten.

Für den Ausstellungszeitraum der „Römer in Schwaben" ist aber vor allem bedeutsam, daß inzwischen auch Hypothesen an Tragfähigkeit gewinnen, die davon ausgehen, daß zwischen der Errichtung eines römischen Militärlagers am Zusammenfluß von Lech und Wertach im Verlauf des Eroberungsfeldzuges von 15 vor Christus und dem Beginn einer ständigen zivilen Siedlung im gleichen Gebiet ein weit engerer, zeitlicher Zusammenhang bestanden hat als bisher angenommen. Neueste Theorien setzen den Beginn der zivilen Siedlung bereits in der frühen Regierungszeit des Kaisers Tiberius (14–37 n. Chr.) an.

Die Ausstellung in der Toskanischen Säulenhalle des Augsburger Zeughauses stellt vier Jahrhunderte römischer Geschichte in der Provinz Raetien und ihrer Hauptstadt Augusta Vindelicum dar, wobei Funde aus dem ganzen Regierungsbezirk zum Teil erstmals gezeigt werden. Grundgedanke ist, die historische Perspektive und das Leben in der Provinz nicht mit spektakulären Einzelfunden, sondern mit all den unscheinbaren Gegenständen und Zeugnissen alltäglichen Lebens zu dokumentieren, die nahezu fortlaufend aus dem Boden kommen. In zwölf thematischen Abteilungen geht es um die militärische Besetzung des keltischen Voralpengebiets samt Straßenwesen, um römische Städtegründungen, um das römische Augsburg und um die ländliche Besiedlung, um Gewerbe und Werkstätten (auch mit einer lebenden den mit Töpfereiverkauf!), um Kulte und Tempel, um Gräberfelder, um die Germaneneinfälle im zweiten, dritten und vierten Jahrhundert, um die spätrömische Zeit und das frühe Christentum, schließlich um die Alemannen als geschichtsprägende Nachfolger der Römer in diesem Gebiet.

Auf reizvolle Weise spiegelt die Ausstellung Arbeitsschwerpunkte der Augsburger Außenstelle des Landesamtes und seiner Wissenschaftler. Da ist etwa die derzeit laufende Ergrabung und Teilrekonstruk-

PERFEKTE AUSSTELLUNGSLANDSCHAFT für vier Jahrhunderte römischer Vergangenheit: die Ausstellung „Die Römer in Schwaben" in der Toskanischen Säulenhalle des Augsburger Zeughauses dokumentiert anschaulich den aktuellen Stand der Erforschung der römischen Provinz Raetien und ihrer Hauptstadt mit Fundstücken aus dem gesamten Regierungsbezirk Schwaben.
Bild: Schöllhorn

401

Passauer Neue Presse
28. Juni 1985

Nach kahlem Wald kahle Denkmallandschaft

Nur internationale Bemühungen im Kampf gegen Luftverschmutzung versprechen Erfolg — Kulturgut bewahren

Lindau (Iby). Umwelt- und Denkmalschutz stehen heute vor einer Vielzahl von Problemen. Bei Eröffnung des internationalen Umwelttages 1985, verbunden mit der dritten Jahrestagung der bayerischen Denkmalpflege, sagte Bayerns Umweltstaatssekretär Max Fischer am Donnerstag vor über 400 Gästen aus der Bundesrepublik, Italien, Österreich und der Schweiz, dies erfordere eine breitgefächerte Zusammenarbeit, insbesondere bei allen lufthygienischen Bemühungen.

Nicht nur der kahle Wald, auch die kahle Denkmallandschaft könnte ein „geplündertes Erbe" für kommende Generationen werden, befürchtete Bayerns Generalkonservator Michael Petzet in seinem Einführungsvortrag. Die Schadstoffbelastung von Boden, Luft und Wasser habe „fast unkontrollierbare Prozesse von globalem Ausmaßen ausgelöst", so daß Denkmal- und Umweltschutz gemeinsam handeln müssen. Am Beispiel des „traurigen Schicksals" im weitgehend flurbereinigten Weinbaugebiet von Unterfranken mit der Vernichtung vieler natürlicher Lebensbereiche wies Petzet nach, wie mit der totalen Veränderung der Landschaft auch natürliche Lebensbereiche vernichtet werden können.

Dabei müsse auch die Zerstörung archäologischer Befunde durch zunehmende landwirtschaftliche Intensivnutzung gesehen werden. Schon die Vernichtung eines Schilfgürtels, wie am Bodensee geschehen, könne einen Fundplatz mit unersetzlichen Zeugnissen menschlicher Geschichte zerstören, nachdem sie jahrtausendelang unter Wasser konserviert waren. Denkmalgruppen, die einmal für die Ewigkeit geschaffen schienen, seien heute dem Angriff aus der Luft mit Schwefelsäure-Immissionen ausgesetzt. Neben dem sauren Regen sei es die zunehmende Staubbelastung, die die Denkmäler nicht nur verschmutze, sondern auch vernichte.

„Kernenergie kann auch dem Denkmalschutz helfen", meinte Wolfgang Pohl, Präsident des Bayerischen Landesamtes für Umweltschutz. Sie sei die umweltfreundlichste Art der Energieerzeugung. Diese Einsicht erfordere aber das Umdenken vieler Menschen, die „eine fast dämonische Angst vor moderner Technik haben". Die

Wenn Denkmäler zu Staub zerfallen

Gemeinsame Sorge der Umweltschützer und Denkmalpfleger wegen Gefahren aus der Luft / Tagung in Lindau

LINDAU (Eigener Bericht) — Als Geschwister wurden sie bezeichnet: Denkmalschutz und Umweltschutz. Tatsächlich haben beide viel miteinander zu tun, seit durch die Luftverschmutzung nicht nur Wälder sterben, sondern steinerne Zeugen der Vergangenheit zu Steinmehl und Gips verkommen und Glasfenster von Kathedralen blind werden. Naheliegend war es deshalb, die Jahrestagung der bayerischen Denkmalpflege und den Umwelttag zusammen zu begehen. Das Problem ist erkannt: Der beste Denkmalschutz wäre eine gesunde Umwelt. Der Weg dahin führt nur über eine Reduzierung der Schadstoffe in der Luft, wenn die Denkmäler nicht buchstäblich im „sauren Regen" stehen bleiben sollen.

Vom Verfall sind Denkmalgruppen betroffen, die scheinbar „für die Ewigkeit" geschaffen wurden. Dazu gehören Materialien wie Marmor, und dies gilt damit im südlichen Bayern für ganze Denkmalfriedhöfe wie den Münchner Südlichen Friedhof oder den Aeschacher Friedhof in Lindau, stellte Professor Michael Petzet fest. Der Chef des Landesamts für Denkmalpflege verwies auf Schäden an sorgfältig aus Natursteinen gefertigten Schlössern und Kirchen. Geradezu verheerend nannte er den rapiden Verfall der Schilfsandsteine, die vor allem im nördlichen Bayern verwendet wurden.

Rasanter Zerfallsprozeß

Bei der Steinkonservierung sieht es schlimmer aus. Die nicht immer befriedigenden Methoden der Konservierung versprechen zum Teil nur Wirkung auf begrenzte Zeit. Petzet verwies auf eine grobe Schätzung des Bundesumweltamtes, die in der Bundesrepublik von jährlichen Schäden an Kulturdenkmälern in Höhe von 1,5 Milliarden Mark spricht.

Bauwerke, die viele Jahrhunderte schadlos überstanden haben, sind jetzt immer rascher der Zerstörung preisgegeben. Wolfram Pohl, Präsident des Bayerischen Landesamtes für Umweltschutz, nannte Zahlen: In den ersten 70 Jahren dieses Jahrhunderts hätten sich die Schäden ausgebreitet wie nicht in den 400 Jahren zuvor. Von 1970 bis 1985 habe sich der Zerfallsprozeß noch einmal verdoppelt. Die Luftverunreinigung ist die Hauptursache dafür, und nicht einmal deren Begrenzung schafft sofort Abhilfe. Die Schadstoffe sitzen in Steinen, Gläsern, Leder oder Textilien bereits drin und arbeiten dort weiter.

Wie Pohl feststellte, verwandle nicht nur Schwefelsäure den Kalk im Bauwerk zu Gips, sondern sogenannte Thiobakterien fressen sich am Schwefel des sauren Regens satt und scheiden Stoffwechselprodukte aus, die viermal saurer seien als der Niederschlag selbst. Dies beschleunige den Zerstörungsprozeß rasant. Vor allem drei säurebildenden Emissionen sind es, die für Schäden an Bauwerken und Glasfenstern verantwortlich gemacht werden: Schwefeloxyd, Stickstoffoxyd, Chlorwasser- oder Fluorwasserstoff tun ihr Werk. Mit Besserung sei durch die Großfeuerungsanlagenverordnung zu rechnen. Vor allem der Ausstoß von Schwefeldioxyd und Stickstoffoxyd ginge zurück. Bayerische Kraftwerke bliesen im Vergleich der Jahre 1976 und 1983 jetzt um 75 Prozent weniger Schwefeldioxyd und um 15 Prozent weniger Stickstoffoxyd in den Himmel. Pohl führt dies auch auf den zunehmenden Einsatz von Atomkraftwerken zurück. Seine Schlußfolgerung: Kernenergie könne somit auch dem Denkmalschutz helfen.

Komplette Erhaltung — eine Utopie

Das Leben von Bau- und Kunstdenkmälern könne auch bei fortgeschrittenen technischen Möglichkeiten zwar verlängert, aber nicht auf ewige Zeit garantiert werden. Manche Bauwerke hätten die Grenze ihrer technischen Lebensdauer erreicht und seien mit vertretbarem Aufwand kaum noch zu erhalten, erklärte Kultusminister Hans Maier bei der Veranstaltung. Die Maßnahmen zur Rettung eines Gebäudes müßten in solchen Fällen in einem vernünftigen Verhältnis stehen zur geschichtlichen oder künstlerischen Bedeutung.

Die ganzheitliche Erhaltung der gebauten Umwelt ist eine unerfüllbare Utopie, meinte Petzet. Auch die Denkmalpflege müsse sich darauf konzentrieren, die wichtigsten und kennzeichnendsten Zeugnisse des Bauens aus vergangenen Epochen unter ihren Schutz zu stellen. Auch in dieser Beschränkung handle es sich noch um einen großen Bestand: In die Denkmalliste der

Süddeutsche Zeitung
29./30. Juni 1985

bayerischen Regierungsbezirke sind mehr als 110 000 Objekte eingetragen.

Eine verstärkte Zusammenarbeit von Denkmalschutz und Umweltschutz kündigte Umweltminister Alfred Dick an. Daten über Immissionsbelastungen werden zwischen den Landesämtern ausgetauscht und die bei der Gesellschaft für Strahlen- und Umweltforschung eingerichtete Projektgruppe zur Erforschung von Umweltschadstoffen befaßt sich nicht mehr nur mit den Waldschäden, sondern auch mit den Auswirkungen von Luftschadstoffen an Bauten und Kunstdenkmälern.

Ernst Tröger

Bayern-Kurier
6. Juli 1985

UMWELTSCHUTZ

Kulturgut erhalten

Versöhnung mit der Technik müsse gelingen, „wenn wir unser Wissen über die naturwissenschaftlichen Gesetzmäßigkeiten nutzen". Sonst hätten „die großartigen Schöpfungen unseres jahrtausendealten Kulturerbes" keine Chance, in die Zukunft gerettet zu werden.

Das Bestehen der Bau- und Kunstdenkmäler kann nach Einschätzung des bayerischen Kultusministers Hans Maier zwar verlängert, nicht aber auf ewige Zeit garantiert werden. Auch bei sorgfältiger Behandlung hätten manche Bauwerke die Grenzen ihrer technischen Lebensdauer erreicht und seien bei vertretbarem Aufwand kaum noch zu halten. Die Denkmalpflege müsse sich darauf konzentrieren, nur die wichtigsten Zeugnisse zu schützen. Bei der Fülle der Probleme in Stadt und Land stünden die Chancen für die Erhaltung der historischen Bausubstanz nicht zum besten.

Die natürlichen wie auch die kulturellen Lebensgrundlagen sind heute durch dieselben Prozesse gefährdet, erklärte Umweltminister Alfred Dick. Die kulturellen Denkmäler stünden mit ihrer natürlichen Umwelt in positiver wie negativer Verbindung. So könnten Schadstoffe aus der Umwelt und Erschütterungen auf Denkmäler schädigend einwirken. Umgekehrt sei es oft das natürliche Umfeld, das einem Gebäude seinen Rang als Denkmal erhalte. Denkmalschutz und Umweltschutz wollten keinesfalls Entwicklungen verhindern, sondern vielmehr erst ermöglichen, betonte Dick.

überlagern sich der natürliche und der kulturell geschaffene Lebensraum des Menschen und damit auch das Arbeitsfeld von Denkmalschutz und Umweltschutz. Dies — so unterstrich Minister Dick — sollte Anlaß sein, die begonnene Zusammenarbeit noch auszubauen und zu intensivieren.

Umweltschutz und Denkmalschutz sind in Bayern Aufgaben von hohem politischen Rang. Die Erfolge auf diesen Gebieten genießen Anerkennung. Der beiden Aufgabenbereichen im vergangenen Jahr verliehene Verfassungsrang hat ihren Stellenwert unterstrichen. Daß die Gemeinsamkeit nicht zufällig, sondern sachlich in hohem Maß gerechtfertigt ist, hat eine zweitägige Fachtagung Ende Juni in Lindau deutlich gemacht. »Umweltschutz und Denkmalschutz« hieß das Thema. Geladen hatten dazu Umweltminister Alfred Dick und Kultusminister Hans Maier gemeinsam. Die Verknüpfung des Internationalen Umwelttags 1985 und der 3. Jahrestagung der Bayerischen Denkmalpflege hatten diese Veranstaltung möglich gemacht, zu der mehrere hundert Fachleute aus Bayern, dem übrigen Bundesgebiet und dem benachbarten Ausland an den Bodensee gekommen waren. Kein Wunder, bildete eine Tagung zu diesem Thema, bei der Umweltschützer und Denkmalschützer gleichermaßen zu Wort kamen, doch ein Novum.

Wie wichtig enge Zusammenarbeit zwischen Umweltschutz und Denkmalschutz ist, machte Staatsminister Alfred Dick deutlich. »Die natürlichen wie auch die kulturellen Lebensgrundlagen«, so betonte er, »sind heute durch dieselben Prozesse gefährdet.« Nach Ansicht des bayerischen Umweltministers

Gefährdete Kunstdenkmäler: Wasserspeier aus Sandstein am Regensburger Dom

damit insbesondere auch die Denkmäler als Zeugnisse menschlicher Geschichte — schützen will, zieht sich der Denkmalschutz, so meint Petzet, jedenfalls in einen neuen Zusammenhang verwaltungsmäßige Abwicklung. Gefordert sind seiner Ansicht nach im Sinn von Denkmalschutz als Teil des Umweltschutzes ebenso die individuelle Verantwortung des einzelnen wie neue wissenschaftliche, technische, wirtschaftliche und politische Initiativen in der Gesellschaft gegen eine weltweit fortschreitende Umweltzerstörung gigantischen Ausmaßes.

Der Präsident des Bayerischen Landesamts für Umweltschutz, Wolfgang Pohl, hob die enormen Anstrengungen hervor, die gerade in Bayern unternommen würden, um die Luftschadstoffe — die dadurch verursachten Bau- und Baudenkmalschäden werden auf Summen in Milliardenhöhe beziffert — zu verringern. Allein im Kraftwerkssektor — so Pohl — habe sich der Schwefeldioxydausstoß seit 1976 um 75 Prozent verringert.

Die Lindauer Tage waren weit mehr als nur eine Fachtagung. Sie bildeten ein Signal, das aufhorchen ließ. Einmal mehr hat Bayern Zeichen gesetzt. Der »Heimatschutz«, wie nach Ansicht von Staatsminister Dick der Oberbegriff für Umwelt- und Denkmalschutz lauten könnte, ist, wie Lindau gezeigt hat, in bewährt guten Händen.

D.G.K.

Süddeutsche Zeitung
18. Juli 1985

Vom Landesamt für Denkmalpflege erarbeitet:
Große illustrierte Bestandsaufnahme der Stadt
Kultusminister Maier präsentiert den München-Band der Buchreihe „Denkmäler in Bayern"

Von unserem Redaktionsmitglied Rudolf Reiser

„Einen ziemlich gewichtigen Burschen" stellte Kultusminister Hans Maier gestern der Öffentlichkeit vor: den ersten Band der Buchserie „Denkmäler in Bayern", der sich ausschließlich mit Münchchen befaßt. In einem Jahr sollen die restlichen sieben Bände, die nach Regierungsbezirken bearbeitet wurden, vorliegen. Die 354 Seiten umfassende München-Dokumentation (erschienen im Oldenbourg Verlag, 98 Mark) enthält zahlreiche Luftbilder, Skizzen und eine Auflistung aller Münchner Einzeldenkmäler.

„Eine gewaltige Arbeit, eine gewaltige Verwaltungsarbeit, eine große wissenschaftliche Leistung nannte Minister Maier das Projekt „Denkmäler in Bayern", von denen sämtliche Bände bereits in Druck sind. Wie die Buchserie aussieht, zeigte er anhand des ersten Bandes, der sich ausschließlich mit München beschäftigt. Bearbeitet wurde er von Heinrich Habel, Helga Himen, Hans-Wolfram Lübbeke und Margaret Thomas Will. Die Luftbildaufnahmen machte der ehemalige Luftwaffenoffizier Otto Braasch.

Als erstes Land der Welt . . .

Generalkonservator Michael Petzet sagte bei der Vorstellung, seines Wissens nach ist Bayern das erste Land der Welt, das in derartiges Verzeichnis zu schützender Denkmäler vorlegt. Er würdigte vor allem die Photos von Braasch. Die Arbeiten vom Flugzeug aus hätten sich äußerst schwierig gestaltet, „denn über München kann man sich nicht so einfach bewegen". Im September, so kündigte Petzet an, werde der Band über Unterfranken vorliegen.

Rund 7000 Denkmäler (vor allem Wohnhäuser) hat die Landeshauptstadt, entnimmt man dem Buch. In sehr vielen Fällen konnten die Wissenschaftler die Entstehungsdaten, Umbauten und die Namen der Architekten ermitteln. Weiter werden insgesamt 68 Ensembles vorgestellt. Man sieht unter anderem Luftbildaufnahmen von der Innenstadt und vom Verlauf der Isar. Das Universitätsviertel ist ebenso abgebildet wie die Dorfkerne von Freiham, Dagifing, Englschalking, Solln, Perlach, Allach, Pasing und Moosach. Die Luftbildaufnahmen zeigen unter anderem, wie viele Innenhöfe in München existieren, die man hinter den einzelnen Gebäuden überhaupt nicht vermutet, und wieviel Grün die einzelnen Häuser, Häuserzeilen und die Prachtstraßen umgibt.

Alle Ensembles werden genau beschrieben. Über den Dorfkern von Johanneskirchen beispielsweise liest man: „Das kleine Dorf mit der aus dem 13. Jahrhundert stammenden, im 17. Jahrhundert erneuerten Dorfkirche St. Johann Baptist besteht aus einer Gruppe zum Teil stattlicher Gehöfte des späten 18. und 19. Jahrhunderts... Die lockere Gruppierung von Kirche und Bauernhöfen ergibt ein malerisches Dorfbild, das noch unverwechselbare Züge trägt."

Der zweite Teil des Werkes führt alle Einzeldenkmäler in München auf. Sie sind nach den Straßennamen alphabetisch geordnet. Ein kleiner Auszug: „Burgstraße 5. Ehem. Stadtschreiberei, jetzt Weinstadl, Alt-Münchner Bürgerhaus, mit reicher Fassadenmalerei und Rest des Arkadenhofes, erbaut 1551–1552 – Burgstraße 6. Wohn- und Geschäftshaus, Neubarock, um 1900: im Vorgängerhaus starb 1790 der Jurist Wiguläus Freiherr von Kreittmayr. – Burgstraße 8. Wohn- und Sterbehaus von François de Cuvilliés d. Ä., im Kern spätgotisch, Fassade 18. Jh. Nördlich anschließend der die Ledererstraße überbrückende Schlichtingerbogen, der bereits auf dem Stadtmodell von 1572 existiert."

Auch das Kanalsystem

Doch auch die schützenswerten Häuser in den einzelnen Stadtteilen sind exakt registriert. Ein kurzer Auszug, der die Belgradstraße betrifft: „Belgradstraße 18. Mietshaus, Neubarock, mit geschweiftem Zwerchgiebel und Balkongittern, um 1900 – Belgradstraße 18. Mietshaus, Eckbau in deutscher Renaissance, mit Erker, Zwerchgiebeln und reichem Stuckdekor, bez. 1900, von Andreas Aigner. . ." Zwischen den einzelnen Häusern findet man die wichtigsten Daten über die Schlösser, Palais, Gärten, das Kanalsystem und die Plätze der Stadt.

Im Schlußteil sind alle „archäologischen Geländedenkmäler" aufgeführt. In der Liste findet man unter anderem die Stätten der Grabhügel und Keltenschanzen und den Verlauf der Römerstraße. Ein Sach- und Personenregister erleichtert das Suchen nach den einzelnen Denkmälern.

„VON BESONDEREM RANG" ist für das Landesamt für Denkmalpflege das Ensemble Maximilianstraße. Es wird in dem neuen Werk ebenso ausführlich beschrieben wie 67 weitere Ensembles der Landeshauptstadt. Luftaufnahme: Otto Braasch

Stadt - Denkmal - Umwelt

Auszug aus dem Referat von Prof. Dr. Michael Petzet, Generalkonservator des Bayerischen Landesamts für Denkmalpflege, zur Tagung „Umweltschutz und Denkmalschutz" in Lindau am 27./28. Juni 1985 (3. Jahrestagung der Bayerischen Denkmalpflege und Internationaler Umwelttag 1985)

Denkmalpflege hat den Auftrag der „Spurensicherung". Doch bei weitem nicht alle Spuren menschlicher Geschichte sind „denkmalwürdig", haben durch besondere Umstände und Zusammenhänge Denkmaleigenschaft erhalten. Ständig werden Spuren menschlicher Geschichte zerstört — müssen zerstört werden, denn menschliches Leben wäre nicht möglich ohne immer wieder die Spuren menschlichen Lebens zu zerstören. Andererseits sieht sich der Mensch als ein „geschichtliches Wesen" notwendigerweise in einem geschichtlichen Zusammenhang, wie er u. a. in besonders verdichteter Form in unseren Denkmälern zum Ausdruck kommt, und bedarf der historischen Kontinuität, und zwar gerade in unserer Zeit, in einer Zeit des allgemeinen Umbruchs. In diesem Begriff der historischen Kontinuität, die es zu wahren gilt — und die natürlich nicht nur in unseren Denkmälern verkörpert ist —, aber könnte man durchaus so etwas wie eine moralische Rechtfertigung des Denkmalschutzes sehen: Die für den Menschen als „geschichtliches Wesen" auch in Zukunft lebensnotwendige Erinnerung an Geschichte darf nicht abreißen. Im übertragenen Sinn gilt dies auch für unsere natürliche Umwelt, in der heute die Kontinuität einer Jahrmillionen umfassenden Naturgeschichte, verkörpert auch durch „Naturdenkmäler", in Frage gestellt wird, denken wir nur an die in unserem Jahrhundert eskalierende Vernichtung unzähliger Tier- und Pflanzenarten durch brutale menschliche Eingriffe. Der Begriff der historischen Kontinuität läßt sich jedenfalls auf alle Bereiche des modernen Denkmalschutzes beziehen, den „klassischen" Bereich der Kunstdenkmalpflege ebenso wie die Denkmalpflege im Ensemble, den volkskundliche Denkmäler wie Denkmäler der Technikgeschichte. Und er schließt mit der Überlieferung von Geschichte Überlieferung ästhetischer und ethischer Werte ein. Historische Kontinuität bewahren heißt im übrigen auch sich zu dem die Geschichte weiterführenden Neuen bekennen, also nicht die gern zitierte „Käseglocke" des Denkmalschutzes, sondern die selbstverständliche Auseinandersetzung mit neuen Nutzungen, neuer Architektur, mit neuen notwendigen Veränderungen an der Denkmälern. In dem Begriff der historischen Kontinuität ist schließlich die besonderem Maß die so entscheidende Orientierungsfunktion unserer Denkmäler angesprochen, Orientierung in Raum und Zeit, im heimatlichen Raum und in der heimatlichen Geschichte. Dazu hat es vor einiger Zeit sogar Umfrageergebnisse gegeben, nach denen die Erinnerung an die Heimat sehr eng mit den Denkmälern als Orientierungspunkten verbunden wird, vor allem bei den Städtern, während die ländliche Bevölkerung sich stärker an der natürlichen Umwelt orientiert. Zu dieser Orientierungsfunktion der Denkmäler gehören auch die für die Zukunft so wichtigen Möglichkeiten der Auseinandersetzung mit den historischen Städtebau als Gegenmodell zu den die Umwelt belastenden Auswüchsen moderner Planung, Orientierung in den traditionellen Handwerkstechniken, im sparsamen Umgang mit natürlichem Material usw. — die Denkmalpflege sei „Bauschule der Nation", hat kürzlich in einer vielbeachteten Rede der Präsident der Hamburgischen Architektenkammer dargelegt.

Unter dem besonderen Gesichtspunkt der Wahrung der historischen Kontinuität in unserer Umwelt läßt sich Denkmalschutz als Teil des Umweltschutzes also durchaus in den Rahmen einer Umweltethik stellen, eine — sehr unterschiedlich zu begründende — Umweltethik, die vom einzelnen wie von der Gesellschaft gewisse „Tugenden" im verantwortlichen Umgang mit der Umwelt verlangt. Dabei wäre vielleicht die Liebe zur Natur wie die Liebe zu den Denkmälern eine entscheidende Grundeinstellung. Liebe zu den Denkmälern, die freilich nur aus der Kenntnis ihrer Bedeutung erwächst, eine Kenntnis, die in besonderem Maß der Vermittlung bedarf. Historische Kontinuität wahren heißt auch Pietät üben und die Ehrfurcht vor der Vielfalt des Geschaffenen, vor den ungeheuren Vielfalt unserer Denkmäler so oft geforderten Verständnis, in Rücksicht und Vorsicht im Umgang mit den historischen Zeugnissen, insgesamt in einer positiven Grundhaltung zu dem manchmal doch recht verzweifelten Bemühungen um die Rettung unserer Umwelt.

Mit einer solchen Grundhaltung aller Verantwortlichen ließen sich vielleicht auch manche fachliche, technologische und verfahrensrechtliche Probleme leichter lösen. Denn nur allzuoft ist es im Grunde gar keine komplizierte technologische Frage, gar keine Frage des technisch Machbaren, auch nicht die Folge der so gern vorgeschobenen „Sachzwänge", sondern schlicht eine Frage des verantwortlichen Umgangs mit unserer Umwelt, ob eine notwendige Maßnahme des Denkmalschutzes oder des Umweltschutzes durchgeführt werden kann oder nicht. Das gleiche gilt für die uns im Denkmalschutz wie im Umweltschutz oft bis zum Überdruß beschäftigenden verfahrensrechtlichen Fragen, hinter denen sich manchmal so wunderbar verstecken kann, selbst wenn es einem im Grunde nur darum geht, Einzelinteressen ohne Rücksicht auf die Interessen der Allgemeinheit durchzusetzen. Doch die gewissenhafte Abwägung der unterschiedlichen Interessen ist hier, wo es um unsere Umwelt geht, eigentlich keine Frage, die sich mit einigen Verfahrenstricks so elegant lösen läßt, sie ist unter Umständen eine sehr ernste moralische Frage, auch wenn die Entscheidung dann nicht mehr so leicht fällt, vielleicht sogar nur in einem sehr schmerzlichen Prozeß errungen werden kann, jedenfalls sehr viel schwerer fällt, als wenn es nur darum ginge, die — wieder einmal — so schrecklich „übertriebenen" Vorstellungen einiger „Fachidioten" auf dem „Boden der Tatsachen" zurückzuführen oder gar in Sachen Denkmalschutz über sogenannte „Geschmacksfragen" zu entscheiden, über die sich ja bekanntlich so schön streiten läßt. Hier ist in jedem einzelnen Fall unsere volle Verantwortung gefordert, ob es um die scheinbar zwingend notwendige Erschließung der Reste einer Indsutrielandschaft als neues Industriegelände oder um ein Beispiel aus Passau — um die Frage, ob die höhere Bettenzahl eines Hotels wichtiger ist als die Reste einer spätmittelalterlichen Kapelle, in der vor Jahrhunderten die Toten eines Bürgeraufstands bestattet wurden.

Ob das hier und in jedem Einzelfall zur Diskussion stehende Gewicht der Argumente des Denkmalschutzes und natürlich erst recht die sehr viel umfassenderen Argumente des allgemeinen Umweltschutzes ernsthaft geprüft, abgewogen und berücksichtigt werden, ist natürlich letztlich auch eine politische Frage. Und hier freue ich mich, für meinen Breich feststellen zu können, daß der in Bayern ja von Anfang an in der Verfassung verankerte Denkmalschutz in den Jahren seit dem Erlaß des Denkmalschutzgesetzes und vor allem seit dem Europäischen Denkmalschutzjahr 1975 aus einem in früheren Jahren doch eher nur am Rande liegenden und von einigen wenigen, vor allem auch unseren Heimatpflegern, verteidigten Sonderinteresse längst zu einem selbstverständlichen öffentlichen Anliegen geworden ist, und damit auch zu einem selbstverständlichen politischen Anliegen. Dazu kommt heute ein weithin spürbares und offenbar weiter wachsendes Geschichtsinteresse breitester Kreise der Bevölkerung, das mit der gern zitierten „Nostalgie" wenig zu tun hat. Daß dieses neue Geschichtsbewußtsein als ein weltweites Phänomen eine über die Fachfragen der internationalen Denkmalpflege weit hinausreichende Dimension hat, zeigt dei Resolution der letzten Generalversammlung von ICOMOS, des Internationalen Denkmalpflegerverbandes, die im Umgang mit den Zeugnissen der eigenen Geschichte, mit den Denkmälern, das Selbstbewußtsein der Völker der Dritten Welt bestätigt sieht.

Im gleichen Sinn spricht Karl Friedrich Schinkel in seinem Memorandum zur Denkmalpflege von dem durch die Erhaltung der Denkmäler geförderten „Interesse an das frühere Schicksal des Vaterlandes", ein Interesse, das hier durchaus seine ethische Dimension hat, da es sich auf die durch die Geschichte bestätigte Identität des einzelnen wie auf die in der Geschichte begründete Solidarität einer Gesellschaft beziehen läßt. Einhundertsiebzig Jahre nachdem Schinkel in seinem weit vorausschauenden Memorandum von 1815 vergeblich eine eigene Denkmalschutzbehörde gefordert hat, sind wir als Vertreter von Denkmalschutzbehörden genauso wie die für den Umweltschutz tätigen Kollegen aufgefordert, mit größtem persönlichen Einsatz, manchmal auch mit aller Leidenschaft gewissermaßen als Anwälte der bedrohten Denkmäler und als Anwälte der bedrohten Umwelt, der bedrohten Natur, aufzutreten. Ich möchte zum Schluß die bereits eingangs zum Teil zitierten Worte Schinkels wiederholen, der 1815 resigniert feststellt, daß da „keine Stimme war, die durch das Gefühl für das Ehrwürdige dieser Gegenstände geleitet wurde und sich hinreichend ausgerüstet fühlte, die Verteidigung desselben gegen die Stürmenden zu übernehmen, welche so nur durch einen eingebildeten augenblicklichen Vorteil auf den Untergang manches herrlichen Werkes hinarbeiteten. So geschah es, daß unser Vaterland von seinem schönsten Schmuck so unendlich viel verlor, was wir bedauern müssen, und wenn nicht jetzt ganz allgemeine und durchgreifende Maßregeln angewandt werden, diesen Gang der Dinge zu hemmen, so werden wir in kurzer Zeit nackt und kahl, wie eine neue Colonie in einem früher nicht bewohnten Lande dastehen". ... diesen Gang der Dinge zu hemmen", sind wir alle aufgerufen.

Die Woche (Regensburg)
8. August 1985

Zivilcourage nicht gefragt?

Hausverbot für Denkmalpfleger

Hohe Wellen in ganz Bayern schlägt die in der oberpfälzischen Stadt Weiden geplante Denkmalsünde, bei der am Unteren Markt, einem der wenigen städtebaulichen Juwele des Ortes, ein spätgotischer Bau weichen muß. Zwar verhindert ein mit der Bezirksregierung in Regensburg ausgehandelter Kompromiß das Schlimmste, das Abrasieren eines Ensembles, doch für die Denkmalpfleger gilt noch immer, auch der Abbruch „nur" des giebelfriesgeschmückten Gebäudes sei nicht vertretbar.

Das Aufsehen, das der Fall erregt hat, ließ die Weidner Stadtväter nicht ruhen. Jetzt verkündete Oberbürgermeister Hans Schröpf, dem zuständigen Gebietsreferenten Paul Unterkircher vom Landesamt für Denkmalpflege sei Hausverbot erteilt worden. Der Denkmalpfleger habe „ganz Bayern gegen das Projekt aufgehetzt" und seine Kompetenzen überschritten, schimpfen die Stadtväte.

bedrohten Denkmäler aufzutreten".

Petzet zitierte ein Wort des Architekten und Denkmalpflegers Karl Friedrich Schinkel, der in einem Memorandum von 1815 bereits eine eigene Denkmalschutzbehörde gefordert hat (Bayern besitzt glücklicherweise seit Anfang der 1970er Jahre ein Denkmalschutzgesetz). Schinkel stellte (nach einem Zitat von Dr. Petzet) vor 170 Jahren resigniert fest, daß da „keine Stimme war, die durch das Gefühl für das Ehrwürdige dieser Gegenstände geleitet wurde und sich hinreichend ausgerüstet fühlte, die Verteidigung desselben gegen die Stürmenden zu übernehmen, welche so nur durch einen eingebildeten augenblicklichen Vorteil auf den Untergang manches herrlichen Werkes hinarbeiteten. So geschah es, daß unser Vaterland von seinem schönsten Schmuck so unendlich viel verlor, was wir bedauern müssen, und wenn nicht ganz allgemeine und durchgreifende Maßregeln angewandt werden, diesen Gang

Fränkischer Tag (Bamberg), 5. August 1985

Ernste Gesichter bei ernsten Worten: Es ging um Vergangenheit, Gegenwart und Zukunft von Schloß Seehof. Auf der linken Tischseite Generalkonservator Dr. Petzet, Bürgermeister Scherbaum, Dr. Ritter von Srbik und Altbürgermeister Köstner; rechts MdL Vollkommer, Baronin und Baron Hessberg, Baudirektor Bauch und Landschaftsarchitektin Gräfin Schönborn
Foto: FT-Rudolf Mader

Gesprächsrunde um den Erhalt eines Schlosses von europäischem Rang

Vergangenheit, Gegenwart und Zukunft von Seehof

Vor zehn Jahren für 5,8 Millionen verkauft – Komplimente für Landesamt und Messerschmitt-Stiftung

Memmelsdorf ⊛ Auf Vorschlag von Generalkonservator Dr. Petzet, Bayer. Landesamt für Denkmalpflege, und mit Unterstützung von MdL Philipp Vollkommer hatte die Gemeinde Memmelsdorf zu einer Pressekonferenz in die Brauerei Höhn eingeladen, um „aus erster Hand" den Stand der Dinge um Schloß Seehof über die bisherige Sanierung und die für die Zukunft beabsichtigten Maßnahmen zu erfahren. Nicht schlecht erstaunt war die Gesprächsrunde, als Bgm. Scherbaum bei seiner Begrüßung Zeitungsveröffentlichungen aus dem Jahre 1968 (!) vorlegte, wonach Seehof bald der Öffentlichkeit wieder zugänglich gemacht werden soll. Heute, so Bgm. Scherbaum, finde Seehof bei der Bevölkerung durchaus Interesse, den Verantwortlichen bereite es jedoch viele Probleme und Kummer. Bei der Debatte ging es hauptsächlich um die Themen Parksanierung, Instandsetzung der Herkulesgruppe und Kaskadenrestaurierung.

chergestellt, um bis Ende 1986 auszukommen. Nach den Schätzungen des Finanzministeriums seien insgesamt etwa 23 Millionen erforderlich.

Vollkommer zollte der Messerschmitt-Stiftung Dank, daß sie jetzt die Instandsetzung der Kaskade finanziere, nachdem Staat und Landesstiftung hierzu nicht in der Lage gewesen wären. Ministerpräsident Strauß wolle nun vermitteln, daß im Staatshaushalt ein eigener Titel für

Generalkonservator Dr. Petzet verwies zunächst darauf, daß der Park während der ganzen Woche (außer Samstag und Sonntag) zugänglich sei, die übrigen Bauwerke, wie Appianisaal, Treppenanlagen und Kaskade, für die Öffentlichkeit jedoch nicht freigegeben werden können. Das Abfangen und die Wiederinstandsetzung der Balken im Saal sowie der mosaikmäßige Wiederaufbau der Kaskade, die einzigartig in Europa sei, bereiten große Sorgen, nicht nur finanzieller Art.

In Seehof sei seit 1976 die größte nördliche Außenstelle des Landesamtes untergebracht, die Ober- und Unterfranken betreue, für Oberfranken auch archäologisch. Ferner seien eine Textilwerkstatt eingerichtet, wobei letztere sogar eine zentrale Funktion für ganz Bayern habe.

Bislang habe man in Seehof gute Fortschritte gemacht. Die Türme mußten statisch gesichert und die Dächer saniert werden, die Orangerie-Gebäude waren akut gefährdet und der Schwamm war im Schloß, also überall eine äußerst kritische Situation, darüber hinaus waren auch die Skulpturen und die Figurengruppe vor dem Schloß in einem desolaten Zustand.

Dank der Messerschmitt-Stiftung sei es gelungen, die Wiederinstandsetzung der Kaskade in Gang zu bringen und zwar mit absehbaren Ergebnis bis 1986.

Jeder Stein werde archäologisch untersucht, denn ein Rückgriff auf den Zustand des 18. Jahrhunderts sei zwingend vorgeschrieben. Dr. Petzet sprach der Gemeinde Memmelsdorf ein besonderes Lob aus für die Übernahme der Trägerschaft zum Ausbau des Parkes und der Kaskade mit Hilfe von Arbeitsbeschaffungsmaßnahmen. Die Orangerie soll ein Ferdinand-Dietz-Museum aufnehmen, Herculés mit der Fama. Des weiteren soll im Park das historische Wegenetz erneuert bzw. fortgeführt, die Treppen in Ordnung gebracht und der Weiher fertiggestellt werden. Dazu müßten die abgefaulten Deckenbalken gesichert und abgestützt werden, so daß sich die Arbeiten bis Mitte 1986 hinziehen dürften. Dr. Petzet faßte zusammen:

Es sei eine Menge geschehen, gewisse Bereiche bräuchten aber Generationen bis zur völligen Instandsetzung. Wichtig sei, daß jetzt nichts mehr Schaden erleide und kaputt gehe und zumindest der Park der Öffentlichkeit bald zugänglich gemacht werden könne.

MdL Philipp Vollkommer ging auf die Geschichte des Verkaufs von Seehof ein und stellte fest, daß private Träger diese Aufwendungen nie aufbringen konnten. Das Schloß Seehof habe mit Geldern aus dem Entschädigungsfond – die Kaufsumme betrug 5,8 Mio. DM – gesichert werden können, was auch vertretbar war, denn es sei ein Gebäude von europäischem Rang, und 10,7 Millionen seien si-

cher nicht zuviel, um Seehof als Juwel zu erhalten. Er stellte klar, daß in den Schlössern keine Wohnungen für Beamte eingerichtet werden dürfen.

Es ist nicht das erste Mal, daß Denkmalpfleger unter Beschuß geraten, wenn sie sich in Angelegenheiten engagieren, die manche Behörde lieber totgeschwiegen hätte. Der inzwischen gestorbene Landrat Kreuzer beispielsweise ließ sogar den Regensburger Architekten Arnulf Magerl verhaften, als er die totale Enternung des Schlosses von Neustadt energisch engagierte. Inzwischen ist der Bau saniert, großflächige Holzdecken von außergewöhnlicher Schönheit und wertvolle Wandmalereien sind gerettet; der Regensburger wurde für sein persönliches Engagement ausgezeichnet.

Wie wird es Unterkircher ergehen? Bei einem Referat während einer großen Tagung in Lindau am Bodensee sprach kürzlich Generalkonservator Dr. Michael Petzet davon, daß Vertreter der Denkmalschutzbehörden seien genauso wie die für den Umweltschutz tätigen Kollegen aufgefordert, „mit größtem Herz", während er an das Ehepaar Hessberg die Bitte richtete, auch den ihm noch gehörenden Stockseeweiher zu einem realistischen Preis zu verkaufen.

Dazu noch ein besonderes Kompliment an den Generalkonservator, dessen „Herz offensichtlich an Seehof hängt", während er an das Ehepaar Hessberg die Bitte richtete, auch den ihm noch gehörenden Stockseeweiher zu einem realistischen Preis zu verkaufen.

Seehof ausgewiesen werde, denn **die Gemeinde Memmelsdorf dürfte man nicht „im Regen stehen lassen".**

Vollkommer versicherte, daß das Schloß „keine Beamtenburg" werde, obwohl im Erdgeschoß die Behörde untergebracht sei. Zusammenfassend betonte der Abgeordnete, mehr als guter Wille sei für die Öffnung des Schlosses vorhanden und feste Konturen seien sogar schon sichtbar.

Der Ankauf durch den Staat sei jedenfalls richtig gewesen, weshalb nur die Hoffnung bleibe, daß Seehof bald ein großer Anziehungspunkt für den Raum Bamberg werde.

der Dinge zu hemmen, so werden wir in kurzer Zeit unheimlich nackt und kahl, wie eine neue Kolonie in einem früher nicht bewohnten Land dastehen..."

Wer unsere Städte, Marktplätze und Dörfer betrachtet, der fühlt sich oft in eine solche „Colonie" versetzt. Froh sollten alle sein, auf ein verhältnismäßig kontaktes Stadtbild schauen zu können, wie es beispielsweise die Häuserzeile am Unteren Markt in Weiden noch bietet. Unterkircher hat sich mit größtem persönlichen Einsatz als engagierter Anwalt eines bedrohten Ensembles angeschickt, den „Gang der Dinge zu hemmen". Er hat wegen seiner Zivilcourage Anerkennung verdient. Wie lange wird man in Weiden wohl brauchen, um das zu erkennen und derartige unsinnige Schikanen wie ein Hausverbot zu unterlassen? Dies scheint ohnehin nur der Versuch, vom eigenen schlechten Gewissen abzulenken und ist obendrein nach dem Denkmalschutzgesetz wirkungslos.

Günter Schießl

Die umkämpfte Häuserzeile am Unteren Markt in Weiden: Das „Doppelhaus" mit dem Giebelfries ist vom Abbruch bedroht. Dies läßt der Kompromiß der Regierung der Oberpfalz zu. Das Haus rechts daneben muß erhalten bleiben. Das Spitzgiebelhaus (links) wird von privater Hand saniert.

Denkmalschutz und Umweltschutz

Zerstörte Denkmäler wachsen nicht nach

Bayerns Generalkonservator Dr. Michael Petzet zieht kritische Bilanz — Beispiele in Rothenburg

Gebautes Erbe, schwarz auf weiß

Mit dem Band München begann das Erscheinen der Denkmallisten

Nicht nur unter den Ländern der Bundesrepublik hat Bayern sich in der Erschließung des Denkmälerbestandes an die Spitze gesetzt: Mit dem Erscheinen des Teilbandes München hat die Veröffentlichung der neuen, nach modernen Gesichtspunkten erstellten Denkmallisten begonnen, wie sie bislang kein anderes Bundesland besitzt. Sogar im Weltvergleich sieht Generalkonservator Dr. Michael Petzet, der Leiter des Landesamtes für Denkmalpflege, den Freistaat ganz vorne: Nur Australien hat bisher ein Gesamtverzeichnis seiner rund 8000 Denkmäler – eine vergleichsweise bescheidene Zahl, die in Bayern allein in der Landeshauptstadt schon fast erreicht wird.

In rascher Folge sollen die weiteren Bände erscheinen; 1986 soll das siebenbändige Werk, gegliedert nach Regierungsbezirken, abgeschlossen vorliegen. Eine Materialfundgrube nicht nur für die Kunst- und Architekturgeschichte, sondern vor allem auch unentbehrliche Arbeitsgrundlage für die alltägliche Praxis des Denkmalschutzes. Ein gutes Jahrzehnt ist an der Vorbereitung dieses Nachschlagewerkes gearbeitet worden; nicht nur Bestandserhebung, wissenschaftliche Sichtung, auch Neuabklärung dessen, was als schützenswertes Denkmal zu gelten hat, waren zu leisten, sondern auch die Einigung mit Gemeinden und Denkmaleignern. Die stolze Summe von 110 000 einzelnen Baudenkmälern, 800 Ensembles – größere Orts- und Stadtbereiche, die als architektonische Gesamtsituation Geschichtsdenkmäler darstellen, ohne daß jedes Einzelbauwerk denkmalwürdig sein muß – und 10 000 archäologischen Geländedenkmälern wurde in den nun abgeschlossenen Listen erfaßt.

Relative Vollständigkeit

Von Vollständigkeit der Listen kann jedoch nur in einem relativen Sinne gesprochen werden; im Umfeld von historischen Ensembles oder Baudenkmälern. Die Flächensanierung sei erfreulicherweise der Einzelhaussanierung gewichen.

ROTHENBURG — „Nicht nur der kahle Wald, auch die kahle Denkmallandschaft könnte das geplünderte Erbe sein, das wir kommenden Generationen hinterlassen, wenn jetzt nicht endlich gehandelt wird", meint Prof. Dr. Michael Petzet, Generalkonservator des Bayerischen Landesamtes für Denkmalpflege. Petzet, in Rothenburg kein Unbekannter, hielt kürzlich ein ausführliches Referat zum Thema Denkmalschutz und Umweltschutz. Die von ihm angesprochenen Aspekte lassen sich in Rothenburgs Altstadt studieren.

Michael Petzet.

Kenner das eine oder andere vermissen, das 1973 noch vorhanden war. Ob alles, was die gedruckten Listen nun vorweisen, auch tatsächlich noch unbeeinträchtigt steht, mag zur bangen Frage werden. Und noch eine weitere Frage drängt sich auf: Ob es nicht sinnvoll gewesen wäre (oder für einen etwa zu schaffenden Supplementband noch sein könnte), auch jene Denkmäler zu dokumentieren, die ganz oder teilweise verloren gegangen sind. Eine solche Dokumentation könnte gewiß nicht vollständig sein, aber sie hätte durch den Schrecken, den sie auslösen müßte, einen heilsamen Effekt zur Stärkung des insgesamt erfreulich gewachsenen, aber nicht überall hinlänglich gefestigten Denkmalbewußtseins.

Vielfältige Information

Der Informationswert des Denkmäler-Verzeichnisses, wie er sich am nunmehr vorliegenden München-Band ablesen läßt, ist vielfältig. Die Angaben zu den Einzeldenkmälern, nach Straßennamen alphabetisch geordnet, sind äußerst karg gehalten: stichwortartige stilistische Einordnung, Erbauungszeit, Name des Architekten (soweit bekannt), eventuell eine charakteristische Besonderheit der Fassadengestaltung, gegebenenfalls Hinweis auf das Ensemble, dem das Bauwerk angehört. Man mag sich da oft mehr wünschen: Erhaltungszustand, bereits eingetretene Verfälschungen, bauliche Details im Inneren usw. Dies war schon aus praktischen Gründen, auch um der Handlichkeit des Bandes willen, nicht zu leisten; bestürzend ist allerdings zu erfahren, daß in vielen Fällen für eine genauere Beschreibung der Forschungsstand nicht ausreicht. Immerhin: Ein Überblick ist gegeben, wie er bislang nicht möglich war (leider ohne Illustrationen, aber wie wäre da auszuwählen gewesen?); eine Topographie der relativen Denkmälerdichte läßt sich erstellen, und

„So manche leidvolle Erfahrung" verbindet nach Petzets Ansicht das Thema Flurbereinigung, obwohl die Zusammenarbeit besser geworden sei. Die Zerstörung der historischen Flur müsse bedauert werden, auch wenn wirtschaftliche Gründe dafür sprächen. Petzet: „Denken wir an das traurige Schicksal der flurbereinigten historischen Weinberglandschaft Unterfrankens, mit der nicht nur natürliche Lebensbereiche vernichtet, sondern auch zahlreiche Flurdenkmäler in gewissem Sinn heimatlos wurden." Hierher gehöre auch die Zerstörung archäologischer Bodenfunde durch eine immer intensivere landwirtschaftliche Nutzung, durch die auch als Folge der Flurbereinigung verstärkte allgemeine Bodenerosion.

Der Generalkonservator stellt fest, daß es auch ein Jahrzehnt nach dem Erlaß des bayerischen Denkmalschutzgesetzes nicht überall gelungen ist, die Straßenbauämter zu einer Kooperation mit den Denkmalpflegern zu bewegen. Rücksichtslose Straßenplanung bedrohe ganze Dorfund Straßenbilder und zerschneide natürliche Lebenszusammenhänge.

Der Verfall von Denkmälern durch die Umweltverschmutzung sei nichts Neues, sondern eine Erscheinung, die mit der Industrialisierung im 19. Jahrhundert eingesetzt habe. Erst heute nehme man diese lange bekannten Probleme ernst. Im ganzen Land seien Denkmälergruppen betroffen, die scheinbar „für die Ewigkeit" geschaffen wurden. An dieser Stelle sei auf die Millionenschäden zu verweisen, die an Rothenburger Sandsteinbauwerken zu beheben sind. Die St.-Jakobs-Kirche ist dafür ein herausragendes Beispiel.

Petzet macht den Zusammenhang deutlich: wo der Mensch seine natürlichen Lebensgrundlagen vernichtet, wird auch die Denkmalpflege hinfällig. Da ist zunächst das weite Feld „Bauen als Umweltzerstörung", die brutale Zersiedelung und Betonierung unserer Landschaft in den letzten Jahrzehnten. Hier kämpft der Denkmalpfleger gegen maßstabsprengende Einzelprojekte

Als „geradezu verheerend" wird der rapide Verfall der Schilfsandsteine vom Generalkonservator bezeichnet. Vor allem in nördlichen Bayern wird dieser Stein verwendet. Es wird auf die ständige große Staubbelastung verwiesen, die Denkmäler nicht nur verschmutzen, sondern auch durch die Bindung von Feuchtigkeit die Zerstörungsgefahr erhöhen. Könnte man sich angesichts der düsteren Prognosen vielleicht der Hoffnung hingeben, daß sich die Natur nach entsprechenden Anstrengungen im Bereich des Umweltschutzes wieder erneuern lasse, daß die Bäu-

chen werden. Von den Bodendenkmälern muß dies schon deshalb gelten, weil niemand weiß, was die Erde noch an unentdeckten Zeugnissen der Vergangenheit birgt, und das obertägig Sichtbare nur einen Bruchteil des mutmaßlich Vorhandenen darstellt; wir „sind immer noch weit davon entfernt, das gewaltige unterirdische Archiv der Bodendenkmäler auch nur annähernd zu kennen", schreibt Michael Petzet im Vorwort zum nun erschienenen München-Band. Aber auch bei den Baudenkmälern kann es einen endgültigen Abschluß der Inventarisierungsarbeit nicht geben. Nicht nur, daß neue Forschungsergebnisse zu neuer Würdigung eines bislang als wenig bedeutsam erachteten Bauwerkes nötigen können, vor allem ist der Denkmalbegriff selber unterliegt geschichtlichen Wandlungen. Gerade die letzten Jahrzehnte haben hier bedeutsame Veränderungen gebracht. Der Akzent wurde vom künstlerisch-ästhetischen Reiz stärker auf den geschichtlichen Quellenwert verlagert, und die zeitliche Grenze für denkmalwürdige Bauwerke wurde immer näher an die Gegenwart herangerückt. Im Augenblick umfassen die Listen Baudenkmäler bis zum Jahre 1945; daß irgendwann auch Bauten der Nachkriegszeit Denkmalrang erhalten werden, ist absehbar, zumindest wahrscheinlich.

Kultusminister Prof. Hans Maier hebt in seinem Geleitwort daher hervor, daß es sich um ein „offenes" Verzeichnis handelt, das ständig verbessert und zu gegebener Zeit einem gewandelten Denkmalsbegriff angepaßt werden kann. Daß dies nicht nur eine wissenschaftlich-theoretische, sondern auch eine eminent praktische Bedeutung hat, betont Petzet in seinem Vorwort: „So kann ein Objekt durchaus die Eigenschaften eines Denkmals haben und den Schutz des Gesetzes genießen, auch wenn es nicht in die Liste eingetragen ist."

Daß die Listen nicht auch noch in einem anderen Sinne von der Wirklichkeit abweichen, kann man nur hoffen. Die Vernichtung von Denkmälern ist durch das Denkmalschutzgesetz von 1973 stark gebremst, aber keineswegs gestoppt worden. Auch im München-Band wird der aufmerksame Leser mit Hilfe des Registers lassen sich die Spuren bestimmter Architekten und Handwerker im Stadtgebiet genau verfolgen.

Wesentlich detaillierter werden die Ensembles beschrieben, und hier vor allem liegt auch für den Laien der heimatgeschichtliche Nutzen: an diesen Ensemblebeschreibungen kann er lernen, wie die Stadt sich historisch entfaltet hat und wie dieser Prozeß des Wachstums noch heute am Stadtbild abzulesen ist. Die Zahl dieser Ensembles ist beträchtlich: Es sind nicht weniger als 68, und sie sind in ihrer Art äußerst vielgestaltig. Da ist nicht nur das gewaltige Ensemble Altstadt, das selbst als ein Konglomerat kleinerer Ensembles verstanden werden kann, nicht nur die ludovizianische Prachtavenue der Ludwigstraße mit der klassizistischen Bebauung zwischen Odeonsplatz und Siegestor und das spätere Gegenstück der Maximilianstraße mit ihrer halb italienischen, halb anglisierenden, halb italienisierenden Neugotik und der Blickorientierung zur ausladenden Kulisse des Maximilianeums über der Isar. Es gibt die etwa auch die Villensiedlungen der Jahrhundertwende wie etwa in Pasing, die ebenso architekturgeschichtlich wie sozialgeschichtlich von Bedeutung sind, es gibt sogar noch einigermaßen unverfälschte dörfliche Situationen wie etwa in Daglfing, es gibt ein so komplexes Ensemble wie Haidhausen, in dem die verschiedenen Stadien der raschen Vervorstädterung und schließlich Verstädterung eines alten Dorfes oft noch unmittelbar nebeneinander stehen.

Wer diese Beschreibungen gelesen hat, wird für die Stadt künftig mit anderen, tieferblickenden Augen sehen und manches überhaupt zum ersten Mal mit Bewußtsein wahrnehmen. Für den Bereich des Ensembles Altstadt werden zum Teil auch die Neuordnungs-Überlegungen der Nachkriegszeit dokumentiert, so daß man hier auch den Prozeß der Auseinandersetzung mit dem Krieg arg reduzierten geschichtlichen Erbe der Vergangenheit noch einmal vor Augen geführt erhält. Nicht immer ganz befriedigend ist die optische Dokumentation der Ensembles durch Luftbilder und Lagepläne.

Architekten unserer Zeit müssen mehr von der Baukunst unserer Vorfahren lernen. Ein geschlossenes Altstadt-Ensemble wie Rothenburg ist nach Ansicht des Generalkonservators Dr. Petzet ideal dazu geeignet. Foto: dba

Wissen was wir haben

Nun wissen wir also, was wir haben – zunächst in der Landeshauptstadt, bald in ganz Bayern. Wir wissen nun auch genauer, was wir nicht mehr haben: Der weit überwiegende Teil der Münchner Baudenkmäler stammt aus dem 19. Jahrhundert, ältere Substanz ist rar geworden. Die systematische Inventarisierung hat den Blick auch für Verluste geschärft. Erst die Arbeit an den Listen machte z. B. in aller Schärfe deutlich, wie rasch und offenbar unaufhaltsam die alten Bauernhäuser verschwinden, ja in manchem Bautypus schon unwiderruflich verschwunden sind. Die Listen sind darum nicht nur Arbeitsinstrument und Informationsquelle, sie sind vor allem auch Mahnung.

(Die Reihe erscheint im Oldenbourg Verlag in München; der Band München kostet bei einem Umfang von 354 Seiten 98 DM; die weiteren Bände sind zum Teil erheblich umfangreicher und dann entsprechend teurer.)

kr

me schon wieder nachwachsen würden, so muß man für die bedrohten Kunstdenkmäler doch resigniert feststellen, daß hier ein Substanzverlust endgültig ist. Petzet: „Es gibt keinen Jungbrunnen für Denkmäler."

Gefordert seien im Denkmalschutz als Teil des Umweltschutzes ebenso die Verantwortung des Einzelnen wie neue wissenschaftliche, technische, wirtschaftliche und politische Initiativen der Gesellschaft gegen eine weltweit fortschreitende Umweltzerstörung gigantischen Ausmaßes — ob wir an die Vernichtung ungeheurer Flächen des brasilianischen Urwalds denken, oder an die Akropolis im Smog von Athen, die Denkmäler Ägyptens oder an viele der bedeutendsten Kulturdenkmäler der Menschheit, die zum Teil in wenigen Jahrzehnten vor unseren Augen schneller zugrunde gehen als in den Jahrhunderten und Jahrtausenden zuvor.

Dr. Michael Petzet macht deutlich, daß Denkmalschutz nicht bedeute, eine „Käseglocke" überzustülpen. Vielmehr setzte man sich auch mit dem Neuen, mit neuer Architektur und neuen Nutzungen, die Veränderungen der Denkmäler bedingten, positiv auseinander. In der Auseinandersetzung mit dem historischen Städtebau könne man das Gegenmodell zu den die Umwelt belastenden Auswüchsen moderner Planung sehen. Der Generalkonservator des Münchner Landesamtes: „170 Jahre nachdem Karl Friedrich Schinkel in seinem weit vorausschauenden Memorandum von 1815 vergeblich eine Denkmalschutzbehörde gefordert hat, sind wir als Vertreter von Denkmalschutzbehörden genauso wie die für den Umweltschutz tätigen Kollegen aufgefordert, mit größtem persönlichen Einsatz, manchmal auch mit Leidenschaft als Anwälte der bedrohten Denkmäler und als Anwälte der bedrohten Umwelt, der bedrohten Natur, aufzutreten!"

diba

Fränkischer Anzeiger (Rothenburg)
5. September 1985

Süddeutsche Zeitung, 12./13. Oktober 1985

Die „Himmelsleiter" führt zu einem Denkmal

Historischer Sole-Hochbehälter im Berchtesgadener Land vor dem Abbruch gerettet

BERCHTESGADEN (Eigener Bericht) – Über 420 Treppenstufen geht es von der Alpenstraße bei Weißbach hinauf zum Sole-Hochbehälter auf einer baumbestandenen Anhöhe. Generalkonservator Michael Petzet belohnt den anstrengenden Aufstieg mit dem Hinweis auf einen Superlativ: Man habe soeben „Bayerns höchste Himmelsleiter" bezwungen, sagt der Leiter des Landesamts für Denkmalpflege. Am Ziel der 206 Meter langen Freilufttreppe steht ein Bauwerk, das buchstäblich im letzten Augenblick vor dem endgültigen Verfall gerettet wurde: Der Sole-Hochbehälter, der letzte seiner Art im gesamten Sole-Leitungssystem zwischen Berchtesgaden und Rosenheim, war in einem so schlechten Bauzustand, daß der Abbruchstermin bereits festgelegt war. In einer zweijährigen Gemeinschaftsaktion haben jetzt Landratsamt, Gemeinde und Landesamt für Denkmalpflege das technische Bauwerk restaurieren lassen.

Ein epochales Hebewerk

Mit einem Kostenaufwand von 140 000 Mark wurde das mit Schindeln verkleidete und mit einem Walmdach überdeckte Bau instandgesetzt und die morsche – bislang gesperrte – Treppe hergerichtet. Jetzt ist das historische Gebäude mit dem Bottich aus Kanthölzern, aus dem früher die Reichenhaller Sole im natürlichen Gefälle zu den Sudpfannen in Traunstein weitergeleitet wurde, ein beliebtes Ziel auf dem ins regionale Wandernetz eingebundenen ehemaligen „Soleleitungsweg". Auch das Brunnhaus an der Alpenstraße, in dem ein technisch geradezu epochales Hebewerk die Sole zum Hochbehälter emporgepumpt hat, wurde nach den Gesichtspunkten der Denkmalpflege instandgesetzt, was Amtschef Petzet vor allem deshalb zufrieden registriert, „weil wir in Bayern nicht allzu viele technische Baudenkmäler haben". Sole-Behälter samt „Himmelsleiter" und Brunnhaus bildeten eine Station auf der Pressefahrt, auf der das Landesamt für Denkmalpflege diesmal im Berchtesgadener Land besonders gelungene Restaurierungsobjekte vorstellte. Der Landkreis im südöstlichen Winkel der Bundesrepublik eignet sich für eine solche Präsentation besonders gut, weil es hier – wie es Franz Schned vom Landratsamt formulierte – eine „breite Palette" von Architektur, Formgebung und Technik" zu schützen gilt, von der romanischen Kirche über den Bauernhof als Zeugnis jahrhunderteralter ländlicher Baukultur bis zu den Anlagen des Salzbergbaus.

„Kein museales Nebenhaus"

Während im sakralen Bereich die Restaurierung der neuromanischen Pfarrkirche von St. Nikolaus in Reichenhall und der mit bedeutenden Fresken aus dem 15. und 16. Jahrhundert ausgestatteten Laurentiuskirche in Mauthausen-stadel und Feldkasten weitgehend in der Originalsubstanz erhalten sind. Der alte „Hinterbrandner", ein Nebenerwerbslandwirt, der 40 Jahre lang im Berchtesgadener Salzbergwerk arbeitete, hat sein landwirtschaftliches Anwesen mit vielen Opfern in Ordnung gehalten. Jetzt wagte sich die Töchter als neue Besitzerin, unterstützt von zwei Brüdern, an die schwierige Restaurierung. Und die in den letzten Jahren aufgelegten Schindeldächer wieder durch die typischen Schindeldächer zu ersetzen, haben die Brandner-Brüder Lärchen gefällt, Legschindeln gespalten und die Dachrinnen aus Rundhölzern gehackt. Die Steine für die Schindelbeschwerung wurden im Wald zusammengesucht. „Ein Berchtesgadener Hofensemble von hoher baugeschichtlicher und großem volkskundlichem Interesse konnte erhalten werden", freut man sich im Landesamt für Denkmalpflege.

Barocke Fresken entdeckt

Wie sich aus der Notwendigkeit einer neuen Dacheindeckung ein „Prototyp eines Restaurierungsfalls" ergeben kann, läßt sich am Lenzenbauernhof bei Schneizlreuth nachvollziehen: Nachdem das stattliche Bauernhaus zuerst ein neues Legschindeldach bekommen hatte, wollte man auch nicht auf halbem Weg stehen bleiben, sondern auch noch das Mauerwerk sanieren. Und dabei ergab sich eine Überraschung: Beim Trockenlegen der feuchten Mauern wurde in siebenfach übermalter, barocker Freskenzyklus entdeckt. Diese Malereien sind laut Amtsrat Schned jetzt, richtungweisend für die weitere Restaurierung". Die Hauptarbeit fällt dabei dem Kirchenmaler Stein aus Inzell zu, der die sich über die gesamte Vorderfront hinziehende Fassadenmalerei mit Fenster- und Türrahmungen, Zierfriesen und Heiligendarstellungen auffrischen und ergänzen muß. „Durch den bedeutenden Fund dieser Fresken hat sich die Kenntnis der barocken bäuerlichen Fassadenmalerei in dieser Gegend entscheidend erweitert", stellt Baudirektor Paul Werner vom Landesamt für Denkmalpflege fest.

Veto bei der königlichen Villa

Daß diese Behörde auch durch verhinderndes Eingreifen zur Rettung historischer Bausubstanz beitragen kann, zeigt sich am Beispiel der königlichen Villa in Berchtesgaden. Die ausgedehnte Villenanlage, für König Max II. und seine Familie um 1850 als Sommer- und Jagdschloß erbaut, wurde vor zehn Jahren vom Wittelsbacher Ausgleichsfonds an einen Privatmann verkauft. Nachdem dieser einen Nebentrakt mit Zustimmung des Denkmalpflegers in Eigentumswohnungen aufgeteilt hatte, wollte er jetzt auch den zeitweise als Hotel und Restaurant genutzten Haupttrakt in Eigentumswohnungen umbauen. Dieser

---

Fränkischer Tag (Haßfurt), 26. Oktober 1985

Generalkonservator Dr. Petzet sagte bei der Eröffnung des Vorgeschichtskurses 1985 in Bamberg

Archäologie im Freistaat wieder im Aufschwung

Dank höherer Mittel und Personalzuwachs – Hauptversammlung der Gesellschaft für Archäologie

● Bamberg. Ein deutlicher Aufschwung der Archäologie im Freistaat wurde gestern bei der Eröffnung des Bayerischen Vorgeschichtskurses 1985 der Gesellschaft für Archäologie in Bayern konstatiert. Sowohl Generalkonservator Prof. Dr. Michael Petzet vom Bayerischen Landesamt für Denkmalpflege als auch der Abteilungsleiter Archäologie, Hauptkonservator Dr. Erwin Keller, beide aus München, betonten vor rund 350 Zuhörern im Spiegelsaal der Harmonie, daß der Freistaat heute nicht mehr das Schlußlicht in Sachen Archäologie im Bundesgebiet darstelle. Deutliche Aufstockungen der Mittel und des Personals hätten es in den vergangenen zwei Jahren bereits ermöglicht, liegengebliebene Arbeiten zu erledigen und notwendige Maßnahmen anzugehen. Dies treffe für Oberfranken ebenso zu wie für die übrigen Regionen Bayerns.

Aufmerksame Zuhörer bei der Grußadresse des Bamberger OB: Generalkonservator Prof. Dr. Petzet (rechts), Hauptkonservator Dr. Keller (daneben) und Dr. Björn-Uwe Abels (Sechster von links) von der Außenstelle Schloß Seehof des Landesamtes für Denkmalpflege
Foto: FT-Emil Bauer

In seinem Grußwort nannte es Oberbürgermeister Paul Röhner eine Herausforderung für die Zukunft, „die Zielkonflikte, die sich aus der Berücksichtigung der Belange der Denkmalpflege und den Anforderungen der wirtschaftlichen, sozialen und baulichen Entwicklung der Stadt Bamberg ergeben, miteinander in Einklang zu bringen". Die Bodendenkmalpflege sei demgegenüber ein Anliegen, das für weniger Aufsehen oder Unruhe in der Öffentlichkeit sorge. Der Oberbürgermeister betonte, Bamberg schätze sich glücklich, an seiner Universität den einzigen deutschen Lehrstuhl für Archäologie des Mittelalters und der Neuzeit zu haben.

Er trat in seinem Grußwort dafür ein, Grabungsfunde aus dem Raum Bamberg auch hier zu präsentieren und der wissenschaftlichen Forschung zugänglich zu machen. Das Historische Museum der Stadt ist seiner Ansicht nach ein geeigneter Ort dafür.

Organisatorische und personelle Verbesserungen seien aber geboten, wenn Umfang und Qualität der Darstellung Schritt halten sollten mit den vielen Zugängen von der Außenstelle Seehof und den zahlreichen ehrenamtlichen Helfern. Soweit es in der Macht der Stadt Bamberg stehen, würden alle Möglichkeiten genutzt, geeignete Verbesserungen zu erreichen, versprach der Oberbürgermeister.

Während der gestrige Freitag aus-

Schwerpunkte der derzeitigen denkmalpflegerischen Bemühungen darstellen, bildet das Hinterbrandlehen in der Gemeinde Schönau am Königssee und der Lenzenbauernhof in der Gemeinde Schneizlreuth Musterbeispiele für dankenswerte Erhaltung historischer Hauslandschaften. Dabei geht es den Denkmalpflegern auch darum, die Weiterbewirtschaftung der alten Anwesen zu sichern, weil „das historische Bauernhaus nicht zum musealen Nebenhaus degradiert werden darf".

Das Hinterbrandlehen am Nordwestabhang des Jenners ist eines der letzten sogenannten Zwiehöfe des Berchtesgadener Lands, bei dem noch alle Einzelanlagen wie Wohnhaus, Futter-

Aufteilung des Hauptgebäudes und dem ebenfalls beantragten Dachausbau hat das Landesamt jedoch nicht zugestimmt, „weil dadurch hinstorische Räumfolgen und ihr Ausstattungsprogramm zerstört würden, beziehungsweise das äußere Erscheinungsbild der Villa unvertretbar verändert würde".

Ludwig Fisch

DAS HINTERBRANDLEHEN ist ein lebendiger Bergbauernhof. Der alte „Hinterbrandner" arbeitete im Salzbergwerk und betrieb nebenher den Hof. Jetzt hat ihn seine Tochter übernommen, die zusammen mit zwei Brüdern darauf schaut, das das so fortbesteht, wie es sich seit Jahrhunderten an

den zu können. Solche seien etwa die Bodenerosion, an der die Flurbereinigung, „großes Verdienst" (Petzet) habe, die Stadtarchäologie – hier lagen gute Ansätze vor – und die Grabungen an Burgen. Die plötzlich auftretende Begeisterung von Kommunen und Gruppen für Ruinen und Festungsanlagen führe oft zu unsachgemäßen Freilegen von Mauern und Funden und erschwere den Experten die Arbeit, sagte der Generalkonservator.

Der Abteilungsleiter für Archäologie beim Bayerischen Landesamt für Denkmalpflege hielt das erste Referat des Tages. Dr. Keller berichtete über den Ausbau der archäologischen Denkmalpflege in Bayern und zeigte sich erfreut über die Etat- und Personalaufstockungen in den vergangenen beiden Jahren.

Er wies aber auch auf eine Erhebung aus dem Jahr 1984 hin, wonach für die Aufarbeitung von Ausgrabungsfunden und -erkenntnissen noch jeweils 15 Wissenschaftler und Restauratoren sowie 17 Zeichner benötigt würden.

Die Unterbesetzung und Geldmangel hätten z. B. dazu geführt, so Keller, daß seit 1972 keine gesamtbayerische Fundchronik erstellt werden konnte, nur die „sichtbaren" Bodendenkmäler inventarisiert wurden und die bei der Luftbildarchäologie gewonnenen Informationen kaum weitergeleitet werden konnten. „Die Schere zwischen dem, was wir tun sollten und konnten, wurde immer größer", stellte Keller rückblickend fest. Inzwischen habe man erreicht, daß der Etat aufgestockt wurde, der Landtag habe auf eine Petition hin eine Million Mark für die Aufarbeitung von Rückständen zur Verfügung gestellt.

So seien jetzt Nachholbände im Entstehen, die Auswertung der Ausgrabungen entlang der Baustelle des Rhein-Main-Donau-Kanals könnten zügig vorangehen, eine Vielzahl von Veröffentlichungen werde demnächst erscheinen.

Keller faßte zusammen: „Neue Betriebsamkeit auf allen Ebenen."

schließlich Vorträgen gewidmet war, in einem der zwölf Referate befaßte sich Dr. Björn-Uwe Abels von der archäologischen Außenstelle Seehof des Landesamts für Denkmalpflege mit der „Besiedelungsgeschichte des Staffelbergs nach den Ergebnissen neuer Ausgrabungen".

Heute steht die Hauptversammlung der Gesellschaft für Archäologie in Bayern im Mittelpunkt. Am Abend findet ein öffentlicher Diavortrag von Prof. Dr. Sage von der Universität Bamberg über den siedlungskundlichen Aspekt von Kirchengrabungen statt. Morgen leitet Dr. Abels eine Tagesexkursion zum Staffelberg, anschließend geht es auf den Domberg.

Ichenhausens Synagoge im Länderspiegel

Um Erfahrungen in der Fernsehwelt zu sammeln, wählten sieben Studenten der Diplom-Journalistik an der Universität Eichstätt für einen Beitrag im „Länderspiegel" unter anderem auch die Ichenhauser Synagoge aus Am Montag nachmittag reisten sie zusammen mit einem Kamerateam des ZDF an, das die technischen Mittel zur Verfügung stellte und den Film drehte. Gezeigt werden das Innenleben der Synagoge, Fotos und Dokumente sowie ein Interview mit Moritz Schmidt, dem zweiten Vorsitzenden des „Aktionskreises

Synagoge". Die Studenten bereiteten die Interviews und den Ablauf der Sendung vor. Zudem suchten sie geeignete Gesprächspartner für den Beitrag aus, der an einem der nächsten Samstage um 17.30 Uhr im Länderspiegel des ZDF zu sehen sein wird. So stellte sich ihren Fragen auch Professor Dr. Michael Petzet, der Generalkonservator des Bayerischen Landesamtes für Denkmalpflege, hier zusammen mit ZDF-Redakteur Roderich Frantz (rechts dabau/GZ-Foto Durr neben).

Günzburger Zeitung 9. Oktober 1985

Augsburger Allgemeine
15. Oktober 1985

100 000. Besucherin aus Memmingen
Jubiläum in Römerausstellung

Die 100 000. Besucherin der Römerausstellung im Augsburger Zeughaus konnten gestern Kulturreferent Dr. Ludwig Kotter (links), Ausstellungsleiter Dr. Günther Krahe (Mitte) und der Abteilungsleiter des Landesamtes für Denkmalpflege, Dr. Michael Petzet, begrüßen. Monika Nägele (Bildmitte) informierte sich mit ihren Klassenkameraden der Fachoberschule Memmingen über die Römer in Schwaben. Als Präsent erhielt sie unter anderem einen Freiflug über die archäologischen Denkmäler Schwabens. AZ-Bild: Fred Schöllhorn

Süddeutsche Zeitung
28. Oktober 1985

Geldspritze für die Archäologie
Bodendenkmalpflege kann neue Aufgaben in Angriff nehmen

BAMBERG (dpa) – Die Erhöhung der Haushaltsmittel von zwei auf drei Millionen Mark und eine „Aufarbeitungsmillion" haben bei der archäologischen Denkmalpflege in Bayern zu neuem Leben geführt. Dadurch konnten, wie der Abteilungsleiter des Landesamtes für Denkmalpflege, Erwin Keller, bei der Jahrestagung der Gesellschaft für Archäologie in Bamberg berichtete, fünf unbefristete Arbeitsverträge geschlossen und weitere zehn Mitarbeiter befristet eingestellt werden. 1986 erwartet Keller eine weitere kräftige Erhöhung des Etats, mit der die bayerische Bodendenkmalpflege „endlich den Durchbruch zu erträglicheren Arbeitsbedingungen erreichen" könnte.

Die nach Beendigung der Rettungsbergungen der Keltenstadt Manching im kommenden Monat freiwerdenden Gelder kommen nach Angaben Kellers anderen Bereichen der Bodendenkmalpflege in Bayern zugute. So soll die vorbeugende Untersuchung von archäologischen Fundplätzen auf landwirtschaftlichen Grund und in erosionsgefährdeten Gebieten sowie die Erkundung und Inventarisation der durch Hobbytaucher und Kultivierungsmaßnahmen gefährdeten Feuchtbodensiedlungen in Seen und Mooren in Angriff genommen werden. Auch ihre Rückstände im Publikationswesen wollen die bayerischen Archäologen 1986 aufzuarbeiten beginnen.

Generalkonservator Michael Petzet wies darauf hin, daß die Altertumsforschung ohne die Unterstützung der Arbeitsämter nur noch schwer vorzustellen wäre. Für Arbeitsbeschaffungsmaßnahmen gewährte die Bundesanstalt für Arbeit in den vergangenen Jahren jeweils bis zu zehn Millionen Mark im Jahr. Davon werden unter anderem Grabungsarbeiter gezählt. Bei der Jahrestagung wurde auch der fünfte Band des „Archäologischen Jahres in Bayern" vorgestellt: Er enthält rund 70 Beiträge über Ausgrabungen und Funde.

Augsburger Allgemeine
4. November 1985

Mit über 111 000 Besuchern neue Rekordzahl

Preisschilder schon bei den alten Römern

Ausstellung in der Toskanischen Säulenhalle schloß gestern endgültig ihre Pforten

Von unserem Redaktionsmitglied Brigitte Weinand

Die Kunde von der liebenden Frau, die ihrem verstorbenen Gatten einen prächtigen Grabstein errichten ließ, von dem eisernen Dolch, der – heute an den scharfen Kanten vom Zahn der Zeit angenagt – vielleicht so manches Leben beendet hat, von einer Zeit, in der die Götter noch das Denken der Menschen bestimmten – von all dem bekamen über 111 000 Besucher (eine neue Rekordzahl) der Ausstellung „Die Römer in Schwaben" seit Ende Mai einen Eindruck. Gestern schloß die Schau in der Toskanischen Säulenhalle des Zeughauses endgültig ihre Pforten. Allein am vergangenen Samstag nutzten über 1000 Augsburger und Auswärtige das letzte Wochenende noch zu einem informativen Gang durch die Halle, und der gestrige Sonntag war für viele, die den Besuch immer wieder hinausgeschoben hatten, die allerletzte Gelegenheit. Menschentrauben bildeten sich da vor den Vitrinen, zusammengedrängt lasen die Interessierten vom Leben jener Eroberer, die den Grundstein für das 2000 Jahre alte Augsburg gelegt haben.

„Ich komme eigentlich viel zu spät", gesteht bekümmert Dr. Andreas Nietzschmann, einer der Besucher am letzten Ausstellungstag. Den Orthopäden interessieren an der Römerausstellung vor allem die politischen Zusammenhänge. „Da versuche ich mir Anregungen zu holen." Die Schau, so urteilt er, sei mit „viel Sachverstand und Sinn für die gute Wahl des Ortes" zusammengestellt worden. „Mich fasziniert die Geschichte der Römer, weil ich sie für die Wiege Europas überhaupt halte", meint Dr. Nietzschmann.

Das positive Urteil des Ausstellungsbesuchers über die Schau findet sich auch vielfach in den beiden Gästebüchern. „Uns freut aber auch die riesige Besucherzahl, die alle Erwartungen übertroffen hat", äußert sich Dr. Günther Krahe. Er hat mit seinen Kollegen von der Außenstelle Augsburg des Landesdenkmalpflege die Schau mit ihren rund 1000 Exponaten auf den 700 Quadratmetern der Toskanischen Säulenhalle vorbereitet, gemeinsam mit der Stadtarchäologie. Die Stadt hat auch die Kosten in Höhe von 1.15 Millionen Mark übernommen. „Von diesem Etat bleibt vermutlich sogar ein kleiner Rest übrig", so Dr. Krahe.

Die beiden aufgerollten Schuppenpanzer, die Helme, Masken, das Eßgeschirr, die steinernen Statuen und Grabmäler, der wertvolle Schmuck, das „Preisschildchen" aus Blei, die Töpfchen und Tiegelchen, in denen die römischen Frauen ihre Schönheitssalben aufbewahrten – gestern wurden die Exponate von zahlreichen Augenpaaren bewundernd angeschaut. Monika Bohny ist extra aus München angereist. „Ich wußte, daß das heute der letzte Tag ist", erzählt die Hausfrau, die bedauert, daß sie von den anderen Aktivitäten im Jubiläumsjahr nicht mehr erlebt hat.

Vor allem Augsburger waren es, die sich während der Ausstellungszeit auch das Rahmenprogramm zu Gemüte geführt haben. „Sowohl wir, also die Außenstelle Augsburg des Landesamtes für Denkmalpflege, als auch Stadtarchäologe Dr. Lothar Bakker haben jeweils eine Vortragsreihe angeboten.

Diese zusätzlichen Informationen wurden sehr gut genutzt", freut sich Dr. Günther Krahe. Der über 300 Seiten dicke Katalog zur Ausstellung erlebte die zweite Auflage. Ein weiteres Buch, „Forschungen zur provinzialrömischen Archäologie in Bayerisch-Schwaben" (von Außenstelle und Historischem Verein) bietet weitergehende Informationen mit neuesten Forschungsergebnissen zu speziellen Themen. „Demnächst wird auch die Dokumentation über die Ausstellung mit Fotos von der Säulenhalle und anderem herauskommen", erläutert er.

Seine Zusatzinformationen hat Simon Grahammer vor allem aus den Führungen in der Ausstellungshalle bezogen, bei denen er manchmal gelauscht hat. Der 71jährige ist seit bald acht Jahren bei den Kunstausstellungen als Aufseher und Kassierer dabei. „Bei den Römern war das dem Anfang an drei- bis viermal in der Woche", berichtet der weißhaarige Mann. Er lobt die Besucher. „nur wenn Schulklassen da waren, dann war einiges los!", so Dr. Krahe, seien 60 Klassen in der Römerschau gewesen. Nicht nur mit bloßem Auge, sondern auch durch das Objektiv seiner Kamera betrachtete gestern Werner Straßer die Amphoren, Glasgefäße und das Kriegsgerät. „Ich stelle gerade Bilder über 2000 Jahre Augsburg zusammen", da füge sich die Ausstellung gut ein. Von ihr ist der Fernmeldemechaniker beeindruckt. „Man bekommt einen Überblick und sieht viele Details", lobt er.

Zwischen Mai und dem gestrigen Sonntag fanden über 111 000 Besucher den Weg zur Römerausstellung. AZ-Bild: Fred Schöllhorn

---

Augsburger Allgemeine
7. November 1985

Ein Bauarchiv für ganz Bayern in Thierhaupten

Ausbildungszentrum geplant

DILLINGEN (jo). In das Kloster Thierhaupten (Landkreis Augsburg) soll ein Archiv für historische Bauteile aus ganz Bayern einziehen. Ein Konzept des Generalkonservators des Bayerischen Landesamtes für Denkmalpflege, Dr. Michael Petzet, sieht vor, in dem historischen Gebäude, das derzeit renoviert wird, ein handwerkliches Fortbildungszentrum einzurichten, in dem eine Aus- und Weiterbildung unter denkmalpflegerischen Gesichtspunkten für Handwerksberufe angeboten werden soll.

Beteiligung an Kabelgesellschaften

Der Bezirkstag sprach sich bei einer Sitzung in Dillingen bei einer Gegenstimme für das Papier Petzets aus. „Durch rasches Zupacken und Handeln", so Präsident Dr. Georg Simnacher, winke Thierhaupten im Ausbildungszentrum, das bayernweit Zustimmung finden werde. Bei der Fortbildung in Handwerksberufen und planenden Berufen ist zunächst einmal an Maurer, Schmiede, Schlosser, Schreiner und Zimmerer gedacht. Präsident Simnacher will mit dem Beschluß des Bezirkstages im Rücken von den bisher geführten unverbindlichen Gesprächen in konkrete Verhandlungen über Details des Zentrums eintreten.

An den drei Kabelgesellschaften, die in Schwaben gegründet werden, beteiligt sich der Bezirk mit drei bis fünf Prozent des Stammkapitals. Ein Mitglied des Bezirkstages soll jeweils einen Sitz im Verwaltungsrat der Gesellschaften „Donau-Iller", „Donau-Lech" und „Allgäu" bekommen.

Römerschau an der Spitze

(and). „110 000 Besucher bei der Römerausstellung – das wäre ein stolzer Rekord", meinte Kulturreferent Dr. Ludwig Kotter in der vergangenen Woche. Doch schließlich fanden sogar über 111 000 den Weg zu den „Römern in Schwaben" mit Ausstellungsstücken bis aus Budapest (siehe Bericht auf dieser Seite). Damit nimmt diese nun zu Ende gegangene Schau den Spitzenplatz bei den Augsburger Kunstausstellungen der vergangenen 20 Jahre heraus-gesucht: „Bei der Holbein-Ausstellung 1963 kamen 82 000 Menschen, drei Jahre später zum „Augsburger Barock" bereits 90 000", zählt er auf. 93 000 seien es 1973 bei der „Suevia Sacra" gewesen und 53 000 bei der Johann-Liss-Ausstellung zwei Jahre später. 61 000 Interessierte zog die „Welt im Umbruch" 1980 an.

Denkmalpfleger informierten über bedeutende Ausgrabungen

Grabungsstelle in Peigen zählt zu den wichtigsten archäologischen Funden — Außenstelle Landshut vorgestellt

Landau (hst). Eine Zusammenstellung der Ausgrabungen und Bodendenkmalpflege des Jahres 1985 nahm das Bayerische Landesamt für Denkmalpflege in München zum Anlaß, um die derzeit bedeutendsten Ausgrabungsstätten in Niederbayern vorzustellen. Erläutert wurden die Maßnahmen den Pressevertretern durch den Generalkonservator und Leiter des Landesamtes für Denkmalpflege in München, Professor Dr. Michael Petzet, dem Leiter der Abteilung Bodendenkmalpflege, Dr. Erwin Keller, und dem Leiter der Außenstelle Landshut, Dr. Bernd Engelhardt. Stationen des umfangreichen Besichtigungsprogrammes waren ein bajuwarisches Reihengräberfeld in Weihern bei Pilsting, eine karolingische Siedlungsgrabung in Ergolding bei Landshut und die seit 1973 bestehende Außenstelle Landshut der Abteilung für Vor- und Frühgeschichte des Landesamtes für Denkmalpflege.

Als stolze Bilanz bezeichnete Professor Dr. Petzet die Tatsache, daß in diesem Jahr 170 Ausgrabungen durchgeführt wurden. Daß die Grabungen in einem derartigen Umfang aufgenommen werden konnten, sei vor allem auch auf die Mittel der Bundesanstalt für Arbeit zurückzuführen. Im Rahmen von Arbeitsbeschaffungsmaßnahmen seien die Ausgrabungen an der Baustrecke des Main-Donau-Kanals kosten, hieß es von seiten des Landesamtes.

Allerdings seien die vom Bayerischen Landesamt des Landesamtes für Maßnahmenträger zusätzlich zu den Mitteln der Bundesanstalt für Arbeit aufzubringenden Eigenmittel erheblich gestiegen, formulierten die Vertreter des Landesamtes. 1986 rechne man doch mit einer Erhöhung um etwa zehn Prozent, was eine Haushaltsbelastung von fast einer Million DM bedeute. Eine weitere Million DM dürften 1986 die Ausgrabungen an der Baustrecke des Main-Donau-Kanals kosten, hieß es von seiten des Landesamtes.

Obwohl die Mittel des Landesamtes für archäologische Maßnahmen in den letzten beiden Jahren von zwei auf vier Millionen DM erhöht wurden, hoffen die Archäologen, daß für den Haushalt des kommenden Jahres zusätzliche Mittel für die stark anwachsenden Aufgaben der Bodendenkmalpflege bereitgestellt werden. „Nur dann kann es gelingen, die erfreulicherweise in Gang gekommene Aufarbeitung von Rückständen auf den Gebieten der Ausgrabungs-, Inventarisations- und Publikationswesens weiterzuführen", versicherte der zuständige Abteilungsleiter Dr. Erwin Keller.

Anläßlich des jetzt mehr als zehnjährigen Bestehens der Außenstelle in Landshut gab das Landesamt eine Zusammenstellung über die „Archäologische Denkmalpflege griff archäologische Untersuchungen durchzuführen, die im Spätherbst 1984 begannen. Diese kostenintensiven Ausgrabungen erschienen deswegen angebracht, weil hier einem besonders bedeutenden Bodendenkmal die Zerstörung drohte.

Siedlungen aus der Spätzeit des agilolfingischen Herzogtums und der Zeit Karls des Großen zählen heute zu den Seltenheiten, da sie, meist im Kern heutiger Städte und Dörfer gelegen, durch die jahrhundertelange Überbauung als Bodendenkmäler kaum noch faßbar sind. Kommt noch, wie im Fall von Ergolding, hinzu, daß auswieslich der schriftlichen Quellen dieser Ort im frühen Mittelalter eine wichtige Rolle spielte – er war karolingisches und damit wahrscheinlich auch agilolfingisches Eigengut –, so sind bei Ausgrabungen nicht nur für die Archäologie, sondern für die Landesgeschichte insgesamt bedeutende Ergebnisse zu erwarten.

Obwohl die Ausgrabungen noch lange nicht abgeschlossen sind, hat sich der Entschluß, hier den Spaten anzusetzen, als richtig erwiesen. Die Ausgräber entdeckten zwar nicht den agilolfingischen Herzogshof – dieser lag wahrscheinlich auf der Isarterrasse unter der heutigen Ortschaft –, erhielten aber trotzdem einen tiefen Einblick in die Struktur einer solchen frühmittelalterlichen Mittelpunktsiedlung. Während der ganzen bisherigen Ausgrabung erstaunte die große Zahl der Tierknochen, die weit über das Maß normaler bäuerlicher Siedlungen der Zeit hinaus geht. Ferner fiel auf, daß eine bestimmte Gefäßform, ein tönerner Schöpfer mit Tülle, reichlich Verwendung fand, der anderswo nur vereinzelt zu beobachten ist. Auch die zahlreichen Brunnen bedürfen noch einer besonderen Erklärung. Zu denken wäre etwa an eine Viehschwige, also an einen auf Fleisch- und Milcherzeugung spezialisierten Teil des großen Königsgutes. Bei den Brunnen wäre der erhöhte Wasserbedarf der Großviehhaltung ein einleuchtender Grund, und die Tüllenschöpfer könnten mit der Milchwirtschaft in Zusammenhang gebracht werden. Auch die Lage in dem für Siedlungszwecke ungeeigneten hochwassergefährdeten Isartalgrund wird mit dem Gedanken an eine Weidenutzung der Auen verständlich.

Der auch noch heute hohe Grundwasserstand hat hier den Archäologen ein besonderes Geschenk beschert: Holz. An einigen Stellen haben sich nicht nur hölzerne Brunnenstuben, Bretter und Tröge erhalten, die

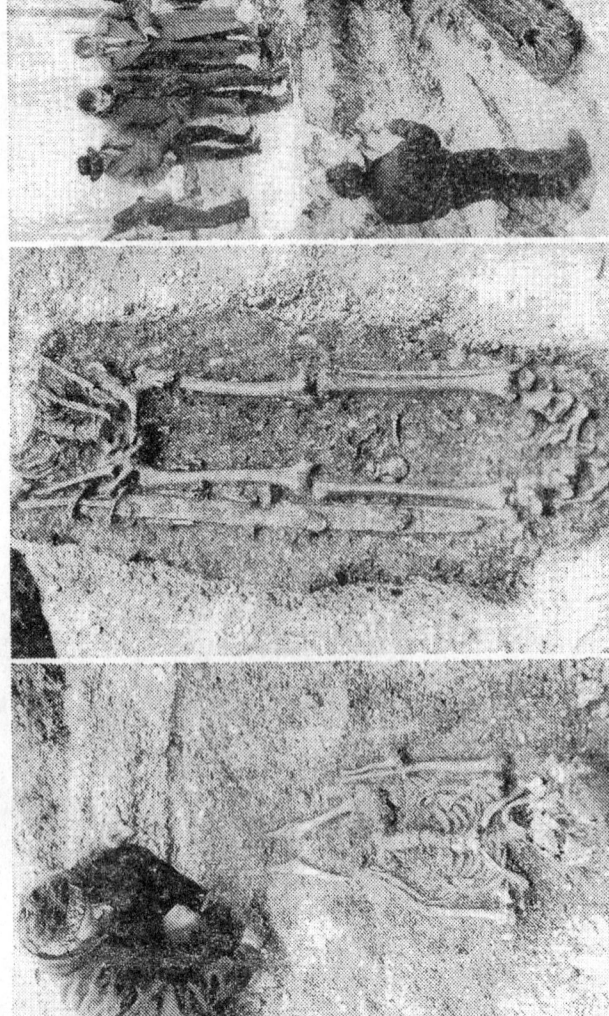

Als eine der bedeutendsten Ausgrabungen gelten die bajuwarischen Reihengräberfelder von Peigen in der Gemeinde Pilsting. — Kreisarchäologe Ludwig Kreiner erläuterte den Fachleuten vom Bayerischen Landesamt für Denkmalpflege (rechtes Bild) die neuesten Funde. (Fotos: ho)

handen war, ob es eine ausgedehnte Mittelschicht gab und wieviel Prozent der Bevölkerung der Unterschicht angehörten. Dies ergibt nicht nur in synchronem Bild der damaligen Gesellschaft, sondern zeigt auch den Wandel in den sozialen Strukturen jener Zeit auf."

Auch in Landau selbst soll nördlich des Zanklauer Weges eine bereits begonnene Grabung im Herbst des kommenden Jahres fortgeführt werden. Bei Zulling wurden Menschenknochen und ein Bronzering durch den Pflug zutage gefördert. In Mamming ist die großflächige Untersuchung einer für den Kiesabbau vorgesehenen Hügelkuppe vorgesehen. Bei den Untersu-

zwangen dazu, Schwerpunkte zu setzen, die außerhalb dieser Gegenden lagen.

Das Landesamt für Denkmalpflege war sich dieses Mißstandes durchaus bewußt und trachtete danach, dem abzuhelfen. Diese Gelegenheit bot sich 1983, als sich der Kreis Dingolfing-Landau wie auch die BMW AG bereit erklärten, als Grundlage für eine zukünftige intensive bodendenkmalpflegerische Betreuung des Kreises finanziell bei der Erstellung einer vollständigen Liste der archäologischen Objekte des Gebietes zu beteiligen. So konnte für zwei Jahre mit Unterstützung des Arbeitsamtes im Zuge einer AB-Maßnahme betraut werden. 1985 lag dann die erste vollständige Liste aller bekannten Bodendenkmäler eines Kreises in Bayern vor.

Der in dieser Liste aufscheinende Reichtum an vor- und frühgeschichtlichen Bodendenkmälern ließ bei Landrat und Kreistag eine tiefe Besorgnis angesichts großflächiger Bauprojekte (z.B. Autobahn) und der intensiven landwirtschaftlichen Nutzung des Bodens entstehen. Der Kreis entschloß sich daher, dem Bayerischen Landesamt Mittel zur Verfügung zu stellen,

Dort konnte ein dicht belegter Friedhof der frühbajuwarischen Zeit ausgemacht werden. Die Gräber aus dem 6. und 7. Jahrhundert sind im Gegensatz zu den meisten Nekropolen dieser Zeit „nicht antik beraubt", d.h. die Bajuwaren bestatteten ihre Toten in ihrer „Festtagstracht" und oft mit wertvollen Grabbeigaben. Die erst vor kurzem geborgenen Gegenstände seien zwar noch nicht restauriert, doch zeige sich bereits jetzt, daß diese Ausgrabungen wesentlich mit zum Verständnis der Geschichte „Baierns" beitragen werden.

Ausgrabungen im Gräberfeld von Peigen

„Bereits zu Beginn dieses Jahrhunderts, kurz nachdem die Betreuung der heimischen archäologischen Denkmäler im Kgl. Generalkonservatorium der Kunstdenkmäler und Altertümer in Bayern seine Heimstätte gefunden hatte, führte der erste Grabungstechniker dieses Amtes, J. Maurer, in der Umgebung von Landau verschiedene Untersuchungen durch. Diese brachten u.a. die Entdeckung so bedeutender Bodendenkmäler wie die große jungsteinzeitliche Kultanlage von Kothingeichendorf. Maurer legte seinerzeit auch einige

Grafenauer Anzeiger, 22. November 1985

pflege in Niederbayern" heraus. Daraus wurde ersichtlich, daß derzeit an 94 verschiedenen Orten in Niederbayern Ausgrabungen stattfinden. Besonderes Augenmerk richten die Forscher auf die Grabungsstelle in Peigen in der Gemeinde Plisting (Landkreis Dingolfing-Landau).

In den folgenden Jahren gerieten die Altlandkreise Dingolfing und Landau bei der archäologischen Betreuung etwas ins Hintertreffen. Mittel- und Personalknappheit um die Bauvorhaben im Kreis archäologisch überwachen und gegebenenfalls Ausgrabungen durchführen zu können. So konnte in Landau ein Ausgrabungsbüro unter der Leitung eines Archäologen eingerichtet werden.

Der Schwerpunkt der Tätigkeit dieses Ausgrabungsbüros ist ein durch den Pflug bereits stark in Mitleidenschaft gezogenes Grabhügelfeld bei Wallersdorf. Bei einer seiner Fahrten nach Wallersdorf beobachtete der Leiter dieses Ausgrabungsbüros, Ludwig Kreiner, Erdarbeiten in einem Gelände nahe Peigen, von dem er dank der Bodendenkmalliste wußte, daß nahe dieser Stelle J. Maurer 1909 einige frühbajuwarische Gräber entdeckt hatte. Er fand im frisch gezogenen Graben der Wasserleitung menschliche Knochen, was den Anlaß gab, hier bauvorgreifend mit Ausgrabungen zu beginnen.

Zutage kam ein Teil eines dicht belegten Friedhofes der frühbajuwarischen Zeit. Die Gräber des durch die Ausgrabung erfaßten Ausschnittes datieren ins 6. und 7. Jahrhundert. Im Gegensatz zu den meisten Nekropolen dieser Zeit sind die Bestattungen nicht antik beraubt. Da die Bajuwaren ihre Toten in ihrer Festtagstracht beerdigten, kam hier ein selten reiches Spektrum an vergoldeten und versilberten Fibeln (Broschen), Nadeln und Ketten aus den Frauengräbern und von Schwertern, Lanzenspitzen und kostbaren Gürtelbestandteilen aus den Männergräbern zum Vorschein.

Diese kostbaren Schmuck- und Waffenfunde führen bildhaft den hohen Stand des Gold- und Waffenschmiedehandwerks der Stammesvorfahren vor Augen. Abgesehen von ihrem ästhetischen Reiz sind sie darüber hinaus natürlich auch als historische Quelle von großer Bedeutung. Als Beispiel sei hier der Schmuck genannt, der, bereits damals sehr stark in der Mode unterworfen, die vielfältigen kulturellen Einflüsse widerspiegelt, die auf das bajuwarische Stammesherzogtum einwirkten. Diese lassen sich wechselnd fränkische, alemannische und langobardische Vorbilder nachweisen. Die Vorliebe für bestimmte Schmuckformen war nun nicht nur Ausdruck des persönlichen Geschmacks der bajuwarischen Frauen, sondern auch Folge konkreter politischer Konstellationen. Ein Bündnis der Bajuwaren mit den in Oberitalien ansässigen Langobarden brachte hier langobardisches Formengut in Mode. So läßt sich aus dem Schmuck nicht nur Näheres über die Kulturbeziehungen, sondern auch die Politik der Bajuwaren in dieser frühen Zeit erschließen.

Aber auch über den sozialen Aufbau des alten bairischen Stammesherzogtums sprechen die Gräber. Die Schmuckausstattung der Frau, Art und Ausführung der Waffen beim Mann, verraten etwas über seine soziale Stellung im Leben. So läßt sich anhand der Gräber feststellen, ob etwa ein Ortsadel oder gar ein hoher Adel vor-

Regierungsdirektor Dr. Dr. Rainer Stegbauer vom Landratsamt begrüßte an der Grabungsstelle in Peigen den Generalkonservator und Leiter des Landesamtes für Denkmalpflege, Professor Dr. Michael Petzet, den Leiter der Abteilung Bodendenkmalpflege, Dr. Erwin Keller, und den Leiter der Außenstelle Landshut, Dr. Bernd Engelhardt.

chungen wurden Hüttenlehm, Tondüsenfragmente und graphitierte Scherben gefunden. Auch zwei fast vollständig erhaltene Gefäße der späten Bronze- und frühen Urnenfelderzeit wurden entdeckt. In Pilsting wurden im Zusammenhang mit der Renovierung der gotisch-barocken Kirche im Chorraum die Fundamentreste eines romanischen Turmes ausgegraben. Ehrenamtliche Mitarbeiter lasen — „Datscha-Wiesen" — immer wieder in einem großen, teilweise verebneten Grabhügelfeld aus der Hallstattzeit Grabbeigaben auf. Auch hier plant der Kreisarchäologe Ludwig Kreiner, die gefährdeten Hügel weiter archäologisch zu untersuchen. Im nächsten Jahr soll gleichfalls die Grabung in Wallersdorf im „Unteren Hoffeld" werden. Begonnen wurde bei dieser Grabungsstätte mit der Untersuchung von drei Grabhügeln, die neben Körper- und Brandgräbern der mittleren Bronzezeit auch Nachbestattungen der römischen Kaiserzeit aufwiesen.

Besichtigt wurden auch die Grabungen in Ergolding, die deshalb sehr interessant für die Archäologen wurden, weil Bretter und Holztröge erhalten blieben.

„Die Flur Gänsgraben liegt zwischen dem alten Ortskern und einem Neubaugebiet der Gemeinde Ergolding im Talgrund der Isar. Hier sammelte 1983 ein Hobbyarchäologe Scherben vom frisch gepflügten Acker auf und legte sie dem Landesamt für Denkmalpflege zur Begutachtung vor. Sie konnten als dem 7. bis 9. Jahrhundert zugehörig identifiziert werden. Eine Befliegung der Stelle erbrachte ausgedehnte Siedlungsstrukturen, so u. a. ein großes Palisadengeviert, Pfostenstellungen und Grubenkomplexe.

Als im Jahr darauf die Flur Gänsgraben als Bebauungsgebiet ausgewiesen wurde, drang das Landesamt darauf, hier bauvoreinen Einblick in die Zimmermannstechnik der Zeit geben, sondern auch tragende Pfosten von Häusern. Es besteht die Hoffnung, anhand der Jahresringe deren Fälldatum zu ermitteln und damit präzise Jahreszahlen."

Einen Einblick gewährten die Archäologen auch in die Außenstelle Landshut, die von den Räumen her als die größte in Bayern gilt. Zur Zeit werden dort 22 Arbeitskräfte beschäftigt und 130 ABM-Kräfte seien bei den Ausgrabungen selbst tätig. So konnten in Niederbayern 69 größere Untersuchungen mit einem Kostenaufwand von 5,2 Millionen DM durchgeführt werden.

Kritisiert wurde von den Forschern, daß oft zu wenig Mittel bereitgestellt würden. So denke man in erster Linie an die Einstellung qualifizierten Personals, um die Arbeiten kontinuierlich fortsetzen zu können. Eine zu große Anzahl von ABM-Kräften — sie stehen immer nur für ein Jahr zur Verfügung — führe zu einem Leerlauf, unter dem nicht nur die Qualität, sondern vor allem auch das kulturelle Erbe Bayerns leide, formulierten die Denkmalschützer.

Auf der anderen Seite zeigt man sich gerade in der Führungsetage des Landesamtes für Denkmalschutz wenig „von der Einstellung der sogenannten Kreisarchäologen angetan". Obwohl, wie im Fall Landau, die Kosten für diesen Archäologen vom Landkreis getragen werden. Herauszuhören war, daß man sich hier „der nötigen Führungsaufsicht beraubt fühlt oder Planungseinschränkungen, von seiten der Geldgeber befürchtet". Vielleicht sollten Bayerns oberste Denkmalschützer dabei über ihren eigenen Schatten springen — immerhin ist es heute so, daß gerade die Kreisarchäologen, z. B. mit dem bedeutenden Fund in Peigen, aufhorchen lassen. Und damit letztlich dem kulturellen Erbe sehr überzeugend dienen.

Sehr viel Zeit wird noch nötig sein, um die als bedeutend eingestuften Funde des dicht belegten Friedhofes der frühbajuwarischen Zeit bei Peigen archäologisch zu erfassen und auszuwerten. (Luftbildaufnahme freigegeben durch Reg. v. Obb. GS 300/9993-84)

Relikte der bayerischen Renaissance
Überraschende Funde auf dem Münchner Hofgarten-Gelände

Bayerische Staatszeitung
29. November 1985

Ein Notstromaggregat hatte es ans Licht gebracht: Die Ruinen auf dem Gelände des Armeemuseums sind wahrscheinlich bedeutender, als ihre bisherige Bewertung vermuten ließ. Die Auswirkung dieser Tatsache auf die Neubebauung des Areals am Hofgarten ist nicht abzusehen. Man kennt das, als Individuum wie als Kollektiv (zum Beispiel als Generation), daß man Gewußtes in den Schacht des Vergessens versinken läßt. Daß dies ausgerechnet an einer Stelle geschieht, mit der sich Behörden, Architekten und Bürger seit Jahren intensiv befassen, klingt kurios.

Die Baulust der Wittelsbacher, die an ihrer Residenz und dem dazugehörigen Terrain ständig Veränderungen und Erweiterungen vornahmen, erschwert die Übersicht gerade über dies Herzstück der Innenstadt. Um so wichtiger ist es, daß die Wissenschaft den Durchblick behält und ihre Erkenntnisse veröffentlicht.

Was da im Nordost-Zipfel des Hofgartens, dem Finanzgarten und dem Harmlos zugewandt, an einem sanften Hang herumsteht, sind Relikte aus der Renaissance, der ältesten erhaltenen Bauphase der Residenz. Herzog Albrecht V., Sohn Wilhelms IV., gilt in der Geschichte als Kunstfreund und Mäzen. Mit seinem Namen ist die Berufung Orlando di Lassos an den Münchner Hof verbunden; er gab das Antiquarium in Auftrag, denn er hatte soviel Antiken gesammelt, daß er ein Gehäuse für seine Schätze brauchte. Gleichzeitig ließ er eine Kunstkammer errichten, die jetzige Münze, die unten die Rösser und Kutschen beherbergte, in den oberen Geschossen, hinter den Loggien, die Gemälde und Kuriositäten, die der Herzog aufgehäuft hatte.

Für seine Lustbarkeiten ließ Albrecht sich ein Lusthaus bauen, eben im Nordost-Zipfel jenes Areals, das er als neuen Hofgarten für seine Frau, die Habsburgerin Anna, hatte anlegen lassen. Sein „Hofmaurermeister" Wilhelm Egckl errichtete alle diese Gebäude, schuf eine Art bayerischer Renaissance mit wuchtigen toskanischen Säulen, wie sie auch das Portal der Residenz tragen, und kreuzförmigen Gewölben, die zustandekommen, wenn sich zwei Arkadenbögen begegnen.

Und nun sind wir bei der Sache. Vom Lusthaus ist keine Spur mehr vorhanden, seit die Wittelsbacher militärischen Ehrgeiz entwickelten und ihre Residenz mit Exerzierplätzen und Kasernen umgaben, wie Max IV. Josef, damals noch Kurfürst, der 1802 für sein Gardeleibregiment am Hofgarten eine Kaserne bauen ließ, der die vorgefundene Bebauung geopfert wurde. Diese Kaserne – Ironie der Geschichte – mußte um die Jahrhundertwende dem Armeemuseum mit seiner mächtigen „preußisch-wilhelminischen" Kuppel weichen.

Nicht einmal in den gängigen Publikationen zur Baugeschichte der Stadt hat das Lusthaus Spuren hinterlassen. Wohl aber im Boden. Es führte nämlich ein Arkadengang dorthin, eindeutig mit den architektonischen Merkmalen des Egckl-Stils. Noch ist nicht erwiesen, wie viele Joche erhalten sind. Einige rote Marmorsäulen schauen jedenfalls halben Leibes aus der Erde, gerade am Terrain-Abfall zum Prinz-Carl-Palais hin, zwischen einer Mauer, die wohl seit den Tagen des Herzogs Albrecht um 1560 die nördliche Begrenzung des Hofgartens ausmachte, und einer Reihe von Gebüschen. Jeder kann zu den Architekturresten vordringen.

Ins Innere des Ganges kommt man allerdings nicht. Die einzige Tür in dem umgebenden Mauerwerk ist abgeschlossen. Schon Maximilian I. setzte auf die untere Arkadenreihe die Rundbögen seines Kunstgebäudes, von denen einige, abgestützt, noch stehen. Im Untergeschoß, also dem älteren Teil, befinden sich Fresken auf den Putzresten, dekorative Malereien, wahrscheinlich von Melchior Bocksberger, der auch das Lusthaus ausgemalt und auf Burg Isareck bei Freising für den Herzog gearbeitet hat. Sichtbar ist vor allem „Rollwerk", wie die Kunsthistoriker geometrische Schneckenbänder nennen. Die Nordmauer ist von typischen Rundfenstern durchbrochen. Man kann sich vorstellen, daß die Jagdgesellschaft von dort aus auf das Wild im angrenzenden Hirschanger geschossen hat.

Michael Petzet, der Generalkonservator des Landesamtes für Denkmalpflege, vermutet hinter einer weiteren Mauer, die nun erst durchstoßen werden soll, einen angrenzenden, ebenfalls historischen Bereich. Die Ruinen sind einsturzgefährdet, denn sie waren lange schon der Witterung preisgegeben. Der Eigentümer, die Bayerische Schlösser- und Seen-Verwaltung, trägt die denkmalpflegerische Verantwortung für die eigenen Objekte. Bisher sah sie keine Notwendigkeit, so Präsident von Crailsheim, dort konservatorisch tätig zu werden.

„Unsere gemeinsame Auffassung ist jetzt, erst die Untersuchung abzuwarten, um herauszufinden, welche Teile erhaltenswert sind und in den Neubau integriert werden können", sagt Michael Petzet. Letztlich war es seine Behörde, die, spät genug, die Untersuchung der Fotografen und Bauforscher ins Rollen brachte, da das Landbauamt München im Sommer den Zustimmungsbescheid zum Neubau an die Bedingung geknüpft hatte, daß der Zustand des Bauplatzes dokumentiert werde.

Zu allem Überfluß erinnerte man sich nun plötzlich auch noch an einen Annex an den Arkadenbau, in dem Leo von Klenze in den zwanziger Jahren des 19. Jahrhunderts ein Pumpwerk installierte; es ersetzte das ursprüngliche Wasserwerk in der Nähe des Odeonsplatzes, das der Erweiterung der Residenz unter Ludwig I. weichen mußte. Da Baudenkmäler der Technik in den letzten Jahren stark ins Bewußtsein der Wissenschaft getreten sind, dürfte auch diese vollständig erhaltene Installation auf großes Interesse stoßen, die zur Wasserversorgung der Brunnen und Fontänen des Hofgartens diente. Zumal sie bis 1967 arbeitete und erst aufgegeben wurde, als der Schwabinger Bach, der das Gelände am Altstadtring begrenzte, zubetoniert wurde. Genau dort also, wo das Haus der Bayerischen Geschichte entstehen soll, erweist sich der Boden, auf dem es errichtet werden soll, als ein lebendiges Geschichtszeugnis.

Anne Rose Katz

ÜBERRASCHENDE FUNDE auf dem Gelände des Münchner Hofgartens: außer Baureliktent aus der ältesten erhaltenen Bauphase der Residenz entdeckte man ein völlig vergessenes Pumpwerk (unsere Abbildung) wieder, das Leo von Klenze in den zwanziger Jahren des 19. Jahrhunderts für die Wasserversorgung der Brunnen des Hofgartens errichtete.